Ulrich Herbert
Fremdarbeiter
POLITIK UND PRAXIS
DES „AUSLÄNDER-EINSATZES"
IN DER KRIEGSWIRTSCHAFT
DES DRITTEN REICHES

Verlag J.H.W. Dietz Nachf.

Sonderdruck
für die Landeszentralen für politische Bildung

Die Deutsche Bibliothek – CIP-Einheitsaufnahme

Herbert, Ulrich:
Fremdarbeiter : Politik und Praxis des „Ausländer-Einsatzes" in der Kriegswirtschaft des Dritten Reiches / Ulrich Herbert. – Neuaufl. – Bonn : Dietz, 1999
Zugl.: Essen, Univ., Diss., 1985 u.d.T.:
Herbert, Ulrich: Der Feind als Kollege

ISBN 3-8012-5028-8

Copyright © 1999 by
Verlag J.H.W. Dietz Nachf. GmbH
In der Raste 2, 53129 Bonn
Lektorat: Christine Buchheit, Dorothee Wahl
Umschlaggestaltung: Karl Debus, Bonn
Druck und Verarbeitung: Kösel, Kempten
Alle Rechte vorbehalten
Printed in Germany 1999

Inhalt

I. Kapitel
Einleitung 11

II. Kapitel
Der Erste Weltkrieg als Erfahrungsfeld

1. Polnische Saisonarbeiter in der deutschen Landwirtschaft 27
2. Der Arbeitseinsatz der Kriegsgefangenen 30
3. Zivile „Zwangsarbeiter" in der deutschen Kriegswirtschaft 32
4. Die Lehren der Zwangsarbeit 37

III. Kapitel
Die Vorgeschichte des Ausländereinsatzes

1. Arbeitskräfte als Kriegsziel? 41
2. Vom Arbeitsmangel zum Arbeitermangel 45
   Die Phase der Arbeitsbeschaffung (45), Militarisierung der Arbeitsbeziehungen (47), Das Umkippen des Arbeitsmarktes ab 1936 (48), Arbeitermangel in der Wehrwirtschaft (49), Intensivierung der Arbeit (51), Frauenarbeit (53)
3. Für oder gegen den Ausländereinsatz? 56
   Zentralisierung der Regelungskompetenz (56), Fremdenfeindlichkeit als Programm (59), Eine vorübergehende Notstandsmaßnahme (61), Großraumwirtschaft und Arbeitskräfte (65), Kontinuitätselemente des Ausländereinsatzes (68), Vor Kriegsbeginn (74)

IV. Kapitel
1939/40: Der Poleneinsatz als Modellversuch

1. Arbeit als Beute 77
2. Terror als Herrschaftskompromiß 81
3. Die Polenerlasse 85
   Das Erlaßpaket vom 8. März 1940 (87), „GV-Verbrechen" (91), Die Ausweitung der Bestimmungen (93)
4. Von der Anwerbung zur Deportation 95
5. Der Ausländereinsatz im ersten Kriegsjahr 101
   Beschränkung auf die Landwirtschaft (101), Erste Erfahrungen im Bergbau (104), Soziales Sonderrecht (106), Zwischenbilanz nach einem Jahr (108)

V. Kapitel
Blitzkriegseuphorie und extensiver Arbeitseinsatz

1. Das Konzept der nationalen Differenzierung 111
   Einsatz französischer Kriegsgefangener (111), Ausweitung auf westliche Zivilarbeiter (114), Staatlicher und populärer Rassismus (116)
2. Neue Probleme bei der Ausländerbeschäftigung 122
   Ende des Arbeitermangels? (122), Verstärkte Repression als Siegesbeweis (124), Extensive Ausbeutung (127), Anstieg der Fluchtzahl (130)
3. Arbeitserziehung und Sonderstrafsystem 133
   Erweiterung der staatspolizeilichen Kompetenzen (133), Errichtung von Arbeitserziehungslagern (136)
4. „Verbotener Umgang" als Massendelikt 141
   Kontakte am Arbeitsplatz (141), Klatsch und Denunziantenwesen (144), Die Reaktion der Sicherheitsbehörden (145), Die Praxis der „Sonderbehandlung" (148)
5. Nach zwei Jahren Ausländereinsatz 150

VI. Kapitel
Arbeitseinsatz statt Vernichtung: Ausländerpolitik 1942

1. Vernichtungskrieg statt Arbeitseinsatz 153
2. Entscheidung für den „Russeneinsatz" 158
   Erste Kompromisse (158), Grundsatzentscheidungen Hitlers und Görings (163), Präzedenzfall Kriwoi-Rog (166), Umdenken in der Industrie (169), Massensterben der sowjetischen Kriegsgefangenen (170)
3. Zentralisierung und Politisierung: der GBA 173
   Mißmanagement (173), Die Entscheidung für Sauckel (177)
4. Die Ostarbeitererlasse 178
5. Das System der Zwangsaushebungen im Osten 182
6. Wandel und Widersprüche in der Ostarbeiterpolitik 187
   Die Lage der Ostarbeiter im Frühjahr 1942 (187), Rückwirkungen auf die Situation im Osten (190), Die Debatte um die Lebensbedingungen der Arbeiter (192), Die Politik Sauckels (195), Effektivierung des Ostarbeitereinsatzes: Ernährung, Lohn, Qualifizierung (198), Russische Dienstmädchen in deutsche Haushalte (204), Präventive Gefahrenabwehr (206)
7. Verschärfter Kurs im Westen und in Polen 209
   Zwangsanwerbung auch im Westen (209), Propaganda und Terror im Generalgouvernement (214)

VII. Kapitel
Rassismus und Sachzwang: Die Praxis des Ausländereinsatzes 1942

1. Fried. Krupp Gußstahlfabrik 221
   Anwerbung und Fluktuation (221), Die Lage der sowjetischen Arbeitskräfte (226), Ausländerlager in Essen (231), Korruption und informelle Hierarchie (234), Deutsche und Ausländer am Arbeitsplatz (239), Strafsystem und Rollkommandos (248), Politische Intention und betriebliche Wirklichkeit (254)

2. Zur Situation im Ruhrbergbau 256
3. Erfahrungen anderer Betriebe 266
4. Soziale Realität und politische Perspektive 271

VIII. Kapitel
1943/44: Ausländerpolitik im Totalen Krieg

1. „Europäische Arbeiter gegen den Bolschewismus" – die Propaganda-Offensive nach Stalingrad 275
   Die Initiative Goebbels' (276), Auswirkungen auf die Ausländerpolitik (280), Das „Merkblatt" vom April 1943 (282)
2. Der neue Kurs und die Kontinuität des Rassismus 283
   Konkurrenz zwischen Justizministerium und RSHA (284), Die Behandlung der „Ostkinder" (287)
3. Die „Arbeitererfassungen" 1943/44 291
   Frankreich (292), Sowjetunion und Polen (297), Italien (301)
4. Sukzessive Zugeständnisse 306
   Primat der Arbeitsleistung (306), Die Debatte um die Kennzeichenfrage (307), Neuregelung der Arbeits- und Lebensbedingungen (310)

IX. Kapitel
Integration und Terror: Die Praxis des Ausländereinsatzes 1943/44

1. Ausmaß und Struktur der Ausländerbeschäftigung 314
2. Die Arbeitsleistungen der Ausländer in der Metallindustrie und im Bergbau 317
   Qualifizierter Einsatz der Ostarbeiter in der Metallindustrie (317), „Mehr Ostarbeiterinnen!" (323), Arbeitseinsatz im Ruhrbergbau (327)
3. Die Lebensverhältnisse der ausländischen Arbeiter 331
   Westarbeiter (332), Ostarbeiter (333), Die Auswirkungen der Luftangriffe (335), Zum Widerspruch zwischen schlechter Behandlung und guter Arbeitsleistung (342)
4. Resistenz und Arbeitsflucht 344
   Tauschhandel und Schwarzmarkt (344), Massendelikt Arbeitsbummelei (347), Betriebliche Arbeitserziehungslager (357), Flucht (359)
5. Widerstand 364
   Unternehmen Walküre (364), Sabotage (366), Die „BSW" (367), Dezentraler Widerstand (370), Aufstand am „X-Day"? (374)

X. Kapitel
Die Dynamik der Gewalt: letzte Kriegsphase

1. Eskalation der Not 379
2. Die „Ausländerbanden" 384
3. Karwoche 1945 389
4. Vom Fremdarbeiter zum DP – ein Ausblick 395

Zusammenfassende Überlegungen 401

Zwangsarbeiter in der deutschen Kriegswirtschaft. Bemerkungen zur Forschung seit 1985 416

Verzeichnisse

1. Anmerkungen 437
2. Quellen und Literatur 535
3. Tabellen 571
4. Abkürzungen 573
5. Register 577

Dank 587

Zur Neuauflage 1999 588

Der Autor 589

„Seine Verbringung zum Arbeitseinsatz erfolgte nicht wegen seiner Zugehörigkeit zu einem fremden Staat oder zu einem nicht-deutschen Volkstum. Sie war vielmehr eine Maßnahme zur Beseitigung des kriegsbedingten Mangels an Arbeitskräften, von der Personen aller Nationalitäten betroffen wurden. Die von dem Antragsteller vorgetragenen Umstände des Arbeitseinsatzes sind nach eingehender Würdigung auf die allgemeine Verschlechterung der Lebensbedingungen im Verlauf des Krieges zurückzuführen. Der Antrag war daher abzulehnen."

Aus dem Bescheid des Bundesverwaltungsamts Köln vom 28. 11. 1966 gegen den Wiedergutmachungsantrag des ehemaligen Ostarbeiters Edmund Petraschkowitsch.

I. Kapitel
Einleitung

Im August 1944 waren im Gebiet des „Großdeutschen Reiches" 7.615.970 ausländische Arbeitskräfte[1] als beschäftigt gemeldet; davon 1,9 Millionen Kriegsgefangene und 5,7 Millionen zivile Arbeitskräfte; darunter 250.000 Belgier, 1,3 Millionen Franzosen, 590.000 Italiener, 1,7 Millionen Polen, 2,8 Millionen Sowjets. Mehr als die Hälfte der polnischen und sowjetischen Zivilarbeiter waren Frauen, ihr Durchschnittsalter lag bei etwa 20 Jahren. Fast die Hälfte aller in der deutschen Landwirtschaft Beschäftigten waren Ausländer, im Metall-, Chemie-, Bau- und Bergbausektor etwa ein Drittel, in reinen Rüstungsbetrieben bis zu 50 %.

Die deutsche Landwirtschaft wäre schon Ende 1940 ohne die etwa 2 Millionen dort beschäftigter ausländischer Arbeiter und Arbeiterinnen nicht mehr in der Lage gewesen, die Lebensmittelproduktion auf dem geforderten Niveau zu halten; die gesamte Kriegswirtschaft war spätestens seit dem Herbst 1941 alternativlos auf Arbeitskräfte aus dem Ausland angewiesen.[2]

Die sich daraus für das NS-Regime ergebenden Probleme waren erheblich: Auf der einen Seite standen die kriegswirtschaftlichen Erfordernisse, die die Ausländerbeschäftigung zwingend notwendig machten, auf der anderen Seite sprachen politische und ideologische Bedenken der Nationalsozialisten ebenso gegen den „Ausländereinsatz" wie die Furcht der Sicherheitsbehörden vor politischer Infiltration der deutschen Bevölkerung durch die Ausländer und noch mehr vor den hier drohenden „blutlichen" Gefahren. Das Thema „Fremdarbeiter" war dementsprechend eines der am heftigsten diskutierten Probleme der nationalsozialistischen Innenpolitik nach 1939 nicht nur in den internen Führungszirkeln, sondern – ausweislich der Berichte des Geheimdienstes – auch in der deutschen Bevölkerung.

Auch bei den Nürnberger Prozessen stand die nationalsozialistische Ausländerpolitik im Mittelpunkt der Anklage gegen führende Politiker und Industrielle; Sauckel und Speer wurden im Hauptverfahren, führende Vertreter von Flick, Krupp und den IG-Farben in den „Nachfolgeprozessen" vor allem wegen des Anklagepunkts „Beschäftigung von Sklavenarbeitern" verurteilt. Dennoch ist dieses Thema in der Bundesrepublik nie Gegenstand öffentlicher Auseinandersetzung gewesen. In der westdeutschen Historiographie gibt es dazu bis auf die Studie Pfahlmanns von 1968 keine größere Untersuchung[3]; in den wichtigen Gesamtdarstellungen zur Geschichte des Nationalsozialismus wird das Problem der Fremdarbeiter nicht oder kaum am Rande behandelt.

Gleichwohl ist es im Bewußtsein der heute über 50jährigen durchaus präsent: Ausnahmslos jeder, der als Jugendlicher oder Erwachsener den Krieg innerhalb Deutschlands erlebte, hatte in irgendeiner Form mit den Fremdarbeitern und Kriegsgefangenen zu tun. In einer Stadt wie Essen gab es 1943 etwa 300 Ausländerlager innerhalb des Stadtgebiets, von wenigen Vororten abgesehen war überall in der Stadt ein Lager gleich nebenan; in den Fabriken und auf den Bauernhöfen arbeiteten deutsche und ausländische Arbeitskräfte über lange Jahre hinweg zusammen.

Die Ausländer tauchen aber in den Erinnerungen Älterer meist als eher beiläufige Selbstverständlichkeit auf, sind im Gedächtnis nicht bei Krieg, Nationalsozialismus oder NS-Verbrechen sortiert, sondern eher unter „Privates", das mit Krieg und Nazismus gar nicht in unmittelbarem Zusammenhang zu stehen scheint;[4] und es wird durchaus nicht als etwas NS-Spezifisches betrachtet, daß während des Krieges Ausländer in größerer Zahl in Deutschland arbeiteten. Der Arbeitseinsatz der Fremdarbeiter und Kriegsgefangenen in Deutschland hat in der westdeutschen Öffentlichkeit gewissermaßen nicht den Status des Historischen als etwas Besonderem, als etwas, was Geschichte gemacht hat.[5]

Diese Rezeption des Ausländereinsatzes in der Bevölkerung hat ihre Entsprechungen in der Historiographie, obwohl die Forschungsgeschichte zu diesem Thema in ihren Anfängen einen durchaus anderen Verlauf zu nehmen schien.

Die umfangreichste Literatur zu diesem Komplex stammt aus der NS-Zeit selbst, denn die Beschäftigung einer so großen Zahl von Ausländern in Deutschland wurde schon zeitgenössisch als ganz erhebliche Herausforderung begriffen. Dabei widmete sich eine seit 1939 rapide anschwellende Spezialliteratur vor allem der immer komplizierteren arbeitsrechtlichen und sozialpolitischen Erlaßlage,[6] während die führenden Beamten des RAM und des GBA versuchen mußten, die schnell wechselnden rechtlichen Bestimmungen in zahlreichen Aufsätzen und Artikeln als in sich konsistent und folgerichtig zu erläutern.[7] Die wissenschaftliche Literatur der Zeit – ich zähle allein zwischen 1939 und 1944 nicht weniger als 14 Dissertationen zu diesem Thema – ist allerdings bis auf Ausnahmen wenig brauchbar; sie behandelt meist Nebenaspekte und ist schon von der empirischen Basis her kaum aussagekräftig, zumal nicht die politische und soziale Realität des Ausländereinsatzes thematisiert wurde, sondern die Erfolge der langfristigen sozialpolitischen Planung des Nationalsozialismus hervorgehoben wurden.[8] Insgesamt wurde in den Veröffentlichungen zum Thema „Ausländer", vor allem seit 1942, ein nahezu idyllisches Bild entworfen, wobei die Fremdarbeiterbeschäftigung während des Krieges in deutlicher Kontinuität zu den Traditionen der Ausländerarbeit in Deutschland vor 1933 vor allem auf dem Lande dargestellt wurde, bei der es allein um sozialpolitische Regulationsmechanismen ging: zwar erschwert durch die Belastungen infolge des Krieges, sei der Fremdarbeitereinsatz insgesamt in wirtschaftlicher Hinsicht ein Erfolg und in politischer Hinsicht die Vorwegnahme des „intereuropäischen Arbeiteraustausches" eines nach dem deutschen Sieg unter nationalsozialistischen Vorzeichen geeinten Europa.[9]

Dem diametral entgegengesetzt war die Behandlung des Themas bei den Nürnberger Prozessen.[10] Von Seiten des amerikanischen Geheimdienstes wie der internationalen Arbeiterorganisationen war dem Ausländereinsatz im Nazideutschland bereits während des Krieges einige Aufmerksamkeit gewidmet worden[11] – nicht nur, weil hier nach dem Kriege auf die alliierten Besatzungsbehörden eine kaum lösbare soziale und politische Aufgabe zukam,[12] sondern auch deshalb, weil die „Sklavenarbeit" der Ausländer im Reich auch als der zugespitzte Ausdruck der Zusammenarbeit und Übereinstimmung zwischen NS-Führung, Großindustrie und dem überwiegenden Teil der deutschen Bevölkerung angesehen wurde und deshalb zu einem der Hauptanklagepunkte sowohl des Nürnberger Hauptverfahrens wie vor allem der Industrieprozesse in den sogenannten Nachfolgeverfahren gemacht wurde.[13] Das Nürnberger Gericht ging dabei von der Grundüberzeugung aus, es hätte der nationalsozialistischen Ausländerpolitik ein „Sklavenarbeitsprogramm" zugrunde gelegen, „das die Deportation von mehr als fünf Millionen Menschen zum Zwecke der Zwangsarbeit erforderte, wobei viele von ihnen schreckliche Grausamkeiten und Leiden erdulden mußten".[14] Diese These stützte sich auf eine Fülle von Dokumenten und eidesstattlichen Erklärungen, die nach wie vor den Grundstock der Quellen für eine wissenschaftliche Auseinandersetzung mit diesem Thema darstellten.[15] Dies gilt in besonderer Weise für die Prozesse gegen führende Vertreter der Firmen Flick, IG-Farben und Krupp, die, nachdem der Anklagepunkt der Teilnahme an einer „Verschwörung gegen den Frieden" fallengelassen worden war, in erster Linie wegen der Beschäftigung und schlechten Behandlung der „Sklavenarbeiter" verurteilt wurden.[16]

So wichtig in juristischer Hinsicht der Komplex der „Zwangsarbeit" für die alliierten Gerichte war, so wenig bedeutend war er für die Auseinandersetzung mit den Prozessen in der deutschen Öffentlichkeit. Hinter den in der Nachkriegszeit nach und nach bekannt werdenden Berichten über die Massenmorde in Auschwitz, Majdanek, Treblinka und den anderen Konzentrations- und Vernichtungslagern gerieten die Verbrechen an den Fremdarbeitern und Kriegsgefangenen ebenso in den Hintergrund wie die Frage des Ausländereinsatzes überhaupt, zumal das Nürnberger Urteil keine deutliche Differenzierung zwischen der Beschäftigung von KZ-Häftlingen und „Zwangsarbeitern" vorgenommen hatte. Für die Zeitgenossen, die in ihrem Betrieb zwar mit Franzosen und „Ostarbeitern" zu tun gehabt hatten, hier aber keinen Zusammenhang zu den Berichten über KZ und Massenmorde herstellen konnten, stellte sich eine so unmittelbare Verbindung zwischen ihren eigenen Erfahrungen und den Zeitungsmeldungen über die Vernichtungspolitik der Nazis aber nicht. Schon hier liegt eine der Ursachen für die Trennung zwischen privater Erfahrung und öffentlicher Beschäftigung mit der Geschichte des Dritten Reiches, die in den darauffolgenden Jahren immer stärker zu beobachten war.[17]

Auch für die westdeutsche Historiographie war der Ausländereinsatz kein Thema. Dafür traten in den 50er und 60er Jahren eine Reihe von industrienahen Autoren auf, die vor allem die in den Nürnberger Industrieprozessen erhobenen Beschuldigungen gegen deutsche Unternehmer wegen der Beschäftigung von Zwangsarbeitern zu widerlegen versuchten.[18] Vor allem Knieriem und später Kannapin versuchten den Nachweis, daß die deutsche Wirtschaft hier unter so starkem staatlichen Druck gestanden habe, daß sie für die Beschäftigung generell und die schlechte Behandlung im besonderen keinerlei Verantwortung trüge: „Weder rechtlich, noch politisch war die deutsche Wirtschaft für Maßnahmen verantwortlich zu machen, die Unrechttaten im Zusammenhang mit dem Arbeitseinsatz nichtfreiwilliger Arbeitskräfte begründeten", formulierte Kannapin.[19] Und Knieriem resümierte, die deutschen Unternehmer hätten, „was die Beschäftigung von ausländischen Arbeitskräften angeht, im Kriege nach den Gesetzen, Verordnungen und behördlichen Anweisungen ihres Landes gelebt". Von diesen Gesetzen könne man aber „keinesfalls sagen, daß sie den ‚Stempel des Verbrechens auf der Stirn tragen'".[20] Dieser Argumentation entsprechend wurde vor allem auf die zahlreichen Erlasse und Verordnungen der nationalsozialistischen Arbeitsbehörden verwiesen, die einerseits in der Kontinuität staatlicher Arbeits- und Sozialpolitik – und also nicht als verbrecherisch erkennbar – präsentiert wurden, zum anderen die Machtlosigkeit der Unternehmer gegenüber dem NS-Staat belegen sollten.

Über diese Rechtfertigungsschriften hinaus entstand in den 50er und 60er Jahren eine Literatur über die ausländischen Arbeiter im Dritten Reich, die in der Tradition der während des Krieges veröffentlichten Darstellungen den Ausländereinsatz in erster Linie als sozialtechnisches Problem behandelte: Umfangreiche Listen über Löhne und Arbeitszeiten, die den Soll-Vorschriften der Erlasse entstammten, nach Nationen getrennt, so daß hier etwa den Serben oder den Dänen genau so viel Platz eingeräumt wurde wie den Russen und Polen, suggerierten das Bild des „normalen", lediglich unter Kriegsdruck etwas verschärften Ausländereinsatzes – abgetrennt sowohl von allen „politischen" Fragestellungen wie von der Beschäftigung mit der sozialen Wirklichkeit des Ausländereinsatzes wurde hier in Dissertationen der 50er Jahre[21] von Ewerth, Spangenberg und später vor allem von Pfahlmann der Ausländereinsatz im Dritten Reich als Variante europäischer Ausländerpolitik beschrieben, bei dem es kriegsbedingt zwar zu gelegentlichen Ausschreitungen gekommen, der aber im großen für alle Beteiligten erfolgreich verlaufen sei. Pfahlmann hatte dabei zum ersten Mal auch Archivmaterial, vor allem Unterlagen des RAM und GBA benutzen können; seine weitgehend unkritische und affirmative Darstellung beschränkt sich neben statistischen Übersichten aber vor allem auf die Nachzeichnung der Entwicklung der sozialpolitischen Erlaßlage aus der Perspektive der deutschen Arbeits- und Sozialbehörden.[22]

Insgesamt blieb die Fremdarbeiterproblematik aber bis in die 70er Jahre hinein ein von der westdeutschen Geschichtsschreibung weithin unbeachtetes Gebiet; lediglich Martin Broszat ging darauf in seiner Arbeit über die nationalsozialistische Polenpolitik von 1961 ein, in der er die Zwangsverpflichtungen und Deportationen polnischer Arbeitskräfte aus dem Generalgouvernement nach Deutschland genauer untersuchte.[23]

In der DDR hingegen lag hier eines der bevorzugten Forschungsfelder schon seit Ende der 50er Jahre.[24] Während in der Bundesrepublik die NS-Ausländerpolitik noch als in ihrem Kern wertneutral und in sozialpolitischer Hinsicht durchaus akzeptabel beschrieben wurde, lagen von Seiten der DDR-Historiographie bereits zahlreiche Untersuchungen und Dokumentenpublikationen vor, die die Zwangsverschleppungen, die schlechte Versorgung und Behandlung sowie die Verbrechen gegenüber den ausländischen Arbeitern vor allem aus Polen und der Sowjetunion eindrücklich belegten.[25] Hier liegen auch die großen Verdienste der frühen Geschichtsschreibung der DDR zu diesem Thema, die die Ausländerbeschäftigung nicht als sozialtechnisches, sondern als politisch-moralisches Problem begriff. Allerdings sind die Ergebnisse der Untersuchungen von Schmelzer, Drobisch, Frühlz, Gawenus, Lange und der bedeutenden und sehr informativen Arbeit von Eva Seeber in mancher Hinsicht stark auf einige der marxistisch-leninistischen Kernthesen hin zugeschrieben: Die führende Rolle des deutschen Großkapitals bei den Verbrechen des Dritten Reiches, die Kontinuität imperialistischer Politik in Deutschland vom Kaiserreich bis zur Bundesrepublik und die Solidarität der internationalen Arbeiterklasse.

Dementsprechend wurden hier durchweg die Vertreter der Großkonzerne unmittelbar für die Konzeptionierung und Durchführung des Fremdarbeitereinsatzes verantwortlich gemacht, während die Bedeutung der Organe von Staat und Partei als demgegenüber zweitrangig anzusehen sei – eine These, die aber vor allem für die Planungsphase des Ausländereinsatzes einer empirischen Überprüfung noch harrt.

Was die Frage der Kontinuität angeht, so wurde die NS-Ausländerpolitik als zwar besonders barbarische, sich aber nicht prinzipiell von den Verhältnissen in Weimar, dem Kaiserreich oder der Bundesrepublik unterscheidende Variante imperialistischer Fremdarbeiterpolitik begriffen. „Von den deutschen Junkern vor dem ersten Weltkrieg und während der Weimarer Republik, die polnische ‚Wander'- oder ‚Saisonarbeiter' auf ihren Rittergütern und Domänen ausbeuteten, über die monopolistischen Hintermänner und Nutznießer des Naziregimes, die sich Arbeitssklaven, ‚Fremdarbeiter' aus allen von Hitler überfallenen Ländern zusammentreiben ließen, bis zu den Monopolherren Westdeutschlands, die unter dem Aushängeschild der Wohltätigkeit und ‚europäischer Gesinnung' westeuropäische ‚Gastarbeiter' anwerben, zieht sich *eine Linie:* die skrupellose, Menschenwürde und Heimatgefühl nicht achtende Unterwerfung von Angehörigen fremder Nationalität unter die Interessen des Monopolkapitals. In anderen Formen und mit ‚humaneren' Methoden als vor zwei Jahrzehnten setzen die westdeutschen Monopolherren die vom internationalen Gerichtshof in Nürnberg verurteilte faschistische Fremd- und Zwangsarbeiterbeschäftigung fort."[26]

Die Frage des Verhältnisses deutscher und ausländischer Arbeiter schließlich wurde in dieser ersten Phase der Fremdarbeiterforschung in der DDR mit dem Hinweis auf die Zusammenarbeit deutscher und ausländischer Antifaschisten im Widerstand beantwortet; dieser Widerstandskampf habe eine hohe Verbreitung erreicht und sei überall dort auch erfolgreich gewesen, wo er internationalistisch organisiert und auf die führende Rolle der Kommunisten abgestellt gewesen sei. „Die von der KPD geführte antifaschistische Volksfront" habe daher „während des zweiten Weltkrieges ein festes Kampfbündnis mit den ausländischen Kriegsgefangenen und Zwangsarbeitern" geschmiedet[27] – auch dies sind Thesen, die vor allem bei einem so hohen Maß an Generalisierung gewisse Zweifel aufwerfen und im einzelnen anhand der Quellen zu überprüfen wären.

Neben die Problematik der aus politischer Aktualität abgeleiteten historischen Thesenbildung tritt bei diesen Arbeiten ein Quellenproblem. Denn die empirische Basis dieser Untersuchungen der 60er Jahre waren in der Hauptsache die Bestände der Nürnberger Prozesse sowie bei Eva Seeber der polnischen Verfahren gegen Franks Staatssekretär Bühler und andere Behördenvertreter des Generalgouvernements – künstliche Bestände also, während die benutzten Materialien einzelner Betriebs- und Staatsarchive der DDR weniger ergiebig waren. Die Bestände der Nürnberger Nachfolgeprozesse aber sind für Historiker deshalb besonders schwierig zu handhaben, weil sie nach amerikanischem Rechtssystem neben den Protokollen die Dokumentenbände der Anklage mit vorwiegend belastendem Material und die Dokumentenbände der Verteidigung mit vorwiegend entlastendem Material beinhalten. Da die Verteidigungsbände häufig neben wichtigem und aussagekräftigem auch verharmlosendes und affirmatives Material zur Fremdarbeiterfrage enthalten, haben die DDR-Autoren vornehmlich das Anklagematerial benutzt, das aus den Originalunterlagen z. B. des Flick-Konzerns (Fall 5) jene Aktenstücke versammelt, die von der Anklage als für die Betriebsleitung besonders belastend angesehen wurden. Wird diese Verdichtung von belastenden Einzelfällen nun durch die Historiker erneut komprimiert, entsteht ein Bild vollständigen Terrors und auswegloser Brutalität bei der Beschäftigung der Fremdarbeiter im Betrieb, bei dem aber alle Größenordnungen und Relationen verloren gehen, so daß in der Darstellung Einzelfälle nurmehr als Beispiele für vorab formulierte thetische Beschreibungen der Zustände dienen, ohne noch heuristischen Wert zu besitzen.[28]

Seit Anfang der 70er Jahre hat es in der DDR jedoch vor allem im Kontext der Forschungsgruppe an der Universität Rostock und ihrer Schriftenreihe „Fremdarbeiterpolitik des Imperialismus" eine Reihe von Ansätzen gegeben, über dieses Dilemma hinauszukommen, die in dem jetzt fast abgeschlossenen Standardwerk „Deutschland im zweiten Weltkrieg" zusammenflossen.[29] Zwar wird auch hier die führende Rolle des Großkapitals sehr in den Vordergrund gestellt; was die Kontinuitätsthese und vor allem das Verhältnis zwischen deutschen und ausländischen Arbeitern angeht, sind jedoch merkliche Differenzierungen zu verzeichnen. So werden die spezifisch nationalsozialistischen Aspekte betont, vor allem der Rassismus und die Bedeutung der Sicherheitsorgane, in Sonderheit des RSHA, die eher auf Brüche als auf Kontinuitäten in der Ausländerpolitik verweisen. Besonders bemerkenswert sind aber die Ansätze zu einer veränderten Betrachtung der Haltung der deutschen Bevölkerung, vor allem der Arbeiterschaft gegenüber den Ausländern. Hier wird stärker als bislang hervorgehoben, wie vergleichsweise groß doch die politische Integration eines Großteils der Deutschen in das nationalsozialistische Herrschaftssystem, wie groß auch die Zustimmung zum nationalsozialistischen Krieg und im konkreten Fall zur Ausländerpolitik gewesen sei.[30]

Für die Situation der westdeutschen Forschung hingegen war es bezeichnend, daß die einzige westliche Gesamtdarstellung des Fremdarbeiterkomplexes nach Pfahlmann aus der Feder eines amerikanischen Historikers, Edward L. Homze, stammt, die noch dazu in der Bundesrepublik nur wenig rezipiert und nicht einmal übersetzt worden ist.[31] Vorwiegend auf der Basis der USSBS-Untersuchungen,[32] der Nürnberger Dokumente und einiger Teilbestände deutscher Ministerien betont Homze die Widersprüche zwischen der NS-Ideologie und dem Ausländereinsatz, arbeitet die Differenzierungen in der Behandlung der verschiedenen nationalen Ausländergruppen heraus und hebt die Rolle der deutschen Bevölkerung als aktiver Faktor in der nationalsozialistischen Ausländerpolitik hervor – seine Analyse stellt neben den Arbeiten von Eichholtz zweifellos die präziseste und beste der vorliegenden Untersuchungen zu diesem Themenkomplex dar. Problematisch und zum Teil auf die Quellenlage zurückzuführen sind allerdings Homzes stark personalisierende Betonung der Auseinandersetzung in der NS-Führungsspitze, vor allem zwischen Sauckel und Speer, die unzureichende Behandlung der Rolle des Sicherheitsapparates, besonders des RSHA, und die zu starke Betonung der Westarbeiter, vor allem der Franzosen, während die „Ostarbeiter" aus der Sowjetunion nur am Rande behandelt werden. In vieler Hinsicht aber scheint Homzes Untersuchung für die Lage der westdeutschen Forschung zu früh gekommen zu sein, die sich sozialgeschichtlichen Problemen des Zweiten Weltkrieges in Deutschland erst seit den 70er Jahren intensiver zugewandt hat – möglicherweise liegt hierin der Grund für die geringe Beachtung dieser bedeutenden Arbeit in der Bundesrepublik.

Ausgangspunkt der verstärkten Bemühungen um sozialgeschichtliche Probleme des Krieges in Deutschland waren zunächst – anknüpfend an die amerikanischen Untersuchungen von Kaldor und Klein, die im Kontext der USSBS entstanden waren – die Widersprüche zwischen deutschem Rüstungspotential und der tatsächlichen Produktionsleistung; vor allem die Frage der ungenutzten Arbeitskräfteressourcen und die nur sehr bedingte Mobilmachung der deutschen Wirtschaft bis 1942/43 standen dabei im Vordergrund.[33] Daß die Beschäftigung deutscher Frauen in der Industrie einen vergleichsweise geringen Umfang hatte, wurde dabei in erster Linie auf ideologische Vorbehalte seitens der NS-Führung zurückgeführt; die verschiedenen Ansätze zur Dienstverpflichtung deutscher Frauen sind, wie die Frauenarbeit im Kriege generell, seitdem häufiger Gegenstand historischer Untersuchungen geworden.[34] Vor allem Alan S. Milward bezog in diese Debatte um das deutsche Produktionspotential die Frage der Fremdarbeiter und Kriegsgefangenen, gestützt auf Homze und Seeber, mit ein;[35] dabei ging es auch und zunehmend um die politische Seite dieser zunächst nur sozial- und wirtschaftsgeschichtlichen Fragestellung: Welche Fraktionen innerhalb der NS-Führung vertraten zu welcher Zeit welche Konzeption; wobei sich deutlich die Widersprüche zwischen ideologischen Maximen und ökonomischen Zwängen herausschälten, was in jüngster Zeit vor allem durch die Arbeiten von Ludolf Herbst in den Vordergrund gerückt wurde.[36]

Welche Defizite in der westlichen Historiographie aber weiterhin zum Themenkomplex „ausländische Arbeitskräfte" bestanden, machte dann Christian Streit in seiner großen Untersuchung zum Schicksal der sowjetischen Kriegsgefangenen deutlich.[37] Während bis dahin schon Tausende von Untersuchungen zu Einzelproblemen des Dritten Reichs vorlagen, blieb es einer Dissertationsschrift vorbehalten, nachzuweisen, daß mehr als drei Millionen sowjetischer Kriegsgefangener in deutscher Gefangenschaft umgekommen sind, daß dies nicht etwa auf Betreiben der Einsatzgruppen oder des RSHA geschah, sondern in der Verantwortung der Wehrmacht lag, und daß schließlich der überlebende Teil der Gefangenen unter teilweise entsetzlichen Bedingungen in deutschen Wirtschaftsbetrieben zur Arbeit eingesetzt worden ist. Streits Ergebnisse sind kürzlich durch das große Forschungsprojekt des Freiburger Militärarchivs über „Das Deutsche Reich und der Zweite Weltkrieg"[38] und die Untersuchung der Ludwigsburger Zentralstelle[39] in eindrucksvoller Weise bestätigt worden. Durch die Untersuchung Streits ist aber auch deutlich geworden, welche engen Zusammenhänge zwischen Ausländereinsatz und Massenvernichtungspolitik bestanden haben – die Vernichtungsanlagen in Auschwitz waren zunächst an sowjetischen Kriegsgefangenen erprobt worden, bevor die Arbeitseinsatzlage deren Beschäftigung erzwang und die Wannseekonferenz die „Endlösung der Judenfrage" beschloß.[40] Hier tauchen all jene komplizierten Fragen der nationalsozialistischen Herrschaftstechnik auf: von welchen Widersprüchen und Kompetenzkonkurrenzen waren die Entscheidungen geprägt und welche Fraktionen und Personen traten dabei auf – Aspekte, die im Kontext der Diskussionen um die Rolle Hitlers, die Kompetenzanarchie und Begriffe wie „kumulative Radikalisierung" und „Polykratie" von grundsätzlicher Bedeutung für die Analyse der Herrschaftsstrukturen des Nationalsozialismus sind.[41]

Spätestens seit diesen Forschungen ist die Sozialgeschichte des Zweiten Weltkrieges in Deutschland zum Forschungsschwerpunkt geworden. Im Mittelpunkt steht dabei zunehmend die Haltung der deutschen Bevölkerung, insbesondere der Arbeiterschaft. Durch die Arbeiten von Petzina und jetzt Werner[42] wurde klar, daß die für die Vorkriegszeit von Mason[43] festgestellte verbreitete Oppositionshaltung in der deutschen Arbeiterschaft merklich abgeklungen war – hervorgerufen durch verstärkten Arbeitsdruck und Terror, aber auch durch vergleichsweise hohe soziale Leistungen, eine funktionierende Lebensmittelversorgung und nicht zuletzt die durch die „Blitzsiege" beschleunigte Zunahme der Übereinstimmung, ja Begeisterung für das NS-Regime, die sich auch seit dem Beginn der militärischen Rückschläge nicht wieder zur alten Oppositionshaltung zurückentwickelte, sondern eher zu einer Art passiven Konsensus und Konzentration auf das individuelle Schicksal schrumpfte. Aus diesem Zusammenhang heraus liegt eine genauere Analyse des Verhältnisses zwischen deutscher Bevölkerung und ausländischen Arbeitern nun nahe, vor allem, um für die Arbeiterschaft die Thesen „von der priviligierten Stabilisierung der sozialen Lage zu Lasten eines Subproletariats von Fremdarbeitern" sowie die in der Literatur geäußerte Vermutung, „daß das ins Ausland abgedrängte Konfliktpotential ... ein hohes Maß von Loyalität gegenüber dem Regime auch innerhalb der Arbeiterschaft gesichert hat", zu überprüfen.[44]

Außer im Kontext wirtschafts- und sozialpolitischer Fragen ist das Interesse an der Geschichte der Fremdarbeiter im Dritten Reich auch durch die aktuellen Probleme im Zusammenhang mit der Ausländerbeschäftigung in der Bundesrepublik gewachsen. Im Vordergrund stehen hier in erster Linie juristische Fragen, während die brisanten Aspekte, vor allem in Bezug auf das Verhalten der deutschen Bevölkerung gegenüber den Ausländern, bislang kaum behandelt wurden. Zur Frage des Ausländerrechts sind hier in kurzen Abständen von Dohse, Majer, Schminck-Gustavus, Kranig und Bade Untersuchungen vorgelegt worden, die diesen Themenkreis behandeln.[45] Dohse entwirft dabei in großem Bogen ein Bild der Geschichte der Ausländerpolitik und des Ausländerrechts vom Kaiserreich bis zur Bundesrepublik und betont dabei einerseits stark die Kontinuitätsaspekte der Ausländerpolitik im „bürgerlichen Staat", dem er „Funktionsgesetze" von gleichsam überhistorischer Qualität zuschreibt, so daß die verschiedenen „Varianten" der Ausländerpolitik als durch das Ausländerrecht zunehmend differenzierte Antwort auf die immer gleichen Probleme der Fungibilität einer Reservearmee von ausländischen Arbeitskräften auftreten.[46]

Diemut Majer setzt sich hingegen in ihrer voluminösen und kaum überblickbaren rechtshistorischen Untersuchung[47] detailliert mit der „sonderrechtlichen Idee" gegenüber den „Fremdvölkischen" im Dritten Reich auseinander und weist dabei nach, wie reibungslos die Etablierung sonderrechtlicher Bestimmungen zunächst gegenüber Juden, dann gegenüber den Ausländern – mit starkem West-Ost-Gefälle – und schließlich in totalisierender Dynamik gegenüber allen „Gemeinschaftsfremden" von den deutschen Justiz- und Verwaltungsbehörden akzeptiert und praktiziert wurden; daß sich „das Prinzip des Sonderrechts von seinem rassischen Kern mehr und mehr löste und zum allgemeinen Rechts- und Verwaltungsprinzip des Nationalsozialismus wurde"; wie groß dabei der Spielraum für die einzelnen Verwaltungs- und Behördenstellen war und daß Maßnahmen der „völkischen" und rassischen Diskriminierung von der politischen Führung „ohne Rücksicht auf ‚sachliche' oder wirtschaftliche Erwägungen durchgepeitscht" wurden. Hier und mit der ergänzenden Arbeit von Kranig über das nationalsozialistische Arbeitsrecht,[48] die die sozialpolitische Reglementierung der ausländischen Arbeiter jedoch nur in Ansätzen umgreift, liegen wichtige Ergebnisse vor, die vor allem daraufhin zu überprüfen sind, inwieweit sich die straf- und sozialrechtliche Erlaßgebung gegenüber den Ausländern auch tatsächlich in der Praxis des Ausländereinsatzes durchgesetzt hat.

Durch den Aufsatz von Schminck-Gustavus auf der Basis der vom Posener Westinstitut veröffentlichten Dokumente zur Zwangsarbeit von Polen im Reich sind hierzu bereits wesentliche Aufschlüsse gegeben worden. Schminck-Gustavus untersucht die Vorschriften und Erlasse gegenüber den Polen vor allem im Hinblick auf die umfassende Reglementierung des gesamten Arbeits- und Lebensbereichs und beschreibt die daraus resultierende, weitgehende Einbindung der deutschen Bevölkerung in die Fremdarbeiterpolitik des Dritten Reiches: „Um die ‚Polenverordnungen' durchzusetzen, kam es eben nicht nur auf die SS-, Gestapo- und Arbeitseinsatz-Apparate an, sondern ebenso auf einfache ‚Volksgenossen', die durch ihr Verhalten tätige Hilfsfunktionen für die NS-Bürokratie übernahmen; nötig war auch der einfache Postbeamte, der die Menschen mit dem ‚P'-Zeichen am Schalter zurückwies, wenn sie eine Rundfunkgenehmigung beantragten, nötig war auch der Saalwächter, der bei ‚volksdeutschen' Tanzvergnügungen den Menschen mit dem ‚P' zurückwies, der Billetverkäufer, der ihm keine Einlaßkarte für eine Theateraufführung verkaufte, nötig war der Bademeister, der Gastwirt, der Friseur und der Parkwärter, der die Polen zurückwies, der Pfarrer, der den Ausschluß seiner polnischen Glaubensbrüder aus dem Gottesdienst hinnahm, und der Friedhofsverwalter und Totengräber, der ihm die letzte Ruhestätte unter deutschen ‚Volksgenossen' verweigerte."[49] Diesen Ansatz hat Schminck-Gustavus in einer kommentierten Edition von Erinnerungen ehemaliger polnischer Fremdarbeiter für die Situation in Bremen ausgeweitet und ist hier, was die alltagsgeschichtliche Dimension angeht, zu innovativen und sehr eindrücklichen Ergebnissen gekommen.[50]

Schließlich ist in diesem kurzen Überblick auf die umfangreiche Literatur über die Situation in den vom nationalsozialistischen Deutschland besetzten oder mit ihm verbündeten Ländern zu verweisen, die sich aus unterschiedlichen Perspektiven mit der Fremdarbeiterproblematik befaßt. Hier wurden vor allem die Arbeiten von Evrard, Jäckel und Milward für Frankreich, von Sijes und Hirschfeld für Holland und Schausberger für Österreich berücksichtigt,[51] während die reiche polnische Literatur lediglich anhand einiger neuerer, vorwiegend deutsch- oder englischsprachiger Titel des führenden polnischen Fremdarbeiterforschers Czesław Łuczak einbezogen wurde und die Arbeiten aus der Tschechoslowakei, Bulgarien, Italien und anderen Ländern nicht rezipiert worden sind.[52] Auffälligerweise fehlen größere Untersuchungen aus der Sowjetunion, die doch am stärksten von der nationalsozialistischen Ausländerpolitik betroffen war; ein Umstand, der möglicherweise mit dem ungeklärten Schicksal der sowjetischen Kriegsgefangenen und Fremdarbeiter nach ihrer „Repatriierung" in die Sowjetunion zusammenhängt.[53] Immerhin liegen in den Werken Brodskis aber gewichtige Untersuchungen zum Widerstandskampf der sowjetischen Arbeitskräfte im Nazideutschland vor, die sich über weite Strecken wie ein Rehabilitierungsversuch der sowjetischen Fremdarbeiter und Kriegsgefangenen lesen.[54]

Seit etwa 1982 haben die Forschungsbemühungen zur Geschichte der ausländischen Arbeitskräfte im nationalsozialistischen Deutschland an Breite und Intensität zugenommen; hier ist vor allem auf die Arbeiten von August (über die Hintergründe der Entscheidung für den Ausländereinsatz 1938-1940), Grossmann (Über die Praxis der Ausländerbeschäftigung in Bayern) und Littmann (über Hamburg) zu verweisen; sowie auf die großen Untersuchungen von Jacobmeyer (über die Geschichte der „Displaced Persons" nach 1945) und Bock (über Zwangssterilisationen deutscher und ausländischer Frauen im Nationalsozialismus).[55]

Aus der hier knapp skizzierten Forschungsgeschichte der Fremdarbeiterbeschäftigung im Dritten Reich ergeben sich zusammengefaßt vier Bereiche, die genauer untersucht werden müßten: Die mit der Vorgeschichte, Genese und Planung des Ausländereinsatzes zusammenhängenden Fragen; der Bereich der politischen Entscheidungen; Fragen nach der Praxis der Arbeits- und Lebensverhältnisse der ausländischen Arbeiter und schließlich das Verhältnis zwischen Deutschen und Ausländern. An diesen vier Punkten setzen auch die Fragestellungen dieser Untersuchung an.

Was den ersten Bereich angeht, so ist hier vor allem nach den Vorbildern und der Vorgeschichte des nationalsozialistischen Ausländereinsatzes zu fragen, um von dort aus die in der Literatur heftig umstrittenen Fragen nach der „Kontinuität" genauer behandeln zu können. Jedoch wird es dabei weniger um den Nachweis von „Kontinuität" oder „Bruch" gehen, sondern um die Untersuchung, in welchen Bereichen sich längere Traditionen fortsetzen, wo sie modifiziert und abgebrochen wurden und wo sich spezifisch nationalsozialistische Neuansätze finden lassen. Nur von dort aus wird sich auch eine genaue Analyse der Planungen des Ausländereinsatzes und der daran beteiligten Gruppen – vor allem der Rolle der Industrie – vornehmen lassen.

Was die politische Entscheidungsebene anbelangt, steht hier einerseits die Frage nach den politischen Fraktionen und widersprüchlichen Interessen der einzelnen Herrschaftsgruppen bei der Ausländerpolitik während des Krieges in horizontaler Gliederung im Vordergrund. Die vorliegende Literatur zum Thema Fremdarbeiter wie zu anderen sozialgeschichtlichen Fragen des Nationalsozialismus zeigt aber, daß eine Untersuchung der Entscheidungsfindung auf oberster Ebene durchaus noch keine Aussagen treffen kann darüber, ob die dort getroffenen Entscheidungen sich auch vertikal durch die verschiedenen Mittelinstanzen bis in die einzelnen Wirtschaftsbetriebe durchgesetzt haben – hier wird es darauf ankommen, die Implementationsprozesse innerhalb des NS-Regimes bei diesem Problem zu verfolgen, so daß – drittens – eine Verbindung zwischen politik- und sozialgeschichtlicher Analyse möglich wird.

Was die Lebens- und Arbeitsbedingungen der Ausländer in Deutschland angeht, so besitzen wir dazu nur wenig genaues Wissen. Während die Unterdrückungs- und Terrorpolitik der Nazis gegenüber den Ausländern genauer erforscht ist, ist es bislang kaum möglich, sichere Aussagen über die Relationen zwischen dem Terror und dem Alltag eines Ausländers in Deutschland zu treffen. Vor allem die Arbeit und das Problem der Arbeitsleistungen der Ausländer selbst, aber auch die Verhältnisse in den Lagern, die Differenzierungen zwischen den einzelnen Ausländergruppen, Fragen der Ernährung, der Freizeit, der Kontakte untereinander sind ebensowenig geklärt wie die besondere Lage der ausländischen Frauen, die Auswirkungen des hohen Frauenanteils bei den Fremdarbeitern aus dem Osten oder die verschiedenen Formen von Opposition, Widerstand und Kollaboration. Dabei ist ein eher struktureller Ansatz, wie etwa bei Homze oder Seeber, hier insofern weniger sinnvoll, als er die Dynamik der militärischen, politischen und gesellschaftlichen Entwicklung im Nationalsozialismus vernachlässigen müßte; ist die Kurzschrittigkeit und Improvisation nationalsozialistischer Politik doch gerade eines ihrer Kennzeichen. Es wird also darauf ankommen, die einzelnen Entwicklungsschübe und Phasen während des Krieges in ihrer Dynamik zu betrachten und strukturelle Überlegungen in ein zugrundeliegendes chronologisches Prinzip zu integrieren.

Den vierten Bereich schließlich stellt das Verhältnis zwischen Ausländern und Deutschen dar, vor allem jenen Deutschen, die nicht als Gestapo- oder Werkschutzleute mit den Fremdarbeitern zu tun hatten, sondern im alltäglichen Umgang bei der Arbeit, auf der Straße, im Lager, im Luftschutzkeller – oder auch im Widerstand mit den Ausländern zusammenkamen. Hier wird aber vor allem der Arbeitsplatz als der Ort genauer zu untersuchen sein, an dem sich das prinzipielle Verhältnis zwischen Ausländern und Deutschen entschied und an dem zutage kam, ob die deutsche Arbeiterschaft die ihr vom Regime zugedachte Rolle als „Vorarbeiter Europas" auch tatsächlich akzeptierte oder ob die Tradition des proletarischen Internationalismus hier stärker wirksam wurde. An diesem Punkt würde es dann auch möglich sein, über langfristige Auswirkungen des nationalsozialistischen Ausländereinsatzes für die Sozialstruktur der deutschen Gesellschaft Überlegungen anzustellen, vor allem, was soziale Mobilitätsprozesse und Veränderungen in der Mentalität bei der deutschen Arbeiterschaft betrifft.

Zur Quellenlage: die umfangreichen, einschlägigen Bestände im Bundesarchiv (BA) boten für die Analyse der politischen Entscheidungsfindung die Grundlage; das gilt für die GBA-Behörde und das Rüstungsministerium ebenso wie für Parteikanzlei, SS und RSHA sowie zahlreiche andere beteiligte Ministerien. Insbesondere die im Bestand des Reichsnährstandes erhalten gebliebenen Protokolle des Ausländer-Arbeitskreises beim RSHA, zum Teil auch die Protokolle der Zentralen Planung erlaubten intensivere Einblicke in die Binnenstruktur der NS-Führungsgruppen und die Prozesse der Entscheidungsfindung, als das sonst gemeinhin möglich ist. Die rüstungswirtschaftlichen Probleme des Ausländereinsatzes konnten durch die Akten des Wirtschafts- und Rüstungsamtes im Freiburger Bundesarchiv/Militärarchiv (BA/MA) genauer untersucht werden, ergänzt durch die beim IfZ liegenden Aktenkopien der obersten zivilen und militärischen Behörden. Die womöglich wichtigste Quellengrundlage für die Analyse auf der Entscheidungsebene aber beruht auf der Vorarbeit der Arbeitsgruppe „RSHA" beim Generalstaatsanwalt bei dem Kammergericht Berlin. In zehnjährigen Recherchen hat diese Gruppe von Staatsanwälten eine sehr umfangreiche und wahrscheinlich ziemlich vollständige Sammlung der in deutschen Archiven liegenden Quellen und Dokumente zur Ausländerpolitik des RSHA und anderer Reichsstellen zusammengetragen, ergänzt durch zahlreiche Vernehmungsprotokolle. Zweck dieser Recherchen war die Vorbereitung eines großen Prozesses gegen die ehemaligen Angehörigen des Amtes Ivd (Ausl. Arbeiter) des RSHA, der jedoch dann aus juristischen Gründen nicht zustande kam. Daß mir die Benutzung dieses Bestandes, der eine sonst kaum mögliche detaillierte Analyse der Diskussionsprozesse im RSHA erlaubt, gestattet wurde, ist der Glücksfall dieser Arbeit. Schließlich sind für die Ebene der oberen Reichsbehörden noch die Bestände der Nürnberger Prozesse sowohl in den verschiedenen Dokumentenserien als auch in den Anklage- und Verteidigungs-Dokumentenbüchern der Einzelverfahren zu nennen, die im Westfälischen Wirtschaftsarchiv Dortmund, im Staatsarchiv Nürnberg und beim IfZ eingesehen wurden.

Für die mittlere Administrationsebene liegen neben den Akten der Wirtschaftsgruppen und Reichsvereinigungen, den entsprechenden Beständen der Reichsministerien im Bundesarchiv und den Kriegstagebüchern der Rüstungsinspektionen im Militärarchiv vor allem die Bestände des Hauptstaatsarchivs Düsseldorf und des Staatsarchivs Münster vor, die zum Teil genaueren Aufschluß über die Entscheidungsprozesse bei den Ober- und Regierungspräsidenten und den Reichsverteidigungskommissaren geben, allerdings deutliche Lücken für den Parteibereich aufweisen.

Für die untere Ebene wurden zunächst regionale Schwerpunkte im Ruhrgebiet und vor allem in Essen gesetzt. Grundlage ist dabei das Material des Nürnberger Nachfolgeprozesse X gegen Krupp, das – berücksichtigt man Dokumentenbände von Anklage und Verteidigung gleichermaßen – ein zwar detailliertes, gleichwohl aber jeweils extrem zugespitztes Bild der Verhältnisse ergibt, was durch den Vergleich mit anderen Betrieben der Region, vor allem dem Bergbau aufgrund der Bestände des Bochumer Bergbau-Archivs, der Bergämter im Staatsarchiv Münster sowie durch die Kriegstagebücher der Rüstungskommandos Essen, Dortmund, Düsseldorf, Köln und einiger anderer im Militärarchiv jedoch relativiert werden konnte; ergänzt durch die z. T. recht umfangreichen Berichts- und Korrespondenzakten in den Beständen des Arbeits-, des Rüstungs- und des Propagandaministeriums und der Reichsgruppen.

Die wichtigsten Bestände zu diesem Aspekt liegen sicherlich in den Werksarchiven; hier aber waren alle Türen zu – bis auf die bei Thyssen und Mannesmann, mit jedoch wenig aussagekräftigen Beständen. Bei insgesamt etwa 40 Anfragen an deutsche Betriebsarchive erhielt ich ansonsten ausschließlich Absagen.[56] Die besondere Rolle, die die „Sklavenarbeit" in den Nürnberger Industrieprozessen eingenommen hat,[57] hat zu einer Abwehrhaltung bei den westdeutschen Großbetrieben geführt, die bis heute durch die Zurückhaltung der Archivbestände Legenden und Spekulationen Raum läßt und differenzierende Betrachtungsweisen unmöglich macht.

Für die Untersuchung des Verhaltens der deutschen Bevölkerung liegen mit den Gestapo-Personalakten im Hauptstaatsarchiv Düsseldorf, den Berichten der Generalstaatsanwälte und den SD-Berichten umfangreiche Bestände vor. Vor allem bei den „Meldungen aus dem Reich" überrascht es, daß das Thema „Ausländer" neben der aktuellen politischen und militärischen Berichterstattung das am meisten diskutierte war – diese Berichte sind ein außerordentlich interessantes und dichtes Material, allerdings auch quellenkritisch oft schwierig zu interpretieren.[58]

Für die letzte Kriegsphase standen mir die einschlägigen Bestände der Zentralen Stelle der Landesjustizverwaltungen in Ludwigsburg zur Verfügung, wie ich überhaupt feststellen konnte, daß sich gerade die Justizbehörden außerordentlich kooperativ und hilfsbereit zeigten. Das Quellenmaterial wurde abgerundet durch Einzelstücke aus Stadtarchiven und eine Reihe von veröffentlichten Quellen, von denen die wichtigsten neben den IMT-Bänden die neu herausgegebenen „Sopade-Berichte", die große Quellenedition von Tim Mason, die polnische Sammlung „Documenta occupationis", die Sammlung „Justiz und NS-Verbrechen" sowie die in der DDR herausgegebenen Bände „Anatomie der Aggression" und „Anatomie des Krieges" sind.[59] Interviews und schriftliche Erlebnisberichte, die ich zusammen mit den anderen Mitgliedern der Forschungsgruppe „Lebensgeschichte und Sozialkultur im Ruhrgebiet 1930 bis 1960" durchgeführt bzw. gesammelt habe, wurden nur in seltenen Fällen für die Darstellung benutzt; für die Gewinnung von neuen Einsichten und Fragestellungen an das schriftliche Material waren sie dafür umso wertvoller. Die stärkere Heranziehung von Interviews hätte eine systematische Interviewreihe vor allem mit ehemaligen Fremdarbeitern im west- und osteuropäischen Ausland vorausgesetzt, was aber vom zeitlichen wie finanziellen Umfang her eher eine Aufgabe für ein Forschungsteam wäre.

Aus der Forschungslage, der Beschaffenheit der Quellenbestände, zum Teil auch aus Gründen der Machbarkeit ergeben sich die Schwerpunkte und Defizite dieser Arbeit. Angesichts der Literaturlage könnte man zu Recht einwenden, daß Regional- und Lokalstudien das jetzt vordringliche wären, um überhaupt die Grundlagen für eine Gesamtdarstellung zu legen, die die Ergebnisse einer solchen längeren, mikroanalytischen Phase dann synthetisierend zu verarbeiten hätte. Tatsächlich standen solche Überlegungen auch am Anfang dieses Unternehmens, bis nach einigen Quellenstudien immer deutlicher wurde, daß Ausländerpolitik und Praxis des Ausländereinsatzes in offenbar sehr viel komplizierterem Verhältnis zueinander standen als angenommen; daß zweitens Motive und Interessenlagen bei der Entscheidungsfindung in der NS-Führung sehr differenziert zu sein schienen und sich dauernd veränderten und daß es drittens angesichts der sehr uneinheitlichen Forschungslage keine analytische und darstellerische Grundlage gab, auf die als Bezugsgröße sich die projektierte Regionaluntersuchung über deutsche und ausländische Arbeiter bei Krupp in Essen hätte kritisch beziehen können. So entstand als Ziel dieser Untersuchung das Vorhaben, ein Interpretationsangebot zur Geschichte der ausländischen Arbeiter in Deutschland zwischen 1939 und 1945 zu entwickeln, das die politischen Entscheidungen der verschiedenen administrativen Ebenen ebenso berücksichtigt wie, ausgehend von regionalen Fallstudien,[60] die Praxis der

Ausländerbeschäftigung und das gerade die Verbindungen und Widersprüche zwischen beiden Bereichen aufzuzeigen versucht.

Im Mittelpunkt der Arbeit steht die Beschäftigung von Ausländern in der gewerblichen, vor allem der Rüstungswirtschaft im engeren Sinne, während die Situation in der Landwirtschaft nur bis 1940 ausführlicher behandelt wird, weil hier mit den Arbeiten von Seeber, Łuczak und anderen polnischen Historikern bereits gewichtige Untersuchungen vorliegen.

Für eine weitergehende Untersuchung dieses Themenbereichs fehlen regionale Einzeluntersuchungen, hier wären insbesondere Arbeiten über einzelne Dörfer und Kleinstädte interessant;[61] aber auch branchenspezifische Analysen etwa über die Bau- oder die Chemiewirtschaft, wo der Ausländeranteil besonders hoch war, oder über die großen Flugzeugfabrikenprojekte der letzten beiden Kriegsjahre. Hier treten aber z. T. erhebliche Quellenprobleme auf, und man ist bald auf die oft in sehr großer Zahl vorliegenden, bei näherem Hinsehen aber weniger ergiebigen Personalstammkarten der Ausländer angewiesen; nötig sind aber möglichst unversehrte Berichts- und Korrespondenzbestände einzelner Betriebe, Ämter und Polizeistellen.

Was schließlich drittens fehlt, ist eine viel stärkere Einbeziehung der Erfahrungen der Betroffenen selbst. In der vorliegenden Untersuchung wurde dies durch Auswertung der Berichte der Auslandsbrief-Prüfstellen zu erreichen versucht, was jedoch über Annäherungen nicht hinausgeht.[62] Auch die in polnischer Sprache vorliegenden Sammlungen schriftlicher Erinnerungen ehemaliger Zwangsarbeiter sind hier nur von begrenztem Wert, weil schriftliche Berichte schon durch ihre Kürze die Extremsituationen stark in den Vordergrund rücken und über den Alltag weniger aussagen.[63] Um hier weiterzukommen, müßte in internationaler Zusammenarbeit ein großes Oral-History-Projekt entstehen, das ehemalige Kriegsgefangene und Fremdarbeiter, die in Deutschland während des Krieges gearbeitet haben, in verschiedenen Ländern in längeren lebensgeschichtlichen Interviews befragt. Meine ersten Versuche in diese Richtung waren insofern ermutigend, als sich durch solche Interviews vor allem Aufschlüsse über Bereiche ergeben, die sich behördlicher Kontrolle weitgehend entzogen, wie das Verhältnis der Ausländer zu den Deutschen und untereinander, Elemente von Resistenz und oft listigen Widerstandsformen sowie über die tatsächlichen Arbeits- und Lebensbedingungen der Betroffenen, über die in den Quellen oft sehr widersprüchliche Aussagen gemacht werden.

Die zwölf Kapitel der Arbeit kann man in vier große Abschnitte einteilen: Kapitel II und III beschäftigen sich in knappen Skizzen mit der Vorgeschichte des Fremdarbeitereinsatzes, vor allem den Erfahrungen aus dem Ersten Weltkrieg und den strukturellen Bedingungen, die beim Beginn des Krieges zu der Beschäftigung polnischer Landarbeiter im Reich führten.

Kapitel IV und V thematisieren die Entwicklung zwischen 1939 und dem Sommer 1941, wo zunächst die Hereinnahme der polnischen Kriegsgefangenen und bald darauf der Zivilarbeiter im Vordergrund stand und ab dem Sommer 1940 der Arbeitseinsatz der Franzosen. Im Zentrum der Untersuchung stehen die Kapitel VI/VII und VIII/IX; hier wird die Entwicklung in den Phasen zwischen Beginn und Rückschlag des „Ostfeldzuges" 1941/42 sowie zwischen Stalingrad und Kriegsende untersucht, wobei jeweils die politische Entwicklung und die Betrachtung der Praxis des Ausländereinsatzes in eigenen, größeren Kapiteln abgehandelt sind.

Im X. Kapitel wird die dramatische Zuspitzung der Verhältnisse bei Kriegsende behandelt und die Metamorphose der Fremdarbeiter und Kriegsgefangenen zu „Displaced Persons"; wobei die Entwicklung nach Kriegsende nicht weiter vertieft wird, weil hier auf die Ergebnisse der Arbeiten von Wolfgang Jacobmeyer über die Geschichte der DP's verwiesen werden kann; immerhin sollte aber deutlich werden, daß mit dem Ende des Krieges der Leidensweg für viele ehemalige Fremdarbeiter eben nicht zu Ende war.

Die geschilderten Aufbauprinzipien der Untersuchung haben neben, wie ich hoffe, einleuchtenden Vorteilen auch gewichtige Nachteile, deren auffälligster darin besteht, daß die Arbeit sehr lang geworden ist. Die mehrfache Wiederaufnahme von strukturellen Aspekten – etwa den Anwerbungen und Deportationen, den Arbeitsleistungen, der Frage der Anlernung, dem Strafsystem, den „Arbeitsvertragsbrüchen" usw. – unter in den einzelnen Kriegsphasen jeweils veränderten Vorzeichen sollte über das Verhältnis von Veränderung und Stabilität und dadurch über die Beziehung zwischen politischer Entwicklung und Struktur des Ausländereinsatzes Aussagen ermöglichen; häufigere Verweise in den Anmerkungen sollten hier ein Querlesen der Arbeit unter thematischen Gesichtspunkten erleichtern.

Zum Schluß dieser einführenden Abschnitte sei schließlich auf zwei Probleme verwiesen, die während der Niederschrift dieser Arbeit auftraten: wer sich über längere Zeit mit einem Thema wie diesem beschäftigt, das unter anderem eben auch eine unablässige Folge von Menschenrechtsverletzungen, Grausamkeiten und Gemeinheiten zum Inhalt hat, und sich zum Ziel setzt, hier aus verschiedenen Blickwinkeln analytisch ordnend und in längeren Perspektiven interpretierend vorzugehen, gerät schnell in die Gefahr, aus der Brille der „Macher", der rational kalkulierenden Manager zu schreiben; und oft genug fühlte ich mich in die Lage und die Denkweise der „vernünftigen" Nazifunktionäre versetzt. Oder ich war geneigt, die ausländischen Arbeiter auf ihre Funktion als Opfer zu reduzieren, deren moralische Reinheit durch störende Widersprüche in ihrem Verhalten nicht befleckt werden sollte, weil es mir recht schäbig vorkam, mich etwa über brutale Umgangsformen der Fremdarbeiter untereinander auszulassen und ich schnell gewillt war, hier nach Entschuldigungen statt nach Ursachen zu suchen.

Zum Zweiten entstand bei der Niederschrift gerade der sozialgeschichtlichen Kapitel der desillusionierende Eindruck, daß ich manches aufgrund der mir zur Verfügung stehenden Quellen auch anders hätte schreiben und belegen können, so daß hier manchmal eher ein entwickeltes Gefühl für den „Zeitgeist" ausschlaggebend war als eine unwiderleglich deduzierbare Sachlogik.

Das vorliegende Material reicht aus, um die politischen Diskussionen der vielleicht einige hundert Menschen zählenden Entscheidungsträger nachzuzeichnen – was die Beschreibung des Schicksals von Millionen oder bei Fallbeispielen auch nur einigen tausend ausländischen Arbeitern in der Kriegswirtschaft des Dritten Reiches anbelangt, habe ich oft nur Annäherungswerte erreichen können.

Alexander Kluge formulierte dazu in der „Nachbemerkung" zu seinem Roman „Schlachtbeschreibung", nachdem er die von ihm benutzten Archive genannt hat:

„Insofern können die im Buch beschriebenen Szenen dokumentarisch belegt werden. Das Buch wird dadurch nicht dokumentarischer. Wer in Stalingrad etwas sah, Aktenvermerke schrieb, Nachrichten durchgab, Quellen schuf, stützte sich auf das, was zwei Augen sehen können. Ein Unglück, das eine Maschinerie von 300.000 Menschen betrifft, ist nicht so zu erfassen (abgesehen von der Trübung der Wahrnehmungskräfte durch das Unglück selbst). Das Buch, wie jede Fiktion (auch die aus dokumentarischem Material bestehende), enthält ein Gitter, an das sich die Phantasie des Lesers anklammern kann, wenn sie sich in Richtung Stalingrad bewegt."

Für manche Abschnitte möchte das auch diese Untersuchung für sich in Anspruch nehmen.

II. Kapitel
Der Erste Weltkrieg als Erfahrungsfeld

1. Polnische Saisonarbeiter in der deutschen Landwirtschaft

Wenige Tage nach Beginn des Ersten Weltkrieges wies das Preußische Kriegsministerium die Stellvertretenden Generalkommandos an, die auf dem Gebiet des Deutschen Reiches befindlichen ausländischen Landarbeiter – in erster Linie russisch- und österreichisch-polnische Saisonarbeiter in der ostelbischen Landwirtschaft[1] – an einer Rückkehr in ihre Heimatländer zu hindern und sie „soweit irgend möglich zur Einbringung der Ernte und zu anderen dringenden Arbeiten" einzusetzen.[2] Mit der Durchsetzung dieses Befehls und seiner Ausweitung auf alle polnischen Arbeiter, also auch die in der Industrie beschäftigten, zwei Monate später[3] trat ein qualitativ neues Element in die Arbeitspolitik des Deutschen Reiches ein; fast eine halbe Million polnischer Arbeiter aus Rußland und – zum geringeren Teil – aus Österreich-Ungarn waren nunmehr gezwungen, auch gegen ihren Willen an ihren Arbeitsstellen in Deutschland zu bleiben.

Die seit den sechziger Jahren des 19. Jahrhunderts zunehmende Beschäftigung russisch-polnischer Saisonarbeiter in der ostdeutschen Landwirtschaft war in erster Linie eine Reaktion auf die seit der Hochphase der Industrialisierung rapide anwachsende Landflucht vor allem der jüngeren einheimischen Landarbeiterschaft des preußischen Ostens.[4] Das durch Arbeitslosigkeit und niedriges Lebenshaltungsniveau in den Entsendegebieten immer zur Verfügung stehende russisch-polnische Arbeitskräftereservoir diente so als Ausgleich für die nach Westen abwandernden Arbeitskräfte, dessen Zufluß nach Deutschland je nach Erfordernissen in einfacher Weise regulierbar war.

Die Polen waren für die agrarischen Unternehmer in vieler Hinsicht überaus angenehme Arbeitskräfte; froh, überhaupt Arbeit zu bekommen, nahmen sie schlechte Entlohnung und Unterbringung, ungeregelte Arbeitszeit und diskriminierende Behandlung oft klaglos hin, waren weitgehend immun gegen sozialdemokratische Agitation und boten zudem den Vorteil, daß für sie keine Sozialversicherungsleistungen zu zahlen waren. Hinzu kamen zwei gesetzliche Regelungen, die den Arbeitseinsatz der Ausländer in der Landwirtschaft präzise auf die Interessen der ostelbischen Großgrundbesitzer zuschnitten.

1891 wurde die Bestimmung der „Karenzzeit" eingeführt, wonach die Ausländer in den Wintermonaten in ihre Heimat zurückzukehren hatten.[5] Wurden sie während dieser Zeit auf preußischem Gebiet aufgegriffen, wiesen die Behörden sie aus. Ziel dieser Maßnahme war es zum einen, eine Ansiedlung der Polen, also ihre „Seßhaftmachung" in Deutschland zu verhindern. Zum anderen waren die Großgrundbesitzer zunehmend an Saisonarbeitern interessiert – Schnitterkolonnen, Kartoffelgräber: Leute, die man nach der Ernte nicht mehr brauchte und auch nicht bezahlen wollte.

In den folgenden Jahren erwies sich jedoch, daß die polnischen Saisonarbeiter auf gar zu schlechte Behandlung und Bezahlung durch den Arbeitgeber reagierten, indem sie vor Ablauf des Kontraktes die Arbeitsstelle verließen, meist um auf anderen Gütern Arbeit anzunehmen.

Um den zunehmenden „Kontraktbrüchen" entgegenzusteuern, wurde 1908 mit dem „Inlandslegitimationszwang" ein Instrument geschaffen, durch das die polnischen Arbeiter für die Vertragsdauer fest an den Arbeitgeber gebunden werden sollten. Auch wenn dieses System bis Kriegsbeginn die „nichtlegitimierte" Arbeitsaufnahme nicht vollständig verhindern konnte, war damit doch ein Erfassungssystem etabliert worden, das gleichzeitig als Regulationsschleuse für die Nachfrage nach ausländischen Arbeitern wie als Disziplinierungsmittel dienen konnte.

Nun wäre es in diesem Zusammenhang irreführend, die Arbeitsbedingungen der ausländischen Saisonarbeiter in der ostelbischen Landwirtschaft mit modernen Maßstäben zu messen oder mit der zeitgenössischen Situation der Industriearbeiterschaft zu vergleichen. Auch die Beschreibungen der Lebensbedingungen der einheimischen Landarbeiter zeugen von äußerst niedrigem Lebensstandard, von halbfeudaler Ausbeutung und Abhängigkeit, und die Lage der Arbeiter auf den großen Gütern war auch von der rechtlichen Qualifizierung ihres Arbeitseinsatzes her denkbar schlecht.[6] Die Kombination aus Karenzzeit und Inlandslegitimationszwang aber verschlechterte nicht nur die Lebens- und Arbeitsbedingungen der ausländischen Arbeiter einschneidend, sie verhinderte auch weitgehend die Möglichkeiten einer schleichenden Verbesserung der Lage der Ausländer, sei es durch die Verbesserung der Stellung auf dem Arbeitsmarkt aufgrund erhöhter Nachfrage nach Arbeitskräften, sei es durch langsame Akkulturation.

Es entstand ein geschlossenes System der Abhängigkeit, in dem der früher übliche direkte Kontakt zum großbäuerlichen Arbeitgeber ersetzt wurde durch anonyme Lohnarbeit bei wechselnden Arbeitgebern unter einem angestellten Antreiber und in dem die einzige Möglichkeit sich dagegen zu wehren, nämlich durch Wechsel der Arbeitsstelle, gesetzlich ausgeschlossen worden war.

So ist es kein Wunder, wenn die polnischen Saisonarbeiter bei den ostelbischen Großagrariern ausgesprochen begehrte Arbeitskräfte waren.

Wie hoch der finanzielle Gewinn für die Agrarier durch die Beschäftigung von Ausländern gewesen ist, ist schwer feststellbar. Der Hauptvorteil von Saisonarbeitern bestand vor allem darin, daß sie geholt und weggeschickt werden konnten, ohne daß der Unternehmer über das reine Geld-für-Arbeit-Verhältnis hinaus irgendwelche Verpflichtungen gehabt hätte; die Polen taten jede Arbeit, die Länge ihrer Arbeitszeit richtete sich nur nach der physischen Leistungsfähigkeit; Ungehorsam, Widerstand oder gar Streik waren nicht zu erwarten oder konnten doch in kürzester Zeit mit rabiaten Mitteln und dem vollen Einsatz der Behörden im Keim erstickt werden. Wenn sich auch die Marktkräfte nicht vollends ausschließen ließen, so war man doch nicht gezwungen, unliebsame Begleiterscheinungen der Industriegesellschaft wie sozialen Versorgungsanspruch, gewerkschaftliche und politische Organisation der Arbeiter und das zunehmende Eingreifen des Gesetzgebers in die Beziehung zwischen Arbeiter und Unternehmer hinzunehmen. Der massenhafte Einsatz von Ausländern in der Landwirtschaft vor dem Ersten Weltkrieg war eine mit behördlichen Maßnahmen abgesicherte Mischform industrieller und vorindustrieller Lohnarbeit, in der Karenzzeit und Legitimationszwang das vorindustrielle, informelle soziale Versorgungssystem ebenso ausschlossen wie die gesetzlich fixierte soziale Absicherung in Industriegesellschaften.

Und dennoch ist es nicht „Zwangsarbeit", will man diesen Begriff nicht soweit ausdehnen und entwerten, daß jede Form der Arbeitsaufnahme aus sozialer Not als Zwangsarbeit im Sinne des Zwanges zur Reproduktion bezeichnet werden kann. Denn unabhängig davon, daß auch die Löhne der Ausländer stiegen, daß es vielen auch nach Einführung des Legitimationszwangs möglich war, den Arbeitgeber zu wechseln – den Arbeitern blieb die Möglichkeit, die Arbeitsstelle zu verlassen und in ihre Heimat zurückzukehren; ja, die Drohung mit der zwangsweisen Rückbeförderung nach Russisch-Polen oder Galizien war gerade das entscheidende Druckmittel gegenüber den Ausländern.

Als weiterer Aspekt kommt hinzu: Die gesetzlichen Maßnahmen, die Arbeits- und Lebensbedingungen, die Behandlung der Ausländer in Ostelbien waren über mehr als zwanzig Jahre hinweg Gegenstand der öffentlichen Erörterung im Deutschen Reich; ein Skandal, der von Sozialdemokratie, Gewerkschaften, Kirchen, polnischen und freisinnigen Abgeordneten und der liberalen Presse bis hinein in den Regierungsapparat heftig angeprangert worden war und der darüber hinaus auch im Ausland auf erhebliche Aufmerksamkeit stieß.[7] Die Maßnahmen der Agrarier und der ihnen gewogenen Gruppen in den Regierungen mußten auf diese öffentliche Debatte Rücksicht nehmen und in ihrem Verhalten gegenüber den Ausländern auf diese Debatte reagieren. Die Kritik in der Öffentlichkeit hat die Lage der polnischen Saisonarbeiter möglicherweise nicht verbessert, sie stellte aber ein wirksames Gegengewicht gegen die Tendenz dar, ihre Arbeits- und Lebensbedingungen weiter zu verschlechtern.

Fragt man nach den Bedingungen, die eine vollständige Durchsetzung der Wunschvorstellungen der Agrarier erlaubt hätten, eine Arbeiterschaft zu beschäftigen, die nur die Ausgaben für die physische Reproduktion kostet, nur anwesend ist, wenn es Arbeit gibt und keine Rücksichten auf Familie, Krankheit und Alter fordert,[8] so sind drei Voraussetzungen zu nennen:
1. die vollständige Ausschaltung des Marktes; dadurch könnten die Löhne unabhängig vom Angebot an Arbeitskräften künstlich niedrig gehalten werden. Das bedeutete aber auch, daß die dann zu erwartende Fluchtbewegung der Beschäftigten verhindert und eine ganzjährige Beschäftigung in Kauf genommen werden müßte;
2. das aber würde umfangreiche polizeiliche Maßnahmen erfordern, tatsächlich eine vollständige Kontrolle aller ausländischen Arbeiter auf einer von gesetzlicher Einengung unabhängigen Ebene. De facto aber ist bei relevanter Größenordnung des Ausländereinsatzes diese totale polizeiliche Kontrolle nur mit Hilfe eines Heeres von nebenberuflichen Aufsehern zu bewerkstelligen;
3. beides aber setzt einen weitgehenden gesellschaftlichen Konsens über die Notwendigkeit und die politisch-moralische Rechtfertigung dieser Maßnahmen voraus, also auch eine Ausschaltung der kritischen Öffentlichkeit. Schließlich –

und das zeigt die Konsequenz dieser Überlegungen – müßten auch Wege gefunden werden, die Kritik aus dem Ausland verstummen lassen.

All diese Bedingungen waren vor 1914 in Deutschland nicht oder nicht vollständig erfüllt. Der Arbeitseinsatz der polnischen Saisonarbeiter vor dem August 1914 markiert aber einige Schritte in diese Richtung. Erstens entstand hier eine fungible Reservearmee von Arbeitskräften zumindest am Rande des Arbeitsmarktes und ohne Anteil an der sozialen Absicherung der deutschen Arbeiterschaft; zweitens wurde auch gesetzlich die rechtliche Diskriminierung einer unterhalb der deutschen angesiedelten, nach nationalen Kriterien definierten Arbeiterschaft etabliert; drittens gab es weitverbreitete Ansätze eines rassistischen Dünkels gegenüber den Polen, der die Diskriminierung der Saisonarbeiter als „normal" und eher selbstverständlich akzeptierte.[9]

Insofern stellte also das eingangs geschilderte, im Herbst 1914 erlassene Rückkehrverbot für die ausländischen Arbeiter einen qualitativen Sprung dar – allerdings einen in die gleiche Richtung, wie sie von der Ausländerpolitik der Vorkriegszeit anvisiert worden war.

2. Der Arbeitseinsatz der Kriegsgefangenen

Die naheliegendste Form der Beschäftigung von ausländischen Arbeitskräften während des Krieges, die den Idealvorstellungen der großagrarischen Unternehmer vom billigen und willigen Arbeiter am nächsten kam, war der Arbeitseinsatz von Kriegsgefangenen.[10] Gleichwohl war daran bei den kriegswirtschaftlichen Vorbereitungen im Kriegsministerium nicht gedacht worden; vielmehr galt es, die erwarteten Auswirkungen der wirtschaftlichen Anpassungskrise in der Industrie bei Kriegsbeginn aufzufangen, die die seit 1913 aufgetretene rezessive Tendenz verstärkte und vor allem in den ersten Kriegsmonaten zu Produktionsrückgängen und sektoraler Arbeitslosigkeit führte. Als Folge davon sank die Zahl der ausländischen Industriearbeiter im Reich, bei denen Österreicher und Italiener die Hauptkontingente stellten, von 700.000 auf etwa 300.000 – die Zunahme der Arbeitslosigkeit bei der deutschen Bevölkerung war der Haupteinwand gegen eine Beschäftigung von Ausländern oder gar Kriegsgefangenen in der Industrie; während in der Landwirtschaft durch die Einziehungen zum Militär schon kurz nach Kriegsbeginn Arbeitskräftemangel herrschte.[11]

In den Monaten nach den für die deutsche Führung in dieser Schärfe unerwarteten militärischen Rückschlägen Anfang September 1914 und der dadurch sichtbaren militärischen und wirtschaftlichen Ausweitung des Krieges aber stellte sich die Arbeiterfrage neu. In der Folgezeit wurde die Beschäftigung von Kriegsgefangenen für immer weitere Bereiche zugelassen bzw. angeordnet: seit etwa April 1915 wurden sie verstärkt im Bergbau und Hüttenwesen, einige Monate später auch bei Erntearbeiten in der Landwirtschaft eingesetzt; im Herbst 1915 begannen die Gefangenenzuweisungen in die Metall- und Schwerindustrie. Hinzu kam der Einsatz bei umfangreichen Kultivierungs- und Ödlandarbeiten.

Tabelle 1: Kriegsgefangene in deutschem Gewahrsam, 1914-1918[12]

Franzosen	535.411
Belgier	46.019
Engländer	185.329
Russen	1.434.529
Rumänen	147.986
Italiener	133.287
Serben	28.746
Sonstige	9.676
Insgesamt	2.520.983

Von den 1.625.000 im August 1916 in deutschem Gewahrsam befindlichen Gefangenen waren eingesetzt:

in der Landwirtschaft	735.000	(45 %)
in der Industrie	331.000	(20 %)
bei gemeinnützigen Arbeiten	39.000	(2 %)
zusammen	1.105.000	
in den Etappengebieten	253.000	(16 %)
im Lagerdienst	91.000	(6 %)
nicht eingesetzt	176.000	(11 %)

In der Landwirtschaft wurden dabei vorwiegend russische und serbische Gefangene, in der Industrie vor allem französische, belgische und italienische Gefangene eingesetzt.

Die volkswirtschaftliche Bedeutung des Kriegsgefangeneneinsatzes war außerordentlich: „Man konnte sich einen größeren Betrieb, sei es Landwirtschaft oder Industrie, ohne die Hilfe der Kriegsgefangenen schließlich nicht mehr denken", urteilte der Völkerrechts-Untersuchungsausschuß des Reichstages nach dem Kriege. „Es wird wohl erst der späteren Zeit vorbehalten bleiben, voll die Arbeitsleistung zu würdigen, die durch die Ausnutzung der Kriegsgefangenenarbeit erreicht worden ist, und anzuerkennen, wie wesentlich ihre Arbeit dazu beigetragen hat, die Kriegswirtschaft aufrecht zu erhalten, trotz der Nachteile, die der Kriegsgefangenenarbeit doch immer anhängen, z. B. Unlust infolge der langen Kriegsdauer, körperliche Ungeeignetheit, Verpflegungsschwierigkeiten usw."[13]

Drei Probleme waren es vor allem, die die massenhafte Beschäftigung von Gefangenen aufwarf: Das größte war die Frage der Bewachung. Denn in dem Maße, in dem der Einsatz über die Beschäftigung von großen Kolonnen z. B. bei Erntearbeiten hinausging – anfänglich mit 15 % Bewachungspersonal! – war eine dauernde Kontrolle der einzelnen oder in kleinen Gruppen über die gewerblichen und landwirtschaftlichen Betriebe im Reich verstreuten Gefangenen kaum möglich, so daß die Fluchtzahlen relativ hoch lagen. Das zweite Problem lag in der verhältnismäßig niedrigen Arbeitsleistung der kriegsgefangenen Arbeitskräfte, die z. T. auf „Unlust", für den Feind zu arbeiten, zurückzuführen war; mehr noch aber auf den Umstand, daß es bis Kriegsende nicht gelang, die Leistungsentlohnung, also Akkordarbeit, durchzusetzen, so daß für die Gefangenen auch wenig Anreiz bestand, durch erhöhte Leistungen den eigenen Verdienst zu steigern, zumal ihnen durchschnittlich nur etwa 25 % des verdienten Bruttolohnes ausgezahlt wurden – zudem meist in „Schecks", also Sondergeld, das nur im Lager Gültigkeit hatte. Schließlich drittens war den deutschen Militärbehörden unklar, mit welchen Mitteln sie „Widerspenstigkeiten" und „Disziplinlosigkeit" ahnden konnten, um die Arbeitsleistungen zu erhöhen. Zwar ist es in einer nicht geringen Zahl von Fällen zu Mißhandlungen der Gefangenen durch das Wachpersonal gekommen, aber die offenbar recht gut funktionierende Kontrolle durch das Internationale Rote Kreuz und die Vertretungskonsulate der Feindmächte sorgte dafür, daß sich solche Vorkommnisse in relativ engem Rahmen hielten und sich von den Verhältnissen in den Kriegsgefangenen-Lagern der anderen kriegsführenden Mächte jedenfalls nicht auffällig unterschieden.

Dies gilt in eingeschränkter Weise auch für die Verpflegung der Gefangenen, die sich in der zweiten Kriegshälfte aufgrund der insgesamt schwierigen Versorgungslage in Deutschland zwar deutlich verschlechterte; auf den Arbeitskommandos, und hier vor allem in der Landwirtschaft, aber deutlich besser war als in den Stammlagern, wo die Lebensmittelversorgung über Monate hinweg ganz unzureichend war.

Insgesamt war die Beschäftigung von mehr als einer Million Kriegsgefangener in der deutschen Landwirtschaft und Industrie, zum Teil und mit zunehmender Tendenz an qualifizierten Arbeitsplätzen, für das kriegsführende Deutsche Reich ein erheblicher und während des Krieges an Bedeutung zunehmender wirtschaftlicher Aktivposten. Die Beschäftigung von Gefangenen war aus den genannten Gründen zwar nicht problemlos, dennoch standen hier Aufwand und Ertrag aus deutscher Sicht in einem sehr positiven Verhältnis.

3. Zivile „Zwangsarbeiter" in der deutschen Kriegswirtschaft

Demgegenüber stellte die Beschäftigung von zivilen ausländischen Arbeitskräften während des gesamten Krieges sowohl juristisch wie politisch wie praktisch ein äußerst kompliziertes Problem dar, so daß sich hier die Frage nach der Kosten-Nutzen-Relation nicht so eindeutig beantworten läßt wie im Falle der Kriegsgefangenen.

Im Gegensatz zur Situation in der Industrie hatte die Einziehung von mehr als drei Millionen Wehrpflichtigen 1914 in der Landwirtschaft einen erheblichen Arbeitsmangel zur Folge. Dennoch wurde bei Kriegsbeginn vorwiegend aus militärischen Gründen die ursprünglich ins Auge gefaßte Zurückhaltung der ausländischen Arbeiter verworfen und sogar eine Abschiebung der Ausländer dekretiert.[14]

Durch die militärischen Rückschläge im September aber kamen die Abschiebungserlasse nie zur Anwendung, und die eingangs erwähnten Bestimmungen vom Oktober, durch die erst die in der Landwirtschaft, dann alle in Deutschland arbeitenden Polen an einer Rückkehr gehindert wurden, trugen der veränderten wirtschaftlichen und militärischen Lage Rechnung.[15]

Diese faktische Überführung der Ausländer in den Status von Zivilgefangenen war auch insofern von Bedeutung, als durch die Unmöglichkeit der Rückkehr zum einen die Marktgesetze gänzlich außer Kraft gesetzt wurden und zum anderen den polnischen Landarbeitern die letzte Möglichkeit genommen werden sollte, durch Kontraktbruch sich der Ausbeutung zu entziehen. Die erhöhte Nachfrage nach Arbeitskräften führte so nicht zu Lohnverbesserungen – der Zwangscharakter der Arbeit hatte vielmehr Verschlechterungen der sozialen Lage der Ausländer zur Folge. Die Reallöhne, an vielen Stellen auch die Nominallöhne, sanken; militärische Befehlshaber ordneten die Einbehaltung der Hälfte des Barlohnes an; Arbeitgeber bezahlten nur noch mit Lebensmitteln oder mit nach dem Kriege einlösbaren Gutscheinen.[16] Zwar reagierten nach wie vor zahllose Arbeiter mit Kontraktbruch und Flucht auf die verschärfte Ausbeutung, mit den Militärbehörden war nun aber ein Exekutivapparat vorhanden, der eine stärkere Kontrolle und Repression gewährleistete; die Mehrheit der polnischen Arbeiter mußte so bis Kriegsende auf den ostelbischen Gütern bleiben.[17]

Bei der nun fortgesetzten und forcierten Anwerbung der polnischen Arbeiter in den besetzten Gebieten im Osten verschwimmen die Grenzen zwischen zwangsweiser Deportation und „Freiwilligkeit" der Unterzeichnung von Arbeitskontrakten durch die Arbeiter. Die militärischen Besatzungsbehörden waren in jedem Fall in der Lage, auf die Bevölkerung der okkupierten Gebiete, deren soziale Not durch Betriebsschließungen und wirtschaftliche Ausbeutung sich noch verschärft hatte, zusätzlichen Druck auszuüben, so daß genügend hohe Anwerbezahlen verzeichnet werden konnten.[18] Im Oktober 1916 wurde dieser Druck dadurch erhöht, daß durch die „Verordnung zur Bekämpfung der Arbeitsscheu"[19] die rechtliche Basis zur zwangsweisen Überführung nach Deutschland noch erweitert wurde. Die daraufhin begonnenen Deportationen von etwa 5.000 meist jüdischen Arbeitskräften aus der Gegend um Lodz machten jedoch deutlich, daß die Behörden zur Organisation einer funktionierenden und vollständig auf Zwang beruhenden Aushebung und Verschickung nicht in der Lage waren. Jugendliche, Alte und Kranke waren abtransportiert worden, nur die Hälfte der Deportierten übernahm eine Arbeitsverpflichtung, die Empörung in Polen über die Maßnahmen des Regimes war stark gestiegen, der außenpolitische Schaden für Deutschland war vor allem in Hinblick auf die Proklamation des Königreiches Polen am 5. November 1916 erheblich. Eine ausschließlich auf direkter Gewalt beruhende Anwerbung und Deportation hätte ein erheblich größeres Maß an organisatorischer Vorbereitung und an militärischem Druck vorausgesetzt, um einen im Sinne der Behörden und Unternehmen effektiven Arbeitseinsatz zu gewährleisten. Allerdings führte bereits diese Andeutung von Zwangsmaßnahmen zu dem für die Behörden positiven Effekt, daß die Zahl der sich freiwillig meldenden Arbeitskräfte stieg – bei vielen war dabei wohl der Gedanke ausschlaggebend, lieber jetzt „freiwillig" einen Arbeitskontrakt zu unterschreiben, als später den möglicherweise erheblich schlechteren Bedingungen der Zwangsverpflichtung zu unterliegen.[20]

Aus dem Widerspruch zwischen der inneren Logik der Zwangsarbeit, die – wäre sie mit letzter Konsequenz betrieben worden – eine Totalisierung der organisatorischen und militärischen Maßnahmen mit sich gebracht hätte, und der Tatsache, daß die deutschen Behörden vielleicht nicht willens, sicher aber nicht in der Lage waren, diese Konsequenzen durchzusetzen, folgte die uneinheitliche und schwankende deutsche Arbeitskräftepolitik gegenüber Polen. Einerseits zeigte sich, daß verschärfter Zwang und Druck auf die Bevölkerung und die nach Deutschland gebrachten Arbeitskräfte für die Behörden und Unternehmer unerwünschte Auswirkungen hatte: Die Zahlen der flüchtigen polnischen Arbeitskräfte stiegen steil an. Zwischen Oktober 1915 und November 1916 verließen 11.233 Polen ihre Arbeitsstelle, im darauf folgenden Jahr waren es bereits 24.390.[21] Wollten die Behörden aber eine Effektivierung des Arbeitseinsatzes durchsetzen, ohne dabei die politischen und organisatorischen Voraussetzungen für eine Totalisierung der Zwangsarbeit gewährleisten zu können oder zu wollen, mußten sie die Arbeitsbedingungen und die Form der Anwerbung verbessern, so daß es für die Arbeiter einen Anreiz gab, nicht wegzulaufen. Andererseits war damit für die landwirtschaftlichen Unternehmer die Gefahr einer teilweisen Refunktionalisierung des Arbeitsmarktes verbunden, was bei dem sich in der zweiten Kriegshälfte verschärfenden Arbeitskräftemangel in Deutschland zu Lohnsteigerungen und einer Zuspitzung der Konkurrenz um Arbeitskräfte zwischen Industrie und Landwirtschaft hätte führen müssen.

Beide Positionen markieren die widersprüchlichen Interessenlagen der verschiedenen mit diesen Problemen beschäftigten Gruppen bei den landwirtschaftlichen Unternehmern, den zivilen und den militärischen Behörden.

Auf der administrativen Ebene setzte sich die mittelfristige Argumentation durch. Seit Dezember 1916 wurden die Möglichkeiten des Orts- und Arbeitswechsels für die ausländischen Arbeiter sukzessive erleichtert, Schlichtungsstellen einberufen und vor allem die Bestimmungen über Urlaubsheimfahrten der polnischen Arbeiter gelockert.[22]

Dennoch ging das Kalkül nicht auf; die Fluchtzahlen blieben konstant, von den Urlaubsfahrten kehrte rund ein Viertel der Arbeiter nicht mehr zurück, und von den mehr als 40.000 Ausländern etwa in Pommern weigerte sich fast ein Viertel, die Arbeitsverträge für 1918 zu unterschreiben.[23] Die Ursache dafür lag vor allem darin, daß die erlassenen Verbesserungen hinsichtlich der Freizügigkeit und der Lebensbedingungen den Charakter der Zwangsarbeit nicht beseitigt, sondern nur abgemildert hatten, zudem aber mit einer Reihe von Einschränkungen bei der Durchführung versehen worden waren, die es den landwirtschaftlichen Unternehmen und den einzelnen Generalkommandos erlaubten, weitgehend nach eigenem Gutdünken zu verfahren. Darüber hinaus war bei der Größenordnung des Ausländereinsatzes in der Landwirtschaft eine wirksame behördliche Kontrolle schon organisatorisch kaum durchführbar. Solange die Arbeiter nicht in die Lage versetzt wurden, die eigenen Interessen selbst zu vertreten, blieb die Frage nach Verbesserungen und Erleichterungen für die Ausländer vom guten Willen einzelner Gutsherren abhängig.

In der deutschen Industrie lagen die Verhältnisse zu Beginn des Krieges anders: Dort war es eher die im Zuge der Umstellung der Produktion auf Kriegsbedingungen eingetretene sektorale Arbeitslosigkeit, die die Abwanderung eines Großteils der bis dahin dort vorrangig beschäftigten Österreicher und Italiener zunächst als durchaus willkommen erscheinen ließ. Seit Anfang 1915 änderte sich dies. Vor allem von Seiten der Vertreter der rheinisch-westfälischen Industrie wurde der Ruf nicht nur nach Beschlagnahme von industriellen Produktionsmitteln, sondern auch nach der Ausnutzung der hohen Arbeitslosigkeit in Belgien und Polen und der Anwerbung von Arbeitskräften aus diesen Ländern in die deutsche Industrie laut.[24] Eine Übernahme ausländisch-polnischer Arbeiter aus der deutschen Landwirtschaft in die Industrie kam dabei nicht infrage. Dies hätte aufgrund der erheblich besseren Löhne in der Industrie eine Landflucht der Polen und die Verschärfung des „Leutemangels" in der Landwirtschaft zur Folge gehabt. Es blieb den polnischen Landarbeitern bis Kriegsende verboten, in die Industrie zu wechseln. So blieb als naheliegende Lösung des im Verlaufe des Jahres 1915 immer deutlicher zutage tretenden Arbeiter-, vor allem Facharbeitermangels in der Industrie nur der Weg, aus dem Ausland Arbeitskräfte anzuwerben. Dabei kam vor allem Belgien in den Blick, denn angesichts der relativ hohen Arbeitslosigkeit dort lag es für die westdeutschen Industriellen nahe, hier eine Möglichkeit zu sehen, den steigenden Arbeitskräftebedarf der Betriebe zu stillen.[25]

Im Juli war auf Initiative des Vereins deutscher Eisen- und Stahlindustrieller in Brüssel das Deutsche Industrieinstitut gegründet worden, dessen „Deutsches Industriebüro" in Belgien Arbeiter für die schwerindustriellen Betriebe an Rhein und Ruhr warb. In den ersten 12 Monaten aber ging diese Werbung nur sehr schleppend vor sich. Dies lag vor allem daran, daß die belgischen Arbeitslosen durch verschiedene nationale und internationale Hilfsorganisationen unterstützt wurden; eine drängende soziale Notsituation wie in Polen, die die Aufnahme der Arbeit in Deutschland als letzten Ausweg erscheinen ließ, bestand dadurch in Belgien nicht. Zudem hatten die deutschen Behörden vor der Anordnung von Zwangsmaßnahmen gegenüber Belgiern erhebliche Skrupel. Während für polnische Arbeiter die Beschäftigung in der Industrie seit dem 11. Mai 1915 erlaubt war und im November 1915 durch die Gleichstellung mit den in der Landwirtschaft arbeitenden Auslandspolen die Freizügigkeit abgeschafft und damit ein Zwangssystem in den industriellen Betrieben installiert worden war[26], schreckte man vor ähnlichen Maßnahmen gegenüber Belgiern zurück.

Im Sommer 1916 aber verstärkte sich der Druck der Schwerindustrie auf die Behörden, der Rüstungswirtschaft mehr ausländische Arbeiter zur Verfügung zu stellen.[27] Mit der juristisch fragwürdigen Formel, es handele sich um Arbeitslose, die in Belgien keine Arbeitsstelle finden könnten und nach Deutschland gebracht würden, um nicht von öffentlicher Unterstützung leben zu müssen, wurden von Oktober 1916 bis Februar 1917 etwa 61.000 belgische Arbeitskräfte zwangsweise ins Deutsche Reich verschickt.[28]

Insgesamt aber waren diese Zwangsdeportationen organisatorisch und politisch ein Desaster. Von den bis Anfang 1917 etwa 56.000 Deportierten befanden sich im Februar noch 40.000 in den Sammellagern, 8.000 waren vorübergehend zur Arbeit eingesetzt und nur 8.500 hatten mittlerweile „freiwillig" Arbeitsverträge unterschrieben.[29] Jedenfalls konnte schon von der organisatorischen Vorbereitung und Durchführung her von den ursprünglich zugesagten Deportationszahlen von wöchentlich (!) 20.000 keine Rede sein.

Hingegen waren die politischen Folgen für das Ansehen des Deutschen Reiches sehr unangenehm. Vor allem die zahlreichen Proteste neutraler Länder festigten das Bild vom deutschen Militarismus in der internationalen Öffentlichkeit und trugen nicht unwesentlich zur weiteren diplomatischen Isolierung Deutschlands bei.[30] Inwieweit die Zwangsmaßnahmen auch wirtschaftlich ein Fehlschlag waren, ist schwer zu bestimmen. Die Belgier galten als unwillige Arbeiter und manche Unternehmen lehnten es sogar ab, sie zu beschäftigen. Immerhin hatte die Anwendung von Zwang zu einem erheblichen Anstieg an „freiwilligen Meldungen" belgischer Arbeiter geführt. Die Mehrzahl der Arbeiter aber blieb in den Lagern, bis der Druck der deutschen Öffentlichkeit auf die Regierungsstellen so groß geworden war, daß im Februar 1917 die gesamte Aktion abgebrochen wurde. Insbesondere die Noten der neutralen Länder und „die aus politischen Gründen in hohem Grad unerwünschte Fortsetzung der Reichstagsverhandlung über Mißstände der Lage jener Arbeiter", wie Bethmann Hollweg es formulierte, setzten die Reichsregierung unter Druck.[31]

Die Strategie zur Beschaffung belgischer Arbeiter wurde daraufhin umgestellt: die Lebensbedingungen in Belgien wurden verschlechtert – unter anderem durch die Erhöhung der Lebensmittelpreise und die Herabsetzung der Löhne –, die materiellen Anreize zur Aufnahme von Arbeit in Deutschland erhöht. Diese Kombination aus ökonomischem Druck und sozial attraktivem Angebot, die bis Kriegsende aufrecht erhalten wurde, hatte einigen Erfolg; die Anwerbezahlen schnellten hoch. Von der Beendigung der Zwangsdeportation im Februar 1917 bis zum Sommer 1918 wurden fast 100.000 Neuanwerbungen belgischer Arbeiter gezählt.[32]

Die Situation der in der Industrie beschäftigten russisch-polnischen Arbeiter unterschied sich hingegen von derjenigen der Belgier beträchtlich. Eine Untersuchung der Lebens- und Arbeitsverhältnisse der Auslandspolen bei Krupp in Rheinhausen und Umgebung macht deutlich, daß sich deren tatsächliche soziale Lage während des Krieges fortwährend verschlechterte, obwohl etwa seit 1917 von Seiten der Reichsbehörden gewisse „Liberalisierungs"-Versuche und Maßnahmen zur Verbesserung der juristischen und sozialen Situation dieser Arbeiter feststellbar sind.[33]

Die russisch-polnischen Arbeiter standen unter Sonderrecht, waren in Lagern untergebracht, unterlagen der Ausgangssperre und der Einschränkung der Freizügigkeit, wurden bei Arbeitsverweigerungen inhaftiert und waren häufig Mißhandlungen und Beleidigungen ausgesetzt. Durch die Unterbringung in Lagern kamen Mängel in der Ernährung hinzu. Die Küchen der Ausländerlager wurden nämlich in der Regel von der Frau des jeweiligen Lagerverwalters unterhalten, und die offenbar unvermeidlichen Fälle von Korruption und „Durchstechereien" wurden immer häufiger, je länger der Krieg dauerte.

Die mangelhafte Ernährung stellte in der letzten Kriegsphase eines der größten Probleme der russisch-polnischen Arbeiter dar. Die „dünne Brühe", die sie im Lager erhielten, war immer wieder Anlaß zu Beschwerden und Auseinandersetzungen. Darüber hinaus hatte der Betrieb bei Unterbringung und Verpflegung der Ausländer in den Lagern Zugriffsmöglichkeiten und Gelegenheit, Arbeitsleistung und Verpflegung miteinander zu koppeln. Bei vielen Firmen wurden „Arbeitsverweigerer" mit Essensentzug bestraft, ein zwar verbotenes, aber offenbar wirksameres Verfahren als die laut Kriegsministerium hier angemessene Strafe, nämlich die Arbeiter „in Schutzhaft zu nehmen und zu diesem Zwecke in ein Gefangenenlager zu unbezahlter schwerer Arbeit zu überführen, bis sie ihren Widerstand aufgeben".[34]

Hier wird erkennbar, daß die praktische Durchführung des Ausländereinsatzes durchaus nicht parallel zu den Entscheidungsprozessen in den militärischen und zivilen Leitungsgremien verlief. Während die Landes- und Reichsbehörden nach dem offensichtlichen Scheitern der Politik der Zwangsdeportationen stärker zu Mitteln des größeren Arbeitsanreizes und einer verbesserten Rechtssituation der ausländischen Arbeiter zurückkehrten, wurden die Bestimmungen der subalternen Stellen und der Betriebe umso schärfer, je länger der Krieg dauerte. Ein Mechanismus wurde freigesetzt, der, ausgehend von Ansätzen zur Diskriminierung einer Gruppe von Arbeitern, eine eigene Dynamik entwickelt und in logischer Konsequenz zur Radikalisierung der Maßnahmen drängte: Die Existenz eines Sonderrechts für eine bestimmte Gruppe setzt deren klare und eindeutige Definition und Erkennbarkeit voraus und führt in seiner Konsequenz zur Kasernierung, wenn nicht zur äußeren Kennzeichnung; das Verbot der Freizügigkeit führt, soll es denn effektiv durchgeführt werden, zu Stacheldraht und Überwachung; aus Einzelverordnungen entwickelt sich ein System der Reglementierung und Repression mit einer ihm innewohnenden Tendenz zur Perfektionierung. Die Entrechtung im Großen hat zudem die Unterdrückung auch im Kleinen zur Folge. Oft rassistisch begründet („die Russen wollen es ja nicht anders"), werden die ausländischen Arbeiter dann auch vom Aufseher verprügelt, von der Köchin ums Essen und vom Vorarbeiter um den Lohn betrogen. Obwohl es in oft strengem Gegensatz zu den Anordnungen und Erlassen der Verwaltungsspitzen steht, ist es doch nur deren Konsequenz.

4. Die Lehren der Zwangsarbeit

Die Beschäftigung von russisch-polnischen und belgischen Arbeitern in der westdeutschen Industrie zwischen 1914 und 1918 läßt sich so als Lernprozeß der Beteiligten im Versuch interpretieren, wirtschaftliche Vorteile und politische und wirtschaftliche Nachteile des Ausländereinsatzes miteinander abzuwägen und in ein optimales Verhältnis unter den jeweils gegebenen Bedingungen zu setzen. Denn während in der Landwirtschaft bereits vor 1914 Erfahrungen und Traditionen im Umgang mit Zwangsvorschriften und Versuchen der Ausschaltung des Arbeitsmarktes bestanden, gab es solche Kontinuitäten in der Industrie in dieser Weise nicht; darauf ist mindestens teilweise auch das organisatorische Scheitern der Zwangsdeportationen aus Belgien zurückzuführen.

Eine wesentliche Erfahrung in diesem Lernprozeß war die Möglichkeit der nationalen Differenzierung. Während in Belgien die Arbeiterschaft von einer breiten nationalen Solidaritätsbewegung sowie ausländischen Hilfeleistungen unterstützt wurde, fehlte in Polen die einheitliche nationale Front gegen die Besatzungsmacht ebenso wie ein vergleichbar großes internationales Interesse für die polnischen Arbeiter. Verstärkt wurden diese unterschiedlichen Voraussetzungen noch durch einen rassistischen Dünkel bei vielen Deutschen, die Zwangsarbeit bei Belgiern offenbar als heikle Angelegenheit, bei Polen jedoch als etwas durchaus Angemessenes und Normales empfanden.

In wirtschaftlicher Hinsicht aber war die Beschäftigung ausländischer Arbeiter unter Zwang viel problematischer, als ursprünglich wohl angenommen. In der Landwirtschaft mit ihrem hohen Anteil an unqualifizierter Arbeit ließen sich die politischen und exekutiven Voraussetzungen für eine Totalisierung der Zwangsarbeit schon nicht durchsetzen, für die Verhältnisse in der Industrie galt dies um so mehr. Je höher der Anteil an qualifizierter Arbeit war, desto schwieriger, so schien es, war eine qualifizierte Arbeitsleistung mit reinen Zwangsmitteln erreichbar. Stellte sich die Anwerbung zunächst noch als vorwiegend quantitatives Problem dar, so mußte der Arbeitseinsatz selbst aber unter qualitativen Gesichtspunkten organisiert werden. Hier schien eine ausschließlich auf Zwang beruhende Methode zu versagen; immerhin konnte die Kombination aus zwangsweiser Anwerbung in kleinerem Umfang einerseits und ökonomischen Anreizen andererseits unter bestimmten Voraussetzungen erfolgreich sein.

Eine volle Durchsetzung der Zwangsarbeit von Ausländern war zudem solange nicht möglich, wie die politischen Instanzen nicht stark genug waren, den Druck der internationalen wie nationalen Öffentlichkeit ignorieren zu können. Solange die Regierung auf die Haltung der Neutralen Rücksicht nehmen mußte, konnte sie Zwangswerbungen in den okkupierten Gebieten nicht offen – und das heißt: nicht in relevanten Größenordnungen – betreiben. Solange außerdem noch eine halbwegs funktionierende nationale Öffentlichkeit bestand, war eine Totalisierung der Zwangsarbeit in den Betrieben selbst kaum durchführbar.

Schließlich wurde am Ausländereinsatz im Ersten Weltkrieg aber auch deutlich, daß die Drehgeschwindigkeit im Wandel der politischen Entscheidungen und Haltungen auf den verschiedenen Ebenen von der Heeresleitung bis hinunter zu den einzelnen Beamten und Wachleuten nicht synchron war. Zwangsarbeit setzt offenbar eine Art Eigendynamik frei, durch die einmal eingewöhnte Unterdrückungsmechanismen unten fortdauern und sich verschärfen, wenn sie aus der Perspektive der Initiatoren in den Entscheidungsgremien oben längst dysfunktional und administrativ korrigiert worden sind.

Insgesamt waren die Erfahrungen mit der Beschäftigung von zivilen Zwangsarbeitern in der Industrie im Ersten Weltkrieg wesentlich ungünstiger als die mit dem Einsatz von Kriegsgefangenen. Es hatte sich gezeigt, daß die Beschäftigung von Arbeitskräften gegen ihren Willen nur mit einem ganz enormen Aufwand durchführbar war – „ein bißchen" Zwangsarbeit gibt es nicht. Ein solcher administrativer, polizeilicher und organisatorischer Aufwand aber lohnte sich nur im großen und war entweder, wie bei den Kriegsgefangenen nur vom Militär durchführbar oder aber gegenüber zivilen ausländischen Arbeitern von seiten des Staates nur mit den Mitteln eines totalitären Regimes.

Gegen den Einsatz von zivilen Zwangsarbeitern in der Industrie sprach weiter, daß dadurch nur einfache Tätigkeiten der Massenfabrikation abgedeckt werden konnten. Ein qualifizierter Einsatz führt tendenziell zur Erosion des Zwangscharakters der Arbeit, denn er setzt bessere Arbeitsbedingungen, einen sozialen Anreiz und eine gewisse Freizügigkeit voraus; vor allem aber ein Mindestmaß an Kooperationsbereitschaft von seiten der Arbeitskräfte selbst.

Das größte Problem für eine Effektivierung des Zwangsarbeitseinsatzes stellte im Ersten Weltkrieg die öffentliche Kritik und die aus Sicht der Behörden unsichere Haltung der deutschen Arbeiter dar. Zwar sind Versuche bemerkenswert, schon 1916 deutsche Vorarbeiter als Aufseher der Ausländer einzusetzen; die Installation industrieller Zwangsarbeit setzt aber eine objektiv wie subjektiv privilegierte einheimische Arbeiterschaft voraus, die ihren sekundären sozialen Aufstieg durch den „Unterschleif" eines ausländischen Subproletariats akzeptiert und die in dieser Weise im Ersten Weltkrieg nicht vorhanden war.

Schließlich stellte sich heraus, daß Zwangsarbeit für die Unternehmen eine ausgesprochen teure Angelegenheit war. Da den Ausländern der gleiche Lohn bezahlt wurde wie den deutschen Arbeitern, stiegen die Kosten durch die Infrastruktur der Zwangsarbeit – Anwerbung, Transport, Erstellung von Unterkünften, Bewachungspersonal usw. – erheblich an; nimmt man die niedrigen Leistungen, die häufigen Fehlzeiten und den hohen Prozentsatz „Kontraktbrüchiger", so war die Beschäftigung von polnischen Zivilgefangenen für die meisten Unternehmen insgesamt wohl kein Geschäft.

Das Jahr 1914 stellt für die Ausländerpolitik der deutschen Regierung in dieser Perspektive einen Bruch dar – das Verlassen des deutschen Reichsgebiets wurde den ausländischen Landarbeitern durch das bei Kriegsbeginn ausgesprochene Rückkehrverbot nunmehr untersagt, wo die Drohung mit der Ausweisung bis dahin doch das wirksamste Mittel der Disziplinierung gewesen war.

Von hier aus verschärften sich die Reglementierungen der Arbeits- und Lebensbedingungen vor allem der russisch-polnischen Arbeitskräfte sukzessive sowohl auf der Ebene der Reichsbehörden wie in den Anordnungen subalterner Behörden, und die Praxis der Ausländerbeschäftigung im Reich zeigt schon 1915 deutliche Züge von Zwangsarbeit.

Aber weder wurden diese schrittweisen Verschärfungen während des Krieges – sieht man von der Phase der Zwangsrekrutierung belgischer Zivilarbeiter ab – von großer öffentlicher Aufmerksamkeit begleitet, noch hatte das Rückkehrverbot von 1914 einen Sturm der Empörung erregt. Das hat zunächst mit dem Krieg selbst zu tun, der angesichts der offensichtlichen Ausnahmelage die Toleranzschwelle der deutschen Öffentlichkeit für Ungerechtigkeiten im zivilen Bereich rapide senkte: Wo die Fronten täglich Tausende von Gefallenen meldeten, konnte das Rückkehrverbot gegenüber feindlichen Zivilisten keine Emotionen mehr erwecken. Hinzu kam, daß der Arbeitseinsatz von Hunderttausenden kriegsgefangener Ausländer in Deutschland die Grenzen zwischen zivilen und militärischen Arbeitskräften verschwimmen ließ; und in dem Maße, wie sich der Krieg ausweitete und verschärfte, vergrößerte sich in der deutschen Gesellschaft die Bereitschaft, auch solche Maßnahmen gegenüber den Auslandspolen zu akzeptieren, die zu Beginn des Krieges noch auf heftige Proteste gestoßen wären.

Auf der anderen Seite aber ist diese Entwicklung ohne die spezifischen Traditionen der Beschäftigung polnischer Saisonarbeiter in den Vorkriegsjahrzehnten nicht denkbar – hier zeigen sich auch deutliche Kontinuitätslinien über den Kriegsbeginn hinweg. Durch Karenzzeit und Legitimationszwang war die deutsche Öffentlichkeit an diskriminierende sonderrechtliche Bestimmungen für Polen gewöhnt, und die Debatte um Überfremdung und antipolnischen „Abwehrkampf" war noch in frischer Erinnerung. So waren auch die oft miserablen Lebensbedingungen der polnischen Saisonarbeiter zwar häufig Gegenstand von Beschwerden und Eingaben kirchlicher und politischer Kreise, kamen ausweislich eben dieser Beschwerden aber nicht selten vor. Daß sich die Behandlung der Auslandspolen nach Kriegsbeginn noch verschlechterte, lag ebenso wie die Verschärfung der ausländerrechtlichen Bestimmungen durchaus in der Logik und Dynamik der Traditionen der Ausländerbeschäftigung aus der Vorkriegszeit.

Rückblickend betrachtet sind die geschilderten Phänomene beim Einsatz der polnischen Zivilgefangenen im Ersten Weltkrieg aus Kenntnis der Verhältnisse im Zweiten erstaunlich. Maßnahmen wie Internierung bei Arbeitsverweigerung, Ernährungsentzug als Strafe, die Berichte über polizeiliches Sonderrecht, über Mißhandlungen oder bewaffnete Wachmannschaften, die Unterbringung in umzäunten Lagern – all das findet sich nach 1939 wieder und manches, was man für eine authentische Erfindung der Nazis halten mochte, wie etwa die Kennzeichnung der Polen in der Kleidung, trifft man, sei es als Praxis, sei es als Plan, unvermittelt schon 1915 an.

Es gab in der Tat Vorbilder für das nationalsozialistische Zwangsarbeitersystem, ohne daß daraus eine Kontinuität der Zwangsarbeit durch die Jahrzehnte hindurch abgeleitet werden könnte. Denn einerseits steht die Größenordnung der Beschäftigung von industriellen Zwangsarbeitern zwischen 1914 und 1918 in keinem Verhältnis zur Entwicklung nach 1939; und zum anderen ist die deutsche Zwangsarbeitspolitik des Ersten Weltkrieges auch sowohl in ökonomischer wie in politischer Hinsicht gescheitert. Das vorausgeschickt werden hier jedoch einzelne Kontinuitätslinien deutlich: Der rassistisch begründete Dünkel gegenüber den Arbeitern aus dem Osten ist eine, der Automatismus der Totalisierung von Zwangsarbeit durch die Behörden eine zweite. Retrospektiv betrachtet stellt so die Beschäftigung von Zwangsarbeitern im Ersten Weltkrieg eine Art Probelauf für den Zweiten dar – ein Versuch, der nicht sehr erfolgreich gewesen war, der aber doch gezeigt hatte, daß Zwangsarbeit sich nur lohnte, wenn sie total und in großem Stil durchgeführt wurde. Wurden die entsprechenden gesellschaftlichen Voraussetzungen dazu geschaffen, konnte hier in kriegswirtschaftlichen Boom-Phasen durchaus eine Alternative zum freien Arbeitsmarkt entstehen.

III. Kapitel
Die Vorgeschichte des Ausländereinsatzes

1. Arbeitskräfte als Kriegsziel?

„Von den ins Reichsgebiet übergeführten polnischen Kriegsgefangenen sind, soweit sie überhaupt für den Einsatz infrage kamen, häufig innerhalb nur weniger Tage nach ihrer Einlieferung 70 – 80 % dem Arbeitseinsatz in der Landwirtschaft zugeführt worden. So konnten noch für die Hackfruchternte 1939 rund 30.000 polnische Kriegsgefangene, vor allem zunächst im Osten des Reiches, zum Einsatz gebracht werden. Anfang Oktober waren es bereits 110.000. Im Februar 1940 standen der deutschen Volkswirtschaft rund 270.000 polnische Kriegsgefangene zur Verfügung, die zu einem überwiegenden Teil in der Landwirtschaft tätig waren. Dieser ungemein schnelle Einsatz der polnischen Kriegsgefangenen ist, fußend auf einer eingehenden und sorgfältigen wehrwirtschaftlichen Vorbereitung durch das Oberkommando der Wehrmacht, der ausgezeichneten Zusammenarbeit der zuständigen Militärstellen mit der Arbeitseinsatzverwaltung zu danken. Die Arbeitseinsatzverwaltung hat sich auch auf diesem Gebiete als außerordentlich beweglich und anpassungsfähig bewiesen. Besonders kam diese Beweglichkeit im polnischen Feldzug zum Ausdruck, als besondere Organisationsstämme der kämpfenden Truppe buchstäblich auf dem Fuße folgten, um im eroberten polnischen Gebiet durch schnelle Erfassung und umsichtige Lenkung auch der zivilen Arbeitskräfte ... auch der heimischen Wirtschaft weitere Arbeitskräfte zuzuführen ... Dieses Einrücken der deutschen Arbeitsnachweisverwaltung vollzog sich so schnell, daß größtenteils diese Arbeitskommandos die erste deutsche Zivilverwaltung darstellten, die in das neubesetzte Gebiet einrückte. Schon am 3. Sept. 1939 wurden Arbeitsämter in Rybnik und Dirschau errichtet. Bereits 14 Tage später waren es 30 Dienststellen im besetzten polnischen Gebiet. Man hat geradezu von einem „Eilmarsch der Arbeitseinsatzverwaltung in Polen" gesprochen."[1]

Dieser 1941 erschienene Erfolgsbericht über die Tüchtigkeit und Schnelligkeit deutscher Arbeitsverwaltungsbeamter scheint die Logik nationalsozialistischer Arbeitspolitik auf den Begriff zu bringen: Die der Form der Kriegsführung entsprechende blitzschnelle Überführung einer Viertelmillion polnischer Kriegsgefangener und etwa 30.000 polnischer Zivilarbeiter[2] in drei Monaten zeuge von intensiver und langfristiger Vorbereitung bis in organisatorische Details, sei Beweis für die langfristig angelegte Konzeption der NS-Führung, die Arbeitskräfteknappheit im Deutschen Reich durch die Überführung der Bevölkerung der eroberten Länder in die Zwangsarbeit nach Deutschland zu beseitigen.

Dieser Grundthese entsprechend wird auch von Seiten der historischen Forschung häufig argumentiert: „Das System der Zwangsarbeit des deutschen Imperialismus stand in seinen Umrissen schon vor Kriegsausbruch fest",[3] „die profitable Ausbeutung der Arbeitskräfte fremder Länder, ja Kontinente gehörte zu den hauptsächlichsten Kriegszielen des deutschen Monokapitals",[4] schreibt der DDR-Historiker Eichholtz; auch westliche Autoren bestätigen dieses Urteil: „Der Einsatz von Arbeitern aus eroberten und besetzten Territorien im ‚Deutschen Reich' war von der NS-Führung bereits lange vor Kriegsbeginn geplant und vorbereitet worden", oder noch zugespitzter: „Die Zwangsrekrutierung polnischer Arbeitskräfte" sei „das eigentliche Ziel der nationalsozialistischen Politik" gewesen, schreibt der Rechtshistoriker Schminck-Gustavus.[5]

Auf der anderen Seite sind die Belege für diesen aus der Praxis der Anwerbungen im besetzten Polen seit Kriegsbeginn logisch deduzierten Rückschluß auf eine langfristige organisatorische Vorbereitung des Ausländereinsatzes nicht so dicht, wie man bei der Größenordnung eines solchen Projektes vermuten möchte.

Das zeitlich früheste Dokument, in dem das Problem der Massenanwerbung *ziviler* ausländischer Arbeitskräfte von Seiten der nationalsozialistischen Entscheidungsträger angeschnitten wird, stammt vom 23. Juni 1939. In der 2. Sitzung des Reichsverteidigungsrats erteilte Göring nach längerer Debatte um die Frage des Arbeitskräftemangels den Auftrag, „diejenige Arbeit, welche den Kriegs*gefangenen* (Hervorhebung i. O.), den im Gefängnis, Konzentrationslager und Zuchthaus verbleibenden Menschen zu übertragen ist, festzulegen."

Im Anschluß an Göring sprach der Staatssekretär im Arbeitsministerium, Syrup, über den *„Arbeitseinsatz* im Mob.-Falle" und die „Menschenbilanz" für den Krieg: „Der Arbeitsnot in der Landwirtschaft, der etwa 25 % männliche taugliche Arbeitskräfte entzogen werden, muß durch Frauen (2 für 1 Mann) und Kriegsgefangene begegnet werden. Mit ausländischen Arbeitern ist nicht zu rechnen." Daraus schlußfolgerte Göring, „daß Betriebsführer, Polizei und Wehrmacht Vorkehrungen zum Einsatz der Kriegsgefangenen treffen müssen" und „kündigte an, daß im Kriege aus den Nichtwehrwirtschaftsbetrieben im Protektorat Hunderttausende in Deutschland, in Baracken zusammengefaßt, unter Aufsicht eingesetzt werden sollen, zumal in der Landwirtschaft. Hierüber wird Gfm. Göring noch eine Entscheidung des Führers einholen".[6]

Diese als Hauptstütze der These von der „langfristigen Vorbereitung" des „Zwangsarbeitsprogramms" immer wieder zitierte Passage ist jedoch in ihrer Aussage weniger eindeutig, als es zunächst den Anschein hat, und läßt einige Fragen offen: Zunächst liegt der Termin – nur zwei Monate vor Kriegsbeginn – zu spät, als daß ausgehend von diesen Anweisungen ein Programm solchen Ausmaßes noch organisatorisch hätte in Gang gesetzt werden können. „Mit ausländischen Arbeitern ist nicht zu rechnen", sagte Syrup, er bezog sich offenbar dabei auf zivile ausländische Arbeitskräfte, die wegen des Kriegszustands oder aus anderen Gründen nicht nach Deutschland kommen würden. Von zivilen polnischen Arbeitskräften aber ist neun Wochen vor Beginn des Polenfeldzuges keine Rede – auch nicht bei Göring, der sich auf Arbeiter aus dem „Protektorat Böhmen und Mähren", also auf Tschechoslowaken bezieht, deren massenhafter – und offensichtlich zwangsweise zu erfolgender – Einsatz in Deutschland zudem noch erst von Hitler zu genehmigen wäre.

Von Hitler selbst stammt eine zweite, in diesem Zusammenhang relevante Äußerung. Am 23. Mai 1939, als er vor der Wehrmachtsführung seine endgültigen Kriegspläne bekannt gab, erwähnte er nebenbei auch: „Die Bevölkerung nichtdeutscher Gebiete tut keinen Waffendienst und steht zur Arbeitsleistung zur Verfügung."[7] Die Aussage beschreibt die Programmatik der NS-Führung gegenüber der Bevölkerung der Länder im Osten generell und steht im Einklang mit der Rasse-

und Herrenmenschenidee der deutschen Faschisten. Sie ist gleichwohl kein überzeugender Beleg für die Planung oder Vorbereitung des Arbeitseinsatzes einer großen Anzahl ziviler polnischer Arbeitskräfte *in Deutschland,* jedenfalls ist die Aussage nicht so eindeutig, daß sie als eine der zentralen Belegstellen für die „Vorbereitung"-These herangezogen werden könnte, wenn sie nicht in den Kontext anderer einschlägiger Quellenaussagen eingebunden werden kann – die aber fehlen.[8]

Insgesamt ist bisher kein Dokument bekannt, das schlüssig die These von der lange vor Kriegsbeginn erfolgten Vorbereitung des „Zwangsarbeiterprogramms" ziviler ausländischer Arbeitskräfte belegen würde.[9] Der Arbeitseinsatz ausländischer Zivilarbeiter, noch dazu solcher aus Feindländern, entsprach auch durchaus nicht den Erfahrungen aus dem Ersten Weltkrieg. In einer Auswertung dieser Erfahrungen für den Arbeitseinsatz im Zweiten Weltkrieg schrieb der Wirtschaftswissenschaftler Trompke in einer 1941 veröffentlichten Studie über die ausländischen Zivilarbeiter des Ersten Weltkriegs: „Obwohl man jedoch infolge des Arbeitermangels besonders in der Landwirtschaft bei Kriegsbeginn auf die Auswertung dieser Kräfte nicht verzichten konnte, war die Art ihrer Einschaltung in die Kriegsarbeit nicht allzu erfolgreich. Sie hätten einer getrennten Behandlung und Abschließung von den deutschen Arbeitern bedurft; dies geschah nicht, so daß schließlich teilweise einschneidende Mißstände auftraten …, was sich in der Zersetzung zeigte, welche diese ausländischen Arbeiter gegenüber vielen deutschen Staatsangehörigen auf politischem, sozialem und sittlichem Gebiet zu erreichen sich bemühten."[10]

Demgegenüber wurde der Arbeitseinsatz von Kriegsgefangenen in der Landwirtschaft während des Ersten Weltkriegs als sehr erfolgreiches Unternehmen beschrieben, weil die Arbeitsleistungen der Gefangenen, so Trompke, „beträchtlich waren und sie namentlich gegen Ende des Weltkrieges unentbehrlich für die deutsche Wirtschaft geworden waren".[11]

Dementsprechend früh begannen die Vorbereitungen für den Arbeitseinsatz zu erwartender Kriegsgefangener; seit Herbst 1937 wertete das Wirtschafts- und Rüstungsamt beim OKW die Erfahrungen des Ersten Weltkriegs hierzu aus, die auch hier insgesamt sehr günstig beurteilt wurden.[12] Allerdings, so wurde vermerkt, seien frühzeitigere und umfassendere Vorbereitungen notwendig. Außerdem sollte der Einsatz Kriegsgefangener auf die Landwirtschaft beschränkt bleiben, denn, so vermerkt das Protokoll einer Besprechung im WiRüAmt am 11. November 1938, „von einem Einsatz Kriegsgefangener in der Industrie soll auf Verlangen der Abt. Abwehr nach den Erfahrungen des Weltkrieges gänzlich Abstand genommen werden".[13]

So waren die Vorbereitungen beim OKW für den Kriegsgefangeneneinsatz schon weit gediehen, als Göring die Beschäftigung von Gefangenen in der Landwirtschaft während des Krieges im Juli 1938 endgültig anordnete und die entsprechenden Vorkehrungen zu treffen befahl.[14]

Im Januar 1939 wurden von dem Ministerialdirektor Sarnow beim GBW, der sich auf die Beschlüsse des Reichsverteidigungsrates vom 17. Januar 1939 bezog, Einzelheiten des Arbeitseinsatzes von Kriegsgefangenen festgelegt: „Der Fehlbedarf an Arbeitskräften zwingt zu einer möglichst weitgehenden und zweckmäßigen Einsetzung etwaiger Kriegsgefangener", im einzelnen wurde hier die Bildung selbständiger Arbeitskommandos außerhalb der Stammlager, die Zusammenarbeit mit den Landesarbeitsämtern und die Anforderung der Kriegsgefangenen durch die Arbeitgeber geregelt.[15]

Zusammengefaßt: Vorbereitungen für einen Masseneinsatz ziviler ausländischer, vor allem polnischer Arbeitskräfte sind für die Zeit vor Kriegsbeginn außer für Arbeiter aus dem „Protektorat Böhmen und Mähren" nicht nachweisbar und hätten auch nicht den Erfahrungen entsprochen, die im Ersten Weltkrieg gemacht wurden. Hingegen ist die Organisation des Kriegsgefangenen-Einsatzes seit 1937 zu verfolgen. Der Widerspruch zur Beschäftigung vieler tausend polnischer Zivilarbeiter in Deutschland wenige Wochen nach Kriegsbeginn ist offenbar und soll hier im Zentrum der folgenden Überlegungen zur Vorgeschichte des Ausländereinsatzes stehen. Denn die Frage, ob der massenhafte Einsatz ziviler Arbeiter aus den eroberten Gebieten in Deutschland das Ergebnis eines langfristigen Plans ist – oder wenn nicht, was dann? – ist nicht nur für die Analyse der Kriegszielplanung des NS-Regimes von Bedeutung, sondern hat auch entscheidenden Einfluß auf die Beurteilung des Ausländereinsatzes von 1939 – 1945 in Deutschland insgesamt. Die einzelnen Maßnahmen des Arbeitseinsatzes ab September 1939 könnten ideologisch und militärisch, ökonomisch und politisch auf dem Hintergrund der Planungen und Kriegsziele gewichtet werden, grundsätzliche Entscheidungen und folgerichtiges politisches Handeln könnte eindeutig unterschieden werden von zweitrangigen Konflikten und Widersprüchen minderer Bedeutung.

Dies gilt in noch zugespitzter Weise für ein zweites Problem, das die Entstehungsgeschichte des Ausländereinsatzes betrifft: Wer waren die treibenden Kräfte, wessen Interessen setzten sich hier durch? Die Arbeitskräfteknappheit in der deutschen Wirtschaft war kein Privileg des Agrarbereichs. Metallverarbeitung und Bergbau litten darunter mindestens ebenso sehr, so daß sogar kriegswichtige Produktionen wegen Arbeitermangels vorübergehend eingestellt oder gedrosselt werden mußten.[16]

Dennoch kamen die ersten Kriegsgefangenen und zivilen polnischen Arbeitskräfte nahezu ausschließlich der Landwirtschaft zugute. Eva Seeber spricht in diesem Zusammenhang davon, hier habe sich die „als agrarische Konzeption zu bezeichnende Auffassung Hitlers, Darrés und Backes" gegen eine die Industrie stärker protegierende Gegenposition durchgesetzt, gleichzeitig aber „setzte im Hintergrund eine widersprüchliche Entwicklung ein, deren Ergebnis schließlich der Masseneinsatz ausländischer Arbeiter in der Industrie war". Die Industriellen seien hingegen die tatsächlichen Hintermänner gewesen und sogar „sehr stark an einer Konzentration von Ausländern in der Landwirtschaft interessiert, um im Bedarfsfall auf dieses Reservoir zurückzugreifen",[17] eine Art prophylaktische Anwerbung für alle Fälle also. Bei Eichholtz ist gar von der Landwirtschaft kaum mehr die Rede: „Während der ersten beiden Kriegsjahre waren polnische und französische Kriegsgefangene ein besonders begehrtes Ausbeutungsobjekt der deutschen Rüstungskonzerne. Kaum war die Wehrmacht in Polen eingefallen, da meldeten die deutschen Monopole schon ihre Ansprüche auf diese fast kostenlosen Arbeitskräfte an."[18]

Diese Aussage verwundert immerhin, wenn man bedenkt, daß von den 803.000 zivilen ausländischen Arbeitern und rund 348.000 Kriegsgefangenen, die in

Deutschland am 31. Mai 1940 zur Arbeit eingesetzt waren, 661.000, das sind fast 60 %, in der Landwirtschaft und nur ca. 20 % in der Industrie beschäftigt waren; auch ein Jahr später waren noch etwa die Hälfte aller Ausländer in landwirtschaftlichen Betrieben tätig.[19] Es ist das Bemühen unverkennbar, die massenhafte Ausländerbeschäftigung im Zweiten Weltkrieg als vorrangiges Interesse der Großindustrie erscheinen zu lassen, die wesentlich auf ihr Drängen hin konzipiert und durchgeführt wurde.

Auch hier stellt sich die Frage nach der Existenz von Plänen und Konzeptionen: War diese angeblich „vorübergehende" Beschäftigung der Ausländer in der Landwirtschaft der erste Schritt in einem langen Plan, der letztlich doch dazu führen sollte, die Ausländer vor allem in der Industrie einzusetzen? Warum andererseits konzentrierten die Behörden die Kriegsgefangenen und polnischen Zivilarbeiter auf dem Lande, wo sie schlechter zu bewachen waren als in den Fabriken und Städten? War nicht das Problem der Arbeitskräfteknappheit besonders in den großen eisenverarbeitenden, also Rüstungsindustrien virulent, und galten zudem nicht Blut und Boden, deutscher Bauer, deutsche Scholle in der nationalsozialistischen Ideologie als Inbegriffe des Deutschtums schlechthin, als „Rassenkern" und insoweit als besonders sensibel und anfällig für „fremdrassigen" Einfluß? Die Methoden des Rückschlusses vom Ergebnis auf die Intention versagen hier: Der organisierte Masseneinsatz von Ausländern in Deutschland seit Kriegsbeginn legt eine Planung zwar nahe, beweist sie aber nicht; der Masseneinsatz in der Industrie ab 1942 belegt die These von der Rolle der Monopole als „treibende Kraft" bei der Planung des Ausländereinsatzes vor 1939 ebensowenig wie die vorrangige Beschäftigung von Ausländern in der Landwirtschaft 1939 – 1941 Beweis ist für die Durchsetzung oder die Existenz einer „agrarischen Konzeption".

Um die Genesis des Ausländereinsatzes nachzeichnen und die Weichenstellungen bei Kriegsbeginn untersuchen zu können, wird man weiter ausholen und differenzierter argumentieren müssen. Die nationalsozialistische Reglementierung und Militarisierung der Arbeitsbeziehungen, die seit 1936 virulente Arbeitskräfteknappheit in der deutschen Wirtschaft, Elemente nationalsozialistischer Ideologie, Rassentheorie und Utopie, die Kontinuitätslinien des Ausländereinsatzes in Deutschland und die Erfahrungen des Ersten Weltkrieges, schließlich die Konzeption des „Blitzkrieges" selbst mit seinen weitreichenden Folgen für die Kriegsvorbereitung und -durchführung sind hier ausschlaggebende Faktoren, denen im folgenden im Hinblick auf den Masseneinsatz ab September 1939 in knappen Skizzen nachgegangen werden soll.

2. Vom Arbeitsmangel zum Arbeitermangel

Die Phase der Arbeitsbeschaffung

Die Folgen der 1929 einsetzenden Weltwirtschaftskrise boten für die große Industrie die Möglichkeit, einen entscheidenden, im Zuge der Novemberrevolution von der Arbeiterschaft errungenen sozialpolitischen Fortschritt rückgängig zu machen:

die Einflußmöglichkeiten der Gewerkschaften auf den Arbeitsmarkt. Eine Arbeiterorganisation, deren Mitglieder zur Hälfte arbeitslos waren,[20] hatte weder die Möglichkeit, tarifpolitischen Druck auszuüben noch die Strategien zur Beseitigung der Massenarbeitslosigkeit entsprechend zu beeinflussen. Die Zerschlagung der Gewerkschaften im Mai 1933 war denn auch das Signal zu einer rapiden Umorientierung des Arbeitsmarktes, die in mehreren Etappen vor sich ging und mit den Begriffen Zentralisierung, Militarisierung und Betriebsorientierung zu umschreiben ist.

Dabei konnten die Nationalsozialisten auf eine in der Weimarer Zeit entwickelte und ausgebaute Arbeitsverwaltung zurückgreifen, deren Apparat während der Weltwirtschaftskrise, als seine vorrangige Aufgabe in der Verwaltung der Massenarbeitslosigkeit bestanden hatte, aufgebläht worden war.[21] Die einzelnen Schritte beim Aufbau einer durchorganisierten Arbeitsverwaltung kennzeichnen dabei den Trend zu einer zunehmenden und weitreichenden Reglementierung der Arbeitsbeziehungen, die solange dazu diente, die Interessen der Arbeiter und Unternehmer auszugleichen, wie auf der Seite der Arbeiter in Gestalt der Gewerkschaften eine organisierte und mächtige Interessenvertretung bestand. Fiel diese weg, verblieb von den Reglementierungen ihr autoritativ-obligatorischer Charakter ohne ihren sozialen Inhalt: Arbeitsverwaltung und Arbeitsverwaltungsrecht standen so 1933 als Instrumente zur Militarisierung des Arbeitsmarktes zur Verfügung.[22]

Gestützt auf das organisatorische Gerüst der Arbeitsverwaltung, vor allem die 1927 gegründete Reichsanstalt für Arbeitsvermittlung und Arbeitslosenversicherung,[23] erließ die nationalsozialistische Führung in den ersten Jahren ihrer Herrschaft eine Fülle von Einzelverordnungen und -gesetzen, deren Mittelpunkt das „Gesetz zur Ordnung der nationalen Arbeit" von 1934 war und deren Ziel darin bestand, einerseits die Massenarbeitslosigkeit zu beseitigen, darüberhinaus aber auch ordnungspolitische und ideologische Vorstellungen durchzusetzen.[24] Eine der ersten arbeitspolitischen Maßnahmen der neuen Regierung bestand schon im März 1933 darin, die Organe der Selbstverwaltung in der Reichsanstalt aufzulösen und ihre Befugnisse auf den Präsidenten zu übertragen. Im August 1934 wurde per Verordnung der Reichsanstalt das Monopol der Arbeitsvermittlung gesichert, um dadurch ein wirksames Lenkungsinstrument des „Arbeitseinsatzes" in der Hand zu haben.[25]

Politisches Ziel der dann folgenden Verordnungen und Gesetze wurde es immer mehr, den Arbeiterbedarf kriegswichtiger Wirtschaftszweige, vor allem der Landwirtschaft und der Metallindustrie, vorrangig sicherzustellen, um nicht in der Phase der Arbeitsbeschaffung eine Umstrukturierung des Arbeitsmarktes besonders zu Ungunsten der landwirtschaftlichen Betriebe zu forcieren, die den langfristigen rüstungspolitischen und ideologischen Zielen der Nationalsozialisten zuwiderliefe.[26] Entscheidendes Instrument der Erfassung und langfristig planbaren Organisation des Arbeitseinsatzes war dann das 1935 für alle Arbeitskräfte obligatorisch eingeführte „Arbeitsbuch",[27] durch das die berufliche Entwicklung jeder einzelnen Arbeitskraft für Unternehmer und Behörden kontrollierbar wurde und die Freizügigkeit und unerwünschter Arbeitsplatzwechsel eingeschränkt werden konnten, „um die zweckentsprechende Verteilung der Arbeitskräfte in der deutschen Wirtschaft zu gewährleisten".[28]

Militarisierung der Arbeitsbeziehungen

Der ordnungspolitische, „erzieherische" Akzent bei der Arbeitsbeschaffung wurde in den militarisierten Formen des Arbeitseinsatzes – bei Notstandsarbeiten, beim Autobahnbau, beim Reichsarbeitsdienst (RAD) und später beim Westwall-Bau – besonders augenfällig. Neben dem ökonomischen Aspekt, so Hitler schon im Februar 1933, solle die Arbeitsdienstpflicht „durch eine allgemeine Erziehung zur Arbeit einer Überbrückung der Klassengegensätze dienen …, um zur Achtung vor der Arbeit zu erziehen."[29]

Ein wesentliches Mittel dazu war die Militarisierung der Arbeitsbeziehungen, die sich nicht nur in der propagandistischen Stilisierung mit Schaufel und Uniform, sondern auch in der Phraseologie vom „Soldaten der Arbeit", der „Arbeitsschlacht", dem „wirtschaftlichen Gestellungsbefehl" etc. ausdrückte.[30] Der RAD kann geradezu als „institutionelle Manifestierung der nationalsozialistischen Arbeitspolitik" bezeichnet werden.[31] Er verkörperte einerseits die propagandistische Schönwetterseite der nationalsozialistischen Arbeitsideologie vom „Arbeitsheer", das durch seinen egalitären Charakter sozialintegrativ und durch die militärische Form wie eine Wehrmachtseinheit nach Befehl und Gehorsam lenkbar sein sollte – das soldatische Gegenbild zum großstädtischen „Moloch Proletariat".[32] Diese Zielsetzung wurde noch unterstützt durch den Einsatz des Arbeitsdienstes vorwiegend in landwirtschaftlichen und Kulturationsarbeiten, die – ökonomisch oft nur wenig sinnvoll – im Sinne nationalsozialistischer Erziehung weg vom Metropolenproletariat hin zum deutschen Arbeitssoldaten aber umso wertvoller waren.[33]

Arbeitsdienst und Notstandsarbeiten enthielten jedoch auch das andere Bild nationalsozialistischer Arbeitspolitik, das mit dem ideologischen Postulat des Arbeitersoldatentums eng verbunden ist und sozusagen seine Schlechtwetterseite zeigt.[34] Auf den Baustellen der Reichsautobahn, meldeten die Sopade-Berichte 1935, sei „die Antreiberei während der Arbeit unbeschreiblich, so daß Unfälle fast täglich vorkommen. Die Unterkunft ist unzulänglich, das Essen ist sehr schlecht". – „Die Arbeitsbedingungen entbehren dort jeder sozialen und menschlichen Würde. Bei den Baustellen kommt es oft zu wüsten Auftritten, so daß sich der Arbeiter manchmal große Wut bemächtigt, die Meldungen von Barackenbränden usw. mehren sich."[35]

Die Arbeitsbedingungen der Arbeitsdienstler und Notstandsarbeiter – die in den Sopade-Berichten unter der Überschrift „Das Los der Zwangsarbeiter"[36] beschrieben werden – enthalten bereits viele Elemente, die nach 1939 bei den ausländischen Arbeitern in geballter Form auftreten sollten: Militärischer Drill, Barackenlager, schlechte Verpflegung und Unterkunft, oft dazu noch lange Anmarschwege, das Verbot, die Arbeitsstelle zu verlassen, korrupte und sadistische Vorgesetzte, das Fehlen jeglichen politischen und sozialen Gegengewichts auf Seiten der Arbeiter, die in der Zeit der Arbeitslosigkeit bis 1936 auch ihre Unentbehrlichkeit nicht zur Stärkung ihrer Position benutzen konnten; dazu Produktionsformen, die die Qualifikation der einzelnen nicht berücksichtigten, sondern den Einsatz eines uniformen Heers der Steineklopfer und Grabengräber voraussetzten und bei denen die Produktivität keine Rolle spielte – die soziale Lage eines deutschen Arbeitsdienstmannes oder Autobahnarbeiters des Jahres 1935 war in vieler Hinsicht ein Vorgeschmack auf das Schicksal der Fremdarbeiter fünf Jahre später. Die Organisation eines „zivilen" Arbeitseinsatzes blieb den Nationalsozialisten dabei fremd. Der zivile, arbeitslose deutsche Arbeiter wurde zum „Soldaten der Arbeit" – der zivile ausländische Arbeiter aus einem unterworfenen Land konnte schon von daher nicht mehr als eine Art „Kriegsgefangener der Arbeit" werden; in die Barackenlager von RAB und RAD zogen ab 1939 dann auch die ausländischen Kriegsgefangenen und Fremdarbeiter ein.

Das Umkippen des Arbeitsmarktes ab 1936

Die extensive Form der Beschäftigung, die Phase der quantitativen Beseitigung der Massenarbeitslosigkeit und der Erziehung zu Arbeitssoldaten fand um die Jahreswende 1935/36 ihr Ende, als die Kriegsvorbereitungen intensiviert und durch den Vierjahresplan mittelfristig organisiert wurden. Die Jahre zwischen 1936 und Kriegsbeginn sind, was die Arbeitspolitik des Regimes angeht, durch drei Aspekte zu kennzeichnen:[37]
1. Die rapide anschwellende Rüstungskonjunktur, die binnen kurzem in strategischen Bereichen – Rohstoffe, Devisen, Arbeitskräfte, landwirtschaftliche Produktion – zu erheblichen Mangelerscheinungen führte;
2. Der Wandel vom Arbeitskräfteüberschuß zum Arbeitskräftemangel, vor allem, was landwirtschaftliche Arbeiter und industrielle Facharbeiter betraf, und
3. Die verschiedenen Versuche der politischen Führung und der Verwaltung, durch Verschärfung der Reglementierungen und andere Maßnahmen den bald die Rüstungspolitik generell ernstlich behindernden Arbeitskräftmangel zu beheben.

Die Klagen über den Mangel an Arbeitskräften klangen von nun an als Grundakkord durch alle wirtschafts- und sozialpolitischen Berichte bis in die ersten Kriegsjahre hinein. Mit einer Problemlage dieser Größenordnung aber war die bislang beim Arbeitsminister angesiedelte Arbeitseinsatzverwaltung überfordert, weil eine mittelfristig angelegte und legislativ untermauerte Arbeitseinsatzorganisation größeren Umfangs nur in enger Koordination mit allen anderen an der „wirtschaftlichen Mobilmachung" beteiligten Stellen und mit effizienter politischer Unterstützung durch die Partei durchführbar war. Durch die Gründung der „Geschäftsgruppe Arbeitseinsatz" innerhalb der Vierjahresplanbehörde Görings sollte ein solches Koordinationsgremium geschaffen werden,[38] dessen Aufgabe darin bestand, „den Kräftebedarf für die reibungslose Durchführung des neuen Vierjahresplanes sicherzustellen".[39] In dieser Geschäftsgruppe wurde erstmals eine Organisationsform gefunden, in der die bis dahin getrennten Bereiche der Reichsanstalt und des Arbeitsministeriums zusammengefügt worden waren; Ausdruck dessen war die Teilung der Geschäftsgruppenleitung zwischen Werner Mansfeld – Ministerialdirektor im RAM und Verfasser der AOG von 1934 –, der für die Sozialpolitik zuständig wurde, und Friedrich Syrup, dem Leiter der Reichsanstalt, der die Abteilung Arbeitseinsatz übernahm.[40]

Gleichwohl war die Geschäftsgruppe keine Entscheidungs-, sondern eine Koordinationsstelle, die die Vielfalt der Zuständigkeiten für Arbeitseinsatz (hier waren der RAM, die Reichsanstalt, das Wehrwirtschafts- und Rüstungsamt, der Wirtschaftsminister, die DAF, der Arbeitsdienst und andere Behörden engagiert) auflösen und zu einer klaren Arbeitsteilung gelangen sollte.

Das im Frühjahr 1938 vorgenommene Revirement der Vierjahresplanbehörde berührte den Arbeitseinsatz allerdings nicht. Während in fast allen anderen Bereichen von da an durch die Einführung von Bevollmächtigten die Durchsetzungskraft der einzelnen Dienststelle von der politischen Karätigkeit des Mannes an der Spitze abhing, blieb es beim Arbeitseinsatz bei der bisherigen Regelung,[41] der dadurch weiterhin der Einflußnahme zahlreicher Stellen ausgesetzt war und bis in die Kriegsjahre hinein ein Paradebeispiel für Kompetenzvielfalt und Uneinheitlichkeit der politischen Richtlinien darstellt.

Auch nach Inkrafttreten des Vierjahresplanes versuchte das Regime, dem Arbeitermangel mit einer steigenden Flut von Verordnungen, Reglementierungen und Gesetzen zu begegnen, ohne daß sich das Grundproblem bis zum Kriegsbeginn hätte lösen lassen[42] – im Gegenteil, der Arbeitermangel verschärfte sich immer weiter und wurde neben der Rohstoff- und Devisenknappheit zum deutlichsten Ausdruck der katastrophalen Überhitzung der deutschen Kriegswirtschaft und zu einer existentiellen Bedrohung der rüstungswirtschaftlichen Kriegsvorbereitung.

Arbeitermangel in der Wehrwirtschaft

In der Landwirtschaft vergrößerten sich die Probleme vor allem dadurch, daß viele Landarbeiter aufgrund der eminent höheren Löhne in der Industrie in die Städte abwanderten. Zwischen 1933 und 1938 sank die Zahl der lohnabhängigen Landarbeiter um fast eine halbe Million, das sind etwa 16 %, und im Frühjahr 1938 schätzte das Reichsarbeitsministerium den Bedarf der Landwirtschaft auf eine Viertelmillion Arbeitskräfte.[43] Die „Treuhänder der Arbeit" überboten sich in ihren Berichten bei der Ausmalung des Arbeitskräftemangels auf dem Lande,[44] zumal die Landflucht der NS-Ideologie vom Primat der Landarbeit als Keimzelle des rassisch Wertvollen ganz offensichtlich Hohn sprach.[45]

Die Arbeiterknappheit führte nun auch auf dem Lande zu Lohnerhöhungen, ohne daß die Bauern die Kosten auf die Preise umsetzen konnten. So war das selbstgesteckte Ziel der „Erringung der Brotfreiheit" 1938/39 weit entfernt, der Prozentsatz der landwirtschaftlichen Selbstversorgung hatte sich seit 1933 nur geringfügig von 80 auf 83 % erhöht. Im Gegenteil, die Agrarimporte stiegen zwischen 1936 und 1939 um 50 % und machten damit etwa 40 % aller Einfuhren aus.[46] „In der Landwirtschaft", resümiert Mason, „stand die Reichsregierung schon 1938 objektiv vor Toresschluß."[47]

Als Göring im November 1938 auf der ersten Sitzung des Reichsverteidigungsrates eine Bilanz der Kriegsvorbereitungen ziehen wollte, war der Arbeitskräftemangel vor den Rohstoffen, den Betriebsanlagen und den Finanzen das wehrwirtschaftliche Problem Nummer eins und dabei der Landarbeitermangel wiederum besonders: „Wenn ich die Landwirtschaft ansehe, so fehlt es hier an Menschen. Die Landarbeiter sind abgezogen. Hier spielen bessere Löhne, bessere Arbeitsbedingungen eine große Rolle. Die kleineren Betriebe kommen fast zum Erliegen und zum

Zusammenbruch ... kurzum: Der Mangel an Landarbeitern stellt die deutsche Ernährung in Gefahr."[48]

In der Industrie führte der durch das Aufrüstungsprogramm induzierte Produktionsschub zu erheblichen Vergrößerungen der Belegschaften in verhältnismäßig kurzer Zeit. Vor allem im Metall- und Baubereich stiegen die Beschäftigtenzahlen enorm an.

Tabelle 2: Veränderung der Beschäftigtenzahlen in ausgewählten Wirtschaftszweigen zwischen 1933 und 1938[49] in Tausend

	Juni 1933	Juni 1938	Veränderung	1933 = 100
Landwirtschaft	2.494	1.981	– 513	79
Bergbau	756	713	– 43	94
Eisen und Stahl	1.314	1.533	+ 219	116
Maschinenbau	1.561	2.307	+ 746	148
Chemie	353	453	+ 100	128
Textil	1.054	1.026	– 28	97
Bekleidung	976	675	– 301	69
Nahrung	1.207	953	– 254	79
Bau	1.745	2.071	+ 326	119
Industrie insgesamt	11.221	11.834	+ 613	105

Die Rüstungskonjunktur führte in manchen Großbetrieben zu einer Verdreifachung der Belegschaftsstärke innerhalb von sechs Jahren.[50] Diese explosionsartige Entwicklung zeigte ab 1936 Wirkung: Die Knappheit an Arbeitskräften hatte stillschweigende, aber nicht unerhebliche Lohnerhöhungen zur Folge, und insbesondere durch die Verbesserungen der betrieblichen Sozialleistungen wurde der Anreiz für Arbeiter, die Arbeitsstelle zu wechseln, erhöht.[51] Schon Ende 1936 erwies sich aber, daß die rein quantitative Zunahme der Belegschaften für die Unternehmen keine Lösung darstellte. Zwar versuchten die Firmen, durch umfangreiche Anlernmaßnahmen den Anteil der qualifizierten Arbeitskräfte zu erhöhen,[52] dennoch wurde der Arbeitskräftemangel vor allem in der Metallindustrie nunmehr zu einem Facharbeitermangel, der kurzfristig kaum zu beheben war,[53] da gerade hier die Arbeitsvorgänge aufgrund der hochentwickelten Produktionsverfahren stark spezialisiert und nicht durch kurzfristige Anlernmaßnahmen vermittelbar waren. Der Facharbeiteranteil lag in manchen Betrieben über 60 %.[54]

Die Problematik des Arbeitskräftemangels verschärfte sich in dem Maße, in dem die Kriegsvorbereitungen intensiviert wurden. Weitere Arbeiter aus der Landwirtschaft in die Industrie zu holen, war aber nicht nur aus ideologischen Gründen, sondern auch deshalb unmöglich, weil dadurch der Anteil der mit den knappen Devisen im Ausland zu kaufenden Agrarprodukte weiter gestiegen und dadurch die angestrebte landwirtschaftliche Teilautarkie noch weiter weggerückt wäre, so daß die dringend benötigten Devisen für den Ankauf industrieller Rohstoffe für die

Aufrüstung fehlten. Ein circulus vitiosus, aus dem es nur drei Auswege gab, deren erster – der Stop der Rüstungskonjunktur – die Selbstaufgabe des Regimes und seiner Kriegspolitik bedeutet hätte und somit gar nicht ins Auge gefaßt werden konnte. Blieben zwei Möglichkeiten: Einerseits die Intensivierung und Effektivierung der vorhandenen Arbeitskraft, zum zweiten die Hinzunahme weiterer Arbeitskräfte außerhalb der bisherigen Reservoire des Arbeitsmarktes.

Intensivierung der Arbeit

Zur ersten Kategorie zählten gesetzliche Maßnahmen mit zwei verschiedenen Ausrichtungen: Zum einen staatliche Eingriffe in die Verteilung von Arbeitskräften auf die einzelnen Wirtschaftszweige: Zwangsmaßnahmen, durch die Arbeitskräfte von nicht unmittelbar kriegswichtigen Branchen weg in direkt oder indirekt im Zusammenhang mit der Kriegsindustrie stehende Branchen gelenkt werden sollten; sowie die ganze Palette der Möglichkeiten zur Hebung der Produktivität – von der Rationalisierung über die Einführung neuer Produktionsverfahren bis hin zu sozialpolitischen Begleitmaßnahmen zur Verbesserung der Reproduktion der Arbeitskraft.[55]

Der andere Weg bestand in der Erhöhung der Anforderungen an die Arbeiter, in der verschärften Ausbeutung, sei es durch Maßnahmen wie die Durchsetzung des Leistungslohnes oder durch verstärkten Terror. All diese Maßnahmen wurden von den nationalsozialistischen Machthabern in der Tat auch angewandt, allerdings in unterschiedlicher Weise und Ausprägung und mit unterschiedlichen Folgen.

Aus der Vielzahl der Maßnahmen sollen hier nur die wichtigsten Stationen genannt und betrachtet werden.[56] Das Erlaßpaket vom 7. November 1936 regelte in erster Linie die Einzelmaßnahmen zur Eindämmung des Facharbeitermangels im Metall- und Baubereich, ohne daß die Anordnungen wirklich einschneidend gewesen wären;[57] die Meldepflicht für solche Bau- und Facharbeier, die in anderen als den erlernten Berufen arbeiteten, wurde z. B. nicht einmal konsequent durchgeführt.[58] Es wäre jedoch falsch, die Radikalität der ergriffenen Maßnahmen an der Marge der objektiven Daten zu messen. Geht man von der tatsächlichen rüstungswirtschaftlichen Lage und dem Arbeitskräftemangel etwa des Jahres 1937 aus, so hätten in der Tat erheblich schärfere Maßnahmen ergriffen werden müssen, als dies etwa mit den Anordnungen über die Einschränkung der Freizügigkeit von Metallarbeitern und Bauarbeitern[59] geschehen ist. Hier sind aber zwei Faktoren zu beachten. Einerseits sicherlich die bei den Nazis verbreitete Furcht vor einer „Wiederholung des November 1918", d.h. vor einer durch zu scharfe sozialpolitische Maßnahmen provozierten Unzufriedenheit und Unruhe in der Arbeiterschaft.[60] Auf der anderen Seite aber erschienen die ergriffenen Maßnahmen den Behörden zeitgenössisch schon als außerordentlich radikal, da sie ja nur die Weimarer Zeit oder die Aufrüstungsphase vor 1914 als Vergleichsmaßstab heranziehen konnten.[61] Die umfassende Reglementierung des Arbeitseinsatzes in derartigem Umfang war eben auch verwaltungstechnisches Neuland und geschah eher nach dem Prinzip des „Try and Error" als nach langfristigen Plänen. Zwangsmaßnahmen, wie sie die Kriegswirtschaftsverordnung vom 4. September 1939 enthielt,[62] hätten noch 1937 nicht nur zu einiger Unruhe in der Arbeiterschaft führen können, sondern auch die Arbeitsverwaltung überfordert. Der gleitende Übergang in die Verreglementierung des Arbeitsmarktes ließ jedoch die jeweils neuerlichen Verschärfungen als Konsequenz aus den vorhergehenden und dadurch als der Arbeiterschaft eher zumutbar und für die Verwaltung durchführbar erscheinen – ein Prozeß, der sich in vielen Bereichen während der NS-Herrschaft aufzeigen läßt und der auch Aufschluß über die Ursachen des von heute aus teilweise unverständlich scheinenden Ausbleibens von Reaktionen in der Bevölkerung oder auch der Verwaltung geben kann.

Erst im Sommer 1938 kam es im Zuge der letzten Phase der Kriegsvorbereitungen hier zu einer Beschleunigung, markiert durch die verschiedenen „Verordnungen zur Sicherstellung des Kräftebedarfs von besonderer staatspolitischer Bedeutung" zwischen Juni 1938 und März 1939,[63] durch die die „Dienstpflicht zum Strukturelement der Wirtschafts- und Sozialordnung" in Deutschland wurde.[64] Die Dienstpflicht schränkte die Freizügigkeit von etwa 1 Million Arbeitern stark ein, die seit Anfang 1939 nicht mehr individuell, sondern nach Arbeiterkategorien verpflichtet wurden. Die Zwangsmaßnahmen weiteten sich dadurch von Sondereinsätzen wie dem Bau des Westwalls auf die Sicherstellung des Kräftebedarfs in Mangelberufen aus – eine erhebliche Erweiterung der Kompetenzen der Reichsanstalt, die nun dazu überging, in einer nicht endenwollenden Verordnungsflut die Lebensbedingungen der Dienstverpflichteten bis hin zum Wäschebedarf der Frauen dienstverpflichteter Arbeiter zu reglementieren.[65] Der Leiter der Reichsanstalt, Syrup, vereinigte zudem immer mehr Befugnisse in seinem Amt, vor allem, nachdem im Dezember 1938 die Reichsanstalt dem RAM als Abteilung V unterstellt und Syrup nun auch Staatssekretär geworden war. Erst seit dieser Zeit kann man eine zunehmende Koordination und Einheitlichkeit der Arbeitseinsatzmaßnahmen beobachten, die jedoch das Kompetenzchaos nicht wirklich beseitigte; aber die Häufigkeit sich widersprechender Anordnungen nahm zumindest nicht mehr zu.

Die Maßnahmen, die bis 1939 ergriffen wurden, um dem Arbeitskräftemangel durch Verschiebungen, Einschränkungen der Freizügigkeit und Dienstpflicht zu begegnen, erreichten insgesamt sicherlich nicht das Ausmaß, das im Rückblick notwendig gewesen wäre, um eine den wirtschaftlichen Anforderungen entsprechende Mobilisierung der deutschen Arbeitskraft zu erreichen.[66] Sie führten aber immerhin zu nicht unerheblichen Verlagerungen von Arbeitskräften aus den Konsumgüterbranchen in rüstungswichtige Betriebe.

Dagegen stießen die Bemühungen zur Intensivierung der Ausbeutung auf größere Schwierigkeiten. Das betraf in erster Linie Arbeitszeit und Lohnentwicklung: Steigerungen der Produktivität bei gleichbleibenden Löhnen, während Arbeitskräfte immer knapper wurden – das war ein schier unmögliches Unterfangen, vor allem, wenn man in Rechnung stellt, daß die Behörden aus Angst vor Unruhe unter der Arbeiterbevölkerung hier äußerst behutsam vorgehen zu müssen meinten. Mit der Verordnung über die Lohngestaltung bekamen die „Sondertreuhänder der Arbeit" zwar weitreichende Befugnisse zur Kontrolle der Lohnbedingungen,[67] die Entwicklung auf dem Arbeitsmarkt setzte die gesetzlichen Regelungen jedoch weitgehend außer Kraft.[68]

Im Verhältnis zu 1932 stiegen die effektiven, realen Stundenlöhne bis 1939 um 7 % – die effektiven, realen Wochenlöhne, einberechnet die Verlängerung der Arbeitszeit, sogar um 23 % – und lagen damit sogar knapp höher als 1929.⁶⁹ Zwischen 1939 und 1942 stiegen die effektiven Wochenlöhne im Bergbau und in der Metallindustrie um mehr als 50 %⁷⁰ – eine für die Aufrüstungspolitik äußerst unangenehme und von den Behörden ebenso heftig wie vergeblich bekämpfte Folgeerscheinung der Arbeitskräfteknappheit, aber auch der Arbeitszeitverlängerung in vielen Branchen, die teilweise inflationäre Überstundenlöhne nach sich zogen. Kurz: 1939 erhielt die deutsche Arbeiterschaft – zumindest in den wehrwirtschaftlich relevanten Gewerbezweigen – die höchsten Reallöhne, die seit der Industrialisierung gezahlt worden waren; allerdings bei im Vergleich zu 1929 gestiegenen Wochenarbeitszeiten.

Die Arbeitszeit war jedoch nicht so ohne weiteres dehnbar; nicht nur, daß in Betrieben mit dreifacher Schicht die einzelne Schicht nicht über 8 Stunden ausgedehnt werden konnte, die Verlängerung der Arbeitszeit wurde häufig durch das Nachlassen der Produktivität nahezu wieder ausgeglichen.⁷¹ Zwar wurde die 48-Stundenwoche als offizieller Durchschnitt genannt, nach einer Untersuchung des Arbeitswissenschaftlichen Instituts der DAF aber arbeiteten Mitte 1938 im Maschinenbau etwa 50 %, im Fahrzeugbau etwa 45 % der Arbeiter länger als 48 Stunden pro Woche;⁷² im April 1938 war verordnet worden, daß bis zu zwei Überstunden täglich zugelassen, aber zuschlagpflichtig waren.⁷³

Zieht man ein Fazit aus den Bemühungen des Regimes seit 1936, den Mangel an Arbeitskräften durch Verteilung der Arbeitskräfte, Reglementierung der Arbeitsbeziehungen und Intensivierung der Arbeit zu beheben, kann man feststellen, daß die getroffenen Maßnahmen zwar an Schärfe und Umfang zunahmen und es zu nicht unerheblichen Verschiebungen der Arbeitskräfte zwischen den Branchen kam, angesichts der Größenordnung des Rüstungsprogramms die Zahl der vorhandenen Arbeitskräfte aber nicht einmal ansatzweise ausreichen konnte; vor allem, wenn man die Einziehungen zum Militär ab Ende 1936 als weitere Belastung des Arbeitsmarktes mit einberechnet. Eine weitere Steigerung der Belastungen der Arbeiterklasse aber stieß sowohl auf physische wie auf politische Grenzen. Um die für die Kriegsführung notwendigen Arbeitskräfte zu beschaffen, mußte eine andere Strategie gewählt werden, aber „welche Strategie auch gewählt wurde, auf keinen Fall durfte sie die begrenzte politische Unterstützung für die Regierung noch vermindern, indem sie weitere Opfer von der Bevölkerung forderte".⁷⁴

Frauenarbeit

Da der Arbeitskräftemangel mit den bislang vorhandenen Arbeitskräften ganz offenbar nicht zu beseitigen war, wurde bereits seit 1936 der Ruf nach zusätzlichen Kräften laut, die bis dahin außerhalb des Arbeitsmarktes gestanden hatten – logischerweise bezog sich dies in allererster Linie auf die Frauen: „Die Verknappung an Arbeitskräften hat seit längerer Zeit zu Überlegungen geführt, welche zusätzlichen Reserven im Arbeitseinsatz noch vorhanden sind", schrieb Syrup 1937 und betonte „die wichtige Rolle, die in diesem Zusammenhang der Frauenarbeit zukommt."⁷⁵

Vom Standpunkt der wirtschaftlichen Vorbereitung des Krieges war der umfassende und qualifizierte Einsatz von Frauen in der Industrie eine unabdingbare Forderung: Der Chef des Wehrwirtschaftsamtes des OKW, Thomas, ließ daran schon

1936 keinen Zweifel: „Die Frau wird im Ernstfall im großen Umfange die Arbeit in den Fabriken leisten müssen. Sie muß also dafür vorbereitet werden. Auch hier müssen sich die sozialen Bestrebungen, die Frau aus dem Betriebe zu lösen, den militärischen Notwendigkeiten unterordnen ... Feststeht, daß auf vielen Gebieten die Frau eine glänzende Facharbeiterin werden kann und auch bereits jetzt schon dementsprechende Arbeit tut."[76]

Diese Forderungen nach verstärktem Einsatz von Frauen markierten eine Wende der nationalsozialistischen Arbeitspolitik. Denn bis 1936 war die Ausgliederung der Frauen aus dem Erwerbsleben eine der wirksamsten Maßnahmen zur Kosmetik der Arbeitslosenstatistiken gewesen. Diese Strategie, durch die Herausnahme der Frauen den arbeitslosen Männern einen Arbeitsplatz zu verschaffen, die sich eng mit den ideologischen Postulaten der Nationalsozialisten von der biologischen Bestimmung der Frau zur Mutter und Hausfrau verband, war vor allem durch das Ehestandsdarlehen gefördert worden, an dessen Auszahlung die Bedingung geknüpft war, daß die Ehefrau den Arbeitsplatz aufgab – „ein perfekter Fall von social engineering".[77]

Nun aber sollte dieser Trend umgekehrt werden – was vor allem ideologische Schwierigkeiten bereiten mußte, weil dadurch die Grundlage der nationalsozialistischen Weiblichkeitsideologie angegriffen wurde.[78] Die eingeleiteten Maßnahmen zur Forcierung der weiblichen Erwerbstätigkeit blieben daher vor Kriegsbeginn meist bloße Absichtserklärungen, die Zunahme der Frauenarbeit zwischen 1936 und 1939 ging über die Marge des rüstungskonjunkturellen Aufschwungs nur wenig hinaus.[79] Auch die Umverteilung weiblicher Arbeitskräfte auf rüstungswichtige Branchen verlief nicht einheitlich.[80]

Zwar ist in den ausgesprochen rüstungsintensiven Branchen (Maschinenbau, Eisen und Stahl) eine Zunahme sowohl des Anteils der Frauen wie der effektiven Beschäftigtenzahlen festzustellen, andererseits stieg aber z. B. die Zahl der Hausgehilfinnen ebenfalls um 166.000. Besonders aufschlußreich ist, daß die ab 1936 von der Partei und den Behörden propagierte Hinwendung der Frauen zur Landwirtschaft und zu den Gesundheitsberufen keine nennenswerte Wirkung zeitigte. Fast 200.000 Frauen verließen in fünf Jahren diese Arbeitsstellen, dennoch nahm aufgrund der Landflucht der prozentuale Anteil der Frauen in der Landwirtschaft zu; die Arbeitsbelastung der in der Landwirtschaft Tätigen, d. h. hier in erster Linie der Bäuerinnen, stieg also an. Die Berichte der Treuhänder der Arbeit vermeldeten seit 1936 immer wieder Überlastung und Überarbeitung der ländlichen weiblichen Bevölkerung,[81] die in scharfem Kontrast stand zur Propaganda von der „Artgemäßheit" landwirtschaftlicher Arbeit für die Frau.

Dieser Widerspruch wird auch deutlich bei näherer Betrachtung der einzigen massenwirksamen Maßnahme zur Ausnutzung der weiblichen Arbeitskraftreserven vor dem Krieg – dem weiblichen Arbeitsdienst. Im Dezember 1935 wurde das Pflichtjahr in der Haus- und Landwirtschaft für solche Mädchen obligatorisch, die eine Stelle in der nicht rüstungsrelevanten Industrie, im Büro oder in kaufmännischen Berufen antreten wollten; am 1. Januar 1939 wurde es auf alle Frauen unter 25 Jahren ausgedehnt.[82] Aber selbst diese Maßnahme war nicht unumstritten. Göring etwa stellte im Februar 1937 fest, „daß im Prinzip die Frau der Familie erhalten bleiben und daher nicht arbeiten soll. Aber mit dem Führer sei er der Ansicht, daß bei der augenblicklichen Lage die Heranziehung der Frau auch zu landwirtschaftlichen Arbeiten wieder propagiert werden müsse. Das gleiche gilt für den weiblichen Arbeitsdienst".[83]

Die arbeitsmarktpolitischen Auswirkungen von Pflichtjahr, weiblichem Arbeitsdienst, Erntehilfen usw. waren dann auch eher gering, wenn auch die dadurch entstehende Entlastung der Landwirtschaft in Stoßzeiten schwer abzuschätzen ist. Neben der arbeitspolitischen gab es aber auch die erzieherische Seite des weiblichen Arbeitsdienstes, in der die Bäuerin zum Ideal weiblicher Erwerbstätigkeit erhoben wurde. So schrieb der Völkische Beobachter zur Begründung der Ausweitung des Pflichtjahres im Januar 1939: „Der Ausbau des weiblichen Arbeitsdienstes zur Arbeitsdienstpflicht darf nicht abhängig gemacht werden von augenblicklich auftretenden Schwierigkeiten bei der Beschaffung von Arbeitskräften. Das wäre das Ende der Arbeitsdienstpflicht, wie sie aus dem Nationalsozialismus verstanden sein will. Andererseits können wir bei diesen Schwierigkeiten nicht warten, bis die weibliche Arbeitsdienstpflicht, die nicht auf reine Tagesnöte hin ausgerichtet ist, schließlich dasteht. Deshalb unterscheiden sich weiblicher Arbeitsdienst und Pflichtjahr nur scheinbar. Sie existieren im Augenblick nebeneinander, weil Ausbau der Idee und Befriedigung von Tagesbedürfnissen ein verschiedenes Tempo haben."[84] Eben das markiert exakt das Problem der Nazis mit der Frauenarbeit. Wollten sie den rüstungswirtschaftlichen Zwängen folgen, mußten sie etwa durch lohnpolitische Anreize, Zwangsmaßnahmen und Umverteilungsverfahren dafür sorgen, daß möglichst viele Frauen in wehrwirtschaftlich relevanten Wirtschaftsbetrieben einer Erwerbstätigkeit nachgingen. Das aber stand in direktem Widerspruch zur weltanschaulichen Perspektive der Frauenarbeit. Wirtschaftliche „Tagesbedürfnisse" zur Vorbereitung des Krieges und ideologische Grundpositionen als politische Identität der Nationalsozialisten miteinander in Einklang zu bringen, war dabei kaum möglich. Der Mittelweg, der sich in Form der Forcierung weiblicher Erwerbstätigkeit in der Haus- und Landwirtschaft andeutete, führte in der Praxis zur Überbelastung der Frauen auf dem Lande, wo Lohnerhöhungen schon aus preispolitischen Rücksichten aber nicht durchführbar waren.

Daß der Zuwachs von Frauen in der Industrie so gering war, hatte verschiedene Ursachen; einerseits war der Bedarf der Industrie an Facharbeitern und Gelernten größer als an ungelernten Frauen, die zudem noch zusätzliche soziale Kosten verursachten; zweitens widersprach der Arbeitseinsatz von Frauen in den eindeutig männerdominierten Industrien des Metallsektors der nationalsozialistischen Frauenideologie,[85] und drittens war die Industriearbeit von Frauen bei beiden Geschlechtern ausgesprochen unbeliebt. Schon aus Rücksicht gegenüber möglichen negativen Auswirkungen auf die Stimmungslage in der Bevölkerung war deshalb Zurückhaltung bei der Ausdehnung der Frauenarbeit geboten.[86]

Insgesamt wurde die „Arbeitskraftreserve Frau" nicht annähernd in dem Maße eingesetzt, wie dies der klaffende Widerspruch zwischen kriegswirtschaftlicher Zielsetzung und Arbeitskräftemangel notwendig gemacht hätte. „Der ungedeckte Bedarf der deutschen Wirtschaft wird z. Z. auf nahezu 1 Million Arbeitskräfte geschätzt", berichtete Seldte an Lammers Ende 1938;[87] es war den Behörden auch bewußt, woher diese zu haben wären: „Bei den weiblichen Arbeitskräften dürften noch gewisse Reserven vorhanden sein ... Immerhin muß aber bei einem Rückgriff auf die weibliche Arbeitskraft aus den verschiedensten Gründen Zurückhaltung geübt werden."[88] Diese „Zurückhaltung" setzte sich durch: Eine Mischung aus antifeministischen Ressentiments, Rücksicht auf Mißstimmungen in der Bevölkerung bei Zwangsverpflichtungen von Frauen und ideologischer Langzeitplanung, durch die schließlich die wirtschaftspolitischen Erfordernisse an die zweite Stelle gesetzt wurden, so daß bei Kriegsbeginn „3,5 Millionen noch unbeschäftigte Frauen zum Einsatz gebracht" hätten werden können.[89] Da eben dies nicht geschah, die deutsche männliche Arbeiterschaft aber bereits voll eingesetzt und über Gebühr beansprucht war, Rationalisierungsmaßnahmen erst mittelfristig Auswirkungen haben konnten und eine noch stärkere Umverteilung zu Ungunsten der Konsumgüterproduktion aus Angst vor sozialer Unruhe nicht gewagt wurde, andererseits aber von der Lösung des Arbeitskräfteproblems das gesamte Kriegsvorbereitungsprogramm abhing, war nur noch eine Möglichkeit offen, um an weitere Arbeitskräfte heranzukommen: Ausländer.

3. Für oder gegen den Ausländereinsatz?

Zentralisierung der Regelungskompetenz

Die Beschäftigung ausländischer Arbeiter in Deutschland hatte zwischen dem Ende des Ersten Weltkrieges und etwa 1936 quantitativ nur eine untergeordnete Bedeutung gehabt. Die Gesamtzahl aller in Deutschland arbeitenden Ausländer lag in dieser Zeit immer deutlich unter einer Viertelmillion und kam somit als relevanter arbeitsmarktpolitischer Faktor nicht in Betracht.

Tabelle 3: Ausländische Arbeitskräfte in Deutschland, 1923 bis 1936, in Tausend[90]

Jahr	Landwirtschaft	nicht landw. Bereiche	Gesamtwirtschaft
1923	118	106	225
1924	109	64	174
1925	139	34	173
1926	134	83	218
1927	137	89	227
1928	145	90	236
1929	140	91	232
1930	132	87	219
1931	79	75	155
1932	43	65	108
1933	44	103	148
1934	51	123	175
1935	53	135	188
1936	64	165	229

Interessant ist die Entwicklung der Ausländerbeschäftigung in diesem Zeitraum mehr wegen der Veränderungen im Rechtsstatus der Ausländer und in der Arbeitsverwaltung als wegen ihrer Bedeutung für die Volkswirtschaft.

Denn zu den sozialpolitischen Errungenschaften der Novemberrevolution 1918 hatte auch gehört, daß alle ausländischen Arbeiter zum ersten Mal tarifpolitisch mit den Deutschen gleichgestellt wurden – ein wichtiger Schritt zu mehr sozialer Gerechtigkeit bei der Behandlung der Ausländer, der theoretisch bis 1939 Gültigkeit hatte. Selbst in den Begründungen für die Lohnabschläge für Polen und „Ostarbeiter" während des Zweiten Weltkrieges wurde paradoxerweise von der prinzipiell weiter gültigen lohnpolitischen Gleichstellung deutscher und ausländischer Arbeiter gesprochen.

In erster Linie aber stand die Nachkriegszeit im Zeichen der Demobilmachung, und eine halbe Million ausländischer Arbeiter verließen ebenso wie fast doppelt so viele Kriegsgefangene ihre Arbeitsstellen in Deutschland, kehrten nach Hause zurück oder zogen – wie viele Polen – weiter nach Westen, um in Belgien oder Frankreich Arbeit zu finden.[91] Um eine Rückkehr der Ausländer, vor allem der Polen, nach Deutschland zu verhindern – die Wiedereingliederung der deutschen Soldaten in das Arbeitsleben hatte Vorrang –, wurden gleichzeitig eine rigorose Grenzsperrung und ein Paß- und Sichtvermerkszwang eingeführt.[92] Gleichwohl ließ sich dadurch die Gewohnheit vieler polnischer Arbeiter, im Frühjahr in der deutschen Landwirtschaft Arbeit zu suchen, nicht ganz unterbinden: Durchweg muß man zu allen offiziellen Zahlen über ausländische Arbeiter in Deutschland eine hohe Dunkelziffer „illegal" nach Deutschland kommender polnischer Landarbeiter hinzurechnen, auch deswegen, weil in Berlin getroffene Entscheidungen über An- und Abwanderung von Ausländern oft nur schwer und sehr langsam ihren Weg bis in ostpreußische Gutshöfe fanden.[93]

In den ersten Jahren der Weimarer Republik wurde nun die Ausländerbeschäftigung als arbeitsmarktpolitisches Ersatzpotential gesetzlich festgeschrieben: Das Reichsamt für Arbeitsvermittlung erhielt die alleinige Kompetenz zur Regelung der „Anwerbung, Vermittlung und Beschäftigung ausländischer Arbeitnehmer";[94] das Anwerbemonopol der deutschen Arbeiterzentrale wurde bestätigt und ausgeweitet; die Regelung des Genehmigungsverfahrens zur Beschäftigung ausländischer Arbeiter und die Modalitäten des Arbeitsplatzwechsels gesetzlich fixiert.[95] Die Ausländerbeschäftigung wurde dadurch weitgehend auf die Landwirtschaft, wo vor allem die Gutsbesitzer nur ungern auf die polnischen Saisonarbeiter verzichten wollten, konzentriert und den ausländischen Landarbeitern die Abwanderung in die Industrie stark erschwert. Die Regelungen sahen weiter einen Musterarbeitsvertrag vor – dadurch sollte vermieden werden, daß ausländische Arbeiter als Lohndrücker benutzt werden konnten. Die langfristig folgenreichste Neuerung bestand jedoch darin, daß die Arbeits- und Aufenthaltsgenehmigung ausdrücklich auf 12 Monate begrenzt wurde und bei Landarbeitern unter Rückgriff auf die alten Regelungen der Karenzzeit nur bis zum 15. Dezember galt. Über die Genehmigung der Beschäftigung von Ausländern traf ein Prüfungsausschuß die Entscheidung, der paritätisch aus Arbeitgeber- und (deutschen) Arbeitervertretern zusammengesetzt war und das Beschäftigungsverhältnis jährlich überprüfen mußte. Standen genügend deutsche

Arbeiter für die Arbeitsstellen zur Verfügung, durften die Ausländer nicht weiter beschäftigt werden. Das richtete sich in erster Linie gegen Arbeitgeber, die deutsche Landarbeiter durch polnische Saisonarbeiter dauerhaft ersetzen wollten. Für ausländische Landarbeiter, die seit 1913, und Industriearbeiter, die seit 1919 ohne Unterbrechung in Deutschland gearbeitet hatten, wurden „Befreiungsscheine" ausgestellt; ihnen war auch weiterhin pauschal Arbeitserlaubnis erteilt.[96]

Mit dem Erlaß des preußischen Innenministers über die „Ausweisung lästiger Ausländer"[97] wurde die Reglementierung abgeschlossen – diese Bestimmungen waren weit gefaßt und hinlänglich dehnbar, um Ausländer bei allen denkbaren Interessenlagen der deutschen Wirtschaft oder der Behörden abschieben zu können. Damit war die Ausländerbeschäftigung weitgehend geregelt und verrechtlicht, die Funktion ausländischer Arbeiter als Reservearmee vor allem in der Landwirtschaft festgeschrieben, Rechtsposition und Lohnanspruch der Ausländer jedoch verbessert. Der Landwirtschaft war der Zugriff auf billige polnische Saisonarbeiter in gewissen Grenzen ermöglicht, die staatliche Einflußnahme auf die Ausländerbeschäftigung durchgesetzt.[98]

Diese Regelungen behielten bis zum Ende der Weimarer Zeit ihre Gültigkeit. Erst 1932/33 kam es hier nach längerer Vorbereitung, sowohl was die arbeitsverwaltungstechnische als auch, was die polizeirechtliche Seite anbelangte, zu Veränderungen. Die Ausländerpolizeiverordnung von 1932[99] verlagerte dabei die Entscheidungsbefugnis bei Ausweisungen stärker auf die zentrale Ebene und definierte die Ausweisungsgründe genauer – insgesamt eine Maßnahme, die neben der Verwaltungsvereinfachung auch eine gewisse Verbesserung der Rechtsstellung der Ausländer mit sich brachte, die allerdings im Jahr der niedrigsten Ausländerbeschäftigung seit der Führung von Arbeitsstatistiken wenig reale Auswirkungen nach sich ziehen konnte. Auf längere Sicht gesehen bedeutete die Neuordnung eher eine Art „zentralisierte Eingreifreserve",[100] die eine effektive Durchsetzung behördlicher Anordnungen ermöglichte.

Die „Verordnung über ausländische Arbeitnehmer" von 1933, noch von Syrup als Arbeitsminister Schleichers erlassen, verstärkte diese Tendenz vor allem dadurch, daß alle Vorgänge der Ausländerbeschäftigung nun bei den Arbeitsämtern zentralisiert wurden.[101] Zum einen wurden die paritätisch zusammengesetzten Kommissionen aufgelöst – „über den Antrag auf Beschäftigungsgenehmigung entscheidet das Landesarbeitsamt"[102] –, zum anderen übernahm die Arbeitsverwaltung von der Deutschen Arbeiterzentrale das Monopol der Anwerbung und Vermittlung ausländischer Landarbeiter. Beide Verordnungen hatten kurzfristig vor allem zum Ziel, angesichts der Massenarbeitslosigkeit die Zahl der ausländischen Arbeiter möglichst gering zu halten, und stellten „einen wirksamen Schutz gegen die unerwünschte Zuwanderung von ausländischen Arbeitnehmern" durch das „Zusammenwirken der Polizeibehörden und der Arbeitsbehörden" dar, wie die preußische Regierung 1932 betonte.[103]

Die in beiden Verordnungen zutage tretende Verstaatlichung der arbeitsmarktpolitischen Regelungskompetenzen ist kein Spezifikum der Ausländergesetzgebung, sondern kennzeichnend für die Entwicklung der Arbeitsverwaltung – wie generell für behördliche Regelungsinstanzen – in diesem Zeitraum insgesamt. Der Einfluß des Staates war aber hier besonders groß, weil er allein über Anwerbung und Abschiebung der ausländischen Arbeitskräfte entschied und somit über Kompetenzen verfügte, die die Entwicklung des Arbeitseinsatzes in erster Linie von staatlicher Entscheidung abhängig machte.

1933 fanden die Nationalsozialisten ein gesetzgeberisches und verwaltungstechnisches Instrumentarium vor, das den Ausländereinsatz stark zentralisiert und die Steuerungsmechanismen effektiviert hatte. Der Primat inländischer Arbeit, den es in dieser scharfen und kodifizierten Form im Kaiserreich nicht gegeben hatte, war bereits seit der Novemberrevolution durchgehendes Prinzip der Arbeitspolitik und gesetzgeberisch umfassend abgesichert. Das Ausländerpolizeirecht enthielt genügend dehnbare Grundbegriffe, um die Anwesenheit von ausländischen Arbeitskräften den wirtschaftlichen Zielen der neuen Machthaber ebenso wie ihren politischen und ideologischen Vorstellungen entsprechend regeln zu können. Die Arbeitsverwaltung war ausgebaut und ebenfalls zentralisiert und durch Aufenthalts- und Arbeitsgenehmigungspflicht in der Lage, Anwerbung wie Arbeitseinsatz von Ausländern weitgehend zu kontrollieren, wenn auch in den grenznahen Gebieten zu Polen und der Tschechoslowakei ein illegaler Grenzverkehr nie auszuschließen, jedoch auch nicht sehr bedeutend war. Die Beschäftigung von Ausländern war 1933 allerdings quantitativ ein marginales Phänomen, das sich vor allem auf alteingesessene Industriearbeiter aus der Tschechoslowakei und anderen Nachbarstaaten erstreckte und insgesamt kaum 2 % der erwerbstätigen Bevölkerung betraf.[104]

Fremdenfeindlichkeit als Programm

„Wenn wir das Recht auf Arbeit für unsere Volksgenossen verwirklichen wollen, müssen wir verhindern, daß ihnen Nichtdeutsche den Arbeitsplatz wegnehmen", hieß es im „Wirtschaftlichen Sofortprogramm" der NSDAP von 1932.[105] Damit und mit der Forderung, „daß bei allen Arbeiten deutschem Material der Vorzug vor ausländischem Material gegeben wird" lagen die Nationalsozialisten durchaus im Trend der wirtschafts- und arbeitsmarktpolitischen Maßnahmen der Weimarer Reichsregierungen. Auch als sie im selben Jahr von der Preußischen Regierung verlangten, „die östlichen Landesgrenzen gegen den Zuzug der polnischen Industrie- und Landarbeiter zu sperren" und nicht länger „aus den östlichen Nachbarstaaten, hauptsächlich aus Polen, Arbeitskräfte nach Preußen" hineinzulassen,[106] unterschieden sich die Nationalsozialisten nicht von einer ebenso verbreiteten wie angesichts der geringen Bedeutung der Ausländerarbeit in dieser Zeit folgenlosen Überzeugung in der Öffentlichkeit. Gleichwohl war 1933 aber mit der NSDAP auch die extrem ausländerfeindliche Partei an die Macht gekommen, deren Programm durch die Ablehnung und Bekämpfung ausländischer Einflüsse in Deutschland geradezu definiert war. Nicht nur das krasse, theoretisch begründete Postulat der Überlegenheit und des Führungsanspruches der Deutschen gegenüber den anderen Völkern oder die Forderung nach Reinhaltung deutschen Blutes vor der Vermischung mit ausländischen „blutlichen" Einflüssen[107] waren Grundlagen, auf denen sich ihre Ablehnung jeglichen ausländischen Einflusses in Deutschland aufbaute – die Nazis waren auch zugespitzter Ausdruck jener spießbürgerlichen Dünkelhaftigkeit, die ohne Anlehnung an Wissenschaftlichkeit und Theorien das Ausländische bekämpfte, weil es anders war.

Die Definitionsprobleme der nationalsozialistischen Rassenlehre erwiesen sich als nahezu unlösbar, als dann die verquollenen Wortgebilde in rechtsförmige Begriffe umgesetzt werden sollten. Eine deutsche „Rasse" konnte es nach nationalsozialistischer Rassekunde gar nicht geben, sondern nur eine – linguistischen Termini entlehnte – „arische" Rasse; die aber umfaßte nahezu alle europäischen Völker – damit aber auch Südosteuropäer und Polen.[108]

Die Verlegenheitslösung, statt von „Rasse" nunmehr von „Art", „deutschem Blut", „völkischer Substanz" zu sprechen, macht deutlich, daß eine wissenschaftliche Begründung der Ablehnung und des Hasses gegenüber den „Fremdvölkischen" von den Nationalsozialisten selbst mehr und mehr fallengelassen wurde. Die Rasseideen verschwanden nach der Machtergreifung allmählich aus dem aktuellen Vokabular und rückten zum undiskutierbaren Glaubensschatz des Dritten Reiches auf. Eine „wissenschaftliche" Begründung wurde explizit umgangen. 1937 ordnete die Parteizentrale an: „Nichts würden ihre Gegner mehr begrüßen, als wenn sich der Nationalsozialismus von der Wahrung dieser wenigen nationalsozialistischen Grundsätze ablenken und sich auf das schwankende Feld wissenschaftlicher Teil- und Streitfragen begeben würde ... Die Wissenschaft ist der Entwicklung und Erfahrung unterworfen; sie erweitert und ergänzt sich dauernd durch neue Erkenntnisse und Beobachtungen. Der Nationalsozialismus verkündet die ewigen Wahrheiten unseres völkischen Daseins, die vor tausend Jahren so gültig waren, wie sie in tausend Jahren noch gültig sein sollen."[109]

Was übrig blieb, war jene Mischung aus dumpfer Ablehnung des Andersartigen und imperialistischer Herrenmenschen-Theorie, die ebenso unverzichtbar zur Identität nationalsozialistischer Ideologie gehört wie Führerprinzip und Militarismus. So lesen sich selbst Untersuchungen mit wissenschaftlichem Anspruch aus dieser Zeit wie Stammtischtiraden, wenn es um Ausländer, vor allem um Polen geht. Der Essener Wissenschaftler Eberhard Franke beschrieb 1940 in einer Analyse für die DAF über „Die polnische Volksgruppe im Ruhrgebiet" die Polen so: „Die wirklichen Charaktergrundlagen wie persönliche Unselbständigkeit, schwankendes Wesen, eine oft unnatürliche Lebhaftigkeit und eine besondere Reizbarkeit des Empfindens", die besonders „durch das ‚Massengefühl' in unangenehmster Weise zum Vorschein" kämen, hätten „ein anmaßendes und unverschämtes Auftreten" zufolge und seien „ein Hemmblock für das öffentliche Leben, für die Kultur und die Moral im Revier" und die „Keimzelle für einen merklichen sittlichen Niedergang". Die Polen seien zudem mehrheitlich kriminell und am „Einschleppen und der Ausbreitung der hauptsächlichsten Infektionskrankheiten im Revier maßgeblich beteiligt"; „als Auswirkungen des lockeren sittlichen Lebens und der hohen Kriminalität" lägen „die polnischen Anteilziffern an der Prostitution, an den schwachsinnigen Kindern und an den Hilfsschülern weit über ihrem normalen Anteil an der Gesamtbevölkerung". Außerdem verhindere die „sprichwörtliche Unsauberkeit der ersten Polen (‚Dreckige Polacken') ... bei den zahlreichen Epidemien eine rechtzeitige Eindämmung der Seuchenherde", und überhaupt verdürben die Polen die Hochsprache im Revier, weil „der polnische Nachwuchs, besonders sein asozialer Teil" durch „rotwelsche und jiddische Ausdrücke" eine „farblose Mischmundart" geschaffen haben, die „Grundlage für die unzähligen ‚Katzmarek- und Stachuwitze', in denen die deutschen Bergleute den Polen ebenso witzig wie treffend charakterisiert haben", und so weiter.[110]

In der spezifischen Mischung aus Rassismus und wissenschaftlich verbrämtem Dünkel lag die Grundsubstanz dessen, was in „Mein Kampf" und in Hitlers Tischgesprächen zum imperialistischen Programm wurde. „Ohne die Herstellung einer gewissen, modernen Form der Hörigkeit, oder, wenn man will, des Sklaventums könne die menschliche Kultur nicht weiter entwickelt werden", sagte Hitler Anfang der 30er Jahre zu Rauschning –[111] ohne daß man daraus den Schluß ziehen könnte, die Schaffung einer „Sklavenschicht" sei von Beginn an ein konkret geplantes politisches Ziel der Nazis gewesen. Die Aussage entspricht dem üblichen bramarbasierenden Duktus der Ausführungen des „Führers" und leitet sich mehr aus Allgemeinwissen denn aus politischer Analyse ab. So sehr die Botschaft, daß „menschliche Kultur und Zivilisation ... auf diesem Erdteil unzertrennlich gebunden (sind) an das Vorhandensein des Ariers"[112], die Überlegenheit des Deutschen gegenüber den Angehörigen anderer Völker propagierte, so ungenau und unvollkommen waren Hitlers Vorstellungen über ausländische Staaten und ihre Bevölkerung.[113]

Der nationalsozialistischen Rassenideologie logische Stringenz und programmatische Einheitlichkeit zu attestieren, hieße ihr den postulierten „wissenschaftlichen" Charakter zuzusprechen und sie bei weitem zu überschätzen. Die Phantasien von den unterlegenen und minderwertigen Völkern sind vielmehr Ausdruck einer in ihren Einzelheiten durch Dünkel, Vorurteil und imperialistisches Interesse gekennzeichneten, zur politischen Leitlinie erklärten Stammtischphilosophie, in ihrer Substanz letztlich gegenstandslos und umso gefährlicher, weil an die „ewigen Wahrheiten" geknüpft und also flexibel.

Dem nationalsozialistischen Rassismus seine behauptete rationale und „wissenschaftliche" Struktur zu bestreiten heißt jedoch nicht, seine Bedeutung zu unterschätzen.

Er unterschied sich aber im Kern von den in Teilen der Bevölkerung verbreiteten Vorurteilen und rassistischen Grundmustern nicht durch seine inhaltliche Ausrichtung, sondern durch seine radikale, zur Tat drängende Zuspitzung, durch seine vollständige Absage an alle humanistischen und aufklärerischen Traditionen, während rassistische Gefühls- und Denkmuster in der Bevölkerung zwar verbreitet, jedoch ideologisch immer gemischt waren mit liberalem und aufklärerischem Gedankengut. Rassismus zur Staatsidee erhoben mußte hingegen die Ablösung solcher Vermischungen forcieren.

Eine vorübergehende Notstandsmaßnahme

Arbeitslosigkeit in Deutschland und die fremdenfeindliche Politik der neuen Regierung führten denn auch dazu, daß sich die Zahlen der ausländischen Arbeiter zwischen 1933 und 1936 am unteren Rand der konjunkturellen Aufwärtsbewegung entwickelten. 1936 wurde mit 229.000 legitimierten ausländischen Arbeitskräften der Vorkrisenstand wieder erreicht; allerdings betraf das vorwiegend Arbeitskräfte, die schon lange in Deutschland lebten und mehrheitlich außerhalb der Landwirtschaft tätig waren. 1928 waren von den legalen ausländischen Arbeitskräften mehr als die Hälfte landwirtschaftliche Saisonarbeiter gewesen, und die nicht in der Landwirtschaft tätigen, seit langem in Deutschland arbeitenden Ausländer machten nur ein Drittel aus. 1936 waren nur noch 6 % aller Ausländer Saisonarbeiter in der Landwirtschaft und etwa zwei Drittel Langzeitarbeiter in anderen Branchen.[114] Durch Wirtschaftskrise und NS-Regierung forciert, war der Zufluß vor allem polnischer Saisonarbeiter in die ostpreußische Landwirtschaft also nahezu zum Stillstand gekommen.[115] Als hingegen im Jahr 1936 der Arbeitskräftemangel akut geworden war, tauchten in der Folge die ersten Stimmen auf, die an das ungenutzte Potential der ausländischen Saisonarbeiter erinnerten.

Göring selbst regte im Februar 1937 die Einstellung deutschstämmiger Facharbeiter aus Österreich, dem Sudetenland und Oberschlesien „als Sofortmaßnahme" an. „Volkstumspolitische Rücksichten" hielt er dabei „unter den augenblicklichen Verhältnissen nicht für durchschlagend".[116] Im Verlaufe des Jahres wurde der durch den Arbeitskräftemangel hervorgerufene Druck, Ausländer nach Deutschland zu holen, immer größer – gleichzeitig aber auch die Widersprüche und Probleme der nationalsozialistischen Arbeitspolitik.

Die trotz des Entspannungsvertrages von 1934 sich verschärfenden politischen Auseinandersetzungen zwischen Deutschland und Polen hatten dazu geführt, daß Polen seine Grenzen für abwanderungswillige Landarbeiter geschlossen hatte. Von der Zeit an, als in Deutschland wieder Arbeiter gebraucht wurden, nahm nun die Zahl der illegalen Arbeiter wieder zu. „Die Einwanderung illegaler polnischer Grenzgänger", berichteten die Treuhänder der Arbeit im Juni 1937 aus Ostpreußen, „ist sehr umfangreich. Ihre Erfassung ist unvollständig. Sie finden bei den Bauern überall die größte Unterstützung. Man schätzt bereits die in Ostpreußen arbeitenden Polen auf mindestens 1.500." Auch in Schlesien hatte sich der „Arbeitseinsatz in der Landwirtschaft ... im Monate Juni in illegaler Form eingespielt ... Die Polen sind im Juni zu hunderten illegal über die Grenze gekommen ... die Bauern sind glücklich, auf diese Weise die notwendige Hilfe gefunden zu haben" – so glücklich, daß vereinzelt bereits deutsche Arbeiter entlassen wurden, um die billigen polnischen Arbeitskräfte einzustellen.[117] „Die Einstellung billiger ausländischer Arbeitskräfte sowie die verstärkte Beschäftigung von Strafgefangenen in der Landwirtschaft leisten in lohnpolitischer und psychologischer Hinsicht der Landflucht weiteren Vorschub", wurde aus Westfalen gemeldet.[118]

Aber nicht nur Polen, auch holländische Melker, italienische Ziegeleiarbeiter oder tschechische Facharbeiter wurden seit Anfang 1937 vermehrt eingestellt. Aus Sachsen meldeten die „Deutschland-Berichte" der Exil-SPD im Oktober 1937: „Auf allen Baustellen wurden nur Maurer und Zimmerleute aus den tschechoslowakischen Grenzorten beschäftigt ... Da die Beschäftigung von Ausländern verboten ist, bekommt keiner der Beschäftigten eine Arbeitsbewilligung ... Nach 14 Tagen wechselt er dann die Baustelle und da fast immer eine andere Firma infrage kommt, so stellt diese einen neuen Antrag auf Arbeitsbewilligung und das Spiel wird fortgesetzt. Die sächsischen Arbeiter schimpfen natürlich über die tschechoslowakischen

Arbeiter, weil diese dazu beitragen, die Widerstandsregungen gegen das System, die Verpflichtung zur Bezahlung von Auslösung, Fahrgeldern, Kilometerzuschlägen, Zuschlägen für Zement, Wasser und andere Arbeiten illusorisch zu machen."[119]

Die hier auftretenden Probleme waren in der Tat nicht unerheblich. Denn einmal hätte ein verstärktes Einrücken landwirtschaftlicher Saisonarbeiter die Landflucht deutscher Landarbeiter noch forciert und damit die wirtschafts- und bevölkerungspolitischen wie die ideologischen Ziele der NS-Regierung gefährdet. Zum anderen drohte ein verstärkter Einsatz von Ausländern in der Industrie oder, wie hier, auf dem Bau durch den lohndrückerischen Effekt die Stimmung der deutschen Arbeiterschaft erheblich zu beeinträchtigen, was ebenfalls nicht gewünscht werden konnte. So mischten sich denn auch bald in den Chor derjenigen, die mehr Ausländer forderten, Stimmen, die aus verschiedenen Gründen davor warnten: „Gegen die Hereinholung polnischer landwirtschaftlicher Dauerarbeiter werden von allen Seiten grundsätzliche Bedenken geltend gemacht, sogleich aber darauf hingewiesen, daß diese Bedenken gegenüber den Erfordernissen des Vierjahresplanes zurücktreten müssen", wurde im Juli 1937 in einer Besprechung von Ministerialbeamten angemerkt.[120] Syrup selbst hatte schon frühzeitig gewarnt, „daß selbst in Zeiten guter Konjunktur ein solches ungehemmtes Eindringen ausländischer, besonders östlicher Arbeitskräfte in die deutsche Wirtschaft ... aus staatspolitischen Gründen nicht geduldet werden kann, da dadurch in hohem Maße das deutsche Volkstum gefährdet ist. Das trifft insbesondere auf die Landwirtschaft zu".[121] Im Februar 1938 faßte er diese Beurteilung noch schärfer: „Kein Staat kann ohne Gefahren auf die Dauer seine nationale Wirtschaft von der Arbeit ausländischer, fremdstämmiger Arbeiter abhängig machen. Die Ausländer können nur eine vorübergehende Hilfe für Zeiten besonders angespannten Arbeitseinsatzes oder für Zeiten sein, in denen sich die Wirtschaft durch vermehrten Maschineneinsatz und dergleichen zu rationelleren Wirtschaftsmethoden durchbildet."[122]

Diese Charakterisierung der Beschäftigung von Ausländern als vorübergehende, aus der Not geborene Maßnahme, die aber mittelfristig durch Rationalisierung überflüssig zu machen sei, stellte in den Jahren bis zum Kriegsbeginn und darüber hinaus die Kompromißformel dar, mit der die ideologischen Bedenken zurückgestellt werden konnten, bis der Arbeitermangel behoben wäre; bis also die Erweiterung der deutschen Binnenwirtschaft zur Großraumwirtschaft in Europa den Import von ausländischer Arbeitskraft irgendwie überflüssig machen würde. Es ist erstaunlich, daß zwischen 1936 und 1938/39 zwar die Klagen über den Arbeitskräftemangel zuweilen ekstatisch, gleichwohl Konzepte für eine langfristige Lösung nicht entwickelt wurden. Die Beruhigungsstrategie, daß dies ein „kurzfristiger Notstand" sei, den man überwinden könne, um „danach" über ausreichende Ressourcen zu verfügen, setzte eine Art naiven Zukunftsglauben voraus, der, einen gewonnenen Krieg voraussetzend, sich mit dem europäischen Großraum das Ende aller Mühsal versprach. Nun hätte ein Blick auf die Nachkriegsgeschichte der Nationalwirtschaften der Siegerstaaten des Ersten Weltkrieges hier nüchterne Aufklärung bieten können. Tatsächlich aber waren in Deutschland in der Bedrängnis der überhitzten Rüstungskonjunktur die Hoffnungen auf ein Großdeutsches Reich in wirtschaftlicher und vor allem arbeitspolitischer Hinsicht über das Stadium des imperialistischen Traums noch nicht weit hinaus gekommen.

Immerhin bedeutete die Formel von der Ausländerbeschäftigung als vorübergehende Notstandsmaßnahme aber fürs erste grünes Licht für weitere Anwerbungen, die den mittlerweile die Kriegsvorbereitungen erheblich beeinträchtigenden Arbeitermangel lindern und vor allem der Landwirtschaft wieder etwas Luft verschaffen sollten. Nun aber kam zu den ideologischen Problemen eine weitere Schwierigkeit hinzu.

Die NS-Beamten mußten feststellen, daß eine erhebliche Ausweitung des Ausländereinsatzes gar nicht möglich war. Denn wollte man die Ausländerarbeit als vorübergehend deklarieren – und das war ja die Grundlage des Formelkompromisses, wie ihn Syrup beschrieben hatte – dann schickten die Arbeitskräfte ihr Geld nach Hause, und aus Löhnen für Arbeiter wurden Devisen für Arbeitskraftimporte. „Wenn man sich vor Augen hält", bemerkte dazu Stothfang, Ministerialbeamter im RAM 1938, „daß jede ausländische landwirtschaftliche Arbeitskraft im Durchschnitt einen Betrag von rund 350,– RM an erspartem Lohn transferiert, so kann man sich ausrechnen, was 10.000, 50.000 oder gar 100.000 ausländische Arbeitskräfte devisenmäßig bedeuten."[123] Nun rechnete Stothfang mit 350,– RM noch gering, denn der Lohn ausländischer Landarbeiter war besonders niedrig. An einen umfangreicheren Einsatz von Ausländern in der Industrie mit ihren erheblich höheren Löhnen war also schon gar nicht zu denken.

Die landwirtschaftlichen Arbeiter, die noch 1936 kaum mehr ein Viertel der Gesamtzahl der ausländischen Arbeiter ausgemacht hatten, stellten schon zwei Jahre später wieder über 40 %, während die so dringend benötigten Metallarbeiter aus dem Ausland bis zum Kriege kaum eine zahlenmäßige Bedeutung besaßen.

Tabelle 4: Ausländische Arbeitskräfte in Deutschland, 1936 bis 1939, in Tausend[124]

	1936/37		1937/38		1938/39	
Arbeiter	229		328		398	
Angestellte	45		52		37	
insgesamt	274		381		435	
davon in der Landwirtschaft	64	23,0 %	120	41,5 %	188	43,3 %
Metallindustrie	20	7,5 %	24	6,4 %	20	4,7 %
Bauwirtschaft	12	4,6 %	20	5,4 %	35	8,1 %

Geht man von Stothfangs Faustregel aus und rechnet 350,– RM, die ein landwirtschaftlicher Saisonarbeiter jährlich nach Hause schickte, so kommt man auf die stattliche Summe von ca. 50 Millionen Reichsmark – und das bei einem Gesamtdevisenbestand von 1939 rund 500 Millionen RM.[125] Eine Ausweitung des Ausländereinsatzes auf der Grundlage des normalen Lohntransfers war dementsprechend nicht möglich. Diesem Dilemma versuchte man zunächst dadurch auszuweichen, daß man zwischenstaatliche Abkommen schloß, um „die landwirtschaftlichen Arbeitskräfte aus denjenigen Staaten (zu) holen, mit denen wir devisenmäßig einigermaßen günstig stehen".[126] Vor allem mit Italien, aber auch mit Bulgarien, Ungarn, Rumänien, Spanien, Jugoslawien und anderen Ländern[127] wurden Abkommen geschlossen, die die Einzelheiten des „Arbeitskräfteaustausches" regelten; Mitte 1939 beschäftigte die Landwirtschaft aufgrund dieser Abkommen rund 37.000 Italiener, 15.000 Jugoslawen, 12.000 Ungarn, 5.000 Bulgaren und 4.000 Holländer.[128]

Trotz günstiger Verrechnungsbedingungen stellte diese Lösung eine solch erhebliche Belastung des Devisenhaushalts bzw. der Zahlungsbilanzen mit diesen Ländern dar, daß auf diesem Wege nur kurzfristiger Spitzenbedarf an Arbeitskräften, etwa für die „KDF-Wagen"-Fabrik in Wolfsburg, in der 2.000 Italiener eingesetzt wurden, zu befriedigen war; eine Ausweitung auf flächendeckende Ausländerbeschäftigung wäre unbezahlbar gewesen.[129]

Ausländische Arbeitskräfte, wenn möglich Facharbeiter, anzuwerben, die Gewähr dafür boten, sich in Deutschland nicht auf Dauer einzurichten, die keine devisenmäßige Belastung durch Lohntransfer darstellten und schließlich – dieser Gedanke tauchte seit Anfang 1938 verstärkt auf – der politischen Überwachung und Repression wie die deutschen Arbeiter ausgesetzt werden konnten, ohne daß außenpolitische Rücksichten genommen werden mußten: Diese nationalsozialistische Idealkonstruktion war auf dem Wege zwischenstaatlicher Vereinbarung oder „freier" Anwerbungen nicht durchführbar.

Großraumwirtschaft und Arbeitskräfte

Die am 13. März 1938 vollzogene Eingliederung Österreichs war nicht nur, wie der Chef des Wehrwirtschaftsstabes, Thomas, schrieb, „für die Vorbereitungen der Mobilmachung und vor allem für die wirtschaftlichen Vorbereitungen von allergrößtem Wert",[130] sondern auch ein Durchbruch hinsichtlich der Versorgung der deutschen Volkswirtschaft mit Rohstoffen, Devisen und – Arbeitskräften.

Österreich besaß Rohstoffe – Holz, Eisenerze, Blei, Zinkerze und Erdölvorkommen –, eine leistungsfähige, kapazitativ unausgenutzte Industrie und vor allem 400.000 Arbeitslose, in der Mehrheit Facharbeiter. Durch die österreichischen Rohstoffe und Devisen konnte „die deutsche Rohstoff- und Devisenwirtschaft nach der bestehenden Planung das Jahr 1938 hindurch fortgeführt und aufrecht erhalten werden", wurde in der Vierjahresplanbehörde erfreut festgestellt;[131] allein durch Gold und die Devisen konnte das Barvermögen der Reichsbank verzwanzigfacht werden.[132] Die Nutzung der vorhandenen Arbeitskräfte hingegen verlief anfangs schwieriger. Göring kritisierte nach der Angliederung, „daß in Österreich einsatzfähige Arbeitskräfte längere Zeit arbeitslos" und unterstützungsbedürftig blieben, „während sie im übrigen Reichsgebiet dringend benötigt" wurden. „Wenn also die österreichische Wirtschaft in absehbarer Zeit nicht restlos zur Einstellung der arbeitslosen Kräfte" in der Lage sei, „könne ein Einsatz im alten Reichsgebiet erfolgen".[133]

Aber auch die seit dem Anschluß steigenden Löhne vermochten nicht dazu beizutragen, daß genügend Österreicher zur Arbeitsaufnahme ins „Altreich" gingen; die Anwendung der „Verordnung zur Sicherstellung des Kräftebedarfs für Aufgaben von besonderer staatspolitischer Bedeutung"[134] vom Juli 1938 auf Österreich bot nunmehr erstmals – sieht man von der Eingliederung des Saarlandes ab – die Möglichkeit, der deutschen Wirtschaft in großem Stile zusätzliche Arbeitskräfte zuzuführen, ohne daß dadurch devisenwirtschaftliche, ideologische, außenpolitische oder sicherheitspolizeiliche Probleme entstanden wären. Rund 100.000 Arbeitskräfte, vorwiegend landwirtschaftliche und Facharbeiter, darunter etwa 10.000 Ingenieure, wurden daraufhin nach Deutschland zwangsverpflichtet.

Der wirtschaftliche Erfolg des Anschlusses Österreichs war so bedeutend, daß die Theorie vom „europäischen Großwirtschaftsraum" sich glänzend bestätigt zu haben schien[135] – nunmehr aber noch erweitert um eine arbeitspolitische Variante, die in dieser Form gar nicht erwartet worden war.[136] Die so sehnlich herbeigewünschte Entlastung der deutschen Volkswirtschaft war gleichwohl nur von kurzer Dauer, bis die österreichische Wirtschaft etwa Ende 1938 konjunkturell mit dem „Altreich" gleichgezogen hatte und nun ihrerseits ebenfalls die typischen Mangelerscheinungen einer konjunkturell überhitzten Rüstungswirtschaft zeigte.[137] Dies schien aber eher eine Bestätigung dafür zu sein, daß „sich der ökonomische Zuwachs nur in einem größeren territorialen Rahmen längerfristig positiv auszuwirken versprach"[138] und die Fortsetzung der Territorialexpansion sich gleichermaßen als Notwendigkeit aus der konjunkturellen Überhitzungskrise wie – durch die Erweiterung des wehrwirtschaftlichen Potentials – als Voraussetzung für die darauffolgende nächste Expansion erwies. Daß Arbeitskräfte ebenso wie Gold oder Rohstoffe dabei als Beute anfallen würden, war eine der neuen Erkenntnisse aus dem Unternehmen „Otto" und führte in die Debatte um die Arbeitskräfte eine neue Dimension ein, die im darauffolgenden Fall „Grün" – der schrittweisen Okkupation der Tschechoslowakei – bereits in der Planung eine bedeutende Rolle spielte.

Das annektierte Sudetenland und die zum „Protektorat Böhmen und Mähren" deklarierten Territorien der Tschechoslowakei verbesserten die Rüstungslage der jetzt großdeutschen Volkswirtschaft erheblich. Allein mit den Armeebeständen konnten 20 Divisionen ausgerüstet werden; die tschechischen Goldvorräte wurden nach Deutschland transferiert; von großer Bedeutung war darüberhinaus auch die tschechische Industrie, in Sonderheit die Skoda-Werke bei Prag und die tschechoslowakischen Waffenwerke in Brünn.

Etwa 100.000 Arbeitslose standen dem deutschen Arbeitsmarkt zur Verfügung – bis Kriegsausbruch wurden zwei Drittel von ihnen nach Deutschland angeworben.[139] Damit war nach Österreich der zweite Schritt zu einer Großraum-adäquaten Lösung des Arbeitskräfteproblems gemacht worden. Handelte es sich aber im Fall der „Ostmark" (und nach nationalsozialistischem Verständnis auch des Sudetenlands) um deutsche oder „volksdeutsche" Arbeitskräfte, um die der Arbeitsmarkt im „Altreich" erweitert wurde, bedeutete die Einbeziehung tschechischer Arbeiter aus dem „Protektorat" einen qualitativen Sprung – zum ersten Male konnten Ausländer ohne daraus entstehende Devisenprobleme nach Deutschland angeworben und hier auch den deutschen Arbeitsbedingungen unterworfen werden.

Solange man die ideologischen Widersprüche durch die „Übergangs"-Formel Syrups beiseite drängen konnte, war dies für die Nazis ein unbedingter Vorteil und großer Fortschritt: „Wehrwirtschaftlich", erzählte Göring im Frühjahr 1939 seinen italienischen Besuchern, liege „der Hauptvorteil der neuen Gestaltung im tschechoslowakischen Raum für Deutschland im Zuwachs einer kräftigen und fleißigen Bevölkerung mit zahlreichen, z. T. hervorragenden Verarbeitungsstätten gerade auch der rüstungswichtigen Industrien."[140]

Die „Neuordnung" der Tschechoslowakei war in der Tat ein großer Schritt hin zur Vorherrschaft Deutschlands in Südosteuropa. Die Planung des europäischen Großraumes um die Zentralmacht Deutschland nahm konkrete Formen an,[141] was die Arbeitskräfte anging, allerdings in anderer als in der ursprünglich geplanten Weise. Denn statt die Arbeiterschaft aus den Balkanstaaten oder der Tschechei nach Deutschland und gar in die deutschen Industriemetropolen zu holen, war ja eher an eine Etablierung einer deutschen Elite in jenen Ländern gedacht worden. Mittlerweile aber hatte man wieder fast eine halbe Million Ausländer – die Österreicher und Sudetendeutschen gar nicht mitgerechnet – in Deutschland, von denen knapp die Hälfte in der Landwirtschaft arbeitete, und ein Ende dieser Entwicklung war noch nicht abzusehen.

Mitte 1939 wurde der Fehlbedarf an Arbeitern trotz aller Bemühungen auf rund 1 Million geschätzt, im Bergbau führte der Mangel an Arbeitern zur Stagnation, teilweise sogar zum Rückgang der Produktion,[142] in der Landwirtschaft kam es zu erheblichen Problemen bei der Ernte im Herbst 1938.[143] Die ansteigenden Zahlen der zum Militär eingezogenen und die etwa 400.000 zum Westwallbau dienstverpflichteten Arbeiter[144] verschärften die Krisenlage noch. „Die deutsche Volkswirtschaft läuft bereits mit der höchsten Tourenzahl", faßte Stothfang Anfang 1939 bei einer Betrachtung der kommenden „Aufgaben des Arbeitseinsatzes" die Lage zusammen, „und doch müßten, wenn man alle Aufgaben erfüllen und alle Anforderungen befriedigen wolle, mindestens noch 1 Million Arbeitskräfte noch zusätzlich bereitgestellt werden, davon etwa 250.000 für die Landwirtschaft und 750.000 für Industrie, Handwerk und Verkehr". Da das mit inländischen Arbeitskräften nicht möglich sei, fuhr er fort, sei es notwendig, „in verstärktem Maße ausländische landwirtschaftliche Arbeitskräfte nach Deutschland zu holen", und zwar mehr als die 1938 beschafften 115.000. „Es genügt jedoch nicht, daß wir nur Wanderarbeiter nach Deutschland holen, vielmehr müssen gerade auch sog. Gesindekräfte, d. h. Knechte und Mägde für bäuerliche Betriebe gestellt werden, weil hier die Not im Arbeitseinsatz besonders groß ist." Vorbedingungen dafür seien „weniger die Bereitwilligkeit der infrage kommenden ausländischen Staaten, als vielmehr die Möglichkeiten der Bereitstellung von ausreichenden Devisenmengen für den Lohntransfer."[145]

Dafür aber hatte man 1938 in Österreich und der Tschechei neue Modelle erfolgreich erprobt, bei denen weder die „Bereitwilligkeit der infragekommenden ausländischen Staaten" noch das Devisenproblem eine störende Rolle spielte.

Tabelle 5: Ausländische Arbeitskräfte in Deutschland nach Staatsangehörigkeit, 1936 bis 1938[146]

Herkunftsland	1936	1937	1938
Tschechoslowakei	67.784	81.296	105.493
Polen	33.131	36.324	69.299
Österreich	29.539	41.169	69.063
Niederlande	22.281	26.350	30.801
Schweiz	13.597	15.434	16.966
Italien	7.597	8.521	10.100
Danzig	6.692	12.034	17.527
Jugoslawien	5.126	6.208	9.633
Ungarn	2.536	2.810	5.212
Sonstige	31.909	38.353	40.984
insgesamt	220.192	265.689	375.078

Kontinuitätselemente des Ausländereinsatzes

In dem Maße, in dem die Zahlen der angeworbenen ausländischen Arbeiter in den letzten beiden Jahren vor dem Krieg stiegen, wuchs auch die Beachtung, die diesen neuen Arbeitskräften von Seiten der Behörden wie der politischen Opposition im Ausland zuteil wurde. Dabei stand am Anfang die Entlastung vor allem der deutschen Landwirtschaft durch die Ausländer im Vordergrund: „In der Landwirtschaft hat die Hereinnahme von italienischen Saisonarbeitern wenigstens in den Großbetrieben für die Frühjahrsbestellung eine fühlbare Erleichterung gegeben. Die anfänglichen Schwierigkeiten, die sich insbesondere auf dem Gebiete der Ernährung, der Unterbringung und der Verständigung gezeigt hatten, scheinen inzwischen erfolgreich überwunden zu sein", meldete der Oberpräsident der Provinz Sachsen im April 1938.[147] Gerade vom Arbeitskräfteaustausch mit Italien wurde auf deutscher Seite viel erwartet, und den Berichten ist das Bemühen anzumerken, diese positive, auch politisch gewünschte Entwicklung besonders herauszustellen: „Die zunächst erhobenen Klagen der Italiener über zu lange Arbeitszeit und zu geringen Lohn sind verstummt", wurde im August 1938 aus Bayern gemeldet, „auch in Schlesien hat man mit italienischen Wanderarbeitern gute Erfahrungen gemacht. Die Unterkünfte der Italiener sind zum großen Teil gut hergerichtet."[148] Aber eben nur zum Teil; daß die Arbeitsbedingungen der italienischen Landarbeiter[149] durchaus nicht immer den guten politischen Beziehungen zwischen Deutschland und Italien entsprachen, verdeutlicht ein Bericht aus der Gegend um Weimar vom Sommer 1938. Hierher waren im Frühjahr etwa 800 italienische Landarbeiter gekommen, über die der Sopade-Korrespondent berichtete: „Die Italiener sind alle sehr arme Teufel, sie sind ausgehungert und haben fast nichts am Leib. Die neuen Hilfskräfte sind den SS-Landscharen unterstellt, die damit ein neues Betätigungsfeld erhalten haben. Die italienischen Landarbeiter dürfen sich nicht frei bewegen. Ausgang findet nur unter

Aufsicht der SS statt. Da schon einige Diebstähle vorgekommen sind, erhielten die Bauern das Recht, die Italiener zu züchtigen, wenn sie klauen. Es sind fast alles Leute zwischen 20 und 30 Jahren. Sie erhalten neben Kost und Strohlager pro Woche 5,- RM."[150]

Die hier beschriebenen Verhältnisse entsprachen durchaus nicht den Vorstellungen der Regime-Führung und den Vereinbarungen mit der faschistischen Regierung in Rom. Sie zeigen aber, daß Reichsarbeitsdienst und Landhilfe, Pflichtjahr und HJ-Ernteeinsatz und die anderen militarisierten Formen des deutschen Arbeitseinsatzes Wirkungen hinterlassen hatten, die auch Angehörige „befreundeter" Nationen als Arbeitskräfte in Deutschland zu spüren bekamen.

Gemeinhin aber lebten und verdienten die Italiener besser als ihre Kollegen in dem geschilderten Fall. „Durchschnittlich ersparen diese Leute in 5-6 Wochen zwischen 50,- und 60,- RMk. Dieser Betrag bedeutet natürlich in Lire umgerechnet für die Angehörigen in Italien ein unerhört großes Einkommen."[151] Stothfangs Faustregel von den ca. 350,- RM, die ein Ausländer pro Jahr nach Hause schicken könne, bestätigt sich hier. Allerdings wurden der Verrechnungsverkehr über die Deutsche Bank über ein besonderes Devisenrechnungskonto getätigt und die Lohnsummen mit dem sonstigen Handelsverkehr aufgerechnet, so daß die Devisenbelastung sich in Grenzen hielt.

Die Anwerbung von Tschechen hatte bereits vor der Annektion des Sudetenlandes größere Ausmaße angenommen. Ging es anfangs dabei auch um die „propagandistische Wirkung auf die Sudetendeutschen", wurden in der Folgezeit auch immer mehr Tschechen in Deutschland eingestellt.[152] Die sudetendeutschen Arbeiter scheinen nach den Meldungen der Sopade-Korrespondenten bei den deutschen Kollegen allerdings nicht sonderlich gern gesehen worden zu sein, sie „gebärden sich im allgemeinen nationalsozialistischer als die ortsansässigen Arbeiter" und seien „wegen ihrer Unterwürfigkeit bei den reichsdeutschen Arbeitern nicht sehr beliebt."[153]

Waren bis Sommer 1938 vorwiegend landwirtschaftliche Kräfte nach Deutschland geholt worden, verfügte man seit der Besetzung der Tschechoslowakei nun über zahlreiche qualifizierte Facharbeiter; bis Juni 1939 waren etwa 40.000 Tschechen aus Böhmen und Mähren im „Altreich" beschäftigt.[154]

Auffällig ist, daß ausländische Industriearbeiter vor 1939 in der Privatindustrie nur wenig, in den neuen nationalsozialistischen Staatskonzernen – den Volkswagenwerken in Fallersleben und den Göring-Werken in Salzgitter – aber umso mehr beschäftigt wurden.[155] Die Gründe dafür liegen darin, daß es sich hierbei um neue Industrien im Aufbau ohne feste Stammbelegschaft und mit enormen Zuwachsraten handelte; zum anderen hatten diese Betriebe engere Beziehungen zu den einschlägigen Verwaltungs- und Parteistellen, die über die Ausländerbeschäftigung entschieden.

Das größte Kontingent an Ausländern aber stellten vor Kriegsbeginn bereits wieder die Polen. In den 20er Jahren hatte die Zahl der polnischen Arbeiter, die sich legal in Deutschland aufhielten, immer um die Hunderttausend gelegen – einschließlich der illegal im Reich arbeitenden waren es aber erheblich mehr. Die Rechtssituation der Saisonarbeiter war nach dem Kriege nicht durch zwischenstaatliche Abkommen geregelt. Erst im November 1927 war dann zwischen Deutschland und Polen vereinbart worden, daß die 65.000 Saisonarbeiter, die nach 1919 nach Deutschland gekommen waren, bis 1932 in Jahreskontingenten das Reich verlassen mußten. 1932 aber war die deutsche Grenze für polnische Landarbeiter wieder offiziell geschlossen worden, so daß die weitere legale Zuwanderung gestoppt wurde.

Im wenig industrialisierten und vor allem durch kleine Bauernwirtschaften gekennzeichneten Polen jedoch war die Arbeitslosigkeit außerordentlich hoch, Anfang der 30er Jahre waren bis zu 43 % aller Arbeitskräfte arbeitslos oder – etwa in landwirtschaftlichen Nebenbetrieben – nicht voll beschäftigt.[156] Als der Höhepunkt der Wirtschaftskrise in Deutschland überwunden war, setzten dementsprechend die illegalen Grenzübertritte polnischer Landarbeiter nach Ostpreußen wieder ein. Ab 1936 kam es auf Initiative der deutschen Regierung zu jährlichen Verhandlungen um bestimmte Saisonarbeiterkontingente; 1937 wurde die Anwerbung auf 10.000, 1938 auf 60.000, 1939 auf 90.000 Arbeiter festgelegt – erheblich weniger, als es arbeitslose und wegen der hoffnungslosen sozialen Verhältnisse in Polen ausreisewillige polnische Landarbeiter gab, die auf eine Arbeitsstelle in Deutschland hofften.

Die Lage der polnischen Saisonarbeiter in Deutschland hatte sich in den 20er und 30er Jahren gegenüber der Vorkriegszeit nicht wesentlich verändert. In der Untersuchung eines polnischen Soziologen über Lebens- und Arbeitsverhältnisse polnischer Landarbeiter in Deutschland im Jahre 1937 ergab sich folgendes Bild:

Zwei Drittel der Landarbeiter waren Frauen, die meisten zwischen 18 und 24 Jahre alt, meist nur für die Erntezeit in Deutschland beschäftigt; Löhne, Verpflegung und Unterkünfte wurden meist als zufriedenstellend bezeichnet; die sehr langen Arbeitszeiten entsprachen den in der Landwirtschaft während der Erntezeit üblichen. Zwar tauchten mit den deutschen Landarbeitern immer wieder Spannungen auf, jedoch waren auch diese nicht durchgängig zu beobachten. In der polnischen Bevölkerung, so diese Studie, sei ein großes Interesse an der Ausweitung der Saisonarbeit vorhanden, sowohl bei den „Offiziellen" wie bei den „Illegalen".[157] Insgesamt waren die Verhältnisse für die polnischen Landarbeiter in Deutschland, wie der polnische Historiker Janusz Sobczak urteilt, „fast die gleichen, wenigstens nicht schlimmer als die vor 1932".[158] In den kleineren Bauernwirtschaften aber, auf denen die Polen nun zunehmend arbeiteten, war es oft bedeutend schlechter als auf den großen Gütern. „Die Arbeitsbedingungen bei einzelnen Bauern sind ... von denen großer Güter sehr verschieden", vermerkten die Reichstreuhänder im Frühsommer 1938, „Akkordarbeit ist nicht möglich, da die Arbeiten dauernd zwischen Feld, Wiese, Hof und Stall wechseln. Die Arbeitszeit erstreckt sich von morgens 4.00 Uhr bis abends 8.00 Uhr. Die Entlohnung ist z. T. hinsichtlich der Zeitberechnung ungenau. Alle diese Umstände haben zu Unruhe unter den polnischen Arbeitern geführt, so daß zahlreiche Beschwerden beim Polnischen Konsulat einliefen ... zum Teil wurden auch durch die Polen die Gefolgschaften aufgehetzt. In mehreren Fällen mußte daher die Polizei eingreifen und die Polen über die Grenze abschieben."[159] Die besonders schlechte Stellung der polnischen Saisonarbeiter auf den Bauernwirtschaften war sicherlich zum einen darauf zurückzuführen, daß die soziale Lage der deutschen Bauern selbst zu dieser Zeit relativ schlecht war. Hinzu kommt aber, daß die Polen und Polinnen auf den großen Gütern in Gruppen arbeiteten und so wenigstens grundständige Formen der Solidarität üben konnten. Auf den Bauernwirtschaften hingegen waren sie allein und der Willkür des Bauern ausgesetzt. Dieses Argument war in vielen Fällen aber wohl auch umdrehbar: Zum einzelnen Bauern bestand oft ein vertrautes Verhältnis, während die Polen in den Gütern in großer Zahl als anonyme Lohnarbeiter beschäftigt wurden. Widersetzten sie sich, drohte ihnen die Ausweisung oder – in Zeiten der Arbeiterknappheit – die Bestrafung durch die Polizei.

Die in den Abkommen mit Polen vereinbarten Arbeiterkontingente reichten bei weitem nicht aus, weder um den Bedarf der deutschen Landwirtschaft zu decken, noch um alle ausreisewilligen polnischen Arbeiter zu umfassen. Infolgedessen nahm der illegale Grenzübertritt immer mehr zu und wurde von den deutschen Behörden wohlwollend bis unterstützend behandelt. „Gute Erfahrungen", meldeten die Reichstreuhänder, seien vor allem „mit denjenigen polnischen Staatsangehörigen gemacht worden, die ohne Genehmigung die Grenze überschreiten und sich selbst beim Bauer[n] die Arbeit suchen. Im Gegensatz zu den offiziell vermittelten Nationalpolen sind diese illegalen polnischen Staatsangehörigen meist deutschgesinnt ... Wegen des Landarbeitermangels wird die Grenzüberwachung nicht mehr besonders streng gehandhabt."[160] Im Gegenteil – als das für 1939 vereinbarte Kontingent von 90.000 polnischen Arbeitern von der polnischen Regierung wegen der zunehmenden Spannungen in den deutsch-polnischen Beziehungen zurückgehalten wurde, erließ der Reichsinnenminister die Anordnung, daß polnische Arbeitskräfte auch ohne Papiere nach Deutschland hineingelassen und von eigens eingerichteten Arbeitsämtern an der Grenze aufgefangen werden sollten.[161]

Die Sperrung des Kontingents durch die polnische Regierung war für die deutschen Behörden aber nicht nur das Signal, nunmehr offensiv um „illegale" Landbeiter zu werben, sondern stellte auch ein wesentliches Element der propagandistischen Apologetik des Arbeitseinsatzes der Polen in Deutschland nach Kriegsbeginn dar. Max Timm, Ministerialrat im RAM und einer der Planer des Ausländereinsatzes, beschrieb diese Entwicklung des Frühjahrs 1939 einige Zeit später so: Daß durch die Ablehnung des bereits zugesagten Kontingents durch die polnische Regierung „90.000 Landarbeitern Lohn und Brot genommen wurde, hat die regierenden Herren in ihrer Verblendung nicht weiter beunruhigt ... aber trotz Strafandrohung, trotz Sperrung und strenger Überwachung der Grenzen sind im Jahre 1939 tausende von polnischen Landarbeitern illegal ins Reich eingewandert. Daß die Arbeiter und Arbeiterinnen – es handelte sich bei ihnen wohlgemerkt fast ausschließlich um volkspolnische Kräfte – die im Frühjahr und Sommer vorigen Jahres bei Nacht und Nebel über die grüne Grenze gingen, wobei sie noch Gefahr liefen, den Kugeln der rücksichtslos schießenden polnischen Grenzwachen zum Opfer zu fallen, der Warschauer Regierung nicht allzu freundlich gedachten, ist nur allzu verständlich ... Die siegreiche Beendigung des polnischen Feldzuges hat auch die Sperren hinweggefegt, mit denen im vorigen Jahr die damalige polnische Regierung ihre Landbevölkerung von der Arbeit im Reich glaubte zurückhalten zu können".[162] Dieser 1940 geschriebene Aufsatz diente bereits der Legitimation des massenhaften Arbeitseinsatzes der Polen in Deutschland: die Interpretation des Überfalls auf Polen als Befreiung der polnischen Landbevölkerung von ihrer eigenen Regierung. Aber daß es im Sommer 1939 in der Tat in Polen eine sehr große Zahl von Saisonarbeitern gab, die in Deutschland arbeiten wollten, dies aber wegen der Kontingent-Sperre nicht konnten, ist nicht zu bestreiten.

Seit dem Frühjahr 1939 waren die deutschen Behörden dazu übergegangen, die Agenten großer deutscher Landgüter an die polnische Grenze, teilweise auch nach Polen hinein zu schicken, um Arbeiter anzuwerben. Diese Werber verbreiteten über die Zustände in Deutschland die angenehmsten Gerüchte von hohen Löhnen, guter Unterbringung und der Achtung, die dem Arbeiter im neuen Deutschland entgegengebracht würde.[163] Viele Polen waren dann aber enttäuscht, wenn sie die Wirklichkeit zu Gesicht bekamen. Ein Berichterstatter des polnischen Instituts für soziale Wirtschaft etwa stellte im Sommer 1939 fest: „Die meisten zurückkehrenden Arbeiter beschweren sich über schwierige Arbeitsverhältnisse und über nicht richtige Behandlung seitens der Arbeitgeber. Auf dem Feld wurde zwischen 5 bis 20 Stunden gearbeitet, der Satz lag zwischen 18,– und 30,– Mark monatlich plus Verpflegungskosten. Bei der Werbung wurde aber 60,– Mark monatlich versprochen."[164]

Der Anstieg der Ausländerzahlen in Deutschland, die illegalen Anwerbungen, vor allem aber die Konzentration der Polen und Polinnen auf die Landwirtschaft – ausgerechnet jenen Wirtschaftszweig, der den Nazis ideologisch besonders am Herzen lag – und die Meldungen über Äußerungen der Unzufriedenheiten und des Unmuts der Ausländer über die Arbeitsbedingungen verstärkten die ablehnende Haltung vieler führender Regimevertreter gegenüber dem Ausländereinsatz generell. Der Reichstreuhänder in Schlesien hatte schon im Frühjahr 1937 „Bedenken gegen die Hereinnahme ausländischer Landarbeiter" angemeldet, „da bei dem ständigen Abwandern schlesischer Arbeiter im Reich durch den Nachschub polnischer und tschechischer Staatsangehöriger mit einer weiteren Verbreitung der polnischen Sprache und der politischen Unsicherheit gerechnet werden muß",[165] und warnte ein Jahr später: „Eine Überfremdung durch Ausländer ist zu befürchten. Der Mangel an heiratsfähigen Frauen führt dazu, daß zum Teil ausländische Wanderarbeiterinnen geheiratet werden."[166]

Zunehmend kamen nun zu den „völkischen" auch „sicherheitspolizeiliche" Bedenken gegen den Ausländereinsatz. Die Sopade-Berichte wiesen im Juni 1939 darauf hin, daß „abgesehen von den Devisenbelastungen, die dadurch entstehen, ... die Zahl der Länder, in denen Deutschland Arbeiter anwerben kann, sehr beschränkt" sei. „Es kommen im wesentlichen nur totalitär regierte und mit Deutschland politisch verbundene Staaten in Frage ... Nimmt man Arbeiter aus demokratischen Ländern, so können die eigenen Volksgenossen allzu leicht der politischen einflußreichen Zersetzung ausgesetzt sein. Die italienischen und slowakischen Arbeiter sind die einzigen, die ohne Befürchtungen herangezogen werden können."[167]

Bis 1938 hatten die Ausländerpolizeiverordnung von 1932 und die Verordnung über ausländische Arbeitnehmer weiter als Grundlage der ausländerpolizeilichen Maßnahmen gedient. Mittlerweile aber war der Polizeiapparat und mit ihm das Ausländerpolizeiwesen neu organisiert und seit Einsetzung Himmlers zum Chef der Deutschen Polizei 1936[168] dort zentralisiert worden. Die Aufgaben des Ausländerpolizeiwesens bestanden zunächst vor allem in der politischen Kontrolle der angeworbenen Ausländer. Syrup selbst behauptete schon im August 1937: „Wir erfassen jeden Ausländer. Wir haben eine Karthotek, wonach ich jeden Ausländer, auch wenn es fünf Jahre zurückliegt, genau erfassen kann. Ich weiß, woher er kommt, wie sein richtiger Name, wie sein vorgetäuschter Name, was seine Konfession usw. ist. Ich weiß auch, wo er beschäftigt ist. Das ist alles nötig. Sie können sich denken, daß wir mit dem Sicherheitsdienst und den Abwehrstellen im engsten Konnex arbeiten."[169]

Neben der Registrierung der Ausländer bei den Arbeitsbehörden wurde im August 1938 die Ausländerzentralkartei der Polizei eingerichtet,[170] um „das Hauptaugenmerk ... auf eine vollständige ausländerpolizeiliche Erfassung aller ausländischen Landarbeiter zu richten ... Es muß in diesem Jahr erreicht werden, daß alle ausländischen Arbeiter, namentlich diejenigen, die illegal in das Reichsgebiet gelangt sind, restlos ausländerpolizeilich erfaßt werden".[171]

Die generelle Rechtsgrundlage war zu diesem Zeitpunkt in einer neuen Ausländerpolizeiverordnung zusammengefaßt worden,[172] die statt „nur die subjektive Lästigkeit des Ausländers als Grundlage für ausländerpolizeiliche Maßnahmen" anzunehmen, dazu überging, „den Belangen der Allgemeinheit und den Erfordernissen der Staatssicherheit andere Rücksichten in jedem Fall unterzuordnen",[173] wie die Autoren der Verordnung anmerkten. Die Verordnung legte vor allem die Kriterien für die Aufenthaltswürdigkeit so weit aus, daß der Polizei ein umfassendes Zugriffsrecht und die praktisch jederzeit mögliche Abschiebung als Druckmittel zur Verfügung standen. Zweifellos war aber das Mittel der Abschiebung als zentrales Sanktionsinstrument in Zeiten, in denen Deutschland verstärkt versuchte, ausländische Arbeiter ins Reich zu holen, wenig sinnvoll. Die Meldungen der Gestapo und der Treuhänder seit 1938 weisen darauf hin, daß schon relativ früh statt der Abschiebung andere Strafmaßnahmen ergriffen wurden, vor allem Geldstrafen und Gefängnishaft.

Formal galt jedoch die Ausländerpolizeiverordnung vom August 1938 weiter – nicht aber für die Tschechen, denn hier brauchten die Behörden keine außenpolitischen Rücksichten mehr zu nehmen. Bereits vor Kriegsbeginn wurde die Rechtsstellung der Tschechen eingeschränkt. Mit dem Erlaß vom 26. Juni 1939 erfolgte der erste Eingriff in den Rechtsstatus von Ausländern – der Auftakt zur Schaffung eines Sonderrechts.[174] Nach diesem Erlaß war die Polizei angehalten, gegen Tschechen bei „Arbeitsverweigerung", politischer Betätigung oder „sonstiger staatsfeindlicher Einstellung" mit aller Schärfe vorzugehen und Schutzhaft gegen sie zu beantragen. Kurz darauf wurden diese Bestimmungen ausgeweitet auf Tschechen, die Diebstähle begangen, geplündert, Befehle verweigert oder sich sonstiger krimineller Delikte schuldig gemacht hatten.[175] Damit war dann auch das Maß überschritten, in dem deutsche Arbeiter gemeinhin bestraft werden konnten: Schutzhaft für Diebstahl – eine Verschärfung des Strafmaßes, die die Tschechen tendenziell außerhalb der deutschen Rechtsordnung stellte.

In diesem Zusammenhang gewinnt auch Görings eingangs zitierter Ausspruch Bedeutung, „daß im Kriege aus den Nicht-Wehrwirtschaftsbetrieben im Protektorat

73

Hunderttausende in Deutschland, in Baracken zusammengefaßt unter Aufsicht eingesetzt werden sollen, zumal in der Landwirtschaft".[176] Unabhängig davon, daß diese Absichtserklärung konkreten Planungscharakter noch nicht hatte und bis dahin noch nicht einmal Hitlers Zustimmung gefunden hatte, deutete sich auf der juristischen Ebene wie bei der Planung des Arbeitseinsatzes die Dimension des Ausländereinsatzes im Krieg bereits an.

Vor Kriegsbeginn

Betrachtet man nun die Situation in Deutschland am Vorabend des Krieges und stellt die eingangs aufgeworfene Frage nach der Planung des Masseneinsatzes von zivilen Ausländern in Deutschland seit Kriegsbeginn erneut, so wird man bei der Beantwortung ein stark gegliedertes und differenziertes, gleichwohl aber doch eindeutiges Bild entwerfen können. Daß von Seiten Deutschlands ein mit dem Markennamen „Großraumwirtschaft" versehener Zugriff auf Ressourcen der Nachbarländer erfolgen würde und müsse, entsprach nicht nur alldeutsch-expansionistischer Tradition, sondern war vor 1933 auch einer der explizit konsensträchtigen Programmpunkte der Großindustrie wie der Nationalsozialisten: Der Kontinentalimperialismus als Alternative zum Weltmarkt. In dieses Programm ließ sich problemlos auch der Zugriff auf ausländische Arbeitskräfte einbinden, woran zu Anfang der nationalsozialistischen Herrschaft in Deutschland angesichts der Massenarbeitslosigkeit noch nicht zu denken gewesen war. Allerdings entsprach der Import ausländischer Arbeitskraft auch nicht den rasse- und raumideologischen Vorstellungen der Nazis, denen eher der Export deutsch-mittelständischer Herrenmenschen ins benachbarte Ausland vorschwebte.[177] Zudem sprachen die Devisenbilanzen ganz eindeutig gegen Ausländerbeschäftigung im Reich.

In dem Maße aber, in dem der seit Mitte der 30er Jahre anwachsende Arbeitermangel für das NS-Regime existenzbedrohende Züge annahm, stellte sich für die Behörden die Alternative, entweder deutsche Frauen oder Ausländer zum Arbeitseinsatz zu bringen. Beides, so argumentierten die Nationalsozialisten, habe Nachteile. Die Beschäftigung von Ausländern gerade in der Landwirtschaft, wo sie besonders dringlich gebraucht wurden, habe den Nachteil, „daß sie von dem Ideal wegführt, daß der deutsche Boden nur so lange dem deutschen Volke im echten Sinne des Wortes erhalten bleibt, als er auch von deutschstämmigen Menschen bewirtschaftet wird", formulierte der nationalsozialistische Arbeitswissenschaftler Willeke.

Der Arbeitseinsatz der Frauen aber war noch weit unpopulärer und würde die ohnehin gefährdete innenpolitische Balance des Regimes destabilisieren, zudem widersprach er der nationalsozialistischen Frauenideologie und darüber hinaus der Überzeugung eines Großteils der Bevölkerung. Die Entscheidung für den Ausländereinsatz machte deutlich, so Willeke, „wie sehr man das Wertopfer einer vorübergehenden Einfremdung bestimmter Berufe eher zu bringen bereit ist als das Wertopfer einer Gefährdung der volksbiologischen Kraft des Deutschen Volkes durch stärkeren Einsatz der Frau".[178]

Als sich mit dem Einmarsch in Österreich und dann noch mehr in der Tschechoslowakei für die Behörden zum Teil überraschend zeigte, daß man auf diesem Wege in devisenschonender Weise an ausländische Arbeitskräfte gelangen konnte, setzte sich sukzessive die Einsicht fest, daß – auf der Grundlage des Kompromisses der „vorübergehenden Notstandsmaßnahme" – mit dem Einsatz von Ausländern auch in Zukunft die Arbeiternot in Deutschland behoben werden konnte, zumal in der Landwirtschaft. Daß Ausländer dann vor allem in dem Wirtschaftszweig beschäftigt wurden, der von der NS-Ideologie als besonders deutsch und besonders nationalsozialistisch deklariert worden war, entsprach langer Tradition, war aber vor allem Ausdruck der Tatsache, daß trotz aller ideologischen Aufwertung die Lanwirtschaft durch Rüstungsboom und Preisstopp besonders benachteiligt worden war und durch die Landflucht eine Viertelmillion deutscher Arbeitskräfte verloren hatte. Wollte man das Preisgefüge in Deutschland nicht vollends durcheinander bringen und damit die Aufrüstung gefährden, mußte die Landwirtschaft aller Blut- und-Boden-Ideologie zum Trotz mit möglichst billigen Arbeitskräften versorgt werden.

Die Zentralisierung und Effektivierung der Arbeitsverwaltung ermöglichte zudem die schnelle Integration österreichischer und tschechischer Arbeiter in den deutschen Arbeitsmarkt, ebenso wie die der polnischen Arbeitskräfte, die traditionell das größte Reservoir an Landarbeitern darstellten und durch die Kontingentierungspolitik seit 1936 in immer stärkerem Maße illegal ins Reich strömten. Ihre soziale Lage dort war seit Jahrzehnten immer relativ schlecht gewesen und veränderte sich auch nach der nationalsozialistischen Machtergreifung nicht; hier gibt es eine lange Kontinuität der Ausbeutung, die die polnischen Landarbeiter und Landarbeiterinnen gleichwohl der Arbeitslosigkeit zu Hause immer noch vorzogen.

Insofern war die nationalsozialistische Politik vor Kriegsbeginn auf die verstärkte Beschäftigung ausländischer Arbeiter in Deutschland vorbereitet und angewiesen – aber eines „Zwangsarbeiterprogramms" bedurfte es dabei gar nicht, zumal man davon ausging, daß eine erhebliche Ausweitung der Ausländerzahlen die Widersprüche zwischen wirtschaftlichen Erfordernissen und ideologischen Grundpositionen unerträglich verschärfen würde, die Zufuhr an ausländischer Arbeitskraft also begrenzt bleiben mußte.

Auch Zwangsanwerbungen und Deportationen ziviler polnischer Arbeitskräfte waren für den Tag des Kriegsbeginns nicht „generalstabsmäßig vorbereitet", wie einige Autoren postulieren. Man konnte vielmehr realistisch damit rechnen, daß genügend große Zahlen von Arbeitswilligen in Polen nur darauf warteten, in Deutschland arbeiten zu können. Außerdem waren traditionellerweise die Grenzen zwischen Zwang und Freiwilligkeit bei den polnischen Saisonarbeitern weder genau auszumachen noch von sonderlichem Interesse für die deutschen Arbeitgeber und Behörden. Entscheidend war vielmehr zum einen die prinzipielle und auf deutscher Seite bewußt gefällte Entscheidung, statt deutscher Frauen Ausländer die Lücken des deutschen Arbeitsmarktes stopfen zu lassen und zweitens durch territoriale Expansion das brennende Devisenproblem bei der Ausländerbeschäftigung umgehen zu können. Anderseits, so lautete die nicht ganz unberechtigte Hoffnung der NS-Führung, würde sich nach bewährtem Muster des Ersten Weltkrieges der Ar-

75

beitskräftemangel in der ostelbischen Landwirtschaft nach Kriegsbeginn durch die Kriegsgefangenen quasi von alleine lösen. Gestützt auf die positiven Erfahrungen mit dem landwirtschaftlichen Arbeitseinsatz von etwa 900.000 Kriegsgefangenen zwischen 1914 und 1918 erwartete man von dieser Seite die größte Entlastung, ohne daß man die z. T. unliebsamen Erfahrungen mit zivilen ausländischen Arbeitskräften aus dem Ersten Weltkrieg wiederholen müßte. So ist die Planung für eine möglichst schnelle Überführung der polnischen Kriegsgefangenen in die deutsche Landwirtschaft schon relativ früh nachvollziehbar. Im Januar 1939 war die detaillierte Planung des Kriegsgefangeneneinsatzes bis hin zu Einzelheiten des Barackenbaues und der Bewachung bereits weit fortgeschritten.[179]

Daß während des Krieges auch zivile polnische Arbeiter in Deutschland arbeiten würden – und zwar in größerem Umfang als vor dem September 1939 – war für die Behörden absehbar und auch vorbereitet. Der Masseneinsatz in Millionenhöhe war hingegen weder für notwendig gehalten noch organisatorisch vorbereitet worden, aber er lag in der Tradition und der Logik des deutschen Imperialismus, und er war aufgrund der Militarisierung der Arbeitsbeziehungen in Deutschland, des Ausbaus der Arbeitsverwaltung und der Polizeiorgane sowie eines rassistisch geprägten Bildes vom polnischen Arbeiter in Teilen der Bevölkerung möglich und durchführbar, wenn die ideologischen Barrieren, die einem solchen Einsatz entgegenstanden, beiseite geräumt wurden. Von einem „Zwangsarbeitsprogramm" zu sprechen, wäre jedoch verfehlt, assoziiert der Begriff doch einen Bruch, einen prinzipiellen Unterschied zwischen der Ausländerbeschäftigung vor Kriegsbeginn und danach. Tatsächlich aber spielte die Frage, ob der Einsatz der Ausländer auch unter Zwang vorstellbar war, in der NS-Führung zu dieser Zeit gar keine Rolle – entscheidend war vielmehr, ob man überhaupt Ausländer in Deutschland arbeiten lassen wollte. Als diese Entscheidung (als Zwischenlösung deklariert) gefällt war, setzte – ausgehend von der Tradition der rechtlichen und sozialen Diskriminierung vor allem polnischer Landarbeiter – ein Prozeß der schrittweisen Verschärfung ein, der in eigener Logik und Dynamik sowie in zunächst kaum merklichen Veränderungen, dann in immer schnelleren Bewegungen zur massenhaften Zwangsarbeit führte.

IV. Kapitel
1939/40: Der Poleneinsatz als Modellversuch

1. Arbeit als Beute

Um die seit dem Frühjahr 1939 zahlreich illegal nach Deutschland kommenden polnischen Landarbeiter sofort registrieren zu können, waren die Landesarbeitsämter im April 1939 angewiesen worden, entlang der Grenze zu Polen Auffangstellen zu errichten, an denen Arbeiter erfaßt und mit Papieren ausgestattet wurden.[1] Als die deutschen Truppen dann die Grenze übertraten, um Polen zu überfallen, marschierten Beamte dieser Arbeitsämter im Troß gleich mit – am Freitag, dem 1. September waren die Kriegshandlungen eröffnet worden, am Sonntag wurde in der oberschlesischen Kreisstadt Rybnik bereits das erste deutsche Arbeitsamt errichtet. Die Beamten der Arbeitsverwaltung waren oft die ersten zivilen Behörden, die in den von deutschen Truppen besetzten Dörfern und Städten einrückten. Je nach Größe des Ortes beschlagnahmten zwischen 3 und 14 Beamte zunächst ein Gebäude, richteten es ein, bauten eine Kassenstelle und eine Verwaltungsstelle auf, ließen weitere Kollegen nachkommen und begannen mit der Arbeit.[2] Bis zum 19. September waren auf diese Weise schon 30 Dienststellen eingerichtet, die in größeren Städten oft 100 und mehr deutsche Beamte und Angestellte beschäftigten. Grundlage dieser sehr schnellen Entwicklung war die Anweisung des Oberbefehlshabers des Heeres und ein Erlaß des RAM vom 6. September 1939, wonach das besetzte polnische Gebiet in „Betreuungsabschnitte" aufgeteilt und den einzelnen Landesarbeitsämtern zugeteilt worden war;[3] Anfang Oktober waren schließlich 115 Dienststellen der Arbeitseinsatzverwaltung eingerichtet. Stolz berichtete der Ministerialdirigent im RAM, Rachner, über die Tatkraft und den Wagemut des deutschen Arbeitsverwaltungsbeamten, daß „Arbeitsämter weit im Feindgebiet schon zu einer Zeit bestanden, als die Kämpfe in unmittelbarer Nähe noch nicht annähernd als beendet angesehen werden konnten ... An vielen Stellen sind Arbeitsämter als die erste Behörde eingerückt", haben „in jeder Hinsicht auf vorgeschobenem und gefährdetem Posten ihren Mann gestanden und sind an allen Stellen ungesäumt an die ersten fachlichen Arbeiten herangegangen".[4] Die Aufgabe der Arbeitsämter bestand zunächst vor allem darin, wie vorher an den „Grenzauffangstellen" nun in Polen selbst diejenigen Arbeiter, die in Deutschland arbeiten wollten, zu vermitteln; darüber hinaus wurde aber sogleich damit begonnen, alle Arbeitslosen „karteimäßig zu erfassen".

Die Arbeitslosigkeit in Polen war vor dem deutschen Überfall sehr hoch – und z. T. behördlich gar nicht erfaßt – gewesen;[5] sie verstärkte sich durch die Kriegseinwirkungen noch, vor allem dadurch, daß die deutschen Behörden sehr bald diejenigen Wirtschaftszweige stillegten, von denen die deutsche Kriegsführung keinen unmittelbaren Nutzen hatte.

Ziel dieser behördlichen Registration war die Verteilung der Arbeitskräfte auf kriegswichtige Arbeiten in der polnischen Wirtschaft; in erster Linie handelte es sich dabei um Aufräumungs- und Reparaturarbeiten sowie um das Einbringen der polnischen Ernte. Gleichzeitig aber wurden hier auch diejenigen Arbeitskräfte erfaßt, die sich für den Arbeitseinsatz in der deutschen Landwirtschaft meldeten. Zwar gingen schon am 19. September 1939 aus Gdingen und Gnesen erste Arbeitertransporte ins Reich ab, darin wurde zunächst aber lediglich eine Fortsetzung der vor dem Kriege ins Stocken geratenen Saisonarbeit gesehen.[6] Es gibt keinen Hinweis darauf, daß schon im September Pläne zur Ausweitung der Arbeiterrekrutierungen in Polen in großem Stil bestanden hätten.[7] Die ersten Transporte mit polnischen Landarbeitern kamen zudem meist aus den alten Anwerbegebieten in die ostelbische Landwirtschaft, wo die Arbeitskräfteknappheit, durch die Einziehungen zum Militär noch verstärkt, besonders brennend war.[8]

Für die deutsche Ernte im Herbst 1939 jedoch konnten die neueingesetzten polnischen Zivilarbeiter keine spürbare Entlastung mehr bringen. Bis Ende November waren nur etwa 30.000, bis Ende des Jahres etwa 40.000 polnische Zivilarbeiter in das Reich vermittelt worden,[9] also weit weniger als 1938. Für einen umfassenderen Arbeitseinsatz war die Zeit zu kurz und die organisatorischen Schwierigkeiten noch zu groß – und zudem konnte der Arbeitermangel durch den Arbeitseinsatz der polnischen Kriegsgefangenen viel schneller und in zunächst erheblich größerem Ausmaß behoben werden.

Nach den Planungen der deutschen Militärführung sollten die polnischen Kriegsgefangenen unmittelbar nach ihrer Gefangennahme nach Deutschland zur Arbeit aufs Land geschickt werden.[10] Nach dem deutschen Überfall auf Polen drängte nun die Zeit, weil auf den ostpreußischen Gütern die Hackfruchternte noch eingebracht werden mußte. So wurden die ersten Kriegsgefangenen schon wenige Tage nach Kriegsbeginn bereits im Reich eingesetzt, nachdem sie ein Durchgangslager durchlaufen und ärztlich und polizeilich überprüft worden waren. Ende September waren bereits etwa 100.000 Gefangene in der deutschen Landwirtschaft tätig, im November bereits 250.000 und bis Jahresende ca. 300.000.[11]

Die Beschäftigung von Kriegsgefangenen war für die deutschen Behörden und Parteistellen in vieler Hinsicht die einfachste und bequemste Lösung – Gefangene unterstanden weiter militärischer Überwachung, waren ganz außerordentlich billig und konnten je nach wirtschaftlichen Erfordernissen zu den verschiedenen Arbeitsstellen geschickt werden.

Tabelle 6: Arbeitseinsatz der polnischen Kriegsgefangenen, Oktober 1939 bis April 1940[12]

	Beschäftigte Kriegsgefangene in 1.000	davon in der Landwirtsch. %	Bergbau %	Bau %	Sonstige
Oktober 1939	213.115				
Februar 1940	294.393	89,9	0,8	5,3	4,0
April 1940	287.348	93,3	0,9	2,4	2,8

Der Nachteil des Einsatzes von Kriegsgefangenen bestand nur darin, daß ihre Zahl begrenzt war; der Bedarf der deutschen Wirtschaft, vor allem des Agrarsektors, aber erheblich höher lag als die Zahl von etwa 300.000 Soldaten, die über die Stalags zur Arbeit eingesetzt werden konnten.

Die mittlerweile aufgebaute Organisation der Arbeitsverwaltung und ihr hoher bürokratischer Leistungsstand verwiesen hingegen auf das Potential an zivilen Arbeitskräften, das bislang aus der Sicht der deutschen Behörden ja offenbar problemlos nach Deutschland zu überführen gewesen war und noch erhebliche Reserven bot. In den ersten Wochen nach dem Überfall wurde in Berlin schrittweise klar, daß die Anwerbung und der Einsatz ziviler polnischer Arbeitskräfte in Zukunft fortgesetzt und ganz erheblich ausgebaut werden müßte. Die „primitiven Polen", erklärte Heydrich im RSHA bereits am 21. September, seien als „Wanderarbeiter" in Deutschland zu beschäftigen, „Ziel ist: der Pole bleibt der ewige Saison- und Wanderarbeiter, sein fester Wohnsitz muß in der Gegend von Krakau liegen",[13] und Hitler selbst machte einen Monat später gegenüber Keitel deutlich, daß in Polen in nächster Zeit vor allem „Arbeitskräfte zu schöpfen" seien.[14]

Welche arbeitsmarktpolitischen Potentiale im okkupierten Polen der deutschen Wirtschaft plötzlich zur Verfügung standen, wurde aber erst nach Beendigung des Feldzuges wirklich offenbar.

„Den wichtigsten Gewinn, den Deutschland in Polen gemacht hat", schrieben die Sopade-Berichte bereits im November 1939, als noch kaum 20.000 zivile polnische Arbeiter nach Deutschland gekommen waren, „ist der Gewinn an Arbeitskräften", denn angesichts des Arbeitermangels im Reich „muß der Gewinn an Arbeitskräften, den Deutschland aus den zwanzig Millionen Polen ziehen kann, sehr hoch veranschlagt werden", auch „wird der niedrige Lebensstandard und die Bedürfnislosigkeit der polnischen Bevölkerung die Deportierung polnischer Arbeitskräfte nach Deutschland erleichtern", zumal es in Polen viele Arbeitslose und Auswanderungswillige und ein erhebliches Bevölkerungswachstum gebe. „Dieser Bevölkerungs- und Auswanderungsüberschuß wird in Zukunft die deutschen Zwangsarbeiterlager füllen",[15] schlossen die sozialdemokratischen Berichterstatter prophetisch ihre Analyse.

Im November 1939 fielen dann die endgültigen Entscheidungen. Am 16. November 1939 wies Göring die Arbeitsverwaltung an, „die Hereinnahme ziviler polnischer Arbeitskräfte, insbesondere polnische Mädchen in größtem Ausmaß zu betreiben. Ihr Einsatz und insbesondere ihre Entlöhnung müssen zu Bedingungen erfolgen, die den deutschen Betrieben leistungsfähige Arbeitskräfte billigst zur Verfügung stellen".[16] Der Agrarminister Walter Darré präzisierte einige Tage später diese Anweisung – im Jahre 1940 sollten der Landwirtschaft ca. zwei Millionen polnische Arbeitskräfte „zur Verfügung stehen";[17] und sein Staatssekretär Backe kündigte im Dezember vor dem Generalrat der deutschen Wirtschaft an, daß „1 ½ Millionen Polen ab Januar in die Bedarfsgebiete rollen" müßten,[18] bis schließlich im Januar die Anordnung des Generalgouverneurs in Polen, Frank, als Bevollmächtigter Görings den Masseneinsatz polnischer Arbeiter konkret in Gang setzte: „Bereitstellung und Transport von mindestens 1 Million Land- und Industriearbeitern und -arbeiterinnen ins Reich – davon etwa 750.000 landwirtschaftliche Arbeitskräfte, von denen mindestens 50 % Frauen sein müssen – zur Sicherstellung der landwirtschaftlichen Erzeugung im Reich und als Ersatz für im Reich fehlende Industriearbeiter."[19]

Verglichen mit den schwerwiegenden Bedenken gegen die „Überfremdung" wichtiger Produktionszweige vor Kriegsbeginn fielen diese Entscheidungen nicht nur bemerkenswert schnell, sie umfaßten auch Größenordnungen, an die vorher keiner zu denken gewagt hatte. Gleichwohl blieb die Formel der „vorübergehenden Notlösung" die Grundlage der Entscheidung, obwohl die Entwicklung bereits deutlich machte, daß der Einsatz polnischer Arbeitskräfte auch auf längere Sicht eine der wesentlichen Grundlagen zur Aufrechterhaltung der Produktionshöhe der deutschen Wirtschaft sein würde.

Durch diese Entscheidung war es nun auch möglich geworden, die bedingte und in vielen Bereichen kaum spürbare Form der Mobilmachung in Deutschland aufrecht zu erhalten und die mit den „Schubladengesetzen" bei Kriegsbeginn wirksam gewordenen, z. T. erheblichen Verschlechterungen der sozialen Lage der deutschen Arbeiterschaft wieder rückgängig zu machen.[20] Vor allem konnte auf einen verstärkten Arbeitseinsatz der deutschen Frauen verzichtet werden, aber auch eine weitere Erhöhung der Arbeitszeiten und die erlassenen Urlaubskürzungen und -streichungen für deutsche Beschäftigte konnten zurückgenommen werden.

Ohne Ausländer, urteilt Tim Mason, „hätte es wohl entweder zum Niedergang der deutschen Militärmacht oder aber zu drakonischen Zwangsmaßnahmen gegen die deutsche Bevölkerung kommen müssen".[21]

Die nicht unerhebliche Verschlechterung der Stimmung in der deutschen Arbeiterklasse seit Kriegsbeginn machte den nationalsozialistischen Machthabern deutlich, vor welcher Alternative sie standen: einige Millionen Ausländer in Deutschland – und damit ein Bruch mit den eigenen weltanschaulichen Prinzipien, zudem eine Ende 1939 noch nicht genau abzuschätzende „sicherheitspolitische" Gefahr – oder die massive Verschärfung von Zwangsmaßnahmen gegenüber der deutschen Bevölkerung – und damit das (tatsächliche oder vermeintliche) Risiko einer Destabilisierung der Grundlagen des Regimes durch ein Abbröckeln des sozialen Konsensus und durch den die weitere Expansion verhindernden Arbeitermangel.

Daß die Entscheidung für den Ausländereinsatz fiel, kann angesichts dieser Konstellation nicht verwundern. Sie fiel gleichwohl nicht widerspruchslos, stellte sie doch das bis dahin und auf lange Sicht stärkste ideologische Zugeständnis der Nationalsozialisten an die wirtschaftlichen und tagespolitischen Erfordernisse dar. Dieser Verstoß gegen die faschistische Weltanschauung mußte, um vor der eigenen Anhängerschaft gerechtfertigt werden zu können, durch Maßnahmen ausgeglichen werden, die bei allen tagespolitischen Sachzwängen die nationalsozialistischen Prinzipien und Überzeugungen beim Ausländereinsatz dennoch zum Tragen kommen ließen.

2. Terror als Herrschaftskompromiß

Die Tragweite dieser Zugeständnisse des ideologischen Selbstverständnisses an die kriegswirtschaftlichen Sachzwänge wurde schon in den ersten Berichten des SD und anderer Stellen über das Verhalten der polnischen Kriegsgefangenen und Zivilarbeiter und das Verhältnis der deutschen Bevölkerung zu ihnen unmißverständlich angesprochen: „Obwohl bereits verschiedene Partei- und Staatsstellen Richtlinien über die Behandlung polnischer Kriegsgefangener herausgegeben haben, laufen noch immer täglich zahlreiche Meldungen über ein allzu freundliches Verhalten eines Teiles der Bevölkerung gegenüber den polnischen Kriegsgefangenen ein", meldete der SD am 20. November 1939 in seinem ersten Bericht über die „Ausländerfrage", dem bis Kriegsende noch mehr als hundert folgen sollten. Deutsche Mädchen hätten sich vielerorts mit den Gefangenen eingelassen, den Polen würden Lebensmittelzulagen für Schwerarbeit gewährt, sie arbeiteten gemeinsam mit deutschen Frauen auf dem Feld und es werde „besonders auf dem Lande der Abstand zwischen der bäuerlichen Bevölkerung und den polnischen Kriegsgefangenen nicht genügend gewahrt". So ließen z. B. die Bauern die Gefangenen in ihre Familie hinein und ihre Töchter sogar mit ihnen zum Tanze gehen. Besonders verdächtig war den SD-Berichterstattern die Frömmigkeit der Polen. Hier, so vermuteten sie, läge ein neues Betätigungsfeld für den katholischen Klerus, der zuweilen „nach einem Gottesdienst die polnischen Gefangenen vor der Kirche einzeln mit Handschlag" zu begrüßen pflege – kurz: „infolge dieser Zustände werden aus vielen Orten Klagen der Bevölkerung über ein anmaßendes, dreistes Auftreten polnischer Kriegsgefangener gemeldet".[22]

Dieser Bericht des SD markierte die Ängste und die Schwachstellen der deutschen Behörden bei dem Masseneinsatz der polnischen Arbeiter bereits recht genau; ohne daß man in den einzelnen genannten Beispielen zunächst ein durchgreifendes Prinzip entdecken könnte. Die Beschreibung des Verhaltens der deutschen Bauern macht aber deutlich, daß sich auf den einzelnen Bauernhöfen durch den Kriegsbeginn zunächst gar nichts verändert haben mag. Daß die polnischen Saisonarbeiter nun als Gefangene und in Uniform zur Ernte auf den Hof kamen, wurde eher als ein Zeichen der Zeit gesehen und änderte nichts an den jahrzehntelangen Traditionen, wonach die polnischen Arbeiter zwar kräftig ausgebeutet und schlecht bezahlt, gleichwohl aber nicht grundsätzlich anders als deutsche Knechte behandelt wurden. Zwar wird es auch vor Kriegsbeginn nur selten vorgekommen sein, daß der Bauer seine Töchter mit einem polnischen Saisonarbeiter „zum Tanzen schickte", diese Meldung kennzeichnet aber auch eher die Befürchtungen des SD, was geschehen könnte, wenn hier von Seiten des Staates nicht eingegriffen würde, als daß sie bereits häufig vorkommende Zustände beschrieb.

Das Problem der Nazis bestand eben darin, die Traditionen der Saisonarbeit nach außen hin aufrecht zu erhalten, um die tatsächliche Form der Ausländerbeschäftigung gegenüber dem Ausland zu kaschieren; in der Praxis aber mit ihnen zu brechen und den deutschen Bauern zu erklären, daß die Beschäftigung eines Polen vor und nach Kriegsbeginn zwei grundverschiedene Dinge seien. Zugleich sollte hier vor den die nationale Hierarchie abschleifenden Auswirkungen eines Arbeitsalltags gewarnt werden, der bei der Feldarbeit keinen Unterschied machte zwischen deutschen Knechten, polnischen Kriegsgefangenen oder Zivilarbeitern.

Der Hinweis auf die katholischen Pfarrer schließlich verdeutlicht die dritte Ebene, auf der den Nazis durch den Ausländereinsatz Gefahren zu drohen schienen. Einerseits verkörpern hier die katholischen Polen und die deutschen Kapläne die Relikte eines ultramontanen Internationalismus, der das Glaubensbekenntnis über die Volkszugehörigkeit stellte und damit zum nationalsozialistischen Primat der „Rasse" im Widerspruch stand. Zum zweiten stehen die katholischen Geistlichen hier nur als ein Beispiel für diejenigen Gruppen im deutschen Volk, die zu den Nationalsozialisten in Opposition und somit im Verdacht standen, mit den Ausländern gegen das Regime zu kollaborieren. Dieser erste, sehr frühe SD-Bericht gibt also Hinweise darauf, welche Aspekte des Ausländereinsatzes den Nazis vor allem Probleme bereiteten: die Traditionen des Saisonarbeitereinsatzes, sexualrassistische Ängste, die entpolitisierende Kraft des Arbeitsalltags und die Angst vor den innenpolitischen Gegnern.

Diese in dem SD-Bericht vom November 1939 anklingenden Motive wurden von den SD-Berichterstattern in den nächsten Monaten mit stereotyper Gleichförmigkeit wiederholt: Das Verhältnis der deutschen Landbevölkerung zu den Polen sei zu gut, deutsche Frauen ließen sich sexuell mit Kriegsgefangenen ein, die Polen kämen zu Tanzabenden, verführten minderjährige Mädchen, katholische Geistliche riefen zu Spenden für die Polen auf, bei der Landarbeit hätten die Deutschen zu engen Kontakt mit den Polen, vor allem in „volkspolitisch gefährdeten Gebieten" käme es durch den Einsatz polnischer Kriegsgefangener zu einer negativen Haltung der deutschen Bevölkerung und es sei festzustellen, „daß die übertrieben freundliche Einstellung der katholischen Geistlichkeit und der unter deren Einfluß stehenden Bevölkerungsteile zu den polnischen Kriegsgefangenen verschiedentlich bei der nationalsozialistischen Bevölkerung eine starke Erregung bewirke".[23]

Nun sind diese Berichte durchaus nicht als Spiegel des wirklichen Lebens zu begreifen. Vielmehr verstand sich der SD als eine Agentur des „präventiven Krisenmanagements"[24] und als „Gralshüter" (Himmler) der nationalsozialistischen Lehre gegenüber der Wirklichkeit des Dritten Reiches. Von daher bestand seine Aufgabe darin, gerade diejenigen Bereiche zu untersuchen, in denen Unzufriedenheit und Illoyalitäten dem Regime gefährlich werden konnten. Der SD ist so zu verstehen als eine Art innenpolitisches Frühwarnsystem, das vom Standpunkt der nationalsozialistischen Weltanschauung und Utopie frühzeitig auf Fehlentwicklungen hinzuweisen und dabei auch Fehler innerhalb des Regimes aufzudecken hatte. Die Funktion der SD-Berichte bestand also darin, angesichts einer fehlenden öffentlichen Meinung die „Stimmung" und „Haltung" der deutschen Bevölkerung möglichst exakt zu erforschen und auf dieser Grundlage eine herrschaftsstabilisierende Innenpolitik konzipieren zu können.

Das Verhalten der deutschen Bevölkerung im Umgang mit den polnischen Kriegsgefangenen in den ersten Kriegsmonaten läßt sich aber auch noch aus einer anderen Quelle rekonstruieren und mit den Beschreibungen des SD vergleichen. In ihren letzten Ausgaben setzten sich die Sopade-Berichte ausführlich damit auseinander: „Das Verhalten der Bevölkerung im Umgang mit den polnischen Kriegsgefangenen ist für das Regime ein Gegenstand ernster Sorge", meldeten die Berichterstatter im Februar 1940. „Die Nazis versuchen mit allen Mitteln, einen Kontakt zwischen der deutschen Bevölkerung und den polnischen Gefangenen zu verhindern. Trotzdem nehmen die Beziehungen zwischen den Orts- oder Dorfbewohnern und den polnischen Gefangenen immer engere Formen an. In Ost- und Westpreußen z. B., wo gewiß nicht die meisten Gefangenen hingebracht worden sind, werden die Nazis kaum noch mit der Bestrafung all jener Personen fertig, die den Gefangenen Hilfe in irgendeiner Art leisten ... Die Bevölkerung findet, daß es gar nicht verwunderlich sei, wenn die Landbevölkerung sich so schnell mit den Polen einlasse. Es wurden doch schon in Friedenszeiten immer Polen auf die Güter zum Arbeiten geholt."[25]

Daß der Ausländereinsatz für die Nazis ein explosives Problem darstellte, wurde also auch hier deutlich: „Es darf nicht übersehen werden, welche Gefahren dem nationalsozialistischen Regime drohen, wenn schon jetzt auf jeden zehnten deutschen männlichen Arbeiter ein polnischer Kriegsgefangener entfällt, und vor allem in der Landwirtschaft schon jetzt beinahe jeder zweite männliche Arbeiter ein polnischer Gefangener ist."[26]

Dennoch waren die juristischen und polizeilichen Maßnahmen des Regimes zunächst zögernd und uneinheitlich. Die zu Beginn des Krieges erlassenen Bestimmungen zur Behandlung der Angehörigen von Feindstaaten[27] gingen über die Beschränkung des Aufenthalts und die Erlaubnispflicht der Ausreise nicht hinaus; eine Internierungspflicht für polnische Arbeiter war ebensowenig vorgesehen wie Vorschriften für die Lebensführung. Dazu gab es zunächst auch keinen Grund, denn die Kriegsgefangenen unterstanden nicht dem zivilen Ausländerrecht, und für die zivilen Polen bestanden ja die Vorschriften für Saisonarbeiter aus der Vorkriegszeit. Politische Opposition aber – unabhängig, ob von Ausländern oder Deutschen – wurde durch die in den ersten Kriegswochen erlassenen verschärften Erlasse über die „Grundsätze der inneren Staatssicherung während des Krieges" geregelt, durch die die „brutale Liquidierung solcher Elemente" veranlaßt wurde, die dem Sicherheitsapparat als gefährlich erschienen, ohne daß hierbei der Umweg über die Gerichte gemacht werden mußte.[28] Durch die zahlreichen Berichte über die Auswirkungen des Ausländereinsatzes und das Verhalten der deutschen Bevölkerung aber wurde der Druck, hier gesonderte und ausschließlich gegen die Polen gerichtete Maßnahmen zu ergreifen, ständig größer.

Der gemeldeten „positiven" Haltung der deutschen Bevölkerung vor allem auf dem Lande, die auf der langen Tradition der Beschäftigung von Polen beruhte, wurde im Anschluß an die Eroberung Polens vor allem durch eine Verstärkung der Greuelpropaganda begegnet. „Die deutsche Presse bringt jeden Tag Greuelbilder aus dem ehemaligen Polen und teilt mit, daß die Polen dafür exemplarisch bestraft, d. h. erschossen werden", meldeten die Sopade-Berichte Anfang 1940 aus Ostpreußen.[29] Die deutschen Zeitungen überboten sich in der Folgezeit mit detaillierten Berichten über die Grausamkeit der Polen gegenüber den Deutschen. Diese Greuelpropaganda, die außenpolitisch die Legitimation für den Überfall auf Polen nachliefern sollte, hatte innenpolitisch auch die Aufgabe, die Kontinuität des Ausländereinsatzes auf dem Lande zu unterbrechen und die Grundlagen für ein Fortbestehen der Beziehungen zwischen Deutschen und Polen zu zerstören. In dem kriegsgefangenen Landarbeiter sollte die Bevölkerung den Feind sehen, der mitverantwortlich war für die Greueltaten seiner Landsleute.

Die Propaganda stellte gleichzeitig die Legitimation für ein zu schaffendes Sonderrecht für Polen und für eine strenge Bestrafung Deutscher wegen des Umgangs mit Polen dar: Wer sich mit den Landsleuten der „Mörder von Bromberg" einließ, hatte keine Milde zu erwarten.

Zum Jahresende hin wurden die Bemühungen um rechtliche und polizeiliche Maßnahmen gegen die polnischen Arbeiter in Deutschland verstärkt. Die Anregungen zu solchen Bemühungen kamen dabei häufig von unteren Stellen. Vom Parteimitglied über den Kreisbauernführer bis zum Regierungspräsidenten wurden emsig Pläne und Vorschläge entwickelt, was gegenüber den Polen zu geschehen habe und welche Mißstände sonst leicht eintreten könnten.

Anfang Dezember fragte das Reichsinnenministerium die Provinzialbehörden im Osten des Reiches, ob angesichts der gemeldeten Mißstände beim Einsatz der Polen Maßnahmen wie „die Einführung einer allgemeinen Grußpflicht der Polen gegenüber Hoheitsträgern von Staat und Partei, eines Arbeitszwanges" sowie scharfer Bestrafung bei sexuellem Verkehr zwischen Deutschen und Polen für richtig gehalten würden. Zum kleineren Teil wurde dies von den betroffenen Behörden recht vorsichtig aufgenommen, weil nach ihren Angaben angesichts der Verhältnisse in den Bezirken die bestehenden sozial- und strafrechtlichen Möglichkeiten völlig ausreichten.[30] Die Mehrheit der befragten Behörden aber antwortete mit scharfen Forderungen nach verstärkter Repression gegenüber den Polen. Einzelne Stellen waren sogar bereits dazu übergegangen, selbständig Polizeiverordnungen zu erlassen, in denen das Leben der polnischen Arbeiter strikt reglementiert wurde.

Der sächsische Innenminister verbot den polnischen Landarbeitern noch im Dezember 1939 unter Hinweis auf deren Auftreten und Verhalten, „leider aber auch das der deutschen Bevölkerung diesen polnischen Landarbeitern gegenüber", den Besuch von Theatern und Gaststätten, erließ eine Sperrstunde für sie und ein striktes Ortswechselverbot; der Landrat von Oberbarnim machte es den Polen darüber hinaus zur Pflicht, ein Abzeichen mit der Aufschrift „Pole" zu tragen; ähnliche Bestimmungen gab es auch in Schlesien.[31]

Je höher die Zahlen der beschäftigten Polen in den einzelnen Orten wurde, desto umfangreicher wurden die Beschwerden der Orts- und Kreisbehörden, ohne daß aber konkrete Vorfälle gemeldet werden konnten. Fälle von Aufsässigkeit, berichtete der Breslauer Regierungspräsident, „sind im hiesigen Regierungsbezirk nicht festgestellt worden. Immerhin ist eine Lockerung der Disziplin bei längerem Aufenthalt in Deutschland zu erwarten." Dagegen klagte er über erhebliche „Mißstände in Kriegsgefangenenlagern", so komme es vor, „daß Kriegsgefangene in Begleitung der Wachmannschaften Tanzlustbarkeiten besuchten".[32]

Manche Berichte sind in ihrer Offenheit geradezu grotesk. Der Kreisbauernführer von Leobschütz, Müller, beschwerte sich beim Landrat darüber, daß die Polen „beleidigend und frech" gegen den Betriebsführer seien, ein Teil von ihnen weigere sich zu arbeiten und gebe stattdessen vor, „krank zu sein, legt sich ins Bett, oder sucht den Arzt auf", viele Polen antworteten den Betriebsführern „häufig mit unflätigen polnischen Schimpfwörtern"; sie träfen sich abends nach Feierabend, gingen ins Kino oder spazieren; das „Hauptaugenmerk der polnischen Mädchen geht auf Putz und Kleidung" und das Geld würde ausgegeben „für Dauerwellen oder welche für den Beruf nicht brauchbare Tanzschuhe"; die Polen erhöben Lohnforderungen und machten „oft freche Behauptungen über schlechte Behandlung, Kost usw.". Der Kreisbauernführer wußte auch, wie den beschriebenen Mißständen abzuhelfen wäre: „Es ist dringend notwendig, daß die Hauptträdelsführer, die sich durch freches Benehmen, sowie Vortäuschen von Krankheit und dergl. hervortun, herausgegriffen werden und als abschreckendes Beispiel in einem schnellen Verfahren abgeurteilt werden bzw. ins Konzentrationslager gebracht werden. Keinen Zweck hat es, erst lange Zeit zu verlieren, in etwaigen Verhandlungen durch die ordentlichen Gerichte gegen diese Mißstände einzuschreiten. Im Gegenteil, so mancher der polnischen Landarbeiter geht bewußt darauf aus, in wochenlanger Untersuchungshaft sein Faulenzertum weiter zu betreiben. Als wirksamstes Mittel hat sich z. B. das Einsperren in das Spritzenhaus bewährt. Man kann über die Rechtlichkeit dieser Methode denken wie man will, der Zweck jedoch heiligt die Mittel."[33]

Der Kreisbauernführer Müller traf hier vermutlich recht genau die Haltung vieler niedriger Chargen des NS-Regimes,[34] denen gerade die Fortführung von Verhaltensweisen gegen den Strich ging, die sie schon vor dem Krieg – wenn auch folgenlos – mißbilligten, etwa daß Polinnen sich Dauerwellen machen lassen oder ins Kino gehen durften. Seit dem Sieg über Polen hatten sie das dringliche Empfinden, daß sich dieser Sieg unmittelbar in den eigenen Alltag fortsetzen müsse und durch das Verbot all dessen, was man schon bei der deutschen Jugend als Privileg empfand (ob das die Dauerwelle, das Kino oder der beim Spazierengehen – wann geht einer auf dem Land schon „spazieren" – zur Schau getragene Müßiggang ist), sichtbar zum Ausdruck kommen mußte. Wenn die Polen all das, was sie vor dem Kriege taten, nun auch tun durften – woran merkte man dann den Sieg? Wenn die deutschen Mädchen sich mit den Polen abgaben, (anstatt mit deutschen Männern) – wodurch definierte sich dann das Herrenmäßige am eigenen Wesen? Nicht daß sich im Verhalten der Polen etwas verändert hätte – die Verhältnisse hatten sich geändert, und das müßte man die Polen spüren lassen, vom Verbot des Gebrauchs polnischer Schimpfwörter bis zum Einsperren ins Spritzenhaus oder ins KZ.

3. Die Polenerlasse

Insofern verwundert es nicht, daß die Initiativen zur Einführung diskriminierender Bestimmungen für polnische Arbeiter nicht aus polizeilichen oder sicherheitspolitischen, sondern vor allem aus „rassischen" Begründungen heraus erfolgten. Eine stringente rassepolitische Linie gegenüber den Polen hatte es vor 1939 nicht gegeben. Ablehnung des „Slawischen", die Zuschreibung niedriger Intelligenz, niederer Instinkte usw. den Polen gegenüber waren eher ein Sammlung aus Vorurteilen und Ausländerhaß als Ausdruck einer politischen Linie. Mit dem Überfall auf Polen und der anschließenden Greuelpropaganda wurde das Bild vom slawischen Untermenschen verfestigt und radikalisiert. Die Polen wurden als verschlagene, brutale Primitive dargestellt, die neben den Juden für Deutschland die größte Gefahr bedeuteten.[35]

Die NSDAP-Reichsleitung versuchte deshalb angestrengt, die rassepolitische Grundlage für die Diskriminierung der Polen nachzuliefern und gab noch im November 1939 Richtlinien für die Behandlung von Polen heraus, in denen die „rassische Überlegenheit" der Deutschen „rassewissenschaftlich" deduziert wurde.[36] In der Berliner Führung wurden seit dem Sieg über Polen Überlegungen angestellt, wie nun einerseits den kriegswirtschaftlichen Erfordernissen und zum anderen den Forderungen nach einer „rassisch" begründeten, die ideologischen Grundsätze des Nationalsozialismus berücksichtigenden Diskriminierung der Polen genüge getan werden könnte.

Zunächst wurde der Plan ins Auge gefaßt, bei der Anwerbung der polnischen Arbeiter eine „rassische Auslese" zu treffen und nur die „gutrassigen" Arbeitskräfte nach Deutschland hineinzunehmen. Das war aber zweifellos organisatorisch nur durchführbar, wenn man sich auf einige tausend Polen beschränkte und wurde daher verworfen – denn, „wenn nämlich zwischen guten und schlechten Polen unter der Masse, die ins Altreich kommt, unterschieden werden sollte, könnten bei der deutschen Bevölkerung Verwirrungen entstehen", wurde im RSHA dazu ausdrücklich bemerkt.[37] Am 18. Dezember fand eine Chefbesprechung bei dem für Kriegsgefangenenfragen zuständigen Generalmajor Reinecke statt, auf der Übereinstimmung darüber erzielt wurde, daß die polnischen Kriegsgefangenen eine „zu gute Behandlung" durch die deutsche Bevölkerung erführen und diese „zum Teil in den Gefangenen noch zu sehr den Kameraden" sehe; insbesondere Arbeitsverweigerungen der Polen aber müßten unterbunden werden.[38] Für die „Zivilpolen" erließ daraufhin das RSHA auf Anordnung Himmlers kurze Zeit später eine Anordnung gegen die „arbeitsscheuen Polen", welche „ohne Genehmigung ihre Arbeitsstelle verlassen" hatten und nunmehr bei wiederholter Arbeitsverweigerung in ein Konzentrationslager zu überführen seien.[39]

Damit war zwar den unteren Behörden eine „Rechtsgrundlage" zum scharfen Eingreifen gegenüber polnischen Kriegsgefangenen und Landarbeitern bei Verlassen des Arbeitsplatzes gegeben, das grundsätzliche Problem aber noch nicht gelöst, wie generell mit den Polen zu verfahren sei.

Bis Anfang Februar fanden darüber zwischen den Staats- und Parteistellen Verhandlungen statt. Es wurde deutlich, daß spätestens bis zu Beginn der Frühjahrsarbeiten in der Landwirtschaft eine einheitliche Regelung geschaffen sein müßte, die die optimale ökonomische Ausbeutung ebenso wie weitgehende politische und rechtliche Diskriminierungen ermöglichte und die Behandlung aller Polen in Deutschland vereinheitlichte. Dazu sollten die polnischen Kriegsgefangenen entlassen und in den Zivilstatus überführt werden – eine „Führerentscheidung", die den beteiligten Behörden schon im Februar 1940 bekannt war.[40]

Himmler schließlich machte im Februar des Jahres in einer grundsätzlichen Rede deutlich, welches Ergebnis der Beratungen zu erwarten war: Der Ausländereinsatz sollte noch erheblich erweitert werden, jedoch: „Es wäre besser, wenn wir sie nicht hätten – das wissen wir – aber wir brauchen sie", die prinzipiellen Einwände gegen die Hereinnahme also mußten schweigen, in der Sprache Himmlers: „Ein Theoretisieren hat gar keinen Zweck." Eine „rassische Auslese" käme ebenfalls nicht infrage: „Ich kann nicht in vier Wochen eine Million Menschen sieben ... Die Polen werden insgesamt herübergeholt und insgesamt als Polen behandelt."[41] Wenn man die Polen schon hereinholte und damit aus wirtschaftlichen Gründen gegen eigene Prinzipien verstieß, mußte man sie wenigstens schlecht behandeln dürfen – man hatte sich, so könnte man überspitzt formulieren, auf den Ausländereinsatz als Zugeständnis an die Kriegswirtschaftstechnokraten und auf den Terror als Zugeständnis an die Ideologen und die Parteibasis geeinigt.

Im einzelnen kündigte Himmler an, daß die Polen mit einem besonderen Kennzeichen versehen würden, daß der Geschlechtsverkehr mit Polen mit dem Tode bestraft und für die Polen eigene Bordelle errichtet werden sollten und daß schließlich Polen deutsche Gasthäuser nicht betreten dürften – auch in der Zusammenstellung der angekündigten Maßnahmen und ihrer Reihenfolge ein eindrucksvolles Dokument der politischen Vorstellungswelt Himmlers. Die hier von Himmler entwickelten Überlegungen bildeten auch die Grundlage für seine berüchtigten „Gedanken über die Behandlung der Fremdvölkischen im Osten", die er Mitte Mai als Denkschrift niederlegte.[42] Die hier entwickelte Programmatik wurde in den nächsten Jahren in Polen weitgehend durchgesetzt. Über die polnischen Arbeitskräfte hieß es dort: „Diese Bevölkerung wird als führerloses Arbeitsvolk zur Verfügung stehen und Deutschland jährlich Wanderarbeiter und Arbeiter für besondere Arbeitsvorkommen (Straßen, Steinbrüche, Bauten) stellen." Hitler teilte diese Position explizit: „Der Führer las die 6 Seiten durch und fand sie sehr gut und richtig", notierte Himmler am 28. Mai 1940.[43]

Die hier genannten Formen der Arbeit („Steinbrüche") und der Hinweis auf den vorübergehenden Charakter des Arbeitseinsatzes („jährliche Wanderarbeiter") entsprachen den Vorstellungen der Nazis von Arbeit als Strafe, als Erniedrigung – jedenfalls war eine Integration polnischer Arbeiter als vollwertige Arbeitskräfte in die deutsche Volkswirtschaft von dieser Position aus kaum vorstellbar.

Auf einer Ministerratssitzung am 2. Februar war es dennoch zur Einigung zwischen den verschiedenen am Ausländereinsatz beteiligten Stellen gekommen. Von einem Einsatz in Steinbrüchen u. ä. oder gar von „jährlichen Wanderarbeitern" war aber hier keine Rede. Die Verhältnisse vor allem in der Landwirtschaft forderten den Einsatz der Polen als leistungsfähige Dauerarbeitskräfte. Vereinbart wurde, daß in möglichst kurzer Zeit ein Erlaßpaket entstehen sollte, an dem die Geschäftsgruppe Arbeitseinsatz bei der Vierjahresplanbehörde und das RSHA federführend waren.[44] Im RSHA wurde dazu speziell eine eigene Abteilung – die Abteilung IV.D 2 – für „Polenfragen" eingerichtet, und mit dem damals knapp dreißigjährigen Bernhard Baatz ein neuer Referent mit eigenem Stab eingestellt.[45]

Das Erlaßpaket vom 8. März

Das Ergebnis der umfangreichen Vorbereitungen und Verhandlungen erschien dann am 8. März 1940 als Erlaßwerk zur Regelung der Arbeits- und Lebensbedingungen der polnischen Zivilarbeiter – die sogenannten „Polenerlasse". Das Erlaßpaket stellt in vieler Hinsicht einen Meilenstein in der Geschichte der nationalsozialistischen Ausländerpolitik dar. Es bildete den Auftakt zu einem immer geschlossener werdenden, nach Nationalitäten differenzierten Sonderrecht für ausländische Arbeiter und die Grundlage eines umfassenden Systems der Beaufsichtigung und Repression der polnischen Arbeiter. Es war zudem das Resultat eines mühsam austarierten Herrschaftskompromisses zwischen den verschiedenen Fraktionen der NS-Führung, sollte sowohl den Erfordernissen der Wirtschaft wie den ideologischen Postulaten des Nationalsozialismus entsprechen und gleichzeitig als politische Antwort des Regimes auf die Herausforderungen der massenhaften Ausländerbeschäftigung die Erwartungen seiner Anhänger befriedigen, die weniger nach wirtschaftlich effektivem Einsatz der Polen als nach der Kodifizierung des eigenen Herrenmenschenstatus ihnen gegenüber verlangten: der errungene Sieg sollte auch für den kleinen Nazi Früchte tragen.

Das Erlaßwerk selbst bestand aus zehn Dokumenten, die an verschiedene Dienststellen und Personenkreise gerichtet waren und sich z. T. überschnitten, z. T. ergänzten; im wesentlichen waren sie bis Kriegsende gültig und auch Vorbild für die Ostarbeitererlasse zwei Jahre später.

Auf der Grundlage eines Vereinheitlichungserlasses von Göring, der die Rechtsbasis der übrigen Bestimmungen sicherstellte,[46] wurde in sogenannten „Erläuterungen" der Begründungszusammenhang und der Rahmen der Maßnahmen bestimmt.[47] Ausgangspunkt war dabei die Absage an die um die Jahreswende noch vorgesehenen „rassischen Einzelüberprüfungen". Da die Polen nun ungeprüft ins Reich kämen, sei eine umfassende Kontrolle unerläßlich, der neben der Arbeits-Erlaubniskarte vor allem ein obligatorisches, sichtbar zu tragendes Polen-Abzeichen dienen sollte – die erste öffentliche Kennzeichnung von Menschen im Dritten Reich, nach deren Muster im September 1941 der Judenstern eingeführt wurde –, um sicherzustellen, „daß der polnische Arbeiter zu jeder Zeit und von jedermann als solcher erkannt wird."[48] In der Begründung für die Kennzeichenpflicht und die dann folgenden Regeln zur Lebensführung der Polen hieß es: „Der Masseneinsatz von Arbeitern fremden Volkstums in Deutschland ist so einmalig und neuartig, daß dem Deutschen Volk für das notwendige Zusammenleben mit den Fremdstämmigen keine bindenden, ins Einzelne gehenden Vorschriften gemacht werden können." Damit wurde der spezifische Charakter der Vorschriften deutlich. Es handelte sich eben nicht um Rechtsnormen im engeren Sinne, sondern um die Kodifizierung einer Haltung und die Umsetzung der Herrenmenschentheorie in rechtsförmiger Gestalt: In den ersten Punkten des Katalogs der Lebenshaltungsvorschriften wurde bestimmt, daß die Polen vom „kulturellen Leben" sowie von „Vergnügungsstätten" der Deutschen fernzuhalten seien; um sexuelle Kontakte mit deutschen Frauen zu verhindern, müßten ebenso viele weibliche wie männliche Arbeitskräfte aus Polen abgeworben oder Bordelle für Polen errichtet werden; schließlich seien die Polen soweit wie möglich geschlossen unterzubringen. Erst danach wurden die wirtschaftlichen Aspekte angesprochen: Da die Polen erfahrungsgemäß „Arbeitsunlust, offene Widersetzlichkeit, Alkoholmißbrauch, eigenmächtiges Verlassen der Arbeitsstätte" zeigten, sei die Bewegungsfreiheit der Polen einzuschränken, insbesondere sei die Benutzung öffentlicher Verkehrsmittel zu untersagen. Bei Verstößen dagegen seien „sofort geeignete, gegebenenfalls auch die schärfsten staatspolizeilichen Maßnahmen zu treffen."

Diese in ihrer Dehnbarkeit schwer zu übertreffenden Anweisungen Görings – die zumindest in den Grundzügen im Januar 1940 in Besprechungen zwischen Hitler, Himmler und Göring abgesprochen worden waren –[49] gaben den beteiligten Behörden umfassende Vollmachten, die in den Einzelerlassen näher spezifiziert wurden:

Der Schnellbrieferlaß an die oberen Verwaltungsbehörden[50] enthielt die Anweisung, für die polnischen Zivilarbeiter ein nächtliches Ausgehverbot, ein Verbot der Benutzung öffentlicher Verkehrsmittel, ein Verbot des Besuchs deutscher Veranstaltungen kultureller, kirchlicher und geselliger Art sowie ein Verbot des Besuchs von Gaststätten anzuordnen; wobei betont wurde, daß „um die Beachtung der Anordnungen zu erzwingen, ... in den ersten acht Wochen besonders scharf durchzugreifen" und „exemplarische Maßnahmen" zu ergreifen seien. Der Erlaß war mit zwei Merkblättern versehen, die – wie ihr häufiges Auftauchen in sehr unterschiedlichen Aktenbeständen belegt – eine weite Verbreitung gefunden haben und gewissermaßen die Außenwirkung der Erlasse sicherstellten.

Das erste der beiden Merkblätter richtete sich an die deutschen Arbeitgeber, die polnische Arbeiter beschäftigten;[51] es informierte über die getroffenen Anordnungen, über das Anwerbemonopol des Arbeitsamtes und bestimmte, daß die „Entlohnung polnischer landwirtschaftlicher Arbeiter ... grundsätzlich niedriger als die der deutschen Arbeiter zu sein" habe.

Das zweite Merkblatt richtete sich an die polnischen Arbeiter selbst, war zweisprachig und klärte die Polen über die bestehenden Gesetze und Anordnungen auf.[52] Dabei war die Sprache ebenso brutal wie unzweideutig: „Wer lässig arbeitet, die Arbeit niederlegt, andere Arbeiter aufhetzt, die Arbeitsstätte eigenmächtig verläßt usw., erhält Zwangsarbeit im Konzentrationslager ... Wer mit einer deutschen Frau oder einem deutschen Mann geschlechtlich verkehrt, oder sich ihnen sonst unsittlich nähert, wird mit dem Tode bestraft." Und prinzipiell galt: „Jeder polnische Arbeiter und jede polnische Arbeiterin hat sich stets vor Augen zu halten, daß sie freiwillig zur Arbeit nach Deutschland gekommen sind. Wer diese Arbeit zufriedenstellend macht, erhält Brot und Lohn", jeder andere werde „unnachsichtig zur Rechenschaft gezogen". Dieses Merkblatt wurde fortan jedem polnischen Zivilarbeiter beim Antritt der Arbeit in Deutschland vorgelesen, in vielen Fällen sogar von ihnen unterzeichnet, um als „Rechtsgrundlage" für eine eventuelle Bestrafung dienen zu können.[53]

Der Außenwirkung der Erlasse auf die deutsche Bevölkerung diente das Schreiben des RSHA an die Parteiführung, in dem um die Umsetzung und Verbreitung der Anordnungen und die Mithilfe der Partei vor allem bei sexuellen Delikten der Polen gebeten wurde.[54]

Das Schreiben an den Reichsarbeitsminister regelte die Erfassung der Polen „sofort bei Verlassen des Transportzuges durch die Arbeitsämter" mit Hilfe der Arbeitskarten, forderte den Arbeitseinsatz männlicher und weiblicher Arbeitskräfte in gleicher Zahl sowie die Errichtung von Bordellen für Polen.[55]

Besondere Aufmerksamkeit galt der religiösen Betätigung der Polen. In den Richtlinien des RSHA für den Kirchenminister wurde vor allem Wert darauf gelegt, daß es nicht zu gemeinsamen Kirchenbesuchen deutscher und polnischer Katholiken kam, weil die Behörden befürchteten, daß die Kirchen die Polen „gemeinsam mit der deutschen Bevölkerung betreuen, Geld und Sachspenden für sie sammeln und in ähnlicher Art Verbindungen zwischen der deutschen Bevölkerung und diesen Arbeitskräften herzustellen versuchen". Die Polen durften nur durch ausschließlich für sie geltende Gottesdienste, in denen weder gepredigt noch überhaupt polnisch gesprochen werden durfte, „seelsorgerisch erfaßt werden".[56]

Das Verhalten der Polizeibehörden selbst regelte das RSHA in einem Schnellbrief, der den anderen Behörden nicht zugeleitet wurde,[57] weil – so die Begründung – die in den anderen Erlassen genannten Maßnahmen noch „nicht ausreichen, um den Gefahren, die aus der Beschäftigung von fast einer Million von Angehörigen eines dem deutschen Volk fremd und zum größten Teil feindlich gegenüberstehenden Volkes in Deutschland drohen", zu begegnen. Da bei „Arbeitsunlust" Geldstrafen dem Erwarten nach nicht ausreichen würden, sollten „ständig lässige Arbeit, Arbeitsniederlegung, Aufhetzung der Arbeiter, eigenmächtiges Verlassen der Arbeitsstätte, Sabotagehandlungen u. ä. m." ausschließlich von der Gestapo verfolgt werden. In der Regel sei „die Überführung in ein Arbeitserziehungslager",[58] für „hartnäckig Arbeitsunlustige" in ein Konzentrationslager zu beantragen; „besonders schwierige Fälle sind dem Chef der Sicherheitspolizei und des SD vorzulegen, der nach Prüfung die Entscheidung über eine Sonderbehandlung der betreffenden Arbeitskräfte polnischen Volkstums herbeiführen wird" – das hieß: Todesstrafe.[59]

Darüber hinaus ordnete der Erlaß die Beantragung der Todesstrafe bei Geschlechtsverkehr von Polen mit Deutschen für die polnischen Arbeitskräfte und die Bestrafung der deutschen Frauen an; er regelte die Durchführung der Briefzensur und Fahndungsmaßnahmen bei Flucht der Polen und gab Richtlinien zur Behandlung von Deutschen, „die sich in einer der Ehre und der Würde des deutschen Volkes abträglichen Weise diesen volksfremden Arbeitern gegenüber verhalten", indem sie „z. B. die den Polen zugewiesenen Gaststätten und Unterkünfte besuchen oder für sie Fahrkarten kaufen, Briefe vermitteln, Geld und Bekleidungsstücke sammeln u. ä. m." Für sie war in schweren Fällen „die Beantragung einer längeren Schutzhaft oder Überführung in ein Konzentrationslager" vorgesehen, wobei „besonderes Augenmerk ... hierbei auf die Kirchen zu lenken" sei.

Mit diesen umfänglichen Bestimmungen, die im Verlauf der folgenden Jahre bis Kriegsende durch eine nicht endenwollende Flut von Einzelverordnungen ergänzt, verändert und den jeweiligen Bedingungen angepaßt wurden, war das Leben der polnischen Arbeiter von der Anwerbung bis zur Arbeitsstätte nahezu vollständig reglementiert. Gleichwohl ließen die Erlasse den Exekutivbehörden dabei außerordentlich großen Ermessensspielraum – die Strafandrohungen waren nicht als Sühne für begangene Straftaten, sondern als prophylaktische Abschreckungsstrategie zu verstehen, die die Schaffung eines durchorganisierten Herren- und Knechtsystems zum Ziele hatte. Um dieses System möglichst schnell bei Polen wie bei Deutschen durchzusetzen, war zudem angeordnet worden, daß innerhalb der ersten 8 Wochen „in jedem Bezirk ... umgehend in einigen Fällen von Ungehorsam und Arbeitsunlust die unverzügliche Überführung der betreffenden Arbeitskräfte polnischen

Volkstums in ein Arbeitserziehungslager auf mehrere Jahre zu veranlassen" sei.[60] Diese drastische Maßnahme war offenbar nötig, denn nach den Erfahrungen, daß der Arbeitseinsatz sowohl von den Deutschen wie von den polnischen Arbeitern durchaus als Fortsetzung der Saisonarbeit in der Vorkriegszeit angesehen wurde, sollte nun mit den tradierten Umgangs- und Verhaltensformen gebrochen werden.

Es blieb aber zunächst noch abzuwarten, ob sich dies auch in die Praxis umsetzen ließ; dabei lag das Problem der Behörden zunächst weniger bei den Polen – es konnte kein Zweifel daran bestehen, daß die Sicherheitsbehörden über genügend Machtmittel verfügten, um sich hier durchzusetzen. Aber anders als in den besetzten Gebieten, wo die deutschen Exekutivkräfte weitgehend rücksichtslos vorgehen konnten, war das Regime hier zumindest auf die Duldung der Maßnahmen gegenüber den Polen, in vielen Fällen sogar auf die aktive, unterstützende Haltung seitens der deutschen Bevölkerung angewiesen. Es kam nun bei der Durchsetzung der Erlaßvorschriften darauf an, ob die Führung die Einstellung der Bevölkerung aufgrund der vorliegenden Berichte richtig eingeschätzt hatte.

„GV-Verbrechen"

Seit dem ersten Tag des Überfalls auf Polen hatten die „volkstumspolitischen Gefahren" einer Beschäftigung von polnischen Kriegsgefangenen in Deutschland in allen Debatten der NS-Führungsspitze eine hervorragende Rolle eingenommen. Die Überlegungen, wie sexueller Verkehr von deutschen Frauen mit polnischen Männern zu verhindern, mehr noch, wie er zu bestrafen sei, bildeten geradezu den Kernpunkt aller strafrechtlichen Planungen im Winter 1939/40. Um den 10. September 1939 herum hatte Himmler „den Führer über die Frage der Behandlung von Fällen, in denen Kriegsgefangene mit deutschen Frauen und Mädchen freundschaftlich oder gar geschlechtlich verkehren und deutsche Frauen und Mädel sich mit Kriegsgefangenen einlassen, um seine Meinung gebeten. Der Führer hat angeordnet, daß in jedem Falle ein Kriegsgefangener, der sich mit einer deutschen Frau oder einem deutschen Mädel eingelassen hat, erschossen wird und daß die Frau bzw. das Mädel in irgendeiner Form öffentlich angeprangert werden soll und zwar durch Abschneiden der Haare und Unterbringung in ein Konzentrationslager. Bei der erzieherischen Auswirkung solcher Maßnahmen muß die Partei weitestgehend eingeschaltet werden."[61]

Während die Verordnung der sozialen Schlechterstellung der polnischen Arbeitskräfte in den Märzerlassen in manchen Punkten durchaus eine Reaktion der Führung auf Forderungen der Parteibasis und der Meldungen des SD über die „Volksstimmung" dargestellt hatte, war die Anordnung der Liquidation der polnischen Kriegsgefangenen bei sexuellem Verkehr mit Deutschen von der Parteiführung selbst initiiert und durchgesetzt worden; die Berichte über intime Kontakte zwischen Polen und Deutschen sind denn auch in der Anfangszeit weniger häufig als die Klagen über „anmaßendes" oder „freches" Verhalten der Polen.[62] Nach dem „Führerbefehl" verhandelte Heydrich Anfang Januar im Auftrag Himmlers mit dem OKW über dieses Thema; das Ergebnis wurde den Stapo(leit)stellen durch Erlaß vom 8. Januar 1940 mitgeteilt: „Gemäß einer am 6. Januar 1940 zwischen mir und dem OKW getroffenen Vereinbarung werden in Zukunft die polnischen Kriegsgefangenen, die sich mit deutschen Frauen eingelassen haben, als Kriegsgefangene entlassen und der örtlich zuständigen Staatspolizei(leit)stelle überstellt", wo sie in Schutzhaft zu nehmen seien; der jeweilige Sachverhalt sei sodann dem RSHA mitzuteilen.[63] Das OKW erließ am 10. Januar 1940 den entsprechenden Befehl, wonach Kriegsgefangene bei intimem Verkehr mit deutschen Frauen mit Gefängnis bis zu zehn Jahren und „unter Umständen ... mit dem Tode bestraft werden".[64] Dieser Vorgang ist auch deshalb von Bedeutung, weil er zeigt, daß das OKW von den Plänen des RSHA, die Kriegsgefangenen in diesem Fall zu töten, nicht nur wußte, sondern ihnen in Verhandlungen mit Heydrich auch zugestimmt hat.[65]

Auffällig ist nun, wie der SD in den nächsten Tagen über diese Problematik berichtete. Die Meldungen vom 12. und 24. Januar 1940, in denen zum Thema „Volkspolitische Gefahren" längere Ausführungen enthalten waren, berichteten nicht etwa von einem häufigen Vorkommen sexueller Kontakte zwischen Polen und Deutschen oder von möglichen Reaktionen auf die geplante Liquidierung der beteiligten polnischen Arbeiter, sondern von der „positiven Aufnahme" einer strengen Bestrafung der beteiligten deutschen *Frauen* in der Bevölkerung.[66] Die NS-Behörden schätzten offenbar die Gefahr einer Verstimmung der deutschen Öffentlichkeit durch die Liquidation von Polen weit geringer ein als durch die harte Bestrafung der deutschen Frauen und forcierten dementsprechend die Öffentlichkeitsarbeit. In den Zeitungen und auf Parteiversammlungen wurde nachdrücklich auf die richtige Haltung gegenüber den Polen hingewiesen; „exemplarische" Urteile gegen deutsche Frauen wurden bekanntgemacht.[67] Viele Parteistellen gingen dazu über, vor der Übergabe der Frauen an die Polizei noch eine öffentliche Diffamierung vorzunehmen. In Gifhorn zum Beispiel setzte der NSDAP-Kreisleiter eine Frau fest, um „gegen Frau W., die die deutsche Frauenehre in gröblichster Weise beschmutzt hat, energisch vorzugehen. Er hat Frau W., wie er angekündigt hatte, persönlich die Haare abgeschnitten".[68]

Diese von den Parteistellen im Reich schon seit Anfang des Jahres gemeldete Praxis wurde dann in den Märzerlassen und ihrer Vorbereitung einer der zentralen Punkte. Himmler selbst hatte dazu grundsätzlich ausgeführt: „Wenn ein Pole mit einer Deutschen verkehrt, ich meine jetzt also, sich geschlechtlich abgibt, dann wird der Mann gehängt, und zwar vor seinem Lager. Dann tun's nämlich die anderen nicht. Es ist außerdem ja dafür gesorgt, daß eine genügende Anzahl polnischer Frauen und Mädchen mit hereinkommen, so daß also hier von einer Notwendigkeit gar nicht mehr die Rede sein kann. Die Frauen werden unnachsichtig den Gerichten vorgeführt und wo der Tatbestand nicht ausreicht – solche Grenzfälle gibt es ja immer – in Konzentrationslager überführt."[69]

In dem Erlaß des RSHA an die Stapo(leit)stellen vom 8. März waren dann die für die folgenden Jahre gültigen Bestimmungen festgelegt worden: Polnische Arbeitskräfte, „die mit Deutschen Geschlechtsverkehr ausüben oder sich sonstige unsittliche Handlungen zuschulden kommen lassen, sind sofort festzunehmen und dem Chef der Sicherheitspolizei und des SD zur Erwirkung einer Sonderbehandlung fernschriftlich zu melden." Den deutschen Beteiligten drohte Konzentrationslager, „die Festnahme soll jedoch eine geeignete Diffamierung dieser Personen seitens der Bevölkerung nicht unmöglich machen".[70] Die Parteistellen waren vom RSHA ihrerseits zur Aktivität aufgefordert worden; die angeordneten polizeilichen und juristischen Maßnahmen sollten „nicht die Auswirkungen einer berechtigten Empörung der deutschen Bevölkerung über ein derartiges schändliches Verhalten verhindern. Ich halte vielmehr die Wirkungen öffentlicher Diffamierungen für außerordentlich abschreckend". Vorgeschlagen wurde, die betreffende Frau mit abgeschnittenen Haaren und einem Schild um den Hals durch die Straßen des Dorfes zu führen.[71]

Im Frühjahr 1940 begann die NSDAP dann eine große Propagandakampagne, um die Prinzipien und Vorschriften der Märzerlasse zu verbreiten. Jeder deutsche Bauer, der Ausländer beschäftigte, erhielt ein Merkblatt, dessen Kenntnisnahme er unterschreiben mußte und in dem es hieß: „Haltet das deutsche Blut rein! Das gilt für Männer wie für Frauen! So wie es als größte Schande gilt, sich mit einem Juden einzulassen, so versündigt sich jeder Deutsche, der mit einem Polen oder einer Polin intime Beziehungen unterhält. Verachtet die tierische Triebhaftigkeit dieser Rasse! Seit rassenbewußt und schützt eure Kinder. Ihr verliert sonst euer höchstes Gut: Eure Ehre."[72]

Im Mai wurde der sogenannte „GV-Erlaß" noch erweitert. Deutsche Frauen, „die mit Kriegsgefangenen in einer Weise Umgang pflegen, die das gesunde Volksempfinden gröblich verletzt", mußten, wenn das Gericht keine Strafe aussprach, ins Konzentrationslager gebracht werden. „Verletzung des Volksempfindens" war definiert als „jeder gesellschaftliche Verkehr (z. B. bei Festen, Tanz) sowie jeder geschlechtliche Verkehr".[73]

Diese Erlasse hatten zunächst vor allem einen Adressaten – die deutschen Frauen und Mädchen, die für die NS-Behörden „volkspolitisch" offenbar sehr unsichere Faktoren waren. So waren die Bestimmungen durch einen ausgesprochen frauenfeindlichen Charakter gekennzeichnet; undenkbar, daß man etwa einen deutschen Soldaten kahlgeschoren mit einem Schild durch das Dorf gejagt hätte, weil er dem Landserlied entsprechend „in einem Polenstädtchen mit einem Polenmädchen" verkehrt hatte. Die „GV-Erlasse" waren das stärkste Mittel, um den Deutschen vor Augen zu halten, wie man sich als Herrenmensch den Polen und den „ehrvergessenen" Frauen gegenüber zu verhalten hatte. Insofern kann man die Bedeutung dieser Bestimmungen auch nicht darauf reduzieren, daß sie eine Reaktion des Regimes „auf das Verhalten von zahlreichen Deutschen, die den gefangenen Angehörigen des polnischen Heeres human entgegentraten" darstellten.[74] Sie richteten sich vielmehr auch gegen die deutschen Frauen, die durch intimen Verkehr mit Polen nicht nur die deutsche Ehre überhaupt, sondern die deutsche Mannesehre im besonderen verletzten.[75]

Die Ausweitung der Bestimmungen

In den folgenden Monaten wurden die Erlasse vom März noch ausgedehnt und erweitert. Zunächst war es das Bestreben der Behörden, die Anordnungen möglichst schnell und umfassend in der Öffentlichkeit bekannt zu machen. In Zeitungsartikeln und Plakaten wurde vor allem an die deutsche Landbevölkerung appelliert, in den Polen nicht länger den Kollegen, sondern den Feind zu sehen. Der „Volksbund für das Deutschtum im Ausland" veröffentlichte einen Aufruf, in dem neben der Überschrift groß das neue Abzeichen für Polen abgedruckt war und in dem die Argumentation geradezu idealtypisch aufbereitet ist.[76] Ausgehend von der Erinnerung an die „Greuel" der Polen („Einen jungen Menschen hat man mit Benzin übergossen und im Backofen verbrannt"), die nur von „Untermenschen mit tierischer Veranlagung ausgedacht werden konnten", wurde gerade vor dem freundlichen Verhalten der Polen gewarnt; die Unterwürfigkeit sei Hinterlist, das freundliche Wesen berechnend. „Wenn einer kommt und Dir sagt, sein Pole sei anständig, so halte ihm entgegen: Für uns als Deutsche gibt es keinen anständigen Polen, genausowenig wie einen anständigen Juden." Die Warnungen betrafen all jene Punkte, die über Jahrzehnte hinweg zum Zusammenleben zwischen Deutschen und Polen gehört hatten: Vorsicht vor den katholischen Polen; laßt keine Post nach Hause zu – das könnte den Anwerbungen schaden; gebt ihnen kein Geld, schenkt ihnen nichts. „Deutscher! Der Pole ist niemals Dein Kamerad!" endet die Schrift; „vergiß nie, daß Du Angehöriger eines Herrenvolkes bist".[77]

Daneben stand nun die angekündigte Überführung der polnischen Kriegsgefangenen in das „zivile" Arbeitsverhältnis an, die sich verpflichten mußten, „ihre Arbeitsstelle ohne Genehmigung des Arbeitsamtes oder der Polizei nicht zu verlassen und bis zur endgültigen Entlassung in die Heimat durch das Arbeitsamt als freie Arbeitskräfte jede Arbeit zu verrichten".[78]

Durch das Erlaßwerk vom März war der staatspolizeiliche Zugriff auf die Polen nicht weniger umfassend als derjenige der Wehrmacht auf die Kriegsgefangenen, und zudem brauchte man angesichts des nahenden Frankreich-Feldzuges Platz in den Stalags. „Praktisch ändert sich durch diese Freilassung der Gefangenen nichts an der weiteren Verwendung am bisherigen Einsatzort. Die Beaufsichtigung der Polen geht von der Wehrmacht auf die Polizei über", bewertete auch das Todt-Ministerium diese Maßnahme zutreffend.[79]

Mit Erlaß vom 10. Juli 1940 wurde dann durch die Ausweitung des Geltungsbereichs der Märzerlasse auf die „freigelassenen" Kriegsgefangenen die Rechtslage vereinheitlicht,[80] im September 1940 schließlich durch zwei Erlasse abschließend ergänzt.[81] Im März war vor allem ein Problem noch ungelöst geblieben, weil es Gegenstand von heftigen Kompetenzstreitigkeiten war: Die Abgrenzung der staatspolizeilichen Befugnisse gegenüber Ausländern zur Justiz. Schon in den Märzerlassen war vorgesehen, daß bei sogenannten „schweren Delikten" – unter erheblichem Ermessensspielraum bei der Auslegung dieses Begriffs – ausschließlich die Gestapo für die „Abstrafung" zuständig sei. Damit wurde das in den ersten Jahren der Diktatur gegenüber den politischen Oppositionellen bereits, wenn auch heimlich, geübte Verfahren aufgenommen, diejenigen Bereiche, die im weiteren Sinne als politisch galten oder die Grundlagen der nationalsozialistischen Weltanschauung betrafen, allein in sicherheitspolizeilicher Befugnis zu behalten.[82] Allerdings war es vor dem Krieg in der Regel dennoch zur Einschaltung der Justiz und zu Gerichtsverfahren gekommen – erst mit Kriegsbeginn hatte sich die Sicherheitspolizei hier gegenüber der Justiz durchsetzen können. Bereits in den „Grundsätzen der inneren Staatssicherung während des Krieges" vom September 1939 war die Ausschaltung der

Gerichte vorgesehen; am 15. September 1939 hatte sich Himmler in einem Erlaß beschwert, „daß von verschiedenen Stapo(leit)stellen entgegen meinen Weisungen Personen dem Gericht überstellt worden sind wegen Sachverhalten, die eine Sonderbehandlung gefordert hätten".[83]

Auch bei der gesamten Vorbereitung der Märzerlasse war das Justizministerium nicht eingeschaltet worden. Nunmehr wurde die exklusive Zuständigkeit der Gestapo festgeschrieben – es war ins Belieben des RSHA gestellt, je nach propagandistischer Auswertbarkeit des Einzelfalles entweder die Gerichte anzurufen oder „staatspolizeiliche Maßnahmen" zu ergreifen.[84] Ausschlaggebend war bei dem Einzelfall nicht die Art des Vergehens, sondern das „staatspolizeiliche Interesse". Die Stapostellen mußten, „da ihnen die Bekämpfung der aus dem Masseneinsatz von fremdvölkischen Arbeitern erwachsenden Gefahren obliegen, die Möglichkeit haben, zu prüfen, ob staatspolizeiliche Belange berührt werden".[85] Auch diese Bestimmung wurde dem Justizministerium nicht zugeleitet – es kam deshalb in den darauffolgenden Jahren zu erheblichen Auseinandersetzungen zwischen RSHA und Justizministerium, weil „staatspolizeiliche Belange" nach und nach bei allen Vergehen von Ausländern als berührt angesehen wurden.

Die beiden Septembererlasse waren als Schlußpunkte der Polengesetzgebung angesehen worden. Dies kam in der Schlußbestimmung zum Ausdruck, in der darauf hingewiesen wurde, daß die Erlasse des RSHA „bindend sind und über (sie) hinaus keine weiteren Maßnahmen zur Einbringung der Lebenshaltung der Arbeitskräfte polnischen Volkstums ohne meine vorherige Zustimmung getroffen werden dürfen".[86] Dieser Hinweis war offenbar nötig, er deutete an, daß unterhalb der staatspolizeilichen Führung ein Prozeß in Gang kam, in dem die von oben dekretierte Repression beständig weiterwuchernd noch ausgeweitet wurde.

4. Von der Anwerbung zur Deportation

Die wissenschaftliche Diskussion um das Problem, auf welche Weise die polnischen Arbeiter nach Deutschland kamen, dreht sich in erster Linie um die Frage, ob man von einer gewissen „Freiwilligkeit" in der ersten Phase sprechen kann oder ob „es im Generalgouvernement eine Etappe der freiwilligen Werbung niemals gegeben hat."[87] Bei dieser Auseinandersetzung bleibt aber offen, woran „Freiwilligkeit" oder „Zwang" gemessen werden kann – sind es Überlegungen in der Frank-Regierung, nun Zwang anzuwenden; der Bericht über die Umstellung eines Kinos; die Nachrichten von Geiselnahmen; die Erinnerungen Betroffener? Die vier Beispiele liegen auf verschiedenen Ebenen: Daß in der Krakauer Regierung des Generalgouvernements Zwangsmaßnahmen angeordnet wurden, bedeutete weder, daß sie in der Praxis vorher nicht stattgefunden hätten, noch daß sie nun unmittelbar auch nach unten durchgesetzt wurden. Daß es – kontroverse – Berichte von der Umstellung von Kinos gibt, zeigt auch, daß derartiges eben nicht alltäglich war, sonst wäre nicht so auffällig darüber berichtet worden. Für Geiselnahme in Dörfern gilt dasselbe, wenn sie als Einzelberichte auftauchen und nicht als Routine gemeldet werden. Schließlich ist die Frage der Freiwilligkeit eine, die auch nach quantitativer Beantwortung verlangt und bei der indikatorische Hinweise auf Einzelschicksale nicht greifen; zumal, wie sich schon bei der Betrachtung der Verhältnisse im Ersten Weltkrieg gezeigt hat, die Unterschiede zwischen sozialer Not und polizeilichem Druck als Motive bei der Unterzeichnung des Arbeitskontraktes schwer auszumachen sind. Zudem: daß jemand freiwillig oder gezwungen nach Deutschland gekommen ist, sagt nichts aus über die Verhältnisse, die er dort anfindet oder über seine Zufriedenheit mit dem Leben im Reich – oder doch: ein „Freiwilliger" hat vielleicht hohe Erwartungen und ist umso schneller und heftiger zu enttäuschen als jemand, der gezwungen worden ist, der das Inferno erwartet und sich dann über die vielleicht noch erträglichen Arbeits- oder Lebensbedingungen wundert.

Der Begriff „Freiwilligkeit" hat insofern keinen präzise definierbaren materiellen Inhalt, er beschreibt ein Stück Menschenwürde, die verloren gehen kann. Nicht Herr seiner Entscheidungen zu sein bedeutet, die Verhältnisse, seien sie gut oder schlecht, hinnehmen zu müssen, ohne aus eigener Kraft etwas daran ändern zu können. Insofern trifft für viele, nicht für alle, zu, daß sie lieber in Armut und Angst weiter in Polen – aber aus freien Stücken – blieben, als unter – wenn sie Glück hatten – erträglichen Bedingungen, aber gegen den eigenen Willen und rechtlos in Deutschland zu arbeiten.

Daher macht es wenig Sinn, von „Phasen" der Freiwilligkeit zu sprechen, die auf den Tag datierbar wären. Fest steht, daß die polnischen Saisonarbeiter vor Kriegsbeginn aus materieller Not, aber rechtlich „freiwillig" nach Deutschland gekommen sind und daß sich diese Praxis noch einige Zeit fortgesetzt hat; sowie, daß man nach einem guten halben Jahr nach Kriegsbeginn keine Hinweise in den Quellen findet, daß es im Generalgouvernement irgendwo noch zu größeren Zahlen „freiwilliger" Meldungen gekommen ist – zwischen diesen beiden Markierungen muß ein Prozeß der Wandlung von der Anwerbung zur Deportation stattgefunden haben, den ich im folgenden an einigen Stellen genauer untersuchen will, um herauszufinden, welche Ursachen und welche Entscheidungen diesen Prozeß gesteuert haben.

Das Vorgehen der nationalsozialistischen Arbeitsverwaltung im Generalgouvernement war zunächst ebenso einfach wie wirkungsvoll. Der deutsche Chef der Zivilverwaltung hatte noch im September 1939 die Arbeitspflicht in der Landwirtschaft eingeführt,[88] die von Frank mit dem Tag seiner Einsetzung als Generalgouverneur zur generellen Arbeitspflicht ausgeweitet, später auch auf Jugendliche ausgedehnt wurde.[89] Arbeitslose konnten dadurch zur Pflichtarbeit herangezogen werden. Gleichzeitig begannen die Arbeitsämter mit der Registrierung der Arbeitslosen, verbunden mit dem Erwerb des Rechts auf Arbeitslosenunterstützung, einer Maßnahme, die es in Polen vorher nicht gegeben hatte und die es in vergleichsweise kurzer Zeit möglich machte, nahezu alle Arbeitslosen zu erfassen.[90] Mit dem Empfang von Unterstützung verband sich die Verpflichtung, auch in Deutschland zu arbeiten, wenn man sonst keine Arbeit hatte.[91]

Der Charakter des Arbeitseinsatzes der Polen in Deutschland war im Winter 1939/40 vielen deutschen Stellen durchaus nicht klar, und es gab eine Reihe von Widersprüchen. Der Breslauer Oberpräsident verfügte z. B. noch am 11. Dezember, daß polnische Arbeiter, die die Arbeitsstelle verlassen hatten, zur Strafe „unverzüglich über die Polizei- und Zollgrenze in das Generalgouvernement abzuschieben" seien – zu einer Zeit also, in der örtliche Behörden bereits verschärftes Sonderrecht gegenüber den Polen forderten. Am selben Tag erließ der Landrat von Glatz eine Anordnung, wonach die traditionelle Rückkehrpflicht der polnischen Saisonarbeiter aufgehoben wurde, und ein paar Tage später widerrief der Breslauer Oberpräsident seine Anordnung und teilte nunmehr mit: „Eine Rückkehr polnischer Landarbeiter in das Generalgouvernement ist abzulehnen."[92]

Die Saisonarbeitertraditionen waren also auch bei den Behörden selbst nur allmählich zu erschüttern – immerhin zeigt der Sinneswandel des Breslauer Oberpräsidenten, daß die Ausweisung ihren Charakter als wirksamstes Drohmittel gegenüber den Polen im Winter 1939 zu verlieren begann. Wie sehr aber die Anwerbung und Propaganda selbst noch auf die Traditionen der Saisonarbeit aufbaute, belegt eines der vielen Plakate, mit denen Anfang 1940 im Generalgouvernement um Arbeiter geworben wurde: „Viele zehntausende von Landarbeitern und mit Landarbeit vertraute Arbeitskräfte können im Deutschen Reich zu günstigen Bedingungen Arbeit finden. Bereits vor dem Kriege wurden alljährlich Hunderttausende von polnischen Landarbeitern in der deutschen Landwirtschaft beschäftigt ... Die Landarbeiter haben die Möglichkeit, von ihren Lohnersparnissen soviel zu überweisen, daß der Lebensunterhalt der zurückbleibenden Familienangehörigen gesichert ist ... Für gute Unterbringung und Verpflegung auf deutschen Bauernhöfen ist gesorgt."[93]

Auch die Beteiligung polnischer Vorschnitter und Vorarbeiter von deutschen Gütern bei den Anwerbungen, die vielfach ihre Leute in Polen noch aus der Vorkriegszeit kannten, ließ den Eindruck entstehen, als handele es sich immer noch um die nur in der Größenordnung ausgedehnte Fortführung der Saisonarbeit in der deutschen Landwirtschaft.[94]

Das bis Anfang 1940 betriebene System der Erfassung war von seiten der Polen relativ einfach zu umgehen, indem sie sich einfach nicht arbeitslos meldeten und auf die Unterstützung verzichteten; insbesondere auf dem Land war das meist nicht sehr schwierig. Ende Januar stellten die Deutschen das System daher um. Nachdem aus Berlin die Forderung nach „Bereitstellung und Transport von mindestens 1 Million Land- und Industriearbeiter und -arbeiterinnen ins Reich" an das Generalgouvernement gestellt worden war,[95] wurde nunmehr „bei ungenügendem Erfolg der Werbung Freiwilliger die Festsetzung von Pflichtkontingenten" veranlaßt, die jedes Dorf und jeder Bezirk zu stellen hatte. Neu war daran auch, daß die polnischen Gemeindevorsteher in den Anwerbeprozeß unmittelbar eingeschaltet wurden; dadurch wurde ein Teil der zu erwartenden Proteste und Auseinandersetzungen von den Deutschen abgelenkt und die Widersprüche im Lager der Polen verschärft, zumal die deutschen Behörden darauf hinwiesen, daß es sich hierbei um „wenn notwendig mit allen Mitteln zu erzwingende" Anordnungen handelte.[96]

Wie sehr sich die Art der Anwerbung in der folgenden Zeit veränderte, läßt sich an den Eintragungen in dem „Diensttagebuch" des Krakauer Generalgouverneurs Frank gut ablesen.

Der Gouverneur Lasch des Distrikts Radom berichtete noch Ende Februar, die Anwerbungen seien so erfolgreich und stießen gerade bei der Landbevölkerung auf soviel Zustimmung, daß viele Polen „bis zu 70 km weit aus dem Lande zu der Stelle gekommen seien, von der die Züge abgefahren sind. In manchen Ortschaften haben sich Hunderte von Menschen gemeldet und sind mit Begeisterung zu den Zügen gegangen, die sie nach Deutschland bringen. In den Städten aber haben wir im Gegensatz zu der Freiwilligkeit des Kommens auf dem Lande schlechtere Erfahrungen gemacht." Viele Arbeiter seien hier von Gerüchten über die Zustände in Deutschland aufgehetzt; dennoch sei es gelungen, „daß sich nach wie vor polnische Arbeiter melden".[97]

Schon eine Woche später waren die Meldungen nicht mehr so überschwenglich: „Leider laufe die Aktion, die seit einigen Wochen im Werden sei, noch nicht so, wie man das gehofft habe", ist für den 3. März notiert. Aber im Reich seien die Polen besser aufgehoben als hier, „weil diese 750.000 Arbeiter unter deutscher Betriebsführung das 3- bis 4-fache schufen, was sie in Polen leisten würden."[98]

Am 4. März waren die Berichte der Kreis- und Stadthauptmänner des Distrikts Lublin noch bedenklicher; das „Ergebnis der Landarbeiterwerbung in letzter Zeit sei so ungenügend, daß die Züge nur zu 1/5 besetzt werden konnten ... Die Leute seien bisher noch nicht auf deutsches Gebiet gekommen und seien mißtrauisch. Die polnische Flüsterpropaganda tue das übrige". Dementsprechend tauchte die Frage auf, ob „mit polizeilichen Mitteln und mit Strafen eingeschritten" und „ein leiser Zwang ausgeübt werden könne". Frank selbst aber lehnte zu dieser Zeit verschärfte Zwangsmaßnahmen ab: „Maßnahmen, die nach außen hin Aufsehen erregen, müßten vermieden werden."[99]

Die Situation hatte sich bis Anfang März 1940 bereits drastisch verändert. Große Teile der polnischen Bevölkerung standen vor allem aufgrund der eintreffenden Berichte über die Zustände und die Behandlung in Deutschland dem Arbeitseinsatz im Reich weitgehend ablehnend gegenüber. Landarbeiter ließen sich von Ärzten Untauglichkeitsbescheinigungen ausstellen, andere flüchteten in die Wälder, und die Werber lebten mittlerweile nicht ungefährlich. In einem Fall stellten sich von 800 bereits registrierten Arbeitern ganze 69 an der Bahnstation ein. „Alles das", berichtete der für die Anwerbungen in der Regierung des GG zuständige Reichshauptamtsleiter Frauendorfer, „sei darauf zurückzuführen, daß die Bevölkerung von einer Angstpsychose befallen sei".[100]

Bis Mitte April waren etwa 210.000 polnische Arbeitskräfte ins Reich gebracht worden –[101] also nicht einmal die Hälfte des dem Generalgouvernement auferlegten Solls von bis dahin 500.000 Arbeitskräften. Nunmehr, meinte Frank, seien Zwangsmaßnahmen nicht mehr zu umgehen, weil die Polen dazu übergegangen seien, „aus Böswilligkeit oder aus der Absicht heraus, sich Deutschland nicht zur Verfügung zu stellen, ihm indirekt zu schaden." Wiederum sollte ein neues Anwerbesystem helfen, es sollten Gestellungsbefehle für einzelne Jahrgänge herausgegeben werden, wobei die SS zusagte, die Maßnahmen ihrerseits zu unterstützen. Vor allem in den Städten aber rechnete man weiter mit großen Schwierigkeiten.[102] So ganz mit Zwang wollte Frank nun aber auch nicht vorgehen, denn man wollte ja, äußerte er am 23. April, „weiterhin mit diesen Menschen im Gespräch bleiben ..., sie sollten ja auch im Reich arbeiten."[103] Hier wird das in der Zukunft noch deutlicher werdende Dilemma des Arbeitseinsatzes angesprochen. Wollte man von den ausländischen Arbeitern Leistung fordern, durfte man sie weder zwangsweise deportieren, noch schlecht behandeln, wollte man aber die hohen Zahlen der angeforderten Arbeitskräfte erfüllen, so mußte man Zwangsmittel einsetzen. Beide Positionen wurden auch in der Regierung des GG vertreten; Frank forderte, „daß die polnischen Landarbeiter im Reich von Partei- und Polizeistellen nicht als Feinde des deutschen Volkes betrachtet werden", sprach sich aber gleichzeitig „für einen zwangsweisen Abtransport von beschäftigungslosen Polen in das Reich aus".[104]

Seit Ende April war dann von freiwilligen Anwerbungen kaum mehr die Rede; am 24. April ordnete die Regierung des GG für alle Jahrgänge zwischen 1915 und 1925 die Arbeitspflicht in Deutschland an.[105] Wann immer die auferlegten Kontingente von einzelnen Gemeinden oder Kreisen nicht erfüllt wurden, sollten „unverzüglich die vom Höheren SS- und Polizeiführer beim Herrn Generalgouverneur in Aussicht genommenen Zwangsmaßnahmen einsetzen",[106] zumindest – wie es bürokratisch formuliert wurde – „Pfandnahmen von Vieh oder sonstiger beweglicher Habe unter Stellung einer Nachfrist."[107]

In der Folgezeit häuften sich die Meldungen über die verschiedensten Formen der Zwangswerbung. Über die Anwerbung im Kreise Neumarkt meldete der Kreishauptmann in einer Beschwerde, dort würde die Polizei einen „ungeregelten Menschenfang" durchführen und Geiseln nehmen, (in der Antwort verwehrte sich die Polizeibehörde gegen den Vorwurf des „Ungeregelten"!).[108] Am 15. Juni teilte Frank mit, daß „bis auf weiteres größere Aktionen z. Zt. nicht erwünscht sind." Vor allem „Umstellungen ganzer Dörfer mit größeren Aufgeboten und die Festnahme von Personen, die keine Beorderungen haben ..., die Festnahme von Geiseln" sowie „die Anwendung von wirtschaftlichen oder sonstigen Repressalien und die Anwendung körperlicher Züchtigung" wurden bis auf weiteres untersagt[109] – „Exzesse" sollten vermieden, die Ruhe sollte gewahrt werden. Liest man die verschiedenen Berichte und Beschwerden aber in Hinblick darauf, wie die Anwerbungen in der Praxis *normalerweise* verliefen, so entsteht etwa folgendes Bild:

Von der Regierung des GG wurden zu bestimmten Terminen Kontingente von zu stellenden Arbeitskräften auf die einzelnen Distrikte verteilt, je nach Bevölkerungszahl, Beschäftigungssituation und Arbeitslosenziffer. Die Distrikte verteilten ihrerseits ihre Kontingente auf die einzelnen Kreise, bis der Wojt eines einzelnen Dorfes das von ihm zu stellende Kontingent erfuhr. Zunächst mußte er diese Zahlen aus den vollständig registrierten Arbeitspflichtigen der Jahrgänge 1915 bis 24 aussuchen und entscheiden, wer aufgrund seiner derzeitigen Beschäftigung dafür infrage kam und wer nicht. Die Wojts machten sich dadurch bei der Bevölkerung äußerst unbeliebt und mußten manchmal um ihr Leben fürchten.[110] Nach einiger Zeit nahm der Kreishauptmann die Liste entgegen; um den Anwerbungen Nachdruck zu verleihen, führte zur gleichen Zeit die SS zusammen mit der polnischen Polizei in jedem Distrikt exemplarische Maßnahmen durch, die vor allem das Ziel hatten, Angst und Schrecken zu verbreiten und der Bevölkerung die Aussichtslosigkeit einer Weigerung vor Augen zu halten. Gegen diese exemplarischen Maßnahmen wurde dann regelmäßig Protest eingelegt, um sie ebenso regelmäßig zu wiederholen, gehörten sie doch zu dem am 23. April vereinbarten Konzept.[111] Das führte schließlich dazu, daß die Bewohner der Dörfer, wenn der Anwerbetermin nahte, in die Wälder flohen, woraufhin die SS wiederum exemplarisch schlagartig ganze Dörfer umstellte, um die Anwerbungen durchzuführen. In den Städten kam es dabei zu besonders scharfen Maßnahmen, weil hier der Widerstand gegen die Deportationen besonders ausgeprägt war. Hier war es schon seit Mitte Februar immer wieder zu Straßenrazzien gekommen, um die nicht registrierten Arbeiter nach Deutschland zu schicken. Das Ziel dieser punktuellen Maßnahmen war es durchweg, die Allgegenwärtigkeit der deutschen Polizei zu demonstrieren und die Bevölkerung durch Terror einzuschüchtern.[112]

Trotz dieser Methoden waren die Erfolge nach Meinung der deutschen Behörden gering: Vom 1. Januar bis zum 30. Juni 1940 waren 272.238 Polen nach Deutschland angeworben worden, insgesamt seit Kriegsbeginn 311.913[113] – nicht mehr, als während des Ersten Weltkrieges, wo die Anwerbemethoden zwar auch nicht auf Freiwilligkeit beruhten, aber doch bei weitem nicht das Maß an brutaler Perfektion erreichten wie unter den Nazis im Zweiten Weltkrieg.

Tabelle 7: Anwerbungen von Arbeitskräften aus dem Generalgouvernement, 1939 bis 1944[114]

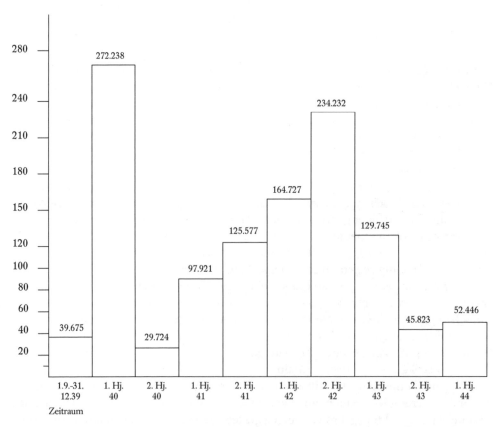

Grund dafür waren zu allererst die Anwerbemethoden selbst, die den Polen einen Vorgeschmack auf das gaben, was sie im Reich erwarten mochte. Die Deutschen waren hier verhaßte Besatzer, von denen man allen Grund hatte, alles Schlechte anzunehmen, zumal die Berichte über die Behandlung der nach Deutschland Deportierten immer negativer ausfielen, im GG schnelle Verbreitung fanden und die ablehnende Haltung der Polen gegenüber dem Arbeitseinsatz noch verstärkten. Der RAM sah sich schließlich gezwungen, in einem Rundschreiben an die Landesarbeitsämter anzuordnen, daß die bei der Anwerbung gemachten Versprechungen den tatsächlichen Verhältnissen zu entsprechen hätten. Die Löhne, die Arbeitszeit, die Angaben über Unterkunft und Verpflegung müßten realistisch sein und die Vorschriften über die Lebens- und Arbeitsbedingungen eingehalten werden, da sonst die weiteren Anwerbungen erheblich gefährdet seien.[115] Der Kreishauptmann in Radzyn hingegen machte den Bürgermeistern klar, daß den Gerüchten über eine schlechte Behandlung der Polen im Reich am besten dadurch zu begegnen sei, daß man den Leuten sage, daß der polnische Arbeiter „im Reich gut verpflegt wird, bei seiner Arbeit vieles lernen kann, was ihm für seinen häuslichen Betrieb von erheblichem Nutzen sein wird und außerdem noch in der Lage ist, erhebliche Ersparnisse zu machen und diese nach Hause zu senden."[116] Das glaubte allerdings keiner mehr.

Ab Herbst 1940 gingen die Anwerbeziffern rapide zurück; die Anwerbezahlen des ersten halben Jahres wurden nie wieder erreicht.

Mit dem Beginn des Frankreich-Feldzuges verschwand Polen für längere Zeit aus dem Blickpunkt der internationalen Öffentlichkeit. „Am 10. Mai begann die Offensive im Westen, d. h. an diesem Tage erlosch das vorherrschende Interesse der Welt an den Vorgängen hier bei uns", erklärte Frank gegen Ende Mai 1940.[117] Mit dem Angriff auf Frankreich verminderte sich aber auch der Druck des Reiches auf die aus dem GG zu beschaffenden Arbeitskräfte – nunmehr standen zumindest vorübergehend neue, einfacher zu beschaffende Arbeitskraft-Reserven zur Verfügung.

Insgesamt waren im Mai 1940 etwa 1,2 Millionen Kriegsgefangene und ausländische Zivilarbeiter in Deutschland; 60 % von ihnen waren als Arbeitskräfte in der deutschen Landwirtschaft eingesetzt. Die ca. 700.000 Polen allerdings arbeiteten fast ausschließlich auf dem Land. Auf 1.000 deutsche Arbeitskräfte kamen in der Landwirtschaft bereits 64, in der Industrie 26 Ausländer[118] – ohne ausländische Arbeitskraft, das war im Sommer 1940 bereits klar, konnten die Deutschen weder den Krieg weiter führen, noch nach dem Kriege auskommen.

5. Der Ausländereinsatz im ersten Kriegsjahr

Beschränkung auf die Landwirtschaft

Eine der Grundlagen des Herrschaftskompromisses, den der Ausländereinsatz darstellte, war die weitgehende Beschränkung des Einsatzes von Polen auf die Landwirtschaft. Himmlers Vorstellungen von „niederer Arbeit", die er in seiner Denkschrift über die „Fremdvölkischen" entwickelte, waren ja letztlich ökonomisch dysfunktional und entsprachen einer Vorstellung von „harter Arbeit" als Strafe, so wie sie von den Faschisten in den ersten Jahren ihrer Herrschaft in den Konzentrationslagern entwickelt worden war: Arbeit im Moor, im Steinbruch – das „Steineklopfen" hatte in erster Linie keine wirtschaftlichen Ziele, sondern war „Erziehung", Erniedrigung, Rache, Strafe. Der Erfolg der Maßnahme war daran zu messen, ob die Arbeit körperlich hart und unsinnig war: Der Steinbruch ist zum Symbol dieser Vorstellung von Arbeit geworden. Auch von daher waren technische, industrielle Tätigkeiten für ein Volk, dessen postulierte rassische Minderwertigkeit ja die Grundlage seiner Behandlung durch die Deutschen war, nicht vorgesehen. Landarbeit auf Großgütern, Kulturations- und Meliorationsarbeiten, vielleicht noch Straßenbau: Hier konnte man die Tätigkeit der Polen auf schwere körperliche Arbeit reduzieren – gut kontrollierbar, im Kolonneneinsatz, für alle gleich, ohne daß den Vollzug störende Spezialkenntnisse die Arbeitskräfte nach Leistung und Geschick differenzieren und individualisieren würde. Schon der Einzeleinsatz bei deutschen Bauern erfüllte diese Voraussetzungen nicht und blieb den Nazis ein Dorn im Auge, ohne daß sich bis Kriegsende aber etwas daran ändern sollte.

Industrielle Tätigkeit widersprach solchen Zielsetzungen vollends; außerdem fürchteten die Nazis einen gemeinsamen Arbeitseinsatz von Polen und derjenigen Gruppe der deutschen Bevölkerung, bei der sie nach wie vor das größte Oppositionspotential vermuteten – der Industriearbeiterschaft. Nach wie vor hielten sie die Arbeiter internationalistischem Denken gegenüber für anfällig, so daß sich bei einem Masseneinsatz von Polen in den Industriestädten politische und „volkspolitische" Gefahren multiplizieren würden. Demgegenüber war der Arbeitseinsatz in der Landwirtschaft weniger brisant, obwohl es weiterhin einen – von den Nazis auch als solchen erkannten – eklatanten Widerspruch bedeutete, ausgerechnet die „Urproduktion" zunehmend statt von deutschen Erbhofbauern von polnischen Landarbeitern erledigen zu lassen.

Tabelle 8: Deutsche und ausländische Arbeitskräfte in verschiedenen Industriezweigen, 1939/40, jeweils 31. 5., in Tausend[119]

	Deutsche				Ausländer			Ausgleich in %
	1939	1940	+ –	%	1939	1940	+ –	
Landwirtschaft	11.224	10.006	–1.218	–11	120	681	+561	56
Bergbau	703	673	–30	–4,3	12	30	+8	26
Eisen- und Metallgew.	440	413	–27	–6,2	2,4	5,5	+2,1	7,7
Gießereien	212	204	–8	–3,6	1,7	3,6	+1,6	20
Maschinenbau	1.895	1.982	+87	+4,6	–	19,4	+19,4	–
Bau	1.260	843	–417	–33,1	49	101,7	+52,7	12,6
Sonstige verarb. Ind.	3.191	2.596	–595	–18,6	17	36	+16	2,7
Industrie insgesamt	18.482	15.857	–2.625	–14,3	155	402	+247	9,4
Verwaltung	4.585	3.719	–866	–18,9	8	20	+12	1,4

Von den zwischen Mai 1939 und Mai 1940 nach Deutschland gekommenen 853.000 Ausländern arbeiteten 561.000 (65,8 %) in der Landwirtschaft und nur 247.000 (28,9 %) in der Industrie, obwohl aus der Industrie insgesamt und prozentual mehr deutsche Arbeiter zum Militär eingezogen wurden als aus der Landwirtschaft.[120] Mehr als ein Viertel der in der Industrie beschäftigten Ausländer arbeitete auf dem Bau, der den größten Rückgang an deutschen Arbeitskräften zu verzeichnen hatte; es handelte sich hierbei jedoch vorwiegend um Arbeiter aus befreundeten und neutralen Ländern, vor allem um Italiener. Lediglich bei den Straßenbauarbeiten wurden in nennenswertem Umfang auch Polen eingesetzt.[121]

So blieb der Anteil der Industrie an den in Deutschland eingesetzten ausländischen Arbeitern und Kriegsgefangenen bis in den Herbst 1940 unter einem Viertel,[122] und nur in der Landwirtschaft konnte der Verlust an deutschen Arbeitern durch Ausländer in relevanten Größenordnungen ausgeglichen werden.

Die Arbeitsämter hatten eine Prioritätenliste der verschiedenen Arbeitstellen für die polnischen Kriegsgefangenen aufgestellt, nach der auch bei den Zivilarbeitern verfahren wurde und die die Rangfolge der Arbeiterzuteilung regelte. Nach der Landwirtschaft an der ersten Stelle waren hier die Holzwirtschaft, Landeskulturarbeiten, Bergbau, Bahnarbeiten, Bauarbeiten bei der Errichtung neuer Industrieanlagen, Straßen-, Kanal- und Talsperrenbau, Ziegeleien und Steinbrüche, Stallneubauten, Torfgewinnung und Transport genannt.[123]

Schon im September 1939 hatte der Reichsarbeitsminister in einem Runderlaß aber darauf hingewiesen, daß die „rasch steigende Zahl von Kriegsgefangenen ..., zumal nach Abschluß der Hackfruchternte auch ihren Einsatz bei nichtlandwirtschaftlichen Arbeiten ermöglichen und erforderlich machen" würde,[124] und zwar in der oben genannten Reihenfolge. Gemeint waren hier aber vor allem Großprojekte im Straßen- oder Eisenbahnbau, denn einem Einsatz in der Rüstungsindustrie standen neben den grundsätzlichen politischen Erwägungen im ersten Kriegsjahr auch noch die internationalen Vereinbarungen entgegen, nach denen Kriegsgefangene nicht in rüstungswichtigen Betrieben eingesetzt werden dürften. Das galt aber nicht für zivile polnische Arbeitskräfte, die jedoch auch nur in geringer Zahl in die Industrie kamen. Diplomatische Rücksichtnahmen können also die Entscheidungen nur am Rande mit beeinflußt haben.

Das Drängen der Industrie auf polnische Arbeiter war im ersten Kriegsjahr nicht allzu groß,[125] denn durch die Stillegungen und Produktionsverminderungen in der Verbrauchsgüterindustrie seit Kriegsbeginn war es zu einer gewissen Entspannung in der Arbeitseinsatzlage der Rüstungsbetriebe gekommen. Zudem – und das war wohl das ausschlaggebende – wäre die Einstellung von Polen mit nicht unerheblichen Investitionen und organisatorischen Veränderungen verbunden gewesen, wo angesichts des schnellen Sieges eine dramatische Ausweitung der Kapazitäten fürs erste nicht zu erwarten war.

Die Landwirtschaft – und in geringerem Ausmaß auch Bauwesen und Bergbau – stellten somit im ersten Kriegsjahr auch eine Art Experimentierfeld der Ausländerbeschäftigung dar, wo die Vor- und Nachteile des Einsatzes geprüft und entsprechende Regulierungsmechanismen erprobt werden konnten. Diese Wirtschaftszweige hatten zudem bereits Erfahrungen mit der Beschäftigung von Ausländern und verfügten über eine entsprechende Infrastruktur – für einen nur vorübergehenden Einsatz in der Industrie hätten sich die notwendigen Investitionen nicht gelohnt. Es gibt aber einige Anzeichen dafür, daß sich die Zurückhaltung der Industrie seit dem Frühsommer 1940 allmählich zu verändern begann. Mittlerweile hatte sich gezeigt, daß der Masseneinsatz von Ausländern unter bestimmten Voraussetzungen auch lohnend sein konnte. Erste Anfragen von Seiten einzelner Betriebe stießen jedoch auf den strikten Widerstand der Behörden und der Partei.

Welche Positionen sich dabei gegenüberstanden, zeigt der Verlauf einer Sitzung im April 1940 beim Regierungspräsidenten von Potsdam.[126] Die Polizeibehörden vertraten hier den Standpunkt, daß Polen in Städten überhaupt nicht zu beschäftigen seien. Nur in dringenden Fällen seien hier Ausnahmen möglich; die Polen sollten dann in größeren Arbeitskolonnen eingesetzt und in Lagern am Rande der Stadt untergebracht werden.

Die Vertreter der Rüstungsinspektion III und des Berliner Arbeitsamtes hingegen hielten einen solchen Einsatz der Polen, der bei den Tschechen bereits durchgeführt worden sei, für notwendig. In der Metallindustrie sei zudem ein Einsatz unter strenger Bewachung noch eher möglich als auf dem Bau. Die meisten Antragsteller allerdings bevorzugten zu dieser Zeit noch Kriegsgefangene, die billiger waren und von der Wehrmacht bewacht wurden. Zur Beschäftigung von Polen in der Metallindustrie ist es bis zum Spätsommer 1940 in größerem Umfang aber nicht gekommen, lediglich im Bau und im Bergbau waren die Einsatzzahlen höher.

Erste Erfahrungen im Bergbau

Die Entwicklung im Steinkohlebergbau kann man für den Bezirk des Bergamtes Dortmund genauer verfolgen: Erstmals wurde hier im November 1939 davon gesprochen, daß eventuell auch Polen untertage eingesetzt werden würden,[127] im April 1940 waren bereits etwa 2.000 Polen auf verschiedenen Zechen im Ruhrgebiet angelegt, einen Monat später etwa 3.000, im Juni 5.200 polnische Arbeiter, deren Arbeitsleistung als „nicht ungünstig" beurteilt wurde.[128] Die Arbeitseinsatzlage wurde dadurch einigermaßen entlastet, auch wenn die Arbeitsleistungen der häufig bergfremden polnischen Arbeitskräfte nur 60 bis 70 Prozent derjenigen der deutschen Bergleute betrugen; von den deutschen Kollegen, berichtete das Dortmunder Bergamt, werde der Arbeitswille der Polen durchaus anerkannt.

Je mehr polnische Arbeiter aber eingestellt wurden, desto höher war der Anteil der Bergfremden – der Ungelernten, die noch nie untertage gearbeitet hatten. Ein Teil der Polen war für die Arbeit körperlich völlig ungeeignet, viele von ihnen waren krank.[129] Probleme bereiteten den Bergbehörden aber zunehmend auch die deutschen Kollegen, denn die wollten mit den leistungsschwachen Polen nicht mehr im Gedinge zusammenarbeiten, weil sie sich in ihren finanziellen Interessen und ihrem Standesbewußtsein verletzt fühlten.[130]

Die Befürchtung der Sicherheitsbehörden, es werde durch den industriellen Arbeitseinsatz von Polen zu Fällen von Sabotage kommen, bewahrheiteten sich jedoch nicht. Eine größere Gefahr als die „offene" Sabotage, berichtete der Essener Arbeitsfront-Chef Johlitz im Mai 1940, seien die „Bummelanten", derer man aber mit zahlreichen Verhaftungen schnell habe Herr werden können.[131]

Bei den Auseinandersetzungen um die Beschäftigung polnischer Arbeiter im Ruhrbergbau im Sommer 1940 traten die politischen Widersprüche in den unterschiedlichen Positionen der beteiligten Stellen deutlich hervor. Die Haltung der meisten Betriebe und betriebsnahen Behörden vertrat der „Beauftragte für die Leistungssteigerung im Bergbau" im Vierjahresplan, Paul Walther, in einer Stellungnahme Ende Mai 1940;[132] kriegswirtschaftliche Erfordernisse, Effektivitätsgesichtspunkte und kurzfristige Wirksamkeit der Maßnahmen standen hier im Vordergrund: „Bei dem so großen Arbeitsmangel und den an den Bergbau gestellten hohen Anforderungen bleibt kein anderer Weg übrig, als während des Krieges auf die polnischen Arbeitskräfte im Ruhrbergbau zurückzugreifen, und wir stehen vor der Zwangslage, mit ihnen eine möglichst hohe Leistung herauszuholen." Von daher forderte er die Vereinheitlichung der geltenden Bestimmungen in Anpassung an die Notwendigkeit der Leistungssteigerung der polnischen Arbeitskräfte; insbesondere: keine Ausgangsbeschränkungen, freier Zugang zu Gaststätten, kein geschlossener Abmarsch vom Lager zur Arbeitsstelle, keine Beschränkungen beim Einsatz, Leistungslohn, ausreichende Verpflegung und zweckmäßige Ausrüstung.

Neben dem Gesichtspunkt des effektiven Einsatzes vertrat Walther aber auch vehement den Standpunkt der rassischen Differenzierung der Arbeiterschaft: „Es muß als Grundsatz gelten, die polnischen Arbeitskräfte über- und unter Tage möglichst als Hilfskräfte zu verwenden, um damit Aufstiegsmöglichkeiten für deutsche Volksgenossen zu schaffen. Es sind über Tage die Polen bevorzugt mit gesundheitsschädlichen Arbeiten, wie in den Kokereien, Aschekanälen, den Heizanlagen oder als Transportarbeiter beim Lagern von Kohlen und anderem Material zu beschäftigen."

Diese Position war aber im Sommer 1940 durchaus noch nicht mehrheitsfähig, wie sich in der Aussprache über Walthers Vorschläge beim Oberpräsidenten von Münster im Juli 1940 zeigt.[133] Während Walther betonte, „daß es sich hier um eine reine Zweckmäßigkeitsfrage handelt, an die man nach Lage der Dinge ohne Sentimentalität herangehen müsse", entgegnete der Vertreter der DAF, „daß sich hier zwei Probleme gegenüberstünden; das eine sei das völkische und das andere das wirtschaftliche. Es dürfe auf keinen Fall eine zweite Invasion von Ausländern in das Ruhrgebiet zugelassen werden", die Beschäftigung von Polen sei daher nur als Notlösung während des Krieges denkbar, besser sei es hingegen, „lediglich Kriegsgefangene zu beschäftigen, deren Sonderbehandlung klar sei".

Die Rüstungsinspektion Münster (VI) faßte die Ergebnisse dieser Sitzung allerdings noch um einiges schärfer zusammen: „Hierbei wurde von den zuständigen Stellen des hiesigen Gebietes eindeutig erklärt, daß der Einsatz polnischer Arbeiter aus Ostoberschlesien im Ruhrbergbau nicht den geringsten Erfolg gebracht hat. Man will die Leute möglichst rasch wieder dem Osten zur Verfügung stellen ... Die für die ausländischen Arbeitskräfte vorgesehenen günstigen Entlohnungsbedingungen und die Tatsache, daß sich diese Leute hier im Gebiet frei bewegen können, verärgern die hiesigen Bergleute. Der Ruhrbergarbeiter war bisher mit Recht stolz auf seine Leistung. Im Interesse der künftigen Kohlenförderung ist eine Hebung des Ansehens des ansässigen Bergarbeiterstandes erforderlich. Dies verlangt u. a., daß ausländische Arbeitskräfte, die zur Fördersteigerung herangeholt werden, kaserniert gehalten werden ... Die RüIn VI vertritt die Ansicht, daß man die ausländischen Arbeitskräfte tunlichst nur zu Transportarbeiten und anderen schweren körperlichen Aufgaben ansetzen sollte."[134]

Einwände dieser Art führten dazu, daß die Beschäftigung ziviler polnischer Arbeiter im Bergbau nicht weiter forciert wurde, zumal durch die seit dem Sommer 1940 eintreffenden westlichen Kriegsgefangenen eine weitere Entlastung der Arbeitsmarktlage eintrat und man bei den deutschen Behörden und Betrieben im übrigen darauf wartete, „jetzt nach dem Waffenstillstand mit Frankreich die deutschen Bergarbeiter möglichst von der Wehrmacht zurückzubekommen."[135]

So blieb der Einsatz polnischer Arbeiter in der Industrie weiterhin eine Randerscheinung, von den 279.333 polnischen Zivilarbeitern, die bis zum 1. Juli 1940 aus dem Generalgouvernement nach Deutschland geschickt worden waren, arbeiteten nur 32.000 (11 %) nicht in der Landwirtschaft – von der „Initiative und führende(n) Rolle der großen Monopole ... bei der Planung und Exekution der Massenzwangsarbeit"[136] kann für die Zeit bis Sommer 1940 also keine Rede sein.

Soziales Sonderrecht

Nach den strafrechtlichen Sonderbestimmungen wandten die Behörden seit dem Frühjahr 1940 der Vereinheitlichung der Arbeitsbedingungen der Polen besondere Aufmerksamkeit zu. Wenn das Strafrecht die Lebensumstände der polnischen Arbeitskräfte nach nationalsozialistischen Gesichtspunkten umfassend reglementierte, so mußten auch die Arbeitsverhältnisse, die sozialen Leistungen und die Löhne sowohl nach ideologischen Gesichtspunkten gestaltet werden, um die Durchsetzung des Herrenmenschenprinzips auch am Arbeitsplatz zu gewährleisten, als auch nach ökonomischen Aspekten, um der Forderung Görings nach besonders billigen Arbeitskräften nachzukommen.

Von Bedeutung ist dies aber auch insofern, als ein nationalsozialistisches Arbeitsrecht den Versuch darstellt, ein „rassisch" begründetes, diskriminierendes soziales Sonderrecht für eine Gruppe von Arbeitskräften in das rechtsförmige Gewand deutscher Arbeitsgesetzgebung zu kleiden.[137]

Grundlage des sozialen Sonderrechts für Polen war dabei zunächst der Gedanke der „deutschen Betriebsgemeinschaft", an der teilzuhaben den Polen nicht gestattet werden könne, sowie das Postulat der Arbeit als Rache: „Eine Sonderstellung nehmen die Polen im Arbeitsleben ein. Wegen der zahlreichen Ausschreitungen und Greueltaten der Polen in diesem Kriege erscheint es nicht vertretbar, sie in vollem Umfange an den Fortschritten unseres Soziallebens teilnehmen zu lassen. Durch eine Reihe von Vorschriften haben die Polen deshalb auf arbeitsrechtlichem Gebiet ein Sonderrecht erhalten",[138] – fast alle einschlägigen Erlaßsammlungen und Kommentare beschreiben die „Stellung der polnischen Beschäftigten im Betrieb" in dieser Weise.

Da die Arbeitsordnung in Deutschland auf „Führung und Gefolgschaft im Betriebe", die „gegenseitige Treue- und Fürsorgepflicht" und die „soziale Ehre" aufbaue, könne man auf die Polen „diese nur uns artgemäßen Grundgedanken" nicht anwenden, denn „dafür fehlen die sittlichen Voraussetzungen".[139] Daraus abgeleitet wurden in der Folgezeit Einzelbestimmungen erlassen, die die soziale Schlechterstellung der Polen rechtlich absicherte – am deutlichsten wurde das zunächst in der Frage der Entlohnung:

Die Lohnhöhe der polnischen Landarbeiter wurde durch die im Januar 1940 erlassene „Reichstarifordnung für polnische landwirtschaftliche Arbeiter" drastisch unter die Verdienste der deutschen Arbeiter gesenkt.[140] Auch die Verdienste der Polen, die schon vor Kriegsbeginn in Deutschland gearbeitet hatten, wurden größtenteils auf dem Niveau der später gekommenen vereinheitlicht. Im Verhältnis verdienten die Polen jetzt zwischen 50 und 85 % der Einkünfte der deutschen Arbeiter.[141]

Diese Regelung kam den Wünschen der deutschen Bauern und Gutsbesitzer sehr entgegen, waren doch nunmehr die zivilen Polen kaum teurer als die Kriegsgefangenen. „Es sei deshalb vorauszusehen", meldete aber der SD im Februar 1940, „daß der polnische Landarbeiter dem Volksdeutschen gegenüber auf die Dauer bevorzugt werde, eine Tatsache, die in Einzelfällen bereits jetzt schon hätte beobachtet werden können", denn viele Betriebsführer seien „nur allzu leicht geneigt, aufgrund der zur Verfügung stehenden Arbeitskräfte ihre deutschen Landarbeiter abwandern zu lassen."[142]

Schon im Oktober 1939 hatte z. B. in Hannover ein Landwirt seinen deutschen Arbeiter entlassen, angeblich wegen „nächtlichen Spielens eines Radios". Tatsächlich aber handelte es sich hierbei „offenbar um einen Vorwand, denn etwa zu der gleichen Zeit war von diesem Landwirt ein Kriegsgefangener als Arbeitskraft angefordert worden"[143] – eine Entwicklung, die auf den scharfen Widerstand der nationalsozialistischen Führung stoßen mußte. Der SD schlug deshalb vor, „die Lohntarife für Polen denen für Deutsche zumindest annähernd gleich zu stellen, für polnische Arbeiter jedoch eine Ausgleichsabgabe einzuführen ... so daß der Pole tatsächlich in Höhe der jetzigen Tarifsätze entlohnt wird".[144] In den meisten Bezirken Deutschlands wurde daraufhin schon im Frühjahr von den Reichstreuhändern der Arbeit auf Weisung des RAM eine 15 %ige Sondersteuer für Polen angeordnet. Am 5. August wurde diese Regelung durch die Einführung der „Sozialausgleichsabgabe" für Polen vereinheitlicht. Für den landwirtschaftlichen Arbeitgeber wurde dadurch der auszuzahlende Lohn für Deutsche und Polen wieder gleich hoch, durch die Zusatzsteuer aber der erwünschte Effekt erreicht, daß „erkennbar der soziale Unterschied zwischen Polen und Deutschen herausgestellt" werde.[145] Küppers/Bannier begründeten in ihrem Kommentar zum Arbeitsrecht für Polen diese Zusatzsteuer, die kurze Zeit später auch für Juden und Zigeuner eingeführt wurde, damit, daß „der Pole" ja „die Wehrsteuer, die Beiträge zur Deutschen Arbeitsfront, Spenden zum Winterhilfswerk, Parteibeiträge" usw. nicht zu leisten hätte, auch weder Arbeitsdienst noch Wehrdienst ableisten müßte, „zum Schutz des deutschen Lebensraumes persönlich nichts beiträgt und ungehindert seiner Beschäftigung nachgehen kann."[146]

Tatsächlich aber stellte die Sozialausgleichsabgabe nach innen ein wichtiges Mittel zur Durchsetzung der Ungleichbehandlung von Polen und Deutschen dar. Der ökonomische Aspekt der „Billigkeit" der Polen spielte aber von nun an nicht mehr eine so hervorragende Rolle, weil die 15 %ige Ausgleichsabgabe von den Unternehmen an den Staat abgeführt wurde. Der Schwerpunkt der Ausbeutung verlagerte sich so vom Arbeitslohn auf die Arbeitsbedingungen, vor allem auf die Arbeitszeit.

Nach außen war die Einführung der Ausgleichsabgabe ein propagandistisches Instrument, um gegenüber dem Ausland das Prinzip der „Gleichbehandlung" von Ausländern und Deutschen propagieren und die Kontinuität rechtsförmiger Prinzipien des Arbeitsrechts formal aufrechterhalten zu können.

Die arbeitsrechtliche Diskriminierung der Polen wurde in der Folgezeit durch zahlreiche Einzelerlasse weiter verschärft, die im November 1941 in einer neuen Anordnung des RAM gebündelt wurden. Danach war den Polen jeweils nur die tatsächlich geleistete Arbeit zu bezahlen – wodurch längerfristig kranke Arbeiter gar keinen Lohn mehr erhielten – es galt für sie jeweils nur die niedrigste Tarifordnung, und es durften ihnen keine Zulagen gezahlt werden.[147] Effektiv, so das Kalkül der Ministerialbeamten, sollte den Polen gerade soviel bleiben, wie sie zur Reproduktion ihrer Arbeitskraft benötigten.

Diese Strategie, die sich in den Maßnahmen der Arbeitsverwaltung ausdrückt, stand aber im Gegensatz zur Politik Franks im Generalgouvernement. Denn dort war geplant, daß die Polen in Deutschland von ihren Löhnen größere Anteile zur Unterstützung ihrer Familien ins Generalgouvernement transferierten, um den deutschen Behörden die Auszahlung von Sozialhilfe an die Bevölkerung in Polen zu ersparen. Zunächst wurde als Überbrückung den zurückbleibenden Familien Arbeitslosenhilfe gewährt, bis eine Überweisung von Lohnersparnissen erfolgte.[148] Tatsächlich aber waren die Löhne der Polen in Deutschland aufgrund der vielfältigen Abzüge zu gering, um davon nennenswerte Beiträge nach Hause transferieren zu können; außerdem funktionierte die Organisation des Lohntransfers nicht.

Durch die Sozialausgleichsabgabe war ein in der deutschen Rechtsgeschichte neues Instrument eingeführt worden, das eine Sondersteuer an die Nationalität band, dessen Zielrichtung aber deutlich an die diskriminierende Sonderrechtsgebung gegenüber den deutschen Juden anknüpfte.[149] Gleichwohl scheint das für die Arbeitsbehörden ebensowenig sensationell gewesen zu sein, wie für die deutsche Bevölkerung. Es gibt keine Hinweise darauf, daß die Sonderabgabe an irgendeiner Stelle auf Widerspruch gestoßen wäre. Die Hinweise, daß die Polen weniger Abgaben zu zahlen hätten und nicht zum Wehrdienst müßten, reichten aus, um die Beamten in den Arbeitsbehörden von der Rechtlichkeit des Vorgehens zu überzeugen.[150]

Insofern war die Einführung der Reichstarifordnung bzw. später der Sozialausgleichsabgabe die Probe aufs Exempel: Es war also offenbar problemlos möglich, einer großen Gruppe von ausländischen Zivilarbeitern erheblich schlechtere Arbeitsbedingungen zuzumuten, ohne daß es zu größeren Protesten in der deutschen Öffentlichkeit kam, ja ohne daß dies augenscheinlich überhaupt als etwas Besonderes, etwas Erwähnenswertes wahrgenommen wurde.

Zwischenbilanz nach einem Jahr

Ob und in welcher Weise die Maßnahmen und Erlasse der Behörden sich auf die realen Lebensbedingungen der Polen und auf das Verhältnis zwischen Polen und Deutschen niedergeschlagen haben, ist für die Zeit bis Sommer 1940 schwer zu bestimmen.[151]

Die vorliegenden Berichte sind durchaus widersprüchlich und kaum von den sie leitenden Interessen ablösbar. Einerseits verstummten die Klagen über das immer noch zu positive Verhältnis der Landbevölkerung zu den polnischen Arbeitskräften nicht. Vor allem aus den „volkspolitisch gefährdeten" grenznahen Gebieten wurde immer wieder gemeldet, wie sehr die Verhältnisse zwischen Polen und Deutschen denen der Vorkriegszeit noch entsprächen und die Beziehungen von der „Sympathie der Ortseinwohner für die polnischen Kriegsgefangenen" gekennzeichnet seien.[152]

In den Gegenden, in denen die Saisonarbeit Tradition hatte, waren die gewohnten Umgangsformen auch durch eine Flut von Verordnungen kaum oder nur langsam zu verhindern. Hingegen gibt es aus den Gebieten, in denen zum ersten Mal polnische Landarbeiter beschäftigt wurden, Hinweise darauf, daß die antipolnischen Ressentiments schon früh auf die Behandlung der Polen durchschlugen.[153]

Die Lage der polnischen Arbeiter war zudem in den ersten Kriegsmonaten durchaus noch nicht einheitlich. Erst die Durchsetzung der neuen Rechts- und Sozialbestimmungen führte im Laufe des Jahres zu einer gewissen Angleichung. Die Fülle der Reglementierungen, oft durch entsprechende lokale oder regionale Sondervorschriften noch ergänzt und verschärft, engte sie in ihren Lebensmöglichkeiten immer weiter ein.[154] Aber auch dies war wiederum stark von den jeweilgen Bedingungen abhängig – und davon, ob die Polen in Arbeiterlagern oder aber individuell auf den Bauernhöfen untergebracht waren; im Lager waren die diskriminierenden Anordnungen erheblich einfacher durchzuführen. Beim Bauern hing es allein vom guten Willen des Betriebsführers ab, wie es dem polnischen Landarbeiter erging.[155]

Vor allem aber gibt die Zunahme der sogenannten „Arbeitsvertragsbrüche" der Polen Hinweise darauf, daß sich die Unzufriedenheit der polnischen Landarbeiter mit den Arbeits- und Lebensbedingungen in Deutschland vergrößerte. Der Präsident des Landesarbeitsamtes Breslau berichtete im Juni, „daß allein im Arbeitsamtsbezirk Kattowitz rund 1.200 ins Altreich vermittelte Arbeitskräfte wieder zurückgekehrt seien".[156] – „Die Strafverfahren wegen Arbeitsverweigerung bzw. Arbeitsvertragsbruch nehmen weiter in außerordentlichem Umfang zu. Zum größten Teil handelt es sich bei den Beschuldigten um polnische Zivilarbeiter", meldete der Generalstaatsanwalt in Celle im Juli 1940.[157] „Es mehren sich die Fälle, daß polnische Landarbeiter die Arbeit verweigern oder heimlich ihren Dienstplatz verlassen ... Als Grund der Unzufriedenheit wird regelmäßig die nach Ansicht der Polen zu niedere Vergütung von monatlich 22,- RM bezeichnet", wurde im Mai aus Bamberg berichtet.[158] Und aus Jena klagte der dortige Staatsanwalt: „Der zwangsweise erfolgte Arbeitseinsatz von Polen in der Landwirtschaft führt zu einer immer größer werdenden Zahl von Arbeitsvertragsbrüchen. In manchen Gefängnissen sitzen bis zu einem Viertel Polen ein."[159]

Andererseits darf man das Ansteigen der Zahl von „Arbeitsfluchten" auch nicht überbewerten. Gewiß stellten sie eine Reaktion der polnischen Arbeiter auf die zwangsweisen Anwerbungen, die schlechten sozialen Bedingungen und das diskriminierende Sonderrecht dar. Auf der anderen Seite hatte sich bereits im Ersten Weltkrieg gezeigt, daß dort, wo die Freizügigkeit aufgehoben worden war, die Zahl der illegalen „Arbeitsvertragsbrüche" sofort stieg – ein Ventil, das nur durch vollständige Kontrolle und Überwachung der Polen hätte geschlossen werden können, was wiederum angesichts der vorherrschenden Form des Einsatzes der Polen in der Landwirtschaft gar nicht möglich war. Der Anstieg der „Flucht"-Zahlen ist daher durchaus kein sicheres Indiz für die Verschlechterung der Lebenssituation der ausländischen Arbeiter, sondern die logische und kaum zu verhindernde Folge der Einführung von Zwangsmaßnahmen.

Das System des Arbeitseinsatzes polnischer Arbeiter war bis zum Sommer 1940 noch nicht lückenlos, die Lebens- und Arbeitsbedingungen der polnischen Arbeiter noch nicht einheitlich, in vielen Arbeitsstellen waren die Verhältnisse noch nicht anders als vor dem Kriege. Aber die Polenerlasse reglementierten nicht nur das Leben der Ausländer, sie griffen auch in das Verhältnis zwischen Deutschen und Polen ein; die Ungleichheit wurde zementiert, der Status des Herrenmenschen erhielt Rechtsgrundlagen.[160] Das geschah nicht unmerklich. Die Merkblätter der Partei und anderer Stellen gaben deutlich Auskunft über Inhalt und Ziel der Bestimmungen. Von der deutschen Bevölkerung, das wußte man im Sommer 1940, war hier ein ernst zu nehmender Protest nicht zu erwarten.

Insgesamt hatte sich aus Sicht der deutschen Behörden trotz aller Probleme der „Poleneinsatz" durchaus bewährt und stabilisiert. Die riesige Lücke an Arbeitskräften auf dem Lande bei Beginn des Krieges war ausgefüllt worden, die Organisation funktionierte wenigstens soweit, daß in kurzer Zeit Hunderttausende von Polen in die deutsche Landwirtschaft integriert werden konnten, die Staatspolizei hatte den gesamten Vorgang fest im Griff.

Sowohl in ökonomischer Hinsicht wie unter politischen Gesichtspunkten war hier im Anschluß an die Tradition der Beschäftigung polnischer Saisonarbeiter auf dem Lande ein Modell entstanden, das einen die deutsche Volkswirtschaft stark entlastenden Effekt hatte und gleichzeitig durch die straf- und arbeitsrechtlichen Erlasse den Vorstellungen der Nazis in weitem Maße entsprach, auch wenn der Poleneinsatz nach wie vor als lästiges Übel angesehen wurde, das nur als Reaktion auf offensichtliche, kriegsbedingte Notstände akzeptiert wurde. Solange er auf die Landwirtschaft beschränkt wurde, hielten sich auch die ideologischen Widerstände in Grenzen; die Fiktion des baldigen Kriegsendes hatte zur Folge, daß über eine massenhafte Beschäftigung von Ausländern in der Industrie nicht weiter nachgedacht werden mußte.

Der „Modellversuch Poleneinsatz" hatte insgesamt funktioniert; den Behörden hatte sich gezeigt, daß bei den im nationalsozialistischen Deutschen Reich zur Verfügung stehenden administrativen Möglichkeiten und weil es in der deutschen Bevölkerung keine ernsthaften Widerstände gegeben hatte, die Zwangsarbeit von Ausländern mindestens vorübergehend und auch in so großem Umfange eine passable Alternative zur stärkeren Arbeitsbelastung der eigenen Bevölkerung darstellen konnte.

V. Kapitel
Blitzkriegseuphorie und extensiver Arbeitseinsatz

1. Das Konzept der nationalen Differenzierung

Einsatz französischer Kriegsgefangener

Im Mai 1940 meldeten die Rüstungsinspektionen, daß infolge der gewaltigen, wenn auch kurzzeitigen Anstrengungen der deutschen Wirtschaft in der Phase der Vorbereitung des „Frankreich-Feldzuges" allein für die Betriebe mit Wehrmachtsaufträgen etwa eine halbe Million Arbeiter fehlten[1] – eine Situation, die an die Verhältnisse vor dem „Polen-Feldzug" erinnerte; diesmal allerdings war der Arbeitskräftebedarf der Industrie vorrangig.

Ein Arbeitseinsatz der französischen Kriegsgefangenen war daher auch bereits seit längerem vorbereitet und funktionierte nach den Erfahrungen mit den polnischen Kriegsgefangenen im Spätherbst 1939 nahezu reibungslos. Die ersten französischen und britischen Gefangenen wurden bereits während der Kampfhandlungen in die Stammlager nach Deutschland gebracht, dort in Arbeitskommandos eingeteilt und zu den Arbeitsstellen gebracht; die „Stalags" dienten lediglich als Erfassungs- und Verteilungsstelle, die meisten West-Gefangenen sahen diese Lager nie wieder, sondern lebten von nun an in den Kriegsgefangenen-Außenlagern in der Nähe ihrer Arbeitsstätte.

Anfang Juli waren bereits etwa 200.000 französische und britische Gefangene in Deutschland zur Arbeit eingesetzt, Mitte August waren es 600.000, Ende Oktober 1,2 Millionen; bei dieser Größenordnung pendelten sich die Zahlen ein.[2]

Tabelle 9: Arbeitseinsatz der Kriegsgefangenen nach Branchen, Ende Dezember 1940[3]

Gesamtzahl der in Arbeitsstellen eingesetzten Kriegsgefangenen		1.178.668	
Davon	in der Landwirtschaft	637.209	54,0 %
	im Bergbau	23.627	2,0 %
	im Baugewerbe	276.799	23,4 %
	Sonstige	231.033	19,6 %

Damit war bereits der weit überwiegende Teil der in deutschem Gewahrsam befindlichen vor allem französischen, aber auch englischen Kriegsgefangenen im Reich zur Arbeit eingesetzt, lediglich die 90.000 farbigen und ca. 110.000 weiße französische Gefangene waren in Frankreich verblieben.[4] Durch die schnellen Siege über Frankreich, Holland, Belgien und Norwegen verfügte das Deutsche Reich nunmehr über ein derartig großes Reservoir an Arbeitskräften, daß das Problem des Arbeitermangels ein für allemal gebannt schien. Die holländischen Soldaten ebenso wie die norwegischen und ein Großteil der belgischen Gefangenen wurden – gegen Auflagen – entlassen; auch von den insgesamt gefangengesetzten 2 Millionen Franzosen waren nach dem Waffenstillstandsabkommen fast 1 Million aus den „Front-Stalags" in Frankreich entlassen worden.[5]

Über die rein quantitative Befriedigung der Nachfrage nach Arbeitskräften hinaus kamen jetzt neue Kriterien ins Spiel. Einerseits wäre es nun möglich gewesen, unbelasteter von Sachzwängen den Ausländereinsatz nach politischen und ideologischen Maximen zu steuern, zum anderen stärker als bisher qualitative Aspekte vor allem bei der Zuteilung von Arbeitskräften zu berücksichtigen.

Nach der Hereinnahme der französischen Kriegsgefangenen waren im Herbst 1940 nun bereits mehr als 2 Millionen Ausländer in Deutschland beschäftigt, fast 10 % aller im Reich beschäftigten Arbeitskräfte. Nachdem aber die Zivilarbeiter in erster Linie Polen waren und die französischen Arbeitskräfte als Kriegsgefangene in den Zuständigkeitsbereich der Wehrmacht fielen, entstanden daraus zunächst keine weiteren Probleme für die Sicherheitsbehörden des NS-Staats. Das RSHA hatte mit Beginn des Angriffs auf Frankreich die üblichen Bestimmungen veröffentlicht, nach denen der deutschen Bevölkerung der Kontakt mit Kriegsgefangenen über das bei der Arbeit notwendige Maß hinaus verboten war.[6] Auch die im Juli vereinheitlichten Arbeitseinsatzbestimmungen entsprachen den internationalen Vereinbarungen: Kriegsgefangene durften nicht bei Arbeiten beschäftigt werden, die „in unmittelbaren Beziehungen zu den Kriegshandlungen" standen, die Unternehmer hatten für sie zwischen 60 und 80 % der ortsüblichen Durchschnittslöhne an die „Stalags" zu zahlen und den Gefangenen Unterkunft und Verpflegung zu gewähren. Die Arbeitszeit sollte sich „nach Ortsgebrauch und körperlicher Leistungsfähigkeit der Kriegsgefangenen" richten: „Ihre Arbeitskraft ist auf das schärfste anzuspannen."

Die Liste der Arbeitsvorhaben sah nach wie vor die Landwirtschaft an erster Stelle, jedoch sollte bei den französischen Kriegsgefangenen „in wesentlich stärkerem Maße ein Einsatz außerhalb der Landwirtschaft" erfolgen.[7] Das aber geschah zunächst nicht, sondern die Westgefangenen kamen, weil es organisatorisch am einfachsten war, wiederum zu über 50 % in die Landwirtschaft. Dies widersprach durchaus den aktuellen Erfordernissen der Rüstungswirtschaft, in der der Facharbeitermangel vor allem im Metall- und Bergbaubereich wieder deutlich spürbar geworden war. Ideologische Vorbehalte, Sicherheitsbedenken, vor allem aber die erneute Erwartung, daß die deutschen Arbeiter nach dem Sieg im Westen bald wieder von der Front zurückkehren würden, waren hier ausschlaggebend – der Arbeitskräftemangel in der Industrie galt nach wie vor als vorübergehender Engpaß, was im Sinne der rüstungswirtschaftlichen Blitzkriegsstrategie ja auch eine gewisse Berechtigung hatte.[8] „Der Bedarf der Landwirtschaft ist im großen und ganzen voll befriedigt worden", schrieb Anfang November das Arbeitsministerium.[9] „Dagegen hat sich die Arbeitseinsatzlage in der gewerblichen Wirtschaft und in der Forstwirtschaft ständig zugespitzt, in der gewerblichen Wirtschaft ist der Bedarf an Kriegsgefangenen nur unvollkommen gedeckt worden."[10] Infolgedessen wurde nun versucht, vor allem die Facharbeiter unter den Kriegsgefangenen zu erfassen und aus der Landwirtschaft in die Industrie an ihrer Qualifikation entsprechende Arbeitsplätze umzusetzen; ein Versuch, der jedoch nur sehr langsam wirksam wurde und nicht zu wesentlichen Verschiebungen und Entlastungen in der Industrie geführt hat. Nur im Bergbau zeigten die Umsetzungsaktionen einige Erfolge.[11]

Hinzu kam, daß das OKW versuchte, die kriegsgefangenen französischen Facharbeiter – vor allem Bergarbeiter – in die besetzten Gebiete zurückzuholen und in der dortigen Industrie einzusetzen. Zwar blieben die Meldungen, daß „auf Befehl des OKW französische Kriegsgefangene in größerer Zahl aus ihren Arbeitsstellen herausgezogen und zur Arbeitsleistung in die besetzten Gebiete Frankreichs beurlaubt" wurden, Einzelfälle;[12] dieser Vorgang vom Herbst 1940 zeigt jedoch, daß bereits unmittelbar nach der Besetzung Frankreichs unterschiedliche Konzeptionen darüber bestanden, wo die französischen Arbeitskräfte der deutschen Wirtschaft mehr nützten – in einer auf deutsche Bedürfnisse ausgerichteten französischen Industrie oder in Deutschland selbst. Für die besetzten Gebiete im Osten war eine solche Alternative nicht entstanden, weil die Nazis im Osten keine industrielle Konkurrenz aufbauen wollten. Im Westen jedoch waren beide Möglichkeiten durchaus vertretbar und entsprachen unterschiedlichen Vorstellungen über ein von Großdeutschland dominiertes Europa. Im Herbst 1940 bestand der Kompromiß zwischen beiden Auffassungen darin, daß die einmal in Deutschland eingesetzten französischen Kriegsgefangenen auch dort blieben, die Anwerbung zusätzlicher französischer Zivilarbeiter fürs erste jedoch ohne Nachdruck – und ohne Erfolg – betrieben wurde. Ihren zugespitzten Ausdruck fand die Kontroverse dann in der Auseinandersetzung zwischen Sauckel und Speer Anfang 1944, sie war jedoch bereits 1940 angelegt und nur durch die Blitzkriegseuphorie vorübergehend zum Schweigen gebracht. Hans Kehrl erklärte z. B. im September 1940, oberstes Gebot sei „das sparsamste Umgehen mit der deutschen Arbeitskraft ... Im Großraum können deutsche Arbeiter in Zukunft nur für hochwertige und bestbezahlte Arbeit, die den höchsten Lebensstandard ermöglicht, angesetzt werden", während die „Randvölker" den Rest zu übernehmen hätten. Für die Produktion in Deutschland müsse man „bei der industriellen Produktion Europas die Rosinen herauspicken, wir werden nur solche Produkte, zu denen Intelligenz, die Geschicklichkeit und der Fleiß des deutschen Arbeiters notwendig sind, hier betreiben."[13]

An eine Zurückschickung der in Deutschland arbeitenden französischen Kriegsgefangenen war Ende 1940 aus wirtschaftlicher Sicht kaum ernsthaft zu denken, die Franzosen waren vor den Polen mittlerweile die stärkste Ausländergruppe in Deutschland geworden – die Zurückführung eines größeren Teils von ihnen hätte vor allem in der Landwirtschaft und in Baubetrieben zu schwerwiegenden Produktionsrückgängen geführt. Ein anderer Faktor trat noch hinzu: Mit der Hereinnahme der Ausländer hatte sich auch die Struktur des deutschen Arbeitsmarktes verschoben, so daß, wie das RAM im November Göring gegenüber erklärte, „die Gefangenen in der Landwirtschaft und in der gewerblichen Wirtschaft im allgemeinen in schlechtbezahlten und wenig begehrten Arbeitsplätzen angesetzt sind. Diese Arbeitsplätze werden auch nach einer Demobilmachung und Entlassung der eigenen Truppen erst zuletzt und nur mit Schwierigkeiten von deutschen Kräften besetzt werden."[14] Diese zukunftsträchtige Problematik war von nun an in der Diskussion

113

um die Ausländerbeschäftigung nicht mehr zu vernachlässigen – wenn die niederen, schmutzigen und schlechter bezahlten Arbeiten zunehmend von Ausländern übernommen wurden, veränderte sich tendenziell die soziale Stellung der deutschen Arbeiterschaft, und die Fiktion des vorübergehenden Noteinsatzes der Ausländer während des Krieges wurde durch die Perspektive einer auch längerfristigen Ausländerbeschäftigung ersetzt.

Ausweitung auf westliche Zivilarbeiter

Die im Herbst begonnene Aktion zur Anwerbung ziviler Arbeitskräfte in Frankreich, Holland und Belgien wurde in Frankreich und Holland dementsprechend ohne Nachdruck betrieben. Bis April 1941 arbeiteten lediglich 25.000, bis September knapp 50.000 französische Arbeiter im Reich. Die Zahl der Holländer stieg gegenüber dem Vorkriegsstand fast nicht – nur in Belgien, vor allem im flämischen Teil hatten die Anwerbungen einige Erfolge.

Tabelle 10: Zivile ausländische Arbeitskräfte in Deutschland, Mai 1939 und September 1941[15]

Ausländergruppe	Mai 1939 Ausländer	in % aller	September 1941 Ausländer	in % aller
Polen	139.441	14,8	1.007.561	47,1
Italiener	88.324	9,4	271.667	12,7
Niederländer	84.543	9,0	92.995	4,3
Belgier	4.355	0,5	121.501	5,6
Jugoslawen	53.618	5,7	108.791	5,1
Dänen	5.112	0,5	28.895	1,3
Franzosen	6.669	0,7	48.567	2,3
Ungarn	30.611	3,2	34.990	1,6
Ausländer insgesamt	939.386	100,0	2.139.553	100,0

Insgesamt waren im Oktober 1941 etwa 300.000 Zivilarbeiter aus den besetzten Westgebieten in Deutschland, dazu kamen 270.000 Italiener, 80.000 Slowaken, 35.000 Ungarn – zusammen 743.257 zivile Arbeitskräfte aus dem Westen, Süden und Südosten Europas.[16] Diese Arbeiter waren de jure den deutschen Beschäftigten gleichgestellt und z. T. – wie z. B. im Falle der Italiener – mit besonderen Privilegien ausgestattet. Gleichwohl war die Beschäftigung von Arbeitern auch aus mit Deutschland verbundenen Ländern schon seit Kriegsbeginn nicht unproblematisch gewesen.[17]

Viele dieser Arbeiter waren mit hohen Erwartungen ins Reich gekommen und dann schnell enttäuscht, wenn die Verhältnisse den Versprechungen und Vorstellungen nicht entsprachen; vor allem die Verdienst- und Sparmöglichkeiten waren falsch eingeschätzt worden. Über die „Unzufriedenheit italienischer Landarbeiter" meldete der SD bereits Ende Oktober 1939, „daß die Italiener kein Interesse mehr an der Arbeit haben, da sie die RM 350,-, die sie nach Hause schicken dürfen, bereits abgesandt haben". Unzufriedenheit mit der Verpflegung, mangelnde kulturelle Betreuung, Einschränkungen der Heimfahrtmöglichkeiten führten dazu, „daß eine steigende Anzahl ausländischer Arbeiter ihre Arbeitsplätze und -betriebe ohne weiteres verlassen haben".[18] Das aber war für die Behörden nicht nur in disziplinarischer Hinsicht gefährlich, es warf auch Probleme auf im Hinblick auf die außenpolitischen Beziehungen zu den Verbündeten.

Die Aufgabe der Behörden bestand bei den Italienern gerade darin, gegen eingefahrene Traditionen der Beschäftigung und Behandlung italienischer Wanderarbeiter (etwa im Bauwesen) deren aus politischen Gründen besonders gute Versorgung und Behandlung sicherzustellen. Außenpolitische Konstellationen ließen sich jedoch auf das Verhältnis der Deutschen zu Ausländern in direkter Weisung kaum abbilden, zumal die Verhältnisse immer verworrener wurden, wenn in einer landwirtschaftlichen Kleinstadt gleichzeitig z. B. Polen, französische Kriegsgefangene, Italiener und Belgier arbeiteten. Ein korrekt den Vorschriften folgendes Verhalten der Bevölkerung mußte jeder dieser vier Gruppen nach gesonderten Maßgaben entgegentreten: Den Polen als Herrenmensch, den Kriegsgefangenen zurückhaltend, den Italienern freundschaftlich und den Belgiern neutral – in der Praxis ein kaum durchführbares Ansinnen.

Aber nicht nur diplomatische Rücksichten, auch das Rasseprogramm der Nationalsozialisten erforderte zwingend eine je unterschiedliche Behandlung dieser Gruppen. Für die Polen und Kriegsgefangenen war dies bereits durch die entsprechenden Erlasse und Vorschriften gewährleistet. Die Angehörigen befreundeter Staaten mußten ebenso wie Deutsche behandelt werden – welchen Status aber sollten die Arbeiter aus den besetzten Westgebieten, die jetzt bald sogenannten „Westarbeiter" einnehmen?

Im August erklärte das RAM, daß diesen Arbeitern „in allen Fällen die gleichen Löhne, Gehälter und sonstigen Arbeitsbedingungen" zuständen wie den entsprechenden deutschen Arbeitern. Dieser Grundsatz schließe „jedoch nicht nur eine Schlechterstellung, sondern auch eine Besserstellung der nichtdeutschen Arbeitskräfte aus".[19]

Dieser Erlaß richtete sich nach den geltenden Vorkriegsbestimmungen und ließ politische und ideologische Prinzipien weitgehend außer acht; denn daß die Angehörigen besiegter Feindstaaten nun denselben Lohn erhalten sollten wie deutsche Arbeiter, während ihre kriegsgefangenen Landsleute ohne nennenswerte Entlohnung „aufs schärfste angespannt" wurden, widersprach nicht nur dem Tenor der NS-Propaganda gegenüber den Franzosen vor dem Waffenstillstand, es stand auch im Gegensatz zu den Erwartungen in der Bevölkerung, nach dem Sieg über Frankreich nun auch unmittelbare Resultate für sich selbst zu sehen zu bekommen; daß ein französischer freiwilliger Facharbeiter nun mehr verdiente als der deutsche Angelernte neben ihm, war mit diesen Erwartungen nicht vereinbar.

Göring erließ am 4. September 1940 bindende Richtlinien für die Behandlung von im Ruhrbergbau beschäftigten Westarbeitern: Diese Bergleute aus Belgien und Nordfrankreich seien in geschlossenen Lagern unterzubringen und von der DAF zu betreuen; ein Geschlechtsverkehr mit deutschen Frauen sei zu verhindern. Ausdrücklich aber wurde festgelegt, daß von „weiteren Maßnahmen" gegenüber den

Westarbeitern abzusehen sei, was mit Nachdruck darauf verweist, daß ebensolche weiteren Verschärfungen der Behandlungsvorschriften bereits häufiger vorgekommen waren.[20]

Der Begriff „Westarbeiter" war allerdings vom rasseideologischen Standpunkt der Nazis aus unhaltbar, denn er bezeichnete gleichermaßen „germanische" und „nichtgermanische" Völker. Andererseits ließ sich nach rassischen Kriterien die politische Haltung der Ausländer zum deutschen Faschismus nicht bestimmen. Im RSHA wurde daher im Herbst 1940 an einem Erlaß gearbeitet, der diese verschiedenen Aspekte berücksichtigen sollte und am 14. Januar 1941 herauskam.[21] Danach wurden nun „Arbeitnehmer germanischer Abstammung" (Niederländer, Dänen, Norweger, Flamen) und „fremdvölkische Arbeitnehmer" (Franzosen, Wallonen sowie Arbeiter verschiedener Nationalitäten, die vorher in Nordfrankreich gearbeitet hatten, darunter Polen, Tschechen, Jugoslawen, Slowaken, Italiener usw.) unterschieden, was das Durcheinander komplett machte.

Es gab in Deutschland somit nicht nur mittlerweile fünf Kategorien von Ausländern mit eigenen Behandlungsvorschriften, sondern etwa auch drei Gruppen von Polen (Zivilarbeiter aus dem GG und aus Nordfrankreich, sowie noch etwa 100.000 Kriegsgefangene).

Der Erlaß bestimmte, daß „germanische" und „fremdvölkische" Arbeiter in Zukunft getrennt untergebracht werden sollten, wobei „germanische" Arbeitskräfte auch in Privatquartieren wohnen dürften. Bei „Arbeitsunlust" oder „Widersetzlichkeit" seien die „germanischen" Arbeitskräfte zunächst „in vorsichtiger, aber eindringlicher Form" zu belehren, ermahnen oder verwarnen; als „Höchststrafe" sei hier 21 Tage Arbeitserziehungslager anzuordnen. Bei den „fremdvölkischen" hingegen sei mit den „üblichen staatspolizeilichen Mitteln" bis zur Einweisung in ein Konzentrationslager vorzugehen.

Staatlicher und populärer Rassismus

Mochte die immer weiter entwickelte Differenzierung in der Behandlung der verschiedenen Ausländergruppen in den Gestapostellen noch berücksichtigt werden können – in der Praxis am Arbeitsplatz und im Verhalten der deutschen Bevölkerung war dies nicht möglich. Statt der behördlich verordneten „rassisch" und politisch motivierten Differenzierung setzte sich in der Folgezeit mehr und mehr eine Art grundständigen „Volksempfindens" durch, das nach Traditionen und Gewohnheit, Vorurteil und Mentalitätsunterschieden vorging und so im Laufe der Zeit eine eigene, von der verordneten Hierarchie gegenüber Ausländergruppen verschiedene Einteilung vornahm.

Im Mittelpunkt der Kritik der Bevölkerung am Ausländereinsatz stand vor allem die Gleichstellung der Westarbeiter mit den Deutschen in Bezug auf die Entlohnung.[22] Die Behörden registrierten mit zunehmender Sorge, „daß die als zu hoch angesehene Entlohnung der ausländischen Arbeitskräfte nach wie vor dazu beitrage, die Stimmung und Arbeitsleistung der deutschen Gefolgschaftsmitglieder ungünstig zu beeinflussen. Wenn man auch einsehe, daß der heute besonders große Kräftebedarf nur durch einen verstärkten Einsatz ausländischer Arbeiter gedeckt werden könne, so bringe man doch der Tatsache der häufig verhältnismäßig zu guten Entlohnung der ausländischen Arbeiter absolut kein Verständnis entgegen, zumal die Leistungen der Ausländer allgemein stark zu wünschen ließen".

Die „außerordentlich günstige Entlohnung italienischer Gesindekräfte in der Landwirtschaft" war dabei besonders häufig Zielscheibe der Kritik: „Die Tatsache, daß nach wie vor Italiener höhere Löhne bekämen als sie den in den gleichen Gebieten beschäftigten deutschen Gesindekräften gezahlt werden, habe – vor allem unter Berücksichtigung der oftmals unzureichenden Arbeitsleistung der Italiener – zu einer erheblichen Verstimmung der Landbevölkerung und zu einer Ablehnung italienischer Arbeitskräfte geführt."[23]

Seit dem Frühjahr 1941 häuften sich die Beschwerden über die Westarbeiter. Die Ausländer seien geradezu zur „Landplage" geworden, besonders die Holländer seien anmaßend und machten dauernd Feierschichten, berichtete die NSDAP-Kreisleitung Aachen im März 1941.[24] Aufschlußreich ist ein Bericht der Wirtschaftskammer Württemberg und Hohenzollern über das Ergebnis einer Erhebung über das Verhalten und die Arbeitsleistung der ausländischen Arbeiter. Danach sei festzustellen, „daß die *Italiener* im *Verhalten* am schlechtesten abschneiden, ihnen folgen die Polen und die Französinnen" – über deren anstößiges Verhalten in sittlicher Hinsicht lebhaft und anschaulich Klage geführt wurde. In puncto Arbeitsleistung ständen die Belgier an der Spitze vor den Franzosen, die etwa 60 % der Arbeitsleistung der Deutschen erreichten. Insgesamt aber sei „eine zunehmende Abneigung des deutschen Arbeiters gegen die ausländischen Arbeiter zu erkennen" sowie „eine allgemeine Verstimmung über die höhere Entlohnung der Ausländer, insbesondere die bevorzugte Behandlung der Italiener, die in keiner Weise gerechtfertigt erscheint". Angefügt an den Bericht war eine Art Notenspiegel für die einzelnen Nationen, in der beispielsweise das „nicht gute" Verhalten der Italiener mit den Einzelurteilen „schwierig", „undiszipliniert", „Trinker", „anspruchsvoll", „unzufrieden", „unverschämt" erläutert wurde.[25]

All diese Berichte lassen sich retrospektiv nicht auf ihre „Richtigkeit" oder auch auf das quantitative Vorkommen solcher Verhaltensweisen überprüfen – dazu sind sie zu selektiv und interessengebunden, die Verhältnisse in den einzelnen Betrieben auch zu unterschiedlich. Die Berichte sagen aber etwas aus über die Rezeptionsform der Ausländerbeschäftigung in Deutschland zu Anfang 1941. Nicht daß „die Italiener" „anmaßend" gewesen sind, belegen sie, sondern daß sie von Behörden und Teilen der Bevölkerung so empfunden worden sind; was wiederum aussagekräftig ist für die Erwartungen an das Verhalten der Ausländer und für die Einschätzung etwa der Italiener im „Volksempfinden", unabhängig von oder sogar im Gegensatz zu der offiziellen politischen Linie.

In einem ausführlichen und grundsätzlichen Artikel setzte sich dann im Oktober 1941 der SD mit dem Problem der Westarbeiter auseinander.[26] Prinzipiell, hieß es dort, müsse „das Verhalten der Ausländer, ihre Arbeitsmoral und Arbeitsdisziplin und ihre Arbeitsleistung kritisiert werden" – vor allem bei den Italienern und Holländern. Die häufige Erwähnung gerade dieser beiden Ausländergruppen verwundert zunächst. Denn die Italiener als zwar „fremdvölkische", aber politisch befreundete Nation und die Holländer als Angehörige eines besiegten, aber „blutlich verwandten" Landes genossen im Vergleich zu den anderen Ausländergruppen einige Vorteile. Viele Holländer wohnten in Privatquartieren, die Verpflegung entsprach meist derjenigen der Deutschen, die Italiener wurden sowohl hinsichtlich der Betreuung wie der Bezahlung bevorzugt. Aber gerade deshalb stellten Holländer und Italiener für die Behörden wie für Teile der Bevölkerung eine Herausforderung dar, fühlten jene sich doch als freie Arbeiter, erhoben Ansprüche, beschwerten sich, und dachten nicht daran, den Deutschen gegenüber devot oder anspruchslos aufzutreten. Einige Vorfälle mögen dies verdeutlichen: „In den Baracken der Arado-Flugzeugwerke, Brandenburg/Havel, haben die italienischen Arbeiter, von denen die Jugendlichen im Alter von 18 bis 20 Jahren besonders unerzogen sind, nach wenigen Tagen Aufenthalt in den Waschräumen eine Anzahl Kleiderhaken abgebrochen, Spiegel zerschlagen, die Ablaufrohre der Waschbecken mit Sand verstopft und trotz genügend vorhandener Aborträume ihre Notdurft um die Baracken herum auf den benachbarten Wiesen aus den Fenstern heraus und in einem Falle sogar in eine Kaffeekanne verrichtet. Sie beklagen sich weiter über zu geringe Verpflegung, verweigerten die Annahme des Brotes und haben verschiedentlich Schlackwurst weggeworfen und in die Erde getreten." Aus Oppeln wurde folgende Geschichte gemeldet: „Vor allem mit italienischen Arbeitskräften ergeben sich laufend erhebliche Schwierigkeiten, weil sie mit der Kost und der Unterkunft nicht zufrieden sind und abfällige Äußerungen über die Verpflegung machten. Es ist vorgekommen, daß Italiener Schwarzbrot auf die Erde geworfen haben, mit der Bemerkung, sie seien keine Schweine, oder daß sie Margarine und Leberwurst auf die Tische geschmiert oder auf der Erde zertreten haben, obwohl diese Lebensmittel nachweislich gut waren." Daß es gerade „Lebensmittelfrevel" waren, über die sich Deutsche häufig beschweren, ist wohl kein Zufall; die Ablehnung von Schwarzbrot und Leberwurst (in einem anderen Fall handelte es sich um Kartoffeln, Sauerkraut und Wurst) wird hier als eine Art Symbol für die Ablehnung deutscher Lebensart durch die in der Mentalität andersartigen Italiener gebraucht; als Weigerung, sich an die Verhältnisse in Deutschland anzupassen (sogar mit regionalspezifischen Varianten: in Salzburg bestand eine von den Behörden so bezeichnete „Meuterei" der Italiener darin, daß jene „die erhaltenen Knödel auf den Hof" warfen). Die hochmütige Ablehnung deutscher Leberwurst ebenso wie das Verhalten italienischer Jugendlicher, die „lärmend und grölend" noch um 23.00 Uhr auf der Straße angetroffen wurden, stellte für die deutschen Behörden und Teile der Bevölkerung offenbar eine kaum hinnehmbare Provokation dar, selbst wenn es sich um Angehörige eines „befreundeten" Staates und in einzelnen Fällen vielleicht sogar um Faschisten handelte. Der eklatante Unterschied zwischen dem, was bei den Polen schwer bestraft wurde und dem, was bei den Italienern aus politischen Gründen geduldet werden mußte, widersprach der Wertschätzung beider Länder im Volksempfinden, wo Polen und Italiener offenbar so unterschiedlich nicht bewertet wurden.

Trotz aller propagandistischer Bemühungen um eine Rechtfertigung des Ausländereinsatzes gegenüber der Bevölkerung – das Verständnis bei vielen Deutschen hörte da auf, wo das Fremde, Andere öffentlich wurde und deutsche Kultur und Zivilisation elementar beeinträchtigt wurden: auch in der Eisenbahn – nicht einfach ein

Fortbewegungsmittel, sondern eine deutsche Errungenschaft, der sich Ausländer, egal welcher Nationalität, wenn überhaupt, dann aber ruhig und mit bewunderndem Staunen zu bedienen hatten; jedoch: „die ausländischen Arbeitskräfte verstopften mit ihren Gepäckstücken (Kartons, Schachteln usw.) nicht nur die Gänge aller Wagenklassen, sondern verbreiteten auch infolge ihrer körperlichen Unsauberkeit und der Ungepflegtheit ihrer Kleidung eine unerträgliche Luft in den Wagen und Abteilen. Hinzu käme noch, daß die ausländischen Arbeiter meist nicht wüßten, wie sie sich in deutschen Wagen zu benehmen haben. Die Zugplätze, die von diesen Arbeitern in Anspruch genommen werden, seien durch Obstschalen, Papier, Zigarettenabfälle usw. derart verschmutzt, daß man es einem deutschen Reisenden einfach nicht zumuten könne, den freigewordenen Platz eines ausländischen Arbeiters einzunehmen. Außerdem benähmen sich die ausländischen Arbeiter meist äußerst ungebührlich und auffällig (schreien, singen, drängeln usw.) ..."[27]

Wie fremd der Bevölkerung die offizielle Unterteilung in „germanische" und „fremdvölkische" Arbeiter war, zeigt auch die Einschätzung der Arbeitsleistung der Ausländer: „Die Arbeitsmoral und Arbeitsdisziplin der Ausländer bietet das gleiche unerfreuliche Bild. Abgesehen von Ausnahmen gilt dies sowohl für die Angehörigen germanischer Volksstämme (Holländer, Dänen, Norweger, Flamen) als auch für Arbeiter nichtgermanischer Herkunft (Italiener, Serben usw.)."

Während aber bei den „Germanen", urteilte der SD spitzfindig, die schlechte Arbeitsmoral auf politisch motivierte Feindseligkeit gegenüber dem nationalsozialistischen Deutschland zurückzuführen sei, läge bei den „Fremdvölkischen" der Grund „vor allem in der andersgearteten inneren Einstellung zur Arbeit überhaupt". Kurz: die Holländer seien antideutsch, die Italiener von Natur aus faul.

Die Berichte über die Arbeitsmoral der „Westarbeiter" zeigen, wie sehr die Einstellungen zu Ausländern von Vorurteilen und Chauvinismus geprägt waren – z. T. in deutlichem Widerspruch zur Nazi-offiziellen Differenzierung nach „rassischen" und politischen Kriterien und schon von daher mehr Ausdruck tiefer verwurzelter Antipathien als kurzfristige Reaktionen auf die ja eher uneinheitliche und widersprüchliche NS-Ausländerpolitik: „Düsseldorf. Aus einem Industriebetrieb wird berichtet, daß von 427 Italienern 201 wegen willkürlichen Feierns und rebellischen Benehmens in die Heimat zurückbefördert werden mußten. In einem anderen Fall mußten von der Geheimen Staatspolizei zur Aufrechterhaltung der Ordnung 17 Italiener in Haft genommen werden. Trotzdem werden hier die Zustände immer unhaltbarer. Als der Beauftragte für italienische Arbeiterfragen seine Landsleute zur Rede stellte, verließen noch am gleichen Tage 96 Mann das Lager und fuhren nach Italien zurück."[28] Die Gründe für die Unzufriedenheit der ausländischen Arbeiter waren zumeist sehr konkret: Zu geringer Lohn, Probleme bei der Verpflegung, der Unterkunft, der Urlaubsregelung. Gleichwohl analysierte der SD: „Durchweg ist festzustellen, daß die Ausländer nur insoweit an der Arbeit Interesse haben, als von der Arbeitsleistung die Höhe des Verdienstes abhängt. Da aber nicht nur der Begriff der Ethik der Arbeit, sondern auch in hohem Grade die Verantwortungsfreudigkeit fehlt, geht die durch die Verdienstmöglichkeit begründete Leistungssteigerung auf Kosten der Lebensdauer der den Ausländern anvertrauten Maschinen und Geräte. Es ist festzustellen, daß die ausländischen Arbeitskräfte ihre Arbeit ohne Interesse an der Arbeit selbst verrichten", während deutsche Arbeiter, wie ausdrücklich festgestellt wurde, aus Interesse und Arbeitsethik arbeiteten. Nur wenn die Ausländer scharf bewacht würden, käme es zu angemessenen Arbeitsleistungen, so wie bereits bei den Kriegsgefangenen, die angeblich fast doppelt so viel leisteten wie die zivilen Ausländer.

Hier wird die politische Tendenz der Berichte deutlich: Die Tatsache, daß es überhaupt „freie" ausländische Arbeiter in Deutschland gab, war zumindest den SD-Dienststellen ein Dorn im Auge; der Kriegsgefangene entsprach eher den Vorstellungen vom Lebenszuschnitt eines Ausländers in einem siegreichen Großdeutschen Reich. Daß es zivile ausländische Arbeitskräfte in großer Zahl in Deutschland gab, deren Rechtsanspruch auf Gleichbehandlung und gleiche soziale Leistungen wie deutsche Arbeiter die politischen Maxime der bevorzugten Stellung der Deutschen infrage stellte, war eine Herausforderung, der mit der stereotyp wiederholten Klage über die Unhaltbarkeit dieser Zustände und dem Ruf nach „einschneidenden Maßnahmen" begegnet wurde, und sei es nur, um den Ausländern zu zeigen, „wer der Herr im Hause" sei.[29]

Daß sich diese Position auch gegenüber außenpolitischen Rücksichtnahmen durchsetzte, zeigt das Beispiel der italienischen Arbeiter. Bis zum Kriegseintritt Italiens im Juni 1940 war die Zahl der italienischen Arbeiter in Deutschland mit etwa 80.000 nicht allzu hoch gewesen.[30] In einer Reihe von Abkommen im Februar 1941 zwischen Deutschland und Italien wurde vereinbart, im Laufe des Jahres 320.000 Italiener zur Arbeit nach Deutschland zu schicken. Den Italienern wurde dabei die gleiche Rechtsstellung zugesichert, die auch die deutschen Arbeiter hatten. Gleichwohl wurde in Rom bekannt, daß italienische Arbeitskräfte in Arbeitserziehungslagern einsaßen, dort mißhandelt wurden und daß deutsche Frauen wegen des Kontakts mit Italienern öffentlich diskriminiert worden waren.[31] In Italien schlugen die Wellen der Erregung hoch, es kam zu einer direkten Intervention Mussolinis bei Hitler, zu Untersuchungen und diplomatischen Kontroversen zwischen den beiden Achsenmächten. In einem eilends erarbeiteten Erlaß legte die neugegründete „Westarbeiter"-Abteilung im RSHA fest, daß Italiener nicht in Arbeitserziehungslager einzuweisen, sondern im Hinblick „auf die Notwendigkeit der gemeinsamen Arbeit für den gemeinsamen Endsieg" zu belehren und verwarnen, widrigenfalls nach Italien abzuschieben seien.[32]

Viele Westarbeiter, vorwiegend Italiener, Holländer und Belgier, waren vor allem deshalb unzufrieden mit den Arbeitsbedingungen in Deutschland, weil die Anwerbekommissionen ihnen zu Hause goldene Berge versprochen hatten. So schrieb ein bei Krupp in Essen beschäftigter holländischer Bauarbeiter im Herbst 1941 an seinen Vater: „Vor allem muß ich Dir erzählen, daß wir betrogen sind. Wir glaubten, hier für die Amersfoortsche Bauunternehmung zu Werk gestellt zu werden, aber die Leute von dieser Firma sind einfach Presser (Werber), die uns für eine deutsche Firma geworben haben, so daß wir bei unserer Ankunft an eine deutsche Firma übergingen. Diese arbeitet an einem Fabrikbau für Krupp. Das Essen ist gut, aber die Vorspiegelungen des Bezirks-Arbeits-Büros und der Amersfoortschen Bauunternehmung sind nicht zutreffend. In erster Linie, was den Lohn betrifft. Wir als Zimmerleute haben 90 Pfg. die Stunde, wenn wir 60 Stunden arbeiten wollen, dann müssen wir auch sonntags arbeiten, aber es ist begreiflich, daß wir sonntags frei haben wollen. Es ist auch nicht richtig, daß wir freie Kost und Wohnung haben; wir haben wohl mittags und abends warmes Essen, aber die Brotkost müssen wir selbst stellen, das bedeutet noch viel. Das warme Essen ist sehr gut und auch das Brot ausgezeichnet. Im ganzen genommen ist das Essen besser als wie ich es zu Hause hatte. Was die Arbeit anbelangt, so ist es sehr befriedigend hier zu arbeiten. Das Verhalten der deutschen Betriebsführer ist tatsächlich korrekt und wohlwollend."[33] Dieser von der Zensurstelle angehaltene Brief ist insofern aufschlußreich, als er zeigt, daß die Verärgerung über die Anwerbekommission nicht unbedingt bedeuten mußte, daß die betroffenen Arbeiter in Deutschland schlecht behandelt wurden. Oftmals waren viele mit den Bedingungen im Reich, auch mit den gezahlten Löhnen durchaus zufrieden. Sie hatten aber in Holland mit dortigen Unternehmen Kontrakte über eine Tätigkeit im Reich abgeschlossen, um in Deutschland feststellen zu müssen, daß es sich um Scheinfirmen handelte und sie in Wahrheit bei einem deutschen Unternehmen beschäftigt waren. Sie befürchteten also – nicht ganz zu unrecht –, daß sie nunmehr, wenn überhaupt, nur mit erheblichen Schwierigkeiten aus dem Kontrakt herauskommen würden und für längere Zeit nicht nach Hause könnten. Viele Westarbeiter verließen daraufhin ihre Arbeitsstellen und kehrten kurzerhand in ihre Heimat zurück.[34]

Für die Behörden war dieses „eigenmächtige Verlassen des Arbeitsplatzes" – das sich als Delikt unter dem Namen „Arbeitsvertragsbruch" oder „Arbeitsflucht" einzubürgern begann – ein großes Problem. Denn wollten sie den Standpunkt, es handele sich hierbei um freiwillige Arbeitskräfte, aufrecht erhalten, so mußten sie hier auf allzu weitgreifende Maßnahmen verzichten. Dadurch aber konnten Präzedenzfälle entstehen, mit möglichen Auswirkungen auf die Polen (aber auch die deutschen Arbeiter), denen unbedingt vorgebeugt werden mußte. Diese Balance zwischen Repression und ökonomischem Kalkül, um einerseits das hierarchisch gestaffelte System des Ausländereinsatzes in Deutschland, andererseits auch die Anwerbungen in den Westgebieten nicht zu stören, war schwierig und gelang immer weniger, je länger der Krieg dauerte.

Andererseits darf man die Berichte über die Mißstände bei der Beschäftigung von Westarbeitern nicht überbewerten. Die Meldungen des SD und der anderen Sicherheitsbehörden wurden hier ihrer Funktion als innenpolitisches Frühwarnsystem gerecht, das potentielle Krisenherde zum Zeitpunkt des Entstehens melden mußte, unabhängig davon, ob es sich quantitativ bereits um bedeutsame Phänomene handelte. Die Mehrzahl der zivilen Westarbeiter, vor allem der Belgier und Franzosen, arbeitete zu dieser Zeit durchaus zur Zufriedenheit der Betriebe und Behörden, erhielt einen vergleichsweise hohen Lohn und lebte – soweit das aus den Quellen rekonstruierbar ist – zumindest in der Phase zwischen Frankreich-Feldzug und dem Ende des Jahres 1941 unter Bedingungen, die sich von denen eines deutschen Arbeiters nicht wesentlich unterschieden.

So bleibt als auffälligste Erscheinung dieser Phase des Westarbeitereinsatzes festzuhalten, daß die behördlich durch Erlasse geregelte, nach außenpolitischen und rasseideologischen Kriterien differenzierte Behandlung der verschiedenen Ausländergruppen von der Bevölkerung nicht in allen Aspekten angenommen wurde, sondern tradierte Einstellungsmuster durchschlugen, in denen weder die „rassische" Differenzierung zwischen Holländern, Belgiern und Franzosen noch die politisch motivierte privilegierte Stellung der Italiener akzeptiert wurde.

2. Neue Probleme bei der Ausländerbeschäftigung

Ende des Arbeitermangels?

Der siegreiche Abschluß des „Frankreich-Feldzuges" versetzte Volk und Führung nicht nur in einen langanhaltenden Siegestaumel, er setzte auch gewaltige Aktivitäten frei, um nun endlich, nach langen Jahren der äußersten Anspannung, langfristiger planen zu können, gleichzeitig aber auch aus dem Dilemma der kriegswirtschaftlichen Sachzwänge herauszukommen und nationalsozialistische Politik sozusagen in reiner Form praktisch werden zu lassen. „Man glaubte", faßt Ludolf Herbst diese Situation zusammen, „der Option zwischen Aufrüstung und Steigerung des Lebensstandards, die das Wirtschaftsleben seit 1936 in Deutschland latent beherrscht hatte, enthoben zu sein. Nach den wirtschaftlichen Zwängen, Notlösungen und Improvisationen schien zum ersten Mal in der Geschichte des Nationalsozialismus die Möglichkeit gegeben zu sein, aus dem Vollen zu schöpfen."[35]

Dies galt in besonderer Weise für die Arbeitspolitik, wo nun die Chance zu bestehen schien, die Verschärfungen der sozialpolitischen Restriktionen gegenüber der deutschen Arbeiterschaft – Dienstverpflichtungen, Überstunden, Frauenarbeit, Lohn- und Urlaubseinschränkungen – im Hinblick auf eine kommende großdeutsche Friedensplanung jedenfalls partiell zurücknehmen zu können.[36] Die durch die Erfolge im Westen (und den festen Glauben an weitere deutsche Siege) genährte Überzeugung von einem schier unerschöpflichen Reservoir an Arbeitskräften in Europa, das der deutschen Wirtschaft zur Verfügung stände, ließ jetzt sogar eine sofortige Entlastung der deutschen Arbeiterschaft durch die Beschäftigung ausländischer Arbeiter möglich erscheinen. Aber auch die Hüter der nationalsozialistischen Lehre sahen in dieser Phase der Blitzkriegseuphorie nun die Gelegenheit gekommen, den Ausländereinsatz insgesamt als vehementen Verstoß gegen die rasse- und bevölkerungspolitischen Überzeugungen des Nationalsozialismus anzugreifen. Politische Auseinandersetzungen um diese Fragen innerhalb der NS-Führungsspitze waren dementsprechend unvermeidlich.

Ende Juli 1940 fand unter Vorsitz von Heß in der Berliner Parteizentrale eine Konferenz statt, in der die Perspektive des Ausländereinsatzes im Bergbau diskutiert werden sollte; dabei wurden die Einwände und Vorbehalte vieler führender Parteimitglieder gegen die Ausländerbeschäftigung deutlich zum Ausdruck gebracht. Ausgehend vom Menetekel des „Untergangs der weißen Rasse in Frankreich" beschwor einer der Teilnehmer, Eggeling, das „Gespenst der eigenen Volksvernichtung", „d. h. der Flucht aus der harten Arbeit, die gleichermaßen die Probe auf die Stärke des Volkstums" sei. Wenn der Führer propagiere, „daß jetzt nach dem Krieg (sic!) die Arbeitskräfte des deutschen Volkes nicht mehr so in Anspruch genommen werden dürfen, wie dies bisher der Fall gewesen ist", führe dies zu einem weiteren

Anwachsen der Zahl der Ausländer in Deutschland – und zwar gerade in solchen Wirtschaftszweigen, die als naturverbundene Urproduktionen die Keimzelle der biologischen Stärke Deutschlands seien: „die Arbeit des Landmannes, des Forstmannes, der Seefischerei und auch der Bergbau", die „stärksten rassischen Kräfte" des deutschen Volkes; daher müßten diese Arbeiten „ausschließlich dem deutschen Menschen vorbehalten werden".

Diese Position richtete sich explizit gegen den sozialpolitischen Optimismus in der Bevölkerung wie in der Partei, wo man – so Eggeling – offenbar der Ansicht sei, „nun sei es Zeit, das deutsche Volk von der schweren Arbeit zu befreien, sie den Hilfsvölkern zu überlassen und das deutsche Volk der Segnungen der Zivilisation und den deutschen Arbeiter der Segnungen der Technik teilhaftig werden zu lassen … Möglichst langes Wochenende …, leichte Maschinenarbeit mit 8-Stunden-Tag, möglichst viel Zerstreuung durch großstädtische Vergnügungsindustrie, viel Reisen, Feiern und Urlaub, kurzum alle sozialen Errungenschaften großstädtischer Zivilisation für die deutschen arbeitenden Schichten – alle schwere und harte Arbeit dann für die ausländischen und fremdvölkischen Arbeitskräfte" – das aber müsse die „Vernichtung der Widerstandskraft unseres Volkstums in wenigen Generationen" und die Unterwanderung „von jenen fremdvölkischen Kräften, die eben bereit sind, diesen Lebenskampf zu führen" zur Folge haben – Ausländer dürften daher nur „im Straßenbau, in Kulturarbeiten, in der Bauindustrie und Tagebau als Handlanger" eingesetzt werden.[37] Auch wenn die praktischen Schlußfolgerungen Eggelings schlichtweg undurchführbar waren – sie hätten den Zusammenbruch der deutschen Lebensmittelversorgung in wenigen Wochen bedeutet – war seine grundsätzliche Haltung für einen Nationalsozialisten so abwegig nicht. Selbst das Fachamt Bergbau der DAF lehnte im August 1940 eine weitere Anlegung von Polen im Ruhrbergbau rundherum ab, da infolge der starken polnischen Minderheit im Ruhrgebiet durch weitere Polen eine erhebliche „volkspolitische Schädigung" des deutschen Bergbaus eintreten werde.[38]

Gegen diese Position stand die im Herbst 1940 sich ausbreitende Vorstellung, daß nach dem Sieg über Frankreich Ausländer auch auf längere Sicht in Deutschland arbeiten würden. „Auch nach dem Kriege", schrieb etwa der Ministerialbeamte Letsch vom RAM Anfang 1941, „wird auf den Einsatz ausländischer Arbeiter in Deutschland nicht verzichtet werden können. Dieser Einsatz wird wie bisher vorrangig für die Landwirtschaft, daneben aber auch für die gewerbliche Wirtschaft zur Erfüllung der kommenden großen Aufgaben des Friedens notwendig sein. Die Bildung der europäischen Großraumwirtschaft wird diese Entwicklung fördern. Dabei wird sich neben dem Hereinholen zusätzlicher Kräfte aus den Kontinentalstaaten nach Deutschland zweifellos auch der gegenseitige Kräfteaustausch in Form der sog. ‚Gastarbeitnehmer' stärker entwickeln, ein ‚intereuropäischer Ausgleich der Arbeitskräfte'", der „im großdeutschen Raum zum gegenseitigen Verständnis der Völker beitragen" werde.[39] Aber gleichzeitig warnte Letsch ebenso wie andere vor der Gefahr, bestimmte Tätigkeiten zu reinen „Ausländerberufen" werden zu lassen, womit in erster Linie Bergbau und Landwirtschaft gemeint waren.

Angesichts des offenbaren deutschen Sieges und des nahen Friedens schien von dieser Seite her eine Ausweitung des Ausländereinsatzes politisch nicht angeraten zu sein, weil man zwar die Entlastung der deutschen Arbeiterschaft durch Ausländer politisch wünschen, die „Überfremdung" aber fürchten mußte. Eine Stabilisierung des Ausländereinsatzes auf dem Niveau vom Herbst 1940 – also knapp 3 Mio. – verbunden mit eher kosmetischen Korrekturen wie etwa der Verteilung der Ausländer nach Volksgruppen und ihrer stärkeren Diversifizierung auf verschiedene Branchen – das markiert etwa die Kompromißlinie, auf der sich die Befürworter und Gegner der Ausländerbeschäftigung treffen konnten und die erklärt, warum die Anwerbung vor allem aus Frankreich vorerst nicht intensiviert wurde.

Erst im Januar 1941 wurde in der Führungsspitze ein allmählicher Gesinnungswandel im Hinblick auf die Planung für den Überfall auf die Sowjetunion bemerkbar. Am 29. Januar ordnete Göring an, „daß ausländische Arbeiter im weitestmöglichen Umfange hereingenommen werden sollen" und daß „bevölkerungs- und rassepolitische Bedenken zur Zeit in den Hintergrund zu treten haben".[40] Jedoch hatte diese Anordnung, wie zu zeigen sein wird, bis zum Herbst 1941 keine erheblichen Wirkungen erzielt.

Verstärkte Repression als Siegesbeweis

Durch die 1,2 Millionen französischen Kriegsgefangenen veränderte sich das Verhältnis zur Importware Arbeitskraft auch im Bewußtsein von Volk und Führung. War bis dahin der Einsatz auch der Polen weitgehend unter dem Eindruck der Knappheit an Arbeitern vorgenommen worden, schien es nunmehr auf die Intensität des Arbeitseinsatzes nicht mehr so anzukommen wie noch im Frühjahr 1940. Der scheinbare Überfluß an Arbeitskräften konnte somit vor allem gegenüber den Polen noch stärker ideologisch und „volkspolitisch" begründete Maßnahmen und Behandlungsmaßregeln ermöglichen, die den Unterschied zwischen Deutschen und Polen – aber auch zwischen Polen und Westarbeitern – als Anschauungsobjekt nationalsozialistischer Nachkriegs-Innenpolitik verschärften und auch nach unten weitgehender durchsetzten, als das bis dahin gelungen war.

Hitler selbst machte Anfang Oktober 1940 in einer Unterredung mit Bormann und Frank deutlich, daß die Behandlung der Polen in Deutschland ausschließlich nach „rassepolitischen" Gesichtspunkten zu erfolgen habe, denn „während unser deutscher Arbeiter von Natur aus im allgemeinen strebsam und fleißig sei, sei der Pole von Natur aus faul und müsse zur Arbeit angetrieben werden", die Polen müßten daher, „um Leben zu können, ihre eigene Arbeitskraft, d. h. sozusagen sich selbst exportieren. Die Polen müßten also nach dem Reich kommen und dort Arbeit in der Landwirtschaft, an Straßen und sonstigen niedrigen Arbeiten leisten", denn sie seien „im Gegensatz zu unserem deutschen Arbeiter, geradezu zu niedriger Arbeit geboren". Insofern sei das Generalgouvernement nichts weiter als „eine politische Reservation, ein großes polnisches Arbeitslager ... Diese billigen Arbeitskräfte benötigten wir nun einmal, ihre Billigkeit käme jedem Deutschen, auch jedem deutschen Arbeiter zugute".[41] Nach dieser Maßgabe wurde in der Folgezeit auf der Basis der Märzerlasse und ihrer Erweiterung in den Bestimmungen vom 3. September 1940[42] eine Fülle von weiteren Einzelbestimmungen und Verschärfungen auf regionaler Ebene eingeführt, die den Polen vor allem das Leben schwer machen sollten:

Im September 1940 verfügte der Reichsbauernführer, daß Polen mit chronischen Krankheiten in Zukunft nicht mehr deutschen Krankenhäusern zur Last fallen sollten; eine „Einweisung zur operativen Behandlung kann lediglich bei akuter Lebensgefahr gerechtfertigt werden. Die Besserung oder Korrektur des reinen Gesundheits- oder Leistungszustandes dieser nur zu vorübergehender Arbeitsleistung eingebrachten Polen kann uns doch nicht soweit interessieren, daß Mittel beansprucht werden, die bei uns für solche Maßnahmen bei den eigenen Volksgenossen nur in beschränktem Maße vorhanden sind."[43] Eine Verfügung wie diese macht auf schreckliche Weise klar, mit welcher Brutalität die Behörden gegenüber Polen vorzugehen beabsichtigten. Hier wurden bereits ein Jahr nach Kriegsbeginn Maßnahmen vorbereitet, die in den folgenden Jahren in der „Abgabe" kranker sowjetischer Kriegsgefangener und in der Ermordung „nicht mehr arbeitsfähiger" Ostarbeiter in Konzentrationslagern und Krankenhäusern ihre Fortsetzung fanden.

Die in dieser Zeit von nachgeordneten Behörden angeordneten Verbote gegenüber Polen betrafen aber auch ganz triviale Bereiche – oft bösartiger Ausdruck einer Reglementierungswut, darauf angelegt, die Diskriminierung der polnischen Arbeitskräfte immer weiter zu vervollständigen. Gewöhnlich wurden solche Maßnahmen subalterner Behörden mit der breiten Schilderung „unhaltbarer Zustände" begründet, denen mit „schärfsten Mitteln" entgegengetreten werden müßte. Ein anschauliches Beispiel dafür lieferte der SS-Sturm Muskau, der in seinem Bericht zunächst beschrieb, „daß angesehene Bürger von Muskau mit dem Auto zum Lager kamen, um Polen zum Schachspiel einzuladen, daß Friseure an die Polen Präservativs verkauften, mit denen die Polen dann nachts aus den Fenstern stiegen und mit deutschen Mädchen im Kur-Park verschwanden" usw. Diesem Mißbrauch deutscher Werte – deutsche Autos, deutscher Kurpark, deutsche Mädchen – ein Ende zu machen habe der Muskauer SS-Sturm, „da Eile geboten war, sofort eingegriffen und – zum Teil mit drastischen Mitteln – Ordnung geschaffen. Das Lager wurde bei Tag und bei Nacht kontrolliert, aufgeräumt, gereinigt usw.".[44]

Die Gestapo Stettin wies am 25. September die Behörden an, den Polen den Gebrauch von Fahrrädern (wegen Fluchtgefahr) ebenso zu verbieten, wie die Benutzung von Freibädern oder Strandpromenaden.[45]

Der Reichstreuhänder der Arbeit in Magdeburg ordnete im Dezember 1940 an, daß Polen ebenso wie Juden keine Weihnachtsgratifikation zu erhalten hätten, denn: „Gerade das Weihnachtsfest in der Art, wie es bei uns gefeiert wird, ist ein rein deutsches Fest; dieses Fest dazu zu benutzen, Feinden unseres Volkes wie Juden und Polen besondere Zuweisungen zu machen, hieße, sich gegen ein gesundes Volksempfinden wenden."[46]

Die Regierung in Schneidemühl legte Anfang Dezember 1940 fest, daß Polen nur noch am Dienstag, Donnerstag und Samstag von 8 – 10 Uhr einkaufen dürften, weil, wie der Regierungspräsident ausführte, „in Geschäften die mit dem vorgeschriebenen ‚P' bezeichneten polnischen Arbeitskräfte oft ohne Rücksichtnahme auf die gleichzeitig anwesenden Käufer abgefertigt werden, so daß Deutsche warten müßten, bis die vor ihnen anwesenden Polen befriedigt sind".[47]

Polen wurde der Anspruch auf Urlaub ebenso gestrichen wie sämtliche Lohnzuschläge;[48] die Teilnahme von Polen an den Gottesdiensten der örtlichen Pfarrgemeinde wurde generell untersagt, (weil von den Pfarrern „die Polen den deutschen Kirchenbesuchern als Vorbild hingestellt worden" seien).[49]

Die Landesbauernschaft Baden erließ im März 1941 eigene Behandlungsvorschriften. Danach wurde den polnischen Landarbeitern ein Beschwerderecht nicht mehr zuerkannt, jeglicher Kirchenbesuch verboten, „Zusammenkünfte von Landarbeitern polnischen Volkstums nach Feierabend auf anderen Höfen, sei es in Stallungen oder in den Wohnräumen der Polen" untersagt. Polen hätten „solange täglich zu arbeiten, wie es im Interesse des Betriebs gelegen ist und vom Betriebsführer verlangt wird. Eine zeitliche Begrenzung der Arbeitszeit besteht nicht", Polen sollten in „Stallungen usw." wohnen („irgendwelche Hemmungen dürfen dabei nicht hindernd im Wege stehen"); von Polen begangene „Schandtaten" seien sofort anzuzeigen, wenn die Betriebsführer die Polen nicht selbst bestraften: „Das Züchtigungsrecht steht jedem Betriebsführer für die Landarbeiter polnischen Volkstums zu, sofern gutes Zureden und Belehrungen ohne Erfolg waren. Der Betriebsführer darf in einem solchen Fall von keiner Dienststelle deswegen zur Rechenschaft gezogen werden."[50]

Die hier angeordneten Einzelmaßnahmen geben die Haltung im mittleren Funktionärskorps der Partei nach dem Sieg über Frankreich wieder und müssen an den landwirtschaftlichen und industriellen Arbeitsplätzen durch die deutschen Vorgesetzten und Kollegen nicht notwendig auch immer durchgeführt worden sein. Es entstand aber dadurch eine immer dichter werdende Atmosphäre der Willkür, durch die der brutale Einzelgänger unter den deutschen Bauern oder Vorarbeitern, der die bei ihm arbeitenden Polen prügelte und der bis dahin mehr die Ausnahme gewesen sein mochte, nun nicht nur gedeckt, sondern nachgerade zum Vorbild ernannt wurde.

Auf der anderen Seite aber stellten viele Betriebe und Behörden, verstärkt seit dem Masseneinsatz von französischen Kriegsgefangenen und Westarbeitern, deutliche Widersprüche zwischen dem Propagandabild von den Polen und den tatsächlichen Erfahrungen mit polnischen Arbeitskräften fest. Zwar wurde auch weiterhin über die „Landplage", welche die Polen darstellten,[51] Klage geführt, ebenso wie über die zu leutselige Haltung der deutschen Landbevölkerung ihnen gegenüber;[52] im Vordergrund standen jetzt aber eher Berichte, wonach die deutsche Landbevölkerung mit dem Arbeitseinsatz und der Leistung der polnischen Arbeiter durchaus zufrieden war, weil trotz aller „Mißstände" „der Pole eine wirksame Hilfe gewesen sei" und „die mit den polnischen Landarbeitern gemachten Erfahrungen im Durchschnitt besser seien als die mit den übrigen ausländischen Arbeitskräften gesammelten".[53] Auch in den Berichten der Bauernführer und der Justizstellen wurde auf die prinzipiell positiven Erfahrungen mit den Polen hingewiesen – oft war ja gerade dies der Stein des Anstoßes für die Behörden, weil „die Unterwürfigkeit und das freundliche Wesen, das die Polen jetzt zur Schau tragen, nichts als Falschheit und Hinterlist" sei.[54] Daß die polnischen Arbeiter trotz der ihnen auferlegten Demütigungen und Pressionen zufriedenstellende, oft gute Arbeitsleistungen zeigten, daß zwischen Deutschen und Polen auf dem Lande häufig ein auskömmliches Verhältnis bestand, bestätigte nur die Befürchtungen der Parteistellen und vergrößerte noch ihr Mißtrauen.

Die Führung des SD-Inlanddienstes verfaßte dazu im April 1941 eine ausführliche, zusammenfassende Analyse der bis dahin vorliegenden Berichte, eine Art Bestandsaufnahme der Ausländerbeschäftigung.[55] Im Mittelpunkt der Überlegungen in dieser Studie stand die Feststellung, „daß ein grundsätzlicher Unterschied in der Haltung der uns stammesverwandten Arbeitskräfte (Dänen, Norweger, Flamen usw.), der uns politisch nahestehenden Nationen (Italiener, Ungarn usw.) und der uns feindlich und rassisch fremd gegenüberstehenden Völker (Polen, Tschechen usw.) nicht besteht, vielmehr wird ausdrücklich betont, daß mit wenigen Ausnahmen – insbesondere der französischen Kriegsgefangenen, deren Arbeit fast allgemein anerkannt wird – die ausländischen Arbeitskräfte in ihrer Gesamtheit im Großen gesehen nicht als arbeitswillig angesprochen werden können". Das war nicht weniger als das Eingeständnis, daß sich die Politik der nach rassepolitischen Gesichtspunkten differenzierenden Behandlung der Ausländer als Humbug herausgestellt hatte. An die Stelle der Erwartung, daß „germanische" und „befreundete" Arbeiter sich „ordentlicher" benähmen und mehr arbeiteten als „fremdvölkische" Arbeiter aus besiegten Feindstaaten, trat nun allmählich die Überzeugung, daß die Ausländer allesamt nichts taugten. Die Schlußfolgerung daraus konnte also nur heißen, daß die Behandlung aller Ausländergruppen verschärft werden mußte. Zwar seien auch die „Gründe für die evtl. berechtigten Klagen der Ausländer zu beseitigen ..., von entscheidender Bedeutung sei aber die schärfere Anwendung der in Deutschland bestehenden gesetzlichen Bestimmungen zur Regelung des Arbeitseinsatzes und zur Verhinderung von Arbeitsverweigerung usw. auf die ausländischen Arbeitskräfte. Nur auf diese Weise würde die Arbeitsmoral der ausländischen Arbeitskräfte, denen man bisher teilweise in der Absicht entgegengekommen sei, sie für das Deutschtum zu gewinnen, zu heben (sic!) ... Zur Durchsetzung der gesetzlichen Bestimmungen müßten vor allem weitere Zwangsarbeitslager gegründet werden".[56] Damit war die Konsequenz und die Perspektive der nationalsozialistischen Ausländerpolitik definiert: solange Deutschland siegte, konnten politische und ideologische Prinzipien im Vordergrund stehen, und jede Schlußfolgerung aus den Klagen über den angeblich mangelnden Arbeitseifer und das „Benehmen" der Ausländer lief eben auf die Verschärfung restriktiver Maßnahmen, auf die Gründung „weiterer Zwangsarbeitslager" hinaus.

Extensive Ausbeutung

Der Einsatz von Ausländern in der gewerblichen Wirtschaft nahm seit Mitte 1940 kontinuierlich, wenn auch langsam zu. Vorreiter waren dabei Bergbau und Bauwirtschaft gewesen; im Frühjahr 1941 hatte sich aber auch in anderen Industriezweigen der Ausländeranteil bei ca. 5 % der Belegschaften eingespielt.[57]

Hatte die Landwirtschaft zu Beginn des Krieges für die deutsche Wirtschaft insgesamt Erfahrungen mit der Beschäftigung mit Ausländern gesammelt, so wurde nun der Einsatz von Kriegsgefangenen und Zivilarbeitern im Ruhrbergbau auch von den übrigen Industriezweigen aufmerksam verfolgt.[58] Als vorläufiges Fazit der Beschäftigung von Polen im Bergbau bis zum Frankreich-Feldzug war deutlich geworden, daß, je geringer die Vorqualifikation der fremden Arbeiter war, desto geringer die Arbeitsleistung, desto größer aber die Streitigkeiten mit den deutschen Bergleuten, die die Polen nicht in ihrem Gedinge haben wollten, weil sie befürchteten, daß der Gedingelohn dadurch sank. Im Sommer 1940 wurden im Bereich des Bergamtes Dortmund 3.600 Belgier und Franzosen, meist gelernte Bergleute, eingestellt – ebenso wie die erwarteten Italiener eine große Verstärkung für den chronisch unterbesetzten Ruhrbergbau, so hoffte man. Die Freude währte aber nicht lange, denn schon im August wurde gemeldet, daß ein erheblicher Teil dieser Arbeiter bereits wieder verschwunden sei, weil ihnen die gebotenen Arbeitsbedingungen nicht gepaßt hätten. Außerdem, so beschweren sich die Zechenleitungen beim Bergamt, seien sie frech und feierten willkürlich, ihre Arbeitsleistungen seien konstant niedrig und die Disziplinprobleme untertage nähmen zu.[59] Viele Betriebe zogen darüber hinaus die Beschäftigung von Kriegsgefangenen derjenigen von ausländischen Zivilarbeitern bei weitem vor; denn während die Gefangenen unter militärischer Bewachung standen, war mit der Beschäftigung von Zivilarbeitern erheblicher organisatorischer Aufwand verbunden; zweitens waren die Gefangenen für die Betriebe billiger – und drittens war die Beschäftigung von zivilen Arbeitskräften ein Risiko, wenn man doch mit einem baldigen, siegreichen Kriegsende rechnete.

Die Betriebe wollten viel mehr Kriegsgefangene einsetzen als zugewiesen, meldete etwa das Rüstungskommando Dortmund am 9. November 1940. Ausländische Zivilarbeiter hingegen „sind zum großen Teil sehr unzuverlässig. Man kann beobachten, daß sie nur jede sich bietende Möglichkeit benutzen, um wieder in die Heimat zurückzukommen".[60]

Diese negativen Berichte müssen auf dem Hintergrund gesehen werden, daß die Bergbau-Unternehmen im Herbst 1940 mit einer zumindest teilweisen Demobilmachung der Wehrmacht rechneten und auf eine bevorzugte Entlassung deutscher Bergleute hofften – was zumindest teilweise auch zutraf.[61] Die Aussicht auf Rückführung der deutschen Stammbelegschaften aus der Wehrmacht ließ viele Stellen explizit gegen jede Form weiterer Beschäftigung ausländischer Zivilarbeiter Stellung nehmen. Angst vor „Überfremdung" des Ruhrbergbaus, „unerfreuliche Erfahrungen mit Ausländern" dienten als Begründung der Forderung nach Rückführung deutscher Bergleute von der Front in den Pütt. Gleichzeitig diente die Beschäftigung von Ausländern auch als willkommenes Argument zur Begründung der sinkenden Förderleistungen.[62]

Die Arbeitsleistungen der Ausländer wurden zu dieser Zeit von den verschiedenen Stellen im Ruhrbergbau ziemlich einheitlich beurteilt. Belgier und Franzosen, vor allem französische Kriegsgefangene, leisteten zwischen 80 und 100 % im Vergleich zu deutschen Arbeitern; die Polen seien ähnlich wie die Tschechen im allgemeinen „brauchbar", wenn auch eher ein Notbehelf, weil nur 30 % von ihnen tauglich seien und die durchschnittliche Arbeitsleistung bei 60 – 80 % liege, während die Holländer langsam und „pampig" seien. Am Ende der Skala rangierten die Italiener, die sich unzufrieden und anmaßend verhielten, Revolten anzettelten und höchstens 65 % Leistung brächten, obwohl sie besonders gut ernährt würden, ja sogar eine Extraration von 10 Litern Wein erhielten.[63] Der Grund für diese relativ niedrigen Leistungsziffern lag vor allem darin, daß die meisten der neu angelegten und häufig ungelernten ausländischen Arbeiter zu Beginn ihres Arbeitsverhältnisses lediglich eine sehr kurze und oberflächliche Einweisung in ihre neue Tätigkeit erhielten und dann entweder in nur aus Ausländern bestehende Arbeitsgruppen eingeteilt wurden, oder aber einem deutschen Arbeiter oder einer Arbeitsgruppe zugeteilt und im Gedinge auch mit den Deutschen zusammen bezahlt wurden.

Der eigentliche Anlernprozeß geschah dann in den Arbeitsgruppen selbst und nahm, weil das Anlernen Zeit kostete und den Akkord drückte, meist nur wenig Zeit ein. An eine regelrechte Anlernung gerade der polnischen Arbeiter war meist nicht zu denken. Immerhin gab es einige Versuche, polnische Jugendliche zumindest rudimentär für die Tätigkeit auszubilden, die sie in der deutschen Wirtschaft ausüben sollten. Aber von Seiten der Parteizentrale wurde im Oktober 1940 ausdrücklich verfügt, daß die Polen nur „notwendigste Kenntnisse" erhalten und weder in die Berufsschule gehen noch ein Lehrverhältnis eingehen durften.[64]

Ein betriebliches oder gar überbetriebliches Anlernsystem für Ausländer gab es zu dieser Zeit in den meisten Betrieben nicht; dies hätte auch eine erhebliche Investition der Unternehmen bedeutet, die sich nur ausgezahlt hätte, wenn auf lange Sicht davon auszugehen gewesen wäre, daß man die ungelernten Ausländer behalten würde. Solange vor allem die Polen aber noch als „Notbehelf", wie es Mansfeld vom RAM noch einmal ausdrücklich betont hatte, galten, war die Hinnahme der Minderleistungen und ein verstärkter Leistungsdruck durch ein differenziertes und hartes Strafsystem billiger. Zudem war es politisch nicht erwünscht, den Polen eine deutsche Ausbildung angedeihen zu lassen, weil dadurch nicht nur entgegen der rassepolitischen Doktrin der Erweis erbracht wäre, daß die Polen dazu nicht weniger als deutsche oder italienische Arbeiter in der Lage wären, sondern weil man auch befürchtete, daß mit erhöhter Qualifikation auch die Ansprüche der Ausländer steigen würden. Solange aber das Arbeitskräftereservoir für Deutschland in Europa so groß schien wie zwischen Sommer 1940 und Herbst 1941, bestand für die Behörden kein Druck, die extensive Ausbeutung zugunsten intensiverer Methoden der Nutzung der Arbeitskraft vor allem der Polen zu verändern.

Gegenüber den Westarbeitern war dies anders; in dem Maße, in dem sie in ihren erlernten Berufen eingesetzt wurden und auch in zunehmendem Maße qualifizierte Tätigkeiten ausübten, war die Notwendigkeit einer längeren und gründlicheren Einweisungsphase unabweisbar. So wurde bei den IG-Farben-Werken in Ludwigshafen schon im Mai 1941 die Anlernung dieser Arbeiter einheitlich geregelt. In den ersten zwei Wochen nach Eintritt in die Firma sollten sie sich zunächst im Betrieb eingewöhnen, und dann in Gruppen von vier bis fünf Mann zusammengestellt und „einem zur weiteren Anlernung geeigneten deutschen Arbeiter" zugeteilt werden, der weiterhin seinen Durchschnittslohn erhielt, um nicht von den schlechteren Arbeitsleistungen der Anfänger abhängig zu werden. Spätestens nach einem Vierteljahr sollte die Anlernphase beendet und der Ausländer in der Lage sein, eine den deutschen Arbeitern entsprechende Akkordleistung zu erbringen.[65]

Anstieg der Fluchtzahl

Neben den Schwierigkeiten mit der Arbeitsleistung der Ausländer hatte sich als zweites Hauptproblem des Ausländereinsatzes endgültig der sogenannte „Arbeitsvertragsbruch" etabliert – und zwar in einem solchen Ausmaß, daß er geradezu als Strukturmerkmal der Beschäftigung von Ausländern in der deutschen Kriegswirtschaft während des Zweiten Weltkrieges bezeichnet werden kann. „In allen Gauen wird über den niedrigen Stand der Arbeitsmoral der ausländischen Arbeiter Klage geführt. Arbeitsvertragsbrüche, Arbeitsverweigerungen, Arbeitsunwilligkeit, Urlaubsüberschreitungen, Unpünktlichkeit und unberechtigte Krankmeldungen sind bei den ausländischen Arbeitskräften sehr häufig", faßte der SD im April 1941 die Situation zusammen und führte vor allem Klage „über die beinahe tägliche Erscheinung, daß ausländische Arbeitskräfte ihre Arbeitsplätze verlassen und flüchtig werden".[66]

„Die Ausländer stellen den größten Teil der Arbeitsvertragsbrüchigen. Sie flüchten und sind in der Regel nicht auffindbar", meldete der Thüringer Generalstaatsanwalt im Januar.[67] Und die Gestapo von Stettin berichtete im Herbst 1940 über die „Mißstände" beim Ausländereinsatz: „An erster Stelle stehen hierbei die Arbeitsunlust und grundlose Niederlegung der Arbeit sowie das eigenmächtige Verlassen der Arbeitsstelle."[68]

Welches Ausmaß die unter „Arbeitsvertragsbruch" zusammengefaßten Delikte bereits 1940/41 angenommen hatten, mögen einige Zahlen verdeutlichen:

Tabelle 11: Fluktuation auf der Großbaustelle Espenhain der AG Sächsische Werke, Leipzig, 1939 bis 1941[69]

Nation	Zeitraum von – bis	Beschäftigte ausl. Arbeiter	Abgänge insgesamt	davon flüchtig bzw. aus dem Urlaub nicht zurück	in %
Polen	1/39 – 12/40	983	275	171	17
Italiener	8/40 – 9/40	1.337	310	172	13
Belgier/Holländer	7/40 – 10/40	1.127	871	835	74
Tschechen	5/40 – 1/41	1.289	1.085	1.010	79
Slowaken	2/41 – 3/41	1.501	1.165	1.058	70
insgesamt	1/39 – 3/41	6.227	3.686	3.057	49

Auf dieser Baustelle war also bis März 1941 die Hälfte aller ausländischen Arbeiter „arbeitsvertragsbrüchig", (wobei der hohe Anteil der Tschechen und Slowaken hier auf die Nähe ihrer Heimat zurückzuführen ist). In den Arbeitsamtsbezirken im Gebiet Westfalen/Niederrhein beantragte der Reichstreuhänder der Arbeit im Gesamtjahr 1940 wegen „Disziplinlosigkeiten" am Arbeitsplatz gegen Deutsche und Ausländer folgende Strafen:

Tabelle 12: Strafanträge wegen „Disziplinlosigkeiten am Arbeitsplatz", Westfalen/Niederrhein 1940[70]

Antrag auf:	Westfalen Nord	Westfalen Süd	Essen	Düsseldorf	insgesamt
gerichtliche Strafen	105	201	124	132	562
Schutzhaft	483	1.059	425	495	2.452
Arbeitserziehungslager	80	257	148	117	608
Konzentrationslager	5	13	11	7	36
Fürsorgemaßnahmen	1	4	–	2	7
Jugend-KZ Moringen	1	2	5	1	9
Ordnungsstrafe	21	31	7	11	70
Insgesamt	696	1.567	720	765	3.744

In den Monaten Januar bis Juli 1941 hatte sich die Zahl der Anträge auf gerichtliche Bestrafung, Schutzhaft, Arbeitserziehungs- und Konzentrationslager auf 2.926 gesteigert, d. h. im Monatsdurchschnitt von 305 um 37 % auf 418.[71]

In welchem Ausmaß daran Ausländer beteiligt waren, zeigt die Statistik der Verhaftungen wegen „Arbeitsniederlegungen" im Jahre 1941. Insgesamt wurden 73.000 „Verstöße gegen die Arbeitsmoral (unentschuldigtes Fehlen, unberechtigte Arbeitsaufgabe, Bummeln usw.)" bestraft; davon betrafen insgesamt 56.000 (= 77 %) Ausländer und von diesen wiederum mehr als die Hälfte (30.000) Polen.[72] Von den 51.000 zwischen Juni und Dezember wegen dieses Delikts Verhafteten waren gar 40.000, also fast 80 % Ausländer.[73]

Bei der Betrachtung dieser Zahlen müssen allerdings einige Differenzierungen angebracht werden. Die Delikte „Arbeitsniederlegung" oder „Arbeitsvertragsbruch" umfassen „unberechtigtes Meckern" ebenso wie Flucht oder – soweit es Westarbeiter betraf – Nichtrückkehr aus dem Urlaub. Wie hoch der Anteil der „Fluchten" bei diesen Zahlen ist, ist für diese Zeit im einzelnen nicht nachweisbar.[74] Auch der Begriff „Flucht" selbst ist nicht eindeutig. Unter ihm wurde der Arbeitsplatzwechsel eines Belgiers, der dem zuständigen Arbeitsamt nicht mitgeteilt worden war, oder das Verschwinden eines Tschechen, der am Wochenende seine Verwandten in einem Nachbarlager besucht hatte und am Montag nicht zur Arbeit erschien, ebenso erfaßt wie das Verhalten eines Holländers, der sich in den Zug setzte und nach Hause fuhr oder eines Polen, der versuchte, sich quer durch Deutschland ins Generalgouvernement durchzuschlagen.

Schließlich ist auch ein unmittelbarer Rückschluß aus den hohen Zahlen der Verhaftungen wegen „Arbeitsniederlegung" auf die schlechten Lebens- und Arbeitsbedingungen der Ausländer oder auf ihren Widerstands- oder Oppositionsgeist schwierig. Denn die von der Gestapo gemeldeten Zahlen von „Flucht" oder „Bummelei" waren auch politische Daten, mit denen die Gefährlichkeit der Ausländer bewiesen, ihre – „rassisch" oder politisch begründete – Ablehnung oder Unfähigkeit zu regelmäßiger Arbeit belegt und ein immer weiter sich verschärfendes Repressionssystem der Sicherheitsbehörden gerechtfertigt wurde. Insofern haben diese Zahlen auch etwas von einer self fulfilling prophecy: Ausländer sind faul und arbeitsscheu, deswegen werden sie verhaftet, woran man sehen kann, wie faul und arbeitsscheu sie sind.

Bezieht man diese Vorbehalte als distanzierende Vorsichtsmaßregeln in die Interpretation mit ein, so kann man doch aus den Begründungen für ein „disziplinwidriges Verhalten" einiges über die Lebens- und Arbeitsbedingungen der Ausländer in Erfahrung bringen. Auf dem Land hing die hohe Zahl der „Arbeitsflüchtigen" vor allem mit dem Lohngefälle zwischen Stadt und Land zusammen,[75] aber auch sonst kam es häufiger vor, „daß entlaufene ausländische Arbeitskräfte in anderen Gebieten bzw. Betrieben untergebracht werden" und es ihnen „mit oder ohne Wissen der zuständigen Behörden verhältnismäßig leicht möglich sei, einen neuen Arbeitsplatz (meist mit besseren Arbeitsbedingungen) zu finden".[76]

Die weitaus größere Zahl der „Arbeitsvertragsbrüche" war auf die Unzufriedenheit der Ausländer mit den Lebensbedingungen, vor allem mit den Löhnen zurückzuführen.

In einer Zeche der Göring-Werke kam es im April 1940 zu Arbeitsniederlegungen der dort beschäftigten Arbeiter. Die Gendarmerie berichtete, daß die Polen dies damit begründeten, „daß sie bei der letzten Lohnzahlung nur 5 bis 6 RM ausgezahlt erhalten hätten und hiervon nicht leben könnten". Richtig aber sei, „daß die betreffenden Arbeiter, die nur geringe Summen ausgezahlt erhielten, bereits den ganzen Monat Lebensmittel von der Grube bezogen haben, die nunmehr bei der letzten Lohnzahlung abgezogen worden sind". Die Grube wurde daraufhin von der Polizei besetzt und sechs „Rädelsführer" der Gestapo übergeben; immerhin aber erhielten die übrigen Polen einen Vorschuß.[77]

Ein zweiter Fall: Die bei der Filmfabrik Wolfen in Bitterfeld beschäftigten Polinnen verließen im Frühsommer 1941 in großer Anzahl ihren Arbeitsplatz. Die Abwanderung, schrieb das Sozialbüro der Firma, sei „jedoch keinesfalls durch die Arbeitsbedingungen der Polinnen in unserem Werk hervorgerufen", sondern durch eine Anordnung des örtlichen Amtsvorstehers, „nach der den Polinnen das Betreten der meisten Straßen und Plätze in Wolfen verboten ist. Es handelt sich hier um eine Maßnahme, von der auch die Polinnen wissen, daß sie in anderen Städten nicht ergriffen wurde".[78]

Die beiden hier herausgegriffenen Fälle sind insofern symptomatisch, als sich bei ihnen zeigt, daß das Aufbegehren der ausländischen Arbeitskräfte in dieser Phase des Krieges, wo die Stärke des Deutschen Reiches unüberwindlich schien, häufig nicht prinzipielle oder gar politische Einwände gegen die Arbeit in Deutschland formulierte, sondern sich auf Ungerechtigkeiten innerhalb der Relationen des Regimes selbst bezog (willkürliche Verschärfung des Ausgehverbots, zusätzliche Lohnverschlechterung durch Abzüge für die Verpflegung etwa). Das markiert sowohl die sich aus der politischen Stabilität des Regimes ergebenden engen Grenzen der politischen Vorstellungskraft von dem, was gegenüber den Deutschen durchsetzbar war, wie aber auch den Spielraum, der sich hier für die Ausländer zu bieten schien. Das Unrechtssystem der Nazis hatte auch im Sozialbereich und auch gegenüber den Ausländern eine rechtsförmige Oberfläche – eine der Grundvoraussetzungen dafür, daß das preußisch-deutsche Beamtenkorps ebenso wie das konservative Bürgertum und die Ministerialbürokratie die Maßnahmen des NS-Regimes mittrugen. Diese Rechtsförmigkeit des sozialen und politischen Unrechts schützte so lange vor Abweichungen der Normen nach unten, wie jemand da war, der diese Abweichungen benannte und kritisierte. In dem Maße aber, wie es den Polizeibehörden gelang, ein Beschwerderecht vor allem der Polen zu verhindern und etwaige Beschwerdeführer zu verhaften, verlor auch die rechtsförmige Einkleidung der Reglementierung der Arbeits- und Lebensbedingungen für die Ausländer an Bedeutung. Insofern ist die hohe Zahl der Verhaftungen wegen „Arbeitsvertragsbruch" ein Indikator für eben diesen Spielraum zwischen – tatsächlicher oder vermeintlicher – Rechtsnorm und sozialer Wirklichkeit, der von den Ausländern wahrgenommen wurde.

Das wurde auch deutlich in der schon erwähnten Analyse der SD-Führung über die „Arbeitsverweigerungen" der Ausländer, „die ihren Grund in unrichtigen Vorstellungen der Ausländer über die Arbeits- und Lebensverhältnisse in Deutschland hätten. Von den betreffenden Arbeitern ist z. B. vielfach über falsche Versprechungen bezüglich ihrer Arbeitsbedingungen geklagt worden. Man habe über Löhne, Urlaub, Familienheimfahrten, Versorgung der Familie in der Heimat, Beschäftigung in bestimmten Berufszweigen usw. Angaben gemacht, die nachher nicht eingehalten wurden ... Weitere Klagen beziehen sich darauf, daß man weder Rücksicht auf ihre fachliche Eignung, noch auf ihren körperlichen bzw. gesundheitlichen Zustand ... genommen habe".[79] Traten solche Probleme bei deutschen Arbeitern auf, wurden sie Gegenstand der Auseinandersetzungen zwischen Betriebsobmann, DAF, Treuhänder und anderen Stellen. Bei den Polen aber – und in einzelnen, aber sich häufenden Fällen auch bei den übrigen Ausländern – waren es Fälle für die Polizei und die Gestapo. „Sozialpolitik" gegenüber den ausländischen Arbeitskräften wurde im Nazi-Deutschland immer mehr zur Aufgabe der Sicherheitspolizei.

Das Eingehen auf die Ursachen für die Kritik und Enttäuschung der Ausländer wäre in vielen Fällen möglich gewesen, hätte aber politisch höchst unliebsame Präzedenzfälle geschaffen, während die deutschen Sicherheitsbehörden jeden Ansatz zu einem Beschwerderecht kategorisch ablehnten. Infolgedessen wurde in Zukunft sorgfältig darauf geachtet, daß Verbesserungen in den Lebensbedingungen der Ausländer – wie etwa die Ausweitung der Geldtransfermöglichkeiten für Westarbeiter – nicht als Eingehen auf Forderungen der Ausländer interpretiert werden konnten, sondern als Gnade der in ihren Beschlüssen unerfindlichen Deutschen erschienen. Die einzige für die Ausländer sichtbare Reaktion der Behörden auf ihre Kritik und ihre Forderungen war das Erscheinen der Gestapo im Betrieb.

3. Arbeitserziehung und Sonderstrafsystem

Erweiterung der staatspolizeilichen Kompetenzen

Die Entwicklung eines besonderen Strafsystems für Ausländer im Zweiten Weltkrieg hat in vielem Ähnlichkeiten mit der Praxis der Verfolgung der Regimegegner nach der Machtübernahme der Nationalsozialisten 1933. Damals waren die Betroffenen zuerst von einzelnen SA-Stürmen festgesetzt und mißhandelt, von örtlichen

Polizeistellen eingesperrt oder in „wilde" KZ's gebracht worden, bevor nach und nach die Maßnahmen vereinheitlicht und durch entsprechende Rechtsnormen und Erlasse legitimiert wurden und eine rechtsförmige Patina erhielten.[80] Die Berichte über Prügel, schlechte Behandlung, Essensentzug usw. der polnischen Zivilarbeiter, die sich nach dem Sieg über Frankreich häuften,[81] zeugen ebenfalls davon, daß von einer einheitlichen Bestrafungspraxis der Polen im ersten Kriegsjahr keine Rede sein konnte. Häufig widersprachen sich die verschiedenen Anordnungen und Erlasse und ließen den untergeordneten Behörden breiten Raum für Willkür (aber auch für ein verständnisvolleres Verhalten) gegenüber den Polen. Erst allmählich wurden die verschiedenen Einzelbestimmungen von Seiten der übergeordneten Behörden und schließlich des RSHA vereinheitlicht. So bestimmte etwa das Arbeitsamt Kattowitz im Juni 1940 auf Anordnung der Landesbehörde, daß flüchtigen polnischen Arbeitern die Lebensmittel- und Kleiderkarten zu entziehen seien.[82] Drei Tage später mußte es seine Anordnungen widerrufen, weil festgelegt wurde, daß „als das geeignete Mittel gegenüber kontraktbrüchigen Arbeitern, gleichgültig, ob sie polnischer Nationalität sind oder nicht, die Unterbringung in einem Konzentrationslager angesehen" werde.[83] Einen Tag später wurde wiederum neu angeordnet, daß „arbeitsunwillige polnische Arbeiter" dem Strafrichter nur noch „in besonders schwerwiegenden Fällen" zugeleitet werden sollten, weil der Weg über die Justiz zu lange dauere und gewöhnlich zu geringe Strafen erbringe. Stattdessen sollten „kontraktbrüchige Arbeiter daher ohne weiteres dem Arbeitsamt zugeführt und ... verwarnt" werden. Sollten sie weiter die Arbeitsaufnahme verweigern, „wird die Staatspolizei unmittelbar ihre Überführung in ein Konzentrationslager veranlassen".[84]

An dem Kattowitzer Fall zeigt sich, wie aus einer anfangs von den unteren Behörden in eigener Regie bestimmten Bestrafungspraxis schrittweise – und hier innerhalb weniger Tage – ein stärker zentralisiertes und in den Kriterien festgelegteres System wurde, das nach und nach auch reichsweit vereinheitlicht werden mußte. In der hier gezeigten Entwicklung ist bereits angelegt, daß die Justiz bei der Bestrafung von Ausländern – auch hier wieder in erster Linie Polen, mit der Tendenz, dies auch auf andere Ausländer auszuweiten – nurmehr eine propagandistische Funktion innehaben sollte.[85] Stattdessen übernahmen Arbeitsämter und Gestapo gemeinsam jurisdiktive und exekutive Funktionen. Damit war die deutsche Arbeitsverwaltung endgültig aktiver – und gegenüber den Ausländern oft genug auch entscheidender – Teil des nationalsozialistischen Terrorapparats geworden.

In vielen Regionen wurde in der Folgezeit von den Betrieben eine Hierarchie der zu ergreifenden Strafmaßnahmen bei „Arbeitsbummelei" oder Flucht der Ausländer entwickelt. Der Treuhänder Westfalen/Niederrhein bestimmte im Juli 1940, daß in Zukunft die Ausländer nicht mehr von der Polizei, sondern von den Betrieben selbst zu verwarnen seien; als nächste Stufen waren Schutzhaft und danach Konzentrationslager vorgesehen, wobei deutsche Frauen und Jugendliche sowie Westarbeiter wie deutsche Männer zu behandeln – und also der Justiz zu übergeben – seien, während Polen und Tschechen direkt der Gestapo gemeldet werden mußten.[86] Auch die betrieblichen Strafmöglichkeiten waren gestaffelt: Erst „Aufklärung und Erziehung" durch die Unternehmensleitung im Verein mit Vertrauensrat und DAF, dann schriftliche Verwarnung, dann Geldstrafen in Form von Lohneinbehaltungen, dann Urlaubskürzungen und, wenn auch dieses Mittel ausgeschöpft war, Anzeige beim zuständigen Arbeitsamt, das seinerseits entschied, ob die Gestapo eingeschaltet wurde.[87]

Arbeitsämter, DAF, Treuhänder, die „Abwehrbeauftragten" in den größeren Industriebetrieben,[88] Partei und schließlich Gestapo – zahlreiche Behörden und Institutionen waren nun mit der Bestrafung von Ausländern beschäftigt, während die Justizorgane mehr und mehr in den Hintergrund gerieten, ohne über die Erlaßlage auch nur aufgeklärt worden zu sein.

Darüber entstand Anfang 1941 ein langandauernder Streit zwischen den Justizbehörden und dem RSHA, in dem es um die Frage der Aufteilung der Kompetenzen gegenüber Ausländern ging. Der Generalstaatsanwalt in Hamm beklagte sich im Januar 1941 darüber, daß Arbeitsämter und Reichstreuhänder bei „Arbeitsvertragsbruch" von Ausländern nicht mehr Strafantrag bei der Justiz stellten, sondern sich darauf beriefen, daß „nach einer zwischen dem Reichsarbeitsminister und dem Reichsführer SS als Chef der deutschen Polizei getroffenen Vereinbarung Arbeitsvertragsbrüche von Polen grundsätzlich durch die Geheime Staatspolizei mit Schutzhaft oder Konzentrationslager geahndet werden sollen", wie ihm einer der Reichstreuhänder mitgeteilt habe. „In der strafrechtlichen Behandlung der sogenannten ‚Zivilpolen' ist", merkte er weiter an, „eine Rechtsunsicherheit eingetreten, die nicht länger tragbar erscheint. Die Rechtsunsicherheit ist einmal darin begründet, daß die Staatspolizei manche Sachen selbst erledigt, zum anderen darin, daß die Aburteilung durch die ordentlichen Gerichte nicht nach einheitlichen Gesichtspunkten erfolgt. Es kann geschehen, daß in derselben Sache – neben- und nacheinander – die ordentlichen Gerichte eine Freiheitsstrafe von 2 – 3 Jahren verhängen, die Staatspolizei dagegen Todesstrafe vollzieht."[89]

Im Laufe des Jahres 1941 vereinheitlichten sich die Kompetenzregelungen, und die vom Hammer Staatsanwalt beklagte „Rechtsunsicherheit" verschwand: Bei Arbeitsvertragsbruch von Polen war nun ausschließlich die Sicherheitspolizei zuständig, während für spektakuläre Fälle, vor allem bei „Körperverletzung" und „tätlichen Angriffen" polnischer Arbeiter gegenüber Deutschen, die Gerichte zuständig blieben.

Allerdings war die Praxis der Gerichte hier durchaus nicht von der justiziellen Milde, wie es der Staatsanwalt andeutete. Die Urteile deutscher Sondergerichte, die in einer Aufstellung des Reichsjustizministeriums von 1943 genannt wurden, zeigen das:

Ein polnischer Knecht in Hohensalza wurde vom dortigen Sondergericht im Dezember 1943 zum Tode verurteilt, weil er sich „arbeitsunwillig" gezeigt hatte. „Seinem Dienstherrn, der ihn zur Arbeit anhalten wollte, schlug er mit einem zerbrochenen Wagenschwengel auf den Arm, auch gegen den Siedlungshelfer wurde er mehrfach handgreiflich, so daß dieser an Hand und Gesicht verletzt wurde und blutete."

Im Dezember 1941 verurteilte dasselbe Gericht einen polnischen Arbeiter zum Tode, weil er „am 1. November 1941 seinen deutschen Dienstherrn J. beschimpft und mit einer Mistgabel geschlagen und gestoßen" hatte.

Ein polnischer Landarbeiter in Posen wurde im November 1941 vom Sondergericht zum Tode verurteilt, weil er „im Juni 1941 den von der Ostdeutschen Landbewirtschaftungs-

GmbH eingesetzten Gutsbeamten S., einen Angehörigen einer deutschen Behörde, durch Schläge mit der Faust in das Gesicht schwer mißhandelt" hatte.

Eine junge polnische Arbeiterin wurde vom Sondergericht Posen im Februar 1942 zum Tode verurteilt, weil sie eine „Angestellte des Arbeitsamtes in ihren Diensträumen tätlich angegriffen, sie an den Haaren gezerrt und in den Unterleib getreten" hatte.

Im April 1942 erging vom gleichen Gericht ein Todesurteil gegen einen Polen, der „mutwillig 2 Wagen, die ihm zur Erledigung der Fuhre zugewiesen waren", beschädigt und sich „gegenüber seinem deutschen Arbeitgeber oft widersetzlich" gezeigt hatte.[90]

Es ist also durchaus nicht zwingend, daß, wären die Gerichte weiterhin allein für die Bearbeitung von Strafsachen gegen Polen zuständig geblieben, es insgesamt etwa zu „gerechteren" oder weniger brutalen Urteilen gekommen wäre. Für das RSHA war nur der Umweg über die Gerichte zu zeitraubend, außerdem hätte es weiterer Anstrengungen bedurft, in jedem Einzelfall die Verhängung der Höchststrafen sicherzustellen. Allerdings war die weitgehende Ausschaltung der Justiz von der Behandlung von Ausländerstrafsachen Anlaß zu Auseinandersetzungen um Einflußmöglichkeiten zwischen Polizei und Justiz. Die NS-Spitze hatte es zugelassen, daß die Rechtsförmigkeit der Ausländerbehandlung an diesem Punkt durchbrochen wurde, was zu Loyalitätskonflikten in Teilen der Beamtenschaft führte – in der Praxis war es zunächst so, daß die Gerichte über die Strafmethoden der Gestapo gar nichts erfuhren, erst zwei Jahre später brach der Konflikt zwischen Justiz und Gestapo wieder offen aus.[91]

Durch die allmähliche Ausschaltung der Justizorgane war nunmehr die Sicherheitspolizei zuständig für alle Sachen von „Vergehen gegen die Arbeitsdisziplin" bei polnischen und tschechischen Zivilarbeitern. Damit hatte sie eine Machtfülle versammelt, die sich praktisch über das gesamte Leben dieser Arbeiter erstreckte.

In einer zunehmenden Zahl der Fälle griff die Gestapo nun aber auch bei „Vergehen" von Westarbeitern ein; schon allein deshalb, weil die von Seiten des RSHA anfangs vorgenommenen strikten „rassischen" und politischen Differenzierungen der einzelnen Arbeitergruppen in der Praxis kaum durchführbar waren, so daß etwa bei Fällen von „Arbeitsbummelei" die für Polen geltenden Bestimmungen häufiger auch auf Holländer, Italiener oder Franzosen ausgedehnt wurden.

Errichtung von Arbeitserziehungslagern

Diese Akkumulation politischer, sozialer, juristischer und polizeilicher Aufgaben gegenüber den Ausländern bei den Gestapo-Stellen, verbunden mit dem geschilderten Bestreben, durch weitgehende Kriminalisierung des Verhaltens der ausländischen Arbeiter deren Gefährlichkeit zu beweisen und die eigenen Maßnahmen und Kompetenzen zu legitimieren, hatte schon bald eine vollständige Überlastung der Sicherheitsbehörden zur Folge. Das RSHA selbst stellte fest, daß „durch die mit den Ausländern verbundene Mehrarbeit eine erhebliche Überlastung der Reichstreuhänder der Arbeit, der Justizbehörden und der Polizei ... eingetreten ist. Diese Dienststellen sind angesichts der über alle Erwartungen hinausgehenden Steigerungen der Verstöße gegen die gesetzlichen Bestimmungen nicht mehr in der Lage ... die ihnen im Hinblick auf die ausländischen Arbeitskräfte zufallenden Aufgaben, die ja zusätzlich seien, zu bewältigen".[92] Wie sehr diese Aufgaben bis in die Details gingen, wurde an einem plastischen Beispiel beschrieben. In Schwerin „habe sich der unhaltbare Zustand ergeben, daß deutsche Friseurgeschäfte laufend von polnischen Zivilarbeitern aufgesucht wurden. Es sei dabei nicht immer zu vermeiden, daß deutsche Volksgenossen auf Polen warten müßten. Außerdem bestände die Gefahr der Übertragung von Krankheiten und Ungeziefern. Nunmehr habe man angeordnet, daß Friseurgeschäfte unter deutscher Leitung, jedoch mit polnischen Arbeitskräften eröffnet wurden". Da aber dadurch die Kommunikation unter den Polen erleichtert wurde, überlegten die zuständigen Polizeistellen, „daß die Polen auf den Dörfern sich gegenseitig die Haare schneiden sollten".[93]

Angesichts einer so weitgehenden Aufgabenstellung der Sicherheitsbehörden wurden schon Anfang 1940 immer wieder Maßnahmen gefordert, die eine nachhaltigere und „unkompliziertere" Bestrafung der Ausländer vor allem bei „Arbeitsvertragsbrüchen" gewährleisteten. Neben das Argument der Überlastung der Dienststellen trat dabei der Hinweis auf den zu geringen Abschreckungscharakter der bisher angewendeten Strafmaßnahmen: „Nach übereinstimmenden Berichten wurden die nach den Betriebsordnungen festzusetzenden Bußen für die Polen als viel zu gering angesehen. Auch das Verfahren, das erst über Ermahnungen und Bußen zu einer Bestrafung führe, sei zu kompliziert und langwierig. Die ausgesprochenen Lohnabzüge und selbst Gefängnisstrafen ließen die meisten Polen völlig gleichgültig" berichtete der SD im März 1941. Grund dafür sei, daß der „primitive polnische Arbeiter" („Sie haben zu Hause keine Ordnung, es strotzt dort vor Schmutz, die Kinder schreien, das Essen ist zumeist schlecht und oftmals ist die ganze Familie mit Ungeziefer belastet") die sauberen deutschen Gefängnisse, in denen es gutes Essen und saubere Wäsche gebe, als Ruhe und Erholung empfände: „Die Gefängnisstrafe ist also keineswegs abschreckend für ihn." Die Schlußfolgerung daraus lautete dann folgerichtig, daß „für die Polen ein strenges, aber gerechtes Sonderverfahren bei Disziplinlosigkeiten und Verstößen gegen das Arbeitsverhältnis eingeführt werde. Statt der Gefängnisstrafe wird vorgeschlagen, die Polen in Arbeitserziehungslager zu verbringen, wo sie zusammengefaßt zu polnischen Arbeitskompanien, zu härtester Arbeit herangezogen werden müßten."[94]

Die Überlegung, „Arbeitsverweigerer" in „Arbeitserziehungslager" zu sperren, hatte im Nazi-Deutschland schon Tradition. Ein Teil der Konzentrationslagerhäftlinge in der Vorkriegszeit war wegen „Arbeitsunlust" zur „Arbeitserziehung" dorthin gebracht worden; wie es generell die populärste Legitimation der KZ's schon vor 1939 gewesen war, hier würde den „Asozialen" gezeigt, was Arbeit sei.[95]

Die ersten Fälle „kurzfristiger Erziehungshaft" wegen „Arbeitsuntreue" hatte es bereits kurz nach Kriegsbeginn in den besonderen Polizeihaftlagern im Bereich des SS-Sonderlagers Hinzert gegeben, wohin Westwallarbeiter bei Arbeitsvergehen eingewiesen worden waren.[96] Aber erst im Zusammenhang mit dem Arbeitseinsatz polnischer Arbeiter im Reich erhielt der Gedanke an spezielle „Arbeitserziehungslager" eine größere Bedeutung.

Bereits in einem der März-Erlasse tauchte der Gedanke an derartige Maßnahmen auf. Bei „Ungehorsam und Arbeitsunlust", hieß es im Schreiben des RSHA an die Stapo(leit)stellen, sei „die unverzügliche Überführung der betreffenden Arbeitskräfte polnischen Volkstums in ein Arbeitserziehungslager auf mehrere Jahre zu veranlassen", „für hartnäckig Arbeitsunlustige ist z. B. eine Beschäftigung in den Steinbrüchen des Lagers Mauthausen angebracht".[97] Zu diesem Zeitpunkt war also noch – möglicherweise vorübergehend, bis zur Schaffung spezieller Lager – an Einweisungen in Konzentrationslager gedacht. Das aber hätte eine große Zahl deutscher wie ausländischer Arbeiter für lange Zeit, wenn nicht für immer, ihrer Arbeitsstelle entzogen; zudem war für die Behörden die Spanne zwischen betrieblicher Bestrafung und Einweisung in ein Konzentrationslager zu groß. Eine eher kurzfristige, aber nachhaltig „abschreckende" Strafe in einem Sonderlager war also von hier aus erwünscht. Bereits vom Juni 1940 gibt es die ersten Belege von der Existenz solcher Lager, und zwar im Gebiet des IdS Düsseldorf. Am 14. Juni 1940 genehmigte das RSHA die Errichtung eines „Erziehungslagers für Arbeitsuntreue" in Hunswinkel bei Lüdenscheid; der Erlaß war mit dem Hinweis versehen, an die Stelle der kurzfristigen Schutzhaft trete nun die sechswöchige Einweisung in das Arbeitserziehungslager.[98] Das Lager in Hunswinkel wurde dann tatsächlich Ende August 1940 eröffnet. Vorausgegangen waren Besprechungen zwischen Polizei-, Wehrmachts- und Bergbaubeauftragten, die einhellig über die schlechten Arbeitsleistungen der Polen klagten. Aufgrund mangelnder beruflicher Qualifikation, aber auch „infolge mangelnden Interesses, Arbeitsunlust, Disziplinlosigkeiten und des Hanges zur Widersetzlichkeit" lägen die Leistungen der Polen nur bei 35 % der deutschen Arbeiter, wogegen „drastische Erziehungsmaßnahmen durchgeführt werden" müßten in Form besonderer „Zwangsläger", „die für eine zeitliche Unterbringung solcher Elemente bestimmt sind, die ihr Arbeitspensum nicht erledigen oder sonst gegen die Disziplin verstoßen".[99]

Wichtig an diesem Dokument ist der Nachweis, daß die Errichtung des AEL Hunswinkel explizit als Reaktion auf die „mangelnde Arbeitsdisziplin" der polnischen Arbeitskräfte angeregt worden ist, in der Praxis aber wurden die AEL dann sowohl für Deutsche wie für Ausländer eingerichtet. Der Reichstreuhänder der Arbeit Westfalen/Niederrhein forderte kurz darauf unter ausdrücklichem Bezug auf die „Arbeitsbummelei" im Bergbau vom Höheren SS- und Polizeiführer West in Düsseldorf, daß „in meinem Wirtschaftsgebiet ein Arbeitserziehungslager geschaffen wird".[100]

Das bereits bestehende Lager Hunswinkel lag an der Baustelle der Versetalsperre und gehörte der Baufirma Hochtief. Zwischen Hochtief und den Reichstreuhändern der Arbeit wurde im August nach einer Besichtigung des Lagers eine Vereinbarung getroffen, wonach die „der Firma Hochtief von der Geheimen Staatspolizei zur Unterbringung in dem Erziehungslager Versetalsperre zugewiesenen Gefolgschaftsmitglieder" von der Firma zu beschäftigen und entlohnen waren, während die Gestapo für Bewachung und Unterbringung sorgte. Mit Erlaß vom 22. August 1940 verfügte der IdS Düsseldorf die Errichtung des Lagers; zwei Tage später wurden die ersten hundert Häftlinge, sowohl Deutsche wie Ausländer, in das Lager eingewiesen.[101] Bis Ende des Jahres stieg die Zahl auf etwa 650, die jeweils sechs Wochen im Lager blieben; im ersten Jahr war der Anteil der Deutschen unter den Häftlingen noch sehr hoch und lag bei über 80 %.[102]

Die Lebensbedingungen in Hunswinkel waren derart schlecht, daß regelmäßig ein Viertel der Häftlinge arbeitsunfähig war. „Es muß berücksichtigt werden", berichtete der Lagerleiter im Dezember, „daß diejenigen Häftlinge, die den Tag über auf der Baustelle durcharbeiten mußten, während der Arbeitszeit lediglich ¼ Stunde Freizeit zur Einnahme der Mittagsmahlzeit haben, während sie in der übrigen Zeit von morgens bis Einbruch der Dunkelheit auf nassem und im schlammigen Boden arbeiten müssen. Wenn die Häftlinge also gesundheitlich nicht ganz in Ordnung sind, bleibt es nicht aus, daß sie über kurz oder lang erkranken ... Es muß gesagt werden, daß die Arbeitsbedingungen mehr als schwer sind." Gleichwohl seien die Häftlinge willig; dennoch wurde ihre Arbeitsleistung von den Vorarbeitern der Firma Hochtief negativ beurteilt.[103]

In der Tat war das Unternehmen mit den Leistungen der Häftlinge äußerst unzufrieden; bestimmte Tätigkeiten, notierte die Firmenleitung, könnten nur von Fachkräften ausgeführt werden, zudem sei durch den sechswöchigen Wechsel der Häftlinge eine Einarbeitung nicht möglich. Eine Fortführung der Arbeit mit den AEL-Häftlingen lehnte sie deshalb ab und regte an, das Lager ganz zu schließen.[104] Dadurch aber gerieten die Gestapo-Stellen in eine prekäre Situation, denn vor allem im Bezirk Essen hatte man sich inzwischen an die Möglichkeit der AEL-Strafe gewöhnt. Auch für die Industrie war das neue Strafsystem so wichtig, daß sich die Bezirksgruppe Steinkohlebergbau Ruhr in Essen und die Bezirksgruppe Nordwest der Eisenschaffenden Industrie in Düsseldorf kurzfristig bereit erklärten, „zur Fortführung des Lagers im Winter je 5.000,- RM, insgesamt 10.000,- RM zur Verfügung zu stellen".[105]

Damit war das Weiterbestehen des Arbeitserziehungslagers Hunswinkel trotz des Rückzugs der Firma Hochtief gesichert; die Häftlinge wurden während des Winters bei Aufräumungs- und Forstarbeiten beschäftigt. Die Erfahrungen mit dem AEL Hunswinkel wurden von der Industrie des Ruhrgebiets und der Sicherheitspolizei so positiv eingeschätzt, daß in den nächsten Wochen weitere provisorische Lager eingerichtet wurden – zunächst in Recklinghausen, wo ca. 200 Häftlinge in einer ehemaligen Gaststätte untergebracht und von der Stadt Recklinghausen bei Erdarbeiten eingesetzt wurden.[106]

Das AEL am Flughafen Essen/Mülheim, das im Juni 1941 eingerichtet wurde, war bereits ausschließlich für etwa 500 ausländische Arbeiter vorgesehen, die dort beim Bau des Rollfeldes beschäftigt wurden.[107] Hier sollten insbesondere diejenigen Ausländer untergebracht werden, die nach „Arbeitsvertragsbruch" und Flucht aus dem Bezirk Essen an den Grenzen aufgegriffen wurden, dabei handelte es sich, schrieb die Düsseldorfer Gestapozentrale, um wöchentlich etwa 100 bis 150 Mann.[108]

Die Erfahrungen, die die regionalen Staatspolizeistellen im Falle Hunswinkel und anderen Erprobungslagern, so etwa bei den Hermann-Göring-Werken in Salzgitter, mit den verschiedenen Arten von AEL gemacht hatten, wurden im Frühjahr 1941 im RSHA durch einen Erlaß zusammengefaßt, in dem die Einrichtung und der Betrieb solcher Lager vereinheitlicht wurden.[109] Diese AEL dienten danach „ausschließlich zur Aufnahme von Arbeitsverweigerern und arbeitsunlustigen Elementen, deren Verhalten einer Arbeitssabotage gleich kommt", die Einweisung hatte den „Charakter eines Polizeigewahrsams" und diente einem „Erziehungszweck, sie gilt nicht als Strafmaßnahme". Die maximale Haftdauer betrug 56 Tage, für deutsche wie für ausländische Häftlinge. Täglich sollte zwischen 10 und 12 Stunden –

auch an Sonn- und Feiertagen – gearbeitet werden, denn Hauptzweck der Einweisung sei die „Arbeitserziehung", dazu sollten die Häftlinge Unternehmern durch Vertrag „zur Arbeitsleistung zur Verfügung gestellt" werden.

Derartige Lager wurden nun in kurzer Zeit in vielen Regionen errichtet und in steigendem Maße von den Unternehmen und Arbeitsbehörden benutzt. Hatte es 1940 im Bereich des Reichstreuhänders der Arbeit Westfalen/Niederrhein insgesamt 608 Anträge auf Einweisungen in AEL gegeben, waren es 1941 bereits 1.693, davon allein 596 aus dem Bergbaubereich. Damit entfiel, wie die Beamten sorgfältig ausrechneten, jährlich eine Einweisung in ein Arbeitserziehungslager auf 1.890 Beschäftigte.[110]

Die Wirkung der AEL, bestätigte der Reichstreuhänder ein Vierteljahr nach dem Erlaß über die Einrichtung der Lager, werde von der Industrie als gut beurteilt, obwohl nicht zu verkennen sei, daß die Beschwerden über „bummelnde" deutsche Frauen und über Italiener, Niederländer und Kroaten nicht abrissen.[111]

Die Existenz derartiger Lager setzte bei den Betrieben und den Sicherheits- und Arbeitsbehörden neue Aktivitäten frei. Schon bei geringen Vergehen wurde Anzeige erstattet, die gemeldeten „Disziplinwidrigkeiten" der Ausländer stiegen mit der Zahl der zur Verfügung stehenden Lagerplätze. „Nach dem Bericht des Arbeitsamtes Essen", vermerkte der Düsseldorfer Regierungspräsident im August 1941, „ist das dortige Polizeigefängnis mit ausländischen Arbeitsverweigerern überfüllt".[112]

In den ersten Monaten nach der „offiziellen" Einrichtung der AEL hatten sich die Meldungen im RSHA gehäuft, nach denen die Erlaßbestimmungen durch die örtlichen Behörden soweit ausgedehnt worden waren, daß Übergriffe und Mißhandlungen an der Tagesordnung waren. Das RSHA sah sich daher zu einem weiteren Erlaß[113] gezwungen, in dem festgelegt wurde, „daß neben der Freiheitsentziehung, der Pflicht zur Einfügung in die Lagerordnung, ordentlicher Führung und der vorgeschriebenen Arbeitsleistung keine weiteren Auflagen gemacht werden" durften. Vor allem war es häufig zu körperlichen Züchtigungen gekommen, so daß ausdrücklich betont wurde, daß „jede körperliche Einwirkung auf die Häftlinge der Arbeitserziehungslager" untersagt sei, dies gelte auch „für Angehörige der Betriebe und Unternehmen, denen die Häftlinge durch Arbeitsvertrag zur Verfügung gestellt werden, sowie für diejenigen Häftlinge, die als Vorarbeiter ... eingesetzt werden". Als Strafen seien ausschließlich zu verhängen: Verwarnung, Entziehung von Vergünstigungen, Essensentzug, Entziehung des Bettlagers, Strafarbeit (bis zu 16 Stunden am Tag), Arrest bis zu zwei Wochen, Fesselung sei dabei unzulässig. Für Polen jedoch galten zusätzliche Bestimmungen; hier konnten „weitergehende Maßnahmen", vor allem die Prügelstrafe, angeordnet werden.

Die neuen AEL bewährten sich nach Auffassung der Behörden so sehr, daß viele Stapo(leit)stellen die bürokratisch einfache Einweisung in ein AEL auch für andere als Arbeitserziehungshäftlinge, vor allem „politische Schutzhäftlinge", den umständlichen Verfahren bei der Strafanzeige oder der Einweisung in ein Konzentrationslager vorzogen – ein Vorgehen, das zwar per Erlaß ausdrücklich verboten wurde,[114] aber bis Kriegsende zumindest in Einzelfällen weiter vorkam.

Wie hoch der Anteil der Ausländer an den AEL-Häftlingen war, ist in den Statistiken in dieser Zeit nicht im einzelnen aufgeführt.[115] Rechnet man die Zahlen der

Verhaftungsstatistik um, so kommt man darauf, daß im Jahre 1941 im Bezirk Westfalen/Niederrhein etwa 1.300 ausländische Arbeiter in Arbeitserziehungslager eingewiesen wurden,[116] bei etwa 200.000 zivilen ausländischen Arbeitern Ende 1941 in diesem Bezirk käme auf etwa 150 ausländische Arbeiter pro Jahr ein AEL-Häftling; bei deutschen Arbeitern lag das Verhältnis hingegen etwa bei 7.500 : 1.[117]

Mit der Errichtung der AEL hatten sich Sicherheitspolizei, Arbeitsbehörden und Betriebe ein Instrument geschaffen, das das Repressionssystem gegenüber ausländischen Arbeitern perfektionierte und ohne juristische oder bürokratische Hemmnisse scharfe Bestrafungen zuließ. Das hier etablierte Sonderstrafrecht war aber anders als die meisten der terroristischen Maßnahmen der Nazis keine Angelegenheit, die lediglich im internen Verkehr der Polizeibehörden abgewickelt wurde. Bei einer Anzeige wegen „Arbeitsbummelei" kam eine Vielzahl von Personen mit einem solchen Fall in Berührung: Der deutsche Vorarbeiter, der den „Bummelanten" dem Meister meldete, der wiederum im Verein mit dem Abwehrbeauftragten des Betriebes Verwarnungen oder Geldbußen aussprach, bis schließlich der Fall an den zuständigen Beamten beim örtlichen Arbeitsamt gemeldet wurde, der ihn an den für „Arbeitsuntreue" zuständigen Sachbearbeiter der Gestapo weitermeldete. Nach einer Untersuchung auf Haftfähigkeit durch den Polizeiarzt entschied dann die Gestapo, ob der Betreffende in Polizeihaft zu nehmen oder in ein AEL einzuweisen war.[118]

4. „Verbotener Umgang" als Massendelikt

Kontakte am Arbeitsplatz

Mit der Hereinnahme einer Million kriegsgefangener französischer Arbeitskräfte hatte sich auch das Problem der Beziehungen zwischen der deutschen Bevölkerung und den Ausländern für die Behörden verschärft. Zwar galten auch für die Franzosen strenge Bestimmungen über das Verbot jeglichen Kontakts zu Deutschen, soweit er durch die Arbeit nicht unumgänglich war, dieses Verbot ließ sich jedoch noch weniger durchsetzen als dies bei den polnischen Arbeitern der Fall war. Der nur in den ersten Wochen nach dem Beginn des Krieges mit Frankreich durchgehaltene Einsatz der Kriegsgefangenen in Arbeits-Kolonnen wurde bald durch die Verteilung auf Arbeitskommandos abgelöst. Die Franzosen wurden in kleinen Gruppen über die Städte und Dörfer des Reiches verteilt, arbeiteten als Knechte in der Landwirtschaft ebenso wie als Facharbeiter in der Industrie und zogen in Dachdecker- und Glaserkolonnen durch die Städte, in denen es Bombenschäden gegeben hatte – der Kontakt mit der deutschen Bevölkerung war unausweichlich. Hinzu kam, daß das Sicherheitsrisiko durch die französischen Kriegsgefangenen von den deutschen Behörden gering eingeschätzt wurde und die Wehrmacht auch kaum Überwachungskräfte in ausreichender Zahl zur Verfügung hatte. So erfreuten sich die Franzosen einer im Laufe der Zeit zunehmenden Bewegungsfreiheit und – wenn man den Berichten der Behörden glauben darf – einer steigenden Beliebtheit innerhalb der Bevölkerung. Französische Kriegsgefangene standen in allen vergleichenden Berichten über die „Führung" und die Arbeitsleistung der verschiedenen Ausländergruppen an oberster Stelle, ihre von der Wehrmacht unterhaltenen Lager waren meist besser ausgestattet, ihre Lebensmittelrationen höher als die anderer Gruppen ausländischer Arbeiter, vor allem der Polen und Tschechen.

Die NS-Behörden betrachteten diese Entwicklung mit einigem Argwohn. Denn einerseits hatten sie – stärker noch als bei den Polen – zu fürchten, daß es zwischen deutschen Arbeitern und französischen Gefangenen am Arbeitsplatz schnell zu Verständnis, wenn nicht gar Solidarität kam, weil hier rassistische Vorurteile der Deutschen weniger trennend wirkten als gegenüber Polen oder auch Italienern. Zum zweiten besaß die erotische Ausstrahlungskraft französischer Männer offenbar auch erhebliche mythische Qualitäten, so daß die „Reinhaltung des deutschen Blutes" durch diese Franzosen jedenfalls in den Augen von Parteifunktionären und Behördenvertretern außerordentlich gefährdet schien.[119] Zu einer einheitlichen Politik gegenüber den zur Arbeit eingesetzten West-Gefangenen konnten sich die NS-Behörden bis hinauf zum RSHA aber nicht durchringen. Einerseits wurden die Bestimmungen für Franzosen beständig gelockert, andererseits versuchte man, die Kontakte zwischen Deutschen und Franzosen weitgehend einzuschränken, vor allem durch die Kriminalisierung auch geringer Übertretungen dieses Kontaktverbots, die mit z. T. drakonischen Strafen belegt wurden.

Tatsächlich aber war angesichts der relativen Freizügigkeit der West-Gefangenen eine nachhaltige Durchsetzung dieser Bestimmungen gar nicht möglich, so daß in einigen Einzelfällen exemplarisch und mit großem Propagandaaufwand harte Strafen verhängt wurden, während in der Mehrzahl der Fälle der tägliche Umgang zwischen Deutschen und Franzosen davon kaum berührt worden zu sein scheint. Die Folge war die Herausbildung eines ausgedehnten Denunziantentums: Wenn verboten war, was alle taten, konnte der Umgang mit Kriegsgefangenen zum einfachen Mittel werden, um mißliebige Nachbarn oder Kollegen bei den Behörden anzuschwärzen.

„Verbotener Umgang mit Ausländern und Kriegsgefangenen" wurde seit Ende 1940 zum neuen Massendelikt. Nahezu ein Viertel aller gerichtlichen Verurteilungen wegen politischer Delikte in den Jahren 1940/41 wurden bereits aufgrund dieses Straftatbestandes ausgesprochen.[120] Auch in den Verhaftungsstatistiken der Gestapo schlug sich das neue Delikt bald nieder:

Tabelle 13: Verhaftungen wegen Arbeitsniederlegungen, verbotenen Umgangs und politischer Betätigung, 1941/42[121]

	Mai – August 1941	%	Mai – August 1942	%
insgesamt	24.300	100	27.000	100
Arbeitsniederlegungen	7.300	30	21.500	79
davon Ausländer	–	–	19.955	74
Umgang mit Ausländern	400	1,6	1.240	4,6
Kommunistische oder sozialdemokratische Betätigung	533	2,2	1.290	4,8

Der „Umgang" mit Ausländern hatte also 1942 bereits eine Größenordnung angenommen, die etwa derjenigen der Delikte wegen „politischer Opposition" entsprach. Insgesamt machten alle Fälle, die mit Ausländern zu tun hatten, im Sommer 1942 etwa 80 % aller Verhaftungen der Gestapo aus. Es ist keine übertriebene Feststellung, daß die Staatspolizeistellen 1941 mehr als mit allem anderen mit der Verfolgung von „Ausländersachen" zu tun hatten. Andererseits zeigen die etwa 1.200 Fälle von „verbotenem Umgang" auch, wie vereinzelt und damit willkürlich diese Verhaftungen angesichts des Einsatzes von fast 3 Millionen Ausländern gewesen sind. Einige Fälle aus Essen sollen hier näher betrachtet werden:

Im Frühjahr 1942 wurde ein 43jähriger Walzwerker bei Krupp von einem Kollegen bei der Gestapo angezeigt, weil er zweimal einem französischen Kriegsgefangenen seine gefüllte Tabaksdose gegeben hatte, so daß der sich daraus eine Zigarette drehte – zwei Zeugen wurden vernommen, der Betroffene zur Sache gehört, angeklagt und zu einem Monat Gefängnis verurteilt.[122]

Ein im Kruppschen Radreifenwalzwerk beschäftigter Auszieher arbeitete im Frühjahr 1942 in einer Akkordkolonne, bei der ein Mann fehlte. Um den Akkord halten zu können, ersetzte ihn die Gruppe durch einen französischen Kranführer. Als das Mittagessen für die französischen Kriegsgefangenen nicht pünktlich kam, gab der Betreffende dem Franzosen zwei seiner Butterbrote, damit die Kolonne weiterarbeiten konnte. Der Betriebsleiter meldete ihn dem Leiter des Kruppschen Werkschutzes, der wiederum der Gestapo. Nach längerer Untersuchung wurde das Verfahren eingestellt und der Betroffene nur verwarnt, weil ihm nicht zu widerlegen war, daß er „weniger an einen Kriegsgefangenen als an eine Arbeitskraft zum weiteren ungehinderten Fortgang der Arbeit gedacht" habe.[123]

Ein zwanzigjähriger Kruppscher Hilfsarbeiter schenkte im August 1940 einem französischen Kriegsgefangenen auf der Arbeitsstelle etwas Tabak. Ein Kollege machte Meldung, „weshalb er diesem mit einer Tracht Prügel drohte" und „von ‚Schleimscheißerei' und ‚in die Pfanne hauen' sprach." Über die Stationen Meister – Betriebsleiter – Werkschutz – Gestapo kam der Fall vor Gericht, der Mann wurde zu zwei Monaten Gefängnis verurteilt.[124]

Die unterschiedlich hohen Strafen – von der Verwarnung bis zu zwei Monaten Gefängnis – für derartige Bagatellsachen zeigen, daß einige dieser Fälle von der Justiz, der Gestapo und betrieblichem Werkschutz in erster Linie dazu benutzt wurden, um Abschreckung zu erzielen. Oft war es aber auch mehr der „Gesamteindruck" des Beschuldigten, der zu seiner Bestrafung führte, als das betreffende „Delikt". Zu unterbinden oder auch zu vermindern war dadurch der Kontakt zwischen Ausländern und Deutschen nicht, vor allem dann nicht, wenn der französische Kriegsgefangene am Arbeitsplatz schnell zum unentbehrlichen Mitglied der Arbeitskolonne geworden war, auf das die deutschen Kollegen angewiesen waren. Die z. T. drakonischen Strafen wegen „verbotenen Umgangs" haben sicherlich ihre Wirkung auf die deutsche Bevölkerung nicht verfehlt. Gleichwohl konnten sie – das kann man an der stark ansteigenden Zahl der Fälle ablesen – derartige Kontakte nicht verhindern. Die Bestrafungen, so scheint es, dienten oft mehr der Bestätigung von in der Praxis zwar überholten, gleichwohl aber bestehenden Prinzipien. Tatsächlich aber war der Umgang zwischen Deutschen und Franzosen am Arbeitsplatz dem Zugriff der Polizei sehr weitgehend entzogen.[125]

Klatsch und Denunziantenwesen

Besonders aufmerksam waren die Behörden, wenn es sich um Fälle „verbotenen Umgangs" zwischen deutschen Frauen und Franzosen handelte; dazu zunächst wiederum zwei Fälle aus Essen.

Im Juni 1942 zeigte eine zwanzigjährige Verkäuferin ihre Nachbarin, die im selben Haus eine Treppe höher wohnte, an, weil ein französischer Kriegsgefangener, der bei dem Schreiner um die Ecke arbeitete, bei ihr mehrfach „längere Zeit verweilt" habe. Eine andere Nachbarin konnte das gegenüber der Polizei zwar nicht bestätigen, aber eine andere Frau aus demselben Haus hätte sich einmal fünf Minuten mit diesem Franzosen unterhalten und außerdem gesagt, die betreffende Frau hätte dem Kriegsgefangenen Tee und Sauerkraut gegeben. Eine weitere Nachbarin konnte wiederum zur Sache aussagen, daß der Franzose „mit vollem Munde kauend die Treppe herunter" von der Wohnung der Frau gekommen sei; und über wiederum eine andere Nachbarin, die den Kriegsgefangenen Brötchen gegeben habe, spreche schon die ganze Nachbarschaft – weitere Affäre: Das Haus hatte Bombenschäden; die einzelnen Wohnungen wurden von einer französischen Reparaturkolonne nacheinander repariert, die Wohnung der beargwöhnten Nachbarin zuerst. „Allem Anschein nach handelt es sich im vorliegenden Falle auch um einen Haustratsch", bemerkte der Gestapo-Mann in seinem Bericht, „hervorgerufen durch die nicht gleichzeitige Herstellung der Wohnungen".[126]

Im Spätsommer 1942 veranlaßten Vorkommnisse in einem Viertel des Essener Arbeiterstadtteils Segeroth Gestapo und NSDAP-Ortsgruppe zu ausgiebigen Recherchen. Um was es im Kern gegangen ist, blieb unklar – jedenfalls hatte eine Frau einem französischen Kriegsgefangenen, der mit Hausreparaturen beschäftigt war, offenbar einmal heißes Kaffeewasser gegeben: „Frau L. hat gesehen, daß zwei Franzosen in die Wohnung der Frau E. gegangen sind und sich dort über eine Stunde aufgehalten haben. Frau B. kann diese Angaben bestätigen ... Frau P., Frau O., die Tochter der Frau P., wollen gesehen haben, daß den Franzosen von der Tochter der Frau E. in schamloser Weise zugewinkt worden sei ... Die Tochter ... soll sehr oft ausgehen und das siebenjährige Kind bei den Nachbarn lassen. Sie soll ständig gut gekleidet und als ‚bessere Dame' auftreten".[127]

Solche Fälle finden sich zuhauf in den Akten; sie repräsentieren gewissermaßen den Alltag der Verfolgungsbehörden: Klatsch und Tratsch, Denunziationen, Verdächtigungen, Andeutungen. Auch einer der zuständigen Referenten im RSHA, Thomsen, bestätigte in seiner Vernehmung nach dem Krieg, „daß Anzeigen wegen des GV von Polen oder auch wegen Diebstählen und sonstiger Dinge oft von Deutschen aus niedrigen Motiven der Eifersucht, der Rachsucht, der Mißgunst oder des Nachbarschaftsstreites unter Deutschen erstattet wurden".[128] Diese z. T. erheiternd wirkenden Geschichten vom Nachbarschaftsklatsch waren aber in Wirklichkeit bitter ernst – denn durch Denunziationen wie diese wurde nicht nur die Gestapo auf den Plan gerufen, die beschuldigten Frauen mußten auch im Falle ihrer „Überführung" mit Gefängnisstrafen rechnen. Insofern sind die Hunderte von derartigen Akten in jedem Einzelfall auch mehr als Klatsch: es sind Versuche, der Nachbarin etwas anzuhängen und sie ins Gefängnis zu bringen. Die französischen Männer blieben dabei ganz außer Betracht. Daß auch sie mit hohen Strafen rechnen mußten, spielt bei den Vernehmungen keine Rolle. Bei allen Verfahren wegen verbotenen Umgangs deutscher Frauen mit Franzosen, ob es sich um das Zustecken eines Butterbrotes oder ein Gespräch im Hausflur handelte, wurde von den Behörden sexueller Verkehr vermutet und danach geforscht. Die Verhöre haben oft einen ausgesprochen voyeuristischen Charakter und müssen für die betroffenen Frauen oft entsetzlich gewesen sein.

Eine neunzehnjährige, bei Krupp beschäftigte Dreherin bekam seit Anfang 1941 von einem französischen Kriegsgefangenen, der bei Krupp im gleichen Betrieb arbeitete, Liebesbriefe. Ein deutscher Kollege überbrachte ihr während der Arbeitszeit Zettelchen von dem Franzosen. Schließlich traf sie sich mit dem Kriegsgefangenen auf dem Lagerplatz des Betriebes. Daß sie in der Mittagszeit regelmäßig verschwand, fiel ihrem Vorarbeiter auf, er folgte ihr heimlich und entdeckte die beiden. Er zeigte die Frau jedoch nicht an, sondern ermahnte sie eindringlich und erklärte ihr, wie gefährlich das sei, was sie tue. Im Laufe der Zeit kam es aber doch zu Redereien im Betrieb, die Gerüchte gerieten dem Zellenobmann und dem Betriebsleiter zu Ohren, die den „Fall" untersuchten und bei der Gestapo Anzeige erstatteten. Der französische Kriegsgefangene wurde vom Militärgericht zu drei Jahren Zuchthaus, die deutsche Frau zu einem Jahr und drei Monaten Gefängnis, der deutsche Kollege, der als Bote gedient hatte, zu einem Jahr Gefängnis verurteilt. Da die beiden Deutschen „ihre Taten bereuten", vermerkte die Gestapo abschließend, sei „von einer Inschutzhaftnahme ... nach ihrer Strafverbüßung Abstand zu nehmen". Das Urteil wurde mit Namensnennung in der Ortszeitung veröffentlicht.[129]

Fast die Hälfte aller Gestapo-Personalakten in Düsseldorf, die mit „verbotenem Umgang" zu tun haben, sehen so oder so ähnlich aus. Meist findet sich auch ein mißgünstiger Kollege oder eine böse Nachbarin, die das „ehrvergessene Mädchen" zur Anzeige bringen,[130] die Strafen schwankten zwischen einem halben und vier Jahren Gefängnis für die deutsche Frau, zwischen zwei und sechs Jahren für die Franzosen.[131]

Die Reaktion der Sicherheitsbehörden

Für die Behörden war die Zunahme von „GV-Verbrechen", wie diese Delikte im nationalsozialistischen Juristendeutsch hießen, besorgniserregend. Immer stärker, meldete der SD im Juli 1940, werde die Kritik in der Öffentlichkeit am „würdelosen Verhalten der Frauen" gegenüber Ausländern. „Es scheine z. B. geradezu schick zu sein für deutsche Mädchen, mit ausländischen Studenten, darunter Türken, Chinesen und Arabern befreundet zu sein."[132] Vor allem aber die Beziehungen zwischen französischen Kriegsgefangenen und deutschen Frauen standen im Mittelpunkt der Kritik von Partei und Behörden.

So vermerkte Bormann schon im Juni 1940: „General Reinecke richtete heute die Frage an mich, wie der GV von Franzosen und Engländern mit deutschen Frauen behandelt werden solle. Ich erwiderte, es sei genau so anzusehen und zu bestrafen wie bei Polen! General Reinecke wird entsprechend verfahren und die betreffenden Gefangenen an Gestapo zur Erschießung abgeben."[133]

Tatsächlich aber verhängten die Militärgerichte in der Regel drei Jahre Gefängnis; wohl auch deshalb, weil nach den Bestimmungen der Genfer Konvention Vertreter der Schutzmächte an der Verhandlung teilnehmen durften und das Urteil ihnen zuzustellen war.[134]

Ein Erlaß des RSHA vom August 1940, in dem angeordnet wurde, „daß gemäß Befehl des Führers kriegsgefangene Franzosen, Engländer und Belgier beim Geschlechtsverkehr mit deutschen Frauen und Mädchen genauso mit dem Tode zu bestrafen sind wie polnische Kriegsgefangene",[135] änderte an dieser Praxis der Militärgerichte nichts. Gegenüber den zivilen Westarbeitern war es den NS-Parteistellen nicht einmal möglich, ein gesetzliches Verbot des Geschlechtsverkehrs mit Deutschen durchzusetzen – zu groß war die Angst, daß dies unter der Bevölkerung in den besetzten Gebieten auf Widerspruch stoßen und der Gegenpropaganda Auftrieb geben würde. Daher schlug das Amt I des RSHA vor, Vorschriften auch hier nur intern auf dem Erlaßwege zu treffen und vor allem propagandistisch auf die deutsche Bevölkerung einzuwirken.[136] Die Reichspropagandaleitung veröffentlichte daraufhin zwölf Merksätze, deren Formulierungen deutlich defensiven Charakter trugen und in denen es zu diesem Punkt hieß: „8. Deutsches Mädchen, Deine Zurückhaltung gegenüber Fremdblütigen ist keine Beleidigung. Im Gegenteil: Jeder anständige Ausländer wird Dich deswegen besonders achten. 9. Der Schutz des eigenen Blutes bedeutet keine Verachtung der anderen Völker."[137]

Dieser propagandistische Vorstoß hatte jedoch nur wenig Resonanz. Zwar wurden weiterhin zahlreiche Urteile gegen deutsche Frauen wegen Geschlechtsverkehr vor allem mit Franzosen in den Zeitungen veröffentlicht, die propagandistische Formel vom „Schutz des eigenen Blutes" verfing jedoch nicht, weil sie keine Grundlage in der Vorurteilsstruktur größerer Teile der Bevölkerung besaß und zudem auch nicht mit der „reinen" Rassenlehre zu vereinbaren war, weil ja auch vor dem Kontakt mit „germanischen" Ausländern gewarnt wurde.

Darauf kam es auch gar nicht an. Der Leiter des Reichspropagandaringes führte z. B. in einer Vorlage an die Parteikanzlei im Juli 1941 aus, daß die Maßnahmen gegen deutsche Frauen bei GV mit Ausländern nicht ausreichten und „das Abschneiden von Haaren auf öffentlichen Plätzen eigentlich zu fast gar keinem Erfolg geführt hat. Wenn aber dies nichts nützt, so kann man von der Aufklärung nicht viel mehr verlangen ... Aus diesem Grunde schlage ich vor, daß für derartige Fälle die Todesstrafe eingeführt wird" denn wer sich mit Ausländern sexuell einlasse, „begeht das größte Verbrechen, das man sich im nationalsozialistischen Deutschland überhaupt denken kann".[138] Kein Zweifel, der Autor dieser Denkschrift sprach aus, was viele Nationalsozialisten wohl dachten und wünschten. Nicht die Einhaltung „rassekundlicher" oder „rassepolitischer" Prinzipien war hier der Motor, sondern die schlichte Wut darüber, daß „die eigenen" Frauen sich mit „den Ausländern" einließen, ohne daß man das unterbinden konnte.

Das Verbot sexuellen Kontakts von Ausländern aller Nationen mit Deutschen wurde in einer Sitzung des Ausländer-Arbeitskreises beim RSHA[139] am 22. August 1941 von allen Beteiligten bestätigt, sei unbedingt notwendig. „Die Schwierigkeit dieses Problems liegt in der Motivierung des Verbots gegenüber dem Ausland, demgegenüber es nicht angängig erscheint, das rassische Moment besonders herauszustellen." Stattdessen solle mit „Kriegsnotstand" argumentiert werden: „Die eingezogenen deutschen Soldaten müßten die Gewißheit haben, daß ihren zurückgebliebenen Frauen nichts geschieht."[140]

Von Seiten des RSHA wurde aber weiter darauf gedrängt, hier eine eindeutige polizeiliche Lösung der Frage durchzusetzen.[141] Denn während durch wirtschafts- und außenpolitische Argumente in der Phase vor dem Ende des Frankreich-Feldzuges immer wieder Sachzwänge formuliert und eine konsequente Durchsetzung nationalsozialistischer Prinzipien hinausgeschoben werden konnte, war dies seit dem Sieg über Frankreich nun vorbei. Die Frage des Geschlechtsverkehrs zwischen Deutschen und Ausländern wurde dabei zu einem der bevorzugten Felder der Auseinandersetzung um dieses Problem, in das aber in der Folgezeit neben wirtschaftlichen und rasseideologischen auch zunehmend außenpolitische Argumente einflossen.

Die Frage, wie ein offen ausgesprochenes Verbot des Geschlechtsverkehrs Deutscher mit Ausländern auf das Ausland wirkte, erhielt angesichts aktueller Nachkriegs- und Friedensplanungen erhöhte Bedeutung; die Position des Auswärtigen Amtes war auch von Seiten der Partei oder des RSHA zu dieser Zeit nur schwer zu erschüttern. Immerhin war es ein Ergebnis der Beratungen des Ausländer-Arbeitskreises am 3. 12. 1941, daß die Parteiführung in einem Rundschreiben mitteilte, der Führer habe insbesondere mit Rücksicht auf die Gefühle der Angehörigen mit Deutschland verbündeter und befreundeter Nationen angeordnet, öffentliche Diffamierungen deutscher Frauen bei sexuellem Kontakt mit Ausländern in Zukunft zu unterlassen.[142] Zu einer Entscheidung über die Behandlung der betroffenen Westarbeiter kam es vorerst nicht.

War eine politische Einigung hier nicht möglich, so war man doch übereinstimmend der Meinung, daß den „volkspolitischen Gefahren" vor allem vorbeugend begegnet werden müsse. In erster Linie dachte man dabei an die Errichtung von Bordellen für ausländische Arbeiter. Die Parteizentrale hatte dies schon im Dezember 1940 angeordnet; in den großen Ausländerlagern sollten Bordellbaracken errichtet und als Prostituierte sollten nur Ausländerinnen zugelassen werden, um „die Reinhaltung des deutschen Blutes" zu gewährleisten.[143] Zuständig dafür waren die Betriebe, die zur Errichtung dieser Baracken verpflichtet wurden. Offenbar kamen aber zunächst nur wenige Betriebe dieser Pflicht nach, denn im September 1941 ermahnte der Arbeitsminister die Landesarbeitsämter, darauf bei den Betrieben zu drängen; es sei „grundsätzlich ... Aufgabe der freien Wirtschaft, neben den Wohnbaracken für ihre fremdvölkischen Arbeiter auch Bordelle einzurichten". Die DAF hatte dazu sogar eine spezielle Firma gegründet, die „Häuser- und Barackenbau GmbH", der Wirtschaftsminister sagte die bevorzugte Bereitstellung von Spinnstoffwaren zu; Polizei, DAF, Arbeitsämter, die Industrie- und Handelskammern, die städtischen Behörden und die Betriebsleiter wurden zu vertrauensvoller Zusammenarbeit in dieser „auch aus biologischen Gründen ... unausweichlichen Pflicht" ermahnt.[144]

So wurden in Deutschland seit 1941 in nahezu jeder größeren Stadt und bei allen Großbetrieben Bordelle für Ausländer errichtet, ausgestattet und in Betrieb genommen, Tausende von ausländischen Frauen als Prostituierte geworben und mit Hilfe ministerieller und behördlicher Stellen ein gigantisches Zuhälterwesen unter den Ausländern installiert, über das niemand öffentlich sprach und das erst in der letzten Kriegsphase zum Gegenstand von Auseinandersetzungen in den politischen Führungsgremien des Regimes wurde.[145]

Die Praxis der „Sonderbehandlung"

Der „verbotene Umgang" mit polnischen Arbeitskräften wurde hingegen weit strenger bestraft. Insbesondere der sexuelle Kontakt zwischen deutschen Frauen und polnischen Männern war ein Kapitalverbrechen, das in den Märzerlassen mit Todesstrafe für die beteiligten Polen, mit Gefängnis oder KZ für die deutschen Frauen bedroht war. Vor dem Frankreich-Feldzug war es allerdings offenbar in Deutschland noch nicht zu Exekutionen von Polen wegen „GV-Verbrechen" gekommen, weil die Rücksichtnahmen auf die Haltung des neutralen Auslands gegenüber der deutschen Polenpolitik noch eine gewisse Rolle spielten. Nach dem Sieg über Frankreich änderte sich dies, und es setzte eine gnadenlose Verfolgungspraxis mit tausenden von Prozessen und hunderten von Hinrichtungen ein. Der Generalstaatsanwalt in Berlin konnte 1971 mehrere hundert Einzelfälle von Hinrichtungen polnischer Arbeiter wegen sexuellem Verkehr mit Deutschen nachweisen – und das betraf nur die Fälle, in denen die Opfer namentlich bekannt waren.[146]

In den Erlassen des RSHA vom 3. September 1940, die die Märzerlasse ergänzten und in vieler Hinsicht verschärften, waren die Bestimmungen, wonach polnische Arbeiter bei Geschlechtsverkehr mit Deutschen zu hängen waren, spezifiziert worden. Bei „Sonderbehandlung" war jetzt folgendermaßen vorzugehen: lag ein Fall von Geschlechtsverkehr vor, mußte sofort ein eingehender Bericht an das RSHA mit Vernehmungsdurchschriften, amtsärztlichem „rassischem Gutachten" sowie „die Rassenmerkmale deutlich kennzeichnenden Lichtbildern" eingereicht werden.[147] Die zuständigen Referate im RSHA prüften dann den Einzelfall, wobei entscheidend für das Ergebnis dieser Prüfung die „rassische Untersuchung" des beteiligten Polen war. Fiel diese „positiv" aus, wurde geprüft, ob der polnische Arbeiter „eindeutschungsfähig" war.[148] War der Betreffende aufgrund der „rassischen Musterung" für „eindeutschungsfähig" erklärt worden, schied die Möglichkeit einer Exekution für ihn aus; meist lautete der Vorschlag auf Einweisung in ein Konzentrationslager der Stufe I für kurze Zeit. Unter bestimmten Voraussetzungen konnte er die deutsche Frau sogar heiraten und blieb in diesem Fall oft ganz „straffrei".

War das Ergebnis der „rassischen Untersuchung" hingegen negativ, wurde in der Regel vom RSHA die Exekution des Ausländers angeordnet. Die beteiligten deutschen Frauen wurden in solchen Fällen schwer bestraft. Zur strafrechtlichen Aburteilung hinzu kamen die erwähnten Verunglimpfungen. Spätestens seit Ende 1941, wahrscheinlich aber früher, gingen die Behörden dazu über, im Falle der Schwangerschaft die Abtreibung anzuordnen; wobei unklar ist, in welchem Ausmaß dies tatsächlich durchgeführt wurde.[149] Die Bestimmungen vom September 1940 regelten auch die Fälle verbotenen Geschlechtsverkehrs zwischen einem deutschen Mann und einer polnischen Arbeiterin in Deutschland. Die Polin sollte künftig in Fällen, in denen sie unter Ausnutzung eines Abhängigkeitsverhältnisses zum Geschlechtsverkehr veranlaßt worden war, bis zu 21 Tagen in Schutzhaft genommen werden, sonst aber auf unbestimmte Zeit in ein Frauenkonzentrationslager eingewiesen werden; der beteiligte deutsche Mann war grundsätzlich für drei Monate in ein Konzentrationslager zu überstellen.[150]

Seit Anfang Juli 1940 wurden Exekutionen polnischer Arbeiter und Kriegsgefangener wegen „GV-Verbrechen" von den Oberlandesgerichtspräsidenten in ihren regelmäßigen Berichten gemeldet, die erste Meldung kam aus Ingeleben bei Helmstedt.

Dort sei eine deutsche Frau wegen Geschlechtsverkehrs mit einem polnischen Kriegsgefangenen zu zweieinhalb Jahren Haft verurteilt worden, im Ort sei dies bald Tagesgespräch geworden; der Pole habe zunächst Arreststrafe erhalten; „später ist er aber, wie erzählt wird, von der Militärbehörde freigegeben und zur Abschreckung an einem Baume erhängt" worden. In der Bevölkerung sei dies durchaus auf Zustimmung gestoßen, berichtete der Braunschweiger Oberlandesgerichtspräsident, es habe aber auch Stimmen gegeben, daß ein derartiges Vorgehen mit der deutschen Rechtsauffassung nicht vereinbar sei.[151]

In Gotha wurde am 24. August 1940 ein siebzehnjähriger polnischer Arbeiter wegen Geschlechtsverkehrs mit einer deutschen Prostituierten gehängt. 50 Polen mußten zwangsweise, etwa 150 Deutsche aus der Gegend wollten freiwillig der Exekution beiwohnen.[152]

Der Hammer OLG-Präsident berichtete: „Am 27. Juli des Jahres brachte die Westfälische Landeszeitung ‚Rote Erde' als Berliner Meldung die Mitteilung, daß ein polnischer Landarbeiter, der als Zivilarbeiter in Hampenhausen (Westf.) tätig war, auf Befehl des Reichsführers SS und Chef der Deutschen Polizei wegen der von ihm begangenen unzüchtigen Handlungen am 16. Juli, vormittags 9.00 Uhr, erhängt worden sei. Wie mir berichtet worden ist, ist die Hinrichtung von zwei polnischen Landarbeitern durchgeführt worden im Beisein des Landrats, des Gesundheitsarztes und etwa 60 anderer Personen."[153]

Der Bochumer Landesgerichtspräsident meldete, daß in Eiberg bei Wattenscheid am 3. Juni 1941 ein polnischer Zivilarbeiter gehängt worden war, der beschuldigt wurde, „einem deutschen Landjahrmädchen mit der Hand unter die Röcke gegriffen zu haben ... Etwa 150 Polizeibeamte seien zu diesem Zwecke zusammengezogen worden, und alle polnischen Zivilarbeiter hätten der Exekution beiwohnen müssen". Die Exekution des als ordentlich, fleißig und zurückhaltend geltenden Mannes habe „unter der Bevölkerung Beunruhigung und Ablehnung hervorgerufen" und hätte nach Meinung vieler „doch nicht auf Anordnung der Polizei ohne gerichtliches Urteil vorgenommen werden dürfen".[154]

Solche Berichte häuften sich seit dem Herbst 1940; sie waren meist nach einem ähnlichen Muster aufgebaut und berichteten zuweilen von einer gewissen Beunruhigung der Bevölkerung über die Praktiken der Polizei.[155] Diese Beunruhigung war zu verstehen, denn das Vorgehen der Sicherheitsbehörden stellte, sieht man von der Phase unmittelbar nach der Machtergreifung ab, ein Novum dar. Bislang waren die terroristischen Praktiken der Nazis zumeist in der Abgeschlossenheit der Konzentrationslager und Gefängnisse vorgenommen worden; es gehörte geradezu zum Charakter dieser Form des Terrors, daß er außerhalb des Alltags der Bevölkerung stattfand und somit auch niemanden, der es vermeiden wollte, aufregte. Daß aber ausländische Arbeiter in Wildwestmanier in aller Öffentlichkeit, mit hunderten von Zeugen ein paar Schritte vor der Stadt an einem Baum aufgehängt wurden, war eine auffällige Änderung der polizeilichen Strategie, die darauf abzielte, eine möglichst abschreckende Wirkung unter den Polen wie auch unter den Deutschen, vor allem der weiblichen Bevölkerung, zu erzielen. Selbst diejenigen Deutschen, die diese „schnelle Sühne" befürworteten, weil sie „für Rassefragen besonderes Verständnis" hätten, klagte der Düsseldorfer Landesgerichtspräsident, nähmen Anstoß daran, „daß die Vollstreckung nicht in einem Gefängnis, sondern in der Öffentlichkeit unter freiem Himmel stattgefunden hatte".[156]

Über solche Formen der „Beunruhigung" hinaus aber kam es in der deutschen Öffentlichkeit nicht zu heftigeren Reaktionen; obwohl das RSHA derartiges befürchtete und die unteren Behörden auch anwies, nach einer Exekution ausführlich über die Haltung der deutschen Bevölkerung zu solchen Vorfällen zu berichten. Vor allem traute man den deutschen Frauen nicht, und Forderungen nach härterer Bestrafung von Frauen, die sich mit Ausländern eingelassen hatten, wurden häufiger laut. So berichteten die Düsseldorfer Behörden über die Exekution eines 26jährigen Polen in Kempen (Ndrh.), der „ein gleichaltriges deutschblütiges Mädchen geschwängert hatte, das ... sich ihm freiwillig hingegeben hatte". Es herrsche nun „in der Bevölkerung Unmut darüber ..., daß nicht auch gegen das deutschblütige Mädchen vorgegangen werde".[157] Die Wut der Nationalsozialisten über das Verhalten der Frauen fand auch Eingang in die Bestrafungspraxis. Die „Sicherungsverwahrung" nach Abbüßung der gerichtlichen Strafe – das hieß meist: die Einweisung in ein Konzentrationslager – wurde seit 1941 auch bei deutschen Frauen durchgeführt, die wegen „GV-Verbrechen" verurteilt worden waren.[158]

5. Nach zwei Jahren Ausländereinsatz

Im Sommer 1941 arbeiteten fast drei Millionen Ausländer in Deutschland. Die ursprünglichen Absichten der Nationalsozialisten, Ausländer nur als vorübergehende Notlösung und auch nur bei niederen Tätigkeiten im Reich zu beschäftigen, hatten in fast allen Punkten den wirtschaftlichen Sachzwängen einer Kriegsführung weichen müssen, die die Kapazitäten der deutschen Wirtschaft bei weitem überstieg und sowohl im Hinblick auf Rohstoffe wie auf Arbeitskräfte auf die Ressourcen der besetzten Länder angewiesen war.

Zwar war der Ausländereinsatz als vorübergehende Notlösung für die Zeit während des Krieges begonnen worden, sowohl aus arbeitsmarktpolitischen Gründen wie durch den vorwiegenden Einsatz ausländischer Kräfte in schmutzigen, schlecht bezahlten und bei Deutschen unbeliebten Arbeitsplätzen war ein Ende der Ausländerbeschäftigung auch nach siegreicher Beendigung des Krieges in naher Zukunft nicht abzusehen.

Statt des Kolonneneinsatzes im Moor und im Steinbruch war der Einzeleinsatz in nach und nach allen Branchen und – im Falle der Arbeiter aus dem Westen – auf qualifizierten Arbeitsplätzen etabliert worden. Selbst der Blitzsieg über Frankreich machte diesem Zustand kein Ende – im Gegenteil, mehr als eine Million französischer Kriegsgefangener und fast 500.000 zivile „Westarbeiter" in Deutschland ließen eine politisch komplizierte Situation entstehen, in der verschiedene Interessenlagen aufeinanderwirkten und eine einheitliche Ausländerpolitik verhinderten.

Von Seiten der Industriebetriebe und vieler betriebsnaher Behörden bestand vor allem ein Interesse daran, die Arbeitsleistung der Ausländer zu erhöhen, um die Kosten-Nutzen-Relation zu verbessern. Da aber keine langfristige Konzeption des Ausländereinsatzes bestand und allem Anschein nach genügend Arbeiter zur Verfügung standen, wurden die Voraussetzungen zur Verbesserung der Arbeitsleistung, in erster Linie die Verbesserung der fachlichen Qualifikation und berufsrichtiger Einsatz, nicht in notwendigem Umfange geschaffen. Es blieb bei extensiven Ausbeutungsformen gerade im Falle der Polen, deren geringe Arbeitsleistung allerdings in politischer Hinsicht durchaus gelegen kam, konnte dadurch doch gezeigt werden, daß die polnischen Arbeiter angeblich genauso faul und arbeitsscheu waren, wie es die deutsche Propaganda verkündet hatte.

Andererseits aber entsprachen das Verhalten und die Leistungen der einzelnen Ausländergruppen durchaus nicht den politischen und „rassischen" Kategorien des Regimes. Es erwies sich, daß die nationale Differenzierung der Ausländergruppen nach politischen und rassistischen Kriterien nicht vollständig mit der Vorurteilsstruktur in der Bevölkerung übereinstimmte. Insbesondere bei den Italienern zeigte sich, daß die politisch motivierte Wertschätzung der italienischen Arbeiter durch das Regime und die Haltung der deutschen Bevölkerung ihnen gegenüber weit auseinanderklafften.

Eine der Grundlagen des Herrschaftskompromisses bei Kriegsbeginn, der den Ausländereinsatz ermöglichte, war das stillschweigende Zugeständnis der Arbeitseinsatzstellen an Partei und Polizei gewesen, daß die Polen, wenn sie denn schon in Deutschland arbeiteten, dann wenigstens schlecht behandelt werden sollten. Hier konnte man auf verbreitete Ressentiments in der Öffentlichkeit aufbauen und systematisch ein straf- und sozialrechtliches Sondersystem für Polen etablieren, das auch die Funktion erfüllte, der Perspektive eines siegreichen NS-Nachkriegsdeutschland bereits vor Kriegsende eine praktische Dimension zu geben. Das System der scharfen Diskriminierung der Polen kollidierte jedoch gerade in solchen Gegenden, in denen es eine Tradition der Saisonarbeiterschaft gab, mit den eingefahrenen Formen der Beziehungen zwischen Deutschen und Polen, die zwar auch auf Ausbeutung und Unterordnung der Polen beruhten, aber deutliche Grenzen etwa bei der Mißhandlung der ausländischen Arbeiter kannten. Ziel der Politik des Regimes war es nun, diese Beziehungen durch Entsolidarisierungsmaßnahmen schrittweise zu zerstören und neue Solidaritäten, vor allem zwischen deutschen und ausländischen Industriearbeitern, auf jeden Fall zu verhindern. Diese Politik wurde nach dem Frankreich-Feldzug noch verschärft, als Polen nicht mehr so eindeutig im Mittelpunkt des Interesses der Weltöffentlichkeit stand und bei den Funktionären wie im Volk stärker noch als bis dahin die Erwartung bestand, nun endlich auch Früchte des Sieges ernten zu können.

Die Anwesenheit einer so großen Zahl ausländischer Arbeiter führte naturgemäß zu Konflikten mit der nationalsozialistischen Weltanschauung und Politik. Zum einen war eine höhere Arbeitsleistung der Ausländer auf Dauer wohl nur dann zu erreichen, wenn ein leistungsbezogener und den Versprechungen entsprechender Lohn bezahlt wurde. In dem Maße, wie den Ausländern deutlich wurde, daß dies nicht der Fall war, stieg die Zahl der „Arbeitsvertragsbrüche" an, ohne daß damit umfassendere politisch-oppositionelle Intentionen der Ausländer verbunden gewesen wären, die durch die Geschlossenheit von Volk und Führung in Deutschland gerade zu dieser Zeit auch von vorneherein zum Scheitern verurteilt waren. Eine „weiche" Reaktion des Regimes auf diese deutlichen Symptome der Unzufriedenheit vieler Ausländer in Form von Verbesserungen ihrer Lebensbedingungen hätte zu dieser Zeit aber einen von den Nationalsozialisten nicht hinnehmbaren Widerspruch zu den eigenen Grundauffassungen bedeutet, weil sie zu einer partiellen Gleichstellung von Ausländern und Deutschen geführt hätte. So reagierte das Regime mit Terror auf die steigende Zahl der Arbeitsfluchten und der Verstöße gegen die Arbeitsordnung, der schließlich in der Etablierung des Sonderstrafsystems der Arbeitserziehungslager kulminierte.

Zum zweiten brachte der Masseneinsatz von Ausländern notgedrungen eine nicht mehr kontrollierbare Zahl von Kontakten zwischen Ausländern und Deutschen mit sich, ohne daß es hierbei Anzeichen für Ansätze zu politischen Solidarisierungen gegeben hätte. Dennoch war der Widerspruch zwischen nationalsozialistischem Weltanschauungskrieg und dieser Form der Internationalisierung der Sozialkontakte vieler Deutscher nicht ausgleichbar. Das Regime mußte sich auf exemplarische Abschreckungsurteile zurückziehen, die jedoch solche Kontakte nicht verhindern konnten, wenn, wie im Falle der Franzosen, verbreitete Wertschätzung und juristische Diskriminierung zueinander im Widerspruch standen. Dies kompensierte das Regime durch die brutale Durchsetzung der NS-Prinzipien in einem Kernbereich seiner Weltanschauung, der „Reinhaltung des deutschen Blutes". Die Bestrafung des sexuellen Kontaktes deutscher Frauen mit Ausländern lag in der Konsequenz nationalsozialistischer Ausländerpolitik, entsprach aber wohl auch durchaus dem „Volksempfinden" in weiten Bevölkerungskreisen. Die öffentliche Exekution polnischer Arbeiter aufgrund polizeilicher Anordnung und die Diskriminierung deutscher Frauen in diesem Zusammenhang markierten dabei einerseits den Sieg der Polizeiorgane über die Justiz, die fortan alle Strafsachen gegen Polen der Gestapo überlassen mußte, machten andererseits aber auch deutlich, daß das Regime darauf spekulierte, mittlerweile auch eklatante Rechtsbrüche in aller Öffentlichkeit ohne die Gefahr von Protesten und einer dadurch entstehenden politischen Destabilisierung durchführen zu können. Wenn polnische Arbeiter ohne Gerichtsurteil am nächsten Baum aufgehängt werden konnten, weil sie mit einer deutschen Frau sexuell verkehrt hatten, war mit Protesten der deutschen Bevölkerung gegen die schlechte Bezahlung oder Unterbringung der Polen schon gar nicht zu rechnen. Insofern zog die Radikalisierung der Ausländerpolitik des Regimes ein stetes Abflachen der Toleranzschwelle in der Bevölkerung nach sich.

Nach zwei Jahren hatte sich der Ausländereinsatz in Deutschland soweit etabliert, daß auch auf längere Sicht mit europäischen „Gastarbeitnehmern", wie Letsch es ausgedrückt hatte, in Deutschland zu rechnen war. Die ideologischen Bedenken waren bis zu einem gewissen Grade durch Terror und Diskriminierung gegenüber den Polen ausgeglichen worden; die Anwesenheit von Franzosen, Italienern und Holländern machte den Behörden im Herbst 1941 politisch mehr Sorgen als die der polnischen Arbeiter. Gegen alle ideologischen Einwände aber stand, daß ohne die Ausländer der Krieg nicht mehr fortgeführt werden konnte, daß die Beschäftigung eines Millionenheers von Hilfsarbeitern in der deutschen Öffentlichkeit das Bewußtsein vom eigenen Status bereits verändert hatte und daß nach Einschätzung der politischen Führung die Deutschen gar nicht mehr bereit waren, die jetzt von den Ausländern übernommenen Arbeiten eines Tages selbst wieder auszuführen.

VI. Kapitel
Arbeitseinsatz statt Vernichtung: Ausländerpolitik 1942

1. Vernichtungskrieg statt Arbeitseinsatz

Der Verlauf des Krieges bis zur Niederwerfung Frankreichs im Sommer 1940 hatte der nationalsozialistischen Führung Deutschlands in vielen Gebieten ideologische Zugeständnisse an kriegswirtschaftliche Sachzwänge aufgenötigt, die den Widerspruch zwischen der politischen Utopie eines im Innern wie nach außen nach nationalsozialistischen Maximen geordneten Großdeutschlands und den Anforderungen einer expandierenden Industriegesellschaft im Kriege offen auftreten ließ. Viele der politischen Prozesse innerhalb der deutschen Führung seit etwa 1937 lassen sich begreifen als beständige Suche nach Kompromissen, die je nach aktueller militärischer und politischer Lage langfristige Perspektiven und kurzfristige Erfordernisse miteinander vereinbaren sollten. Die Kriegsführung vor dem Juni 1941 selbst erscheint unter diesem Blickwinkel als andauernde Vorbereitung auf die eine endgültige, alle Probleme mit einem Schlage erledigende Lösung, die Blitzkriege als Zwischenergebnisse und Vorstufen zu einem Zustand, in dem sich endlich wirtschaftliche, soziale und ideologische Ziele widerspruchsfrei miteinander vereinbaren ließen.

Die seit der Besetzung von Paris feststellbare Euphorie bei Volk und Führung in Deutschland rührte aus dem Aufatmen darüber her, daß nunmehr das Ende der Entbehrungen wie auch der ideologisch nicht vertretbaren Kompromisse nahe sei, daß die Früchte der langjährigen Anstrengungen und Mühen jetzt geerntet werden könnten und man nunmehr daran gehen könne, den letzten, alles mit einem Mal entscheidenden Schlag zu führen. Die Vorbereitungen auf den Krieg gegen die Sowjetunion sind Ausdruck dieses Bewußtseins – dieser, der „eigentliche" Krieg, sollte eine Art „passe partout"[1] für die zahlreichen Problemlagen sein, in denen sich Deutschland befand. Er sollte Deutschlands unangefochtene Stellung in ganz Europa zur Folge haben, Deutschlands Ernährung auf lange Zeit hin sichern, der Industrie Rohstoffe erschließen, dem Mittelstand als Kompensation für seinen während des Krieges erlittenen wirtschaftlichen Niedergang als Siedlungsraum dienen – und sollte gleichzeitig Grundlage wie Objekt einer nach nationalsozialistischen Prinzipien durchorganisierten Rasse- und Bevölkerungspolitik werden, ein Weltanschauungskrieg, in dem endlich frei von Rücksichten auf Mangellagen der Kriegswirtschaft die Maximen des Herrenmenschentums umgesetzt werden konnten.[2]

Besonders auffällig ist daher, daß die während der ersten beiden Kriegsjahre in vielen Punkten feststellbare Konfrontation verschiedener „Fraktionen" innerhalb der NS-Führungsschicht in der Vorbereitung des Krieges gegen die UdSSR in dieser Weise nicht auftrat. Der für die Vorbereitungsphase des „Polenfeldzuges" so typische und sich im Frühjahr 1940 wiederholende Konflikt zwischen produktionsnahen Behörden, die pragmatische, kurzfristige Lösungen anstrebten, und den auf Durchsetzung langfristiger politischer Ziele des Nationalsozialismus pochenden

Kräften v. a. in Partei und Polizeiapparat wiederholten sich im ersten Halbjahr 1941 nicht – zu gewiß war der Sieg, zu groß die erwarteten Zuwächse der Ressourcen, als daß mit Mängellagen überhaupt noch argumentiert wurde.

Die Planung für eine wirtschaftliche Ausbeutung einer in wenigen Monaten besiegten Sowjetunion, die bereits im August 1940 begonnen hatte,[3] ging von so riesigen Zahlen der zu erwartenden Beute an landwirtschaftlichen und industriellen Gütern aus, daß damit nicht nur die aktuellen Engpässe und Defizite beseitigt, sondern Überschüsse in großem Ausmaß bereitstehen würden. Tatsächlich verfügte das OKW über Unterlagen, die die Größenordnungen, in denen eine wirtschaftliche Ausbeutung der Sowjetunion für Deutschland gewinnbringend wäre, wesentlich niedriger einschätzten. Gleichwohl legte der Chef des WiRüAmtes, Thomas, im Februar 1941 Hitler eine Expertise vor, in der allein die Getreideüberschüsse und -vorräte im europäischen Teil der Sowjetunion auf ca. 7 Millionen t geschätzt wurden; ähnlich hoch lagen die Schätzungen für Rohstoffe und die industriellen Kapazitäten.[4]

Diese Einschätzung gründete sich auf den Gedanken, daß diese Ressourcen der deutschen Truppe weitgehend unbeschädigt in die Hände fallen würden, weil die Kampfkraft des Gegners als außerordentlich gering beurteilt wurde.[5]

In den folgenden Wochen und Monaten arbeitete v. a. der im April 1941 gegründete „Wirtschaftsstab z.b.V. Oldenburg" intensiver an konzeptionellen Grundlagen für eine wirtschaftliche Ausbeutung der Sowjetunion – ebenfalls mit der Perspektive maximaler Beuteerwartungen;[6] nicht anders als zahlreiche Institute und Gesellschaften der Privatindustrie, die auf die wirtschaftliche Kriegszielplanung gegenüber der Sowjetunion einen starken Einfluß nahm und bei der bereits Wochen vor dem Angriff regelrechte „Beutelisten" kursierten, in denen von der sowjetischen Leder- bis zur Chemieindustrie schon unter deutschen Unternehmen aufgeteilt wurde, was zweifellos in den nächsten Wochen erobert werden würde.[7]

Alle wirtschaftlichen Kriegszielplanungen gingen im Frühjahr 1941 von zwei Prämissen aus: zum einen, daß der Sieg gegen die Sowjetunion in der Manier des Blitzkrieges in wenigen Monaten, wenn nicht gar Wochen erreicht würde und daß zweitens die Zivilbevölkerung der Sowjetunion als zu vernachlässigender Faktor außerhalb der Planungsgrößen zu stehen habe.

Anfang Mai wurden bei einer Besprechung der Staatssekretäre die Grundlagen der Planungen festgelegt; dabei ging man wie schon Thomas in seiner Denkschrift vom 13. Februar davon aus, daß aus der Sowjetunion in erster Linie landwirtschaftliche Produkte „herausgeholt" werden konnten. Die Überschüsse des agrarisch strukturierten Südens der UdSSR, die die agrarschwachen Industriegebiete im Norden ernährten, sollten direkt nach Deutschland abgezweigt werden. „Hierbei", stellten die Staatssekretäre fest, „werden zweifellos zig Millionen Menschen verhungern, wenn von uns das für uns Notwendige aus dem Lande herausgeholt wird".[8] Darauf aufbauend faßte eine Studie der Gruppe Landwirtschaft der Wirtschaftsorganisation Ost am 23. Mai zusammen: „Die Bevölkerung dieser Gebiete, insbesondere die Bevölkerung der Städte, wird größter Hungersnot entgegensehen müssen. Es wird darauf ankommen, die Bevölkerung in die sibirischen Räume abzulenken. Da Eisenbahntransport nicht in Frage kommt, wird auch dieses Problem ein äußerst schwieriges sein ... Viele 10 Millionen Menschen werden in diesem Gebiet überflüssig und werden sterben oder nach Sibirien auswandern müssen. Versuche, die Bevölkerung dort vor dem Hungertode dadurch zu retten, daß man aus der Schwarzerdezone Überschüsse heranzieht, können nur auf Kosten der Versorgung Europas gehen. Sie unterbinden die Durchhaltemöglichkeit Deutschlands im Kriege, sie unterbinden die Blockadefestigkeit Deutschlands und Europas. Darüber muß absolute Klarheit herrschen."[9]

Diese Richtlinien waren nun nicht das Produkt der Rassefanatiker in der SS-Führung oder der Partei, sondern eines Gremiums, in dem vorwiegend Agrarexperten saßen, deren Haltung gegenüber der sowjetischen Bevölkerung allerdings in den Grundzügen mit Himmlers späterem „Generalplan Ost" übereinstimmte: Die Bevölkerung spielte in den Kriegszielplanungen der Kriegswirtschaftstechnokraten im Frühjahr 1941 keine Rolle. Der Hungertod von „vielen 10 Millionen Menschen" wurde nüchtern einkalkuliert, weil das, wie Rosenberg im Juni formulierte, „eine harte Notwendigkeit ist, die außerhalb jeden Gefühls steht".[10]

Die Basis dieser weitgreifenden Gemeinsamkeit in der Hinnahme und Planung des millionenfachen Hungertodes der sowjetischen Zivilbevölkerung war ein weltanschaulich fundierter Russenhaß, der sich keineswegs auf die Einflüsse nationalsozialistischer Ideologien reduzieren läßt, sondern in der Verwaltung und im Militär ebenso wie – was zu zeigen sein wird – in Teilen der Bevölkerung verbreitet war und tiefer zurückreichende Ursachen in den Traditionen des Antisemitismus, Antislawismus und Antikommunismus besaß.[11] Der Rußland-Feldzug war insofern ein spezifisch nationalsozialistischer Krieg, als die politischen Prinzipien der Kriegsführung von der nationalsozialistischen Rasse- und Lebensraum-Ideologie bestimmt waren. Die Zustimmung zu diesen Prinzipien, soweit sie den Ostfeldzug betrafen, war aber innerhalb der militärischen und administrativen Elite größer als zur nationalsozialistischen Politik und Ideologie insgesamt.

So ordnete der Chef der Panzergruppe 4, Generaloberst Hoepner schon Anfang Mai, also vor dem „Kommissarbefehl", der die Liquidierung der „politischen Kommissare" der Roten Armee bestimmte,[12] über die Kampfführung gegen die Rote Armee an: „Der Krieg gegen Rußland ist ein wesentlicher Abschnitt im Daseinskampf des deutschen Volkes. Es ist der alte Kampf der Germanen gegen das Slawentum, die Verteidigung europäischer Kultur gegen moskowitisch-asiatische Überschwemmung, die Abwehr des jüdischen Bolschewismus. Dieser Kampf muß die Zertrümmerung des heutigen Rußland zum Ziele haben und deshalb mit unerhörter Härte geführt werden. Jede Kampfhandlung muß in Anlage und Durchführung von dem eisernen Willen zur erbarmungslosen, völligen Vernichtung des Feindes geleitet sein. Insbesondere gibt es keine Schonung für die Träger des heutigen, russisch-bolschewistischen Systems."[13] Im ersten Heft der Wehrmachtspropaganda im Juni 1941 („Mitteilungen an die Truppe") waren die Maßregeln für das Verhalten gegenüber dem Feind im Osten noch radikaler geworden: „Was Bolschewiken sind, das weiß jeder, der einmal einen Blick in das Gesicht eines der Roten Kommissare geworfen hat. Hier sind keine theoretischen Erörterungen mehr nötig. Es hieße die Tiere beleidigen, wollte man die Züge dieser zu einem hohen Prozentsatz jüdischen

Menschenschinder tierisch nennen. Sie sind die Verkörperung des Infernalischen, persongewordener wahnsinniger Haß gegen alles edle Menschentum. In Gestalt dieser Kommissare erleben wir den Aufstand des Untermenschen gegen edles Blut. Die Massen, welche sie mit allen Mitteln eiskalten Terrors und blödsinniger Verhetzung in den Tod treiben, würden das Ende allen sinnvollen Lebens gebracht haben, wäre der Einbruch nicht in letzter Stunde vereitelt worden."[14]

Aus dieser Grundhaltung heraus wurden auch die Planungen der Militärführung für die Behandlung der zu erwartenden russischen Kriegsgefangenen durchgeführt. Aufgrund der Unterlagen von OKW und OKH war mit mindestens zwei bis drei Millionen Gefangenen zu rechnen, davon allein in den ersten sechs Wochen zwischen ein und zwei Millionen. Aber weder wurde in den Planungsgremien Unterkunft und Transport derart großer Gefangenenmassen organisiert noch die Verpflegung. Im Gegenteil – bereits im April rechnete das OKH nicht mehr damit, daß die russischen Gefangenen ausreichend verpflegt würden. „Daß deshalb ein großer Teil der Gefangenen wie auch der Zivilbevölkerung verhungern würde", faßt Christian Streit seine Untersuchungen zusammen, „konnte nach Kenntnis der Planungen des Wirtschaftsstabes Oldenburg im OKW und OKH nicht mehr in Zweifel stehen. Ein Interesse an der Erhaltung des Lebens dieser Gefangenen zur Ausbeutung ihrer Arbeitskraft in der deutschen Wirtschaft bestand zu diesem Zeitpunkt nicht".[15]

An einen Arbeitseinsatz sowjetischer Gefangener im Reich wurde während der Planungen nicht gedacht. Es bestand vielmehr ein ausdrückliches Verbot Hitlers, russische Gefangene im Reich zur Arbeit einzusetzen.[16] Die Richtlinien der Abt. Kgf. vom 16. Juni bestätigten dies; danach war ein „Arbeitseinsatz der Kgf. innerhalb der Wirtschaft" verboten und „nur in geschlossenen Kolonnen unter schärfster Bewachung" ausschließlich „für die unmittelbaren Bedürfnisse der Truppe" gestattet.[17] Bis zum Herbst 1941 wurden etwa 700.000 sowjetische Kriegsgefangene von der Wehrmacht zu Zwangsarbeiten eingesetzt.[18]

Es gibt tatsächlich keinerlei Hinweise darauf, daß vor dem Überfall auf die Sowjetunion der Einsatz von Russen in Deutschland auch nur erwogen worden wäre. Noch beim Vormarsch der Wehrmacht auf Charkow im Spätherbst 1941 waren die Befehlshaber bemüht, die sowjetische Zivilbevölkerung möglichst dem Feind zuzuschieben.[19]

Der schnelle Sieg über die UdSSR, davon war man fest überzeugt, würde Probleme wie „Arbeitskräftemangel" in Deutschland nicht mehr aufkommen lassen. Vor allem aber lag in der Phase der sicheren Siegeserwartung der Gedanke an weitere Kompromißlösungen aus wirtschaftlichen Krisenlagen heraus fern, ohne daß sich damit, so scheint es, realistische wirtschaftliche Konzepte verbanden. Der Arbeitseinsatz russischer Arbeitskräfte in Deutschland hätte jedoch die Kompromißfähigkeit des nationalsozialistischen Regimes weit mehr strapaziert als derjenige der Polen, der ja bereits längere Traditionen in Deutschland hatte.

Hinzu kam ein weiteres Argument: die Verpflegung der russischen Kriegsgefangenen – ob hinter der Front oder im Reichsgebiet – würde die Nahrungsmittelvorräte in Deutschland überfordern und evtl. eine Senkung der Rationen für die deutsche Bevölkerung oder die Truppe zufolge haben. Göring machte dies in einem Gespräch im September 1941 ganz deutlich: „Zunächst kommt die *kämpfende* Truppe, dann die übrigen Truppen in *Feindes*land und dann die *Heimat*truppe. Die Sätze sind dementsprechend eingerichtet. Dann wird die *deutsche* nicht-militärische Bevölkerung versorgt. Erst dann kommt die *Bevölkerung in den besetzten Gebieten*. Grundsätzlich sollen in den besetzten Gebieten nur diejenigen in der entsprechenden Ernährung gesichert werden, die für uns arbeiten. Selbst wenn man die sämtlichen übrigen Einwohner ernähren *wollte,* so *könnte* man es im neubesetzten Ostgebiet *nicht*. Bei der Verpflegung der bolschewistischen *Gefangenen* sind wir im Gegensatz zur Verpflegung anderer Gefangener an keine internationalen Verpflichtungen gebunden. Ihre Verpflegung kann sich daher nur nach den Arbeitsleistungen für uns richten."[20]

Die Priorität der Versorgung der Truppe und die Rücksichtnahme auf die Stimmung der deutschen Bevölkerung sind dabei jedoch nur Rationalisierungen eines politischen Vernichtungswillens in der deutschen Führung. Denn sowohl was die vorhandenen Lebensmittel als auch, was die vorhandene logistische Struktur der Wehrmacht angeht, wäre eine zumindest existenzsichernde Ernährung der Kriegsgefangenen möglich gewesen,[21] was sich seit dem Frühjahr 1942 ja dann auch tatsächlich erwies. Hätte sich in der deutschen Führung die Überzeugung, daß die Kriegsgefangenen als Arbeitskräfte gebraucht würden, durchgesetzt, hätte vermutlich ein großer Teil der über zwei Millionen sowjetischen Gefangenen, die bis zum 1. Februar 1942 an Unterernährung und Fleckfieber starben oder von den Einsatzkommandos umgebracht wurden, gerettet werden können. So aber kamen 60 % der 3.350.000 sowjetischen Gefangenen des Jahres 1941 um; 1,4 Millionen von ihnen bereits vor Anfang Dezember.[22]

Die Zuversicht, daß man die Russen als Arbeitskräfte in Deutschland nicht brauchen würde, wenn man den Krieg nur schnell gewann, reicht jedoch als einzige Begründung für die strikte Ablehnung des Arbeitseinsatzes im Reich nicht aus; sie muß im Zusammenhang mit den Erfahrungen der Ausländerbeschäftigung in den ersten beiden Kriegsjahren gesehen werden. Denn ähnlich wie schon 1939 bei den Polen hatte sich in Deutschland 1941 das propagandistische Bild von der russischen Bevölkerung verselbständigt. Obwohl ja in der deutschen Landbevölkerung noch Erfahrungen mit dem Arbeitseinsatz von russischen Kriegsgefangenen im Ersten Weltkrieg vorlagen, stieß das Propagandabild vom russischen Untermenschen in der deutschen Öffentlichkeit durchaus auf positive Resonanz.

Als dann 1942 und 1943 der massenhafte Einsatz russischer Arbeitskräfte in Deutschland durchgeführt wurde, machten die Berichte über die Reaktionen in der deutschen Bevölkerung deutlich, wie groß die Verwunderung darüber war, daß nun statt der „slawischen Bestien" Menschen nach Deutschland kamen, die sich von Aussehen, Bildung und Gewohnheiten von den Deutschen nicht so sehr unterschieden. „Unkontrollierbare Gerüchte liefen den ersten Transporten sowjetischer Zivilarbeiter voraus," berichtete ein Betriebsleiter Anfang 1943 aus dem Saargebiet. „Schauerliche Sachen ‚sollten' sich da und dort zugetragen haben. Schlagworte wie Sabotage, Arbeitsverweigerung, Widersetzlichkeit, bolschewistische Zellenbildung, Politruks, Flintenweiber usw. fielen."[23] Über das von der Propaganda gezeichnete und in der Bevölkerung weitverbreitete Rußland-Bild berichtete der SD im August 1942 rückblickend: „Die Menschen der Sowjetunion seien als tierisch, viehisch, animalisch hingestellt worden. Im Kommissar und Politruk wurde dieser Mensch zum ‚Untermenschʻ schlechthin. Die Berichte über die Greueltaten, die in den ersten Monaten des Ostfeldzuges gegeben wurden, verfestigen die Meinung, daß es sich bei den Angehörigen der Feindarmee um ‚Bestienʻ handele. Es wurde mit Sorge gefragt, was wir mit diesen ‚Tierenʻ in Zukunft anfangen wollten. Viele Volksgenossen stellten sich vor, daß sie radikal ausgerottet werden müßten. Zusammen mit Meldungen über die Gewalttaten entflohener russischer Kriegsgefangener bildete sich eine gewisse Angst davor heraus, daß diese Gestalten und Typen in größerer Zahl in das Reichsgebiet kommen könnten und gar als Arbeitskräfte Verwendung finden sollten."[24]

Die politische Intention der Parteistellen, die Russen nicht ins Reich kommen zu lassen, weil damit eine „volkspolitische Gefahr" unerhörten Ausmaßes erblickt wurde, kam hier der aus Angst und Chauvinismus gemischten Ablehnung des Arbeitseinsatzes der Russen in der Bevölkerung durchaus entgegen.[25]

Schließlich schien der Russeneinsatz aber auch aus wirtschaftlichen Gründen nicht zwingend erforderlich zu sein. Die „militärische Beherrschung des europäischen Raumes nach der Niederwerfung Rußlands", erklärte Hitler im Juli 1941, erlaube es, „den Umfang des *Heeres* demnächst wesentlich zu verringern".[26] 50 Divisionen, so plante das OKW noch Mitte August nicht anders als jeweils nach den Siegen über Frankreich und Polen, sollten aufgelöst und dadurch 300.000 Mann in die Rüstungsbetriebe entlassen werden können.[27]

Die Veränderung der militärischen Lage an der Ostfront ließ diese Planungen spätestens nach dem Stillstand und teilweisen Rückzug vor Moskau im Winter 1941 zu Makulatur werden. Mit diesen militärischen Veränderungen begann sich auch die Haltung in der deutschen Führung gegenüber einem Arbeitseinsatz der Russen in Deutschland aufzulockern. Jedoch war der Prozeß bis hin zur Entscheidung langwierig und kompliziert. Die bis in den Herbst hinein vorherrschende Ablehnung des „Russeneinsatzes" aber war so tief verhaftet, daß sie selbst nach der Entscheidung für den Einsatz ein wichtiger politischer Faktor blieb, der bis in die letzten Kriegsmonate hinein Auswirkungen auf die Behandlung der russischen Arbeitskräfte hatte.

2. Entscheidung für den „Russeneinsatz"

Erste Kompromisse

Die wirtschaftliche Lage Deutschlands im Sommer 1941 war ganz auf die zu erwartenden Erweiterungen der Ressourcen und die zurückkehrenden Soldaten nach einem schnellen Sieg über die Sowjetunion ausgerichtet. Die Industrieproduktion lag im Durchschnitt des Jahres 1941 noch knapp unter der von 1939,[28] während die für den Ostfeldzug voraussichtlich benötigten Rüstungsgüter nach bewährtem Muster in kurzen und intensiven Produktionsstößen hergestellt werden sollten. Die Zahl der deutschen Arbeitskräfte war zwischen Mai 1940 und Mai 1941 um 1.685.000 Personen gesunken; allein die Zahl der beschäftigten deutschen Frauen nahm um mehr als 200.000 ab.[29]

Dem standen im September mehr als 2,6 Millionen offener Stellen gegenüber, davon allein eine halbe Million im Bereich der Landwirtschaft, 50.000 beim Bergbau, mehr als 300.000 im Metallbereich und 140.000 beim Bau.[30] Selbst durch die erwarteten Rückführungen deutscher Soldaten in die Heimat war also eine wesentliche Verbesserung der Situation kaum zu erwarten. Trotz dieser in vieler Hinsicht bedrohlichen – und den Verantwortlichen zumindest teilweise bekannten – Lage blieb die ablehnende Haltung gegenüber dem Einsatz sowjetischer Arbeitskräfte in der NS-Führungsspitze weiter vorherrschend.

Die ersten Initiativen, doch russische Kriegsgefangene in Deutschland einzusetzen, gingen – allerdings sehr vereinzelt – von einigen Rüstungsbetrieben des Ruhrgebiets aus, die im Juni 1941 darauf hofften, „bald russische Gefangene als Arbeitskräfte zu erhalten", ohne daß dies jedoch von den Behörden schon sonderlich ernst genommen worden wäre.[31] Vorreiter war dabei der Bergbau, wo die Arbeitskräfteknappheit wieder zu Produktionsrückgängen geführt hatte. Die Steinkohleförderung im Ruhrgebiet war von März bis August 1941 um 2 Millionen t pro Monat (15 %) gesunken;[32] eine Entwicklung, die auch mit den Hinweisen auf demnächst eroberte Kohlenfelder in der Sowjetunion nicht weniger alarmierend war. Denn da eine kurzfristige Besserung der Kohleversorgung aus Rußland noch nicht zu erwarten war, mußte entweder der Kohleverbrauch in Deutschland gesenkt oder die Zahl der Arbeitskräfte im Bergbau erhöht werden.[33] Ebenso wie Paul Pleiger für die Reichsvereinigung Kohle meldeten auch andere Unternehmen und Verbände seit Anfang Juli ihr Interesse an russischen Arbeitskräften an, so die Sulzbach-Rosenberg-Hütte, die sich vorsorglich damit einverstanden erklärte, „daß uns für sämtliche angeforderten Arbeitskräfte russische Kriegsgefangene zugewiesen werden".[34] Dies waren aber eher Einzelfälle; insgesamt war die Haltung der Industrie im Sommer 1941 abwartend, sei es aus dem Gefühl sicherer Siegeserwartung, sei es aus Skepsis.

Anfang Juli stellten die Führungsgremien der Wirtschaftsverwaltung erste Überlegungen an, ob das Einsatzverbot gelockert werden solle. In einer Besprechung im WiRüAmt am 4. Juli berichtete ein Vertreter des OKW/Abt. Kgf., daß mit einer gewissen Lockerung des Verbots zu rechnen sei. An einen Einsatz im Reich sei zunächst nicht gedacht, wenn es aber dazu käme, „würden für den Arbeitseinsatz unbedingt nur russisch sprechende Gefangene – wegen evtl. bolschewistischer Propaganda – verwandt werden dürfen. Es dürfe nur ein geschlossener Arbeitseinsatz in Kolonnen (Organisation Todt, Baubataillone) unter Bewachung erfolgen". RAM und Vierjahresplanbehörde erklärten auf derselben Sitzung den Arbeitseinsatz der Russen sogar für „unbedingt erforderlich. Es besteht ein Bedarf von ca. 500.000 Gefangenen ... Davon 400.000 in der Landwirtschaft, 80.000 im Bausektor, 10.000 im Bergbau, insbesondere im Braunkohlebergbau. Der außerdem bestehende Bedarf von 70.000 Gefangenen in der Rüstungsindustrie wird bei den zu erfüllenden Vorbedingungen nicht bzw. höchstens im Austausch gedeckt werden können".[35]

Die aufgrund dieser Besprechung eingeleiteten Bemühungen, die bestehenden Anordnungen zu lockern, hatten zunächst wenig Erfolg; Keitel betonte am 8. Juli, daß die russischen Kriegsgefangenen von der Truppe selbst im „russischen Raum" zur Arbeit eingesetzt werden sollten. Immerhin aber konzedierte er, daß in Ausnahmefällen auf Anforderung der Vierjahresplanbehörde oder des WiRüAmtes

Kriegsgefangene auch ins Reich transportiert werden dürften; allerdings sei ein „Abschub deutsch-sprechender Russen, Juden und Angehöriger asiatischer Rassen in das Reichsgebiet" untersagt.[36]

Gleichwohl versuchten RAM und Vierjahresplanbehörde weiter, den Einsatz in der Größenordnung des gemeldeten Bedarfs, also etwa 600.000 Gefangene, durchzusetzen;[37] während die militärischen Behörden diesem Vorhaben eher reserviert gegenüberstanden. Am 2. August legte das OKW die Prinzipien eines Arbeitseinsatzes russischer Kriegsgefangener im Reich grundsätzlich fest: „Die Verwendung von sowjetischen Kriegsgefangenen innerhalb der Reichsgrenzen ist ein notwendiges Übel und daher auf ein Mindestmaß zu beschränken. Grundsätzlich dürfen sie nur an solchen Arbeitsplätzen beschäftigt werden, an denen bei völliger Isolierung in geschlossenen Kolonnen gearbeitet werden kann. Es werden auf Befehl des Führers nicht mehr als rd. 120.000 Kr.-Gef. überführt." Desweiteren wurden bereits konkrete Maßgaben für den Arbeitseinsatz selbst erteilt. Zunächst sollten die sowjetischen Kriegsgefangenen „die im wehrmachtseigenen Einsatz in geschlossenen Kolonnen beschäftigten französischen, serbischen, belgischen oder polnischen Kriegsgefangenen ablösen", erst danach auch auf Arbeitsplätze anderer Kriegsgefangener in der Privatindustrie rücken.[38]

Anfang August also war bereits ein langsames Abrücken von dem generellen Verbot des Russeneinsatzes festzustellen. In welche Richtung sich die Auseinandersetzung bewegte, machte Reinecke, der Chef des Allgemeinen Wehrmachtsamtes, am 12. August deutlich: „Es gibt nur ein Gesetz, das zu beachten ist: das deutsche Interesse, darauf gerichtet, das deutsche Volk gegen die auf Arbeitskommandos befindlichen sowjetischen Kr.-Gef. zu sichern und die Arbeitskraft der Russen auszunutzen. Die Verantwortung für den Arbeitseinsatz der Russen trägt allein die Wehrmacht ... Wenn in Deutschland auch nur wenige und beachtliche Unzuträglichkeiten (z. B. Meuterei, Sabotage, Verkehr mit Deutschen usw.) sich ereignen sollten, hat General Reinecke erklärt, den gesamten Russeneinsatz rigoros herauszunehmen, da der Schutz des deutschen Volkes beim Russeneinsatz das Maßgebliche und der Arbeitseinsatz erst in 2. Linie zu beachten ist."[39] Statt der völligen Ablehnung des Einsatzes also nun die Zustimmung in besonderen Ausnahmefällen, verbunden mit der Forderung nach extensiver Ausbeutung der Arbeitskraft der sowjetischen Gefangenen. Vorbedingung eines Einsatzes im Reich war allerdings die Überprüfung – „Durchsiebung" – der Kriegsgefangenen auf ihre rassische und politische Eignung, wie sie von Heydrich im „Einsatzbefehl Nr. 8" an die Einsatzkommandos festgelegt worden war, der die Grundlage für die Massenerschießungen von „Kommissaren" und „rassisch Unerwünschten" darstellte.[40] Der Primat der konsequenten Verwirklichung nationalsozialistischer Prinzipien gegenüber den Russen vor allen wirtschaftlichen Erwägungen war nach wie vor unangefochten.

Auch von Seiten der Partei wurden aber nun erste Richtlinien veröffentlicht, die einen möglichen Einsatz von kriegsgefangenen Russen in Deutschland betrafen. Die Bedingungen eines Arbeitseinsatzes wurden in einem Rundschreiben von Mitte August noch weiter als in den Anordnungen der Wehrmacht eingeschränkt. Im Moor, im Steinbruch, in Salzbergwerken, bei Straßen- und Kanalbauten usw. dürften Russen beschäftigt werden, nicht aber untertage, im Kohlebergbau oder in der

Landwirtschaft – also da, wo Arbeitskräfte am dringlichsten benötigt wurden. Der gesamte Arbeitseinsatz sei in erster Linie eine Sicherheitsfrage, „Gut und Blut" der deutschen Bevölkerung müßten geschützt, die in den Kriegsgefangenen-Lagern eingesetzten SD-Einsatzkommandos von den örtlichen Parteistellen gefördert, jede Unbotmäßigkeit der Russen sofort „mit schärfsten Mitteln" geahndet werden. „Eine soldatenmäßige Behandlung der Sowjet-Kriegsgefangenen in Anlehnung an die Genfer Konvention kommt auf keinen Fall in Frage", auch wenn der Einzelne harmlos wirke: „Der Bolschewist ist geschult und hat Anweisungen, wie er sich zu verhalten hat."[41]

Über dieses Rundschreiben war zum ersten Mal der Parteiöffentlichkeit von den Plänen über den Einsatz von Russen etwas bekannt geworden. Diese sehr scharf gehaltenen Richtlinien mußten einigen Eindruck bei den unteren Parteifunktionären hinterlassen haben; zunächst wurden aber Parteigliederungen nicht in die Beaufsichtigung und Kontrolle der Russen mit eingeschaltet.

In den darauffolgenden vier Wochen trat nun ein Prozeß ein, an dessen Ende am 15. Oktober der bedingte und am 31. Oktober der umfassende Einsatz der Russen in Deutschland von Hitler befohlen wurde.

Ausgangspunkte dieser Entwicklung waren zwei Faktoren: Zum einen zeichnete sich an der Ostfront bereits Ende September ab, daß zumindest ein vollständiger Abschluß der Operationen in diesem Jahr nicht mehr zu erreichen war; Hitler selbst ging davon bereits seit Ende August aus.[42] Daher mußten sich die Planungen für die Kriegswirtschaft wenigstens auf eine Überwinterung des Ost-Heeres einstellen und an den Brandstellen des Arbeitskräftemangels – Landwirtschaft, Metall, Bau, Bergbau – schnelle Abhilfe schaffen. In diese Richtung gingen auch die vehement vorgetragenen Bemühungen Pleigers bei Göring, für den Bergbau russische Arbeitskräfte zu bekommen.[43]

Der zweite Aspekt, der die Entscheidung für den Arbeitseinsatz förderte, bestand darin, daß in Form der „Umsetzungen" – Einsatz westlicher Arbeiter und Kriegsgefangener auf qualifizierteren Arbeitsstellen, deren Ersatz auf Großbaustellen, in Steinbrüchen etc. durch Russen – eine Kompromißlinie gefunden worden war, die die Bedenken von OKW, Partei und Sicherheitspolizei gegen den Einsatz vermindern, wenn auch nicht zerstreuen konnte. Denn dadurch, daß die Sowjets ausschließlich in großen Kolonnen unter schärfsten Sicherheitsbestimmungen arbeiten sollten, dabei weder mit der deutschen Bevölkerung in Berührung kommen noch mit qualifizierten Tätigkeiten beauftragt werden sollten, waren zumindest gewisse Voraussetzungen für eine Behandlung der Russen, die den rasseideologischen Maximen entsprach, erfüllt. Gleichzeitig konnten vor allem französische Facharbeiter in großem Stile berufsrichtig eingesetzt werden, eine Aufgabe, die allerdings erheblichen organisatorischen Aufwand verlangte.[44]

Die Vorbehalte gegen den Russeneinsatz waren jedoch bei den einzelnen Stellen durchaus nicht immer dieselben, sondern bestanden aus verschiedenen Einzelaspekten: Die „rassepolitische" Argumentation betraf den Ausschluß von Asiaten und Juden vom Arbeitseinsatz in Deutschland und wurde vor allem von der Partei und den Organisationen Himmlers betont.[45]

„Volkstumspolitische" Bedenken richteten sich in erster Linie gegen einen Einsatz der Russen in Arbeitsstellen, bei denen sie mit Deutschen und vor allem mit deutschen Frauen in Kontakt kommen konnten.

„Abwehrgründe" betrafen die Angst der Behörden, Betriebe und militärische Stellen vor Sabotage und Spionage, während „sicherheitspolizeiliche" Bedenken vor allem die Befürchtung meinten, die bolschewistischen Sowjet-Gefangenen könnten Teile der deutschen Arbeiterschaft politisch „infizieren".

Häufiger aber als diese Differenzierungen trifft man in den Quellen auf eine diese Vorbehalte in unterschiedlicher Gewichtung mischende, allgemeine Ablehnung des Einsatzes der Russen im Sinne der SD-Meldung vom August 1942, die von der in der deutschen Bevölkerung verbreiteten Angst sprach, „daß diese Gestalten und Typen in größerer Zahl in das Reichsgebiet kommen könnten und gar als Arbeitskräfte Verwendung finden sollten".[46]

Die Kompromißlinie, die Reinecke am 12. 8. 1941 angedeutet hatte, versuchte, den verschiedenen Einwänden Rechnung zu tragen und dennoch einen Arbeitseinsatz zu ermöglichen. In Wahrheit konnte aber diese Regelung für die Wirtschaft keine Erfolge zeitigen, solange der Einsatz weder in der Landwirtschaft noch in der Industrie möglich war.

Im RAM richteten sich die Bemühungen denn auch auf eine Lockerung der Bestimmungen in diesem Sinne. Nach den ersten Erfahrungen mit den Russen, so Rachner Mitte September, seien bis auf wenige Ausnahmen die politischen Bedenken gegen den Russeneinsatz nicht berechtigt, ein verstärkter Einsatz somit möglich.[47]

Gegen derartige Aufweichungstendenzen verwahrten sich vor allem Himmler und die Parteiführung, weil sie – nicht zu unrecht – befürchteten, daß ein Einsatz der Russen in Deutschland ein Präjudiz für die Ausländerbeschäftigung in großem Umfang und für lange Zeit sein würde – das aber würde die langfristigen Neuordnungspläne der Nationalsozialisten erheblich stören. „Der Fremdvolkarbeitseinsatz", schrieb Himmler an Bormann Ende August, „muß daher in seiner jetzigen Form eine Notmaßnahme während des Krieges und *allenfalls* einiger Übergangsjahre nach Kriegsschluß sein", danach müsse die Lücke im Arbeitskräftebedarf, von deren Fortbestehen auch Himmler ausging, durch Angehörige „germanischer Völker" und „eindeutschungsfähige" Arbeitskräfte aus anderen Ländern gestopft werden.[48]

An dem sich immer deutlicher abzeichnenden Widerspruch zwischen offenkundiger Verlängerung des Krieges im Osten und den steigenden Zahlen des Arbeitskräftebedarfs kamen jedoch auch weder Himmler noch Bormann vorbei. Das WiRüAmt mußte Mitte Oktober an Göring den dringenden Bedarf der Kriegswirtschaft an rund 800.000 Arbeitskräften melden. In einer Vortragsnotiz für Thomas vom 4. Oktober war die Situation zusammengefaßt dargestellt: der „geplante Wehrmachtsumbau" gab aufgrund der neuen Frontlage für den Arbeitseinsatz nichts mehr her. „Die Befriedigung des vorliegenden Kräftebedarfs ist daher ohne Zuführung russischer Kriegsgefangener und Zivilarbeiter unmöglich ... Die bisher gemachten Erfahrungen haben gezeigt, daß sowohl unter den russischen Kriegsgefangenen als unter den ukrainischen Zivilarbeitern eine erhebliche Reserve an Fachkräften zur Verfügung steht". Die sich daraus ergebende Forderung: „Russische

Kriegsgefangene sind – im Kolonneneinsatz – auch für den Einsatz in der Rüstungsindustrie und im Übertagebergbau zuzulassen. Die Anwerbung ukrainischer Zivilarbeiter ist darüberhinaus auch für den Untertagebergbau zuzulassen". Die Einwände von Ausl. Abw. und Reichsführer SS, die sich prinzipiell gegen den Russeneinsatz ausgesprochen hätten, müßten „gegenüber den Arbeitseinsatzerfordernissen zurückgestellt werden".[49] Von Seiten des WiRüAmtes, das näheren Zugang zu Informationen über die Frontlage und die sich daraus ergebenden Aussichten hatte als die zivilen Arbeitseinsatzbehörden, war dies bereits der Durchbruch: Vorrang für kriegswirtschaftliche Erfordernisse, Zurückstellung ideologischer Prinzipien.

Grundsatzentscheidungen Hitlers und Görings

Bereits am 14. Oktober lockerte das OKW die Isolierungsbestimmungen für russische Gefangene; vielfach seien „die Bedingungen für die ‚abgeschlossene Kolonnenarbeit' so scharf formuliert worden", begründete Reinecke diese Maßnahme, „daß praktisch ein Arbeitseinsatz unmöglich wurde". Dadurch sei vor allem der Austausch mit französischen Kriegsgefangenen erschwert worden. Nunmehr wurde die Beschäftigung in Gruppen von 20 Mann, die Zusammenarbeit von Russen und deutschen Arbeitern („die sämtlichst zu überprüfen und dann als Hilfswachmannschaften zu verwenden sind") sowie der Einsatz in „geschützten" Betrieben erlaubt.[50]

Die Frage des „Russeneinsatzes" muß in diesen Tagen häufig Gegenstand von Konsultationen in der Führungsspitze des Regimes gewesen sein, denn noch am gleichen Tag entschied Hitler, „es sei notwendig, diese noch dazu billigsten Arbeitskräfte produktiv anzusetzen, denn füttern müßten wir die Gefangenen doch und es wäre widersinnig, daß sie in den Lagern als unnütze Esser faulenzten". Der bisherigen Linie entsprechend sollten die Russen vor allem bei Straßenbau- und anderen Erdarbeiten eingesetzt werden.[51]

Nur 14 Tage später aber war auch diese Entscheidung bereits wieder hinfällig. Die Berichte über die Lage auf dem Arbeitsmarkt hatten sich so drastisch verschärft, daß der Arbeitskräftemangel „zu einem immer gefahrdrohenderen Hemmnis für die künftige deutsche Kriegs- und Rüstungswirtschaft"[52] wurde. So ordnete Hitler am 31. Oktober 1941 an, „daß auch die Arbeitskraft der russischen Kriegsgefangenen durch ihren Großeinsatz für die Bedürfnisse der Kriegswirtschaft weitgehend auszunutzen ist. Voraussetzung für die Arbeitsleistung ist eine angemessene Ernährung. Daneben sind ganz geringe Entlohnung zur bescheidensten Versorgung mit einigen Genußmitteln des täglichen Lebens, gegebenenfalls Leistungsprämien vorzusehen".[53] Diese Entscheidung Hitlers für den „Großeinsatz für die Bedürfnisse der Kriegswirtschaft" war von weittragender Bedeutung. Sie stellte die Absage an die bisherige Politik gegenüber den sowjetischen Kriegsgefangenen und das erste Eingeständnis dar, daß die Kriegsziele im Osten nicht erreicht worden waren. Dieser erneute Zwang zum Kompromiß aus kriegswirtschaftlichen Gründen unterschied sich schon deshalb von der Zustimmung zum Ausländereinsatz Ende 1939, weil der Rußland-Feldzug insgesamt und die Behandlung der Kriegsgefangenen in Sonderheit geradezu als Nagelprobe auf die Durchsetzungsfähigkeit spezifisch nationalsozialistischer Politik und auf die Perspektive eines siegreichen Nachkriegsdeutschland gelten mußten. Der Rußland-Feldzug, das wurde in der Entscheidung für den Einsatz der Sowjets deutlich, zwang, wie L. Herbst formulierte, „das Regime in jene Enge zurück, der es schon glaubte entkommen zu sein, zwang ihm erneut den Kompromiß mit einem technokratischen, industrie-wirtschaftlichen Mobilmachungsmodell auf, dessen rationaler Effizienzanspruch auf die Organisationsstruktur von Wirtschaft und Gesellschaft in einem der Weltanschauung entgegenlaufenden Sinne einwirkte".[54]

Andererseits – so muß man einwenden – war die Fixierung auf den schnellen und endgültigen Sieg in der Sowjetunion, auf das Ende von Entbehrungen und Kompromissen bei Volk und Führung so tief verwurzelt, daß die im Sommer 1941 eingenommenen Positionen weiterwirkten und radikalisierend auf die Maßnahmen gegenüber den Russen in Deutschland einwirkten – eine Radikalisierung, die durch die fortwährende Verschlechterung der Kriegslage für Nazideutschland noch beständig verschärft wurde – zugleich aber dem „rationalen Effizienzanspruch" an vielen Stellen entgegenliefen; ein Prozeß, der – Entwicklungen seit 1939 aufnehmend – im Herbst 1941 einsetzte und bis ins letzte Kriegsjahr zu verfolgen ist.

Auch der Führererlaß vom 31. Oktober war dementsprechend konzipiert. Die Zustimmung zu dem „Großeinsatz für die Bedürfnisse der Kriegswirtschaft" wurde durch die einzelnen Einschränkungen im selben Erlaß nämlich praktisch wieder weitgehend zurückgenommen. Nach wie vor stand die Verfügungsgewalt der Wehrmacht über die Russen an erster Stelle, danach war der Einsatz in der Bauindustrie und der Kolonneneinsatz in Rüstungsbetrieben vorgesehen. Erst an dritter Stelle kam der Bergbau, dann die Reichsbahn, an letzter Stelle erst die Landwirtschaft, die doch den größten Bedarf an zusätzlichen Arbeitskräften angemeldet hatte.

Ebensowenig wie eine nach kriegswirtschaftlichen Erfordernissen ausgerichtete Hierarchie der Einsatzstellen war eine klare Kompetenzregelung bestimmt worden. Wehrmacht, RAM und das an Einfluß stetig zunehmende Todt-Ministerium waren für den Einsatz zuständig – auffälligerweise fehlte hier Görings Vierjahresplanbehörde.

Gleichwohl setzte der Führererlaß eine hektische Betriebsamkeit in Gang, die schrittweise, aber stetig und innerhalb kurzer Zeit die in Hitlers Befehl noch enthaltenen Beschränkungen des Einsatzes zurückdrängte. Am 7. November, also eine Woche später, gab Göring detaillierte Richtlinien zum Einsatz sowjetischer Arbeitskräfte.[55] Ähnlich wie die vorangegangenen Erlasse und Bestimmungen *für* den Einsatz begannen auch diese Richtlinien defensiv; dem „Befehl des Führers" für den Russeneinsatz gegenüber, erklärte Göring einleitend, seien „Einwendungen sekundärer Natur. Die Nachteile, die der Einsatz bereiten kann, müssen auf ein Mindestmaß beschränkt werden. Aufgabe insbesondere der Abwehr und der Sicherheitspolizei".[56]

Die Entscheidung für den Einsatz der sowjetischen Arbeiter in Deutschland war eine Abweichung von der bisherigen Politik und mußte zunächst gerechtfertigt werden, selbst wenn es sich um einen „Führerbefehl" handelte. In der Sache aber zeigten die Richtlinien Görings wichtige Neuerungen. Zum einen war die Rangordnung der Einsatzstellen nun stärker auf kriegswirtschaftliche Erfordernisse ausgerichtet: Bergbau an erster Stelle vor Bahn, Rüstung, Landwirtschaft, Bau, Werkstätten und Notstandsarbeiten. Der Einsatz *in* Deutschland hatte deutlich Priorität bekommen – nunmehr sollten russische Arbeitskräfte „wenig leistende und viel essende Arbeiter anderer Staaten" ablösen und Gewähr dafür bieten, „daß die deutsche Frau künftig im Arbeitsprozeß nicht mehr so stark in Erscheinung treten soll" – dies, obwohl die Zahl der erwerbstätigen Frauen 1941 zurückgegangen war.[57]

Drittens war die Möglichkeit, beim Arbeitseinsatz auch Ausnahmen von der Kolonnenarbeit zuzulassen, ausdrücklich erwähnt und die Einrichtung reiner „Russenbetriebe" lediglich als „Idealzustand" genannt. Schließlich war auch die Kompetenzregelung verändert. Außerhalb der Wehrmacht war nunmehr ausschließlich Görings „Geschäftsgruppe Arbeitseinsatz" der Vierjahresplanbehörde zuständig, Rüstungsministerium und RAM also ausgeschaltet: der erste Schritt zu einer Zentralisierung der Arbeitseinsatzorganisation.[58]

Die Bestimmungen des 7. November stellten zweifellos das Startsignal für den Großeinsatz von Arbeitskräften aus der Sowjetunion in Deutschland dar. In gleicher Weise waren sie aber auch die Leitlinie für die Behandlung und Haltung gegenüber den Russen: Göring machte in brutaler und drastischer Weise deutlich, was sie in Deutschland zu erwarten hatten: „Die deutschen Facharbeiter gehörten in die Rüstung; Schippen und Steineklopfen ist nicht ihre Aufgabe, dafür ist der Russe da."[59] „Keine Berührung mit deutscher Bevölkerung, vor allem keine ‚Solidarität'. Deutscher Arbeiter ist grundsätzlich Vorgesetzter der Russen." „*Ernährung* Sache des Vierjahresplanes. Schaffung eigener Kost (Katzen, Pferde usw.). Kleidung, Unterbringung, Verpflegung etwas besser als zu Hause, wo Leute zum Teil in Erdhöhlen wohnen."[60] „Aufsicht: Wehrmachtsangehörige während der Arbeit, aber auch deutsche Arbeiter, die hilfspolizeiliche Funktionen wahrzunehmen haben." „Die Strafskala kennt zwischen Ernährungsbeschränkung und standrechtlicher Exekution im allgemeinen keine weiteren Stufen."[61]

Stärker noch als in den Polenerlassen wurde hier das Verhältnis zwischen deutschen und russischen Arbeitskräften als Gegenstand politischer Reglementierung betrachtet, durch die eine strikte Hierarchisierung zwischen deutschen Arbeitern als Herren und Russen als den Untergebenen erreicht werden sollte. Damit war aber nicht nur die Verhinderung von „Solidarität" gemeint, der durch gleiche soziale Lage russischer und deutscher Arbeiter der Weg geebnet würde. Die einzelnen Regelungen zielten vielmehr darauf ab, die deutsche Arbeiterschaft aus ihrem bisherigen Status, in dem sie von den rassepolitischen Maßnahmen des Regimes jedenfalls nicht direkt betroffen war, herauszulösen und sie als aktiven Faktor imperialistischer und rassistischer Politik in das Machtgefüge des Regimes selbst zu integrieren. Ähnlich wie diejenigen Teile der Arbeiterschaft, die als Soldaten an der Ostfront Träger des Sendungsbewußtseins des deutschen Herrenmenschentums werden sollten, sollten die deutschen Arbeiter in den Betrieben von der Überlegenheit der deutschen Rasse nicht nur im Radio hören, sondern stärker, als dies gegenüber Polen und Westarbeitern bisher der Fall war, sie gegenüber den Russen auch praktizieren. Deutscher, auch deutscher Arbeiter zu sein, sollte sich lohnen auch für diejenigen, denen es vordem nie eingefallen wäre, ihre soziale Lage und ihre Nationalität miteinander in Verbindung zu setzen.

Dies kann sicherlich auch als Präventivmaßnahme des Regimes interpretiert werden, als Versuch, eine nach wie vor als politisch unsicher eingeschätzte Arbeiterschaft gegen kommunistische Beeinflussung durch die Russen zu immunisieren. Für eine rein defensive Politik sind Görings Richtlinien jedoch zu umfassend. Größere Teile der deutschen Arbeiterschaft in cumulo zu Hilfspolizisten des Nationalsozialismus zu erklären, hatte acht Jahre nach der Machtergreifung nicht nur einen makabren Beigeschmack, es zeugt auch davon, daß sich die deutsche Regierung ihrer Arbeiterschaft so unsicher nicht gewesen sein kann, oder aber daß das Regime bereit war, hier ein nicht unerhebliches politisches Risiko auf sich zu nehmen.

Görings Auslassungen über die Ernährung und Unterbringung der Russen haben – wie sich in den kommenden Jahren und Monaten erweisen sollte – darüberhinaus tatsächlich Maßstäbe gesetzt. Die Verpflegung mit „Katzen, Pferden usw." wurde nachgerade zum geflügelten Wort für die Ernährung der Russen,[62] ähnlich wie die „Erdhöhlen", in denen die Sowjets daheim angeblich hausten. Diese Richtlinien zeugen nicht nur von Grausamkeit und Menschenverachtung, ihnen scheint tatsächlich ein Bild von Rußland und den Russen zugrundezuliegen, in dem sich die eigene Propaganda vor der Wahrnehmung gesetzt hatte. Es war nicht allein der Versuch, die schlechte Ernährung und Behandlung der Sowjets in Deutschland zu legitimieren, es scheint auch die gleichermaßen feste wie zynische Überzeugung dahintergesteckt zu haben, daß ein Leben als ausländischer Zwangsarbeiter am Rande des Existenzminimums in Deutschland immer noch eine Art Gnade sei im Vergleich zu den Arbeits- und Lebensbedingungen in der Sowjetunion.

So sind Görings Richtlinien der zugespitzte Ausdruck des Herrschaftskompromisses vom Herbst 1941: Arbeitseinsatz der Russen: ja – dafür aber maximale Ausbeutung, denkbar schlechte Behandlung und Ernährung, Todesstrafe auch bei geringen Vergehen.

Wenn man die Praxis der konsequent durchgeführten Bevölkerungs- und Gesellschaftspolitik eines siegreichen NS-Deutschlands gegenüber den Sowjets aus kriegswirtschaftlichen Sachzwängen heraus schon nicht durch die Fortsetzung der massenhaften Liquidierung der sowjetischen Bevölkerung exemplifizieren konnte, so sollte ihr Arbeitseinsatz in Deutschland wie ein Gnadenakt gegenüber schon zum Tode Verurteilten doch wenigstens durch eine Behandlung kompensiert werden, die nationalsozialistischen Prinzipien entsprach – eine Fortführung dessen, was bereits beim Einsatz der Polen als Grundlage des Herrschaftskompromisses gekennzeichnet worden war, jedoch noch erheblich verschärft und radikalisiert.

Präzedenzfall Kriwoi-Rog

Die Zustimmung zu dem Einsatz von sowjetischen Arbeitskräften bezog sich allerdings nicht nur auf Kriegsgefangene, sondern auch auf russische Zivilarbeiter. Dies verwundert insofern, als die Behörden zu dieser Zeit noch davon ausgingen, daß ihnen sowjetische Gefangene in praktisch unbegrenzter Zahl zur Verfügung standen. Noch Ende September hatte zudem das Amt Ausl. Abw. im OKW den Einsatz ziviler russischer Arbeiter prinzipiell abgelehnt. Grund dafür war vor allem die Erfahrung in Polen, wo sich der Widerstand der Bevölkerung gegen die deutschen Besetzer durch die Zwangsanwerbungen erheblich verstärkt hatte. Bei einem Einsatz sowjetischer Zivilarbeiter rechneten die militärischen Abwehrstellen ebenfalls mit Zwangsmaßnahmen von deutscher Seite und dementsprechend mit einer Zunahme der Partisanenbewegung – eine Voraussage, die sich später in vollem Umfang als richtig erweisen sollte.[63] Andererseits aber hatten die deutschen Truppen bei ihrem Vormarsch in der Sowjetunion gerade in der Ukraine festgestellt, daß ein nicht unerheblicher Teil der Bevölkerung durchaus deutschfreundlich gesinnt und der Moskauer Regierung gegenüber ablehnend war.[64] Das RAM hatte aus diesem Grunde schon am 11. September bei Göring angeregt, im ukrainischen Erzbergbaugebiet von Kriwoi Rog sowie aus dem Baltikum und den anderen „neurussischen" Gebieten zivile russische Bergarbeiter im deutschen Bergbau anzuwerben.[65] Diese Anregung wurde vor allem von Paul Pleiger unterstützt, der unmittelbar nach der Einnahme in das Industriegebiet von Kriwoi Rog geflogen war und festgestellt hatte, daß die Anzahl der ausgebildeten Bergarbeiter – unter ihnen zahlreiche Arbeitslose – dort sehr groß war.[66] Fortan verlegte er seine Bemühungen um zusätzliche Arbeitskräfte von den Kriegsgefangenen auf zivile Arbeiter aus Kriwoi Rog, wobei er von vorneherein davon ausging, „man solle die Leute nicht anwerben, sondern abkommandieren und neben der Verpflegung ein Taschengeld sowie der Familie Unterstützung geben", denn „durch Zahlungen von deutschen Sätzen werde das Lohnniveau im Donezbecken und im Gebiet von Krivoi Rog von vornherein verdorben".[67] Die Weichen für den Einsatz der „Zivilrussen" wurden dann am 24. September 1941 in einer Besprechung von Vertretern aller beteiligten Stellen gestellt, bei der mit Timm, Küppers und Letsch vom RAM und Baatz vom RSHA diejenigen Sachbearbeiter anwesend waren, die auch an der Organisation des Poleneinsatzes führend mitgewirkt hatten.[68]

Von diesen Erfahrungen sollte auch die technische Durchführung – Registrierung, ärztliche Untersuchung, Entlohnung, Transport usw. – des Einsatzes ziviler Russen ausgehen. Strittig war allerdings, ob die Anwerbung auf das „neurussische" Gebiet – also dort, wo man mit einem gewissen Prozentsatz von „Deutschfreundlichen" rechnen konnte – beschränkt oder auf das gesamte okkupierte Territorium ausgeweitet werden sollte.

Einer Werbung in den neurussischen Gebieten stimmte Baatz zu, gegen eine Ausweitung hingegen bestünden noch „gewisse Bedenken wegen der Tätigkeit der Partisanengruppen", vor allem, weil eine politische Überprüfung bei der Anwerbung kaum durchführbar sein werde.[69] Himmler allerdings lehnte tagsdarauf den Einsatz von Zivilarbeitern sowohl aus dem alt- als auch dem neurussischen Gebiet rundweg ab und stimmte wie die Abwehrstelle des OKW lediglich dem Einsatz der Kriegsgefangenen zu – auf einer erneuten Sitzung im RAM am 29. September gab Baatz diese Entscheidung Himmlers bekannt.[70] Ausschlaggebend für diese Haltung – das ist symptomatisch – waren nicht Bedenken, daß durch Zwangsanwerbung die Partisanentätigkeit steigen würde; das war für Himmler wie für die meisten NS-Führer im Herbst 1941 noch ein Übergangsphänomen, das keine ernsthafte Bedrohung darstellte. Im Vordergrund stand dabei vielmehr, daß bei der Anwerbung in der Sowjetunion kein Apparat zur Verfügung stand, um eine dem Verfahren bei den Gefangenen entsprechende „Aussonderung" der politisch und rassisch „Unerwünschten" vorzunehmen. Ein Einsatz von Zivilrussen im Reich würde also die Vollstreckung rassistischer Prinzipien torpedieren. Sollte er genehmigt werden, so das Denkmuster dieser Ablehnung, müßte das Fehlen der „Aussonderung" unter den russischen Arbeitern eine „Verschärfung des Sicherheitsproblems" bedeuten.

Das Veto Himmlers setzte sich aber nicht mehr durch. Nach der prinzipiellen Zustimmung vom 24. September war die jetzige Ablehnung wohl auch mehr taktischer Natur, um die eigene Position bei den bevorstehenden Verhandlungen über den Einsatz zu stärken.

Es stand nunmehr auch offiziell fest, daß mit deutschen Frontrückkehrern nicht mehr zu rechnen war; das OKW hatte am 19. November festgelegt, daß nicht wie vorgesehen 49 Divisionen nach Hause geschickt, sondern „nahezu nichts" aufgelöst werden konnte.[71] Im November erhielt zunächst Pleiger die Genehmigung, 10.000 bis 12.000 ukrainische Bergleute im deutschen Bergbau einzusetzen – in geschlossenen Kolonnen, besonderen Lagern, von den übrigen Arbeitern abgesondert, mit einem Taschengeld statt einer Entlohnung.[72] Die endgültige Regelung wurde dann in den Göring-Richtlinien vom 7. November vorgenommen.[73] Insgesamt sollten die zivilen russischen Arbeitskräfte nicht anders behandelt werden als die Kriegsgefangenen: Unterbringung in umzäunten, bewachten Barackenlagern, Verpflegung nach Kriegsgefangenensätzen, möglichst geschlossener Kolonneneinsatz.[74]

Noch am 7. November flog eine Delegation von Vertretern der beteiligten Ressorts[75] nach Kriwoi Rog, um die örtlichen Verhältnisse dort in Augenschein zu nehmen. Die Kommission legte die Anwerbung von zunächst 5.000 ukrainischen Bergarbeitern, die als Schlepper im Ruhrbergbau eingesetzt werden sollten, fest.[76] „Die Erfahrung der dort im Bergbau und in der Industrie tätigen deutschen Stellen machten deutlich, daß praktisch keine Möglichkeit bestand, die Arbeitskräfte auch nur einigermaßen abwehrmäßig überprüft im Reich zum Einsatz zu bringen", faßte Baatz später die Gründe für die ablehnende Haltung des RFSS zusammen. Der dennoch erteilte Befehl Görings zum Arbeitseinsatz habe vorausgesetzt, daß Himmler alle Vollmachten erhielt, „um die dadurch bedingte ungeheure Verschärfung in abwehrmäßiger Situation zu mildern".[77]

Von Bedeutung ist der Gesamtvorgang nicht deswegen, weil die Arbeiter aus Kriwoi Rog eine wesentliche Entlastung des Arbeitsmarktes in Deutschland bedeutet hätten. Bis Anfang August 1942 waren im Ruhrbergbau ganze 800 Ukrainer angelegt worden.[78] Der „Fall Kriwoi Rog" war vielmehr der Präzedenzfall für den gesamten Komplex und wurde von den Beteiligten auch als solcher empfunden. Gleichwohl gingen Behörden wie Industrielle noch davon aus, daß der Arbeitseinsatz ziviler sowjetischer Arbeitskräfte angesichts des schier unerschöpflichen Gefangenenreservoirs sich auf Spezialfälle beschränken werde. Die weite Verbreitung der Göring-Richtlinien durch Partei- und Industrieverbände sowie der Ergebnisse der Kriwoi-Rog-Kommission durch die Reichsvereinigung Kohle machten nun aber auch die Verantwortlichen in den Industriebetrieben auf diese Perspektive aufmerksam.

Umdenken in der Industrie

Bis dahin war das Interesse der Unternehmen höchst mäßig gewesen. Nicht nur die zögerliche Haltung angesichts der nahe scheinenden Teildemobilmachung des Ostheeres, sondern vor allem die einen Einsatz in der Betriebspraxis faktisch unmöglich machenden Einschränkungen und die praxisfremde Rangfolge der Einsatzorte, sicherlich auch ideologische Bedenken gegenüber den „Bolschewisten" waren hierfür verantwortlich.[79] Nunmehr aber begann sich die Haltung der Unternehmen zu verändern. „Die Kriegswirtschaft, insbesondere die Rüstungswirtschaft braucht zur Erfüllung ihrer Aufgaben *zusätzliche neue Arbeitskräfte*", faßte etwa die Industrie- und Handelskammer Bremen Ende Oktober die Situation zusammen, und da mit Umsetzungen nicht mehr zu rechnen sei, müsse man „nach wie vor, ja sogar noch verstärkt, auf den Ausländereinsatz zurückgreifen". Gedacht war allerdings an zusätzliche Arbeiter aus Frankreich und Holland, den „Reservequellen für den Ausländereinsatz", wobei die IHK Bremen, „da die Bereitwilligkeit hierzu sicher nicht 100 %ig sein wird", anregte, einen „freiwilligen Druck" auszuüben. In erster Linie aber gehe es beim Ausländereinsatz um eine Intensivierung der Arbeit selbst. Nur durch genauere Auswahl bei der Anwerbung, längere Umschulung, berufsrichtigen Einsatz, bessere Löhne für die ausländischen Arbeiter könne der Facharbeitermangel in der Industrie behoben werden. Einem Arbeitseinsatz der Russen hingegen stand man in Bremen eher skeptisch gegenüber. Die Probleme bei der Verpflegung und die Einsatzbeschränkungen zwängen dazu, „die Anzahl der eingesetzten Russen zu beschränken".[80]

Allmählich wurde den Unternehmen aber klar, daß vorerst nur über den Einsatz sowjetischer Arbeiter der deutsche Arbeitskräftemangel zu beheben war. Am deutlichsten wurde dies in einer Besprechung des Beirats der Bezirksgruppe Nordwest der Wirtschaftsgruppe Eisen Mitte November, bei der Vertreter nahezu aller wichtigen Ruhrkonzerne anwesend waren.[81]

Ausgangspunkt dieser Besprechung war das Eingeständnis, daß mit deutschen Facharbeitern, die aus dem Osten zurückkehrten, nicht mehr zu rechnen sei. Angesichts der Lockerungen des Russeneinsatzes sei nunmehr eine neue Lage entstanden, die Einsatzbedingungen seien praxisnäher, vor allem dürften deutsche Vorarbeiter zusammen mit Russen eingesetzt werden: „Mit dem Russeneinsatz wird man sich allmählich befreunden müssen, wenn auch die bisher gemachten Erfahrungen nicht gerade günstig sind. Sehr viele der Russen stehen in einem jugendlichen Alter, sind körperlich wenig leistungsfähig, unterernährt und z. T. verlaust", vermerkte das Protokoll. Dennoch sei deutlich geworden, „daß auf lange Sicht gesehen nur der richtig liege, der sich Russen verschaffe". Andererseits wurden die Bestimmungen für den Einsatz von Russen nach wie vor als realitätsfremd kritisiert: „Von Seiten der Arbeitsämter wird die Auffassung vertreten, daß gerade die eisenschaffende Industrie für die Aufnahme von Russen bestens geeignet sei. Man sieht hier augenscheinlich nur die groben Arbeiten und denkt nicht an die Schwierigkeiten des kontinuierlichen Betriebs mit Nachtschichten und die gerade hier bestehenden Sabotagemöglichkeiten", dennoch sei klar, „daß man sich auf eine Umstellung von Franzosen auf Russen möglichst bald wird einrichten müssen. Für empfehlenswert wurde auch eine Schulung von Russen in den Anlernwerkstätten der Werke gehalten".[82] Das größte Problem sei die Ernährung, weil die Verpflegungssätze für die Russen so niedrig lägen. Poensgen als Vorsitzender regte daher an, „mit Rücksicht auf die auch von den Russen zu verlangenden Leistungen ... wenn möglich eine gewisse Erhöhung der Verpflegungssätze zu erwirken". Insgesamt aber war man sich einig: „Da wir also an einem Russen-Einsatz nicht vorbeikommen werden, bleibt lediglich zu prüfen, ob nicht die Nordwestgruppe durch eine Gemeinschaftsaktion versuchen soll, den Zeitpunkt dieses Austausches möglichst hinauszuschieben." Auch das wurde als sinnlos abgelehnt – der Einsatz sowjetischer Arbeitskräfte in der westdeutschen Industrie war beschlossen.

Dieses aufschlußreiche Protokoll zeigt eine Haltung der Industrie, die die These von der „offenen verbrecherische(n) Verschleppungskonzeption der führenden deutschen Monopole, ihrer Initiative und führenden Rolle bei der Massenverschleppung in allen Phasen des Krieges" nicht zu stützen vermag.[83] Eine solche Konzeption wäre nach Kenntnis der Vorgeschichte auch überraschend, weil sie ja die feste Siegeserwartung auch der Industrie gegenüber der Sowjetunion negieren und eine langfristige Planung für den Arbeitseinsatz von Russen schon seit dem Sommer 1941 voraussetzen müßte. Tatsächlich wurde den Konzernspitzen in der Schwerindustrie wohl erst im Oktober deutlich, daß ihr Hoffen auf die Rückkehr der deutschen Arbeiterschaft von der Front umsonst war – ebenso wie aufs erste die Aussicht auf die Inbesitznahme der unermeßlichen Beute, auf die man fest spekuliert hatte und die zum Teil ja schon vor dem Überfall verteilt worden war. Daß man nunmehr, statt in der Sowjetunion Imperialismus in großem Stil zu praktizieren, sich im Ruhrgebiet mit den Bewachungsvorschriften für unterernährte russische Gefangene abgeben sollte, daß statt der riesigen Gewinne, die man durch die Übernahme der sowjetischen Industrie und Rohstoffe zu machen hoffte, man nun wieder daran denken mußte, wie man Verpflegung, Arbeitsleistung und Gewinn bei der Beschäftigung russischer Arbeitskräfte in ein für die Unternehmen vorteilhaftes Verhältnis brachte, war für die Manager der Großindustrie eine tiefe Enttäuschung. Das meint durchaus nicht, daß die Industriellen sich in der Frage des Russeneinsatzes nur knurrend der Wirtschaftsdiktatur der Nazis gebeugt hätten,[84] man kehrte vielmehr widerstrebend aus der Traumwelt von der Herrschaft der deutschen Industrie über Europa und die Welt in die Wirklichkeit des grauen Kriegsalltags zurück. Hier angekommen mußte man nun schauen, wie man aus den „gegebenen Verhältnissen" für sich das Beste machte.

Daß die Industrie angesichts der Lage – der Front wie des Arbeitsmarktes – auch Arbeitskräfte aus der Sowjetunion beschäftigen würde, stand dann außer Frage.

Massensterben der sowjetischen Kriegsgefangenen

Alle beteiligten Stellen gingen im Herbst 1941 stillschweigend davon aus, daß mit einer Zustimmung zum Einsatz der Russen in Deutschland das deutsche Arbeitskräfteproblem gelöst sei. Die Berichte von den „riesigen Gefangenenmassen" im Osten hatten eine Vorstellung erweckt, daß die Zahl der zur Verfügung stehenden

Arbeitskräfte nun wirklich unbegrenzt sei und die Sowjets die Ernährungslage der deutschen Bevölkerung nicht belasten dürften.

Diese Vorstellungen von den Gefangenenzahlen in der Sowjetunion und eine in ihrem Ausmaß, ihrem Zynismus und Vernichtungswillen nicht faßbare Gleichgültigkeit gegenüber dem Schicksal der sowjetischen Kriegsgefangenen führten dazu, daß Ende Oktober 1941 drei Ereignisse zeitlich aufeinanderfielen:

Das Massensterben der Gefangenen in den Lagern hatte seinen Höhepunkt erreicht; gleichzeitig fielen die Entscheidungen bei der militärischen und politischen Führung für einen Arbeitseinsatz der Russen in Deutschland; und ebenfalls zur selben Zeit wurden die Rationen der Gefangenen in den Kriegsgefangenenlagern im Osten drastisch gesenkt,[85] obwohl den Verantwortlichen völlig klar war, daß dies das Todesurteil für einen Großteil der Gefangenen bedeutete.

Schon seit Anfang September war die Tatsache, daß die Millionen von Gefangenen auch ernährt werden müßten, Gegenstand öffentlicher Kritik und Erregung gewesen. Der SD meldete am 1. September, daß „nach Auffassung der Bevölkerung den Bolschwiken gegenüber jedes Entgegenkommen unangebracht" sei. „Gefangene Russen hätten verschiedentlich selbst geäußert, daß sie seit Jahren nicht so gut gelebt hätten, wie jetzt in der Gefangenschaft."[86] Die Herabsetzung der Rationen geschah denn auch unter ausdrücklichem Hinweis darauf, daß eine existenzsichernde Versorgung der Russen die Ernährung der Deutschen gefährden und die Stimmung im Reich verschlechtern würde. Die Lebensmittelversorgung war zunächst der einzige Punkt, an dem sich der Imperialismus des Regimes unmittelbar für die deutsche Bevölkerung auswirken konnte – entscheidend war dabei aber nicht nur die absolute Höhe der Rationen, sondern auch die relative: Der Unterschied zwischen Deutschen und Russen mußte sich für jeden sichtbar auch in der Ernährung widerspiegeln – eben aus diesem Grund meldete der SD, daß sich die Deutschen darüber beschweren, daß die Russen angeblich „dieselben Verpflegungssätze wie deutsche Schwerarbeiter bekämen".[87]

Als nach der Freigabe des Einsatzes der sowjetischen Kriegsgefangenen dann die ersten Transporte nach Deutschland abgehen sollten, stellten die beteiligten Stellen nun plötzlich fest, daß die Sterblichkeit der Kriegsgefangenen so hoch war, daß an einen Transport nicht zu denken war.[88] Hatten Wehrmachtsstellen und Behörden bis dahin das Massensterben der Sowjets entweder nicht beachtet oder als unvermeidlich akzeptiert, entstand nun große Zeitnot, weil man erkennen mußte, daß die Zahl der tatsächlich zur Verfügung stehenden Gefangenen täglich geringer wurde. Ein Beamter der Rosenberg-Behörde telegraphierte am 6. Dezember an den Ministerialbeamten Letsch im RAM: „Grundsätzlich stehen 7.000 Kriegsgefangene zum Abtransport bereit ... Hierzu ist zu bemerken, daß äußerste Eile nottut. Dem Vernehmen nach sterben täglich im Bereich des Kommandeurs der Kriegsgefangenen im Ostland etwa 2.000 Gefangene an Entkräftung. Dazu kommt, daß nur noch in 5 von 15 Lagern Gefangene abtransportiert werden können, da in den übrigen Fleckfieber herrscht ... Der Abtransport mußte unter anderen Bedingungen als bisher üblich erfolgen, da zwischen 25 bis 70 Prozent der Gefangenen auf dem Transport starben."[89] Tatsächlich war ein Arbeitseinsatz russischer Gefangener im Winter 1941 in nennenswertem Umfange gar nicht möglich. Die Gefangenen, die bis zu ihrer

171

Ankunft im Reich überhaupt überlebt hatten, waren so entkräftet, daß an eine Beschäftigung nicht zu denken war. Da seit Anfang Dezember aber das gesamte Kriegswirtschaftsprogramm auf einen langen Abnutzungskrieg umgestellt wurde, war ein Arbeitseinsatz sowjetischer Arbeitskräfte mittlerweile unabdingbare Voraussetzung für die Fortsetzung des Krieges geworden. So begann eine hektische Betriebsamkeit, nun durch Verbesserung der Ernährung die sowjetischen Kriegsgefangenen doch noch einsetzen zu können.

Zahlreiche Erlasse und Befehle ebenso zahlreicher Stellen mit z. T. widersprechenden Maßgaben folgten. Das OKW verfügte, daß die noch arbeitsfähigen Gefangenen „Aufpäppelungszulage" erhalten und „in aussichtsreichen Fällen" in heizbaren Baracken durch „Liegekuren" wieder transportfähig gemacht und berufsmäßig erfaßt werden sollten.[90] Im REM berichteten die Spitzen der beteiligten Ressorts, wie man Görings Richtlinien über die besondere Ernährung für Russen in die Praxis umsetzen könne. Man einigte sich auf ein besonderes „Russenbrot" aus Roggenschrot, Zuckerrübenschnitzel, Zellmehl sowie Strohmehl oder Laub. Görings Anregungen bezüglich der „toten Katzen" wurde in sprachlich vornehmerer Form abgelehnt: *„Den Fleischbedarf* werden üblicherweise nicht zum Verzehr kommende Tiere niemals im nennenswerten Umfang decken können. Die Russenernährung wird daher restlos auf Pferde- und *Freibankfleisch ...* beruhen müssen."[91] Am 4. Dezember wurden dann die Rationen für die im Reich befindlichen Gefangenen wieder erhöht.[92]

Um den Bedarf der Rüstungsindustrie an sowjetischen Arbeitsplätzen zu decken, richtete das Todt-Ministerium besondere Lager für zunächst 30.000 sowjetische Kriegsgefangene ein, in denen sie „durch geeignete Kost, allgemeine Körperpflege und langsam zu steigernde Beschäftigung" arbeitseinsatzfähig gemacht werden sollten.[93]

Das alles konnten aber nur kurzfristige Maßnahmen sein. Auf die Dauer war durch derartige „Erholungslager" die gesundheitliche Lage der Russen nicht zu verbessern, wenn der Einsatz tatsächlich größere Ausmaße annehmen sollte. So verfügte das OKW Mitte Januar als „Sofortmaßnahme", „die noch aufpäppelungsfähigen Kriegsgefangenen mit größerer Beschleunigung solchen Betrieben zuzuführen, die bereit sind, die Aufpäppelung selbst durchzuführen".[94]

Das konnte in sinnvoller Weise und größerem Umfang nur in der Landwirtschaft geschehen. Am 19. Februar installierte das OKW daher endgültig das fortan so genannte „Aufpäppelungssystem": Der Bedarf der deutschen Landwirtschaft an Arbeitskräften sollte durch die nicht einsatzfähigen russischen Gefangenen gedeckt werden, die auf den Bauernhöfen zunächst zu Kräften kommen und dann dort arbeiten sollten. Die Facharbeiter unter ihnen sollten anschließend, wenn sie wieder einsatzfähig waren, in der Industrie beschäftigt werden, die anderen dort bleiben. Aber auch einige gewerbliche Betriebe erhielten sowjetische Arbeitskräfte mit der Maßgabe, sie vor der Beschäftigung zunächst „aufzupäppeln" – Anlaß z. B. für die Industrie- und Handelskammer Solingen, sofort nachzufragen, ob man die „Aufpäppelungskosten" den Russen später auch vom Lohn abziehen könnte.[95]

Tatsächlich aber kamen diese Bemühungen, einen größeren Teil der noch lebenden sowjetischen Kriegsgefangenen für den Arbeitseinsatz in Deutschland wieder zu Kräften zu bringen, nicht nur zu spät; sie waren auch mehr als halbherzig, unkoordiniert und wurden von verschiedenen Stellen immer wieder torpediert. Im November 1941 befanden sich von 1.581.000 überhaupt gemeldeten sowjetischen Kriegsgefangenen 390.000 in Lagern im Reich, davon waren etwa 225.000 für den Arbeitseinsatz vorgesehen – höchstens 70.000 von ihnen waren zu dieser Zeit aber überhaupt arbeitsfähig. Im Januar 1942 wurden von den im November gemeldeten 1,58 Millionen Gefangenen noch 1.163.203 als lebend gemeldet – fast 400.000 waren also in diesen beiden Monaten gestorben.

Insgesamt sind von den 3.350.000 russischen Kriegsgefangenen des Jahres 1941 bis Ende März 1942, dem Beginn der deutschen Frühjahrsoffensive, nur 166.881 zur Arbeit eingesetzt worden, fünf Prozent.[96]

3. Zentralisierung und Politisierung: der GBA

Mißmanagement

Die Verschlechterung der Lage an der Ostfront seit dem Spätherbst 1941 hatte in kurzer Zeit zu massiven Einberufungsschüben deutscher Arbeiter geführt, ohne daß für die Betriebe Ersatz gestellt wurde. „Noch nie seit Bestehen der wehrwirtschaftlichen Organisation ist ein derartiger Ansturm von Telegrammen auf sie niedergegangen", meldete die Rüstungsinspektion XIII (Nürnberg) Anfang Januar. „Weisungen, die, da von verschiedenen Zentralstellen kommend, sich teilweise widersprachen, gegenseitig aufhoben, Feststellungen verlangten, die kaum oder nicht zu erfüllen waren, Ausnahmen forderten usw. Die Vielheit der Zentralstellen mit ihren verschiedenen Zielen wirkte sich in der Mittelinstanz in einer erschreckenden Weise aus, von der man sich in Berlin wohl kaum eine Vorstellung machen kann ... Der sehnliche Wunsch der Mittelinstanz geht nach einer einheitlichen Führung durch das OKW WiRüAmt ... Die Überschneidungen sind auf die Dauer unträglich. Mit ihnen läßt sich ein totaler Krieg, bei dem alle Kräfte einheitlich zusammengefaßt werden müssen, nicht führen."[97]

Mit der Ausweitung des Ausländereinsatzes hatte seit 1939 auch die Zahl der damit beschäftigten Behörden und Organisationen stetig zugenommen. An den unmittelbaren Fragen des Arbeitseinsatzes waren das Arbeits- und das Wirtschaftsministerium beteiligt, das „Munitions-Ministerium" Todts, die DAF, das WiRüAmt des OKW, die Geschäftsgruppe Arbeitseinsatz des Vierjahresplans, zahlreiche Reichsvereinigungen und Wirtschaftsgruppen, ja sogar einzelne Betriebe, die auf eigene Faust Vertreter in die Kriegsgefangenenlager schickten. „Man kann sagen, daß es heute fast keine Behörde oder Dienststelle mehr gibt, die sich nicht mit Arbeitseinsatzfragen, UK-Stellungen usw. befaßt", faßte das WiRüAmt diese Situation zusammen.[98] Schon seit längerer Zeit gab es daher Bestrebungen, die Kompetenzen zu bündeln, um eine schnelle Effektivierung des Einsatzes erreichen zu können. Aus diesen Überlegungen entwickelte sich ein scharfer Machtkampf, der in engem Zusammenhang mit der Umstrukturierung der gesamten Kriegswirtschaftsorganisation im Dezember und Januar 1941/42 stand.

Schon im Oktober hatte der DAF-Chef Ley versucht, den Ausländereinsatz insgesamt unter seine Kontrolle zu bekommen, was allerdings bei den meisten anderen Stellen auf Widerspruch stieß.[99] Erste vorsichtige Zentralisierungsversuche waren auch in Hitlers Anweisungen Ende Oktober enthalten – wo Wehrmacht, RMBuM und RAM als verantwortlich genannt wurden – und schon deutlicher in Görings Richtlinien, der davon abweichend die Geschäftsgruppe Arbeitseinsatz unter Leitung Mansfelds mit der Organisation des Russeneinsatzes beauftragt hatte.[100]

Diese Entscheidung Görings für die Geschäftsgruppe Arbeitseinsatz setzte sich in den nächsten Wochen durch, ohne daß damit aber bereits weitgehendere Kompetenzen für sie verbunden gewesen wären.[101] Mansfeld war persönlich von Göring als Organisationsleiter des Einsatzes der sowjetischen Arbeitskräfte beauftragt worden. In dieser Eigenschaft erstattete er auch am 13. Dezember seinen ersten Bericht über seine bisherigen Bemühungen, den Arbeitseinsatz sowjetischer Gefangener und Zivilarbeiter in Deutschland zu forcieren, was allerdings wenig erfolgreich gewesen war; nicht nur aufgrund der hohen Sterblichkeitsrate unter den sowjetischen Gefangenen, sondern auch weil Mansfeld aufgrund der ihm erteilten Kompetenzen viel zu wenig Durchsetzungskraft gegenüber den anderen zivilen und militärischen Stellen besaß.[102]

Das änderte sich in dem Maße, wie die Vorbereitungen für den Erlaß Hitlers über eine grundsätzliche Umstrukturierung der Kriegswirtschaft Kontur gewannen. In dem Entwurf Keitels für diesen Erlaß wurde davon ausgegangen, daß die „Gesamtkriegsführung" die angekündigten Produktionsverlagerungen auf Luftwaffe und Marine nicht zuließen, stattdessen die Heeresstärke vergrößert und die Rüstungsproduktion noch erheblich gesteigert werden müsse.[103] Da statt mit Entlassungen nun mit weiteren Einziehungen deutscher Arbeiter zu rechnen war, könne auf den Einsatz russischer Kräfte nicht verzichtet werden: „Der Einsatz kriegsgefangener und dienstverpflichteter Russen muß die Erhaltung und Steigerung der Kriegswirtschaft gewährleisten."[104] In der Vortragsnotiz des WiRüAmtes für Keitel vom selben Tag war das näher erläutert: „Herauslösung von uk-Gestellten aus der Kriegswirtschaft im Austausch mit russischen Kriegsgefangenen. In dem hier vom Führer gedachten Ausmaß ist ein völlig neues Moment der Menschenverteilung eingetreten ... Die oberste Leitung dieser sehr umfangreichen Kräfteverschiebung bleibt am besten in der Hand des Reichsarbeitsministers, der sich Befugnisse bis zu diktatorischer Gewalt verschaffen muß. Hierfür günstig, daß Beauftragter des Reichsmarschalls, Ministerialdirektor Mansfeld, dem Reichsarbeitsministerium angehört. Zugleich ein erster Schritt zur Normalisierung des Menschenverteilungsrechtes; jetzt zu viele Stellen!"[105] In diesem Sinne wandte sich Keitel auch in einem Schreiben an Seldte: der Masseneinsatz der Russen sei nur noch durch eine „in einer Hand zusammengefaßte Menschenlenkung" zu gewährleisten, die vom RAM „mit wesentlich verstärkten Vollmachten" übernommen werden müsse, „wenn es nicht überhaupt geboten erscheint, Ihnen einen Generalbevollmächtigten für den Menscheneinsatz beizugeben".[106] Ende Dezember war die Ernennung eines Bevollmächtigten bereits unstrittig. „Für den Arbeitseinsatz sind militärischerseits alle Anordnungen gegeben bzw. beantragt (Russeneinsatz, Menschendiktator)" hieß es Ende Dezember in der nächsten Denkschrift des WiRüAmtes für den „Führerbefehl" zur Rüstungsumstellung.[107] Am 10. Januar dann kam dieser Erlaß Hitlers „Rüstung 1942" heraus – jenes Dokument, das das Ende der Blitzkriegskonzeption besiegelte und in dem die Weichen für einen langen Abnutzungskrieg gestellt wurden.[108] Zusammen mit dem Erlaß vom 3. Dezember, in dem der Übergang zur stark rationalisierten und typisierten Serien-Massenproduktion in der Rüstungsindustrie eingeleitet wurde,[109] beinhalteten diese Bestimmungen eine rigorose Kursänderung in der Kriegswirtschaft – alle Nachkriegsplanungen mußten zurückgestellt, alle Kräfte auf die Steigerung der Rüstungsproduktion konzentriert werden.

Die Frage des Arbeitseinsatzes aber wurde in dem Erlaß selbst nicht berührt. Stattdessen übertrug Göring in einer am gleichen Tag herausgegebenen und auf den „Führererlaß" abgestimmten Weisung der Geschäftsgruppe Arbeitseinsatz im Vierjahresplan „die uneingeschränkte Vollmacht zur Lenkung des gesamten Arbeitseinsatzes".[110] Mansfeld wurde zwar erwähnt – eine explizite Ernennung zu einer Art von „Menschendiktator", wie es Körner genannt hatte, war das jedoch nicht. Seine Stellung war nur scheinbar mit Vollmachten ausgestattet, in Wahrheit war sie schwach; so schwach, daß sich die verschiedenen Stellen nach Mansfelds Ernennung unverzüglich ihre eigenen Kompetenzen bestätigen ließen.[111]

Auch bei den militärischen Stellen stieß Mansfeld auf eine sehr reservierte Haltung, obwohl das OKW seine Ernennung doch gefordert hatte. Auf die Beschwerden des RAM und der Rosenberg-Behörde, daß bei Entlassung, Verpflegung und Arbeitseinsatz der sowjetischen Kriegsgefangenen große Probleme bestünden, reagierte das AWA/Kgf des OKW gegenüber Mansfeld kühl, Entlausungsanstalten seien vorhanden, die Verpflegung für die Gefangenen entspreche den vorgeschriebenen Sätzen, der Arbeitseinsatz der Gefangenen bei der Wehrmacht sei nicht übersetzt, und im übrigen müsse es sich um Mißverständnisse handeln.[112]

In erster Linie bestand die Aufgabe Mansfelds in der Heranschaffung einer möglichst großen Zahl sowjetischer Arbeitskräfte – daran wurde der Erfolg seiner Tätigkeit gemessen.[113] Diese sowjetischen Kriegsgefangenen aber – das war Ende Januar 1942 schon klar – konnten kaum noch in einer ursprünglich angenommenen Größenordnung in Deutschland eingesetzt werden, so daß das Hauptaugenmerk nunmehr auf den zivilen Arbeitern lag. Gegen den Einsatz von „Zivilrussen" aber hatte das RSHA nach wie vor massive Vorbehalte – hier mußte Mansfeld also ansetzen. In einem Schreiben an Heydrich machte er deutlich – nach den üblichen Präliminarien: angespannte Arbeitsmarktlage, uneingeschränkte Vollmachten, Hinweis auf ein Führerwort –, „daß der Einsatz russischer Kriegsgefangener nur noch in verhältnismäßig sehr engen Grenzen möglich sein wird" und daher vor allem zivile Arbeitskräfte angeworben werden müßten. Seine Forderungen an Heydrich: Keine Kennzeichnung der Arbeiter aus den neurussischen Gebieten, Lockerung der Kolonnenarbeit, Zulassung auch von Asiaten zum Arbeitseinsatz, verbesserte Behandlung und Freizeitgestaltung der russischen Arbeiter: Wolle man im geforderten Umfange Russen einsetzen, käme „einer derzeitigen zweckmäßigen und nicht überspannt schroffen Behandlung große Bedeutung" zu.[114]

Mit diesen Forderungen stieß er allerdings auf konsequente Ablehnung beim RSHA. Zwar wurde auf Intervention des OKW/Abwehr die Kolonnenarbeit in der Landwirtschaft etwas gelockert, die Bestimmungen vom 20. Februar 1942, die das

RSHA dann herausgab, entsprachen den Forderungen Mansfelds nach einer „nicht überspannt schroffen Behandlung" aber in keiner Weise.

Der Einsatz ziviler sowjetischer Arbeitskräfte wurde von den Sicherheitsbehörden nach wie vor abgelehnt oder doch so erschwert, daß an eine effektive Beschäftigung nicht zu denken war. Auch von Seiten der Partei wurde die neue wirtschaftliche Konzeption nicht angenommen. Eine der ersten Amtshandlungen des neuen Rüstungsministers Speer, „einige hunderttausend" Bauarbeiter in die Rüstungsindustrie umzusetzen, scheiterte am Widerstand vor allem der Gauleiter. „Ministerialdirektor Dr. Mansfeld erklärte mir offen", berichtete Speer, „daß ihm die Autorität fehle, gegen die Einsprüche der Gauleiter die freiwerdenden Bauarbeiter von einem Gau in den anderen zu überstellen".[115]

Am 19. Februar mußte Mansfeld – mittlerweile als „Generalbevollmächtigter für den Arbeitseinsatz" tituliert – seinen ziemlich vollständigen Mißerfolg zugeben. „Die gegenwärtigen Schwierigkeiten im Arbeitseinsatz wären nicht entstanden", erklärte er vor der Reichswirtschaftskammer, „wenn man sich rechtzeitig zu einem großzügigen *Einsatz russischer Kriegsgefangener* entschlossen hätte. Es standen 3,9 Millionen Russen zur Verfügung, davon sind nur noch 1,1 Millionen übrig. Allein von November 41 bis Januar 42 sind 500.000 Russen gestorben. Die Zahl der gegenwärtig beschäftigten russischen Kriegsgefangenen (400.000) dürfte sich kaum erhöhen lassen".[116] Deshalb werde der Einsatz ziviler Arbeitskräfte immer wichtiger – aber auch der sei bereits gefährdet: „Es ist unsinnig, diese Arbeitskräfte in offenen oder ungeheizten Güterwagen zu transportieren, um am Ankunftsort Leichen auszuladen." Besonders aber beschwerte sich Mansfeld über die Behandlung der sowjetischen Zivilarbeiter in den Arbeitsstellen selbst, wo sich ihr Zustand in wenigen Wochen nach Ankunft rapide verschlechtere: „Jede Woche kommen 8.000 bis 10.000 zivile Russen nach Deutschland, die ganz ausgezeichnete Arbeitskräfte sind. Sie verfügen über gute praktische Kenntnisse, arbeiten exakt und in einem Arbeitstempo, das z. T. deutsche Arbeitskräfte nicht einhalten können ... Die Russen sind gut genährt und bekleidet, wenn sie ankommen und müssen körperlich in einem arbeitsfähigen Zustand erhalten bleiben, wenn (!) sie ankommen.""[117] Die zunächst festgesetzten Verpflegungssätze für die Russen, schrieb Mansfeld am gleichen Tag an das REM, seien völlig unzureichend. Darmerkrankungen und stärkste Unterernährung, Zusammenbrüche und Fluchtversuche seien die Folge. Vor allem die Idee mit dem „Russenbrot" aus Rübenschnitzeln sei ein völliger Fehlschlag, nur eine Verbesserung der Ernährung, und zwar mit richtigem Brot, könne hier Abhilfe schaffen.[118]

Das waren deutliche Worte – sie zeigen aber, daß der politische Kurswechsel, wie ihn Hitlers Rüstungs-Erlaß vom 10. Januar 1942 markierte, zwar in Bezug auf Rohstoffverteilung und Fertigungsschwerpunkte ohne weiteres durchführbar war. Die tiefsitzenden rassistischen Denkmuster, Ausmaß und Verbreitung des Russenhasses jedoch ließen sich nicht durch einen Erlaß, schon gar nicht durch die zweifelhafte „Vollmacht" an einen Beamten der Ministerialbürokratie in kurzer Zeit unterlaufen. Zahlreiche Stellen in der Wehrmacht, der Partei und der SS schienen den neuen Kurs kaum zur Kenntnis genommen zu haben, und in der Industrie stand man den „praxisfremden" Einsatzbestimmungen der Behörden nach wie vor distanziert gegenüber. Für Partei und Sicherheitsbehörden war der Russeneinsatz selbst schon das äußerste an Kompromiß, was sie angesichts der Arbeitsmarktlage zugestehen mochten; die Wehrmacht war nicht bereit, Kompetenzen an eine zivile Stelle abzugeben; DAF und RMBuM hatten nach wie vor Hoffnungen, die Stelle des „Menschendiktators" in ihrem Kompetenzbereich ansiedeln zu können.

Die Entscheidung für Sauckel

Wollte das Regime hier überhaupt zu einer seiner wirtschaftlichen und militärischen Lage entsprechenden Lösung kommen, mußte ein politischer Ausgleich getroffen werden, der die verschiedenen Interessen vereinheitlichen konnte – das aber war nur mit entsprechendem politischen Druck möglich.

Insofern traf es sich gut, daß mit dem Tode Todts am 8. Februar die Möglichkeit zu einem umfassenden personellen und organisatorischen Revirement gegeben waren. In der Person Speers waren dabei die Eigenschaften vereinigt, die einem politischen Erfolg angesichts des wuchernden wirtschaftsbehördlichen Polykratismus vorausgesetzt waren: Sachkompetenz, das Vertrauen der Industrie, der Wehrmacht, der Partei und vor allem Hitlers.[119] Mit der schnellen Ernennung Speers war der Weg vorgezeichnet, der auch im Arbeitseinsatz gegangen werden mußte. Der neue Minister hatte umfangreiche Kompetenzen, Immediat-Zugang zu Hitler und eine Hausmacht in der Schwerindustrie. Nur eine ähnliche Konstruktion konnte den Arbeitseinsatz effektivieren. Speer selbst hatte dies erkannt, als er mit Karl Hanke einen Gauleiter (Breslau) dafür vorschlug,[120] denn die Gauleiter besaßen, was den Arbeitseinsatz anging, eine Schlüsselposition. Da sie als regionale Parteiführung meist in Personalunion Reichsverteidigungskommissare und Oberpräsidenten waren, hier also die Interessen von Partei, Wehrmacht und Verwaltung gebündelt waren, liefen bei ihnen die Fäden der politischen und wirtschaftlichen Aspekte des Arbeitseinsatzes zusammen. Da es zudem in erster Linie Partei und RSHA waren, die einen ökonomisch sinnvollen Einsatz der sowjetischen Arbeitskräfte blockierten, war ein Mann der Partei, der von Hitler mit besonderen Vollmachten ausgestattet war, womöglich der einzige, der politische und ideologische Vorbehalte der Nationalsozialisten mit den Sachzwängen des Arbeitsmarktes in Einklang bringen konnte, zumal wenn sich unter Speer eine Form der Wirtschaftsorganisation ankündigte, die einen stark technokratischen, „modernen" Zuschnitt und mit den agrarischen Zukunftsvisionen mittelständischer Nationalsozialisten kaum noch etwas gemein hatte.

Mit Fritz Sauckel war hier der richtige Mann gefunden.[121] Er war Gauleiter von Thüringen, hatte einschlägige wirtschaftliche Erfahrungen bei der Arisierung des „Gustloff-Rüstungskonzerns", bei dem er auch im Aufsichtsrat saß, gesammelt. Gleichzeitig genoß er als „Alter Kämpfer" in der Partei ein gewisses Ansehen, ohne daß er bislang politisch sonderlich in Erscheinung getreten wäre; zudem wurde ihm einiges propagandistisches Geschick nachgesagt. Seine Aufgabe war prekär und hatte eine Schlüsselfunktion innerhalb der Wirtschaftsorganisation des NS-Staates inne. Als „Mann der Partei" mußte er dafür sorgen, daß die wirtschaftsorganisatorischen Leitlinien des neuen Kurses gegenüber den ideologischen Vorbehalten der

Partei und der Staatspolizei durchgesetzt, ja sogar von ihnen getragen wurden – eine Art Verbindungsmann zwischen den technokratischen und ideologischen Varianten des Nationalsozialismus. Er sollte nicht nur die massenhafte Heranbringung von Ausländern, vor allem Russen, nach Deutschland mit Hilfe der Apparate von Partei und Militär gewährleisten, sondern in Deutschland auch deren maximale Ausbeutung, politische Unterdrückung und rassistische Diskriminierung mit einer „einsatzgerechten" Behandlung vereinbaren. Darüberhinaus sollte hier die Koordinationsstelle für den gesamten Arbeitseinsatz, also auch der deutschen Beschäftigten, entstehen, um Reibungsverluste zu vermeiden.

Die technische Installation des neuen „GBA" innerhalb des Machtapparates entsprach dieser komplizierten Situation. Er blieb NSDAP-Gauleiter, wurde offiziell Görings Vierjahresplanbehörde unterstellt, erhielt mit der Geschäftsgruppe Arbeitseinsatz einen eigenen Stab, war faktisch von Speer abhängig, politisch aber Hitler auch unmittelbar unterstellt, was ihn stark aufwertete und die Voraussetzung seiner Durchsetzungsfähigkeit in Staat, Partei und Wehrmacht darstellte. Die Bedeutung der Einsetzung Sauckels faßte sein leitender Mitarbeiter, Timm, 1946 in Nürnberg knapp zusammen: „Bei seinem Amtsantritt fand er auf dem Gebiet des Arbeitseinsatzes ein ziemliches Durcheinander vor. Jeder machte in Arbeitseinsatz ... Die vorhergehenden Chefs hatten nicht genügend Durchschlagskraft, um sich gegen manche Stelle durchzusetzen, und Sauckel war der starke Mann und besonders der starke politische Mann, der diese Dinge in Ordnung bringen sollte."[122]

Verlierer bei dieser Neukonstruktion waren das RAM, das durch die Ernennung Sauckels praktisch alle Kompetenzen beim Arbeitseinsatz verlor und zum Rumpfministerium degenerierte; Göring, dessen Vierjahresplanbehörde unaufhaltsam demontiert wurde; die DAF, deren Anspruch auf den Posten des GBA Speer abgewehrt hatte und das WiRüAmt, das durch die Einsetzung Speers und Sauckels erheblich an Einfluß verlor. Damit gab es nunmehr zwei Machtgruppen, die den Ausländereinsatz entscheidend beeinflußten: die Gruppe um Speer und Sauckel – und das RSHA.

4. Die Ostarbeitererlasse

Ende September hatte sich Himmler – abweichend von der Haltung des RSHA-Vertreters bei der Sitzung im RAM am 24. September – grundsätzlich gegen den Einsatz ziviler sowjetischer Arbeitskräfte ausgesprochen. Er mußte diese Haltung durch die Anweisungen Hitlers im Oktober und Görings im November weiter modifizieren, blieb aber bei seinen schwerwiegenden Bedenken. Das RSHA hatte von Göring den Auftrag erhalten, binnen kurzem der durch den Russeneinsatz drohenden Verschärfung der „sicherheitspolizeilichen Lage" durch entsprechende Erlasse und Anordnungen Rechnung zu tragen. Diese Bestimmungen kamen am 20. Februar 1942 heraus. Vorangegangen war ein monatelanges Feilschen um jeden Einzelpunkt der Bestimmungen, im Verlaufe derer sich das RSHA auch minimale Zugeständnisse mühsam abringen ließ und so Maßregeln durchsetzte, die den politischen wie polizeilichen Bestrebungen Himmlers in starkem Maße entsprachen.

Als sich der Einsatz sowjetischer Kriegsgefangener im Reich ankündigte, hatte auch das RSHA eine Koordinierungsstelle geschaffen, die den Informationsfluß und Absprachen zwischen den zahlreichen an den „Sicherheitsfragen beim Ausländereinsatz" beteiligten Behörden und Stellen sicherstellen sollte – den „Ausländer-Arbeitskreis beim RSHA". Auf der konstituierenden Sitzung dieses Gremiums am 3. Dezember 1941, die Heydrich selbst leitete,[123] wurde deutlich, daß die Staatspolizei den Einsatz der Sowjets ausdrücklich als Gelegenheit betrachtete, von vorneherein sicherheitspolizeiliche und politische Gesichtspunkte in vollem Umfange zu berücksichtigen: „Sind die zu berücksichtigenden wirtschaftlichen Gesichtspunkte ohne weiteres als aktuell anerkannt", erklärte Heydrich einleitend, „so muß dem Versuch, die rassische und Volkstumsfrage für die Nachkriegszeit zurückzustellen, entschieden entgegengetreten werden, da Kriegsdauer unbestimmt und die Gefahr mit der Zeit wächst. Leider hat der Ausländereinsatz ohne jegliche Führung hinsichtlich Anwerbung, Einsatz und Behandlung u. dergl. begonnen, so daß es immer schwerer werde, noch nachträglich steuernd einzugreifen. Der in Vorbereitung befindliche Russeneinsatz bietet jedoch diese Gelegenheit und sie muß und wird der besonderen Gefahren wegen, die diese Völker darstellen, genutzt werden."[124]

Die Haltung des RSHA hatte sich also gegenüber dem Herbst verändert. Die Beschäftigung sowjetischer Arbeitskräfte wurde nun geradezu als Möglichkeit angesehen, die in den vergangenen Jahren vor allem mit Westarbeitern und Italienern gemachten schlechten Erfahrungen umzusetzen und zunehmend nun auch Polen, Russen und Tschechen im Reich arbeiten zu lassen „und diese des leichteren Zugriffs wegen auf Kriegsgefangenenstufe zu halten und einzusetzen (geringer Lohn, Barackenunterbringung)", wie Heydrich ausdrücklich betonte.[125]

Die Organisation eines ausschließlich auf politischer Repression aufgebauten Einsatzes von Arbeitskräften aus dem Osten war für die Sicherheitsbehörden leichter zu bewerkstelligen als ein System, in dem politische Rücksichtnahmen Unbotmäßigkeiten von Arbeitern aus befreundeten Nationen zuließen, mit der Gefahr der Ausweitung auf deutsche und ausländische Arbeiter. Dementsprechend sollte der Russeneinsatz auch durchgeführt werden: „Die russischen Arbeiter werden im Reich als Zivilgefangene unter Bewachung in Lagern gehalten, sie werden auch nicht in Rußland angeworben, sondern zwangsmäßig ins Reich überführt."[126] Heydrich erklärte, nach eigener Anschauung habe er die Ukrainer durchweg als kommunistisch eingestelltes und hinsichtlich des Lebensstandards außerordentlich rückständiges Volk kennengelernt. Die Unterkünfte müßten daher einfach sein und mit Stacheldraht umgeben, die primitive Lebenshaltung gestatte eine geringe Entlohnung, als Verpflegung sei Kriegsgefangenenkost ausreichend. Es sei politisch unklug, ihnen auch nur kleine Freiheiten zu gewähren.[127]

Ein von jedem Kontakt mit deutschen Arbeitern isolierter Einsatz ließe sich jedoch nicht durchführen, „es muß also die innere Abwehr im Betrieb verstärkt werden, um das Aufkommen eines Solidaritätsgefühls auf deutscher Seite mit allen Mitteln zu unterbinden."[128]

Umstritten war aber vor allem die Behandlung der Ukrainer. Dabei standen sich zwei kontroverse Haltungen gegenüber. Auswärtiges Amt, RMO, RAM und DAF setzten darauf, daß die Behandlung der Ukrainer das vorhandene deutschfreundliche Potential in der Bevölkerung berücksichtigen und nicht durch unangemessen hartes Auftreten torpedieren dürfe. Während das RMO forderte, die Völker des Ostens müßten zur Mitarbeit gewonnen werden und erklärte, eine diffamierende Kennzeichnung aller sowjetischen Arbeitskräfte, also auch der Ukrainer, würde dem entgegenlaufen,[129] war die DAF nicht gewillt, „ihren Führungsanspruch in der Betreuungsarbeit polizeilichen Organen abzutreten".[130] Genau das aber hatte Heydrich verlangt.

Die Frage, ob – und wenn ja, ob alle – sowjetische Arbeitskräfte wie schon die polnischen Arbeiter gekennzeichnet werden sollten, wurde in der Folgezeit zum Dauerthema des Arbeitskreises. An dieser Frage wurde stets die grundsätzliche Haltung gegenüber den sowjetischen Zivilarbeitern diskutiert, und an den entsprechenden Entscheidungen ist die Entwicklung der Ausländerpolitik des Regimes beinahe bis Kriegsende ablesbar. Hier zeigte sich, wie weit das Regime einer Politik der „Gewinnung der Bevölkerung der besetzten Gebiete für Deutschland" oder der bedingungslosen Unterdrückung und rassistischen Diffamierung zuneigte. Das Ergebnis war immer ein Kompromiß. Wie sehr sich dieser zur einen oder anderen Seite neigte, war letztlich von der jeweiligen Frontlage bestimmt – also davon, wie stark der deutsche Imperialismus in jeweiligen Situationen tatsächlich war und mehr noch: sich fühlte.

Zwei Wochen nach der konstituierenden Sitzung des RSHA-Arbeitskreises stellte Baatz die Grundzüge der von ihm entworfenen Richtlinien im Arbeitskreis vor: Jeder sowjetische Zivilarbeiter sollte ein Abzeichen (ein Rechteck, das auf blauem Grund mit weißer Schrift das Wort „Ost" zeigte) tragen – als „Russe" galt, wer bei Kriegsbeginn in der Sowjetunion gelebt hatte, außerdem Bewohner der Distrikte Galizien und Bialystok, also auch Ukrainer. Die für das Reich vorgesehenen Arbeitskräfte sollten etwa eine Woche lang in Durchgangslagern „gesiebt und geprüft", nach ihren fachlichen Kenntnissen zu Arbeiterkolonnen und Transporten zusammengestellt und mit Ausweispapieren versehen werden. Auf die Einrichtung spezieller „Russenbetriebe" würde verzichtet werden müssen; jedoch sollten die Russen, ergänzte Müller vom RSHA, ausschließlich in Kolonnen eingesetzt werden dürfen.[131]

In den darauffolgenden Wochen entschied sich das Tauziehen um die bald sogenannten „Ostarbeiter-Erlasse".[132] Verschiedene Stellen versuchten jetzt, direkt auf das RSHA einzuwirken, um ihre politischen Interessen noch durchzusetzen. Ende Dezember erreichte das OKW/Amt Abw. in einer Sitzung unter Leitung von Canaris gegenüber Baatz, daß in der Landwirtschaft auch ein Einzeleinsatz von Kriegsgefangenen möglich wurde. Man einigte sich darauf, daß einer „zweckmäßigen und nicht überspannt schroffen Behandlung der russischen Arbeitskräfte eine wesentliche Bedeutung zukomme, denn sie sei auch vom polizeilichen und abwehrmäßigen Standpunkt geeignet, der Neigung zu Fluchtversuchen und Sabotageakten entgegenzuwirken"[133] – eine Vereinbarung, der die Erlaßbestimmungen allerdings krass widersprachen. Die Einflußnahmen Mansfelds sowie des RMO und des Wirtschaftsstabes Ost, die dessen Forderungen unterstützten, blieben dagegen ohne Erfolg.[134] Weder die Frage einer bevorzugten Behandlung der Ukrainer noch die Vorbehalte gegen die Stacheldrahtumzäunung der Lager wurden akzeptiert.[135]

Was schließlich die Fragen des Geschlechtsverkehrs mit Deutschen und die Probleme mit dem „Arbeitsvertragsbruch" anbetraf, so sollten hier die gleichen Regelungen gelten wie gegenüber den Polen; also Todesstrafe bzw. Arbeitserziehungslager.[136]

Am 20. Februar unterschrieb Heydrich dann die vorbereiteten und aufgrund der Verhandlungen mehrfach geänderten Erlaßvorlagen. Die aus drei Erlassen – Allgemeine Bestimmungen, ein vorwiegend technische Fragen berührender Runderlaß an die höheren Verwaltungsstellen[137] und ein Runderlaß an die Stapo(leit)stellen – bestehenden Vorschriften lehnten sich stark an die Bestimmungen der Polenerlasse an und sollen hier daher nur knapp skizziert werden.

Die „Allgemeinen Bestimmungen"[138] hatten die weiteste Verbreitung und waren als Behandlungsvorschriften für Behörden und Betriebsführer gedacht. Grundlage war dabei die Feststellung, daß die sowjetischen Arbeitskräfte „jahrzehntelang unter bolschewistischer Herrschaft gelebt haben und systematisch zu Feinden des nationalsozialistischen Deutschland und der europäischen Kultur erzogen worden sind". Auf dieser Grundlage waren die einzelnen Bestimmungen aufgebaut. Die im Unterschied zur anfänglichen Haltung formell durch Anwerbekommissionen des Reichsarbeitsministeriums „anzuwerbenden" sowjetischen Arbeitskräfte sollten ärztlich und sicherheitspolizeilich überprüft, in geschlossenen Transporten nach Deutschland gebracht und dort möglichst abgesondert von deutschen und anderen ausländischen Arbeitern in Kolonnen, lediglich auf dem Lande auch einzeln eingesetzt und in isolierten, mit Stacheldraht umzäunten Barackenlagern untergebracht werden. Wenn deutsche Arbeiter mit ihnen zusammen arbeiteten, wurde vorgeschrieben, „den deutschen Arbeiter in seiner Stellung so hervorzuheben, daß er trotz seiner Mitarbeit als Vorgesetzter und Aufsichtsperson in Erscheinung tritt und bei ihm ein Solidaritätsgefühl mit diesen Arbeitskräften möglichst nicht entstehen kann". Deutsche Arbeiter – als „Werkschutz" gekennzeichnet – sollten neben dem Lagerpersonal auch die Bewachung übernehmen. Alle sowjetischen Arbeiter – mit Ausnahme der Bewohner der Baltenländer – waren mit dem „Ost"-Abzeichen zu kennzeichnen, für die baltischen Arbeiter galten etwas weniger scharfe Bestimmungen.

Der Runderlaß an die Stapo(leit)stellen sprach eine noch deutlichere Sprache.[139] In jeder Stapo(leit)stelle mußte ein eigenes „Russen-Referat" errichtet werden, für bestimmte Betriebe eigene Gestapo-Beamte abgestellt, in allen Unternehmen mit sowjetischen Arbeitern politische Abwehrbeauftragte ernannt und „ein besonders intensiver exekutiver Nachrichtendienst innerhalb dieser Arbeitskräfte" aufgebaut werden.[140] Bei der „Bekämpfung der Disziplinwidrigkeit", „reichsfeindlichen Bestrebungen", „kriminellen Verfehlungen" und Geschlechtsverkehr mit Deutschen war ausschließlich die Gestapo zuständig. In der Regel sei „nur mit harten Maßnahmen, d. h. Einweisung in ein Konzentrationslager oder Sonderbehandlung" vorzugehen,[141] nur leichte Fälle könnten vom Bewachungspersonal erledigt werden: „Zur Brechung akuten Widerstandes wird den Wachmännern auch eine körperliche Einwirkung auf die Arbeitskräfte zu erlauben sein." Geschlechtsverkehr mit Deutschen sollte ausschließlich durch Erhängen, Geschlechtsverkehr mit anderen Ausländern durch Einweisung in ein Konzentrationslager geahndet werden.

181

Damit hatte sich die Position des RSHA weitgehend durchgesetzt. Alle strittigen Punkte bis auf den Einzeleinsatz in der Landwirtschaft waren gegen die Einwände der anderen beteiligten Stellen im Sinne der Aussagen Heydrichs, die er am 3. Dezember vor dem Arbeitskreis gemacht hatte, entschieden worden. Zwar waren die wirtschaftlichen Argumente für einen Einsatz der Russen vom RSHA akzeptiert und ihre Beschäftigung im Reich hingenommen worden, dafür aber sollte der Russeneinsatz die Exemplifizierung einer nach weltanschaulichen Prinzipien durchorganisierten Zwangsarbeit werden, „rassische" und sicherheitspolitische Gesichtspunkte sollten, wie Heydrich gefordert hatte, schon jetzt im Krieg angewendet und nicht auf die Nachkriegszeit verschoben werden.[142]

5. Das System der Zwangsaushebungen im Osten

Daß in den Ostarbeitererlassen des 20. Februar die Zwangsanwerbung in der Sowjetunion nicht ausdrücklich erwähnt war, war mehr ein verbales innenpolitisches Zugeständnis an die Verfechter einer stärker an Effektivität orientierten Linie beim Arbeitseinsatz, als daß es Realität wurde. Denn in den besetzten Gebieten der Sowjetunion war die Zwangsverpflichtung der Bevölkerung zur Arbeit ja nichts Neues. Die Militärverwaltung hatte schon sehr früh Einsatzbefehle herausgegeben, die die zwangsweise Heranziehung der sowjetischen Bevölkerung zur Arbeit für die deutschen Besatzungstruppen beinhalteten;[143] der Übergang zur Anwerbung für die Arbeitsaufnahme im Reich war insofern fließend. Die Methoden der verschiedenen militärischen Stellen waren allerdings nicht einheitlich und reichten vom Einsatzbefehl mit Geiselnahme bis zur Werbung für die freiwillige Arbeitsaufnahme. Die Erfahrungen, die die militärischen Stellen dabei gemacht hatten, faßte das AOK der zweiten Armee bei Beginn der Anwerbung sowjetischer Zivilarbeiter für die Arbeit in Deutschland durch die Arbeitsbehörden im Frühjahr 1942 so zusammen: „Freiwillige Werbung dafür wird keinen Erfolg haben. Zwangsweise Aushebung ohne umfassende Vorbereitungen besonders auf propagandistische Art, führt zu Ungerechtigkeiten, verlangt einen großen Apparat für Erfassung und Bewachung, macht böses Blut und stärkt zweifellos das Bandenunwesen ... Zur Abhilfe schlägt die Armee die Einführung der Arbeitsdienstpflicht vor".[144] Bei den Zivilbehörden war anfangs an die Möglichkeit einer Anwerbung auf der Basis der Freiwilligkeit aber gar nicht gedacht worden. Die Erfahrungen mit den Aushebungen in Polen ließen sie sofort an die umfängliche Anwendung von Zwang denken, so wie es Pleiger und Heydrich auch vorgeschlagen hatten[145] – obwohl die Erwägungen über eine Beschäftigung sowjetischer Zivilarbeiter im Reich ursprünglich ja durch die Meldungen, daß Teile der Bevölkerung durchaus deutsch-freundlich gesinnt seien, angeregt worden waren.

Grundlage der Aushebungen war eine Verordnung des RMO vom 19. Dezember 1941, nach der „alle Bewohner der besetzten Ostgebiete ... nach Maßgabe ihrer Arbeitsfähigkeit der öffentlichen Arbeitspflicht" unterlagen.[146] Aber nicht allein die Annahme, daß die Werbung Freiwilliger in der Sowjetunion keine Erfolg haben würde, ließ die deutschen Behörden von Anfang an den Einsatz von Zwang bevorzugen; eine mögliche Weigerung sowjetischer Arbeitskräfte, nach Deutschland zu gehen, wurde geradezu als Affront angesehen, eine Werbekampagne, in der das Deutsche Reich die sowjetische Bevölkerung *bitten* mußte, nach Deutschland zu kommen, als für die Deutschen entwürdigend und den Russen gewissermaßen nicht zustehend betrachtet. In einem Gespräch mit Mansfeld am 23. Januar machte Göring deutlich, „daß es auf die Dauer nicht möglich sei, daß Deutschland die Arbeiter der besetzten Gebiete mit geringem Erfolg bitte, in Deutschland zu arbeiten, und ihnen durch immer höhere Löhne einen Anreiz hierzu böte. Wenn die bisherige Werbeaktion keinen Erfolg hätte, müsse man sich überlegen, eine Dienstpflicht für Deutschland einzuführen".[147] In diesem Sinne erließ daraufhin Mansfeld seine Richtlinien an die Dienststellen in den besetzten Gebieten.[148] Zwar sei nach wie vor auch an eine freiwillige Werbung gedacht, teilte er den Dienststellen in den besetzten Gebieten mit; um ein befriedigendes Ergebnis zu erreichen, müßten die deutschen Stellen aber „mit allem Nachdruck die Maßnahmen anordnen können, die zur Unterstützung der freiwilligen Werbung von Arbeitskräften für den Einsatz in Deutschland erforderlich sind".

Das wichtigste Instrument dazu sollten, wie schon in Polen, zunächst die Zahlung von Unterstützungssätzen – und dadurch die Registrierung der Arbeitskräfte – und dann deren weitgehende Senkung sein, so daß „im Hinblick auf die im Reich im Durchschnitt gebotenen Löhne und Überweisungsmöglichkeiten der stärkste Anreiz für eine Arbeitsaufnahme im Reich besteht". Bei „Arbeitsverweigerung" sollten die Unterstützung gestrichen, die Lebensmittelkarten entzogen oder „besonders schwere Pflichtarbeit" verordnet werden. Grundsätzlich werde aber von vornherein „ein zwangsweiser Einsatz von Arbeitskräften nicht außer Betracht bleiben können, falls die freiwillige Werbung nicht zu Erfolg führt. Schon die Möglichkeit eines zwangsweisen Einsatzes wird in vielen Fällen die Anwerbung erleichtern".[149] Besonders der letzte Hinweis entsprach den Erfahrungen, die die deutschen Behörden in Polen gemacht hatten, wo eine Mischung aus Versprechungen, Entzug der Unterstützung und einzeln, aber wahllos eingesetztem Terror hier die Anwerbezahlen in die Höhe hatte schnellen lassen.

Die Anweisungen Mansfelds für die Anwerbungen in der Sowjetunion waren allerdings noch ein gutes Stück offener und legten die häufige Verwendung von Zwangsmitteln nahe – ein Freibrief für alle untergeordneten Stellen.

Dementsprechend hoch waren die Zahlen der Arbeitskräfteanforderungen. Am 24. Februar 1942 verlangte Mansfeld 380.000 landwirtschaftliche und 247.000 gewerbliche Arbeitskräfte, die zusammen mit dem RMO in „Pflichtkontingenten" auf die einzelnen Gebiete umgesetzt wurden. Aus der Ukraine sollten alleine 290.000 landwirtschaftliche Arbeiter gestellt werden, aus Stalino 50.000 Industriearbeiter, aus Kiew 30.000.[150]

Schon Anfang des Jahres begann die umfangreiche Anwerbeaktion deutscher Stellen in den besetzten Ostgebieten. Will man die Methoden, die dabei angewendet wurden, in einem einigermaßen realistischen Verhältnis zueinander beschreiben, wird man sich nicht allein auf die zahlreichen Dokumente über Zwangsverschleppungen und Geiselnahme stützen können. Denn für eine vollständig mit terroristischen Methoden durchgeführte Anwerbung hatten die deutschen Behörden nicht annähernd genügend Kräfte, zumal bei Anforderungszahlen solcher Größenordnung. Man wird die verschiedenen Anwerbemethoden aber auch nicht verstehen, wenn man sie als Ausdruck unterschiedlich entwickelter humaner Gesinnung der einzelnen Beamten oder Militärs begreift. Werbekampagne, Unterstützungszahlungen und Terror bildeten vielmehr ein System, das durch die allgegenwärtige Präsenz der deutschen Besatzer und die sich rapide verschlechternde soziale Lage der sowjetischen Bevölkerung wirksam wurde.

Die von der deutschen Besatzungsmacht für die sowjetische Bevölkerung herausgegebene Zeitung „Donezki Westnik" etwa brachte am 20. Februar 1942 einen Artikel über die Anwerbungen nach Deutschland:

„Die Aufforderung zum Arbeitseinsatz in Großdeutschland rief unter den Arbeitslosen der Stadt Jusoka (Stalino) lebhaften Widerhall hervor. Bis heute haben sich schon 6.000 Personen dazu gemeldet und die Zahl der sich Anmeldenden steigt täglich ... Es wird empfohlen, sich mit den Anmeldungen zu beeilen, da die Anmeldungsgelegenheit (!) seit dem 1. März eingeschränkt werden, weil die zusammengestellten Transporte erst abgeschickt werden müssen". In Fällen, in denen sich Familien gemeinsam zur Arbeit meldeten, werde der gemeinsame Transport und Einsatz zugesichert. „Durch diese Maßnahme wird den Arbeitern gleich die Möglichkeit gegeben, sich am Arbeitsplatz einzurichten und in Zufriedenheit zu arbeiten". Die Fahrt erfolge in geheizten Güterwagen, ab der deutschen Grenze in Personenwagen der Reichsbahn. Bekleidung und Verpflegung sei mitzunehmen. „Die erste Partie führt nach Dortmund (Westfalen). Dortmund ist eine historische Stadt an der Emscher. Bis zur heutigen Zeit haben sich in der Altstadt Denkmäler aus dem 12. Jahrhundert erhalten. In der heutigen Zeit ist Dortmund eine große Industriestadt mit mehr als 500.000 Einwohnern ... Die Bibliothek der Stadt Dortmund ist eine der größten des Ruhrgebiets. Der Sportplatz der Stadt umfaßt 12.000 Personen und ist einer der größten Deutschlands. Erwähnt sei ferner der Stadtpark".[151]

In manchen Städten, vor allem im Frühjahr 1942, verfehlten derartige Aufrufe ihre Wirkung nicht. Auf einen der ersten Aufrufe des deutschen Generalkommissars in Kiew („Die bolschewistischen Kommissare haben Eure Fabriken und Arbeitsstätten zerstört und Euch dadurch um Lohn und Brot gebracht. Das Deutsche Reich will Euch Gelegenheit geben zu nutzbringender und lohnender Arbeit.") meldeten sich 1.800 Arbeiter, von denen einige Hundert zurückgewiesen werden mußten.[152] In den meisten Fällen waren die Reaktionen aber nach den ersten Transporten sehr zurückhaltend.

Während in den Zeitungen und auf Anschlägen mit den glänzenden Aussichten der Arbeiter im Falle ihrer Arbeitsaufnahme in Deutschland geworben wurde, verpflichteten die deutschen Behörden gleichzeitig die Verwaltung derselben Gegend, binnen kurzem per Gestellungsbefehl Arbeitskräfte in hoher Zahl zu rekrutieren: Der Oberbürgermeister von Kiew schrieb im Februar 1942 an die Vorsitzenden der Bezirksverwaltungen: „Durch Befehl des Stadtkommissariats ist die Stadtverwaltung beauftragt worden, die freiwillige Ausreise arbeitsfähiger Einwohner der Stadt Kiew im Alter von 16 bis 55 Jahren (mindestens 20.000 Personen) zur Arbeit nach Deutschland zu organisieren ... Ich verpflichte Sie, dafür zu sorgen, daß sich ab 7. April dieses Jahres täglich (auch an Feiertagen) mindestens 50 Mann aus jedem Bezirk in der Lwowskaja-Straße melden ... Wer sich böswillig der Arbeitspflicht entzieht, ist polizeilich vorzuführen."[153]

Zusätzlich zu der Auferlegung von Kontingenten wurden nach Anordnungen des GBA besondere „Aktionen" veranstaltet, durch die Arbeiter mit besonderen Qualifikationen nach Deutschland gebracht werden sollten. So berichtete die Kommission in Riga Ende April, daß „der Transport mit Junglandwirten" am 25. April „abgerollt" sei, allerdings habe es Ausfälle durch Fleckfieber gegeben; noch 490 Junglandwirte seien zu stellen, dann sei die „Aktion Junglandwirte" erledigt.[154]

Um für diese wöchentlich abgehenden Transporte genügend Arbeitskräfte zur Verfügung zu haben, wurden vor allem die von der Militärverwaltung eingesetzten Starosten und Dorfältesten auf dem Lande verpflichtet, bis zu einem festgelegten Datum eine bestimmte Anzahl von Arbeitskräften zu beschaffen. Dadurch wurden die unmittelbaren Aushebungen häufig von einheimischen Kräften übernommen, auf die sich auch der Volkszorn ablenken sollte. Wie solche „Gestellungsaktionen" in der Praxis aussahen, beschrieb im Oktober 1942 der Leiter des Facharbeitersammellagers Charkow: „Die vielfach bestechlichen Starosten bzw. Dorfältesten ließen bezw. lassen die von ihnen bestimmten Facharbeiter nicht selten nachts aus den Betten holen und bis zum Abtransport in Kellern einsperren. Da den Arbeitern bezw. Arbeiterinnen oft keine Zeit zum Gepäckpacken etc. gelassen wird, kommen viele Facharbeiter mit völlig ungenügender Ausrüstung ... im Facharbeitersammellager an ... Bedrohungen und Schlagen der Facharbeiter durch die obigen Dorfmilizen ist an der Tagesordnung und wird von den meisten Gemeinden gemeldet. In mehreren Fällen wurden Frauen bis zur Marschunfähigkeit geprügelt."[155]

Um den Aushebungen Nachdruck zu verleihen, griffen dann schließlich die deutschen Behörden in Einzelfällen – mit der zunehmenden Zahl von Ablehnungen der Anwerbung durch die sowjetische Bevölkerung immer häufiger – zu Terrormaßnahmen, um die Arbeiterschaft einzuschüchtern und jede Weigerung als zwecklos erscheinen zu lassen. Die Auslandsbriefprüfstelle Berlin berichtete anhand der ausgewerteten Briefe aus den besetzten Ostgebieten im Herbst 1942: „Um dennoch die Arbeitertransporte in der angesetzten Kopfzahl sicherzustellen, werden angeblich Männer und Frauen einschließlich Jugendlicher vom 15. Lebensjahr ab auf der Straße, von den Märkten und aus Dorffestlichkeiten heraus aufgegriffen und fortgeschafft. Die Einwohner halten sich deshalb ängstlich verborgen und vermeiden jeden Aufenthalt in der Öffentlichkeit. Zu der Anwendung der Prügelstrafe ist nach den vorliegenden Briefen seit etwa Anfang Oktober das Niederbrennen der Gehöfte bzw. ganzer Dörfer als Vergeltung für die Nichtbefolgung der an die Gemeinden ergangenen Aufforderungen zur Bereitstellung von Arbeitskräften getreten. Die Durchführung dieser letzten Maßnahme wird aus einer ganzen Reihe von Ortschaften gemeldet".[156] In einem Brief eines Dorfbewohners aus Bielosirka/Ukr. wurde ein solches Vorgehen geschildert: „Es kam der Befehl, 25 Arbeiter zu stellen, aber keiner hat sich gemeldet, alle waren geflohen. Dann kam die deutsche Gendarmerie und fing an, die Häuser der Geflohenen anzuzünden ... Man verbot den herbeigeeilten Leuten zu löschen, schlug und verhaftete sie, so daß 6 Höfe niederbrannten. Die Gendarmen zündeten unterdessen andere Häuser an, die Leute fallen auf die Knie und küssen ihnen die Hände, die Gendarmen aber schlagen mit Gummiknüppeln auf sie los und drohen, daß sie das ganze Dorf niederbrennen werden ... Während des Brandes ging die (ukrainische, U.H.) Miliz durch die anliegenden

Dörfer, nahm die Arbeiter fest und brachte sie in Gewahrsam. Wo sie keinen Arbeiter fanden, sperrten sie die Eltern so lange ein, bis die Kinder erschienen. So wüteten sie die ganze Nacht in Bielosirka ... Man fängt jetzt Menschen, wie die Schinder früher Hunde gefangen haben."[157]

Dieses Kombinations-System aus Versprechungen, sozialem Druck und brutalem Terror wurde durchgeführt nach einem ebenfalls in Polen erstmals erprobten Organisationsmuster, das vom WiStab Ost und Mansfeld bereits eingeführt und von Sauckel dann in großem Stil praktiziert wurde. Die jetzt vom GBA zugeordneten Anwerbekommissionen bestanden aus Beamten des RMO und Vertretern der jeweiligen, für die einzelnen Bezirke im Osten zuständigen Landesarbeitsämter,[158] die gleichzeitig zu „Sonderführern des Heeres" ernannt worden waren, um die Zusammenarbeit mit den militärischen Stellen reibungslos verlaufen zu lassen.[159]

Diese Konstruktion war in Verbindung mit Sauckels dauernder und lautstarker Betonung seiner „Führer-Vollmacht" sehr wirkungsvoll, die Zahlen der angeworbenen zivilen Arbeitskräfte stiegen steil an. Im Jahre 1942 wurden nach Sauckels Angaben 1.480.000 zivile Arbeitskräfte aus der Sowjetunion nach Deutschland geholt – allein seit dem 1. April 1.416.000, also etwa 40.000 pro Woche – sowie 456.000 sowjetische Kriegsgefangene.[160]

Sauckels nach Parteimanier mit großem propagandistischem Aufwand hochstilisierte Erfolgsberichte sind jedoch geschönt, die verwendeten Zahlen basieren auf den Meldungen der Anwerbekommissionen, die alle für den Transport nach Deutschland vorgesehenen Arbeitskräfte statistisch erfaßten, unabhängig davon, ob sie flohen, beim Transport starben, vom SD „ausgesondert" wurden oder nach ihrer Ankunft in Deutschland wegen ansteckender Krankheiten, Altersschwäche, Schwangerschaft o. ä. zurückgeschickt wurden. Statt der angegebenen fast 1,5 Millionen sowjetischen Arbeitskräfte, die man angeworben hatte, waren nach der Statistik der Arbeitsämter Ende November 1942 1.125.000 Ostarbeiter in Deutschland eingesetzt. Rechnet man den Dezember noch hinzu, so ist zwischen beiden Zahlen immer noch eine Differenz von fast 300.000 Menschen.[161] Davon abgesehen sind dies dennoch unglaublich hohe Zahlen; der deutschen Wirtschaft wurden dadurch in relativ kurzer Zeit etwa 1,5 Millionen zivile und kriegsgefangene Arbeitskräfte aus der Sowjetunion zur Verfügung gestellt. Ende November 1942 kamen auf hundert nichtsowjetische ausländische Arbeitskräfte – Zivilarbeiter und Kriegsgefangene – bereits 53, auf hundert deutsche Beschäftigte 8 Arbeitskräfte aus der UdSSR.

Die Arbeitseinsatzbehörden waren lange Zeit der festen Überzeugung, daß die Anwerbequoten noch erheblich gesteigert werden könnten. Sauckel besuchte Ende Mai die Ukraine und stellte nach der Rückkehr fest: „Für den Arbeitseinsatz ergibt sich schon bei der ersten Umschau in den Dörfern und Städten, daß genügend Menschen vorhanden sind, um zahlenmäßig das notwendige Kontingent für Deutschland sicherzustellen. Ja, wenn man sich auch deutscherseits nur auf die Kriegsnotwendigkeiten beschränkt, muß sogar ein Überfluß festgestellt werden."[162]

6. Wandel und Widersprüche in der Ostarbeiterpolitik

Die Lage der Ostarbeiter im Frühjahr 1942

Im Frühjahr 1942 trafen die ersten Massentransporte mit sowjetischen Arbeitskräften in Deutschland ein – unter ihnen mehr als die Hälfte Frauen und Mädchen. Wie es ihnen unmittelbar nach ihrer Ankunft im Reich erging, sei zunächst an einem Ausschnitt aus einem Brief zweier junger Russinnen an ihre Angehörigen vom Frühjahr 1942 veranschaulicht, die sich sehr früh und offenbar freiwillig zur Arbeit nach Deutschland gemeldet hatten. Sie beschreiben die Fahrt im LKW und im Zug, die Aufenthalte in den Durchgangslagern, die entwürdigende Prozedur der „Entlausung", bis sie schließlich zusammen mit den anderen Freiwilligen aus ihrem Heimatort in Berlin ankamen, wo sie in einer Fabrik eingesetzt wurden: „Wir wurden auf verschiedene Lager aufgeteilt. In der Baracke sind 31 Personen. Zur Arbeit gehen wir Mädchen geschlossen … Die deutschen Soldaten lobten es, wie schön es in Deutschland wäre. Aber es gibt nichts Schöneres als das Leben zuhause. Macht Euch keine Gedanken, es ist so schön, daß wir jeden Tag und jede Stunde weinen und an zu Hause denken. Zu Hause gab es bloß Suppe und Brot, aber hier haben wir es nicht besser als die Schweine. Grüße alle von uns Mädels. Wir erhalten Suppe, 300 gr. Brot, 15 gr. Butter täglich und zweimal Tee. Suppe dagegen nur eine Kelle voll … So müssen wir nun leiden. Jeden Tag regnet es … Wir dachten an den Tod, und wir glauben nicht, daß wir noch dazu kommen, Euch zu sehen. Zu Hause hatten wir Angst vor den Geschossen und hier ist Hunger und zwar ärger, als es bei uns zu Hause war. Liebe Verwandte, wir leben in Baracken, jede Baracke ist eingezäunt, wir sitzen hier wie im Gefängnis und das Tor ist verschlossen … Wir dürfen nirgends hingehen … Wir stehen um fünf Uhr auf und gehen um 7.00 zur Arbeit. Um 5.00 ist dann Feierabend."[164]

Dieser Brief der beiden Mädchen aus Salawitsy beschreibt die grenzenlose Enttäuschung gerade derjenigen sowjetischen Arbeitskräfte, die zu Anfang 1942 in Deutschland ankamen und unter denen der Anteil derjenigen, die sich aufgrund der Versprechungen und Verheißungen der Werber freiwillig zum Arbeitseinsatz nach Deutschland gemeldet hatten, noch relativ groß war. Manche von ihnen kamen mit hochgespannten Erwartungen nach Deutschland – auch und gerade diejenigen, die politisch mit den Deutschen sympathisierten. So richteten im Mai 25 Ukrainerinnen ein Gesuch an die Direktion der Butzke-Werke in Berlin: „Wir, die Frauen aus der Ukraine, befreit durch die deutsche Armee von jüdisch-bolschewistischen Joch, haben den Ruf des deutschen Kommandos, uns freiwillig zur Arbeit in Deutschland zu melden, um zusammen mit Ihrem Volke zu helfen, die jüdisch-bolschewistische Bande zu vernichten, Folge geleistet." Sie beschreiben die ausgiebigen Versprechungen, die ihnen von Seiten der Werber in Charkow gemacht wurden und erklären dann: „Nunmehr hat es sich herausgestellt, daß diese uns in Charkow genannten Bedingungen in keiner Weise den tatsächlichen Verhältnissen entsprechen. Man hält uns sogar für Kriegsgefangene und hält uns hinter Schloß und Riegel. Wir dürfen nicht einmal ohne Aufsicht in die Stadt gehen. Als wir hier ankamen, gingen wir mit größter Freude und Energie an die Arbeit. Jedoch nachdem wir nicht das uns zustehende Quantum der Lebensmittel erhalten, verlieren wir mit jedem Tag unsere Kräfte und infolgedessen können wir in keiner Weise die Arbeitsproduktivität steigern."[165]

Die ersten Berichte aus den Industriebetrieben über den Zustand der eingetroffenen Ostarbeiter nach wenigen Wochen Aufenthalt in Deutschland waren verheerend. Bei den Mitteldeutschen Motorenwerken Leipzig fehlten von 100 Ostarbeitern täglich mindestens 12 wegen Krankheit, die auf Unterernährung zurückzuführen war. Der Betriebsführer der Nürnberger Schraubenfabrik berichtete, „am 12. März vormittags ... hätten seine sämtlichen russischen Arbeiterinnen heulend in ihren Arbeitsräumen gesessen und darüber geklagt, daß sie mit der völlig unzureichenden Verpflegung, die ihnen am Morgen verabreicht worden sei, nicht in der Lage wären, zu arbeiten". Es drohe die Gefahr, daß die deutschen Arbeiter mit den Frauen Mitleid empfänden.[166] In der Heinrich Bierwes-Hütte von Mannesmann in Duisburg traten die sowjetischen Zivilarbeiter am 13. März gar in den Hungerstreik wegen der unzureichenden Verpflegung und der Trennung von ihren Frauen. „Bezüglich der unzureichenden Verpflegung sei bemerkt, schrieb die Betriebsleitung in ihrem Bericht, „daß wir einen Rückgang der Arbeitskraft in den nächsten 4 Wochen fürchten. Die russischen Arbeiter werden dann nicht mehr voll arbeitsfähig sein."[167] Die IG-Farben-Werke in Landsberg meldeten, daß die sowjetischen Arbeiter in einem so schlechten Zustand seien, daß von 500 nur noch 158 arbeitsfähig seien.[168] Die Gutehoffnungshütte in Sterkrade schrieb über die Verpflegung der Ostarbeiterinnen, daß sie täglich nur 3 bis 4 Scheiben trockenes Brot und eine Wassersuppe erhielten, die aus Möhren und Sauerkraut bzw. Steckrüben bestehen. „Die GHH ist der Ansicht, daß die Frauen bei dieser Verpflegung weder arbeitswillig noch -fähig zu der schweren körperlichen Arbeit sind."[169]

Derartige Berichte aus der Industrie gibt es für das ganze Jahr 1942, zwischen Februar und Juni tauchen sie jedoch in besonders hoher Zahl auf. Ohne Ausnahme wird darin die Tendenz vertreten, daß die Behandlungsvorschriften und vor allem die schlechte Verpflegung der Ostarbeiter notwendig binnen kurzem zu deren physischem und psychischem Zusammenbruch führen müßten. Der Arbeitseinsatz der Ostarbeiter sei insgesamt gefährdet, wenn bei ihrer Verpflegung und Behandlung nicht schnellstens Veränderungen herbeigeführt würden, wie die Reichsgruppe Industrie dem REM Anfang März unmißverständlich mitteilte.[170]

Den Ressortvertretern im RSHA-Arbeitskreis waren diese Zustände schon früh bekannt geworden. Am 20. Februar 1942 hatte ein Vertreter des RSHA über die bisherigen Erfahrungen beim „Russeneinsatz" mitgeteilt: „Allgemeine Klagen und Beschwerden der russischen Arbeitskräfte, daß Zusagen betr. Gleichbehandlung mit deutschen Arbeitskräften bzw. anderen Ausländern in lohnpolitischer Hinsicht und hinsichtlich Unterbringung, Bewegungsfreiheit und Verpflegung nicht eingehalten worden seien. Alle deutschen Stellen stimmen darin überein, daß mit derzeitigen Verpflegungssätzen auch die in gutem Stand ankommenden sowjetrussischen Arbeitskräfte bald entkräftet werden und nicht mehr voll einsetzbar sind."[171] Mehr, als daß erwogen wurde, die Zulagen an Hirse zu erhöhen, geschah jedoch auf dieser Sitzung nicht; auch die Vorhaltungen des WiRüAmtes, das dringlich auf Erhöhung der Rationen und Verbesserung der Behandlung drang, waren folgenlos.[172]

Trotz der nahezu täglich eintreffenden Meldungen über den akut bedrohlichen Gesundheitszustand der Ostarbeiter riß aber die Kritik in der deutschen Bevölkerung an den „zu hohen" Lebensmittelrationen für Ausländer nicht ab. Im März liefen in Deutschland Gerüchte um, daß Kürzungen der deutschen Lebensmittelrationen bevorständen. Die Bestätigung dieser Gerüchte wirkten, wie der SD berichtete, so „niederschmetternd" auf die deutsche Bevölkerung „wie kaum ein anderes Ereignis während des Krieges".[173]

Am 6. April 1942 wurden die Rationen für Deutsche dann tatsächlich gekürzt, was in Deutschland zu ganz erheblicher Beunruhigung führte und die Beschwerden über die „zu gute" Verpflegung der „lagermäßig untergebrachten Ausländer" noch verstärkte.[174] Auf derartige Berichte hin wurden am 17. April die Verpflegungssätze für sowjetische Kriegsgefangene und Ostarbeiter entsprechend den Verminderungen der Rationen für Deutsche wieder gesenkt.[175]

Erst im Juni 1942 ging der SD dazu über, die Lage der Ostarbeiter realistischer zu beschreiben. Vor allem wurde über das Ansteigen der Flecktyphus-Fälle unter den sowjetischen Zivilarbeitern berichtet. In Frankfurt sei dies so verbreitet, „daß verschiedene Betriebe sogar bis zu 50 % der zugewiesenen Arbeitskräfte wegen Krankheit, aber auch wegen völliger Entkräftung an die Arbeitseinsatzbehörden hätten wieder abgeben müssen". Ursache dafür aber sei „mangelhafte ärztliche Untersuchung" und „Entlausung" im Anwerbegebiet. Dies sei deshalb von Bedeutung, weil der Arbeitseinsatz der Russen „wegen der Angst vor einer Ansteckung und wegen der beträchtlichen Krankenkosten zu Mißfallenskundgebungen in der deutschen Bevölkerung, vor allem bei den betroffenen Bauern, geführt" habe.[176]

Erst Mitte Juli 1942 wurde von Seiten des SD zugegeben, daß es durch „mangelhafte Verpflegung, Unterbringung und Bekleidung, völlig unzureichende Krankenbehandlung und angeblich falsche oder irreführende Versprechungen bei der Anwerbung" zu erheblichen Problemen beim Arbeitseinsatz der Ostarbeiter gekommen war. Der Ausfall an Arbeitskräften sei immens hoch, beim Kabelwerk der AEG in Berlin seien z. B. „die dort beschäftigten Russinnen manchmal so schwach, daß sie vor Hunger umfielen". Ursache dafür seien in erster Linie die ungenügenden Rationen, aber auch die mangelhafte Qualität der Lebensmittel – bei Kohlrüben und Kartoffeln mache der Abfall 40 bis 50 % aus – sowie die schlechte Zubereitung des Essens.[177]

Der SD nahm also die Zustände in den Ostarbeiterlagern über ein halbes Jahr lang gar nicht ernst – eine destabilisierende Wirkung für das Regime schien also von der katastrophalen Ernährungslage der Ostarbeiter offenbar nicht auszugehen, obwohl die Berichte übereinstimmend einen für die Produktion bedrohlichen Leistungsabfall meldeten. Die Hungerrationen für die Russen waren eben, das wird durch diese Berichte deutlich, kein Problem der Organisation der Versorgung, sondern das Ergebnis politischen Willens.

Die schlechte Ernährung war das größte, aber nicht das einzige Problem der Ostarbeiter in den ersten Monaten ihres Arbeitseinsatzes in Deutschland. Die Beschwerden der sowjetischen Arbeitskräfte faßte die „Zentralstelle für Angehörige der Ostvölker (ZAO) beim RMO im September 1942 in neun Punkten zusammen.

1. Die diffamierende Kategorisierung als „Ostarbeiter", durch die eine Erniedrigung gegenüber anderen Ausländern erreicht werde.
2. Die Zwangsmaßnahmen bei der Anwerbung ohne Rücksicht auf die Einsatzfähigkeit der Einzelnen.
3. Der fachfremde Arbeitseinsatz.
4. Die Unterbringung in Stacheldraht-umzäunten Lagern und das Ausgehverbot.
5. Die rohe Behandlung durch die Wachmannschaften, z. T. auch durch Angehörige anderer Nationen.
6. Die katastrophal schlechte Verpflegung.
7. Die Entlohnung, die Lohnüberweisungen in die Heimat illusorisch mache.
8. Die Unterbindung des Postverkehrs.
9. Der Widerspruch zwischen Versprechungen und Wirklichkeit.[178]

Rückwirkungen auf die Situation im Osten

Insgesamt war nach den Berichten aus den Betrieben, den Rüstungskommandos und zivilen Wirtschaftsverwaltungen schon seit April und mit zunehmender Tendenz festzustellen, daß die extensive Ausbeutung der Ostarbeiter und sowjetischen Kriegsgefangenen ein Ausmaß erreicht hatte, das die kriegswirtschaftliche Effektivität des Arbeitseinsatzes der Ostarbeiter in Deutschland insgesamt infrage stellte. Nachdem die sowjetischen Gefangenen des Jahres 1941 zum überwiegenden Teil gestorben waren, bevor der Befehl für ihren Arbeitseinsatz umgesetzt werden konnte, drohte nun in Bezug auf die Ostarbeiter eine ähnliche Entwicklung. Da die sowjetischen Arbeitskräfte aber bereits das „A und O des Arbeitseinsatzes"[179] darstellten, bedeutete das eine Gefährdung der deutschen Kriegsproduktion, die das Regime abwehren mußte, wollte es nicht letztlich die Kriegsführung insgesamt gefährden. Dennoch zeigen die Reaktionen auf derartige Berichte, daß die Meldungen über die schnell nachlassende Arbeitsleistung der sowjetischen Arbeiter allein nicht ausreichten, um hier einschneidende Maßnahmen zu ergreifen. Erst als auch im Osten die Auswirkungen der schlechten Behandlung der Ostarbeiter im Reich unangenehm spürbar wurden, gerieten die Vorschriften in Bewegung.

Die sowjetische Regierung hatte die Aushebungen von Arbeitskräften in den besetzten Gebieten und die Zustände in den Ostarbeiterlagern schon früh zum Anlaß genommen, hier auf internationaler Ebene massiv zu protestieren,[180] und die sowjetische Propaganda druckte auf Flugblättern Briefe von im Reich beschäftigten Ostarbeitern ab, die die Zustände in Deutschland beschrieben. Die Befürchtung der deutschen Behörden, die Nachrichten über die Lage der Ostarbeiter könne in die besetzten Ostgebiete gelangen, ließ sie lange Zeit auch die Postverbindungen für Ostarbeiter ganz sperren. Als im Sommer 1942 dann Post befördert wurde, konnten wegen der großen Menge nur 20 % der Briefe zensiert werden – auch hierdurch wurde die Bevölkerung in den von Deutschland besetzten Teilen der Sowjetunion vor der Arbeitsaufnahme in Deutschland gewarnt.[182]

Von besonderer Bedeutung für die Haltung der sowjetischen Bevölkerung in den besetzten Gebieten gegenüber den Anwerbungen aber waren die sogenannten „Rückkehrtransporte". In den ersten Monaten – in Einzelfällen bis Anfang 1943 –

wurden nämlich die „nicht Tauglichen" unter den angeworbenen Ostarbeitern – Kranke, Alte, Schwangere vor allem – wenn sie von den Betrieben in Deutschland abgelehnt worden waren, wieder zurück in die Sowjetunion gebracht. Etwa 80- bis 100.000 Angeworbene, schätzte die ZAO, kehrten 1942 in die besetzten Gebiete zurück.[183] Der Zustand dieser ausgehungerten, kranken Menschen, viele von ihnen dem Tode nahe, machte auf die Bevölkerung in den besetzten Gebieten einen entsetzlichen Eindruck. Im September 1942 z. B. begegnete ein Zug mit zum Rücktransport bestimmten „Untauglichen" auf dem Bahnhof in Berlin einem Zug neu angeworbener Ostarbeiter, was, wie die ZAO berichtete, „angesichts der Toten in dem Rückkehrerzug zu einer Katastrophe hätte führen können. Wie in diesem Zuge Frauen Kinder geboren haben, die während der Fahrt aus dem Fenster geworfen wurden, während in dem gleichen Wagenraum tuberkulöse und geschlechtskranke Personen fuhren, wie hier Sterbende in Güterwagen ohne Stroh lagen und schließlich einer der Toten auf der Bahnböschung landete, so dürfte es auch mit den anderen Rücktransporten bestellt gewesen sein".[184]

Der Zustand der Rückkehrer, die Berichte und Briefe über die Lage der Ostarbeiter im Reich, die Eskalation der Zwangsmaßnahmen bei der Anwerbung blieben nicht ohne Wirkung auf die Haltung der Zivilbevölkerung und der Roten Armee.[185] Während Sauckel gegenüber Hitler noch von „bolschewistischer Greuel- und Verleumdungspropaganda der Partisanen" sprach und davon, daß die Ostarbeiter in Deutschland „menschlich einwandfrei, korrekt und sauber behandelt, ernährt, untergebracht, ja auch bekleidet werden",[186] nahm im Osten der Widerstandswille der sowjetischen Bevölkerung gegen die Anwerbungen zu. Schon Ende Februar wurde im Arbeitskreis der RSHA Bericht erstattet über die „jegliche Anwerbung hemmenden Nachrichten, die von den bereits im Reich eingesetzten Arbeitskräften in ihre Heimat gedrungen sind (Unterbringung hinter Stacheldraht, Verpflegung, Löhne)".[187]

Seit Ende Mai nahmen die freiwilligen Meldungen rapide ab, der Einsatz von Zwangsmitteln wurde immer häufiger. „Widerstand der Bevölkerung im Norden Brester Bezirks in den letzten 8 Tagen weiter verschärft. Werbung in volkreichen Gegenden nahezu aussichtslos. Halte Verstärkung der Polizeikräfte für dringend geboten", telegraphierte Sauckel im Juni an Koch.[188] Min. Rat. Letsch vom GBA stellte im Juli gegenüber dem OKH/GenQu fest, „daß die Ergebnisse der Anwerbung auf rein freiwilliger Basis immer mehr zurückgehen" – auf die verstärkte Anwendung von Zwangsmitteln könne nicht mehr verzichtet werden.[189]

In der Ukraine waren schon im Sommer 1942 Anwerbungen, auch unter Zwang, kaum noch zu vermelden. Die Leiter der sieben ukrainischen Werbebezirke erklärten übereinstimmend, „daß trotz Steigerung der Werbung, Wegführung von Vieh oder selbst Androhung der Erschießung die restliche Bevölkerung nicht gewillt ist, den Gestellungsbefehlen nachzukommen". Die Gründe dafür lägen zum einen in der verstärkten Tätigkeit der Partisanen, zum anderen darin, „daß bereits bei der ersten Durchkämmung der Rayons sehr scharf durchgegriffen worden ist". Ebenso sei die Stadt Kiew bei weitem nicht mehr in der Lage, die geforderten 37.000 Arbeitskräfte zu liefern, sondern höchstens 3.000 bis 4.000 Kräfte.[190] Auch aus Charkow hatte sich „eine energische Ablehnung der Arbeitsvermittlung ins Reich in der

Bevölkerung bemerkbar gemacht". Durch „Krankstellen, Flucht in die Wälder, Flucht in deutsche Dienststellen (sic!), Bestechung usw." versuche die Bevölkerung, der Erfassung auszuweichen. Ein Problem, bemerkte der SD dazu, sei es allerdings, daß die deutsche Gegenpropaganda wirkungslos sei, weil die Klagen über die Zustände im Reich ja offenbar berechtigt seien.[191]

Den militärischen und politischen Stellen im Osten wurde immer deutlicher, daß die Zwangsanwerbungen in zunehmendem Maße der Partisanenbewegung neue Kräfte zuführten. „Die Vermehrung der Banden", schrieb Rosenberg an Sauckel, sei „zu einem großen Teil darauf zurückzuführen ... daß die in den betreffenden Gegenden angewandten Anwerbemethoden als Zwangsmaßnahmen zur Massendeportation empfunden werden, so daß die hiervon sich bedroht fühlenden Personen es vorziehen, sich ihrem Schicksal durch Flucht in die Wälder oder unmittelbar durch Überlaufen zu den Banden zu entziehen".[192] Damit waren substantielle Interessen des kriegführenden NS-Deutschland berührt. Die vorhandenen Quellen legen es nahe, in der Praxis der Zwangsanwerbungen eine der Hauptursachen für die Verschärfung oder sogar überhaupt für den Beginn der Partisanentätigkeit zu sehen. Denn nach den Ergebnissen neuerer Untersuchungen fehlte den sowjetischen Partisanen bis zum Frühjahr 1942 die entscheidende Voraussetzung für einen erfolgreichen Partisanenkrieg, „ein sicherer Rückhalt unter der Bewohnerschaft des Landes"; weil bis dahin die noch sehr vereinzelten Partisanengruppen „meist auch auf die einhellige Ablehnung und den Widerstand der vor allem an einer Normalisierung des Lebens interessierten Bevölkerung" gestoßen waren.[193] Die immer exzessiveren Zwangsmittel der deutschen Behörden bei der Anwerbung von Arbeitskräften trugen zur Popularisierung der Partisanen erheblich, wenn nicht entscheidend bei.

Durch den sich versteifenden Widerstand der Bevölkerung in den besetzten sowjetischen Gebieten und das Anwachsen der Partisanenbewegung führte die schlechte Behandlung der Ostarbeiter im Reich und die Praxis der Zwangsanwerbungen im Osten nun außer zu einer Gefährdung der kriegswirtschaftlichen Zielsetzungen auch zur Verschlechterung der militärischen Lage der deutschen Truppen im Osten – diese Entwicklung war so bedrohlich, daß das NS-Regime hier kurzfristig und nachhaltig reagieren mußte.

Die Debatte um die Lebensbedingungen der Arbeiter

Seit dem Sommer 1942 vermehrten sich nun die Stimmen derjenigen, die hier rasche Abhilfe forderten. Die Kritik kam dabei in erster Linie von den Stellen, die mit den sowjetischen Arbeitskräften unmittelbar zu tun hatten: Betriebe, Wehrmacht und RMO; und sie wog um so schwerer, je stärker sich die von der Speer-Administration verfolgte Linie einer auf Effizienz bedachten Wirtschaftspolitik der Rationalisierung und Produktionssteigerung im Laufe des Jahres 1942 durchsetzte. Die aufgrund der schlechten Verpflegung und Behandlung mangelnde Arbeitsleistung der Ostarbeiter wurde angesichts der kriegswirtschaftlichen Lage und der militärischen Perspektiven zu einem schwerwiegenden Argument, das ohne weiteres in Beziehung zum Ausgang des Krieges gesetzt werden konnte. Dennoch verlief die politische Debatte innerhalb der Regimeführung zu dieser Frage während des Jahres 1942 sehr widersprüchlich, und die Lebens- und Arbeitsbedingungen der Ostarbeiter wurden durchaus nicht in dem Maße verbessert, wie dies die militärische und rüstungswirtschaftliche Lage Nazideutschlands erfordert hätte.

Der RSHA-Arbeitskreis hatte am 20. Februar die ersten Erfahrungen mit dem „Russeneinsatz" diskutiert; zwar wurde der „Arbeitswille" der Ostarbeiter als überraschend gut, ihre Leistungsfähigkeit aufgrund der Ernährungssituation aber als besorgniserregend schlecht bezeichnet; ohne daß jedoch Vorschläge zur Änderung der Vorschriften gemacht wurden.[194] In den darauffolgenden Tagen aber intervenierten verschiedene Stellen beim RAM und RSHA in dieser Sache. „Die Leistungsfähigkeit" der Russen, notierte das WiRüAmt schon Anfang März, „muß durch hinreichend kräftige Kost gewährleistet sein. Hierbei ist eine dem Russen eigene Ernährung (Grütze, Hirse, Buchweizen, ‚Kascha') anzustreben". Außerdem müsse das Lohnsystem einen Leistungsanreiz enthalten und auch in Rüstungsbetrieben der Kolonneneinsatz weitgehend aufgelockert werden. Insgesamt solle man versuchen, „den größtmöglichen Arbeitseinsatz unter Aufrechterhaltung gewisser Sicherheitsmaßnahmen zu erreichen"[195] – eine Umkehrung des bisher verfolgten Prinzips, wonach „Sicherheit" und „völkische Grundsätze" *vor* dem Arbeitseinsatz der Ostarbeiter rangierten.

Das RMO, das innerhalb des Regimes immer mehr in eine Außenseiterposition geriet,[196] sandte der Geschäftsgruppe Arbeitseinsatz am 10. März ein wütendes Schreiben, in dem unter Hinweis auf die wirtschaftlichen und militärischen Gefahren, die durch die jetzige Praxis des Ostarbeitereinsatzes heraufbeschworen würden, eine Behandlung der sowjetischen Zivilarbeiter gefordert wurde, die „sich von der Behandlung der Kriegsgefangenen unterscheiden muß" und sie insbesondere nicht hinter Stacheldraht sperrte. Auffallend an diesem Schreiben war ein im Zusammenhang mit den Ostarbeitern neuer Zungenschlag. Zwar rügte das RMO auch den zu geringen Lohn und die Ernährung der Russen; aber bei der Bezahlung reiche es, daß der russische Arbeiter genug verdiene, um sich Tabak zu kaufen, bei der Verpflegung sei „der Ukrainer" mit Brot und Gurken schon zufrieden. Von ausschlaggebender Bedeutung sei es aber, „dem Arbeiter eine Behandlung zuteil werden zu lassen, die seinem Gefühl von Menschenwürde entspricht": harte Strafen, aber keine Prügel, ab und zu ein Film, teilweise Übergabe der Bewachung an russische Selbstverwaltungskräfte und vor allem kein Stacheldraht![197] Diese Argumentation basierte auf der Konzeption des RMO – offenbar mehr des Ministeriums als des Ministers –, daß die Bevölkerung der besetzten Ostgebiete „von der Größe und Macht des Deutschen Reiches" überzeugt und politisch für Deutschland gewonnen werden müsse.[198] In ihr manifestiert sich die im Laufe des Jahres 1942 an Bedeutung gewinnende Vorstellung von einem deutschen Kolonialreich im Osten, das nach den Erfahrungen eben des Kolonialismus auf eine begrenzte Unterstützung der Kolonialvölker angewiesen wäre. Die Haltung des RMO konnte sich zwar innerhalb der Regimeführung nie ganz durchsetzen, sie war für Partei und RSHA gleichwohl gefährlich. Denn sie zielte darauf ab, die Behandlung der sowjetischen Arbeitskräfte in Deutschland vor allem symbolisch zu verbessern, ihnen das „Gefühl" der Diskriminierung zu nehmen, ohne ihren Lebensstandard tatsächlich zu verbessern – erst die

Moral also, dann das Essen. Zweifellos berücksichtigte der Vorschlag des RMO auch die Haltung der kollaborationswilligen Teile der sowjetischen Arbeitskräfte;[199] vor allem aber war er für die an Effizienz orientierten Technokraten in den Betrieben und der Speer-Behörde verlockend, weil Symbole billiger sind als Lebensmittel und höhere Löhne. Die Entfernung des Stacheldrahts, ein russischer Vertrauensrat in jedem Lager, eine als „Freizeitbetreuung" drapierte Ostarbeiter-Propaganda schienen kein hoher Preis zu sein für bessere Arbeitsleistung bei nur geringen Aufwendungen für bessere Verpflegung.

Dieser Gedanke gewann fortan in den Diskussionen innerhalb der NS-Führung auch an Bedeutung, vor allem im Tauziehen um die Frage der Kennzeichnung der Arbeiter aus den besetzten Ostgebieten.[200]

Zunächst war aber nicht einmal die Frage der Lebensmittelversorgung geklärt. Vom Vertreter des Rüstungsministeriums wurde das Thema in der Sitzung des RSHA-Arbeitskreises am 13. März 1942 erneut aufgebracht und ein „rasches Nachlassen der Leistungsfähigkeit" der Ostarbeiter festgestellt. „Der Vorstoß brach mit dem Hinweis auf die allgemeine Lage zusammen", vermerkte das Protokoll lakonisch.[201] Daraufhin wandte sich Speer in dieser Sache direkt an Hitler – mit überraschendem Resultat: „Der Führer erklärt ganz eindeutig in längerer Ausführung, daß er mit der schlechten Ernährung der Russen nicht einverstanden sei. Die Russen müssen eine absolut ausreichende Ernährung erhalten und Sauckel habe dafür zu sorgen, daß diese Ernährung bei Backe nun sichergestellt wird. Der Führer wundert sich darüber, daß die Zivilrussen hinter Stacheldraht wie Kriegsgefangene behandelt werden. Ich erkläre ihm, daß dies auf eine Anordnung von ihm zurückzuführen sei. Der Führer weiß nichts von einer derartigen Anordnung." „Ich bitte", vermerkte Speer, „Sauckel zu veranlassen, daß die Zivilrussen nicht mehr wie Kriegsgefangene behandelt werden".[202] Diese Entscheidung Hitlers – mehr Uninformiertheit offenbar als Kurswechsel – und eine erneute Beschwerde des WiRüAmtes blieben nicht ohne Wirkung. Das WiRüAmt hatte vom GBA – mit Durchschrift u. a. an RFSS und RMO – nicht nur die Erhöhung der Lebensmittelrationen für Ostarbeiter, sondern die Gleichstellung mit den Rationen anderer Ausländer, Lohnerhöhungen, Leistungsprämien und Auflockerung der Bewachungsvorschriften gefordert, denn: „Die russische Arbeitskraft stellt die wertvollste Beute dar, die der Rußland-Feldzug der deutschen Kriegswirtschaft gebracht hat" – ein unglaublicher Wandel der Auffassungen, vor allem, wenn man an das Schicksal der sowjetischen Gefangenen noch wenige Wochen zuvor denkt.[203]

Durch die Entscheidung Hitlers und die Interventionen des Militärs unter Druck gesetzt gab Müller vom RSHA am 9. April im Arbeitskreis bekannt, daß einige Lockerungen zugestanden würden: Wegfall der Stacheldrahtumzäunung, Ausgehstunden in geschlossenen Trupps unter Führung eines Deutschen, mehr Verpflegung (weniger Fleisch, mehr Brot) und bessere Entlohnung; auch der „Einzeleinsatz an der einzelnen Maschine" wurde gestattet. Als Ausgleich dafür aber „härteste Bestrafung aller Widersetzlichkeiten (bei Gewalt, Arbeitsverweigerung und Streik, Arbeitsverhetzung und Sabotage: Todesstrafe)".[204]

Die daraufhin herausgegebenen Erlasse selbst gingen noch über diese Maßnahmen hinaus: Straffere Anwerbepropaganda; statt des Grundsatzes der „strengsten" nurmehr die „möglichste" Absonderung; Auswahl von russischen „Kolonnenführern" für Bewachung und „nachrichtendienstliche Überwachung".[205]

Viel war damit allerdings weder für die betroffenen Arbeiter selbst noch für die Betriebe gewonnen. Immerhin aber war der Spielraum der Entscheidungen für Betriebs- und Lagerleiter erweitert worden, während die Freigabe des Einzeleinsatzes an Maschinen nur im Nachhinein zugestand, was in vielen Betrieben bereits die Regel war. Die Bedeutung der Bestimmungen vom 9. April lag aber noch in einem anderen Bereich. Denn mit diesem Erlaß hatte das RSHA das Prinzip geändert: Statt die sowjetischen Arbeiter in toto in „Steinbrüchen und Mooren" zu beschäftigen, in Gefangenenlagern einzusperren und auch kollektiv zu bestrafen, war dies ein erster Schritt zur Regelung von Einzelfällen; eine Art Individualisierung der Ostarbeiter also, hervorgegangen aus der steigenden Bedeutung der einzelnen, auch der sowjetischen Arbeitskraft. Kompensiert wurde diese teilweise Lockerung durch die „härteste Bestrafung" schon bei kleinsten Vergehen: Wenn schon Ausgeherlaubnis und Einzeleinsatz, dann doch wenigstens brutale Ahndung von Regelverstößen.[206]

Die Politik Sauckels

In dieser Situation begann Sauckel Anfang April seine Arbeit als GBA. Gestützt auf den eingespielten und nun mit erweiterter Autorität versehenen Stab der alten Geschäftsgruppe Arbeitseinsatz, in der Min. Dir. Timm die Organisation der Arbeitskräftebeschaffung leitete,[207] und die personell verstärkten und formal auch in die Wehrmacht integrierten Anwerbekommandos im Osten konnte er die Abwicklung der Arbeitskräftebeschaffung weitgehend den Fachleuten überlassen und sich ganz seiner Doppelaufgabe widmen – einerseits die politischen Hindernisse für die Ausweitung, Intensivierung und Effektivierung des Ausländereinsatzes, in Sonderheit der Ostarbeiter, aus dem Wege zu räumen und andererseits die politischen und ideologischen Prinzipien des Nationalsozialismus dabei in möglichst vollem Umfang zu gewährleisten. – Eine Aufgabe, die in Wirklichkeit die Quadratur des Zirkels bedeutete, gleichwohl von Sauckel etwa 1 1/2 Jahre lang recht erfolgreich gelöst wurde, bis sich Ende 1943 die Unvereinbarkeit beider Anforderungen erwies.

Zunächst ging Sauckel daran, seine eigene politische Basis – die Partei und hier vor allem die Gauleiter – in die Arbeitseinsatzorganisation zu integrieren, um den Widerstand, der von hier aus vor allem gegen den Russeneinsatz kam, zu neutralisieren: Er ernannte die Gauleiter kurzerhand zu seinen „Bevollmächtigten für den Arbeitseinsatz", ohne daß damit nennenswerte Kompetenzen verbunden gewesen wären. Vielmehr sollten „die gewaltigen inneren Kräfte der nat. soz. Weltanschauung auf dem Gebiet der Menschenbetreuung und Menschenführung durch die Partei zu diesem Zwecke" mit eingesetzt werden.[208]

Seiner Aufgabe angemessen war die Politik des GBA von außerordentlicher politischer Flexibilität. Während er die Betriebe, Arbeitsbehörden und Verwaltungen mit Anordnungen über eine bessere Behandlung der Ostarbeiter förmlich überschwemmte, wußte er andererseits auch, was man in Parteikreisen von ihm hören wollte. Während er in seinem „Programm" („herausgegeben am Geburtstag des Führers 1942") forderte, es müsse alles vermieden werden, „was über die kriegsbe-

195

dingten Einschränkungen und Härten hinaus fremden Arbeitern und Arbeiterinnen den Aufenthalt und die Arbeit in Deutschland erschweren oder gar unnötig verleiden könnte",[209] erklärte er in einer Rede vor der Gauwirtschaftskammer Thüringen im Januar 1943, die Ausländer seien ihm „so gleichgültig wie irgendetwas, und wenn sie sich das geringste Vergehen im Betrieb zu schulden kommen lassen, dann bitte sofort Anzeige an die Polizei, aufhängen, totschießen! Das kümmert mich gar nicht! Wenn sie gefährlich werden, muß man sie auslöschen".[210] Beide Aussagen widersprechen einander jedoch nur scheinbar; vielmehr drücken sie die propagandistische Kompromißlinie aus, die Ideologie und Effizienzdruck miteinander vereinbaren sollte: Wenn die sowjetischen Arbeiter auch nur marginal in „volkspolitischer" oder „sicherheitspolizeilicher" Hinsicht gefährlich oder „aufsässig" würden, sollten sie der Gestapo zum „Aufhängen und Totschießen" übergeben werden. Bis dahin aber, solange sie gut arbeiteten und gehorchten, sollten sie so behandelt werden, wie es zur Reproduktion ihrer Arbeitskraft notwendig war.

In den nächsten Monaten lief das auf folgende Praxis hinaus: Gestapo und RSHA waren automatisch dann allein zuständig, sobald auch nur eine geringe Normabweichung eines sowjetischen oder polnischen Arbeiters festgestellt wurde. Ansonsten übernahm der GBA inhaltlich die Forderungen der Technokraten bezüglich der Behandlung der ausländischen Arbeitskräfte, putzte sie aber propagandistisch so heraus, daß die Nationalsozialisten vom Ortsgruppenleiter bis zur Parteikanzlei glauben gemacht werden sollten, es handelte sich hierbei um die kompromißlose Durchsetzung des originären Nationalsozialismus. Einige Beispiele:

Die allgemeine Anordnung, daß die Ernährung, Behandlung und Unterbringung der sowjetischen Arbeiter erheblich verbessert werden müsse, wurde in Sauckels „Programm" vom April 1942 damit begründet, „daß auch eine Maschine nur das zu leisten vermag, was ich ihr an Treibstoff, Schmieröl und Pflege zur Verfügung stelle". Die Russen würden sonst nicht nur keine Arbeitsleistung mehr vollbringen, sondern womöglich „das deutsche Volk auf das Schwerste belasten oder gar gesundheitlich gefährden".[211]

„Nicht aus rührseliger Humanitätsduselei" sei eine bessere Behandlung der ausländischen Arbeiter notwendig, „sondern dies erfordern die klare Vernunft und die Rücksicht auf die Lage unserer Kriegsproduktion", denn „das nat. soz. Großdeutsche Reich Adolf Hitlers hat es aber auch nicht nur nicht nötig, die Gewalt- und Schwindelmethoden der Gegner anzuwenden, es lehnt vielmehr solche Methoden infolge der im nat. soz. Reich gültigen moralischen, sittlichen und weltanschaulichen Prinzipien vollkommen ab".

Die pathetischen Appelle und Proklamationen Sauckels kann man durchgehend gegen den Strich lesen, um herauszufinden, welcher Behandlung die Polen und Ostarbeiter tatsächlich unterlagen. Der Versuch, eine bessere Behandlung vor allem der sowjetischen Arbeiter als genuin deutsche und nationalsozialistische Haltung zu propagieren, kennzeichnet Sauckels Bestrebung, die Partei in die Arbeitseinsatzpolitik zu integrieren. Das Ergebnis war eine krude Propaganda voll großartiger Gesten und tönender Phrasen.

Die Behandlung der Ausländer in Deutschland war demnach nicht einfach einwandfrei, sauber und gerecht, sondern: Durch „einwandfreieste, sauberste und gerechteste Grundsätze" gereiche der Ausländereinsatz „dem nationalsozialistischen Deutschland zur Ehre und muß außerdem für alle Zeiten als geschichtliche Großtat" gelten, die Ausländer selbst würden „unwiderlegliche Zeugen seiner Größe, Macht, Sauberkeit und Gerechtigkeit".[212]

Die ideologisch ja recht brisante Frage der Anlernung und Qualifikation gerade der „fremdvölkischen" Arbeiter löste Sauckel per Erlaß so: „Auch ausländische Kräfte sind also in weitestem Umfang anzulernen. Bedenken gegen eine Anlernung ausländischer Kräfte können nicht anerkannt, Schwierigkeiten müssen überwunden werden."[213]

Den Meldungen über Korruption und Fehlorganisation in den Arbeitsbehörden begegnete er durch einen Erlaß mit dem Titel: „Im Arbeitseinsatz gibt es kein Unmöglich", in dem es dann heißt: „Unter allen Kriegsaufgaben ist der Arbeitseinsatz mit die wichtigste und vornehmste, denn sie befaßt sich mit dem schaffenden Menschen. Dieser ist der Träger aller Leistung. Wer sich mit seinem Schicksal befaßt, muß untadelig sein und handeln. Allein aus diesem Grund muß die Arbeitseinsatzverwaltung eine Elite unter den Institutionen unseres nationalsozialistischen Volkes und Reiches darstellen. Trunksucht, Lotterleben, Korruption sind bei unserem Arbeitseinsatz undenkbar."[214]

Das waren Töne, wie sie in der Partei gefielen. Es gelang dem neuen GBA tatsächlich, den hinhaltenden Widerstand in der Partei und der SS vor allen gegenüber dem Russeneinsatz zu brechen und dadurch Anwerbung und Organisation in kurzer Zeit erheblich zu intensivieren. „Ich will Gauleiter Sauckel nicht loben, das hat er nicht nötig", erklärte Göring im August den versammelten Reichskommissaren. „Aber was er in dieser kurzen Zeit geleistet hat, um in einer solchen Geschwindigkeit Arbeiter aus ganz Europa herauszuholen und in unsere Betriebe zu holen, das ist einmalig."[215]

Gleichwohl war Sauckels Einfluß sehr begrenzt. Politische Impulse gingen von der GBA-Behörde nicht aus, die eher die Grundsatzentscheidungen auszuführen hatte, die woanders gefällt wurden. Die GBA-Behörde übernahm hingegen mehr und mehr Kompetenzen des Reichsarbeitsministeriums, das sich zu einer Restbehörde ohne Aufgabenbereich entwickelte. Der GBA als Verbindungsstelle zwischen Partei, Verwaltung, Wirtschaft und Wehrmacht entsprach hingegen nicht nur der politischen und rüstungswirtschaftlichen Lage Deutschlands seit 1942, sondern stellte, ähnlich wie Himmlers RSHA oder Görings Vierjahresplanbehörde eine spezifisch nationalsozialistische Mischform einer Verwaltungs- und Parteibehörde dar.

Die Weichen für den Ausländereinsatz wurden jedoch in zwei anderen Gremien gestellt, die jetzt mehr und mehr in den Vordergrund gerieten: Dem RSHA-Arbeitskreis, der seit dem Rußland-Feldzug bis Kriegsende regelmäßig tagte und sich zu einer Art interministerieller Clearing-Stelle für den Ausländereinsatz entwickelte, deren Beschlüsse in allen wichtigen Einzelfragen die Grundlinien der Ausländerpolitik markierten, und der Zentralen Planung,[216] von der vor allem die Weisungen über den Kräftebedarf und die Verteilung der Arbeitskräfte auf die einzelnen Wirtschaftszweige ausgingen.

Effektivierung des Ostarbeitereinsatzes: Ernährung, Lohn, Qualifizierung

Nach der grundlegenden Neuorganisation des Arbeitseinsatzes wie der Kriegswirtschafts-Administration mußten nun vor allem zwei Probleme rasch gelöst werden: die Ernährungs- und die Lohnfrage der Ostarbeiter. Hitlers Äußerung vom März gegenüber Speer, die Russen müßten besser verpflegt werden,[217] war kollidiert mit der Senkung der Lebensmittel der deutschen Bevölkerung Anfang April. Der starke propagandistische Sog, der von dieser Maßnahme ausging, erfaßte auch das Problem der Verpflegung der Ausländer, so daß am 17. April 1942 die Rationen der sowjetischen Arbeiter gesenkt worden waren,[218] um den alten Abstand zwischen der Verpflegung der Deutschen und der Ostarbeiter wieder herzustellen und die Berichte von den Beschwerden aus der Bevölkerung über die „zu hohen" Lebensmittelrationen der Ausländer zu unterlaufen – mit dem Erfolg, daß nunmehr die Beschwerden aus den Betrieben wieder zunahmen.[219]

Die GBA-Behörde hatte in ihren zahlreichen „Aufrufen" und Anordnungen zwar immer wieder eine Verbesserung der Verpflegung der Ostarbeiter gefordert, eine effektive Erhöhung der Rationen bewirkte das jedoch nicht. Stattdessen wurden Bestimmungen erlassen wie: „In allen Lagern und Unterkünften, in denen es nur immer möglich ist, soll noch in diesem Jahr Spätgemüse angepflanzt werden ... Bei gemeinsamen Ausgängen soll unter Anleitung und unter Aufsicht Wildgemüse gesammelt werden."[220] Und den Ostarbeitern selbst wurde per Merkblatt erklärt, bei den ihnen verabreichten Rationen sei die deutsche Normalverpflegung „zugrundegelegt", außerdem werde auf die „heimatlichen Gewohnheiten" bei der Essenszubereitung Rücksicht genommen.[221]

Mit derartigen Beschwichtigungsversuchen wurde natürlich gar nichts erreicht, zumal die Berichte über den Ernährungszustand der sowjetischen Arbeiter immer drängender wurden.[222] Gestützt auf die Klagen der Betriebe über den Zustand der Ostarbeiter unternahm die Speer-Administration im August einen zweiten Anlauf zur Erhöhung der Lebensmittelrationen[223] und wurde darin vom OKW unterstützt, das im September das REM drängte, „den russischen Gefangenen Verpflegungssätze der nicht sowjetischen zu gewähren und damit die sowjetischen Kriegsgefangenen den Normalverbrauchern gleichzusetzen".[224] Die Forderung des OKW wurde Ende September auf einer Besprechung mit Vertretern der Reichskanzlei, der Parteikanzlei, des Vierjahresplans, des GBA und der Kriegsgefangenen-Abteilung des OKW erörtert.[225] Übereinstimmung bestand bei den Teilnehmern darüber, daß eine Erhöhung der Sätze für Ausländer solange nicht möglich sei, wie die im April herabgesetzten deutschen Rationssätze nicht wieder angehoben würden, selbst wenn dadurch der Leistungsstand der sowjetischen Arbeiter in Deutschland weiter erheblich beeinträchtigt würde. Erst als im Oktober die Höhe der Rationen für Deutsche wieder auf das alte Niveau zurückgeführt wurde, konnten auch mit Erlaß des REM vom 6. Oktober die Sätze für die sowjetischen Arbeitskräfte um etwa 10 % angehoben werden,[226] wobei aber ausdrücklich daraufhingewiesen wurde, daß diese Verpflegungssätze auch in voller Höhe ausgeteilt werden sollten, was eben durchaus nicht die Regel war. Die neuen Sätze lagen nach wie vor unter denen aller anderen Arbeitskräfte in Deutschland, konnten jedoch, wenn sie der einzelne Ostarbeiter oder Kriegsgefangene tatsächlich in vollem Umfang erhielt, zum Leben ausreichen.

Tabelle 14: Verpflegungssätze für sowjetische Kriegsgefangene und Zivilarbeiter, 1941/42, in Kalorien/Tag[227]

	4. 12. 1941	17. 4. 1942	6. 10. 1942
Normalarbeiter	2.540 ("bei leichter Arbeit")	2.070	2.283
Schwerarbeiter	–	2.447	2.673
Bergarbeiter unter Tage	–	2.933	3.145

Es hatte ein Jahr gedauert, bis nach der Entscheidung für den Russeneinsatz die Ernährungsfrage zumindest auf der Ebene der Erlasse und Anordnungen geklärt worden war. Das Haupthindernis vor der dringend notwendigen Verbesserung der Lebensmittelversorgung der sowjetischen Arbeiter war vornehmlich die Rücksichtnahme auf die deutsche Bevölkerung gewesen: Wenn die Rationen für Deutsche gesenkt wurden, konnte man diejenigen der sowjetischen Arbeitskräfte nicht erhöhen.

Eine vergleichbare Situation bestand in der Frage der Entlohnung. Nach dem Vorbild der arbeitsrechtlichen Behandlung der Polen standen die Ostarbeiter juristisch in keinem „deutschrechtlichen Treueverhältnis" zu ihrem Arbeitgeber und somit „außerhalb der deutschen Arbeitsordnung und außerhalb der Betriebsgemeinschaft."[228] Entsprechend den Richtlinien Görings, wonach die Ostarbeiter „ein kleines Taschengeld erhalten" und „dem Unternehmer billig zur Verfügung" stehen sollten,[229] sahen die Tarifregelungen für Ostarbeiter vor, die Entlohnung der Russen so gering wie möglich zu halten, wegen der „niedrige(n) Lebenshaltung in den bisher sowjetrussischen Gebieten, an deren Hebung im Augenblick das Reich kein Interesse hat", weil zweitens „noch keinerlei Erfahrungen über den Arbeitseinsatz des Ostarbeiters vorlagen", und drittens könne hierbei „die Härte der Kämpfe im Osten nicht unberücksichtigt bleiben".[230]

Die im Januar 1942 erlassene „Ostarbeitersteuer" ging davon aus, daß die sowjetischen Arbeiter im Grundsatz den gleichen Lohn erhielten wie die deutschen, der dann soweit heruntergesteuert wurde, daß nicht mehr als etwa 50.- RM im Monat verdient würden, wovon noch Verpflegung und Unterkunft zu bezahlen waren, so daß den Ostarbeitern tatsächlich nichts übrig blieb. Je höher die Arbeitsleistung und entsprechend der Grundlohn der sowjetischen Arbeiter war, desto höher war die Steuer; alles über 17.- RM wöchentlich wurde vollständig weggesteuert.[231] Es war klar und wohl auch kalkuliert, daß dadurch ein finanzieller Leistungsanreiz bei den Arbeitern nicht entstehen konnte. Die Regelung entsprach den Vorstellungen der Nationalsozialisten von den Russen als nicht individualisierbarer dumpfer Masse, denen Leistungslohn, also Akkord, zuzugestehen, eine qualifiziertere Beschäftigung der Einzelnen und somit eine unangemessene Aufwertung bedeutet hätte. Nach den ersten Erfahrungen wurde diese Regelung jedoch von den Behörden, dem RMO und den Wehrmachtsstellen kritisiert. Die Steuerabzüge seien so hoch, bemerkte schon Anfang März Leibbrandt vom RMO, „daß nach außen hin diese Tabelle den Eindruck einer geradezu ungeheuerlichen Ausbeutung der Arbeitskräfte hervorrufen muß".[232] Die Steuer biete vor allem keinen Leistungsanreiz, weil, wie der Leiter des Chemie-Stabs beim WiStab Ost, Andrussow, feststellte, „die schlechten Arbeiter vielmehr dieselbe Barentschädigung erhalten wie die besten".[233]

Die Bergische Industrie- und Handelskammer rechnete dies dem Düsseldorfer Regierungspräsidenten an einem Beispiel vor. Ein sowjetischer Normalarbeiter verdiente pro Stunde 66 Pf., in 6 Tagen also 35.– RM; abzüglich 20.– RM Steuern und 10.50 RM Verpflegungs- und Unterkunftsgebühren kam er pro Woche auf 4.50 RM. Ein Akkordarbeiter, der in derselben Zeit 45.– RM verdiente, kam aber nur auf 4.30 RM und ein Arbeiter mit Spitzenleistung bei 50.– RM Lohn nur auf 4.55 RM.[234] „Milderung der Russensteuer zur Erzielung eines wirklichen Anreizes zur Leistungssteigerung" war daher die Forderung der Betriebe wie des OKW.[235] Dies war jedoch im Frühjahr 1942 noch keine Selbstverständlichkeit, denn die Forderung nach Leistungslohn setzte voraus, daß der Arbeitseinsatz der Sowjets überhaupt nach Leistungskriterien organisiert wäre, was eben durchaus noch nicht der Fall war. Denn nach Görings Vorstellungen sollten die Russen ja in Steinbrüchen und Mooren arbeiten, und wer nicht genügend leistete, bekäme entweder nichts zu essen oder würde aufgehängt. Von hier aus war es ein weiter Weg zu qualifiziertem Einsatz und Akkordlohn. Ausschlaggebend war aber auch hier, daß die Berichte aus den Betrieben eindeutig zeigten, daß das Lohnsystem die Leistung der ansonsten häufig als besonders arbeitswillig geschilderten sowjetischen Arbeitskräfte stark beeinträchtigte, man andererseits auf die russischen Arbeiter gerade in der Industrie immer mehr angewiesen war. „Sehr nachteilig wirkt sich die ungeklärte Lohnfrage auf Stimmung und Arbeitswillen der Ostarbeiter aus", wurde bei einem Erfahrungsaustausch über den Arbeitseinsatz der Ostarbeiter im RSHA-Arbeitskreis im Mai 1942 festgestellt.[236] „Der Russe" habe ein „lebhaftes Empfinden für Gerechtigkeit" und müsse das Gefühl haben, gerecht behandelt zu werden, hatte auch der Vertreter des GBA auf einer Besprechung über „Russenlöhne und Russensteuer" am 20. Mai betont; der Lohn müsse so hoch sein, daß nicht mehr übrig bleibe als für deutsche Arbeiter, müsse aber auch einen Leistungsanreiz beinhalten. Diese Position stieß aber auf Widerspruch von Seiten des Finanzministers: Die Löhne der Russen müßten bleiben, wie sie sind, damit eine „ungünstige Rückwirkung" auf deutsche Arbeiter vermieden werde. Und das RWM betonte, daß gar keine Waren für eine erhöhte „Russenkaufkraft" zur Verfügung ständen.[237]

Dreierlei mußte also gewährleistet werden: Die Löhne der Ostarbeiter mußten erhöht werden und einen Leistungsanreiz enthalten, gleichzeitig aber niedriger bleiben als die der deutschen Arbeiter, und sie durften keine zusätzlich ins Gewicht fallende Warenkaufkraft freisetzen.

Sauckel gab daher im Juni 1942 zunächst einen Erlaß heraus, in dem generell festgelegt wurde, daß Ausländer nicht zu günstigeren Lohn- und Arbeitsbedingungen beschäftigt werden durften als deutsche Arbeitskräfte.[238] Erst nach dieser prinzipiellen und politisch bedeutsamen Voraussetzung wurde dann am 30. Juni die Entlohnung der Ostarbeiter neu geregelt mit dem ausdrücklichen Ziel, die Anwerbungszahlen und den Leistungswillen der Ostarbeiter zu steigern.[239] Der Lohn für Ostarbeiter war danach mit Hilfe in Tabellen festgelegter Nettolohnhöhen so gestaffelt, daß er höhere Arbeitsleistungen entsprechend berücksichtigte; Ausgangspunkt war immer der Lohn eines vergleichbaren deutschen Arbeiters.

Tabelle 15: Löhne für Ostarbeiter, Juni 1942[240]

Zeitraum	Bruttolohn eines vergleichbaren deutschen Arbeiters	Insgesamt	Entgelt des Ostarbeiters Abzüge für Unterkunft und Verpflegung	Auszuzahlender Betrag	Ostarbeiterabgabe
1 Tag	bis 1,40 RM	1,60 RM	1,50 RM	0,10 RM	–
	2,00 – 2,15	1,85	1,50	0,35	0,20 RM
	4,10 – 4,25	2,55	1,50	1,05	1,60
	10,00 – 10,25	3,90	1,50	2,40	6,04
1 Woche	10,15 – 10,50	11,55	10,50	1,05	–
	40,60 – 42,00	21,00	10,50	10,50	19,95
	80,50 – 82,25	29,40	10,50	18,90	50,75
1 Monat	48,00 – 51,00	51,00	45,00	6,00	–
	150,00 – 156,00	84,00	45,00	39,00	67,50
	204,00 – 210,00	97,50	45,00	52,50	108,00
	360,00 – 367,50	129,00	45,00	84,00	229,50

Die „Ostarbeiterabgabe" war eine Steuer, die der Unternehmer zu zahlen hatte, um zu verhindern, daß die sowjetischen Arbeiter so billig würden, daß es für den einzelnen Betriebsführer lohnend wurde, deutsche Arbeiter zu entlassen, um Ostarbeiter einzustellen. Die Intention dieser Bestimmungen wurde wie üblich aber durch zahlreiche Einzelvorschriften teilweise wieder abgeschwächt. Bezahlt wurden bei Ostarbeitern ausschließlich tatsächlich geleistete Arbeitsstunden, d. h. nicht bei Krankheit oder Unfall, was angesichts des Gesundheitszustandes der meisten sowjetischen Arbeitskräfte eine sehr weitreichende und folgenschwere Bestimmung darstellte.[241] Die Ostarbeiter durften weder Zulagen noch Zuschläge – etwa für Mehrarbeit – erhalten; von dem „auszuzahlenden Betrag" wurden auch noch Fahrtkosten und Bekleidung, Schuhwerk usw. abgerechnet. Hinzu kam, daß der „auszuzahlende Betrag" oftmals in „Lagergeld" an die Ostarbeiter gezahlt wurde, das nur in der Werkskantine oder bestimmten Geschäften Gültigkeit hatte, so daß dadurch keine zusätzliche Kaufkraft auf den noch freien Teil des Marktes floß.

In der Landwirtschaft, in der häufig der Lohn auch an deutsche Arbeiter mit Sachwerten bezahlt wurde, galt ein kompliziertes Umrechnungssystem, das den Lohntabellen in der gewerblichen Wirtschaft in etwa entsprach.[242]

Damit war neben der „Sozialausgleichsabgabe" für die Polen ein zweites Sonder-Arbeitsrecht etabliert worden, das freilich die Begründung, Polen hätten ja weniger Belastungen als die deutschen Arbeiter und müßten nicht zum Militärdienst, nicht mehr brauchte, sondern zugab, daß das Reich an höheren Löhnen der Russen „kein Interesse" haben könne.

Mit der auf Leistungsanreiz orientierten Umstellung der Ostarbeiter-Entlohnung war schließlich ein weiteres Problem verbunden, an das die Behörden bei der Entscheidung für den Arbeitseinsatz der Russen noch gar nicht gedacht hatten: Die Umstellung von der extensiven auf intensive Ausbeutung der Arbeitskraft der Ostarbeiter. Ursprünglich waren ja die Umsetzungen französischer Kriegsgefangener auf qualifiziertere Arbeitsplätze und ihre Ersetzung durch Ostarbeiter gerade damit begründet worden, daß die sowjetischen Arbeitskräfte für einfache Arbeiten gerade gut genug seien und nur dort auch in Kolonnen beschäftigt werden konnten.

Nach den ersten Erfahrungen aber stellten die Behörden fest, daß sich unter den sowjetischen Arbeitern nicht nur ein erheblicher Anteil von Facharbeitern befand, sondern auch daß ein effektiver Einsatz so vieler Arbeitskräfte in Steinbrüchen und bei Kulturationsarbeiten gar nicht möglich war.

Mit dem Zugeständnis des Einzeleinsatzes sowjetischer Kriegsgefangener und Zivilarbeiter im Frühjahr 1942 war ein wichtiges Hindernis gegen einen qualifizierteren Arbeitseinsatz der Sowjets gefallen. In den folgenden Monaten ergingen die entsprechenden Erlasse der beteiligten Behörden, die sich, wenn auch zögerlich und oft widersprüchlich, um eine Steigerung der Arbeitsleistung der sowjetischen Arbeitskräfte durch qualifizierteren Einsatz bemühten. Bestand dieses Bemühen zunächst vor allem darin, Facharbeiter berufsrichtig ein- und umzusetzen,[243] ging es schon bald darum, den Ostarbeitern vor oder während ihres Einsatzes in bestimmten Industriezweigen zumindest rudimentäre Anlernungsmaßnahmen zuzugestehen,[244] was in der Sprache Sauckels hieß, die Ostarbeiter „mit Hilfe aller zu Gebote stehenden modernen Methoden einer sorgfältigen Auslese, Einschulung oder Anlernung auf das Zweckvollste zum Einsatz zu bringen".[245] Insbesondere die Akkordarbeit sollte verstärkt eingeführt werden, die einer Verlängerung der Arbeitszeit entgegenstehenden Vorschriften aufgehoben und die Arbeitszeit auf mindestens 54 Wochenstunden angehoben werden.[246] Schließlich wurde ein System zusätzlicher Leistungszulagen eingeführt, das es den Betrieben erlaubte, über das Ostarbeiterentgelt hinaus Leistungsprämien anzubieten – interessanterweise begründete der GBA dies mit dem Hinweis, daß der sowjetische Arbeiter „in seiner Heimat so sehr an ein System des Akkordes und der Leistungsentlohnung gewöhnt" sei, daß man in Deutschland dem Rechnung tragen müsse.[247] Ende Oktober war dann bereits von einer „Anlernpflicht" die Rede, und die vollständige Umstellung auf Akkordlohn für Ausländer, der dann zwingend vorgeschrieben wurde, begann.[248]

Damit waren – jedenfalls auf Erlaßebene – erste Ansätze zu einer Integration der sowjetischen Arbeitskräfte in den betrieblichen Produktionsablauf gemacht. Die Bestimmungen der Richtlinien Görings vom November 1941, die einer effizienten Verwendung der russischen Arbeitskräfte in den Betrieben entgegenstanden, waren nach und nach beseitigt worden. Ernährung, Entlohnung, berufliche Qualifizierung waren auf dem Papier jedenfalls soweit geregelt, daß die sowjetischen Arbeiter als größtes vorhandenes Arbeitskräftepotential der deutschen Kriegswirtschaft tatsächlich auch zur Verfügung stehen sollten.

Dementsprechend stiegen auch die Anforderungszahlen immer weiter. In der Zentralen Planung meldete Pleiger im Juli allein für den Bergbau einen Bedarf von 137.000 Arbeitskräften an – Sauckel sagte ihm 120.000 Kriegsgefangene und 6.000

Zivilisten innerhalb von 4 Wochen zu.[250] Im August sicherte Sauckel bei der ZP „die zur Erfüllung des Eisen- und Kohleprogramms erforderliche Bereitstellung russischer Arbeitskräfte in der angeforderten Höhe" zu: dazu wolle er „eine weitere Million russischer Arbeitskräfte für die deutsche Rüstungswirtschaft bis einschließlich Oktober 1942 zur Verfügung stellen".[251]

Hitler unterstützte diese Politik der Forcierung des Russeneinsatzes massiv und erklärte, „daß die Frage der Arbeitskräftebeschaffung in jedem Fall und in jedem Umfang gelöst werden könne und daß er Gauleiter Sauckel ermächtige, die dazu notwendigen Maßnahmen zu ergreifen. Er wäre mit jeder Zwangsmaßnahme einverstanden, falls diese Frage auf freiwilliger Basis nicht durchzuführen sei, und zwar nicht nur für den Osten, sondern auch für die besetzten westlichen Gebiete".[252]

Tatsächlich konnte sich das aber nur auf zwei Gebiete beziehen – auf Frankreich und die besetzten Teile der Sowjetunion. Im zweiten Fall ging man angesichts der deutschen Sommeroffensive von ähnlich hohen Zahlen an Gefangenen aus wie im Jahr zuvor. Schon im September aber war deutlich geworden, daß aufgrund der flexibleren, Kesselschlachten vermeidenden Strategie der Roten Armee die Gefangenenzahlen sehr viel geringer waren als in der ersten Phase der deutschen Sommeroffensive, wo zwischen April und Juli 1942 mehr als eine Million Gefangene eingebracht worden waren.[253] Gleichwohl ging die deutsche Führung davon aus, daß in der Sowjetunion auch weiterhin Arbeitskräfte in Millionenhöhe zur Verfügung ständen. Russen sollten den Arbeitskräftemangel in der deutschen Kohlewirtschaft beheben, die deutsche Führung von dem Druck befreien, auch deutsche Frauen stärker als bisher in den Produktionsprozeß eingliedern zu müssen, aber auch die unangenehmen Auseinandersetzungen mit der italienischen Regierung wegen der italienischen „Gastarbeiter" vermeiden helfen. Hitler selbst regte an, „anstelle der italienischen Hilfsarbeiter, deren Leistungen gerade in letzter Zeit wieder stark abgesunken sind, in vermehrtem Maße Russen einzusetzen und diese Russen mit den gleichen Rationen zu verpflegen, wie sie bisher die Italiener erhalten haben ... Auf weite Sicht sollen alle schlechten Ausländer generell gegen Russen umgetauscht werden".[254] Für die deutsche Führung waren Arbeitskräfte aus der Sowjetunion – ein halbes Jahr, nachdem sie Hunderttausende von ihnen hatte verhungern lassen – zu den begehrtesten Arbeitskräften geworden: anspruchslos, billig und ohne politische Rücksichtnahmen repressiv kontrollierbar.

Ende September wurde Sauckel, nachdem er die Beschaffung weiterer Millionen sowjetischer Arbeitskräfte zugesagt hatte, mit erheblich erweiterten Kompetenzen bedacht, die vor allem seine Generalvollmacht in allen Anwerbungsangelegenheiten in den besetzten Gebieten des Ostens wie des Westens betrafen.[255] Damit war er deutlich über seine ursprüngliche Rolle als de facto-Untergebener Speers und politischer Mittelsmann zwischen Partei und Technokraten hinausgewachsen. Sauckel selbst entwickelte in seinen pathetischen Monats- und Jahresberichten immer großartigere Perspektiven, die eine schier unaufhaltsame Steigerung der Anwerbezahlen ausländischer Arbeiter suggerierten.[256]

Russische Dienstmädchen in deutsche Haushalte

So wurden innerhalb der politischen Führung des Regimes auch Wünsche geweckt, durch den stetigen Zufluß an sowjetischen Arbeitskräften nicht nur die Kriegswirtschaft zu entlasten, sondern auch sozialpolitische Maßnahmen zu ergreifen, die das Bemühen des Regimes deutlich machen sollten, die Belastung der deutschen Bevölkerung zu vermindern, und gleichzeitig die Perspektive eines siegreichen Deutschland den Volksgenossen zumindest symbolisch unmittelbar vor Augen führen zu können. Ideologischer Brennpunkt war hierbei die Situation der deutschen Frauen, deren Belastung durch Versorgungsprobleme, Kriegseinwirkungen und – seit Ende 1941 in wieder zunehmendem Maße – drohende Dienstverpflichtung in die Industrie für die Nazis der neben der Ausländerbeschäftigung deutlichste Beleg für den Widerspruch zwischen nationalsozialistischer Weltanschauung und Kriegswirklichkeit war.

In diesem Zusammenhang wurde im September beschlossen, eine halbe Million „hauswirtschaftlicher Ostarbeiterinnen" nach Deutschland zu holen. Nach der Zusage Sauckels, er könne eine weitere Million Russen „bis Ende Oktober" zum Arbeitseinsatz ins Reich bringen, hatte Hitler angeregt, deutsche Mädchen statt im Rahmen des Pflichtjahres in deutsche Haushalte besser in den weiblichen Reichsarbeitsdienst zu schicken und stattdessen Ostarbeiterinnen als Hausgehilfinnen zu beschäftigen.[257] Die Hintergründe dieses Entschlusses sind aufschlußreich, denn zum einen hatten sich offenbar zahlreiche Angehörige der Wehrmacht selbständig aus dem Osten ein russisches Hausmädchen „mitgebracht" – ein Zustand, den Bormann gerne nachträglich legalisiert sehen wollte;[258] zum anderen warf Hitler die naheliegenden „rassischen" Einwände kurzerhand über Bord, indem er erklärte, „daß wir unser schulmäßiges Wissen um die Völkerwanderung revidieren müßten", weil sich nämlich in der Ukraine so viele blonde und blauäugige Menschen befänden, bei denen es sich um „bäuerliche Nachkommen seßhaft gebliebener germanischer Stämme handeln könne". Die hauswirtschaftlichen Ostarbeiterinnen sollten daher „bei Bewährung eingedeutscht", in kinderreiche Familien auch in den Städten gebracht und wie die deutsche Zivilbevölkerung ernährt werden.[259]

Dieses Projekt zeugt nicht nur von der gewaltigen ideologischen Flexibilität Hitlers, es stellt auch alle bis dahin sorgfältig aufgebauten rassistischen Grundsätze und Abgrenzungsversuche auf den Kopf. Denn war noch wenige Monate zuvor heftig darüber diskutiert worden, ob man überhaupt eine gewisse Lockerung des Kolonneneinsatzes der sowjetischen Arbeitskräfte zulassen konnte, holte man sich nun blonde Ostarbeiterinnen direkt in die eigene Küche. Es gab nach herkömmlicher Logik keinen zwingenden „Grund", die russischen Hausmädchen nach Deutschland zu holen, weder von Seiten der kriegswirtschaftlichen Lage noch von den realen Bedürfnissen der deutschen Hausfrauen und schon gar nicht von der Logik des rassistischen Weltbildes her. Eine aus Fehlinformationen, Fehleinschätzungen, rassistischem Dünkel und Hang zur großen Geste geborene Entscheidung konnte durchaus der bisherigen Rassenpolitik widersprechen, sie war dennoch Teil eines politischen Prinzips, das gerade in der Ausländerfrage oft mehr als Kette von Widersprüchen und Fehlentscheidungen denn als kalkulierte politische Strategie erscheint.

Sauckels Erlaß über die „Hereinholung von Ostarbeiterinnen" vom 10. September 1942 wies auch explizit auf die Gefahren „in sicherheitspolizeilicher und volkstumspolitischer Hinsicht" hin, die die Beschäftigung der sowjetischen Dienstmädchen beinhaltete. Diese sollten zwischen 15 und 35 Jahre alt, von „kräftiger körperlicher Konstitution" und im Erscheinungsbild den Deutschen möglichst ähnlich sein.[260] Zwar sah der Erlaß Einschränkungen ihrer Beschäftigung vor – sie sollten „praktische hauswirtschaftliche Arbeit zu erledigen haben, ohne in näherer Berührung mit der Familie zu stehen", und gesondert untergebracht werden; deutsche Dienstmädchen im selben Haushalt sollten ihnen gegenüber Vorgesetzte sein, um ein „Solidaritätsgefühl" zu verhindern – tatsächlich waren diese Einschränkungen in der Praxis aber kaum durchführbar, vor allem, wenn in erster Linie kinderreiche deutsche Familien bedacht werden sollten.[261]

Diese Familien selbst sollten von der örtlichen Parteistelle auf ihre politische Zuverlässigkeit überprüft werden, ansonsten wurde die einzelne Ostarbeiterin vollständig der Entscheidungsgewalt des deutschen Haushaltungsvorstandes unterstellt.[262]

Die Motive für die Beschäftigung russischer Dienstmädchen sind besser zu verstehen, wenn man die Meldungen des SD zu diesem Thema hinzuzieht. Im Januar 1943 wurde über die ersten Erfahrungen mit den „hauswirtschaftlichen Ostarbeiterinnen" gemeldet, daß sich dieser Einsatz als überaus positiv herausgestellt habe: „Die Ostarbeiterinnen werden als willig, fleißig und lernbegierig geschildert ... Ein großer Teil der Hausfrauen klage nämlich immer wieder darüber, daß im Gegensatz zu den russischen Mädchen die deutschen Hausgehilfinnen vielfach frech, faul und liederlich seien und sich im Vertrauen auf ihre Unentbehrlichkeit alles erlaubten ... Für den Einsatz hauswirtschaftlicher Ostarbeiterinnen spreche weiter, daß nunmehr auch diejenigen kinderreichen Haushalte sich eine Arbeitskraft halten könnten, deren finanzielle Lage bisher die Einstellung einer Hausgehilfin nicht zugelassen habe. Es komme hinzu, daß den Ostarbeiterinnen kein Urlaub gewährt zu werden brauche, sondern bei Bewährung wöchentlich nur drei Stunden Freizeit. Den Ostarbeiterinnen können auch jede Arbeit aufgebürdet werden, selbst wenn sie noch so schmutzig und schwer ist."[263]

Die Klagen über das häusliche Personal waren so alt wie die Beschäftigung von „Dienstboten" selbst, im Krieg aber nahmen die Beschwerden über deren aufsässiges Benehmen noch zu, weil Dienstmädchen knapp waren und es für die Herrschaft nicht mehr so selbstverständlich war, daß ihnen wie früher „im Dienstmädchen jemand zur Verfügung stand, der ungestraft geduzt, kommandiert und kritisiert werden konnte".[264] Eine Ostarbeiterin als Dienstmädchen – das war bürgerliches Statussymbol zu erschwinglichem Preis und zugleich sichtbarer Ausdruck einer quasi-kolonialen Gesellschaftsordnung.

Insofern waren die Ostarbeiterinnen, bei denen alle diese Rücksichten wegfielen, geeignet, die schönen Zeiten der klaren Trennung zwischen der Herrschaft, die befiehlt, und dem Personal, das – gern! – gehorcht, wieder aufleben zu lassen – so wie insgesamt die Beschäftigung der sowjetischen und polnischen Arbeiter und Arbeiterinnen in der deutschen Industrie auch als Beschwörung der alten Zeiten vor Gewerkschaft, Streik und Klassenkampf verstanden werden kann.

Präventive Gefahrenabwehr

Das RSHA hatte sich in zahlreichen Erlassen auf die immer weitergehenden Kompromisse eingestellt. Faßt man die polizeilichen Vorschriften für Ostarbeiter bis August 1942 zusammen, so ergibt sich folgendes Bild:[265]

- Unterbringung in geschlossenen Wohnlagern, umzäunt, aber ohne Stacheldraht, nach Geschlechtern getrennt; gemeinsame Unterbringung von Ostarbeiterfamilien.
- Rücktransport von Arbeitsunfähigen, Kindern unter 15 Jahren und Schwangeren.
- Verbot der Freizügigkeit und des Verlassens des Lagers außer zur Arbeit.
- Freizeitbetreuung durch die DAF.
- Ausflüge als Belohnung mit deutschem Begleitpersonal möglich.
- Arbeit möglichst in geschlossenen Gruppen; Verhinderung jedes Solidaritätsgefühls zwischen Deutschen und Russen.
- Bewachung durch Werkschutz, Bewachungsgewerbe und deutsche Arbeiter als Hilfswerkschutzmänner.
- Führung der Lager durch vom politischen Abwehrbeauftragten des Betriebes ernannte Lagerleiter.
- Bewachung weiblicher russischer Arbeitskräfte ebenfalls durch Männer.
- Striktes Kennzeichnungsgebot („Ost").
- Einsatz von russischen V-Männern und Lagerältesten.
- Zweimal monatlich Möglichkeit zum Postverkehr.
- Verbot der seelsorgerischen Betreuung.
- Rücksichtsloses Durchgreifen – auch Waffengebrauch – bei Ungehorsam.
- Eigenes Strafsystem (Ordnungsstrafen wie Stubendienst, Zuteilung zum Straftrupp, Entziehung der warmen Tagesverpflegung bis zu 3 Tagen, Arrest zu drei Tagen, Züchtigungserlaubnis für Lagerleiter; alle anderen Strafen nur durch Gestapo).
- Einweisung in Arbeitserziehungs- oder Konzentrationslager bei Arbeitsflucht.
- Todesstrafe bei Kapitalverbrechen, politischen Delikten und Geschlechtsverkehr mit Deutschen.

In Bezug auf den Arbeitseinsatz selbst hatte das RSHA zurückstecken müssen; in allen „sicherheitspolizeilichen" Fragen hatte sich die harte Linie aber durchgesetzt. Gleichwohl waren dadurch die politischen Gefahren, die aus der Sicht eines konsequenten Nationalsozialisten durch die zunehmende Integration der sowjetischen Arbeitskräfte über das Arbeitsleben entstanden, nicht gebannt. Wie sehr die durch die Kriegslage erzwungenen Kompromisse hinsichtlich der sowjetischen Arbeitskräfte im Widerspruch standen zur ostpolitischen Generallinie der Nationalsozialisten, wird deutlich, wenn man bedenkt, daß zur gleichen Zeit Himmlers „Generalplan Ost" diskutiert wurde, der die Germanisierung von vielen Millionen Menschen vorsah und einen umfassenden Organisationsplan zum Massenmord und zur rassistischen Endlösung im Osten darstellte.[266] In einer Stellungnahme des Leiters der Abteilung Siedlung I des Ostministeriums, Wetzel, zum Generalplan Ost Ende April, in der über die „Liquidierung und Germanisierung" von Millionen Menschen nachgedacht wurde, als handele es sich um die Vereinheitlichung von Verwaltungsvorschriften, wurde dieser Widerspruch direkt angesprochen: „Immer stärker dringt durch die sich immer steigernde Zahl der Fremdarbeiter unerwünschtes Blut in unseren Volkskörper ein in einem Umfange, wie man es nie für möglich gehalten hätte. Die riesengroßen Gefahren, die unserem Volkskörper dadurch drohen, werden leider heute zum großen Teil, insbesondere in Kreisen der Wirtschaft nicht in vollem Umfange erkannt."[267]

Als Abwehrmaßnahme, vor allem um einer schleichenden Fraternisierung zwischen Deutschen und Russen am Arbeitsplatz vorzubeugen, wurde von Seiten der Parteikanzlei im Verein mit dem RSHA im Spätsommer 1942 eine Propagandakampagne begonnen, die der Gefahr einer Auflockerung der Herrschaftsbeziehungen zwischen Deutschen und Russen entgegenarbeiten sollte. Dazu mußte vor allem der Widerspruch zwischen der nationalsozialistischen Propaganda vom „Untermenschen" und den vielen Berichten zufolge positiven Erfahrungen erklärt werden, die in den Betrieben mit den sowjetischen Arbeitskräften gemacht worden waren. An diesem Punkt setzte die Kampagne auch an. „Es sei dem bolschewistischen System gelungen", wurde dazu in einem Rundspruch der Reichspropagandaleitung der NSDAP erklärt, „die Menschen der Sowjetunion zu einer Art Maschine zu machen, die stur und ohne Denkprozeß ihre Arbeit verrichtet. Hierbei habe es der sowjetische Arbeiter tatsächlich zu einer gewissen Handfertigkeit gebracht", könne aber „in keinem Falle mit den Leistungen der deutschen Arbeiter wetteifern", daher „liege hier kein Grund vor, dem Eifer des Sowjetrussen, der tatsächlich schwer arbeiten kann, ein besonderes Lob zu spenden".[268] Es wird deutlich, daß eine so defensive Argumentation auf die Dauer kaum durchzuhalten war, wenn sie dem Augenschein zum Trotz das „eigentliche" Verhalten der Russen beschrieb und die unterernährten und verzweifelten Ostarbeiter zu kolossal geschickten bolschewistischen Agenten uminterpretierte. Mit propagandistischen Mitteln war allerdings die Kluft zwischen Propaganda und Realität bezüglich der Ostarbeiter auch nicht zu überwinden.

Da, was den Arbeitseinsatz der Ostarbeiter selbst betraf, nach Auffassung des RSHA „eine absolute Auflockerung der bisher erlassenen Bestimmungen" festzustellen war, weshalb „ein völliger Dammbruch mit unabsehbaren Folgen" zu erwarten sei,[269] sollte ein umfassendes präventives Abwehrsystem, eine praktisch permanente Kontrolle der sowjetischen Arbeitskräfte in der Öffentlichkeit dazu beitragen, die sicherheitspolizeilichen Risiken des intensivierten Ostarbeitereinsatzes zu verringern und vor allem unerwünschte Beziehungen zwischen Russen und deutschen Frauen zu verhindern.

Seit längerer Zeit hatten – anknüpfend an die Einrichtung der Landwacht am 17. Januar 1942[270] – zwischen der Parteikanzlei und dem RSHA Gespräche über die stärkere Einbeziehung der Partei bei der Beaufsichtigung der Ausländer stattgefunden. Ende August erließ nun Bormann eine Anordnung, durch die ein Überwachungsdienst durch Parteimitglieder eingerichtet werden sollte. Aufgabe dieses „Partei-Streifendienstes" war es, „Geschlechtsverkehr und alle Beziehungen zwischen Deutschen und Fremdvölkischen, die erfahrungsgemäß zum Geschlechtsverkehr führen", verhindern zu helfen, indem er – ausgestattet mit einem speziellen Sonderausweis der Partei – „dem Verhalten der fremdvölkischen und der deutschen Volksgenossen zu diesen ein besonderes Augenmerk schenken", die Betroffenen gegebenenfalls ermahnen und die Personalien feststellen sollte.[271] Das RSHA erläuterte kurz darauf diese Bestimmungen dahingehend, daß es sich dabei ausschließlich um Geschlechtsverkehr Deutscher mit Polen oder Ostarbeitern handeln könne –

weil sexueller Verkehr mit Westarbeitern und Arbeitern aus den souveränen Staaten (hier war vor allem an Italien gedacht) nicht verboten war, was Bormann in seiner Anordnung gar nicht erwähnt hatte.[272] In den Ausführungsbestimmungen der Stapo(leit)stellen aber wurde aus diesem skurrilen Geschlechtsverkehr-Überwachungsdienst ein umfassendes Spitzelsystem, durch das das Verbot der Benutzung öffentlicher Verkehrsmittel, der Besuch von Gaststätten, der Besitz von Fahrrädern oder Fotoapparaten durch Polen und Ostarbeiter ebenso überprüft werden sollte wie das Verbot für sowjetische Arbeiter, sich außerhalb des Lagers aufzuhalten, die Abgabe von Briefmarken an Kriegsgefangene oder der gemeinsame Kirchgang von Deutschen mit „Fremdvölkischen".[273] Im Dezember wurde darüber hinaus analog zu der Anfang 1942 gebildeten Landwacht eine „Stadtwacht" aufgestellt, die sich aus SA, SS, ehemaligen Kriegsteilnehmern und generell „zuverlässigen, einsatzfähigen Männern" rekrutierte und in erster Linie die ausländischen Arbeiter zu kontrollieren hatte.[274] In jedem Ort, vom Weiler bis zur Großstadt, wurden in der Folgezeit jeweils mehrere Parteigenossen für ihren Wohnbezirk als parteioffizielle „Beobachter" bestallt – allein im Bereich der Kreisleitung Geldern am Niederrhein z. B. waren es mehr als 40.[275] Insgesamt wurden in Deutschland Zehntausende von Parteimitgliedern eigens für diese Aufgabe der Beobachtung der Polen und Ostarbeiter angelernt und spezialisiert; ein gigantisches Überwachungssystem, das – wie zu zeigen sein wird – die Zahlen der gemeldeten Gesetzesübertretungen durch ausländische Arbeiter in die Höhe schnellen ließ.

Die beschriebenen Veränderungen der Politik des NS-Regimes gegenüber den sowjetischen Kriegsgefangenen und Zivilarbeitern hatten zum Ende des Jahres 1942 zu Bestimmungen geführt, die eine etwas effektivere Beschäftigungsmöglichkeit dieser Arbeitskräfte ermöglichen sollten, ohne von den prinzipiellen politischen Maximen abzugehen.

Auf der anderen Seite stellten die Behörden aber fest, daß die Auflockerung der Bestimmungen für Ostarbeiter sich in den unteren Stellen nicht so reibungslos durchsetzen ließ, wie dies erwartet worden war. „Einige Stellen", beschwerte sich Sauckel Ende September 1942 gegenüber den Gauleitern, seien „der Ansicht, daß die Vorschriften über die Behandlung ... der Ausländer nur Taktik gegenüber dem Ausland seien", insbesondere, was die Ostarbeiter betreffe; dies sei eine völlige Fehleinschätzung denn: „Verprügelte, halbverhungerte und tote Russen fördern für uns keine Kohlen, sind für die Stahl- und Eisenerzeugung vollständig nutzlos."[276]

Krasser noch als bei den polnischen Arbeitern stellte sich heraus, daß ein abrupter politischer und wirtschaftlicher Kurswechsel wie der vom Winter und Frühjahr 1942 auf der Ebene der Führererlasse und GBA-Anordnungen wohl in kurzer Zeit vollziehbar war – ob sich dieser Kurswechsel allerdings an der Basis auch durchsetzte, war damit noch lange nicht sicher.

7. Verschärfter Kurs im Westen und in Polen

Zwangsanwerbung auch im Westen

Die gewaltigen Anstrengungen des Regimes, im Jahre 1942 so viele ausländische Arbeiter wie möglich nach Deutschland zu holen, hatten in kurzer Zeit erhebliche Erfolge gezeigt. Stolz vermeldete Sauckel in seinem Abschlußbericht Ende 1942, der deutschen Kriegswirtschaft seien seit Anfang des Jahres „über 3 Millionen ausländischer Arbeitskräfte einschließlich der Kriegsgefangenen zugeführt worden", davon aus Frankreich, Belgien und den Niederlanden etwa 570.000 Kräfte.[277] Allein für die acht Monate zwischen seinem Dienstantritt am 1. April und Ende November meldete er folgende Anwerbezahlen:

Tabelle 16: Neu angeworbene Arbeitskräfte, 1. April bis 30. November 1942, nach Angaben Sauckels[278]

Besetzte Ostgebiete	1.375.567
Generalgouvernement (einschl. Galizien)	291.756
Warthegau	38.369
Protektorat	79.451
Frankreich (ohne Nordfrankreich)	168.448
Belgien (mit Nordfrankreich)	103.486
Niederlande	86.006
Übriges Europa	189.045
Kriegsgefangene	417.524

Zusammengefaßt also etwa 1,8 Millionen neu angeworbene zivile und kriegsgefangene sowjetische Arbeitskräfte, 330.000 Polen, 80.000 Tschechen, 358.000 Arbeiter aus den besetzten Westgebieten und 190.000 aus dem übrigen Europa, insgesamt etwa 2,6 Millionen zusätzliche ausländische Arbeitskräfte. Die Zahlen seiner eigenen Behörde, die nach den Meldungen der Arbeitsämter zusammengestellt waren und – ebenfalls noch mit Fehlerquote nach oben, da häufig auch Umsetzungen als Neuzugänge erfaßt wurden – die tatsächlich eingesetzten Arbeitskräfte zählte, ergaben aber ein etwas anderes Bild: (Vgl. Tab. 17) Im Februar 1943 waren 1.622.000 Kriegsgefangene und 4.121.000 Zivilarbeiter, zusammen 5.743.000 ausländische Arbeitskräfte in Deutschland eingesetzt.[279]

Selbst wenn man also die unterschiedlichen Berechnungszeiträume berücksichtigt, wird deutlich, daß Sauckels Erfolgszahlen ganz erheblich zu hoch liegen. Sie treffen grob gerechnet nur für die Arbeiter aus Polen und der Sowjetunion zu, die größte Differenz ergibt sich bei den Arbeitskräften aus den besetzten Westgebieten. Der effektive Zuwachs an Arbeitern aus Holland, Belgien und Frankreich zusammen betrug in dieser Phase unter 10.000 pro Monat, während er bei den Polen bei 20.000, bei den Sowjets etwa bei 100.000, zwischen April und Dezember sogar fast 200.000 lag. Diese auffällige Differenz zwischen den gemeldeten Anwerbezahlen und den Einsatzzahlen bei den Westarbeitern erklärt sich zum einen damit, daß

Sauckel geschönte Zahlen vorlegte, um seine gemachten Versprechungen einhalten zu können und nicht an politischem Einfluß zu verlieren; „Anwerbung" ist hier häufig gleichzusetzen mit „Erfassung" oder „Verpflichtung". In Belgien z. B. waren vom Oktober 1942 bis zum 6. März 1943 77.414 Personen zur Arbeitspflicht in Deutschland erfaßt worden, 67.775 erschienen tatsächlich, 19.024 wurden als arbeitsuntauglich befreit, 48.751 wurden dienstverpflichtet oder meldeten sich freiwillig, 4.947 davon verweigerten die Arbeitsaufnahme in Deutschland: Von 77.414 gemeldeten wurden 43.804 Arbeiter dann auch eingesetzt.[280]

Tabelle 17: Beschäftigte ausländische Arbeitskräfte (einschl. Kriegsgefangene) in Deutschland, September 1941 und November 1942[281]

	25. 9. 1941	20. 11. 1942	Differenz
Belgier	121.000	130.000	+ 9.000
frzs. Kriegsgefangene	952.000	931.000	- 21.000
frzs. Zivilarbeiter	49.000	134.000	+ 85.000
Italiener	271.00.0	198.000	- 73.000
Jugoslawen	108.000	117.000	+ 9.000
Holländer	92.000	153.000	+ 63.000
Polen	1.025.000	1.315.000	+ 290.000
Sowj. Zivilarbeiter und Kriegsgefangene	257.000	1.612.000	+ 1.355.000
Tschechen	158.000	193.000	+ 35.000
Sonstige	343.000	118.000	- 225.000
Insgesamt	3.506.000	4.665.000	+ 1.159.000

Der zweite Grund bestand darin, daß die Westarbeiter in Deutschland befristete Arbeitsverträge, meist über ein halbes oder ein ganzes Jahr, abgeschlossen hatten. Nach Ablauf dieser Frist stellten die Betriebe und Behörden entgeistert fest, daß die Arbeiter oft nicht bereit waren, die Verträge zu verlängern, sondern nach Hause zurückkehrten. Diese Entwicklung nahm einen solchen Umfang an, daß die Wirtschaftsgruppe Luftfahrtindustrie berichtete: „Darüber hinaus haben wir auch auf der wöchentlich im Reichsluftfahrtministerium stattfindenden sogenannten ‚Menschenbörse' Gelegenheit genommen, eindringlich auf die bedenklichen Schwierigkeiten hinzuweisen, welche sich für unsere Mitgliedsfirmen ergeben müssen, wenn nicht schnellstens eine Verlängerung der Ausländerverträge erwirkt wird."[282]

Speer und Milch, die die Beschwerden der Industrie Hitler vortrugen, erwirkten, daß hier schnell Änderungen herbeigeführt wurden: Hitler legte fest, „daß die Halbjahresverpflichtungen für ausländische Arbeiter fallengelassen werden müssen, ... Es sollen im Gegenteil Verträge geschlossen werden, nach denen bei einem längeren Arbeitseinsatz (über 1/2 Jahr hinaus) irgendwelche einmaligen Abfindungen zu zahlen sind".[283]

Tatsächlich aber gingen viele Betriebe dazu über, in Absprache mit den Arbeitsämtern die Westarbeiter auch gegen ihren Willen auf der Grundlage der für Deutsche geltenden Gesetze festzuhalten. So teilte der Personalchef der Kruppschen

Gußstahlfabrik in Essen den Einzelbetrieben der Firma im Juni 1942 mit, daß Ausländer, deren Vertrag abgelaufen sei und die nicht zur Weiterarbeit bereit seien, durch das Arbeitsamt dienstverpflichtet würden.[284] Dennoch blieben die Rückkehrerzahlen hoch, bis mit dem Dienstverpflichtungsgesetz vom 4. September 1942 für die Franzosen und vom 6. Oktober 1942 für die Belgier generell unbefristete Arbeitsverträge abgeschlossen wurden.[285]

Hinzu kam, daß die deutschen Anwerbestellen in den besetzten Westgebieten den Arbeitern dort das Blaue vom Himmel herunter erzählten, wenn es darum ging, die Verhältnisse in Deutschland zu beschreiben. Die Anwerber wurden nämlich auf Provisionsbasis bezahlt und hatten so ein Interesse daran, die Zahl der Angeworbenen auf welche Weise auch immer nach oben zu treiben. Der SD berichtete von zahlreichen Fällen, in denen Franzosen oder Flamen mit Zusicherungen, sie könnten in Deutschland privat wohnen, würden übertariflich bezahlt, in der gleichen Firma wie die Ehefrau beschäftigt, könnten Urlaub nehmen, wann sie wollten usw., nach Deutschland gelockt worden waren, um angesichts der Wirklichkeit nach wenigen Wochen zurückzufahren.[286] Zumindest ein Teil der Differenzen zwischen den Anwerbe- und Einsatzzahlen ist also auf Fluktuation zurückzuführen. Diese Fluktuation war auch insofern für das Regime problematisch, als sich durch die Heimkehrenden die Nachrichten über die Lage ausländischer Arbeiter in Deutschland schnell verbreiteten. Dadurch wurde die Anwerbung noch weiter erschwert, weil trotz der relativ hohen Löhne für die meisten Arbeiter in den besetzten Weststaaten die Arbeit in Deutschland ausgesprochen unattraktiv war; nicht nur weil die Arbeitszeiten lang und der repressive Druck des nationalsozialistischen Regimes auch für die Westarbeiter spürbar war, sondern weil spätestens seit Anfang 1942 deutlich wurde, daß, wer sich nach Deutschland verdingte, unter Umständen damit rechnen mußte, nicht wieder zurückkehren zu dürfen – eine Zwickmühle für das Regime, die seine Arbeitseinsatzpolitik durchweg kennzeichnete: Verzichteten die Behörden auf die Dienstverpflichtung, um mehr Arbeiter aus dem Westen anzulocken, mußten sie damit rechnen, daß ihnen die schon im Reich Arbeitenden in hellen Scharen wegliefen. Wurden sie zwangsweise in Deutschland festgehalten, waren freiwillige Meldungen nicht mehr zu erwarten.[287]

Neben der Frage der Dienstverpflichtungen waren hier die Behandlungsvorschriften für Zivilarbeiter, vor allem aber die Lage der knapp eine Million französischen Kriegsgefangenen von Bedeutung, deren Schicksal und Lebensbedingungen in Frankreich aufmerksam beobachtet wurden. Seit Ende 1941 versuchten daher zahlreiche zivile und militärische Stellen in Deutschland durch Lockerung der Behandlungs- und Bewachungsvorschriften für diese Kriegsgefangenen deren Situation in Deutschland soweit zu verbessern, daß die Berichte über ihre schlechte Lage im Reich einer Intensivierung der Anwerbungen im Westen nicht mehr störend im Wege standen. Schon im Oktober 1941 waren den französischen und belgischen Kriegsgefangenen daher verschiedene Erleichterungen zugestanden worden[288] – Einzelausgang bei guter Führung, „Spaziergänge" in geschlossenen Trupps (sie sollten „in erster Linie dazu dienen, den Kriegsgefangenen die deutsche Kultur zu zeigen"), Gottesdienst für Kriegsgefangene, Besuchserlaubnis für Ehefrauen, Töchter und Mütter.[289] Da Westgefangene häufig als Facharbeiter oder in Instandsetzungstrupps als Dachdecker oder Glaser arbeiteten, hatten viele von ihnen recht freizügige Bewegungsmöglichkeiten.[290]

Auch für „gewerbliche Arbeitskräfte" aus den besetzten Westgebieten wurden verbesserte Behandlungsvorschriften erlassen. Nach den veränderten Bestimmungen, die ein vom GBA herausgegebenes Merkblatt vom Mai 1942 zusammenfaßte, standen den Westarbeitern die gleichen Rechte zu wie deutschen Arbeitern, sowohl, was Lohn- und Arbeitsbedingungen, Trennungszulage und Arbeitszeit als auch Mehrarbeitszuschläge und Steuern betraf. Einwandfreie Gemeinschaftsunterkünfte und Verpflegung wurden ebenso zugesichert wie Urlaub und Familienheimfahrten. Lediglich bei „Dauer und Lösung des Arbeitsverhältnisses" wurde Klartext geredet: Der Arbeitskontrakt galt als auf unbestimmte Zeit geschlossen. Kündigungen bedurften der Zustimmung des Arbeitsamtes, als „Arbeitsvertragsbruch" galten „unbegründete Nichtaufnahme der Arbeit, unbegründetes Fehlen, pflichtwidriges Zurückhalten mit der Arbeit".[291]

Diese Erleichterungen stießen in Deutschland allerdings verbreitet auf Mißfallen und Widerspruch. Der SD berichtete im Februar 1942, daß die Auflockerung der Bestimmungen für französische Kriegsgefangene bereits zu erheblichen Mißständen geführt hätte und belegte das mit einer Fülle von Einzelmeldungen: „Es wird allgemein festgestellt, daß die Franzosen in letzter Zeit ein dreisteres Benehmen an den Tag legen. Sie werden frech und fühlen sich aufgrund der gelockerten Bewachungsmaßnahmen kaum mehr als Kriegsgefangene." – „In Götzes ist es verschiedentlich zu alkoholischen Exzessen der französischen Kriegsgefangenen gekommen … Einer von den Gefangenen war so stark betrunken, daß er von einem anderen Kriegsgefangenen bei hellem Tage nach Hause geschleppt werden mußte. Dieser Vorfall hat in der Bevölkerung starke Empörung hervorgerufen." – „Einem Arbeitgeber wurde mitgeteilt, daß zwei die Arbeit verweigernde Unteroffiziere nicht zur Arbeit gezwungen werden könnten. Der Bevölkerung ist es unverständlich, daß sich Kriegsgefangene ohne ernste Folgen so etwas erlauben dürfen, während jeder Deutsche dafür eingesperrt würde." – „Französische *Kriegsgefangene* unternahmen einen Ausflug in die Seegrube und ließen sich in der Nähe des dortigen *Berg-Hotels* ebenso wie die anderen deutschen Gäste *in Liegestühlen* nieder, um sich von der Sonne bestrahlen zu lassen. Diese Tatsache hat allgemein die Bevölkerung mit Verwunderung zur Kenntnis genommen."

Diese Zustände, faßte der SD zusammen, wurden von der deutschen Bevölkerung scharf mißbilligt. „Es bestehe Verständnis für eine bevorzugte Behandlung der französischen Kriegsgefangenen, durch die man ja einen politischen Zweck verfolgen wolle … Die Bevölkerung sei jedoch der Meinung, daß die ihr bekannt gewordenen Einzelfälle zu weit gingen."[292]

Solche Berichte waren für den SD nicht untypisch. Die gewählten Beispiele muten heute eher skurril und lächerlich an; aber gerade weil sie vermeintlich das „gesunde Volksempfinden" wiedergaben, waren sie innerhalb der Behörden wirksam, auch wenn der Kriegsgefangene im Liegestuhl für jedermann ersichtlich nicht mehr als ein Hirngespinst war.

Zweifellos aber waren Lockerungen in den Behandlungsvorschriften für Zivilarbeiter und Gefangene aus dem Westen notwendig, wollte man die Anwerbezahlen in den besetzten Westgebieten steigern, denn gerade auf französische Facharbeiter war die deutsche Rüstungsindustrie dringend angewiesen.[293] Sauckel selbst hatte in seinem „Programm" vom April 1942 davon gesprochen, „ein Viertel des Gesamtbedarfs an fremdländischen Arbeitskräften" aus dem Westen zu holen, insbesondere sollten aber 150.000 Facharbeiter aus Frankreich nach Deutschland gebracht werden.[294] Zunächst sollte dies durch Verstärkung der freiwilligen Anwerbungen geschehen. Die Anwerbekampagne wurde daher auch auf das unbesetzte Gebiet Frankreichs ausgedehnt und ein großer Verwaltungsapparat aufgebaut, in dem Anfang August schon mehr als 700 Deutsche beschäftigt waren.[295] Es stellte sich aber bald heraus, daß, wie ein deutscher Verwaltungsleiter es formulierte, „auf dem Wege der freiwilligen Werbung das gesteckte Ziel nicht zu erreichen ist".[296] Mit Sauckels „Anordnung Nr. 10" vom 22. August 1942 wurden daraufhin die deutschen Behörden in Frankreich, Belgien und den Niederlanden angewiesen, sofort entsprechende gesetzliche Regelungen für Zwangsmaßnahmen („Meldepflicht, Arbeitsplatzwechselbeschränkungen, Dienstpflicht, Anlernpflicht") zu erlassen.[297]

Wie derartige Zwangsanwerbungen im Westen aussehen konnten, schilderte ein belgischer Arbeiter nach dem Kriege: „Ich war vor dem Krieg bei der belgischen Eisenbahn beschäftigt. Am 15. Mai 1943 besuchte ich um 9 Uhr morgens einen Fahrradhändler in Proven und bemerkte dabei auf dem Markt ein deutsches Auto mit deutschen Feldgendarmen stehen, die Männer abholten und sie in das Auto luden. Ohne Argwohn berichtete ich das meiner Frau bei meiner Rückkehr und wollte nachsehen gehen, wer abgeholt worden war. Jedoch meine Frau riet mir ab und ich blieb daraufhin zu Hause. Ich stand in der Haustüre, als ich auf einmal das besagte deutsche Auto vor meiner Tür umdrehen und wieder in der Richtung, aus der es gekommen war, zurückkehren wollte. (!) Es blieb jedoch vor meiner Tür stehen, und drei deutsche Feldgendarmen sprangen heraus, einer mit einem Gewehr und zwei mit einem Revolver bewaffnet. Sie umzingelten mich und befahlen mir, ohne weitere Erklärung, sie zu begleiten. Ich wußte nicht, warum ich abgeholt wurde. Später jedoch in Deutschland erfuhr ich, daß ein Irrtum begangen worden war. Man hatte mich als arbeitslos, geboren 1920 und ledig registriert; in Wirklichkeit war ich bei der Belgischen Eisenbahn tätig, 1902 geboren und verheiratet."[298]

Zusätzlich und gewissermaßen als Ausgleich gingen die deutschen Behörden gleichzeitig aber auf den Vorschlag des französischen Regierungschefs Laval ein, der vorsah, für jeden in Frankreich neu angeworbenen Zivilarbeiter einen Kriegsgefangenen zu entlassen; allerdings in einem anderen Verhältnis als von Laval vorgeschlagen. Hitler stimmte am 6. Juni der Entlassung von 50.000 französischen Kriegsgefangenen aus der Landwirtschaft gegen den Einsatz von 150.000 französischen Zivilarbeitern in Deutschland zu – der Beginn der sogenannten „Relève".[299]

Der Übergang zur allein auf Dienstverpflichtung beruhenden Arbeitskräfteaushebung im Westen, vor allem in Frankreich, war in der Tat nur eine konsequente Folge der NS-Arbeitspolitik. Eine auf freiwilliger Basis, also ausschließlich mit sozialem Druck arbeitende Anwerbepolitik hätte weitere Verbesserungen der Lebensbedingungen der Westarbeiter in Deutschland bis zur Angleichung an die Vorschriften für deutsche Arbeiter vorausgesetzt. Auch das wäre noch keine Garantie für die Erhöhung der Anwerbezahlen gewesen, denn die politische Unterdrückung der deutschen Arbeiterschaft war nicht dazu angetan, auf Ausländer aus Westeuropa sonderlich verlockend zu wirken. Eine entsprechende ideologische Strategie zur Integration der Westarbeiter in die politische „Festung Europa", die die Bevölkerung der besetzten Westgebiete an die politische Zielsetzung Nazideutschlands band und in Aussicht auf ein politisch wie ökonomisch lohnendes Fernziel die schlechten Lebensbedingungen als vorübergehend hätte in Kauf nehmen lassen, stand nicht zur Verfügung und widersprach der deutschen Siegermentalität des Jahres 1942. Eine vollständige Angleichung der Lebensbedingungen verbot sich vor allem aus finanziellen und wirtschaftlichen Gründen, barg aber zudem das Risiko, die politische Loyalität der deutschen Bevölkerung zu gefährden und hätte die ideologische Kompromißfähigkeit des Regimes zu diesem Zeitpunkt über die Maßen strapaziert.

Wurden die jetzigen Zustände beibehalten, konnten also relevante Anwerbeergebnisse nurmehr durch Zwang erzielt werden. Das aber stellte nicht nur den Leistungswillen der Zwangsangeworbenen infrage, sondern mußte auch zur Verschärfung der antideutschen Oppositionshaltung in den betreffenden Ländern führen. Da die Entscheidung für die Dienstpflicht in Deutschland im Spätsommer 1942 nun gefallen war, brauchte man auf die Reaktionen nicht lange zu warten. „Infolge des Arbeitsdienstverpflichtungsgesetzes", meldete der deutsche Geheimdienst in Frankreich schon Anfang November, wechselten „weitere Teile der indifferenten Masse der Bevölkerung ins gegnerische Lager ... In manchen Kreisen stößt man heute geradezu auf eine Atmosphäre von erbitterter Ablehnung alles Deutschen ... Wenn sich das auch noch nicht in offener Ablehnung äußert, so ist doch die Gefahr unverkennbar, daß ein wesentlicher Teil der Bevölkerung für die Feindagitation noch empfänglicher geworden (ist) als bisher."[300]

Das wiederum band weitere deutsche Sicherheitskräfte in den besetzten Gebieten, aber auch in Deutschland selbst – ein circulus vitiosus, der immer enger wurde, oder, wie Homze formulierte: „The Germans were on a treadmill; the faster they ran, the faster they had to run."[301]

Propaganda und Terror im Generalgouvernement

Während die deutschen Behörden im Westen immer gezwungen waren, die Politik der Anwerbungen mit dem politischen Ziel zu verbinden, das französische Kollaborationsregime zu stärken, und außerdem dabei im Blickpunkt der Weltöffentlichkeit standen, war die Situation in Polen schon seit dem Frankreich-Feldzug, spätestens seit dem Überfall auf die Sowjetunion an den Rand des weltpolitischen Geschehens geraten. Die deutsche Besatzungspolitik in Polen konnte deshalb frei von außenpolitischen Rücksichten, vor allem aber frei von Rücksichten auf die Stimmung der Bevölkerung gegenüber Deutschland agieren. Dennoch hatte der Zufluß an polnischen Arbeitskräften seit Anfang 1942 merklich nachgelassen.

Die effektiven Neuanwerbungen aus dem Generalgouvernement betrugen also zwischen September 1941 und Ende November 1942 etwa 110.000 Arbeitskräfte, rund 7.800 im Monatsdurchschnitt. Seit das ehemalige Polen als Hinterland für die deutsche Ostfront diente, war der Bedarf an Arbeitskräften dort sehr gestiegen, zumal die polnische Industrie – wenn auch nicht in dem Umfang, wie das in den besetzten Westgebieten der Fall war – für die deutsche Rüstung eingesetzt wurde.[302] Größere Kontingente an Arbeitskräften waren seit Herbst 1941 nur noch in den bis dahin von der Sowjetunion besetzten polnischen Gebieten ausgehoben worden.[303]

Tabelle 18: Polnische Arbeitskräfte in Deutschland, September 1941 bis Mai 1944, in 1.000[304]

	Polen aus dem GG			„Ukrainer aus den ehemaligen polnischen Gebiete"			Gesamt		
	männlich	weiblich	insgesamt	männlich	weiblich	insgesamt	männlich	weiblich	insgesamt
25. 9. 1941	744	262	1.007	–	–	–	744	262	1.007
20. 5. 1942	719	278	998	83	35	118	802	313	1.115
10. 10. 1942	792	328	1.121	129	64	194	921	392	1.313
20. 11. 1942	786	330	1.117	131	66	198	917	396	1.313
30. 9. 1943	–	–	–	–	–	–	1.092	526	1.619
15. 5. 1944	–	–	–	–	–	–	1.083	540	1.623

Der Konflikt zwischen einer Politik der verstärkten Indienstnahme der polnischen Industrie für die deutsche Kriegsproduktion und dem Drängen der deutschen Arbeitsbehörden und Betriebe nach mehr ausländischen Arbeitskräften wurde auch in Polen nicht wirklich gelöst, sondern verblieb im Stadium eines oft ungeregelten Nebeneinanders. Es wurde versucht, alles gleichzeitig zu erreichen – die Erhöhung der polnischen Produktionsziffern, der freiwilligen Meldungen polnischer Arbeiter ins Reich und der Zwangsaushebungen.

Die propagandistischen Anstrengungen der Frank-Administration, um die Zahlen der Anwerbungen zu erhöhen, gingen von einer Verbesserung der Lage der Polen in Deutschland schon gar nicht mehr aus. Daß Propagandamaßnahmen wenig erfolgreich sein würden, war den beteiligten Stellen selbst durchaus klar. Das Protokoll der Sitzung des RSHA-Arbeitskreises vom 28. Mai 1942 notierte dazu knapp: „Die propagandistischen Absichten hält B. (= Baatz/RSHA, U. H.) im Hinblick auf die Zunahme der Zwangsrekrutierung anstelle der Anwerbung für Illusion."[305]

Dennoch wurde Anfang November 1941 der Versuch gemacht, „bewährten polnischen Zivilarbeitern" einige Wochen Heimaturlaub zu gestatten.[306] Im Generalgouvernement sollte dies von entsprechendem propagandistischen Aufwand begleitet werden.

In Krakau z. B. sah das so aus: Die Urlauber sollten von Vertretern der Arbeitsämter in Empfang genommen und zum Landarbeiter-Lager geführt werden. „Im Lager erhalten sie einen Topf Essen, etwas Alkohol, Tabakwaren und die Frauen evtl. Süßigkeiten." In der polnischen illustrierten Zeitung, in der Deutschen Wochenschau und im Rundfunk sollten Reportagen darüber verbreitet werden. Schließlich wollte man auch zwei Transparente anfertigen: „Wir begrüßen Euch, Landarbeiter, auf Eurer Urlaubsfahrt!" und „Polnische Landarbeiter aus dem Reich, wir begrüßen Euch in der Heimat!"[307]

Die ganze Aktion war ein vollständiger Reinfall. Von den 1.338 Urlaubern im Bereich des Distrikts Warschau z. B. erschienen ganze 547 zur Rückfahrt. Der Warschauer Gouverneur stellte in seinem Bericht fest, „daß ein großer Teil der Beurlaubten nicht gewillt ist, auf den Arbeitsplatz im Reich zurückzukehren", und schlußfolgerte, „daß das Prinzip der unbedingten Freiwilligkeit aufgegeben werden muß. Die außenpolitischen Gründe, die für die strikte Durchführung dieses Prinzips maßgebend gewesen sind, schlagen nicht mehr durch, da das Ausland doch nicht geglaubt hat, daß die Kräfte freiwillig geworben wurden".[308]

Zusätzlich stieß die Aktion aber auch in Deutschland auf Kritik. Der SD meldete, „daß eine *starke Empörung* in der Landbevölkerung festzustellen sei", wobei die Meldungen im einzelnen ungewöhnlich drastisch ausfielen: „Die Beurlaubung ist nichts anderes als eine Abwanderung dieser Kerle, die man endlich durch entsprechende Behandlung an etwas Arbeit gewöhnt hat' ... ‚Unsere Weltkriegsteilnehmer sind 4 bis 5 Jahre in Gefangenschaft gewesen und konnten im Kriege auch nicht nach Hause, und mit dem polnischen Verbrechergesindel übt man solche Rücksicht.'"

Außerdem beschwerte sich die deutsche Bevölkerung, so der SD, daß die Polen jetzt sogar in D-Zügen fahren dürften; auch sei es geradezu eine „Taktlosigkeit", Meldungen lesen zu müssen wie: „Ein Transparent ruft den Helden aus dem Reich zu: ‚Wir grüßen die Urlauber in der Heimat'". Insgesamt sei die Empörung in der Bevölkerung groß; es sei also sehr fraglich, ob die „durch den Urlaub der polnischen Zivilarbeiter erreichten Vorteile (leichtere Anwerbung im GG, bessere Arbeitsleistung, Verminderung des Geschlechtsverkehrs mit Deutschen) die Nachteile (Nichtrückkehr der Urlauber, Beanspruchung des Transportwesens usw.) überwiegen".[309]

Daraufhin wurde die Gewährung von Urlaub wie die Rückkehr nach Polen überhaupt gesperrt: „Die Verbreitung des Fleckfiebers im GG kann den polnischen landw. Arbeitern gegenüber im Einzelfall als Begründung für die Urlaubs- und Rückkehrsperre angegeben werden. Von einer Verbreitung dieser Begründung in der Öffentlichkeit, insbesondere in der Presse ist jedoch abzusehen."[310]

Die Nachfrage der Reichsbehörden nach Arbeitskräften aus dem Generalgouvernement wurde dadurch aber nicht geringer; mit Sauckels Dienstantritt wurde die sogenannte „Landarbeiteraktion 1942" gestartet, durch die weitere Kontingente polnischer Arbeiter nach Deutschland gebracht werden sollten.[311] Grundlage dafür sollten die bereits erlassenen und bis Anfang 1941 auch mit Erfolg angewandten Methoden der Zwangsanwerbung sein: jahrgangsweiser Einzug, Meldepflicht, Entzug der Unterstützungszahlungen usw. Auch polnische Jugendliche, „unter denen sich auch schwächere Burschen im Alter von 13 bis 15 Jahren befinden können" sollten erfaßt werden.[312]

Gleichwohl blieben die Ergebnisse gering, so daß im Mai die Dienstpflichtverordnung verschärft und der Arbeitseinsatz in Deutschland prinzipiell für alle polnischen Arbeitskräfte ermöglicht wurde.[313] Die Durchführung dieser Verordnung wurde wieder weitgehend den polnischen Gemeindevögten und Bürgermeistern übertragen, die ihre Gemeindemitglieder komplett erfassen und nach vorgegebenen Kontingenten dienstverpflichten mußten.[314]

Über die politischen Auswirkungen dieser Aktionen war man sich in Krakau durchaus im klaren. „Eine Umfrage bei 27.000 Rüstungsarbeitern", berichtete Staatssekretär Bühler im Mai 1942, „habe ergeben, daß sich nur 42 für die Arbeit freiwillig gemeldet hätten. Wolle man aber mit polizeilichem Zwang arbeiten, dann werde das die Folge haben, daß die Arbeiter vielfach nicht mehr zur Arbeit erscheinen würden, weil sie besorgt seien, ins Reich abtransportiert zu werden. Eine weitere aus dem Reich kommende Anregung sei die, in den größeren Städten eine Fangaktion gegenüber der auf der Straße befindlichen Bevölkerung in die Wege zu leiten. Mit einer solchen Maßnahme hoffte man, 52.000 Arbeitskräfte zu erhalten. Alle solche Gedankengänge seien völlig abwegig, und wenn man wirklich versuchen wollte, derartige Maßnahmen durchzuführen, dann würde man mit absoluter Sicherheit den Nachschub für die Front gefährden."[315]

Bühlers Vermutung war sicherlich logisch, dennoch setzten im Frühjahr 1942 die Großrazzien in Dörfern und Städten ein, um – egal wie – die Gestellungskontingente zu erfüllen.[316]

Über solche Verschleppungsaktionen notierte Ende 1942 eine polnische Selbstverwaltungsstelle in Warschau: „So wurde am 23. November in Gorlice (Kreis Jasło) die staatliche Handelsschule in den Lehrstunden am Vormittag von der Schutzpolizei umzingelt, jeglicher Kontakt zwischen der Jugend und ihren Eltern abgeschnitten, die männliche und weibliche Jugend ohne Auswahl am Abend in die Waggons verladen und ohne wärmere Kleiderversorgung und Proviant ins Massenlager nach Krakau ausgeführt ... Einen ähnlichen Verlauf hatte die Zwangsanwerbung am 24. November in der Handelsschule in Jasło, wo die zwei oberen Klassen mit Jugendlichen unter 17 Jahren ... ins Krakauer Massenlager verschleppt wurden und wo die schwache und durchaus zu schwerer Arbeit unfähige Jugend trotz ihres Jugendalters nicht gründlich gesichtet und zurückgeschickt, sondern zum Weitertransport bestimmt wurde."[317]

Meldungen von derartigen Vorfällen verbreiteten sich im Generalgouvernement schnell und versetzten die Bevölkerung in Angst und Schrecken – das war auch das Ziel solcher Maßnahmen, die die polnischen Arbeitskräfte dazu bewegen sollten, aus Angst davor, bei einer Razzia gefangen und verschleppt zu werden, sich lieber freiwillig zu melden.

In der Frank-Administration wußte man über die Anwendung solcher Methoden genau Bescheid, verfolgte jedoch die Taktik, sie „untergeordneten Übereifrigen" oder den Reichsbehörden in Berlin zuzuschreiben. Als Sauckel im August in Krakau weilte, sicherte Frank beflissen mehr als 140.000 weitere Arbeitskräfte zu, „denn wir werden zur Erfassung Polizei einsetzen", wandte sich aber gleichzeitig gegen die „Scharfmacher in Berlin" – woraufhin Sauckel in gewohntem Stil zusagte, er werde es zu verhindern wissen, daß der Arbeitseinsatz „jemals ein Schandmal der deutschen Nation vor der Welt darstellt" und dafür sorgen, daß die Polen im Reich gerecht behandelt würden, weil nämlich „die fremden Menschen für Gerechtigkeit ein absolutes Empfinden haben".[318]

Wie in den besetzten Gebieten der Sowjetunion waren auch in Polen die Berichte über die Lage der in Deutschland arbeitenden Landarbeiter zum größten Hindernis für weitere Anwerbungen geworden. Von Seiten Franks wurde darauf auch häufig mit Schärfe hingewiesen – waren doch die Nachrichten über die schlechte Behandlung der Polen im Reich für ihn auch ein willkommenes Argument, die vergleichsweise geringen Neuanwerbungen im Generalgouvernement zu entschuldigen. Stolz vermerkte er auf einer Regierungssitzung Anfang Dezember, daß das Generalgouvernement bei den Anwerbungen „absolut und relativ an der Spitze aller Länder Europas" stehe; aber: „Wir hätten mindestens um 50 % mehr freie Arbeiter ins Reich vermitteln können, wenn die Behandlung der Polen im Reich besser wäre", es werde höchste Zeit, „daß mit dem Skandal der fortgesetzten Polenmißhandlung im Reich aufgeräumt wird". Insgesamt hätten sich die Polen im Reich doch gut bewährt; „daß sie natürlich nicht das hochwertige Material sind, müssen wir zugeben", aber „so groß ist für mich der Unterschied zwischen Tschechen und Polacken nicht".[319]

Die Kaschierung der Zwangsanwerbungen nahm dann im Laufe der Zeit bald ebenso skurrile wie zynische Formen an. Im März 1943 fand auf dem Krakauer Hauptbahnhof eine Feierstunde statt. Anlaß war der 2.000ste Transport aus dem Generalgouvernement ins Reich, der 250.000ste nach Deutschland angeworbene Arbeiter aus dem Distrikt Krakau und der 1.000.000ste Arbeiter aus dem Generalgouvernement. Frank hielt eine Ansprache: „Polnische Arbeiter und Arbeiterinnen! Im Namen der Regierung des Generalgouvernements möchte ich der polnischen und ukrainischen Bevölkerung dieses Raumes für die Anteilnahme und für die Mitarbeit danken, die sie bisher dem Reich gegenüber an den Tag gelegt hat. Wir haben heute das große Glück, den 1.000.000sten Arbeiter aus dem Generalgouvernement für seine Fahrt nach dem Reich zu verabschieden. [Sich an einen Arbeiter wendend]: Das sind Sie; Sie fahren jetzt nach Deutschland, und ich danke Ihnen dafür. Als Zeichen dafür, daß Sie nun schon der 1.000.000ste Arbeiter sind, überreiche ich Ihnen eine goldene Uhr. Sie gehört Ihnen, nehmen Sie sie ... Ihr Arbeiter und Arbeiterinnen, fahrt jetzt in das große deutsche Reich und kehrt dann wieder froh und frisch in Eure Heimat im Generalgouvernement zurück. Das ist mein Wunsch, das ist der Wunsch der Regierung des Raumes an Euch. Ich wünsche Euch gute Fahrt!"[320]

Die Bestimmungen für polnische Arbeiter im Reich selbst waren in den ersten beiden Kriegsjahren in allen wichtigen Fragen bereits erlassen worden und blieben auch nach der Verstärkung des Ausländereinsatzes seit Anfang 1942 weiter bestehen. Eine Veränderung trat insofern ein, als durch die Hereinnahme sowjetischer Arbeitskräfte die Polen gewissermaßen in der Hierarchie aufgerückt waren, weil die Behandlungsvorschriften für die Ostarbeiter deutlich schärfer waren als diejenigen für Polen. An den Arbeitsplätzen, an denen schon seit längerer Zeit polnische Arbeiter beschäftigt waren und sowjetische nun hinzukamen, erhielten die Polen häufig sogar Aufseherfunktionen. Das ging soweit, daß im RSHA-Arbeitskreis festgelegt werden mußte, daß diese Vorgesetztenfunktion polnischer Arbeitskräfte sich ausschließlich auf andere Ausländer, nicht aber auf Deutsche beziehen dürfe – ein Phänomen, das also offenbar häufiger aufgetaucht war.[321]

Diesem Trend einer tendenziellen „Aufwertung" der Polen seit der Beschäftigung von sowjetischen Arbeitskräften liefen jedoch die zahlreichen Bestimmungen und Verfügungen zuwider, die im Laufe des Jahres 1942 zur Regelung des Lebens der polnischen Arbeiter zusätzlich erlassen wurden und oft wunderliche Kleinigkeiten betrafen – häufig reine Schikanen und Diffamierungen, die manchmal geradezu lächerlich wirken, bedenkt man alleine den Verwaltungsaufwand der deutschen Behörden dabei. Das Reichsjustizministerium ordnete z. B. an, daß polnische Untersuchungsgefangene nicht mehr mit „Herr" anzureden seien – ein Pole sei kein Herr; das RSHA verbot per Erlaß den Polen das Tragen von Orden und Ehrenzeichen – sie seien den Polen abzunehmen und zu verwahren; Polen sollten von deutschen Friseuren nicht mehr bedient werden – in einigen Fällen nur, wenn besonderes Handwerkzeug benutzt werde. Polen durften kein Radio benutzen, in D- oder Eilzügen überhaupt nicht und mit öffentlichen Verkehrsmitteln nur mit Sondererlaubnis fahren;[322] öffentlicher Kirchenbesuch wurde ihnen untersagt, lediglich einmal im Monat durften sie an einem Sondergottesdienst teilnehmen. „Das Absingen von Liedern und die Abnahme der Beichte in polnischer Sprache ist verboten."[323]

Die arbeitsrechtliche Behandlung der Polen änderte sich nicht,[324] lediglich Bestimmungen für polnische Kinder wurden erlassen: „Es bestehen auch keine Bedenken, wenn polnische Kinder über die im Jugendschutzgesetz vorgesehenen Grenzen hinaus beschäftigt werden."[325]

Betrachtet man die Fremdarbeiterpolitik des Regimes zwischen dem Beginn des „Ostfeldzuges" und der Wende nach Stalingrad von ihrem Ergebnis her, so markiert diese Phase vor allem die Absage an einen nur vorübergehenden Arbeitseinsatz von Ausländern als „Notlösung". Ausländer waren spätestens seit der Hereinnahme der Millionen sowjetischer Arbeitskräfte zum Eckpfeiler des deutschen Arbeitseinsatzes und der deutschen Kriegswirtschaft geworden.

Den grundlegenden Widerspruch zwischen kriegswirtschaftlichem Erfordernis und ideologischer Zielsetzung konnten die Behörden dabei nicht lösen, im Gegenteil, er verschärfte sich in dem Maße, wie die Anwerbungen erhöht wurden. So entstand ein beinahe undurchdringliches Gestrüpp von Bestimmungen und Verordnungen, die in sich oft widersprechender Weise die Lebensbedingungen der Ausländer minutiös festlegen sollten. Am Ende des Jahres mußten die Behörden jedoch feststellen, daß für die Betriebe und unteren Verwaltungsstellen kaum mehr ersichtlich war, ob nun ukrainische Polen Überstundenzuschläge erhielten oder nicht, ob ein arbeitsverweigernder Belgier der Justiz, der Gestapo oder dem Treuhänder zu melden war, welche Ernährungsrichtlinien gerade für die Tschechen galten, ob ein Balte das „Ost"-Abzeichen nun zu tragen hatte oder nicht – ein Durcheinander, das selbst die oberen Behörden kaum zu überblicken schienen. Italiener mußten anders behandelt werden als Franzosen, flämische Belgier anders als wallonische Belgier; Ukrainer aus Polen, Ukrainer aus der Sowjetunion, Balten, Russen, Polen, Tschechen, Jugoslawen – für jede Gruppe galten eigene Vorschriften. Es gab zahlreiche verschiedene Gruppen von polnischen Arbeitern im Reich: Die sogenannten „P"-Polen aus dem GG, die „West-Polen", die vorher in Nordfrankreich gearbeitet hatten, die „Alt-Polen", die schon vor Kriegsbeginn als Saisonarbeiter in Deutschland waren und die polnische Minderheit, etwa im Ruhrgebiet; zählt man noch Ukrainer aus Galizien hinzu und stellt in Rechnung, daß etwa für polnische Ärzte eigene Bestimmungen galten und auch noch einige tausend polnische Kriegsgefangene im Reich beschäftigt waren, so kommt man auf mindestens 7 Gruppen von Polen mit je besonderen Bestimmungen.[326]

Gegen Ende des Jahres gab das RSHA daher einen zusammenfassenden Erlaß heraus, der hier Klärung schaffen sollte.[327] Im pragmatischen Gegensatz zur „rassischen" Differenzierung der verschiedenen Ausländergruppen wurden nun vier Gruppen gebildet: A: Italiener, B: „Angehörige germanischer Völker (Flamen, Dänen, Norweger, Holländer)", C: „Angehörige nicht-germanischer Völker, mit denen wir verbündet sind oder mit denen wir aufgrund ihrer kulturellen und gesamteuropäischen Bedeutung verbunden sind", D: Polen und Ostarbeiter, Serben, Tschechen und Slowenen.

Die hier deutlich werdende Mischung aus rassistischen und außenpolitischen Kriterien ist kennzeichnend für die Politik des RSHA 1942, das gleichzeitig betonte, daß sich die „Notwendigkeit der Förderung der Arbeitswilligkeit der ausländischen Arbeiter ... im Verein mit politischen Erwägungen und Erfordernissen des Arbeitseinsatzes hemmend auf manche an sich erwünschte und gebotene Maßnahme der Gefahrenabwehr" auswirke. Die dann folgenden Einzelbestimmungen erhielten insgesamt nichts Neues, zeigten aber, daß die Trennung in diese vier Gruppen nach wie vor undurchsichtig blieb. Die allgemein ungeliebten Italiener besser zu behandeln als die Holländer, die Holländer besser als die Franzosen, die Kroaten besser als die Serben, die Slowaken besser als die Slowenen – das war nach wie vor weder der deutschen Bevölkerung einsichtig zu machen noch wirklich durchführbar. In der Tendenz steckte hinter dieser Einteilung die Trennung zwischen Ost und West: alle Arbeiter aus den besetzten Gebieten des Westens und des Nordens sollten besser, alle Arbeiter aus dem Osten schlechter behandelt werden – unklar war lediglich die Rolle der Italiener und der Arbeiter aus Südosteuropa.

Die Linie der Einzelbestimmungen in diesem Erlaß kennzeichnete das Ergebnis der politischen Auseinandersetzungen um die Ausländerpolitik zwischen etwa Oktober 1941 und Ende 1942: Lockerungen und Verbesserungen bei den Arbeits- und Lebensbedingungen, so daß eine effektive, zunehmend auch qualifizierte Beschäftigung der Ausländer möglich war; auf der anderen Seite Verschärfungen im gesamten Strafsystem, das durch die Einrichtung zahlreicher Arbeitserziehungslager seine eigene Form gefunden hatte, wobei durch die Exekutionen polnischer und sowjetischer Arbeiter bei Geschlechtsverkehr mit deutschen Frauen in brutaler Weise demonstriert wurde, daß das Regime an seinen rassistischen Prinzipien festhielt, auch wenn der Kriegsverlauf hier zu – vorübergehenden, wie man glaubte – Zugeständnissen gezwungen hatte.

VII. Kapitel
Rassismus und Sachzwang:
Die Praxis des Ausländereinsatzes 1942

1. Fried. Krupp Gußstahlfabrik

Anwerbung und Fluktuation

Die für die deutsche Kriegswirtschaft seit 1936 typischen Phänomene rüstungskonjunktureller Überhitzung, wie Arbeitskräftemangel, Umsatzsteigerung und Produktionsdruck, trafen auf die traditionsreiche Essener Firma Krupp in besonderem Maße zu.[1] Insbesondere seit Kriegsbeginn und verstärkt noch seit der Ausweitung der Rüstungsproduktion vor allem des Heeresbedarfs im Winter 1941/1942 geriet die Firma in die Schere rapide zunehmender Aufträge einerseits und stagnierender, dann sogar sinkender Belegschaftsstärken deutscher Arbeiter andererseits. In fünf Jahren, zwischen den Geschäftsjahren 1936/37 und 1941/42 verdoppelte sich der Umsatz der Gußstahlfabrik (GSF), mit besonders kräftigen Schüben bei Kriegsbeginn und während der Vorbereitungen auf den Überfall auf die Sowjetunion:

Tabelle 19: Umsatz der GSF Essen, 1936/37 bis 1941/42, in 1.000 RM[2]

Geschäftsjahr	Umsatz	Index	% Steigerung zum Vorjahr
1936/37	365.183	100	+ 10
1937/38	420.698	115	+ 15
1938/39	522.111	143	+ 24
1939/40	553.350	151	+ 6
1940/41	659.952	180	+ 19
1941/42	723.743	198	+ 9

Die deutsche männliche Arbeiterschaft von Krupp jedoch wurde durch die Einberufungen zum Militär vor allem seit Anfang 1942 rapide dezimiert.

Tabelle 20: Belegschaftsentwicklung der GSF Essen, 1939 bis 1945 (Arbeiterschaft)[3]

Zeit September	Arbeiter insgesamt	davon Wehrdienst	tatsächlich Arbeitende	insgesamt	davon Deutsche Männer	Frauen	Ausländer
1939	51.999	3.986	48.013	48.013	45.137	2.876	–
1940	56.703	6.892	50.062	49.811	43.549	5.262	416
1941	59.289	8.691	53.316	50.598	44.704	5.894	2.718
1942	69.399	26.538	56.730	42.861	37.301	5.560	13.869
1943	61.050	24.047	50.406	37.003	32.071	4.932	13.403
1944	62.586	32.816	39.932	29.770	24.985	4.785	10.162

Während also die Gesamtzahl der männlichen deutschen Arbeiter bis September 1942 um ca. 17 % abgenommen hatte und 52 % der bei Krupp als beschäftigt gemeldeten deutschen männlichen Arbeiter bereits zum Militär eingezogen waren (1944: 69 %!), die Zahl der deutschen Arbeiterinnen aber bei etwa 5.000 stagnierte, stieg die Gesamtzahl aller tatsächlich Arbeitenden zwischen 1940 und 1942 dennoch um 13 % – etwa 14.000 ausländische Arbeitskräfte waren hinzugekommen.

Die Bedeutung der ausländischen Arbeiter wird aber erst offensichtlich, wenn man die Zahlen weiter differenziert:

Tabelle 21: Bei der GSF Essen beschäftigte Kriegsgefangene und ausländische Zivilarbeiter, 1939 – 1945[4]

Stichtag	Kriegsgefangene				Zivilarbeiter										
	frzs.	sowj.	ital.	Sowj.	Franzosen	Polen	Holländer	Italiener	Ukrainer	Slowenen	Belgier	Tschechen	Juden	andere	insgesamt
1. 9. 40	251	–	–	–	–	–	47	–	–	–	19	99	–	–	416
1.12. 40	589	–	–	2	–	15	71	32	–	–	62	–	–	94	865
1. 1. 41	620	–	–	2	–	10	69	30	–	–	61	61	–	84	937
1. 7. 41	1.129	–	–	8	203	24	43	474	16	–	58	60	–	284	2.299
1. 1. 42	1.096	–	–	5	95	67	44	1.134	18	–	44	55	–	138	2.861
1. 7. 42	1.083	280	–	2.583	231	1.044	1.224	2.294	26	75	43	51	–	177	8.131
1. 1. 43	970	2.689	–	5.820	8.423	1.007	1.522	2.694	139	128	66	1.321	–	129	24.791
1. 3. 43	957	1.999	–	5.829	5.811	1.010	1.695	2.588	205	127	339	1.428	–	140	21.171
1. 9. 43	828	1.314	–	3.545	4.528	565	1.216	561	255	123	231	112	–	157	13.435
1. 1. 44	709	888	1.701	3.514	3.156	542	769	415	248	106	180	48	–	57	12.333
1. 4. 44	675	1.071	1.634	3.307	1.765	1.153	468	353	236	103	129	36	–	106	11.062
1. 9. 44	595	987	1.575	3.303	1.258	384	439	278	302	74	299	29	520	95	10.138
1. 2. 45	587	1.177	–	3.433	1.201	1.581	388	2.120	283	68	510	24	520	117	12.009

Tabelle 22: Anteil der ausländischen Arbeitskräfte (Kriegsgefangene und Zivilarbeiter) an der tatsächlich tätigen Gesamtarbeiterschaft der GSF Essen, in Prozent[5]

Tag	%	Tag	%	Tag	%
1. 9. 40	0,8	1. 1. 42	5,3	1. 1. 44	27,4
1. 12. 40	1,7	1. 7. 42	15,4	1. 4. 44	26,8
1. 1. 41	1,8	1. 1. 43	39,5	1. 9. 44	25,4
1. 7. 41	4,3	1. 3. 43	33,8	1. 2. 45	29,7
		1. 9. 43	26,7		

Essen war damit die Stadt mit den meisten ausländischen Arbeitern im Bezirk des Landesarbeitsamtes Rheinland (vor Düsseldorf und Köln).[6]

Zwei Entwicklungen fallen bei diesen Statistiken besonders ins Auge. Zum einen lag der Anteil der Ausländer an der Krupp-Arbeiterschaft in Essen Anfang 1943 bei 40 %, um sich dann auf ein gutes Viertel einzupendeln – 1943 kamen also auf drei deutsche Arbeiter zwei Ausländer, später war das Verhältnis etwa 3 : 1. „Die Zahl der ausländischen Arbeitskräfte hatte sich in den letzten Monaten derart erhöht, daß beinahe schon das Stadtbild von den ausländischen Arbeitern beherrscht wurde", bemerkte der Essener Landesgerichtspräsident Ende März 1943 dazu.[7]

Zum zweiten ist die außerordentlich starke Fluktuation bemerkenswert – allein zwischen Juli und Ende des Jahres 1942 kamen 16.000 Ausländer nach Essen zu Krupp, mehr als 5.000 Russen, 8.000 Franzosen, 1.300 Tschechen. Bis zum Herbst 1943 sind es aber schon wieder 8.000 weniger; die Zahl der Russen und Franzosen hat sich in einem 3/4 Jahr halbiert, die Tschechen sind fast völlig verschwunden.

Tabelle 23: Deutsche und Ausländer in Essen, 1939 bis 1945
(nach der Lebensmittelkarten-Statistik)[8]

Datum	Wohnbe-völkerung insgesamt	davon Deutsche	Ausländer insgesamt	Kriegsgef.	Ostarbeiter	Privat wohnende	Son-stige	Aus-länder in %
9'39	647.966	–	–	–	–	–	–	–
9'40	637.820	634.820	3.000	–	–	–	3.000	0,47
3'41	632.062	627.265	4.800	1.500	–	–	3.300	0,76
9'41	605.185	597.785	7.400	2.400	–	–	5.000	1,2
3'42	625.960	612.688	13.272	3.377	–	–	9.895	2,1
6'42	615.479	595.014	20.465	6.556	3.500	–	10.409	3,3
9'42	619.260	578.850	40.410	21.109	8.900	1.170	9.231	6,5
12'42	634.755	583.896	50.859	23.241	10.000	1.596	16.022	8,0
3'43	601.399	555.699	45.700	12.000	11.600	2.600	19.500	7,6
6'43	496.215	456.415	39.800	14.300	10.000	3.000	12.500	8,0
9'43	446.322	409.273	37.049	16.396	10.037	3.152	7.464	8,3
12'43	473.002	429.838	43.164	17.378	11.704	3.087	10.995	9,1
3'44	464.533	422.457	42.076	18.182	11.822	2.889	9.183	9,0
6'44	437.259	396.507	40.752	17.574	12.241	2.765	8.172	9,3
9'44	419.347	382.985	36.362	16.422	10.140	2.822	6.978	8,6
12'44	375.179	335.791	39.388	15.766	11.296	3.092	9.234	10,5
3'45	349.287	313.847	35.440	14.320	9.452	3.005	8.663	10,1
4'45	317.713	289.854	27.859	–	–	–	–	8,8

Die Ausländerbeschäftigung hat bei Krupp also erst seit dem Krieg gegen die Sowjetunion nennenswerte, erst seit der zweiten Hälfte des Jahrs 1942 relevante Größenordnungen angenommen; sie weist außerdem so hohe Schwankungen auf, daß deren Ursachen genauer untersucht werden müssen.

Schon vor dem Kriege war die Arbeitseinsatzlage bei Krupp schwierig gewesen. Die Belegschaft hatte sich stark vergrößert, große Fertigungsanlagen waren in kurzer Zeit erstellt worden. Der Krupp-Konzern – einschließlich Tochterunternehmen – hatte 1935 den Belegschaftsstand von 1929 (68.000) schon übertroffen. Bei Kriegsbeginn arbeiteten 112.852 Menschen bei Krupp in Deutschland. Im Essener Stammunternehmen (1929: 29.347) waren 1937 mehr als 48.000, bei Kriegsbeginn 63.775 Menschen beschäftigt. Gleichzeitig waren aber auch straffe Rationalisierungsmaßnahmen ergriffen worden; der Umsatz pro Beschäftigtem stieg von 6.616 RM pro Kopf (1928) auf 8.406 RM (1936) und 9.381 RM (1938), also um ca. 40 % in 10 Jahren.[9] Krupp war zudem im Arbeitsamtsbezirk Essen bevorzugter Arbeitskräfteempfänger. Es gelang der Firma, bis September 1941 die absoluten Zahlen der deutschen Belegschaft noch zu steigern; die etwa 8.700 Einberufungen von Krupp-Arbeitern bis dahin konnten durch fast ebenso viele Neuzugänge männlicher deutscher Arbeiter ausgeglichen werden. Insbesondere der Facharbeiterstamm – die legendären „Kruppianer"[10] – konnte weitgehend erhalten werden. Die Einberufungen betrafen in erster Linie jüngere, oft ungelernte Arbeiter, die erst während des Rüstungsbooms zu Krupp gekommen waren.

Ausländische Arbeiter spielten bis Mitte 1941 bei Krupp nur eine untergeordnete Rolle. Erst als mit dem militärischen Rückschlag vor Moskau die Einberufungen auch die Kernbelegschaft betrafen und zwischen September 1941 und September 1942 rund 20.000 Arbeiter und Angestellte von Krupp eingezogen wurden, gleichzeitig aber die Heeresaufträge wieder stiegen, änderte sich die Situation grundlegend. Das Krupp-Direktorium reorganisierte daraufhin den gesamten betrieblichen Arbeitseinsatz. Eine eigene Verwaltungsstelle – der sogenannte „Außerbetriebliche Arbeitseinsatz" (Arbeitseinsatz A) – wurde für die Beschaffung weiterer, vor allem ausländischer Arbeitskräfte eingerichtet.

Während der „innerbetriebliche Arbeitseinsatz" (Arbeitseinsatz I) die Bedarfszahlen der Kruppschen Werkstätten und Einzelbetriebe zu ermitteln und zu überprüfen hatte, war Arbeitseinsatz A die Verbindungsstelle zum Rüstungskommando für die Kriegsgefangenen, zum Arbeitsamt, dem es die Bedarfszahlen zu übermitteln hatte; zur DAF, die die soziale Betreuung überwachte; sowie zu den Auslandsstellen der Firma, denn Krupp versuchte seit Ende 1941 auch auf eigene Faust, Arbeiter aus dem Ausland nach Essen zu holen.[11]

Die Firma ging seit dem Herbst 1941 mit den Anforderungen an das Arbeitsamt und das Rüstungskommando sehr großzügig um. Ende September rügte das Rüstungskommando Essen die Firma scharf, weil der Kruppsche „Stahlbau"-Betrieb weit überhöhte Anforderungen nach Arbeitskräften gestellt hatte, und drohte sogar mit Strafantrag, weil durch solche Maßnahmen „der Arbeitsmarkt völlig in Unordnung gebracht und die Rüstungswirtschaft erheblich gestört" werde. Außerdem habe das Werk Aufträge weit über die vorhandene Kapazität hinaus angenommen.[12]

Auf der anderen Seite stand der Betrieb durch scharfe Produktionsforderungen unter Druck.[13] Allein im Mai 1942 betrug der Gesamtbedarf der Firma 10.014 Mann, dem insgesamt nur 2.867 Zuweisungen gegenüberstanden; im Juli betrug das Verhältnis 12.896 zu 3.977.[14]

Krupp nahm bei den Zuweisungen dennoch eine ausgesprochene Sonderstellung ein. Der Präsident des LAA Rheinland in Köln beschwerte sich, daß „vielfach Bedarfsangaben von zentralen Stellen wesentlich höher liegen als die Bedarfsfeststellungen des Arbeitsamts und sogar der Firma Krupp selbst". Während in einem Fall Krupp 189 Facharbeiter verlangt habe, sei vom RMBuM der Bedarf mit 463 Kräften angegeben worden.[15] Krupp, notierte er im November, habe seit Kriegsbeginn 21.387 Kräfte zugewiesen bekommen, davon 17.390 Ausländer – für eine weitere Steigerung des Ausländereinsatzes fehle es zudem an Unterbringungsmöglichkeiten.[16]

Bevor nämlich ein Unternehmen ausländische Arbeiter erhielt, mußte die Unternehmensleitung erklären, daß Unterkunft und Verpflegung gesichert seien. Bei einer solch rapiden Entwicklung aber kam die Firma mit dem Bau von Unterkünften nicht nach. Das lag auch daran, daß genaue Planungen hier kaum möglich waren, weil – wie der SD berichtete – „kaum ein Betrieb genau wüßte, wann und in welchem Ausmaß ihm Ostarbeiter zur Verfügung gestellt würden ... Es käme dann in vielen Fällen vor, daß die Baracken erst bei Ankunft der Russen angefordert bzw. beantragt würden".[17]

Trotz der oft noch ungeklärten Frage der Unterbringung stiegen sowohl die Produktionsanforderungen von Seiten des Rüstungsministeriums als auch die Zusagen der Firma. Ob für die nach Essen hineingepumpten Arbeitermassen überhaupt Platz war, in der Fabrik wie im Lager, konnte in der Hektik kaum mehr festgestellt werden. 16.000 zusätzliche ausländische Arbeiter in knapp fünf Monaten – da war eine effektive Organisation kaum noch möglich; weder Unterbringung noch Anlernung, weder berufsrichtiger Einsatz noch eine erlaßgerechte Behandlung und Kontrolle der Fremdarbeiter waren hier noch durchführbar. Krupp „bestellte" die Ausländer gewissermaßen auf Verdacht – und erhielt sie auch in größerem Umfang als andere vergleichbare Firmen in der Region, vor allem, weil das Essener Unternehmen traditionellerweise über sehr gute Beziehungen zu den Berliner Zentralstellen verfügte.[18]

Die überhöhten Anforderungen ausländischer Arbeitskräfte hatten aber noch andere Gründe. Der Leiter des West-Amtes beim GBA, Hildebrandt, erklärte dies damit, daß die Betriebe „voll leistungsfähige ausländische Arbeitskräfte leistungsschwachen deutschen Arbeitskräften" vorzögen; vor allem nach der Besetzung der Westgebiete sei bei der Industrie das Interesse an Facharbeitern aus dem Westen groß gewesen.[19] Viele Großfirmen versuchten auch, sich direkt in die Anwerbung einzuschalten, sei es durch eigene Werber, sei es durch Broschüren mit Beschreibungen der Arbeitsbedingungen, Bildern von Unterkünften, Werkshallen usw. Nahezu alle Großbetriebe zeigten dieses brennende Interesse an ausländischen Facharbeitern, da ausgebildete Spezialkräfte auf dem deutschen Arbeitsmarkt schon seit langem nicht mehr zu erhalten waren.[20]

Auch bei Krupp versuchte der zuständige Leiter des Arbeitseinsatzes A, Lehmann, auf mehreren Reisen ins westliche Ausland den Zustrom westlicher Facharbeiter nach Essen zu erhöhen – bis hin zu „geschlossene(n) Umsetzungen der ausgehobenen Belegschaften französischer Werke zu uns nach Essen". Gegenüber den Anwerbekommissionen im Westen waren die Lebensbedingungen der Ausländer bei dem einzelnen Werk in Deutschland ausschlaggebend. Es werde immer wieder darauf hingewiesen, meldete Lehmann, „daß eine gute Unterbringung der französischen Facharbeiter von größter Wichtigkeit ist. Klagebriefe französischer Arbeiter über schlechte Unterbringung, Behandlung und Verpflegung und ebenso auch über mangelnden Einsatz in den Werken, schädigen die deutsche Aktion außerordentlich ... Werke, über die derartige Klagen vorliegen, haben mit einer Ausschaltung bei der weiteren Zuweisung von Arbeitskräften zu rechnen".[21] Das hieß keineswegs, daß die Anwerbungen Ende 1942 etwa in der Mehrheit freiwillig verlaufen wären – Nachrichten über schlechte Lebens- und Arbeitsbedingungen in Deutschland erschwerten aber auch die Dienstverpflichtungen in den besetzten Gebieten so sehr, daß die Anwerbebehörden Druck auf die Betriebe ausübten, die Ursachen für die als berechtigt angesehenen Klagen abzustellen.

Besonders groß war das Interesse der Fa. Krupp an Facharbeitern aus dem nahen Holland, weil hier Transport- und Sprachprobleme eine geringere Rolle spielten als etwa bei Franzosen. Die Anwerbungszahlen in den Niederlanden stagnierten aber seit Mitte 1941. Daraufhin wurde von der Sicherheitspolizei im September 1941 in Amersfoort ein Arbeitserziehungslager für „Arbeitsvertragsbrüchige" und „Dienstpflichtverweigerer" errichtet.[22] Schon allein die Androhung von Zwangsmaßnahmen aber erhöhte die Zahl der „freiwilligen" Verpflichtungen erheblich. Diejenigen, die sich auch weiterhin weigerten, den Arbeitskontrakt zu unterschreiben, wurden in das AEL Amersfoort gebracht, von wo aus sie nach einer gewissen Zeit nach Deutschland kamen. Diejenigen von ihnen, die für Krupp bestimmt waren, wurden zunächst ins AEL Flughafen Mülheim oder ins Übergangslager Friedrichsfeld gebracht, später dann meist in eines der Arbeiterwohnheime und Barackenlager in Essen. Der Anteil derjenigen, die über das AEL Amersfoort nach Essen gekommen waren, ist gleichwohl gering – aber daß solche Methoden angewendet wurden, sprach sich herum. Der größte Teil der Anfang 1943 etwa 1.500 Holländer der Gußstahlfabrik hat so unter dem Druck der Dienstverpflichtung seinen Arbeitsvertrag unterschrieben.[23]

Für den großen Zuwachs an Ausländern im Laufe des Jahres 1942 war aber in erster Linie die Zunahme von französischen und sowjetischen Arbeitern verantwortlich. Durch die guten Beziehungen zu den deutschen Verwaltungsspitzen in Frankreich gelang es der Firma, im Rahmen der 1. Sauckel-Aktion in Frankreich im Herbst 1942 fast 8.000 französische Arbeitskräfte zu erhalten, unter ihnen zahlreiche Facharbeiter. Dadurch war der Abgang an deutschen Arbeitern durch die Einberufungen zumindest zum Teil ausgeglichen. Westarbeiter, vor allem Franzosen, waren nicht nur wegen ihrer fachlichen Kenntnisse bei der Firma begehrt. Für sie brauchten auch keine Extra-Vorkehrungen getroffen zu werden – sie erhielten den gleichen Lohn und die gleiche Verpflegung wie die Deutschen, brauchten nicht besonders bewacht und konnten überall im Betrieb eingesetzt werden.

Die Lage der sowjetischen Arbeitskräfte

Dagegen hatte die Firma gegenüber dem Einsatz sowjetischer Arbeitskräfte gewisse Vorbehalte, weil einerseits die Beschränkungen für einen effektiven Arbeitseinsatz so groß waren und andererseits sich vor allem die sowjetischen Kriegsgefangenen in so schlechtem gesundheitlichem Zustand befanden, daß sie für die Industrie nur von geringem Interesse waren. Die Firmenleitung beschloß daher im November 1941, als die Möglichkeit, auch sowjetische Kriegsgefangene zu beschäftigen, gegeben war, Fachleute in die Kriegsgefangenenlager zu entsenden, um geeignete Gefangene auszusuchen. Bemerkenswerterweise ging man bei Krupp schon Anfang November 1941 davon aus, daß die „Beschränkung auf ‚Kolonneneinsatz' doch bald fort(fällt)" und deshalb mit einer qualifizierten Einsatzmöglichkeit der Russen gerechnet werden könne.[24]

Die sowjetischen Kriegsgefangenen, die seit Ende 1941 dann in Essen eintrafen, waren jedoch so unterernährt, krank und in elender Verfassung, daß an einen wirklichen Arbeitseinsatz gar nicht zu denken war. Ein Betriebswart des Ankunftsbahnhofs in Essen-West beschrieb die ankommenden Transporte: „Sie kamen in Güterwagen nach Essen, in welchen vorher Kartoffeln, Baumaterialien und auch Vieh transportiert worden war und wurden zur Arbeitsleistung herangezogen. Die Wagen waren vollgestopft mit den Leuten ... Jeder Wagen war so sehr überfüllt, daß es kaum glaublich war, eine solche Anzahl Menschen in einen Wagen hineinstopfen zu können. Mit meinen eigenen Augen habe ich auch sehen können, daß auch Kranke, welche kaum laufen konnten – es handelte sich vielfach um Fußkranke, Verletzte und auch Leute mit innerlichen Krankheiten – trotzdem zur Arbeitsstelle geführt wurden ... Die Kleidung der Kriegsgefangenen und Zivilarbeiter, welche ich täglich sah, war katastrophal und mit einem Wort gesagt menschenunmöglich. Sie war zerlumpt und zerrissen, und bei dem Schuhwerk war es nicht anders, so daß sie vielfach mit Lumpen an den Füßen zur Arbeit gehen mußten. Bei der schlechtesten Witterung und bei der größten Kälte habe ich niemals gesehen, daß irgendwelche von den Wagen geheizt waren."[25]

Der gesundheitliche Zustand der Kriegsgefangenen und die für sie geltenden verschärften Einsatz- und Bewachungsvorschriften ließen die Unternehmen lange zögern, ob sie einer Ausweitung des Russeneinsatzes auf Zivilarbeiter zustimmen sollten. Die Fa. Rheinmetall in Düsseldorf z. B. erklärte, sie wollte auf Russen verzichten, weil sie hier angesichts der Vorschriften einfach verhungerten.[26] Die Behörden ließen jedoch durchblicken, daß auf lange Sicht bei Anwerbungen nur noch mit Russen zu rechnen sei und daß die Firmen sich mit Russen „eindecken" sollten, um eine „krisenfeste Belegschaft" zu bekommen.[27]

Krupp stimmte daraufhin dem weiteren Zufluß ziviler sowjetischer Arbeitskräfte zu und begann mit den notwendigen Vorbereitungen. Den Betriebsleitern wurden per Merkblatt und Rundschreiben die entsprechenden Vorschriften bekanntgegeben („Jedes Mitgefühl ist falsches Mitleid, das die Gerichte nicht als Entschuldigung gelten lassen").[28] Neue Wohnlager wurden errichtet und die vorgeschriebene Bewachung vorbereitet; die einzelnen Betriebe mußten dabei Wachmänner stellen, die den Werkschutz unterstützten.[29]

Die dann angeworbenen sowjetischen Zivilarbeiter befanden sich im Gegensatz zu den Kriegsgefangenen in der Mehrzahl bei ihrer Ankunft in Essen in einem gesundheitlich noch guten Zustand, der sich aber in den ersten Wochen rapide verschlechterte, zumal die meisten von ihnen noch ganz jung waren.[30] In Düsseldorf beispielsweise waren im August 1942 48 % der männlichen und 21 % der weiblichen Arbeitskräfte aus der Sowjetunion unter 18 Jahre alt.[31]

Für den in kurzer Zeit schlechter werdenden und im März 1942 bereits katastrophalen Gesundheitszustand der sowjetischen Zivilarbeiter und Kriegsgefangenen bei Krupp war in erster Linie die mangelhafte Ernährung verantwortlich. Die russischen Arbeiter, die alle in umzäunten und bewachten Barackenlagern wohnten, erhielten ihr Essen im Lager. Zum Teil wurde den sie zur Arbeit abholenden und begleitenden Vorarbeitern das Mittagessen mitgegeben, oder es wurde in die Fabrik gefahren und dort ausgegeben.

In der Kruppschen Kraftwagen-(„KraWa")Fabrik etwa war dafür Anfang des Jahres 1942 unter anderem der Vorarbeiter und SS-Scharführer Grollius zuständig, der versucht hatte, für die sowjetischen Arbeiter der Nachtschicht Essen aufzutreiben; dem Meister meldete er: „Auf Anruf von Herrn Balz habe ich heute Abend Essen bekommen, aber ich habe mich derart mit den verantwortlichen Leuten im Lager rumfechten müssen, um überhaupt etwas zu bekommen. Mir wurde immer gesagt, daß die Leute ihre Tagesrationen schon bekommen hätten, mehr gäbe es nicht. Was die Herren sich aber unter Tagesration vorstellen, ist mir ein Rätsel. Das ganze Essen war aber auch danach, denn von der dünnen Suppe haben sie mir noch das dünnste abgeschöpft. Es war buchstäblich nur Wasser mit einer Handvoll Steckrüben, genauso, als wenn es Spülwasser gewesen wäre ... Es geht nich (!) an, daß die Leute uns hier bei der Arbeit verrecken. Die Leute sollen hier für uns arbeiten, gut, aber dann muß auch dafür gesorgt werden, daß sie wenigstens das allernötigste bekommen. Ich habe verschiedene Gestalten im Lager gesehen, da ist mir buchstäblich ein kalter Schauer über den Buckel gelaufen."[32]

Der stellvertretende Betriebsführer berichtete, er sei dann in das Sammellager am Krämerplatz gegangen, „um mit dem Lagerleiter Rücksprache wegen des Essens zu nehmen. Zu derselben Zeit war auch Herr Hassels vom Werkschutz anwesend, der sich sofort einmischte, und erklärte, man dürfe den Leuten keinen Glauben schenken, man habe es hier mit Bolschewiken zu tun, bei denen das Essen durch Prügel ersetzt werden müsse." Dagegen argumentierte der Betriebsleiter der KraWA: „Ich selbst bin vollkommen frei von jeglicher falscher Sentimentalität. Es handelt sich hier aber um mir, bzw. der KraWA zugewiesene Arbeitskräfte, von denen ich auch Arbeit verlange, und die tatsächlich heute schon bewiesen haben, daß sie arbeiten können und wollen. Jede Kreatur, von der ich Arbeit verlange, muß gefüttert werden ... (weil) nämlich die Russen sich sehr gut zur Arbeit schicken, vorausgesetzt, daß sie genügend zu Essen bekommen."

Der Vorarbeiter Grollius ging in der Folgezeit dazu über, sich zu weigern, solche sowjetischen Arbeiter zur Arbeit zu bringen, für die keine Verpflegung zugeteilt wurde.[33]

Der Interessenkonflikt, der sich in der Führung des NS-Regimes bei dieser Frage bereits feststellen ließ, tritt hier wieder auf: auf der einen Seite der Vorarbeiter, der Meister, der Betriebsführer, die an der Arbeitsleistung der Russen interessiert sind – auf der anderen Seite der Lagerleiter, der Werkschutzmann, die die Untermenschen-Philosophie praktizieren. Zweierlei ist aber dabei auffällig: Die ausgeteilten Lebensmittel (Wasser mit Steckrüben) lagen offenbar noch unter den vorgeschriebenen Rationen, und zweitens: Der Widerspruch im Verhalten zu den Russen verlief quer durch die politischen Lager – Grollius war wie Hassels SS-Mann. Auch die anderen Kruppschen Betriebe berichteten im Frühjahr 1942 von derartigen Vorfällen.

Der Bürovorsteher der Kesselbauabteilung der Lokomotivfabrik (LoWa), Soehling, verhandelte mehrfach mit der Küchenleiterin des Lagers Weidkamp, um den völlig verhungerten, bei ihm beschäftigten Ostarbeitern Zusatzrationen zu verschaffen. Daraufhin wurde er von der Küchenleiterin bei der DAF gemeldet, die ihn vorlud und ihm vorwarf, er hätte sich „in auffallender Weise zu sehr für die Bolschewisten eingesetzt". Soehling antwortete, „daß uns die russischen KG als Arbeitskräfte zugewiesen seien und nicht als Bolschewisten. Die Leute seien ausgehungert und nicht in der Lage, bei uns im Kesselbau schwere Arbeiten, wofür sie gedacht waren, auszuführen. Kranke Leute seien für uns Ballast und keine Hilfe, um zu produzieren. Herr Prior [DAF Essen, U.H.] meinte daraufhin, wenn der Eine nicht taugt, taugt der andere, die Bolschewisten seien seelenlose Menschen, wenn Hunderttausend eingingen, kämen weitere Hunderttausend dran".

Von den in der LoWa eingesetzten sowjetischen Arbeitern aber waren nur noch wenige einsatzfähig; sie hätten zwar den Willen, gut zu arbeiten, wurde gemeldet, aber nicht die Kraft, weil sie zu schlecht ernährt würden.[34] Der Betriebsleiter Theile bat deshalb den zuständigen Direktor in der Hauptverwaltung, Lehmann, um verbesserte Ernährung für die Russen, die mit den derzeitigen Rationen nicht arbeiten könnten. Lehmann ging darauf nicht ein, sondern speiste Theile mit der Regime-offiziellen Begründung ab, „daß die russischen Kriegsgefangenen nicht an die westeuropäische Beköstigung gewöhnt werden dürften".

Daraufhin sorgte Theile auf eigene Faust für eine Verbesserung der Rationen.[35] Der Leiter des „Maschinenbau 8" ging sogar soweit, daß er im März der Kruppschen Hauptverwaltung mitteilte, er lege „gar keinen Wert darauf, weitere Russen hereinzunehmen, wenn sie mir als Produktivarbeiter angerechnet werden, von denen ich aber eine Produktiv-Leistung nicht erwarten kann".[36]

Die schlechte Ernährung der sowjetischen Arbeiter war auf zwei Faktoren zurückzuführen. Zum einen erhielten die Lagerküchen von den Behörden den Regelsätzen entsprechend so geringe Lebensmittelzuteilungen, daß die Verpflegungsausgabe auch beim besten Bemühen völlig unzureichend war.[37] Außerdem – das wird im Folgenden noch häufiger zur Sprache kommen – durchliefen die Lebensmittel vom Großmarkt bis zur Verteilung im Lager viele Hände, und da es zumindest im Frühjahr 1942 noch keine umfassenden Kontrollen der Lebensmittelausgabe an Ostarbeiter und sowjetische Kriegsgefangene gab, zweigte so mancher etwas für sich ab – gab es doch genügend Leute, die eine Ernährung der Russen überhaupt schon für Gefühlsduselei hielten.

Im April 1942 beschwerte sich das Kruppsche Direktorium beim Rüstungskommando über die unzureichenden Ernährungssätze der sowjetischen Arbeitskräfte, stand doch zu befürchten, daß sie erneut gesenkt wurden:[38] „Bei den zivilen russischen Arbeitern, die – mit wenigen Ausnahmen – in einem ausgezeichneten Gesundheitszustand hier ankommen, machen sich bereits ebenfalls schon die typischen Hungeroedeme bemerkbar ... Von unseren russischen Kriegsgefangenen sind bereits über 30 % infolge ungenügender Ernährung arbeitsunfähig und 12 schon im Lager gestorben."[39] Im Gegenzug beschwerte sich das OKW, Abtlg. Kriegsgefangene, daß es erhebliche Klagen über die Behandlung der Kriegsgefangenen bei Krupp gäbe – insbesondere würden sie geschlagen, ferner würden sie nicht die ihnen zustehende Verpflegung und Freizeit erhalten, u. a. hätten die Gefangenen seit sechs Wochen keine Kartoffeln mehr bekommen".[40]

Tatsächlich besserte sich der Ernährungszustand eines Teils der sowjetischen Arbeiter seit dem Herbst 1942, nicht nur, weil die offiziellen Rationen aufgebessert worden waren, sondern weil viele Einzelbetriebe dazu übergingen, auf eigene Faust zusätzliche Lebensmittel anzukaufen und sie den Arbeitern auszuteilen. So wird Ende Oktober von einem Kruppschen Betrieb berichtet, der „große Mengen Pferdemöhren gekauft hatte und diese Möhren als Rohkost zusätzlich den Kriegsgefangenen zur Verfügung gestellt hat", worauf sich der Zustand der Sowjets merklich gebessert habe.[41] In der Mehrzahl der Fälle aber blieb die Ernährung vor allem der Kriegsgefangenen schlecht. Nach einer Inspektion der Kruppschen Lager für sowjetische Kriegsgefangene Ende Oktober 1942 hieß es im Bericht des Untersuchungsleiters: „Es wurde mir in allen Russenlagern von Wehrmachtsangehörigen (darunter alte Rußlandkämpfer, die gewiß nicht zu den Freunden der Bolschewisten zählen) erklärt, daß die Verpflegung mengenmäßig unzureichend sei ... Tatsächlich machen die von der Arbeit zurückkehrenden Gefangenen-Kommandos einen überaus abgekämpften und schlappen Eindruck. Einige Gefangene wanken förmlich ins Lager zurück. Es muß berücksichtigt werden, daß die Gefangenen außer der normalen Arbeitszeit zu Beginn und Ende der Arbeitszeit beträchtliche Anmarschwege zu bewältigen haben."[42]

Auch die Beschwerden der Einzelbetriebe rissen nicht ab,[43] bezogen sich aber vor allem auf bestimmte Lager, in denen die Verpflegung besonders schlecht war.[44] Bis Ende April 1943 waren von den bis dahin etwa 5.800 „Zivilrussen" 54 gestorben, 40 von ihnen an Tuberkulose und Unterernährung.[45] Insgesamt aber entsteht der Eindruck, daß bei Krupp seit Ende 1942 eine Verpflegung unterhalb des Existenzminimums für Ostarbeiter und sowjetische Kriegsgefangene nur noch in Einzelfällen ausgegeben wurde.

Die Firmenleitung bemühte sich, die zum Arbeitseinsatz nicht tauglichen zivilen Arbeiter, vor allem diejenigen aus der Sowjetunion, wieder zurückzuschicken, um nicht weiter für sie sorgen zu müssen. Im Falle der sowjetischen Kriegsgefangenen war dies einfacher, da die nicht mehr Einsatzfähigen an das Rüstungskommando gemeldet und in die zuständigen Stalags – vor allem VI A, Hemer und VI K, Senne – zurückgeschickt wurden.[46] Für die Westarbeiter galten hier die gleichen Bestimmungen wie für Deutsche, d. h. vorübergehend Arbeitsunfähige erhielten Krankengeld, dauernd Arbeitsunfähige hatten Anspruch auf Unterstützung. Die Bemühungen der Firma stießen denn auch bei den Behörden auf Ablehnung, wie in einer Arbeits-Besprechung im September 1942 mitgeteilt wurde: „Der Rücktransport von kranken und nicht-einsatzfähigen zivilen Ausländern und Ostarbeitern ist nach Mitteilung des Arbeitsamtes sehr erschwert und kommt nur noch bei schwangeren Frauen und vollständig arbeitsunfähigen Ostarbeitern infrage. Das Arbeitsamt lehnt es ab, irgendwie arbeitsfähige Ausländer und Ostarbeiter aufgrund der vorliegenden Bestimmungen wieder zurückzutransportieren noch irgendwie umzubesetzen." Es wurde vereinbart, in der Nähe von Essen ein Lager für Kranke und schwangere Frauen einzurichten, um in Zusammenarbeit mit dem Amtsarzt „den Rücktransport dieser Kranken durchzusetzen".[47]

Es gibt einige, aber insgesamt doch sehr wenige Berichte darüber, daß sich die Arbeiter auch selbst gemeinsam gegen den verordneten Hunger wehrten. Im Juni 1942 verweigerten in der LoWa die 38 dort beschäftigten Ostarbeiterinnen die Arbeit, weil, wie der Betriebsmeister anmerkte, „das Essen, wie auch von mir selbst festgestellt wurde, sauer war. Ebenso wurde von den Frauen nach der Mittagspause die Wiederaufnahme der Arbeit verweigert. Sie ließen durch den Dolmetscher sagen, daß sie ohne Essen nichts leisten könnten". Der Meister schickte sie daraufhin ins Lager zurück.[48] Ebenfalls im Sommer 1942 waren die im Arbeiterheim Spenlestraße wohnenden tschechischen Facharbeiter mit dem Essen unzufrieden. Sie „rotteten" sich eines Abends vor der Küchenbaracke zusammen, drangen in die Küche ein „und verlangten vom Küchenchef Einblick in die Kochkessel". Daraufhin kamen Werkschutzleute hinzu, die von den Tschechen mit einem Steinhagel empfangen wurden, dann aber einen der Tschechen durch einen Schuß verletzten und so „die Ordnung wieder herstellten".[49]

Es ist aber auffällig, daß es sich hierbei um Tschechen handelt, die, sieht man vom Verbot des Geschlechtsverkehrs mit Deutschen ab, keinen weiteren Einschränkungen unterworfen waren, sondern Verpflegungs- und Lohnsätze wie die Deutschen erhielten und volle Bewegungsfreiheit hatten. Im Vergleich zu den Ostarbeitern hatten sie daher etwas zu verlieren, waren zudem Facharbeiter – die Erhaltung ihrer Arbeitskraft besaß für die Firma einen Wert. Sie selbst verteidigten ein ihnen zustehendes „Recht" auf angemessene Ernährung. Im Gegensatz zum aktiven Aufbegehren der Tschechen ist die Aktion der Ostarbeiterinnen eher der apathische Ausdruck völliger Entkräftung – schlimmer als es ohnehin war, konnte es für sie auch bei einer Arbeitsniederlegung nicht werden. Von einer „Zusammenrottung" wie in dem geschilderten Fall der Tschechen ist bei den Ostarbeitern nie die Rede; dazu waren sie weder physisch noch psychisch in der Lage und standen unter zu scharfer Kontrolle. Vor allem aber hatten sie gar keinen Vergleich; seit sie in Deutschland waren, ob als Kriegsgefangene oder Zivilarbeiter, kannten sie es nicht anders. Ein ihnen zustehendes „Recht" auf angemessene Ernährung hatten sie nicht kennengelernt.

In keiner anderen Phase des Krieges wurde der krasse Unterschied der Lebensführung zwischen den sowjetischen Arbeitern und allen anderen deutlicher als 1942. Selbst für die Polen galten zu dieser Zeit noch die deutschen Lebensmittelsätze, und da die meisten Westarbeiter aus dem Westen Zusatzkarten erhielten und zudem oft ledig waren und für niemanden sorgen mußten, war ihre Ernährung vergleichsweise gut.[50] Ein französischer Arbeiter beschrieb das im November 1942 in einem von der Zensur abgefangenen Brief an seine Mutter so: „Es sind die russischen Gefangenen, die am unglücklichsten dran sind. Die armen Teufel bekommen nichts zu essen. Wir können uns nicht beklagen, wir sind am besten angesehen in der Geschichte."[51]

Ausländerlager in Essen

Krupp hatte bis 1942 keine großen Anstrengungen gemacht, zusätzliche Arbeiterlager für die Ausländer zu errichten; im Bedarfsfall wurde auf Turnheime, Schulen oder andere schon fertige Gebäude zurückgegriffen. Erst im Frühjahr 1942 nahm die Bautätigkeit zu, und die Firma errichtete in kurzer Zeit Tausende von Bettplätzen in Barackenlagern.

Tabelle 24: Belegte Bettplätze in Ausländerlagern der GSF Essen, 1940 bis 1945[52]

Datum	Angegebene Zahl der belegbaren Bettplätze	Datum	Bettplätze	Datum	Bettplätze
9 '40	1.166	9 '42	16.083	3 '44	12.438
5 '41	1.927	12 '42	23.138	6 '44	11.623
9 '41	3.862	1. 3. 43	26.588	9 '44	11.716
1 '42	4.831	13. 3. 43	12.356	12 '44	11.921
3 '42	5.745	9 '43	13.405	2 '45	10.567
6 '42	9.170	12 '43	12.183		

Der Einbruch Anfang März 1943 ist durch den verheerenden Luftangriff auf Essen (5. und 12. 3. 1943) zu erklären.[53] Von März 1943 bis Kriegsende baute Krupp etwa 22.000 Bettplätze nach Zerstörungen wieder auf und konnte doch nicht mehr als den Stand halten – im Durchschnitt ist also jedes Bett in einem Kruppschen Ausländerlager während des Krieges zweimal zerstört worden. Die Lager waren nach Nationen geteilt, aber nur Ostarbeiter und die Kriegsgefangenen wohnten ausnahmslos in Lagern. Italiener und Westarbeiter durften auch privat wohnen – und Ende 1942 war der Mangel an Bettplätzen so groß, daß die Kruppsche Wohnungsverwaltung einen Aufruf an die deutsche Arbeiterschaft erließ, den ausländischen Arbeitern Quartiere in den eigenen Wohnungen zu beschaffen und sie als Untermieter aufzunehmen.[54]

Nach einem Bericht des SD wohnten im März 1943 von den ca. 35.000 ausländischen Arbeitskräften in Essen 8.500 privat – jeder vierte; in Oberhausen 2.500 von 9.500, in Dresden 4.000 von 25.000; die Zahl steige immer mehr an, selbst Polen würden in sich häufenden Fällen bereits zur Untermiete wohnen; „der Grund hierfür sei in erster Linie in der größeren persönlichen Freiheit zu suchen, die Fremdvölkische in Privat-Quartieren gegenüber der Lagerunterkunft genössen." Gerade für mittelständische Unternehmer war das durchaus eine passable Alternative, denn sie befreite sie von den hohen Kosten für die Errichtung und Unterhaltung der Lager. Viele Vermieter hatten an Westarbeitern als Untermieter auch deshalb großes Interesse, weil diese zum einen höhere Mietpreise zahlten, zum anderen oft durch Pakete aus ihrer Heimat über Mangelware verfügten. Auf Seiten der Polizei und der Partei hingegen wurde die Privatunterbringung der Ausländer zum Gegenstand heftiger Kritik. Die Arbeitsmoral der privat Untergebrachten sinke rapide ab, eine politische Kontrolle sei kaum mehr möglich, „unkontrollierbare intime Beziehungen", der „Einbruch in die deutsche Familie in sittlicher Hinsicht", Zunahme der Kriminalität seien die Folgen.[55] Tatsächlich aber stieg die Zahl der privatwohnenden Ausländer in der Folgezeit vor allem in Folge der Luftangriffe weiter an. Die Lebensumstände eines als Untermieter wohnenden Westarbeiters waren dabei ungleich besser als die seines Landsmannes, der in einem Gemeinschaftslager untergebracht war.[56]

Die große Zahl und breite Streuung der Kruppschen Lager in Essen zeigt, in wie starkem Maße die Ausländer in das Essener Stadtbild integriert waren, stellten die bei Krupp beschäftigten Ausländer doch nur etwa ein Drittel aller in Essen lebenden Fremdarbeiter und Kriegsgefangenen dar.[57] (Vgl. Tab. 23) Das Stadtgebiet war überzogen mit einem Netz von Lagern und Wohnheimen. Außer in den feinen bürgerlichen Stadtteilen im Süden lag praktisch in der ganzen Stadt irgendein Ausländerlager „gleich um die Ecke".

Die Lager waren auf freien Grundstücken, Wiesen, Sportplätzen und auch auf dem Betriebsgelände selbst so angelegt, daß eine günstige Verkehrsverbindung zur Fabrik bestand. Die Baracken waren in den meisten Fällen nach den Normen für die Arbeiterlager der OT beim Autobahnbau errichtet worden, in manchen Fällen wurden auch schon vorhandene Gebäude benutzt und ausgebaut. Die größere Zahl der Lager war aber erst im Kriege, vor allem 1942/43 erbaut worden. In diesen Lagern waren die Wohnbaracken um die Küche herum plaziert, die als einzige ein Betonfundament besaß; in der Küchenbaracke befanden sich häufig auch der Speisesaal und Vorratsräume. Je nach Größe des Lagers gab es entsprechend viele sanitäre Einrichtungen; hinzu kamen die Baracken für den Lagerleiter und die Küchenverwaltung, die oft auch im Lager wohnten. Lager für Ostarbeiter und Kriegsgefangene waren umzäunt. Offiziell durfte bei Ostarbeiterlagern kein Stacheldraht mehr verwendet werden, sondern nur eine „fluchthindernde Umzäunung". Tatsächlich aber blieb in vielen Fällen der Stacheldraht so lange, bis nach Bombenangriffen die Umzäunung sowieso hätte erneuert werden müssen. Die Wachmannschaften – bei Kriegsgefangenenlagern meist ältere Soldaten und „Landesschützen", bei Ostarbeiterlagern Werkschutzmänner – wohnten hier auch außerhalb der Umzäunung.

Das Leben in den Lagern für Zivilarbeiter war streng durchorganisiert. Dem Lagerführer unterstanden je nach Belegungszahl eine Anzahl von Unterlagerführern. Sehr oft handelte es sich dabei um ältere, nicht mehr kriegsverwendungsfähige Männer, manche von ihnen waren vorher als Hausmeister oder ähnliches tätig gewesen. Die wichtigste Institution in einem Lager aber war die Küche, die von einer deutschen Kraft – in kleineren Lagern oft die Frau des Lagerführers – geleitet wurde. Ihr waren einige ausländische Köche und Küchenhilfen, in selteneren Fällen auch Deutsche zugeteilt. Die Lagerbewohner wurden durch „Sprecher" oder „Lagerälteste" vertreten, die manchmal gewählt, meist aber vom Lagerleiter bestimmt wurden und die Interessen der Bewohner gegenüber der Lagerleitung, dem Betrieb, der DAF usw. wahrnehmen sollten. Sehr oft waren die Sprecher identisch mit den Dolmetschern, die schon aufgrund ihrer Sprachkenntnisse eine privilegierte Position einnahmen und in zahlreichen Fällen auch gleichzeitig V-Leute des Werkschutzes oder der Gestapo waren. In einigen Kruppschen Ostarbeiterlagern wurde den Bewohnern ein Teil des Lohnes in „Lagergeld" ausbezahlt, das nur innerhalb des Lagers Gültigkeit hatte und mit dem man im „Lagerkiosk" Süßigkeiten, Zigaretten usw. kaufen konnte. Diese Kioske wurden meist vom Lagerführer selbst unterhalten. Ziel der Einführung des „Lagergeldes" war es, die Kaufkraft vor allem der Polen und Ostarbeiter abzuschöpfen, ohne den deutschen Konsumgütermarkt zu strapazieren.

Über die Verhältnisse in den Kruppschen Westarbeiter-Lagern in Essen liegen bis 1944 nur wenige Berichte vor. Die Zustände dort entsprachen im Wesentlichen denen üblicher Baracken-Wohnheime für Deutsche, wie sie von der OT, vom Westwallbau oder dem RAD her bekannt waren. Anders bei den Lagern für Ostarbeiter und sowjetische Kriegsgefangene; hier riß die Kette von Beschwerden und Mängelrügen nicht ab. Im Oktober 1942 besichtigte der stellvertretende Essener Gauleiter, Schleßmann, in Begleitung der zuständigen Leute von Krupp eine Reihe von Ostarbeiterlagern. Dabei wurde festgestellt, daß z. B. im Lager Seumannstraße I „fünfzehn ledige Ostarbeiterinnen innerhalb des Lagers untergebracht waren, ohne eine scharfe Trennung von den Männern", im Lager Spenlestraße die Unterbringung „katastrophal und in jeder Hinsicht zu beanstanden" sei. Sauckel würde „bei Kenntnis solcher Verhältnisse sämtliche Transporte für Krupp abstoppen". Daß die Lager mit Stacheldraht umgeben waren, störte Schleßmann nicht, sondern er erklärte, „daß die Frage des Stacheldrahtes uns nicht zu beunruhigen brauche, soweit kein anderer Draht vorhanden ist, wäre zweckmäßig weiter Stacheldraht zu verwenden, um die Absperrung zu gewährleisten".[58]

Besonders kritisch war die Situation in den großen „Russenlagern" in der Spenlestraße und Raumerstraße. Die Gestapo hatte Anfang Juni 1942 die Abnahme des Ostarbeiterlagers Spenlestraße wegen erheblicher Mängel abgelehnt; dennoch wurde das Lager belegt. „Die mißlichen Zustände in dem Lager Spenlestraße", schrieb die Kruppsche Wohnungsverwaltung an das Baubüro des Lagers, „haben ein Ausmaß erreicht, das kaum mehr übertroffen werden kann, und bereits auch zu

Beschwerden von den verschiedensten Seiten her geführt hat. Ursache an diesem Zustand ist in erster Linie das Fehlen ausreichender Abort- und Wasseranlagen. Die wenigen bis jetzt fertiggestellten Abort- und Waschgelegenheiten reichten nicht aus, um eine Trennung zwischen den verschiedenen Nationalitäten, und vor allem auch zwischen Männern und Frauen durchzuführen."[59]

Bis Ende des Jahres waren diese Mängel immer noch nicht behoben, und noch am 19. Dezember wurde die Lagerführung ermahnt, „in allen heizbaren Räumen umgehend Öfen aufzustellen".[60]

Aber auch hier kann man feststellen, daß die Tendenz innerhalb der Firma dahin ging, die Verhältnisse auch in den Lagern für Ostarbeiter und sowjetische Kriegsgefangene soweit zu verbessern, daß mindestens die Zuweisung von weiteren sowjetischen Arbeitskräften nicht gefährdet wurde. Ende 1942 waren die Lager bis auf wenige Ausnahmen jedenfalls soweit eingerichtet, daß die Ernährung und Unterkunft und die Bereitstellung von Abort- und Waschanlagen den Vorschriften von Wehrmacht, DAF und GBA entsprachen.

Mit den im März 1943 einsetzenden Großangriffen der alliierten Bomberflotten war dieser Zustand jedoch wieder zunichte gemacht, eine „befriedigende" Organisation der Ausländerlager hat es so während des Krieges nie gegeben.

Korruption und informelle Hierarchie

Das Vorhandensein ausreichender Waschräume oder geräumiger Speisesäle war jedoch durchaus noch keine Garantie für deren zweckentsprechende Nutzung. Die Lebensbedingungen eines ausländischen Arbeiters in Essen, vor allem aber der sowjetischen und polnischen Arbeiter, waren in hohem Maße abhängig von dem Verhalten der Lagerführung und des deutschen Personals. In den Personalakten der Düsseldorfer Gestapoleitstelle finden sich dazu zahlreiche Hinweise, die etwas über den Alltag in den Kruppschen Ausländerlagern in Essen erahnen lassen.[61]

Über den Lagerleiter Edmund G., einen 64jährigen Wirt, war bekannt geworden, daß er den ausländischen Arbeitern das ihnen zustehende Essen unterschlug. Einer der Bewohner, ein Kroate, berichtete: „Wenn Kontrolle ist, dann erhalten wir prima Essen, aber am folgenden Tag geht der alte Schlendrian weiter. Eine Beschwerde anzubringen, ist gefährlich, denn G., der sehr oft betrunken ist, geht hierbei gewalttätig vor." Es folgte eine lange Reihe von Beispielen: Der Lagerleiter und sein Sohn hatten die Essensrationen auf eigene Veranlassung gekürzt, zusätzliches Essen gegen Bezahlung übertreuert angeboten; die Spinde waren nicht verschlossen – ein Vorhängeschloß war aber bei G. für 5,- RM zu bekommen; Tabak aus alten Kippen verkaufte er 50 g für 18,- RM. Ein Bewohner wurde von G. und seinem Sohn verprügelt, weil er an einem Sonntag mit Oberkleidern im Bett gelegen habe; „ich sehe ein, daß dies nicht recht von mir war", erklärte der Betroffene den Gestapo-Beamten in Essen, „wenn man aber bedenkt, daß ich schon 6 Monate in diesem Lager untergebracht bin und noch kein gewaschenes Bettzeug erhalten habe, so kann man hier nicht von Ordnung und Sauberkeit sprechen". Das aber könne man bei 83,- RM für Kost und Logis pro Monat schon verlangen.[62]

Nicht nur Lagerleiter, auch die einzelnen Wachmänner wußten aus der Lage der Ausländer privaten Vorteil zu schlagen. Der 30jährige Wachmann Paul B. hatte z. B. im „Russenlager" Amalie in der Pferdebahnstraße einen schwungvollen Handel mit Zigaretten,

Wasser (!), Waschmitteln und anderen Bedarfsgegenständen aufgezogen, die er den Russen zu überteuerten Preisen verkaufte: „Die Russen waren froh, daß sie überhaupt etwas zu rauchen bekamen und hätten mir jeden Preis bezahlt", führte er zu seiner Entschuldigung an.[63] Solche Praktiken waren gerade gegenüber den Ostarbeitern weit verbreitet und galten offenbar als „Tricks", die man augenzwinkernd guthieß.

Im Laufe der Zeit entwickelten sich manche Lager in Essen geradezu zu Brutstätten von Korruption und Kleinkriminalität. Der Lagerführer des Kruppschen Lagers Weidkamp war bekannt dafür, daß er Lebensmittel, die er bei Fliegerangriffen heimlich beiseite geschafft hatte, im Großen hortete und sie verschob. Einem polnischen Arbeiter besorgte er einen gefälschten Urlaubsschein, damit der nach Belgien fuhr, um für ihn Mangelware zu beschaffen, die er dann auf dem Schwarzmarkt in Essen verkaufte. Lagerutensilien wie Bettwäsche, Handtücher usw. schickte er gleich kistenweise an Verwandte zum Aufbewahren, von der Lagerküche ließ er sich Buttercremetorte (!) anfertigen usw.[64]

Wie bei fast allen derartigen Geschichten verbindet sich auch hier skrupelloser Betrug an den ausländischen Lagerbewohnern mit teilweise komisch anmutenden Details. Aber hier wird ein Lageralltag sichtbar, in dem das Faustrecht regierte, Mißtrauen, Angst und Beutelschneiderei an der Tagesordnung waren und die ausländischen Arbeiter umso weniger Chancen hatten, je tiefer sie auf der rassistischen Stufenleiter angesiedelt waren. Häufiger kam es dabei zu Kumpaneien zwischen der deutschen Lagerführung und den ausländischen Lagerältesten oder Dolmetschern.

Besonders ausgeprägt war dies im Fall des Lagerleiters des Lagers Dechenschule, das zunächst als Ostarbeiterlager benutzt und später zu einem AEL umgewandelt wurde.[65] Der Lagerleiter Fritz Führer und der Dolmetscher M. schlossen sich oft tagelang in die Baracke des Lagerleiters ein, um sich zu betrinken. Beim morgendlichen Appell trat Führer dann schwankend vor die angetretenen Lagerbewohner, gestützt vom Dolmetscher und anderen Wachmännern, um sinnlose Befehle loszuwerden, die keiner mehr befolgen konnte. Mit der Zeit wurde den beiden das Geld knapp, und der Dolmetscher M., der bald zum starken Mann des Lagers wurde, begann, die Lagerinsassen an benachbarte Handwerker und Kaufleute zu verleihen – gegen Alkohol, Bares oder Naturalien. Einem Metzger in der Nachbarschaft z. B. verlieh er zwei Lagerbewohner eine Woche lang gegen einen Korb voller Fleischwaren. Nach einiger Zeit kaufte er auch von Lagerinsassen Schnaps, den jene auf unbekannte Weise organisiert hatten; konnte aber häufig nicht bezahlen, so daß der Dolmetscher bald bei einer Reihe von Häftlingen tief in der Kreide stand. Im Laufe der Kriegszeit wurden Spirituosen immer seltener und gefragter, die Lagerleitung bezahlte schließlich bis zu 120,- RM für eine Flasche. Die Organisation des Lagers geriet dabei zunehmend in den Hintergrund; der Lagerleiter zog sich zusammen mit dem Dolmetscher und einer Ostarbeiterin immer mehr in seine Wohnbaracke zurück, um Saufgelage zu veranstalten, an denen oft auch andere Wachmänner teilnahmen – kurz, ein ziemliches Chaos, das in schroffem Gegensatz zu den offiziellen Verlautbarungen und Erlassen stand.[66]

Dabei ist es sicher, daß solche von der Gestapo erfaßten Fälle kaum mehr als die Spitze eines Eisberges darstellten, denn die Bedingungen waren für Zustände wie in den geschilderten Fällen geradezu ideal: Große Mengen an Mangelwaren, bestimmt für Ausländer, die kein Beschwerderecht hatten und denen gegenüber allgemein Betrug nicht als strafwürdiges Delikt angesehen wurde; erhebliche Machtbefugnis für den Lagerführer; angesichts der Zahl der Ausländer und der Ausländerlager in Essen kaum Möglichkeiten der Kontrolle – das öffnete der Korruption Tür und Tor. Schließlich kommt aber auch das Interesse der ausländischen Arbeiter selbst hinzu, denn ein korrupter Trinker als Lagerführer neigte vielleicht manchmal zu Exzessen, letztlich aber hatten die Lagerbewohner hier neben den Nachteilen auch gewisse Vorteile. Bei solchen Verhältnissen im Lager wurde nicht so genau darauf geachtet, ob der Einzelne auch das vorgeschriebene Abzeichen trug, ob er in seinem Spind „organisierte" Waren aufbewahrte oder die Sperrstunde einhielt. Die Lockerung oder gar der Zusammenbruch der „Disziplin" brachte in manchen Fällen den Ausländern Freiheiten, die sie bei einem Bilderbuchnazi als Lagerführer nicht hätten erreichen können.

Eine besondere Bedeutung kam dabei der Sexualität zu. Ein Lagerführer oder ein Wachmann war gegenüber den Ausländern, mehr noch gegenüber den Ausländerinnen ein mächtiger Mann, der gerade auf Ostarbeiterinnen, die im Durchschnitt sehr jung waren, erheblichen Druck ausüben konnte. Ostarbeiterinnen galten offenbar häufig geradezu als Freiwild, geschützt nur von ihren Landsleuten und von der rassistischen Ideologie der Nazis, die Geschlechtsverkehr mit Ostarbeiterinnen unter Strafe stellte: Dem deutschen Mann drohte das Arbeitserziehungslager, der Ostarbeiterin die Einweisung in ein KZ. Die Zahl der Verstöße gegen dieses Verbot war dennoch groß – und auffälligerweise waren es häufig Vorgesetzte und Lagerführer, die wegen intimer Beziehungen zu Ostarbeiterinnen von der Gestapo belangt wurden. Dabei spielten Drohungen und Vergewaltigungen ebenso eine Rolle wie Geldgeschenke und Privilegien.[67]

Häufig waren Fälle wie der des deutsch-polnischen Dolmetschers Johann S., der in einem Lager einen Schwarzhandel mit Schnaps und Lebensmitteln zu Überpreisen unterhielt und nebenher die – offenbar sehr verbreitete – illegale Lagerprostitution beherrschte. Soweit die Gestapo-Akten hier sichere Aussagen zulassen, scheint er einer der mächtigen Männer des Lageralltags gewesen zu sein, der in seiner Zwitterstellung zwischen Wachmannschaften und ausländischen Arbeitern über Beziehungen und Einfluß verfügte, an verschobene Lebensmittel aus den Lagerküchen herankam, damit die deutschen Wachleute bestechen konnte und sie so in seiner Hand hatte; der nie ein P-Abzeichen trug, immer über Geld verfügte, als Dolmetscher ungehinderten Zugang zu den Frauenlagern hatte: ein Zuhälter, Schieber und Krimineller, der in solchen sozialen Szenarien wie den Ausländerlagern ein ideales Arbeitsfeld besaß und der immer wieder auf die Füße fiel. Als ihn ein Konkurrent wegen seiner Schiebergeschäfte und verbotenen Geschlechtsverkehrs anzeigte, schien es mit ihm zu Ende zu sein. Die Gestapo beantragte Einweisung in ein Konzentrationslager, bemerkte dann aber die besonderen Fähigkeiten des Dolmetschers S. und warb ihn als V-Mann an (während die betroffene Ostarbeiterin ins KZ Ravensbrück eingeliefert wurde). S. wurde in ein anderes Lager verlegt, nahm seine alten Tätigkeiten wieder auf und verfügte als Gestapo-Spitzel nun über einen weiteren wichtigen Kontakt zur Macht.[68]

Das Zuhälterwesen hatten die Nazi-Behörden durch die Einrichtung offizieller Ausländerbordells selbst stark gefördert. Bis Ende 1943 waren in Deutschland etwa 60 solcher Bordelle mit etwa 600 Prostituierten eingerichtet worden, weitere 50 waren in dieser Zeit im Bau. Über die Zustände dort berichtete der SD: „Die Anwerbung der Prostituierten erfolgt auf freiwilliger Grundlage in Paris, Polen und dem Protektorat ohne besondere Bindungen. Die Einnahmen der Prostituierten seien im allgemeinen recht hoch, weil sie vereinzelt bis zu 50 Männer am Tag empfangen." Die illegale Prostitution war hingegen wesentlich ausgeprägter und trat in nahezu jedem größeren Lager auf.[69]

Von der Ebene der GBA-Erlasse und der DAF-Merkblätter war diese Lagerrealität meilenweit entfernt. Der obrigkeitliche Einfluß auf die Verhältnisse in den Essener Lagern beschränkte sich auf gelegentliche Kontrollen durch Behördenvertreter sowie ab und zu eine exemplarische Bestrafung wie im Falle des Lagerführers der Dechenschule. Alle genannten Fälle waren aber zurückzuführen auf Unstimmigkeiten innerhalb der Lagerführung im weiteren Sinne – solange Wachmannschaft, Dolmetscher und Gestapo-Spitzel, oft auch der Lagerälteste und Teile des Küchenpersonals dicht hielten, war ihr Treiben ziemlich risikolos. Ein Beschwerderecht stand den Ausländern de facto, den Polen und Ostarbeitern auch de jure nicht zu, und die deutsche Bevölkerung kümmerte sich im allgemeinen nicht um die Verhältnisse in den Ausländerlagern.

Korruption und die allgemeine Auflösung der „Lagerdisziplin" führten aber auch dazu, die Fülle von Einzelbestimmungen, die das Leben der ausländischen Arbeiter reglementierten, langsam außer Kraft zu setzen – ein Prozeß, der den Interessen der Lagerbewohner in manchem entgegenkam.

Diese Entwicklung war aber durchaus nicht beschränkt auf Polen-, Ostarbeiter- und Straflager, obwohl hier mit der Anzahl und Rigidität der Verbote auch die Möglichkeiten, sie zu umgehen, besonders zahlreich waren. Auch in den Lagern der privilegierten Westarbeiter gab es derartige Strukturen, den spezifischen Verhältnissen entsprechend. Drehte es sich in den Ostarbeiterlagern vornehmlich um Ernährung, Freizügigkeit, Kennzeichenpflicht und Lagerprostitution, stand bei den Westarbeitern das Urlaubsproblem im Mittelpunkt der sich herausbildenden halbkriminellen Substruktur, auf die der einzelne angewiesen war, wollte er mehr als arbeiten, schlafen und essen.

Der französische Zivilarbeiter Josef P. arbeitete als Dolmetscher bei der Essener Fa. Gebr. Stumm und war unter anderem für Beurlaubungen zuständig. Durch diese Tätigkeit konnte er leicht an Paß- und Urlaubsformulare gelangen. Er sammelte derartige Formulare von „arbeitsvertragsbrüchig" gewordenen Arbeitern, änderte Namen und Bilder und verkaufte sie an französische und belgische Arbeiter und Kriegsgefangene für 150,– RM pro Stück. Zwischen 1941 und 1943 konnten ihm mehr als 50 solcher Fälle nachgewiesen werden, wahrscheinlich waren es erheblich mehr.[70]

Urlaubsscheine waren *die* Mangelware bei Westarbeitern, wer sie organisieren konnte, war ein gemachter Mann. Dementsprechend gab es gerade in den Westarbeiterlagern einen blühenden Handel mit allen Arten von Urlaubsscheinen, Formularen und Papieren – auch hier konnten die Behörden kaum mehr als Einzelfälle aufdecken und durch harte Strafen Exempel statuieren, die abschreckend wirken sollten. Tatsächlich war die Aufklärungsquote aber wohl äußerst gering, wenn man berücksichtigt, daß ein großer Teil der unter „Arbeitsvertragsbruch" firmierenden Delikte auf solchen oder ähnlichen Formularmanipulationen beruhte. Bei der ausgeprägten Formularwut der Nazi-Behörden war das auch ein recht erfolgversprechender Weg, der den Behörden schwer zu schaffen machte: „Da sich die Fälle, in denen Pässe und Ausweispapiere durch fremdländische Arbeitskräfte durch Schwarzhandel weiter veräußert werden und die ursprünglichen Inhaber ihren Konsulaten die Papiere als verloren gegangen melden, in der letzten Zeit gehäuft haben, ist hierauf besonders zu achten. Kleine Cafés und Bierstuben, in denen fremdländische Arbeiter verkehren, werden als Treffpunkt für derartige ‚schwarze Paßbörsen' bevorzugt", ermahnte die Düsseldorfer Gestapoleitstelle die örtlichen Polizeistellen.[71]

Diese verschiedenen Formen der Lagerkriminalität – meist unterhalb des polizeilich oder justiziell Erfaßbaren – waren ja unmittelbare Produkte der gesetzlichen Reglementierungen selbst, die das Leben der Ausländer in so umfassender Weise zu bestimmen beanspruchten, daß massive und massenhafte Übertretungen der Verbote schon einfach deswegen folgerichtig, ja notwendig waren, weil die vollständige Befolgung der Bestimmungen auch einen effektiven Arbeitseinsatz verhindert und ein praktikables Zusammenleben von Deutschen und Ausländern gar nicht gestattet hätte. In dem Maße aber, wie die Bestimmungen massenhaft gebrochen, ja vielerorts offenbar weitgehend ignoriert wurden, wurden sie weiter verschärft, spezifiziert, erweitert – mit dem Ergebnis, daß sie nun oft noch realitätsfremder waren und also noch mehr durchbrochen wurden. Da die zentrale Regulation offenbar versagte, trat mehr und mehr eine informelle Selbstregulation an ihre Stelle: unterhalb der Behördenebene, eine Mischung aus Selbsthilfe und krimineller Substruktur, auf Faustrecht, Angst, Korruption und Repression beruhend – aber funktionierend.

Die Vielzahl und Schärfe der Verbote ist also eher Ausdruck der Tatsache, daß die realen Verhältnisse dem Zugriff der Behörden weitgehend entzogen waren und kein Zeichen dafür, daß die Situation so umfassend beherrscht wurde, wie es die Paragraphenfülle suggeriert. Hinzu kommt, daß die Verhältnisse in den Ausländerlagern zur persönlichen Bereicherung, zu Machtmißbrauch und Korruption auch geradezu einluden. Selbst ein mit seiner Aufgabe so überforderter Mann wie der Lagerführer der Dechenschule war innerhalb des Lagers der unumstrittene Chef, von dessen Laune und Willen die Lagerinsassen abhängig waren. Insofern war auf dieser Ebene in der Tat etwas zu spüren von den Verhältnissen in einem siegreichen Nachkriegs-Nazideutschland; ein Zipfel der Macht, ein Stück Privileg für die Sieger.

Sicherlich sind aber die beschriebenen Einzelfälle nicht gleichzusetzen mit dem Lageralltag schlechthin, der ja auch bestimmt war von deprimierender Routine und zäher Langeweile. Aber so wie die Kruppschen Lager 1942 in plötzlicher Hektik erbaut wurden, um ab März 1943 bis Kriegsende permanent zerstört, wiederaufgebaut und wieder zerstört zu werden, so kam auch das Leben in den Lagern selbst nie wirklich zur Ruhe. Lagerwechsel, Betriebsverlagerungen, Versetzungen – unaufhörliche Veränderungen, dauernde Scheinaktivität und Unruhe bestimmten die Szenerie.

Da wurden 2.000 Franzosen im November 1942 nach Essen gebracht, untergebracht, auf die Betriebe verteilt, angelernt, eingesetzt, plötzlich vom Betrieb „Maschinenbau" in das Flakprogramm umgesetzt, wieder angelernt – und im April 1943 waren sie schon nicht mehr bei Krupp beschäftigt. Ende 1942 kamen 1.400 Tschechen, die im Sommer 1943 schon wieder verschwunden waren – in den zwanzig Monaten zwischen Anfang 1942 und Herbst 1943 waren es mehr als 30.000 Ausländer, die bei Krupp anfingen oder aufhörten: Ein hektischer Aktionismus, der alle Beteiligten in einen Zustand dauernder Hochspannung versetzte und schon von daher kaum Möglichkeiten zum Nachdenken oder gar Aufbegehren bot; ein nervöses Durcheinander, in dem die zahlreichen beteiligten Stellen bei Behörden, Militär und bei Krupp selbst unaufhörlich Anordnungen herausgaben, die sich widersprachen, zufällig ergänzten oder gegenseitig aufhoben, verstärkt durch den Bombenkrieg, der langfristige Planung und Organisation schließlich fast ganz unmöglich machte. Je heilloser das Durcheinander, um so größer wurde die Bedeutung der informellen Strukturen. Teile des Gesamtkomplexes der Ausländerbeschäftigung entglitten auf diese Weise langsam der Kontrolle und dem unmittelbaren Zugriff der Behörden und entwickelten ein Eigenleben.

Deutsche und Ausländer am Arbeitsplatz

Inwieweit bezogen sich diese Verhältnisse in den Lagern aber auch auf die Arbeit selbst?

Während der ersten Monate nach dem Beginn des Ostarbeiter-Einsatzes bei Krupp standen die damit verbundenen organisatorischen Probleme im Vordergrund, so daß die neu hinzukommenden ausländischen Arbeitskräfte in der Regel zunächst nur sehr grob nach Facharbeitern und Hilfsarbeitern aufgeteilt und den Einzelbetrieben zugewiesen wurden. Ab Ende des Jahres 1942 ging man auch bei den Ostarbeitern dazu über, sie nach beruflicher Vorqualifikation einzusetzen. In den Einzelbetrieben wurden die neuen Arbeiter gewöhnlich in kleineren Gruppen auf die einzelnen Meistereien verteilt. Diejenigen, die angelernt werden sollten, wurden dort bestimmten deutschen Arbeitern zugewiesen, die die Aufgabe hatten, während der ersten Wochen die Ausländer in den Produktionsablauf einzuführen. Gewöhnlich dauerte diese Anlernphase zwei bis drei Wochen, dann wurden sie mit selbständigen Arbeiten betraut und nach einiger Zeit in den Akkord übernommen.

Tabelle 25: Qualifikationsverteilung ausländischer Arbeiter bei der GSF Essen, November 1942[72]

Arbeitergruppe	insges.	Facharbeiter	%	eingesetzt als Angelernte	%	Hilfsarbeiter	%
Franzosen	1.233	487	39,5	528	42,8	218	17,7
Holländer	1.314	305	23,2	671	51,0	338	25,7
Italiener	2.412	558	23,1	1.249	51,7	605	25,0
frzs. Kriegsgef.	889	112	12,6	458	51,5	319	35,9
sowj. Kriegsgef.	2.255	168	7,5	914	40,6	1.173	52,1
weibl. Ostarbeiter	1.544	89	5,8	583	37,8	945	61,2
männl. Ostarbeiter	3.826	197	5,1	1.706	44,6	1.923	50,2

Tabelle 25 zeigt die Qualifikationsverteilung der verschiedenen Gruppen der ausländischen Arbeitskräfte in der GSF Ende 1942; das West-Ost-Gefälle in der Qualifikationsverteilung ist offensichtlich, die herausragende Stellung der Franzosen ebenfalls. Aber es ist gleichermaßen bemerkenswert, daß Ende 1942 bereits die Hälfte der sowjetischen Arbeitskräfte angelernt oder als Facharbeiter eingesetzt wurden. Das Kruppsche Revisionsbüro ging zudem im November 1942 davon aus, daß die Anlernmaßnahmen gerade bei den Sowjets weiter intensiviert würden und so der Anteil der Angelernten unter ihnen weiter steigen würde. Diese Überlegungen gingen schon 1942 so weit, daß daran gedacht wurde, „die Vorarbeiter und einen Teil des Aufsichtspersonals aus den qualifizierten Russenkräften zu decken".[73] Auch wenn man die Verteilung der sowjetischen Arbeitskräfte auf die Einzelbetriebe betrachtet, ergibt sich ein zunächst nicht erwartetes Bild.

Tabelle 26: Verteilung der Ausländer auf Betriebstypen[74]

	Westarbeiter und französische Kriegsgefangene (2.122)	Ostarbeiter und sowjetische Kriegsgefangene (7.625)
„Feuerbetriebe"	977 (46 %)	1.181 (15,5 %)
„Sonstige Betriebe"	1.145 (54 %)	6.444 (84.5 %)

Die sowjetischen Arbeitskräfte wurden also vorwiegend als Hilfs- und angelernte Arbeiter weniger in den Feuerbetrieben mit besonders schwerer und schmutziger Arbeit, sondern überwiegend in Fertigungs- und Verarbeitungsbetrieben eingesetzt, allein etwa 1.400 in den Lokomotiv- und Kraftwagenfabriken. Der Schwerpunkt des Einsatzes der Ostarbeiter und sowjetischen Kriegsgefangenen lag insgesamt erheblich mehr auf der ausgesprochenen Rüstungsproduktion als bei den Westarbeitern; Angst vor Spionage oder Sabotage hat hier also keine Rolle gespielt. Der typische Arbeitsplatz eines sowjetischen Arbeiters war demnach etwa eine Dreh- oder Fräsbank, wo er allein, aber doch unter Aufsicht deutscher Arbeiter und Vorarbeiter, oft auch als deren Handlanger arbeitete.

Über die Arbeitsleistungen der ausländischen Arbeiter sind bei Krupp ausführliche Untersuchungen angestellt worden. Insgesamt ist zwar die Arbeitsleistung, wenn nicht im Akkord- oder Stücklohn gearbeitet wird, schwer zu messen; für die Anwerbepolitik der Firma war es aber von großer Wichtigkeit, die Leistungen der verschiedenen Ausländergruppen so genau wie möglich festzustellen. Die hier vorliegenden firmeninternen Zahlen sind deshalb sehr glaubwürdig, weil sie keinem politisch-propagandistischen Zweck dienten, sondern der Feststellung, welche Arbeitergruppen sich besonders bewährten und also bevorzugt anzufordern waren. Gleichwohl muß berücksichtigt werden, daß es sich um Mittelwerte handelt und es, wie in der Untersuchung 1942 ausdrücklich vermerkt wurde, „unter den ausländischen Arbeitern ebenso wie unter den deutschen Arbeitern fleißige und träge, geschickte und ungeschickte, begabte und unbegabte Leute" gebe.[75]

Tabelle 27: Arbeitsleistungen ausländischer Arbeiter der GSF Essen, in Prozent der Leistung vergleichbarer deutscher Arbeiter, November 1942[76]

	Italiener	Franzosen	Holländer	männl. Ostarb.	weibl. Ostarb.	frzs. Kgf.	sowj. Kgf.
Facharbeiter	79	84	60	55	89	91	44
Angelernte	70	71	61	62	77	84	42
Hilfsarbeiter	72	78	65	54	79	79	39
insgesamt durchschnittl.	73,7	77,7	62	57	81,7	84,7	41,7

Als besonders leistungsstark wurden also die Franzosen, Italiener und die Ostarbeiterinnen angesehen, während Holländer und sowjetische Kriegsgefangene als eher leistungsschwach bezeichnet wurden. Die Arbeitsleistungen der männlichen Ostarbeiter hingegen schwankten in der Beurteilung sehr stark und lagen bei den Angelernten zwischen 46 % und 84 % in den verschiedenen Betrieben. Die Ursachen für diese Leistungsentwicklung sind recht unterschiedlich. Bei den sowjetischen Kriegsgefangenen sind die Minderleistungen eindeutig auf mangelhafte Ernährung und Versorgung zurückzuführen, dies galt in vergleichbarer Weise auch für die männlichen Ostarbeiter; hinzu kamen hier „mangelhafte Bekleidung, Fehlen einer Lohnabrechnung, lange Anmarschwege vom Lager zum Betrieb, Schwierigkeiten der Verständigung" usw.[77]

Die vergleichsweise hohen Leistungen der Ostarbeiterinnen haben ihre Ursache zunächst rein rechnerisch in der Vergleichsgröße, denn hier wurden die durchschnittlichen Arbeitsleistungen deutscher Arbeiterinnen zugrundegelegt. Der Arbeitseinsatz deutscher Frauen aber war nach wie vor ein großes Problem in der deutschen Sozialpolitik. Ein verstärkter Leistungsdruck auf deutsche Frauen hätte nämlich nicht nur erhebliche Unruhe unter der deutschen Belegschaft ausgelöst, sondern auch unter den Ehemännern der Arbeiterinnen an der Front. Er stand zudem in eklatantem Widerspruch zur nationalsozialistischen Frauenideologie. Der Anwendung repressiver Methoden zur Leistungssteigerung standen bei deutschen Arbeiterinnen also nicht unerhebliche politische Probleme entgegen; auch waren deutsche Frauen durch die Sozialgesetzgebung, durch Verbot der Nachtarbeit ebenso wie nur bedingte Erlaubnis der Akkordarbeit stärker geschützt; ihre Arbeitsleistung war dementsprechend niedriger als die der deutschen Männer. Bei den Ostarbeiterinnen fielen alle diese Rücksichtnahmen weg, sie wurden bevorzugt in Akkord- und Nachtarbeit eingesetzt; in Feuerbetrieben ebenso wie auf Arbeitsplätzen mit hoher Lärm- oder Staubbelastung, sodaß sie von vielen Betriebsleitern den deutschen Frauen vorgezogen wurden.

Was die Löhne anbetraf, so war bei Krupp Ende 1942 die Umstellung auf Leistungs- und Akkordlöhne bei den Ausländern sehr weit gediehen. Die Effektivlöhne schwankten deshalb bei den einzelnen sehr stark, wie ein Vergleich zeigt: Während z. B. der französische Facharbeiter Blind Anfang 1943 250,90 RM brutto im Monat verdiente, kam sein Kollege, der französische Hilfsarbeiter Evrard nur auf 98,80 RM. Der sowjetische Facharbeiter Serjakiw verdiente 118,20 RM, der sowjetische Hilfsarbeiter Dichtijaron nur 66,10 RM; der deutsche Facharbeiter Hartwig 378,40 RM, der deutsche Hilfsarbeiter Petrat 181,80 RM.[78]

Im Durchschnitt zahlte Krupp folgende Monatslöhne: An deutsche Arbeiter 180,– RM, an Westarbeiter 165,25 RM (91 %), an männliche Ostarbeiter 73,25 RM (41 %), an weibliche Ostarbeiter 66,75 RM (37 %) und für Kriegsgefangene 121,50 RM (67,5 %).[79]

Für die ausländischen Arbeiter blieb allerdings nach Abzug der Steuern und Abgaben erheblich weniger übrig als für ihre deutschen Kollegen. Eine Ostarbeiterin z. B. mußte von ihren 66,75 RM noch 45,– RM für Verpflegung und Unterkunft bezahlen, hinzu kamen Abzüge für Arbeitskleidung und Fahrtkosten, so daß ihr im Monat kaum 10,- RM blieben.

Der polnische Arbeiter Josip Smacny, um ein konkretes Beispiel zu nennen, hatte im April 1942 258 Stunden gearbeitet und damit 172,60 RM brutto verdient. Davon gingen 100,90 RM für die Sozialausgleichsabgabe und andere Steuern und Abgaben ab, 49,50 RM für Unterkunft und Verpflegung im Lager Seumannstraße, so daß er in diesem Monat 22,20 RM ausbezahlt erhielt.[80]

Was die Arbeitszeit betraf, so arbeiteten ausländische Arbeiter nominell 56, später oft 60 Stunden in der Woche, meist in zwei Wechselschichten; hinzu kam ein bis zwei mal Sonntagsarbeit. Normalerweise arbeiteten deutsche und ausländische Arbeiter gleich lang – unterschiedlich lange Arbeitszeiten waren durch Ablösung und Schichtwechsel organisatorisch nur schwer durchführbar.[81] Mit dem Einsetzen der Bombenangriffe aber wurden diese Nominalzeiten illusorisch, weil durch Bombenalarm, Ausfallzeiten wegen Reparaturen, Ausfall der Verkehrsmittel und erhöhten Krankenstand die effektiven Arbeitszeiten wieder sanken.

Tabelle 28: Durchschnittlich geleistete Arbeitsstunden eines männlichen ausländischen Arbeiters der GSF Essen, 1939 bis 1944[82]

	Normal-Std.	Über-Std.	Sonn- u. Feiertag-Std.	Gesamt-Std.	pro Kopf u. Arbeitstag	Überstd. Sonn- u. Feiertag-Std. in %
Juli 1939	198,93	18,06	8,72	225,71	8,68	11,9
Juli 1940	212,07	20,20	10,56	242,85	8,99	12,7
April 1941	192,04	20,63	15,79	228,46	9,14	16,0
April 1942	186,02	23,29	18,15	227,46	9,10	18,2
März 1944	199,57	29,62	11,77	240,96	8,92	17,2

Während die durchschnittliche Arbeitszeit also während des Krieges nur leicht stieg, erhöhte sich der Anteil der Überstunden und Sonntagsarbeit auf 1/6 der Gesamtarbeitszeit, ein Indiz dafür, wie sehr der normale Arbeitsrhythmus seit 1943 durchbrochen war. Das wird noch deutlicher bei einer Stichprobe der effektiv geleisteten Arbeitsstunden. (Tab. 29) Die Aufstellung zeigt, wie sehr die Monatsarbeitszeiten schwankten, ohne daß Urlaub oder Krankheit der Grund waren – hier schlagen sich die durch die Luftangriffe hervorgerufenen Ausfallzeiten sowie die dadurch fortschreitende Zerstörung und Lahmlegung immer größerer Werksteile nieder.

Um diesen statistischen Überblick abzuschließen, sei noch auf den Krankenstand und die Unfallziffern verwiesen.

Der Krankenstand bei Deutschen lag hier im Durchschnitt etwa doppelt so hoch wie derjenige der Ostarbeiter. (Tab. 30) Der Grund dafür ist einfach – die Ärzte schrieben einen Ostarbeiter nur krank, wenn er absolut und vollständig arbeitsunfähig war, während ein Deutscher den Krankenschein wesentlich schneller erhielt, ebenso wie die Westarbeiter, deren Krankenstand etwa ebenso hoch war wie derjenige der Deutschen. Hinzu kam, daß Krupp die auf Dauer arbeitsunfähigen Ausländer nach Hause zurückschickte, allein im Geschäftsjahr 1942/43 1.250,[83] so daß sie keine finanzielle Belastung für die Firma darstellten und in der Krankenstatistik nicht auftauchten.

Ein ähnliches Verhältnis wie beim Krankenstand findet sich bei den Unfallvorkommen. (Tab. 31)

Tabelle 29: Stichproben effektiv geleisteter Arbeitsstunden deutscher und ausländischer Arbeiter der GSF Essen, 1943/44[84]

	Juli 1943		August 1943		September 1943	
	Std./ Monat	⌀ Std./ Tag	Std./ Monat	⌀ Std./ Tag	Std./ Monat	⌀ Std./ Tag
Gießereien 5/7						
Reich (Deutscher)	259	10,36	217,5	8,7	247	9,88
Dabrowski (Pole)	192,5	7,7	192,5*	7,7	201	8,04
Wattiey (Franzose)	251,5	10,06	189	7,56	209	8,36
Rep. Werkstatt 2:						
Kräbbe (Deutscher)	235	9,4	246	9,84	253	10,12
Sakowenko (Ostarbeiter)	186,5**	7,46	236,5*	9,46	242,5	9,7
	Oktober 1944		November 1944		Dezember 1944	
Panzerbau 4						
Clermonts (Holländer)	264,5	10,58	162,5	6,5	118,5	4,74
Mostepaka (Ostarbeiter)	234	9,36	225,5	9,02	206	8,24
Dadieu (Franzose)	267	10,68	167,5	6,7	153	6,12

* = 1 Tag Urlaub; ** = 1 Tag gefehlt, 1 Tag Urlaub, 4 Tage krank

Tabelle 30: Krankenstand der Pflichtmitglieder der Betriebskrankenkasse der GSF Essen, 1943/44[85]

Monat	Deutsche		Ausländer ohne Ostarbeiter		Ostarbeiter	
	Arbeitsunfähig Kranke	in % der Versicherten	Arbeitsunfähig Kranke	in % der Versicherten	Arbeitsunfähig Kranke	in % der Versicherten
Januar 43	2.535	5,3	569	4,7	192	2,9
August 43	2.559	5,9	672	7,8	85	2,2
September 43	2.631	6,2	600	7,7	170	5,0
Februar 44	2.247	5,6	169	2,8	64	1,8
Juni 44	2.542	6,3	202	5,5	161	4,7
Dezember 44	4.574	10,6	387	5,7	89	2,2

Tabelle 31: Unfallvorkommen deutscher und ausländischer Arbeiter der GSF Essen (je 100 Beschäftigte pro Monat)[86]

	1942/43	1943/44
Deutsche	0,85	1,0
Ausländer	0,60	0,85
Kriegsgefangene	0,45	0,66

Auch hier ist es offenbar, daß unterschiedliche Kriterien bei der Anmeldung eines Betriebsunfalls angewendet wurden, denn es ist ganz unwahrscheinlich, daß die oft fachfremd und zu hohen Prozentsätzen als Hilfsarbeiter eingesetzten Kriegsgefangenen nur halb so viele Unfälle gehabt haben sollen wie deutsche Arbeiter – die Kriterien, ab wann ein Arbeitsunfall zu melden war, sanken mit dem Prestige der Ausländergruppe.

Zieht man ein kurzes Fazit, so kann man feststellen, daß sich die effektive Arbeitszeit deutscher und ausländischer Arbeiter (jedenfalls nach den vorliegenden Zahlen) nicht evident unterschied – wobei es für die einzelnen Ausländergruppen keine speziellen Statistiken gibt; daß sich aber in fast allen anderen Bereichen eine Dreiteilung der Belegschaft zwischen Deutschen, Westarbeitern und Ostarbeitern durchgesetzt hatte, wobei der Unterschied zwischen Ost- und Westarbeitern größer war als der zwischen Westarbeitern und Deutschen. Ob Löhne, Krankenstand oder Unfallvorkommen – die soziale Diskriminierung der Ostarbeiter und sowjetischen Kriegsgefangenen war unübersehbar. Allerdings zeigt das Beispiel der Arbeitsleistungen der Ostarbeiterinnen und der Trend, immer mehr sowjetische Arbeitskräfte anzulernen und fachrichtig einzusetzen, daß hier seit Ende 1942 ein gewisser Wandel einsetzte. Daß in einzelnen Betrieben die Arbeitsleistungen der Ostarbeiter nahe an denen der deutschen Arbeiter lagen, war ein deutlicher Beleg dafür, daß die nationalsozialistische Rassenpropaganda gegenüber den Sowjets in der Praxis widerlegt würde, wenn die sowjetischen Arbeiter nur genügend zu essen erhielten.

Als Anfang 1942 die Entscheidung für den Masseneinsatz sowjetischer Arbeiter in Deutschland gefallen war, war von Seiten des RSHA wie der Parteikanzlei lange versucht worden, den Einsatz russischer Arbeiter nur in Kolonnen zu genehmigen – was nach dem energischen Protest vieler Unternehmen und des Speer-Ministeriums dann schrittweise zurückgenommen wurde. Stattdessen wurde nun stark in den Vordergrund gestellt, daß die deutschen Arbeiter als Vorgesetzte und Bewachungspersonal der Russen gleichzeitig fungieren sollten. Durch die Aufgabe des Kolonnenprinzips aber war die Situation der sowjetischen Arbeitskräfte im Betrieb von der im Lager grundverschieden. Waren sie im Lager – zumindest formell – kollektiv einem strengen Reglement unterworfen, traten sie am Arbeitsplatz stärker als Einzelperson auf und waren mehr auf sich selbst gestellt. Ihr Wohlergehen hing dabei von der Haltung des deutschen Arbeiters ab, dem sie zugeteilt waren, sowie von der des Vorarbeiters und des Meisters. Die dabei auftretende Problematik soll an einem Beispiel näher untersucht werden.

Der damals 42jährige Fräser und Zahnradhobler Fritz P. arbeitete im Kruppschen Betrieb „Maschinenbau" an einer Zahnkranzbank. Mitte 1942 wurden der Abteilung, in der er beschäftigt war, sowjetische Zivilarbeiter aus der Ukraine zugewiesen und ihm selbst zwei 18jährige ukrainische Mädchen zugeordnet, die er an der Maschine anlernen sollte. Die Mädchen seien sehr geschickt gewesen und durchaus arbeitswillig, berichtete er, obwohl sie unter Heimweh und den schlimmen Verhältnissen im Lager Krämerplatz litten. „Einmal sagt sie, ‚Franz' sagt sie, weil ich sie angelernt hab', ‚wenn ich arbeiten kann, dann Du kommst Front?' – ‚Ich glaube ja', denn ich war Kriegsverwendungs-Feldersatzreserve I, die sie einzogen. Ich sagte: ‚Ich glaube ja'; sagt sie: ‚Ich hier nix arbeiten, verstehen?' Da hat sie den Support von der Maschine extra verkehrt eingespannt, und ehe ich ihren Arm festhalten konnte, hat sie auf'n Knopf gedrückt, so daß die Brocken flogen. Sie wollte das nicht lernen, sie wollte da nicht arbeiten, damit ich nicht zur Front komme. Sie erklärt mir dann noch hinterher, wie ich sie zur Rede gestellt hatte, ‚Ich nix gegen ihre Heimat schießen.'"[87]

Der Interviewausschnitt deutete die widersprüchliche Lage an, in der sich die deutschen Arbeiter vor allem in solchen Betrieben befanden, in denen der Ausländeranteil wie bei Krupp binnen kurzem rapide anstieg. Verhielt sich der einzelne korrekt nach den Vorschriften, so mußte er die ihm zugewiesenen ausländischen Arbeitskräfte so schnell wie möglich anlernen – machte sich damit aber selbst auf Dauer überflüssig und lief Gefahr, zum Kriegsdienst eingezogen zu werden. Auf der anderen Seite entwickelte sich wie in diesem Fall wohl bei vielen nach einiger Zeit ein Vertrauensverhältnis zu den ausländischen Arbeitern, mit denen man eng zusammenarbeitete und die man so näher kennenlernte. Das ging bei Franz P. und seiner Frau so weit, daß sie die beiden Mädchen heimlich zu Weihnachten aus dem Lager holten und bei sich zu Hause bewirteten.

Je enger das Verhältnis wurde, desto besser wurde für Franz P. auch der Patriotismus der beiden Frauen verständlich – Voraussetzung für diese Haltung war aber, daß er seine Rolle als Antreiber und Aufpasser nicht angenommen hatte.

Hinzu kamen ganz handfeste Interessen. Hermann B., damals ebenfalls bei Krupp beschäftigt, brachte dies auf die bündige Formulierung: „Jetzt steht'n Fräser an 'ner Maschine, der kriegte jetzt ne Frau dabei gestellt, die soll er anlernen, die soll ihn nachher ersetzen, er soll Soldat werden, ja, meinen Sie, der macht denn so schnell? Der sagt: ‚Ich bin doch nicht, säg' mir doch nich den Ast nich ab', und die Frauen hatten auch kein Interesse daran, das ist so einfach nicht, einfach kommandieren nach oben, das geht meistens in die Hose."[88]

Dem Interesse des deutschen Arbeiters, nicht an die Front zu müssen, entsprach es, daß die ausländischen, vor allem die osteuropäischen Arbeiter ihrerseits zumindest solange kein Interesse an einer hohen Arbeitsleistung haben konnten, wie ihr kein entsprechender Arbeitslohn gegenüberstand und sich Anstrengung also nicht lohnte. Diese partielle Interessenidentität sprengte tendenziell die Grundlagen der nationalsozialistischen Arbeitseinsatzpolitik. Selbst eine noch umfassendere repressive Kontrolle in Betrieben konnte hier kaum wirksam werden; zum einen fehlten dafür die Mittel, zum anderen lag eine stillschweigende Verabredung zwischen deutschem und ausländischem Arbeiter, es „langsam angehen zu lassen", unterhalb der Schwelle, die ein Spitzelsystem noch in Erfahrung bringen konnte, lief eine solche Kooperation doch eher auf Passivität als auf aktives oppositionelles Handeln hinaus.

In dem Maße, in dem von seiten der Behörden und der Krupp-Betriebsleitung der Leistungsgedanke auch beim Arbeitseinsatz der sowjetischen Arbeiter berücksichtigt wurde, wurden diese auch stärker in den Produktionsablauf integriert, in Arbeitsgruppen zusammen mit deutschen Arbeitern eingesetzt und mit qualifizierten Arbeiten betraut, wie dies bei den Westarbeitern von vornherein der Fall war. Die Beziehungen unter den Arbeitern wurden dementsprechend immer stärker geprägt von den Arbeitsabläufen selbst, von der Wertschätzung des „guten Arbeiters" unabhängig von seiner Nationalität, von dem Interesse, eine Verschärfung der Arbeitsbedingungen nicht zuzulassen und das Verhältnis von Lohn und Leistung nicht zu verschlechtern. Insofern widersprach die mangelhafte Ernährung der Russen auch dem Interesse der deutschen Arbeiter wie der Meister an möglichst leistungsstarken Mitarbeitern. Horst F., damals Hochofenmeister, berichtete darüber: „Die Leute waren so ausgemergelt, nich, und wir sollen jetzt von diesen Leuten erwarten, daß sie eine gewisse Arbeitsleistung brachten. Und das war nicht immer leicht ... Ich hatte wiederholt, hatte ich ja versucht, hier und da auch schon mal mit Erfolg, daß das Essen für ne kurze Zeit mal besser würde für die Leute. Und dann hatte ich für gewisse Leute, die mir wichtig erschienen, z. B. der erste Mann an der Pfanne, das war auch 'n Ostarbeiter, 'n intelligenter Mann, nich: Für diese Leute hat' ich denn schon mal was arrangiert, auch selbst mitgebracht, mal 'n Butterbrot usw., auch so Kollegen mal angehalten, nich, diese Leute schon mal zu unterstützen – war ja gefährlich, aber, was macht man nicht alles, um sein Soll zu erfüllen ..."[89]

Die Hereinnahme ausländischer Arbeiter stellte für die deutschen Belegschaftsmitglieder in doppelter Hinsicht also eine Bedrohung dar: Einerseits ermöglichten die Ausländer die Einziehung der Deutschen zum Militär, andererseits konnten sie als Lohndrücker und Leistungstreiber eingesetzt werden. Die deutschen Arbeiter konnten dem nur entgegensteuern, wenn sie sich zumindest in Ansätzen mit den Ausländern verständigten, eher langsam zu arbeiten. Das hieß aber auch, sich in entscheidenden Situationen schützend vor die ausländischen Arbeiter zu stellen, etwa wenn es um Akkordveränderung ging.

Es ist nicht möglich, präzise oder gar in quantitativer Ausmessung zu bestimmen, in welchem Maße solche informelle Solidarität in den Werkshallen verbreitet war. Sie ist auch eher ein in der Konstruktion des Ausländereinsatzes angelegtes strukturelles Element, das jedenfalls mit dazu führte, daß die Meldungen über „Arbeitsbummelei" bei Krupp wie in jedem anderen großindustriellen Betrieb an der Tagesordnung waren.

Schon im Juli 1940 hatte der Kruppsche „Abwehrbeauftragte" von Bülow in einem „Erlaß über Bekämpfung des Arbeitsvertragsbruchs" mit Erziehungs- und Konzentrationslager für deutsche wie ausländische Arbeiter gedroht. Seitdem wurde von seiten der Betriebsleitung in zahlreichen Anordnungen und Merkblättern immer wieder auf das „Vorgehen gegen bummelnde, disziplinlose und straffällige Gefolgschaftsmitglieder" hingewiesen.[90] Über die Verhältnisse bei Krupp stellte der Essener Gestapo-Kommissar Günther Bovensiepen fest, „daß sowohl der Arbeitsvertragsbruch als auch das Bummelantenwesen in einem Maße zunahmen, das den ordnungsgemäßen Ablauf der vorgeschriebenen Produktionen auf das Schwerste gefährdete. Dabei muß ich betonen, daß dies keineswegs nur bei ausländischen, sondern in fast gleichem Umfang auch bei deutschen Arbeitern der Fall war".[91]

Gleichwohl wirken diese Klagen etwas hilflos, denn es gelang weder dem Betrieb noch der Polizei, das Phänomen der Arbeitsbummelei in den Griff zu bekommen. Oft gründeten sich die „Meldungen" über Arbeitsbummelei auch eher auf Vermutungen und den bloßen Verdacht, weil man nur selten handfeste Beweise dafür vorlegen konnte.[92] Denn die Integration der Ausländer in den Produktionsablauf begann seit Ende 1942 eine Eigendynamik zu entwickeln, die sich durch polizeiliche Maßnahmen allein nicht mehr aufhalten ließ. Es kam sogar, wie schon vor dem Krieg bei deutschen Facharbeitern, zu regelrechten Abwerbungen: ausländische, auch sowjetische Arbeiter verließen eine ungeliebte Arbeitsstelle, um illegal bei einer anderen Firma Arbeit aufzunehmen, die froh war, weitere Arbeiter zu bekommen, vor allem, wenn es sich um Fachkräfte handelte. Besonders stark war diese Bewegung vom Bergbau in andere Wirtschaftszweige. Die Kruppschen Zechen meldeten Anfang 1943, daß von den „zugeführten Ostarbeitern und sowjetrussischen Kriegsgefangenen inzwischen eine nicht unerhebliche Anzahl von Arbeitskräften durch Flucht wieder ausgeschieden ist und in Betrieben anderer Wirtschaftszweige wieder Beschäftigung gefunden hat".[93] Die Behörden versuchten, solche Entwicklungen durch Strafandrohung zu verhindern, ohne jedoch wirklich fündig zu werden, weil wirksame Kontrollen bei der großen Zahl von Ausländern gerade im Ruhrgebiet kaum noch möglich waren, noch dazu, wenn solche Praktiken von anderen Betrieben gedeckt wurden.

In gleicher Weise wechselten viele Ausländer, auch hier wiederum West- wie Ostarbeiter, ohne Genehmigung das Lager, wenn es ihnen in dem einen nicht gefiel. Das ging bis hin zu regelrechten Ringtauschaktionen, bei denen Arbeiter aus verschiedenen Lagern die Plätze und die Papiere wechselten.

Der Essener Polizeipräsident beschwerte sich bei Krupp Anfang Februar 1943 darüber, daß die Ostarbeiter sich in ihrer Freizeit ohne Aufsicht in der Essener Innenstadt aufhielten, viele von ihnen gar kein Ost-Abzeichen mehr trügen, sie sich gegenseitig in den Lagern besuchten und dabei mit der Straßenbahn führen, Kinos besuchten[94] – kurz: sich verhielten wie normale Arbeiter, und genau das sollten sie eben nicht sein.

Durch Erlasse, Merkblätter und Anordnungen konnte diese Entwicklung nicht gestoppt werden. Die Sicherheitsbehörden hatten daher auch neben der polizeilichen Kontrolle vor allem auf die deutschen Arbeiter selbst gesetzt; das war etwa in dem zusammenfassenden Erlaß des RSHA vom Dezember 1942 ausdrücklich bestätigt worden: „Die Hervorhebung des deutschen Menschen spielt eine besondere Rolle in Anbetracht der Tatsache, daß die ausländischen Arbeiter selbst in sabotage- und spionagemäßig hochempfindlichen Betrieben oft die Mehrheit bilden. Aufgabe und Ziel muß es sein, dem deutschen Arbeiter das Bewußtsein der Mitverantwortlichkeit zu geben. Dies ist nur dann möglich, wenn er sich merklich als Glied der Volksgemeinschaft angesprochen fühlt und z. B. dem ausländischen Arbeiter nicht untergeordnet wird und eher als dieser die Möglichkeit erhält, durch weitere Anlernung und Ausbildung einen gehobenen Platz im Betriebe zu erhalten."[95] Diese Hervorhebung des deutschen Arbeiters hatte eine ideologische und eine wirtschaftliche Komponente. Ideologisch insofern, als die enge Zusammenarbeit von deutschen und ausländischen Arbeitern die rassistischen Grundprinzipien ins Wanken bringen konnte, wenn es nicht gelang, die deutsche Arbeiterschaft gegenüber den ausländischen Arbeitern zum aktiven Faktor imperialistischer Innenpolitik zu machen; wirtschaftlich insofern, als höhere Arbeitsleistungen vornehmlich der sowjetischen Arbeitskräfte, da sie nicht durch weitere Lohnanreize gesteigert werden sollten, durch Kontrolle, Druck und Repression erreicht werden mußten. Da dafür aber Bewachungspersonal fehlte, mußte diese Aufgabe vollständig den Betrieben und den deutschen Belegschaftsmitgliedern übertragen werden – ein nicht unerhebliches politisches Risiko.

Deutsche Arbeiter fungierten in Betrieben generell als Vorgesetzte der Ausländer – aber sowohl aus den Interviews mit deutschen Arbeitern, die damals bei Krupp beschäftigt waren, wie aus den Akten über betriebliche Vorgänge in den einzelnen Betrieben und Werkstätten wird deutlich, daß gerade, was die Arbeitsleistung, den Akkordlohn, aber auch die Mißhandlungen anging, bei den deutschen Arbeitern gegenüber den Ausländern die gemeinsamen Interessen überwogen. Die Zahl der Berichte über Mißhandlungen vor allem sowjetischer Arbeiter bei Krupp ist groß, aber in den meisten Fällen betreffen sie Vorarbeiter, Meister, Werkschutzleute oder spezielle Aufpasser. Gleichzeitig wird aber auch deutlich, daß das Schicksal der ausländischen Arbeiter über den Betriebsablauf hinaus die meisten deutschen Kollegen nur wenig interessierte. Ihre Anwesenheit und ihr Arbeitseinsatz in Deutschland wurden als gegeben und wie selbstverständlich angesehen, und die Fragen, wie und ob sie freiwillig hierher gekommen waren, wie ihre Lebensbedingungen im Lager waren, wie sie ernährt und behandelt wurden, waren von geringem Interesse für die meisten Deutschen, hatte man doch mit sich selbst zu tun und mußte durch lange Arbeitszeiten, Bombenangriffe, Evakuierung der Familie, Angst vor der Einziehung usw. „selbst genug durchmachen".[96]

In den Kruppschen Betrieben in Essen entwickelte sich so eine Art Doppelhierarchie, zum einen nach rassistischen Kriterien, zum anderen nach Arbeitsleistung und Stellung innerhalb des Produktionsablaufs. In dem Maße, in dem einerseits in den Betrieben die Optimierung der Arbeitsleistung der Ausländer und damit ihre Integration in die Belegschaft vorangetrieben wurde, wurden auf der anderen Seite die rassistischen Prinzipien durch besondere Exekutivorgane und ein Netz von Bewachern, V-Leuten und Spitzeln hochgehalten.

Strafsystem und Rollkommandos

Mit der Zunahme der qualifizierten Integration der bei Krupp beschäftigten Ausländer in den Produktionsprozeß und damit der wirtschaftlichen Bedeutung ihrer Arbeitskraft weiteten sich andererseits auch die repressiven Maßnahmen der Behörden aus, wobei sich im Laufe der Zeit neben dem durch Erlasse festgeschriebenen ein zweites, inoffizielles Strafsystem etablierte als Antwort auf die mit geheimpolizeilichen Mitteln auch des NS-Staates kaum mehr kontrollierbaren informellen Strukturen unter den ausländischen Arbeitern.[97]

Die untere Ebene des offiziellen Strafsystems waren die „betrieblichen Strafen", die gegenüber den deutschen wie ausländischen Arbeitern von den Betriebsleitern ausgesprochen wurden. Handelte es sich bei den Deutschen und Westarbeitern vornehmlich um Geldstrafen, so hatten die Betriebe gegenüber den Ostarbeitern und den sowjetischen Gefangenen weiterreichende Kompetenzen. Bei „leichteren Verstößen gegen die Lager- oder Arbeitsdisziplin" waren „Ordnungsübungen, Zuteilungen zum Straftrupp, Entziehung der warmen Tagesverpflegung und ggf. auch Arrest von höchstens 3 Tagen" vorgesehen.[98]

Über die Häufigkeit der Verhängung dieser betrieblichen Strafen bei Krupp liegen keine differenzierten Statistiken vor. Aufschlußreich sind aber die Zahlen über die Verhängung von Geldstrafen, die meist wegen Zuspätkommen, „Bummelei" oder ähnlichem vom Lohn abgezogen wurden. Zwischen Oktober 1943 und März 1944 wurden von den zu diesem Zeitpunkt etwa 10.000 bei Krupp beschäftigten ausländischen Zivilarbeitern 648, knapp 7 %, mit Geldstrafen von durchschnittlich 6,35 RM belegt,[99] so daß grob geschätzt etwa jeder zehnte ausländische Arbeiter einmal im Jahr mit einer Geldstrafe von ungefähr einem Brutto-Tageslohn bestraft wurde – keine erschreckend hohe Quote, aber ein Zeichen für die ausländischen Arbeiter, daß sie im Betrieb beobachtet und kontrolliert wurden, so weit es ihre Arbeitsleistung betraf.

Die mit Abstand häufigste außerbetriebliche Strafe für Ausländer war die Einweisung in ein Arbeitserziehungslager. Seit 1942 wurden bei Krupp monatlich durchschnittlich etwa 5 Ausländer und 8 Deutsche in AEL's eingewiesen.[100] Insgesamt liegt die Quote der Ausländer bei außerbetrieblichen Strafen sonst relativ niedriger als bei Deutschen; vom Oktober 1944 bis Ende Januar 1945 – die einzig verfügbaren Zahlen – wurden wegen „Arbeitsbummelei" 256 deutsche und 40 ausländische Arbeiter gemeldet, auf 1.000 Deutsche also 9, auf 1.000 Ausländer 4 Meldungen. Das verweist darauf, daß bei den ausländischen Arbeitern im Regelfall der mühsame behördliche Weg vermieden wurde und man es vorzog, betriebliche Strafen auszusprechen oder in schweren Fällen Einweisungen ins AEL vorzuschlagen.

Im übrigen ist es auffällig, daß von den 5.426 Meldungen, die Deutsche betrafen, sich 1.715 auf Arbeiterinnen beziehen, 32 %, obwohl die weibliche deutsche Arbeiterbelegschaft bei Krupp im Durchschnitt der Kriegsjahre bei 12 % lag. Nimmt man die Jugendlichen noch hinzu, so betrafen von den Meldungen wegen Arbeitsbummelei lediglich 48,8 Prozent die erwachsenen deutschen männlichen Arbeiter, die im Durchschnitt der Kriegsjahre etwa 70 % der Belegschaft ausmachten. Die Arbeitsdisziplin der männlichen deutschen Arbeiter war erheblich höher als die der Jugendlichen und der Frauen; ein Hinweis darauf, welche Wirkungen die stetige Drohung mit der Abkommandierung an die Front und die längere Gewöhnung an industrielle Disziplin bei den Männern hatten.

Der Schwerpunkt der Disziplinierungen und Bestrafungen im Betrieb lag unterhalb der behördlichen Schwelle. Gegen die häufiger ausgesprochene Strafe des Essensentzugs hatten viele Betriebsleiter protestiert, weil dadurch die Arbeitsleistung weiter sank, ebenso waren Arreststrafen vom Standpunkt des Arbeitseinsatzes unsinnig. So bildeten denn die Zuteilung von zusätzlicher Arbeit im Betrieb oder im Lager in Zusatzschichten, vor allem an Sonntagen, eine bevorzugte Strafform.

Für die Ausländer aber womöglich von größerer Bedeutung war das „inoffizielle Strafsystem", bei dem der Werkschutz eine besondere Bedeutung hatte. Der „Krupp-Werkschutz", der vor dem Kriege eine Stärke von 275 Mann gehabt hatte – in erster Linie Torwächter – war im Laufe des Krieges durch mehrere Sondereinheiten verstärkt worden.[101] Im Juli 1942 waren zunächst die sogenannten „Betriebstrupps" eingerichtet worden. Sie bestanden aus einem Truppführer und je vier Leuten, die „zuverlässig, körperlich kräftig und rüstig" sein sollten. „Auch Angehörige der SS und der SA kommen infrage", hieß es in der Anordnung des Kruppschen Abwehrbeauftragten von Bülow, „auf ihre politische Zuverlässigkeit sind die von den Betrieben eingereihten Leute bereits geprüft worden, die auszuschaltenden

249

Leute wurden den Betrieben namentlich angegeben". Ende 1942 umfaßten diese „B-Trupps" etwa 2.000 Mann, ausgerüstet mit Stahlhelmen, weißen Armbinden und Lederknüppeln. Die „B-Trupp"-Angehörigen waren Belegschaftsmitglieder, die weiterhin in der Produktion arbeiteten, auf ein bestimmtes Sirenenzeichen aber sich versammelten, ausgerüstet wurden und „gegen die sich disziplinlos benehmenden Ausländer unter Führung des Abwehrbeauftragten" eingesetzt wurden. Weiter hieß es in der Einsatzanordnung von Bülows: „In den meisten Fällen wird die Ruhe in der Weise wiederherzustellen sein, daß die Ruhestörer, in erster Linie die Rädelsführer, festgenommen und bis zu ihrer Abholung durch Werkschutz oder Polizei in Gewahrsam gebracht und bewacht werden. Es wird stets mehr auf schnelles und entscheidendes Handeln ankommen als auf den Einsatz größerer Kräfte ... Wesentlich ist, daß bei unruhiger Stimmung der ausländischen Arbeiter (als Ausländer im obigen Sinne gelten nicht die Italiener) diesen bewußt wird, daß gegen Disziplinlosigkeit mit den gehörigen Mitteln vorgegangen wird, wie überhaupt die Aufstellung der B-Trupps in erster Linie als vorsorgliche und vorbeugende Maßnahme gedacht ist."

Außer diesen B-Trupps wurde noch eine „Alarm-Einheit" als Verstärkung des Werkschutzes aufgestellt und mit 250 Gewehren und 46.000 Schuß Munition ausgerüstet. „Indem mit Nachdruck stets betont wird, daß Zweck dieser Einheiten die Bekämpfung etwaiger Unruhen unter unseren etwa 18.000 (davon 6.000 Ostarbeiter) ausländischen Gefolgschaftsmitgliedern ist, ist m. E. jedem Gerede über andere Verwendungsmöglichkeiten dieser Formationen die Spitze abgebrochen und brauchen Befürchtungen über eine Beunruhigung der Belegschaft oder der Bevölkerung in dieser Hinsicht nicht gehegt werden."[102]

Mit „anderen Verwendungsmöglichkeiten" war der mögliche Einsatz dieser paramilitärischen Einheiten gegen die deutsche Belegschaft gemeint. Der Hinweis aber, daß sich diese Einheiten ausschließlich gegen die Ausländer richteten, war offenbar geeignet, die deutschen Beschäftigten zu beruhigen.

Da diese B-Trupps aber rein betriebliche Einheiten darstellten, die nicht als Werkschutzeinheiten dem Einfluß der Gestapo unterlagen, wurden sie vom Wehrkreiskommando auf Anordnung des RSHA nicht akzeptiert und mußten umgebildet werden.[103] Zusammen mit den „Stoßtrupps", einer ehemaligen DAF-Organisation mit etwa 200 Mann, wurden sie unter der Führung des stellvertretenden Werkschutzleiters, des SS-Mannes Hassel, als „Erweiterter Werkschutz" (EWS) neu organisiert; später wurde ein Teil dieser Einheit noch gesondert als „EWS II" kaserniert.[104]

Diese verschiedenen Einheiten – Werkschutz, EWS I und II – fungierten in den Betrieben als Rollkommandos gegenüber den ausländischen Arbeitern, ohne tatsächlich eine wirksame Kontrolle ausüben zu können. Ihre Funktion bestand vielmehr darin, in einzelnen Fällen gegenüber Ausländern hart einzugreifen und durch brutales Zupacken oft unabhängig vom jeweiligen Delikt oder Vorfall Verunsicherung und Angst unter der ausländischen Belegschaft zu verbreiten.

In der Lokomotivwerkstatt z. B. ereignete sich folgender Vorfall: „Bei der Getränkeausgabe, kurz vor der Frühstückspause standen mehrere Gefolgschaftsangehörige, um sich Erfrischungsgetränke zu kaufen ... Plötzlich kam ein italienischer Zivilarbeiter, um sich ohne weiteres als erster an den Schalter zu stellen. Derselbe wurde von dem belgischen Arbeiter, der zur Aufsicht eingeteilt war, aufgefordert, sich anzuschließen; trotz dieser Aufforderung befolgte der Italiener dieses nicht. Daraufhin schlug der Belgier den Italiener. In unmittelbarer Nähe stand der russ. Kgf. Makein, der zu dem Belgier sagte, es ist nicht gut das Schlagen, da wir alle Arbeitskameraden und Gefolgschaftsmitglieder sind. Das war dem Belgier wohl zu viel, worauf er den Kgf. Makein tätlich angriff. Makein äußerte nochmals, trotzdem er geschlagen wurde, es ist nicht gut das Schlagen. Auch das nützte nichts, sondern der Belgier schlug immer noch. Daraufhin setzte sich der russ. Kgf. Makein zur Wehr und schlug den Belgier ins Gesicht. Dieser holte die Werkspolizei und Makein wurde von ihm und einem Angehörigen des Werkschutzes in eine Stube geholt und derart geschlagen, daß er heute noch im Krankenrevier liegt und arbeitsunfähig ist."[105]

Das Rüstungskommando, von dem die Beschreibung des Vorfalls stammt, schildert hier einen ganz alltäglichen Streitfall, in dem der sowjetische Kriegsgefangene völlig unabhängig vom Sachverhalt schließlich vom Werkschutz zusammengeschlagen wurde – der Grund dafür lag zum einen darin, daß er den ihm vorgesetzten Belgier geschlagen hatte, zum anderen sollte an ihm schlicht ein Exempel statuiert werden.

Der Werkschutz hatte dazu im Keller des Kruppschen Hauptverwaltungsgebäudes einen eigenen Raum, in dem vor allem Ostarbeiter mißhandelt und verprügelt wurden. Der stellvertretende Werkschutzleiter Hassel hatte den Werkschutzmännern nämlich den Befehl erteilt, „die wegen irgendwelcher Diebstähle von den Werkscharstreifen aufgegriffenen und ihm zur Vernehmung vorgeführten Fremdarbeiter, vor allem Ostarbeiter, aber auch Kriegsgefangene, durch eine Prügelstrafe zu bestrafen. Er nannte diese Art der Bestrafung ‚Belehrung'. Er gab im einzelnen Anweisung, mit wievielen Hieben die Leute zu bestrafen seien. Die Ausführung überließ er uns", berichtete einer der Werkschutzmänner später.[106]

Wie diese Mißhandlungen in der Praxis durchgeführt wurden, sei hier nur an einem Fall näher dargelegt. Als eine in der Kruppschen Hauptverwaltung beschäftigte Sekretärin unfreiwillig Zeugin wurde, wie gerade einige Ostarbeiter in den Kellerraum des Werkschutzes geführt wurden, wurde sie von den EWS-Männern genötigt, der Prozedur beizuwohnen: „Ich wurde dann auf einen Stuhl gesetzt und vor mir wurde ein Schemel hingestellt. Darüber mußte sich dann ein Ostarbeiter legen. Ein Werkschar-Mann hat seine Beine festgehalten und ein anderer seine Arme, während ein dritter seinen Kopf zwischen seine Beine genommen hat. Dann stellten sich links und rechts von dem Ostarbeiter je ein Mann auf mit so einer Art Lederknüppel ... und schlugen abwechselnd auf den Russen ein. Die Zwiebeln und Kartoffeln, die er gestohlen hatte und die noch in seiner Tasche waren, ließen sie ihm und sagten, sie wollten so lange auf ihn einschlagen, bis die Zwiebeln und Kartoffeln weich geworden wären."[107]

In einzelnen Fällen kam es durch Aktionen des Werkschutzes auch zu Todesfällen: Nach einem Bombenangriff war ein Aufräumungstrupp aus sowjetischen Kriegsgefangenen in einer zerstörten Kruppschen Bäckerei beschäftigt; einer der Gefangenen wurde dabei ertappt, wie er sich heimlich ein Brot einsteckte. „Er wurde wiederholt von dem Wachmann Jacke zur Rede gestellt. Als dies nicht fruchtete, machte der Wachmann Jacke von seiner Schußwaffe Gebrauch, nachdem er ihm vorher erklärt hatte, wenn er den Platz nicht verlassen würde, würde er schießen. Diese Anordnung fruchtete ebenfalls nicht. Der Kgf. wurde durch Brustschuß getötet. Da nach den erhobenen Ermittlungen der Wilhelm Jacke durchaus pflichtgemäß gehandelt hatte, besteht keine Veranlassung, gegen ihn einzuschreiten", befand das Divisionsgericht, das den Fall untersuchte. Von Bülow regte gar an, den Jacke öffentlich zu belobigen, was dann allerdings fallengelassen wurde.[108]

Die Werkschutzeinheiten waren dabei in ihrem Treiben weitgehend unkontrolliert; Hassel war zudem SS-Mann und mit dem Leiter der örtlichen Gestapo, Nohles, befreundet, so daß er als „Mann mit Beziehungen" galt. Vor allem seit Einsetzen der Bombenangriffe wurden die Aktivitäten der Werkschutzeinheiten immer mehr zu reinen Willkürmaßnahmen, die mit der „Aufrechterhaltung der Ordnung" nichts zu tun hatten. Die Ostarbeiter wurden verprügelt, weil sie Ostarbeiter waren und den Werkschutzleuten Macht über sie gegeben worden war.

Es gibt unter den Berichten und Meldungen über Mißhandlungen ausländischer Arbeiter bei Krupp keinen einzigen, in dem ein „Vergehen" bestraft worden wäre, das etwa Widerstands- oder politisch motivierte Handlungen umfaßt hätte; „Aufsässige Reden", „Arbeitsbummelei", häufig „Widersetzlichkeit gegen den Vorgesetzten" und Lebensmitteldiebstähle, oft aber auch offensichtliche Vorwände wie „Herumlungern" oder „passive Widersetzlichkeit" wurden als Gründe für die Mißhandlungen durch den Werkschutz angegeben.[109]

Diese Akte der Brutalität und Menschenverachtung waren nicht alle zurückzuführen auf sadistische Veranlagungen oder fanatischen Rassismus; in vielen Fällen waren die einzelnen Werkschutzmänner ebenso wie die Lagerleiter mit den ihnen obliegenden Aufgaben wohl auch überfordert. Das zeigt vor allem der bekannteste Fall von Mißhandlungen bei Krupp, die sogenannte „Stahlschrank-Affäre".

Auf dem Gelände des Betriebes „Panzerbau IV" in Essen-Borbeck befand sich ein „Betriebslager" der dort lebenden und arbeitenden 70 Ostarbeiterinnen und 22 Ostarbeiter.[110] Lagerführer war der damals etwa 30jährige Willi L., der zusammen mit seinem Stellvertreter Willi G. und einem Wachmann die etwa 100 russischen Frauen und Männer, die meisten von ihnen um die 20 Jahre alt, beaufsichtigen sollte. Das häufigste „Vergehen" der Ostarbeiterinnen und Ostarbeiter war der Aufenthalt der Frauen im Männerteil des Lagers; L. hatte dafür die Strafe eingeführt, die „Schuldigen" für mehrere Stunden in einem Spindschrank aus Blech, der in seinem Büro stand, einzusperren. Ein Kruppscher Vorarbeiter kam eines Tages in die Wachstube des Betriebslagers: „Dabei hörte ich, wie aus einem dort befindlichen Stahlschrank Stöhnen kam und zwei weibliche Stimmen aus dem Schrank jammerten: ‚Lieber Willi, laß uns doch raus; lieber 25 auf den Hintern als hier in diesem Schrank!' … Ich fragte L., was es zu bedeuten hätte und L. antwortete mir: ‚Ich habe die dort reingesperrt, weil sie über Nacht Ostarbeiter bei sich gehabt haben.'"[111] „Derselbe L. aber, der hier als Folterknecht beschrieben wird, hat angeblich für die Lagerbewohner während des ganzen Krieges „gut gesorgt", bis hin zu so irritierenden Einzelheiten, daß er 6 schwangere russische Frauen auf dem Schreibtisch der Wachstube selbst entbunden habe, den Frauen gestattete, die Kinder im Lager bei sich zu behalten und für die Kleinkinder zusätzliche Nahrungsmittel besorgte.[112]

Das eine hebt das andere nicht auf. Es bleiben miteinander unvereinbare Geschichten, die aber zeigen, wie sehr sich Brutalität und Mitleid mischen, wie widersprüchlich die Verhaltensweisen der Einzelnen in solchen Extremsituationen, die sie völlig überfordern, sind und wie sehr derjenige enttäuscht werden wird, der hier nach klaren Kriterien für Gut und Böse sucht. Selbst der schon bekannte Vorarbeiter

Grollius aus der KraWa, der sich so vehement für die bessere Verpflegung der Ostarbeiter eingesetzt hatte, wurde mehrfach als übler Schläger genannt.

Außer den Werkschutz- und B-Trupp-Angehörigen gab es aber in jedem einzelnen Betrieb auch einen oder mehrere Arbeiter, häufig aber Vorarbeiter oder Meister, die bei jeder sich bietenden Gelegenheit auf die ihnen anvertrauten ausländischen Arbeiter einschlugen.

Während der Arbeit im Schmiedepreßwerk im Gruppenakkord wurde der französische Kriegsgefangene Henri Busson von einem deutschen Arbeiter aus einer anderen Kolonne aufgefordert, dessen Werkzeug zu tragen. Busson weigerte sich – mit Unterstützung seines Vorarbeiters – das zu tun und wollte weitergehen. Daraufhin begann der Deutsche eine Schlägerei, die nach kurzer Zeit mit der Niederlage des deutschen Arbeiters endete; anschließend gingen beide weg. „Ich dachte, das war alles, als wir plötzlich Sirenen hörten. Drei kurze Töne, und wir dachten, daß noch ein Luftangriff kam; aber plötzlich kamen 5 Deutsche mit stahlgefüllten Gummischläuchen und fingen an, zu schlagen, und sie schlugen so lange, bis ich bewußtlos umfiel. Man erzählte uns, daß sie Angehörige des Werkschutzes waren; aber sie waren Arbeiter, die mit uns in derselben Fabrik arbeiteten am Stahlhammer und an der Stahlpresse."[113]

Ein letzter Fall aus der langen Reihe der Berichte über Mißhandlungen, über den der schon erwähnte Arbeiter Fritz P. berichtete: „An einer Zahnkranzbank, da hatten wir einen Ukrainer, der stand immer so ganz still an der Maschine, 's war so 'n feiner und beobachtete alles. Der Meister, der da vorbei ging, konnte das nicht mit ansehen, der regte sich immer auf. Heinz hieß der, der schlug den auf einmal ins Gesicht, und der ließ sich so schlagen, der rührte sich nicht, so wütend war dieser Meister jetzt durch sein, durch die Beobachtung von diesem Mann, und der war tüchtig in der Arbeit. ... Also, der hat still seine Arbeit getan, aber weil der immer so alles beobachtete alles hier und kein Wort sprach, da wurde der ins Gesicht geschlagen."[114]

Die deutschen Belegschaftsmitglieder, die solche Mißhandlungen nicht billigten, waren dagegen jedoch relativ machtlos. Der damals als Bohrer der KraWa beschäftigte Conrad Cremer berichtete, wie die Ostarbeiter und Kriegsgefangenen von dem schon erwähnten Vorarbeiter und SS-Mann Grollius und einem weiteren Vorarbeiter verprügelt wurden: „Wir Arbeiter haben uns über Mißhandlungen der Kriegsgefangenen durch oben genannte Leute empört. Von meiner Werkbank aus konnte ich beobachten, wie Kriegsgefangene mit Gummischläuchen bei der Essensausgabe sowie in den unter den Werkstatträumen liegenden Kellern verprügelt wurden." Zu Protesten dagegen kam es in der Regel nicht; man wußte, was im Keller passierte, aber man konnte es ja nicht ändern.

Als die KraWa dann aber im April 1943 nach Mülhausen im Elsaß verlagert wurde, gingen auch der größte Teil der deutschen Belegschaft und etwa 400 Ostarbeiter mit. Hier verbesserte sich die Lage der sowjetischen Arbeiter: „Im Elsaß änderte sich die Behandlung der Ostarbeiter bzw. der russischen Kriegsgefangenen wesentlich", berichtete Cremer. „Der Grund hierzu war, daß die elsässische Bevölkerung die Ausländer in jeder Beziehung unterstützte. Die Bevölkerung lehnte es auch ab, sich an Mißhandlungen irgendwelcher Art zu beteiligen."[115]

Politische Intention und betriebliche Wirklichkeit

Eine kurze Zwischenbilanz der Situation bei Krupp muß vor allem unterstreichen, wie scharf an vielen Stellen der Kontrast zwischen der politischen Intention der NS-Führung in Bezug auf die Ausländerpolitik und der betrieblichen Wirklichkeit, etwa in dem großdeutschen Renommierkonzern Krupp, gewesen ist. Was die Anwerbepolitik angeht, so hat sich die Firma so lange gegen Zuweisung ausländischer Arbeiter erfolgreich gewehrt, wie erfolgversprechende Aussichten bestanden, die deutsche Belegschaft halten zu können. Als aber 1942 fast die Hälfte der deutschen Krupparbeiter zum Militär eingezogen wurde, änderte sich das rapide, wobei zunächst die Höhe der Zuweisung neuer Arbeitskräfte, gegen Ende des Jahres eher deren Qualifikationsstruktur im Vordergrund standen. In dem Maße, wie klar wurde, daß es sich hierbei um längerfristige Entwicklungen handelte, nahmen Anlernmaßnahmen und berufsrichtiger Einsatz bei Arbeitern aller Nationen zu. Dadurch wurde der Integrationsprozeß der Ausländer in die Belegschaft stark forciert, das Ansehen des Einzelnen innerhalb des Betriebes oft mehr von seinen Leistungen und Fähigkeiten bestimmt als von seiner Nationalität; ein Prozeß, der sich auch in der Qualifikationsverteilung der Ausländer und in ihrer Arbeitsleistung niederschlug.

Insofern stellten schlechte Lebensbedingungen der ausländischen, vor allem der sowjetischen Arbeitskräfte, ein zunehmend dysfunktionales Element dar, das gleichwohl nur langsam abgebaut wurde. Die Bemühungen der Firma insgesamt, oft noch mehr der einzelnen Betriebsleiter und Meister, im Interesse der Steigerung der Arbeitsleistungen die Ernährung der sowjetischen Arbeiter zu verbessern, zeigten bis Ende des Jahres 1942 gewisse Erfolge, wurden dann aber durch die einsetzenden Großangriffe zum größeren Teil wieder zunichte gemacht, weil die Infrastruktur der Unterbringung und Verpflegung der Ausländer immer wieder zerstört wurde.

Das machte sich vor allem in den Wohnlagern bemerkbar, in denen häufig und seit Ende 1942 in zunehmendem Maße durch Korruption und umfangreiche Machtbefugnisse des Lagerpersonals hervorgerufene chaotische Zustände herrschten, in denen Faustrecht und Bestechung mehr ausrichteten als die Erlasse von Sauckel, der Gestapo oder der Kruppschen Betriebsleitung. Zwar waren die Lagerbewohner in erster Linie die Opfer dieser Verhältnisse, gleichzeitig wurden damit aber auch in vielen Fällen die Möglichkeiten zur dauernden Regelverletzung für sie erweitert, so daß die Bewegungsfreiheit vor allem der Ostarbeiter wuchs. Es entwickelte sich eine von der Kontrolle und dem unmittelbaren Zugriff der Behörden zunehmend gelöste Substruktur, in der, begünstigt durch die Korruption und Mißwirtschaft in vielen Lagern, Kleinkriminalität, Prostitution und Schwarzhandel blühten. Gleichzeitig aber machte sie das Leben der ausländischen Arbeiter in manchem auch erträglicher, weil sie vom illegalen Arbeitsplatzwechsel bis zum gefälschten Urlaubsschein fast alles ermöglichte, andererseits aber neue, informelle Abhängigkeiten schuf, für die Willkür und Gewalt oft nicht weniger kennzeichnend waren als für die Herrschaft der Lagerleiter.

Mit dem offiziellen, rassistisch hierarchisierten Strafsystem war dieser Entwicklung nicht beizukommen, es erfaßte denn auch Ausländer in kaum stärkerem Maße als Deutsche. Statt dessen entstand analog zur Substruktur in den Ausländerlagern eine Art inoffizielles Strafsystem, exekutiert von paramilitärischen Betriebseinheiten und Rollkommandos, bei dem durch willkürliche Mißhandlungen Exempel statuiert wurden, um die ausländischen Arbeiter einzuschüchtern und um den Standpunkt des Herrenmenschen gegenüber den „rassisch Minderwertigen" auch im Betriebsalltag zu manifestieren; das bekam in erster Linie die sowjetischen Arbeiter zu spüren, deren rechtliche Stellung in der Praxis oft derjenigen von Vogelfreien glich.

Das Verhältnis zwischen deutschen und ausländischen Arbeitern aber war weniger durch Mißhandlungen und Willkürakte gekennzeichnet, als durch die vom Produktionsprozeß unmittelbar vorgegebenen Strukturen. Die Deutschen wurden seit der Welle der verstärkten Einziehung zum Militär im Frühjahr 1942 durch die neu ankommenden Ausländer ersetzt und dadurch in ihrer uk-Stellung bedroht. Durch die enge Zusammenarbeit schwanden bei vielen Deutschen die Vorurteile; es gab Ansatzpunkte für Mitleid und Solidarität und Potentiale für gemeinsame Interessen zwischen Ausländern und Deutschen. Die Beziehung der deutschen zu den ausländischen Arbeitern war darüber hinaus zunehmend von deren fachlicher Qualifikation und Arbeitsleistung bestimmt; insgesamt scheint das Interesse für die Lage der Ausländer aber angesichts der eigenen Sorgen eher gering gewesen zu sein. Dennoch waren Regelverstöße der Deutschen gegen die zahlreichen Einschränkungen des Umgangs mit Ausländern so häufig, daß sie von den Behörden nicht einmal mehr annähernd kontrolliert werden konnten. Auch hier zeigte sich, daß in dem Maße, wie die Ausländer in die betriebliche Produktion bei Krupp integriert wurden, sie auch integraler Bestandteil des Alltagslebens in der Fabrik wurden. Eine nur teilweise Separierung der Ausländer war, sieht man von den sowjetischen Kriegsgefangenen ab, hier kaum möglich. Wollte man etwa die Ostarbeiter vom Leben der Deutschen ständig absondern, mußte man eigene „Russenbetriebe" eröffnen, mit umzäunten Lagern und einem Heer von Wachmannschaften – dazu aber fehlten hier alle Möglichkeiten.

So entstand eine Doppelstruktur, die den Einsatz der ausländischen Arbeiter bei Krupp bis Ende 1942 kennzeichnet. Die differenzierten und repressiven Reglementierungen in Form von Erlassen, Anordnungen, Verboten und Strafandrohungen und die voranschreitende Integration der Ausländer in den Produktionsablauf standen in deutlichem Widerspruch zueinander. Es entwickelte sich so ein Zustand des permanenten und allseitigen Regelverstoßes – in den Lagern und den Betrieben, im Umgang der Deuschen mit den Ausländern wie in den Reaktionen der Gestapo, des Werkschutzes und der „harten" Nazis in den Betrieben; eine Entwicklung, die im Kontrast zur „offiziellen" Ausländerpolitik des Regimes stand. Bei der Sozialkontrolle der Ausländer trat an die Stelle der bürokratischen Großorganisationen mehr und mehr die Aufsicht durch den Betrieb, die einzelne Abteilung und die deutschen Arbeiter selbst. Nicht durchweg funktionierte dies im Sinne der Vorschriften von Partei, Gestapo oder Arbeitsamt – aber es funktionierte. Die Furcht der Behörden vor „Solidarisierungen" oder „bolschewistischer Agitation" hatte sich insgesamt als ebenso unbegründet erwiesen wie die Erwartungen, daß die sowjetischen Arbeiter zu effektiven Arbeitsleistungen nicht zu bewegen sein würden. Da die Beschäftigung von Ausländern bei Krupp geradezu ein Eckpfeiler der Produktion geworden war, wurden die auftretenden „sicherheitspolizeilichen" und ideologischen Probleme mehr und mehr als zwar störende, offenbar aber unumgängliche Begleiterscheinungen des Ausländereinsatzes hingenommen, zu dem es seit 1942 auch bei Krupp keine Alternativen mehr gab.

2. Zur Situation im Ruhrbergbau

Der Bergbau, vor allem der an der Ruhr, war seit 1941 bevorzugtes Feld des industriellen Ausländereinsatzes; für diesen Bereich war Pleiger auch der Durchbruch bei der Beschäftigung sowjetischer Zivilarbeiter und Kriegsgefangener gelungen.[116] Bergbau – das schien der Regime-Führung am ehesten dem nationalsozialistischen Ideal von der Arbeit als Strafe nahezukommen, und die Tradition des Ruhrbergbaus mit hohen Anteilen an un- und angelernten Arbeitskräften schien auch die Gewähr dafür zu bieten, daß hier effektive Arbeitsleistungen mit vollständiger Isolation von den deutschen Arbeitern, denkbar schweren Arbeitsbedingungen und schlechter Behandlung der sowjetischen Arbeitskräfte kombiniert werden konnten. Dementsprechend hoch waren hier die Zahlen der angelegten Ostarbeiter und sowjetischen Kriegsgefangenen. Im Mai 1941 lag der Ausländeranteil bei den Bergbau-Belegschaften im gesamten Reichsgebiet bei 16,4 %, seit Ende 1942 stiegen die Zahlen dann kontinuierlich an.[117] (Tab. 32)

Tabelle 32: Belegschaftsentwicklung im Ruhrbergbau, 1942 bis 1944[118]

Zeit	Beschäftigte insgesamt	davon Deutsche	Ausländ. Zivilarbeiter und Kgf.	In % der Gesamtbelegschaft	nur Steinkohle %	davon Ostarbeiter	Kriegsgefangene	Ostarbeiter und Kgf. in % aller Ausl.
12'42	372.874	287.172	85.702	23	28	21.804	43.783	77
3'43	370.995	267.606	103.389	28	31	22.810	48.498	69
6'43	375.028	264.468	110.560	29	32	30.268	47.940	71
9'43	397.682	260.090	137.592	35	36	31.885	76.024	78
12'43	399.932	248.954	150.978	38	43	30.316	82.318	75
2'44	390.842	242.272	148.570	38	41	29.747	81.677	75

Fast die Hälfte der im Dezember 1943 in den Steinkohlerevieren an der Ruhr angelegten Bergleuten waren Ausländer, darunter 3/4 Ostarbeiter und vor allem sowjetische Kriegsgefangene, auf zwei deutsche kam ein sowjetischer Arbeiter, auf drei Deutsche zwei Ausländer. Betrachtet man die Zahlen einzelner Zechen und Zechenverbände, so wird der sprunghafte Anstieg des Ausländeranteils an den Belegschaften noch deutlicher. (Tab. 33)

In den Kruppschen Zechen bestand zuletzt 1/3 der Belegschaft aus Ausländern, die meisten von ihnen sowjetische Kriegsgefangene; während sich bei einer 30 %igen Vergrößerung der Gesamtbelegschaft die Anzahl der deutschen Arbeiter nur wenig verringerte. Zum Vergleich: in der Kruppschen Gußstahlfabrik war die deutsche Arbeiterbelegschaft im gleichen Zeitraum um 45 % zurückgegangen. Der Anteil der zum Wehrdienst Eingezogenen unter den deutschen Bergleuten war erheblich geringer als in den anderen Industriezweigen, die Bedrohung der uk-Stellung durch die neu hereinkommenden ausländischen Arbeitskräfte also auch. (Tab. 34)

Tabelle 33: Belegschaftsentwicklung der Kruppschen Zechen, 1940 bis 1944[119]

Zeit	Belegschaft insgesamt	davon Deutsche	Ausländer insgesamt	davon Kriegsgef.	Anteil der Ausländer und Kgf. an den Belegschaften insgesamt in %
1939/40	18.202	18.202	–	–	–
1940/41	18.415	18.350	65	65	0,3
9'42	19.908	18.533	1.375	1.375	6,9
3'43	21.688	18.121	3.567	3.567	16,4
10'43	25.413	17.947	7.466	5.349	29,3
10'44	25.077	16.634	8.443	6.387	33,7

Tabelle 34: Zum Wehrdienst eingezogene und uk-gestellte deutsche Arbeiter, 1941 – 1944[120] in Prozent der Gesamtbelegschaft

| | 1941 | | 1942 | | 1943 | | 1944 | |
	Wehrdienst	uk	Wehrdienst	uk	Wehrdienst	uk	Wehrdienst	uk
Bergbau	11,0	46,2	7,9	55,7	13,9	51,9	20,2	55,1
Eisenschaffende Industrie	14,6	35,5	22,4	31,0	28,8	25,9	33,1	31,0
Maschinenbau	12,7	37,1	–	–	31,5	29,1	36,7	33,4
Gesamte Industrie	19,6	29,9	28,4	28,2	35,1	25,3	39,9	29,5

Die Zahl der Einberufenen lag danach 1942 in der gesamten Industrie fast viermal so hoch wie im Bergbau; in keinem anderen Industriezweig war auch während des Krieges der Arbeitsplatz so sicher wie hier. Obwohl also die Stabilität der deutschen Belegschaften im Bergbau ungleich größer war als in anderen Branchen, war der Arbeitskräftemangel hier während des Krieges besonders gravierend, zumal seit 1942. Arbeitskräftereserven bestanden seit Mitte 1942 jedoch in größerem Umfang nur noch in Frankreich und den besetzten Gebieten der Sowjetunion sowie in der weiblichen Bevölkerung der besetzten Gebiete. Da aber die französischen Zechen verstärkt für deutsche Zwecke weiterfördern sollten, weibliche Beschäftigte im deutschen Bergbau unter Tage traditionell nicht eingesetzt wurden, blieben nur die sowjetischen Arbeiter als Arbeitskräftepotential für den deutschen Bergbau. Hinzu kam der Umstand, daß die Arbeiter aus den Westgebieten durchaus nicht bereit waren, ihre Arbeitsverträge im Bergbau zu verlängern. Von den 1940 und 1941 für den Ruhrbergbau angeworbenen 18.488 Belgiern und Nordfranzosen arbeiteten im März 1942 noch 6.138 dort, 2/3 waren weggegangen; bei den Italienern waren 9.847 von 14.040 abgekehrt (70 %), bei den Kroaten 7.645 von 14.434 (53 %) –

insgesamt hatten bis März 1942 53 % aller ausländischen Ruhrbergleute die Ruhrzechen wieder verlassen.[121] Der Bergbau war für die Ausländer so wenig attraktiv, daß hier offenbar Arbeitsverhältnisse auf der Basis von Verträgen nicht zum Erfolg führten; auch das legte den Masseneinsatz sowjetischer Arbeiter nahe.

Tabelle 35: Beschäftigte ausländische Arbeitskräfte im Bergbau, nach Nationalitäten, 1942 und 1944[122]

		Frankreich	Sowjetunion	Belgien	Jugoslawien	Polen	Großbritannien	„Protektorat"	Italien	Sonstige	insgesamt
Juni/	Kgf.	20.664	7.399	1.797	220	968	4.534	–	–	–	35.582
August	Zivilarbeiter	541	24.263	5.867	10.958	34.256	–	10.233	10.089	11.822	108.029
1942	insgesamt	21.202	31.662	7.664	11.178	35.224	4.534	10.233	10.089	11.822	143.611
	in % aller Ausländer	14,7	22,0	5,3	7,8	24,5	3,1	7,1	7,0	8,2	100
	Kriegsgef.	14.064	159.898	2.629	1.081	667	14.913	–	43.684	72	237.008
August	Zivilarbeiter	8.399	92.775	2.978	5.865	56.925	–	13.562	2.802	13.476	196.782
1944	insgesamt	22.463	252.673	5.607	6.946	57.592	14.913	13.562	46.486	13.548	433.790
	in % aller Ausländer	5,2	58,3	1,3	1,6	13,3	3,4	3,1	10,7	3,1	100
im Vergleich zu 1942		-1.258	+221.011	-2.057	-4.323	+22.368	+10.379	+3.329	+36.397	+1.726	+290.179
in % des Gesamtzuwachses		–	76,2 %	–	–	7,7 %	3,6 %	1,2 %	12,6 %	0,6 %	100

Drei Viertel des Zuwachses an ausländischen Arbeitskräften im Bergbau zwischen Juni 1942 und August 1944 kamen aus der Sowjetunion, wobei seit Mitte 1943 die Zugänge aus den vorher in der Landwirtschaft Beschäftigten und kaum noch aus neuen Gefangenen oder Zivilarbeitern rekrutiert wurden.[123]

Erste Erfahrungen mit den sowjetischen Zivilarbeitern waren im Ruhrgebiet im Bezirk des Dortmunder Oberbergamtes schon Ende 1941 gemacht worden. Die Berichte waren günstig: Bergarbeiter aus Kriwoi-Rog seien arbeitswillig und diszipliniert, ihr Gesundheitszustand sei gut, während man mit Italienern, Kroaten und Belgiern weniger zufrieden war, weil der Anteil der „Arbeitsvertragsbrüchigen" unter ihnen besonders groß sei. Die sowjetischen Zivilarbeiter hingegen seien von guter Gesundheit, feierten selten krank und erreichten schon im Februar 1942 „50 bis 60 % der Normalleistung deutscher Gefolgschaftsmitglieder".[124]

Zunächst wurden die Ostarbeiter wie Gefangene behandelt. Sie wurden „unter Polizeibewachung vom Lager zur Zeche geführt und hier von einer genügenden Anzahl zuverlässiger, gut unterrichteter deutscher Gefolgschaftsmitglieder an ihre Arbeitsstelle gebracht. Die Anfahrt geht getrennt von der übrigen Belegschaft jeweils 1/2 Stunde nach der regelmäßigen Seilfahrt vor sich. Überwachung und Einarbeitung im Betriebe erfolgt durch zuverlässige, bewährte deutsche Hauer, und zwar in der Weise, daß jeder Deutsche eine Gruppe von drei bis fünf Sowjet-Russen beaufsichtigt und anleitet".

Von Anfang an wurden hier – im Unterschied zu den Gepflogenheiten etwa in der Metallindustrie – Arbeitsleistung und Verpflegung in engen Zusammenhang gesetzt: „Es wird eine tägliche Leistungsbewertung durchgeführt und listenmäßig festgehalten. Diejenigen Russen, welche die besten Leistungen aufweisen, erhalten kleine, zusätzliche Zuwendungen in der Verpflegung und bei der Zuteilung von Rauchwaren. Besonders schlechte Leistungen oder offensichtliches Zurückhalten mit der Leistung werden mit Kürzung der Verpflegungssätze oder Entzug der Zuteilung an Rauchwaren geahndet. Dieses Verfahren hat den Erfolg gehabt, daß in einzelnen Ausnahmefällen gezeigte Arbeitsunlust schnell behoben wurde."[125]

Im Gegensatz zu den anfangs sehr positiven Berichten über die Ostarbeiter war die Lage der sowjetischen Kriegsgefangenen von Beginn an prekär; Flecktyphus und Unterernährung machten einen Arbeitseinsatz im Frühjahr 1942 nahezu vollständig unmöglich. Die Klagen der Betriebe über die unzureichenden Rationen, die Unproduktivität des Kriegsgefangeneneinsatzes und die Forderungen nach Ersatz waren dementsprechend laut und häufig.[126] Die hier schon im Februar 1942 deutlich werdenden Tendenzen verschärften sich nun im Laufe des Jahres weiter. Infolge der schlechten Ernährung wurde aber auch der anfangs so gute Gesundheitszustand der Ostarbeiter zusehends schlechter, dementsprechend sanken ihre Leistungen.

Im April schon berichtete das Dortmunder Bergamt, daß bereits die Hälfte der bisher angelegten Westarbeiter ihre Arbeitsplätze verlassen hätten und die russischen Kriegsgefangenen gar nicht einsetzbar seien, weil ihre Ernährung ebenso wie die der Ostarbeiter völlig unzureichend sei. Die Ernährung, forderte man vom Reichswirtschaftsministerium, dürfe sich nicht nur nach politischen, sondern müsse sich auch nach ökonomischen Gesichtspunkten richten.[127]

Die Folgeerscheinungen der mangelhaften Ernährung der sowjetischen Arbeitskräfte ließen nicht lange auf sich warten: „Vielfach sind größere Trupps von ihnen entflohen und nur zum kleinen Teil wieder erfaßt worden ... Auf der Zeche Friedrich-Heinrich haben russische Zivilgefangene Selbstverstümmelungen vorgenommen, um ihre Entlassung aus der Arbeit zu erzwingen",[128] wurde im Juni gemeldet, und im Juli hieß es schon: „Auch bei den früher Zugewiesenen wird vielfach über Zurückgehen anfangs guter Leistung und über häufiges Entweichen aus den Lagern geklagt. Die Flüchtlinge leben in den Wäldern und ernähren sich von Diebstahl, gelegentlich sind auch Schwerverbrechen vorgekommen. Auch unter Tage neigen die Russen zu ... Widerspenstigkeit. Letztere wird mit allen Mitteln gebrochen. Eine Zeche berichtet über zahlreiche Fälle von Selbstverstümmelung: Abgeschlagene Fingerglieder, zerquetschte Hand, Kopfverletzungen, Verblutung nach Messerstichen usw."[129]

Innerhalb weniger Wochen war der anfangs so gute Gesundheitszustand der im Bergbau beschäftigten Ostarbeiter in lebensbedrohender Weise verschlechtert worden. Mittlerweile arbeiteten etwa 62.500 Ausländer in den Zechen des Dortmunder Bezirks, davon 26.000 aus der Sowjetunion, deren Arbeitsleistung stetig zurückging und kaum noch 50 % im Vergleich zu den deutschen Arbeitern erreichte. Bei den sowjetischen Gefangenen war es bis dahin zu einem effektiven Einsatz in größerem Umfang noch gar nicht gekommen. Ein Dortmunder Bergrevierbeamter berichtete darüber im August 1942: „Es kommt z. B. oft vor, daß russische Kriegsgefangene in der Grube nach kurzer Zeit zusammenbrechen und daß sie unter Tage völlig apathisch bleiben und mit der Bahre oder auf sonstige Art nach übertage gebracht werden müssen.[130]

Weder Bestrafungen noch Kontrollen, schon gar nicht die Kürzung der Lebensmittelrationen für ungenügende Leistungen hätten bei diesen Zuständen Aussichten auf Erfolg; eine Leistungssteigerung der russischen Arbeiter sei nur bei anständiger Behandlung und Verpflegung möglich, stellte folgerichtig das Direktorium der Zeche Hibernia im Oktober 1942 bei einem Gespräch mit Sauckel fest. Die augenblicklichen Verpflegungssätze seien absolut unzureichend.[131] Aber erst gegen Ende des Jahres verbesserte sich die Lage hier etwas, zum einen durch die leicht heraufgesetzten Verpflegungssätze für sowjetische Kriegsgefangene, zum anderen durch die Praxis einzelner Betriebe und Vorgesetzter, den sowjetischen Arbeitern zusätzliche Lebensmittel zu besorgen. Ende Dezember 1942 waren noch etwa 15 % aller im Ruhrbergbau eingesetzten sowjetischen Arbeitskräfte nicht arbeitsfähig, ihre Durchschnittsleistung lag bei 0,52 t je Schicht, 37 % der 1,408 Schichttonnen eines deutschen Arbeiters. Das war der tiefste Stand der Leistungskurve, die dann seit Anfang 1943 langsam aufwärts ging. Als Gründe dafür wurden vom Bergamt Dortmund genannt: „Der gebesserte Ernährungszustand, die Ausscheidung der Leistungsunfähigen, die Eingewöhnung der brauchbaren Leute, die Verteilung von Rauchwaren und anderen Dingen sowie gewisse Erleichterungen in der Lebenshaltung als Belohnung für gute Arbeitsleistung."[132]

Neben der Erhöhung der Rationen war hier das von besonderer Bedeutung, was das Bergamt kühl „Ausscheidung der Leistungsunfähigen" nannte. Der ehemalige sowjetische Kriegsgefangene Nikolai Udenko, der auf der Zeche Gewerkschaft Auguste Viktoria in Marl eingesetzt war, berichtete über diese Praxis später: „Zweimal in der Woche – Dienstags und Donnerstags – wurden aus unserem Lager Kolonnen von kranken, erschöpften, verbrauchten Menschen auf dem Weg ins Vernichtungslager verabschiedet. Im Laufe von zwei Jahren wurde das ungefähr 2.000 Menschen zählende Kontingent des Lagers dreimal ausgewechselt."[133] Was der Veteran in seinem Brief an seine ehemaligen deutschen Kollegen in Marl mit „Vernichtungslager" bezeichnete, war zunächst das Stalag der sowjetischen Gefangenen, in diesem Fall die Stalags VI A in Hemer und VI K in Senne; Gefangene aus diesen Lagern wurden bevorzugt im Ruhrbergbau eingesetzt. Waren sie infolge von Unterernährung oder Krankheit arbeitsunfähig geworden, kamen sie zurück in das Sammellager, wo ein Teil von ihnen zum „Aufpäppeln" in die Landwirtschaft überführt wurde (allein zwischen Januar und September 1942 stieg die Zahl der sowjetischen Gefangenen in der Landwirtschaft um mehr als 100.000), ein anderer Teil aber im Lager verstarb.

Auf die Möglichkeit, auf diese Weise die nicht arbeitsfähigen Kriegsgefangenen loszuwerden, wies die Bezirksgruppe Ruhr die Bergbaubetriebe im November noch einmal hin: „Ferner sollen in Zukunft alle auf den Zechen vorübergehend nicht brauchbaren Kriegsgefangene zum Lager Hemer überstellt werden, die dann wieder gekräftigt und danach den Zechen zurückgegeben werden. Alle dauernd unbrauchbaren Kriegsgefangenen werden von dort dem Stalag bzw. dem Arbeitsamt zurückgegeben."[134]

Die Zahl derer, die nicht wieder auf die Zechen zurückkehrten, wenn sie einmal zurück in das Stalag geschickt worden waren, war so hoch, daß einzelne Betriebe später dazu übergingen, die kranken und unterernährten sowjetischen Kriegsgefangenen in einem eigens dafür eingerichteten Lager „aufzupäppeln" – mit gutem Erfolg, wie bei „Hibernia" vermerkt wurde. Man schickte daher keinen Kriegsgefangenen mehr in das Stalag, „zumal dort nur ein kleiner Teil der *Leute wieder zurück kommt*".[135]

Allein in Hemer sind 23.470 sowjetische Kriegsgefangene begraben. Die Anzahl der Toten insgesamt ist nicht zu ermitteln.[136]

Es waren aber nicht nur die Ernährungsprobleme, die den ausländischen Arbeitern das Leben unter Tage schwer machten. Die Härte und Beschwernis der Arbeit der Bergleute generell wurde noch potenziert durch die besonders brutale Behandlung durch Steiger und manche deutschen Kollegen. Die Berichte über Schläge und Mißhandlung der sowjetischen Arbeiter sind in den Bergbau-Akten weit häufiger als in den Unterlagen anderer Industriezweige. Nun war die auch körperliche Auseinandersetzung der Steiger mit ihren Untergebenen im Kohlebergbau nichts Neues; es gibt zahlreiche Berichte über den „Grubenmilitarismus", in denen die Brutalität vieler Steiger als Gegenstand fortwährender Beschwerden der Kumpel auftaucht.[137] Hatten jedoch die deutschen Bergleute verschiedene Möglichkeiten, sich dagegen zu wehren – von der Beschwerde bis zur Drohung, dem Steiger könne demnächst eine Schippe auf den Kopf fallen – fehlten den Ausländern diese Möglichkeiten weitgehend. Während aber die Westarbeiter die Zechen zunehmend teils legal, teils durch „Stille Abkehrung" unter „Arbeitsvertragsbruch" verließen, um sich in anderen Branchen eine Arbeit zu suchen oder nach Hause zu fahren, war die Kontrolle bei den Ostarbeitern, mehr noch bei den sowjetischen Kriegsgefangenen, innerhalb der Zeche schärfer, zumindest in der ersten Hälfte des Jahres 1942.

Schließlich unterschied sich die Lage der sowjetischen Bergleute von ihren Landsleuten in den Maschinenfabriken und Werkstätten auch dadurch, daß die Möglichkeiten des berufsrichtigen Einsatzes, aber auch der Anlernung geringer waren. Eine qualifizierte Beschäftigung, die den Wert ihrer Arbeitskraft gesteigert und eine bessere Behandlung zur Folge gehabt hätte, war schwerer zu bekommen.

So sind die Berichte über Mißhandlungen nicht – wie bei Krupp – eher die Ausnahme, sondern tauchen häufig und mit einiger Regelmäßigkeit auf. Mehrfach wies z. B. das Hibernia-Direktorium darauf hin, daß Mißhandlungen unbedingt zu unterbleiben hätten.[138] Die Bezirksgruppe Steinkohlenbergbau Ruhr der Wirtschaftsgruppe Bergbau teilte den Mitgliedern im Januar 1943 per Rundschreiben mit: „Wiederholt wird von Seiten der Wehrmacht und der zivilen Dienstbehörden Beschwerde geführt, daß die Behandlung der russischen Kriegsgefangenen immer noch auf einigen Zechen zu wünschen übrig läßt, daß Schlagen, Mißhandlungen noch nicht abgestellt sind, daß über und unter Tage jede menschliche Behandlung fehlt. Dies läßt erkennen, daß gerechte Betreuung, überhaupt Interesse für die anvertrauten Kriegsgefangenen nicht vorhanden ist. Wie ist sonst ein täglicher Abgang durch Tod, Abtransport total abgemagerter Todeskandidaten, die bereits Monate eingesetzt sind, zu erklären?"[139]

261

Im April 1943 wurde erneut darauf hingewiesen, „daß immer noch in gewissem Umfang Mißhandlungen der Russen durch Lagerpolizei, aber auch durch deutsche Arbeiter, vorkommen". Außerdem wurde moniert, „daß die Russen (Ostarbeiter und sowjetrussische Kriegsgefangene) vielfach, um die gegen Schichtende noch stehen gebliebene Kohle herauszuhauen, erheblich über die übliche Schichtzeit hinaus und untertage festgehalten worden sind, so daß sich eine Gesamtabwesenheit vom Lager bis zu 16 Stunden und mehr ergeben hat". Hinzu kamen häufig noch stundenlange Appelle in den Lagern, so daß die sowjetischen Arbeiter kaum Ruhe finden konnten.[140]

Auf der Zeche Westhausen in Dortmund arbeiteten im Mai 1942 etwa 500 sowjetische Zivilarbeiter, meist aus der Ukraine. Der mit ihrer Beaufsichtigung beauftragte Vorarbeiter erinnerte die deutschen Arbeiter immer wieder an die Behandlung deutscher Soldaten in russischer Kriegsgefangenschaft und forderte, „es ginge nicht an, daß die Russen sanft angefaßt würden, denn ein Zechenbetrieb sei durch seine eigene Art stark sabotagegefährdet". Sein Wahlspruch für den Umgang mit den ukrainischen Arbeitern lautete: „Die Leute dürften nicht merken, daß wir weich werden, denn dann würden sie frech. Er habe die Erfahrung gemacht, daß nur ein energisches Auftreten den Ukrainern imponieren könne. Wiederholt haben die Ukrainer versucht, sich krank zu stellen, aber das energische Durchgreifen hat hier gründlich und heilsam gewirkt. Schläge sei die einzige Methode, um die Ukrainer zur Leistung anzuspornen. Grundsätzlich habe er folgendes angeordnet: Zu 3 bis 5 Russen kommt 1 Deutscher, der die Aufsicht hat. Dieser bürgt dem Obersteiger dafür, daß auch das kleinste Vergehen geahndet wird, und zwar scharf."[141]

Eine Haltung deutscher Aufseher und Vorarbeiter wie im beschriebenen Fall war nicht eben selten, und meist konnten sich die Leute auch auf das wohlwollende Wegschauen der Betriebsleitung verlassen. „Tätliche Übergriffe waren an der Tagesordnung", berichteten nach dem Krieg die Betriebsräte der Zeche Gneisenau in Lünen bei Dortmund über die Behandlung der sowjetischen Arbeiter während des Krieges. „Leute wurden ohne irgendeinen triftigen Grund geschlagen. Der Direktor Kedding hatte Übergriffe auch noch selber unterstützt ... ‚Wenn sie nicht anständig arbeiten, dann tretet sie eben in den Hintern'. All dies wurde stillschweigend geduldet und gefördert. Offiziell wollte man es eben nicht sehen. Es kann aber keine deutsche Stelle bei uns im Betriebe heute sagen, daß sie von den Mißhandlungen nichts gewußt hätten."[142]

Daß die Russen vor allem unter Tage häufig geprügelt wurden, war allgemein bekannt; die mahnenden Appelle und selbst Drohungen von Seiten der Wehrmacht, der Bezirksgruppe oder des GBA konnten da wenig ausrichten.

Die Zustände in der Zeche Recklinghausen II in Recklinghausen-Hochlarmark beschrieb ein deutscher Bergmann so: „Wenn man morgens etwas früher zum Schacht kam, konnte man sehen, wie sie anmarschierten, die Russen, rechts und links ein Aufseher mit Gummischlauch in der Hand. Und wenn einer nicht mitkam, war die Parole: ‚Bloß immer drauf, aber fest!' Es gab sogar Bergleute, die geschlagen haben! Diese Leute waren übergeschnappt; auf einmal hatten sie welche unter sich, an denen sie ihre Wut ablassen konnten."[143]

In den Quellen über Mißhandlungen der sowjetischen Arbeiter im Bergbau ist wesentlich häufiger auch von deutschen Arbeitern und nicht nur von Wachleuten und Vorarbeitern die Rede, als dies z. B. in der Metallindustrie der Fall ist. Sucht man nach den Ursachen, so wird man neben der Tradition des „Grubenmilitarismus" darauf verweisen müssen, daß die partielle Interessenidentität mit den Ausländern, wie sie etwa bei den wesentlich stärker von Einberufungen bedrohten Krupp-Arbeitern aufgetreten ist, in diesem Maße bei den Bergleuten nicht vorhanden war. Durch die relativ große Sicherheit der uk-Stellung im Bergbau war eine stillschweigende Absprache mit den ausländischen Arbeitern, die man anlernen sollte, nicht nötig. Die sowjetischen Arbeiter wurden dem deutschen Hauer nicht als potentielle Ablösung, sondern als Schlepper, Hilfsarbeiter und Zuträger beigegeben. Es lag so auf der Hand, daß die sowjetischen Arbeiter die Arbeit der deutschen Bergleute häufig mit übernehmen mußten. Eine gesteigerte Arbeitsleistung der Russen, führte der Betriebsinspektor Norkus, der für die Effektivierung des Russeneinsatzes im Ruhrbergbau zuständig war, im Mai 1943 vor der Bezirksgruppe Ruhr aus, könne dazu führen, daß der Zuwachs „durch eine rückläufige Leistung der deutschen Arbeiter aufgezehrt wird. Letzterer ist leicht geneigt, den Russen für sich arbeiten zu lassen". Norkus erläuterte dies an mehreren Beispielen, so etwa: „In einem Betrieb in der steilen Lagerung arbeitete ein Russe mit einem deutschen Arbeiter zusammen. An einem Tag fehlte der deutsche Arbeiter, ohne daß der betreffende Steiger dies zu Beginn der Schicht gemeldet hatte. Als er gegen Schichtende den Betrieb befuhr, stellte er fest, daß der Russe allein dieselbe Kohle geliefert hatte, wie sonst gemeinsam mit dem deutschen Hauer."[144]

Durch die besonderen Verhältnisse im Untertage-Bergbau war diese Tendenz besonders naheliegend. Die einzelnen Arbeitergruppen waren oft isoliert von den übrigen Kollegen im Streb, es gab keine Zeugen, außerdem waren die deutschen Bergarbeiter gegenüber den Russen auch mit besonderen Rechten ausgestattet: Weil die sowjetischen Arbeiter es vorzogen, bei Aushändigung der Verpflegung am Abend vor der Schicht gleich das ganze Brot zu verzehren (dabei waren nicht nur der Hunger, sondern auch die Angst vor Diebstahl ausschlaggebend), wurde angeordnet, dem einzelnen russischen Bergarbeiter nur einen Teil seiner Tagesverpflegung auszuhändigen; den Rest, hieß es, „übernimmt der deutsche Arbeiter, dem die Kriegsgefangenen zur Arbeitsleistung zugeteilt sind, der es dann während der Frühstückspause unter Tage jedem einzelnen Kriegsgefangenen aushändigt".[145] Mit der Verfügungsgewalt über die Verpflegung des Kriegsgefangenen war die Macht des Deutschen über ihn beinahe total.

Dieser unbedingten Hierarchie zwischen sowjetischen und deutschen Arbeitern war selbst die Frage der Anlernung untergeordnet. So bestimmten die „Anweisungen über den Einsatz der ‚Ausländer' im Steinkohlebergbau", daß die Anlernmaßnahmen „nur auf die Erlernung bestimmter Arbeitsvorgänge, insbesondere derjenigen, die bei der Kohlengewinnung anfallen, zu beschränken" seien. „Dem deutschen Bergmann soll und muß das Gefühl erhalten bleiben, daß er auch dann noch den ausländischen Arbeitskräften überlegen ist, wenn diese bei ihrer Arbeit eine 100 %ige Leistung erreichen ... Die ‚Ausländer' sollen zu Spezialarbeiten angelernt werden, wohingegen der deutsche Bergmann auf der Grundlage einer planmäßigen

263

Lehre zu einem bergmännischen Facharbeiter ausgebildet wird"[146] – zumindest von der Intention her eine unübersehbare Aufwertung des deutschen Kumpels. Die Betriebe versuchten weiter, die Effektivität des Anlernprozesses dadurch zu erhöhen, daß den Lehrhauern in Aussicht gestellt wurde, bei guter Bewährung zum Ober- oder Meisterhauer aufsteigen zu können. Das Anlernen sowjetischer Arbeitskräfte wurde zum ausgesprochenen Karrierejob, eine der wenigen Möglichkeiten des innerbetrieblichen sozialen Aufstiegs für deutsche Bergleute.[147] Diese Möglichkeiten ergaben sich allerdings auch für einen Dreher oder Fräser bei Krupp – aber das Prinzip war dort ein anderes. Während der Kruppsche Metallarbeiter oft seinen eigenen Nachfolger anlernte, wurden sowjetische Arbeiter untertage zunächst von einem deutschen Lehrhauer angelernt, um dann später in einen „Russenstreb" versetzt zu werden, so daß sich in diesen Fällen die einzelnen Arbeitsabläufe deutscher und sowjetischer Arbeiter nicht mehr miteinander verzahnten und so eine Integration gerade der Russen in die Gesamtbelegschaft praktisch kaum möglich war. In den meisten Metallbetrieben war zudem die Verknüpfung der einzelnen Produktionsvorgänge so groß, daß an eine Isolierung der Ostarbeiter und Kriegsgefangenen gar nicht zu denken war; zumal, wenn man berücksichtigt, daß der Anteil berufsrichtig eingesetzter Facharbeiter und angelernter Arbeiter hier auch unter den Russen schnell stieg. Die sich aus dem Produktionsablauf zwangsläufig ergebenden Möglichkeiten des Kontakts und der Zusammenarbeit zwischen Deutschen und Ausländern waren deshalb im Metallbereich um einiges größer als im Bergbau.

Je höher der Qualifikationsgrad der eingesetzten ausländischen Arbeiter, je enger die produktionstechnisch erforderliche Zusammenarbeit mit deutschen Kollegen und je größer der Zwang zur Absprache mit den ausländischen Arbeitern, um durch langsames Anlernen die drohende Gefahr der Einziehung zum Militär abzuwehren – so die grobe Formel, die sich aus diesem Vergleich ergibt –, desto besser das Verhältnis zwischen Deutschen und Ausländern.[148]

Die als Bergleute angelegten Ausländer – in zunehmendem Maße auch die Russen – reagierten auf diese Zustände vor allem durch „Arbeitsflucht". Der Bergbau war mit Abstand der unbeliebteste Einsatzort bei den Ausländern. Das wird auch dadurch deutlich, daß im Bergbau schon Anfang 1942 häufiger von Selbstverstümmelungen berichtet wurde – eine Entwicklung, die ebenso wie die Flucht russischer Arbeiter in „die Wälder" in anderen Branchen erst Ende 1943 als Massenerscheinung auftrat. Allein beim Zechenverband Hibernia flohen in der ersten Hälfte des Jahres 1943 578 Ausländer, die meisten von ihnen Ostarbeiter. Viele von ihnen versuchten, in anderen Betrieben und Lagern unterzukommen, was häufig auch gelang – die Chance, dabei nicht aufgegriffen zu werden, war jedenfalls erheblich größer als bei dem Versuch, sich nach Hause in den Osten durchzuschlagen.[149]

Fluchten, legale Beendigung der Arbeitsverträge durch Westarbeiter, Zurückschickung in das Stalag wegen Arbeitsunfähigkeit – all das führte zu der außerordentlich hohen Fluktuation unter der ausländischen Belegschaft der Zechen, auf die eingangs schon hingewiesen wurde.

Tabelle 36: Gestellung und Abkehr ausländischer Arbeiter und Kriegsgefangener im Ruhrbergbau, April bis November 1942[150]

	sowjetische Kriegsgefangene	Ostarbeiter	sonstige Ausländer	insgesamt
Ende 1942 angelegte ausländische Arbeitskräfte	43.783	21.804	20.115	85.702
davon zwischen April und November 1942 neu gestellt	32.210	13.264	942	46.422
zwischen April und November 1942 abgekehrt	5.452	2.804	10.275	18.531
in % aller Ausländer	12,4	12,9	51	21,6

Die Hälfte aller Westarbeiter und jeder neunte sowjetische Bergmann hatten in dieser Zeit den Ruhrbergbau verlassen. Der Arbeitskräftebedarf der Zechen blieb ein Faß ohne Boden, obwohl durch den Masseneinsatz der Russen gerade die Stabilisierung der ausländischen Belegschaften erreicht werden sollte.

Ein Teil der Fluktuationszahlen geht allerdings auch auf das Konto der Arbeitsbehörden. Fortwährende Umsetzungen, Neuverteilungen, Ausleihe von Arbeitskräften waren die Konsequenz einerseits aus den anfangs meist überhasteten und nicht berufsrichtigen Einstellungen, zum anderen aus der unaufhörlichen Folge von Programmen, Schwerpunktverlagerungen, Sonderaktionen usw. – ein Aktivismus, dessen Effektivität doch sehr in Zweifel zu ziehen ist. Ein Beispiel: Für eine Steinkohlenzeche sollte das zuständige Arbeitsamt 79 Arbeitskräfte stellen; daraus entwickelte sich folgender Vorgang: 25 sowjetische Kriegsgefangene wurden aus Kalksteinbrüchen in die Zeche versetzt und durch 25 andere sowjetische Gefangene aus einer Seifenfabrik ersetzt; die 25 frei gewordenen Arbeitsplätze in der Seifenfabrik mit schmutziger und schwerer Arbeit wurden durch 25 Ostarbeiterinnen besetzt, die vorher mit leichteren Arbeiten in einem Metallbetrieb beschäftigt waren. Diese 25 Ostarbeiterinnen wiederum wurden durch meldungspflichtige deutsche Frauen ersetzt. Der Kölner LAA-Präsident schrieb dazu weiter: „Die restlichen 54 Kräfte mußten aus 16 verschiedenen Betrieben herausgezogen werden, und zwar im wesentlichen durch den Rückgriff auf Ostarbeiterinnen, die abermals durch deutsche Frauen oder durch andere Ostarbeiterinnen aus leichterer Arbeit zu ersetzen waren. So ergeben sich also in diesem Beispiel mindestens 220 Vermittlungsaktionen, um einen anerkannten Bedarf von 79 Bergarbeitern zu decken."[151]

Der Arbeitseinsatz der ausländischen, in Sonderheit der sowjetischen, Arbeitskräfte im Bergbau war ungleich härter, brutaler und auch lebensbedrohender als die Beschäftigung etwa im Metallbereich. Die Häufigkeit der geradezu beschwörend wirkenden Appelle der Aufsichtsbehörden, die Mißhandlungen der Russen einzustellen, sowie der Berichte über Prügeleien bis hin zu Todesfällen ist so auffällig, daß die Mißhandlungen unter Tage eher die Regel als die Ausnahme gewesen sein müssen.[152] Der Konsequenz daraus – Massenflucht aus dem Bergbau – hatten die

Behörden außer einer Verschärfung des Terrors nur wenig entgegenzusetzen. Die Arbeitsleistungen und die Produktivität der Ostarbeiter und sowjetischen Kriegsgefangenen im Bergbau blieben weit hinter der Entwicklung etwa im Metallbereich zurück. Betrachtet man die Leistungsziffern und die Fluktuationsraten, so ist zumindest zweifelhaft, ob die Massenbeschäftigung von sowjetischen Kriegsgefangenen im Bergbau im betriebswirtschaftlichen Sinn überhaupt „lohnend" war. Der kriegswirtschaftliche Effizienzdruck seit den militärischen Rückschlägen im Osten war also auch Ende 1942 durchaus noch nicht durchschlagend. Im Bergbau setzte sich die Linie des Weltanschauungskrieges und des Herrenmenschentums weiter fort, als in anderen Industriezweigen schon auf Leistungserhöhung durch Verbesserung der Arbeits- und Lebensbedingungen auch für sowjetische Arbeitskräfte umgeschaltet worden war.

3. Erfahrungen anderer Betriebe

Der Ausländeranteil in den verschiedenen Wirtschaftszweigen in Deutschland entwickelte sich durchaus nicht gleichmäßig, die Unterschiede in einzelnen Branchen waren z. T. erheblich:

Tabelle 37: Anteil der Ausländer und Kriegsgefangenen in verschiedenen Wirtschaftszweigen, 1942 bis 1944[153]

	1942	1943	1944
Bau	47,0	50,0	52,1
Metall	17,4	31,0	37,6
Eisen und Stahl	15,4	28,7	33,0
Bergbau	14,0	25,0	32,8
Maschinenbau	15,1	29,4	32,0
Chemie	15,4	26,3	30,2
Elektro	13,9	19,3	23,5
Textil	7,1	12,3	13,0
Gewerbliche Wirtschaft insgesamt	14,8	25,0	28,8
Landwirtschaft	53,0	58,1	51,4

Im Baugewerbe und in der Landwirtschaft war demnach seit 1942 der Anteil der beschäftigten ausländischen Arbeiter und Kriegsgefangenen an den Gesamtbelegschaften bei weitem am höchsten. Hier hatte der Ausländereinsatz schon vor 1942 eine bedeutende Rolle gespielt, während er in anderen Wirtschaftszweigen erst seit Mitte 1942 größeren Umfang angenommen hatte. Unterdurchschnittlich war die Ausländerbeschäftigung im Textil- und im Elektrobereich. Während dafür in der Textilbranche ausschlaggebend war, daß hier die Belegschaften zu 2/3 aus deutschen Frauen bestanden und also relativ stabil waren, war in der Elektroindustrie zum einen der Facharbeiteranteil besonders hoch und das Arbeitskräfteproblem insofern nur durch Zuweisung von Facharbeitern lösbar, zum anderen bestanden hier auch, wie erwähnt, gewisse Vorbehalte von Seiten einiger Großunternehmen, wie z. B. Siemens, gegen eine zu starke Ausweitung der Belegschaft durch ausländische Arbeiter, weil das den Anteil der Massenfertigung erhöht und die technische Innovationsfähigkeit eher gebremst hätte.

Aber nicht nur bei verschiedenen Branchen, auch bei den einzelnen Betrieben gab es große Unterschiede hinsichtlich der Ausländerbelegschaft. Während im September 1942 beim Bochumer Verein nur 12,9 % der Belegschaft Ausländer waren und bei Rheinmetall Düsseldorf 15,4 %, waren es im VW-Werk schon 45,5 %.[154] Man wird also bei dem folgenden Überblick über die Erfahrungen einiger anderer Betriebe mit der Ausländerbeschäftigung Ende 1942 bei generalisierenden Aussagen gewisse Vorbehalte berücksichtigen müssen, weil präzise Festlegungen wohl nur für die spezifischen Verhältnisse in den einzelnen Betrieben und Abteilungen zutreffen.[155]

Durch nahezu ausnahmslos alle Berichte der Firmen unterschiedlicher Branchen über ihre Erfahrungen mit ausländischen Arbeitern in dieser Phase des Krieges lassen sich drei Aspekte kontinuierlich verfolgen:

1. Die neu hereinkommenden sowjetischen Arbeiter wurden in den ersten Monaten so schlecht ernährt, daß ihre anfänglich festzustellende Arbeitsfähigkeit und -willigkeit schon nach wenigen Wochen verschwunden war.
2. Überall dort, wo bei ausreichender Ernährung sowjetische Arbeiter angelernt und auf qualifizierten Arbeitsplätzen eingesetzt worden waren, berichteten die Unternehmen von guten Erfahrungen und unerwartet hohen Leistungen.
3. Die Zunahme von „Arbeitsvertragsbrüchen" durch Westarbeiter wie sowjetische Arbeiter entwickelte sich seit etwa Herbst 1942 mehr und mehr zum Hauptproblem der Firmen mit ausländischer Belegschaft.

Zu Beginn des „Russeneinsatzes" Anfang 1942 hatten die meisten Firmen und Belegschaften dem Einsatz der Ostarbeiter mit Angst und Besorgnis entgegengesehen. „Sabotage, Arbeitsverweigerung, Widersetzlichkeiten, bolschewistische Zellenbildung, Politruks, Flintenweiber" erwartete man in den Betrieben.[156] Die ersten Eindrücke hoben sich dann um so schärfer von den rassistischen Zerrbildern ab; insbesondere über die sowjetischen Frauen waren die Berichte geradezu enthusiastisch. Der Betriebsführer der Nürnberger Dynamit AG z. B. schrieb, die Russinnen machten „einen sehr günstigen Eindruck. Sie sind still und bescheiden und für jedes freundliche Wort dankbar. Ich habe bisher keine gefunden, die einen nicht mit offenem, ehrlichem Blick ansieht oder unfreundlich wäre … Noch am Abend ihrer Ankunft begannen die Frauen bereits mit der Einrichtung ihrer Stuben. Am nächsten Morgen hatten alle Betten saubere weiße Bezüge, weiße Kopfkissen, alle Tische Decken bzw. Tischtücher, Blumenvasen, Tischuhren usw." Dementsprechend schienen dem Firmenleiter die angeordneten Sicherheitsmaßnahmen plötzlich nicht mehr angemessen: „Ich glaube bestimmt, daß hier hinsichtlich Überwachung viel zu weit gegangen wurde und daß vielleicht doch Verwechslungen mit den Kriegsgefangenen hier auftraten. Ich kann mir auch nicht vorstellen, wie wir auf die Dauer diese strengen Maßnahmen einhalten können … Ein hermetischer Abschluß von den übrigen Gefolgschaftsmitgliedern und den Ausländern des Betriebes ist schlechthin nicht durchführbar und dadurch werden von vornerein die Grundbedingungen erschüttert, die beim Russeneinsatz uns gegeben wurden."[157]

In deutlichem Gegensatz zu den in der Industrie vorher weitverbreiteten Befürchtungen wurde schon im Frühjahr 1942 übereinstimmend davon gesprochen, „daß der Russeneinsatz in die Fertigung eines Rüstungsbetriebes zu einem wirklichen Erfolg geworden ist", wie die Mitteldeutschen Motorenwerke es formulierten.[158]

Neben die Überraschung über Erscheinungsbild und Arbeitswilligkeit der Russen traten aber von Anfang an überall die Klagen über die mangelnde Ernährung und die sich verschlechternde Gesundheit; hier gibt es in keinem einzigen Unternehmen, von dem Unterlagen vorliegen, eine Ausnahme. Die Ostarbeiter seien bei schlechter Ernährung und unzureichendem Lohn eher eine Be- statt eine Entlastung des Betriebes, bemerkte eine Verzinkereifirma aus Brunn – das spiegelt den Tenor der meisten Berichte wider.[159] Besonders scharf wurde von Seiten vieler Firmen kritisiert, daß, anstatt daß die Mängel behoben würden, die Polizeibehörden gegen die sowjetischen Arbeiter einschritten: „Es ist schon heute nicht mehr sehr behaglich in einem Betrieb zu sein, in dem die Mehrheit aus feindlichen Ausländern besteht, es würde natürlich ein vollkommen unhaltbarer, zu Mord und Totschlag führender Zustand sein, wenn man nunmehr die Arbeitsleistung dieser verschiedenen Kategorien unfreier Arbeiter mittels Brachialgewalt erzwingen wollte", schrieb der erwähnte Verzinkerei-Betrieb; und die Münchener Dornier-Werke erklärten: „Niemand wird der Meinung sein können, daß Schwierigkeiten, die auf diese Weise entstehen, mit polizeilichen Mitteln ausgeglichen werden können, abgesehen davon, daß polizeiliche Mittel in diesem Umfang gar nicht vorhanden sind. Im übrigen läßt sich der Menscheneinsatz in einem so hoch empfindlichen Produktionsprozeß, wie es der Flugzeugbau ist, niemals mit bloßer polizeilicher Gewalt bewerkstelligen."[160]

Der Widerspruch zwischen den produktionstechnischen Erfordernissen an die Qualifikation und Behandlung der Belegschaft und den behördlichen Bestimmungen war das schlagendste Argument der Unternehmen; wie z. B. von der Betriebsleitung der Mitteldeutschen Motorenwerke in aller Offenheit ausgesprochen wurde: „Wenn bei einem Straßenbau in den Ostgebieten 2.000 Russen eingesetzt werden und es fallen im Laufe eines 1/4 Jahres aufgrund der geringen Lebensmittel-Abgaben ein paar 100 Russen aus, so werden eben die fehlenden Erdarbeiter durch neue Russen ersetzt. In der Produktion eines Rüstungsbetriebes aber kann man unmöglich den Mann, der bisher an einer Spezialmaschine gestanden hat, plötzlich mit einem anderen austauschen."[161]

Während viele Unternehmen in den ersten Monaten des Jahres 1942 sich in erster Linie an die Wirtschafts- und Polizeibehörden wandten, um Verbesserungen der Ernährung, des Lohnes, der Bewegungsfreiheit und Lockerungen in den Bewachungsvorschriften durchzusetzen, gingen sie, als sich das als weitgehend erfolglos erwies, mehr und mehr dazu über, in freier Auslegung, teilweise in bewußter Übertretung der Vorschriften auf eigene Faust Verbesserungen durchzusetzen, um die sowjetischen Arbeiter effektiv und gewinnbringend einsetzen zu können.[162] Die geringen Zuteilungsmengen für Ostarbeiter, meldete etwa die IHK-Hessen im August, „veranlassen die Betriebe oft auf nicht ganz einwandfreie Weise, sich zusätzlich Lebensmittel aller Art zu beschaffen."[163]

Ähnlich verfuhren viele Betriebe hinsichtlich der Vorschriften über den „geschlossenen" und von anderen Arbeitskräften isolierten Einsatz, die selbständige Einführung des Akkordlohnes und vor allem bei den Anlernmaßnahmen. Die Unterschiede zwischen den gesetzlichen und Erlaßbestimmungen vor allem der Sicherheitsbehörden einerseits und der betrieblichen Wirklichkeit in vielen Unternehmen andererseits wurden immer größer, was nicht zuletzt auf die Vielzahl der Behandlungsvorschriften selbst zurückzuführen war. „So kommt es", beschwerte sich die Reichswirtschaftskammer im September, „daß die verschiedenen Dienststellen abweichende Auffassungen vertreten und daß namentlich beim Betriebsführer, der doch die Verantwortung für den erfolgreichen Arbeitseinsatz trägt, Unsicherheit entsteht. Hierher gehören auch die Klagen über die großen Unterschiede in den Behandlungs- usw. Vorschriften für die Angehörigen der verschiedenen Nationen, Völker, Volksstämme usw., deren Darstellung und Erläuterung sich schon eine eigene umfangreiche Literatur widmet".[164]

In dem Maße, wie sich die Behandlungsvorschriften für eine effektive Arbeitsleistung als eher hemmend erwiesen, es aber keine Alternativen zum Einsatz der sowjetischen Arbeiter gab, wurden gerade in solchen Betrieben, in denen die Produktionsvorgänge mindestens angelernte Arbeitskräfte erforderten, die Behandlungsvorschriften, soweit es sich um Zivilarbeiter handelte, immer weniger beachtet. Selbst bei den sowjetischen Kriegsgefangenen gab es Wege und Möglichkeiten, sie zusätzlich zu ernähren und einzeln und effektiver einzusetzen.

Wie die Firmen hier im einzelnen vorgingen, ist am Fall der saarländischen Fa. Karcher – einem eisenverarbeitenden Mittelbetrieb – gut dokumentierbar.[165] Deren Betriebsleiter, nach Diktion und Denkweise ganz offenbar ein überzeugter Nationalsozialist, vertrat Anfang 1943 aufgrund der gemachten Erfahrungen die Ansicht, daß diejenigen Betriebe, „die nach ihrer eigenen Angabe noch nicht über eine Arbeitsleistung von 25 bis 50 % (!) – gemessen am Arbeitspensum eines deutschen Arbeiters – hinausgekommen sind, ... volkswirtschaftlich untragbar" seien. Es sei falsch, „die Gründe dieser Mißstände auf die Mentalität der Ostarbeiter abzuwälzen", vielmehr seien für die schlechten Arbeitsleistungen der Ostarbeiter falsche „Behandlung und Erziehung" verantwortlich.

Bei Karcher hingegen liege die Leistung der Ostarbeiter mittlerweile zwischen 96 % und 109 %, allerdings nach z. T. recht langen Anlernzeiten.[166] Voraussetzung dafür sei zunächst, daß die sowjetischen Arbeiter in kurzer Zeit so viel Deutsch lernten, daß sie sich am Arbeitsplatz unmißverständlich ausdrücken und Anordnungen verstehen könnten. Bei der Verpflegung hätte die Firma nicht nur zusätzliche Lebensmittel besorgt, es würde vor allem auf die Zubereitung des Essens geachtet (weil die sowjetischen Arbeiter an die deutsche Verpflegung nicht gewöhnt seien und sich beispielsweise weigerten, Spinat oder Blätterkohl zu essen). Lang-, Schwer- und Schwerstarbeiterzulagen würden in Form belegter Brote „vor den Augen der anderen" abgegeben. „Überhaupt wurden mit der Belohnung von Spitzenleistungen durch Brotschnitten die besten Erfahrungen gemacht." Karcher sorgte darüber hinaus für regelmäßige ärztliche Betreuung und ein Freizeitangebot: Filmvorführungen, Varieté, „in den Feiertagen kleine Lagerveranstaltungen"; zu Weihnachten kleine Geschenke („der ‚Wunschtraum' der Frauen wurde durch Halsketten aus

269

sehr bunten Glasteinen erfüllt") sowie Spaziergänge durch die nähere Umgebung unter Beaufsichtigung durch deutsches Personal, denn: „Die Knute bringt uns nicht weiter. Ohne in unangebrachte Weichheit zu verfallen: Der noch hier und da verbreitete Standpunkt, daß die schlechteste Behandlung, die miserabelste Unterkunft und der minderwertigste Fraß für die Russen gerade gut genug sind, sabotiert geradezu Ziel und Zweck des sowjetischen Arbeitseinsatzes."

Besondere Aufmerksamkeit widmete die Firmenleitung der Ausbildung der zugewiesenen ausländischen Arbeitskräfte. Die Neuankömmlinge würden auf ihre Vorbildung und Kenntnisse überprüft, in die Kategorien „Facharbeiter", „Anlernling" und „Hilfsarbeiter" eingeteilt und soweit wie möglich berufsrichtig eingesetzt. Die sowjetischen Facharbeiter erhielten zunächst eine Zusatzausbildung an den deutschen Maschinen, während die anzulernenden am Anfang in den Lehrwerkstätten, später dann am Arbeitsplatz selbst von einem deutschen Arbeiter ausgebildet würden, um nach einiger Zeit – zwischen einer Woche und drei Monaten Ausbildung war die Regel – einen zum Militär einberufenen Deutschen abzulösen.

Die Leistungsziffern der sowjetischen Arbeiter lagen hier dementsprechend bald auf dem Niveau der deutschen Arbeitskräfte. So konnte der Betriebsleiter in seinem Bericht abschließend vermerken, daß ein solches Vorgehen auch unter finanziellen Gesichtspunkten attraktiv sei: „Angenommen es sind 100 Russen mit einem Durchschnittslohn von je 5,- RM täglich eingesetzt. Bei 250 Arbeitstagen beträgt die Gesamtlohnsumme jährlich 125.000,- RM ... Bei nur fünfzigprozentiger Leistungsausbeute aber entsteht ein Arbeitsausfall, bzw. ein ungerechtfertigter Mehrlohn von 75.000,- RM jährlich, wenn es sich um Zeitlohn handelt. Demgegenüber spielen einige 100 Mark hin und her für höhere Betreuungskosten keine Rolle, sofern sich dadurch die Leistung verbessern läßt."

Der Bericht schildert keine Idylle; er ist eher symptomatisch für den Kompromiß zwischen Rassismus und Gewinnstreben, wie er 1942 in zunehmendem Maße von Seiten vieler Unternehmen gesucht wurde. Es ist vielleicht auch zweifelhaft, ob die Zustände bei dieser Firma tatsächlich so gewesen sind wie von dem Betriebsleiter hier geschildert. Entscheidend ist aber die Position, die in diesem Bericht deutlich wird: Verbesserung der Ernährung, bunte Ketten, verstärkte Anlernung – alles, um die Arbeitsleistung der sowjetischen Arbeitskräfte zu heben. Dabei spielten die Behandlungsvorschriften der Behörden eine durchaus untergeordnete Rolle, maßgeblich war allein die Leistungsmaximierung; wobei vor allem die sozialen Betreuungsmaßnahmen auf erheblichen Widerstand von Seiten der Partei stoßen mußten. Denn der Preis für Kino, Varieté und bunte Halsketten betrug ja nicht nur „einige hundert Mark hin und her", sondern bestand in der Aufgabe politischer Maximen gegenüber den sowjetischen Arbeitern, bei denen eine möglichst erniedrigende und schlechte Behandlung die eigentlich vorgesehene und nur aufgrund der Kriegslage nicht durchgeführte Vernichtung kompensieren sollte.

4. Soziale Realität und politische Perspektive

Die Schwierigkeiten des Ausländereinsatzes spitzten sich seit dem Beginn der massenhaften Beschäftigung von Ostarbeitern und sowjetischen Kriegsgefangenen zu, und das besondere Problem dabei war, daß sie auf so verschiedenen Ebenen lagen und sich z. T. widersprachen, so daß eine halbwegs kohärente politische Linie der NS-Führung daraus kaum zu entwickeln war. Denn zu kriegswirtschaftlichem Effizienzdruck und den ideologischen Prämissen, die einander widersprachen, kam die Rezeption des Ausländereinsatzes in der Öffentlichkeit als dritter Faktor hinzu.

Seit dem Sommer 1942 wurde das „Ausländerproblem" zumindest aus der Sicht des Geheimdienstes zu einem der am meisten diskutierten Probleme.[167] Je stärker die sowjetischen Arbeiter so wie vorher die anderen Ausländergruppen in den Produktionsprozeß der deutschen Wirtschaft integriert wurden, desto deutlicher wurde auch der Kontrast zwischen den konkreten Erfahrungen der deutschen Bevölkerung, vor allem der Arbeiterschaft, mit ihnen und dem propagandistischen Zerrbild, nach dem „die Russen" sich aus blutgierigen Kommissaren und dumpfen Muschiks zusammensetzten.

Die Gefahr, die für die deutsche Propaganda und die nationalsozialistische Ideologie generell davon ausging, daß einer der ideologischen Eckpfeiler des Regimes, Russenhaß und Bolschewismusfurcht, durch den Arbeitseinsatz von mehr als zwei Millionen sowjetischen Arbeitskräften ins Wanken geriet, wurde von der deutschen Führung spät erkannt. Goebbels machte im Juli 1942 mit einem Aufsatz im „Reich" über „Die sogenannte russische Seele" den Anfang;[168] aber erst der SD wies im August mit Schärfe auf die hier auftretenden Widersprüche hin und forderte nicht mehr und nicht weniger als eine Revision des Propagandabildes vom russischen Untermenschen. Dieses Propagandabild stimme mit den Eindrücken in der deutschen Bevölkerung nicht mehr überein, so daß „eine Reihe von Widersprüchen bestehe, für die man kaum eine befriedigende Erklärung habe". Denn der Auffassung, „daß es sich bei den Angehörigen der Feindarmee um ‚Bestien' handele, ... stehe nun heute schon das geistige und charakterliche Verhalten der *Tausende von Ostarbeitern* gegenüber. Gerade in Arbeiterkreisen werde festgestellt, daß diese Russen doch oft recht intelligent, anstellig, schnell in der Auffassung selbst komplizierter maschineller Bearbeitungsvorgänge seien. Viele lernten recht rasch die deutsche Sprache und seien offenbar auch schulisch gar nicht so schlecht vorgebildet". Auch die erheblich unterschätzte Kampfkraft der Roten Armee könne nicht allein auf den „animalischen Grundcharakter des Menschentums im Osten" zurückgeführt werden, dahinter „stehe wohl doch eine Art Vaterlandsliebe, eine Art Mut und Kameradschaft". Daraus leitete der SD die unverhohlene Forderung an die Propaganda ab, „ein diese Widersprüche klärendes Tatsachenbild vom Raum und von dem Menschen im Osten zu gewinnen".[169]

Wie aber sollte das zu bewerkstelligen sein, ohne politische Grundsubstanz aufzugeben? In der Konsequenz hätte es die Differenzierung zwischen Volk und Führung der Sowjetunion bedeutet – eine Trennung nach politischen, nicht nach „rassischen" Gesichtspunkten also, die den rassistisch begründeten Lebensraumplänen im Osten, die Deportation und Liquidation von Millionen Menschen der Sowjetunion

271

vorsahen, widersprochen hätte.[170] Genau diese Konsequenz aber vermied der SD im Sommer 1942. Vielmehr forderte er neben der Aktualisierung des deutschen Propagandabildes von „den Russen" eine weitgehende Revision der Arbeitseinsatzpolitik des Regimes. Argumentative Stütze war dabei der Rückgriff auf die „volkspolitischen Gefahren" und – mit ermüdender Gleichförmigkeit – die Beschwörung des „gesunden Volksempfindens" gegenüber den Sowjets und überhaupt gegenüber den Ausländern, während die Probleme bei der Ernährung im Einsatz der Ostarbeiter heruntergespielt wurden. „Die Neuregelung der Verpflegungssätze wirke sich da, wo die Betriebe es verstehen, dies entsprechend auszuwerten, durchaus günstig und leistungsfördernd aus, da es den Russen trotz guten Willens – vielfach aufgrund der schlechten Ernährung, die sie in Rußland zuletzt hatten – teilweise nicht möglich gewesen wäre, schwere körperliche Arbeit auszuführen",[171] hieß es im Juni 1942 – die betreffende Neuregelung der Ernährungssätze war die Rationen*senkung* vom April! Ursache für die auftretenden Probleme sei vielmehr die „Anwerbung kranker sowjetrussischer Zivilarbeiter", durch die „verschiedene Betriebe sogar bis zu 50 % der zugewiesenen Arbeitskräfte wegen Krankheit, aber auch wegen völliger Entkräftung an die Arbeitseinsatzbehörden hätten wieder abgeben müssen" und die auf die „mangelhafte ärztliche Untersuchung im Anwerbungsgebiet und auch häufig nicht sorgfältig genug durchgeführte Entlausung der sowjetischen Arbeiter" zurückgeführt wurde.[172] Dadurch waren Partei und Behörden im Reich außerhalb der Schußlinie, und mit den Forderungen „Mehr Desinfektionsanstalten!" und „Genauere Untersuchung bei der Anwerbung!" war der Form genüge getan, ohne daß sich etwas ändern mußte. Die Sorge um die Erhaltung der Arbeitskraft der Ostarbeiter und Kriegsgefangenen stand 1942 auch beim SD noch ganz im Verdacht der „Humanitätsduselei".[173] Denn in Bezug auf die alarmierenden Nachrichten über die Ernährungslage der Ostarbeiter wurde vom SD auch nicht deren Leistungsausfall beklagt, sondern die „Mißfallensäußerungen in der deutschen Bevölkerung" aus „Angst vor einer Ansteckung und wegen der beträchtlichen Krankenkosten".

Den Bemühungen zur Ausweitung und Intensivierung des Ausländereinsatzes und den dadurch virulenten Gefahren einer ideologischen Erosion wurde mit drastischen Hinweisen auf die Kritik in der deutschen Bevölkerung am Ausländereinsatz begegnet: „Heftigsten Unwillen löst neben dem unsauberen, ungepflegten und teilweise verwahrlosten Äußeren das freche und anmaßende Benehmen aus, durch das sich die Bevölkerung in ihrer Bewegungsfreiheit beeinträchtigt fühlt", hieß es in einem großen Bericht von Ende Mai.[174] Aus Hamburg sei über die Ausländer gemeldet worden: „Sie johlen nach Einbruch der Dunkelheit auf der Straße herum, belästigen Frauen und Mädchen mit unflätigen Redensarten, gehen zu 4 und 5 auf den Bürgersteigen, ohne Platz zu machen, verhalten sich frech und herausfordernd auf der Straßenbahn dem Personal und den Fahrgästen gegenüber, verschaffen sich rücksichtslos unter Gebrauch der Ellenbogen Einlaß ins Kino und stoßen dabei wenig sanft Frauen und Kinder bei Seite. Im Kino pfeifen und johlen sie bei Bildern, die nicht ihre Zustimmung finden."

Die Ausländer erhielten außerdem zu viel zu essen („Man frage sich in Arbeiterkreisen, wessen Arbeit schwerer und verantwortungsvoller sei, die des Deutschen oder ‚die der dreckigen Polen'"), besonders die Italiener, die „mehr vollfetten Käse bekämen als die deutsche Bevölkerung, diesen aber gar nicht äßen, sondern ihn einfach wegwerfen würden, weil ihnen angeblich nur Schweizer Käse schmecke", oder, wie in einem Stuttgarter Betrieb, „wo ein Italiener das Essen gegen die Decke des Speisesaals warf, weil ihm die Zubereitung nicht gut genug war", oder in Chemnitz, wo die Ausländer sich mit dem Fett der Bratensauce die Stiefel schmierten; daß „Ausländer zusammen mit deutschen Volksgenossen in den Wartezimmern der Ärzte sich aufhalten müssen", daß „Fremdvölkische" sogar in deutschen Krankenhäusern behandelt würden,[175] daß Ausländer als „Vergnügungsreisende" die Züge der Reichsbahn benützten,[176] oder daß sie „mit Kakao und Schokolade" die deutschen Frauen ins Bett lockten – der Schreckensmeldungen war kein Ende.[177]

Der Kern der so lebhaft beschriebenen „Mißstände und Gefahren" des Einsatzes der Ausländer, vor allem der aus dem Osten, lag für den SD darin, „daß man ihnen laufend erklärte, wie dringend man auf ihre Arbeitskraft angewiesen sei"[178] – was das Dilemma der NS-Führung in der Tat auf den Begriff brachte. Der Ausländereinsatz generell, zumal, wenn er unter Effizienzdruck stand, widersprach den politischen Grundüberzeugungen des Regimes; und der SD klagte heftig darüber, daß „von offizieller Seite oftmals ausschließlich die Notwendigkeit des Arbeitseinsatzes und eine möglichst weitgehende Ausnutzung der Arbeitskraft betont werde und die volkstumsmäßigen Belange überhaupt nicht erwähnt würden", – das ging gegen die GBA-Behörde, deren Aufruf an die ukrainischen Arbeiter als „einseitig ausgehend von der Arbeitsleistung" denn auch scharf kritisiert wurde. Die Kritik reichte aber noch weiter, denn die Priorität des Leistungs- vor dem Rassegedanken sei auch deshalb so verbreitet, „da hierzu oftmals auf Erklärungen des Führers oder des Reichsmarschalls verwiesen werde" – ein in dieser offenen Form seltener Hinweis darauf, daß die Regimespitze seit dem wirtschaftspolitischen Kurswechsel Ende 1941 die Belange der Kriegswirtschaft und des Arbeitseinsatzes so sehr in den Vordergrund gestellt hatte, daß die ideologische Identität der Diktatur und damit ihre politische Perspektive in Gefahr zu geraten schien. Wofür sollten die Deutschen noch kämpfen, wenn sie, um den Krieg zu gewinnen, so große Zugeständnisse machen mußten, daß, so meldete der SD allen Ernstes, „deutsche Volksgenossen, wie es bereits vorgekommen ist, die verstopften Toiletten der Russen reinigen müßten?"[179]

So war die Beschäftigung der ausländischen Arbeitskräfte in Deutschland gegen Ende des Jahres 1942 durch tiefgreifende Widersprüche gekennzeichnet. Eine Eindämmung oder gar Zurückentwicklung des Ausländereinsatzes, wie sie der SD andeutete, war kriegswirtschaftlich völlig undenkbar. In dem Maße, in dem sich die militärische Lage des Reiches verschlechterte, war das Regime auf die Arbeitsleistung der Ausländer angewiesen, was nun auch eine leistungsorientierte Behandlung und stärkere Integration in das deutsche Alltags- und Arbeitsleben und daraus folgend wiederum das Zerfließen rassistischer Zerrbilder der deutschen Propaganda nach sich zog. Der Primat der Arbeitsleistung der Ausländer, insbesondere der sowjetischen Arbeitskräfte, berührte somit die nationalsozialistische Nachkriegs-Perspektive eines Europa beherrschenden deutschen Herrenvolkes und stellte dadurch den Sinn eines nationalsozialistischen Sieges infrage.

Auf der anderen Seite konnte die daraus resultierende kompensatorische Verschärfung von Druck und Repression gegenüber den Ausländern in der Praxis nicht mehr in vollem Umfang greifen, weil die totale Reglementierung des Lebens der Arbeiter aus dem Osten den Erfordernissen eines leistungsorientierten Einsatzes zuwiderlief und mit dem rapiden Anschwellen der Beschäftigungszahlen 1942 immer weiter ausgehöhlt wurde.

Mit den bislang angewendeten Methoden waren diese Widersprüche zwischen ideologischem Postulat und sozialer Wirklichkeit nicht zu lösen, solange das nationalsozialistische Deutschland den Krieg nicht gewonnen hatte. Da es danach nicht aussah, mußte sich die Ausländerpolitik des NS-Regimes so weit der sozialen Wirklichkeit des Ausländereinsatzes anpassen, daß die propagandistische und politische Linie des Regimes den Erfordernissen eines leistungsorientierten Arbeitseinsatzes entsprach, ohne die Gefahr der Entfremdung der eigenen Anhänger von der Kriegführung und den Kriegszielen der Regimespitze zu groß werden zu lassen.

VIII. Kapitel
1943/44: Ausländerpolitik im Totalen Krieg

1. „Europäische Arbeiter gegen den Bolschewismus" – die Propaganda-Offensive nach Stalingrad

Die verheerende deutsche Niederlage in Stalingrad, die sich seit dem Spätherbst 1942 ankündigte, stellte nicht nur hinsichtlich der militärischen Entwicklung die entscheidende Wende des Krieges dar, sondern auch im Hinblick auf die innenpolitische Situation in Deutschland. Zum ersten Mal wurde der Führung wie der Bevölkerung in Deutschland bewußt, daß es seit diesem Kriegswinter nicht mehr darum ging, wann man den Krieg gewinnen würde, sondern darum, ihn nicht zu verlieren. „Nichts wäre falscher annehmen zu wollen", schrieb Goebbels schon im November 1942 im „Reich", „daß wir sozusagen nach einem Naturgesetz und gewissermaßen ohne unser eigenes Zutun siegen müßten".[1]

Das wurde schon in der Entwicklung des Personalbestandes in Wirtschaft und Armee deutlich: Deutschland war an das Ende nicht nur seiner militärischen, sondern damit verbunden auch seiner kriegswirtschaftlichen Möglichkeiten gestoßen. Die deutschen Verluste an der Ostfront lagen Anfang 1943 bei monatlich 150.000 Mann; nicht einmal die Hälfte von ihnen konnte jeweils ersetzt werden. Allein dem Ostheer fehlten 700.000 Soldaten – noch vor dem Ende der 6. Armee! –, für die gesamte Wehrmacht wurde mit einem Bedarf von etwa zwei Millionen Mann gerechnet.[2] Gleichzeitig schnellten durch die erhöhten Produktionsanforderungen auch die Bedarfszahlen der Industrie in die Höhe. Der gemeldete Monatsbedarf der Eisen- und Stahlindustrie an Arbeitskräften lag im Dezember bei 60.000, im Bergbau bei 80.000. Allein im engeren Rüstungsbereich wurden für das erste Vierteljahr 1943 mindestens 800.000 neue Arbeitskräfte gefordert, für die Gesamtwirtschaft bis Juni 1943 etwa 1,5 Millionen[3] – die bis Ende 1942 eingeleiteten Maßnahmen des Regimes standen aber in gar keinem Verhältnis zur Größenordnung der Misere[4]. Die Konsequenz daraus lag auf der Hand: Der dringende Ersatzbedarf des Ostheeres konnte nur durch massive zusätzliche Einberufungen bewerkstelligt werden. Um gleichzeitig aber das Produktionsniveau mindestens zu halten, wenn nicht zu steigern, mußten neue Arbeitskräfte in großem Umfange zur Arbeit in der Rüstungswirtschaft herangezogen werden: durch Stillegungsaktionen und Umsetzungen, vor allem aber durch Rückgriff auf weitere ausländische Arbeiter und Heranziehung neuer, bislang vom Arbeitseinsatz verschonter deutscher Bevölkerungsgruppen.

In der Tat war der Widerspruch zwischen der sich bedrohlich verschlechternden Kriegslage und den effektiven Belastungen der deutschen Bevölkerung erheblich. Weder war es bislang zu Stillegungen nicht rüstungswichtiger Betriebe in größerem Umfang gekommen, noch hatte vor allem die Heranziehung deutscher Frauen zur Arbeit in der gewerblichen Wirtschaft Größenordnungen wie in England oder gar der Sowjetunion erreicht.[5] Die Zahl der weiblichen deutschen Arbeitskräfte war zwischen 1939 und 1941 um eine halbe Million zurückgegangen und lag auch 1942 noch deutlich unter dem Vorkriegsstand, der Anteil der deutschen Frauen an den Beschäftigten in der gewerblichen Wirtschaft hielt sich nahezu konstant bei einem Viertel und erreichte in absoluten Zahlen während des ganzen Krieges nicht mehr den Umfang vom Mai 1939.[6] Solange aber ausländische Arbeitskräfte in so großer Zahl zur Verfügung standen, hatte das Regime die Möglichkeit, eine scharfe Dienstverpflichtung für deutsche Frauen zu umgehen;[7] das aber war angesichts der aktuellen Lage Ende 1942 kaum mehr haltbar.[8] Auch in der Partei war das Thema Frauenarbeit seit langem Gegenstand intensiver Diskussionen.[9] Zwei Aspekte standen dabei im Vordergrund. Zum einen wurde immer wieder vor einer physischen Überlastung der deutschen Frauen und vor der dadurch entstehenden Gefahr der Zunahme politischer Illoyalität gewarnt; zum anderen wurde betont, daß eine Dienstverpflichtung deutscher Frauen politisch nur zu vertreten sei, wenn sie sozial ausgewogen sei und die Angehörigen „besserer Kreise" davon nicht ausgeschlossen würden.

Die Initiative Goebbels'

Die katastrophalen Nachrichten von der Ostfront machten im Dezember 1942 einschneidende Maßnahmen nun unumgänglich; gefördert vor allem durch Speers Rüstungsministerium, politisch chancenreich aber erst, als sich auch Teile der Parteiführung dieser Position anschlossen – allen voran Goebbels.

Goebbels war der einzige innerhalb der NS-Führung, der eine klare Sicht der tatsächlichen militärischen und wirtschaftlichen Lage Deutschlands an der Jahreswende 1942/43 mit einer innen- und außenpolitischen Gesamtkonzeption verbinden konnte. Innenpolitisch mußten die seit den ersten Niederlagen vor Moskau im Winter zuvor begonnenen Ansätze zu einer konsequent kriegswirtschaftlichen Konzentrationsbewegung der deutschen Volkswirtschaft fortgeführt und über die Organisation des militärisch-industriellen Komplexes hinaus auf den Arbeitseinsatz deutscher Frauen und die Senkung des Lebensstandards in Deutschland ausgedehnt werden. Das aber war, wie Goebbels den SD-Berichten unschwer entnehmen konnte, ohne politischen Loyalitätsverlust in der Bevölkerung nur durchsetzbar, wenn es verbunden wurde mit einer schärferen Heranziehung auch bürgerlicher Kreise. Ohne daß es zahlenmäßig wesentlich zu Buche geschlagen wäre, wenn diese „Hosenweiber mit Indianerbemalung", wie sie in den SD-Berichten genannt wurden, zur Erwerbstätigkeit verpflichtet worden wären, so war doch deutlich, daß nur durch die Betonung des „Volksgemeinschafts"-Charakters der Maßnahmen die notwendige Verschärfung gerade gegenüber der Arbeiterbevölkerung legitimierbar war. Die „Totalisierung" des Krieges mußte also gewisse jakobinistische Züge tragen, ohne, wie Goebbels sich beeilte hinzuzufügen, damit eine „öde Gleichmacherei zu propagieren".[10]

Seit etwa November 1942 wurden in den verschiedenen Dienststellen der deutschen Rüstungsbürokratie Überlegungen dazu angestellt, wie die Defizite an Soldaten und Arbeitskräften zur Deckung gebracht werden konnten – wobei die Dienstpflicht für Frauen zunächst sehr umstritten blieb;[11] und seit Mitte Dezember hatte auch Goebbels bereits Vorkehrungen für eine politische Initiative zur innenpolitischen Ausweitung der Mobilisierung für die Rüstungswirtschaft getroffen.[12]

Durch die Meldungen aus Stalingrad beschleunigt, wurde nach Gesprächen zwischen Reichskanzlei, Propagandaministerium, Parteikanzlei, dem Speer-Ministerium, dem GBA und dem OKW am 10. Januar 1943 ein Erlaßentwurf fertiggestellt, der neben Stillegungsaktionen und der Freigabe von bislang uk-gestellten Rüstungsarbeitern für das Militär die gesetzliche Melde- und Arbeitspflicht für alle Männer und Frauen vorsah und als Geheimerlaß des Führers am 13. Januar 1943 verkündet wurde.[13] Für Goebbels war aber klar, daß dies nur ein Erlaß mehr in der Flut der Anordnungen bleiben würde, wenn die dort vorgesehenen Maßnahmen nicht eingebettet wurden in ein langfristigeres Konzept, das die Haltung der deutschen Bevölkerung und die außenpolitische Linie mit einbezog und aufeinander abstimmte. Goebbels ging davon aus, daß die militärische Entwicklung an der Ostfront der deutschen Politik und Propaganda bislang ungeahnte Chancen eröffnete, nunmehr über tagespolitische Flickschusterei hinaus endlich jene politische Radikalisierung zu erreichen, die eine Intensivierung der Belastungen der deutschen Bevölkerung durchsetzen konnte, ohne den Verlust politischer Loyalität befürchten zu müssen. Damit konnte zugleich die Diskrepanz zwischen politischer und militärischer Realität und Propaganda verringert werden, die sich in den vorausgegangenen Monaten vergrößert hatte und drohte, die Propaganda als zentrales Instrument deutscher Innenpolitik unbrauchbar zu machen.[14]

Goebbels verband daher die kriegswirtschaftlichen Verschärfungen des 13. Januar mit einer umfassenden Kampagne zum Totalen Krieg, deren Gelenkstück die im Volk auftauchende Angst vor einer militärischen Niederlage, mehr noch vor einer Niederlage gegen die Sowjetunion, werden sollte. Diese Angst wurde von nun an von Seiten der deutschen Propaganda nicht mehr bekämpft, sondern vorsichtig unterstützt. „Selbstverständlich könnten wir den Krieg verlieren, wenn wir nicht alle Kräfte für den Einsatz mobilisierten", lautete die propagandistische Richtlinie; durch die Totalisierung des Krieges aber könne erreicht werden, „daß im Sommer Rußland zerschlagen werde".[15] Propagandistisches Motto dieser Kampagne der „Kraft durch Furcht", wie sie halb offiziell, halb spöttisch genannt wurde, war die Formel, „daß, gleichgültig wie die einzelnen Deutschen zum Nationalsozialismus stehen, wenn wir besiegt würden, jedem der Hals abgeschnitten würde".[16] Um den gewünschten Effekt der Bolschewismusfurcht zu erzielen, war zunächst nicht viel mehr nötig als die Verhältnisse an der Ostfront einigermaßen realistisch zu schildern: die Rote Armee habe bereits eine große Schlacht gewonnen; sie werde auch den Krieg gewinnen, wenn in Deutschland nicht sofort jedermann und jede Frau vollständig für den Krieg eingesetzt werde; das sei zu erreichen durch harte Maßnahmen, ungeachtet der sozialen Stellung des einzelnen; dann aber sei ein schneller Sieg möglich – das war in Kurzform die Argumentationslinie des innenpolitischen Teils der Propagandakampagne, die Goebbels mit seiner „Sportpalastrede" am 18. Februar zum Höhepunkt brachte.

Der SD unterstützte diese Position seit längerer Zeit durch entsprechende Meldungen, daß in der Bevölkerung nach Stalingrad Maßnahmen zur „Totalisierung des Krieges" erwartet würden,[17] und berichtete, daß die Verordnung vom 27. Januar über die allgemeine Dienstpflicht „besonders von der arbeitenden Bevölkerung zustimmend begrüßt worden ist und in diesen Kreisen eine gewisse Genugtuung ausgelöst hat"; ja es werde sogar bedauert, „daß diese Verordnung nicht bereits früher erschienen ist".[18]

Durch die Betonung der Angst vor der Roten Armee als Ausgangspunkt der Kampagne erhielt die Optik des gesamten „Ostfeldzuges" aber einen defensiven Charakter. Nicht mehr der „Lebensraum im Osten", sondern die „Angst vor den bolschewistischen Horden" war das propagandistische Herzstück. Die Implikationen dieser Akzentverschiebung waren weitreichend; denn wenn der Kampf gegen die Sowjetunion als antibolschewistischer Abwehrkampf so stark im Vordergrund stand, mußte die gesamte Konzeption auch einen außenpolitischen Schwerpunkt haben, der die Gewichte zwischen dem Verhältnis zu den Feinden im Osten und denen im Westen verschob und die Sowjetunion als Hauptgegner klar heraushob. Goebbels formulierte darüber hinaus einen „objektiven" Widerspruch zwischen dem europäischen Westen und dem bolschewistischen Osten, dessen expansive Politik gegenüber ganz Europa von Deutschland stellvertretend für den „zivilisierten Westen" bekämpft werde.

Am 21. Januar brachte Goebbels diese Wandlung der außenpolitischen Propagandakonzeption auf den Begriff; das Protokoll der „Ministerkonferenz" vor der deutschen Presse vermerkt für diesen Tag: „Sehr scharf wendet sich der Minister gegen die Methode, gegenüber den Russen von unserer Eroberungsabsicht im Osten zu sprechen ... Es gäbe nur eine Parole, die immer wieder verkündet werden müßte, das sei unser Kampf gegen den Bolschewismus. Heute führe Rußland seinen Kampf unter der Parole des Nationalismus und könne sich dabei auf alle Kräfte der Nation stützen. Unsere Propagandaparole könne im Osten daher nur sein, nicht den Kampf gegen das Russentum, sondern gegen den Bolschewismus zu führen."[19]

Diese Wendung von einem rassistisch motivierten Kampf der überlegenen deutschen Herrenrasse gegen die „Untermenschen" um Lebensraum im Osten zu einem Abwehrkampf des kultivierten Europa gegen die Herrschaft des Kommunismus hatte mehrere Vorteile. Zum einen entsprach sie der innenpolitischen „Kraft durch Furcht"-Kampagne und ging von der nicht unberechtigten Hoffnung aus, dadurch in Deutschland vor allem die „konservativen Kräfte aufzurütteln und zu mobilisieren".[20]

Zweitens spekulierte Goebbels darauf, daß durch die Stilisierung des deutschen Ostfeldzuges zum antibolschewistischen Abwehrkampf Europas auch die neutralen Staaten, ja sogar die Westmächte dem nationalsozialistischen Deutschland freundlicher gesinnt würden.[21]

Diese Argumentationslinie wurde von Hitler in dessen Ansprache zum 10. Jahrestag der „Machtergreifung" am 30. Januar aufgegriffen: „Was wäre aus dem deutschen Volk und Europa geworden, wenn am 22. Juni 1941 nicht in letzter Minute die neue deutsche Wehrmacht ihren Schild vor den Kontinent gehalten hätte", als die Sowjetunion kurz davor gewesen sei, „Europa zu überfallen, seine Kultur zu vernichten, vor allem aber seine Menschen auszurotten, um Sklavenarbeiter für die sibirischen Tundren zu gewinnen. Welcher Staat hätte außer Deutschland dieser Gefahr entgegenzutreten vermocht?" Die Abwehr des Bolschewismus sei nur möglich, weil sich „seit dem Jahre 1941 der größte Teil Europas um Deutschland im Kampf gegen die Gefahren des Ostens schart".[22]

Die Betonung Europas war nicht neu, sie unterschied sich aber von den „Neuordnungsplänen" der Jahre 1940/41 durch ihren strikt defensiven Charakter. Parallel zu den propagandistischen Bemühungen Goebbels wurden auch im Auswärtigen Amt neue Europa-Pläne geschmiedet, deren Perspektive die Gründung eines „Europäischen Staatenbundes" war.[23] Deutschland als Kämpfer für Europa und damit auch für Rußland – dem „ersten vom Bolschewismus besetzten Land" – das war die Perspektive, die von nun an die deutsche Propaganda bestimmen sollte.[24] Goebbels selbst wollte dafür sorgen, „daß der Antibolschewismus Wochen und Monate lang von nun an die Propaganda beherrsche ... Bis zum Ende des Krieges werde nunmehr immer auf dem Bolschewismus herumgetreten werden und in jeder Versammlung solle das A und O der Kampf gegen den Bolschewismus sein". Es müsse auch darauf geachtet werden, „daß wir immer Bolschewismus sagen müssen und nicht Kommunismus, weil das Wort Kommunismus einen anderen Klang habe und vielleicht in der Lage sei, bei diesen oder jenen vergangene Zeiten anklingen zu lassen".[25]

Die Einbeziehung „Rußlands" markiert den dritten Aspekt der propagandistischen Wendung hin zum „antibolschewistischen Abwehrkampf": die Veränderung des Verhältnisses zu den „Ostvölkern".

Im Propagandaministerium benutzte man schon am 31. Januar Hitlers Rede vom Vortag als Legitimationsgrundlage für die neue politische Linie, daß das Reich auch die Angehörigen der Ostvölker als „wichtige Hilfskräfte" benötige, wie der Leiter der Abteilung Ost, Taubert, in einer Vorlage formuliert hatte. Man könne die Ostvölker aber nur durch eine sachgemäße und menschenwürdige Behandlung für die deutschen Interessen gewinnen. Er regte an, „die Ausführungen des Führers über den Kampf Europas gegen den Bolschewismus, die Rettung des Kontinents durch die deutsche Wehrmacht und über das Neue Europa" zu einer illustrierten Broschüre zusammenzustellen. „Die Gesamttendenz dieser Broschüre müßte dann die sein, daß die europäischen Völker jetzt alles Trennende zu vergessen haben, daß sie ihre Familienstreitigkeiten bis nach dem Kriege aufschieben müssen und daß es jetzt darum geht, den Brand vom gemeinsamen Hause fernzuhalten".[26]

Goebbels selbst wies in seinen Konferenzen vor der Presse immer wieder auf die Differenzierung zwischen „Russen" und „Bolschewismus" hin. Es dürfe nicht „von einem Kampf gegen die Slawen oder das russische Volk" gesprochen werden, ordnete er am 12. Februar an.[27] Anfang Februar trug er die Planungen des Ministeriums über eine Kurskorrektur gegenüber den Angehörigen der „Ostvölker" Hitler vor. Schon hier wurde die Verbindung des Problems der „Ostvölker" mit dem der sowjetischen Arbeitskräfte im Reich deutlich. Goebbels erreichte dabei von Hitler die Anordnung, daß eine einheitliche Behandlung der Ausländerprobleme bei allen Dienststellen sicherzustellen und die deutsche Bevölkerung entsprechend propagandistisch auszurichten sei.[28] Das war eine außerordentlich weitgehende Vollmacht, und Goebbels benutzte sie sogleich, um mit Erlaß vom 15. Februar 1943 die grundlegenden propagandistischen Richtlinien für die Haltung gegenüber den europäischen Völkern herauszugeben, eine Art praktischer Umsetzung der neuen

Hauptparole „Europa gegen den Bolschewismus".[29] Diese Richtlinien waren gewissermaßen das Herzstück der propagandistischen Kurskorrektur im Januar 1943, insbesondere, was die Behandlung der Ostarbeiter in Deutschland betraf: „Jede Kraft des europäischen Kontinents, also auch vor allem der Ostvölker, muß in den Kampf gegen den jüdischen Bolschewismus eingesetzt werden. Es verträgt sich hiermit nicht, diese Völker, insbesondere die Angehörigen der Ostvölker, direkt oder indirekt, vor allem in öffentlichen Reden oder Aufsätzen herabzusetzen und in ihrem inneren Wertbewußtsein zu kränken. Man kann diese Menschen der Ostvölker, die von uns ihre Befreiung erhoffen, nicht als Bestien, Barbaren usw. bezeichnen und dann von ihnen Interesse am deutschen Sieg erwarten". Es müsse „die Bestie Stalin und die Bestialität des bolschewistischen Systems angegriffen werden, nicht aber die Völker, die vom ihm unterworfen würden". Begriffe wie „Kolonien" oder „Kolonialpolitik" zu benutzen, wurde untersagt, ebenso wie über Pläne von Großsiedlungen und Landenteignung im Osten zu sprechen. Dagegen seien „der Freiheitswille, der Kampfwille gegen das bolschewistische Terrorregiment, wie er die von den Sowjets unterdrückten Völker beseelt, ihr Soldatentum sowie ihre Arbeitswilligkeit hervorzuheben". Als „Beweis" sollten in der deutschen Öffentlichkeit der Einsatz russischer Kräfte in der Wehrmacht, die wirtschaftliche Bedeutung der eroberten Gebiete im Osten und „der Einsatz der Ostarbeiter im Reichsgebiet" angeführt werden.

Gerade den letzten Punkt bekräftigte Goebbels am 5. März noch einmal ausdrücklich vor der Presse, indem er sich scharf gegen die „schlechte Behandlung der Arbeiter und Arbeiterinnen aus dem Osten im Reich" aussprach. „Er habe noch keine Persönlichkeit und keine Dienststelle gefunden, die einen Erlaß herausgegeben haben, wonach die Ostvölker schlecht zu behandeln sind, aber in Wirklichkeit werden sie im täglichen Leben hart angefaßt. Er wendet sich scharf gegen die Methode, diese für uns so wichtigen Hilfskräfte hinter Drahtverhau zu stecken oder zu verprügeln."[30]

Auswirkungen auf die Ausländerpolitik

Daß eine Konzeption vom Totalen Krieg die Lage der ausländischen und vor allem der sowjetischen Arbeiter mit einbeziehen mußte, war nur logisch, denn der allenthalben gemeldete Widerspruch zwischen der Arbeitswilligkeit der Ostarbeiter und ihrer durch schlechte Ernährung und Behandlung herbeigeführten unzureichenden Arbeitsleistung war eklatant. Goebbels' Vorschlag ging hier aber noch weiter, denn die ausschließlich politische Perspektive des antibolschewistischen Abwehrkampfes für Europa ließ keinen Platz mehr für langfristige rassistische Perspektiven und warf praktisch große Teile der NS-Ideologie einfach über den Haufen. Um aber den hier zu erwartenden innerparteilichen Widerstand abzuschwächen, betonte der Propagandaminister das taktische Moment seiner Kampagne und verglich sie mit der Politik der Partei während der „Kampfzeit", weil „wenn wir vor der Machtübernahme von dem Wotanglauben oder der Auflösung der deutschnationalen Partei, der Kassierung der Sozialdemokraten und der Einsperrung der Kommunisten gesprochen hätten und vom Kampf gegen die Kirchen, sicherlich uns niemand gewählt hätte. So sei es auch heute Wahnsinn, gegenüber den Russen von unseren Absichten im Osten zu sprechen".[31]

Was die tatsächliche Ostpolitik des Regimes betraf, vermochte Goebbels durch seine Initiative allerdings wenig zu erreichen.[32] Seine Propagandakampagne gegen den Bolschewismus war dafür um so erfolgreicher, insbesondere nach der großen, auch internationalen Resonanz auf die Sportpalast-Rede. Zwei Tage danach vermeldete er stolz der Presse, „daß der Erfolg der antibolschewistischen Kampagne größer sei als man habe erwarten können", vor allem im Ausland sei das Echo sehr positiv.[33] Davon beflügelt machte sich das Propagandaministerium daran, zumindest jene Teile der Kampagne auch politisch durchzusetzen, die die Verhältnisse unmittelbar im Reich betrafen.

Die Betonung des europäischen Gedankens auch gegenüber den ausländischen Arbeitskräften war gleichfalls nicht neu. Der GBA hatte z. B. schon im Mai 1942 in einem Aufruf an die in Deutschland beschäftigten Kriegsgefangenen davon gesprochen, daß die Deutschen auch für sie und „Europa" kämpften,[34] und das Auswärtige Amt hatte im Juni verlangt, gegenüber den ausländischen Arbeitern in Deutschland müßte die „Konzeption der europäischen Neuordnung" gegen den „Bolschewismus mit seinen kulturzersetzenden Einflüssen" in den Vordergrund gestellt werden.[35]

Neu war aber die weitgehende Einbeziehung auch der Ostarbeiter, und das stieß folgerichtig vor allem bei Partei und RSHA auf Skepsis. Am 10. März fand im Propagandaministerium eine Konferenz der mit dem Ausländereinsatz befaßten obersten Staats- und Parteidienststellen statt, die sich mit den praktischen Konsequenzen aus den Grundsätzen des 15. Februar befaßte; das Goebbels-Ministerium hatte dabei sehr weitgehende Pläne. Ausgehend von der Zusage Hitlers gegenüber Goebbels bezüglich der einheitlichen Behandlung der Ausländerprobleme bei allen Dienststellen forderte Gutterer, Goebbels Staatssekretär, daß entsprechend der Propaganda des „Neuen Europa" beim Umgang mit den im Reich tätigen ausländischen Arbeitern sofort jeder Zündstoff beseitigt werden müsse, der eine feindliche Einstellung bei ihnen hervorrufen könne, insbesondere bei den Ostarbeitern; eine bessere Behandlung der Ostarbeiter sei unbedingt notwendig. Insgesamt müßten die Behandlungsvorschriften für west- und osteuropäische Arbeiter vereinheitlicht werden, die entsprechenden Erlasse des RSHA seien zu korrigieren, das Verbot von Mißhandlungen und Prügelstrafen zu verschärfen. Zudem sei eine neue Dienststelle zu bilden, die die politischen, sozialpolitischen, sicherheitspolizeilichen und propagandistischen Belange des Ausländereinsatzes miteinander abstimmen solle.[36]

Gegen diese umfassenden Vorstellungen Gutterers liefen das RSHA und die Parteikanzlei natürlich Sturm. Baatz erklärte für das RSHA die Dringlichkeit der Beibehaltung der getroffenen sicherheitspolizeilichen Maßnahmen, während sich der Vertreter der Parteikanzlei prinzipiell gegen die Richtlinien des 15. Februar aussprach, denn nach den bisherigen Erfahrungen entstünden nichts als Unzuträglichkeiten, wenn man den Ausländern zu viel Freiheit gewährte.[37] Die Parteikanzlei stellte fest, daß sie gegen die derzeitige Praxis der Ausländerbehandlung keine Einwände habe und kritisierte die ZAVO, „die übermäßig auf die Beschwerden der Ostarbeiter eingehe und zu ihrer eigenen Sache mache". Als auch noch der Vertreter des OKW/Abwehr die Errichtung einer neuen Stelle ablehnte, war dieser Teil des Vorschlags zunächst abgeschmettert.[38] Immerhin aber wurde Goebbels' propagandistische Initiative prinzipiell gutgeheißen, und so einigte man sich darauf, die Richtlinien vom 15. Februar so umzugestalten, daß die sicherheitspolizeilichen Vorschriften des RSHA nicht geändert zu werden brauchten.[39]

Das „Merkblatt" vom April 1943

Das aus den Verhandlungen hervorgegangene Merkblatt selbst, das die „allgemeinen Grundsätze für die Behandlung der im Reich tätigen ausländischen Arbeitskräfte" regelte, war in der Tat ein lupenreiner Kompromiß zwischen den politischen Positionen von RSHA und Propagandaministerium. Es wurde von der Parteikanzlei, dem RSHA, dem Propagandaministerium und einer Reihe weiterer Dienststellen in ihren Verteilern verbreitet und hatte dadurch, obwohl es zur Veröffentlichung in der Presse nicht freigegeben wurde, große Resonanz. Es kann daher mit einigem Recht für die Zeit bis Ende 1944 als Grundlage der Ausländerpolitik des Regimes angesehen werden.[40]

Argumentativer Ausgangspunkt des Merkblattes war die These, daß der antibolschewistische Kampf des Reiches zunehmend eine Angelegenheit der „europäischen Solidarität" werde, deren „sichtbare, praktische Auswirkung ... die Beschäftigung von Millionen ausländischer Arbeiter fast aller europäischer Staaten" sei. Damit war zwar die historische Entwicklung des Ausländereinsatzes seit 1939 auf den Kopf gestellt worden, gleichwohl war diese Präambel als politische Festlegung auf den neuen Kurs von einiger Bedeutung. Unmittelbar an diese einleitende Bestimmung anschließend hatte das RSHA zwei Abschnitte durchgesetzt, die beginnend mit der Feststellung „An erster Stelle steht die Sicherheit des Reiches" vor allem auf den „erforderlichen Abstand" zwischen Deutschen und Fremdvölkischen sowie auf die „Grundsätze nationalsozialistischer Blutsauffassung" abhoben. Danach aber folgte eine Passage, die für den Eingeweihten das genaue Gegenteil zu dem Primat der „Sicherheit des Reiches" aussagte: „Dem Ziel, den Krieg siegreich zu beenden, hat sich alles unterzuordnen." „Sicherheit" gegen „Sieg" – das waren die Kurzformeln der unterschiedlichen Positionen. Die Einzelbestimmungen des Merkblattes aber entsprachen dem Europa-Kurs des Propagandaministeriums, sie lesen sich wie eine Darstellung der tatsächlichen Lebens- und Arbeitsverhältnisse der Arbeitskräfte aus dem Osten in Verbotsform: „Jeder, auch der primitive Mensch hat ein feines Empfinden für Gerechtigkeit. Daher muß sich jede ungerechte Behandlung verheerend auswirken. Ungerechtigkeiten, Kränkungen, Schikanen, Mißhandlungen usw. müssen also unterbleiben. Die Anwendung der Prügelstrafe ist verboten", heißt es zu Beginn, und „von Menschen, die als Bestien, Barbaren und Untermenschen bezeichnet werden, kann man keine Höchstleistung verlangen". Im einzelnen wurde angeordnet: berufsrichtiger Einsatz; Verbesserung der Unterbringung in Lagern („Gefängnismäßige Absperrung und Stacheldraht sind verboten"); Ausrüstung mit zweckmäßiger, warmer Kleidung; ausreichende Verpflegungssätze („Unterschlagungen, Wucherpreise usw. durch Aufsichtsstellen der Ausführungsorgane werden so geahndet, als wäre die Tat Deutschen gegenüber begangen"); wirksame gesundheitliche Betreuung, Freizeitangebote („im übrigen haben auch die Ostarbeiter grundsätzlich mindestens am arbeitsfreien Tag die Möglichkeit auszugehen"), seelsorgerische Betreuung. Auffällig war auch die Androhung schwerer Strafen bei Verstößen gegen diese Anordnungen, die „nicht nur unter dem Gesichtspunkt der unpolitischen Straftat (z. B. Körperverletzung, Unterschlagung, Wucher) zu ahnden, sondern unter Umständen sogar als Feindbegünstigung anzusehen sind".[41]

Die Bestimmungen des Merkblattes unterschieden sich hinsichtlich ihres Inhalts nicht wesentlich von den bereits vom GBA erlassenen Vorschriften. Bedeutsam sind sie deshalb, weil sie von allen am Ausländereinsatz entscheidend beteiligten Reichsbehörden gemeinsam verabschiedet worden waren, weil sie zweitens von der argumentativen Anlage her (außer bei der seelsorgerischen Betreuung) keinen Unterschied machten zwischen Ost- und Westarbeitern und weil drittens die Bestimmungen so gehalten waren, daß die Vorschriften als allen Ausländern zustehende Ansprüche aufgeführt wurden, als Regelfall – nicht als deutscher Gnadenbeweis in Einzelfällen.

2. Der neue Kurs und die Kontinuität des Rassismus

Das Vorgehen des Propagandaministeriums im Frühjahr 1943 stellte innerhalb der Binnenstruktur des Machtgefüges des Regimes vor allem einen Angriff auf das „Amt IV D (ausl.Arb.)" des RSHA dar, das es unter der stillen, aber offensichtlich effektiven Leitung von Baatz verstanden hatte, die gesamte Ausländerfrage politisch in die eigene Zuständigkeit zu übernehmen, während die zahlreichen anderen beteiligten Dienststellen, in Sonderheit der GBA, eher die organisatorischen Aufgaben zu erledigen hatten. Der Ausländereinsatz war nach den Vorstellungen des RSHA aufgebaut worden – und die Goebbels-Initiative versuchte, eben daran zu rütteln. In seinem eigenen Erlaß zu dem Merkblatt vom 15. April, an dem es ja selbst mitgearbeitet hatte, versuchte das Baatz-Referat die Vorschriften soweit wie möglich abzuschwächen; „die einzelnen von Seiten der Gefahrenabwehr zu stellenden Forderungen" seien hier nicht mit aufgenommen, weil der Verteilerkreis des Merkblattes zu groß sei, hieß es entschuldigend, und das Merkblatt enthielte „lediglich bereits in den von mir erlassenen Bestimmungen ausgesprochene Grundsätze, bringt also für meine Dienststellen keine Änderung der Anweisungen".[42]

Dieser deutliche Hinweis auf die Fortführung der bisherigen Praxis ungeachtet der Initiative des Propagandaministeriums war auch ein Reflex darauf, daß es Goebbels trotz aller Widerstände dann doch gelungen war, die Anregung für eine neue Dienststelle, die die politischen, sozialpolitischen, sicherheitspolizeilichen und propagandistischen Belange des Ausländereinsatzes koordinieren sollte, durchzusetzen. Nach Verhandlungen zwischen Propagandaministerium, DAF, RSHA und RMO wurde innerhalb des Zentralbüros der DAF die „Zentralinspektion für die Betreuung der ausländischen Arbeitskräfte" geschaffen, deren Chef der Hauptdienstleiter der NSDAP, Otto Gohdes, wurde.[43] Die neue Stelle war zwar im Rang relativ niedrig plaziert worden und stellte nichts weiter dar als noch eine weitere Dienststelle neben GBA, DAF, der ZAVO, den militärischen Kontrollbehörden und den unzähligen anderen Behörden und Parteigliederungen, die in irgendeiner Form in der

Ausländerfrage Kompetenzen besaßen. Daß sie aber auch „sicherheitspolizeiliche" Angelegenheiten zu koordinieren hatte, stellte doch eine gewisse Machteinbuße für die Himmler-Behörde dar.

Konkurrenz zwischen Justizministerium und RSHA

Während dieser regimeinternen Auseinandersetzung um Goebbels' „Europa"-Initiative sah sich das RSHA noch einer weiteren politischen Attacke ausgesetzt, die die Frage der Verfolgungskompetenz gegenüber Polen und Ostarbeitern betraf. Es war seit jeher das Ziel des RFSS gewesen, das gesamte Sonderstrafsystem für Ausländer vollständig in die Hand zu bekommen. Im September 1942 hatte Himmler von Thierack, dem neuen Justizminister, die Zusicherung bekommen, daß alle „Sicherungsverwahrten, Juden, Zigeuner, Russen und Ukrainer, Polen über drei Jahre Strafe, Tschechen oder Deutsche über acht Jahre" der alleinigen Strafzuständigkeit des RFSS zugeordnet werden sollten, was in Thieracks Besprechungsvermerk „Auslieferung asozialer Elemente aus dem Strafvollzug an den Reichsführer SS" genannt wurde.[44]

Diese Vereinbarung war nicht nur der justizielle Freibrief für die Massenmorde in den besetzten europäischen Gebieten, sondern stellte auch die z. T. nachträglich gelieferte und von Himmler dringlich gewünschte „gesetzliche" Grundlage für das Sonderstrafsystem gegen Ostarbeiter und Polen dar. Thierack hatte auch Bormann von dieser Übereinkunft in einem für die deutsche Justizgeschichte außerordentlich denkwürdigen Schreiben unterrichtet: „Unter dem Gedanken der Freimachung des deutschen Volkskörpers von Polen, Russen, Juden und Zigeunern und unter dem Gedanken der Freimachung der zum Reich kommenden Ostgebiete als Siedlungsland für das deutsche Volkstum beabsichtige ich, die Strafverfolgung gegen Polen, Russen, Juden und Zigeuner dem Reichsführer SS zu überlassen. Ich gehe hierbei davon aus, daß die Justiz nur in kleinem Umfang dazu beitragen kann, Angehörige dieses Volkstums auszurotten. Zweifellos fällt die Justiz jetzt schon sehr harte Urteile gegen solche Personen, aber das reicht nicht aus, um wesentlich zur Durchführung des oben angeführten Gedankens beizutragen. Es hat auch keinen Sinn, solche Personen Jahre hindurch in deutschen Gefängnissen und Zuchthäusern zu konservieren, selbst dann nicht, wenn, wie das heute weitgehend geschieht, ihre Arbeitskraft für Kriegszwecke ausgenutzt wird".[45]

Eine in der Sache wie in der Sprache damit vergleichbare Äußerung der Justiz hatte es bis dahin nicht gegeben; aus den danach folgenden Verhandlungen wird aber deutlich, daß Thierack diese Zusage wohl in erster Linie auf die eroberten Ostgebiete bezogen hatte. Das RSHA interpretierte sie aber weitgehender. Mit Erlassen vom 23. Oktober 1942 und 5. November 1942 wurde den untergeordneten Dienststellen des RSHA mitgeteilt, daß die Zuständigkeit für die Verfolgung von Straftaten von Polen und Ostarbeitern im Reich von der Justiz auf die Polizei übertragen worden sei.[46] Dabei war vor allem die abgegebene Begründung aufschlußreich, die zusammengefaßt lautete: „Polen und Angehörige der Ostvölker sind fremdvölkische und rassisch minderwertige Menschen", daraus ergäben sich Gefahren und die Notwendigkeit eines spezifischen Sonder-Strafrechts, weil „fremdvölkische aus staatspolitischen Erwägungen völlig anders als deutsche Menschen zu behandeln sind". Hier könne nämlich nicht von der „Würdigung der persönlichen Motive des Täters" ausgegangen werden, sondern nur davon, daß die Tat „die deutsche Volksordnung gefährdet und daß daher Vorkehrungen getroffen werden müssen, die weitere Gefährdungen verhindern". Nicht „justizmäßige Sühne", sondern „polizeiliche Gefahrenabwehr" müsse im Vordergrund stehen.[47]

Als die Vereinbarung Thieracks mit Himmler und die daraus entwickelten RSHA-Bestimmungen in der politischen Führung des Regimes bekannt wurden, protestierten dagegen vor allem die Gauleiter in den „eingegliederten Ostgebieten" und das RMO, die eine erhebliche Beunruhigung der Bevölkerung in ihren Gebieten befürchteten. Nach ihrer Intervention nahm Thierack seine Zustimmung zu der Abtretung der Strafkompetenz gegen Polen und Ostarbeiter an das RSHA wieder zurück,[48] wohl auch deshalb, weil mittlerweile Goebbels' Europa-Kampagne angelaufen war und die Vereinbarung vom September 1942 nicht mehr in die seit Stalingrad gewandelte politische Landschaft paßte. Den Beamten im Justizministerium wurde offenbar jetzt erst klar, welche Tragweite die von Thierack und Himmler getroffene Vereinbarung hatte und daß sie selbst nicht einmal die einschlägigen Erlasse und Bestimmungen des RSHA zu dieser Frage kannten. Die Bitte um Übersendung der entsprechenden Erlasse, die das RMJ Anfang Januar an das RSHA aussprach, wurde von Himmler selbst zunächst glatt abgelehnt, mit dem Hinweis, daß das RMJ womöglich „Kapital aus den Erlassen schlage" und sie dazu benütze, auf eine Einschränkung der „Rechte der Polizei" hinzuwirken.[49]

Im Februar unterrichtete Thierack die Chefpräsidenten und Generalstaatsanwälte von den Verhandlungen mit dem RSHA. Auf dieser Sitzung wurde deutlich, daß es schon seit längerer Zeit zu heftigen Konflikten zwischen Justiz und Gestapo wegen der Bestrafung von polnischen und sowjetischen Arbeitern gekommen war. Thierack erklärte dazu: „Dieses Problem war für mich eines der schwersten, weil ich überhaupt nicht wußte, was los war; auch das Ministerium wußte es nicht ... z. B. den Fall in Wien, wo ein Urteil gegen einen Polen, glaube ich, nach Auffassung der Stapo nicht genügte und Herausgabe verlangt wurde und angedroht wurde, daß schließlich der Mann vor dem Gericht gehängt werde und der Vorsitzende des Standgerichts dabei sein sollte. Mir vollkommen unverständliche Vorgänge! Ich hatte keine Unterlagen". Nachdem er die Erlasse des RSHA bekommen habe, sehe er nun ein, daß es angesichts von sieben Millionen Ausländern in Deutschland gar nicht möglich sei, „mit den Mitteln der Justiz diese Masse Menschen nieder zu halten". Er habe anfangs die Überzeugung vertreten, „daß wir überhaupt hier die Polen und verschiedene andere: Juden, Zigeuner und Russen der Polizei überlassen. Das war eine klare Linie, aber sie war falsch", denn: „Wir müssen ja auch in der Justiz dauernd der Kriegslage folgen ... D. h. wir können heute gar nicht von dem Gedanken ausgehen, daß wir diese Menschen irgendwie vernichten wollen", sondern es müsse „diesen Menschen eine Art Gerichtsverfahren garantiert" werden, und zwar „je länger der Krieg dauert, immer stärker".[50]

Mit dieser an politischem Zynismus und Opportunismus schwer zu übertreffenden Haltung ging das RMJ in die weiteren Verhandlungen, die sich in der im Zusammenhang mit der Goebbels-Kampagne so wichtigen Sitzung des RSHA-

Arbeitskreises am 31. März 1943 zuspitzten, als es zu einem „Zuständigkeitskampf zwischen RSHA und Justizministerium" kam, wie im Protokoll bemerkt wurde.[51]

Dem RMJ waren jetzt sogar Bedenken gekommen, ob das Sonderstrafrecht für Polen und Ostarbeiter überhaupt beibehalten werden könne. „Im Interesse einer Förderung der Stimmung und des Arbeitswillens sei es nicht mehr angängig, den Ostvölkern ein minderes Recht als Deutschen zu gewähren", erklärte das RMJ entsprechend seiner Anpassungsstrategie an die Kriegslage und forderte die umfassende Zuständigkeit der Justiz in allen Fragen der Strafverfolgung auch für Polen und Ostarbeiter. Müller vom RSHA argumentierte dagegen nur mit „Personalmangel" und „Überfüllung der Gefängnisse". Es ist sehr auffällig, daß er eine politische Argumentation wie in dem Erlaß vom 5. November 1942 in diesem Kreis nicht vornahm; der explizit auf „rassische Minderwertigkeit" abgestellte Begründungszusammenhang war offenbar zwei Monate nach Stalingrad auch bei den Verwaltungsspitzen des Regimes nicht konsensfähig.

Dennoch setzte sich die Position des RSHA, befördert durch die massive Unterstützung der Parteikanzlei, auf ganzer Linie durch. Am 30. Juni 1943, das Merkblatt des 15. April politisch konterkarierend, gab das RSHA per Erlaß bekannt, daß alle Vorgänge über kriminelle Verfehlungen der polnischen und sowjetischen Arbeitskräfte ausschließlich an die zuständigen Gestapo(leit)stellen abzugeben seien. Und auch in der Begründung wurde unmißverständlich klargestellt, „daß der Pole und Sowjetrusse schon allein kraft seines Daseins im deutschen Herrschaftsraum eine Gefahr für die deutsche Volksordnung darstellt und es daher nicht so sehr darauf ankommt, für eine von ihm begangene Straftat eine angemessene Sühne zu finden als darauf, ihn an einer weiteren Gefährdung der deutschen Volksordnung zu hindern".[52]

Die politische Entscheidungsfindung nach dem Stalingrad-Schock war damit fürs erste abgeschlossen und hatte zu einem paradoxen, gleichwohl aber bemerkenswerten Ergebnis geführt. Auf der einen Seite war es durch die Europa-Kampagne, das Merkblatt vom April und die Gründung der Zentralinspektion zu einer Wende in der Ausländerpolitik des NS-Regimes gekommen, die im wesentlichen eine schärfere Kontrolle der Einhaltung der Behandlungsvorschriften und eine gewisse Tendenz zur Gleichstellung von Ost- und Westarbeitern beinhaltete. Dem gegenüber stand die Festigung der Macht des RSHA in der Zuständigkeit für den Ausländereinsatz und die Bekräftigung, ja Verschärfung des Sonderstrafsystems für Polen und Russen auf der Grundlage der radikalen Propagierung der „rassischen Minderwertigkeit" dieser Arbeitskräfte.

Beide Positionen wirkten weiter und entwickelten eine je eigene Dynamik – im Kern waren sie politisch nicht vereinbar und wurden es immer weniger; Konfusion und Widersprüchlichkeit in der Ausländerpolitik waren also schon von hier aus weiter programmiert.

Die jeweilige Stärke oder Schwäche der einen oder anderen Linie stand in der Folgezeit immer in unmittelbarem Zusammenhang zum Kriegsverlauf: Goebbels' Initiative war ein Produkt der Stalingrad-Panik; die Durchsetzung des RSHA gegenüber dem RMJ geschah, als die Siegesmeldungen von der deutschen Sommeroffensive im Kursker Bogen bekannt wurden. Diese enge Bindung politischer Entscheidungen in der Ausländerfrage an die militärische Entwicklung war schon seit dem Sieg über Frankreich und der Schlacht vor Moskau feststellbar gewesen; seit Anfang 1943 aber wurde diese Beziehung noch viel enger und kurzatmiger: Je schlechter die Nachrichten an der Front, desto defensiver die politische Haltung gegenüber den Ausländern; je günstiger die Kriegslage, desto deutlicher kamen wieder Herrenmensch- und Rassestandpunkt zum Vorschein.

Die Behandlung der „Ostkinder"

Bei den durch die Verschärfung der Kriegslage ausgelösten Versuchen des Propagandaministeriums und anderer Stellen, die Lage der ausländischen Arbeiter im Sinne eines effektiveren Arbeitseinsatzes zu verbessern, waren die Behandlungsvorschriften des RSHA zwar der Hauptgegenstand der Auseinandersetzungen, ein Bereich aber war von den Initiativen zur „Liberalisierung" ausgeschlossen: Der gesamte Komplex der sogenannten „GV-Verbrechen", der im Schnittpunkt des ideologischen und politischen Interesses der SS lag.

Die „Reinhaltung deutschen Blutes von fremdvölkischen Einflüssen" war nicht nur eine der Grundlagen der nationalsozialistischen Rasseideologie, sie stellte angesichts des millionenfachen Ausländereinsatzes auch ein innerhalb der Regimeführung unumstrittenes politisches Postulat dar und war vollständig dem Aufgabenbereich des RSHA zugeordnet. Dabei standen, was die Häufigkeit der Delikte des „verbotenen" oder „unerwünschten" Umgangs und des sexuellen Verkehrs mit deutschen Frauen anging, die Westarbeiter, vor allem Franzosen und Italiener bei weitem im Vordergrund. Das Problem für die NS-Behörden bestand weiter darin, daß der Verkehr mit zivilen Westarbeitern nicht verboten war – und auch nicht verboten werden konnte, sowohl aus außenpolitischen Rücksichtnahmen als auch wegen der Rasseideologie selbst, die zwischen „Slawen" und „Germanen" unterschied; denn was einem „germanischen" Holländer zugestanden wurde, konnte man dem politisch befreundeten Italiener nicht abschlagen.

Entsprechend häufig waren nach wie vor die Beschwerden der diversen Parteispitzel über das „würdelose Benehmen" der deutschen Frauen im Umgang mit Ausländern, ohne daß die Behörden in diesen Fällen eingreifen konnten.[53] So mußte der SD resigniert feststellen, daß „allein die Zahl der von Fremdvölkischen mit deutschen Frauen gezeugten unehelichen Kinder auf mindestens 20.000" geschätzt und die „Gefahren der blutlichen Unterwanderung des deutschen Volkes immer größer" würden.[54]

Dafür aber wurden die sexuellen Kontakte polnischer und sowjetischer Arbeiter mit deutschen Frauen um so schärfer verfolgt. Durch die einschlägigen Bestimmungen in den Polen- und Ostarbeitererlassen hatte eine scharfe Verfolgungspraxis eingesetzt, in deren Verlauf es zu zahlreichen Hinrichtungen polnischer und sowjetischer Arbeiter kam. Seit Ende 1942 wurden öffentliche Hinrichtungen von Polen seltener als in den vergangenen drei Jahren angeordnet, und das RSHA stellte im November 1942 ausdrücklich fest, die Exekutionen polnischer Arbeiter hätten jetzt nicht mehr die gleiche Bedeutung wie vorher.[55] Stattdessen wurden die „nicht eindeutschungsfähigen" Polen als sogenannte „Facharbeiter" in ein Konzentrationslager eingewiesen, während „rassisch gut beurteilte" Polen in die speziell dafür errichtete „Abteilung für Eindeutschungsfähige" des Konzentrationslagers Hinzert bei Trier[56] zu verbringen waren. Eine entsprechende Verfahrensweise wurde seit Ende 1942 auch gegenüber den Ostarbeitern praktiziert.[57] Dennoch nahmen die Exekutionen wegen „GV-Verbrechen" gegenüber Ostarbeitern und sowjetischen Kriegsgefangenen weiter zu. 1944 erließ das Ausländerreferat im RSHA zuweilen zwei bis drei Exekutionsanordnungen täglich gegen sowjetische Arbeitskräfte wegen Umgangs mit deutschen Frauen.[58] Die Zahl der öffentlichen Exekutionen an polnischen und sowjetischen Zivilarbeitern aus diesem Grund war jedoch seit Mitte 1943 rückläufig. In der Praxis fanden die „rassischen Überprüfungen" nur noch selten statt, je länger der Krieg dauerte; die betroffenen Polen oder Ostarbeiter wurden meist in ein Konzentrationslager eingewiesen. Ende November 1944 wurde dann auch die „rassische Überprüfung" ganz fallengelassen.[59]

Das vorrangige Interesse der Rassespezialisten in der Himmler-Behörde wandte sich seit 1943 von den „GV-Verbrechen" ab und konzentrierte sich auf die schwangeren Arbeiterinnen aus dem Osten und die neugeborenen Kinder der polnischen und sowjetischen Frauen.

In Parteikreisen und in der Öffentlichkeit galten – aus unterschiedlichen Gründen – die hohen Zahlen von schwangeren Ostarbeiterinnen und Polinnen als Skandal. So beschwerte sich die NSDAP-Leitung des Gaues Westfalen-Nord über die angeblichen „Ausschweifungen" von Ostarbeiterinnen mit Franzosen, die zu „Orgien und Nackttänzen" führten und von den Behörden aus „deutscher Humanitätsduselei" nicht unterbunden würden.[60] Die Deutsche Bischofskonferenz nahm sich der „sittlichen Mißstände" bei den polnischen Arbeitern an, kritisierte die hohe Zahl der Schwangerschaften und unehelichen Kinder und leitete daraus die dringliche Forderung an die deutsche Regierung ab, das Verbot der Eheschließungen für Polen aufzuheben. In der Tat war dies für die meist katholischen Arbeiter aus Polen ein großes Problem, das Verbot blieb jedoch bis Kriegsende bestehen.[61]

Die Arbeitsämter und Polizeistellen schließlich hegten den Verdacht, daß die Schwangerschaften in der Absicht herbeigeführt worden wären, dadurch Deutschland verlassen zu können; denn nach den gültigen Vorschriften wurden bis 1942 schwangere ausländische Arbeiterinnen generell in ihre Heimatländer abgeschoben, was einen Anstieg der Schwangerschaften gerade bei Polinnen und Ostarbeiterinnen zufolge hatte.

In Anknüpfung an ältere Vorschriften wurden daher seit dem Frühjahr 1943 die Möglichkeiten der Abtreibung bei schwangeren Polinnen und Ostarbeiterinnen ausgeweitet.[62] Am 11. März 1943 gab der Reichsgesundheitsführer eine Rundverfügung heraus, wonach bei schwangeren Ostarbeiterinnen auf deren Wunsch die Schwangerschaft unterbrochen werden könne; vorauszugehen habe hierbei die Begutachtung durch die Gutachterstelle für Schwangerschaftsunterbrechungen bei den örtlichen Ärztekammern.[63] Das RSHA erteilte daraufhin die pauschale Genehmigung der Abtreibung bei Ostarbeiterinnen, wenn der Erzeuger ein „fremdvölkischer" Mann war; wenn jedoch mit einem „rassisch wertvollen" Kind zu rechnen sei, sei die Genehmigung der zuständigen Stellen einzuholen. Wenig später wurden diese Bestimmungen auch auf Polinnen ausgedehnt.[64] In welchem Ausmaß diese Erlasse zur Anwendung gekommen sind, ist unklar; vor allem die Frage, ob das Gebot der Freiwilligkeit in der Praxis tatsächlich zum Tragen kam, ist nicht zu beantworten.[65]

Viele untere Behörden aber befürworteten gegenüber den schwangeren Frauen aus der Sowjetunion und Polen sowie ihren Kindern ein wesentlich brutaleres Vorgehen: „Unter den aus dem Reich Zurückgekehrten befindet sich eine erhebliche Menge von schwangeren Frauen, die, da sie ihrer baldigen Niederkunft entgegen sehen, aus dem Arbeitsverhältnis im Reich in ihre frühere Heimat entlassen wurden. Die Häufigkeit der Fälle läßt darauf schließen, daß dieser Zustand ein gewollter ist", wurde aus dem Warthegau gemeldet und angeregt, diese Kinder den Polinnen abzunehmen: „Die Kinder guten Blutes könnten im Heime untergebracht werden, während die anderen einer Sonderbehandlung zugeführt werden müßten. M. E. würde dadurch mit einem Schlage die Kinderfreudigkeit bei diesen Polinnen nachlassen."[66]

Daran anknüpfend vereinbarte Himmler mit dem GBA Ende 1942, keine ausländischen Arbeiterinnen bei Schwangerschaft mehr abzuschieben. „Gutrassige Kinder" ausländischer Frauen sollten in besonderen Heimen als Deutsche erzogen und „schlechtrassige" Kinder in Kindersammelstätten zusammengefaßt werden, wobei für diese Sammelstätten, wie Himmler ausdrücklich vermerkte, eine „hochtrabende Bezeichnung" einzuführen sei.[67] Am 27. Juni 1943 erging dann der daraus folgende Erlaß des RSHA, der eine konsequente Praktizierung rassebiologischer Grundsätze in diesen Fragen zum Inhalt hatte.

Die Betreuungseinrichtungen für „schlechtrassige" Kinder von polnischen und sowjetischen Arbeiterinnen hießen nun „Ausländerkinder-Pflegestätten" und sollten mit ausländischem Personal belegt werden. Mit „gutrassigen" Kindern sollte anders verfahren werden: „Die Notwendigkeit, den Verlust deutschen Blutes an fremde Volkskörper zu verhindern, wird durch die Blutopfer des Krieges verstärkt. Es gilt daher, die Kinder von Ausländerinnen, die Träger z. T. deutschen und stammesgleichen Blutes sind und als wertvoll angesehen werden können ... nach Möglichkeit dem Deutschtum zu erhalten und sie daher als deutsche Kinder zu erziehen", lautete die Begründung für die Anordnung eines komplizierten Verfahrens der rassischen Überprüfung. Fiel diese „positiv" aus, wurden die Kinder nach der Stillphase in besondere Pflegeheime eingewiesen und von den Müttern getrennt – bei Westarbeiterinnen nur mit Zustimmung der Mutter, bei Polinnen und Ostarbeiterinnen ohne Einwilligung. Außerdem sollten „rassisch besonders wertvolle werdende Mütter, die den Bedingungen des Lebensborns entsprachen, in SS-Mütterheimen aufzunehmen und ihre Kinder zu bevormunden" sein.[68]

Diese Regelungen betrafen durchaus keine Einzelfälle. Im Januar 1944 kamen z. B. im Gau Schwaben auf 1.000 dort beschäftigte Ostarbeiterinnen 20, auf 1.000 Polinnen 53 Schwangere; von den insgesamt 708 sowjetischen und polnischen Kindern war fast die Hälfte unter 2 Jahre alt.[69]

In der Folgezeit wurden zahlreiche derartige „Ausländerkinder-Pflegestätten" eingerichtet, oft auch auf Veranlassung der Firmen, bei denen die ausländischen Mütter beschäftigt waren. Zwar galten die Bestimmungen offiziell für alle Ausländerinnen, Anwendung fanden sie jedoch fast nur auf Frauen aus Polen und der Sowjetunion. Während in städtischen und industriellen Gebieten solche „Pflegestätten" 1944 bereits in größerer Zahl vorhanden waren, fehlten sie auf dem Lande noch weitgehend. Die auf den Höfen beschäftigten polnischen und sowjetischen Arbeiterinnen zogen ihre Kinder bei sich auf, oft zusammen mit den Kindern der deutschen Bäuerinnen und Mägde, wogegen der SD heftig protestierte, weil dies nicht nur die Arbeitskraft der Ausländerinnen beeinträchtige, sondern auch eine „volkspolitische Gefahr" darstelle und „der augenblickliche Zustand des gemeinsamen Aufwachsens fremdvölkischer und deutscher Kinder auf die Dauer unerträglich sei", zumal „verschiedentlich bei deutschen Volksgenossen Mitleid mit den schwangeren Ausländerinnen und den fremdvölkischen Kindern beobachtet werden könne ... Die Folge davon wäre, daß die fremdvölkischen Kinder genauso betreut und behandelt würden wie die eigenen, was letzten Endes zu einer völligen Verwischung des unbedingt erforderlichen Abstandes zwischen Deutschen und Fremdvölkischen führe".[70]

Auch von der Fa. Krupp in Essen war ein Lager für Kinder der auf der Gußstahlfabrik beschäftigten Ostarbeiterinnen eingerichtet worden – das Kinderheim „Buschmannshof" in Voerde bei Dinslaken. Es wurde 1943 eröffnet, weil, wie der Kruppsche Oberlagerführer später erklärte, die Zahl der Ostarbeiterkinder weiter anstieg und die Platzverhältnisse im Kruppschen Krankenhaus in Essen nicht mehr ausreichten. Deshalb wurden die Kinder in Voerde von einem Teil der russischen Mütter unter der Leitung einer deutschen Frau betreut. Von den 120 Kindern aber, die dort untergebracht waren, starben zwischen Herbst und Winter 1944 mindestens 48 in Folge einer Diphterie-Epidemie, die offensichtlich auch durch schlechte Versorgung der Kinder mit Lebensmitteln hervorgerufen worden war. Bei Kriegsende wurde das Lager dann nach Thüringen evakuiert, ohne daß die Mütter davon Bescheid erhielten – die Überlieferung dieser weiteren Vorfälle läßt eine gesicherte, genauere Darstellung des Schicksals dieser Kinder nicht zu.[71] Daß sie als unnütze Esser, Menschen zweiter oder gar dritter Klasse behandelt wurden, deren Leben nicht viel galt, beweist auch ein zweiter Fall aus diesem Zusammenhang.

Im Mai 1944 wurde in dem Dorf Velpke bei Helmstedt von Seiten der NSDAP ebenfalls ein derartiges Kinderheim eröffnet, um dort die neugeborenen Kinder der im Kreis Helmstedt beschäftigten Ostarbeiterinnen unterzubringen, die ihnen, wenn nötig mit Gewalt, weggenommen wurden. Leiterin des Heimes war eine „volksdeutsche" Lehrerin, assistiert von vier jungen Ostarbeiterinnen. Zwischen Mai und Dezember wurden dort 110 polnische und russische Kinder untergebracht, von denen 96 in diesem Zeitabschnitt starben – an Epidemien, Unterernährung und „allgemeiner Schwäche", obwohl sie bei guter Gesundheit und mit warmer Kleidung dort eingeliefert worden waren.[72]

Daß solche Verhältnisse nicht eben selten, sondern eher die Regel waren, macht das Schreiben eines SS-Gruppenführers Hilgendfeldt an Himmler deutlich. Hilgendfeldt hatte eines der Ostkinder-Heime besucht und schrieb dazu am 11. August 1943: „Die augenblickliche Behandlung der Frage ist m. E. unmöglich. Es gibt hier nur ein Entweder – Oder. Entweder man will nicht, daß die Kinder am Leben bleiben – dann sollte man sie nicht langsam verhungern lassen und durch diese Methode noch viele Liter Milch der allgemeinen Ernährung entziehen; es gibt dann Formen, dies ohne Quälerei und schmerzlos zu machen. Oder man beabsichtigt, die Kinder aufzuziehen, um sie später als Arbeitskräfte verwenden zu können. Dann muß man sie aber auch so ernähren, daß sie einmal im Arbeitseinsatz vollwertig sind".[73]

In diesen Aktivitäten der Partei und SS in Zusammenarbeit mit betrieblichen Stellen gegenüber den „fremdvölkischen" Kindern und ihren Müttern wird die Kontinuität der radikalen Durchsetzung rassebiologischer Prinzipien gegenüber Ostarbeitern und Polen auch in den letzten beiden Kriegsjahren offenbar.

Die Durchsetzung von Rasse-Prinzipien bei der Selektion von „gutrassigen" und „schlechtrassigen" Kleinkindern zeigt, daß das Regime den wirtschaftlichen Zwängen und dem Arbeitskräftemangel nur vorübergehend gehorchen wollte und die Optionen auf radikale Lösungen im Sinne der Rassedoktrin lediglich aufgeschoben hatte. Bei den für den Arbeitseinsatz nicht brauchbaren Kleinkindern aber konnte schon jetzt nach den Methoden vorgegangen werden, die man den sowjetischen und polnischen Arbeitern nach siegreicher Beendigung des Krieges insgesamt zugedacht hatte.[74]

Verschiebung der rassepolitischen Selektionspraxis auf nicht arbeitseinsatz-relevante Bereiche, Kontinuität des Sonderstrafsystems und der je nach Kriegsverlauf dosierten Repressionen einerseits – Initiativen zur „Liberalisierung" der Behandlungsvorschriften, vor allem zur Annäherung des Status von Ost- und Westarbeitern unter der Parole des antibolschewistischen Abwehrkampfes Europas andererseits: das waren die Grundzüge der nationalsozialistischen Ausländerpolitik in den letzten beiden Kriegsjahren.

3. Die „Arbeitererfassungen" 1943/44

Die geschilderten Initiativen zu einer „Liberalisierung" des Ausländereinsatzes konnten natürlich nur die eine Seite der Reaktion auf Stalingrad sein – die andere mußte in einer erneuten, gigantischen Anwerbeaktion ausländischer Arbeitskräfte bestehen, um angesichts der Bedarfszahlen der Wehrmacht auch nur annähernd für Ersatz in den Betrieben zu sorgen. Der Bedarf an Arbeitskräften für März 1943 wurde auf der 33. Sitzung der Zentralen Planung am 16. Februar mit mindestens 560.000 (so viele Unterbringungsmöglichkeiten für Ausländer konnte man zugrunde legen) veranschlagt. 400.000 Arbeitsplätze sollten sofort durch zusätzliche ausländische Arbeitskräfte besetzt werden, insgesamt war Sauckel der Überzeugung, „bis mindestens zum Mai d. J. 1 bis 1 1/2 Millionen Arbeitskräfte" zur Verfügung stellen zu können.

Die Kriegsereignisse an der Ostfront hatten sich auch in diesen Planungen bereits niedergeschlagen, denn anders als 1942 wollte man die Mehrzahl dieser Arbeiter nun aus dem Westen holen, während für die besetzten Gebiete im Osten nur mit 150.000 neuen Arbeitskräften gerechnet wurde. Durch härtere Maßnahmen sollten vor allem französische Facharbeiter herangezogen werden, „der Westen könne auf diese Weise einen Teil des Ostausfalls ausgleichen" und insgesamt noch etwa 1 1/2 Millionen Arbeiter für die deutsche Rüstungsindustrie stellen – so hoffte man.[75]

Frankreich

Sauckel hatte zu Anfang des Jahres seinen Druck auf die Vichy-Regierung in Frankreich erhöht und am 11. Januar die Freistellung jedes dritten der in Frankreich noch beschäftigten 450.000 Metallwerker und insgesamt „die Bereitstellung von weiteren 250.000 Kräften für die deutsche Rüstungswirtschaft" gefordert, die durch 20 gemischte Sonderkommissionen erfaßt und nach Deutschland gebracht werden sollten.[76]

Über diese Forderungen sprach Sauckel am 12. Januar mit Ministerpräsident Laval und stellte ihm als „Gegenleistung" in Aussicht, für 3 zivile Arbeiter aus Frankreich 2 französische Kriegsgefangene zu beurlauben und einen dritten als Zivilarbeiter in Deutschland einzusetzen, und zweitens ein „Erleichtertes Statut" für „bewährte, fleißige Kriegsgefangene ab 1. April 1943" zu erlassen. Laval wies jedoch darauf hin, daß dies nur über eine jahrgangsweise Mobilisierung möglich sei, und beschwerte sich, „daß die deutsche Politik fast jeden Tag härtere Forderungen an mich heranträgt, ohne daß diese Forderungen in den Rahmen einer einheitlichen Politik gestellt werden". Er mußte aber letztlich unter dem massiven Druck Sauckels dann doch dessen Vorschlägen zustimmen.[77]

Mit Hilfe eines Erlasses über die obligatorische Arbeitsdienstpflicht vom 16. Februar 1943, durch den die Jahrgänge 1920 bis 1922 erfaßt und für zwei Jahre zum Arbeitsdienst verpflichtet wurden, konnten die „Auskämmungen" nun in großem Stil durchgeführt werden.[78] Schon im April durfte Sauckel seinem Führer pünktlich den erfolgreichen Abschluß der „2. Sauckel-Aktion" melden, insgesamt seien im ersten Vierteljahr 250.000 französische Arbeitskräfte, davon rund 150.000 Facharbeiter gestellt worden.[79]

Daraufhin wurde das „Erleichterte Statut" für 250.000 französische Kriegsgefangene tatsächlich erlassen: Diese Gefangenen wurden „beurlaubt" und in das zivile Arbeitsverhältnis überführt – Sauckel hatte zwar Laval aufgefordert, in der Gewährung des „Erleichterten Statuts" ein „ganz besonders großes Entgegenkommen des Führers zu erblicken", tatsächlich aber war das OKW heilfroh, wie schon 1940 bei der Überführung der polnischen Kriegsgefangenen in den Zivilarbeiterstatus die an die Bewachung der Gefangenen gebundenen Kräfte der Wehrmacht freisetzen zu können.[80]

Doch kaum war die eine „Sauckel-Aktion" beendet, begann die nächste; „wir leben von den Ausländern", hatte Kehrl im April in der ZP festgestellt.[81] 220.000 weitere Arbeiter sollten im Mai und Juni aus Frankreich gestellt werden – zum ersten Mal aber gelang dies nicht in vollem Umfang. Sauckels Apparat in Frankreich (mit 2.500 Angestellten und 180 Zweigstellen) konnte bis Juli lediglich rd. 150.000 Arbeiter rekrutieren;[82] er war auf zunehmenden Widerstand in der Bevölkerung gestoßen, die Zahl derjenigen, die sich durch Flucht zu den Widerstandsgruppen in den „Maquis" der Anwerbung zu entziehen versuchten, nahm ständig zu – eine Entwicklung, die den deutschen Behörden nun auch im Westen zu schaffen machte.[83] Sauckel mußte in seinem Bericht vom Juni 1943 zugeben, daß „die Bereitschaft der Bevölkerung der besetzten Gebiete, ins Reich zu gehen, im Gegensatz zum vorigen Jahr sehr gering" geworden sei; durch Flucht und passiven Widerstand, „der in Bandengebieten sogar zum aktiven ausartete", versuchten sich die Betroffenen der Werbung oder Dienstverpflichtung zu entziehen.[84]

Auch in den Niederlanden hatte es starken Widerstand gegeben. Anfang Mai sollten die ehemaligen Angehörigen der niederländischen Armee, die im Westen Hollands wohnten, als Arbeitskräfte in die deutsche Kriegswirtschaft überführt werden; daraufhin brachen im ganzen Lande z. T. mehrtägige Streiks aus – die Überführungen konnten nicht stattfinden.[85]

Dennoch stiegen die Zahlen der in Deutschland beschäftigten Westarbeiter im Jahre 1943 insgesamt steil an:

Tabelle 38: Zivile Arbeitskräfte aus den besetzten Westgebieten, November 1942 und Dezember 1943[86]

	Franzosen	Belgier	Holländer	insgesamt
20. 11. 1942	134.518	130.989	153.764	419.271
31. 12. 1943	666.610	222.851	274.368	1.163.829
Differenz	+ 532.092	+ 91.862	+ 120.604	+ 744.558

Allein die Zahl der französischen Zivilarbeiter hatte sich also 1943 verfünffacht, allerdings sind hier die 250.000 Kriegsgefangenen mit „Erleichtertem Statut" einbezogen, so daß der reale Zuwachs etwa 280.000 Zivilarbeiter aus Frankreich betrug.

Durch die Erfolge im Westen beflügelt, wollte Sauckel im August eine weitere, die vierte „Sauckel-Aktion" beginnen. Nach Gesprächen mit den Behörden in den besetzten Westgebieten stellte er Hitler den Plan vor, allein in Frankreich zusätzlich 500.000 Arbeitskräfte für Deutschland zu gewinnen. Diese sollten durch „Umschichtung" von 1 Million französischer Arbeiter aus der zivilen in die für Deutschland arbeitende Rüstungsfertigung erreicht werden; aus Belgien und Holland sollten jeweils weitere 150.000 Arbeitskräfte nach Deutschland gebracht werden.[87] Die Ausweitung der Dienstverpflichtung auf Frauen, die „Auskämmung" von Betrieben, Wirtschaftszweigen und Bevölkerungsgruppen und schärfere Polizeimaßnahmen sollten dazu beitragen, das Anwerbesoll zu erfüllen.[88] Mit diesen Plänen aber hatte Sauckel nicht nur den stetig zunehmenden Widerstand in der französischen Bevölkerung geschürt, sondern auch die Widersprüche zwischen verschiedenen, bis dahin parallel laufenden Konzeptionen der Ausbeutung des besetzten Frankreich soweit zugespitzt, daß sie nun offen zu Tage traten. Letztlich bestand der Widerspruch darin, daß eine Produktionssteigerung der für deutsche Rüstungsinteressen arbeitenden französischen industriellen Kapazitäten und eine Verminderung der französischen Belegschaften zugunsten des Einsatzes im Reich gleichzeitig nicht zu haben waren. Da bislang aber weder das eine noch das andere konsequent durchgeführt worden war, war es bis zum Herbst 1943 ohne größere Konflikte möglich, beide Wege zu beschreiten. Mit der Intensivierung sowohl der Produktion in Frankreich wie der Dienstverpflichtungen ins Reich aber war daraus ein Gegensatz geworden, und die sich daran anschließenden Auseinandersetzungen zwischen Speer und Sauckel sind Ausdruck eben dieses Gegensatzes – die Ausbeutungsintensität erreichte sowohl politisch wie ökonomisch ihre Grenzwerte.[89]

Die Maßnahmen der 3. Sauckel-Aktion hatten im Frühsommer 1943 die industrielle Leistung der für Deutschland arbeitenden französischen Industriebetriebe deutlich beeinträchtigt[90] – vor allem deshalb, weil viele Rüstungsarbeiter aus Angst vor Dienstverpflichtung geflohen waren. Speer beschwerte sich darüber, weil dadurch seine Absicht, Güter für den zivilen deutschen Bedarf zunehmend in Frankreich herstellen zu lassen, um deutsche Kapazitäten für die Rüstung zu gewinnen, gefährdet wurde.[91]

Im Herbst vereinbarte Speer mit Bichelonne, dem französischen Produktionsminister, die Verstärkung der Verlagerung deutscher Aufträge nach Frankreich. Dafür sollten die Belegschaften der betreffenden Betriebe dem Zugriff der Arbeitseinsatzkommandos entzogen werden, wodurch sich diese „Sperr-Betriebe" zu einer Art Schutzzone für französische Arbeiter entwickelten; „le Maquis légal" wie die Dienststellen des GBA sie bald nannten.[92]

Das Paradoxe an der Haltung Speers aber war, daß er auf zusätzliche Westarbeiter in Deutschland nicht verzichtete, so daß die Höhe der Arbeitskräfteanforderungen, die Sauckels Werber erfüllen sollten, bestehen blieb. Dadurch war nicht nur Speers Argumentationsbasis gegenüber Sauckel schwach, es wird auch deutlich, daß Speer durchaus kein Gegner der Deportationspolitik des GBA war, sondern in einer nüchternen Kosten-Nutzen-Analyse feststellte, daß weitere Aushebungen in Frankreichs Rüstungsbetrieben – nur um die ging es – zu diesem Zeitpunkt der deutschen Rüstung insgesamt mehr schadeten als nutzten.

Sauckels Politik ging hingegen von der Maxime aus, daß es eher die Masse machte als eine umständliche Produktionsintensivierung durch Umsetzungen, Stillegungsaktionen und umfangreiche Anlernungsmaßnahmen. Als Vertreter der Partei lagen ihm zudem die politischen Argumente, die gegen verstärkten Fraueneinsatz oder Stillegung mittelständischer Betriebe sprachen, viel näher als einem Technokraten wie etwa Kehrl, der ihm kalt vorrechnete, daß allein 40 % seiner Bedarfsschätzungen gestrichen werden konnten, und auf England verwies, wo fast 2/3 der Frauen erwerbstätig seien, in Deutschland hingegen nur 46 %.[93]

Sauckels Argumentation gegen die Einführung der vor Aushebungen geschützten „S-Betriebe", die er Anfang Dezember Hitler vorlegte, beruhte darauf, daß ohne zusätzliche französische Arbeitskräfte in großer Zahl weder das Produktionsniveau im Reich gehalten noch die Anforderungn des OKW nach neuen Soldaten erfüllt werden konnten. Außerdem befürchtete er unliebsame Nebenfolgen eines solchen Privilegs für Frankreich, weil er nicht zu Unrecht vermutete, daß Belgien, die Niederlande, die Balkanstaaten oder auch Italien bald ähnliche Forderungen stellen würden. Grundlage seines Beharrens auf weiteren Deportationen aber war die Feststellung, „daß ein Franzose, der in Deutschland arbeitet, mindestens eine um ein Drittel höhere Leistung erbringt, als wenn er in Frankreich selbst arbeitet".[94]

Dem hielt Speer die „Idee einer europäischen Produktionsplanung"[95] entgegen – und hier zeigte sich der politische Unterschied zwischen beiden Ansichten sehr deutlich. Während für Sauckel das „deutsche Interesse" eine fest umrissene, geographische und „rassische" Größe war, bestand es für Speer in der effektiven Erhöhung der Kriegsproduktion. Die Ausbeutung Frankreichs mußte für Leute wie Sauckel sichtbar sein, spürbar in der Deportation französischer Arbeiter und ihrer Unterordnung unter deutsche Arbeitszucht. Wenn sie auch in Lyon bleiben konnten und wie bisher leben und arbeiten, war nicht nur die Gefahr gegeben, daß die französischen Arbeiter unter weniger starkem Druck geringere Arbeitsleistungen erbringen würden; es ging auch die Unmittelbarkeit des Ausbeutungsverhältnisses verloren, und der Sinn des Kampfes für einen Sieg des nationalsozialistischen Deutschland mußte sich über Produktionsdaten statt über handfest erfahrbare Unterdrückungsverhältnisse herstellen.

Am 4. Januar 1944 kam es dann bei einer Besprechung in der Reichskanzlei zum offenen Austrag der Kontroverse, die von Hitler in Quadratur des Zirkels so entschieden wurde, daß Sauckel 1944 „mindestens 4 Millionen neue Arbeitskräfte aus den besetzten Gebieten beschaffen" solle, sie aber „nicht der schaffenden Rüstungs- und Zulieferungsindustrie der besetzten Gebiete" entnehmen durfte – damit war gar nichts entschieden.[96]

Sauckels Anwerbeprogramm für 1944 war mit 4 Millionen zusätzlichen Arbeitskräften auch vom Standpunkt der Regimeführung aus völlig unsinnig. „Weder lag ein Bedarf in dieser Höhe vor, noch hätten sie im Reich untergebracht und ernährt werden können, wenn Sauckel in der Lage gewesen wäre, sie nach Deutschland zu bringen", formulierte Kehrl zugespitzt und zutreffend.[97] „Daß diese Zahlen erfüllt werden können, darüber brauchen wir nicht ernstlich zu debattieren", hatte auch Milch in der ZP Mitte Februar angemerkt[98] – schon deshalb, weil allein in Frankreich mehr als 14.000 Betriebe „geschützt" worden waren, „alles, was nicht niet- und nagelfest" war, war zu Sperrbetrieben erklärt worden.[99]

Nur in diesem Kontext ist auch das berühmte und häufig zitierte Streitgespräch zwischen Kehrl und Sauckel bei der ZP am 1. März 1944 zu verstehen. Kehrl argumentierte, daß die französischen Arbeiter anfangs freiwillig nach Deutschland gekommen seien; da sie nun aber zwangsdeportiert würden, sei der Schaden für die deutschen Interessen größer als der Nutzen, dementsprechend seien S-Betriebe in Frankreich vonnöten. Sauckel mußte den Zusammenhang zwischen Zwangsdeportationen und Rückgang der französischen Produktion bestreiten, um sein Anwerbeprogramm in Frankreich nicht zu gefährden, so daß er darauf beharrte, daß auch schon früher Zwang ausgeübt worden und der Zusammenhang zwischen Zwangsanwerbungen und der Errichtung von S-Betrieben also falsch sei:

Sauckel: „Ich bin dann sogar den Weg gegangen, mir einen Agentenstab von Franzosen und Französinnen, Italienern und Italienerinnen heranzubändigen, die gegen gute Bezahlung, wie es früher ein Shanghaien gegeben hat, auf Menschenfang ausgehen und durch Schnaps und Überredung die Leute betören, um sie nach Deutschland zu bringen."

Kehrl: „Während dieser ganzen Zeit ist von ihnen durch freiwillige Werbung eine große Zahl von Franzosen nach dem Reich gekommen."

Sauckel: „Auch durch Zwangsanwerbung."

Kehrl: „Die Zwangswerbung setzte ein, als die freiwillige Werbung nicht mehr genug ergab".

Sauckel: „Von den 5 Millionen ausländischen Arbeitern, die nach Deutschland gekommen sind, sind keine 200.000 freiwillig gekommen."[100]

Wenn die Zahl der Freiwilligen von Sauckel hier auch gegenüber Kehrl erheblich zu niedrig angesetzt wurde, so mögen seine Schilderungen der Methoden der Anwerbekommandos doch der Wirklichkeit entsprechen. Tatsächlich aber mußte er auf dieser Sitzung bereits eingestehen, daß sein „Programm" völlig überhöht und nicht zu erfüllen war. Der Hinweis auf die S-Betriebe war nun jedoch für ihn ein willkommener Vorwand, um jede Verantwortung für das Sinken der Anwerbezahlen in Frankreich von sich zu weisen, obwohl der Rückgang der Rekrutierungszahlen mit der Einrichtung der S-Betriebe nur mittelbar zu tun hatte. Der wahre Grund für das Scheitern der 4. Sauckel-Aktion war das Verhalten der französischen Arbeiterschaft; denn der durch die Kriegsentwicklung beflügelte Widerstand gegen Saukkels Anwerbekommandos hatte so zugenommen, daß von daher die Einschätzung richtig war, mit der er seine Rede vor der ZP am 1. März 1944 begann: „Der Arbeitseinsatz ist im Herbst vorigen Jahres, soweit es sich um den ausländischen Arbeitseinsatz handelt, weitestgehend zerschlagen worden."[101]

Die Kontroverse zwischen dem Rüstungsminister und dem GBA prägte die Auseinandersetzungen um die Arbeitseinsatzpolitik bis Ende 1944. Nach weiteren Schriftwechseln und Konferenzen zu diesem Thema[102] kam es im Juli 1944 zu einer großen Chefbesprechung, in der Sauckel sich heftig beschwerte, das bisherige Ergebnis der Neuanwerbungen im Westen „stelle einen Skandal gegenüber dem in stärkster Weise in den Arbeitsprozeß eingeschalteten deutschen Volke und einen völligen Bankerott der deutschen Autorität in Italien und Frankreich dar, wo noch Hunderttausende von Arbeitskräften bummelten". Zur Veränderung dieser Situation fiel ihm aber auch nichts anderes ein als „Exempel zu statuieren, dann würde die passive Resistenz sich sehr schnell in aktive Mitarbeit verwandeln", wozu der Vertreter der Sicherheitspolizei sich auf dieser Sitzung zwar bereit erklärte, der deutsche Botschafter in Paris aber erklärte, „die Anwendung scharfer Mittel, wie das Erschießen von französischen Funktionären, nütze nichts, man werde damit die Bevölkerung nur um so eher ins maquis treiben".[103] Das beschrieb die Situation genau. Sauckel machte sich dennoch sogleich daran, das nächste bombastische „Programm" für den Arbeitseinsatz in der zweiten Hälfte 1944 zu verfassen.[104] Seine „Programme" und „Forderungen" waren jedoch längst zu Traumgebilden geworden. Seit dem Frühjahr 1944 gab es im Westen praktisch keine Anwerbungen mehr; im Gegenteil, die Beschäftigungszahlen von Westarbeitern in Deutschland waren rückläufig.

Tabelle 39: Zivile Arbeitskräfte aus den besetzten Westgebieten, Januar bis September 1944[105]

	Franzosen	Belgier	Holländer	zusammen
31. 12. 1943	666.610	222.851	274.368	1.163.829
30. 9. 1944	646.421	199.437	254.544	1.100.405
Differenz	−20.189	−23.414	−19.824	−63.424

Sowjetunion und Polen

Die Krise des deutschen Arbeiteinsatzes nach dem Rückschlag vor Moskau 1941 war in erster Linie durch die millionenfache Heranziehung sowjetischer Arbeitskräfte für den Einsatz im Reich behoben worden – nach Stalingrad machten sich in der deutschen Führung Zweifel breit, ob davon auch weiterhin ausgegangen werden könne. Drei Gründe waren dafür ausschlaggebend.

Zum einen waren durch den beginnenden Rückzug der deutschen Armeen die organisatorischen Strukturen dort derart durcheinander geraten, daß eine planmäßige Zwangsanwerbung häufig sehr erschwert war.[106]

Der zweite Grund lag in dem sich schon seit Mitte 1942 versteifenden Widerstand der sowjetischen Bevölkerung gegen die Deportationen, vor allem in der Zunahme der Partisanentätigkeit; große Teile der unter OKW-Befehl stehenden Ostgebiete waren deshalb für Anwerbungen gesperrt.[107] So mußte die GBA-Behörde im März 1943 die Anforderungen an die Ostgebiete zunächst auf 150.000 Arbeitskräfte beschränken.[108] „Alle Planungen auf Zufuhr von Russen seien durch die strategische Lage zunichte gemacht worden", stellte Sauckel im Frühjahr dazu fest.[109]

Drittens schließlich beanspruchte die Wehrmacht sowjetische Arbeitskräfte für ihre eigenen Zwecke in der Etappe. Die Nachfragen des GBA nach weiteren Arbeitskräften aus dem Osten beantworteten die Reichskommissare der besetzten Gebiete häufig abschlägig unter Hinweis auf die „ungeheure Zahl der Hilfswilligen", deren Gesamtzahl Backe im Juli 1943 mit 1,4 Millionen angab, wobei er sich darüber beschwerte, daß „die Etappe sich wie ein Schwamm vollgesogen hätte und es unzählige Dienststellen gäbe, die das fünf- und sechsfache an Personal hätten", als notwendig sei.[110]

Dennoch stieg aber die Zahl der zwischen Ende November 1942 und Ende Dezember 1943 in Deutschland beschäftigten sowjetischen Zivilarbeiter von 1,1 auf 1,8 Millionen Menschen um fast 700.000; es wurden 1943 also nach wie vor im Durchschnitt mehr als 50.000 sowjetische Arbeitskräfte monatlich nach Deutschland deportiert."[111] Die Gründe dafür lagen vor allem in einer veränderten Taktik des Heeres – beim Rückzug wurden die arbeitsfähigen Bewohner der aufgegebenen Gebiete von den deutschen Truppen zwangsweise mit zurück in die rückwärtigen Gebiete genommen. Die Methoden waren entsprechend, denn nach Stalingrad hatten die deutschen Besatzungsbehörden endgültig alle Rücksichten fallen gelassen. Die zum ersten Mal auftauchende Perspektive einer möglichen Niederlage führte ganz im Gegensatz zu den „Liberalisierungs"-Tendenzen im Reich hier zur Radikalisierung und Verschärfung des Terrors gegenüber der Bevölkerung.[112] Diese Haltung wurde von der Regimespitze durchaus gebilligt; es sei ein Irrtum zu glauben, erklärte Göring im April vor den Reichskommissaren, „wir vermöchten die Bevölkerung der besetzten Gebiete durch milde Behandlung für uns zu gewinnen";[113] und Hitler selbst kritisierte Rosenberg, der sich über die Methoden der Anwerbung beschwert hatte, mit den Worten: „Würden wir politisch die ‚milde Tour' laufen, so würde die Möglichkeit, Arbeitskräfte in das Reich zu bringen, aufhören".[114] Himmler schließlich beklagte sich bei Rosenberg über den Generalkonsul Bräutigam, der gegenüber der Bevölkerung der Ostgebiete eine Haltung vertrete, die

Himmler als „Humanitätsduselei" und „Buhlen um die Gunst der Bevölkerung" bezeichnete.[115]

Explizit gegen den neuen Kurs des Propagandaministeriums und des RMO gegenüber der sowjetischen Bevölkerung und den Ostarbeitern im Reich war auch Himmlers berüchtigte Rede in Posen vom Oktober 1943 gerichtet.[116] Der antibolschewistische „Europa"-Gedanke war ja für die Haltung der SS deshalb so gefährlich, weil er im Kern von politischen, nicht von „rassischen" Grundlagen ausging. Der Haltung: „Ja, wir haben uns im Russen getäuscht. Der Russe ist ja gar nicht dieser Roboter ... Das ist ein edles Volk", stellte Himmler daher erneut die radikale rassistische Position entgegen, wonach „die Russen" eine „dumpfe Masse", angepeitscht von „bestialischen Politkommissaren" seien: „Ob bei dem Bau eines Panzergrabens 10.000 russische Weiber an Entkräftung umfallen oder nicht, interessiert mich nur insoweit, als der Panzergraben für Deutschland fertig wird." Von daher bestimmte er auch die Haltung gegenüber den ausländischen Arbeitern im Reich: „Die sind alle nicht gefährlich, solange wir bei der kleinsten Kleinigkeit hart zuschlagen ... Jedes kleine Feuerchen wird sofort ausgetreten und ausgemacht und gelöscht, sonst kann ... politisch-psychologisch im Volk ein Flächenbrand entstehen" – eine Anspielung auf die sich wandelnde Haltung gegenüber den sowjetischen Arbeitskräften in der Bevölkerung, von der der SD berichtet hatte. Die Ausführungen Himmlers kennzeichnen die Haltung zumindest der SS und der mit den Aushebungen im Osten beauftragten Kommandos. Die Initiativen zur „Liberalisierung" wurden hier als „praxisfremde Weichheit" von Bürokraten in Berlin angesehen, für die im Osten kein Platz sei.

Die Berichte über die brutalen Methoden der Anwerbekommissionen bei dem Menschenfang in den besetzten Gebieten sind dementsprechend für das Jahr 1943 besonders zahlreich. Verschleppungen der Bewohner ganzer Landstriche, von Kindern und Greisen, Kranken und Schwangeren, das Umstellen von Schulen und Dörfern, die Mitnahme von Geiseln, das Abbrennen von Gehöften und Dörfern, Überfälle auf Passanten auf den Straßen der Städte – solche Vorfälle waren nun nicht mehr gezielte Einzelmaßnahmen, um die Bevölkerung der Umgegend durch Terror zu verschrecken und die Anwerbezahlen so zu erhöhen, sondern sie wurden zur Regel, oft zum einzigen Weg, um überhaupt noch Arbeitskräfte zu bekommen.[117] Die Zentralbehörden in den besetzten Gebieten hatten sogar entsprechende Richtlinien zur Anwendung dieser Methoden herausgegeben: „In einem Erlaß des Generalkommissars in Luzk vom 31. September 1942 heißt es ausdrücklich unter Berufung auf die besondere Dringlichkeit der Reichswerbung ‚Gehöfte von Arbeitsverweigerern sind niederzubrennen, Verwandte als Geiseln festzunehmen und in Zwangsarbeitslager zu bringen'"; so rechtfertigte sich ein Gebietskommissar nach Vorwürfen des RMO über die „Niederbrennung von Häusern im Zusammenhang mit der Reichswerbung in Biloserka."[118] Es sei hier nur ein Beispiel für die Praxis der Anwerbemethoden seit 1943 und die Geisteshaltung der Anwerber angeführt. Der Gebietskommissar Paul Raab, zuständig für die „Reichswerbung" in Wassilikow, war wegen verschiedener Übergriffe bei den Werbungen kritisiert worden. Er rechtfertigte das Niederbrennen von Häusern, die Verhaftung von Passanten und Beschlagnahmungen damit, daß es nötig geworden sei, „endlich zu Maßnahmen zu greifen, welche der immer störrischer werdenden ukrainischen Jugend klar machen sollten, daß unsere Anweisungen für sie bindend sind. Ich ließ die Häuser beider Flüchtlinge niederbrennen. Der Erfolg war, daß man in der Folgezeit wieder bereitwillig den Anordnungen bezügl. Arbeitseinsatz nachkam ... Meine Maßnahmen empfand der größere Teil der Bevölkerung als gerecht. Sie haben nur Mißfallen erregt bei Deutschen, welche nur kleine Aufgaben in der Ukraine zu lösen hatten und denen darum zu viel Zeit zum Philosophieren blieb".[119]

Überlegungen wie in Goebbels' Europakampagne waren jedenfalls bei den Anwerbungen im Osten nicht feststellbar, sondern galten hier als „Philosophie", sodaß sogar der SD in seinen Meldungen verhaltene Kritik an den Anwerbemethoden übte; es werde „auf diese Weise eine wahre ‚Panikstimmung'" in der Bevölkerung erzeugt, und „die Banden erhielten ständig neuen Zulauf aus den Landesbewohnern".[120]

In vielen Teilen der besetzten Ostgebiete gingen die Behörden dann zu jahrgangsweiser Einziehung über – alle weiblichen Angehörigen der Jahrgänge 1924/25 und alle Männer der Jahrgänge 1922/1925 wurden dienstverpflichtet, die Männer der Jahrgänge 1897 bis 1921 gemustert,[121] ohne daß sich an den Methoden der Zwangswerbung etwas änderte.

Nach den unerwartet hohen Anwerbezahlen von 1943 setzte Sauckel für 1944 wieder riesige Kontingente für die Ostgebiete fest, die sich aber schon zu Anfang des Jahres als unrealistisch herausstellten. 600.000 zusätzliche Arbeitskräfte aus der Sowjetunion und Polen für 1944 – das war schon bei dem Gebietsstand von Anfang 1944 kaum erreichbar, und durch den kontinuierlichen Rückzug im Verlaufe des Jahres schrumpften auch die Rekrutierungsmöglichkeiten in der Sowjetunion weiter zusammen, was auch durch die noch weitere Steigerung der Brutalität der Werbekommandos nicht ausgeglichen werden konnte. In Sauckels „Programm" für das zweite Halbjahr 1944 spielten die Ostgebiete dementsprechend auch kaum noch eine Rolle.[122]

Schließlich gingen die Werbekommandos der Wehrmacht und des GBA im Osten sogar zu systematischen Deportationen von Kindern über. Unter dem Tarnnamen „Heuaktion" war vorgesehen, allein im Bereich der Heeresgruppe Mitte in der Sowjetunion „40.000 bis 50.000 Jugendliche im Alter von 10 bis 14 Jahren zu erfassen und ins Reich zu bringen". Propagandistisch sollte die Aktion unter dem Motto „Fürsorgemaßnahmen des Reiches für die weißruthenischen Kinder, Schutz vor den Banden" stehen; politisches Ziel war nicht nur die „Vermeidung der direkten Stärkung der militärischen Kraft des Gegners", sondern auch „die Minderung seiner biologischen Kraft auf weite Sicht".[123]

Zur Vorgeschichte dieses barbarischen Planes gehörte die Gründung einer weißruthenischen „Jugendorganisation" unter dem HJ-Führer Nickel im Jahre 1943, deren Hauptaufgabe darin bestand, „Freiwillige" für den Reichseinsatz zu werben. 1943 waren etwa 10.000 Jugendliche unter 18 Jahren auf diese Weise erfaßt worden. Als das nicht mehr funktionierte, bekam Nickel am 5. März 1944 den Befehl, sowjetische Jugendliche wenn nötig mit Gewalt für den Arbeitseinsatz und eine halbmilitärische Ausbildung zu rekrutieren. Aus diesem Auftrag entwickelte sich die „Heuaktion", die bald auch auf Kinder zwischen 10 und 14 Jahren ausgedehnt wurde.[124] Die Aktion dauerte bis Oktober an. In dieser Zeit rekrutierte Nickel 18.917 Jungen und 2.500 Mädchen über 15 Jahre für die deutsche Luftwaffe, den Stellungsbau und die Flak, sowie 5.500 Jungen und 1.200 Mädchen, viele von ihnen unter 15 Jahren, für die deutsche Rüstungsindustrie.[125]

Mit solchen Mitteln und durch massenhafte Evakuierungen beim Rückzug der deutschen Truppen gelang es den deutschen Behörden, die Zahl der in Deutschland beschäftigten sowjetischen Arbeitskräfte im Jahre 1944 um weitere 362.553 zu steigern. Insgesamt waren im Herbst 1944 2.174.644 Ostarbeiter eingesetzt, zusammen mit den sowjetischen Kriegsgefangenen arbeiteten in dieser Zeit mehr als 2,8 Millionen Menschen aus der Sowjetunion im Reich.[126] Fast die Hälfte aller in Deutschland bei Kriegsende beschäftigten sowjetischen Zivilarbeiter sind also *nach* der deutschen Niederlage bei Stalingrad ins Reich deportiert worden – eine Entwicklung, die die Arbeitsbehörden im Frühjahr 1943 selbst nicht für möglich gehalten hatten. Trotz schwieriger werdender Bedingungen, trotz des organisatorischen Chaos bei dauernden Rückzügen arbeiteten die deutschen Anwerbekommandos im Verein mit den Wehrmachtsstellen effektiv und mit einer Brutalität, deren Steigerung vorher kaum noch möglich schien.

Auch in den anderen Ländern wurden neue Arbeitererfassungen für die deutschen Behörden seit 1943 schwieriger. Die Erfassungsaktionen trafen auf Ablehnung in der Bevölkerung und stärkten überall die Widerstandsorganisationen. Über die Arbeitererfassungen im Generalgouvernement schrieb Frank an Hitler im Juni 1943, sie hätten hier „eine ungeheure Haßstimmung in weitesten Kreisen erzeugt. Die hierbei gewonnenen Arbeiter kommen vielfach mit einer tiefgründigen Entschlossenheit zum positiven Widerstand, ja zur aktiven Sabotage zum Einsatz".[127]

Mit Hilfe des mittlerweile eingespielten Anwerbeapparates und ständig verschärfter Methode bei den Erfassungen gelang es den deutschen Behörden, die Zahl der im Reich beschäftigten ausländischen Arbeiter insgesamt auch nach Stalingrad noch gewaltig zu erhöhen.

Tabelle 40: Zunahme der Beschäftigtenzahlen ausländischer ziviler Arbeitskräfte und Kriegsgefangener, 1939 bis 1944[128]

1939/40:	+ 2.508.495
1941:	+ 1.030.141
1942:	+ 1.893.940
1943:	+ 1.828.654
bis 8'1944:	+ 639.530

Von den knapp 2,5 Millionen ausländischen Zivilarbeitern und Kriegsgefangenen, die zwischen Anfang 1943 und Herbst 1944 neu im Reich eingesetzt wurden, kamen 2/3 aus dem Osten und nur jeder 7. aus den besetzten Westgebieten. Infolge der politischen Umwälzung in Italien im Sommer 1943 war allerdings die Zahl der in Deutschland beschäftigten Italiener noch einmal erheblich angestiegen. Fast 600.000 Italiener arbeiteten 1944 in Deutschland, 3/4 von ihnen als Kriegsgefangene – die einschneidendste Veränderung in der Ausländerbeschäftigung der letzten beiden Kriegsjahre.[129]

Italien

Der Sturz Mussolinis am 25. Juli 1943 war vor allem in psychologischer Hinsicht ein bedeutsames Datum für die Situation an der deutschen „Heimatfront". Die seit Stalingrad allenthalben feststellbaren Tendenzen zur politischen Resignation in Teilen von Volk und Führung in Deutschland verstärkten sich dadurch bis hin zu politischer Desintegration. Daß eine faschistische Partei und ihr charismatischer Führer so einfach gestürzt werden konnten, löste vor allem bei den NSDAP-Funktionären blankes Entsetzen aus. („Da gab es in Deutschland Leute, die sagten: ‚Ach, wie interessant, das ist ja hochinteressant, also einen Duce kann man verhaften, der Faschismus ist erledigt, ist im Nu einfach weg", erklärte Himmler im Oktober 1943[130].) „Novemberstimmung" machte sich breit, und Berichte unterer Chargen klärten die Regime-Führung darüber auf, daß „ein Teil der Bevölkerung sich vom Nationalsozialismus abgewandt, ein Teil sich nur als Mitläufer abgezeichnet hat und daß klar gestellt ist, in welchen Kreisen der Bevölkerung tatsächlich noch echte Nationalsozialisten vorhanden sind".[131] Zusammen mit den Meldungen über die alliierte Landung auf Sizilien am 11. Juli und die Zerstörung Hamburgs durch den Großangriff, der am 26. Juli begonnen hatte, führte der Sturz Mussolinis zur tiefgreifendsten politischen Krise des NS-Regimes seit seinem Bestehen.[132]

Für die Arbeitseinsatzbehörden in Deutschland jedoch war die Überführung von etwa 600.000 italienischen Soldaten in den Kriegsgefangenen-, dann in den Militärinternierten-Status ein unverhoffter, aber willkommener Zuwachs des Arbeitskräftepotentials.[133] Nachdem deutsche Einheiten die 18 in Norditalien und 38 in Frankreich und auf dem Balkan liegenden italienischen Divisionen bis Mitte September entwaffnet hatten, wurden die italienischen Soldaten, die sich für indifferent oder für die Regierung Badoglio erklärt hatten, nach Deutschland transportiert, wo sie als Internierte im Gewahrsam der Wehrmacht blieben und in Kriegsgefangenen-Lagern untergebracht wurden, meist solchen, die vorher von den im Rahmen der Relève entlassenen französischen Gefangenen bewohnt worden waren. Dort angekommen, sollten sie so schnell wie möglich von den Arbeitseinsatzbehörden erfaßt und auf die Arbeitsstellen überführt werden. Ihr Status entsprach hinsichtlich der Behandlungs- und Ernährungsrichtlinien formell dem der westlichen Kriegsgefangenen.[134] Tatsächlich aber glichen die Berichte über die Lage der nun in der Bevölkerung unter „Imis" oder „Badoglios" firmierenden italienischen Soldaten schon nach wenigen Wochen denjenigen über die sowjetischen Gefangenen zwei Jahre zuvor: denkbar schlechte Lebens- und Arbeitsbedingungen, unzureichende Ernährung und schlechte Behandlung führten dazu, daß sich schon zu Beginn des Winters 1943/44 viele der italienischen Soldaten in sehr schlechtem Gesundheitszustand befanden. Offiziell wurde dieser Umstand darauf zurückgeführt, „daß die arbeitseinsatzmäßigen Vorbereitungen oft recht überstürzt hätten vorgenommen werden müssen", wie der SD Anfang Dezember meldete. Daher habe die „Unterbringung oft nur unter notdürftigen Bedingungen erfolgen können, wodurch nicht nur in abwehrmäßiger, sondern auch in gesundheitlicher Beziehung Gefahren entstanden seien", darauf sei auch der späte und nur selten berufsrichtige Arbeitseinsatz der Italiener zurückzuführen.[135]

Das waren jedoch reine Schutzbehauptungen, die für den geübten Leser der SD-Meldungen auch leicht als solche zu erkennen waren. Die Italiener füllten ja nur die Lücken aus, die durch die zurückgehende Zahl der Neuanwerbungen im Westen im deutschen Arbeitseinsatz entstanden waren. Die Behörden waren auf noch größere Massen von neuen ausländischen Arbeitern vorbereitet gewesen, so wie sie von Sauckel ja auch angekündigt worden waren. Außerdem waren nach der Entlassung von 250.000 französischen Kriegsgefangenen auch im Bereich der Wehrmacht Kapazitäten in den Lagern frei. Für das riesige, mittlerweile geübte und gut funktionierende Arbeitseinsatz-System des GBA und der Wehrmacht war der Zufluß von einer halben Million zusätzlicher Arbeitskräfte daher durchaus keine unlösbare Aufgabe.

Der wahre Grund für die oft furchtbare Lage, in der sich die italienischen Internierten befanden, lag darin, daß über ihnen eine regelrechte Woge des Hasses von Seiten der Behörden und der deutschen Bevölkerung hereinbrach. Lang angestaute Frustrationen, die Wut über die militärischen Niederlagen, die Empörung über den „Verrat der Italiener" ergossen sich nun über die italienischen Soldaten, die als willkommene Objekte deutschen Volkszorns herhalten mußten – eine Entwicklung, die aber nicht allein auf den 25. Juli zurückzuführen ist.

Seitdem italienische Arbeiter im nationalsozialistischen Deutschland arbeiteten, war eine Spannung zwischen den politischen Richtlinien für den Umgang mit den Angehörigen des verbündeten Italien und dem Ansehen der italienischen Arbeitskräfte in der Bevölkerung feststellbar gewesen. Die Italiener standen in der Hierarchie des populären Rassismus schon zu Beginn des Krieges weit unten, in einer Zeit, als die Achse noch als ewiges Bündnis der jungen Völker Europas gefeiert wurde.[136]

Die nationalsozialistische Propaganda brauchte also nach dem Sturz des Duce nicht viel zu tun, um die Kehrtwende in der Haltung zu Italien und den Italienern der deutschen Bevölkerung plausibel zu machen; die neue Linie entsprach durchaus einer verbreiteten Haltung im Volk schon vor Badoglios Machtübernahme. „Eine humane und entgegenkommende weiche Behandlung werde von der deutschen Bevölkerung nicht verstanden und abgelehnt", lautete das Fazit des SD aus den eingetroffenen Berichten.[137] Überall im Reich „fänden diese internierten Italiener in der deutschen Bevölkerung durchweg eisige Ablehnung und Verachtung. Die Geschlossenheit der deutschen Einstellung gegen diese Italiener sei noch nie so klar und eindeutig hervorgetreten wie hier", hieß es am 28. Dezember 1943. „Rache" bestimme die Haltung auch der deutschen Arbeiter zu den „Imis", wobei der vorherige Ärger über die „Privilegien" der Italiener noch deutlich mitschwingt: „Endlich ist der Zeitpunkt gekommen, wo wir mit diesen Krüppeln ‚Deutsch' reden können. Bis jetzt hat man mit diesen Herrschaften sanft umgehen müssen, denn sonst hätte man sich einer Staatsbeleidigung schuldig gemacht. Jetzt wird ein anderer Wind pfeifen", wurde ein deutscher Werkmeister zitiert, und die alten Klagen („Das Auftreten dieser Italiener ist herausfordernd, frech und äußerst ungezwungen") wurden noch einmal in Erinnerung gebracht. Resümee des SD: „Es wird daher von der Bevölkerung der spontane Wunsch geäußert, diese ‚Badoglio-Verräter' nicht nach formalen Rechtsbestimmungen zu behandeln, sondern ihre Arbeitskraft so auszunützen, daß sie im Verhältnis zu der dem deutschen Volke angetanen Schmach stehe".[138]

Arbeit als Rache – hier trat das Motiv wieder auf, das vorher schon gegenüber den polnischen und sowjetischen Arbeitskräften so deutlich geworden war.

Die italienischen Militärinternierten befanden sich aber auch gegenüber den anderen ausländischen Arbeitern und Kriegsgefangenen in einer unangenehmen Situation. Von vielen polnischen, sowjetischen und vor allem französischen Arbeitern wurden sie in erster Linie als Angehörige einer ehemaligen Feindmacht, nicht als Mitgefangene angesehen: „Die Deutschen sind nicht unsere Freunde, aber die Italiener hassen wir schon allein aus dem Grunde, weil sie uns drei Tage vor dem Waffenstillstand damals den Genickschuß gegeben haben", zitierten die „Meldungen aus dem Reich" einen französischen Arbeiter, der auf die Ereignisse am 10. Juni 1940 anspielte.[139]

Auch von Polen und Ostarbeitern wurde ähnliches berichtet und vor allem von den Kroaten, deren Land bis zuletzt von Italien besetzt gewesen war.

Die Lage der Italiener, die seit Dezember 1943 zur Arbeit eingesetzt wurden, war also in vieler Hinsicht deprimierend. Dem deutschen Volkszorn ausgeliefert, ohne Solidarität von Seiten der anderen ausländischen Arbeiter und Kriegsgefangenen standen sie in der sozialen Hierarchie jetzt noch unterhalb der sowjetischen Arbeitskräfte. Nach kurzer Zeit entsprach auch ihr Gesundheitszustand dieser Stellung. Bei Krupp in Rheinhausen waren schon im März 1944 rund 1/4 der italienischen Militärinternierten wegen Unterernährung ausgefallen, der durchschnittliche Gewichtsverlust lag hier bei 9 kg in drei Monaten, bei einzelnen bis zu 22 kg. Solche Berichte trafen im Frühjahr 1944 auch aus anderen Betrieben ein, die in Sorge um die Erhaltung der Arbeitskraft der ihnen zugewiesenen Italiener höhere Lebensmittelrationen forderten.[140]

Dennoch wurde seit Ende Februar 1944 auf Reichsebene die gesamte Verpflegung der Italiener konsequent auf „Leistungsernährung" umgestellt: „Nur vollbefriedigende Leistung gibt Anrecht auf volle Verpflegungssätze. Verpflegung ist daher grundsätzlich nach Leistung abzustufen, bei unbefriedigender Leistung für gesamte Arbeitseinheit ohne Rücksicht auf einzelne Willige zu kürzen. Entscheidung über Einstufung und Kürzung trifft der Unternehmer ... Chef OKW wird jeden Vorgesetzten zur Rechenschaft ziehen, der bei Klagen über geringe Arbeitsleistung und Zucht der ital. Mil. Int. nicht scharf durchgreift",[141] wies das OKW/Kgf. die Lagerkommandanten und Unternehmer an. In den Berichten über Krankenstand und Todesfälle wurden von nun an sowjetische Kriegsgefangene und italienische Militärinternierte immer zusammen genannt; die Sterblichkeitsrate lag im letzten Kriegsjahr bei Italienern und sowjetischen Kriegsgefangenen unter allen Ausländergruppen am höchsten.[142]

Der Sturz des Faschismus in Italien eröffnete aber über den Einsatz der „Imis" hinaus den deutschen Arbeitsbehörden die unerwartete Möglichkeit, in einem bis dahin noch nicht „arbeitseinsatzmäßig ausgekämmten" Land Arbeitskräfte in großem Umfang zu rekrutieren. Sauckels „Programm" für 1944 sah denn auch vor, den größten Teil der für dieses Jahr vorgesehenen 4 Millionen Rekrutierungen in Italien vorzunehmen. Von Januar bis April sollten monatlich (!) 250.000, von Mai bis Dezember dann insgesamt 500.000 Arbeitskräfte aus Italien erfaßt werden, zusammen also 1,5 Millionen.[143]

In der Praxis ließ sich dieses Vorhaben des GBA nicht einmal im Ansatz durchführen. Zwar gäbe es in Italien „Menschen noch und noch", erklärte er im März bei der ZP, aber die deutsche Exekutive versage: „Die Reserven sind da, aber die Mittel, sie zu erfassen, sind zerschlagen."[144] Bis Ende April waren in Italien lediglich 23.000 Arbeitskräfte rekrutiert worden, von April bis Mitte Juli nur noch 19.000 – Hitler hingegen war der Ansicht, „daß man aus Italien mindestens 3 Millionen herausholen könne".[145]

Aber obwohl Sauckel zur Organisation der Rekrutierungen im Mai eigens nach Italien gefahren war und mit der „Saló-Regierung" Mussolinis auch ein Abkommen darüber abgeschlossen wurde, kam die Anwerbung im Sommer praktisch zum Stillstand.[146] Nach den Vereinbarungen sollten geschlossene Jahrgänge zum Arbeitseinsatz in Deutschland eingezogen werden, aber „nur etwa 1,8 % der Feststellungspflichtigen" hätten den Anordnungen der Behörden Folge geleistet, bemerkte Sauckel dazu im Juli.[147] Auch seine am 11. Juli in der schon erwähnten Chef-Besprechung bei Hitler vorgetragene Beschwerde über den „völligen Bankerott der deutschen Autorität in Italien und in Frankreich" und die Anordnung des deutschen Befehlshabers in Italien, Kesselring, „daß die Bevölkerung in 30 km Tiefe hinter dem Frontgebiet ‚gefangen' würde", konnten den Zusammenbruch der Arbeiterrekrutierung in Italien nicht aufhalten, der durch die italienische Widerstandsbewegung entscheidend befördert worden war: „Das beste Beispiel hierfür bilde die vom Führer wegen des Streiks in Turin angeordnete Vergeltungsaktion, durch die 10 % der Belegschaften als Arbeitsunwillige hätten erfaßt werden sollen", erklärte der deutsche Botschafter in Italien, Rahn, auf derselben Sitzung. „Man habe zu diesem Zweck 4.000 deutsche Kräfte zusammengezogen. Das Ergebnis sei die Abschnürung der Lebensmittelzufuhren nach Turin durch die Widerstandsbewegung und die Unterbrechung der Energieversorgung gewesen, sodaß 250.000 Arbeiter hätten feiern müssen". Eine Weiterführung der Zwangsverpflichtungen würde „den Verlust des ganzen Kriegsschauplatzes" zufolge haben.[148]

Da also mit weiteren Arbeitskräften aus Italien nicht zu rechnen war, setzte nun gegenüber den italienischen Militärinternierten derselbe Mechanismus ein, der in den Jahren zuvor schon bei Polen und Sowjets zu beobachten gewesen war. Die Arbeitsleistung der Italiener war aufgrund der schlechten Ernährung denkbar schlecht; um sie zu verbessern, mußten die Verpflegungssätze erhöht, damit aber die politisch motivierten, aus „Rache" herbeigeführten schlechten Arbeits- und Lebensbedingungen der Italiener verbessert werden. Im Juli wurde Sauckel daher erneut bei Hitler vorstellig, den Status der Militärinternierten, „die geradezu am Verhungern seien", zu ändern und sie in das zivile Arbeitsverhältnis zu überführen.[149] Hitler, der die mehrmaligen Initiativen Mussolinis in diese Richtung bislang immer abgelehnt hatte, stimmte nun, als die Aussicht auf weitere Arbeitskräfte aus Italien verflogen war, der Überführung zu.[150] Die deutschen Behörden erhofften sich dadurch und durch die am 24. Juli angeordneten Verpflegungszulagen für Italiener und sowjetische Kriegsgefangene eine Erhöhung der Arbeitsleistung. Jeder Internierte mußte vor seiner Überführung in den zivilen Status eine Erklärung unterschreiben, in der er sich bereit erklärte, „in Deutschland zu den für die in Italien angeworbenen zivilen Arbeitskräfte geltenden Bedingungen bis zum Kriegsende zu arbeiten".[151] Dann wurde er in ein Arbeiterlager überführt und von zivilen Kräften bewacht. An der Lage der Italiener änderte sich dadurch aber nur wenig – sie blieben bis zum Kriegsende eine der am schlechtesten behandelten und ernährten Arbeitergruppen.

Insgesamt zeigt die Entwicklung der deutschen Arbeitererfassungen in Europa nach 1943 folgendes Bild: Von den Zeitgenossen wie von der Historiographie wurden die Anwerbungen der letzten beiden Kriegsjahre häufig gemessen an Sauckels megalomanischen „Programmen" und von daher als „Rückschlag" und Niedergang der Arbeiterrekrutierungen bezeichnet.[152] Erstaunlich an den Anwerbezahlen der letzten beiden Jahre ist nun allerdings nicht ihr Rückgang, der ja angesichts der militärischen Entwicklung seit 1943 zu erwarten gewesen wäre, sondern die Größenordnungen, in denen diese Rekrutierungen bis in den Herbst 1944 hinein trotz dieser Entwicklung durchgeführt wurden. Nach der Niederlage von Stalingrad gelang es den deutschen Aushebungskommandos noch, die Zahl der in Deutschland beschäftigten ausländischen Arbeiter und Kriegsgefangenen um etwa 2 1/2 Millionen Menschen zu erhöhen – etwa genau so viele, wie jeweils in der ersten Kriegsphase bis Ende 1940 und der zweiten bis Ende 1942. In deutlichem Kontrast zur innen- und außenpolitischen Propaganda in Deutschland seit 1943 nahmen Radikalismus und Brutalität der Rekrutierungen mit der Verschlechterung der militärischen Lage noch zu. Denn während die Arbeitsleistungen der Ausländer von den deutschen Behörden seit 1943 immer höher eingeschätzt wurden und durch Europa-Parolen und Initiativen zur Verbesserung ihrer Arbeits- und Lebensbedingungen noch erhöht werden sollten, wurde im Osten nach dem Prinzip verfahren, daß es hier nichts mehr zu verlieren und auf nichts mehr Rücksicht zu nehmen gäbe. Auch die Politik gegenüber den italienischen Arbeitskräften zeigt dazu Parallelen.

Angesichts dieser Entwicklung verliert die Speer-Sauckel-Kontroverse die ihr oft zugeschriebene überragende Bedeutung. Die Überlegungen, größere Teile der deutschen Produktion ins besetzte Ausland zu verlagern und nicht mehr die Arbeiter zur Arbeit, sondern die Arbeit zu den Arbeitern zu bringen, bezogen sich ausschließlich auf den Westen und schlossen die Fortsetzung der Deportationen aus dem Osten nicht nur nicht aus, sondern setzten sie voraus und machten sie mehr denn je erforderlich. Denn die Verlagerungen nach Frankreich sollten keine deutschen Produktionskapazitäten ersetzen, sondern bislang für die Konsum- und Zulieferindustrie genutzte Produktionsstätten für die Rüstung freimachen. Da die Einziehungen zur Wehrmacht nicht nachließen, mußten weitere Arbeiter aus dem Osten die Lücke schließen. Hinter Speers Konzeption wird also eine Perspektive deutlich, die den ursprünglichen Überlegungen der Nationalsozialisten in manchem nahe kam: Eine arbeitsteilig funktionierende westeuropäische Industrielandschaft unter deutscher Führung auf der einen Seite, die okkupierten Länder des Ostens, Südostens und seit Herbst 1943 auch des Südens, die als Rohstoff- und Arbeitskräftelieferanten dienten, auf der anderen Seite – ein differenziertes System der „Europäischen Großraumwirtschaft" also auf der Grundlage eines rassistischen Gefälles von Westen nach Osten.

4. Sukzessive Zugeständnisse

Primat der Arbeitsleistung

Erstes Ziel der Arbeitseinsatzpolitik nach Stalingrad war die Erhöhung der Arbeitsleistungen. „Alle leistungshemmenden Momente" beim Einsatz der Ausländer müßten vollständig beseitigt werden, Ziel müsse die „höchste Ausnutzung ihrer unter normalen Bedingungen erzielbaren Leistungen" sein, forderte Sauckel kategorisch, nunmehr aber von größeren Teilen der NS-Führung wirkungsvoller unterstützt.[153] Im Vordergrund standen dabei zunächst Bemühungen des GBA, der DAF, des Berliner Instituts für industrielle Psychotechnik und anderer Stellen, genaueren Aufschluß über die Leistungshöhe der Ausländer zu erhalten. Vor allem über die Ostarbeiter lagen dazu sehr widersprüchliche Berichte vor, meist auf der Basis von Schätzungen, die Vergleichswerte zwischen 30 und 90 % im Verhältnis zur Arbeitsleistung deutscher Arbeitskräfte ergaben.

Das Arbeitswissenschaftliche Institut der DAF legte im Mai 1943 einen Bericht über „Arbeitseignung und Leistungsfähigkeit der Ostarbeiter" vor, dem zufolge die sowjetischen Arbeiter in Arbeitsgruppen im Zeitakkord etwa 80 %, beim Einzeleinsatz etwa 70 % der Leistung vergleichbarer deutscher Arbeiter erbrachten – die Schätzungen und Untersuchungsergebnisse der meisten anderen Stellen lagen etwas höher.[154] In allen Betrieben wurde jedoch der unmittelbare Zusammenhang zwischen der Arbeitsleistung und den Arbeits- und Lebensbedingungen der Ausländer hervorgehoben: Unterkünfte, Kleidung, Schuhwerk, Verpflegung, hygienische Verhältnisse, Freizeit, Lohn und auch Faktoren wie „gegenseitige Verständigung und das ‚Sichverstehen'", in erster Linie aber die Qualität des Anlernprozesses wurden hervorgehoben.[155]

Von Seiten des GBA und der DAF begann nun im Frühjahr 1943 eine Kampagne mit dem Ziel der „Leistungssteigerungen durch zweckvollen betrieblichen Einsatz und richtige Betreuung" der Ostarbeiter,[156] in deren Mittelpunkt neben eher allgemeinen Aufforderungen zur besseren Behandlung, Ernährung und Unterbringung die Verbesserung der Qualifikation der ausländischen Arbeiter durch systematische Schulung und umfangreiche Anlernmaßnahmen stehen sollte. Ein besonderes Ausleseverfahren zur Überprüfung der ausländischen Arbeiter, das vom Institut für Arbeitspsychologie und Arbeitspädagogik der DAF entwickelt worden war, wurde den Arbeitsämtern und Betrieben zur Anwendung dringend empfohlen.[157] Kurzlehrgänge für Ausbildungsleiter, Betriebsingenieure und Personalprüfer über Ausleseverfahren und Leistungsoptimierung bei Ostarbeitern wurden angeboten, neue Methoden zur Verbesserung der Leistungsbeobachtung eingeführt und moderne Verfahren der „Industriellen Psychotechnik" gefördert.[158] Die Ausbildung der ausländischen, auch der sowjetischen Arbeiter sollte danach nicht nur aus einer praktischen Anleitung bestehen, sondern auch technische Schulung und Vermittlung theoretischen Grundlagenwissens umfassen.[159]

Dabei wurde aber die Überzeugung, daß aus der „rassischen Veranlagung" eines Menschen unmittelbare Rückschlüsse auf seine Arbeitsleistung gezogen werden könnten, in dem Maße, in dem ein qualifizierter Einsatz der Ostarbeiter auch tatsächlich durchgeführt wurde, notgedrungen revidiert. Das AWI der DAF mußte ein Jahr später eine zweite Untersuchung des Leistungsstandes der Ostarbeiter von 1944 mit dem Fazit beenden: „Die in Deutschland eingesetzten Ostarbeiter sind Vertreter einer heterogenen Bevölkerung aus den besetzten Ostgebieten. In Folge dauernder Uniformierung (muß heißen: Umformierung, U.H.) der Volksgruppen im gemeinsamen Lebensraum ist eine genaue Scheidung der Ostarbeiter in Gruppen nach ethnologischen Gesichtspunkten schwierig."[160]

Vielmehr wurde über die Ostarbeiter übereinstimmend berichtet, daß sie „vielfach hervorragende, arbeitsame und anständige Arbeitskräfte seien, die in ihrer Haltung und Leistung sowie im Lagerleben vorbildlich wären".[161] Sollten die Produktivitätsziffern der deutschen Kriegswirtschaft steigen, mußten sich die Bemühungen der Behörden um eine Steigerung der Arbeitsleistungen also in erster Linie auf Polen und Ostarbeiter konzentrieren, weil hier die Differenz zwischen Leistungsstand und Leistungspotential besonders groß war, während die Arbeits-Ergebnisse der französischen Arbeiter kaum noch steigerungsfähig waren. Den Arbeitsbehörden stellten sich somit vorrangig drei Aufgaben:
1. Qualifizierter Einsatz und höhere Produktivität;
2. Verbesserung der Arbeits- und Lebensbedingungen der Polen und Ostarbeiter in Angleichung an das Niveau der Westarbeiter;
3. Wegfall oder Modifizierung der diskriminierenden Sondervorschriften, vor allem der diffamierenden Kennzeichen für Polen und Ostarbeiter.

Die Debatte um die Kennzeichenfrage

Während seit dem Frühjahr 1943 die Bemühungen zur Verbesserung von Anlernung und qualifiziertem Einsatz der Ostarbeiter tatsächlich verstärkt wurden, waren die beiden anderen Punkte innerhalb der Regimeführung sehr umstritten. Die gesamte Frage der Behandlung der Polen und Ostarbeiter konzentrierte sich dabei seit dem März 1943 politisch auf die Frage der Kennzeichnungen. Die Debatte darum bekam eine Art von Leitfunktion für den Gesamtkomplex der Vorschriften über die Lebensführung der Arbeiter aus dem Osten, sie ist aber auch ein Indikator für das Verhältnis zwischen der Ausländerpolitik des Regimes in den letzten beiden Kriegsjahren und den Problemen in der sozialen Wirklichkeit des Ausländereinsatzes. Anfang April machte das RSHA hier erste Zugeständnisse: Zwar solle der Grundsatz, alle Arbeitskräfte aus den besetzten Ostgebieten mit dem „Ost"-Abzeichen zu versehen, beibehalten werden, einer „Neugestaltung" stehe jedoch nichts im Wege.[162] Die Differenzierung der Kennzeichen nach Volkstumszugehörigkeit aber lehnte das RSHA ab; zum einen weil dies eine Differenzierung und also auch Neufassung der Behandlungsvorschriften mit sich gebracht hätte, zum anderen, weil Baatz wie Himmler – wohl zutreffend – der Auffassung waren, daß sich eine „politische Aufspaltung des Ostraums" durch unterschiedliche Kennzeichnung der Ostarbeiter nicht erreichen ließe.[163] Stattdessen setzte das RSHA im Juni eine Zweiteilung der Kennzeichnung nach Leistung durch. Außer der bisherigen Gepflogenheit, das „Ost"-Kennzeichen vorne auf der Brust zu befestigen, sollten besonders leistungsstarke Ostarbeiter es auch auf dem linken Ärmel tragen dürfen –

eine dritte Stufe des Abzeichens für „hochqualifizierte" Ostarbeiter wurde angekündigt, aber zunächst nicht verwirklicht.[164]

So unbedeutend diese Änderung für das Leben der sowjetischen Arbeiter in Deutschland auch gewesen sein mag, sie stellte politisch doch so etwas wie einen Durchbruch dar; denn zum ersten Mal hatte das RSHA im Bezug auf die polizeilichen Behandlungsvorschriften der Ostarbeiter an einem Punkt nachgegeben.

Die Arbeitsbehörden versuchten nun daraus weitere Verbesserungen abzuleiten. Der GBA wies noch im Juli die Arbeitsämter an, daß „Stufe 1" nur von „wirklich schlechten" Ostarbeitern getragen, „Stufe 2" aber mit Sonderzuteilungen an Rauchwaren, Schinken, Kleidung usw. verbunden werden sollte.[165]

Schon im Juli wurden weitere Verbesserungen für die Ostarbeiter bekannt gegeben. Sauckels Erlaß begann mit den Worten: „Anläßlich der hervorragenden Bewährung der im Großdeutschen Reich zur Arbeit eingesetzten Ostarbeiterinnen und Ostarbeiter ordne ich ... als Anerkennung ihrer Leistung in der Arbeitsschlacht gegen den Bolschewismus und die Weltplutokratie folgendes an." Der Inhalt war dann wesentlich weniger bombastisch als die Einleitung, aber die Betonung der „hervorragenden Bewährung" ließ doch aufhorchen und war in Erlaßform bislang bei keiner Ausländergruppe aufgetaucht. Der Erlaß bestimmte eine Begrenzung der Dauer des Beschäftigungsverhältnisses auf zwei Jahre, berechnet ab 1. August 1942. Hinzu kamen Prämien – nach dem 1. Jahr 20 %, nach dem zweiten 30 % und nach dem dritten 50 % des auszuzahlenden Betrages sowie das Versprechen auf Urlaub ab dem dritten Beschäftigungsjahr.[166]

Zu der Betonung der „hervorragenden Bewährung" der Ostarbeiter und den Auswirkungen der Europa-Parole kam seit Anfang 1943 noch ein drittes Argument hinzu, und mit ihm gesellte sich auch das OKW zu den Befürwortern einer weiteren „Liberalisierung" auch in der Kennzeichenfrage.

Schon seit Anfang 1942 – zunächst in illegaler, dann in halb legalisierter Form – kämpften auf Seiten der deutschen Truppen im Osten auch Verbände ehemaliger sowjetischer Kriegsgefangener und „Hilfswilliger" mit, deren Stärke zeitweise bis zu 160 Bataillone betragen haben soll.[167] Diese „landeseigenen Verbände", die zunächst von Hitler kategorisch abgelehnt worden waren, nach Stalingrad aber an Bedeutung zunahmen – besonders als mit dem russischen General Wlassow auch eine politische Figur auftrat, die für die Parole von der „Befreiungsarmee" benutzt werden konnte –[168] weichten auch bei der Wehrmacht das rassistische Feindbild auf.

„Wer von den Landesbewohnern sich, sei es mit der Waffe, sei es durch Arbeit, an unserem Kampf gegen den Bolschewismus beteiligt, ist nicht unser Feind, sondern unser Mitkämpfer und Mitarbeiter im Kampf gegen den Weltfeind ...", hieß es in einem Befehl des 43. Armeekorps im März 1943.[169] Diese Haltung gegenüber der Bevölkerung im okkupierten Osten mußte aber auch Konsequenzen haben für die Einstellung der Wehrmacht zur Behandlung der Ostarbeiter im Reich. In einer Stellungnahme im August zur neuen Kennzeichenregelung übte das OKH daran heftige Kritik: vor allem für diejenigen Ostarbeiter, die freiwillig gekommen seien (an solche hatte Baatz bei dem Erlaß schon gar nicht mehr gedacht), sei die neue Regelung diffamierend, weil sie automatisch in die untere Kategorie eingestuft würden; das obligatorische „Ost"-Abzeichen müsse wegfallen, stattdessen sollten National-Abzeichen vergeben werden.[170]

Das RSHA hielt aber eisern an der Einheitlichkeit des „Ostarbeitergrundsatzes einschl. der Kennzeichnung" fest und lehnte aus diesem Grund auch den Vorstoß des OKW ab, ehemalige Angehörige der „Landeseigenen Verbände" und der „Hilfswilligen" aus den Ostarbeiterbestimmungen herauszunehmen.[171] Allerdings sollte nun die dritte Stufe des Kennzeichens eingeführt werden, gab Hässler, seit Sommer 1943 Nachfolger von Baatz, für das RSHA beim Arbeitskreis am 30. September 1943 bekannt; das neue Abzeichen werde nicht mehr „Ost" lauten.[172] Es folgte ein nicht enden wollendes Hin und Her; Sitzungen, Proteste, Briefwechsel – alles zu der weltbewegenden Frage, ob das obligatorische Kennzeichen für Ostarbeiter Leistungsstufen oder Volkszugehörigkeit anzeigen sollte.[173]

Aber dahinter verbarg sich mehr. In der Konsequenz standen die Grundlagen der deutschen Ostpolitik zur Debatte, und je länger der Krieg dauerte und je schlechter die militärische Lage wurde, desto stärker wurde die Unterstützung für das ursprünglich nur vom RMO vertretene Konzept einer Betonung der nationalen Interessen der „Volksgruppen" der Sowjetunion, die eine bessere Behandlung der sowjetischen Bevölkerung nach sich ziehen und auf alle diskriminierenden und diffamierenden Akte verzichten mußte.[174] Da das Objekt einer solchen „Ostpolitik" – nämlich die von Deutschland besetzten Teile der Sowjetunion – aber langsam dahin schmolz, hatte sich die Auseinandersetzung auf die Kennzeichenfrage der Ostarbeiter reduziert – als eine Art Sandkastenübung für Ostpolitiker, in Erwartung neuer deutscher Siege im Osten, nach denen die an Hand der Kennzeichenfrage durchgesetzte politische Linie auch die Politik gegenüber dem Osten dann entscheidend würde bestimmen können.[175]

Der neue Erlaß über die Kennzeichenregelung begann charakteristischerweise mit den Worten: „Die im Reich eingesetzten Ostarbeiter und -arbeiterinnen haben durch Haltung und Leistung ihre Bereitwilligkeit zur Mitarbeit im Kampf gegen die jüdisch-bolschewistische Weltgefahr bewiesen." Ukrainer sollten nunmehr den ovalen Sonnenblumenkranz mit Dreizack in blau-gelb, Weißruthenen mit Ähre und Zahnrad in weiß-rot, Russen mit Andreaskreuz in weiß-blau-rot tragen. Ehemalige Hilfswillige und Angehörige der Landeseigenen Verbände erhielten zusätzlich einen Ärmelstreifen.[176]

Damit hatten die Befürworter einer differenzierten Volkstumspolitik zwar ihre Vorstellungen durchgesetzt, zu praktischer Bedeutung sind diese Bestimmungen in größerem Umfange aber nicht mehr gekommen. Um so abstruser nahm sich die propagandistische Ausschlachtung der neuen Kennzeichenvorschriften in der Folgezeit aus. Das Propagandaministerium veranstaltete Ende August 1944 eine große Ostarbeiter-Kundgebung in Berlin, auf der die ersten der neuen Volkstumabzeichen verteilt wurden. Nach markigen Worten über die Leistungen der Arbeitskräfte aus „Rußland" für die deutsche Kriegswirtschaft und in der Wehrmacht wurden Appelle zur besseren Behandlung der Ostarbeiter an die Staats- und Parteidienststellen gerichtet; wer Ostarbeiter schlecht behandele, hieß es dort abschließend, „begeht ein ungeheuerliches Verbrechen an unseren Kriegsanstrengungen".[177] Sauckel kreierte gar die Idee, besonders verdiente ausländische Arbeiter nunmehr mit der

309

„Bronzenen Verdienstmedaille zum Deutschen Adlerorden" auszuzeichnen,[178] und vollständig absurd wurde es, als nach ausgiebigen Gesprächen zwischen Parteikanzlei, GBA, DAF, RSHA und anderen Stellen beschlossen wurde, daß ausländische Arbeitskräfte „nach 2- bzw. 5jähriger Bewährung im Arbeitseinsatz im Reich" durch Verteilung eines „Diploms" ausgezeichnet werden sollten, in dem „unter einem Führerwort in einfach gehaltenem Text die Anerkennung für Leistung und Bewährung des Arbeiters ausgesprochen wird" – der Diplom-Zwangsarbeiter war geboren.[179]

Neuregelung der Arbeits- und Lebensbedingungen

Von größerer Bedeutung für die Praxis des Arbeitseinsatzes waren da schon die Verhandlungen um Veränderungen der Einzelbestimmungen über die Arbeits- und Lebensbedingungen der Ausländer. Nach den Initiativen zur Verbesserung des qualifizierten Arbeitseinsatzes, in der Lohnfrage und auch hinsichtlich Ausgang und Freizügigkeit hatte es zum Teil energische Reaktionen von Seiten der Partei und anderer Stellen gegeben. Insbesondere die Verbesserung der Einsatzmöglichkeiten der Kriegsgefangenen forderte die Kritik heraus. „Die Behandlung der in Arbeit eingesetzten Kr.-Gef. ist daher einzig und allein darauf abzustimmen, die Arbeitsleistung auf das höchstmögliche Maß zu bringen und sofort scharf einzuschreiten, wenn die Kr.-Gef. nachlässig, faul oder widerspenstig sind. Die Kr.-Gef. sind nicht zu ‚betreuen', sondern so zu behandeln, daß das geforderte Höchstmaß an Arbeitsleistung erzielt wird", befahl der Chef des Kriegsgefangenenwesens, von Graevenitz, im Oktober 1943, und die Parteikanzlei beschwerte sich über die „zu nachsichtige Behandlung" der Kriegsgefangenen. „Mancherorts sollen sich danach die Bewachungsorgane geradezu zu Beschützern und Betreuern der Kriegsgefangenen entwickelt haben."[181] Auch das RMRuK forderte die Wachmannschaften zu scharfem Vorgehen auf und wies darauf hin, „daß säumige Wachmannschaften zur Rechenschaft gezogen werden, daß sie aber auch andererseits bei scharfem berechtigtem Durchgreifen gegen die Kr.-Gef. geschützt, evtl. sogar belobigt werden."[182] Außerdem solle stärker als bisher auf das Strafmittel des Essensentzuges zurückgegriffen werden – Speer hatte dies in Rundschreiben vom Dezember 1943 noch einmal ausdrücklich betont: „Es ist z. B. mit Erfolg der Versuch gemacht worden, durch die Ausgabe von zweierlei Essen den schlechter arbeitenden Teil der Kriegsgefangenen zu erziehen bzw. zu bestrafen. Die übergroße Mehrzahl der Kriegsgefangenen hat versucht, durch bessere Arbeit wieder in den Genuß des besseren Essens zu kommen."[183]

Derartige Methoden waren gegenüber den sowjetischen Gefangenen seit langem Usus; die Beschwerden bezogen sich hier vor allem auf die Franzosen. Durch die weitgehenden „Liberalisierungen" und die Überführung einer Viertelmillion kriegsgefangener französischer Arbeitskräfte in den Zivil-Arbeiter-Status hatte sich die Situation der Gefangenen aus Frankreich derjenigen der Zivilarbeiter stark angenähert. Meist schon jahrelang in Deutschland beschäftigt, war bei ihnen der Integrationsprozeß folgerichtig weit fortgeschritten. Bezeichnend ist aber, daß die Kritik der Partei, des OKW und des Speer-Ministeriums sich gar nicht auf die Arbeitsleistung bezog – die war bei den Franzosen immer als besonders gut bezeichnet worden –[184] sondern auf die weitgehenden Freiheiten, die sie genossen.

Im Februar unterbreitete Sauckel der Reichskanzlei den Vorschlag, die Lohnsätze der Ostarbeiter zu verbessern: „Die guten Leistungen der Ostarbeiter rechtfertigen es, den das deutsche Arbeitsleben beherrschenden Grundsatz der leistungsgerechten Entlohnung auf Ostarbeiter uneingeschränkt anzuwenden. In Zukunft sollen auch Ostarbeiter Arbeitsentgelte erzielen können, wie sie den in Arbeit und Leistung vergleichbaren sonstigen ausländischen Arbeitskräften gewährt werden."[185] Die Löhne der Ostarbeiter wurden daraufhin denjenigen der polnischen Arbeiter angeglichen. Sie konnten dadurch zum Bruttoentgelt Zulagen und Prämien erhalten; abgezogen wurden Steuern, die 15 %ige Sozialausgleichsabgabe, Sozialversicherungsbeiträge sowie die Kosten für Unterkunft und Verpflegung.[186]

Auch in der Frage der Verpflegungsrationen gab es Bewegung. Zwar lehnte das REM am 16. März „eine generelle Steigerung der Ernährungssätze für Ostarbeiter aus Gründen der Ernährungsmittel-Bewirtschaftung" weiterhin ab, künftig sollten aber Polen und Ostarbeiter gemeinsam verpflegt werden, „so daß die Polen etwas weniger und die Ostarbeiter etwas mehr Nahrung erhalten würden".[187] Am 21. August 1944 trat die Neuregelung der Verpflegungssätze für Ostarbeiter in Kraft, wonach „sowohl die Ostarbeiter als auch die sowjetischen Kriegsgefangenen Verpflegung nach den für die übrigen Kriegsgefangenen geltenden Sätzen" erhalten sollten; das hieß mehr Fleisch, Zucker und Fett sowie Käse, Quark, Brotaufstrich, Hülsenfrüchte und Kaffee-Ersatz.[188] Zwar lagen damit die Verpflegungssätze für sowjetische Arbeiter nach wie vor unter denen der Westarbeiter, gleichwohl hatte diese Neuregelung für die Situation der Arbeiter aus dem Osten doch einige Bedeutung; auch wenn die Frage, ob sich diese Rationenerhöhung auch im Teller des einzelnen Ostarbeiters wiederfand, damit noch nicht entschieden war.[189]

Nach und nach wurde so eine nach der anderen Beschränkung der Lebenshaltung der Ostarbeiter abgemildert, aufgehoben oder im Anwendungsbereich eingeengt – und immer gingen dem jeweils zähe Verhandlungen und Auseinandersetzungen der beteiligten Reichsbehörden voraus. So wurde das Verbot der Prügelstrafe bekräftigt, die Ausgehbeschränkungen und das Verbot der Benutzung von öffentlichen Verkehrsmitteln wurden abgemildert und die Möglichkeiten zur Eheschließung erleichtert.[190]

Diese Entwicklung verstärkte sich in den letzten Kriegsmonaten noch. Die verschiedenen Reichsbehörden schienen schließlich geradezu darin zu wetteifern, in ihren Verordnungen immer großartigere Formulierungen für die Besserstellung der Ostarbeiter zu finden.[191]

Die letzten Einschränkungen und Sondervorschriften für Ostarbeiter wurden schließlich im Dezember 1944 auf Initiative Wlassows hin fallengelassen. Wlassow hatte Ende November einen umfangreichen Forderungskatalog zur Verbesserung der Lage der Ostarbeiter aufgestellt. Darin war die vollständige Gleichstellung der Ostarbeiter mit den anderen Ausländern hinsichtlich Ernährung, Unterbringung, Arbeitslohn, Besteuerung und Kleidung gefordert, sowie das „Verbot von Handgreiflichkeiten und erniedrigenden Strafen (Einsperrungen in die Grube, an den Pranger stellen, Entziehung der Brotration usw.)", Abschaffung der Abzeichen,

Schaffung einer Interessenvertretung der Ostarbeiter und verschiedene soziale Verbesserungen.[192]

In zwei Sitzungen der obersten Reichsbehörden Mitte Dezember 1944 wurden die Forderungen Wlassows sehr weitgehend akzeptiert.[193] Durch die ins Auge gefaßten juristischen und steuerlichen Verbesserungen sollten die Ostarbeiter „rechtlich und disziplinär den übrigen ausländischen Arbeitskräften gleichgestellt werden".[194]

Eine ähnliche Entwicklung hatte sich, verstärkt seit dem Warschauer Aufstand im August, auch gegenüber den polnischen Arbeitern angedeutet. Himmler stimmte im Spätherbst 1944 einer Verbesserung der Behandlungsvorschriften für Polen zu, auch ein neues Kennzeichen sollte eingeführt werden („gelbe Ähre auf rot-weißem Schild in blauem Feld")[195] – zu abschließenden Entscheidungen kam es jedoch nicht mehr. Nach dem Beginn der sowjetischen Offensive im Januar 1945 fanden weitere Verhandlungen über Status und Behandlungsvorschriften der Arbeiter aus Polen und der Sowjetunion nicht mehr statt.

Ein Vierteljahr vor Kriegsende also waren die Sonderbestimmungen für die Arbeitskräfte aus dem Osten wenigstens auf dem Papier in vielen Punkten revidiert und den Bestimmungen für Westarbeiter angeglichen worden. Es ist allerdings in erster Linie eine Frage des Blickwinkels, wie man die „Liberalisierung" der letzten beiden Kriegsjahre bewertet. Im Vergleich zu den langfristigen, weltanschaulich ausgerichteten politischen Zielen der Regimeführung von 1941 hat es zweifellos gewisse Lockerungen gegeben, das RSHA als federführende Behörde der „hardliner" des Regimes mußte hier Abstriche machen. In Relation zur kriegswirtschaftlichen Lage seit 1943 aber und den sich daraus ergebenden Anforderungen an Leistungshöhe und Behandlung der Arbeiter aus dem Osten wirken die Zugeständnisse eher wie Kosmetik: die Abzeichen waren bis zum Ende nicht verschwunden, die Polen- und Ostarbeitererlasse waren nur modifiziert und bestanden in allen Kernbereichen weiter; Sonderstrafrecht, Lohnabzüge, niedrigere Lebensmittelrationen blieben bestehen – der Status der Westarbeiter wurde bis zum Kriegsende auch auf der Ebene der Bestimmungen nicht erreicht.

Entscheidende Neuerungen gab es nur im Bereich des unmittelbaren Arbeitseinsatzes selbst; alle Behörden waren sich darin einig, daß der Leistungssteigerung der ausländischen Arbeiter Priorität einzuräumen sei. Die juristischen und politischen Bedingungen des Ausländereinsatzes im weiteren Sinne erfuhren hingegen nur unwesentliche Änderungen.

Die Durchsetzungskraft und ideologische Standfestigkeit der Spitzen von RSHA und Parteikanzlei in dieser Frage sind insofern erstaunlich. Bei Zugeständnissen in Nebenfragen und vor allem in der propagandistischen Aufpolierung der getroffenen Maßnahmen blieben sie in den für die weltanschauliche Identität des Regimes wichtigen Fragen fest: die nach „rassischer Zugehörigkeit" abgestuften Formen der Diskriminierungen, das in der alltäglichen Praxis sichtbar zu machende Postulat vom deutschen Herrenmenschen, die vollständige Einordnung des gesamten Strafbereichs der Arbeiter aus dem Osten in die Zuständigkeit des RSHA blieben bestehen. Selbst als durch die zahlreichen psychotechnischen und soziologischen Untersuchungen 1943 und 1944 unübersehbar wurde, daß eine höhere Arbeitsleistung der

Polen und Ostarbeiter nur durch bessere Behandlung und Beendigung der Diskriminierungen zu erreichen war, blieben die Vertreter der „harten" Linie im wesentlichen bei dem einmal eingeschlagenen Weg – die Kompromißfähigkeit des Regimes war gerade in der Ausländerfrage eng umgrenzt. Der Verzicht auf „rassisch" begründete Differenzierungen in der Behandlung hätte einen so erheblichen Verlust an politischer Programmatik und weltanschaulicher Identität bedeutet, daß eine völlige Zurücknahme dieser Bestimmungen auch dann nicht hingenommen wurde, als deutlich war, daß dies die kriegswirtschaftliche Leistungsfähigkeit des Reiches in einer Zeit schwächen würde, als auch die Regimespitze die Möglichkeit einer militärischen Niederlage des nationalsozialistischen Deutschland zur Kenntnis nehmen mußte.

Relative Zugeständnisse einerseits, relative Beharrlichkeit andererseits, relative Wirkungslosigkeit drittens – zu dem verwirrenden Bild, das man aus den verbalen Kraftakten, zögerlichen Veränderungen und widersprüchlichen Anordnungen der mit dem Ausländereinsatz beschäftigten Behörden in den letzten beiden Kriegsjahren gewinnt, gesellt sich der Eindruck, daß die Verhandlungen in der Regimespitze sich fortschreitend von der Wahrnehmung der gesellschaftlichen Realität in Deutschland entfernten, daß die bürokratische Daueraktivität mehr zum Nachweis der eigenen Bedeutsamkeit diente, als daß sie politisch wirksame Entscheidungen hervorbrachte – eine Erlaßmaschine auf Hochtouren, aber im Leerlauf.

IX. Kapitel
Integration und Terror:
Die Praxis des Ausländereinsatzes 1943/44

1. Ausmaß und Struktur der Ausländerbeschäftigung

Nach den weiterhin umfangreichen Anwerbungen neuer ausländischer Arbeitskräfte in den Jahren 1943 und 1944 stabilisierte sich der Anteil der Ausländer an der Gesamtzahl der Beschäftigten im „Großdeutschen Reich" bei etwa einem Viertel. In den rüstungswichtigen Wirtschaftszweigen und der Landwirtschaft lag er z. T. erheblich höher, während in den Konsumgüterindustrien und in den Büroberufen nur wenige Ausländer beschäftigt waren.

Tabelle 41: Deutsche und ausländische Arbeitskräfte in ausgewählten Berufsgruppen, August 1944[1]

Berufsgruppe	Beschäftigte insgesamt	davon ausl. Arbeitskräfte	davon Zivilarbeiter	Kriegsgefangene	Ausländeranteil an den Gesamtbeschäftigten in %
Landwirtschaft	5.919.761	2.747.238	2.061.066	686.172	46,4
Bergbau	1.289.834	433.790	196.782	237.008	33,7
Metall	5.630.538	1.691.329	1.397.920	293.409	30,0
Chemie	886.843	252.068	206.741	45.327	28,4
Bau	1.440.769	478.057	349.079	128.978	32,3
Verkehr	1.452.646	378.027	277.579	100.448	26,0
Druck	235.616	9.668	8.788	880	4,1
Textil/Bekleidung	1.625.312	183.328	165.014	18.314	11,1
Handel/Banken	1.923.585	114.570	92.763	21.807	6,0
Verwaltung	1.488.176	49.085	39.286	9.799	3,3
Gesamtwirtschaft	28.853.794	7.651.970	5.721.883	1.930.087	26,5

In der Landwirtschaft war demnach im August 1944 fast jeder zweite Beschäftigte ein Ausländer; im Bergbau-, Bau- und Metallbereich etwa jeder dritte. Die Gesamtheit der ausländischen Arbeitskräfte verteilte sich im Sommer 1944 zu je etwa einem Drittel auf die Landwirtschaft, die Schwerindustrie und die restliche gewerbliche Wirtschaft. Das Übergewicht der Landwirtschaft, das den Ausländereinsatz bis Anfang 1942 geprägt hatte, war verschwunden. Zwei Drittel der Polen und der französischen Kriegsgefangenen waren in der Landwirtschaft beschäftigt, während die seit 1941 neu hinzugekommenen Arbeitskräfte vorwiegend in der gewerblichen Wirtschaft eingesetzt worden waren. Das wird besonders an der letzten geschlossenen Ausländergruppe deutlich, den italienischen Militärinternierten, von denen nur 7 % im Agrarsektor, aber 42 % im Metallbereich (Durchschnitt für alle Ausländergruppen: 22 %) arbeiteten. Bei den sowjetischen Kriegsgefangenen ist der überproportionale Anteil der im Bergbau beschäftigten (25 %) auffällig; Russen, Italiener und Polen stellten insgesamt mehr als 80 % aller im Bergbau angelegten Ausländer. Von den französischen Zivilarbeitern schließlich arbeitete fast die Hälfte in der Metallindustrie – hier wirkte sich der hohe Facharbeiteranteil unter den aus Frankreich angeworbenen zivilen Arbeitskräften aus.

Tabelle 42: Ausländische Zivilarbeiter und Kriegsgefangene nach Staatsangehörigkeit und Wirtschaftszweigen, August 1944[2]

„Staatsangehörigkeit"		Landwirtschaft	Bergbau	Metall	Chemie	Bau	Verkehr	insgesamt
Belgier	insgesamt	28.652	5.146	95.872	14.029	20.906	12.576	253.648
	Zivilarbeiter	3.948	2.787	86.441	13.533	19.349	11.585	203.262
	Kriegsgefangene	24.704	2.629	9.431	496	1.557	991	50.386
	in % aller Belgier	11,2 %	2,0 %	37,8 %	5,5 %	8,2 %	4,9 %	100 %
Franzosen	insgesamt	405.897	21.844	370.766	48.319	59.440	48.700	1.254.749
	Zivilarbeiter	54.590	7.780	292.800	39.417	36.237	34.905	654.782
	Kriegsgefangene	351.307	14.064	77.966	8.902	23.203	13.795	599.967
	in % aller Franzosen	32,3 %	1,7 %	29,5 %	3,9 %	4,7 %	3,9 %	100 %
Italiener	insgesamt	45.288	50.325	221.304	35.276	80 814	35.319	585.337
	Zivilarbeiter	15.372	6.641	41.316	10.791	35.271	5.507	158.099
	Kriegsgefangene	29.916	43.684	179.988	24.485	45.543	29.812	427.238
	in % aller Italiener	7,7 %	8,6 %	37,8 %	6,0 %	13,8 %	6,0 %	100 %
Niederländer								
	Zivilarbeiter	22.092	4.745	87.482	9.658	32.025	18.356	270.304
	in % aller Niederländer	8,2 %	1,8 %	32,4 %	3,5 %	11,9 %	6,8 %	100 %
Sowjets	insgesamt	862.062	252.848	883.419	92.952	110.289	205.325	2.758.312
	Zivilarbeiter	723.646	92.950	752.714	84.974	77.991	158.024	2.126.753
	Kriegsgefangene	138.416	159.898	130.705	7.978	32.298	47.301	631.559
	in % aller Sowjets	28,5 %	8,3 %	29,2 %	3,7 %	3,6 %	6,8 %	100 %
Polen	insgesamt	1.125.632	55.672	130.905	23.871	68.428	35.746	1.688.080
	Zivilarbeiter	1.105.719	55.005	128.556	22.911	67.601	35.484	1.659.764
	Kriegsgefangene	19.913	667	2.349	960	827	262	28.316
	in % aller Polen	66,7 %	3,3 %	7,5 %	1,4 %	4,1 %	2,1 %	100 %
„Protektorats"-angehörige	Zivilarbeiter	10.289	13.413	80.349	10.192	44.870	18.566	280.273
	in % aller „Protektorats"angehörigen	3,7 %	4,8 %	28,7 %	3,6 %	16,0 %	6,6 %	100 %
Insgesamt		2.747.238	433.790	1.691.329	252.068	478.057	378.027	7.615.970
	Zivilarbeiter	2.061.066	196.782	1.397.920	206.741	349.079	277.579	5.721.883
	Kriegsgefangene	686.172	237.008	293.409	45.327	128.978	100.448	1.930.087
	in %	36,1%	5,7%	22,2%	3,3%	6,3%	5,0%	100%

Von den 5,7 Millionen registrierten ausländischen Zivilarbeitern im August 1944 waren 1.924.912 Frauen, genau ein Drittel. Die Ausländerinnen allerdings kamen zum überwiegenden Teil (87 %) aus dem Osten (bei den Männern 62 %): Je niedriger in der politischen und rassistischen Hierarchie der Nazis die einzelnen Ausländergruppen angesiedelt waren, desto höher war der Frauenanteil; von 3 % bei den mit Deutschland verbündeten Ungarn bis 51,1 % bei den zivilen Arbeitskräften aus der Sowjetunion. Um noch einmal die Größenordnungen herauszustellen: 1944

315

arbeiteten mehr Ostarbeiterinnen in Deutschland als zivile männliche und weibliche Arbeitskräfte aus Belgien, Frankreich und Holland zusammen![3]

Tabelle 43: Männliche und weibliche zivile ausländische Arbeitskräfte nach Staatsangehörigkeit, 30. September 1944[4]

„Staatsange-hörigkeit"	Männer	Frauen	zusammen	%-Anteil der Frauen	zusammen in % aller ausl. Zivil-arbeiter
Belgien	170.058	29.379	199.437	14,7	3,4
Frankreich	603.767	42.654	646.421	6,6	10,8
Italien	265.030	22.317	287.347	7,7	4,8
Jugosl. u. Kroatien	294.222	30.768	324.954	9,5	1,6
Niederlande	233.591	20.953	254.544	8,2	4,3
Slowakei	20.857	16.693	37.550	44,4	0,6
Ungarn	17.206	7.057	24.263	3,0	0,4
Sowjetunion	1.062.507	1.112.137	2.174.644	51,1	36,4
Polen	1.115.321	586.091	1.701.412	34,4	18,5
insgesamt	3.986.306	1.990.367	5.976.673	33,3	100,0

Über die Qualifikationsverteilung der ausländischen Arbeiter sind Aussagen auf Reichsebene nur schwer zu treffen; hierauf wird daher bei der Beschäftigung mit einzelnen Betrieben ausführlicher einzugehen sein. Es ist aber immerhin aufschluß-reich, daß von den etwa 1,8 Millionen ausländischen Zivilarbeitern im Metallbereich und im Baugewerbe Ende März 1944 jeweils etwa die Hälfte als Hilfsarbeiter bzw. als Angelernte oder Facharbeiter ausgewiesen wurden. Es wird deutlich, daß die Bemühungen der Betriebe und Behörden um qualifizierten, berufsrichtigen Einsatz der Ausländer bereits einigen Erfolg hatten.[5]

Was schließlich die regionale Verteilung angeht, so war in den Gebieten mit ausgeprägter landwirtschaftlicher Monostruktur der Ausländeranteil am höchsten. Rechnet man die Zahlen der dort beschäftigten Kriegsgefangenen hinzu, so waren knapp die Hälfte aller Beschäftigten in diesen Gebieten Ausländer.[6]

Da zudem der Anteil weiblicher deutscher Arbeitskräfte in den Agrargebieten besonders hoch war, gab es im Osten ganze Landstriche, in denen doppelt so viele ausländische Arbeitskräfte wie deutsche Männer beschäftigt waren.[7]

In den Bezirken des Ruhrgebiets war der Ausländeranteil knapp unterdurch-schnittlich:

Tabelle 44: Ausländische Zivilarbeiter in den Gauarbeitsamtsbezirken des Ruhrgebiets, September 1944[8]

Bezirk	Beschäftigte insgesamt	davon ausländische Zivilarbeiter	%-Anteil
Westfalen-Nord	804.052	136.109	16,9
Westfalen-Süd	933.642	182.942	19,6
Düsseldorf	597.598	106.686	17,9
Essen	734.594	133.230	18,1

Allerdings war in den Kohlebezirken die Zahl der im Bergbau beschäftigten Kriegsgefangenen besonders hoch; sie einbezogen lag z. B. im Gauarbeitsamtsbezirk Essen der Ausländeranteil Anfang 1944 bei 23,4 %.

Fazit nach diesem kurzen Überblick über die Statistik der Ausländerbeschäftigung in Deutschland im letzten Kriegsjahr: Ein Viertel aller Beschäftigten in der deutschen Wirtschaft waren Ausländer, in der rüstungswichtigen Industrie ein Drittel, in der Landwirtschaft nahezu die Hälfte. In den landwirtschaftlichen Bezirken ebenso wie in den großen Städten prägten die ausländischen Arbeitskräfte das Alltagsleben. Allein in Berlin waren fast 400.000 ausländische Zivilarbeiter beschäftigt, in Hamburg 63.000, in Königsberg 70.000, in München 65.000, in Magdeburg, Leipzig, Nürnberg und Linz je 60.000.[9]

2. Die Arbeitsleistungen der Ausländer in der Metallindustrie und im Bergbau

Qualifizierter Einsatz der Ostarbeiter in der Metallindustrie

Ende 1942 hatte das Revisionsbüro der Fa. Krupp in Essen ein ausführliches Gutachten darüber erstellt, wie hoch die Kosten der ausländischen Arbeiter unter Berücksichtigung der Arbeitsleistung lagen. Zwar wurde betont, daß bei allen Ausländergruppen der Unterschied in den Leistungen der einzelnen Arbeiter beträchtlich sei, dennoch ließen sich definitive Aussagen über das Kosten-Leistungs-Verhältnis treffen.

Tabelle 45: Kosten-Leistungs-Verhältnis bei den ausländischen Arbeitskräften der GSF Essen, November 1942[10]

Arbeitergruppe	Arbeitsleistung in % der Deutschen	Gesamtkosten je Arbeitstag	Kosten nach Leistung	8,42 RM = 100
Deutsche	100,0	8,42RM	8,42RM	100,0
Ostarbeiter:				
männlich	57,0	8,76	15,36	182,5
weiblich	81,7	7,76	9,50	112,8
Kriegsgefangene:				
Franzosen	84,7	7,17	8,47	100,6
Sowjets	41,7	7,17	17,20	204,3
Zivilarbeiter:				
Italiener	73,7	10,62	14,41	171,2
Franzosen	77,7	10,62	13,67	162,4
Holländer	62,0	10,62	17,13	203,5
Sonstige	70,7	10,62	15,02	178,4

Nach dieser Auflistung waren die deutschen Arbeiter nach wie vor die billigsten Arbeitskräfte. Die französischen Kriegsgefangenen standen im Kosten-Leistungs-Verhältnis an der Spitze der ausländischen Arbeitskräfte, gefolgt von den Ostarbeiterinnen; während holländische Zivilarbeiter und sowjetische Kriegsgefangene besonders teuer waren – die Holländer, weil zu den Löhnen, die denen der Deutschen entsprachen, noch die Kosten für Unterkunft und Verpflegung kamen, ihre Leistungen jedoch relativ niedrig lagen; die sowjetischen Kriegsgefangenen, weil sie aufgrund ihres Ernährungs- und Gesundheitszustands nach wie vor die mit Abstand niedrigste Arbeitsleistung erbrachten. Bei den männlichen Ostarbeitern und den sowjetischen Kriegsgefangenen mußte die Firma also ansetzen, wollte sie die Leistungskosten senken. Verbesserungen der Arbeits- und Lebensbedingungen, vor allem der Ernährung seien dazu notwendig, erklärte das Revisionsbüro in dem erwähnten Gutachten; außerdem eine verbesserte Anlernung, die zwar einen erheblichen Kostenfaktor darstelle, der aber könne „als einer der produktivsten angesehen werden, weil sich besonders daraus wesentliche Mehrleistungen ergeben".[11]

War es bis dahin schon häufiger üblich gewesen, die Ausländer nach Eintritt in die Firma eine Zeit lang anzulernen, so wurde dies nun die Regel, und Krupp bemühte sich, die qualifizierte Beschäftigung auch von Ostarbeitern bis in den betrieblichen Führungsbereich hinein durchzusetzen. Ende 1943 arbeiteten bei Krupp neben Spezialisten aus den besetzten Westgebieten auch bereits eine größere Zahl von sowjetischen Arbeitskräften als Wissenschaftler, Ingenieure und Konstrukteure, denen bevorzugte Behandlung, mehr Freizügigkeit, besseres Essen und die Genehmigung zugestanden wurde, das „Ost"-Abzeichen nicht tragen zu müssen.[12] Ähnliche Entwicklungen wurden auch aus anderen Betrieben gemeldet. So waren in den IG Farben-Werken in Ludwigshafen sowjetische Kriegsgefangene, im Zivilberuf Elektrochemiker, die über besondere Kenntnisse beim Tatarinow-Acetylen-Verfahren verfügten, in der Entwicklungsabteilung mit Forschungsaufgaben beschäftigt;[13] und in der Maschinenindustrie wurden in vielen Betrieben Ostarbeiter als Betriebsingenieure, Konstrukteure und Vorrichtungsspezialisten eingesetzt und genossen dafür Privilegien in ihrer Lebensführung.[14]

Wie der Arbeitseinsatz der Ostarbeiter in den letzten beiden Kriegsjahren in der Metallbranche praktisch durchgeführt wurde, sei im folgenden an drei Fällen näher untersucht – den Deutschen Edelstahlwerken (DEW) in Krefeld, dem Bochumer Verein (BV) und der Maschinenfabrik Heller in Nürtingen.

Bei den *Deutschen Edelstahlwerken* waren seit Juni 1942 Ostarbeiter beschäftigt. 90 % von ihnen hatten angegeben, sie seien Bauern oder Landarbeiter – um in der Landwirtschaft eingesetzt zu werden. „Es ging den Leuten also in erster Linie um gutes Essen", berichtete die Firmenleitung, „sie waren also an dieser Stelle zu fassen und infolge dessen wurde für gute Verpflegung gesorgt".[15] Dadurch gelang es dem Betrieb, daß sich die Facharbeiter schon nach kurzer Zeit meldeten und berufsrichtig eingesetzt werden konnten. Zur „Sicherung des Nachwuchses" wurden zudem jugendliche Ostarbeiter als „Anlernlinge" in der Zicherei, im Walzwerk und im Hammerwerk beschäftigt, was sich besonders bewährt habe: „Wir haben jedenfalls die Erfahrung gemacht, daß bei richtiger Führung und bei richtigem Ansetzen auch die jugendlichen Ostarbeiter zu guten Facharbeitern bzw. angelernten Arbeitern ausgebildet werden können." Insgesamt war für die DEW der Ostarbeitereinsatz ein Erfolg; ein großer Teil der etwa 500 Ostarbeiter und Ostarbeiterinnen erreichte bereits Ende 1943 Leistungen von etwa 100 %: „Im ganzen gesehen liegen die Leistungen der Ostarbeiterkräfte höher als die der Westarbeiter", faßte die Betriebsleitung der DEW ihre Erfahrungen zusammen. „Auch die Arbeitsfreudigkeit ist besser. Leistung und Arbeitsfreudigkeit der Ostarbeiter stehen und fallen mit guter Verpflegung."[16]

Ganz anders berichtete zur gleichen Zeit die Betriebsleitung des *Bochumer Vereins,* einer der ersten „NS-Musterbetriebe", über die Erfahrungen mit dem Ostarbeitereinsatz.[17] Auf eine planmäßige Anlernung wurde hier verzichtet; jeweils eine Gruppe von Ostarbeitern wurde statt dessen einem deutschen Facharbeiter, dem „Betreuer" zugewiesen, der vom Betrieb und der DAF ausgesucht, von den Amtswaltern auf politische Zuverlässigkeit überprüft und als „betriebliche Führungskraft" eingestuft worden war. Diese „Betreuer" wurden zunächst über die „Eigenart der Ausländer in Bezug auf Lebensweise, Einstellung zur Arbeit im allgemeinen und vor allem zur Rüstungsarbeit" geschult, sowie über „Menschenführungsaufgaben unter besonderer Berücksichtigung der den Ausländern geltenden (!) eigenen Mentalität". Auf die deutschen Kollegen hatten sie einzuwirken, „daß jede falsche Rücksicht den Ausländern gegenüber fehl am Platze ist und daß es die deutsche Würde verbietet, sich nicht (sic!) mehr mit den Ausländern einzulassen, als es die betrieblichen Belange notwendig machen".

Nach der Schulung wurde der „Betreuer" vom Werkschutz vereidigt, da er gegenüber den Ausländern polizeiliche Funktionen ausübte. Er hatte – mit weißer Armbinde kenntlich gemacht – morgens die ihm zugeteilte Ostarbeitergruppe im Lager zum Marsch in die Fabrik abzuholen und dafür zu sorgen, „daß der Transport in geschlossenem Zuge auf der Straße, nicht auf dem Bürgersteig erfolgte". Im Betrieb war er zuständig für die möglichst schnelle „Eingewöhnung" der Ostarbeiter bei minimaler Anlernzeit. Am Beispiel der Arbeit an einer Presse wurde das dabei praktizierte Verfahren erläutert: „An einer Presse ist der 1. Press-Mann ein Deutscher, die übrigen Kräfte setzen sich aus Ostarbeitern zusammen. Der Arbeitsablauf ist so, daß nach kurzer Eingewöhnung der Ostarbeiter zwangsläufig das vorgeschriebene Arbeitstempo einhalten muß."

Folgerichtig konnten die sowjetischen Arbeitskräfte nur bei solchen Arbeiten eingesetzt werden, die in kürzester Zeit erlernbar waren und bei denen die einzelnen Arbeitsschritte immer wiederholt wurden, der Selbständigkeitsgrad der Arbeiter also besonders niedrig war. Als unumstößliches Prinzip galt: „Der Betreuer muß der von den Ausländern anerkannte Herr sein, dessen Anweisungen sie bedingungslos Folge zu leisten haben." Das war allerdings schon dadurch gewährleistet, daß die Arbeitsleistungen der ausländischen Arbeiter vom deutschen „Betreuer" gemessen und bewertet wurden, so daß es in sein Ermessen gestellt war, ob er gute Leistungen belohnte und schlechte bestrafte. („Das beste Erziehungsmittel ist der Essensentzug bzw. die zusätzliche Zuteilung von Essen und sonstigen Genußmitteln.") Durch diese scharfe Hierarchisierung sollten Ansätze zur Solidarisierung zwischen Deutschen und Ausländern verhindert und zugleich der Leistungsdruck auf die

319

Ausländer erhöht werden. Aus diesem Grund war der „Betreuer" vom ersten Tag an finanziell auch direkt an den Arbeitsleistungen seiner Gruppe beteiligt. Es lag also in seinem unmittelbaren Interesse, die Leistungen der ihm zu- und untergeordneten Arbeiter so schnell wie möglich auf eine Leistungshöhe zu bringen, die ihn mitverdienen ließ. Dementsprechend niedrig lag das Qualifikationsniveau der Ostarbeiter beim Bochumer Verein, und es verwundert nicht, daß nach Auffassung der „Betreuer" die Arbeitsleistung der Ausländer nicht von Faktoren wie qualifiziertem Einsatz, Ernährung oder Behandlung abhängig war, sondern „von der Ordnung, zu der sie im Lager und im allgemeinen Leben gezwungen werden", wie ausdrücklich vermerkt wurde. Die Produktivität der Ausländer aller Nationen beim Bochumer Verein lag entsprechend niedrig, und das Urteil der Betriebsleitung über das Leistungspotential „fremdvölkischer Arbeitskräfte" lautete dementsprechend: „Ausländer kommen nur für untergeordnete mechanische Arbeiten in Frage. Nur in Ausnahmefällen können sie an hochwertigen Arbeiten eingesetzt werden." Als Hilfsarbeiter aber seien vor allem die Ostarbeiter gut zu gebrauchen, ihre Arbeitsleistung läge durchweg über derjenigen der anderen Ausländer. Allerdings gäbe es bei den Russen ein Ernährungsproblem, das die Berichterstatter des BV jedoch auf eigene Weise interpretierten: „Die sooft genannte Vielfresserei der Russen ist immer noch sprichwörtlich. So kaufen sich beispielsweise die Ostarbeiterinnen für ihren Lohn noch Steckrüben oder sonstiges Eßbares, was noch markenfrei zu erwerben ist. Obwohl die Verpflegung dauernd noch vermehrt worden ist, sind die Russen nicht satt zu bekommen."

Während bei den DEW Krefeld qualifizierter Einsatz und Leistungserhöhung der ausländischen Arbeiter im Vordergrund standen, ging es beim BV eher darum, vor allem die Ostarbeiter möglichst schnell in die Produktion zu integrieren und sie als Hilfsarbeiter auf niedriger Qualifikationsstufe einzusetzen. Von Bedeutung war dabei vor allem das Anlernsystem; in der Institution der „Betreuer" war hier die Anlernung professionalisiert worden. Dieser anlernende deutsche Arbeiter war nicht mehr von der Einziehung zum Militär bedroht, wenn er die ihm zugeteilten Ostarbeiter zu einer ausreichenden Leistungshöhe gebracht hatte. Die Basis für die „heimliche Solidarität" am Arbeitsplatz, die bei Krupp einige Bedeutung hatte, fiel hier weg. Im Gegenteil, der deutsche Anlerner hatte sich vom Kollegen, den mit dem Ausländer die gemeinsame Angst vor den Vorgesetzten verband, zum Antreiber entwickelt, in dessen Interesse es lag, daß die Ausländer so schnell wie möglich zu einer gewissen Leistungshöhe kamen, und der dementsprechend für den Einsatz in möglichst einfachen, monotonen und also schnell erlernbaren Produktionsvorgängen votierte. Die Ausweitung seiner Befugnisse auch auf Bereiche außerhalb des Arbeitsplatzes (Funktion als Transportbegleiter, Hilfspolizist und Leistungskontrolleur, der sogar über die Verpflegungshöhe des Einzelnen entscheiden konnte) band den zum „Betreuer" aufgestiegenen Arbeiter fest in das behördliche und betriebliche Kontroll- und Repressionssystem ein und machte die bis dahin oft nur propagierte strikte Überordnung des deutschen Arbeiters gegenüber dem Ausländer auch im Betrieb zur rabiaten Praxis. Die Kehrseite dieses Systems lag in der Begrenzung des Ostarbeitereinsatzes auf einfache Arbeitsvorgänge mit niedriger Produktivität.[18]

Die beiden hier vorgestellten Varianten, DEW Krefeld und Bochumer Verein, markieren die Bandbreite der Praxis des Ausländereinsatzes mindestens in der Metallindustrie. Das dritte Beispiel bietet nun die Möglichkeit, die Reaktionen eines Betriebes auf den verschärften Produktionsdruck seit 1943 und die daraufhin eingeleiteten Veränderungen in der Art des Ausländereinsatzes zu verfolgen.

In der *Maschinenfabrik Gebr. Heller* in Nürtingen wurden schon seit den ersten Kriegsjahren ausländische Arbeiter und Kriegsgefangene beschäftigt und angelernt.[19] Die seit 1942 eingestellten Ostarbeiter wurden nach ihrer Ankunft einzeln oder in kleinen Gruppen den deutschen Montagekolonnen als Schlepper und Helfer zugeteilt. Durch Zusehen und Einweisung durch den Kolonnenführer sollten sie mit der Arbeit vertraut gemacht und nach einiger Zeit dann in der Produktion eingesetzt werden, wobei die deutschen Arbeiter ebenfalls finanziell an der möglichst schnellen Erreichung vorgegebener Leistungshöhen ihrer Ausländergruppe interessiert waren. Leistungsernährung und innerbetriebliche Strafmittel für „Widerspenstige" ergänzten das Einsatzsystem der Firma. Bei der nach diesem System erfolgten Anlernung der Ostarbeiter kam zu dem technischen auch ein Moment der „Erziehung" hinzu,[20] das auch die politische Haltung der Betriebsführung kennzeichnete: „So mußten wir die russischen Männer zwingen, sich zu waschen, Taschentücher zu verwenden, Aborte entsprechend zu benutzen usw. Aber das galt beileibe nicht nur für die Männer, sondern auch für die Frauen, hier insofern noch verschärft, weil die uns überwiesenen Russinnen es nicht gelernt hatten, die einfachsten Grundsätze der Frauenhygiene zu beachten. Es mußten für die Russinnen anschauliche Unterrichtskurse durchgeführt werden, wie sich eine zivilisierte Frau in dieser Zeit benimmt und führt, da die einfachsten hygienischen Gebrauchsgegenstände wie Frauenbinden überhaupt nicht bekannt waren" – eine Aufgabe, bei der sich die Firmenleitung besondere Mühe gegeben habe, obwohl es ja, wie sie betonte, „unsere Aufgabe ist, Maschinen zu bauen und nicht schwer erziehbare Landarbeiter zu zivilisierten Menschen zu machen."

Bei dem bis Ende 1942 bei Heller praktizierten Anlernsystem für Ostarbeiter, die hier die einzige Gruppe von noch zugewiesenen Ausländern darstellten, beschränkte sich die Einsatzmöglichkeit allerdings auf Montagekolonnen in der mechanischen Serienfertigung, die Leistungshöhe lag für Ende 1942 bei etwa 60 – 70 %; zudem war man auf die Anwesenheit einer vergleichsweise hohen Zahl deutscher Facharbeiter als Einrichter und Kontolleure angewiesen.

Als im Winter 1942/43 die Zahlen der zum Militär einberufenen deutschen Arbeiter noch einmal ganz erheblich anstiegen, stellten sich der Firma neue Probleme.[21] Die Produktionstätigkeit des Unternehmens hatte sich seit Mitte 1942 zunehmend auf Spezial- und Rationalisierungsmaschinen verschoben; dadurch waren die Einsatzmöglichkeiten von Arbeitskräften im Serienbau sehr beschränkt. Zu den dadurch entstandenen erhöhten technischen Anforderungen an die Arbeiter kam die drastische Verminderung der deutschen Belegschaft, so daß der Einsatz der Ostarbeiter auf qualifizierten Arbeitsplätzen in den Bearbeitungsabteilungen unumgänglich war. Mit dem bisherigen Anlernverfahren war diese Umstellung nicht zu leisten, denn die sowjetischen Arbeiter hatten ja nicht mehr lernen sollen, als die Maschinen laufen zu lassen. Bei der geringsten Abweichung standen die Maschinen still, und der sie bedienende Ostarbeiter mußte auf den deutschen Facharbeiter warten – erhebliche Ausfallzeiten und niedrige Leistungsquoten waren die Folge. Das Anlernverfahren war eine Konsequenz der niedrigen Leistungserwartungen der Deutschen an die Ostarbeiter und die niedrigen Arbeitsleistungen ein Produkt des Anlernverfahrens und eine Bestätigung der Erwartungen. Wollte man diesen geschlossenen Kreis durchbrechen, mußte die Anlernung größere Selbständigkeit der einzelnen Arbeiter, bessere Kenntnis der betrieblichen Abläufe, breitere handwerkliche und technische Schulung und mehr Grundlagenwissen befördern, sie mußte also langfristiger angelegt sein und auch länger dauern; die gruppenweise Einweisung durch den deutschen Kolonnenführer mußte zugunsten einer zentralisierten und auf den einzelnen bezogenen differenzierten Ausbildung aufgegeben werden. Anfang 1943 wurde ein neues System eingeführt: Zunächst war die Arbeitsteilung durch noch stärkere Zergliederung der Arbeitsschritte erhöht worden, was zwar zu größerem organisatorischem Aufwand, aber auch zur Verminderung von Ausschuß und Ausfallzeiten führte. Die Ostarbeiter selbst wurden zunächst in 14tägigen Schulungskursen in der Lehrwerkstatt in die technischen und sprachlichen Grundlagen ihrer Aufgabe eingeführt. Anschließend wurde jedem einzelnen eine „eigene Maschine" zugeteilt, an der er täglich einige Stunden von Einrichtern und Vorarbeitern geschult wurde, den Rest des Tages arbeitete er zunächst im Zeitlohn. Am Ende dieser einige Wochen dauernden Umschulungsphase stand eine „Abschlußprüfung" mit „Abschlußstück", die für die Lohngruppeneinstufung des einzelnen Ostarbeiters mit entscheidend war. Besonders Qualifizierte konnten sich darüber hinaus in Abendkursen zu „Hilfslehrkräften" weiterbilden, die dann ihrerseits einen Teil der Anlernung neuer Ostarbeiter übernahmen – kurz, das gesamte System entsprach einem Schnelldurchlauf des Anlernverfahrens, das auch bei deutschen Arbeitskräften angewandt worden war, seit in den 30er Jahren der Rüstungsdruck zur vermehrten Einstellung von Ungelernten gezwungen hatte. Das neue Verfahren war bei Heller sehr erfolgreich und führte – wie die Betriebsleitung mit Stolz vermerkte – dazu, „daß der Ostarbeiter heute dem Kolonnenführer eine wesentlich bessere Hilfe als früher ist und an der Maschine nahezu selbständig arbeitet". Gleichzeitig habe sich dadurch aber auch das Verhältnis zwischen deutscher Belegschaft und Ostarbeitern verbessert, das vorher besonders schlecht gewesen sei, „weil eine gewisse Abneigung der deutschen Gefolgschaft gegen die Ostarbeiter nicht zu verkennen war". Durch die ungelernten sowjetischen Arbeitskräfte, die kein Deutsch konnten und sich in der ungewohnten Umgebung zunächst überhaupt nicht zurecht gefunden hatten, war vorher den deutschen Arbeitern nicht unerhebliche Mehrarbeit entstanden; Abneigung gegen die „schmutzigen" Ostarbeiter und generell gegen „die Russen" kam hinzu. Die höhere Qualifikation der Ostarbeiter durch verbesserte Anlernungsmaßnahmen entspannte das Verhältnis zwischen deutschen und sowjetischen Arbeitern bei Heller; der Typ des „guten Arbeiters" unter den sowjetischen Arbeitskräften wurde von den Deutschen durchaus anerkannt. Es entstand „ein sachliches Verhältnis, ohne Sentimentalität und getragen von der Einsicht, daß der Ostarbeiter etwas lernen und möglichst viel lernen muß".[22]

„Mehr Ostarbeiterinnen!"

Die Frage nach der Verbreitung der verschiedenen Anlernsysteme in der deutschen Metallindustrie (oder gar darüber hinaus) zu beantworten, ist kaum möglich; schon allein, weil selbst innerhalb der verschiedenen Abteilungen eines einzelnen Unternehmens die Praxis oft sehr unterschiedlich war. Es wird aber deutlich, daß das Anlernsystem das Schaltelement war, mit dem die Art der Behandlung und die Produktivität bei der Beschäftigung ausländischer Arbeitskräfte bestimmt wurde. Je differenzierter der Arbeitsablauf und je geringer die Zahl der zur Verfügung stehenden deutschen Facharbeiter, desto größer der Zwang zur qualifizierten Anlernung. Die Leistungshöhe der Ostarbeiter stieg in den meisten Betrieben, von denen Berichte vorliegen, an, und die Erkenntnis, daß das Leistungspotential der sowjetischen Arbeitskräfte bei entsprechenden Ausbildungs- und Arbeitsbedingungen im Durchschnitt nicht unter dem der Deutschen lag, konnte weder von den Behörden noch von den Betrieben ignoriert werden.[23]

Tabelle 46: Arbeitsleistungen der ausländischen Arbeiter und Kriegsgefangenen im Bereich Rheinland und Westfalen, Mitte 1943[24]

Ostarbeiter:	80 – 100 %	Belgier:	80 – 100 %
Ostarbeiterinnen:	50 – 75 %	Holländer:	60 – 80 %
im Vergleich zu deutschen Frauen:	90 – 100 %	Italiener, Jugoslawen, Kroaten:	70 – 80 %
Polen:	60 – 80 %	Kriegsgefangene im Bergbau:	50 %
Franzosen:	80 – 100 %	in der Metallindustrie:	70 %

Die Angaben der Betriebe über die Leistungshöhe der Ostarbeiter sind allerdings mit einiger Vorsicht zu genießen, weil sie zum Teil „arbeitspädagogische" Ziele verfolgten. So erläuterte die Betriebsleitung der Fa. Carl Zeiss Jena in ihrem Erfahrungsbericht über den Ostarbeitereinsatz die Art der „Leistungsüberwachung" bei der Umschulung: „So haben wir grundsätzlich vom ersten Tage an jedem Arbeitsplatz die Leistung in Prozentzahlen der Soll-Leistung angegeben. Bei Arbeitsplätzen, an denen sich zeigte, daß die Soll-Leistung sehr früh erreicht wird, wird neuerdings, ohne daß die Russen es bemerken, der Maßstab geändert, denn bei Ostarbeitern, die 100 oder 110 % der Soll-Leistung erreicht haben, trat gewöhnlich sofort ein Stillstand ein."[25] Diese Technik hatte zudem den Vorteil, die Evidenz der Vergleichbarkeit des Leistungspotentials deutscher und sowjetischer Arbeiter nicht zu groß werden zu lassen – denn mit den Berichten über die z. T. erheblichen Leistungssteigerungen der Ostarbeiter seit Anfang 1943 verstärkten sich wiederum die Ängste der Regimeführung, die schon in den Meldungen von 1942 über das sich wandelnde „Rußlandbild in der deutschen Bevölkerung" aufgetreten waren. In der Bevölkerung, meldete der SD besorgt, werde über die Religiosität der Ostarbeiter ebenso gestaunt wie über den Bildungsstand, über „Familiensinn und sittliche Haltung" oder über die Feststellung, „daß die Ostarbeiter keine Prügelstrafen kennen". Besonderes Aufsehen aber erregten die Berichte über die Leistungshöhe der Ostarbeiter: „In der deutschen Propaganda sei der Sowjetmensch als sture ausgebeutete Kreatur, sozusagen als Roboter der Arbeit hingestellt worden. Der deutsche Arbeiter müsse sich aber täglich an Hand der Leistungen und des Könnens oft vom Gegenteil überzeugen."[26]

Der SD mußte sich schließlich sogar gegen die „zu positive" Darstellung der Ausländer, vor allem der Russen in der deutschen Presse wenden, in der „Idealismus" vorherrsche. „Teile der Arbeiterschaft sähen in solchen Aufsätzen eine Bestätigung ihrer Auffassung, daß ein ordentlicher Arbeiter auch sonst ein ordentlicher Mensch sei, ganz gleich, welchem Volkstum er angehöre."[27]

Diese „Wandlungen im Rußlandbild der Bevölkerung" waren spätestens seit der Leistungssteigerungskampagne im Frühjahr 1943 unvermeidlich; eine ähnliche Entwicklung hatte es 1940/41 auch schon gegenüber den Franzosen gegeben. In Bezug auf die Ostarbeiter waren derartige „Aufweichungstendenzen" aber gefährlicher, weil hier weltanschauliche Grundsubstanz verloren zu gehen drohte; ein Zurückdrehen der Entwicklung war angesichts der Kriegslage aber zumindest auf mittlere Distanz auch nicht möglich. Das Bestreben des SD mußte es also sein, Leistungshöhe und rassistische Hierarchisierung beim „Russeneinsatz" miteinander auszutarieren. Eben darin lag die Funktion der Kritik des SD an der Haltung in „der deutschen Bevölkerung" gegenüber den Ostarbeitern.

Für die Unternehmen begann der Ausländereinsatz seit 1943 auch hinsichtlich der Ostarbeiter lohnend zu werden. Die Leistungskosten eines Arbeiters oder einer Arbeiterin aus der Sowjetunion waren bei 100 %iger Arbeitsleistung angesichts der geringeren Löhne niedriger als die der deutschen Arbeiter. Da die Arbeitsergebnisse – vor allem der Ostarbeiterinnen – hoch und die Gesamtaufwendungen für sie um 10 % niedriger lagen als bei Deutschen, war ihre Beschäftigung nun für die Betriebe durchaus profitabel.

Die Leistungssteigerung in den Betrieben war aber nur die eine Seite der veränderten Entwicklung seit 1943. Damit verbunden war die Ausweitung eines Systems ungehemmter Ausbeutung mit überlangen, oft willkürlich festlegbaren Arbeitszeiten und dem Wegfall aller Arbeitsschutzbestimmungen und sozialen Errungenschaften wie den Einschränkungen bei der Beschäftigung von Frauen oder dem Verbot der Kinderarbeit.

Die Nationalsozialisten waren 1933 mit dem erklärten Ziel angetreten, die sozialpolitischen Erfolge, die die deutsche Arbeiterbewegung bis dahin erreicht hatte, zurückzudrehen – ein Vorhaben, bei dem ihnen die Unterstützung der Industrie gewiß war, das aber nur in beschränkter Weise erreicht werden konnte, weil der Zwang zur Erhaltung der politischen Loyalität der deutschen Bevölkerung und vor allem der deutschen Arbeiterschaft und die Angst vor einer Destabilisierung der Heimatfront hier zu weitgehenden Zugeständnissen gezwungen hatten. Bei den Ausländern, denen aus dem Osten ungleich mehr als denen aus dem Westen, fielen diese Rücksichtnahmen weg. Es fehlte nicht nur wie bei den Deutschen ein sozialpolitisches Gegengewicht, durch das die Interessen der Arbeiter artikuliert werden konnten, es gab auch außer der Erhaltung der Arbeitsleistung kein Argument, das der Forcierung der Ausbeutung widersprach; unternehmerischer Wille konnte sich unmittelbar in die Praxis umsetzen lassen. Einer der Direktoren der Flugzeugfabrik Fieseler faßte diese Situation zusammen: „Der größte Vorteil der Ausländerbeschäftigung ... liegt darin, daß wir nur Befehle zu erteilen brauchen, kein Widerspruch erfolgt, kein Verhandeln notwendig ist ... Der Ausländer ist sofort zur Stelle, wenn er für Überstunden und Sonntagseinsatz benötigt wird ... Viel überflüssige

Schwatzarbeit ist in Fortfall gekommen und eine nahezu hundertprozentige Anwesenheit des Ausländers am Arbeitsplatz der Fall. Selbst die Abortzeit mit zehn Minuten wird kontrolliert, überwacht und bei Übertretung bestraft. Der Arbeitsbeginn ist pünktlich, da die Ausländer zum größten Teil abgeholt werden; Fehlzeiten wegen Besorgungen auf Behörden und in den Geschäften kommen kaum in Frage. Der Arbeitszeitanteil ist im ganzen ein größerer als bei deutschen Gefolgschaftsmitgliedern. Die Entlastung deutscher Männer an gesundheitsschädlichen Plätzen ... ist eingetreten und von erheblichem Wert."[28]

Diese Passage liest sich wie ein sozialpolitischer Wunschzettel der Industrie – seit in den meisten Werken der Primat der Arbeitsleistung durchgesetzt war, waren vor allem die Ostarbeiter für die Unternehmen die idealen Arbeitskräfte. Überall da, wo es in den Betrieben besonders schwere, schmutzige oder gefährliche Arbeit gab, wurden die deutschen Belegschaftsmitglieder nun durch sowjetische Kräfte ersetzt. Bei den IG Farben-Werken in Ludwigshafen etwa wurden Ostarbeiter zu 85 % als Schwer- und Schwerstarbeiter eingesetzt, der Rest war mit „Spezialarbeiten", so etwa in den „besonders lästigen Säure- und Schmutzbetrieben" beschäftigt.[29] Im IG Farben-Werk in Oppau mußten die Ostarbeiter in Wechselschicht mindestens 67 Wochenstunden arbeiten;[30] mehr als 60 Wochenstunden waren für Ostarbeiter offenbar in vielen Betrieben die Regel, wobei die Anmarschwege noch gar nicht mitgezählt wurden.

Welche Möglichkeiten für die Unternehmer beim Einsatz der sowjetischen Arbeitskräfte nun bestanden, zeigt die Beschäftigung von Frauen in den Betrieben. Die meisten Firmenleitungen hatten größere Probleme mit dem Einsatz deutscher Arbeiterinnen.[31] Vor allem das Verbot der Nachtarbeit ließ sich mit einem 3-Schicht-System nur schwer vereinbaren. Die Voraussetzung für einen produktiven Einsatz deutscher Frauen, faßte der SD die Kritik der Industrie zusammen, sei „die Auflockerung der Arbeitsschutzbestimmungen, z. B. die bisher verweigerte Zulassung der jetzt in den Arbeitsprozeß eingegliederten Frauen zur Nachtarbeit".[32]

Bei Krupp ging man daher dazu über, in bestimmten Betrieben tagsüber deutsche Frauen und nachts Ostarbeiterinnen zu beschäftigen: „Als Ideal wäre folgendes Schichtensystem zu beobachten: 1. weibliche Deutsche von 6 – 12 Uhr, 2. weibliche Deutsche von 12 – 18 Uhr, 3. weibliche Ausländer von 18 – 6 Uhr. Dieser Zeiteinteilung stehen keine Bedenken des Gewerbeaufsichtsamtes gegenüber, da für Ausländer einschließlich der Frauen keine Arbeitszeitbeschränkung besteht."[33] Dabei mußte allerdings sichergestellt werden, daß – entsprechend der Anweisung Speers – Ostarbeiterinnen „tatsächlich schwere körperliche Arbeit verrichten".[34] Deutsche Frauen sechs Stunden tagsüber mit leichten Arbeiten, Ostarbeiterinnen zwölf Stunden Nachtarbeit mit körperlich schwerer Arbeit – hier werden die politisch und rassebiologisch begründete Zurückhaltung gegenüber den deutschen Frauen und die umfassende Ausbeutung der sowjetischen Arbeiterinnen in engem Zusammenhang deutlich. Die Betriebsleitung der Firma Carl Zeiss Jena berichtete über den Einsatz von Ostarbeiterinnen: „Ihre Arbeitserziehung, ihre geringen Versäumnisse, die Unmöglichkeit des ‚In-Urlaub-Fahrens' sind wichtige Erleichterungen für die Stetigkeit im Fertigungsablauf des Betriebes. Unter der Führung von verantwortungsbewußten deutschen Arbeitskameraden und -kameradinnen erfüllt insbesonre die Ostarbeiterin weitgehend die mit unserer Fertigung verbundenen Aufgaben. Unser Wunsch ist deshalb: Noch mehr Ostarbeiterinnen!"[35]

Vielleicht noch schärfer kam dieser Zusammenhang bei der Kinderarbeit zum Ausdruck: Die strengen Schutzbestimmungen für deutsche Kinder und Jugendliche galten für Ostarbeiter nicht. Mit den Transporten aus der Sowjetunion waren auch zahlreiche Kinder nach Deutschland verbracht worden. Ein Vertreter der Fa. Krupp erklärte im August 1942 z. B., „gerade jetzt seien 600 Russen, bestehend aus 450 Frauen etwa und 150 Jugendliche im Alter von 14 Jahren, eingegangen".[36] Die Jugendlichen über 14 Jahre wurden sofort zur Arbeit eingesetzt und erhielten je nach Alter zwischen 25 und 90 % der Löhne der Erwachsenen.[37] Seit 1944 wurde dann überlegt, ob nicht auch Ostarbeiter-Kinder eingesetzt werden konnten: „Bei dem letzten Ostarbeiter-Transport wurde eine große Anzahl Kinder im Alter von 3 – 14 Jahren zugewiesen. Nach einer dem Arbeitseinsatz I gemachten Mitteilung sollen bereits Kinder ab 6 Jahren zum Arbeitseinsatz kommen." Offiziell durften Ostarbeiter-Kinder unter 12 gar nicht, unter 14 Jahren „nur mit geeigneten leichten Arbeiten bis zu 4 Stunden täglich" beschäftigt werden.[38] Tatsächlich erging es den Kindern oft nicht anders als den Erwachsenen; häufig wurden die Ostarbeiterkinder in den Wohnlagern beschäftigt, in denen bei Krupp auch zahlreiche Ostarbeiterinnen zur Arbeit eingesetzt waren.[39]

Zieht man nach den Betrachtungen über die Arbeitsbedingungen der ausländischen Arbeiter in der Phase des totalen Krieges eine Zwischenbilanz, so ist die Tendenz zur Leistungsintensivierung der Ausländerbeschäftigung vorherrschend – wenn auch nicht durchgängig. Die Erhaltung und Steigerung der Leistungsfähigkeit wurde in der Mehrzahl der Betriebe zum obersten Grundsatz im Ausländereinsatz, ein Vorhaben, das zunächst bei den Westarbeitern, dann zunehmend auch bei den sowjetischen Zivilarbeitern mit Erfolg durchgeführt wurde. Der Versuch, die Ausbeutung der Arbeitskraft gerade der Ostarbeiter zu optimieren, war für die Betriebe deswegen erfolgversprechend, weil sie auf sozialpolitische Hemmnisse bei der Beschäftigung wie bei den deutschen, vor allem den weiblichen Arbeitskräften, keinerlei Rücksichten zu nehmen brauchten. Ostarbeiter und Ostarbeiterinnen wurden so zu begehrten, weil billigen und effektiven Kräften. Hatte sich vor allem die Industrie anfangs wegen der zahlreichen Einsatzbeschränkungen, der geringen Ernährungsrationen, des schlechten Gesundheitszustandes der Russen und wegen verbreiteter Abneigung gegen die sowjetischen Arbeiter in den Betriebsleitungen wie in den Belegschaften gegen den „Russeneinsatz" gewehrt, so forderten die Unternehmensleitungen, seit diese Hemmnisse weitgehend weggefallen waren, immer neue Kontingente an zusätzlichen Ostarbeitern. Vom ökonomischen Standpunkt aus war die Beschäftigung von Ausländern, auch von Ostarbeitern, in Deutschland durchaus lohnend und auch als Nachkriegsperspektive denkbar geworden.[40] In diesem Sinne schloß auch der Fieseler-Direktor Freyers seinen schon erwähnten Vortrag: „Der Deutsche hat sich mit dem Ausländereinsatz zum ersten Mal in einem riesigen Umfange die Tätigkeit von Hilfsvölkern zu eigen und zu nutze gemacht und daraus Lehren gezogen und Erfahrungen gesammelt. Es wird schon gut sein, schon während, spätestens nach dem Kriege, diesen ganzen Erfahrungsschatz an berufener Stelle zu sammeln."[41]

Arbeitseinsatz im Ruhrbergbau

Im Bergbau hatte bis Ende 1942 die Produktivität der sowjetischen Kriegsgefangenen und Zivilarbeiter besonders niedrig gelegen. Dennoch hatte die ZP im Juni 1943 auf Initiative Pleigers beschlossen, dem Bergbau weiterhin vorrangig sowjetische Kriegsgefangene zuzuweisen. Vier Gründe waren dafür ausschlaggebend: Der enorm angewachsene Arbeitskräftebedarf im Bergbau (Pleiger hatte ihn für den Steinkohlebergbau mit 192.000 und für den Braunkohlebergbau mit 48.000 benötigten Kräften angegeben) sollte „mit einem Schlag" befriedigt werden. Durch die Sommeroffensive 1943 im Osten – so hoffte man – würden neue sowjetische Kriegsgefangene in großer Zahl dem deutschen Arbeitseinsatz zugeführt werden können.[42] Zweitens galten sowjetische Kriegsgefangene, wurden sie nur ausreichend ernährt, als besonders tauglich für Schwerstarbeit; drittens war die Bewachung hier einfacher und effektiver als bei sowjetischen Zivilarbeitern, bei denen die Fluchtrate besonders hoch war, und viertens waren die Beiträge, die die Zechen für die Arbeit der Gefangenen an den Staat zu zahlen hatten, nochmals gesenkt worden und die Kosten damit die niedrigsten aller eingesetzten Kategorien von Arbeitskräften.[43] Gleichzeitig wurde aber auch beschlossen, die sowjetischen Gefangenen besser zu verpflegen, um ihre optimale Leistungskraft zu erhalten.[44] Denn mittlerweile wurde es in der politischen und wirtschaftlichen Führungsspitze des Regimes als politischer Fehler beurteilt, daß „die russischen Gefangenen, mit denen man heute außerordentlich zufrieden ist, im Winter 1941/42 so schlecht verpflegt und untergebracht wurden, daß sie zu hunderttausenden verhungert sind. Heute fehlen sie uns dringend".[45]

Auch im Bergbau war offenbar mit rein extensiven Maßnahmen nichts mehr zu erreichen; die Bilanz etwa des Bergamtes Dortmund für 1942 sah hinsichtlich der Ostarbeiter und sowjetischen Kriegsgefangenen düster aus: 15 % von ihnen waren gar nicht einsatzfähig; die Durchschnittsleistung der anderen lag bei 37 % der Leistung deutscher Arbeiter! „Der Hauptgrund für diese außerordentlich geringe Leistung der russischen Kriegsgefangenen ist in ihrer körperlichen Schwäche zu suchen", stellte das Bergamt Dortmund Anfang 1943 fest; allerdings: „In letzter Zeit wird von manchen Zechen eine Verbesserung der Leistung der Gefangenen gemeldet. Als Gründe hierfür werden angegeben: Der gebesserte Ernährungszustand, die Ausscheidung der Leistungsunfähigen, die Eingewöhnung der brauchbaren Leute, die Verteilung von Rauchwaren und anderen Dingen als Prämien wie gewisse Erleichterungen in der Lebenshaltung als Belohnung für gute Arbeitsleistung ... Verschiedene Zechen haben mit der Anlernung der neu angelegten Russen, vor allem der Jugendlichen, in ihren Lehrrevieren guten Erfolg gehabt."[46]

Im Bergbau waren bis dahin Schulungs- oder Anlernmaßnahmen für Ostarbeiter und sowjetische Kriegsgefangene nur in geringem Umfang durchgeführt worden. Seit Anfang 1943 und verstärkt, als die erwarteten Erfolge an der Ostfront im Sommer ausblieben, waren aber auch die Zechen gezwungen, die Leistungssteigerung der sowjetischen Arbeitskräfte energischer voranzutreiben. Beim Zechenverband Hibernia in Herne begann im Frühjahr 1943 eine Aktion zur berufsrichtigen Ein- und Umsetzung der Ostarbeiter und Kriegsgefangenen, nachdem das Direktorium bemerkt hatte, daß sowjetische Facharbeiter wie Schlosser oder Elektriker als

Schlepper oder beim Abbau arbeiteten.[47] Für Kriegsgefangene wurden Leistungslohn und ein weitgehendes Prämiensystem eingeführt.[48] Vor allem der von der Bezirksgruppe Steinkohlenbergbau Ruhr eingesetzte Betriebsinspektor Norkus forderte derartige Maßnahmen in seinen Berichten und Vorträgen, in denen er bessere Arbeits- und Lebensbedingungen als Voraussetzungen für höhere Leistungen propagierte.[49]

Auch hier war die Frage des Anlernens der springende Punkt. Bis Ende 1942 waren meist einige sowjetische Arbeitskräfte einer deutschen Arbeitergruppe zugeteilt worden. Da die Mehrzahl der sowjetischen Arbeiter aber noch nie untertage gearbeitet hatte, beschäftigten viele deutsche Hauer sie nur als Schlepper oder mit anderen untergeordneten Tätigkeiten mit der Begründung, „sie hätten keine Zeit, die Russen anzulernen, sie müßten Kohle fördern". Daher regte Norkus an, jeden neu angelegten Ostarbeiter oder Kriegsgefangenen in „Anlernstreben" oder „Anlerngruppen" planmäßig auszubilden – und zwar ohne „in diesen Betrieben auf eine möglichst hohe Leistung zu sehen und die Frage der Anlernung zu vernachlässigen", und so lange, bis die Arbeiter eine echte Grundausbildung erreicht hätten. Die ausbildenden deutschen Arbeiter sollten auch hier finanziell an der Steigerung der Leistungshöhe und der Qualifikation „ihrer" Arbeitergruppe interessiert werden. Strenge Leistungskontrolle, Einsatz in geschlossenen „Russenstreben" oder „Russengruppen" nach der Anlernphase, Prämien für besonders Leistungsstarke sowie der Versuch, „einem Stamm guter Russen nach gründlicher Anlernung die Ausbildung in den Anlernstreben zu übertragen", waren die weiteren Vorschläge, die denjenigen in der Metallindustrie in den meisten Punkten entsprachen.[50]

Es gelang vielen Zechen auch tatsächlich im Verlaufe des Jahres 1943, die Arbeitsleistungen der sowjetischen Zivilarbeiter und Kriegsgefangenen zu erhöhen – im Durchschnitt erreichten sie in den Zechen des Ruhrgebiets im Oktober 1943 etwa 60 bis 70 % der Leistungen der deutschen Hauer.[51] Im Vergleich zu den aus Dortmund gemeldeten Leistungszahlen des Vorjahres war das nahezu eine Verdoppelung. Zwar sind derartige Leistungszahlen nur schwer nachprüfbar, daß aber eine Verbesserung der Verpflegung auch in realtiv kurzer Zeit erhebliche Leistungsverbesserungen nach sich zog, ist auch an anderen Stellen nachweisbar. Auf der anderen Seite aber hatte der Bergbau damit Ende 1943 erst die Leistungshöhe erreicht, die im Metallbereich zu Anfang des Jahres der Ausgangspunkt der Leistungssteigerungskampagne gewesen war. Insgesamt war die Produktivitätsentwicklung im Bergbau während der gesamten Kriegszeit rückläufig.[52] Während die ausländische Belegschaft im Ruhrbergbau auf ein Drittel der Gesamtbeschäftigten anstieg, sank die Produktivität kontinuierlich um mehr als ein Viertel auf 72 % des Vorkriegsstandes im Jahre 1943. Und gerade zu dem Zeitpunkt, als die Arbeitsleistung der Ostarbeiter und Kriegsgefangenen, die 1943 zusammen fast 80 % der ausländischen Bergleute ausmachten, zu steigen begann, führten äußere Faktoren, in erster Linie die Auswirkungen der alliierten Luftangriffe, zur weiteren Verschlechterung der Produktivitätsentwicklung.

Insgesamt wurden im Bergbau bei der Beschäftigung der Ostarbeiter und Kriegsgefangenen bis Kriegsende nicht annähernd die Leistungsmargen erreicht, die aus dem Metallsektor gemeldet wurden; und es hat den Anschein, als sei die Leistungssteigerung 1943 nicht in erster Linie auf Verbesserungen der Arbeits- und Lebensbedingungen, sondern vor allem auf das „Ausscheiden" der Arbeitsunfähigen und nur zum geringeren Teil auf Anlernmaßnahmen zurückzuführen. Das Wehrkreiskommando VI setzte sich in einem Schreiben an das Dortmunder Oberbergamt im Mai 1943 damit ausführlich auseinander: Der Gesundheitszustand der in den Ruhrzechen beschäftigten sowjetischen Kriegsgefangenen hätte sich im ersten Quartal 1943 erneut verschlechtert, und auch die Todesziffern seien angestiegen. Ursache dafür seien unzureichende, noch unter den Verpflegungssätzen liegende Ernährung, überlange Arbeitszeiten und unzureichende Unterkunft, was durch die Witterungseinflüsse während des Winters zu hohen Ziffern von Kranken und Arbeitsuntauglichen geführt habe: „So mußten z. B. aus einem Bergbaubetriebe in den letzten 3 Monaten 90 Sowj. Krgf. wegen Entkräftung in das Manschaftsstammlager zurückgeführt werden. Ein Teil dieser Krgef. konnte nicht mehr gerettet werden." Auch Stil und Argumentationsform dieses Schreibens sind aufschlußreich: „Es ist menschlich verständlich, insbesondere bei der Härte des Krieges im Osten, daß es im ersten Augenblick für die deutschen Volksgenossen, denen sowjetische Kriegsgefangene zur Arbeit zugeteilt sind, eine Zumutung darstellt, eine fürsorgliche und anständige Behandlung dieser Krgef. zu verlangen", hieß es entschuldigend. „Im Interesse der für die deutsche Kriegsführung entscheidend notwendigen Steigerung der Arbeitsleistung der Krgef. ist aber eine angemessene Fürsorge für das körperliche und seelische Wohl der Krgef. und die Unterlassung von Mißhandlungen erforderlich. Eine Mehrleistung durch Verprügeln erzwingen zu wollen, ist angesichts der allgemeinen Entkräftung der sowj. Krgef. meist falsch."[53]

Die Kette solcher Berichte riß bis Kriegsende nicht ab: Die Lage der Ostarbeiter, der sowjetischen Kriegsgefangenen und seit Ende 1943 auch der italienischen Militärinternierten, die im Ruhrbergbau eingesetzt worden waren, muß schrecklich gewesen sein. 18 % der sowjetischen Kriegsgefangenen und 14 % der italienischen Militärinternierten waren am Stichtag 1. Juni 1944 krank gemeldet, wobei die Kriterien für „Krankheit" hier ungleich schärfer gefaßt waren als bei Deutschen; und die Lazarette waren überfüllt, so daß viele Schwerkranke in den Lagern bleiben mußten.[54] Anfang 1944 waren im gesamten Bergbau 181.764 sowjetische Kriegsgefangene beschäftigt, im ersten Halbjahr waren hier 32.236 „Abgänge" zu verzeichnen.[55] Wie sich eine solche Zahl aufgliedert, zeigt eine gesonderte Aufstellung für den oberschlesischen Bergbau (Tab. 47).

Tabelle 47: „Abgänge" sowjetischer Kriegsgefangener im oberschlesischen Bergbau, 1. Januar bis 30. Juni 1944[56]

Bestand	51.140
„Abgänge":	
Wegen Krankheit ins Lager zurückgeführt:	7.914
Wegen Krankheit in Lazarette überführt:	1.592
Todesfälle auf Arbeitskommandos	639
Fluchten von Arbeitskommandos	818
„Abgänge" insgesamt	10.963

Mit Hinweis auf die schwere Arbeit untertage, monierte das OKW gegenüber Pleiger, seien solche Zahlen nicht allein zu erklären, „die Gründe für den hohen Verbrauch an krgef. Arbeitskräften müsse also auch noch auf anderen Gebieten liegen". Nach Berichten von Kommissionen der Schutzmachtvertreter des IRK und der Begleitoffiziere über die Besuche bei Kriegsgefangenen-Arbeitskommandos im Bergbau ergaben sich vor allem folgende Klagen:

„1) Krgef. werden geschlagen.
2) Krgef. mußten bei Arbeit im Wasser ohne Gummistiefel arbeiten.
3) Krgef. fehlte die zweite Decke, noch Ende Oktober 1943.
4) Unterkünfte sind vielfach überbelegt, nicht ungezieferfrei, Nachtruhe nicht gesichert.
5) Krgef. kommen mit nassen Kleidern aus der Grube und fahren mit nassen Kleidern wieder ein, da keine Möglichkeit zum Trocknen in den Unterkünften.
6) Untersuchung auf Bergbaufähigkeit ist sehr oberflächlich. Ein Zivilarzt untersucht z. B. bis zu 200 Krgef. in der Stunde auf Bergbaufähigkeit.
7) Unverhältnismäßig hohe Unfallziffern. Vielfach fahren Schichten ein, ohne daß sich unter den Krgef. ein deutscher Fachmann befindet; Unfallverhütungsvorschriften hängen nur in deutscher Sprache aus.
8) Verpflegung quantitativ ausreichend, qualitativ dagegen häufig schlecht.
9) Kranke werden verspätet dem Arzt vorgeführt.
10) Kranke Krgef. die noch schonungsbedürftig sind, werden vorzeitig wieder untertage eingesetzt."[57]

Auf seiten der Zechenbetriebe und der Bergbauverbände stießen solche Berichte häufig auf Unverständnis.[58] Kennzeichnend dafür war die Kritik der Betriebsleitung der Essener Steinkohle an einem Kommissionsbericht, in dem die Zustände beim Einsatz sowjetischer Arbeitskräfte in den Essener Zechen kritisiert worden waren: „Bemerkenswert ist immer wieder der Eifer, mit welchem sich deutsche Behörden pp. um das Wohlergehen der Ausländer bemühen. Zur rechten Einstellung gegenüber solchen Bemühungen und Anweisungen verhilft stets die nüchterne eigene Überlegung, in welchem Ausmaß sich solche Stellen bisher um das Wohlergehen unserer deutschen Arbeiter bzw. Arbeiterinnen ebenso ernsthaft bemüht haben. Und den durchweg gut untergebrachten und gut verpflegten ausländischen Arbeitskräften, soweit diese auf den Anlagen des Unternehmens untergebracht sind bzw. zum Arbeitseinsatz kamen, geht es in jeder Weise gut. Diese Geister können ihr Los in einer Zeit, in welcher das deutsche Volk um Sein oder Nichtsein kämpft, gut ertragen."[59]

Die Leistungssteigerungskampagne hatte seit 1943 also durchaus nicht in allen Industriezweigen so positive Ergebnisse, wie sie am Beispiel einiger Metallbetriebe dargestellt wurden. Im Bergbau blieb der Arbeitseinsatz der sowjetischen Kriegsgefangenen und später der italienischen Militärinternierten extensiv und von menschenverachtender Brutalität. Pleiger hatte große Anstrengungen unternommen, um den Preis der Kriegsgefangenen im Bergbau weiter zu drücken;[60] gleichzeitig aber wurden in einem halben Jahr beinahe 20 % dieser Arbeitskräfte „verbraucht" und in die Sterbelager in Hemer oder Senne zurückgebracht.[61] Das widersprach jedem kapitalistischen Kalkül und ist auch nicht auf die Initiative oder gar den Zwang seitens der Partei oder der SS zurückzuführen. Wie schon an dem Vergleich zwischen Bochumer Verein und DEW deutlich wurde, gab es bei den Arbeitsbedingungen für ausländische, vor allem sowjetische Arbeitskräfte zwischen den einzelnen Betrieben bereits große Unterschiede, die zu einem gewissen Teil auf die spezifischen Produktionsverhältnisse in den einzelnen Unternehmen, aber auch auf die politische Haltung der Betriebsführungen zurückzuführen waren. Umso mehr gilt dies für die Unterschiede zwischen einzelnen Branchen. Im Bergbau gab es lange Traditionen von körperlicher Gewalt und innerbetrieblicher Repression vor allem untertage – gegenüber den „verhaßten Russen" und den „italienischen Verrätern" kam das besonders stark zum Vorschein. Der Anteil ungelernter oder schnell angelernter Arbeiter war hier ebenfalls traditionell hoch, so daß der Wert der Arbeitskraft des einzelnen Ausländers, selbst wenn er einige Tage im Streckenausbau oder im Umgang mit dem Abbauhammer geschult worden war, nicht allzu groß war. Aber all das erklärt noch nicht hinreichend, warum im Bergbau in wenigen Monaten Tausende der mit großem organisatorischem Aufwand aus der Sowjetunion bis ins Ruhrgebiet gebrachten Arbeitskräfte vor Erschöpfung umkamen, nachdem sie unter elenden Bedingungen eine kaum ins Gewicht fallende Arbeitsleistung erbracht hatten. Eine nur zehnprozentige Leistungssteigerung allein der sowjetischen Kriegsgefangenen des Ruhrbergbaus hätte mehr als 150.000 t Kohle mehr pro Monat bedeutet – angesichts des Energiedefizits der deutschen Kriegswirtschaft eine ganz erhebliche Entlastung. Auch mit bürokratischem Chaos, Fehlen von Kontrollmöglichkeiten, mangelnder Durchsetzungskraft der Betriebsleitung gegenüber den deutschen Hauern und Steigern ist diese Entwicklung nicht allein zu erklären, schon deshalb, weil all dies für einen Metallbetrieb ja auch zuträfe. Letztlich wird man bei allen Erklärungsversuchen nicht umhin kommen, den rassistisch motivierten Vernichtungswillen und eine Art von Eigendynamik des Russenhasses zumindest bei Teilen der Betriebsleitungen und Belegschaften in den Zechen als wesentliche Faktoren mit einzubeziehen, die es möglicherweise in Betrieben anderer Industriezweige auch gegeben hat, die sich im Bergbau aber deshalb so verheerend auswirken konnten, weil die Evidenz der produktionstechnischen Argumente gegen eine schlechte Behandlung der sowjetischen Arbeitskräfte hier geringer war als in anderen Branchen.

3. Die Lebensverhältnisse der ausländischen Arbeiter

Unter welchen Bedingungen lebten die ausländischen Arbeiter während der letzten beiden Kriegsjahre in Deutschland?[62] Pauschal läßt sich diese Frage nicht beantworten; hier müßten zudem die Lebensverhältnisse der Landarbeiter, die nach wie vor ein Drittel aller ausländischen Arbeitskräfte ausmachten, stärker berücksichtigt werden. Wie es den Einzelnen konkret erging, war zudem von einer Fülle von Faktoren abhängig: In erster Linie von der „Volkstumszugehörigkeit" und dem Status als Zivilarbeiter oder Kriegsgefangener; aber auch von der Branche und dem speziellen Betrieb, in dem sie arbeiteten, dem Lager, in dem sie wohnten, der Stadt, in der sie lebten – denn in einer Kleinstadt auf dem Lande lebte es sich seit 1943 erheblich geruhsamer als in den von Luftangriffen bedrohten Metropolen.

Die NS-Behörden selbst waren brennend daran interessiert, genauen Aufschluß über die Lebens- und Arbeitsverhältnisse der Ausländer zu erhalten und deren „Stimmung" zu kennen, sowohl aus sicherheitspolizeilichen wie aus arbeitspolitischen Gründen. Reine Stimmungsberichte, die sich auf das V-Männer-Netz des SD bezogen, konnten hier aber nur grobe Tendenzen verdeutlichen. Noch dazu war die sehr ausführliche Wochenberichterstattung des SD über die Ausländerbeschäftigung abhängig von der wechselnden politischen Haltung der SD-Führung zur Ausländerfrage.

Genauere Aufschlüsse über Lage und Stimmung unter den Ausländern sind hingegen durch die in den Akten der „Briefzensurstellen" erhaltenen Unterlagen zu bekommen[63]. Seit 1942 funktionierte das Postsystem innerhalb der von Deutschland besetzten Gebiete, und die ausländischen Arbeiter hatten die Möglichkeit, regelmäßig Briefe an ihre Angehörigen zu senden.[64]

Aus den monatlichen Berichten der verschiedenen Auslandsbriefprüfstellen über die ausgewertete Post der ausländischen Arbeiter ergeben sich so aufschlußreiche Hinweise über die Lage der Fremdarbeiter in Deutschland, wenn hierbei auch berücksichtigt werden muß, daß das Ausmaß der Vorzensur in den Lagern nicht genau einzuberechnen ist.[65]

Westarbeiter

Die „Stimmung" der ausländischen Arbeitskräfte aus dem Westen, vor allem der Franzosen, war bis zum Herbst 1942 als zwar nicht zufrieden, aber doch im wesentlichen ruhig beschrieben worden, die Klagen betrafen meist Einzelaspekte. Teile der französischen Arbeiterschaft in Deutschland waren durchaus deutschfreundlich; Passagen wie die folgende waren nicht selten: „Was das Werk anbelangt, richtig gesagt die Organisation, so ist diese vollkommen. Ich möchte, daß sie die Einrichtungen der Maschinen, der Waschtische, Duschen und Kleiderablagen sehen könnten. Welche Lehren könnten hier die französischen Unternehmer daraus ziehen!"[66]

Solche Berichte französischer Arbeiter finden sich auch 1943 und 1944 noch häufiger. Ihre Zahl nahm aber seit Anfang 1943 deutlich ab, denn mit dem Bekanntwerden der deutschen Niederlage in Stalingrad schlug die Stimmung aller Gruppen der ausländischen Arbeiter um: „Aber das, was alle sonstigen Vorkommnisse in den Schatten stellt, ist Stalingrad. Wie eine Bombe hat die Nachricht eingeschlagen und bei den meisten die versteckten Hoffnungen auf Befreiung aufleben lassen", meldete die Kölner Zensurstelle für die holländischen Arbeiter.[67] In diesem Bericht vom März 1943 wurden die häufigsten Klagen der Fremdarbeiter aus Holland bündig zusammengefaßt, die in der gleichen Weise auch von den anderen Arbeitern aus dem Westen und Südosten immer wieder geäußert wurden: „Die Arbeit wird als zu schwer empfunden. Mancher beklagt sich, daß er als gelernter Facharbeiter zu einer minderwertigen und auch zu schlecht bezahlten Arbeit gezwungen würde. Daß wegen Materialmangel keine Arbeit vorhanden sei, wird oft erwähnt, selbst bei Krupp, Essen. Man versteht nicht, daß immer neue Massen von Arbeitern nach Deutschland gebracht würden, die oft tagelang herumlungern müßten. Dabei seien viele aus geordneten Verhältnissen, guter Arbeit und aus dem Familienkreise herausgerissen worden, um im fremden Lande Hunger leiden zu müssen ... Viele Klagen über die besonders unsympathische Sonntagsarbeit, die gelegentlich auch durch das Eingreifen der Polizei erzwungen werden mußte. Klagen über Essen und Unterkünfte stehen nach wie vor im Vordergrund. Das Essen sei fast immer ein ungenießbarer ‚Schweinefraß', kein Hund würde es annehmen, und die holländischen Arbeiter müßten mit russischen Frauen aus einer Pfanne essen.[68] Ansteckende Krankheiten, wie Typhus, werden häufig den schlechten hygienischen Verhältnissen zugeschrieben, dabei sei die ärztliche Betreuung ungenügend und die Behandlung in den Krankenhäusern unmenschlich. Kleider und Schuhe seien durch die Arbeit verschlissen, und Ersatz sei nicht zu beschaffen. Vielfach müsse man mit durchlöchertem Schuhwerk bei 20 Grad Kälte im Freien arbeiten. Das Wirtschaftsamt sorge nicht für Abhilfe. Der wiederholte Aufschub des Urlaubs führt zu Fluchtversuchen und zur Beschaffung von Schwindelattesten. Empörung herrscht über die Prügelstrafe bei Urlaubsüberschreitung. Klagen über soziale Mißstände sind noch leidenschaftlicher als bisher." Der Bericht schloß mit der Feststellung: „Die Masse der holländischen Arbeiter wünscht Deutschlands Niederlage und lehnt ein Europa unter deutscher Führung ab."

Das galt in dieser zugespitzten Weise für die Holländer in besonderem Maße, bei Franzosen und Südosteuropäern war die politische Haltung wohl nicht so einhellig. Liest man diesen Bericht auch im Blickwinkel auf die Aspekte, die selten oder nicht kritisiert wurden, so ergibt sich für die Lage der Westarbeiter das folgende Bild:

Die Fremdarbeiter aus dem Westen erhielten für die schwere Arbeit, die sie leisten mußten, den gleichen Lohn wie die Deutschen, waren aber mit dem oft nicht berufsrichtigen Einsatz der Facharbeiter nicht zufrieden. Auch die Arbeitszeit entsprach weitgehend derjenigen der deutschen Arbeiter, über die häufigen Sonntagsschichten beklagten sie sich ebenso wie ihre deutschen Kollegen. Mit der Ernährung in den Lager- und Betriebsküchen waren sie nicht zufrieden, was die Qualität des Essens betraf – Klagen wegen zu geringer Portionen tauchen seltener auf. Die Beschwerden über das Urlaubsverbot, die Ausschreitungen des Lagerpersonals, schlechtes Schuhwerk erinnern in Inhalt und Form sehr an die Beschwerden der deutschen Arbeiter beim Westwallbau oder in den Arbeiterlagern beim Autobahnbau in den Vorkriegsjahren.[69] Dennoch unterschied sich die Situation der Westarbeiter von derjenigen der Deutschen nach wie vor erheblich – nicht allein durch die materiellen Bedingungen, sondern auch durch Demütigungen und Diskriminierungen: Erniedrigende Strafen wie Prügel bei Urlaubsüberschreitung führten auch den Westarbeitern vor Augen, daß sie nicht als willkommene „Gastarbeiter" in Deutschland waren, sondern als Angehörige besiegter Feindstaaten in einem faschistisch regierten Land.[70]

Ostarbeiter

Die Briefe der Arbeiter und Arbeiterinnen aus der Sowjetunion zeigen, daß deren Arbeits- und Lebensbedingungen in Deutschland noch erheblich schlechter waren als diejenigen der Westarbeiter.

Von der Gesamtmenge der zensierten Post erhielten im März 1943 98 % „für Deutschland ungünstige Äußerungen", nur 2 % äußerten sich positiv.[71] „Die ungünstigsten Äußerungen beziehen sich auf lange Arbeitszeit (bis zu 18 Stunden), schwere und schmutzige Arbeit und Arbeit ohne Ruhetage. Sehr häufig sind Klagen, daß sie trotz der Kälte in zerrissenen Kleidern oder ohne Winterkleidung und in zerrissenen Schuhen oder ohne Schuhe arbeiten müssen ... In immer größerer Zahl dieselben Klagen über die dünne Suppe, über ungeschälte Kartoffeln, Kohlrüben und nicht ausreichende Brotzuteilungen (150 g, 200 g). Da das nicht ausreicht, kaufen sie noch heimlich in der Stadt Kraut oder Kohlrüben und essen das roh. Werden sie dabei erwischt, dann werden sie bestraft (3 Tage Arrest) ... Als Folge des erwähnten Mangels blüht in vielen Lagern der Handel mit Brot und anderen Lebensmitteln zu Wucherpreisen. – Das Kilo Brot kostet bis zu RM 15.– ... Klagen über kalte Baracken: ‚Leicht zusammengefügte Bretterbuden, die jeden Augenblick auseinanderzufallen drohen.' Infolge mangelnder Sauberkeit Ungeziefer ... Klagen über den geringen Lohn, 1, 2, 3 RM in der Woche und oft überhaupt nicht erhaltenen Lohn (bis zu einem halben Jahr) ...[72] ‚Die Kleider sind neu, nur die Löcher sind alt.' Immer mehr Klagen über Mangel an Kleidern und Schuhzeug." Unter dem Stichwort „Soziale Betreuung" wurde vermerkt: „Die meisten Klagen beziehen sich auf mangelnde oder nicht sorgfältige ärztliche Behandlung und auf Nichtanerkennung des Krankseins (‚wurde vom Arzt wie ein Hund weggejagt'). Müssen oft arbeiten, wenn sie sich dazu nicht im Stande fühlen, bei Erkrankung wird oft die Lebensmittelzuteilung vermindert oder teilweise entzogen ... Viele Klagen über das Leben hinter der Stacheldrahtumzäunung des Lagers und den Gittern an den Fenstern, über die Beschränkung der freien Zeit und über Ausgehverbote an freien Tagen ... Sehr viel wird auch über die Art der persönlichen Behandlung geklagt: ‚Kinder werfen mit Steinen auf der Straße, sie sehen auf uns wie Hunde.' Klagen über Beschimpfungen ‚Russisches Schwein'. ‚Man betrachtet uns als Tiere.' ‚Da man uns Bolschewisten schimpft, wollen wir auch Bolschewisten sein.' Sehr häufig sind Klagen über Schläge von Seiten des Hauswirts (‚mit dem Knüppel'), des Meisters (‚mit dem Hammer und dem Brecheisen') und der Polizei: ‚Ich kenne welche, die blaue und grüne Flecken am ganzen Körper haben'."[73]

Überlange Arbeitszeiten, schlechte Ernährung, Bezahlung, Unterkunft und Kleidung, mangelnde ärztliche Behandlung, Stacheldraht, Diffamierung, Mißhandlungen kennzeichneten die Lebensbedingungen der Ostarbeiter, und die Zensurstellen, die in den Berichten über andere Ausländergruppen immer auch positive Meinungen wiedergaben, mußten hier in der Rubrik „günstige Äußerungen" jedes Mal „Fehlanzeige" eintragen. Die anfangs unter den Ostarbeitern ausgesprochen deutschfreundliche Stimmung, vermerkte der Bericht abschließend, gehe daher zurück.

Insgesamt zeigen die Berichte der Prüfstellen, daß Anfang 1943 in den Lebensverhältnissen der ausländischen Arbeiter zwei entgegengesetzte Trends aufeinanderstießen. Einerseits nahmen die Bemühungen der Betriebe und Behörden zur Steigerung der Arbeitsleistung seit Januar 1943 erheblich zu, was auch Verbesserungen in den Lebensbedingungen der West- und Ostarbeiter umfassen sollte. Andererseits stellten alle Zensurberichte im Frühjahr 1943 fest, daß sich aber die tatsächliche Lage der Ausländer verschlechterte. Hierfür waren nicht zuletzt die Auswirkungen der Bombenangriffe verantwortlich, denn in den zerbombten Lagern waren die Lebensbedingungen der Bewohner gleichermaßen unzureichend, unabhängig von der Nationalität; – die Bomben der Alliierten zerstörten mit den Fabriken und Lagern auch ein Stück der so sorgfältig aufgebauten nationalen Hierarchie unter den Fremdarbeitern im Nazideutschland.

Die Auswirkungen der Luftangriffe

Ausländische Arbeiter waren den Bombenangriffen in stärkerem Maße ausgesetzt als die deutsche Bevölkerung. Von den 4.140 Personen, die in Essen zwischen Juli 1942 und November 1944 durch die Bombenangriffe getötet worden waren, waren 541 ausländische Zivilarbeiter und Kriegsgefangene.[74] Die Quote der Opfer unter den Ausländern war in Essen deswegen so hoch, weil die Wohnlager in der Regel nah an der Kruppschen Gußstahlfabrik und der Innenstadt und damit immer im Zentrum der Angriffe gelegen waren. Besonders verhängnisvoll aber wirkten sich die mangelhaften Luftschutzvorkehrungen der Lager aus. Ostarbeiter, Polen und Kriegsgefangene durften die großen öffentlichen Bunker nicht betreten. In den meisten Lagern aber waren lediglich Splitterschutzgräben aufgeworfen worden, die nur sehr begrenzten Schutz bieten konnten. Sie bestanden aus einfachen Erdgräben, „etwa 1,80 m tief, mit Brettern oder Faschinen ausgekleidet, mit Brettern oder Bohlen abgedeckt, und schließlich mit der ausgehobenen Erde überdeckt".[75]

Aber selbst diese Gräben waren nicht überall vorhanden. Den Bombenangriffen standen viele der ausländischen Arbeiter, wenn sie sich nicht gerade in der Fabrik, wo es Bunker gab, befanden, schutzlos gegenüber, und die Beunruhigung deswegen war entsprechend groß.[76] Infolgedessen versuchten die ausländischen Arbeiter dort, wo keine Deckungsmöglichkeiten vorhanden waren, vor oder während eines Angriffs in die in der Nähe liegenden Bunker zu gelangen.[77] Im Frühjahr 1943 wurde dann sogar ein generelles Verbot der Benutzung von Bunkern für alle Ausländer ausgesprochen, wie ein Schreiben des Essener Arbeitsamtes belegt, in dem es hieß, daß „insbesondere bei Krupp die bisher vorhandenen Luftschutzräume und Deckungsgräben nur für etwa die Hälfte der eingesetzten ausländischen Kräfte ausreichen", daher seien „von den Ausländern in immer stärkerem Ausmaß die öffentlichen Luftschutzräume bereits in den frühen Abendstunden aufgesucht worden. Abgesehen von den hierdurch entstandenen Unzuträglichkeiten konnten infolgedessen viele deutsche Volksgenossen – insbesondere Frauen und Kinder – nicht mehr in den Bunkern unterkommen. Aufgrund der vielen Beschwerden der deutschen Bevölkerung hat jetzt der örtliche Luftschutzleiter die öffentlichen Luftschutzbunker für Ausländer gesperrt".[78]

Für die ausländischen Arbeiter begann eine Zeit der fortwährenden Angst. Ein französischer Arbeiter schrieb im Frühjahr 1943 aus Essen an seine Angehörigen: „Seit 20. Dezember ist das der 35. Alarm, fast jeden Abend sind sie da. Ihr könnt mir glauben, daß man sich in den Baracken nicht gerade amüsiert, das zittert wie ein Kartenhaus. Man bleibt auf dem Zimmer, denn wir haben keinen Schutzraum in der Nähe …" Ein anderer berichtete: „Wir müssen vollkommen angezogen schlafen, denn die Angriffe sind täglich und das ist nicht sehr erfreulich, denn oftmals bringen wir 1 bis 1 1/2 Stunden im Freien zu; wir haben keinen Schutzraum, dann lehnen wir uns gegen eine Böschung, wenn man das kann, um unsere Haut zu schützen."[79]

In den Betrieben waren die deutschen und ausländischen Belegschaften meist besser geschützt, weil hier genügend Kellerräume zur Verfügung standen und der Weg dorthin nicht sehr weit war. Es war jedoch in deutschen Betrieben durchaus nicht selbstverständlich, daß alle ausländischen Arbeitskräfte die Schutzräume auch aufsuchen durften. Das Internationale Rote Kreuz beschwerte sich im Sommer 1944 beim deutschen Auswärtigen Amt, daß die Arbeitsbedingungen bei Fliegerangriffen das Hauptproblem der in der deutschen Industrie beschäftigten Kriegsgefangenen seien; vor allem weil vom Rüstungsministerium angeordnet worden sei, „daß die Betriebsführer in den verschiedenen Fabriken bestimmen können, ob die Arbeit während eines Fliegerangriffs fortgesetzt oder unterbrochen wird. Infolgedessen kommt es vor, daß die Kriegsgefangenen in der Rüstungsindustrie während eines Alarms auf ihren Posten bleiben müssen, obwohl die angreifenden Flugzeuge die Gegend überfliegen", und es gebe Betriebsführer, „welche die Kriegsgefangenen wie die Zivilarbeiter zwingen, auf ihren Arbeitsplätzen zu bleiben, trotz der Fliegergefahr, mit der Begründung, daß die Arbeit für die deutsche Rüstungsindustrie bei den häufigen Fliegerangriffen zu sehr unterbrochen wird".[80]

Die häufigen Alarme und Angriffe beeinträchtigten die physische wie psychische Substanz der deutschen wie ausländischen Arbeiter erheblich; die bereits überlangen Arbeitszeiten vor allem der Ostarbeiter wurden dadurch oft noch wesentlich verlängert.[81]

Nachdem in der zweiten Hälfte 1942 die Infrastruktur des massenhaften Ausländereinsatzes unter erheblichen Anstrengungen in kurzer Zeit aufgebaut worden war, brach sie bei Krupp in Essen schon bei den ersten Großangriffen nahezu vollständig zusammen. Zwischen Januar und September 1943 nahm die Zahl der hier beschäftigten Ausländer um mehr als 11.000, fast 50 %, ab, etwa 10.000 Bettplätze in Ausländerlagern wurden zerstört – und mit ihnen Küchen, Speise- und Waschsäle, Umzäunungen und die Unterkünfte des Wachpersonals. Allein durch den Angriff am 5. März 1943 wurden in Essen fast 10.000 ausländische Arbeitskräfte obdachlos. Im Gegensatz zu den Ausgebombten in der deutschen Bevölkerung konnten hier keine Verwandten und Nachbarn helfen, um die Zeit bis zum Abschluß der Reparaturen oder des Wiederaufbaus zu überbrücken, und eine organisatorische Vorsorge der Behörden für diesen Fall bestand nicht. So waren im Frühjahr 1943 für Tausende von ausländischen Arbeitskäften in Essen Unterbringung, Verpflegung und geregelter Arbeitseinsatz nicht mehr gewährleistet. Der Kruppschen Firmenleitung blieb also nichts anderes übrig, als mehr als 9.000 Ausländer, die unter so großem organisatorischem Aufwand oft erst vor wenigen Wochen nach Essen gebracht worden waren, in weniger luftgefährdete Gebiete zu evakuieren.[82] Sie sollten nach einiger Zeit in neuerbauten Wohnlagern in Essen untergebracht werden – immer neue Zerstörungen aber führten dazu, daß bei Krupp die Zahl der Lager-Bettplätze und der beschäftigten Ausländer (Anfang 1943 ca. 25.000) im Frühjahr 1943 auf die Hälfte zurückfiel und bis Kriegsende bei ca. 12.000 stagnierte. Die bis Ende 1944 neu erbauten 22.000 Lagerplätze reichten gerade aus, um die laufenden Zerstörungen auszugleichen.[83]

Welche Verhältnisse in ausgebombten Lagern bestanden, kann anhand der Situation in Essen nach dem März 1943 genauer beschrieben werden.[84] Bis Ende 1942 waren die Lebensbedingungen in den Kruppschen Lagern für Westarbeiter erheblich besser als in denen der Ostarbeiter und Polen gewesen. Diese „Ostlager" waren völlig überbelegt, die sanitären Zustände unzureichend (im Lager Krämerplatz gab es zehn Kinderklosetts für 1.200 Personen), der Krankenstand viermal so hoch wie bei Deutschen, die ärztliche Versorgung nie ausreichend und die Ernährung noch schlechter als es die Vorschriften vorsahen. Im Vergleich zur Situation seit dem März 1943 aber war das eher harmlos, wie der Kruppsche Lagerarzt Dr. Jäger berichtete: „Mit dem Beginn der schweren Luftangriffe verschlechterten sich die Zustände in den Lägern immer mehr. Das Problem der Unterbringung, Verpflegung und medizinischen Betreuung wurde akuter als je zuvor. Die Arbeiter lebten in den Ruinen ihrer früheren Baracken ... Nach den Luftangriffen im März 1943 brachten wir viele Ostarbeiter direkt in den Kruppwerken unter. Eine Ecke des Fabrikgebäudes, in dem sie arbeiteten, wurde durch Bretter abgetrennt: Die Arbeiter der Tagesschicht schliefen dort während der Nacht und die der Nachtschicht während des Tages trotz des großen Lärms, der dauernd in den Fabrikhallen herrschte".[85]

Wie es nach einem Bombenangriff in einem Lager aussah, beschrieb im Juni 1944 der Lagerarzt Dr. Stinnesbeck für das französische Kriegsgefangenenlager in der Nöggerathstraße: „Das Lager ist belegt mit 640 französischen Kriegsgefangenen. Durch den Fliegerangriff am 27. April ds. Js. ist das Lager weitgehend zerstört; z. Zt. sind die Verhältnisse unhaltbar. Im Lager sind noch 315 Gefangene untergebracht, 170 von diesen aber nicht mehr in Baracken, sondern in einem Durchlaß der Eisenbahnstrecke Essen-Mülheim im Zuge der Grunertstraße. Dieser Durchlaß ist feucht und für die dauernde Unterbringung von Menschen nicht geeignet ... Für Revierkranke stehen zwei übereinanderstehende Holzbetten zur Verfügung. Im allgemeinen findet die ärztliche Behandlung im Freien statt."[86] Im September 1944 – ein halbes Jahr nach dem Angriff – meldete Jäger über dasselbe Lager: „Das Kriegsgefangenenlager in der Nöggerathstraße befindet sich in einem schauderhaften Zustand. Die Leute wohnen in Aschenbehältern, Hundeställen, alten Backöfen und in selbstgefertigten Hütten. Die Verpflegung war nur gerade ausreichend."[87] Der Krankenstand auch der ausländischen Zivilarbeiter stieg dadurch stark an.[88]

Die Verhältnisse waren immer da besonders fatal, wo es große Bombenschäden gegeben hatte; in anderen Lagern, so in Lintorf und Dorsten, war die Situation der Lagerbewohner erheblich besser. Über das Lager Lintorf meldete Jäger z. B. im August 1944: „Die Verpflegung ist gut. Die Ostarbeiter sehen gut und wohlgenährt aus, und sind mit der Verpflegung zufrieden."[89] Ob man in einem zerstörten oder von Angriffen bislang verschonten Lager wohnte, wurde für die ausländischen Arbeitskräfte in Essen mehr und mehr zum vorherrschenden Kriterium. Die Situation der einzelnen war dadurch sehr voneinander verschieden, und generalisierbare Aussagen sind noch schwerer zu treffen als für die Zeit vor den Großangriffen.

Negative Folgen für alle ausländischen Arbeitskräfte hatten die Luftangriffe auch hinsichtlich der Ernährung, weil das Versorgungssystem hier teilweise zusammengebrochen war. Die nach wie vor stark nach den einzelnen Arbeitergruppen gestaffelten Ernährungssätze wurden dadurch in der Praxis kaum mehr erreicht.[90]

Besonders die Lage der italienischen und sowjetischen Gefangenen verschlechterte sich durch die Luftangriffe z. T. dramatisch. Von den 765 italienischen und sowjetischen Bewohnern des Kriegsgefangenenlagers der Kruppschen Friedrich-Alfred Hütte in Rheinhausen waren im Februar 1944 250 nicht einsatzfähig, davon allein 170 wegen Abmagerung und Hungerödemen. Im März lag hier der durchschnittliche Gewichtsverlust seit Dezember 1943 pro Mann bei 19 Pfund. TBC, Malaria (!) und Fußverletzungen wegen des schlechten Schuhwerks, die oft nur behelfsmäßige Unterkunft in dem ausgebombten Lager, die hohe Zahl der bei den Luftangriffen getöteten und verletzten Arbeiter (bei dem Bombenangriff auf Rheinhausen am 21. Mai 1944 waren 21 deutsche und 42 ausländische Belegschaftsmitglieder, davon 39 aus der Sowjetunion, umgekommen) kennzeichneten die Verhältnisse, in denen die italienischen und sowjetischen Arbeitskräfte bei Krupp in Rheinhausen zu dieser Zeit leben mußten.[91]

Die hier geschilderten Zustände in Kruppschen Lagern nach Luftangriffen unterschieden sich nicht von der Situation in den Ausländerlagern anderer Großfirmen des Ruhrgebiets. Ende November 1943 inspizierte eine Kommission des WiStabes Ost verschiedene Lager von Großbetrieben im Revier. In ihrem Bericht wurden die dabei gewonnenen Eindrücke so zusammengefaßt: „In den bereisten Gauen wird aber ganz im allgemeinen, abgesehen von wenigen Musterbetrieben, der Ostarbeiter seinem Schicksal überlassen, weil man ihn lediglich als aus dem weiten Ostraum leicht (zu) ergänzendes Produktionsmittel betrachtet. Die Betriebsführer haben fast durchgängig keinerlei Verständnis für das Wesen der Ostarbeiterfrage und wollen auch kein Interesse daran nehmen. Infolgedessen lassen selbst die notwendigsten Dinge wie Essen und Unterkunft oft außerordentlich zu wünschen übrig, sind ungenügend, lieblos hergerichtet, schmutzig und z. T. sogar über jedes Maß hinausgehend schlecht ..." Eine systematische Krankenbehandlung gebe es nicht, „aufschlußreich war aber die Bemerkung: ‚Der Ostarbeiter sei sehr zäh. Er arbeite, bis er an dem Arbeitsplatz mit dem Gesicht in den Dreck falle und der Arzt nur noch den Totenschein ausstellen könne' ... Die Stimmung der Ostarbeiter war mit einigen Ausnahmen, wo sie ausgesprochen gut genannt werden konnte, im allgemeinen eine unzufriedene bis z. T. sogar katastrophale. So wird z. B. das Bild der Trostlosigkeit und Verelendung in dem Lager des Bochumer Vereins nie ausgelöscht werden können – dieses insbesondere im Gegensatz zu dem Bild der ankommenden Transporte kräftiger und gut genährter Menschen im Soester Auffanglager." Es folgte eine Reihe von Einzelberichten über die besuchten Ausländerlager, wobei das inspizierte Kruppsche Lager in Essen sogar noch relativ gut abschnitt. Über das Ostarbeiterlager der Grube Concordia in Oberhausen wurde berichtet: „20 bis 25 % Flüchtige! Unterbringung fehlt. Schlechte Beleuchtung, stickige Luft, Schmutz, Lagerführung, Dolmetscher und Sanitäter keinerlei Verständnis für die Ostarbeiterfrage – begründet durch gleiche Einsichtslosigkeit bei Betriebsführung. Prügel sogar seitens des Sanitäters bei den Kranken. Verpflegung mengenmäßig ausreichend, aber schlecht und unhygienisch zubereitet, obwohl schwere Arbeit in liegender Stellung. Viel Facharbeiter mit bester bergmännischer Ausrüstung aus Kriwoi-Rog. Schlechte Kleidung, schlechtes Schuhwerk. Viel Jugendliche. Ausgang schlecht geregelt. Stimmung unzufrieden, bedrückt." Über ein Lager des Bochumer Vereins hieß es: „Arbeiter furchtbar heruntergekommen. Stimmung katastrophal, Lager vernachlässigt und dreckig. Essen unzureichend. Prügel. Familien auseinander gerissen. Fluchtversuche sogar von Frauen. Essen als Prämie – erst Leistung dann Betreuung. Keinerlei Verständnis bei Leitung."[92]

Die unmittelbaren Auswirkungen der Luftangriffe waren also durchaus nicht allein verantwortlich für die sich in vielen Lagern drastisch verschlechternde Lage der ausländischen Arbeiter. Denn seit Beginn der Großangriffe radikalisierte sich auch das Verhalten der Wachmannschaften, der Lagerleiter, der Betriebsleitungen und der deutschen Meister und Vorarbeiter. Die Zerstörungen durch die Angriffe verstärkten häufig den verbreiteten Haß auf die Ausländer noch, und jene Stimmen in den Belegschaften, die eine schlechtere Behandlung forderten, weil es den Deutschen ja auch schlechter ginge, wurden lauter.[93] Oft mußte sich das aber gar nicht in aktiven Handlungen niederschlagen, sondern nur in Nachlässigkeit und Unterlassung; so daß ein zerbombtes Lager eben nicht mehr repariert, die Lebensmittel für eine Ostarbeiterküche nach einem Angriff tagelang nicht mehr ausgeliefert, Krankmeldungen nicht mehr entgegengenommen wurden. Veruntreuungen und Korruption in den Lagern nahmen gegen Kriegsende noch mehr zu. So ergab die Auswertung von Ostarbeiterbriefen im Juni 1943, „daß z. T. Lagerführer die Nahrungsmittel veruntreuen, die den Ostarbeitern zustehen ... In manchen Gegenden ist es schon so, daß Lagerführer besonders begehrenswerte Leute sind, weil sie ‚immer alles haben' ... Es ist leider z. T. die Meinung verbreitet, daß eine solche Veruntreuung von Lebensmitteln zwar nicht gerade schön sei, aber andererseits auch kein Verbrechen, da ja lieber solche ‚Untermenschen' hungern sollten als Deutsche".[94]

Seit dem Herbst 1943 wurde auch von höchsten Stellen immer wieder auf die Lage der Ausländer hingewiesen und dabei kaum noch ein Blatt vor den Mund genommen. Die tatsächliche Situation in den Ausländerlagern der Industriebetriebe widersprach so eklatant den seit Stalingrad veränderten Zielsetzungen, daß die Debatten der Regimeführung um „Europa" oder leistungsgestaffelte Ost-Abzeichen aus dieser Perspektive geradezu lächerlich anmuten.

Die Auswirkungen dieser Zustände gingen mittlerweile über die negativen Folgen für die Kriegsproduktion weit hinaus. In Polen bekam Frank die Erbitterung der Bevölkerung über die Behandlung der polnischen Arbeiter im Reich und die fortwährenden Arbeitskräfteaushebungen durch die Zunahme und Verschärfung des Widerstandes gegen die deutschen Besatzer zu spüren. In einer ausführlichen Denkschrift an Sauckel vom November 1943 kritisierte er, daß der Arbeitseinsatz der Polen im Reich einer Gefangenschaft gleichkomme, daß Löhne, Sozialleistungen, Urlaubsregelung sowie die arbeits- und versicherungsrechtliche Situation der Polen völlig unzureichend seien. Er wies auf die Diffamierung durch das P-Abzeichen hin, auf die mangelnde Freizügigkeit, das Verbot der Eheschließungen, die schlechte Ernährung und Bekleidung und auf die zahlreichen Todesfälle in den Arbeitserziehungslagern, ohne daß er damit irgendetwas erreichte – schon allein deshalb nicht, weil spätestens seit 1944 die politischen Kurskorrekturen in der Regimeführung nicht mehr in relevantem Maße nach unten durchschlugen.[95]

Selbst wenn die NS-Spitze dies tatsächlich gewollt hätte, wäre eine merkbare Veränderung der einmal eingeschlagenen Linie der denkbar schlechten Behandlung der polnischen und sowjetischen Arbeiter nur sehr langsam und zögerlich durchzusetzen gewesen. Die mit Beginn der Ausländerbeschäftigung im Kriege einsetzende Propagierung der Vernachlässigung und schlechten Behandlung der Polen und Ostarbeiter durch das Regime hatte an der Basis, in den Fabriken und Lagern, bei Wachleuten, Vorarbeitern und selbst innerhalb der deutschen Belegschaften seit 1943 eine Eigendynamik gewonnen, die durch politische Willensakte allein nicht aufzuhalten war. Die Arbeitskräfte aus dem Osten dienten dabei nicht allein als naheliegende Objekte der aufgrund der Kriegslage, der Bombenangriffe und der sich stetig verschlechternden Lebensbedingungen in den deutschen Städten aufgestauten Wut und Frustration der Deutschen. Die Lage der Ostarbeiter wurde gewissermaßen auch als gerechte Strafe angesehen für die Mißhelligkeiten, in die die Kriegsgegner Deutschland brachten – statt des ergebnislosen Wartens auf die V-Waffen konnte hier „Vergeltung" auf unterster Ebene geübt werden.

Gegenüber den Argumenten von der für Deutschland kriegswichtigen Erhaltung der Arbeitskräfte der Ausländer setzte sich daher häufig eine Haltung durch, bei der die richtige Art der Behandlung der Russen von vorneherein feststand. So berichtete z. B. der SD Koblenz über die Einstellung der deutschen Bevölkerung der Region gegenüber den Ausländern aus dem Osten: „Die Polen und insbesondere die Russen werden viel zu human behandelt. Das Arbeitstempo des Sowjetrussen ist nur dann ein gutes, wenn ein handfester Wachmann, Bauer oder Vorarbeiter dabeisteht, von dem der Sowjetrusse weiß, daß er unter Umständen auf der Stelle Prügel zu erwarten hat. Nur Arrest bei Wasser und Brot und gegebenenfalls Dresche werden das Gros dieser Leute zu einer anständigen Arbeitsleistung auf die Dauer zwingen können."[96]

„Ich hoffe, daß es bald zu Ende ist", schrieb im Februar 1943 ein französischer Arbeiter nach Hause, „denn hier haben die Leute eine Gesinnung wie die Wilden. Die fünfjährigen Rangen bedrohen uns schon auf der Straße. Man beißt sich förmlich die Finger ab, weil man nichts sagen darf; man muß alles einstecken ..."[97]

Diese Einstellung war der Häufigkeit der Berichte zufolge bei den deutschen Behördenvertretern und in der Bevölkerung recht verbreitet: Man mache um die Ausländer „zu viel Theater", mehr Druck sei hier das einzig richtige, schließlich sei man im Krieg und man habe genug mit sich selbst zu tun – das „gesunde Volksempfinden" war durch GBA-Erlasse nicht so ohne weiteres zu verändern.

Zu welchen Ergebnissen das für die Ostarbeiter führte, sei abschließend durch die Wiedergabe längerer Passagen aus dem Bericht eines Beamten des Auswärtigen Amtes in Berlin dokumentiert, der im Sommer 1943 auf eigene Faust einige Ostarbeiterlager in Berlin inspiziert hatte und dabei zu folgenden Eindrücken gekommen war:

„Trotz der den Ostarbeitern offiziell zustehenden Rationen ist einwandfrei festgestellt worden, daß die Ernährung in den Lagern folgendermaßen aussieht: Morgens einen halben Liter Kohlrübensuppe. Mittags, im Betrieb, einen Liter Kohlrübensuppe. Abends einen Liter Kohlrübensuppe. Zusätzlich erhält der Ostarbeiter 300 g Brot täglich. Hinzu kommen wöchentlich 50 – 75 g Margarine, 25 g Fleisch oder Fleischwaren, die je nach der Willkür der Lagerführer verteilt oder vorenthalten werden ... Große Mengen von Lebensmitteln werden *verschoben*. Diese den Ostarbeitern bestimmten Lebensmittel werden von den anderen ausländischen Arbeitern aufgekauft und an die Ostarbeiter für Wucherpreise verkauft ... Es sei hier noch erwähnt, daß der größte Teil der Arbeiterinnen die Entbindung mehr fürchten als den Tod. So mußte ich selbst sehen, wie Ostarbeiterinnen auf Betten ohne Matratze auf den Stahlfedern lagen und in diesem Zustande entbinden mußten ... Die größte Geißel der Lager aber bildet die Tuberkulose, die sich auch unter den Minderjährigen sehr stark ausbreitet. Im Rahmen der sanitären und gesundheitlichen Lage, in der sich die Ostarbeiter befinden, muß unterstrichen werden, daß es den deutschen und russischen Ärzten von den Betriebskrankenkassen verboten wird, irgendwelche Medikamente den Ostarbeitern zu verabfolgen. Die an Tuberkulose erkrankten werden nicht einmal isoliert. Die Erkrankten werden mit Schlägen gezwungen, ihrer Arbeit nachzugehen, weil die Lagerbehörden die Zuständigkeit der behandelnden Ärzte anzweifeln ... Es entzieht sich meiner Kenntnis, aus welchen Gründen die deutschen Stellen eine große Anzahl Kinder aus den besetzten Ostgebieten nach Deutschland ‚importierten'. Es steht jedoch fest, daß sich zahlreiche Kinder von 4 – 15 Jahren in den Lagern befinden, und daß sie in Deutschland weder Eltern noch sonstige Verwandte besitzen. Daß diese Kinder für deutsche Kriegsziele wertlos sind, ist offensichtlich. Dennoch sind spezielle Kinderlager organisiert worden, in denen man aus verhungerten Jungen und Mädchen, die weder das zaristische noch das sowjetische Rußland kennen, mit großem ‚Erziehungstalent' regelrechte Verbrecher macht. Der größte Teil der Kinder ist erkrankt und erhält als einzige Aufbauernährung dieselbe Kohlrübenwassersuppe wie die älteren Ostarbeiter.

Nicht weniger beachtenswert sind die Frauenlager, in denen die Ostarbeiterinnen untergebracht sind. Trotz ihres allgemeinen schlechten gesundheitlichen Zustandes haben sie oft schwere und schwerste Arbeit zu verrichten. Um ihr Leben einigermaßen zu verbessern, treiben dieselben mit den deutschen Lagerführern und sonstigen Vorgesetzten Unzucht. Es besteht daher in diesen Lagern oft ein unbeschreiblicher Zustand ... Wenn man schließlich die Tatsache hervorhebt, daß der ‚Beruf' des Zuhälters sich in den Lagern sehr ‚gut' entwickelt, und daß Frauen auch bei den deutschen Vorgesetzten und den deutschen und ausländischen Arbeitern einen angenehmen ‚Nebenverdienst' haben, um auf dem ‚schwarzen Markt' Brot und sonstige Lebensmittel zu kaufen, so hebt man damit nur einen Teil des Vorhanges, hinter dem sich täglich unerhörte Zustände abspielen ...

Die Ernährungslage, der gesundheitliche Zustand und die materielle Not tragen sicherlich nicht dazu bei, die ‚Moral' des Ostarbeiters zu stärken. Er befindet sich in einer allgemeinen Apathie, in der er vom Leben nichts mehr erhofft ... Wie ich schon erwähnte, werden Kinder von 4 bis 15 Jahren als Arbeiter verwendet. Andererseits werden jedoch hochqualifizierte Facharbeiter absichtlich außerhalb ihrer Fähigkeiten und Kenntnisse verwendet. In einem Werk der Reichsbahn werden z. B. Elektriker als Wagenschmierer und Facharbeiter zum Waschen der Wagenfenster eingesetzt ... Dadurch daß die deutsche Lagerführung und auch die Betriebsführung keiner einheitlichen, sondern einer großen Anzahl von Behörden unterstellt ist, erklärt sich der Zustand, daß die aus dem Osten ‚importierten Sumpfmenschen' auch als solche behandelt werden. So werden z. B. Frauen mit benagelten Brettern ins Gesicht geschlagen. Männer und Frauen werden wegen des leichtesten Vergehens nach Abnahme der Oberkleidung im Winter in betonierte kalte Kerker gesperrt und ohne Essen gelassen. Aus ‚hygienischen' Rücksichten werden Ostarbeiter im Winter auf dem Hof des Lagers aus Schläuchen mit kaltem Wasser begossen. Hungrige Ostarbeiter werden wegen einiger gestohlener Kartoffeln vor den versammelten Lagerinsassen auf die unmenschlichste Art und Weise hingerichtet."[98]

Zum Widerspruch zwischen schlechter Behandlung und guter Arbeitsleistung

Ohne die in den letzten Kapiteln eingebrachten Differenzierungen abzuschwächen, kann man für die Zeit seit Anfang 1943 für die ausländischen Arbeiter im allgemeinen und die sowjetischen im besonderen zwei Befunde festhalten, die zueinander in deutlichem Kontrast stehen: Die Arbeitsleistungen der ausländischen Arbeiter haben sich seit 1943 in der Gesamttendenz stark erhöht, während sich ihre Lebensbedingungen im gleichen Zeitraum erheblich verschlechterten. Auch für die NS-Behörden selbst war dieser Widerspruch deutlich und nicht recht erklärbar. So beendete die Kommission, die die Verhältnisse in den inspizierten Ausländerlagern im Ruhrgebiet so heftig kritisiert hatte, ihren Bericht mit der verwunderten Feststellung: „Trotz dieser Lage mußten die Betriebsführungen durchgängig zugeben, daß die Arbeitsleistung bei den Frauen bis zu 100 % der deutschen Leistung und darüber anzusetzen sei, bei den Männern, bei denen der falsche Arbeitseinsatz mitbestimmend ist, mit 60 %, 70 %, 80 % und mehr."[99]

Die Ursachen für diesen Widerspruch sind vielfältig und auch bei den einzelnen Arbeitergruppen unterschiedlich.[100] Eine große Bedeutung kam sicherlich der Leistungsernährung und der weitgehenden Durchsetzung des Akkordsystems zu: Da, wo dieses System funktionierte, waren die einzelnen darauf angewiesen, ihre Lebensbedingungen durch erhöhte Arbeitsleistungen zu verbessern oder auch nur erträglicher zu gestalten. Gerade in dem Maße, in dem die regelmäßige Verpflegung im Lager durch die Luftangriffe, mehr noch durch die Lebensmittel-Veruntreuungen des Personals immer ungesicherter wurde, kam der Verpflegung an den Arbeitsstellen erhöhte Bedeutung zu. In vielen Betrieben gingen die Betriebsführungen dazu über, Übersoll-Leistungen nur noch mit zusätzlichen Lebensmitteln zu belohnen – in der Essener Zeche Carl Funke z. B. erhielt ein Ostarbeiter bei guten Arbeitsleistungen zusätzlich „eine polnische Suppe" oder „ein Westarbeiteressen", ähnliche Verfahren sind auch für die IG Farben-Werke belegbar.[101]

Darüber hinaus stellte gegenüber den oft chaotischen Verhältnissen im Lager die Arbeit selbst für viele ausländische Arbeiter offenbar geradezu ein Element von Kontinuität und Sicherheit dar; die Arbeitsstelle war für manche der einzige Ort, an dem sie, wenn sie arbeiteten, eine Zeitlang in Ruhe gelassen wurden. Gerade für diejenigen, die qualifiziert eingesetzt wurden, bedeutete ihre Arbeitsleistung auch ein Stück Selbstbehauptung und Bewahrung der persönlichen Identität. So schlecht die Behandlung und so erniedrigend der Status etwa eines Ostarbeiters auch war, durch „gute Arbeit" und hohe Leistung konnte er der Reduktion seiner Person auf einen anonymen Produktionsfaktor zumindest entgegenarbeiten, um sich und den deutschen Kollegen zu zeigen, daß er sich mit der Situation, in der er sich befand, nicht abfinden wollte. Die Wertschätzung des „guten Arbeiters", deren Bedeutung für die deutschen Arbeiter schon angesprochen worden war, war gerade für die besonders diskriminierten ausländischen Arbeitergruppen von Wichtigkeit, weil sie für die Erhaltung des eigenen Selbstwertgefühls konstitutiv sein konnte.

Als dritter Faktor in diesem Zusammenhang ist das innerbetriebliche Kontroll- und Strafsystem zu nennen, das immer weiter ausgebaut wurde und die ausländischen Arbeiter unter Druck setzen sollte. Leistungsernährung, Kontrolle und scharfe

Strafandrohungen allein reichten aber nicht aus, um hohe Arbeitsleistung bei sich verschlechternden Lebensbedingungen zu garantieren, vor allem dann nicht, wenn es sich um qualifiziertere Arbeitsvorgänge handelte als Handlanger- und Aufräumarbeiten. Hier wirkten sich neben dem Motiv der „guten Arbeit" auch Elemente der Resignation aus. Gerade polnische, tschechische, auch französische Arbeiter, die oft schon jahrelang in Deutschland arbeiteten, konnten sich angesichts der militärischen Entwicklung Hoffnungen auf ein schnelles Ende ihres Arbeitseinsatzes im Reich nicht machen. Zur Zurückhaltung der Arbeitskraft aber gehörte angesichts des beständigen Drucks dann ein aktives, bewußtes Verhalten, das zudem mit einem Risiko behaftet sein konnte. Ließ man es laufen, machte seine Arbeit, versuchte nicht aufzufallen, so konnte man vielleicht darauf hoffen, in Ruhe gelassen zu werden. Schließlich konnte man auch gegenüber den alltäglichen Diskriminierungen abstumpfen und sein Leben auf Arbeit, Essen und Ausruhen reduzieren.

Das Verhältnis zwischen Unterdrückung und Widerstand ist so direkt nicht, wie es die Betrachtung der Lebensverhältnisse der sowjetischen und italienischen Arbeitskräfte im Vergleich zur Lage etwa der Holländer nahelegen könnte. Hier spielen eine Reihe von Faktoren hinein: die Relationen, in denen Verhältnisse als „schlecht" empfunden werden; die ursprünglichen Erwartungen; der repressive Druck, dem man ausgesetzt ist; die Länge des Aufenthalts; auch die physische Konstitution; schließlich aber auch politische Aspekte – Loyalität oder Sympathie zu den Deutschen; Angst vor der Roten Armee oder auch das Fehlen einer Perspektive für die Zeit nach dem Dritten Reich.

Gerade für viele Ostarbeiter und Zivilarbeiter aus Südosteuropa verbanden sich schließlich zumindest am Anfang des Arbeitseinsatzes im Reich mit dem Begriff „Deutschland" nicht in jedem Fall in erster Linie Krieg und Faschismus. Hier standen vielmehr oft auch Hoffnungen, Wünsche und Illusionen über ein reiches, hochindustrialisiertes und schönes Land im Vordergrund.[102] Vorstellungen von sozialem Aufstieg und höherem Lebensstandard, Faszinationen von deutscher Ordnung, Sauberkeit und Technik waren verbreitet, wie sie in den Vorstellungen von Bewohnern eines agrarisch strukturierten und wenig industrialisierten Landes von den industriellen Metropolen auch in anderen Regionen der Welt und zu anderen Zeiten eine Rolle spielten. Der gesamte Ausländereinsatz in Deutschland während des Zweiten Weltkrieges steht bei allen offenbaren politischen Diskontinuitäten in vielen Aspekten eben auch in der Kontinuität der europäischen Arbeitermigration im 20. Jahrhundert. In dem Ensemble aus Rassenhaß, Repression und Ausbeutung, das die Fremdarbeiterbeschäftigung im Dritten Reich kennzeichnet, sind immer auch Elemente sozusagen „normaler" Ausländerbeschäftigung enthalten, mit allen Kennzeichen und Problemen, die in diesem Zusammenhang entstehen – von den weit übertriebenen Hoffnungen der Arbeitskräfte auf das industriell geprägte „Gastland" über die oft klaglose Hinnahme auch extrem schlechter Arbeitsbedingungen bis hin zur Erwartung einer besseren Zukunft, wenn man jetzt nur feste arbeite und spare: „Alles hier ist gut, und was mir am meisten gefällt, ist die ideale Pünktlichkeit und Sauberkeit." – „Ich habe Stricken, Nähen und Flicken gelernt und kann jetzt einen Haushalt führen" – solche Bemerkungen in den Briefen sowjetischer Arbeiter und Arbeiterinnen im Februar 1943 sind kennzeichnend für eine Haltung, die bei der Beurteilung der Arbeitsleistung der ausländischen Arbeitskräfte mit berücksichtigt werden muß, auch wenn solche Äußerungen in den Briefen der Arbeitskräfte aus dem Osten mit Fortdauer des Krieges immer seltener wurden.[103] Denn mit der fortwährenden Verschlechterung ihrer Lebensbedingungen verschärfte sich auch die Kritik der ausländischen Arbeiter an ihrer Situation, wuchsen Erbitterung und Ablehnung, auch und gerade wenn die Erwartungen und Hoffnungen groß gewesen waren.[104]

4. Resistenz und Arbeitsflucht

Elemente widerständigen Verhaltens der ausländischen Arbeiter sind hier bereits für die Zeit bis 1943 mehrfach angesprochen worden. Die relativ häufig vorkommenden „Arbeitsvertragsbrüche" und Arbeitsverweigerungen waren dabei jeweils als unmittelbare, spontane Reaktionen auf unzumutbare Lebensbedingungen gewertet worden sowie als Beleg für den Widerspruch zwischen dem Anspruch der nationalsozialistischen Behörden auf totale Reglementierung und Kontrolle des Lebens der Ausländer und der sich einer vollständigen Überwachung notwendig entziehenden Praxis des Einsatzes von Millionen ausländischer Arbeitskräfte. Diese einzelnen Elemente unmittelbar geäußerter Widerständigkeit standen jedoch in keiner direkten Beziehung zueinander und stellten auch keine direkte Bedrohung des nationalsozialistischen Arbeitseinsatzes dar.[105]

Erst seit 1943 lassen sich diese vereinzelt auftretenden Phänomene miteinander in Beziehung setzen und einer systematischeren Betrachtung unterziehen. Widerständigkeit[106] umfaßte dabei eine ganze Skala von Verhaltensweisen, von denen ich einige, die besonders häufig auftraten, genauer untersuchen will. Dabei gehe ich aus von einfachen Formen der individuellen Versorgung (Tausch, Kleindiebstahl, Schwarzmarkt); über häufige, aber z. T. schwer feststellbare Formen der Arbeitsverweigerung („Arbeitsbummelei", Krankfeiern, Selbstverstümmelung, organisierter Ausstand) und die wichtigste Form der Widerständigkeit der Ausländer, die „Arbeitsflucht"; über Formen individueller, aber hochriskanter politischer Aktionen (etwa Sabotage und Spionage) bis hin zu den verschiedenen Schattierungen des organisierten politischen Widerstandes.[107] Als Ausgangspunkt werden auch hier wiederum zunächst die Verhältnisse bei Krupp in Essen behandelt.

Tauschhandel und Schwarzmarkt

Daß sich unter den ausländischen Arbeitern bald ein verzweigtes Schwarzmarktsystem herausbilden würde, war angesichts der Bedingungen nicht verwunderlich. Überall da, wo der offizielle Markt nicht funktioniert, wo Mangelwaren auf große Nachfrage stoßen, wo die Marktbeziehungen an den Bedürfnissen vorbei reglementiert werden, entsteht eine zweite Ökonomie, die die Gesetze des kapitalistischen Marktes auf seine darwinistische Grundstruktur zurückführt.[108] Die unzureichende Versorgung vor allem der Ostarbeiter und der sowjetischen Kriegsgefangenen, die verbreitete Korruption im Lagerpersonal, auch die unterschiedliche Ernährungslage der verschiedenen Ausländergruppen, die umfangreichen Verbote gegenüber den Ausländern – all das führte dazu, daß sich schon 1941 die Beschwerden über Tauschgeschäfte unter den Ausländern häuften; aber erst 1943 nahmen sie für die Nazis besorgniserregende Größenordnungen an.

Ursprünglich war gegen den verbreiteten Tauschhandel in den Lagern von den Behörden nicht eingeschritten worden, weil er weder mit vertretbarem Aufwand zu überwachen gewesen wäre noch gefährlich zu sein schien. Lediglich Tauschgeschäfte mit Deutschen wurden verfolgt, weil die Sicherheitsbehörden hier sowohl „verbotenen Umgang" als auch Fluchthilfe befürchteten. Der Umfang der Tauschbeziehungen war aber so groß, daß den Behörden hier außer drakonischen Strafen in Einzelfällen und flammenden Appellen wenig einfiel. Der Kruppsche Personalchef etwa ermahnte im März 1942 die Betriebsführer: „So sind in jüngster Zeit Kauf- und Tauschgeschäfte zwischen deutschen Arbeitern und Arbeiterinnen bzw. zivilen Ausländern einerseits und den Kriegsgefangenen andererseits festgestellt worden. Die hohen Gefängnis- und Zuchthausstrafen, mit denen die deutschen Gerichte diese Vergehen geahndet hatten, sollten eigentlich als abschreckendes Beispiel genügen ..."[109]

Tauschgeschäfte und Schwarzhandel Deutscher mit Ostarbeitern und Kriegsgefangenen wurden von der Firmenleitung in der Regel bei der Gestapo angezeigt – vom Tausch zweier Butterbrote gegen sechs Zigaretten bis zum Verkauf von Zivilkleidung für Gefangene[110] – gleichwohl war dies dadurch ebensowenig zu unterbinden wie der Tauschhandel unter den Kriegsgefangenen und Ostarbeitern selbst.

In dem Maße, in dem sich die Lebensverhältnisse verschlechterten, nahmen die Schwarzmarktaktivitäten auch in der deutschen Bevölkerung zu. Die Behörden reagierten darauf mit Strafverschärfungen und Propagandakampagnen, jedoch ohne sichtbaren Erfolg – Schwarzmarkt und Schiebertum waren durchaus keine Phänomene allein der Nachkriegszeit, sondern hatten schon während des Krieges seit 1942 stetig an Bedeutung zugenommen.[111]

Bezogen sich die Tauschaktionen bei der deutschen Bevölkerung in erster Linie auf rationierte Friedensartikel, weil die Versorgung mit dem Lebensnotwendigen bis Kriegsende gut funktionierte, waren Tauschgeschäfte für die ausländischen Arbeiter oft die einzige Möglichkeit, an Waren, die sie zum Leben brauchten, zu gelangen. „So kommt es etwa vor, daß ein Pole zunächst Marken für ein oder mehrere Kilo Brot erbettelt, diese gegen Tabakwaren, die Tabakwaren gegen Toilettenartikel vielleicht noch über einige ‚Zwischenstationen' gegen Kleider oder Schuhe tauscht, um schließlich zu den Gegenständen zu gelangen, die er ursprünglich erwerben wollte", berichtete der SD im August 1943 über die am häufigsten geübte Praxis.[112] Bei diesen Ringtauschgeschäften waren nun diejenigen im Vorteil, die über zusätzliche Lebensmittel und Mangelwaren verfügten, sei es durch Pakete von zu Hause, sei es durch Schiebergeschäfte mit dem Lagerpersonal. Zivilarbeiter und Kriegsgefangene aus dem Westen waren dadurch gegenüber den Arbeitskräften aus dem Osten erheblich im Vorteil. Vor allem Italiener konnten, als sie noch privilegierte ‚Gastarbeiter' waren, vom Tauschgeschäft profitieren: „Nachfragen ergaben, daß die Einzahlungen in keinem Verhältnis zum Verdienst stehen können. Beim Tauschhandel kommen hauptsächlich die Sonderzuteilungen, wie Wein, Käse und Makkaroni infrage", während Franzosen angeblich häufiger mit kosmetischen Artikeln handelten. „Sie alle versuchen, sich gegenseitig nach allen Regeln der Kunst übers Ohr zu hauen, wobei der von allen am meisten Übervorteilte fast stets der Ostarbeiter ist", bemerkte der SD zusammenfassend.[113]

Aus der zunehmenden Organisierung des Tauschhandels entstanden seit 1943 in Zusammenarbeit mit deutschen Schiebern und Schwarzhändlern regelrechte Schwarzmärkte für Ausländer, häufig in Gaststätten, die vorwiegend von Ausländern aufgesucht wurden, sowie in öffentlichen Parks und natürlich in den Lagern selbst.[114] Stimulans dieses Schwarzmarktes war in erster Linie die Differenz zwischen der Versorgungslage der Arbeiter aus dem Westen und derjenigen aus dem Osten: „Die schlechte Ernährung der Ostarbeiter trüge zur Entwicklung des Schwarzhandels wesentlich bei", erklärte Hässler vom RSHA auf der Sitzung des Ausländer-Arbeitskreises am 16. März 1944, „da namentlich Franzosen und andere Personen aus dem Westen einen schwunghaften Brothandel mit den Ostarbeitern unterhielten. Das Pfund Brot wurde an die Ostarbeiter durchschnittlich zum Preise von RM 10.– gehandelt."[115]

Diejenigen Arbeiter, deren Lebensbedingungen in Deutschland am schlechtesten waren, waren auch auf dem Schwarzmarkt meist die Opfer der besser gestellten Ausländer, zumal gerade die Ostarbeiter am meisten auf „schwarz" beschaffte zusätzliche Lebensmittel angewiesen waren. Der Schwarzmarkt wie die Korruption der Lagerführung hatten zwar Vergrößerungen des Spielraums für die Ausländer zur Folge, brachten aber neue Abhängigkeiten und Zwänge. Die soziale Hierarchie unter den Ausländer-Gruppen wurde durch die Ausweitung der Substrukturen auf die Versorgung eher noch gedehnt, die Abstufungen noch rigoroser; die Unterprivilegierten waren auch hier bis auf wenige Ausnahmen die Benachteiligten. Schon wer nur Tauschbares besaß, war im Vorteil; die meisten sowjetischen Arbeiter hatten überhaupt keine Tauschäquivalente, weder Geld noch Waren, um etwas Eßbares organisieren zu können.

So verlegten sich viele von ihnen darauf, aus nutzlosen Abfällen kleine Gegenstände zu basteln, die sie verkaufen oder tauschen wollten. Die dabei entstandenen Körbchen, Spielzeugteile, Schachbretter, Stricknadeln usw. wurden in den letzten beiden Kriegsjahren geradezu zum Kennzeichen der russischen Zivilarbeiter und Kriegsgefangenen. Sie versuchten, im Betrieb oder auf offener Straße deutschen Kollegen und Passanten diese Dinge anzubieten, gegen Geld, Lebensmittelmarken, Zigaretten oder ähnliches.[116] Als sich das im Sommer 1944 sehr stark verbreitete, wurde der Handel mit diesen selbstgefertigten Artikeln verboten mit der Begründung, es handle sich dabei meist um Industrieabfälle („Blech, Holz und z. T. wertvolle Farben"), außerdem ziele der Tausch auf das Mitleid der deutschen Bevölkerung, und eben das müsse unterbunden werden.[117]

Von Einzelfällen abgesehen, konnten aber weder Betteln noch Tausch noch Schwarzmarkt den Hunger und die Not der sowjetischen und später auch der italienischen Arbeitskräfte ausgleichen – sich über Diebstähle und Plünderungen individuell über Wasser zu halten, lag deshalb nahe. Aber gerade darauf waren die NS-Sicherheitsbehörden nicht nur vorbereitet, sie erwarteten derartiges sogar. Die

Anzahl der Diebstähle durch Ausländer scheint bei Krupp in Essen aber bis Herbst 1944 nicht auffällig hoch gewesen zu sein, und zumeist handelte es sich um Bagatellfälle; nur selten um Einbruchdiebstähle oder Plünderungen.[118] Auch die Zentralbehörden und der SD meldeten bis Mitte 1944 nichts über das Ansteigen der Diebstahlkriminalität unter den ausländischen Arbeitern. Grund dafür waren vor allem wohl die drakonischen Strafen – schon wegen kleinerer Diebstähle kam ein Ausländer ins Arbeitserziehungslager; wer auch nur im Verdacht stand, an Plünderungen beteiligt gewesen zu sein, mußte mit der Todesstrafe rechnen. Auf der anderen Seite waren Kontrolle und Aufmerksamkeit der Behörden nach Bombenangriffen besonders ausgeprägt, und die Fälle von Selbstjustiz gegen plündernde Fremdarbeiter waren nicht selten.[119]

Insgesamt ist der ganze Komplex von Tausch, Schwarzhandel und Kleinkriminalität in den Zusammenhang der Ausbreitung der von den deutschen Behörden nicht kontrollierbaren sozialen Substruktur unter den ausländischen Arbeitern zu stellen, die nicht etwa nach den Prinzipien politischer Widerständigkeit und Solidarität funktionierte, sondern nach denen des Marktes, der nationalen und sozialen Hierarchien und der Gewalt; eher ein Spiegel- als ein Gegenbild zur nationalsozialistischen Gesellschaft in Deutschland. Dennoch war diese Substruktur gefährlich für die Nazis, weil sie ihren Totalitätsanspruch so offenbar negierte. Andererseits war sie aber gerade die Konsequenz dieses Totalitätsanspruchs; es zeigt sich hier, daß eine Gesellschaft, die ausschließlich auf Reglementierung und nicht auf der kollektiven Internalisierung eines sozialen Konsensus beruht, sich die Gegenwelt zur Reglementierung selbst produziert. Insofern trugen Schwarzmarkt und das Regiment der Schieber und Zuhälter eher zur Stabilisierung als zur Erosion der Nazi-Herrschaft über die ausländischen Arbeiter bei; gleichzeitig aber haben Tauschhandel und Schwarzgeschäfte vielen Arbeitern aus dem Osten vielleicht sogar das Überleben gesichert.

Massendelikt Arbeitsbummelei

„Zehn Gebote des vollkommenen französischen Arbeiters
1. In der Werkstatt langsam gehen.
2. Am Feierabend sich beeilen.
3. Den Abort oft aufsuchen.
4. Nicht zuviel arbeiten.
5. Den Meister ärgern.
6. Den schönen Mädchen den Hof machen.
7. Den Arzt oft besuchen.
8. Nicht mit Urlaub rechnen.
9. Die Reinlichkeit lieben.
10. Immer Hoffnung haben."

Bei einem französischen Zivilarbeiter gefundener Kettenbrief, Mai 1944.[120]

Von Anfang bis Ende des Krieges argwöhnten die deutschen Behörden und Betriebsleitungen, daß die Ausländer ihre Arbeitskraft absichtlich zurückhielten. Diese mißtrauische Erwartung lag in der Konsequenz der eigenen Politik und stützte sich in den ersten Jahren in der Regel mehr auf rassistischen Dünkel als auf exakte Leistungsmessung. Die Beschwerden über „Arbeitsbummelei" mehrten sich ab 1943 in stärkerem Maße. Bei Krupp häuften sich die Klagen über bewußtes Langsamarbeiten der Ausländer zur selben Zeit – Mitte 1943 –, als die Bemühungen um die Steigerung der Produktivität des Ausländereinsatzes erste Erfolge zeigten. Während bis dahin der tatsächlichen Leistungshöhe der ausländischen Arbeiter keine besondere Aufmerksamkeit geschenkt worden war, waren nun im Rahmen der Rationalisierungsmaßnahmen beim Ausländereinsatz kontinuierliche Leistungsmessungen und genauere Fehlzeitennotierungen eingeführt worden, wodurch auch Leistungsschwankungen aufgedeckt und „Bummeleien" verhindert werden sollten.

In der Praxis aber wurde „Arbeitsbummelei" nun zum Sammelbegriff für alle möglichen Beschwerden der Meister und Betriebsleiter über die ausländischen Arbeitskräfte. Jede Produktionsstockung und Betriebsstörung konnte flugs auf „Arbeitsbummelei", „Arbeitsverweigerung" oder gar „Sabotage" der Ausländer durch Langsamarbeiten zurückgeführt werden. Aussagen über das tatsächliche Ausmaß individueller oder organisierter Strategien des „Langsamarbeiten" sind daher nur schwer möglich. Die Angaben der nationalsozialistischen Behörden selbst sind mit großer Vorsicht zu behandeln, denn das häufige Vorkommen von „Arbeitsbummelei" bestätigte ja die Erwartungen der Nationalsozialisten und stellte eine willkommene Legitimation für „hartes Durchgreifen" dar.[121] Andererseits war die seit Ende 1942 in Gang gesetzte Kampagne zur Bekämpfung der „Arbeitsbummelei" das notwendige Gegenstück zu den gleichzeitigen Bemühungen, durch Verbesserung der Qualifikation und der Arbeitsbedingungen die Leistungshöhe vor allem der Ausländer aus dem Osten zu steigern – die Verschärfung des Repressionssystems war mit der Verbesserung der Einsatzbedingungen untrennbar verbunden. Entscheidend war dabei, wie effektiv das innerbetriebliche und geheimpolizeiliche Strafsystem arbeitete, wie massiv und wie geschlossen das Regime die Intensivierung der Ausbeutung der ausländischen Arbeitskräfte durchsetzen konnte. Höhere Arbeitsleistung der Ausländer konnte nur erreicht werden, wenn die Behörden keinen Augenblick lang Zweifel daran aufkommen ließen, daß sie den Willen und die Machtmittel besaßen, um Leistungsverweigerung im Ansatz zu erkennen und brutal zu ahnden. Das 1943 ausgebaute Strafsystem gegen „Bummelei" hatte daher vorwiegend präventiven Charakter. Sein Ziel bestand darin, dem einzelnen Kriegsgefangenen oder Zivilarbeiter jederzeit zu demonstrieren, daß die Zurückhaltung seiner Arbeitskraft für ihn ein unwägbares Risiko bedeuten würde. Es war daher auch gar nicht von Bedeutung, ob es sich in dem einzelnen gemeldeten Fall tatsächlich um absichtliches Langsamarbeiten handelte. Ausschlaggebend war, daß den ausländischen Beschäftigten eines Betriebes vor Augen geführt wurde, daß Betriebsleitung und Gestapo jeden Ansatz des Aufbegehrens unnachsichtig und konsequent verfolgten.

Eine gerade unter Ostarbeitern weit verbreitete Möglichkeit, sich individuell der Arbeit zu entziehen, war die Vortäuschung von Krankheiten oder die Selbstinfektion – Reaktionen, die die oft verzweifelte Lage der Betroffenen kennzeichnen; denn als Arbeitsunfähige erhielten sie nicht nur keinen Lohn und nur die geringsten Lebensmittelrationen, Selbstinfektionen führten auch häufig zu bleibenden gesundheitlichen Schäden und wurden zudem von den Nazis als „Wirtschaftssabotage" mit äußerster Brutalität verfolgt. Ein Beispiel:

Auf einem freien Platz in Nürnberg, der sogenannten „Russenwiese", waren in einem Zeltlager etwa 1.600 Ostarbeiterinnen und Ostarbeiter provisorisch untergebracht. Nach einigen Wochen stieg der Krankenstand plötzlich auf über 200 Personen an, alle hatten Blasen an Armen und Füßen, die sich in eitrige Geschwüre verwandelten. Da Lagerärzte und Gesundheitsamt annahmen, es handele sich um die sogenannte „Roscha-Krankheit" – eine infektiöse Hautkrankheit –, wurde das gesamte Lager unter Quarantäne gestellt, sämtliche Zelte, Betten und Kleider desinfiziert usw. Durch die russische Lagerdolmetscherin wurde dann aber in Erfahrung gebracht, daß die Symptome durch das Einreiben der Haut mit Hahnenfußpflanzen von den Lagerinsassen selbst hervorgerufen worden waren, die der Hoffnung waren, als Kranke in die Heimat zurücktransportiert zu werden. Lagerleitung und Gestapo reagierten darauf mit rabiatem Terror. Alle Männer und fünf Frauen, die sich selbst infiziert hatten, wurden in Konzentrationslager eingeliefert. Für fünf weitere Männer, „die als Rädelsführer anzusehen sind und sehr wahrscheinlich im Auftrag der Sowjets auf diese Art und Weise Wirtschaftssabotage trieben bzw. organisieren sollten", wurde die öffentliche Erhängung inmitten des Lagers beantragt.[122]

Die zahlreichen Methoden der Selbstinfektion waren sehr verbreitet, und naturgemäß ist die Dunkelziffer hier besonders groß.[123] Der Effekt für die ausländischen Arbeiter war hingegen eher gering – ein paar Tage, im Höchstfall einige Wochen Ruhe; vielleicht ein Wechsel auf einen angenehmeren Arbeitsplatz. Aber schon das scheint eine so große Faszination ausgeübt zu haben, daß viele die Risiken gesundheitlicher Schäden oder der Entdeckung des Schwindels eingingen. Wirksam waren solche Methoden aber vor allem dann, wenn die Einzelnen etwa auf ihre Tauglichkeit für die Arbeit untertage untersucht werden sollten. Hier konnte die Vortäuschung der Grubenuntauglichkeit – etwa durch Einatmung von Graphit, um TBC zu simulieren – lebensrettend sein.

Die Vortäuschung von Krankheiten war bei Arbeitern nun durchaus nicht auf Ausländer beschränkt. Sie erhielt aber hier so große Bedeutung, weil es für viele ausländische Arbeiter keine andere Möglichkeit gab, sich zumindest für einige Tage der Arbeitshetze zu entziehen. Sie nahmen sie wahr, auch wenn damit ein tödliches Risiko verbunden war.

Größere Bedeutung als den Selbstinfektionen kam aber seit 1943 dem sogenannten „Bummelantenwesen" zu. „Die Bummelantenfrage ist auch ein Punkt, den wir behandeln müssen", erklärte Speer im Oktober 1942 bei der ZP. „Ley hat festgestellt, daß dort, wo Betriebsärzte sind und die Leute von den Betriebsärzten untersucht werden, sofort der Krankenstand auf ein Viertel bis ein Fünftel sinkt. – SS und Polizei könnten hier ruhig hart zufassen und die Leute, die als Bummelanten bekannt sind, in KZ-Betriebe stecken. Anders geht es nicht."[124] Damit hatte Speer den Startschuß zur Verschärfung des Strafsystems gegen „Arbeitsbummelei" gegeben, das die Leistungssteigerung repressiv durchsetzen sollte. Die bis Ende 1943 von RSHA und GBA sukzessive erlassenen Bestimmungen sahen neben der laufenden Fehlzeiten- und Leistungskontrolle ein gestaffeltes System betrieblicher und außerbetrieblicher Strafen vor, das die Strafkompetenzen der Betriebsleitungen noch stärkte und die Gestapo für außerbetriebliche Strafen allein zuständig machte.[125] Danach standen

den Betriebsführern folgende Sanktionsmöglichkeiten zur Verfügung: Verwarnung bei „leichten Verstößen" (z. B. „einmalige Unpünktlichkeit"); Geldbußen bis zu maximal einem durchschnittlichen Tagesverdienst bei „schwereren Verstößen" („z. B. unentschuldigtes oder grundloses Fehlen, wiederholte Unpünktlichkeit oder eigenmächtiges oder vorzeitiges Verlassen der Arbeitsstelle"); sowie Geldbußen bis zu einem durchschnittlichen Wochenverdienst (z. B. bei „Widerspenstigkeiten").[126] Weitergehende Befugnisse wie Rationenkürzung, Freiheitsentzug und „körperliche Züchtigung" waren hingegen untersagt[127] – allerdings nicht bei Ostarbeitern. Ihnen gegenüber waren „Ordnungsübungen", „Zuteilungen zum Straftrupp", „Entziehung der warmen Tagesverpflegung" und Arrest bis zu drei Tagen zulässig.[128] Bei schweren Vergehen mußte die Gestapo eingeschaltet werden, die Beschäftigung der Justiz mit „Arbeitsvertragsbruch"-Sachen war ausgeschlossen. Angedroht waren dann „Warnung, kurzfristige Erziehungshaft, Einweisung in ein Arbeitserziehungslager", während die Einweisung in ein Konzentrationslager nur in „schwersten Fällen" erfolgen sollte. Da die Zahl der vorhandenen AEL angesichts der Ausweitung der Strafpraxis nicht ausreichte, sollten in den Betrieben „Erziehungsabteilungen" eingerichtet werden, die den Bedingungen der AEL entsprachen.[129] Oberster Grundsatz des gesamten Strafsystems gegen „Arbeitsbummelei" und „Arbeitsvertragsbruch" war „rasche Erledigung" und „schnelles Reagieren" zur „Erhöhung der erzieherischen und abschreckenden Wirkung". Dazu wurde vom RSHA eine Art Standgericht der Arbeit eingerichtet, das unter Vorsitz der örtlichen Gestapo aus Vertretern des Reichstreuhänders, der DAF und des Betriebs in größeren Rüstungsbetrieben in einigem Abstand tagte und die anstehenden Fälle von „Arbeitsbummelei" behandelte.[130]

In der Praxis war es bei Krupp in Essen bis 1943 üblich gewesen, daß die Einzelbetriebe unentschuldigtes Fehlen, Zuspätkommen und Langsamarbeiten nach eigenem Gutdünken bestraften; erst Ende 1943 waren die Regelungen vereinheitlicht worden. Zu den vom GBA vorgesehenen betrieblichen Strafen traten bei Krupp der Wegfall von Sonderzuwendungen und der Entzug der Lebensmittelzusatzkarten bis zur Dauer von vier Wochen – das galt für deutsche wie für ausländische Arbeiter. Bei Polen, Tschechen und Ostarbeitern wurde ein wesentlich strengerer Maßstab angewendet: „Die innerbetrieblichen Strafen sollen härter ausfallen, die außerbetrieblichen Maßnahmen früher einsetzen." Für alle Ausländer, die in Kruppschen Lagern wohnten, war als „wirkungsvolle erzieherische Maßnahme" gegen Arbeitsbummelanten der Entzug des Essens vorgesehen: „Ausländer erhalten nur dann Verpflegung im Lager, wenn ihre Eßmarken vom Betrieb abgestempelt sind. Die Stempelung muß täglich (nicht etwa wöchentlich) vom Betrieb vorgenommen werden."[131]

Genaue Zahlen über das Ausmaß der betrieblichen Bestrafungen liegen nicht vor. Aufgrund der Unterlagen bei Krupp ist jedoch die Schätzgröße realistisch, daß bei ca. 10.000 ausländischen Zivilarbeitern, die nach dem März 1943 noch auf der Gußstahlfabrik arbeiteten, monatlich rund 1.000 – 1.500 von ihnen wegen Arbeitsbummelei innerbetrieblich bestraft wurden.[132]

Über den Umfang der außerbetrieblichen Strafen können genauere Angaben gemacht werden. An einem Fallbeispiel wird der Ablauf eines solchen bürokratischen Verfahrens deutlich.

Der 22jährige polnische Arbeiter Waclaw Korneluk war seit Januar 1944 bei Krupp als Transportarbeiter in der Blechbearbeitungswerkstatt beschäftigt. Er wohnte im Kruppschen Lager Joseph-Hommer-Weg, sein durchschnittlicher Tagesverdienst betrug brutto 5,50 RM. Zwischen Februar und Juni 1944 fehlte er insgesamt siebenmal unentschuldigt bei der Arbeit und wurde vom Betrieb sechsmal mit Geldbußen zwischen 2,50 und 5,00 RM, einmal von 11,- RM bestraft. Als Grund für die Arbeitsversäumnisse wurde angegeben, der polnische Arbeiter sei über die häufigen Geldbußen „verärgert" – hinzu kam, daß er mehrmals keine Lebensmittelkarten erhalten hatte. Als er im Juni wieder wegen Zuspätkommens mit der Geldbuße von einem Tagesverdienst bestraft wurde, fehlte er danach mehrere Tage hintereinander. Daraufhin erstattete der Betriebsführer an das Büro für Arbeiterangelegenheiten Meldung, das nach Prüfung des Falles den Werkschutz einschaltete. Der wiederum zeigte den Polen bei der Essener Gestapo an, die Waclaw Korneluk am 8. August 1944 für acht Wochen in das AEL Süderich-Schule einwies.[133]

Insgesamt wurden zwischen 1939 und 1945 gegen Krupp-Arbeiter wegen „Arbeitsvertragsbruch" folgende außerbetriebliche Strafen verhängt:

Tabelle 48: Außerbetriebliche Bestrafungen deutscher und ausländischer Arbeiter bei Krupp in Essen, Mai 1939 bis Januar 1945[134]

Strafform	Insgesamt	davon Deutsche	%	Ausländer	%
Erstmalige und wiederholte Meldungen insgesamt	6.173	5.426	88	747	12
Bestrafungen insgesamt	2.350	2.039	87	311	13
davon Verwarnung	609	584	96	25	4
Ordnungsstrafe	557	553	99	4	0,7
Jugendarrest/Erziehungsheim	204	204	100	–	–
Behördliche Verwahrung	28	23	82	5	18
Schutzhaft	161	132	82	29	18
gerichtliche Bestrafung	291	224	77	67	23
AEL	489	313	65	176	35
KL	11	6	54	5	46

Während also bei den Ausländern in der gesamten Kriegszeit 58 % aller außerbetrieblichen Bestrafungen auf Einweisung in ein AEL bzw. KL hinausliefen, waren es bei deutschen Arbeitern nur 15 % – andersherum waren mehr als die Hälfte der Bestrafungen bei Deutschen Verwarnungen und Ordnungsstrafen, bei Ausländern lediglich 9 %. Kurz: Ausländer wurden bei Krupp seltener als Deutsche zur außerbetrieblichen Bestrafung wegen Arbeitsbummelei der Gestapo gemeldet, erhielten dann aber ganz erheblich schärfere Strafen als Deutsche. Während Krupp bestrebt war, die Bestrafung der Ausländer, vor allem der Ostarbeiter, so weit wie möglich in der eigenen Hand zu behalten, um diese Arbeitskräfte nicht zu verlieren, gab man die Verfahren gegen deutsche Arbeiter und vor allem Arbeiterinnen relativ früh an die Treuhänder, Gerichte und die Polizei ab, schon um den Ärger der Bestraften nicht auf sich zu ziehen.[135]

Aufschlußreich ist aber der Vergleich der bei Krupp feststellbaren Tendenz der Häufigkeit und Härte der außerbetrieblichen Bestrafungen wegen „Arbeitsbummelei" und „Arbeitsvertragsbruch" mit der Entwicklung im Bezirk des Gauarbeitsamts Westfalen-Nord:

Tabelle 49: Wegen „Arbeitsvertragsbruch" und „Arbeitsbummelei" bestrafte deutsche und ausländische Arbeitskräfte im Gauarbeitsamtsbezirk Westfalen-Nord, Februar und März 1944[136]

Personengruppe		insgesamt Beschäftigt	insgesamt bestraft (2 Mon.)	Bestrafungen auf 100.000 Arbeitskräfte pro Monat	durch Reichstreuhänder			durch Gerichte			durch Polizei			Schutzhaft, AEL und KL zus.	in % aller Strafen
					Verwarnung	Ordnungsstrafe	in % aller Strafen	Geldstrafe	Freiheitsstrafe	in % aller Strafen	Schutzhaft	AEL	KL		
deutsche Arbeitskräfte	zus.	662.996	795	60	75	447	66	16	181	24,7	16	27	3	46	5,8
	m	382.143	240	31	23	99	50,9	2	79	33,7	7	15	1	23	9,6
	w	280.853	555	98	52	348	72	14	102	21	9	12	2	23	4,1
ausl. Zivilarbeit. insg.	zus.	127.492	346	136	–	10	2,9	2	5	3,5	40	194	45	274	80,1
	m	87.883	310	176	–	7	2,2	1	3	1,3	27	185	36	248	80
	w	39.609	36	45	–	3	8,3	1	2	8,3	13	9	9	26	86
Ostarbeiter	zus.	58.020	186	160	–	–	–	–	–	–	12	118	40	170	91
	m	29.913	167	279	–	–	–	–	–	–	6	115	33	154	92
	w	28.107	19	34	–	–	–	–	–	–	6	3	7	16	84
Polen	zus.	29.490	82	139	–	1	–	–	–	–	24	37	3	55	67
	m	22.750	72	158	–	–	–	–	–	–	17	36	2	46	64
	w	6.740	10	74	–	1	–	–	–	–	7	1	1	9	90
Westarbeiter	zus.	27.984	46	82	–	7	15,2	2	4	1,3	2	24	1	27	59
	m	25.956	42	81	–	7	16,6	1	3	8,7	2	24	–	26	62
	w	2.028	4	10	–	–	–	1	1	–	–	–	1	–	–

Die Aussagen dieser Straftabelle lassen sich in vier Punkten zusammenfassen:
1. Im Gegensatz zu der Entwicklung bei Krupp ist im Bezirk Westfalen-Nord die Häufigkeit der außerbetrieblichen Bestrafung bei Ausländern doppelt so hoch wie bei deutschen Beschäftigten. Die bei Krupp geübte Praxis, ausländische Arbeiter möglichst innerbetrieblich zu bestrafen, setzte einen effektiven betriebspolizeilichen Apparat voraus, wie er in dem aufgeblähten Werkschutz der großen Rüstungskonzerne zur Verfügung stand. Bei den meisten, vor allem den mittleren Unternehmen bestanden solche Bedingungen nicht, und es wurde schon bei geringfügigen Verfehlungen der ausländischen Arbeiter Anzeigen erstattet.
2. Die gegen Ausländer ausgesprochenen Strafen waren unvergleichlich härter als die gegen Deutsche. Bei ihnen bestanden 80 % – bei Ostarbeitern 90 % – der Strafen aus Einweisungen in Schutzhaft, Arbeitserziehungs- und Konzentrationslager, bei Deutschen weniger als 10 %, während andererseits die leichten Strafen (Verwarnung, Ordnungs- und Geldstrafen) bei Deutschen mehr als 70 %, bei den Ausländern kaum 3 % ausmachten.
3. Männliche Arbeiter aus Polen und der Sowjetunion waren die mit Abstand am häufigsten und am härtesten wegen dieser Delikte bestraften Beschäftigten, sie allein stellten 2/3 aller in AEL und 3/4 der in KL eingewiesenen Arbeitskräfte. Bei Westarbeitern war die Bestrafungsquote nicht signifikant höher als bei Deutschen, die Strafen fielen im Durchschnitt aber härter aus. Wie sehr bei der Bestrafung von „Arbeitsvertragsbruch" und „Arbeitsbummelei" rassistische und politische Motive mitspielten, zeigt auch die Gesamtstatistik der Verhaftungen durch die Gestapo.

Tabelle 50: Verhaftungen durch die Gestapo wegen „Arbeitsvertragsbruch" im „Großdeutschen Reich" Juli bis September 1943[137]

Auf je 10.000 Beschäftigte pro Arbeitergruppe entfielen pro Monat:
Ostarbeiter	95
Polen	83
Holländer	67
Franzosen	55
„Protektoratsangehörige"	48
Belgier	42
Italiener	18
Deutsche	1

4. Zu der Differenzierung nach Nationalität kam die nach Geschlecht: Deutsche Frauen wurden dreimal so häufig wie deutsche Männer wegen „Arbeitsvertragsbruch" bestraft, erheblich öfter aber auch als ausländische Arbeiterinnen. Auffällig sind besonders die niedrigen Zahlen bei Ostarbeiterinnen, die im Bezirk Westfalen-Nord zwar fast 50 % der Arbeitskräfte aus der Sowjetunion ausmachten, aber nur 10 % der über Ostarbeiter verhängten polizeilichen Strafen erhielten. Männliche Ostarbeiter wurden im Durchschnitt achtmal häufiger von der Gestapo wegen „Arbeitsvertragsbruch" bestraft als ihre Kolleginnen. Bei den Deutschen liegt der Grund für diese sehr unterschiedliche Bestrafungspraxis bei Männern und Frauen darin, daß die Unternehmen innerbetriebliche Auseinandersetzungen um die poli-

tisch sehr brisante Frage der Dienstverpflichtung von deutschen Frauen besonders scheuten und daher solche Verfahren relativ schnell an die Behörden abgaben. Zudem war die häufig durch Dienstverpflichtung erzwungene Fabrikarbeit bei den deutschen Frauen äußerst unbeliebt, und die Klagen der Betriebe über „Bummelei" der Arbeiterinnen waren insbesondere seit der Verschärfung der Dienstverpflichtungen im Frühjahr 1943 an der Tagesordnung, vor allem, weil den Unternehmen die Möglichkeiten fehlten, die deutschen Frauen so unter Druck zu setzen, daß die Arbeitsdisziplin auf repressive Weise erhöht werden konnte.[138] So beschwerte sich der Arbeitseinsatzingenieur der Kruppschen Friedrich Alfred-Hütte im April 1944 darüber, „daß man der deutschen Frau ... selbst im Rahmen des gesetzlich Zulässigen nicht mehr dasselbe zumuten kann und darf wie früher, z. T. dadurch verursacht, daß der Antrieb des notwendigen Gelderwerbens fehlt und allgemein gehaltene Ideologien, wie Dienst am Volke und am Vaterland als Arbeitsmotive das Wesen der Frau nicht tief genug berühren". Die Folge seien „Bummeleien, „übertriebene Sonderwünsche aller Art, Unzuträglichkeiten mit Kolleginnen", und es sei mittlerweile üblich, „daß fünf bis zehn Prozent deutsche Frauen, und teilweise noch mehr, laufend fehlen und zwar unentschuldigt fehlen ..."[139] Bei den Männern hingegen gab es solche Probleme nicht: „Bummelanten sind im allgemeinen nicht oder doch nur in Ausnahmefällen unter den Männern zu suchen. Abgesehen davon, daß der deutsche Mann als eine soldatische Natur durchweg sehr pflichttreu ist, gibt es zudem für jeden Betrieb eine ganze Reihe Möglichkeiten, seine Männer bei der Stange zu halten."[140] – Bei den Ausländern war es genau umgekehrt. Von den männlichen Arbeitskräften, vor allem aus dem Osten, erwarteten die Betriebe und Behörden geradezu ein „aufsässiges" Verhalten oder gar Sabotage und Aufstandsversuche; während den weiblichen Arbeitskräften gegenüber die vorhandenen betrieblichen Druck- und Strafmittel offenbar ausreichten, um hohe Arbeitsleistungen zu erreichen. Durch die allgegenwärtige Präsenz des – männlichen – Bewachungspersonals, der Vorarbeiter und Meister waren Fälle von „Arbeitsbummelei" bei den meist sehr jungen Arbeiterinnen aus der Sowjetunion seltener als bei den Männern.[141]

Der Unterschied bei den Bestrafungen der deutschen Arbeiter und Arbeiterinnen wegen „Arbeitsvertragsbruch" zeigt, daß ein unmittelbarer Rückschluß von den Verhaftungs- oder Bestrafungsziffern auf die tatsächliche Verbreitung von Langsamarbeiten, „Bummelei" oder anderen Formen individueller oder informeller Opposition im Betrieb nicht zulässig ist. Zahlreiche andere Faktoren waren hier von Bedeutung, die Verfügung über Druckmittel außerhalb der Bestrafung (wie die Drohung mit der Front bei deutschen Männern oder das gewalttätige Verhalten des Lagerpersonals bei ausländischen Frauen) ebenso wie rassistische oder politische Motive und Erwartungen.

Von den ca. 388.000 Verhaftungen, die die Gestapo in den ersten neun Monaten des Jahres 1943 aus politischen Gründen insgesamt durchführte, betrafen allein 260.000 das Delikt „Arbeitsvertragsbruch von Ausländern". Zwei Drittel (!) aller Aktivitäten der Gestapobeamten in Deutschland bezogen sich auf „bummelnde", langsam arbeitende, „renitente" Fremdarbeiter. Das Regime mußte also ganz erhebliche Teile seines Repressionsapparates aufbieten, um die Arbeitsleistung der 1943 etwa sechs Millionen Ausländer in Deutschland sicherzustellen.[142]

Untersucht man jedoch einzelne Fälle genauer, so zeigt sich eben, daß es sich bei den Delikten von „Arbeitsvertragsbruch" durchaus nicht um Arbeitsniederlegungen im Sinne von „Streik" handelte,[143] sondern um den Sammelbegriff für das, was den Deutschen als „Aufsässigkeit" im weitesten Sinne erschien. Meist handelte es sich um Fälle häufigen Zuspätkommens oder längerer Fehlzeiten, um Streitigkeiten zwischen dem deutschen Vorarbeiter oder Wachmann und einem ausländischen Arbeiter, häufig aber auch um Fälle, bei denen nach einem Bombenangriff ausländische Arbeiter mehrere Tage nicht zur Arbeit kamen oder bei denen eine Krankheit vom Lagerarzt nicht anerkannt wurde.[144] Außerdem waren die Zahlen der Meldungen wegen „Bummelei" in den einzelnen Werkstätten und Betrieben sehr unterschiedlich. Bei Krupp etwa gab es einzelne Betriebsleiter, die durch besonders strenges Vorgehen gegenüber den Ausländern demonstrieren wollten, wie sehr sie ihren Betrieb „im Griff" hatten und für die das „Bummeln" der Ausländer eine bequeme Ausrede war, wenn sie geforderte Produktionszahlen nicht erreicht hatten.

Einige Einzelfälle:

Der französische Zivilarbeiter Robert Ledux wurde im Februar 1944 vom Kruppschen Betrieb Panzerbau 3 dem Werkschutz gemeldet. Der Betriebsmeister hatte ihn aufgefordert, „Winkeleisen im Gewicht von 30 kg mit noch 2 anderen Gefolgschaftsmitgliedern ungefähr 3 m weiter zu legen, damit ein beladener Wagen zur Rampe fahren konnte. L. weigerte sich jedoch, mit Hand anzulegen, mit dem Bemerken: ‚Nichts essen, nichts arbeiten' und wies auf den Kran." Ledux machte Bemerkungen, die der Meister nicht verstand, es kam zu einem Handgemenge, der Werkschutz setzte ihn daraufhin fest und erstattete bei der Gestapo Anzeige.[145]

Der polnische Zivilarbeiter Adolf Maslinski arbeitete in der Reparatur-Werkstatt 2 und war wegen „unerlaubten Verlassens" der Arbeitsstelle verwarnt worden. Nach erneutem Fehlen wurde er der Gestapo gemeldet, er sei „einer der übelsten Drückeberger" und erscheine sehr unpünktlich zur Arbeit. Von der Gestapo wurde er mit 56 Tagen Arbeitserziehungslager bestraft.[146]

Der Ostarbeiter Wassili Myckno war im Panzerplattenwalzwerk beschäftigt gewesen und im Juni 1944 vom Kruppschen Arbeitsbüro einer nahegelegenen Ziegelei zugeteilt worden. „Trotz mehrfacher Aufforderung hat er die Arbeit in der Ziegelei nicht aufgenommen, mit dem Bemerken, er würde dort nicht arbeiten, er käme wieder zum Panzerplattenwalzwerk, auch wenn wir ihn von der Polizei holen lassen. Am 8. Juli 1944 wurde mitgeteilt, daß M. immer noch nach dem PPWW zur Arbeit kommt. Es wurde gebeten, ihn durch den Werkschutz nach der Ziegelei bringen zu lassen", meldete Krupp der Gestapo im Juli 1944. Der Ostarbeiter Myckno flüchtete daraufhin.[147]

Der italienische Zivilarbeiter Antonio Ricci hatte im Dezember 1944 und im Januar 1945 häufig bei der Arbeit gefehlt. Im Februar wurde er im Lager dabei ertappt, „als er seine Eßkarte mit einem gestohlenen Stempel versehen hatte. Durch diese Manipulation war es ihm möglich, sich in den Genuß der Verpflegung zu setzen ohne zu arbeiten. Den Stempel will er von einem Italiener erhalten haben, der inzwischen nach Bremen verlagert worden sei". Ricci wurde für 2 Monate in ein AEL eingewiesen.[148]

Der in der Kruppschen Lafettenwerkstatt eingesetzte Ostarbeiter Nikolai Kotow war wegen „Bummelei" im Lager Frintroper Straße vom Werkschutz festgesetzt worden. „Kotow ist vermutlich durch Mithilfe anderer Ostarbeiter aus dem Gewahrsam ausgebrochen. Bei der erneuten Festnahme leistete K. hartnäckigen Widerstand. In seinem Besitz befanden sich 90.– RM, die ebenfalls aus Handelsgeschäften herrühren müssen, da K. keine regelmäßige Arbeit leistet ... Da K. nicht zu geregeltem Nachgang zur Arbeit zu bewegen ist, bitten wir, die schärfsten Maßnahmen gegen ihn zu veranlassen", meldete der Werkschutz im September 1943 an die Gestapo. Nicolai Kotow wurde daraufhin in ein KL eingewiesen.[149]

Die überwiegende Zahl der nachweisbaren Einzelfälle von „Arbeitsvertragsbruch" betraf nach heutigen Vorstellungen eher Bagatellsachen. Fälle von organisiertem Langsamarbeiten oder gar kollektiver Arbeitsverweigerung sind in den Quellen nur äußerst selten nachweisbar. Hässler vom RSHA erklärte im Oktober 1943 zu Berichten der Briefzensur über Verabredungen französischer Arbeiter zur gemeinsamen Langsamarbeit: „Hinter den Ausführungen der Franzosen in ihren Briefen in die Heimat (stecke) viel Angeberei, ernstliche und bedeutungsvolle Fälle von kollektiver Langsamarbeit lägen jedoch nicht vor."[150] Wo auch nur die Andeutung einer gemeinschaftlichen „Auflehnung" zu vermuten war, gingen die deutschen Sicherheitsorgane mit aller Härte vor.

Der sowjetische Kriegsgefangene Michail Pawelschenko wurde im August 1943 von der Duisburger August-Thyssen-Hütte dem Lagerkommandanten gemeldet, weil er angeblich „1. Ostarbeiterinnen zu langsamerem Arbeitstempo aufgefordert, 2. den Rangiermeister Hugo St. bedroht, 3. den Maurer Hugo K. tätlich angegriffen und 4. die Autorität der deutschen aufsichtsführenden Gefolgschaft vor Ausländern untergraben hatte." Er wurde von der Gestapo Duisburg festgenommen, von dort aus dem RSHA zur Exekution vorgeschlagen und am 16. Oktober 1943 im KL Buchenwald umgebracht. Die Aufforderung zum Langsamarbeiten hatte sich lediglich auf eine Vermutung des deutschen Vorarbeiters bezogen.[151]

Ein Fazit aus diesen verschiedenartigen und einander teilweise widersprechenden Befunden ist deshalb schwierig, weil die Zahl der den Gesamtkomplex „Arbeitsbummelei" beeinflussenden Faktoren so groß war. Die Bestrafungszahlen waren außerordentlich hoch; bedenkt man andererseits, daß dabei jedes „Nichttragen eines P-Abzeichen", jedes Zuspätkommen oder Fehlen, jedes Schimpfwort gegen einen Deutschen und jedes Krankfeiern potentiell erfaßt werden sollte, so relativiert sich das Bild. Die Praxis der „Arbeitsbummelei"-Verfahren manifestiert den Anspruch der NS-Behörden auf totale Kontrolle des Lebens und vor allem der Arbeit der Ausländer. Die erfaßten und bestraften Vorfälle konnten also immer nur Bruchteile des tatsächlichen Ausmaßes von zum größten Teil marginalen Regelverletzungen betreffen.

Die Methode der NS-Behörden, durch die hohe Zahl der Bestrafungen auch die Abschreckung wirksam zu steigern, verlor aber dort an Bedeutung, wo die Arbeits- und Lebensverhältnisse so schlecht waren, daß die Bereitschaft stieg, auch große Risiken einzugehen, um sie erträglicher zu machen. Insofern ist die steigende Zahl der Bestrafungen wegen „Arbeitsvertragsbruch" vor allem ein Indiz dafür, daß es den Betrieben und Behörden nicht gelang, die sich ausbreitende Substruktur des Ausländereinsatzes in den Griff zu bekommen. Es gelang ihnen um so weniger, je mehr die sinkenden Siegeschancen Deutschlands die oppositionelle Stimmung unter den Ausländern beflügelten und die Bombenangriffe der Alliierten das Durcheinander in den Lagern und Betrieben vergrößerten.

Immerhin aber erreichte das Regime, daß die Fälle von „Arbeitsbummelei" auf individuelle Formen des Arbeitsentzuges beschränkt blieben. Insoweit hat die Prävention ihr Ziel erreicht, als der Spielraum für gemeinsames oppositionelles Handeln der ausländischen Arbeiter äußerst beschränkt blieb. Individuelle Formen der Arbeitsverweigerung stellten für deutsche wie ausländische Arbeiter die nahezu einzige Möglichkeit dar, dem repressiven Druck der Betriebe und Behörden, der auf sie ausgeübt wurde, am Arbeitsplatz jedenfalls partiell zu entgehen – kein politischer Widerstand, sondern „Arbeiteropposition" mit gewissen Parallelen zu den betrieblichen Auseinandersetzungen in Deutschland schon vor 1939.[152] Ungelenkt und unorganisiert war die massenhafte „Arbeitsbummelei" Ausdruck des Klassenkampfes im faschistischen Deutschland mit mehreren Fronten und verschiedenen Interessen, bei dem den Unternehmen und staatlichen Behörden eine aus Deutschen, West- und Ostarbeitern bestehende, hierarchisierte und zersplitterte Arbeiterklasse gegenüberstand. Eine politische Strategie der Rücksichtnahme auf die Stimmung unter den Ausländern, der Versuch gar, sie für das NS-Regime zu gewinnen, hat sich in der Praxis des Ausländereinsatzes nie durchsetzen können; die Reaktion auf individuelle Beschwerden der ausländischen Arbeitskräfte über die Lebens- und Arbeitsbedingungen konnten daher nur der Terror sein.

Betriebliche Arbeitserziehungslager

Das wichtigste Instrument der Gestapo bei der Bekämpfung der „Arbeitsbummelei" war, was die Ausländer betraf, aber das Arbeitserziehungslager. Solche AEL bestanden bereits seit 1940 und waren seitdem stark ausgebaut worden. Die sehr häufigen Einweisungen in AEL hatten aber für die Betriebe den Nachteil, daß die betreffende Arbeitskraft zum einen für die Zeit der Haft dem Unternehmen verloren ging, und zum zweiten, wie sich ein Betriebsleiter in einer Beschwerde ausdrückte, daß sich die ausländischen Arbeiter nach der Entlassung aus dem Arbeitserziehungslager „in einem Gesundheitszustand befinden, der einen sofortigen vollen Einsatz dieser Kräfte unmöglich macht".[153]

Es war deshalb schon seit längerem überlegt worden, ob nicht AEL direkt in einigen Großbetrieben errichtet werden könnten, wo die Häftlinge unter Strafbedingungen arbeiten und wohnen sollten, aber der Produktion für die Dauer ihrer Haft nicht verloren gingen. Das RSHA hatte derartige Straflager bereits Ende 1942 angeregt: „Bei größeren Werken mit zahlreichen ausländischen Arbeitskräften, in deren Nähe kein Arbeitserziehungslager gelegen ist, erscheint es unter Umständen versuchsweise möglich, Erziehungsabteilungen einzurichten, in denen ausländische Arbeitskräfte wegen nicht all zu schwerer Bummelei – wie in Arbeitserziehungslagern – unter Bewachung zur Arbeit angehalten werden ... Für abgesonderte Unterbringung und die Arbeitszuteilung hätte hierbei im Einvernehmen mit der Staatspolizei(leit)stelle der Betrieb zu sorgen."[154]

Ausgehend von diesem Erlaß wurden in den nächsten Monaten in zahlreichen Großbetrieben solche Lager errichtet – mit unterschiedlichen Bezeichnungen wie Straflager, Sonderlager oder Arbeitserziehungslager.[155]

Die Entwicklung der Arbeitserziehungslager der Kruppschen Gußstahlfabrik in Essen kann dabei relativ detailliert nachvollzogen werden: Schon im Herbst 1943 hatten zwischen der Gestapo und dem Kruppschen Abwehrbeauftragten von Bülow Verhandlungen über die Errichtung eines Straflagers stattgefunden. Krupp schlug dafür eine Volksschule in der Nähe der Fabrik vor, die im Mai 1943 als Ausländerlager eingerichtet worden war, nachdem zahlreiche Baracken-Lager im März bei den Bombenangriffen zerstört worden waren. Dieses Lager sollte ausschließlich als Straflager für „bummelnde" ausländische, vorwiegend polnische und sowjetische Arbeiter, die bei Krupp beschäftigt waren, benutzt werden.[156] Zur gleichen Zeit wurde die Stadt Essen aufgefordert, ihrerseits AEL's für die nicht bei Krupp beschäftigten ausländischen Arbeiter aus Essen zu errichten, die dann Anfang 1944 in zwei Schulgebäuden (in der Beisingstraße und der Süderichstraße) entstanden.[157] Die entsprechenden Bestimmungen der vom Werkschutz und der Gestapo erlassenen Lagerordnung ließen an den in den neuen Straflagern zu erwartenden Verhältnissen keinen Zweifel: „Die Einweisung erfolgt einmal aus erzieherischen Gründen, aber auch zur Erreichung eines Strafzwecks. Der Aufenthalt soll bessernd auf die Insassen und abschreckend auf ähnliche Elemente an den Produktionsstätten wirken."[158] „Es ist größtes Gewicht darauf zu legen, daß auf das Kommando ‚Aufstehen' alle Insassen sofort das Bett verlassen, sodann an den Betten in Reih und Glied antreten, geschlossen zum Waschraum marschieren; alle Bewegungen – auch des einzelnen Insassen – sind in kurzem Laufschritt auszuführen" usw.[159]

Die Arbeitszeit sollte täglich mindestens 10 Stunden, an Sonntagen 5 Stunden betragen, wobei betont wurde: „Das primäre Erfordernis des Sonderlagers ist die ‚Erziehung' der Leute, erst in zweiter Linie kommt die Dringlichkeit der Arbeit."[160]

Im März wurde das Lager in der Dechenschule eröffnet; zunächst wurden etwa 100 Polen und Ostarbeiter dort eingewiesen.[161] Schon nach kurzer Zeit aber verlegte die Gestapo die Polen und Ostarbeiter in das städtische Lager Süderichschule, weil die Dechenschule für „Arbeitsverweigerer" aus Belgien und Frankreich gebraucht wurde, die in ihren Heimatländern von der Straße weg verhaftet worden waren; meist wahllos oder als Geiseln, mit dem Ziel, die Arbeiterbevölkerung in den betreffenden Regionen einzuschüchtern.[162] Diese jetzt sogenannten „Arbeitsvertragsbrüchigen" wurden seit Anfang Juni nach Essen und in das Sonderlager gebracht und vorwiegend bei Aufräumungsarbeiten eingesetzt. Am 23. Oktober 1944 wurde das gesamte Lager durch einen Volltreffer während eines Luftangriffes zerstört, 61 der etwa 400 Gefangenen kamen dabei in den schlecht geschützten Splitterschutzgräben um, 129 wurden verletzt. Die Überlebenden wurden daraufhin in das Lager Neerfeldschule in Essen-Fintrop verlegt, das schließlich Ende März 1945 aufgelöst wurde, kurz bevor die Amerikaner das Essener Stadtgebiet erreichten.[163] Über die Zustände in den Kruppschen Sonderlagern berichteten nach dem Kriege ehemalige Häftlinge; hierbei muß man aber berücksichtigen, daß die AEL-Insassen aus dem Westen gegenüber den Ostarbeitern noch eine bevorzugte Behandlung genossen. Die Geschichte des französischen Bauern Joseph Nicolas aus Mellier soll hier näher geschildert werden, um einen Eindruck von den Arbeits- und Lebensbedingungen in einem betrieblichen Arbeitserziehungslager zu vermitteln.[164]

Nicolas wurde zusammen mit zehn anderen Männern aus seiner Gemeinde im Frühjahr 1944 gefangengenommen – als „Vergeltungsmaßnahme" nach einem Scharmützel zwischen deutschen Einheiten und französischen Widerstandskämpfern. Einige Tage später wurde er nach Essen gebracht und dort in das Straflager Dechenschule eingewiesen. In den acht Klassenzimmern des Lagers waren dreistöckig je 42 Betten untergebracht, es gab einen Waschraum, eine Kantine sowie separate Räume für die Wachmannschaften. Das Schulgebäude war mit Stacheldraht umzäunt und von etwa 25 bewaffneten Werkschutzleuten bewacht.[165] Die Neuankömmlinge wurden zunächst desinfiziert, erhielten Sträflingskleidung und wurden auf die verschiedenen Arbeitskommandos verteilt. Joseph Nicolas arbeitete im Betrieb „Maschinenbau 8", war anfangs mit Aufräumungsarbeiten, später als Dreher beschäftigt. Seine Arbeitszeit betrug 11 Stunden am Tag, Hin- und Rückmarsch vom Lager zur Fabrik dauerten zusätzlich jeweils eine Stunde.[166] Die Ernährung der Häftlinge war nach den einfachen Ostarbeitersätzen bemessen und dementsprechend knapp. „Keine Freizeit, Verbot, irgendein Postpaket zu empfangen …, keine Verteilung von Zigaretten, sanitäre Einrichtungen und ärztliche Behandlung beklagenswert, um nicht zu sagen, nicht vorhanden; Räume überbelegt und wimmelnd vor Ungeziefer: Das war die Umgebung, in der wir zu leben gezwungen waren. Die Alarme und die Bombenangriffe wurden immer zahlreicher. In der Fabrik duldet man uns in den deutschen Luftschutzräumen, aber außerhalb der Fabrik ist jedes Betreten von Schutzräumen strengstens untersagt. Überrascht uns auf dem Heimweg von der Arbeit ein Alarm oder ein Luftangriff, sind wir gezwungen, mitten auf dem Wege in Reih' und Glied zu bleiben, während unsere Wächter, im Eingang zu einem nahe gelegenen Schutzraum in Sicherheit gebracht, uns mit den auf uns gerichteten Gewehren in Schach halten. Was das Lager betrifft, gewährt es uns überhaupt keinen Schutz. Ein einfacher, etwas gestützter Graben, mit etwas Erde einige zehn Zentimeter hoch bedeckt – dient uns als Bunker."

Bei dem Großangriff am 23. Oktober 1944, bei dem 61 Insassen der Dechenschule ums Leben kamen, wurde auch Nicolas' Bruder, ein katholischer Priester, getötet. Er selbst wurde mit den anderen Überlebenden in die Schule an der Neerfeldstraße verlagert. Die Organisation der Kruppschen Lager war zu dieser Zeit bereits weitgehend funktionsunfähig, die Infrastruktur des Ausländereinsatzes brach seit etwa November 1944 zusammen: „Im Neerfeldlager wurde das Leben härter und härter und immer schwerer zu ertragen. Im Gegensatz zu den uns gemachten Versprechen sind wir in Räumen, die keine Fenster, keine Heizung, kein Licht haben … Bis zum Schluß werden wir durch eine russische Küche versorgt. Die ungenügende und stinkende Nahrung wird beinahe ungenießbar; übrigens besteht sie nur aus einer Schnitte Brot, einem Liter Suppe aus erfrorenem oder verdorbenem Kohl und Kohlrüben und von Zeit zu Zeit einer Scheibe Wurst oder einem Löffel Eingemachtem. Das wird uns jeden Abend zugeteilt … Jede Woche sterben Kameraden infolge totaler Erschöpfung, ohne erwähnenswerte ärztliche Behandlung. Die Bombenangriffe werden immer ernster; die Arbeit in den Fabriken ist beinahe auf einem toten Punkt."

Im März 1945 wurden die Häftlinge dann einer Volkssturmeinheit zugeteilt; sie bauten dort Gräben und Panzerabwehr-Sperren. Als die Front näher kam, floh Joseph Nicolas, versteckte sich in einem Kohlenkeller und wurde von deutschen Zivilisten mit Nahrung versorgt. Am 12. April erlebte er die Befreiung durch die Amerikaner.

Flucht

Im Verlaufe der zweiten Kriegshälfte wurde jedoch deutlich, daß auch der Terror dann aufhörte, ein wirksames Instrument in der Hand der Nazi-Behörden zu sein, wenn es Möglichkeiten gab, sich ihm dauerhaft zu entziehen. Je größer aber die Zahl der ausländischen Zivilarbeiter, je stärker ihre Integration in den Arbeitsalltag in den Betrieben, je verbreiteter das durch die Bombenangriffe hervorgerufene Durcheinander, desto größer waren für die Ausländer die Möglichkeiten zu flüchten.[167]

Dieses Phänomen war schon 1940 aufgetaucht, als polnische Landarbeiter ihre Arbeitsstelle verließen, ohne die Genehmigung des Arbeitsamtes und der Polizei dafür zu besitzen – oft nur, um bei einem anderen Bauern anzufangen, so wie es in der Tradition der Saisonarbeiterschaft üblich gewesen war; und das RSHA hatte schon im Januar 1942 resigniert zugeben müssen, „daß nur ein geringer Bruchteil der von ihren Arbeitsplätzen geflüchteten polnischen Zivilarbeiter festgenommen und an ihre bisherige Arbeitsstelle zurückgeführt wird".[168]

Aber die Fluchtzahlen waren insgesamt noch vergleichsweise gering, lagen in der Landwirtschaft höher als in der Industrie, und erst seit dem Sommer 1942 wurde das Problem akuter.[169] Die Fluchtzahlen nahmen kontinuierlich zu, stabilisierten sich Ende 1943 bei etwa 45.000 pro Monat und stellten fortan das größte sicherheitspolizeiliche Problem der Nazis dar.

Tabelle 51: Flucht und Festnahmen von ausländischen Arbeitern 1943[170]

	Fluchtfälle	Davon wiederergriffen	Festnahmen bei Razzien insgesamt
Februar 1943	20.353	7.280	17.535
März	27.179	11.190	25.013
April	27.172	12.124	26.445
Juni	30.000	–	29.000
Juli	38.000	–	35.000
August	45.000	–	38.500
Dezember	46.000	–	–

Auch die Zahl der flüchtigen Kriegsgefangenen wuchs. Waren in den ersten drei Kriegsjahren im gesamten OKW-Bereich insgesamt 78.803 Kriegsgefangene geflohen, davon 35.868 sowjetische, so waren es allein im August 1942 bereits 14.583, darunter 5.395 aus der Sowjetunion.[171]

Der Begriff „Arbeitsflucht" ist jedoch ungenau und irreführend, weil er verschiedene Delikte umfaßt, die von den NS-Behörden nicht einzeln registriert wurden. Ein großer Teil der als „flüchtig" gemeldeten Westarbeiter bestand aus denjenigen, denen vertragsgemäß Urlaub gewährt worden war und die davon nicht zurückkehrten.[172] In den Berliner Großbetrieben z. B. lag der Prozentsatz der nicht aus dem Urlaub zurückgekehrten Franzosen bei 28 %, bei den IG Farben in Ludwigshafen kehrten von 407 im Mai und Juni 1943 beurlaubten Westarbeitern nur 58 rechtzeitig, 278 überhaupt nicht zurück.[173] Die logische Folge hätte in der Streichung des Urlaubs für alle Ausländer gelegen. Da aber die Westarbeiter mit der ausdrücklichen Versicherung regelmäßigen Urlaubs nach Deutschland geholt worden waren, hätte das zu erheblicher Unruhe vor allem unter den Franzosen geführt, die von ihrer Arbeitsleistung her für die deutsche Kriegsindustrie lebenswichtig waren. Außerdem war die Streichung des Urlaubs von Arbeitern aus den sogenannten „befreundeten Ländern" aus außenpolitischen Gründen nicht möglich. Die Industrie protestierte bei Speer und Sauckel heftig über den Mangel an exekutiven Möglichkeiten gegenüber Nichtrückkehrern und forderte, „daß dem Betriebsführer das Recht zuerkannt werden müsse, den gesetzlich vorgesehenen Urlaub zu sperren, wenn die Gefahr bestehe, daß die Arbeitskräfte nicht mehr zurückkehren" und „sich über den Vertrag mit den französischen Arbeitskräften, die sich auf die Betriebsordnung stützen, hinwegzusetzen".[174]

Tatsächlich ermächtigte Sauckel im August 1943 einzelne Betriebsleiter, Urlaubssperren zu verhängen, wenn die „betrieblichen Notwendigkeiten" es erforderten; aber zu einer vollständigen Streichung jeden Urlaubsanspruches für alle ausländischen Arbeiter kam es erst im Januar 1945.[175] So änderte sich, was die „Fluchten" der Westarbeiter anging, bis Kriegsende effektiv gar nichts; und da, wo den Westarbeitern der Urlaub tatsächlich gestrichen wurde, stiegen die Fluchtzahlen dennoch.

Die zweite Gruppe der „Arbeitsflüchtigen" bestand aus denjenigen ausländischen Arbeitern, die Arbeitsstelle und Lager verließen, um sich illegal in die Heimat durchzuschlagen. Ein solches Unternehmen war für Arbeitskräfte aus weit entfernt liegenden Ländern und Regionen, also vor allem für Ostarbeiter, kaum durchführbar; nur Arbeiter aus grenznahen Regionen wie die in Westdeutschland arbeitenden Holländer und Belgier und die polnischen Landarbeiter im Osten konnten derartiges versuchen. Waren sie aber einmal in der Heimat angekommen, war das Risiko, wieder aufgegriffen zu werden, vergleichsweise gering.

Die weitaus meisten „Arbeitsflüchtigen" aber waren Ostarbeiter – seit dem Frühjahr 1943 mehr als die Hälfte aller geflohenen ausländischen Arbeitskräfte. Im Bereich der Gestapo Köln etwa waren von den ca. 550 im Oktober und November 1944 wegen „Arbeitsflucht" festgenommenen ausländischen Arbeitern 54 % Ostarbeiter.[176] Für sie waren die Chancen, bei einer Flucht nach Hause zu kommen, sehr gering. Dagegen war es durchaus möglich, innerhalb Deutschlands einen besseren Arbeitsplatz oder ein angenehmeres Lager zu suchen und dort auch Unterschlupf zu finden. Naturgemäß war dies vor allem bei jenen Arbeitskräften der Fall, die unter besonders schlechten Bedingungen zu leiden hatten, wie die im Bergbau beschäftigten und die in den luftgefährdeten Gebieten lebenden ausländischen Arbeitskräfte. „In letzter Zeit mehren sich die Fälle, daß geflohene russische Kriegsgefangene spurlos verloren gehen", meldete die Bezirksgruppe Ruhrkohlenbergbau Anfang 1943. „Es besteht die Vermutung, daß diese Kriegsgefangenen sich in irgendeinem zivilen ausländischen Arbeitslager melden und von den infrage kommenden Aufsichtsbehörden auch übernommen werden."[177] Das war in der Tat der Fall, denn angesichts des organisatorischen Durcheinanders war es vielen Arbeitern ohne weiteres möglich, in andere Wohnlager überzuwechseln und sich dem Meister im Betrieb als neue Arbeitskraft vorzustellen, deren Papiere verloren gegangen waren. Daß es solche Möglichkeiten gab, sprach sich schnell herum, und die Bezirksgruppe befürchtete denn auch mit Recht, „daß dieser Weg des Ausscheidens aus dem Bergbau, sobald er unter den Ostarbeitern und sowjetrussischen Kriegsgefangenen bekannt würde, Schule macht und zu nicht übersehbaren Folgen führen könnte".[178] Insgesamt war dies die häufigste Form der „Arbeitsflucht". Die Dunkelziffer muß enorm hoch gewesen sein; das bestätigte nach dem Kriege auch Hässler vom Ausländerreferat im RSHA: „Nur ein geringer Teil der Fremdarbeiter hat versucht, durch Flucht in die Heimat zu gelangen. In der weitaus größeren Zahl der Fälle versuchten die Fremdarbeiter, mit ihren innerhalb des Reichsgebietes eingesetzten Familienangehörigen zusammen zu kommen, oder einen der beruflichen Vorbildung oder aus anderen Gründen besser entsprechenden Arbeitsplatz zu finden, die luftgefährdeten Gebiete um jeden Preis zu verlassen, oder auch um sich durch Wechsel des Aufenthaltsortes der Verfolgung und Bestrafung wegen krimineller Handlungen zu entziehen."[179] Mit der letzten Bemerkung spielte Hässler vor allem auf die hohe Zahl derjenigen an, die wegen „Bummelei" oder anderer Vergehen hatten bestraft werden sollen und anstatt weitere Lohn- oder Essensabzüge oder gar die Tortur des AEL hinzunehmen, lieber versuchten, die Stadt, oft aber auch nur das Lager zu verlassen und woanders unterzukommen.[180]

Als wesentliches Motiv für die Arbeitsflucht kamen seit 1943 die Luftangriffe hinzu, die zum größten Problem für die ausländischen Arbeiter geworden waren. Nach den großen Angriffen verließen sie im Ruhrgebiet zu Hunderten die zerstörten Städte. Der Essener Arbeitsamtspräsident meldete im Oktober 1943, die Ausländer würden „der moralischen Wirkung der Luftangriffe offensichtlich wesentlich stärker unterliegen. Der Anteil flüchtiger Ausländer, d. h. also derjenigen Ausländer, die sich dem alten Betrieb durch die Flucht dauernd entziehen, erreicht bei Krupp ein starkes Drittel".[181]

Es kam in einigen Städten zu regelrechten Paniken der unzureichend gegen die Angriffe geschützten Ausländer, die oft noch während der Angriffe versuchten, aus der Stadt zu fliehen und wenn möglich aufs Land zu kommen: „Ein großer Teil der Fluchten sind Panikfluchten", stellte der Kommandant des Stalag Hemer fest. „So sind von einem großen Arb. Kdo. in dem gefährdeten Bezirk Dortmund-Ost allein 32 sowj. Kr. Gef. von den Arbeitsstellen geflohen, die bei ihren Vernehmungen nach der Wiederergreifung immer wieder die häufigen Bombardements als Fluchtgrund angaben."[182]

Ob die einzelnen wegen der Luftangriffe flüchteten oder wegen der schlechten Arbeits- und Lebensbedingungen, aus Angst vor Strafe oder um in einem anderen Lager bei Freunden und Verwandten zu leben, in die Heimat zurückzukehren oder auch nur im gelernten Beruf zu arbeiten – das Problem der Fluchten hatte insgesamt solche Ausmaße angenommen, daß ihm mit herkömmlichen Fahndungsmethoden nicht mehr beizukommen war – dafür fehlten auch genügend Polizeikräfte.

Schon durch Erlasse im Herbst 1942 war versucht worden, mit verstärkten Kontrollen in Zügen, auf Straßen, an den Grenzen, durch den schon erwähnten Streifendienst von zuverlässigen PG's sowie durch „Schaffung sogenannter Riegelkontrollen (z. B. an größeren Flußläufen)" ein Äquivalent zu schaffen.

Aber die hohen Zahlen der bei solchen Kontrollen Festgenommenen waren unter diesem Blickwinkel betrachtet von zweifelhaftem Wert, wie dem RSHA-Arbeitskreis von vorneherein bewußt war: „Dieses Verfahren würde natürlich zur Folge haben, daß auch Arbeitskräfte aufgegriffen und vorübergehend festgesetzt werden, falls sie die Berechtigung ihres Aufenthalts am Ort der Ergreifung nicht sofort nachweisen können. Dieser Nachteil müsse jedoch in Kauf genommen werden, da für die Einzelfahndung die Kräfte nicht mehr ausreichen."[183] Als die Panikfluchten während und nach den Bombenangriffen zunahmen, richteten die Sicherheitsbehörden nach Angriffen auf „Orte mit starker ausländischer Industriebelegschaft" zusätzlich sogenannte Sperrstellungen ein, besetzt von Beamten der Polizei und der Arbeitsämter, in denen alle erfaßten Ausländer überprüft werden sollten.[184] Zusätzlich wurden Großfahndungen und Großrazzien organisiert, an denen Tausende von Polizisten, SA-Leuten, Werkschutzmännern, Beamten des Arbeitsamtes und Wehrmachtsangehörige teilnahmen. Am 6. März 1943 etwa wurde anläßlich der Flucht von 43 britischen Fliegeroffizieren in „Alt-Burgund" eine Flächenfahndung durchgeführt, in deren Verlauf 809 angeblich flüchtige Kriegsgefangene, 8.281 Zivilarbeiter und 4.825 sonstige „gesuchte Personen" festgenommen wurden.[185]

Meist aber waren die „Ergebnisse" solcher Razzien wesentlich magerer. In Weimar z. B. wurden am 26. September 1943 mit mehr als 200 Mann alle ausländischen Arbeiter in Bahnhöfen und öffentlichen Verkehrsmitteln, in Lokalen, Kinos und sämtlichen Wohnlagern der Stadt überprüft. Dabei wurden 13 Personen wegen „Nichttragens des Kennzeichens", je ein Pole wegen „Verlassens des Aufenthaltsortes" und „Teilnahme an einer Veranstaltung der deutschen Bevölkerung" sowie 4 Polen und 1 Ostarbeiter wegen „unberechtigten Verlassens des Lagers" gefaßt und bestraft.[186]

Tatsächlich nämlich dienten diese Großrazzien in erster Linie der Einschüchterung der Ausländer, sie wurden nachgerade zur typischen Form der Terrorisierung der ausländischen Arbeitskräfte durch deutsche Behörden in den letzten beiden Kriegsjahren. Charakteristisch war dabei, daß der Kreis der Beteiligten bei solchen Maßnahmen weit über die Sicherheitskräfte hinausging; es gab sogar Anregungen, „die Bevölkerung in den Fahndungsdienst durch Aussetzen von Kopfprämien mit einzuschalten".[187] Partei-, SA- und Volkssturmgliederungen wurden an den Fahndungen beteiligt, auch Freiwillige aus der Umgebung, dennoch waren die Zahlen der wiederaufgegriffenen Zivilarbeiter bei solchen Razzien vergleichsweise gering.

Die entflohenen Kriegsgefangenen, vor allem die sowjetischen, wurden hingegen oft schon nach kurzer Zeit wieder gefaßt – schon deshalb, weil sie keine Zivilkleider trugen und meist keine Ortskenntnis besaßen.

Nach der Übereinkunft im RSHA-Arbeitskreis sollten flüchtige Ausländer nach ihrer Wiederergreifung unverzüglich auf ihre alten Arbeitsplätze zurückgeführt werden.[188] Tatsächlich aber war das nur in seltenen Fällen möglich, sei es weil die ergriffenen Arbeiter ihre Identität nicht preisgaben, sei es weil die Fahnder den umständlichen Behördenweg scheuten und die Flüchtigen dem nächsten Arbeitsamt zum Arbeitseinsatz übergaben. Der erhoffte Effekt – durch die Rückführung an den alten Arbeitsplatz den Betroffenen vor Augen zu führen, wie aussichtslos ihr Unterfangen war – blieb so aus, die Fluktuation der Belegschaften hielt an und steigerte sich zum Kriegsende hin noch. Hinzu kam aber noch ein weiterer Grund, warum die Rückführung nicht funktionierte. In aller Regel wurden die Entflohenen nämlich nach ihrer Ergreifung der Gestapo zugeführt, die im Falle der Ostarbeiter, Polen und sowjetischen Kriegsgefangenen regelmäßig auf Einweisung in ein AEL, seit Herbst 1944 zunehmend auch in ein KL erkannte, was auch zahlenmäßig Auswirkungen von einiger Tragweite hatte. Speer beschwerte sich im Juni 1944 bei Hitler, „daß aus der Gesamtwirtschaft jeden Monat 30 bis 40.000 entlaufene Arbeiter oder Kriegsgefangene von der Polizei eingefangen werden, die dann als KZ-

Sträflinge bei den Vorhaben der SS eingesetzt werden. Dies sei für mich nicht tragbar, da es sich hier zu einem großen Teil um Angelernte oder Facharbeiter handelt, die möglichst schnell wieder ihrem ursprünglichen Beruf zugeführt werden sollen. Einen Schwund von 500.000 Arbeitskräften im Jahr könnte ich nicht durchhalten".[189]

So war die Entwicklung der „Arbeitsfluchten" ausländischer Arbeiter in den letzten beiden Kriegsjahren von zwei gegensätzlichen Trends gekennzeichnet. Die Fluchten selbst in ihren verschiedenen Erscheinungsformen nahmen immer weiter zu; sie stellten, stärker noch als Bummelei, Langsamarbeiten oder Tauschhandel, das wichtigste Instrument der Fremdarbeiter und Kriegsgefangenen zur individuellen Verbesserung ihrer Lage dar. Nimmt man Speers Zahl von einer halben Million Verhaftungen 1944 zur Grundlage, so wird etwas deutlich von der Fluktuation und Mobilität der ausländischen Arbeitskräfte in den letzten Kriegsjahren.

Aber auch die Arbeitsfluchten waren vorwiegend individuelle Aktionen von vielen Einzelnen,[190] eine ernsthafte politische Gefährdung des NS-Regimes ergab sich auch aus den 500.000 oder mehr Fluchtbewegungen im Jahr nicht, wohl aber eine Zunahme der Desorganisation des Ausländereinsatzes und eine nicht unerhebliche Schwächung des Rüstungspotentials. Arbeitsbummelei und Flucht waren die wichtigsten und wirksamsten Formen des Aufbegehrens ausländischer Arbeiter gegen die Deutschen. Sie entsprachen der politischen und sozialen Lage der Fremdarbeiter im Reich und verbanden relativ geringe Risiken für die einzelnen mit vergleichsweise großer Effektivität.

5. Widerstand

Unternehmen Walküre

Mit nichts rechneten die Nazis seit Beginn des Ausländereinsatzes so fest wie mit organisierten Aufstandsversuchen der Fremdarbeiter und Kriegsgefangenen.[191] Jeder größere Erlaß zu diesem Komplex wies einleitend auf die Gefahr bolschewistischen Aufruhrs unter den Ausländern hin, und bereits seit dem Frühjahr 1943 wurden präventive Maßnahmen im Hinblick auf zu erwartende Ausländerrevolten getroffen.[192] Die Düsseldorfer Gestapoleitstelle etwa warnte schon im Februar 1943 die örtlichen Gestapostellen und die betrieblichen Abwehrbeauftragten vor den Putschversuchen, die von Seiten der Russen bald zu erwarten seien; es seien bereits erste Waffenfunde getätigt worden, Durchsuchungen der Wohnlager und erhöhte Bereitschaft der Wachmannschaften seien vonnöten.[193]

Politisch bedeutsam wurde diese sichere Erwartung vor allem durch den Zusammenhang zwischen den präventiven Sicherheitsvorkehrungen des Polizei- und Militärapparats gegen mögliche Aufstandsversuche der Ausländer und den Staatsstreich-Vorbereitungen der Verschwörer des 20. Juli.[194] Unter der Deckbezeichnung „Walküre" firmierten in der militärischen Führung jene Bestimmungen, die die Mobilisierung des Ersatzheeres betrafen und seit Ende 1941 insbesondere zur Einberufung der Ersatzeinheiten zur Auffüllung des Feldheeres gebraucht worden waren. Am 31. Juli 1943 wurden auf Veranlassung der Offizierskreise um Stauffenberg neue „Walküre"-Bestimmungen erlassen, die nicht mehr nur zur Erfassung von Reserven dienten, sondern zur Bekämpfung „innerer Unruhen", in Sonderheit eines Aufstands der ausländischen Arbeiter, durch die in der Heimat stationierten militärischen Verbände. Sie sahen für einen solchen Fall die Zusammenfassung der in den Bereichen der Wehrkreiskommandos liegenden Ersatz- und Ausbildungseinheiten innerhalb weniger Stunden und ihre Aufstellung zu einsatzfähigen Kampfgruppen vor. Diese Mobilisierungsvorschriften waren von den Verschwörern tatsächlich jedoch in der Absicht geschaffen worden, um „alle im Reich befindlichen und beweglichen militärischen Kräfte außer der SS" zur Übernahme der Regierungsgewalt im Reich zusammenfassen und einsetzen zu können. Umfangreiche Vorbereitungen für etwaige Ausländerrevolten entsprachen so sehr den verbreiteten Erwartungen der politischen und militärischen Führung des Regimes, daß sich unter diesem Deckmantel relativ gefahrlos die Vorbereitungen für den Einsatz „gegen Partei und SS statt gegen Fremdarbeiter und Kriegsgefangene"[195] organisieren ließen. Das ging so weit, daß in den einzelnen Wehrkreiskommandos Übungen des Ersatzheeres für den Einsatz bei der Machtübernahme der Militärs unter dem Vorwand stattfanden, die Bekämpfung von Ausländerunruhen müsse trainiert werden.

Aber auch in der Bevölkerung war die Angst vor Revolten und einem Aufstand der Ausländer verbreitet und steigerte sich vor allem gegen Kriegsende. Viele der Klagen über angebliche Ausschreitungen marodierender Fremdarbeiter waren bis 1944 reine Projektionen, und manche Berichte haben bis in die einzelnen Topoi hinein Ähnlichkeiten mit Hexenverfolgungen auf dem Dorfe; etwa, wenn ein SD-Berichterstatter aus Altenkirchen im Februar 1943 schrieb, daß die Ostarbeiter Nähnadeln in solchen Mengen besäßen, daß sie sie wahrscheinlich ins Viehfutter streuten, denn in letzter Zeit sei viel Vieh verendet.[196] Und aus Karlsbad wurde im Herbst 1943 gemeldet, die dort beschäftigten Ausländer hätten „das Vieh von der Weide derart in den Stall gehetzt, daß es schwitzend und dampfend ankam. Danach haben die ausländischen Arbeitskräfte vorsätzlich sämtliche Türen und Fenster geöffnet und dadurch in wenigen Tagen das Sterben von Vieh (Rindvieh und Pferde) erreicht".[197]

Diese verbreiteten Erwartungen von Sabotage und Aufstandsversuchen der Ausländer waren gleichermaßen Anlaß wie Legitimation der präventiven Repression der Fremdarbeiter und Kriegsgefangenen durch die Behörden – tatsächlich waren die Fälle von organisiertem oder politisch motiviertem Widerstand ausländischer Arbeiter bis Anfang 1944 relativ selten. Das Regime trat ihnen gegenüber so geschlossen und hart auf, daß mehr als individuelle Aktionen zur Verbesserung der eigenen Lebenslage solange kaum möglich schienen, als nicht durch Einbußen und partielle Erosion der Macht des Terrorapparates auch der politische Spielraum für die Gegner des Regimes vergrößert wurde.

Sabotage

Besonders schwierig ist in diesem Zusammenhang das effektive Ausmaß der naheliegendsten Form des Arbeiterwiderstandes, der Sabotage, unter den Ausländern bestimmbar. Nun gehört es zum Wesen der Sabotage, daß sie unbemerkt bleiben und aussehen soll wie eine normale Produktionsstörung durch Materialverschleiß; deshalb ist von einer relativ hohen Dunkelziffer an unentdeckten Sabotageakten auszugehen. Auf der anderen Seite sind aber die in den „Meldungen wichtiger staatspolizeilicher Ereignisse" berichteten Fälle von Sabotage so vereinzelt, daß ihnen in der Auseinandersetzung zwischen Behörden und Ausländern doch eine erheblich geringere Bedeutung zukommt als etwa den Arbeitsfluchten oder auch der „Arbeitsbummelei". Dabei ist der Übergang von „Langsamarbeiten" aus Erschöpfung oder mangelnder Anlernung zur absichtlichen Zurückhaltung aus im weiteren Sinne politischen Gründen aber auch hier fließend und nicht präzise bestimmbar.[198]

Der Begriff „Sabotage" war zudem ebenfalls nicht eindeutig. Als häufig verwendete Propagandaformel fand er in der deutschen Öffentlichkeit auf nahezu alles Anwendung, was nach Auflehnung roch; auch die Selbstverstümmelungen der Fremdarbeiter etwa wurden bei der Gestapo unter dieser Rubrik geführt.[199] Im engeren Sinne wurde der Begriff bei Ausländern auch für Nachlässigkeiten und Fehler verwendet; so etwa als im Juni 1944 in einem Industriebetrieb im Ruhrgebiet ein französischer Kranführer bei Fliegeralarm den Kran verließ, ohne ihn abzuschalten, wodurch der Kran zu Bruch ging – der französische Arbeiter wurde sofort wegen „Sabotage" verhaftet.[200] Fälle, in denen tatsächlich absichtliche Produktionsstörungen nachgewiesen wurden, waren selten. Häufiger kam es vor, daß Betriebsleiter oder Werkschutzleute unzureichende Arbeitsleistungen oder Ausschußproduktionen als „Sabotage" meldeten, wie beispielsweise im Fall eines Ostarbeiters, der von der Stapostelle Schwerin mit folgender Begründung in ein KL eingewiesen wurde: „J. hat als gelernter Eisendreher bei einer Maschinenfabrik in Schwerin in letzter Zeit wiederholt Wellen für Dreschmaschinen bzw. Höhenförderer unsachgemäß abgedreht, so daß die Wellen aufgeschweißt und erneut abgedreht werden mußten. Es liegt offenbar Sabotage vor, da der Täter als Fachmann bisher durch Ablieferung einwandfreier Stücke bewiesen hat, daß er im Stande ist, die Arbeit ordnungsgemäß auszuführen."[201]

Einige Fälle von erfolgreicher Sabotage sind dennoch überliefert. Aus dem Harz etwa meldete die Gestapo Ende 1943, daß in den dortigen Gipswerken vier sowjetische Kriegsgefangene einen großen Vorschlaghammer in die Gipseinladung geworfen hätten. Dadurch sei es zu einer 14tägigen Betriebsstillegung gekommen, weil die Walzwelle zerstört worden sei, an der die gesamte Produktion hinge.[202]

Die Strafen bei Sabotagefällen waren von unglaublicher Brutalität. Nach einem vermuteten Sabotagefall bei der Panzerproduktion in den Henschel- und Maybach-Werken vermerkte Himmler: „Der Führer hat exemplarische Bestrafung der Täter, auch vermutlicher oder verdächtiger Täter oder Personen befohlen. Diese sind im Werk selbst *in Anwesenheit der Belegschaft aufzuhängen* und dabei anzudrohen (sic!), daß in künftigen Fällen die zehnfache Anzahl aus dem Kreise der verdächtigen oder vorschubleistender Personen aufgeknüpft werden wird."[203]

Gerade bei absichtlich herbeigeführten Betriebsstörungen war das Risiko besonders groß, weil Werkschutz und Gestapo bei jeder nicht eindeutig erklärbaren Produktionsstörung Ermittlungen anstellten.

Die Organisation von Gruppensabotagen hätte darüberhinaus das Bestehen eines gewissen organisatorischen Zusammenhalts unter den ausländischen Arbeitskräften vorausgesetzt. Solange aber der nationalsozialistische Terrorapparat so reibungslos und effektiv funktionierte, wie dies mindestens bis Anfang 1944 der Fall war, war die Organisation politischen Widerstands für die Ausländer äußerst schwierig. Neben der polizeilichen Repression waren dafür anfangs auch Sprachprobleme ausschlaggebend, sowie die Unsicherheit der meisten Neuangekommenen in den ersten Monaten ihres Aufenthalts in Deutschland, die Absonderung der sowjetischen Kriegsgefangenen von den ausländischen Zivilarbeitern und die massenhafte Ermordung der politischen Führungsschicht der sowjetischen Kriegsgefangenen durch die Einsatzkommandos der SS.

Die „BSW"

Über organisierte politische Widerstandsgruppen der ausländischen Arbeitskräfte aus den Westgebieten wissen wir nur wenig.[204] Die Verfolgungsbehörden konzentrierten sich seit dem Beginn des „Russeneinsatzes" ganz auf die sowjetischen Zivilarbeiter und Kriegsgefangenen, von denen sie organisierten Widerstand in erster Linie erwarteten und befürchteten. Die Bedingungen aber, unter denen die sowjetischen Kriegsgefangenen und die Mehrzahl der in der Industrie beschäftigten Ostarbeiter Anfang 1942 lebten, machten neben den anderen, schon genannten Schwierigkeiten einen über die unmittelbaren Erfordernisse hinausgehenden Widerstandskampf zunächst unmöglich. Die frühesten Zusammenschlüsse sowjetischer Antifaschisten sind für Anfang 1942 in den Kriegsgefangenenlagern nachweisbar.

Im Kriegsgefangenenlager in Bergen/Belsen bildete sich um diese Zeit das „Hannoveraner Komitee" sowjetischer Gefangener, dessen praktische Arbeit in erster Linie darin bestand, Fluchten zu organisieren, Hilfe für kranke Kriegsgefangene zu leisten, Informationen über die Kriegslage zu verbreiten und den Zusammenhalt untereinander zu stärken – begünstigt durch Korruption, Diebstahl und Mißwirtschaft bei der Lagerführung.[205] Ähnliche Zusammenschlüsse sind für Berlin, Leipzig und Süddeutschland nachgewiesen und haben offenbar in vielen weiteren Kriegsgefangenenlagern bestanden. Ihr Wirkungskreis war dabei eng, die Zahl der Mitwisser klein, und die durchgeführten Aktionen standen in direktem Zusammenhang zur Lebenssituation der Betroffenen. Hier entstanden aber auch die Kontakte und Beziehungen, die den vorsichtigen Aufbau organisierter Gruppen mit weitreichenderer Zielsetzung ermöglichten.[206] Der entscheidende Schritt für solche Gruppen bestand jedenfalls darin, über den engen Kreis der seit längerem bekannten und vertrauten Kollegen und Freunde hinaus für den antifaschistischen Widerstand zu werben. In diesem Moment begann die Gefahr, daß die Gestapo über ihr V-Männer-System die Organisation entdeckte und aufrollte, und offenbar hat es tatsächlich vor 1943 keine organisierte Widerstandsgruppe der sowjetischen Arbeitskräfte von größerer Bedeutung gegeben, die über den engen Kreis einzelner Bewohner eines Lagers oder der Beschäftigten in einem Betrieb hinausgegangen wäre.

Die deutschen Niederlagen im Osten im Winter 1942/43 waren das Signal für verschiedene kleinere Gruppen von sowjetischen Antifaschisten, nunmehr an den Aufbau regelrechter Widerstandsgruppen zu gehen.[207]

Die wichtigste darunter war die „Brüderliche Zusammenarbeit der Kriegsgefangenen" (BSW) – die größte und am besten organisierte Widerstandsbewegung ausländischer Arbeiter und Gefangener, die die Gestapo während des Kriegs überhaupt aufgedeckt hat.[208]

Diese Organisation war von einer kleinen Gruppe im illegalen Kampf geschulter sowjetischer kriegsgefangener Offiziere Anfang 1943 in einem Offizierslager in München, dem Arbeitskommando „Schwanseestraße" des Stalag VII A (Moosburg), gegründet worden. Zu ihnen stieß der Ostarbeiter Josef Feldmann, in Wirklichkeit sowjetischer Offizier und NKWD-Mann mit dem Namen Georg Fesenko, der aus deutscher Gefangenschaft geflüchtet war und mit Parteiauftrag als angeworbener Zivilarbeiter nach Deutschland zurückgekehrt war und in der „Schwanseestraße" als Dolmetscher arbeitete.[209] Feldmann und ein sowjetischer Major übernahmen die Leitung der Organisation, die zunächst ein Programm, eine Instruktion über Bildung und Tätigkeit der BSW, ein Statut und einen Aufruf an alle Kriegsgefangenen in Deutschland erarbeiteten. Wesentlich war dabei, daß die Organisation sowohl Kriegsgefangene und Zivilarbeiter als auch Angehörige aller Nationen umfassen sollte, die in den deutschen Gefangenen- und Arbeitslagern vertreten waren.[210]

Ziel der BSW war nicht weniger als die Organisation und Bewaffnung aller Kriegsgefangenen und ausländischen Arbeiter in Deutschland, die Organisation und Durchführung von Sabotageakten, der gewaltsame Sturz des NS-Regimes, die Unterstützung der Roten Armee und der westlichen Truppen nach der zu erwartenden Invasion. Dazu war zunächst die Sammlung und Weitergabe von Informationen notwendig, die Vergrößerung der Organisation, der Kontakt zu Gefangenen und Arbeitern in anderen Lagern, die Herstellung von Verbindungen zu deutschen Antifaschisten, der Kampf gegen Spitzel und Verräter. Die organisatorischen Anstrengungen waren dementsprechend groß. Strikt hierarchisch aufgebaut von Lagergruppen über nationale Komitees, den „Vereinigten Rat des BSW" bis zum Leitungsstab, entsprach die Organisation den Prinzipien der Illegalität; die Mitglieder arbeiteten in Zellen, kannten nur wenige Mitverschworene mit Namen und wahrten strenge Konspiration.

Es gelang dem Kreis der BSW-Offiziere auch tatsächlich, bis Mai 1943 Kontakt sowohl zu anderen Lagern sowjetischer Kriegsgefangener und Ostarbeiter als auch vereinzelt zu deutschen Kommunisten aufzunehmen, während die geplante Internationalisierung der Organisation auf Schwierigkeiten stieß – die BSW blieb bis zu ihrer Aufdeckung eine sowjetische Widerstandsgruppe.[211]

Die zunächst auf München beschränkte Verbreitung der BSW wurde durch Flucht einiger Offiziere aus dem Lager Schwanseestraße mit dem Auftrag, in anderen Lagern für die Organisation zu werben, durch häufige Versetzungen der Kriegsgefangenen in andere Arbeitskommandos und durch freiwillige Meldungen als Hilfswillige zur Flak auf Süddeutschland ausgedehnt. Ende Mai 1943 bestanden bereits BSW-Kommitees in Karlsruhe, Heidelberg, Mannheim, Eppingen, Villingen, Baden-Baden, Ludwigsburg, Offenburg, Malbach, Wiesenbach und Rastatt; auch in vielen Ostarbeiterlagern, vor allem in München, arbeiteten BSW-Mitglieder.

Die politische Praxis des BSW erschöpfte sich nicht in politischen Deklamationen. Fluchthilfe, Ausübung von Druck auf deutsche Lagerleiter und Betriebsführer zur Verbesserung der Lebenssituation der Gefangenen und Zivilarbeiter, Vorbereitung auf die Endphase des Krieges, teilweise sogar Bewaffnung von Mitgliedern wurden durchgeführt, Verbindungen zu politisch ähnlich strukturierten Organisationen in Wien, Innsbruck und Prag wurden hergestellt, die Zusammenarbeit mit einer Münchener Gruppe von Antifaschisten, der „Antinazistischen Deutschen Volksfront" verstärkt.[212]

Bereits im Mai 1943 aber wurde die Gestapo auf eine illegale Organisation unter den Kriegsgefangenen in der Schwanseestraße aufmerksam, konnte jedoch zunächst nichts Näheres herausfinden; erst durch einige Zufälle gelang es ihr später, eine Spur aufzunehmen. Eine Sonderkommission wurde eingesetzt, der es mit Hilfe zahlreicher V-Leute und durch Folterungen der Verdächtigen gelang, zwischen Februar und Mai 1944 die Organisation schrittweise aufzudecken. Insgesamt wurden mindestens 383 Personen im Zusammenhang mit dem BSW festgenommen, die nahezu alle umgebracht wurden, vor allem im KL Dachau.[213]

Die rasche und weite Verbreitung der BSW sowie ihre umfangreichen Aktivitäten sowohl unter Kriegsgefangenen wie unter Ostarbeitern belegen, daß das Widerstandspotential bei den sowjetischen Arbeitskräften tatsächlich erheblich war und seit den Niederlagen Deutschlands in Stalingrad, Kursk und Sizilien noch zugenommen hatte; auch wenn es der Gestapo gelungen war, die BSW schon ein halbes Jahr nach ihrer Gründung zu entdecken und innerhalb weniger Monate zu zerschlagen. Aber mit der in den folgenden Monaten zunehmenden Desorganisation auch im nationalsozialistischen Polizeiapparat wuchs auch die Chance der Widerstandskämpfer auf eine breitere Unterstützung aus den Reihen ihrer Landsleute in Deutschland.

Auf der anderen Seite war die BSW von oben gegründet, zentralistisch von Offizieren und politischen Kommissaren geführt und programmatisch linientreu; mit Statuten, Beitragszahlungen und Vertretersystem entsprach sie dem klassischen Typus der illegalen Parteiorganisationen. Mit der politischen Orientierung auf den Massenaufstand der Ausländer, um das NS-Regime von innen her zum geeigneten Zeitpunkt zu stürzen, entsprach die BSW der Konzeption von der Fortführung des militärischen Kampfes auch nach der Gefangennahme. Genau auf diese Kampfformen und -ziele aber war der deutsche Polizeiapparat auch vorbereitet. Während „Arbeitsbummelei" und vor allem die Fluchtbewegung die Sicherheitsbehörden vor unlösbare Aufgaben stellten, war eine Organisation wie die BWS, wenn die Gestapo einmal eine Spur aufgenommen hatte, auch einfacher zu zerschlagen.

Dezentraler Widerstand

Die häufigsten Formen des Widerstandes ausländischer Arbeiter sahen bis 1944 anders aus, es waren meist individuelle Aktionen Einzelner, in die die Gestapo einen politischen Zusammenhang oft erst hineininterpretierte. Eine Übersicht zunächst über die in den Krupp-Akten dokumentierten Fälle von „Widerstand" belegt das genauer: Im Juli 1943 wurde ein Ostarbeiter vom Werkschutz der Gestapo Essen gemeldet, weil er angeblich „Moskau" gehört und Verbindungen zu Ostarbeitern in anderen Lagern aufgenommen hatte; im September ein Franzose wegen „Heimtückevergehens"; im November ein Holländer wegen Hochverrats – er hatte kommunistische Lieder gesungen; im Dezember eine Ostarbeiterin, weil sie „mit Kreide Sowjetsterne mit Hammer und Sichel" an die im Betrieb produzierten „Tigerpanzer" gemalt hatte; im Februar 1944 eine Ostarbeiterin wegen „aufreizender Reden"; im März ein Franzose, der sich „zum Bolschewismus bekannt" hatte; im Mai ein Holländer wegen „staatsfeindlicher Umtriebe".[214] Die Art der Beschuldigungen zeigt, daß das Kriterium für „Widerstand" bei Krupp sehr niedrig angesetzt war. Politisch bedeutsame Widerstandsaktionen, die sich ja auf jeden Fall in den Akten finden würden, hat es hier offenbar nicht gegeben.

Auch für die gesamte Reichsebene sind in dieser Zeit die Fälle von Widerstandsaktionen der Ausländer spärlich, und die Bemühungen des Geheimdienstes entbehrten nicht einer gewissen Kuriosität beim Aufspüren von immer neuen subversiven Aktionen geheimnisvoller Widerstandsgruppen ausländischer Arbeiter. Der SD meldete im November 1943 aus Potsdam, „daß sich Franzosen, Polen und Ostarbeiter durch Heben des Armes und Ballen der Faust, wobei der Daumen ausgestreckt wird, begrüßt haben. Ein festgenommener Pole hat bestätigt, daß es sich nicht um einen Zufall, sondern um einen verabredeten Gruß handelt. Die politischen Hintergründe konnten bisher nicht einwandfrei geklärt werden".[215]

Daß organisierte Widerstandsaktionen bis 1944 relativ selten waren, lag jedoch nicht nur an der Festigkeit des polizeilichen Spitzel- und Terrorapparats. Vielmehr war der Glaube an eine deutsche Niederlage unter den Ausländern in dieser Zeit noch wenig verbreitet, wenn auch zunehmend, und Resignation und Apathie nach wie vor bei vielen von ihnen vorherrschend.[216] Die Erfolgsaussichten von Widerstandsaktionen im weiteren Sinne waren nicht groß und ebenso die Bereitschaft bei den Fremdarbeitern und Kriegsgefangenen, sich angesichts der Stärke des deutschen Sicherheitsapparats auf solche Risiken einzulassen, zumal auch die Zahl der mit den Deutschen Sympathisierenden und der Kollaborateure unter den Ausländern nach wie vor nicht gering war.[217]

Das konnte sich erst in dem Maße ändern, in dem zum einen die verbreitete Resignation und Apathie der Hoffnung auf ein baldiges Kriegsende und die Befreiung wich und zum zweiten die Geschlossenheit des Terrorapparates deutliche Einbußen zeigte – erst dann hatten die Aktionen der entschlossenen Antifaschisten unter den ausländischen Arbeitern Aussicht auf aktive Zustimmung bei einer größeren Zahl ihrer Kollegen. Geht man nach der Zahl der Gestapo-Meldungen von „Widerstand" und der politischen Bedeutung der einzelnen Fälle, so wird deutlich, daß dieser Zeitpunkt etwa im Frühjahr 1944, spätestens aber mit dem Beginn der Invasion im

Westen gekommen war. Der SD meldete dazu im Februar 1944: „Das Vordringen der sowjetischen Armeen, die Ereignisse in Italien und nicht zuletzt die Terrorangriffe auf deutsche Städte bewirkten bei den im Reich befindlichen Ostarbeiter (-innen) eine Stärkung ihres Selbstbewußtseins sowie eine zusehends anmaßende Haltung, verbunden mit einem Absinken des Arbeitswillens. Dieser sich immer mehr vollziehende Stimmungsumschwung erwecke bei den Ostarbeitern die Hoffnung auf eine baldige Rückkehr in ihre Heimat und löse in steigendem Maße Gedanken an einen aktiven Kampf gegen die Deutschen aus."[218]

Seit dieser Zeit stellte die Gestapo in fast allen größeren Städten des Reichs organisierte Widerstandsgruppen unter Ausländern fest, deren Zahl zum Sommer hin stark anwuchs. Diese Gruppen hatten zwar zum größten Teil sehr ähnliche Zielsetzungen, überregionale oder gar nationale Verbindungen ließen sich jedoch nur selten und in geringer Tragweite nachweisen. Die einzelnen Gruppen waren autonom, ihre Aktionen planten und führten sie selbst durch.

In Düsseldorf etwa wurde im Mai 1944 über ein „Komitee Kampf dem Faschismus" berichtet, dem vorwiegend Ostarbeiter angehörten und das vor allem im Raum Euskirchen, Jülich und Düren verbreitet war. Das Programm dieser Gruppe war sehr weitreichend: Die Werbung von Mitgliedern, Hilfe für amerikanische und englische Flieger, Herstellung von Verbindungen zu sowjetischen Kriegsgefangenen, Verteilung von Propagandamaterial, Durchführung von Sabotageakten, Entfesselung eines Aufruhrs im Ruhrgebiet, Aufstellung von Partisanengruppen, Beschaffung von Waffen, Erkundung von Wehrmachtseinrichtungen sowie die Herstellung von Kontakten zu Ausländern aller Nationalitäten. Die Gruppe verfügte darüber hinaus über Verbindungen zu Widerstandskämpfern in Köln und Aachen sowie möglicherweise auch nach Süddeutschland. Über angeblich existierende „aktive illegale Betriebsgruppen" konnte die Düsseldorfer Gestapo nichts Näheres in Erfahrung bringen.[219]

Hier wie bei anderen Widerstandsgruppen ausländischer Arbeiter stand die Tragweite und Emphase des Programms in gewissem Kontrast zu den tatsächlichen Möglichkeiten – wichtig sind diese programmatischen Äußerungen aber für das Selbstverständnis dieser Gruppen und ihre langfristige Zielsetzung; selbst wenn man berücksichtigt, daß es auch im Interesse der einzelnen Gestapostellen lag, die politische Gefährlichkeit und das Ausmaß der Organisiertheit der gerade aufgedeckten Gruppe eher zu betonen.

Der Kern der Aktivitäten solcher Gruppen lag vor allem in der Vorbereitung und Hilfe zur Flucht, der Beschaffung illegaler Papiere, der Versorgung der Kranken, der Organisation von Lebensmitteln, der Unschädlichmachung von Spitzeln usw. Zwar wurden in vielen der von der Gestapo aufgefundenen Programme auch die Beschaffung von Waffen genannt. Tatsächlich aber wurden bei diesen Organisationen und Komitees Waffen nicht gefunden – Indiz dafür, daß die proklamierte Vorbereitung von Aufruhr und Aufständen eher ein Fernziel markierte, während im Frühjahr 1944 Festigung und langsame Verbreiterung der Organisationen im Vordergrund standen.[220]

Dies wird auch an einem anderen Beispiel deutlich, das zudem belegt, daß nunmehr zwischen der Fluchtbewegung der sowjetischen Arbeitskräfte und den Bestrebungen, politische Widerstandsgruppen zu bilden, in manchen Fällen Zusammenhänge bestanden. In Nürnberg hatte sich im Sommer 1943 unter sowjetischen Kriegsgefangenen und Ostarbeitern eine Gruppe „Komitee der Roten Fahne" gebildet. Auch hier stand nach der Bildung des politischen und organisatorischen Kerns der Gruppe zunächst die Erstellung eines Programms im Vordergrund, das auf den Sturz des Nationalsozialismus durch die Massenerhebung der ausländischen Arbeiter abzielte. Die praktische Arbeit der Gruppe bestand nach den Ermittlungen der Gestapo jedoch vorwiegend in der Organisation von Fluchten – sogar durch die deutschen Linien im Osten hindurch zu den Partisanenorganisationen in den Karpaten.[221]

Über die meisten dieser Organisationen wissen wir aber nur wenig; die Berichte der Gestapo nach der Aufdeckung der Gruppen und der Verhaftung der Mitglieder sagen über den tatsächlichen Umfang der Tätigkeiten der Widerstandskämpfer nur selten etwas aus. Bemerkenswert ist aber, daß solche Zusammenschlüsse sowjetischer Arbeitskräfte im gesamten Reichsgebiet zu verzeichnen sind. Insgesamt liegen in den unvollständig überlieferten „Meldungen wichtiger staatspolizeilicher Ereignisse" in der Zeit von März bis September 1944 Berichte über derartige Widerstandsgruppen sowjetischer Kriegsgefangener und Zivilarbeiter aus 38 Städten vor, mit insgesamt mindestens 2.700 Beteiligten bzw. Festgenommenen.

Tabelle 52: Widerstandsgruppen ausländischer Arbeiter und Kriegsgefangener, nach Gestapo-Meldungen zwischen März und September 1944[222]

Gebiet der Gestapoleitstelle	Datum	Name der Organisation	beteiligt/festgenommen
Weimar	Februar	kommunistische Organisation	16 Festnahmen
Karlsbad	März	–	20 kgf. sowj. Offiziere
Münster	März	„komm. Zelle"	5 Ostarbeiter
Wien	März	„Anti-Hitler-Bewegung"	49 Ostarbeiter
Karlsruhe	März – Juli	BSW	über 300 Festnahmen
Innsbruck	April	„Illegale Gruppe"	79 Festnahmen
Nürnberg	April	–	49 Ostarbeiter u. sowj. Kgf.
Düsseldorf	Mai	„Komitee Kampf gegen den Faschismus"	67 Ostarbeiter
Braunschweig	Mai	„Sowjetruss. komm. Sabotagegruppe"	21 Ostarbeiter
Bromberg	Mai	„Sowjetruss. komm. Propagandaorganisation"	26 Ostarbeiter
Köln	Mai	„Komm. Ostarbeitergruppe"	211 Ostarbeiter
Nürnberg	Juni	„Komm. Organisation"	65 Kgf. sowj. Offiziere, 27 Ostarbeiter, 13 Ostarbeiterinnen
Hannover	Juni	„Komm. Widerstandsbewegung"	123 Ostarbeiter
Halle	Juni	„Komm. Organisation unter Ostarbeitern"	46 Ostarbeiter

Gebiet der Gestapoleitstelle	Datum	Name der Organisation	beteiligt/festgenommen
Hamburg	Juni	„Sowjetruss. Zentral-Komitee gegen den Faschismus"	138 Ostarbeiter und Kgf.
Karlsbad	Juni	„Bolschew. Partisanenorganisation"	107 Festnahmen
Kassel	Juni	–	4 Kgf. sowj. Offiziere
Leipzig	Juni	„Internationales antifaschistisches Komitee"	33 Ausländer, 12 deutsche Komm.
München	bis Juni	BSW	314 Ostarbeiter und sowj. Kgf.
Ebelsbach	Juni	„Revolutionskomitee" im Lazarett Ebelsbach	305 sowj. Kgf. und Ostarbeiter
Reichenberg	Juni	–	21 Festnahmen
Leipzig	Juli	„Komm.-antifaschistische Organisation"	39 Ostarbeiter, 5 Deutsche
Chemnitz	Juli	„Sowjetruss. Arbeiterkomitee"	59 Ostarbeiter (132 Festnahmen)
Metz	Juli	„Illegale Kommunist. Partei der russischen Kgf. u. Ostarbeiter an der Saar"	16 sowj. Kgf. u. Ostarbeiter
Nürnberg	August	„Komitee der Roten Fahne"	28 sowj. Kgf. u. Ostarbeiter
Innsbruck	August	Komm. Organisation	124 Ostarbeiter
Wien	August	Komm. Organisation	Ostarbeiter, Kgf., Verbindung zur KPÖ
Königsberg	August	Illegale Organisation	20 sowj. Kgf. und Ostarbeiter
Berlin	September	Terrororganisation unter Ostarbeitern	?
Frankfurt/Main	September	Spionageorganisation	2 Ostarbeiter
Saarbrücken	September	Komm. Organisation	40 sowj. Kgf. und Ostarbeiter
Chemnitz	September	Tschechische Widerstands-Gruppe und „Sowj. Arbeiterkomitee"	27 Tschechen, 2 Deutsche
Dresden	September	Komm. Gruppe	9 Ostarbeiter
Dortmund	September	„Volkskomitee des Kampfes gegen den „Faschismus"	155 Ostarbeiter
Darmstadt	September	Bolschew. Propagandagruppe	9 Ostarbeiter
Salzburg	September	–	30 sowj. Kgf.
Danzig	September	Komm. Org.	Sowj. Kgf.
Salzburg	September	–	24 sowj. Kgf.

Diese Aufstellung ist wie alle derartigen Tabellen unvollständig, vor allem weil in den Gestapo-Meldungen nahezu ausschließlich von Aktivitäten sowjetischer Arbeiter und Kriegsgefangener, in Einzelfällen polnischer und tschechischer Fremdarbeiter, berichtet wird, während Westarbeiter, aber auch Italiener kaum vorkommen.[223]

Der Grund dafür liegt in erster Linie darin, daß die deutschen Sicherheitsbehörden in den sowjetischen Arbeitern die größte Gefahr sahen. Immer wieder wurde auf die „geschickte Untergrundarbeit geschulter Bolschewisten" verwiesen, auf die straffe Organisation und Disziplin bei den aufgedeckten sowjetischen Widerstandsgruppen.

Mißt man den Wirkungsgrad dieser Gruppen nicht an dem programmatischen Fernziel eines Massenaufstands, sondern an den bestehenden Bedingungen und Möglichkeiten, so ist die erhebliche Zunahme und Ausweitung des antifaschistischen Widerstands der sowjetischen Arbeitskräfte im letzten Kriegsjahr unübersehbar, vor allem dort, wo er sich aus den unmittelbaren Lebens- und Arbeitsverhältnissen der ausländischen Arbeiter heraus entwickelte. Das bedeutete zwar eine Beschränkung auf kleinräumige Organisation und einen zumindest vorläufigen Verzicht auf überregionale Verflechtungen, sicherte aber stärker gegen frühzeitige Entdeckung und Zerschlagung. Die Verbindung zu deutschen Widerstandsgruppen, auf die die deutschen Sicherheitsorgane besonders argwöhnisch achteten, war zwar von vielen Gruppen beabsichtigt, ist aber nur in wenigen Fällen nachzuweisen, wie in Leipzig oder Dortmund oder bei der BSW. Insgesamt deuten Umfang und Verbreitung der Widerstandsaktivitäten unter den ausländischen, vor allem den sowjetischen Arbeitskräften im letzten Kriegsjahr darauf hin, daß in dieser Phase des Krieges hier das größte aktive Widerstandspotential gegen die nationalsozialistische Herrschaft in Deutschland überhaupt bestand. Für die deutschen Sicherheitsbehörden stellten darüber hinaus diese Gruppen insofern eine besondere Bedrohung dar, als zu Recht angenommen werden mußte, daß sie bei der Masse der Fremdarbeiter und Kriegsgefangenen auf ein erheblich größeres Maß an Sympathie oder Unterstützung rechnen konnten, als dies bei den in der Bevölkerung weitgehend isolierten deutschen Widerstandsgruppen kommunistischer oder sozialdemokratischer Ausprägung der Fall war.

Aufstand am „X-Day"?

Die Zunahme der Widerstandsaktivitäten unter den Ausländern seit dem Frühjahr 1944 führte auch deshalb zu erheblicher Beunruhigung in der Regime-Führung, weil ein Zusammenhang zur bevorstehenden und in Deutschland seit langem erwarteten Invasion der Alliierten im Westen befürchtet wurde. Aus dem Bericht über das Dortmunder „Volkskomitee" wird die Mischung aus Recherche, Kolportage und Gerücht bei den Gestapo-Beamten deutlich: „Mit 20 Funktionären sollte das Komitee die Leitung der Widerstandsorganisation in ganz Westfalen übernehmen. Für den Kurierdienst waren vornehmlich Ostarbeiter vorgesehen, die in der LS (= Luftschutz-, U. H.)-Polizei Dienst taten und durch ihre Uniform nicht leicht auffielen. Der bewaffnete Aufstand sollte zum Zeitpunkt des Beginns der Invasion durchgeführt werden, wurde dann aber zurückgestellt, um die Wirkung der V1-Waffe abzuwarten. Als zweiter Aufstandstermin war Mitte August vorgesehen. Vor diesem Zeitpunkt erfolgte aber die Zerschlagung der Organisation."[224] Die Invasion im Westen würde das Zeichen für einen Aufstand der Ausländer im Reich sein – davon waren die Behörden im Juni 1944 fest überzeugt.

Diese feste Erwartung einer Ausländerrevolte am Invasionstag verband sich mit der in Deutschland schon seit Stalingrad verbreiteten Angst vor den Ausländern nachgerade zu einer Hysterie, die sich mit der sich verschlechternden militärischen Lage Deutschlands noch steigerte. Der SD berichtete laufend, daß das Selbstbewußtsein der Fremdarbeiter steige und die Befürchtungen in der Bevölkerung zunähmen: „Man mache sich große Sorgen darüber, wie sich die Ausländer verhalten würden, wenn der Krieg in ein kritisches Stadium trete und, vom Osten her oder durch eine Landung anglo-amerikanischer Truppen im Westen, näher an die Grenzen des Reiches herangetragen werde. Die schadenfrohe, siegesbewußte und zum Teil sogar aufsässige Haltung, welche von einer Reihe von Ausländern, vor allem von Ostarbeitern, seit Stalingrad an den Tag gelegt werden, lassen nach Ansicht vieler Volksgenossen darauf schließen, daß die Ausländer nur auf den geeigneten Moment warteten, um durch Sabotage oder sonstige feindliche Haltungen im Innern des Reiches Unruhe und Schaden zu stiften. Viele Volksgenossen, vor allem Frauen, leiden nach den Meldungen unter beängstigenden Vorstellungen von der Behandlung, der sie und ihre Kinder möglicherweise von aufständischen Ausländern ausgesetzt sein könnten."[225]

In immer neuen Varianten gingen Gerüchte über Drohungen der sowjetischen Arbeiter gegenüber den Deutschen um, nach dem Muster: „Eine Ostarbeiterin, die als Hausgehilfin eingesetzt sei, sagte zu ihrer Herrin: ‚Deutsche Frau sehr gut, werde sagen, wenn unsere Leute kommen, deutsche Frau nicht quälen, gleich töten, daß sie sehr gut sei'."[226] Durch solche von der Propaganda aufgegriffenen Gerüchte entstand in Teilen der Bevölkerung eine Art Angstpsychose, aber auch bei Behörden und Betriebsleitungen wuchsen die Befürchtungen. Aus diesen Gründen mehrten sich auch die Fälle, in denen Deutsche gewissermaßen prophylaktisch ihr Verhältnis zu den ihnen unterstellten Ausländern zu verbessern trachteten, um für die Zeit nach dem Krieg vorzubeugen.[227] Zugleich aber wurden von seiten der Behörden, besonders aber der Betriebe umfangreiche Vorkehrungen getroffen, um für Aufstandsversuche der ausländischen Arbeiter vorbereitet zu sein.

Bei Krupp in Essen nahmen diese Vorbereitungen seit 1944 konkretere Formen an. In Zusammenarbeit mit der Gestapo Essen, dem Wehrkreiskommando und der Düsseldorfer Gestapoleitstelle waren für den Fall von Ausländerunruhen genaue Einsatzpläne entworfen worden, die von einem „Losschlagen" der Fremdarbeiter am „X-Tag" der Invasion im Westen ausgingen, wobei mit der Möglichkeit gerechnet wurde, „daß feindliche Lufteinheiten den Fremdarbeitern hierbei Hilfe gewähren konnten durch Abwurf von Waffen und Gestellung von Führungskräften".[228] Dazu wurden seit dem Frühjahr 1944 regelrechte Manöver des Werkschutzes in Verbindung mit Polizei-, Feuerwehr- und Flakeinheiten veranstaltet.[229]

Über eines dieser häufiger veranstalteten „Planspiele" ist genaueres bekannt. Ausgangspunkt war dabei die „Annahme des Ausbruchs von Unruhen in unseren

375

Lägern Weidkamp (bei Panzerbau 3) und Josef Hommer Weg (Rellinghausen)". Zur Bekämpfung der Unruhen wurden zunächst die Lagerwachen und der hauptamtliche und der erweiterte Werkschutz (EWS I und II) eingesetzt; danach wurden folgende Verbände herangezogen: „Die Feuerwehr mit schweren Maschinengewehren, Polizeikräfte der anliegenden Reviere, die Flak, letztere durch Erdbeschuß ihrer feststehenden Batterien oder durch Einsatz fahrbarer Geschütze ..." Der Einsatz der Flak war zunächst umstritten, wurde dann aber einvernehmlich beschlossen: „5 Minuten 50 Schuß, Aufschlag- und Brennzünderschüsse. Zur Warnung vorher eine hochgezogene Brennzündergruppe ... Alle übrigen Beteiligten hatten gern zur Kenntnis genommen, daß die Flak mit schweren Waffen zu einer Mitwirkung bereit sei."[230] Derartige Planspiele und Manöver waren zu dieser Zeit in vielen Großbetrieben und auch bei großen Behörden üblich. Die Einbeziehung von Feuerwehr und Flak zeigt, wie groß neben der Angst vor einem Ausländeraufstand auch die Bereitschaft war, solche Unruhen massiv zu unterdrücken – und sei es in Form von Massakern mit Hilfe der Flakgeschütze.[231]

Tatsächlich aber erfüllten sich die Befürchtungen der Behörden, als die Invasion dann wirklich begann, nicht. Es kam weder zu den befürchteten Aufstandsversuchen, noch überhaupt zu Unruhen ausländischer Arbeiter nach dem 6. Juni. Durch die militärischen Ereignisse und das Attentat vom 20. Juli geriet das Fremdarbeiterproblem im Sommer 1944 aus dem Mittelpunkt der Aufmerksamkeit der nationalsozialistischen Innen- und Sicherheitspolitik. Erst nach der Eroberung Frankreichs und Belgiens im September durch die Alliierten wurden die Befürchtungen von der Errichtung einer „inneren Front" durch die Ausländer wieder aktuell,[232] vor allem, seitdem die Führung der alliierten Streitkräfte der Situation der Ausländer in Deutschland größere Aufmerksamkeit schenkte und begann, hier auch propagandistisch tätig zu werden.

Am 5. September wandte sich Eisenhower zum ersten Mal über Rundfunk an „alle Fremdarbeiter, deren Heimatländer im Kriegszustand sind". Die Anordnungen Eisenhowers entsprachen aber durchaus nicht den Erwartungen der NS-Führung. Statt des Aufrufes zum bewaffneten Aufstand wurden die Ausländer aufgefordert, ihre Arbeitsplätze zu verlassen, sobald dazu Gelegenheit sei, und die Spitzel in ihren Reihen zu boykottieren. Der Aufruf endete mit der Warnung: „Laßt Euch nicht durch Herausforderungen der Gestapo zu unorganisierten Handlungen hinreißen."[233]

Einen Tag später wurde dieser „Befehl" Eisenhowers durch drei genaue Anweisungen konkretisiert: Die Ausländer sollten erstens ihre Arbeitsstellen verlassen und aufs Land flüchten, statt sich von den Deutschen ins Landesinnere evakuieren zu lassen. Sie sollten zweitens Informationen über Truppenbewegungen und etwaige Greueltaten sammeln. Und drittens: „Falls Ihr nicht im Stande seid, aufs Land zu flüchten, so tut alles, was in Euren Kräften steht, um die Zerstörung von Verbindungslinien und Industrieanlagen zu verhindern."[234]

Das stand nun in verblüffendem Gegensatz zu den Erwartungen der Nazis und drehte die deutsche Propaganda genau um, die nicht aufhörte, vor Sabotageaktionen der Ausländer zu warnen. Stattdessen sollten nun die Fremdarbeiter die deutschen Fabriken vor der Zerstörung durch die Nazis retten!

Die Anordnung der Alliierten entsprach insgesamt einer sehr realistischen Einschätzung der Lage der Ausländer im Reich. Der unmittelbare Übergang zu organisierten Aktionen hätte bei den weitgespannten Vorbereitungen der Polizeibehörden und der großen Zahl von Spitzeln zu erheblichen Opfern unter den Fremdarbeitern führen müssen. Die Aufforderung, die Städte zu verlassen und aufs Land zu gehen, war hingegen individuell und in kleinen Gruppen durchführbar; durch die Massenfluchten aufs Land würde das allgemeine Durcheinander noch verstärkt, und die Aussichten der Einzelnen, von den Sicherheitsorganen nicht ergriffen zu werden, vergrößerten sich. Auf dem Land aber waren die Ausländer nicht nur vor den unmittelbaren Kriegseinwirkungen sicher, sie konnten hier auch, so die alliierten Anweisungen Ende September, eher auf Unterstützung rechnen: „Der sicherste Ort, um sich jetzt zu verbergen, ist das Land. Die Bauern haben Leute nötig. Viele werden Euch verbergen und Euch Lebensmittel geben. Die Nazis haben keine Lust, um Euch alle aufzusuchen und Eure Bewegungen zu kontrollieren."[235]

In der Folgezeit wurden diese Anordnungen von vielen Fremdarbeitern befolgt, vor allem deshalb, weil hier, statt unrealistische Aufstandsparolen zu verbreiten, das Sicherheitsbedürfnis der einzelnen mit einbezogen wurde. Eine Flugblattaktion der alliierten Propaganda Ende September verschärfte hingegen die Verwirrung und Panik bei den Sicherheitsbehörden noch. In Aschaffenburg z. B. wurden am 26. September einige Pappdeckel abgeworfen, auf deren Innenseite Brandstiftungsmittel aufgeklebt waren. Durch Flugblätter und Rundfunkaufrufe wurde der Eindruck erweckt, als sei dies eine im gesamten Reichsgebiet durchgeführte Aktion, die den Auftakt zur allgemeinen Erhebung der Ausländer bilde: „Die organisierten Stellen der Fremdarbeiter werden die festgesetzten Pläne sofort in die Tat umsetzen. Kein unorganisierter Widerstand. Ziellose Provokation der Gestapo vermeiden. Anordnung der Zellenobleute und Gruppenführer befolgen."[236] Im RSHA befürchtete man auch sogleich Tausende von Brandstiftungen durch Ausländer und rechnete aus, daß allein in Aschaffenburg mehr als 50.000 Brandsätze abgeworfen worden sein mußten; tatsächlich aber wurden nur einige Hundert gefunden.

Die Taktik der Alliierten in Bezug auf die Fremdarbeiter bestand also zum einen in der Desorganisaton und Täuschung der Sicherheitsbehörden und der Öffentlichkeit in Deutschland (etwa auch durch die Aufforderung an die Ausländer, die Jahreszahlen „1918/1944" an die Wände zu schreiben, was die Gestapo offenbar in der Tat sehr erschreckte)[237], zum anderen aber darin, die Fremdarbeiter und Kriegsgefangenen zu schützen und sie aus den Fabriken und Städten heraus aufs Land zu schicken: „Das Gebot der Stunde ist nicht Revolution, Bürgerkrieg und Barrikaden, das Gebot ist: Heraus aus den Städten, heraus aus den Fabriken, passiver Widerstand aller Arbeiter in der Kriegsindustrie, geht aufs Land und helft den deutschen Bauern!"[238]

Diese propagandistische Initiative der Alliierten führte bei den deutschen Behörden zu hektischen Reaktionen – wie immer zunächst in Form von Erlassen. Es wurde dringlich zu erhöhter Wachsamkeit aufgerufen, zu verschärften Kontrollen, Ausgangssperren für die Ausländer, Verstärkung der betrieblichen Sicherheitsmaßnahmen, Erweiterung der Werkschutzeinheiten und Intensivierung der propagandistischen Einwirkung auf die Ausländer.[239] Vor allem aber sollten Razzien in noch größerem Umfang als bisher durch Polizeikräfte und Einheiten der Partei stattfinden, um die Fremdarbeiter zu verunsichern und um Fluchtbewegungen zu verhindern. Bevorzugte Ziele dieser Kontrollen waren neben den Lagern vor allem Bahnhöfe, Luftschutzbunker, Lokale, in denen sich vornehmlich Ausländer aufhielten, Parkanlagen usw. Ausdrücklich wurde per Erlaß bestimmt: „Die Aktionen sollten den Zweck verfolgen, eine Unsicherheit unter den Ausländern durch das Gefühl einer ständigen Beaufsichtigung und Beobachtung hervorzurufen. Wiederholungen in unregelmäßigen Abständen erscheinen zweckmäßig."[240]

Die Zahl überfallartiger Razzien auf Ausländerlager durch Polizei- und SA-Trupps nahm in der Folgezeit noch zu, ohne daß die Flucht der Ausländer aufs Land dadurch wesentlich beeinträchtigt wurde. Wie bereits häufiger bei polizeilichen Kontroll- und Disziplinierungsmaßnahmen gegenüber den Ausländern festgestellt, geriet das ursprüngliche sicherheitspolizeiliche Ziel solcher Maßnahmen dabei weitgehend aus den Augen. Das Aufrollen der Ausländerlager wurde zum reinen Terrorinstrument subalterner Chargen, meist ohne greifbares Ergebnis.[241]

Organisierte „Aufstandsversuche" der ausländischen Arbeiter im Reich hat es auch im letzten Kriegsjahr nicht gegeben – ein Umstand, der aber nur verwundern kann, wenn man hier die Erwartungshaltung bei den Nazibehörden und in der Bevölkerung zum Ausgangspunkt nimmt. Denn angesichts des bis in die Betriebe hinein aufgeblähten Repressionsapparates der Deutschen, dem die Ausländer zersplittert, meist unorganisiert und ohne Waffen entgegenstanden, besaßen Aufstandsversuche keine Erfolgsaussichten, und angesichts der näherrückenden Front, die die Aussichten auf baldige Befreiung stetig verbesserte, wären solche Aufstandsversuche auch wenig sinnvoll gewesen. Die von den Alliierten ausgegebene Parole „Auf's Land!" war hier viel wirkungsvoller, sie entzog der deutschen Industrie wichtige Kräfte, vergrößerte das Durcheinander und die Desorganisation in Deutschland und knüpfte zudem an die Erfahrungen der Ausländer mit „Arbeitsbummelei" und „Arbeitsflucht" an.

So begann in den industriellen Ballungszentren Deutschlands sukzessive seit dem Herbst 1944 eine von den Behörden nicht mehr zu überblickende Abwanderung tausender von Ausländern in die umliegenden agrarischen Gebiete.

Zur gleichen Zeit begann die Infrastruktur des deutschen Arbeitseinsatzes zusammenzubrechen – und mit diesem Zusammenbruch weitete sich gleichzeitig sowohl die Substruktur unter den Ausländern aus, wie sich auch der Terror der Behörden von seinen bis dahin noch bestehenden Zusammenhängen zur Rationalität der Ausländerbeschäftigung löste.

Damit begann der letzte Akt dieses Dramas – die exzessive Konsequenz der deutschen Fremdarbeiterpolitik.

X. Kapitel
Die Dynamik der Gewalt: letzte Kriegsphase

1. Eskalation der Not

Die Verstärkung der alliierten Luftangriffe auf deutsche Industriezentren seit dem Frühjahr 1944 hatte für die dort lebenden ausländischen Arbeiter besonders heftige Auswirkungen, denn die meist in der Nähe der Fabriken gelegenen Ausländerlager waren nicht nur in starkem Maße den Angriffen ausgesetzt, sie wurden auch als letzte, wenn überhaupt, wieder repariert oder neu aufgebaut. Außerdem wurde die Lebensmittelversorgung oft für Tage und Wochen unterbrochen – zwar wurden auch Ausländer manchmal in den deutschen Notküchen verpflegt, häufig aber waren die Betroffenen auf sich allein gestellt. Wenn nun noch hinzu kam, daß auch die Betriebe, in denen die ausgebombten Ausländer beschäftigt waren, so stark zerstört wurden, daß die Organisation zusammenbrach, hatten sie weder Arbeit noch Verpflegung oder Unterkunft.

Seit dem Sommer 1944 war diese Situation zu einer Massenerscheinung geworden, die Anzahl der obdachlos und ohne Versorgung in den Städten umherirrenden Fremdarbeiter stieg in den Industriemetropolen in die Hunderte und Tausende, ihr Fehlen wurde in den Betrieben oft wochenlang nicht entdeckt, eine Versorgung mit Nahrungsmitteln war nicht gewährleistet. So waren diese nun obdachlosen Ausländergruppen weitgehend auf sich selbst angewiesen. Es gab für sie nur noch zwei Möglichkeiten: Entweder sie verließen die Industriestädte und strömten aufs Land – hier konnten sie eventuell damit rechnen, bei deutschen Bauern unterzukommen, um so dem Hunger und den Bomben in den Städten zu entgehen; das hätte jedoch für viele die Trennung von ihren Freunden und ihren Verwandten bedeutet und war auch ein Marsch ins Ungewisse. Die andere Möglichkeit bestand darin, in den Städten zu bleiben und zunächst zu versuchen, in einem unzerstörten Lager legal oder illegal unterzukommen. Dieser Weg wurde aber durch die zunehmende Häufigkeit und Intensität der Angriffe immer mehr verbaut, weil es kaum noch aufnahmefähige Lager gab. Die Folge war, daß die Zahl der obdachlosen und unversorgten Fremdarbeiter in den Städten seit dem Sommer 1944 ständig größer wurde. Für sie blieb nur noch, sich irgendwie „durchzuschlagen". Auf „legalem" Weg war das aber nicht mehr möglich, galten sie doch bei den Sicherheitsbehörden automatisch als „Arbeitsvertragsbrüchige", denen die Einweisung in die AEL oder gar ins Konzentrationslager drohte, was sie nun endgültig darauf verwies, in den Ruinen der zerstörten Städte auf das Ende des Krieges zu warten.

Die Substruktur unter den Ausländern, die bis dahin eine Mischung aus Ergänzung und Gegenwelt zum offiziellen Arbeitseinsatz gewesen war, wurde nun für immer mehr ausländische Arbeiter zum einzigen Weg des Überlebens. Die Beschaffung von Nahrungsmitteln war für sie außer durch Betteln nur noch durch Diebstähle oder Korruption möglich – was allerdings durch das Chaos in den Städten sehr erleichtert wurde. Nun war die Zunahme von Lebensmitteldiebstählen durchaus nicht auf Ausländer beschränkt – Plünderungen, Schiebergeschäfte, Diebstahl und Raub nahmen auch unter den Deutschen zu. In vielen Großstädten entwickelte sich eine Unterwelt aus Kriminellen, Deserteuren, politisch Verfolgten, entwichenen Häftlingen, „arbeitsvertragsbrüchigen" Fremdarbeitern, umherirrenden Kriegsgefangenen, Hehlern, Schwarzhändlern, Polizeispitzeln und Abenteurern – ein Untergrund von bis dahin nicht gekanntem Ausmaß, der umso mehr Zulauf erhielt, je näher die alliierten Truppen kamen. Die Auseinandersetzungen zwischen diesem von Ausländern, vor allem von Ostarbeitern dominierten Untergrund und den NS-Behörden spitzten sich im Verlaufe der letzten Kriegsmonate immer weiter zu und nahmen bis Kriegsende einen ebenso dramatischen wie schrecklichen Verlauf.

„In immer stärkerem Maße benutzen ausländische Arbeiter und Kriegsgefangene – vor allem nach Bombenangriffen – Luftschutzbunker, um sich der Arbeit zu entziehen. Sie treiben sich tagelang in diesem Luftschutzbunker, aber auch in Anlagen, Wartesälen und Kneipen herum, nächtigen in den Bunkern, besorgen sich auf alle mögliche Art und Weise Lebensmittel und fallen damit einmal für den Arbeitsprozeß aus", war schon im Sommer 1943 aus Düsseldorf berichtet worden.[1]

Ursache und Wirkung waren dabei allerdings vertauscht; denn durch die Zerstörung ihrer Unterkünfte blieb den Betroffenen meist nichts anderes übrig als in Bunkern oder Wartesälen zu übernachten. „Ausländer, entwichene Kriegsgefangene, freigelassene oder entwichene Strafgefangene und Scharen von Neugierigen fluktuieren in den zerstörten Gebieten", meldete der SD Ende 1943.[2] Und der Kölner Oberlandesgerichtspräsident schilderte Ende 1944 die Zustände in Köln seit dem Herbst 1944 so: „Die Mangellage auf dem Lebensmittelmarkt hat auch dadurch eine Verschärfung erfahren, daß die Einbruchsdiebstähle in Lebensmittelgeschäfte eine erhebliche Zunahme erfahren haben. Die Kriminalpolizei steht in einem schweren Kampf mit den Dieben, die sich in Banden organisiert haben; wiederholt ist es zu Schießereien zwischen der Kriminalpolizei und den Einbrecherbanden gekommen. Es mehren sich aber auch die Fälle, daß Lebensmittelhändler Einbruchsdiebstähle fingieren, um die Fehlmengen, die durch Abgabe ohne Bezugsberechtigung entstanden sind, zu decken oder Vorräte zu sammeln. Das Landesernährungsamt hat scharfe Maßnahmen angedroht, um diesem (!) Unwesen zu steuern. Der Schwarzhandel steht nach der Erklärung des Leiters der Kriminalpolizei in einer nie gekannten Blüte. Erst unlängst ist es der Kriminalpolizei gelungen, eine Bande von 30 Schwarzhändlern in einem Lokal in Köln festzunehmen. Zigaretten werden zu einem Preise von 4.– RM je Stück gehandelt. Die Kriminalität hat im ganzen Bezirk erheblich zugenommen, dies gilt insbesondere von den vom Luftkrieg hart betroffenen Städten."[3]

Angesichts der Mangellage, der Not, der Zerstörung und des Zusammenbruchs der Versorgung in den Großstädten konnte eine solche Entwicklung auch nicht ausbleiben. Sie belegt, daß die nationalsozialistische Autorität schon lange vor Kriegsende dort verlorenging, wo sie Ruhe, Ordnung und ausreichende Versorgung als die Basis der Loyalität der deutschen Bevölkerung nicht mehr gewährleisten konnte.

Die obdachlosen, „arbeitsvertragsbrüchigen" Ausländer in den Städten boten nun die Gelegenheit, sowohl die Ursachen für das Chaos in den Städten als auch die rapide Ausbreitung der Kriminalität in der deutschen Bevölkerung auf eben jene zurückzuführen, stellten sie in ihrer ganzen Not und Erbärmlichkeit doch nicht nur eine „Bedrohung für die Sicherheit", sondern auch das gerade Gegenteil deutscher Ordentlichkeit dar.[4]

Seit dem Sommer 1944 nahmen vor allem die Meldungen über Plünderungen stark zu, weil dies für Deutsche wie Ausländer oft die einfachste Möglichkeit war, an Nahrungsmittel heranzukommen. Wie häufig Plünderungen wurden, demonstriert ein Beispiel aus Essen. Hier wurden im Herbst 1944 allein innerhalb von 14 Tagen über 90 Lebensmittelgeschäfte, davon etwa 70 Kruppsche Verkaufsstellen, während nächtlicher Luftalarme geplündert und vor allem Lebensmittel gestohlen – und zwar in solchen Mengen, daß das Essener Ernährungsamt sich in Berlin beschwerte, wenn diese Plünderungen nicht aufhörten, sei die Lebensmittelversorgung der Stadt Essen ernstlich gefährdet.[5]

Die meisten Fälle von Plünderungen betrafen Bagatellen: Eine Wolldecke in den Trümmern eines zerstörten Hauses, ein Paket Margarine im Schaufenster eines zerbombten Lebensmittelladens, die Stiefel eines beim Luftangriff Umgekommenen – unverhoffte Gelegenheiten, oft regelrechte Glücksfälle für die, die schwere Not litten. Die Sicherheitsbehörden griffen hier aber immer schärfer zu. Schon im Januar 1944 war auf Anordnung Kaltenbrunners das V-Männer-Netz unter den ausländischen Arbeitern noch vergrößert worden, um über Vorgänge informiert zu sein, „die auf eine bereits vorhandene oder entstehende Kriminalität hinweisen, so der Zusammenschluß verdächtiger Elemente, ihr vorübergehendes oder dauerndes Fernbleiben von den Arbeitsstellen oder Arbeitslagern, alle Erscheinungen des Schleich- und Tauschhandels, sowie das Anbieten oder der Absatz von vermutlich aus Einbruchsdiebstählen oder ähnlichen strafbaren Handlungen stammenden Waren".[6] Verstärkung der Razzien, Schießbefehle für Streifen und Wächter und die Bildung von Sonderkommandos bei den einzelnen Gestapostellen wurden veranlaßt – vor allem aber wurde immer häufiger „kurzer Prozeß" gemacht.[7]

Bislang hatte in den einzelnen Gestapostellen folgendes Verfahren gegolten: Die Gestapo führte in allen „sicherheitspolizeilich relevanten Fällen" die Ermittlungen durch; danach wurden bei Deutschen und Westarbeitern die Fälle an die Gerichte abgegeben, bei Arbeitern aus dem Osten übernahm die Gestapo die Bestrafungen selbst. Todes„urteile" konnten die einzelnen Gestapostellen jedoch nicht selbst verhängen, sondern mußten beim RSHA „Antrag auf Sonderbehandlung" stellen; die zuständigen Referenten im RSHA-Amt IV D entschieden dann nach Aktenlage.[8]

Die Zunahme der Plünderungen, die häufige Unterbrechung der Nachrichtenwege nach Berlin, die sich verschlechternde militärische Lage Deutschlands und die sich nach dem Attentat auf Hitler verschärfende Repressionspraxis der Sicherheitsbehörden führten im Herbst 1944 zu einer Änderung: Anfang November 1944 gestattete das RSHA den einzelnen Gestapostellen per Erlaß, selbständig Exekutionen ausländischer Arbeiter – zunächst nur von Ostarbeitern und Polen, später auch von Westarbeitern – anzuordnen und durchführen zu lassen.[9] Derartige Befehle waren mündlich bereits wesentlich früher erteilt worden. Der HSSPF West, Gutenberger, hatte schon am 20. September 1944 seine Kommandos angewiesen, „daß fortab gegen Plünderer, Deserteure, Saboteure, Frontläufer und ähnliches Gesindel rücksichtslos mit der Schußwaffe vorzugehen sei".[10] Darüberhinaus wurde in dem Erlaß vom November festgelegt, bei „schwerwiegenden Terror- und Sabotagehandlungen" ausländischer Arbeiter seien auch „Sühnemaßnahmen" durchzuführen gegen „fremdvölkische Personen, die zwar als Täter nicht in Betracht kommen, jedoch dem Lebenskreis des Täters angehören", was nichts anderes als die Genehmigung darstellte, bei ausländischen Arbeitern Geiseln zu nehmen und diese umzubringen.[11]

Diese Erlasse ließen den unteren Behörden sehr weitgehend freie Hand; vor allem in den Großstädten entwickelte sich eine Art Standrecht ohne Standgericht. Ausländer, die auch nur im entferntesten Verdacht standen, an Diebstählen beteiligt gewesen zu sein, konnten nun von den Gestapostellen nach ihrer Ergreifung ohne Rücksprache mit vorgesetzten Dienststellen umgebracht werden. Zweifellos bestand eine solche Praxis auch schon vorher nicht selten. Eine offizielle „Erlaubnis" von seiten des RSHA in dieser Situation war deshalb eher als Aufforderung zu noch rücksichtsloserem Durchgreifen zu verstehen. Das wiederum hatte zur Folge, daß nunmehr auch untere Dienstränge bis hinunter zu einzelnen SA-Leuten, Wachmännern und vor allem den häufig für Razzien und Absperrungsmaßnahmen bei Luftangriffen eingesetzten Angehörigen des Volkssturms sich kompetent fühlten, tatsächliche oder vermeintliche „Plünderer" unter den Ausländern zu erschießen.

So setzte in den letzten Monaten des Krieges, beginnend etwa im September 1944, eine sich fortwährend radikalisierende Verfolgungswelle gegenüber den Ausländern ein, von deren Dynamik immer stärker auch bis dahin weniger oder nicht beteiligte Deutsche ergriffen und als aktive Faktoren in den Terrorapparat mit einbezogen wurden.

Das soll im folgenden an einigen Fallbeispielen vorwiegend aus dem westdeutschen Raum näher betrachtet werden, denn hier erlaubt die Quellenlage eine relativ dichte Darstellung. Die Berichte der Reichsbehörden verweisen allerdings darauf, daß diese Entwicklung kein Sonderfall des Rhein-Ruhr-Gebietes, sondern auch in anderen Industriemetropolen festzustellen gewesen ist.[12]

Nach einem großen Luftangriff auf *Duisburg* am 14. Oktober 1944 wurden bewaffnete Volkssturmmänner als Sperrposten und zum Streifendienst eingesetzt, vor allem, um Plünderungen zu verhindern. Einer solchen Streife wurde mitgeteilt, im Keller eines zerstörten Hauses seien einige russische Kriegsgefangene dabei gesehen worden, wie sie Weckgläser mit eingemachten Früchten verzehrt hätten. Die Volkssturmmänner griffen sich aus einem in der Nähe arbeitenden Aufräumungskommando zwei Gefangene, die ihnen verdächtig schienen, heraus, und nahmen sie mit zum nächsten Kriegsgefangenenlager, wo ihnen bedeutet wurde, einer der Russen sei zu erschießen. Die beiden Volkssturmleute führten den Gefangenen daraufhin zum „Tatort, wo sie ihn an die Hausmauer stellten und liquidierten".[13]

In *Dahlheim bei Erkelenz* wurde dem Leiter des Kommandos Erkelenz der Gestapo Köln im Oktober 1944 bekannt, daß in Häusern von Zollbeamten geplündert worden sei. Nach der Besichtigung des Tatorts fuhr er mit dem Wagen zu dem Kloster St. Ludwig, in dem etwa 1.500 Ostarbeiter und Ostarbeiterinnen, die zu Schanzarbeiten eingesetzt wurden, untergebracht waren. Auf dem Wege dorthin bemerkte er einige Frauen, die offenbar Plünderungsgut trugen. Er ließ sieben von ihnen festnehmen, die beim Verhör durch das

Gestapo-Kommando gestanden, einige Sachen gestohlen zu haben. Ein Kommando von Grenzpolizeibeamten erschoß die sieben Frauen am darauffolgenden Tag auf dem Friedhof in Dalheim-Rödgen.[14]

Ein Telefonist der *Oberhausener Grillo-Werke* tat Dienst beim Werk- und dem zivilen Luftschutz. Anfang April 1945 beobachtete er bei seinem Nachhauseweg vier Ostarbeiter, die aus einem Haus herauskamen, dessen Bewohner sich im Luftschutzbunker aufhielten. Zusammen mit einigen Männern nahm er die Verfolgung auf und ergriff einen der Ostarbeiter, der daraufhin so lange geschlagen wurde, bis er zugab, Kartoffeln gestohlen zu haben. Mittlerweile war die Gruppe der Verfolger um eine Gruppe von Jugendlichen gewachsen, die den Ostarbeiter so schwer mißhandelten, daß er blutüberströmt von dem Telefonisten zunächst zur Polizei, dann zu einer Wehrmachtsstelle gebracht wurde. Dort nahm der Telefonist eine Pistole in Empfang und begab sich mit dem Gefangenen zum Sportplatz Konkordia in Oberhausen-Lirich, gefolgt von einem stetig anwachsenden Zug Neugieriger, die fortwährend auf den Ostarbeiter mit Knüppeln und Zaunlatten einschlugen. An einem Bombentrichter angekommen, schoß der Telefonist auf den mittlerweile Schwerverletzten, traf ihn nur in den Bauch, der Angeschossene stürzte sich auf den Schützen, die mitgelaufenen Schaulustigen schlugen auf den Russen ein, der schließlich durch die Schuß- und Schlagverletzungen starb und auf dem Sportplatz verscharrt wurde.[15]

Der Nachrichtenreferent der Gestapo *Siegen* sah während eines Fliegeralarms am 9. März 1945, wie ein italienischer Zivilarbeiter mit einer Bierflasche in der Hand eine Gastwirtschaft verließ. Er hielt den Italiener fest und fragte die herbeieilende Wirtin, ob das Bier gestohlen sei – diese ging ins Haus, um das zu überprüfen. Der Gestapo-Mann aber zog eine Pistole, erklärte den Umstehenden: „Der Mann hat das Bier gestohlen", und erschoß den Italiener. Kurz darauf erschien der Wirt und erklärte, das Bier sei nicht gestohlen worden. Die Erschießung wurde daraufhin als „Notwehr" zu den Akten genommen.[16]

Die hier angeführten vier Fälle, jeweils nach der Darstellung in Urteilen von Nachkriegsprozessen geschildert, zeigen die Veränderungen, die sich in der letzten Kriegsphase in der Behandlung der ausländischen Arbeiter durch die Sicherheitsbehörden ergeben haben: Es waren nicht mehr allein Polizisten oder Gestapo-Leute, sondern auch Telefonisten oder Schlosser, die in Eigenverantwortung Macht ausübten und zu Herren über Leben und Tod werden konnten. Dabei kam es offenbar in Einzelfällen gar nicht auf Schuld oder Unschuld an, ein Verdacht reichte, um das Schicksal der Betreffenden zu besiegeln. Untersuchungen, Zeugenvernehmungen oder ähnliches, wie sie bis dahin jedenfalls offiziell auch gegenüber ausländischen Arbeitern üblich gewesen waren, unterblieben. Besonders im Oberhausener Fall kamen auch deutliche Elemente von Lynchjustiz zum Vorschein, an der man sich gefahrlos beteiligen konnte, ohne Verfolgung oder auch nur Kritik durch die Behörden befürchten zu müssen – Hinweise auf eine zum Ende des Krieges hin zunehmende Brutalisierung in der deutschen Öffentlichkeit, die sich in zahlreichen derartigen Fällen findet.[17]

Je stärker der Krieg sich dem Ende zuneigte, desto deutlicher wurden diese Tendenzen, die mit der Abwehr und Verhinderung von Plünderungen immer weniger zu tun hatten. Sie trugen die Züge eines Rachefeldzuges, an dem nun nicht mehr allein die Sicherheitsbehörden, sondern auch Teile der Bevölkerung teilnahmen.[18]

383

2. Die „Ausländerbanden"

Während die Verfolgung ausländischer Plünderer zunehmend zur Aufgabe unterer Chargen wurde, war die Aufmerksamkeit der Gestapostellen seit dem Sommer 1944 zunehmend auf ein neues Phänomen gelenkt: die im offiziellen Jargon „Terroristen" oder „Banden" genannten Gruppen von Ausländern und Deutschen, die untergetaucht waren und sich mit Diebstählen ihren Lebensunterhalt besorgten. „Die auf Bandenbildung abzielende Feindpropaganda ist in dem jetzt dem Höhepunkt zustrebenden Kriege nicht mehr völlig erfolglos. Insbesondere sind russische Zivilarbeiter bestrebt, durch Bildung von Sabotage- und Terrorbanden die deutsche Kriegsführung zu gefährden, um für sich selbst ein Alibi gegenüber der erwarteten roten Armee zu schaffen. Die Bildung von Sabotage- und Terrorbanden – insbesondere in waldreichen und gebirgigen Gegenden – ist naheliegend, da dort die Entdeckung und Verfolgung besonders schwierig ist".[19] Mit diesem Bericht von Anfang Juli 1944 reagierte die Gestapo-Führung zum ersten Mal ausführlicher auf die „Banden", die meist in den Ruinen zerstörter Stadtteile der Industriestädte lebten und die Sicherheitsbehörden in erhebliche Beunruhigung versetzten. Der Bericht zeigt, daß die nach wie vor in banger Erwartung eines zentral geleiteten, kommunistisch inspirierten Ausländeraufstandes befindlichen Behörden bei den „Banden" anfangs vor allem politische Motive vermuteten und befürchteten, daß sie sich nach dem Vorbild der Partisanen in der Sowjetunion oder Jugoslawien zu einheitlich gesteuerten und militärisch organisierten Einheiten entwickeln würden.

So ging das Bestreben der Gestapo zunächst auch dahin, zu verhindern, „daß ausländische Verbrecherbanden etwa als (!) Gewalt- und Terrorakte auch über den rein kriminellen Rahmen hinaus ausdehnen können",[20] während man mit „gewöhnlicher Kriminalität" schon fertig zu werden meinte. Die Berichte über die „Banden" firmieren bis zum Herbst 1944 noch unter „Kommunistische Gruppen", so etwa am 28. Juli 1944 über die Verhältnisse in Berlin: „Schließlich entwickelten sich in der Zeit von Februar bis Mai 1944 unter Führung einzelner Banditen Terrorgruppen aus Ostarbeitern, die mehr und mehr *bandenmäßigen Charakter* annahmen! Die Terrorgruppen nahmen untereinander Fühlung. Sie beschafften sich illegale Wohnmöglichkeiten und Hehlerplätze durch eingeschaltete Ostarbeiterinnen aus Villenhaushalten. Eine Begünstigung der Terrortätigkeit war gegeben durch: Unterschlupfmöglichkeiten in zerstörten Häuserblocks, Aufenthalt in Parkanlagen, Erdhöhlen und Feldern beim Eintritt der warmen Jahreszeit; mangelnde Bewachung und Kontrolle in den Lagern; Untermiete bei Deutschen, die durch Zuwendungen oder Versprechungen von Mangelware erschlichen wurden. Die Waffenbeschaffung wurde den Ostarbeitern zum großen Teil durch die Fahrlässigkeit der Waffenträger ... ermöglicht. *Politische Parole:* Deutschland durch Diebstahl, Raub und Vernichtung von Material zu schädigen".[21] Es stellte sich jedoch bald heraus, daß der von der Gestapo vermutete „politische" Charakter der „Banden" jedenfalls in dieser Form nicht zutraf; vielmehr waren Hunger, Not und die Auswirkungen der Bombenangriffe die wesentlichen Ursachen für die Entstehung solcher Gruppen.

Meist waren es einige Angehörige eines zerbombten Lagers, die nach einem Luftangriff obdachlos geworden waren und zusehen mußten, wie sie sich selbst ernähren konnten. Damit aber wurden sie bereits „illegal" und mußten die Gestapo fürchten; dies wiederum führte dazu, daß sich immer mehr solcher Gruppen bewaffneten – was im übrigen oft erstaunlich einfach vor sich ging – und sich mit anderen Gruppen zusammenschlossen; hinzu kamen in vielen Fällen auch Deutsche, die aus irgendeinem Grund in der Illegalität lebten. Die Motive der einzelnen waren verschieden. Neben schlichtem Überlebenswillen waren Wut und Erbitterung über die deutschen Unterdrücker ebenso ausschlaggebend wie politischer Widerstandswille und kriminelle Energie, bei manchen sicherlich auch alles gleichermaßen. Insgesamt aber überwiegt der Eindruck, daß explizit politische Motive nur sehr selten waren, daß hier eher eine aus Not, Wut und wilder Entschlossenheit zusammengesetzte radikale Haltung Platz griff, die von den im engeren Sinne politischen Widerstandskämpfern abgelehnt wurde, zu denen offenbar auch nicht viele Berührungspunkte bestanden. Im Gegensatz zu den politischen Widerstandsgruppen, die in aller Regel nach Nationen getrennt waren, ließ der Untergrund solche Trennungen nicht zu, wenn auch die ganz überwiegende Anzahl der „Banditen" aus Ostarbeitern und sowjetischen Kriegsgefangenen bestand.

Das Zentrum der „Banden" im westdeutschen Raum lag zwischen September und Dezember 1944 in Köln.[22] Seit dem Vormarsch der Alliierten im Westen war diese Region in den Mittelpunkt auch der militärischen Entwicklung geraten und immer wieder Ziel der alliierten Bomberflotten, so daß ganze Stadtteile von Köln überwiegend zerstört und entvölkert waren. Aus Frankreich und den von den Alliierten besetzten Gegenden um Aachen waren zudem noch viele ausländische Arbeiter ins Landesinnere zurückgeführt worden, von denen ein großer Teil offenbar nach Köln gekommen war. In der Stadt und der näheren Umgebung waren im Sommer 1944 etwa 30.000 ausländische Zivilarbeiter offiziell als zur Arbeit eingesetzt gemeldet, etwa die Hälfte davon Ostarbeiter, hinzu kam eine unbekannte Zahl von Kriegsgefangenen. Ende des Jahres bestanden etwa 120 Ausländerlager in der Kölner Region mit einer Belegstärke von 20 bis über 700 Bewohnern.[23] Der hohe Zerstörungsgrad der Stadt, die Frontnähe, der relativ frühe Zusammenbruch der Versorgung,[24] die große Zahl neu hinzugezogener Ausländer waren Faktoren, die das Ausbreiten der „Banden" in den zerstörten und entvölkerten Stadtteilen besonders begünstigten. Ein weiterer Grund liegt aber auch in der hohen Belegschaftsstärke der Kölner Gestapo, die durch die rückmarschierenden Beamten des BdS Paris und des BdS Brüssel Verstärkung erhalten hatten, aus denen in Köln Sonderkommandos zur „Bandenbekämpfung" zusammengestellt wurden.[25]

Die Auseinandersetzungen zwischen den „Banden" und der Kölner Gestapo begannen bereits im September 1944. Die nahe Front und damit das greifbar nahe Ende des Krieges führten auf seiten der „Banden" ebenso wie auf Seiten der Gestapo zu einer raschen Ausweitung der Auseinandersetzungen bis hin zu regelrechten Gefechten. Je aussichtsloser die militärische Lage wurde, desto brutaler agierte die Gestapo, was bei den „Banden" zu entsprechenden Reaktionen führte. Denn die einzelnen wußten, daß ihnen der Tod sicher war, wenn sie in die Hände der Gestapo fielen; angesichts der in wenigen Monaten oder Wochen zu erwartenden Befreiung aber war der bewaffnete Kampf gegen die deutschen Sicherheitskräfte die einzige und auch keine ganz unrealistische Möglichkeit, bis zum Kriegsende zu überleben. Anhand der im Zusammenhang mit den „Edelweißpiraten" bekanntgewordenen Verhältnisse in Köln-Ehrenfeld kann das näher beschrieben werden.[26]

Auf dem Gelände eines Schrotthändlers in Köln-Müngersdorf und in einigen anderen Unterkünften in Müngersdorf und Ehrenfeld befanden sich die Unterschlüpfe einer etwa dreißigköpfigen „Bande", die vorwiegend aus Ostarbeitern bestand und deren Anführer Mischka Finn, später Iwan Sawosin und Iwan Trofimow waren. Die Gruppe ernährte sich durch Einbruchsdiebstähle und war bewaffnet; ein Teil der Beute wurde selbst verbraucht, der Rest über einen kroatischen Hehler und eine deutsche Frau verkauft. Nachdem der Kroate und einige andere Mitglieder der „Bande" bereits verhaftet waren, wurden zwei weitere Mitglieder Ende September von dem Besitzer des Schrottplatzes in Müngersdorf bei einem Probeschießen überrascht. Der Schrotthändler wollte sie „festnehmen", die Ostarbeiter aber flüchteten, schossen sich den Fluchtweg durch das unwegsame Ruinengelände frei und verschwanden. Am nächsten Tag wurde einer von ihnen entdeckt, von der Polizei verfolgt, es kam zu einem heftigen Schußwechsel, bei dem ein Polizeiinspektor getötet wurde; schließlich wurde der „Bandit" überwältigt. Die Gruppe wurde dann nach und nach aufgerollt, vor allem durch Geständnisse, die durch Folterungen der bereits Ergriffenen erzwungen worden waren. Mischka Finn aber gelang die Flucht, nachdem seine „Bande" zerschlagen worden war. Er kam bei dem in Ehrenfeld sehr bekannten Hans Steinbrück, genannt „Bombenhans", unter, einem ehemaligen KZ-Häftling und ziemlich verwegenen Abenteurer, der sich ebenso schon bei der Gestapo um eine Stelle beworben hatte, wie er als Bombenentschärfer einen geradezu legendären Ruf in Köln genoß. Er war Anführer der sogenannten „Ehrenfelder Bande". Zu dieser Gruppe gehörte eine Reihe von Deutschen, die aus verschiedenen Gründen illegal lebten, entflohene Häftlinge aus Lagern und Strafanstalten, Deserteure und Kriminelle. Mit ihnen in Kontakt stand eine Gruppe jugendlicher „Edelweißpiraten", die aus eher politischen Motiven die Nazis bekämpften.

An den Aktivitäten der Edelweißpiraten ist deutlich die rasante Radikalisierung der Auseinandersetzungen mit der Gestapo in den letzten Kriegsmonaten zu erkennen. Standen im Sommer noch kleinere Diebstähle in Lebensmittelläden, das Anbringen von antifaschistischen Parolen und der Kleinkrieg mit der HJ im Vordergrund, gerieten sie bald durch den zunehmenden Druck der Verfolgungsbehörden immer stärker in die Illegalität. Sie besorgten sich Lebensmittelkarten, bewaffneten sich, bis es seit der Zusammenarbeit mit den Profis", wie die Gruppe um den Bombenhans von den Jugendlichen genannt wurde,[27] zu großangelegten Raubüberfällen und der gezielten Erschießung eines Wachmannes und eines Ortsgruppenleiters kam. Zwischen dem 3. und 15. Oktober wurde die Gruppe – die mittlerweile sogar Vorbereitungen getroffen hatte, die Kölner Gestapo-Zentrale, das berüchtigte El-De-Haus, in die Luft zu sprengen – vom „Kommando Kütter" der Kölner Gestapo aufgedeckt und zerschlagen.

Die Gestapo Köln beschloß, hier ein Exempel zu statuieren. Am 25. Oktober 1944 wurden in Köln-Ehrenfeld sechs Mitglieder der „Bande" von Mischka Finn und fünf weitere Ostarbeiter öffentlich vor einer großen Menge Schaulustiger durch Erhängen hingerichtet – mehr als 1.000 Menschen sollen den Exekutionen beigewohnt haben.[28] Am 10. November wurden am selben Ort dreizehn Deutsche, Mitglieder der „Ehrenfelder Bande" um Hans Steinbrück, vor einer noch größeren Zuschauermenge hingerichtet.

Damit glaubte die Gestapo, wieder Herr der Lage zu sein. Der Leiter der Kölner Stapostelle, Hoffmann, meldete dem RSHA am 9. November: „In den Monaten September und Oktober 1944 wurde die Bearbeitung der polnischen, sowjetischen und Westarbeitergruppen abgeschlossen. Sie hatte zu insgesamt etwa 550 Festnahmen geführt. Neu sind nunmehr aufgerollt worden die Terrorbanden in Köln und zahlreiche kleine bewaffnete Einbrecher- und Terrorgruppen mit nunmehr insgesamt etwa 300 Festnahmen. Hierbei sind auch alle nur am Rande Beteiligten erfaßt."[29]

Tatsächlich aber gingen die Aktivitäten der „Banden" unvermindert weiter. In jeder Woche meldete die Gestapo Festnahmen vor allem von Ostarbeitern, die sich zu meist kleineren Gruppen zusammengeschlossen hatten.[30] Seit Ende November kam es fast täglich zu bewaffneten Auseinandersetzungen bis hin zu regelrechten Gefechten: Am 26. November 1944 versuchte das „Kommando Mohr" der Kölner Gestapo, in Köln-Sülz ein „Kellernest" auszuheben, in dem sich eine Ostarbeiter-„Bande" verborgen hielt. Bei einem letzten Feuergefecht wurden Mohr und zwei andere Kommando-Angehörige schwer verletzt. Daraufhin wurde das Kommando durch eine kurzfristig zusammengestellte Einheit unter dem Kölner Gestapo-Chef Hoffmann verstärkt. Bei der Schießerei mit den Ostarbeitern wurde Hoffmann getötet.[31] Über ein Gefecht am 10. Dezember 1944 berichtete die Gestapo: „Am 10. Dezember wurde durch die Aussage eines Bandenangehörigen bekannt, daß in einer Straße am Großen Griechenmarkt Mitglieder einer Bande Unterschlupf gefunden hatten. Bei dem Eindringen in die Kellerräume stießen die Beamten auf Widerstand. Ein aus hiesigen Beamten gebildeter Stoßtrupp ging daraufhin mit Maschinenpistolen und Handgranaten gegen die Banditen vor. Diese verteidigten sich ebenfalls mit Maschinenpistolen und Handgranaten. Da in dem äußerst unübersichtlichen Kellergelände ein weiteres Eindringen des Stoßtrupps nicht möglich war, wurde ein Sprengkommando der Feuerschutzpolizei hinzugezogen, das zahlreiche Sprengungen vornahm, um an die Bande heranzukommen".[32]

Die Entwicklung in Köln seit dem Herbst 1944 zeigt, daß es ganz falsch wäre, die Aktivitäten der deutschen oder ausländischen „Banden" nach den Maßstäben politischen Widerstands zu messen. Vor allem für die Ostarbeiter unter ihnen war „politischer Widerstand" gar keine Alternative. Sich in „Banden" zusammenzuschließen, durch Diebstähle zu ernähren, zu bewaffnen und einer drohenden Verhaftung auch mit Waffengewalt zu entziehen, war die nur folgerichtige Konsequenz aus der Zerstörung aller Zusammenhänge, die bis dahin noch wenigstens in Ansätzen für Unterkunft und Verpflegung gesorgt hatten. Wer erwartete, daß von den Ausländern eine Art „innerer Front" hätte errichtet werden können, verkannte die verzweifelte Lage vor allem der Ostarbeiter. Es ist kein Wunder, daß in nahezu keinem Fall Westarbeiter unter den „Banditen" waren, obwohl gerade im Rheinland die Zahl der dort beschäftigten Belgier, Holländer und Franzosen besonders groß war. Denn wie schon die Untersuchung des Schwarzhandels unter den Ausländern gezeigt hat, verminderten Illegalität, Not und Chaos die Abstufungen in der sozialen Hierarchie nicht, sondern vergrößerten sie noch. Wenn nach einem Bombenangriff der „Hilfszug Dr. Goebbels" und andere Hilfsmaßnahmen in einer Stadt eintrafen, so wurden zunächst die Deutschen und danach die Westarbeiter berücksichtigt – für die Ostarbeiter blieb da meist nichts übrig, und ihre Versorgung geriet auf den Nullpunkt: Betteln, flüchten oder kämpfen waren für die Ostarbeiter die Alternativen zum Verhungern. Die Frage, ob man die Aktivitäten der „Banden" als „politischen Widerstand" bezeichnen könne, führt dabei am Problem vorbei. Auf der einen Seite war der Überlebenskampf der illegal lebenden Fremdarbeiter sicherlich Widerstand im ursprünglichen, existentiellen Sinn. Aber wer hier nach den organisatorischen Formen und programmatischen Zielsetzungen etwa kommunistischer Widerstandsgruppen sucht, verkennt, daß derartiges nicht der Logik des Untergrunds entsprach. Nichts lag den „Banden" ferner, als etwa politische Flugblätter zu verteilen, ein Programm oder Statut zu entwerfen oder gegen die „Ungerechtigkeit" der Maßnahmen der Gestapo zu protestieren. All das hätte die Existenz der einzelnen aus Gründen gefährdet, die außerhalb des Kampfes ums Überleben standen.[33] Die wirksamste Unterstützung erhielten die Ostarbeiter durch jene Deutsche, die ihnen die Möglichkeiten boten, sich in ihren Wohnungen zu treffen oder zu verstecken, die Verbindungen zum Schwarzmarkt herstellten, die Waffen besorgten oder verwahrten. Insofern sind die Verbindungen der Ostarbeiter-„Banden" zu deutschen „Kriminellen" nur logisch, weil sie mit diesen den existentiellen Zwang zur Illegalität und die Beschränkung der Aktivitäten auf die Beschaffung von Nahrungsmitteln, Geld, Autos und Waffen teilten. Gemeinsam war ihnen auch, daß sie die politischen Perspektiven eines nicht-faschistischen Nachkriegsdeutschlands nicht kümmerten. So ist es kein Wunder, daß der Versuch einer größeren kommunistisch orientierten Widerstandsgruppe, dem „Nationalkomitee Freies Deutschland" in Sülz und Klettenberg, auf die Gruppe des „Bombenhans" Einfluß zu nehmen, von den deutschen Kommunisten bald abgebrochen wurde, nachdem sich hier kein Erfolg einstellen wollte.[34]

Die jugendlichen Edelweißpiraten mit ihren z. T. heroischen Vorstellungen sind aus diesem Blickwinkel eher eine Randgruppe, an der sich aber zeigt, wie die dem Nationalsozialismus seit jeher innewohnende Tendenz zur Marginalisierung immer größerer Bevölkerungsgruppen sich gegen Kriegsende beschleunigte. Einmal im Konflikt mit der Gestapo und ohne die Infrastruktur einer politischen Organisation wie dem NKFD im Hintergrund, gerieten diese Jugendlichen schnell und immer weiter in die Illegalität hinein, fielen dadurch aus der öffentlichen Lebensmittelorganisation heraus und mußten ihren Lebensunterhalt illegal besorgen. Das aber war für längere Zeit nur mit den „Profis" wie Steinbrück möglich, so daß hier der Unterschied zwischen „politischen" und „kriminellen" Illegalen bald nur noch in den persönlichen Motiven der einzelnen und kaum noch in den konkreten Aktionen seinen Niederschlag fand.

Es gelang der Kölner Gestapo bis zum Ende des Jahres, einige der großen „Banden" von Ausländern und Deutschen zu zerschlagen, so daß offenbar im Januar 1945 eine gewisse Beruhigung eintrat. Aber mit dem Näherrücken der Front Ende Februar 1945 stieg die Zahl der in Bunkern, Erdlöchern und Ruinen lebenden Ausländer immer weiter an und wurde unübersehbar groß.[36] Der Schwerpunkt der „Banden" verlagerte sich seit Dezember 1944 mehr ins Bergische Land und vor allem ins Ruhrgebiet; besonders bekannt wurde in diesem Zusammenhang die „Bande Fortasraki". Mitglieder dieser Gruppe lieferten sich im Dezember zusammen mit einer deutschen Gruppe („Bande Bauer") in Köln eine bewaffnete Auseinandersetzung mit der Kölner Gestapo, in deren Verlauf zahlreiche Bandenangehörige und Polizeibeamte umkamen.[37] Fortasraki, der in Wirklichkeit wahrscheinlich Bero Gorodenko hieß, konnte mit einem Teil der Bandenmitglieder fliehen und sich nach Essen durchschlagen, während ein kleiner Teil nach Wuppertal gelangte.[38] Die „Bande Fortasraki" operierte nun in der stark zerstörten Essener Innenstadt und in der Nähe des großen Verschiebebahnhofs in Essen-Dellwig, wo sie vor allem Eisenbahnwaggons mit Feldpostpäckchen aufbrachen. Ende Januar kam es hier zu einer Schießerei zwischen Polizeieinheiten und dieser „Bande", bei der ein Eisenbahnpolizeibeamter erschossen wurde; kurz darauf wurden bei umfangreichen Razzien über 70 Ostarbeiter verhaftet, von denen 12 als Mitglieder der „Fortasraki-Bande" bezeichnet wurden, darunter Fortasraki selbst.[39]

Derartige Festnahmen waren zwischen Februar und März 1945 in Essen wie in den anderen Städten des Ruhrgebiets sehr häufig. Dabei „gestanden" die festgenommenen Ostarbeiter – und um solche handelte es sich ausnahmslos – nach den Folterungen durch die Gestapo in der Regel eine große Zahl von Morden, wobei auch hier der Verdacht naheliegt, daß die Gestapo damit zumindest einen Teil der unaufgeklärten Fälle auf bequeme Weise den „Banden" zuschreiben konnte.[40]

So etwa in Duisburg, das nach der Besetzung des linken Rheinufers durch die Amerikaner und Engländer Ende Februar 1945 zum Frontgebiet geworden war. Infolge des heftigen Artilleriebeschusses und der Luftangriffe war die Versorgung zum Erliegen gekommen, zahlreiche ausländische Arbeiter irrten obdachlos auf der Suche nach Lebensmitteln durch die Stadt. Auch hier kam es zu heftigen Auseinandersetzungen der Polizei mit „Großbanden", zu Razzien mit Hunderten von Festnahmen und zu Feuergefechten zwischen Gestapo und Ostarbeitern. Am bekanntesten wurde hier die „Bande" des Ukrainers Kowalenko, deren rund 100 Mitglieder zwischen Herbst 1944 und Februar 1945 etwa 60 Überfälle auf Eisenbahnwaggons und mehr als 100 Kellereinbrüche begangen haben sollen.[41] Anfang März 1945 wurde das Ruhrgebiet von den alliierten Truppen eingeschlossen, und der Ruhrkessel entstand, der nur nach Osten, zum Sauerland hin offen war. Dadurch waren die Revierstädte von jeder Lebensmittelzufuhr abgeschnitten, und die Lage vor allem der Ostarbeiter spitzte sich dramatisch zu. Die Hungersnot wurde so groß, daß es sogar zu Fällen von Kannibalismus kam;[42] Lebensmitteldiebstähle und Plünderungen nahmen noch zu, und während die deutschen wie die ausländischen Bewohner des Reviers auf das baldige Eintreffen der Amerikaner und damit das Ende der Leiden warteten, begann in den Gestapostellen das wahrhaft apokalyptische Ende des nationalsozialistischen Ausländereinsatzes.

3. Karwoche 1945

Die Gestapo-Gefängnisse waren Ende März mit festgenommenen Ostarbeitern überfüllt. Als die Front näher rückte und die Gestapo-Beamten bereits daran dachten, sich abzusetzen, wurde überlegt, was mit den Gefangenen geschehen solle. Eine Verbindung mit dem RSHA bestand nicht mehr, sodaß die Befehlsgewalt über die Anordnung von Exekutionen auf die Leiter der Gestapo-Leitstellen, seit Februar auf die neuernannten „Kommandeure der Sicherheitspolizei" (KdS) überging und in der Folgezeit die Gestapo-Chefs zusammen mit den Zentralen in Düsseldorf, Dortmund oder Münster über das Schicksal der Inhaftierten entschieden.[43] Daraufhin kam es zwischen Ende März und Mitte April zu Massenhinrichtungen in fast allen größeren Ruhrgebietsstädten, von denen im folgenden einige dokumentiert werden sollen, um das Ausmaß der Gewalt darzustellen, das in den letzten Kriegstagen die Ausländer – und zwar fast ausnahmslos die Ostarbeiter – traf.

In *Duisburg* waren – noch auf Anordnung des RSHA – 24 Mitglieder der „Kowalenko-Bande" am 7. und 10. Februar 1945 erschossen worden, darunter Kowalenko selbst.[44] Als die Front näherrückte, beschloß die örtliche Polizeiführung, diejenigen Insassen des Polizeigefängnisses, die nur „leichterer Straftaten" verdächtig waren, laufen zu lassen, da eine Rückführung nach Osten nicht mehr möglich war. Der Polizeipräsident wählte etwa 30 Ostarbeiter und 8 Deutsche aus und gab Anweisung, sie zu erschießen. Am 21. März wurden 29 Häftlinge, darunter mehrere Frauen, die angeblich einem der Anführer der „Kowalenko-Bande" Unterschlupf gewährt hatten, in Bombentrichtern des Duisburger Waldfriedhofs von einem aus Polizeiwachtmeistern bestehenden Erschießungskommando mit Maschinenpistolen umgebracht.

In *Essen* waren im überfüllten Polizeigefängnis Mitglieder der „Fortasraki-Bande" und zahlreiche andere, meist wegen „Plünderung" oder „Einbruchsdiebstahl" festgenommene Ostarbeiter inhaftiert.[45] Am 11. März 1945 konstituierten sich der Essener Gestapo-Chef Nohles, der Leiter der Düsseldorfer Gestapo-Leitstelle Henschke und sein Stellvertreter Keil als „Polizeiliches Standgericht" und beschlossen, 35 der in Essen inhaftierten Ostarbeiter erschießen zu lassen.[46] Am darauffolgenden Tag wurden die Gefangenen zum sogenannten „Montagsloch" beim Essener Gruga-Park gebracht und von einem Kommando aus Kripo- und Gestapo-Beamten erschossen. Dabei achtete Nohles darauf, daß gerade solche Beamten die Exekutionen durchführten, die bislang noch nicht an Hinrichtungen teilgenommen hatten, um für Verschwiegenheit zu sorgen.

Eine Woche später, am 20. März, wurden in *Burgholz bei Wuppertal* auf entsprechende Weise 30 Ostarbeiter – auch hier gab es Verbindungen zur „Fortasraki-Bande" aus Köln – erschossen.[47]

In *Gelsenkirchen* erschossen Beamte der örtlichen Kriminalpolizei am 28. März 1945 11 Ostarbeiter, Männer wie Frauen, als angebliche Plünderer oder wegen „Unterstützung von Banden", im örtlichen Stadtwald – „auf höheren Befehl", wie der leitende Gestapo-Mann den Delinquenten mitteilte. Die Entscheidung darüber war von der Gestapoleitstelle Münster gefällt worden.[48]

In *Bochum* befand sich die Gestapodienststelle in dem Haus Bergstraße 76, in dem im Keller einige Haftzellen neben einer Waschküche eingerichtet waren, in denen zahlreiche, vor allem sowjetische Häftlinge als „Plünderer" oder „Bandenmitglieder" einsaßen. Auf Vorschlag des Leiters der Bochumer Gestapo entschied die Dortmunder Stapoleitstelle, welche dieser Häftlinge zu entlassen, und welche zu erschießen waren. Zwischen dem 26. März und dem 8. April wurden dann in vier Exekutionen insgesamt mindestens 23 Menschen – 3 Deutsche und 20 Ostarbeiter – in der erwähnten Waschküche und auf dem Friedhof Freigrafendamm liquidiert. Die letzte Hinrichtung in der Waschküche fand am 8. April statt, wenige Stunden, bevor sich die Bochumer Gestapo nach Osten zum Treffpunkt der Gestapo-Stellen des Reviers in Hemer absetzte. Einige Tage zuvor, am 5. April, war es noch im Ostarbeiterlager der Fa. Westfalia-Dinnendahl-Gröppel AG an der Verkehrsstraße zu einer weiteren Exekution gekommen. Einer der Wachmänner war von einem flüchtenden Ostarbeiter erschossen worden. Die am nächsten Tag eintreffenden Gestapo-Beamten sonderten daraufhin eine Gruppe von 20 bis 30 überwiegend weiblichen Ostarbeitern von den übrigen ab und erklärten, daß diese Gruppe erschossen werden müßte. Auf Intervention des Lagerleiters wurde diese Gruppe nach und nach verkleinert, bis schließlich fünf sowjetische Mädchen und ein Ostarbeiter übrig blieben, die von den beiden Gestapo-Beamten dann erschossen wurden.[49]

In *Dortmund,* wo die Gestapozentrale für das östliche Ruhrgebiet ihren Sitz hatte, erreichte die Hinrichtungswelle der letzten Kriegswochen ihren Höhepunkt. Das Dortmunder Landgericht bemerkte in seinem Urteil gegen Mitglieder der Dortmunder Gestapo dazu: „In Dunkel gehüllt ist auch die genaue Zahl sowie der Personenkreis der Opfer. Die grausigen Taten wurden unmittelbar nach der Besetzung Dortmunds aufgedeckt ... Aus dieser Aufstellung ergibt sich, daß annähernd 230 bis 240 Männer und Frauen den Genickschüssen der Gestapo zum Opfer gefallen sind. Unter ihnen befinden sich als identifizierte Tote die Angehörigen der Dortmunder Widerstandsbewegung, die Angehörigen der in Lippstadt und Meinerzhagen verhafteten kleineren Widerstandsgruppen sowie weitere einzelne von ihnen

Angehörigen und Fremden erkannte deutsche Staatsangehörige. Den weitaus größten Teil der Opfer aber stellen nach den übereinstimmenden Zeugenaussagen Arbeiter ausländischer Nationalität und zwar vornehmlich russische Arbeiter und Kriegsgefangene."[50]

Die ersten bekanntgewordenen Massenhinrichtungen durch die Dortmunder Gestapo in der letzten Kriegsphase hatten bereits am 4. Februar im AEL Hunswinkel stattgefunden, wohin einige Beamte mindestens 14 russische Arbeiter mitgenommen und dort erschossen hatten.[51] Wahrscheinlich am 7. März 1945 wurden dann in Dortmund die ersten 29 Häftlinge, meist Russen, aber auch einige deutsche Mitglieder der Anfang Februar aufgedeckten und zerschlagenen großen kommunistischen Widerstandsgruppe aus Dortmund in einem Bombentrichter auf der „Spielwiese" in den Bittermarkwäldern südlich von Dortmund durch Genickschuß umgebracht. Einige Tage später waren es weitere 15 bis 20 und am 24. März erneut 15 bis 20 Häftlinge, die am gleichen Ort erschossen wurden. Am 30. März 1945 – Karfreitag – fand im Rombergpark, an einem Bombentrichter in der Nähe der Stadtförsterei, die nächste Exekution statt, bei der die aus Beamten der Gestapo und der Kriminalpolizei gebildeten Kommandos mindestens 42 Menschen, darunter die Mitglieder einer französischen Theatergruppe aus Iserlohn, die der Spionage beschuldigt worden waren, liquidierten. In der Woche nach Ostern wurden – ebenfalls im Rombergpark – etwa 15 weitere Häftlinge, unter ihnen viele Ostarbeiterinnen, erschossen; kurz danach wieder 34 Häftlinge im Waldgebiet des Rombergparks. Wahrscheinlich am 7. April an einem Bombentrichter auf freiem Ackergelände in unmittelbarer Nähe der Ortschaft Hacheney weitere 60 Häftlinge – auf diese einsehbare und daher für die Zwecke der Gestapo nicht gut geeignete Stelle mußten die Exekutionskommandos ausweichen, weil die Bombentrichter im Rombergwald „voll" waren. Am 8. oder 9. April – die Alliierten standen bereits unmittelbar vor Dortmund und die Dortmunder Dienststelle war bereits nach Hemer verlagert – wurde die letzte Erschießung der Gestapo in Dortmund vorgenommen. Offenbar in höchster Eile wurden drei ausländische Arbeiter, zwei Männer und eine Frau, zum Güterbahnhof in der Nähe der Dienststelle in Dortmund-Hoerde gebracht und dort erschossen.

Um den 8. April herum fanden sich schließlich die Beamten zahlreicher Gestapostellen des Ruhrgebiets in *Hemer* ein, die in der dortigen Oberschule Quartier nahmen und auf das Kriegsende warteten.[52] Die Aufgabe der Gestapo-Leute bestand nur noch darin, sich gegenseitig zu bewachen, damit keiner vor den anderen verschwand und untertauchte und dadurch die ganze Gruppe gefährdete. Dann entdeckte einer der Gestapoleute zufällig am 10. April neun für die Gestapo im Polizeigefängnis von Hemer einsitzende Häftlinge, denen Plünderungen zur Last gelegt wurden. Der stellvertretende Leiter der Dortmunder Stapostelle, Söchting, ordnete daraufhin kurzerhand an, diese Häftlinge zu erschießen. Er beauftragte damit einige Kriminalpolizisten, die erst kurz zuvor zur Gestapo abkommandiert worden waren und noch an keiner Hinrichtung teilgenommen hatten. Am 11. April wurden die neun Fremdarbeiter, 8 Ostarbeiter und ein Franzose, an einem Bombentrichter an der Stadtgrenze von Hemer erschossen.

Die Zahl der Opfer in den letzten Kriegswochen ist auch für das Ruhrgebiet nicht annähernd feststellbar. Berücksichtigt man, daß hier nur einige gerichtsnotorische Fälle erfaßt wurden und daß die Dunkelziffern viel höher liegen, so sind allein im Ruhrgebiet wahrscheinlich Tausende ausländischer Arbeiter in den letzten Kriegswochen den Mordkommandos der Gestapo zum Opfer gefallen. Für das gesamte Deutsche Reich ist diese Zahl nicht einmal schätzbar.

Die Motive der Gestapo-Männer für diese Massaker kurz vor Kriegsende sind schwer auf einen Nenner zu bringen. „Verbrechen der letzten Phase" waren zudem nicht auf die Erschießung von Ostarbeitern beschränkt, Fälle von Erschießungen von „Deserteuren" oder „Überläufern" in buchstäblich letzter Minute sind in großer Zahl und für das gesamte Reichsgebiet bezeugt.[53]

Fünf Aspekte scheinen mir bei der Frage nach Ursachen und Motiven für ein solches Verhalten wesentlich zu sein. Der eine ist in der Mentalität der Gestapo-Männer zu suchen: Die Auflösung der Kommandokette vom RSHA über die Gestapoleit- und -außenstellen bis zum einzelnen Gestapo-Beamten stellte vor allem die mittleren Dienstränge vor weitreichende Entscheidungen, denen sie bis dahin nicht ausgesetzt waren – eine Stunde der Bewährung, in der sich Langgelerntes anwenden ließ: treu zu seinen Prinzipien zu stehen, auch wenn alles um einen herum zusammenbricht. Andererseits ist die absurde Geschichte von den in der Hemer Oberschule sich gegenseitig bewachenden Gestapo-Männern symptomatisch: Alle warteten auf das Ende, aber wer das zu früh aussprach oder verschwand, galt als Verräter. Die „Prinzipien" entwickelten hier eine Eigendynamik, die es nicht erlaubte, sich in der Gruppe von ihnen zu trennen.

Gleichzeitig wußten die Gestapo-Leute aber auch, daß es eine Nachkriegsperspektive für sie in einem besiegten Deutschland nicht geben würde (daß es sie später für viele doch gab, war kurz vor Kriegsende ganz unwahrscheinlich). Aus einer Haltung heraus, die man mit „Wenn ich schon dran glauben muß, will ich vorher wenigstens noch möglichst viele mitnehmen" umschreiben könnte, speiste sich das in den Quellen oft anklingende sehr persönliche und besonders brutale Interesse einzelner an den Erschießungen.

Gegenüber den Ausländern gab es zudem eine Reihe von Argumenten, die das eigene Tun als gerechtfertigt erscheinen ließen. Zunächst die Tatsache, daß überall in der Welt in Katastrophenfällen Plünderer standrechtlich erschossen werden. Es besteht auch kein Zweifel, daß in vielen Fällen Morde und Diebstähle von „Banden" oder einzelnen Plünderern polizeilich exakt ermittelt und die Täter gefaßt wurden. Daß es hier aber gar kein Standgericht gab und daß schon das bloße „Umherstreunen" der Ausländer reichte, um sie als „Plünderer" zu erschießen, spielte dabei eine untergeordnete Rolle, zumal die Befehle „von höherer Stelle", auf die sich der örtliche Gestapo-Chef in Gelsenkirchen berief, ohne zu wissen, welche Stelle das nun war, dem einzelnen Gestapo-Beamten kein Nachdenken erlaubten (obwohl es eine Reihe von Fällen gegeben hat, wo Gestapo-Leute auf dem Weg zur Hinrichtung „ihren" Delinquenten entwischen ließen, um der Verfolgung aufnehmen und der Beteiligung an den Erschießungen entgehen zu können). Der „Schutz der Bevölkerung" vor ausländischen Plünderern konnte sich zudem auf einen hohen Zustimmungsgrad in der deutschen Öffentlichkeit stützen, zumal die Ostarbeiter eine willkommene Ablenkungsmöglichkeit von der unter den deutschen Volksgenossen grassierenden Kriminalität darstellten. Einbruch und Plünderung standen den Ostarbeitern gewissermaßen nicht zu, stellten aber andererseits die Erfüllung all jener rassistischen Ängste dar, die ihnen gegenüber seit Beginn ihres Arbeitseinsatzes gehegt wurden – in manchem vielleicht auch eine Erlösung, weil nun endlich das einzutreten schien, was man immer vermutet hatte: der „Russe" als plündernder und mordender Bandit. Die Diebstähle der „Banden" konnten so das schlechte Gewissen über die Behandlung der sowjetischen Arbeiter in den Jahren zuvor kompensieren, glichen sozusagen die ihnen gegenüber begangenen Untaten wieder aus und konnten somit bedenken- und gnadenlos „gerächt" werden. Dieses Phänomen taucht in der Haltung der deutschen Bevölkerung gegenüber den – tatsächlichen oder angeblichen – Plünderungen und Ausschreitungen der nach der Befreiung zu „Displaced Persons" gewordenen Fremdarbeiter wieder auf. Die Ausländer verließen in der Sicht vieler Deutscher dadurch die Rolle des unschuldigen Opfers und begaben sich auf die gleiche Ebene wie ihre früheren Unterdrücker – man war also unter sich und hatte sich gegenseitig nichts vorzuwerfen.[54]

„Rache" war überhaupt ein wichtiges Motiv für den Umgang mit den Ostarbeitern, nicht nur bei der Gestapo, sondern auch bei den vielen kleinen Werkschutzleuten und Volkssturmmännern, die in den letzten Kriegsmonaten an der Jagd auf Ostarbeiter beteiligt waren und an ihnen ihre Wut über die Bombardierungen und die militärische Niederlage ausließen. Das Bedürfnis, Rache zu nehmen, war jedoch bei denen, die sich nach dem Krieg einen neuen Anfang erhofften, gebrochen durch Ansätze der Rückversicherung bei den Ausländern als den „Herren von Morgen" – ein Element, das in der Nachkriegszeit seine Fortsetzung fand. Bei den Gestapo-Leuten und anderen Exekutivbeamten, die nach dem verlorenen Krieg schon aus der Logik des eigenen Handelns heraus auch mit dem eigenen Ende rechnen mußten, fiel diese Rückversicherung weg.

Womöglich entscheidend aber scheint in vielen Fällen das Motiv der „Ordnung und Sauberkeit" gewesen zu sein. Denn die marodierenden „Banden" der Ausländer – hungrig, in Lumpen, ohne Arbeit, ohne behördliche „Erfassung", manchmal bewaffnet, oft krank und noch dazu „Russen" – schienen geradezu den Idealtypus all dessen darzustellen, was der deutsche Nationalsozialismus bekämpfte. Es waren, so kann man vermuten, gar nicht in erster Linie die „Taten" der obdachlosen Ostarbeiter, sondern geradezu ihre Existenz, die als nicht hinnehmbare Provokation empfunden wurde. Stellte der nationalsozialistische Rassismus schon per se den Versuch dar, „die verwirrende Vielfalt einer international verflochtenen Industriegesellschaft über den terroristischen Leisten der rassisch reinen Volksgemeinschaft mit ‚wissenschaftlich' legitimierter sozialer Stufenleiter und Leistungsnorm zu schlagen",[55] so stellten die herumstreunenden Ausländer im Chaos der Städte in der letzten Kriegsphase den Inbegriff von Unordnung und daraus resultierender Bedrohung für die Nazis dar. Dieser Aspekt wird besonders augenfällig in der abschließenden Schilderung eines solchen Falles, der in mancher Hinsicht geradezu als eine zugespitzte Zusammenfassung des nationalsozialistischen Rassenwahns und der Denk- und Verhaltensweisen seiner Protagonisten gelten kann.[56]

Die ausländische Arbeiterschaft des Ruhrgebiets – wie anderer großstädtischer Regionen – hatte sich seit dem Sommer 1944 in drei Gruppen geteilt: Die größte, aber kontinuierlich abnehmende, lebte in nicht oder nur wenig zerstörten Lagern und ging mehr oder weniger regelmäßig zur Arbeit. Die zweite Gruppe war ausgebombt worden und wartete in den Ruinen der Städte auf die Befreier, während die dritte Gruppe das Ruhrgebiet verließ und versuchte, in den landwirtschaftlichen Regionen des Umlands sich bis Kriegsende durchzuschlagen. So strömten Tausende von Ausländern in das Münsterland, das Bergische Land und vor allem ins Sauerland.

War diese Bewegung zunächst eine illegale Abwanderung von „Arbeitsvertragsbrüchigen", so wurde sie seit Ende 1944 in großem Stile von den deutschen Behörden selbst organisiert, die die Fremdarbeiter, welche Arbeitsplatz und Unterkunft verloren hatten, vom näherrückenden Frontgebiet im Westen weg in Richtung Osten verlagerten. Die Fremdarbeiter wurden in Trupps zusammengestellt und sollten, von Werkschutzleuten begleitet, in der Regel zu Fuß ihr Ziel erreichen. Die Bewacher setzten sich aber meist schon nach wenigen Tagen ab, die Versorgung mit Lebensmitteln funktionierte nicht, so daß die Ausländer auf sich allein gestellt irgendwo zwischen ihrem Ausgangsort und dem Zielpunkt im Sauerland versuchen mußten, sich alleine durchzuschlagen, um das nahe Kriegsende lebend zu erreichen; wurden sie doch bald von der Gestapo oder anderen deutschen „Ordnungskräften" wegen „Marodierens" verfolgt. Im Januar 1945 nahm die Zahl der allein oder in Begleitung ostwärts wandernden, teilweise auch mit der Reichsbahn aus dem Ruhrgebiet meist in die Gegend um Hagen gebrachten Fremdarbeiter rapide zu. Die Zivilbehörden des Regierungspräsidenten in Arnsberg hatten einen umfassenden Organisationsplan für die „geordnete Rückführung" der Fremdarbeiter ausgearbeitet, mit genauer Festlegung der Marschwege, Bewachung, Unterbringung, Verpflegung usw.

Die aus dem Ruhrgebiet kommenden Fremdarbeiter wurden so von Ort zu Ort weitergeleitet. Anfang März 1945 kamen etwa Tausend am Tag durch die einzelnen Stationen. Als die Zahl weiter wuchs, sperrten die an den Regierungsbezirk Arnsberg angrenzenden Gaue ihre „Grenzen" gegen den Zustrom von Ausländern – es entstand ein Stau, der sich in der Gegend um Meschede ansammelte. In den umliegenden Kleinstädten und Dörfern stieg die Zahl der ankommenden Fremdarbeiter stark an, die Unterbringungsmöglichkeiten in großen Lagern oder Hallen waren bald ebenso erschöpft wie die Lebensmittelversorgung. Infolgedessen verteilten sich viele Fremdarbeiter auf die umliegenden Wälder, um hier auf die Alliierten zu warten. Zwar stieg daraufhin die Zahl der Kleindiebstähle vor allem von Kleinvieh und Feldfrüchten in dieser Gegend an, Überfälle, Raub oder sonstige Gewalttaten blieben jedoch aus.

In der gleichen Gegend operierten zu dieser Zeit Einheiten der Division ZV2, die die Aufgabe hatte, aus den Sauerländer Wäldern heraus die deutsche Wunderwaffe V2 zu verschießen. Ihr Divisionsstab lag in Suttrop, einem kleinen Ort bei Warstein. Dem Divisionskommandeur, dem Ingenieur und SS-General Kammler, fielen nun während einer Fahrt nach Warstein die auf der Straße entlang ziehenden Fremdarbeiter auf. Erregt über den dadurch hervorgerufenen Verkehrsstau bedeutete er seinem Mitfahrer, man solle „dieses Pack umlegen". Als er einige Tage später im Wald bei Suttrop spazieren ging, traf er plötzlich auf eine große Gruppe von Fremdarbeitern, die dort lagerten und Hühner rupften. Kammler teilte seinem Stab daraufhin mit, dieses Volk bilde eine ungeheure Gefahr für die Sicherheit, hier müsse eingegriffen werden. Diese Gefahr könne nur dadurch herabgesetzt werden, daß man die sowjetischen Fremdarbeiter dezimiere, denn diese hätten nach dem Einmarsch nur dann Aussichten, unbehelligt in ihre Heimat zurückzukehren, wenn sie sich durch Terrorakte in Deutschland als Antifaschisten ausweisen könnten. Zwar sei es noch nicht zu größeren Ausschreitungen gekommen, diese seien aber unbedingt zu erwarten, und dem müsse vorgebeugt werden. Außerdem sei die Ernährungslage schlecht, und die Lebensmittelversorgung der deutschen Zivilbevölkerung werde durch die Fremdarbeiter noch geschmälert. Es gäbe nur noch die Alternative „wir oder sie!", also müsse eine größere Zahl Ostarbeiter erschossen werden. Noch am Abend des gleichen Tages, dem 20. März 1945, begab sich ein Kommando aus Wehrmachtssoldaten unter Führung des Divisionsrichters in die als Notaufnahmelager hergerichtete Schützenhalle in Warstein. Auf die Aufforderung, wer in ein anderes Lager wolle, solle sich melden, kamen viele Fremdarbeiter heraus, durchweg Ostarbeiter: 56 Frauen, 14 Männer und ein sechsjähriges Kind; sie wurden von dem Kommando auf LKW's verladen, auf einer Wiese im Langenbachtal bei Eversberg hingerichtet und in Massengräbern verscharrt. Am nächsten Tag wiederholte sich der Vorgang: Ein Kommando fuhr zur Schützenhalle, lud „80 stämmige Ostarbeiter für den Arbeitseinsatz" auf, fuhr mit ihnen zu einer Wiese zwischen Eversberg und Meschede und erschoß sie dort. Wenige Tage später folgte die dritte Exekution, bei der 57 Ostarbeiter – 35 Männer, 21 Frauen und ein Säugling – getötet wurden. Insgesamt fielen dem Ärger des Divisionskommandeurs über die umherstreifenden Ausländer mindestens 208 Menschen aus der Sowjetunion zum Opfer.

Nur wenige Tage später, am 7. April 1945, wurde Warstein von amerikanischen Truppen befreit.

4. Vom Fremdarbeiter zum „DP" – ein Ausblick

Anders als die Befreiung der Insassen der deutschen Konzentrations- und Vernichtungslager, die im Frühjahr 1945 die Weltöffentlichkeit tief und nachhaltig erschütterte, hatte die Befreiung der in Lagern, auf Arbeitskommandos oder in den Wäldern von den vorrückenden alliierten Truppen angetroffenen Zivilarbeiter und Kriegsgefangenen aus aller Herren Länder nicht einen so dramatischen Verlauf genommen. Über ihr Schicksal wurde weit weniger bekannt. Dadurch, daß ehemalige KZ-Häftlinge ebenso wie französische Zivilarbeiter, Wlassow-Soldaten ebenso wie sowjetische Kriegsgefangene, italienische Militärinternierte oder polnische Landarbeiterinnen von den Alliierten mit dem Sammelnamen „Displaced Persons" (DP) bezeichnet wurden, verwischten sich im Bewußtsein vieler westalliierter Besatzungsoffiziere wie in der deutschen und internationalen Öffentlichkeit die Unterschiede zwischen den vielen Gruppen „entheimateter Ausländer", die ja meist nicht mehr miteinander gemein hatten, als daß sie sich eben als Ausländer bei Kriegsende in Deutschland befanden. Trotz der einheitlichen Bezeichnung aber bildeten sich, was den weiteren Werdegang der vielen DP-Gruppen betraf, schnell neue, gravierende Unterschiede heraus – und es ist bestürzend zu sehen, daß auch nach 1945 meist diejenigen das schwerste Schicksal erlitten, denen es auch während des Krieges in Deutschland am schlechtesten ergangen war. Diese Entwicklung kann hier nur angedeutet werden, zumal sie in großen Teilen nach wie vor unerforscht ist. Sie soll aber am Ende dieser Arbeit zumindest skizziert werden, damit nicht der falsche Eindruck erweckt wird, als sei für alle Fremdarbeiter ihre Leidensgeschichte am Tage der Befreiung zuende gewesen.

Am 5. Mai 1945 hatte Eisenhower in einer über Rundfunk in vielen Sprachen verbreiteten Botschaft an die in Deutschland befindlichen Ausländer appelliert: „Verlassen Sie nicht den Bezirk, in dem Sie sich befinden. Warten Sie auf Anordnungen. Bilden Sie kleine Gruppen Ihrer eigenen Nationalität und wählen Sie Sprecher, die für Sie mit den alliierten Dienststellen verhandeln."[57]

Die Westalliierten hofften, dadurch das Problem der DPs in Deutschland in kurzer Zeit organisatorisch in den Griff zu bekommen – tatsächlich aber waren die alliierten Truppen mit den auf sie zukommenden Schwierigkeiten zunächst stark überfordert. In den meisten Fällen trafen die vormarschierenden Einheiten der Alliierten unmittelbar an der Front auf die Fremdarbeiter und Kriegsgefangenen, so daß in der Regel zunächst nicht mehr geschehen konnte, als sie in die rückwärtigen Gebiete zu führen und fürs erste zu versorgen. Ein durchorganisiertes Auffangsystem bestand nicht, und es dauerte oft viele Wochen, bis eine den selbstgesetzten Anforderungen der alliierten Führung entsprechende Unterbringung und Versorgung der DPs gewährleistet war.

Für die meisten der in Deutschland befindlichen Personen aus dem westlichen Ausland, die ehemaligen „Westarbeiter" und „Westgefangenen" also, war das kein allzu großes Problem, ging ihr Interesse doch sowieso dahin, möglichst sofort und ohne Zwischenaufenthalt nach Hause zurückzukehren. Da das kollektiv zunächst nur schwer möglich schien, machten sie sich individuell auf den Weg, mit der Folge, daß Zehntausende dieser „wandernden Horden"[58] die deutschen Landstraßen verstopften, sich teilweise von Beutezügen in den Dörfern, die sie durchzogen, ernährten und die alliierten Truppen in beständiger Unruhe hielten. Erst einige Wochen nach dem Ende der Kampfhandlungen in den jeweiligen Gebieten gelang es, einen Großteil der DPs in den „Assembly Centers" zu zentralisieren, ihre Versorgung sicherzustellen und ihre Repatriierung vorzubereiten. Um welche Größenordnungen es hier ging, wird durch die Zahlenangaben des Alliierten Oberkommandos (SHAEF) deutlich, das von 11.332.700 DPs insgesamt ausging, davon allein etwa 6,362 Millionen in den drei Westzonen.[59]

So unterschiedlich die Lage der verschiedenen Ausländergruppen während des Krieges in Deutschland gewesen war, so verschieden war auch der Zustand, in dem sie von den Alliierten aufgefunden wurden. Diejenigen von ihnen, die von den Deutschen auf dem Lande eingesetzt waren, befanden sich bei ihrer Befreiung meist in weit besserem Zustand als die in den Fabriken und Städten aufgefundenen; die Situation der Arbeitskräfte aus dem Westen war im Durchschnitt besser als der aus dem Osten, und die Lage der befreiten KZ-Insassen war in den meisten Fällen noch ungleich schlechter als die der Zivilarbeiter und der zur Arbeit eingesetzten Kriegsgefangenen. Neben den durch unzureichende Versorgung hervorgerufenen Gesundheitsschäden wurden vor allem Epidemien gemeldet, Tuberkulose war bis ins Jahr 1947 hinein die verbreitetste Krankheit unter den DPs. Es gelang den Alliierten aber in vergleichsweise kurzer Zeit, die gesundheitliche Situation der DPs nachhaltig zu verbessern. Grund dafür waren neben den entsprechenden Lebensmittelrationen und der ärztlichen Versorgung in vielen Fällen die Unterkünfte für die DPs. Zwar wurden viele von ihnen wiederum in ehemaligen Ausländerlagern untergebracht, nicht wenigen aber wurden requirierte Wohnungen Deutscher zur Verfügung gestellt, was in der deutschen Bevölkerung auf fassungslose Empörung stieß (während man für die Wohnungsbeschlagnahme zugunsten alliierter Soldaten und Offiziere weit mehr Verständnis zeigte).[60]

Im Mittelpunkt der Auseinandersetzungen in der deutschen Öffentlichkeit der Nachkriegszeit über die DPs aber standen die Meldungen über die DP-Kriminalität, die bezeichnenderweise das Bild der Fremdarbeiter in den Erinnerungen vieler Deutscher bis heute zu prägen scheinen.[61] Neben Berichten über Plünderungen und Nahrungsmitteldiebstähle standen dabei die Racheakte der DPs, vor allem derjenigen aus Polen und der Sowjetunion, im Vordergrund. „Am stärksten ist das Verlangen nach Rache an ihren deutschen Gebietern bei den sowjetischen Verschleppten gewesen", faßten amerikanische Stellen diese Entwicklung zusammen;[62] und ein Augenzeuge, ein englischer Offizier, erinnerte sich: „Sie wüteten nur so um sich – brachen in alle Häuser ein, vergewaltigten alle Frauen, tranken allen vorhandenen Alkohol aus. Die Deutschen leisteten keinen Widerstand, suchten sich nur zu verstecken. Die Russen waren nicht organisiert, waren nur lauter bis zum Exzess randalierende Einzelne. Das, was sie als Gefangene durchgemacht hatten, ließ sie so brutal werden."[63] Es ist in der Tat unmittelbar nach der Befreiung zu derartigen Ausschreitungen vor allem der Ostarbeiter und Polen gekommen; in den meisten Fällen aber handelte es sich dabei um spontane, aber gezielte Racheakte gegenüber einzelnen Deutschen – meist gegen ehemalige Vorgesetzte, Meister, Lagerleiter oder Werkschutzleute; im Ruhrgebiet besonders gegen Steiger, die vorher ausländische Bergarbeiter befehligt hatten.[64]

Viele Anzeichen verweisen darauf, daß es gerade im Bereich der Plünderungen Kontinuitäten in der Bandenkriminalität über das Kriegsende hinaus gegeben hat. So wurde häufiger gemeldet, daß Teile der sowjetischen Zivilarbeiter bewaffnet gewesen seien und sich weigerten, die Waffen abzugeben, und die 9. US-Armee meldete: „Mehrere DPs und Deutsche wurden bei Unruhen in Essen getötet; alle Vorratshäuser wurden geplündert. 20 Russen und 7 Italiener wurden vom Militärstandgericht Westerburg wegen Plünderung und unerlaubten Verlassens des DP-Lagers (‚camp') verurteilt; die Strafen reichten von 20 bis 100 RM. Eine Streife des Feldartillerie-Bataillon 603 wurde von bewaffneten DPs unter Feuer genommen, die bei dem Versuch verfolgt wurden, Terroristen zu erledigen; zwei Russen wurden getötet, 1 verwundet, und Beutegut wurde sichergestellt. DPs bewegen sich von einem Bauernhof zum anderen, Gruppen von wenigen Personen bis zu einer Stärke von 30 – 40, und fordern die Herausgabe von Produkten, Kleidung, manchmal sogar Schmuck und anderem persönlichen Eigentum. Die Störungen vermindern sich in dem Maße, in dem DPs in bewachten Lagern zusammengefaßt werden."[65]

Für viele ehemalige Fremdarbeiter und Kriegsgefangene hatte sich ihre Situation seit der Befreiung eben durchaus nicht schlagartig geändert, und es ist schon von daher nicht verwunderlich, daß die in der letzten Kriegsphase entstandenen Organisationsformen in „Banden" noch einige Wochen und Monate nach Kriegsende weiter bestanden.

Vergleicht man aber die Häufigkeit solcher Berichte über Ausschreitungen der DPs mit den Kriminalitätsstatistiken, so relativiert sich das Bild, denn insgesamt war die Kriminalitätsrate bei den DPs nicht höher als die der Deutschen, die nach dem

Kriege geradezu inflationär anstieg.⁶⁶ Auf die Haltung in der deutschen Bevölkerung wie auch bei den alliierten Stellen hatten solche Meldungen über die DP-Kriminalität allerdings erhebliche Auswirkungen. Für viele Deutsche waren sie offenbar willkommene Anlässe nicht nur zu nachträglicher Rechtfertigung der Behandlung vor allem der Ostarbeiter während des Krieges, sondern wurden Teil einer gigantischen Aufrechnung nach Soll und Haben, in der die Vertreibung der deutschen Bevölkerung aus den Ostgebieten gegen die Tätigkeit der Einsatzgruppen der SS in der Sowjetunion aufgewogen wurde, das Schicksal der deutschen Kriegsgefangenen gegen das der sowjetischen Kriegsgefangenen, der Einmarsch der Deutschen in der Sowjetunion gegen die Vergewaltigungen durch die russischen Soldaten und schließlich: die Plünderungen der Fremdarbeiter gegen ihre Verschleppung und schlechte Behandlung.

Solche Berichte über Ausschreitungen der DPs kamen vielen Deutschen offenbar nicht ungelegen, sie entsprachen der von der NS-Propaganda und der Gerüchteküche des Krieges geschärften Erwartung gewalttätiger Erhebungen der Ausländer; ja, sie scheinen manchmal geradezu herbeigewünscht worden zu sein, konnte dadurch doch eine Art von Abrechnung gleich zu gleich postuliert werden. Der hohen Kriminalitätsrate unter Deutschen wurde demgegenüber viel weniger Aufmerksamkeit geschenkt. Nicht das Plündern wie andere Formen typischer Nachkriegskriminalität selbst scheint das Verwerfliche gewesen zu sein; sondern daß bis dahin wehrlose Opfer dadurch zu Tätern wurden – sie konnten also nicht mehr Ankläger sein, das an ihnen begangene Unrecht schien dadurch „abgegolten". So kam es zu einer Art von bruchloser Fortsetzung, ja Bestätigung in der Haltung gegenüber den ehemaligen Fremdarbeitern und jetzigen DPs.⁶⁷ In einem Bericht der für die DPs zuständigen UN-Organisation vom April 1946 hieß es dazu: „Es ist eine Tatsache, daß einige DPs sich krimineller Tätigkeit schuldig machen. Ebenso ist es eine Tatsache, daß, wann immer eine kriminelle Handlung deutschen Behörden berichtet wird, der Verdacht gegen die DPs gelenkt wird ... Der Begriff ‚DP' hat schon eine nahezu beleidigende Bedeutung erhalten, und sogar die Militärbehörden behandeln diese Leute wie ein drittklassiges Pack ohne Hintergrund."⁶⁸ Aus Memmingen wurde zur gleichen Zeit gemeldet: „In fast jedem Fall, in dem DPs von deutscher Polizei verhaftet wurden, wird der einzelne DP zusätzlich belastet – entweder durch die Angabe, er habe Widerstand geleistet, oder durch die der Beleidigung der Polizei. Die deutsche Polizei ist gegenüber DPs stets härter und brutaler als gegenüber Deutschen in ähnlichen Fällen ... Es bleibt eine Tatsache: die Haltung der deutschen Polizei gegenüber den DPs ist nicht die des Schutzes, sondern die der Verfolgung, wenn auch einstweilen noch im kleinen Maßstab. Das hat Schritt für Schritt zugenommen, geradezu methodisch und wie nach Fahrplan."⁶⁹

Auch bei den alliierten Behörden wurde auf die Berichte über die DP-Kriminalität vielerorts nicht nur mit Erstaunen, sondern geradezu mit Entrüstung reagiert. Ein amerikanischer Offizier beispielsweise notierte 1945 über die Denkweise vieler seiner Kollegen: „Diese verdammten Polen! Kein Wunder, daß sie von den Deutschen so behandelt wurden. Ich erinnere mich nicht mehr, wie oft ich Offiziere der Militärregierung das habe sagen hören. Dieser Satz spiegelt das Denken einer beträchtlichen Anzahl von amerikanischen Offizieren."⁷⁰ Dies gilt sicherlich nur in eingeschränktem Maß, denn die westalliierten Stellen bemühten sich in der Tat mit großer Energie darum, die DPs gut zu versorgen, unterzubringen und ihnen möglichst rasch die Heimfahrt zu ermöglichen – eine Aufgabe, die angesichts der Größenordnung der Probleme mit Erfolg gelöst wurde und die eine ganz erhebliche organisatorische und politische Leistung darstellt. Das Erstaunen bei den alliierten Behörden über die DPs rührt aber aus der Differenz zwischen Realität und Erwartung her. Man hatte dort vor Kriegsende die ausländischen Zwangsarbeiter in Nazi-Deutschland offenbar in den Vorstellungen auf ihre Funktion als wehrlose Opfer reduziert. Phänomene wie Rachedurst, eine rauschartige Befreiungseuphorie oder auch die Gewöhnung an ein monate-, oft jahrelanges Leben ohne geregelte Versorgung oder an den Zusammenhalt im Untergrund, in den „Banden" (der „Terroristen", wie diese Zusammenschlüsse auch nach der Befreiung genannt wurden), waren nicht vorhergesehen und erwartet worden. „Die Fassungslosigkeit über die DP-Kriminalität", urteilt Wolfgang Jacobmeyer, „die sich in nahezu allen Berichten alliierter Stellen und Behörden der zonalen Militärverwaltungen finden läßt, bezieht ihre besondere Emphase auch nicht aus einer Massivität des Problems, sondern aus der Tatsache, daß sich in diesem Personenkreis Kriminalität überhaupt findet. Nach Auffassung aller beobachtenden Stellen hatten DPs gleichsam nicht das Recht zu kriminellen Taten", ihr Verhalten wurde „nicht nur als blanker Ungehorsam, sondern – schlimmer noch – als böswillige Undankbarkeit" empfunden.[71] Diese Reaktionen bei den alliierten Behörden erhielten ihre politische Bedeutung für die weitere Entwicklung dadurch, daß Amerikaner und Engländer aufgrund dieser irritierenden Erfahrungen nun noch ein verstärktes Interesse daran hatten, vor allem die sowjetischen DPs möglichst schnell loszuwerden – was auch geschah. Dadurch begann eine neue Station auf dem Leidensweg zehntausender sowjetischer DPs, der für viele erneut in Zwangsarbeitslagern oder gar im Tod endete.

Bereits auf der Konferenz von Jalta war vertraglich vereinbart worden, alle sowjetischen Staatsangehörigen ausnahmslos möglichst schnell in die Heimat zurückzuschicken – zu „repatriieren", wie der technische Begriff dafür lautete. „Ausnahmslos" – das bedeutete auch gegen den Willen der Betroffenen und notfalls mit Gewalt.[72] Das war solange kein Problem, als der größte Teil der sowjetischen DPs gern und freiwillig den Repatriierungsgeboten folgte. Bis Anfang Juli 1945 waren bereits etwa 1,4 Millionen der etwas über 2 Millionen sowjetischen DPs der Westzonen an die sowjetischen Streitkräfte übergeben worden (Ende des Jahres waren es 2.034.000: 98 Prozent!).[73]

Die Schwierigkeiten begannen erst, als die erste Welle der Repatriierungswilligen zurückgeführt war und es sich zeigte, daß unter den Verbliebenen der Anteil derjenigen, die sich gegen eine Repatriierung sträubten, groß war und beständig zunahm. Das bezog sich nicht nur, aber vor allem auf diejenigen, die wegen tatsächlicher oder vermeintlicher Kollaboration mit den Nazis Anlaß hatten, eine Rückkehr in die UdSSR zu fürchten: in erster Linie die Angehörigen der „Wlassow-Armee", dann die Kosaken-Verbände, deren Mitglieder zum größten Teil bereits vor 1939 im Exil gelebt hatten und auf deutscher Seite gekämpft hatten, nun aber gleichfalls unter die Repatriierungsbestimmungen fielen, und schließlich die Angehörigen jener sowjetischen Volksgruppen, die in dem Verdacht standen, schon beim Einmarsch der

399

Wehrmacht mit den Deutschen sympathisiert und mit ihnen kollaboriert zu haben: Esten, Letten, Balten und – in geringerem Umfang – Ukrainer.

Daß vor allem Wlassow-Soldaten und Kosaken allen Grund hatten, ihre Repatriierung zu fürchten, läßt sich belegen. Aus Augenzeugenberichten verläßlicher Zeugen geht hervor, daß ein Großteil dieser Menschen von den sowjetischen Behörden hart bestraft, in vielen Fällen getötet oder zu langjähriger Haft in sibirische Lager gebracht worden ist.[74] Dementsprechend wuchs der Widerstand dieser Gruppen sowjetischer DPs gegen die Zwangsrepatriierungen – auch bei den baltischen und ukrainischen DPs. Die sowjetischen Repatriierungsoffiziere wurden in den DP-Lagern mit Steinhageln empfangen, viele DPs flüchteten, es kam zu Aufruhr und Verzweiflungstaten, bis hin zu solch erschütternden Szenen wie im Januar 1946 in Dachau, wo die Bewohner eines sowjetischen DP-Lagers von amerikanischen Soldaten in einen Zug nach Osten verladen werden sollten. Ein beteiligter amerikanischer Soldat berichtete: „Es war nicht mehr menschlich ... Es waren nicht Menschen in den Baracken, als wir hineinkamen, es waren Tiere. Die GIs schnitten die meisten rasch los, die sich an den Deckenbalken erhängt hatten. Die, die noch bei Bewußtsein waren, schrien uns auf russisch an, deuteten dabei erst auf die Schußwaffen der Soldaten, dann auf sich selbst, und baten uns flehentlich, sie zu erschießen."[75]

Das Schicksal der übrigen, nicht in Kollaborationsverdacht stehenden sowjetischen DPs liegt gänzlich im Dunkeln. Die Andeutungen exilrussischer Schriftsteller, die Verfolgungen durch sowjetische Behörden hätten nicht nur den unter Kollaborationsverdacht stehenden, sondern mehr oder weniger allen in deutschem Gewahrsam gewesenen sowjetischen Staatsbürgern gegolten, sind bislang nicht schlüssig belegt worden – auch wenn darauf hingewiesen wird, daß bereits die Gefangennahme eines sowjetischen Soldaten als mangelnde militärische Pflichterfüllung angesehen worden sei. Eine Aufklärung des weiteren Schicksals der sowjetischen DPs steht aus.[76]

Bis auf einige zehntausend sind nach und nach alle DPs repatriiert worden. Die Übriggebliebenen – unter ihnen viele Polen – versuchten zum Teil, nach Nordamerika auszuwandern, viele blieben aber auch als „Heimatlose Ausländer" in Westdeutschland.

Einen Anspruch auf „Wiedergutmachung" haben die ehemaligen Fremdarbeiter und Kriegsgefangenen, die während des Krieges in Deutschland zur Arbeit eingesetzt worden waren, nicht; entsprechende Anträge wurden von den Gerichten in der Bundesrepublik bislang immer als „unbegründet" abgewiesen.

Zusammenfassende Überlegungen

Der millionenfache Arbeitseinsatz von Ausländern im nationalsozialistischen Deutschland während des Zweiten Weltkrieges kann in seiner Bedeutung für das Herrschaftssystem des Dritten Reichs ebensowenig wie in seinen Auswirkungen auf die deutsche Kriegswirtschaft, seinen Folgen für die betroffenen ausländischen Arbeitskräfte oder seinen kurz- wie langfristigen Konsequenzen für die deutsche Bevölkerung begriffen werden, wenn er als strukturelles oder gar statisches „Funktionselement" des deutschen Faschismus interpretiert wird.

Vielmehr zeigt schon ein Vergleich der zögerlichen und ganz auf vorübergehende, kurzfristige Maßnahmen abgestellten Entscheidungen über den Poleneinsatz im Herbst und Winter 1939 mit der Praxis der riesenhaften, fast ganz Europa umspannenden Arbeitseinsatzorganisation vier Jahre später, daß es sich hierbei um einen durch raschen und tiefgreifenden Wandel gekennzeichneten und von verschiedenartigen Dynamiken bewegten Prozeß handelte. Der Ausländereinsatz von 1940 und derjenige von 1944, obwohl kein halbes Jahrzehnt voneinander getrennt, weisen gravierende Unterschiede auf: nicht nur in Bezug auf die Größenordnung, sondern auf die dahinterstehende politische Zielsetzung und ihre ideologische Rechtfertigung, die ökonomische Effektivität, die Lage der betroffenen ausländischen Arbeitskräfte und die Methoden ihrer Behandlung.

Die Zahl der dabei aufeinander einwirkenden und sich verstärkenden Faktoren ist erheblich: die militärische Entwicklung, die kriegswirtschaftlichen Sachzwänge, die Eigenentwicklung der Installierung von massenhafter Zwangsarbeit mit der ihr innewohnenden Tendenz zur Totalisierung, die Bedeutung der (in anfangs nicht vorstellbare Größenordnungen) wachsenden Zahl der Ausländer in Deutschland, die damit in Zusammenhang stehende, wuchernde Ausweitung der Bürokratien – aber auch ideologische Elemente: die fortwährende Radikalisierung der Regimespitze, die Zunahme von Fanatismus bei den unteren Chargen der Diktatur und auch der Wandel von Skepsis über Begeisterung zu Resignation bei großen Teilen der deutschen Bevölkerung. Sie kennzeichnen einen gesellschaftlichen Zustand andauernder, sprunghafter und tiefgreifender politischer und sozialer Veränderung; eine wilde Hektik, die bei der Betrachtung des Ausländereinsatzes als Grundlage aller einzelnen Untersuchungen berücksichtigt werden muß.

Diese Dynamisierungsprozesse verliefen jedoch auf den verschiedenen politischen und gesellschaftlichen Ebenen nicht mit der gleichen Geschwindigkeit. Politische Intentionen in der Regimespitze und soziale Realität des Ausländereinsatzes in den Lagern und Betrieben entwickelten sich vielmehr seit Kriegsbeginn in unterschiedlichen und oft wechselnden Richtungen und Beschleunigungen auseinander. Die Geschichte des Ausländereinsatzes wurde nicht prädestiniert durch einen langfristigen und langgehegten Plan der nationalsozialistischen Führung zur Organisation der massenhaften Zwangsarbeit von Ausländern und dessen dann schrittweise erfolgte Realisierung. Entscheidend war hier vielmehr ein komplizierter Interaktionsprozeß zwischen den daran auf verschiedenen Ebenen Beteiligten in der Regimeführung, der verschiedenen „Fraktionen" in den Administrationen, der Verantwortlichen in den Betrieben sowie den unteren Funktionsträgern in den Lagern und an den Arbeitsstellen – ein Prozeß, der zudem von unterschiedlichen und sich wandelnden Interessen und zum Teil sehr gegenläufigen Trends gekennzeichnet ist.

Schließlich kommt drittens eine eher methodische Überlegung hinzu, um die Voraussetzungen für ein Resümee dieser Untersuchung zu benennen: In der vorliegenden Literatur konkurrieren – etwas vergröbert – zwei Interpretationsansätze des „Fremdarbeitereinsatzes" miteinander, die für die jeweiligen Wahrnehmungsweisen und Fragehaltungen aussagekräftig sind. Die Beschäftigung von Ausländern im Dritten Reich wird zum einen in der Tradition und Kontinuität der „normalen" europäischen Arbeitermigrationen beschrieben und als vorwiegend sozialtechnisches Problem behandelt, während „Ausschreitungen" als aus der Natur des Krieges entstandene Sonderfälle begriffen werden – dem entspricht auch die Struktur der Erinnerungen in der deutschen Bevölkerung an den Ausländereinsatz. Dagegen wird zum anderen die Praxis des „Sklavenarbeitsprogramms" beschrieben als unablässige Folge von Demütigung, Mißhandlung und Verbrechen.

Die Wahrheit liegt nicht in der Mitte. Die Schwierigkeit besteht vielmehr darin, diese beiden Wahrnehmungsformen so aufeinander zu beziehen, daß die Widersprüchlichkeit der nationalsozialistischen Ausländerpolitik wie des Lebens der ausländischen Arbeitskräfte in einer jahrelangen Ausnahmesituation in den Blick kommt, ohne daß die Differenzierung alle Konturen verwischt.

Bei näherer Betrachtung entsteht nämlich ein Bild vom Arbeitseinsatz der Fremdarbeiter im Nazideutschland, bei dem zum einen heute kaum nachvollziehbare, unmenschliche und widerwärtige Brutalitäten den Eindruck einer fremden Zeit in einem fremden Land entstehen lassen, viel länger her als die 40 Jahre, die uns heute davon trennen. Auf der anderen Seite wirken die Praxis des Arbeitsalltags in den Fabriken, die Formen des Umgangs miteinander, auch die tägliche Routine in manchem verblüffend nahe und vertraut und scheinen sich oft nur wenig zu unterscheiden von auch heute feststellbaren Arbeits- und Lebensweisen ausländischer Arbeiter in Deutschland. Erst wenn die soziale Wirklichkeit im Nazideutschland aus ihrer Entrückung in eine weitentfernte, unwirklich scheinende Vergangenheit befreit wird und eine in vielem sehr nahe und vertraut wirkende und der Lebenswelt des Betrachters in manchem ähnliche historische Gesellschaft zum Vorschein kommt, gelingt es aber, die Repression, den Terror, die Verbrechen gegenüber den Ausländern zu dimensionieren. Es kann so eine Vorstellung davon entstehen, was die Realisierung einer nach rassistischen Prinzipien aufgebauten sozialen Ordnung in einer modernen Gesellschaft bedeutet.

Eingangs wurde diese Untersuchung vorgestellt als der Versuch, ein Interpretationsangebot zur Geschichte der ausländischen Arbeiter in Deutschland zwischen 1939 und 1945 zu entwickeln, in dem die mit der Vorgeschichte, Genese und Planung des Ausländereinsatzes zusammenhängenden Fragen, der Bereich der politischen Entscheidung, die Probleme der Praxis der Arbeits- und Lebensverhältnisse der ausländischen Arbeiter und schließlich das Verhältnis zwischen Deutschen und Ausländern aufeinander bezogen untersucht werden sollten. Im folgenden sollen nun diese vier Aspekte zusammenfassend behandelt und einige weiterführende Überlegungen angestellt werden.

1. Der Arbeitseinsatz von ausländischen Zivilarbeitern während des Zweiten Weltkrieges war nicht das Ergebnis einer langfristigen Planung, ja nicht einmal Ausdruck der „fundamentalen Lehrsätze der nationalsozialistischen Überzeugung" (Milward). Vielmehr sprachen die Grundsätze nationalsozialistischer Ideologie ebenso gegen einen Ausländereinsatz solcher Größenordnungen, wie die Angst der Behörden vor sicherheitspolizeilichen Gefahren oder auch die erheblichen Devisenprobleme. Die Erfahrungen aus dem Ersten Weltkrieg sprachen zudem nicht für einen massenhaften Ausländereinsatz, zumal in der Industrie. Denn hier war deutlich geworden, daß qualifizierte Arbeitsleistungen von unfreiwillig nach Deutschland gekommenen ausländischen Arbeitskräften nur mit Hilfe eines umfassenden Repressionssystems zu erreichen waren, wie es gegenüber den Kriegsgefangenen ja bestand. Dementsprechend früh begannen die Vorbereitungen auf den Arbeitseinsatz von Kriegsgefangenen im Reich. Die Entscheidung, auch ausländische Zivilarbeiter in größerem Umfange einzusetzen, war hingegen vielmehr angesichts der immer bedrohlicher werdenden Arbeitskräfteknappheit das Ergebnis einer wirtschaftlichen und politischen Güterabwägung zwischen der Beschäftigung von deutschen Frauen und ausländischen Arbeitskräften.

Das Votum der Führungsspitze für den Ausländereinsatz war dabei beeinflußt vom Arbeitskräftezuwachs bei den ersten Annektionen auf dem Wege zur Europäischen Großraumwirtschaft in Österreich und der Tschechoslowakei. Dadurch hatte sich das Spektrum der durch sukzessive Gebietserweiterungen zu gewinnenden Ressourcen von Rohstoffen und Fabrikanlagen auf Arbeitskräfte erweitert. Jedoch verband sich damit weder eine längerfristige Planung noch die Idee eines „Zwangsarbeitsprogramms"; denn zum einen wurde durch den Formelkompromiß von der „vorübergehenden Notstandsmaßnahme" jedes mittel- und langfristige Konzept ausdrücklich negiert, zum anderen konnte man in der Regimespitze damit rechnen, daß 1939 polnische Arbeitswillige in großer Zahl angesichts der Kontingentsperre nur darauf warteten, in Deutschland arbeiten zu dürfen. Erst die Leichtigkeit, mit der nach dem Einmarsch in Polen neben den Kriegsgefangenen auch Zivilarbeiter für den Arbeitseinsatz im Reich zu rekrutieren waren, stieß die Verantwortlichen darauf, daß hier die Lücken des deutschen Arbeitsmarktes im großen Stil und binnen kurzem zu stopfen waren. Ausgangspunkte der dann im Herbst 1939 einsetzenden Entwicklung waren zum einen die Traditionen der rechtlichen und sozialen Diskriminierung der polnischen Saisonarbeiter, zum zweiten die Erfahrungen aus dem Ersten Weltkrieg mit dem Einsatz von Zwangsmitteln gegenüber dienstverpflichteten Ausländern und schließlich die seit Beginn der nationalsozialistischen Herrschaft forcierte Militarisierung und Reglementierung der Arbeitsbeziehungen in Deutschland. Daran anknüpfend setzte mit Kriegsanfang ein Prozeß der schrittweisen Verschärfung der Rekrutierungspraxis in Polen wie der Arbeits- und Lebensbedingungen der polnischen Arbeitskräfte in Deutschland ein; ein Prozeß, der binnen weniger Monate zur massenhaften Zwangsarbeit führte.

Die in Teilen der Regimespitze zur gleichen Zeit angestellten Überlegungen, ob die unter „Europäische Großraumwirtschaft" firmierenden Pläne zu einer vom Deutschen Reich dominierten europäischen Wirtschaftsallianz nicht auch auf Arbeitskräfte im Zuge des „intereuropäischen Arbeitskräfteaustausches" ausgeweitet und auch für die Zeit nach dem Krieg ins Auge gefaßt werden konnten, haben gegenüber den Arbeitskräften aus dem befreundeten und neutralen Ausland, zum Teil auch aus den besetzten Ländern im Westen, bis 1945 auf die Richtlinien der Ausländerpolitik eingewirkt, gerieten aber immer stärker in den Hintergrund. Denn zum einen wurde der Anteil der Arbeitskräfte aus dem Osten und der Zwangsanwerbungen bei den ausländischen Arbeitern generell immer größer, zum anderen ließen die Repressionen der deutschen Sicherheitsbehörden gegenüber den Ausländern und deren sich verschlechternde Lebensbedingungen in Deutschland den Entwurf einer solchen „Gastarbeiter"-Politik Makulatur werden.

Der Arbeitseinsatz der polnischen Zivilarbeiter und Kriegsgefangenen vorwiegend in der Landwirtschaft war nicht in erster Linie ein Reflex auf hier besonders ausgeprägte arbeitsmarktpolitische Zwänge, denn in der Rüstungsindustrie war die Nachfrage nach Facharbeitern nicht geringer als im Agrarsektor. Der Ausländereinsatz auf dem Lande war vielmehr die Kompensation der von den Nazis zwar beklagten, gleichzeitig durch die Aufrüstungspolitik aber gesteigerten Landflucht deutscher Arbeitskräfte in die besser bezahlenden Rüstungsfabriken; eine Entwicklung, die über den Markt nur durch Preiserhöhungen und gesetzlich nur über weitere Restriktionen gegenüber der deutschen Arbeiterschaft zu stoppen gewesen wäre. Durch das Freizügigkeitsverbot der in der Landwirtschaft eingesetzten polnischen Arbeitskräfte war hier relativ problemlos Abhilfe zu schaffen, solange die politischen Widerstände gegen den Ausländereinsatz durch die Betonung seines kurzfristigen und vorübergehenden Charakters einzudämmen waren. Von daher wird auch die Frage nach den Interessenten der Ausweitung des Ausländereinsatzes beantwortbar – der landwirtschaftliche Einsatz von mehr als einer Million Polen kam 1939 allen entgegen: dem nationalsozialistischen Wirtschaftsmanagement, weil ohne Strukturänderung oder Preiserhöhung die Rüstungspolitik vorangetrieben werden konnte; den landwirtschaftlichen Unternehmern, weil sie billige Arbeitskräfte in großer Zahl aus Polen erhielten, zumal dies an die Traditionen der Beschäftigung polnischer Saisonarbeiter in Ostdeutschland anknüpfte; der deutschen Industrie, weil der Arbeitskräftezufluß vom Lande anhielt und ihr deutsche Männer als Arbeitskräfte lieber waren als deutsche Frauen oder Ausländer; der militärischen Führung, weil die Aushebung von Soldaten dadurch einfacher wurde und schließlich der deutschen Bevölkerung, für die auf solche Weise die Vermeidung einer allgemeinen Dienstpflicht für Frauen und die Sicherstellung des hohen Versorgungsniveaus ohne zusätzliche Belastungen möglich wurden.

Die Entscheidung für die massenhafte Beschäftigung von polnischen Arbeitskräften in Deutschland lag so in der Logik und in der Tradition des deutschen Imperialismus, insofern sind hier deutliche Kontinuitätselemente sichtbar. Was aber die Methoden wie die Größenordnung des Ausländereinsatzes seit Ende 1939 betraf, so begann hier auch ein ganz neues Kapitel – hervorgerufen durch die riesenhaften Rüstungsanstrengungen der nationalsozialistischen Kriegswirtschaft, die

die Dimensionen aller vorherigen Arbeitskräftepolitik sprengten, ebenso wie durch die ideologischen Postulate der Nationalsozialisten, die in der millionenfachen Beschäftigung von „Fremdvölkischen" einen Verstoß gegen die eigenen Prinzipien erblickten, der durch Terror und besonders schlechte Behandlung der polnischen Arbeitskräfte sowie durch die konsequente Umsetzung rassistischer Grundsätze in die Praxis des Poleneinsatzes ausgeglichen werden sollte.

2. Die Politik der Regimeführung gegenüber den polnischen Arbeitskräften war zunächst vom Widerspruch zwischen den Traditionen der Saisonarbeit vor allem in Ostdeutschland und dem Bemühen um den Bruch mit diesen Traditionen gekennzeichnet: Zur Beruhigung der internationalen Öffentlichkeit und der um formelle „Rechtsstaatlichkeit" bemühten höheren Beamtenschaft wurde lautstark die Fortsetzung der seit Jahrzehnten bei der Beschäftigung polnischer Saisonarbeiter üblichen Verhältnisse bekundet. Gleichzeitig wurde das auf einem Bündel von Geheimerlassen errichtete Repressionssystem gegenüber den Polen konstituiert. Mit dem Polen-Sonderrecht wurde auch der politische Primat des RSHA in der Ausländerpolitik festgeschrieben, das von nun an bei allen Kompetenzkonkurrenzen innerhalb der Regimeführung sowohl in den straf- und sozialrechtlichen wie in den ideologischen und „rassischen" Fragen das letzte Wort behielt, zugleich aber ein prinzipieller Gegner des Ausländereinsatzes überhaupt blieb und sich mit dem Argument der ideologischen Identität des Nationalsozialismus Zugeständnisse von den an kriegswirtschaftlicher Effizienz interessierten Stellen nur mit der Zustimmung zur beständigen Forcierung der Repression der Polen als Gegenleistung abkaufen ließ. Bis zum Sommer 1940 war so im „Poleneinsatz" ein Modell entstanden, das arbeitsmarktpolitische Entlastung brachte, eine von ihren politischen Folgen her gefürchtete stärkere Arbeitsbelastung der deutschen Bevölkerung vermied, dem Postulat der rassistischen Hierarchisierung entsprach und relativ geringe Kosten verursachte – gleichwohl nach wie vor nur als vorübergehende Notlösung akzeptiert wurde.

Durch die massenhafte Beschäftigung französischer Kriegsgefangener seit dem Sommer 1940 geriet der Gedanke der sozialen Entlastung der deutschen Bevölkerung noch stärker in den Vordergrund. Die Beschäftigung vieler Franzosen in der Landwirtschaft und der Industrie ließ darüber hinaus den Eindruck entstehen, daß nunmehr der Arbeitskräftemangel in Deutschland endgültig beseitigt sei. Die für die Vorbereitung von Polen- und Frankreichfeldzug so kennzeichnende Konfrontation der verschiedenen „Fraktionen" innerhalb der nationalsozialistischen Führungsspitze traten in dieser Phase der Blitzkriegseuphorie zwischen Sommer 1940 und Herbst 1941 nicht auf. Zwar war der „Rußlandfeldzug" als gigantischer Beutefeldzug geplant, an die Rekrutierung von Arbeitskräften war dabei aber nicht gedacht – zu gewiß war der Sieg, als daß mit der Möglichkeit eines Mangels an Arbeitskräften überhaupt noch argumentiert wurde. Einig waren sich die verschiedenen Führungsgruppen auch in ihrem völligen Desinteresse, was das Schicksal der sowjetischen Bevölkerung anbetraf. Der sich im Massensterben der sowjetischen Kriegsgefangenen ausdrückende Vernichtungswille der nationalsozialistischen Führung konnte so ohne Widerstände vollzogen werden. Erst die militärischen Rückschläge vor Moskau setzten hier Gegenkräfte frei. Ausgehend von Pleiger – als Vertreter der privaten

Bergbauindustrie und staatlicher Wirtschaftsorganisation gleichermaßen – kam ein Prozeß in Gang, der über die Wehrmachtsführung, das RAM und die Wirtschaftsverbände so viele Stellen für einen begrenzten Arbeitseinsatz sowjetischer Arbeitskräfte engagierte, daß Hitler und dann Göring schließlich reagierten.

Je stärker in der Folgezeit das Regime militärisch unter Druck geriet, desto energischer wurden die Bemühungen zu einem qualifizierten Arbeitseinsatz der Sowjets. Verbesserte sich die militärische Lage, rückten augenblicklich wieder die politischen Vorbehalte gegen den „Russeneinsatz" in den Vordergrund – deutlicher Ausdruck dafür, daß alle Abweichungen von der Linie des Vernichtungskrieges in der Arbeitseinsatzpolitik keinen Verzicht auf Optionen bedeuten, die bei günstigerer militärischer Entwicklung wieder den Primat der Rassenideologie vor kriegswirtschaftlichen Erwägungen vorsahen.

Die Zustimmung der Regimeführung zu einem begrenzten Arbeitseinsatz sowjetischer Zivilarbeiter und Gefangener wurde zudem kompensiert durch ein die Regelung der Polenerlasse an Schärfe noch übertreffendes Repressionssystem und eine Ernährungspolitik, die bald zur völligen Entkräftung der „Ostarbeiter" führen mußte und einen effektiven Arbeitseinsatz zunächst kaum möglich machte. Der schließlich hier gefundene Kompromiß wurde auch institutionell abgesichert: Mit der Einsetzung Sauckels als GBA unter bzw. neben Speer entstand ein kompliziert austariertes Mächtesystem, das die Stärke der zahlreichen, beim Ausländereinsatz beteiligten Interessengruppen berücksichtigte. Dabei standen zwei Blöcke einander deutlich gegenüber: Speer als Vertreter der an Effektivität orientierten großindustriellen Gruppen und des technokratischen Managements in Wirtschaft und Verwaltung – und das Ausländerreferat im RSHA als Sachwalter der vorrangig an ideologischer Identität und Perspektive des Nationalsozialismus interessierten Führungskreise in der Partei und im Sicherheitsapparat. Sauckel war hier als politische Vermittlungsstelle ohne relevante Entscheidungskompetenzen zwischen beiden eingebaut worden, eine Aufgabe, die er mit dem Pathos des Alten Kämpfers erfüllte und dadurch auch die mittleren Führungsgruppen von Staat und Wehrmacht, vor allem aber der Partei auf Gauleiterebene in die Organisation des Ausländereinsatzes integrierte. Die politischen Entscheidungen fielen aber von nun an im Ausländer-Arbeitskreis beim RSHA als ausländerpolitischer Clearing-Stelle und in der Zentralen Planung, die die produktions- und arbeitsmarktpolitischen Richtlinien entwarf.

In dem Maße, in dem es in der Folgezeit zu weiteren militärischen Rückschlägen kam, wurde auch der Arbeitseinsatz der sowjetischen Arbeitskräfte wie der Ausländer überhaupt meist auf Initiative betrieblicher oder lokaler Stellen in kleinen Schritten effektiviert, jeweils begleitet von ebenso sukzessiv erlassenen Verschärfungen der Behandlungsvorschriften, um die durch die Lockerung beim Arbeitseinsatz entstandenen Zugeständnisse auszugleichen. Zu einer expliziten Anpassung der politischen Direktiven der Regimeführung an die gewandelte militärische Lage kam es 1942 nicht mehr; erst nach Stalingrad entstand durch die Europa-Initiative Goebbels' hier der Versuch, eine politische Kehrtwendung zu vollziehen. Anknüpfend an ältere Europa-Vorstellungen innerhalb des Regimes sollte unter der Parole „Europa gegen den Bolschwismus" eine Art europäischer Solidarität gegen den nun zum alleinigen Hauptfeind erklärten „sowjetischen Bolschewismus" entfacht werden; beim Ostarbeitereinsatz im Reich sollten der Abbau der Repressionen und Verbesserungen bei der Behandlung zu Leistungssteigerungen führen; die politische Betonung des Kampfes gegen den Bolschewismus statt gegen „Rußland" sollte die Loyalitätsbereitschaft unter den Ostarbeitern steigern. Goebbels' Initiative wurde von Seiten des RSHA strikt abgeblockt, insbesondere behielt die Sicherheitspolizei alle Kompetenzen in der Strafverfolgung. Goebbels' Vorstoß schaffte aber Raum für betriebliche Initiativen zur Intensivierung des Ausländereinsatzes, wobei mit der Parole vom Totalen Krieg neben der Propagierung des Kriegssozialismus auch der Primat der kriegswirtschaftlichen vor ideologischen Zielen gegenüber den Arbeitskräften aus dem Osten durchgesetzt werden sollte: erst der Sieg, dann die Verwirklichung des Nationalsozialismus.

Die Positionen der verschiedenen Fraktionen in der NS-Führung versteiften sich in der Folgezeit und wurden immer weniger vereinbar: Initiativen zur „Liberalisierung" der Vorschriften, vor allem zur Annäherung des Statuts von Ost- und Westarbeitern einerseits, Kontinuität der nach rasseideologischen Maximen ausgerichteten Repressionspolitik andererseits. Bei den endlosen Verhandlungen bis Kriegsende um jede Einzelbestimmung setzten sich in den Fragen des qualifizierten Einsatzes und einzelnen Behandlungsvorschriften zwar mit fortdauerndem militärischen Verfall immer mehr die Protagonisten der „Liberalisierung" durch. In allen ideologisch brisanten Punkten blieben die RSHA-Vertreter jedoch hart – selbst um den Preis kriegswirtschaftlicher Einbußen nicht bereit, Abstriche an den rassistischen Grundlagen der nationalsozialistischen Weltanschauung zu machen.

In dem Maße, in dem die militärischen Ereignisse aber zu immer neuen Zugeständnissen zwangen, verloren die Verhandlungen auf höchster Ebene ebenso wie die laufend produzierten Erlasse fortschreitend an Realitätsbezug, während der Ausländereinsatz in der Praxis längst eine eigengesetzliche Dynamik gewonnen hatte. Die Initiative ging mehr und mehr an die regionalen, lokalen und betrieblichen Regimevertreter über – ein Prozeß, der sich dann in der eskalierenden Gewalttätigkeit der letzten Kriegsphase entlud, als sowjetische Arbeitskräfte unabhängig von jedem Bezug zu Arbeitsleistung, kriegswirtschaftlicher Effizienz oder „sicherheitspolizeilichen" Argumenten getötet wurden, weil sie durch ihre bloße Existenz eine Bedrohung von Ordnung, Sauberkeit und Deutschtum selbst während des Untergangs des Regimes darzustellen schienen und für die mittleren und unteren Chargen der Diktatur eine letzte Möglichkeit zur Demonstration ihrer Treue und ihres Fanatismus in schwerer Zeit boten.

Insgesamt war die Ausländerpolitik des Regimes während des Krieges aus den Perspektiven der Machthaber ein Erfolg: Der Einsatz der Ausländer – seit 1943 in zunehmendem Maße auch der der Ostarbeiter – war wirtschaftlich effektiv, auch wenn die Beschäftigung der Ausländer insgesamt teurer war als die deutscher Arbeiter. Aber zum einen waren die eben nicht zu haben, und zum anderen lagen die Arbeitsleistungen deutscher Frauen im Schnitt noch niedriger als die der Ostarbeiterinnen; ganz abgesehen davon, daß ihre massenhafte Beschäftigung in den Fabriken als politisch gefährlich angesehen wurde und zudem die karitative Infrastruktur des Krieges gefährdet hätte.

Politisch war der Ausländereinsatz insofern erfolgreich, als durch die Installation eines funktionierenden Systems der nach rassistischen Kriterien gestaffelten nationalen Hierarchie, in dem die Deutschen oben, in einzelnen Abstufungen die Ausländer von den Franzosen bis hinab zu den Russen unten standen, hier ein Stück nationalsozialistischer Nachkriegsperspektive sichtbar wurde, ein Vorgeschmack auf ein deutsch dominiertes, rassistisch strukturiertes Europa nach einem deutschen Sieg.

Vom Ergebnis her betrachtet wirkt das aber glatter, als es von den Protagonisten empfunden werden konnte; war die Ausländerpolitik im Krieg doch das Resultat ständiger Auseinandersetzungen und wackeliger Kompromisse zwischen kriegswirtschaftlichen Sachzwängen, die zu mehr Effektivität, höherer Arbeitsleistung, besserer Verpflegung usw. drängten, und rassistischen Grundsätzen des Nationalsozialismus, die auf weniger Effektivitätsdenken und stärkere Berücksichtigung „rassischer" und politischer Maximen hinwirkten.

Die politischen Mächtegruppierungen, die diesen beiden Positionen zuzuordnen waren, waren zwar nicht immer konstant, bestimmten aber die Auseinandersetzungen innerhalb der Regimeführung während des gesamten Krieges. Die wichtigen Entscheidungen fielen dabei vornehmlich in den Gremien der Referenten. Die Ausländerpolitik des Nationalsozialismus zeigt, wie einflußreich die politische Position von in der Öffentlichkeit damals ganz unbekannten Leuten wie Baatz, Timm, Kehrl, Stothfang oder auch Ohlendorf gewesen ist; keine apolitischen Technokraten, sondern explizit nationalsozialistische Manager, keine opportunistischen Befehlsempfänger, sondern durchsetzungsstarke Machtpolitiker der jüngeren Generation, die die Widersprüche zwischen Ideologie und wirtschaftlichem Pragmatismus bei der Ausländerpolitik erkannten und sie durch flexible Kompromisse zu umgehen versuchten. Die Reibungsverluste innerhalb der Administration sind insgesamt zwar erheblich gewesen, aber auch wieder nicht so bedeutend, daß davon wesentliche Einbußen ausgegangen wären. Da es keine Öffentlichkeit als Korrektur gibt, fallen die regimeinternen Konkurrenzen in Diktaturen besonders heftig aus – aber das Erstaunen über die Kompetenzkonkurrenzen in der Führung des Dritten Reiches rührt vor allem daher, daß sie in so eklatantem Widerspruch stehen zur Phraseologie des Regimes vom „einheitlichen Willen". Im Vergleich zu demokratischen Regierungsapparaten scheinen die polykratischen und konkurrenzbezogenen Elemente in der nationalsozialistischen Administration bei der Ausländerpolitik nicht auffallend groß gewesen zu sein.

Hitler selbst griff mehrfach in die politische Entscheidungsfindung in dieser Frage ein: zuerst bei der Festlegung der Todesstrafe für Geschlechtsverkehr von Polen mit deutschen Frauen im Herbst 1939; dann bei der Anordnung verschärfter Repressionen gegen Polen im Sommer 1940; im Oktober 1941 befahl er den Arbeitseinsatz sowjetischer Arbeitskräfte; im April 1942 ordnete er gegenüber Speer Zugeständnisse gegenüber den Ostarbeitern an: Verbesserungen bei der Ernährung, kein Stacheldraht – von seinen alten Befehlen wußte er nichts mehr; im selben Jahr forderte er den Einsatz von mehr Russen statt Italienern und gab mit seiner Bemerkung von der notwendigen Revision des „schulmäßigen Wissens" über die Völkerwanderung ideologischen Ballast, der einer Intensivierung des Ostarbeitereinsatzes entgegenstand, zum Abwurf frei; nach Stalingrad stimmte er Goebbels' Initiative zur „einheitlichen Behandlung" der Ausländerfragen zu; Anfang 1944 „entschied" er die Speer-Sauckel-Kontroverse, indem er beiden Recht gab; er plädierte für harte Methoden bei der Anwerbung im Osten und stimmte schließlich im Frühjahr 1944 der Überführung der Italienischen Militärinternierten ins Zivilarbeiterverhältnis zu. Initiativen, politische Kehrtwendungen, neue Weichenstellungen sind von Hitler bei der Frage des Ausländereinsatzes nicht ausgegangen. Seine Entscheidungen wurden vielmehr von den einzelnen Mächtegruppen in der Führungsspitze aus taktischen Erwägungen eingeholt, um damit in den Auseinandersetzungen mit den regimeinternen Konkurrenten Vorteile zu erzielen, ohne daß Hitler jeweils immer über den Kontext der Konflikte und die alternativen Konzepte aufgeklärt worden zu sein scheint. Die Widersprüchlichkeit, die in seinen Entscheidungen über die Jahre festzustellen ist, ist aber nicht als Zeichen politischer Schwäche zu werten. Sie zeugt eher von einem Gespür für wechselnde Machtkonstellationen und Veränderungen der Kräfteverhältnisse, das ihn in erstaunlicher, oft geradezu opportunistischer ideologischer Flexibilität kurzfristig auf neue Situationen reagieren ließ, ohne daß dahinter ein langfristiger programmatischer Entwurf erkennbar wäre.

3. Für die Situation der polnischen Landarbeiter in der ersten Kriegsphase ist der langsame Wandel von der Tradition der Saisonarbeit zur Zwangsarbeit kennzeichnend – ein Prozeß, der durch die straf- und sozialrechtlichen Sonderbestimmungen der Behörden für polnische Arbeiter ebenso wie durch die Radikalisierung der Anwerbemethoden im Generalgouvernement beschleunigt wurde. Es bleibt aber unklar, inwieweit und wie schnell sich die hier dekretierten repressiven Bestimmungen über die Behandlung der Polen in der Praxis des Arbeitseinsatzes auf dem Lande auch durchgesetzt haben. Den Klagen der SD-Stellen ist zu entnehmen, daß dies in den Gegenden, wo schon von jeher polnische Landarbeiter beschäftigt waren, langsamer vor sich ging, als in Regionen, wo solche Traditionen nicht bestanden. Die politische und persönliche Herabsetzung der Polen wurde nach dem Frankreichfeldzug systematisiert. Die strikte Differenzierung zwischen Franzosen, Polen und Arbeitern aus „befreundeten" Ländern muß zwar die tatsächliche Lage der polnischen Arbeitskräfte nicht unbedingt verschlechtert haben, sie machte die Diskriminierung aber explizit – nicht nur was die sozialen Verhältnisse betraf, sondern auch durch die exemplarischen und brutalen Strafen, vor allem bei den sogenannten „GV"-Verbrechen, die im Schnittpunkt der rassepolitischen Bestrebungen des NS-Regimes lagen.

Die französischen Kriegsgefangenen und Zivilarbeiter hingegen unterlagen sehr viel weniger strengen Bestimmungen. Sie wohnten in besseren Lagern und erhielten bessere Verpflegung und Bezahlung. Die Berichte über die hohen Arbeitsleistungen und die stetigen Klagen über die zu engen Kontakte der deutschen Bevölkerung mit den Franzosen weisen darauf hin, daß die Situation vieler ziviler französischer Arbeitskräfte sich in den ersten Kriegsjahren von derjenigen deutscher Arbeiter, die in Arbeiterheimen wohnten, nicht erheblich unterschieden hat.

Mit der Entscheidung für den Einsatz sowjetischer Arbeitskräfte Ende 1941 entstand eine völlig neue Situation im Ausländereinsatz, vor allem in den Fabriken und in den Industriestädten. Obwohl die „Ostarbeiter" größtenteils in gesundheitlich gutem Zustand in Deutschland ankamen, lebten die meisten von ihnen schon nach wenigen Wochen ebenso unterhalb des Existenzminimums wie die sowjetischen Kriegsgefangenen, die die Aushungerung in den Kriegsgefangenenlagern der Wehrmacht im Osten überstanden hatten. Hungersnot, Seuchen, hohe Todesraten und eine erbarmungslose Unterdrückung kennzeichneten ihr Dasein nach der Ankunft in Deutschland. Erst im Herbst 1942 kam es zu leichten Verbesserungen in der Ernährungslage, vor allem, weil viele Betriebe dazu übergegangen waren, den Ostarbeitern zusätzliche Lebensmittel zu besorgen. Stärker noch als bei anderen Ausländergruppen war für die einzelnen Arbeitskräfte aus der Sowjetunion ausschlaggebend, in welchem Lager, in welcher Fabrik, an welchem Arbeitsplatz sie lebten und arbeiteten, so daß die Lebens- und Arbeitsverhältnisse für die einzelnen sehr unterschiedlich waren. Entscheidend für das weitere Schicksal vieler von ihnen wurde, ob und wie sie angelernt wurden. Zwar waren die sozialrechtlichen Diskriminierungen der Ostarbeiter noch tiefgreifender als die der Polen, durch die Steigerung ihrer Arbeitsqualifikation konnte es aber gelingen, zumindest das Existenzminimum zu erreichen.

Die Verhältnisse in den einzelnen Betrieben und Branchen unterschieden sich dabei beträchtlich voneinander. In Betrieben mit hohem Facharbeiteranteil, wie Krupp in Essen, entstand ein im Laufe des Krieges zunehmender Widerspruch zwischen den differenzierten und repressiven Reglementierungen und der voranschreitenden Integration der Ausländer in den Produktionsablauf, standen rabiate Unterdrückung und brutale Strafen neben Verbesserungen bei den Arbeits- und Lebensbedingungen der Ostarbeiter. Im Vergleich dazu war der Arbeitseinsatz der ausländischen, besonders der sowjetischen Arbeiter im Bergbau ungleich härter, brutaler und lebensbedrohender; qualifizierende Anlernmaßnahmen waren hier seltener, Arbeitsleistung und Produktivität dementsprechend geringer, Mißhandlungen häufiger, und die Zahl der Todesfälle vor allem der sowjetischen Kriegsgefangenen im Bergbau war erschreckend hoch. Hier setzte sich die Linie des Vernichtungskriegs weiter fort, als in anderen Branchen schon auf Leistungserhöhung und Verbesserung der Arbeits- und Lebensbedingungen umgeschaltet worden war.

Im Jahre 1942 waren die Lebensverhältnisse der verschiedenen Ausländergruppen in Deutschland unterschiedlicher denn je. Die Situation der Arbeiter aus dem westlichen und dem „befreundeten" Ausland unterschied sich dabei von derjenigen deutscher Arbeiter nicht so sehr durch die materiellen Bedingungen, sondern durch den in zunehmendem Maße deutlicher werdenden Zwangscharakter ihres Aufenthalts im Reich, durch die alltäglichen Diskriminierungen und die Bedrohung durch ein scharfes Strafsystem.

Die Lage der Arbeiter aus dem Osten und seit Sommer 1943 auch der Italiener hingegen war gekennzeichnet durch schlechte Ernährung, Bezahlung, Unterbringung und Kleidung, oft überlange Arbeitszeiten, mangelnde ärztliche Versorgung, Übervorteilung durch deutsche Vorgesetzte, Diffamierungen und Mißhandlungen sowie durch hohe Todesraten. Zwar gab es auch hier bedeutende regionale und betriebliche Unterschiede, insgesamt kamen die Lebensbedingungen vor allem der

Ostarbeiter zu dieser Zeit dem Diktum des Nürnberger Tribunals von der „Sklavenarbeit" aber sehr nahe.

Seit 1943 aber wurden die massierten Luftangriffe der Alliierten auf deutsche Städte zur größten Bedrohung für die nur unzureichend geschützten ausländischen Arbeiter. Gleichzeitig wurden aber auch die nach Stalingrad erheblich gesteigerten Bemühungen der Betriebe und Behörden um eine nachhaltige Erhöhung der Arbeitsleistungen vor allem der Ostarbeiter konterkariert, die ja auch Verbesserungen in den Lebens- und Arbeitsbedingungen umfassen sollten. Es entstand vielerorts die paradoxe Situation, daß die Arbeitsleistungen der sowjetischen Arbeitskräfte stiegen, obwohl ihre Lebensverhältnisse immer schlechter wurden. Hierfür waren verschiedene Faktoren ausschlaggebend: die Ausweitung der Leistungsernährung und die weitgehende Durchsetzung des Akkordsystems sind hier ebenso zu nennen wie der stetige Ausbau des innerbetrieblichen Kontroll- und Strafsystems. Hinzu kommen aber auch psychologische Elemente: die Behauptung des Selbstwertgefühls und der persönlichen Identität durch „gute Arbeit"; Resignation und ein Sichdreinfinden angesichts des nicht absehbaren Endes des Krieges; die Hoffnung, in Ruhe gelassen zu werden, wenn man nur seine Arbeit machte, schließlich auch politische Aspekte – Loyalität oder Sympathie zu den Deutschen, mit denen man zusammenarbeitete; bei sowjetischen Arbeitskräften häufiger auch die Angst vor der Rache der Roten Armee wegen des Verdachts der Kollaboration oder auch das Fehlen einer persönlichen Perspektive für die Zeit nach dem Dritten Reich. Die hohe Zahl der nicht Repatriierungswilligen in der Zeit nach dem Kriege gerade unter den Arbeitern aus dem Osten läßt rückblickend solche Aspekte noch betonen.

In diesem Zusammenhang spielt auch der bei den Arbeitskräften aus Polen und der Sowjetunion besonders hohe Anteil von Frauen – über 50 % – eine Rolle. Gerade die im Durchschnitt sehr jungen Ostarbeiterinnen waren bei den industriellen Unternehmen seit 1943 begehrte Arbeitskräfte, weil ihre Arbeitsleistungen auffallend gut, ihre Löhne besonders niedrig waren und für sie die Schutzbestimmungen der deutschen Sozialgesetze für Frauen nicht galten. Im Gegensatz zu ihren männlichen Kollegen galten sie aber auch als besonders leicht lenkbar. Angst vor Widerständigkeit hatten die deutschen Behörden bei ihnen nicht – die Ostarbeiterinnen unterlagen so als Frauen und als Arbeitskräfte aus der Sowjetunion einer doppelten Unterdrückung, der sie nichts entgegenzusetzen hatten außer ihre Arbeitsleistung.

Die Bedrohung durch Zwangsabtreibung und Sterilisation setzte sie zusätzlichem, massivem Druck aus. Gerade die Kinder der Ostarbeiterinnen waren Gegenstand rassistischer Planungen der SS-Führung, die in den Ausländerkinderlagern der zweiten Kriegshälfte und in dem kaum aufgeklärten Tod von vielen hundert Ostarbeiter-Kindern in der letzten Kriegsphase ihre schreckliche Konsequenz fanden.

Hier wie bei der Vernichtung kranker oder behinderter Ausländer aus dem Osten in deutschen Krankenanstalten wurde offenbar, daß der Primat der Arbeitsleistung keinen Verzicht des Regimes auf seine rassistischen Grundsätze bedeutete. Dies wurde auch für all jene ausländischen Arbeitskräfte deutlich, die aus irgendeinem Grund die Aufmerksamkeit des Sicherheitsapparats auf sich gezogen hatten. Die Verhältnisse in vielen Arbeitserziehungslagern unterschieden sich von denen in

Konzentrationslagern offenbar nur wenig, die Zahl der in solchen Lagern oder in Polizeigewahrsam umgebrachten Fremdarbeiter ist nicht einmal grob abschätzbar.

Elemente widerständigen Verhaltens der ausländischen Arbeiter äußerten sich bis 1943 vornehmlich in „Arbeitsvertragsbrüchen" und Arbeitsverweigerung, meist individuelle und spontane Reaktionen auf unerträgliche Lebensverhältnisse. In dem Maße, in dem aber die Differenz zwischen dem Anspruch der nationalsozialistischen Behörden auf totale Reglementierung und Kontrolle des Lebens der Ausländer und der sich einer vollständigen Überwachung notwendig entziehenden Praxis des Einsatzes von Millionen ausländischer Arbeitskräfte immer größer wurde, entwickelte sich vor allem in den Ausländerlagern eine informelle Substruktur unter den Fremdarbeitern und Kriegsgefangenen. Als Abbild der Organisation des nationalsozialistischen Arbeitseinsatzes beruhte auch diese Substruktur auf Ausbeutung, nationaler und sozialer Hierarchie und Gewalt, bedeutete aber gleichwohl für viele die einzige Möglichkeit, sich zumindest vorübergehend zusätzliche Lebensmittel, andere Kleidung oder auch eine Unterkunft in einem anderen Lager zu verschaffen. Der hier entstandene Komplex von Tauschgeschäften, Schwarzhandel und Kleinkriminalität, Arbeitsbummelei und Flucht war gerade die Konsequenz des Totalitätsanspruchs der nationalsozialistischen Behörden, denn hier zeigte sich, daß eine Gesellschaft, die ausschließlich auf Reglementierung und nicht auf der kollektiven Internalisierung eines sozialen und politischen Konsensus beruht, sich die Gegenwelt zur Reglementierung selbst produziert. Den hohen Zahlen von unter „Arbeitsbummelei" zusammengefaßten Delikten und vor allem der stark zunehmenden Fluchten als der wichtigsten Form der Widerständigkeit der Ausländer setzten die Behörden immer schärfere Strafandrohungen – vor allem den Ausbau der Arbeitserziehungslager – entgegen. Es gelang ihnen auch, die Fälle von Arbeitsbummelei auf individuelle Formen des Arbeitsentzuges zu beschränken. Der Spielraum für gemeinsames oppositionelles Handeln der ausländischen Arbeiter blieb äußerst begrenzt, Fälle von Sabotage waren selten. Die sich ausbreitende Substruktur des Ausländereinsatzes konnten die Behörden jedoch nicht mehr in den Griff bekommen, zumal die sinkenden Siegeschancen Deutschlands die oppositionelle Stimmung unter den Ausländern beflügelten und die Bombenangriffe der Alliierten das Durcheinander in Lagern und Betrieben noch vergrößerten. In diesen Zusammenhang sind auch die in den letzten Kriegsmonaten entstandenen „Banden" sowjetischer Arbeiter einzuordnen, die durch den Zusammenbruch der nationalsozialistischen Arbeitseinsatzorganisation obdachlos geworden waren und für die Plünderungen und Diebstähle die oft einzige Möglichkeit des Überlebens darstellten.

Kann man Flucht und Arbeitsbummelei als der politischen und sozialen Lage der Fremdarbeiter im Reich entsprechende Formen der Widerständigkeit bezeichnen, die relativ geringe Risiken für die einzelnen mit vergleichsweise hoher Effektivität verbanden, so waren die Bedingungen für organisierten politischen Widerstand der Ausländer ungleich schwieriger. Daß seit 1943 und verstärkt seit dem Frühjahr 1944 vor allem bei den Arbeitskräften aus der Sowjetunion organisierte Widerstandstätigkeit dennoch in vergleichsweise so großem Umfang festgestellt wurde, ist bemerkenswert, auch wenn es den deutschen Behörden meist schon früh gelang, solche Gruppen zu zerschlagen. Dabei stellte sich heraus, daß regional und lokal begrenzte Gruppen mit beschränktem Aktionsradius länger unentdeckt bleiben konnten als zentralistisch organisierte Kadergruppen wie die „BSW". Der bei der deutschen Bevölkerung und den Behörden erwartete Aufstandsversuch der Ausländer am „Tage X" war hingegen mehr eine Projektion der Ängste der Deutschen als eine realistische Chance; dazu waren die Ausländer untereinander zu zersplittert und der Terror- und Spitzelapparat der Nazis zu ausgebaut. Die Bedingungen des Arbeitseinsatzes für Ausländer verwiesen im Kontext der ausgebreiteten Substruktur eher auf individuelle Aktionen, und auch die Anweisungen der Alliierten gingen in diese Richtung.

Insgesamt aber stellte der politische Widerstand der Fremdarbeiter und Kriegsgefangenen in der letzten Kriegsphase ein Element ständiger Bedrohung und Verunsicherung des NS-Regimes dar – ein wichtiger und wesentlicher Teil des antifaschistischen Widerstands im Deutschland der letzten Kriegsjahre, dessen politische wie moralische Qualität einer entsprechenden Würdigung in der Historiographie noch bedarf.

4. Der nationalsozialistische Ausländereinsatz unterschied sich von anderen rassepolitischen Projekten solcher Größenordnung dadurch, daß dem Verhalten der deutschen Bevölkerung über die gesamte Kriegszeit hinweg dabei eine ganz erhebliche Bedeutung zukam.

Der millionenfache Mord an den Juden geschah ja unter höchster Geheimhaltung, die Verbrechen an der Bevölkerung der besetzten Ostgebiete geschahen weit ab von Deutschland irgendwo „im Osten". Im Gegensatz dazu wurden die ausländischen Arbeitskräfte gerade nicht ausgesondert und weggebracht, sondern nach Deutschland mitten in den Alltag der deutschen Bevölkerung hinein deportiert, ins eigene Wohnviertel, an die eigene Werkbank; und die Haltung der Deutschen entschied darüber, ob der Ausländereinsatz im Sinne der Regimeführung gelang.

Bis zum Sommer 1940 wurde in den meisten Regionen des Reichs vom Einsatz der Polen nur wenig bemerkt. Es scheint dem Regime aber gelungen zu sein, die auf ein striktes Herr-und-Knecht-Verhältnis abzielenden Reglementierungen der Polen auch gegenüber der deutschen Bevölkerung nach und nach durchzusetzen. Dort aber, wo schon vor dem Kriege polnische Landarbeiter beschäftigt gewesen waren, blieben die Klagen der Behörden über zu enge Beziehungen zwischen Deutschen und Polen, vor allem bei dem nationale Unterschiede abschleifenden Arbeitsalltag auf dem Lande, noch länger bestehen. Wesentlich war aber, daß es ernsthafte Proteste gegen die Zementierung der Ungleichheit in den Polenerlassen, der Rechtsgrundlage für den Status des Herrenmenschen, weder innerhalb der Verwaltung noch in der Öffentlichkeit gegeben hatte.

Dieser Prozeß wurde seit dem Masseneinsatz von Franzosen noch beschleunigt. Zwar waren die französischen Arbeiter bei der deutschen Bevölkerung oft geradezu beliebt und die zu engen Kontakte zwischen Deutschen und Franzosen waren beständiger Anlaß zur Sorge bei den Behörden. Gleichzeitig entstand aber hier auch die Grundlage für eine vertikale Arbeitsteilung zwischen Deutschen und den verschiedenen Gruppen von Ausländern. Da die niederen, schmutzigen und schlechterbezahlten Arbeiten zunehmend von Fremdarbeitern übernommen wurden, veränderte sich tendenziell die Sozialstruktur in der deutschen Arbeiterschaft: diese Entwicklung ist bis Kriegsende immer stärker zu beobachten.

Hinzu kam ein neues Phänomen: Gerade in der Phase der Blitzkriegseuphorie kamen die Initiativen zur Schlechterstellung der Ausländer häufig von unten. In der praktischen Erfahrbarkeit der eigenen Vorrechte und Besserstellung ihnen gegenüber wurden die deutschen Siege auch für den einzelnen Deutschen manifest und spürbar – und die nach dem Sieg über Frankreich stark anschwellende Zustimmung der deutschen Bevölkerung zum Regime hatte auch eine stärkere Akzeptanz der nationalsozialistischen Ausländerpolitik zur Folge. Allerdings entstanden hier Differenzen zwischen dem aus rassistischen und politischen Motiven gemischten offiziellen Rassismus und der Vorurteilsstruktur in der deutschen Bevölkerung, vor allem, was die Italiener betraf. Als im Sommer 1943 nach dem Sturz Mussolinis die Italiener auch offiziell auf die untersten Rangstufen der Ausländerhierarchie abrutschten, bekamen sie die lang aufgestaute Feindseligkeit der deutschen Bevölkerung mit ganzer Wucht zu spüren.

Mit dem Beginn des „Russeneinsatzes" stand die Haltung der deutschen Bevölkerung zur Bewährungsprobe an. Zwar wußten auch die Behörden, daß ein rassistisch motivierter Russenhaß und die Ablehnung des „Bolschewismus" in der Bevölkerung weiter verbreitet waren als die Zustimmung zum Nationalsozialismus, nach wie vor waren aber die Ängste vor einer Solidarisierung der deutschen mit den sowjetischen Arbeitern groß. Hierin sind – neben den „volkstumspolitischen" und „sicherheitspolizeilichen" Bedenken – die Gründe für das anfängliche Verbot des Einzeleinsatzes sowjetischer Arbeitskräfte zu sehen. Generell kann man dabei feststellen, daß durch die ständig ausgeweitete Organisation sowohl des Arbeitseinsatzes selbst wie des Kontroll- und Repressionsapparates die Zahl der darin integrierten und aktiv beteiligten Deutschen kontinuierlich größer wurde; sei es in der Lagerverwaltung, beim Werkschutz oder beim Ausländer-Bespitzelungssystem der Partei. Nicht nur durch Korruption und Übervorteilung der Ausländer in den Lagern, sondern schon allein durch den massenhaften Aufstieg vieler Deutscher in Vorgesetztenfunktionen gegenüber den ihnen untergebenen Ausländern hat diese Einbeziehung in die nationalsozialistische Arbeitseinsatzorganisation entsolidarisierend gewirkt.

Innerhalb des Produktionsablaufs in den Betrieben waren die Verhältnisse zwischen Deutschen und Ausländern hingegen komplizierter und vornehmlich durch die vom Produktionsprozeß unmittelbar vorgegebenen Strukturen gekennzeichnet. In den meisten Betrieben wurden die deutschen Arbeiter seit der Welle der verstärkten Einziehung zum Militär im Frühjahr 1942 durch die neuankommenden Ausländer ersetzt und dadurch in ihrer uk-Stellung bedroht: Hier entwickelten sich auch Potentiale für gemeinsame Interessen zwischen Deutschen und Ausländern. Darüber hinaus war die Beziehung der deutschen zu den ausländischen Arbeitern stark von deren fachlicher Qualifikation und Arbeitsleistung bestimmt. Demgegenüber zeigt das Beispiel des Bergbaus, daß auch die deutsche Arbeiterschaft nicht dagegen immun war, sich an Mißhandlungen vor allem der sowjetischen Arbeiter zu beteiligen, wenn auch hierfür in der Mehrzahl der Fälle Vorarbeiter, Meister und Werkschutzleute verantwortlich waren.

Nach Stalingrad und dem Beginn der Großangriffe der alliierten Bomberflotten kamen hier neue Aspekte hinzu. Bei Teilen der Bevölkerung führten die hohen Arbeitsleistungen und überhaupt der Kontakt mit den sowjetischen Arbeitskräften zu Aufweichungen des „Rußlandbildes", ohne daß dies aber wesentliche Auswirkungen auf die politische Haltung der Bevölkerung gehabt zu haben scheint. Daneben aber radikalisierte sich das Verhalten vieler Deutscher seit den Bombenangriffen. Wut und Erbitterung über die Auswirkungen des Luftkrieges wie generell über die drohende Niederlage fanden in den Ausländern oft genug Objekte der Entladung; solche „Vergeltung" auf unterster Ebene ist häufig berichtet.

Dennoch scheinen diese beiden Aspekte eher am Rande gestanden zu haben. Aus dem Mosaik der Einzelfälle ergibt sich insgesamt eher ein Bild, in dem die meisten Deutschen am Schicksal der Ausländer wenig Interesse zeigten, sich weder an Mißhandlungen beteiligten noch mit den Ausländern sympathisierten: Man hatte genug mit sich selbst zu tun. Das Elend der anderen verlor seine Exklusivität, je elender das eigene Leben wurde; die Sorge um das eigene Überleben ließ nicht mehr viel Platz, das Massenelend der Fremdarbeiter mehr als nur zur Kenntnis zu nehmen. Die Ausländer waren einfach da und gehörten zum Kriegsalltag wie Lebensmittelmarken oder Luftschutzbunker. Die Diskriminierung der Russen und Polen wurde dabei ebenso als gegeben hingenommen wie die Kolonnen halbverhungerter Menschen, die täglich durch die Straßen der Städte in die Fabriken marschierten. Auch die eigene bevorrechtigte Stellung ihnen gegenüber war nichts Exzeptionelles, nichts, worüber man sich Gedanken machte.

Eben das aber machte das Funktionieren des nationalsozialistischen Ausländereinsatzes aus: daß die Praktizierung des Rassismus zur täglichen Gewohnheit, zum Alltag wurde, ohne daß sich der einzelne daran in Form aktiver Diskriminierung oder Unterdrückung beteiligen mußte. Bei allen notwendigen Differenzierungen und der sehr unterschiedlichen Situation in der Landwirtschaft und der Industrie sowie in den einzelnen Betrieben verweist die Haltung der deutschen Bevölkerung zu den ausländischen Arbeitern während des Krieges auf eine Einstellung, die nationale und „rassische" Ungleichheit stillschweigend voraussetzte und die die Instrumentalisierung des einzelnen als aktiven Faktor rassistischer Innenpolitik gar nicht mehr als Besonderes wahrnahm.

Zwangsarbeiter in der deutschen Kriegswirtschaft
Bemerkungen zur Forschung seit 1985

Die Geschichte des „Ausländereinsatzes" ist spät und nur zögerlich zum Gegenstand wissenschaftlicher Forschung und öffentlichen Interesses geworden. Aber das ist kein Privileg allein dieses Themas, sondern betrifft fast alle großen politischen, sozialen und wirtschaftlichen Entwicklungen während der Kriegsjahre. Mit etwas Abstand wird deutlich, daß die Begriffe „Nationalsozialismus" oder „NS-Regime" vor allem in Deutschland bis in die 80er Jahre hinein vornehmlich die Jahre bis 1939 meinten. In den großen Gesamtdarstellungen zur Geschichte der NS-Diktatur nehmen die Kapitel über die Kriegsjahre im Durchschnitt kaum mehr als 15 % des Umfangs des Gesamttextes ein. Themen wie die deutsche Besatzungspolitik in den von der Wehrmacht eroberten Ländern Europas, die Deportations- und Umsiedlungspraktiken, die Kriegswirtschaft, die Geschichte der Wehrmacht jenseits der Abfolge der Kampfhandlungen waren hingegen auch 40 Jahre nach Kriegsende nicht oder nicht systematisch erforscht worden. Dies gilt sogar für die Realisierung des Völkermords an den Juden unterhalb der tatsächlichen oder vermeintlichen „Entscheidungsprozesse" der Regimeführung und Hitlers selbst. Erst seit den 90er Jahren nahm die Zahl der Arbeiten deutscher Historiker zu, die den Völkermord in den einzelnen Ländern und Regionen eingehend untersuchten und hierbei Besatzungs-, Wirtschafts- und Siedlungspolitik nicht von Untersuchungen des Vorgehens der Sicherheitspolizei, der SS oder von Wehrmachtseinheiten trennten.[1]

Dieser seit Mitte der 80er Jahre begonnene Perspektivwechsel löste den Blick von jener Hauptfrage, welche die Diskussion der ersten dreieinhalb Jahrzehnte nach Kriegsende dominiert hatte und die sich auf 1933 bezog: Wie konnte es dazu kommen? Die Machtübernahme der Nationalsozialisten, die Gleichschaltung der deutschen Gesellschaft und ihrer Institutionen in denkbar kurzer Zeit war das vordringlich zu Erklärende, demgegenüber die Entwicklung nach 1939 wie ein Automatismus des Unheils abzurollen schien, das nach der Etablierung Hitlers an der Macht nicht mehr aufhaltbar und auch im Einzelnen von geringerem Interesse schien. Seit den frühen 80er Jahren begann sich dies nun zu ändern. Jenseits der großen theoretischen, aber forscherisch doch ziemlich unergiebig gebliebenen Debatten über Faschismus und Totalitarismus, über „Intentionalismus" und „Strukturalismus"[2] setzte nun eine Art von Rekonkretisierung und auch Rehistorisierung der Geschichte des NS-Regimes ein – und zugleich eine verstärkte Zuwendung zu den Kriegsjahren.[3] Dabei spielte auch die Hinwendung zur „Alltagsgeschichte" eine bedeutende Rolle. Die Tatsache, daß nicht nur das Institut für Zeitgeschichte mit seinem großen Projekt „Bayern in der NS-Zeit" den „Alltag im Dritten Reich" erforschte,[4] sondern sich viele örtliche und regionale Gruppen von Schülern und Studenten daran machten, die Geschichte der eigenen Region und seiner Bewohner während der NS-Zeit zu untersuchen, war für die historisch-politische Bildung in Deutschland von großer Bedeutung, wirkte aber auch auf die wissenschaftliche

Erforschung der Wirklichkeit des Nationalsozialismus unterhalb der Erlasse und Führerentscheide stimulierend – vor allem, weil hier versucht wurde, die Opfer der nationalsozialistischen Terror- und Vernichtungspolitik selbst in den Mittelpunkt der Forschung und des Interesses zu stellen, und zwar in zunehmendem Maße alle Opfer. Solche Initiativen wurden von der professionellen Geschichtsschreibung aufgegriffen und fanden in einer wachsenden Zahl von Studien über „Zigeuner", Behinderte, „Asoziale", Homosexuelle, Zwangssterilisierte und andere verfolgte Gruppen ihren Ausdruck.[5]

In diesem Kontext entstand auch dieses Buch, das 1985 in der ersten und 1986 in der zweiten Auflage erschien. Seither ist die Geschichte der „Zwangsarbeiter" stärker in den Blickpunkt gerückt. Allerdings barg schon dieser Begriff verschiedene Probleme in sich. Denn dieses Buch konzentriert seine Aufmerksamkeit auf die zwar bei weitem größte, aber doch nicht einzige Gruppe der Millionen von Menschen, die während des Krieges für Deutschland Zwangsarbeit leisten mußten, nämlich auf die zivilen und kriegsgefangenen ausländischen Arbeitskräfte, die zwischen 1939 und 1945 ins Reichsgebiet verbracht und dort zur Arbeit „eingesetzt" wurden. Mindestens vier Gruppen werden hier also nicht thematisiert: 1. die Millionen von Bewohnern der von der Wehrmacht besetzten Ländern und Gebiete, die in ihren Heimatländern Zwangsarbeit für die Deutschen leisten mußten; 2. diejenigen ausländischen Zivilarbeiter und Kriegsgefangenen, die in einem anderen von den Deutschen besetzten Land zur Zwangsarbeit eingesetzt wurden – wie etwa Tausende von sowjetischen Zivilarbeitern bei den militärischen Befestigungsanlagen an den französischen und norwegischen Westküsten; 3. die KZ-Häftlinge, die innerhalb der Lager oder in privaten Rüstungsunternehmen zur Zwangsarbeit herangezogen wurden; und 4. die Juden aus fast allen europäischen Ländern, die zunächst in ihren Heimatländern und dann nach ihrer Deportation vor allem in Polen – in den Gettos und Zwangsarbeitslagern, für deutsche Rüstungsunternehmen, Wehrmachts- oder SS-eigene Betriebe –, dann ab 1944 auch im „Reich" Zwangsarbeit leisten mußten.

Seit Mitte der 80er Jahre hat sich das Interesse an der Geschichte der Zwangsarbeiter stark erweitert, nachdem die ersten Reaktionen auf den bloßen Versuch, das Thema anzusprechen, von nervöser Ablehnung gekennzeichnet gewesen waren.[6] Seither sind zahlreiche Arbeiten ganz unterschiedlicher Ausrichtung und Qualität zu diesem Themenkomplex erschienen, so daß der „Ausländereinsatz" in Deutschland mittlerweile zu den am besten erforschten Bereichen der Geschichte des NS-Regimes und des Zweiten Weltkriegs gehören dürfte. Das lag zum einen an den seither zyklisch wiederkehrenden Diskussionen über die ausgebliebene Entschädigung für ausländische Zwangsarbeiter, die das Interesse der Öffentlichkeit wie der Historiker an dieser Frage immer wieder aufs neue angefacht haben. Zum anderen waren ausländische Zwangsarbeiter ja in jeder deutschen Stadt und jeder Region eingesetzt worden, so daß zahlreiche Geschichtswerkstätten und Projektgruppen hier lokale und regionale Forschungen anstellten und dabei zu oftmals erstaunlich differenzierten und weiterführenden Einsichten gelangten.

Im folgenden soll daher ein Überblick über die seit Erscheinen der ersten Auflage dieses Buches publizierten Forschungsbeiträge zu dieser Thematik und die dabei erzielten Erkenntnisfortschritte gegeben werden. Dabei gehe ich zunächst auf den „Ausländereinsatz" der Zivilarbeiter und Kriegsgefangenen ein, anschließend auf die Verwendung von KZ-Häftlingen und Juden zur Zwangsarbeit, schließlich auf die Entwicklung nach Kriegsende.[7]

1.
Die Geschichte der deutschen Rüstungswirtschaft und der Wirtschafts- und Arbeitspolitik des Regimes während des Zweiten Weltkriegs ist in mehreren Spezial- und Überblicksstudien eingehend thematisiert worden.[8] Dabei wurden zum einen deutliche Machtverschiebungen innerhalb des NS-Systems insgesamt herausgearbeitet, die spätestens seit 1941/42 diejenigen Behörden und Institutionen, die mit der Kriegswirtschaft beschäftigt waren, deutlich begünstigten.[9] Zugleich wurden Annahmen über die wirtschaftlichen und sozialen Verhältnisse in Deutschland bei Kriegsbeginn korrigiert und die deutliche Abtrennung der „Blitzkriegsphase" von den Jahren ab 1941/42 relativiert.[10] Vergleichsweise wenig wissen wir nach wie vor über die kriegswirtschaftlichen Aktivitäten der deutschen staatlichen Institutionen, privaten Unternehmen und Wirtschaftsverbände in den besetzten Ländern Europas. Dies gilt in besonderem Maße für die Heranziehung der einheimischen Bevölkerungen zur Zwangsarbeit im Lande selbst.[11]

Der Schwerpunkt der neueren Publikationen zur Geschichte des „Ausländereinsatzes" im „Großdeutschen Reich" lag aber deutlich auf lokal- und regionalgeschichtlichen sowie unternehmensgeschichtlichen Studien. Vor allem die Regional- und Lokalstudien sind außerordentlich zahlreich und vielfältig. Insgesamt dürften seit 1985 mehr als 100 solcher Arbeiten erschienen sein, wobei dies knappe Broschüren ebenso umfaßt wie ausladende Dokumentationen und analytisch tiefgreifende Monographien.[12] Vom Ergebnis her reicht die Differenzierung und Vertiefung des Gesamtbildes durch diese Studien doch weit über bloße regionale Illustrationen des bereits allgemein Gewußten hinaus, wenngleich sich daraus, soweit ich das überblicken kann, keine substantiellen sachlichen Korrekturen des in diesem Buch Dargestellten nahelegen. Vier Bereiche sind es vor allem, in denen hier weiterführende Erkenntnisse erreicht wurden: Zum einen betrifft dies die Vielgestaltigkeit der Lebensbedingungen der ausländischen Zwangsarbeiter in Deutschland. Hier liegen mittlerweile Belege für die gesamte Bandbreite möglicher Arbeits- und Lebensbedingungen vor: von auskömmlichen Verhältnissen und geradezu freundschaftlichen Beziehungen zwischen Deutschen und Ausländern aller Nationalität, wie sie offenbar vor allem auf dem Lande nicht so selten waren, bis hin zu katastrophalen, den Verhältnissen in den Konzentrationslagern gleichenden Bedingungen mit hohen Todesraten vor allem durch grassierende Krankheiten ohne ärztliche Versorgung, Unterernährung, das Terrorregime der Bewacher, Lagerleiter oder Betriebsschutzeinheiten. Konkreter noch als in diesem Buch wird in den regionalgeschichtlichen Studien deutlich, welche Spannbreite der realen Lebensverhältnisse und Beziehungen unter dem Sammelbegriff „Ausländereinsatz" feststellbar ist.

Zweitens tritt in den Regionalstudien die Bedeutung der jeweiligen regionalen oder gar lokalen Machthaber hervor, wobei dies je nach Persönlichkeit der Amtsinhaber die Vorsteher ganz unterschiedlicher Institutionen sein konnten. Während auf regionaler Ebene die Gauleiter mit Rüstungskommandos und den Wirtschaftsverbänden oftmals heftig konkurrierten – mit unterschiedlichem Ausgang –, waren es auf lokaler Ebene oft die Ortsbauernführer, die Ausländerbeauftragten der Fabriken, die Chefs der Gestapo-Stellen, aber auch Bürgermeister, NSDAP-Kreisleiter, die Chefs örtlicher Wirtschaftsverwaltungen oder Verbände, die bei der konkreten Ausgestaltung des Arbeitseinsatzes der „Fremdarbeiter" und Kriegsgefangenen federführend waren und über das Wohl und Wehe der ausländischen Arbeiter bestimmten.

Drittens erweist sich die Bedeutung der öffentlichen und kommunalen Arbeitgeber beim „Ausländereinsatz" als größer als zuvor angenommen. Das betrifft vor allem die Entwicklung seit 1942, als in den kommunalen Betrieben, aber auch bei den neuen Aufgaben wie der Trümmerbeseitigung in den Städten und der Wiederherstellung der Infrastruktur nach Bombenangriffen, dem Bau von Luftschutzbunkern und anderem, Zwangsarbeiter eingesetzt waren. Dies trifft auch auf staatliche Betriebe wie die Reichsbahn oder – in besonderer Weise – auf die Organisation Todt zu. Sie nahm offenkundig eine Scharnierfunktion zwischen Wehrmacht, privaten Arbeitgebern und SS ein; hier überschneiden sich auch die Bereiche der freien Arbeit, des Ausländereinsatzes und der Verwendung von KZ-Häftlingen und jüdischen Zwangsarbeitern. Erst eine umfassende Studie über die Organisation Todt kann hier weiteren Aufschluß bringen.[13]

Viertens ist auch die deutsche Bevölkerung und ihr Verhältnis zu den Ausländern intensiver in den Blick genommen worden – zum einen durch die Erhebung und Analyse von Interviews sowohl mit ehemaligen Zwangsarbeitern als auch mit Deutschen, die mit ihnen in Kontakt gestanden hatten.[14] Zum anderen aber haben Analysen der Gestapo-Akten über die ausländischen Arbeiter und die Kontakte der Deutschen zu ihnen das in diesem Buch noch vorsichtig Angedeutete auf breiter Basis bestätigt und verschärft: die ausgiebige Denunziationstätigkeit in der deutschen Bevölkerung. Sie betraf sowohl andere Deutsche wegen der Nachrede „verbotenen Umgangs" mit Ausländern, als auch Ausländer selbst wegen jener Unzahl von Delikten, die die deutschen Behörden als strafwürdig aufgezeichnet hatten.[15]

Im Mittelpunkt des öffentlichen Interesses an dem Thema „Zwangsarbeiter" aber standen seit Mitte der 80er Jahre die unternehmensgeschichtlichen Studien. Hierbei spielte der Daimler-Benz-Konzern eine Vorreiterrolle. Nachdem 1988 ein von der Hamburger Stiftung für Sozialgeschichte herausgegebener Sammelband, dem sich ein Dokumentenband anschloß, für erhebliches Aufsehen gesorgt und die Rolle der deutschen Unternehmen bei der Zwangsarbeiterpolitik des Regimes erneut in die Diskussion gebracht hatte[16], entschloß sich das Unternehmen, eine Arbeitsgruppe von meist jüngeren Historikern einzusetzen, um die Geschichte der Zwangsarbeit bei Daimler-Benz erforschen zu lassen. Ein repräsentativer Band über die Geschichte des Konzerns während der NS-Herrschaft hatte diesen Bereich zuvor nämlich kaum am Rande behandelt, was auf heftige Kritik gestoßen war.[17] Mit dem sich dann im Jahre 1994 anschließenden Band über „Zwangsarbeit bei Daimler-Benz" erschien dann allerdings die bis dahin weitaus genaueste und beste unternehmensgeschichtliche Untersuchung über den Zwangsarbeitereinsatz.[18] Hier wurde zum ersten Mal auf der Grundlage eines umfassend durchforschten Unternehmensarchivs das ganze Ausmaß des Zwangsarbeitereinsatzes in einem Rüstungsbetrieb differenziert dargelegt. Im Jahre 1944 waren schließlich 50,5 % aller in den 17 Werken des Konzerns beschäftigten Arbeitskräfte ausländische Zwangsarbeiter – 27.000 Zivilarbeiter, 4900 Kriegsgefangene und 5600 KZ-Häftlinge. Im Werk Genshagen waren es gar 67 %, davon ein Viertel KZ-Häftlinge. Diese Zahlen waren jedoch keine Besonderheit der Daimler-Benz-AG, sondern entsprachen in etwa den Durchschnittszahlen vergleichbarer Unternehmen zu dieser Zeit. Was aber bei Daimler-Benz auffällt, ist der hohe Anteil an KZ-Häftlingen auch in Werken innerhalb des Reichsgebietes. Hierzu bedurfte es vor allem guter Beziehungen zum Wirtschafts- und Verwaltungshauptamt (WVHA) der SS, der Organisationszentrale der SS, und über solche verfügte man in der Stuttgarter Unternehmensleitung. Vor allem bei der Verlagerung eines Großteils der im luftgefährdeten Westen des „Reiches" gelegenen Produktionsstätten des Konzerns in unterirdische Stollen, Höhlen und Bergwerke während der letzten Kriegsphase wurden Zwangsarbeiter aus den Konzentrationslagern in großer Zahl herangezogen, darunter seit 1944 auch viele Juden. Für die deutschen Behörden, die SS und die Wehrmachts-Rüstungsstäbe stand dabei die beschleunigte Wiederaufnahme der Rüstungsproduktion im Mittelpunkt des Interesses. Für Daimler-Benz jedoch war das offenbar nicht das Hauptmotiv für die Verlagerungen. Für dieses wie für nahezu alle an dem „Höhlenprojekt" beteiligten Unternehmen, bei dem vermutlich Zehntausende von KZ-Häftlingen noch in den letzten Kriegsmonaten zugrunde gingen, war die Aufnahme der Kriegsproduktion selbst nur noch ein zweitrangiges Ziel. Mit Hilfe des Masseneinsatzes von KZ-Häftlingen sollten vielmehr vor allem die teuren Produktionsanlagen vor Luftangriffen geschützt und in die Nachkriegszeit gerettet werden, um dem Unternehmen nach dem Krieg eine gute Startposition zu ermöglichen.[19]

Was die Arbeits- und Lebensbedingungen der Zwangsarbeiter betrifft, so fallen vor allem die großen Unterschiede zwischen den einzelnen Werken und Werksteilen des Unternehmens in bezug auf die Art und Weise der Behandlung der Zwangsarbeiter ins Auge. Die einzelnen Werksleitungen, aber auch die Lagerführer, die Meister und Vorarbeiter besaßen hier große Spielräume. Die bis heute immer wieder vernehmbare Behauptung, die Art des Zwangsarbeitereinsatzes sei allein oder auch nur in erster Linie auf die Weisungen des NS-Behörden zurückzuführen, wurde hier widerlegt. Das aber verweist um so mehr auf die Verantwortung der einzelnen Unternehmensleitungen. Darüber hinaus ist zwar das Bestreben der Daimler-Manager sichtbar, die Zwangsarbeiterbeschäftigung an ökonomischen Maßstäben zu orientieren – die Praxis war davon aber weit entfernt, und die Autoren dieser Studie betonen zu Recht, daß die schlechten Arbeits- und Lebensbedingungen vor allem der sowjetischen Zwangsarbeiter und der KZ-Häftlinge wegen hoher Ausfallquoten und erheblicher Minderleistungen ökonomisch dysfunktional waren.[20] Nun wäre es, wie an Einzelbeispielen genau nachgewiesen wird, für die Werksleitungen nicht schwer gewesen, durch Verbesserung der Ernährung, der Unterbringung und der Anlernung der Zwangsarbeiter schnell erhebliche Leistungssteigerungen herbeizuführen. Daß die Verantwortlichen bei Daimler-Benz dies, von wenigen, aber vorhandenen Ausnahmen abgesehen, nicht taten, hat vermutlich verschiedene Gründe: Die in den letzten zwei Kriegsjahren sich immer weiter ausbreitende Irrationalität und mangelnde Koordinationsfähigkeit der wirtschaftlichen Planungen ist einer davon, Desinteresse und Abstumpfung gegenüber dem Schicksal der Zwangsarbeiter angesichts der eigenen Belastungen im totalen Krieg ein weiterer.

Neben diesen Einzelergebnissen lag die politische Bedeutung des Buches darin, daß die deutsche Industrie, nachdem sie ein halbes Jahrhundert lang versucht hatte, über ihre eigene, wahrhaft furchtbare NS-Vergangenheit möglichst nichts oder jedenfalls nichts Richtiges ans Tageslicht gelangen zu lassen, nun vertreten durch ihren größten Konzern, damit begonnen hatte, ein kritisch-distanzierteres Verhältnis dazu zu gewinnen. Das führte zu der sich seit Mitte der 90er Jahre stetig ausweitenden Übung, daß Unternehmen einzelne Historiker oder Historikergruppen mit der Erforschung der Geschichte des Konzerns im „Dritten Reich" insgesamt, des Gebarens des Unternehmens bei den „Arisierungen" oder eben der Verwendung ausländischer Zwangsarbeiter beauftragten, sie finanzierten und ihnen den exklusiven Zugang zu den Akten der Firmenarchive ermöglichten. Diese Entwicklung hat einen durchaus ambivalenten Charakter. Zum einen wird dadurch die jahrzehntelange Weigerung nahezu aller westdeutscher Unternehmen, ihre Akten über die NS-Zeit der Geschichtswissenschaft zugänglich zu machen, endlich durchbrochen. Auf der anderen Seite widerspricht eine – vorübergehende oder dauernde – Begrenzung des Aktenzugangs auf ausgesuchte und vom Unternehmen bezahlte Historiker den Grundforderungen offener Wissenschaft, wenn die Ergebnisse der auf diese Weise privilegierten Historiker nicht anhand der Quellen überprüfbar sind.[21]

Mit dem von Hans Mommsen und Norbert Grieger auf der Grundlage der Recherchen einer größeren Arbeitsgruppe 1995 publizierten Band über „Das Volkswagenwerk und seine Arbeiter im Dritten Reich"[22] war es jedoch ebenfalls eine konzernfinanzierte Studie mit privilegiertem Aktenzugang, die unsere Kenntnisse über die Thematik erheblich ausweitete. Bei dem in den Vorkriegsjahren gegen alle wirtschaftliche Vernunft aus dem Boden gestampften Volkswagenwerk, das auch während des Krieges keine herausragende Position als Rüstungskonzern innerhalb der deutschen Kriegswirtschaft einnahm, hatte es eine deutsche Stammbelegschaft nie gegeben. Und da deutsche Arbeiter seit der Umstellung der Rüstung auf einen langen Abnutzungskrieg im Dezember 1941 nicht mehr zu bekommen waren, setzte das Werk nun alles daran, so schnell wie möglich so viele ausländische Arbeitskräfte wie möglich zu erhalten. Aber weder die rüden Methoden der Arbeiterrekrutierung noch die schlechten, zum Teil katastrophalen Arbeits- und Lebensverhältnisse der ausländischen Zwangsarbeiter, die hier eindrücklich dargestellt werden, waren eine Besonderheit des Volkswagenwerks. Eine Besonderheit des VW-Werks waren allein die weit überdurchschnittlich hohen Anteile ausländischer Arbeiter an der Gesamtbelegschaft. Während im Jahre 1944 insgesamt etwa 25 % aller Beschäftigten in der deutschen Wirtschaft Ausländer waren (zu drei Vierteln Zivilarbeiter, zu einem Viertel Kriegsgefangene), in der Landwirtschaft 40 % und in der Rüstungswirtschaft zwischen 35 und 60 %, stieg der Anteil der ausländischen Zwangsarbeiter bei VW auf über 85 %. Deutsche waren nur noch als Ingenieure, Vorarbeiter, Meister und Bewacher sowie in der Verwaltung tätig. Die gesamte Produktion hingegen wurde von den ausländischen Arbeitskräften bewerkstelligt. Hinzu kamen die KZ-Häftlinge, die in einem eigens eingerichteten Konzentrationslager „Arbeitsdorf" sowie in der letzten Kriegsphase im Außenlager Laagberg des KZ Neuengamme eingesperrt und unter denkbar schlechten Bedingungen bei VW zur Arbeit eingesetzt wurden.

Mittlerweile sind weitere unternehmensgeschichtliche Studien zu diesem Komplex erschienen, andere sind angekündigt.[23] Für die zukünftige Arbeit wäre vor allem eine stärkere Berücksichtigung der Aktivitäten der Unternehmen auch außerhalb der Reichsgrenzen in den besetzten Gebieten zu wünschen, wie dies bei Mommsen und Grieger bereits vor allem in bezug auf Frankreich geschehen ist. Hierdurch wird die Verflechtung der wirtschaftlichen und wirtschaftspolitischen Ziele der Unternehmen in Deutschland und Europa deutlich, die als strategische Leitlinie bei fast allen größeren Unternehmen sichtbar hervortritt.

Viel weniger genau als über die Rüstungsindustrie sind wir hingegen über den Zwangsarbeitereinsatz in der Landwirtschaft informiert. Nach den ersten Studien von Grossmann und August sind bislang nur wenige größere Arbeiten hinzugekommen.[24] Berücksichtigt man, daß der „Ausländereinsatz" in Deutschland bei Kriegsbeginn vor allem von der Landwirtschaft ausging, wo neben den Rüstungsunternehmen die höchste Ausländerquote unter den Beschäftigten erreicht wurde, so ist das besonders zu bedauern. Dies gilt sowohl für die Fragen der tatsächlichen Arbeits- und Lebensverhältnisse der Ausländer in der Landwirtschaft und die Beziehungen zwischen Deutschen und Ausländern, über die sehr unterschiedliche Auskünfte vorliegen, als auch für die Frage nach den sich durchsetzenden Instanzen bei den Kompetenzkonkurrenzen der NS-Institutionen um die Federführung beim Ausländereinsatz.

Die Rekrutierung ausländischer Arbeitskräfte zur Zwangsarbeit betraf nahezu alle europäischen Länder, die von Deutschland besetzt, von ihm abhängig oder mit ihm verbündet waren. Gleichwohl gibt es bislang nur einzelne Ansätze zu einer Integration der Forschungsergebnisse auf diesem Feld, die in den jeweiligen Ländern erarbeitet wurden. Das hat zum einen damit zu tun, daß über die Deportation und Zwangsarbeit von zivilen ebenso wie von kriegsgefangenen Arbeitskräften in den Ländern des Ostblocks in höchst unterschiedlicher Weise geschrieben wurde. Während etwa in Polen eine reiche, das Schicksal der Zwangsarbeiter eindrücklich schildernde Literatur entstanden war, wurden die nach Deutschland deportierten Zivilarbeiter ebenso wie die Kriegsgefangenen aus der Sowjetunion in der sowjetischen Literatur – von wenigen Ausnahmen abgesehen – nicht erwähnt, widersprach ihr Schicksal doch dem allein auf Heroismus und Todesmut abgestellten Bild vom Kampf der Sowjetmenschen während des Krieges. Zudem hatten die Zwangsarbeiter längere Zeit beim Feind gearbeitet – Grund genug, ihnen bis zum Ende der Sowjetunion mit Mißtrauen und repressiven Maßnahmen zu begegnen.[25] Auch in der einstigen ČSSR oder in Jugoslawien war die Geschichte der nach Deutschland gebrachten Arbeitskräfte kein Thema der Forschungsliteratur. Ganz anders in den westeuropäischen Ländern. Schon während der Kriegsjahre hatte etwa die französische Nation am Schicksal der in deutsche Gefangenschaft geratenen französischen Soldaten, von denen ein erheblicher Teil in der deutschen Kriegswirtschaft Arbeit leisten mußte, großen Anteil genommen, und ebenso galt dies für die nach Einführung der Arbeitsverpflichtung (STO) ins „Reich" gebrachten Zivilarbeiter. Bis heute sind die Unterscheidungen zwischen solchen zivilen Arbeitern, die vor 1942 mehr oder minder freiwillig nach Deutschland gingen, und jenen der STO in Frankreich scharf ausgeprägt, gelten die einen doch als Kollaborateure, die anderen als Opfer und Helden – obwohl die Arbeits- und Lebensbedingungen der verschiedenen Gruppen der französischen Arbeiter in Deutschland so unterschiedlich nicht waren und obwohl viele derer, die einstens freiwillig für ein Jahr nach Deutschland hatten gehen wollen, dort an der Rückkehr gehindert und oft noch jahrelang als Zwangsarbeiter weiter beschäftigt wurden – um nach dem Kriege für ihre „Kollaborationsbereitschaft" büßen zu müssen. In den einzelnen Ländern wird jedoch der Zusammenhang zwischen der Verpflichtung der jeweils eigenen Landsleute zum „Reichseinsatz" und der deutschen Politik der Ausländerbeschäftigung insgesamt oft nicht gesehen oder ist gar nicht bekannt. Die einzelnen Nationalliteraturen verbleiben auch gegenüber einem so denkbar multinationalen Ereignis wie dem „Ausländereinsatz" in der verengten nationalgeschichtlichen Perspektive.[26]

Was die einzelnen nationalen Gruppen unter den Zwangsarbeitern betrifft, so sind größere neue Studien hier vor allem über die Zivilarbeiter und Kriegsgefangenen aus der Sowjetunion[27], aus Polen[28], Frankreich[29], den Niederlanden[30] und Italien[31] erschienen. Besonders auffällige Kenntnisdefizite bestehen bei den Arbeitern aus Jugoslawien, insbesondere aus Serbien, aus Griechenland[32] sowie aus den Baltenländern, deren Schicksale sich von dem der anderen „Ostarbeiter" zum Teil deutlich unterschieden.

Neben diesen Studien, die das Schicksal einzelner nationaler Gruppen von Zwangsarbeitern untersuchen, sind auch wichtige Arbeiten zu verschiedenen Einzelfragen erschienen, die das hier in diesem Buch Dargelegte vertiefen, aber auch zu ganz neuen Erkenntnissen kommen.

Das gilt zum einen für das Strafsystem, insbesondere die Arbeitserziehungslager. Mit den Studien von Richter, Korte und Lotfi liegen nun die Grundlagen für eine Gesamtbewertung des Systems der Arbeitserziehungslager vor.[33] Danach haben sich die Arbeitserziehungslager, die während des ersten Kriegsjahres auf Verlangen der Industrie und in enger Kooperation mit der Gestapo gegründet wurden und die im Verlaufe des Krieges in fast allen Regionen des Reiches entstanden, zu einem zweiten von der Gestapo kontrollierten Strafsystem jenseits der Justiz und neben den Konzentrationslagern herausgebildet; wobei sich die Lebensverhältnisse in diesen Lagern denen in den Konzentrationslagern immer mehr annäherten.

Die größten Lücken bei der Erforschung des Zwangsarbeitereinsatzes bestehen jedoch in bezug auf die letzte Kriegsphase. Man kann generell feststellen, daß die letzten etwa zehn Monate des Krieges zwischen Sommer 1944 und dem Frühjahr 1945, welche die bei weitem blutigste und opferreichste Phase des Krieges darstellten, bislang in der Forschung noch wenig untersucht sind.[34] Bislang weitgehend unbekannt sind daher auch die Schicksale der Kinder vor allem sowjetischer „Ostarbeiterinnen", die im Verlaufe des letzten Kriegsjahres in die sogenannten „Ausländerkinder-Pflegestätten" verbracht wurden, wo ein Großteil von ihnen starb. Hier liegen bislang nur wenige Einzelstudien vor,[35] aus den bisherigen Erkenntnissen läßt sich aber die Vermutung ableiten, daß die Tötung der „Ostarbeiter-Kinder" in der letzten Kriegsphase einen systematischen und in allen Teilen des Reiches durchgeführten Massenmord darstellte.

Ein gleiches gilt für die Massaker an „marodierenden" Ausländern in der letzten Kriegsphase, vor allem seit Januar 1945. Hierzu sind bislang außer der sehr eindrücklichen Studie von Rusinek keine weiteren Untersuchungen erschienen.[36] Aber auch hier gibt es viele Hinweise, daß es sich bei diesen Massakern um eine Erscheinung im gesamten Reichsgebiet handelte, wenngleich offen bleiben muß, ob dies auf einen zentralen Befehl zurückzuführen war oder als nicht gelenkter Ausdruck der verbreiteten Panik und der Mordmentalität vor allem der Polizeieinheiten kurz vor dem Untergang des Regimes verstanden werden muß, wozu es ja in den Jahren zuvor vor allem im besetzten Polen und in der Sowjetunion zahlreiche Parallelen gab.

2.

Nachdem die Zahl der rekrutierbaren Zivilarbeiter in Europa seit Anfang 1944 immer mehr zurückging und so die durch weitere Einberufungen deutscher Arbeiter zur Wehrmacht immer größer werdenden Arbeitskräftelücken nicht mehr ausgefüllt werden konnten, wandte sich das Interesse der deutschen Unternehmen wie der Arbeitsbehörden zunehmend der einzigen Organisation zu, die noch über ein erhebliches Potential an Arbeitskräften verfügte: der SS und den ihr unterstellten Konzentrationslagern.[37]

In den ersten Kriegsjahren hatte der Arbeitseinsatz von KZ-Häftlingen keine kriegswirtschaftliche Bedeutung besessen. Zwar gab es bereits seit 1938 SS-eigene Wirtschaftsunternehmen – vor allem Steinbrüche, Ziegeleien und Ausbesserungswerkstätten –, und nahezu alle Häftlinge wurden in irgendeiner Form zur Zwangsarbeit herangezogen. Der Charakter der Arbeit als Strafe, „Erziehung" oder „Rache" blieb aber auch hier erhalten und nahm gegenüber den in der politischen und rassischen Hierarchie der Nazis besonders tief stehenden Gruppen bereits vor 1939 und verstärkt danach die Form der Vernichtung an. Durch die Gründung von SS-eigenen Betrieben wie den „Deutschen Ausrüstungswerken" und den „Deutschen Erd- und Steinwerken" wurde zwar das Bestreben der SS sichtbar, die Konzentrationslager zunehmend auch als ökonomischen Faktor zu nutzen, in der Praxis aber blieb die wirtschaftliche Funktion der Zwangsarbeit der Häftlinge bis weit in die Kriegsjahre hinein den politischen Zielsetzungen der Lagerhaft untergeordnet.[38]

Nach dem militärischen Rückschlag an der Ostfront im Herbst 1941 und der damit verbundenen Umorganisation der deutschen Rüstungsindustrie auf die Notwendigkeiten eines langen Abnutzungskrieges wurden nun auch beim Reichsführer SS organisatorische Umstellungen vorgenommen, um die Produktion für die Rüstung – und nicht nur wie bisher für die Bauwirtschaft, die Baustoffgewinnung und die Militärausrüstung – in den Konzentrationslagern zur vorrangigen Aufgabe zu machen. Tatsächlich waren jedoch weder die Konzentrationslager auf eine solche Umstellung eingerichtet noch reichte der wirtschaftliche Sachverstand in dem als neue Organisationszentrale der Konzentrationslager eingerichteten „Wirtschafts- und Verwaltungshauptamt" der SS (WVHA) aus, um eine Rüstungsfertigung in großem Stil aus dem Boden zu stampfen. Zudem waren die KZ-Wachmannschaften selbst aufgrund der jahrelang geübten Praxis, daß ein Menschenleben im KZ nichts galt, nur schwer auf den Vorrang des Arbeitseinsatzes umzustellen. Das Wirtschafts- und Verwaltungshauptamt der SS machte im April 1942 allen KZ-Kommandanten den Arbeitseinsatz der KZ-Häftlinge zur Hauptaufgabe: Tatsächlich aber starben von den 95.000 registrierten KZ-Häftlingen des 2. Halbjahres 1942 57.503, also mehr als 60 %.

Erst im Frühjahr 1942 begann die SS damit, KZ-Häftlinge in umfangreicherem Maße für Rüstungszwecke einzusetzen, insbesondere beim Aufbau des IG-Farben Werkes bei Auschwitz. Allerdings wurden die Häftlinge hier zunächst nur bei den Bauarbeiten beschäftigt, während der Einsatz bei der Rüstungsfertigung erst ein Jahr später begann. Bei den Auseinandersetzungen zwischen den verschiedenen Interessengruppen innerhalb der SS setzte sich der Gedanke der Strafe und Vernichtung gegenüber dem von Arbeit und Produktivität weiterhin durch – vor allem deshalb, weil durch die Massendeportationen sowjetischer Arbeitskräfte nach Deutschland, die zu dieser Zeit einsetzten, ein kriegswirtschaftlicher Druck zur Beschäftigung von Konzentrationslager-Häftlingen nicht entstand.[39]

Erst im September 1942 entschied Hitler auf Vorschlag des Rüstungsministers Speer, daß die SS ihre KZ-Häftlinge fortan der Industrie leihweise zur Verfügung stellen und die Industrie ihrerseits die Häftlinge in den bestehenden Produktionsprozeß integrieren solle. Dadurch wurde hier das Prinzip der Ausleihe von KZ-Häftlingen an die Privatindustrie festgeschrieben, das von nun an den Arbeitseinsatz der KZ-Häftlinge bestimmen sollte. Seitdem wurde der Arbeitseinsatz von KZ-Häftlingen innerhalb bestehender Industriebetriebe verstärkt. Die Privatunternehmen meldeten ihren Arbeitskräftebedarf beim WVHA, von wo aus Unterkünfte und Sicherheitsbedingungen überprüft und die Genehmigungen erteilt wurden. Dabei konnten in der Regel Firmenbeauftragte in den Lagern selbst die geeignet erscheinenden Häftlinge aussuchen. Anschließend wurden die Häftlinge in ein „Außenlager" des Konzentrationslagers überführt, das meistens in unmittelbarer Nähe der Arbeitsstelle errichtet wurde.[40] Die Gebühren für die Überlassung der Häftlinge, die die Firmen an die SS zu zahlen hatten, betrugen pro Tag 6,– RM für Facharbeiter und 4,– RM für Hilfsarbeiter und Frauen. Gleichzeitig begannen auch die SS-eigenen Wirtschaftsbetriebe im Reich verstärkt auf Rüstungsproduktion umzustellen; die Deutschen Ausrüstungswerke (DAW) produzierten seit Ende 1942 bereits zum überwiegenden Teil für rüstungs- und kriegswichtige Zwecke, sie führten vor allem Instandsetzungsarbeiten aus.

Um den Rüstungseinsatz zu verstärken, lag das vorrangige Interesse des WVHA nun darin, die Zahl der Häftlinge in möglichst kurzer Zeit rigoros zu vergrößern. Die Belegstärke aller Konzentrationslager stieg von 110.000 (September 1942) in sieben Monaten auf 203.000 (April 1943). Im August 1944 war die Häftlingszahl bereits auf 524.268 angewachsen, Anfang 1945 auf über 700.000. Die monatlichen Todesraten der Häftlinge waren jedoch nach wie vor außerordentlich hoch und begannen erst seit dem Frühjahr 1943 zu sinken – von 10 % im Dezember 1942 auf 2,8 % im April 1943. Dies zeigt, daß den erhöhten Anforderungen von seiten der privaten und der SS-Industrie stark erhöhte Einweisungszahlen in die Konzentrationslager entsprachen, nicht aber grundlegend veränderte Arbeits- und Lebensbedingungen der Häftlinge in den Lagern.[41]

Entsprechend lag die durchschnittliche Arbeitsfähigkeit – und damit die Lebensdauer – des einzelnen Häftlings 1943/44 zwischen einem und zwei Jahren; allerdings mit außerordentlich großen Unterschieden je nach Einsatzort und Gruppenzugehörigkeit der Häftlinge. Zur wirklichen Verbesserung der Arbeits- und Lebensbedingungen der KZ-Häftlinge kam es aber nur dann, wenn durch berufsqualifizierten Einsatz oder nach Anlernzeiten auf qualifizierten Arbeitsplätzen die Arbeitskraft des einzelnen nicht oder nur schwer ersetzbar wurde.

Im Sommer 1943 waren von den 160.000 registrierten Gefangenen der WVHA-Lager etwa 15 % bei der Lagerinstandhaltung beschäftigt und 22 % als arbeitsunfähig gemeldet. Die restlichen 63 %, also etwa 100.000, verteilten sich auf die Bauvorhaben der SS, die Wirtschaftsunternehmen der SS sowie die privaten Unternehmen. Am Ende des Jahres 1942 gab es innerhalb des Reichsgebiets 82 Außenlager der KZ, ein Jahr später 186. Im Sommer 1944 stieg diese Zahl auf 341, bis Januar 1945 auf 662. Da die Zahlenangaben der SS und des Speer-Ministeriums zum Teil stark voneinander abweichen, sind exakte Bestimmungen schwierig.

Die Geschichte des Zwangsarbeitseinsatzes von KZ-Häftlingen ist in den vergangenen Jahren Gegenstand wichtiger größerer Untersuchungen geworden. Dies betrifft zunächst Studien über einzelne Unternehmen, die KZ-Häftlinge in größerem Umfange beschäftigten.[42] Dabei trat hervor, daß sich zwar auch die Verwendung von KZ-Häftlingen in den Fabriken im Reichsgebiet auf nahezu die gesamte deutsche produzierende Wirtschaft erstreckte[43], aber doch mit deutlichen Schwerpunkten, wie etwa der Bauindustrie (vor allem bei der Errichtung der unterirdischen Produktionsanlagen) und der Luftfahrt- und Raketenindustrie.[44] Eine zweite Gruppe von Untersuchungen beschäftigt sich mit einzelnen Lagern und Außenlagern, in denen der Zwangsarbeitseinsatz eine dominierende Rolle spielte, insbesondere in der letzten Kriegsphase.[45] Insgesamt erweist sich, daß von einer durchgreifenden Ökonomisierung der Konzentrationslager in dem Sinne, daß die Arbeitskraft der Häftlinge durchgehend auf die Bedürfnisse der deutschen Kriegsindustrie ausgerichtet worden sei, vor 1942/43 nicht die Rede sein kann – und zwar sowohl wegen des offenkundigen Unvermögens des immer gigantischeren SS-Apparats, das System der Konzentrationslager tatsächlich auf den Primat des „Arbeitseinsatzes" umzustellen, als auch – und damit verbunden – wegen der schier unerschöpflichen Zwangsarbeiterreserven aus den besetzten Gebieten, in Sonderheit Osteuropas. Seit 1943 und besonders seit Anfang 1944 aber rückte die Zwangsarbeit der Häftlinge in der Privatindustrie sowie bei den sogenannten „Höhlenprojekten" immer mehr in den Mittelpunkt aller Bestrebungen der SS wie der deutschen Arbeitsbehörden. Für die Häftlinge war dies eine zwiespältige Entwicklung: Mit dem Wert ihrer Arbeitskraft stieg auch die Chance zu überleben – und wiederum auch nicht. Denn durch die immer größer werdende Zahl von Häftlingen – am Ende des Krieges waren es nahezu 700.000 – nahmen auch Chaos und Mißwirtschaft immer weiter zu, so daß die vermeintliche Sachlogik von Arbeitseinsatz und Überlebenschance an Bedeutung verlor.

3.
Gegenüber den Juden ist der Übergang zur systematischen Zwangsarbeit mit dem Beginn des Jahres 1939 feststellbar. In Deutschland wurden seither die Juden, die Arbeitslosenunterstützung beantragten, nach entsprechendem Erlaß der deutschen Arbeitsverwaltung im „Geschlossenen Arbeitseinsatz" als Hilfsarbeiter eingesetzt. Bis zum Sommer 1939 wuchs die Zahl dieser – vorwiegend männlichen – jüdischen Zwangsarbeiter auf etwa 20.000 an. Sie wurden insbesondere bei Straßenbauarbeiten, bei Meliorations-, Kanal- und Talsperrenprojekten sowie auf Müllplätzen, nach Kriegsbeginn auch bei kurzfristigen Schneeräumungs- oder Ernteaktionen eingesetzt. Im Laufe des Jahres 1940 wurde die Verpflichtung zur Zwangsarbeit auf alle arbeitsfähigen deutschen Juden – Frauen wie Männer – ausgedehnt, unabhängig vom Empfang der Arbeitslosenunterstützung. Von nun an erfolgte der Einsatz vorwiegend in der Industrie. Auch diese Entwicklung wurde erst in jüngster Zeit systematisch untersucht.[46]

Spätestens seit dem Frühjahr 1941 aber konkurrierten die Bestrebungen zur Zwangsarbeit der deutschen Juden in Rüstungsunternehmen im Reichsgebiet mit dem Ziel der deutschen Führung, die Juden aus Deutschland zu deportieren. Auch für die – im Sommer 1941 etwa 50.000 – in Rüstungsbetrieben eingesetzten jüdischen Zwangsarbeiter boten die Arbeitsplätze, von denen viele als „rüstungswichtig" eingestuft worden waren, keinen sicheren Schutz vor der Deportation, sondern lediglich eine nach der rüstungwirtschaftlichen Bedeutung ihrer Tätigkeit gestaffelte Verzögerung. Bemerkenswert war in diesem Zusammenhang, daß die Deportationen auch von in kriegswichtigen Betrieben beschäftigten Juden mit Hinweisen begründet wurden, es stünden schließlich genug Polen bzw. Ukrainer als Ersatz zur Verfügung – und dies war der letztlich ausschlaggebende Faktor bei der Entscheidung, die vorerst verschonten Berliner „Rüstungsjuden" schließlich doch zu deportieren. Im Sommer 1943 gab es innerhalb Deutschlands – von wenigen Einzelfällen abgesehen – keine Juden und also auch keine jüdischen Zwangsarbeiter mehr.

Ähnlich, wenngleich in zum Teil anderer zeitlicher Staffelung, entwickelte sich der Zwangsarbeitseinsatz von Juden in den von Deutschland besetzten Ländern insbesondere Osteuropas. Im sogenannten „Generalgouvernement" wurde der jüdische Arbeitszwang bereits im Oktober 1939 verhängt.[47] Danach mußten alle männlichen Juden von 14 bis 60 Jahren Zwangsarbeit in dafür einzurichtenden Zwangsarbeitslagern leisten. Es war Aufgabe der „Judenräte", diese Arbeitskräfte entsprechend zu erfassen und einzuteilen. Einige Wochen später wurde der Arbeitszwang auch auf alle jüdischen Frauen im Alter von 14 bis 60 Jahren ausgedehnt.

Ursprünglich hatte allerdings die SS vorgesehen, alle Juden im „Generalgouvernement" in großen Zwangsarbeiterlagern zur Arbeit einzusetzen. Allerdings waren so viele Juden de facto in freien Arbeitsverhältnissen tätig, daß eine schlagartige Umstellung auf Lagerhaft schon organisatorisch kaum möglich erschien. Jedoch sollte der jüdische „Arbeitseinsatz" zunehmend in Gettos konzentriert werden, deren Errichtung zu dieser Zeit noch nicht sehr weit vorangeschritten war.

Die Arbeitsverwaltung im „Generalgouvernement" legte bereits im Sommer 1940 fest, daß jüdische Arbeitskräfte im freien Einsatz höchstens 80 % der üblichen Löhne erhalten sollten, die Polen für eine entsprechende Tätigkeit erhielten. Viele deutsche Unternehmen oder Institutionen entließen daraufhin ihre jüdischen Arbeitskräfte, denen sie zuvor oft geringere oder gar keine Löhne bezahlt hatten. Das änderte sich aber mit dem Beginn der systematischen „Endlösung". Als einziger Weg, der drohenden Ermordung zu entkommen, erschien vielen Juden nun die Beschäftigung in einem für „kriegswichtige" Zwecke produzierenden und „geschützten" Unternehmen, die in den Gettos konzentriert wurden. Die Flucht in die „Shops" genannten Arbeitsstellen in den Gettos und die schreckliche Lage der jüdischen Arbeiter, die fürchten mußten, bei nicht genügenden Arbeitsleistungen deportiert und ermordet zu werden, machte sie als Arbeitskräfte zunehmend attraktiver. Die Einteilung in rüstungswichtige und weniger wichtige Fertigungsstätten wurde für die jüdischen Zwangsarbeiter immer mehr zur Entscheidung über Leben und Tod.

Mit der Umstellung auf den Primat des Arbeitseinsatzes seit Anfang 1942 verschärften sich die Widersprüche: Im „Generalgouvernement" begannen seit März 1942 die Auflösung der Gettos und die Deportationen der polnischen Juden in die Vernichtungslager. Ein Teil von ihnen jedoch wurde in besondere, den SS- und Polizeiführern unterstehende Arbeitslager gebracht, wo sie bei Bauvorhaben und in der Rüstungsproduktion eingesetzt wurden.[48] Dazu errichtete die SS in diesen Lagern eigene Wirtschaftsbetriebe, zum Teil aus den verlagerten Betriebsanlagen ehemals jüdischer Betriebe. Durch diese Maßnahmen kam es zu erheblichen Konflikten vor allem mit der an der Erhaltung „ihrer" jüdischen Arbeitskräfte in den Gettowerkstätten interessierten Wehrmacht. Die SS war jedoch lediglich bereit, den Rüstungsbetrieben die jüdischen Arbeitskräfte vorerst zu belassen, wenn die Juden als KZ-Häftlinge unter der Regie der SS den Betrieben zum Arbeitseinsatz überlassen würden.

Am 19. Juli 1942 ordnete Himmler an, alle polnischen Juden bis zum Ende des Jahres 1942 zu ermorden. Nur solche Juden, die rüstungswichtige Zwangsarbeit verrichteten, sollten vorerst am Leben gelassen werden. Allerdings sollten solche Produktionsstätten sukzessive in SS-Regie übergehen und in Zwangsarbeitslagern zusammengefaßt werden. Daraufhin wurden von nun an Getto um Getto geräumt und die aufgebauten Produktionsstätten mit Zehntausenden von jüdischen Arbeitskräften stillgelegt; die Zwangsarbeiter in die Vernichtungslager deportiert und ermordet. In den besetzten Gebieten der Sowjetunion war die Lage nicht anders. Nach der ersten Phase der Massenerschießungen im Sommer 1941 waren auch hier Juden in Arbeitskolonnen und Werkstätten beschäftigt worden. Aber auch in der Folgezeit und nach der kriegswirtschaftlichen Umstellung seit Anfang 1942 wurde die Praxis der Liquidationen ohne Rücksicht auf wirtschaftliche Belange fortgesetzt.[49]

Erst seit Ende 1943, als gegenüber den Juden das politische Hauptziel des Nationalsozialismus erreicht war, kam es aufgrund des sich dramatisch verschärfenden Arbeitskräftemangels in der letzten Kriegsphase zu einer Änderung. Bereits im August 1943 war in der Führungsspitze des Regimes die Entscheidung gefallen, die Herstellung der Raketenwaffe A 4, eine der sogenannten V-Waffen, mit Hilfe von nicht-jüdischen KZ-Häftlingen in unterirdischer Produktion durchführen zu lassen. Jüdische KZ-Häftlinge gab es in den Lagern im Reichsgebiet jedoch nahezu nicht mehr, da die noch in Deutschland verbliebenen Juden mit wenigen Ausnahmen bis zum Herbst 1943 nach Polen deportiert worden waren. Seit dem Jahreswechsel 1943/44 wurde nun überall in Deutschland damit begonnen, rüstungswichtige Fertigungen in Untertagefabriken – meist Höhlen oder Bergstollen – zu verlagern, wo sie vor Bombenangriffen geschützt waren. Diese unter enormem Zeitdruck vorangetriebenen Projekte hatten schreckliche Auswirkungen für die hierbei eingesetzten KZ-Häftlinge. Gerade in der Aufbauphase im Herbst und Winter 1943/44 waren die Todeszahlen immens. Leichte Ersetzbarkeit der Häftlinge bei technisch überwiegend einfachen, aber körperlich schweren Arbeiten, hoher Zeitdruck, mangelnde Ernährung und denkbar schlechte Lebensbedingungen waren die Ursachen für die hohen Todesraten, die erst zu sinken begannen, als das Wohnlager fertiggestellt und die Produktion aufgenommen worden war. Bis dahin jedoch waren die Häftlinge schon wenige Wochen nach ihrem Eintreffen „abgearbeitet".

Projekte dieser Art, zu denen Zehntausende, ja Hunderttausende von Arbeitskräften in drei Tagesschichten gebraucht wurden, waren nur noch mit KZ-Häftlingen durchführbar, denn allein die SS besaß noch Arbeitskraftreserven in solchen Größenordnungen. Aber auch die reichten zur Erfüllung der gestellten Aufgaben bald nicht mehr aus, so daß im Frühjahr 1944 der Arbeitseinsatz auch von Juden diskutiert wurde. Bis dahin war die Beschäftigung von Juden innerhalb des Reiches explizit verboten, schließlich galt es als Erfolg des Reichssicherheitshauptamtes der SS, das Reich „judenfrei" gemacht zu haben. Nun aber änderte sich dies.[50] Von den im Frühjahr 1944 nach Auschwitz deportierten etwa 485.000 ungarischen Juden wurden etwa 350.000 Menschen sofort vergast, etwa 100.000 besonders arbeitsfähig wirkende jedoch für den Arbeitseinsatz im „Reich" aussortiert. Nachdem der Zufluß von zivilen „Fremdarbeitern" mittlerweile beinahe ganz zum Versiegen gekommen war, hatten immer mehr Firmen im Reich bei den Arbeitsämtern, zum Teil auch direkt bei den Konzentrationslagern Häftlinge angefordert und waren nun auch einverstanden, jüdische Zwangsarbeiter aus der „Ungarnaktion" zu beschäftigen. Die aus Auschwitz kommenden Häftlinge, darunter sehr viele Frauen, wurden nun formal den Konzentrationslagern im „Reich" unterstellt und auf die Firmen, die KZ-Arbeiter angefordert hatten, verteilt.

Die Zahl der Arbeitskommandos der KZ-Stammlager wuchs seit dem Frühjahr 1944 rapide an, am Ende des Krieges existierten auf Reichsgebiet etwa 660 Außenlager; die Liste der deutschen Unternehmen, die solche KZ-Außenlager einrichteten und KZ-Häftlinge einsetzten, wurde immer länger und umfaßte Hunderte von renommierten Firmen.[51]

Die Arbeits- und Lebensbedingungen der Häftlinge waren dabei in den verschiedenen Firmen sehr unterschiedlich. Insgesamt kann man – mit aller Vorsicht – jedoch davon ausgehen, daß diejenigen, die in der Produktion der Rüstungsbetriebe selbst beschäftigt wurden, erheblich größere Überlebenschancen besaßen als diejenigen Häftlinge, die in den großen Bauvorhaben und insbesondere beim Ausbau unterirdischer Produktionsstätten sowie bei der Fertigung in den Höhlen und Stollen nach der Betriebsverlagerung eingesetzt wurden.

Versucht man abschließend die Gesamtzahlen der von den Behörden und Betrieben im nationalsozialistischen Deutschland zur Zwangsarbeit verpflichteten Menschen zusammenzustellen, so kann man nur für den Arbeitseinsatz von ausländischen Zivilarbeitern und Kriegsgefangenen genaue, auf den Statistiken der Arbeitsbehörden basierende Daten nennen: Die höchste Zahl der gleichzeitig eingesetzten „Fremdarbeiter" wurde im Sommer 1944 mit 7,6 Millionen erreicht. Angesichts der erheblichen Fluktuation ist es jedoch realistisch, von insgesamt etwa 9,5 bis 10 Millionen ausländischen Zivilarbeitern und Kriegsgefangenen auszugehen, die für längere oder kürzere Zeit in Deutschland als Zwangsarbeiter eingesetzt wurden. Die Zahl der KZ-Häftlinge, die in Konzentrations-Stammlagern oder Außenlagern insgesamt zur Zwangsarbeit eingesetzt worden waren, ist seriös kaum schätzbar. Insgesamt sind zwischen 1939 und 1945 etwa 2,5 Millionen Häftlinge in Konzentrationslager des späteren Wirtschafts- und Verwaltungshauptamts der SS eingeliefert worden; darunter etwa 15 % Deutsche und 85 % Ausländer; eine seriöse Schätzung der Zahl der in diesen Jahren in den Lagern Gestorbenen geht von 836.000 bis 995.000 Toten aus (hierin sind die Lager Majdanek und Auschwitz nicht enthalten, in denen insgesamt etwa 1,1 Millionen Menschen umgekommen sind, von denen die weit überwiegende Mehrheit Juden waren).[52]

Es ist davon auszugehen, daß nahezu jeder KZ-Häftling während seiner Haftzeit für kurze oder lange Zeit zur Zwangsarbeit eingesetzt worden ist, allerdings in sehr unterschiedlicher und sich wandelnder Weise. Von den etwa 200.000 Häftlingen im April 1943 dürfte noch weniger als die Hälfte im Rüstungsbereich eingesetzt gewesen sein. Am Ende des Jahres 1944 lag die Gesamtzahl der KZ-Häftlinge bei etwa 600.000, von denen 480.000 tatsächlich als „arbeitsfähig" gemeldet waren. Nach Schätzungen des Wirtschafts- und Verwaltungshauptamts der SS wurden davon etwa 240.000 bei den unterirdischen Verlagerungen sowie bei den Bauvorhaben der Organisation Todt eingesetzt und ca. 230.000 in der Privatindustrie.

Die Zahl derjenigen Juden, die vor oder nach ihrer Deportation zur Zwangsarbeit herangezogen wurde, ist nicht mit hinreichender Genauigkeit zu schätzen, zumal dies in den einzelnen europäischen Ländern sehr unterschiedlich war. Im Sommer 1942 lag die Zahl der in den Gettos und Zwangsarbeitslagern eingepferchten polnischen Juden bei etwa 1,5 Millionen; es ist gewiß nicht zu hoch gegriffen, wenn man davon ausgeht, daß von diesen mindestens die Hälfte für kürzere oder längere Zeit zur Zwangsarbeit eingesetzt worden ist. Erheblich geringer war die Zahl derjenigen, die, nachdem sie aus den verschiedenen europäischen Ländern in die Lager des Ostens deportiert worden waren, dort als „arbeitsfähig" aussortiert und nicht sofort umgebracht worden waren. Ebensowenig gibt es für die Gebiete der Sowjetunion Zahlen, die uns auch nur einen Annäherungswert ermöglichten.

Im Jahre 1944 stellten die ausländischen Zwangsarbeiter – Zivilarbeiter, Kriegsgefangene sowie jüdische und nicht-jüdische KZ-Häftlinge – etwa ein Viertel der in der Gesamtwirtschaft innerhalb des Reiches Beschäftigten.

Es ist bis jetzt nicht gelungen, auch nur einen einzigen größeren Betrieb der produzierenden Gewerbe zu finden, der während des Krieges keine ausländischen Zwangsarbeiter beschäftigt hat. Dies trifft insbesondere für die Zivilarbeiter und Kriegsgefangenen zu, während die KZ-Häftlinge und die jüdischen Zwangsarbeiter vornehmlich von größeren Unternehmen angefordert wurden. Die Initiative zur Beschäftigung von Zwangsarbeitern aller Kategorien ging durchgehend von den Unternehmen selbst aus; forderten sie keine Zwangsarbeiter an, erhielten sie auch keine. Überlegungen, die Wirtschaftsunternehmen seien vom Regime gezwungen worden, Zwangsarbeiter zu beschäftigen, entbehren jeder Grundlage und verkennen auch den Charakter der kooperativen Strukturen in der deutschen Arbeitsverwaltung während des Krieges.

Insgesamt wird angesichts dieses knappen Überblicks deutlich, daß die deutsche Wirtschaft alternativlos auf die Beschäftigung der ausländischen Zwangsarbeiter angewiesen war. Ohne sie hätte weder die Rüstungsproduktion aufrechterhalten und damit der Krieg weitergeführt werden noch die deutsche Bevölkerung auf dem bis 1944 vergleichsweise hohen Niveau ernährt werden können. Der Zwangsarbeitereinsatz in der deutschen Kriegswirtschaft war daher keine Nebenerscheinung, sondern bildete eine der wesentlichen Voraussetzungen des von Deutschland fast sechs Jahre lang geführten Krieges.

4.

Die Entwicklung nach dem Kriege kann hier nur kurz skizziert werden. Sie betrifft zum einen das weitere Schicksal der ehemaligen Zwangsarbeiter nach ihrer Befreiung. Zur Geschichte der „Displaced Persons" sind nach der großen Studie von Jacobmeyer nur noch relativ wenige hinzugekommen, die sich auf regionale Fallbeispiele, rechtliche Entwicklungen sowie insbesondere auf die Geschichte der jüdischen DPs konzentrieren.[53] Das besondere Interesse hat sich allerdings auf die sowjetischen DPs gerichtet, denn für die in den Nachkriegswochen zwangsweise „repatriierten" zivilen und kriegsgefangenen Zwangsarbeiter aus der UdSSR war ihr Leidensweg nach dem Mai 1945 noch nicht zu Ende. Nach ihrer „Repatriierung" in die Heimat standen sie vielmehr bei den stalinistischen Behörden unter pauschalem Kollaborationsverdacht, unterlagen heftigen Repressionen, und nicht wenige von ihnen wurden erneut und oft für Jahre in die Gefängnisse oder die Lager des „Gulag" eingesperrt. Dazu liegen mittlerweile weiterreichende Untersuchungen vor, weitere sind angekündigt.[54] Über den Umgang mit den ehemaligen Zwangsarbeitern in anderen Ländern nach dem Ende des Krieges gibt es bislang, soweit ich sehe, keine größeren Spezialuntersuchungen.

Ein – politisch wie historiographisch – besonders schwieriges Problem stellt hingegen die Frage der Entschädigung für ehemalige Zwangsarbeiter nach 1945/49 dar. Für die DDR stellte sich diese Frage insofern nicht, als sie – von Ausnahmen abgesehen – generell keine Entschädigung an nichtdeutsche NS-Opfer zahlte. Für die Bundesrepublik hingegen markiert dieses Thema eine der langwierigsten und auch kompliziertesten Entwicklungen im ohnehin schon diffizilen Feld der Entschädigungsgesetzgebung.[55] Etwas vereinfacht dargestellt erklärte sich die Bundesrepublik Deutschland bereit, die vom NS-Regime Verfolgten finanziell zu entschädigen – allerdings mit weitreichenden und bezeichnenden Ausnahmen. Zum einen bezog sich diese Zusage auf Deutsche sowie diejenigen DPs, die aus Osteuropa nach Deutschland geflohen waren und sich hier an einem bestimmten Stichtag aufhielten. Zum anderen wurden nur bestimmte Tatbestände als „Verfolgung" anerkannt – im wesentlichen gekennzeichnet durch die Motive der Verfolger. Anerkannt wurden solche Verfolgungsakte, die aus politischen, religiösen, rassischen oder weltanschaulichen Gründen begangen worden waren. Nicht anerkannt wurde hingegen die Heranziehung zur Zwangsarbeit, denn die sei nicht aus politischen, religiösen, rassischen oder weltanschaulichen Motiven angeordnet worden, sondern aus Gründen des kriegsbedingten Mangels an Arbeitskräften. Damit war der Kreis der Entschädigungsberechtigten erheblich eingeengt. Sicherlich mehr als 90 % der vom NS Verfolgten waren Nichtdeutsche – alle ausländischen Zwangsarbeiter, fast alle KZ-Häftlinge und Juden. Entschädigungen nach dem BEG wurden danach aber in erster Linie an Deutsche sowie an einen Teil der auch nicht-deutschen jüdischen Opfer des NS-Regimes gezahlt. Die weit überwiegende Mehrheit der ausländischen Opfer – und darunter als größte Gruppe die ehemaligen Zwangsarbeiter – sollten hingegen von ihren jeweiligen Regierungen entschädigt werden, die wiederum nach erfolgtem Friedensvertrag und Reparationsabkommen entsprechende Reparationszahlungen von der Bundesrepublik erhalten sollten. Zusätzlich wurde höchstgerichtlich festgestellt, daß es sich bei der Verschleppung zur Zwangsarbeit nach Deutschland nicht um eine NS-spezifische Verfolgung gehandelt habe; vielmehr sei die Heranziehung zur Zwangsarbeit aus kriegswirtschaftlichen Gründen erfolgt. Von daher sei eine Entschädigung für Zwangsarbeit ausgeschlossen.

Die Frage der Reparationen allerdings wurde im Jahre 1953 fürs erste beantwortet. Um die Vor- und Nachkriegsschulden vor allem an die USA bezahlen zu können, wurde im Londoner Schuldenabkommen von 1953 festgelegt, daß Reparationszahlungen erst nach einem Friedensvertrag zu vereinbaren seien – der aber, wie bekannt, bis heute nicht zustande gekommen ist. Diese grundlegende Vereinbarung kam den deutschen Interessen außerordentlich entgegen, gleichwohl waren es vor allem die USA, die sie durchgesetzt hatten – einerseits um zu verhindern, daß vor der Schuldenrückzahlung andere Verpflichtungen durch die Bundesrepublik abgetragen würden; andererseits um einen Geldfluß in die Länder des Ostblocks zu verhindern. Trotz einer Reihe von Ausnahmen und Einmalzahlungen blieb dies die Rechtsgrundlage für die Ablehnung von Entschädigung für ausländische Zwangsarbeiter bis in die 90er Jahre.[56]

Dies änderte sich, als die Voraussetzungen des Londoner Schuldenabkommens mit der deutschen Teilung wegfielen und mit dem Zwei-plus-Vier-Vertrag eine einem Friedensvertrag entsprechende Regelung vereinbart wurde. Um die sich daraus nahelegenden sehr erheblichen Folgerungen einzudämmen – die Frage der Zwangsarbeiterentschädigungen spielte bei den Zwei-plus-Vier-Verhandlungen eine bedeutende Rolle – vereinbarte die Bundesregierung mit den GUS-Staaten und mit Polen die Zahlung einer einmaligen Summe von 1,5 Mrd. DM, woraus 500 Mio. DM an Polen, 1 Mrd. DM an die Gus-Staaten flossen, um damit Opfern der nationalsozialistischen Verfolgung Hilfeleistungen zukommen lassen zu können. Daraufhin wurden in diesen Ländern entsprechende Stiftungen eingerichtet, die die Gelder an die ehemaligen Zwangsarbeiter verteilten. Allerdings beharrte die Bundesregierung bei diesen Verhandlungen darauf, daß es sich bei Zwangsarbeit nicht um ein NS-typisches Unrecht, das Anspruch auf Entschädigung nach sich ziehe, handle – schon um die bisher stets eingenommene Rechtsposition nicht aufzugeben und nicht weitere Forderungen von Zwangsarbeitern aus anderen Ländern zu präjudizieren.

Demgegenüber verhielten sich die Privatunternehmen gegenüber an sie herangetragenen Forderungen strikt ablehnend. Bis in die 80er Jahre wurde die Thematik öffentlich kaum mehr erwähnt. Erst im Verlaufe der 80er Jahre und verstärkt seit den 90er Jahren sahen sich deutsche Privatunternehmen verstärkt Forderungen nach Entschädigung ehemaliger Zwangsarbeiter gegenüber und wiesen diese unisono mit Hinweisen auf die Rechtslage ab. Erst mit den Initiativen der Firmen Volkswagen und Daimler-Benz, die die Geschichte der Zwangsarbeiterbeschäftigung in ihren Unternehmen zunächst wissenschaftlich untersuchen ließen und dann auf unterschiedliche Weise zur Zahlung von Entschädigung bereit waren, begann sich dies zu verändern – wenn auch bislang nur bei sehr wenigen Unternehmen. Seither steht diese Frage im Mittelpunkt internationaler Auseinandersetzungen und vielfältiger rechtlicher und politischer Bemühungen verschiedener Seiten, sie zu lösen. Erst wenn die Frage der Entschädigung für Zwangsarbeit gelöst ist, so scheint es, wird der „Ausländereinsatz" endgültig ein Teil allein der Geschichte.

Verzeichnisse

1. Anmerkungen

I. Kapitel

1 Angesichts der verwirrenden Vielzahl der Bezeichnungen in der Literatur und in den Quellen, die in unterschiedlicher Weise und Absicht verschiedene Personengruppen umfassen, hier einige Bemerkungen zur Begrifflichkeit. Die neutralste und allgemeinste Bezeichnung ist „ausländische Arbeitskräfte". Sie umfaßt alle Personen nichtdeutscher Staatsangehörigkeit oder Nationalität, die in deutschen Wirtschaftsbetrieben beschäftigt waren – wobei der Unterschied zwischen beiden Gruppen juristisch genau, in der Praxis durch die „Überführungen" kriegsgefangener Franzosen und Polen in den „Zivilarbeiterstatus" in vielen Fällen aber fließend ist. Die Bezeichnung „Fremdarbeiter" ist ein Quellenbegriff und meint in erster Linie zivile, umgangssprachlich aber alle ausländischen Arbeitskräfte. Er wurde bereits vor 1914 benutzt und war auch noch in den 50er Jahren die gebräuchliche Bezeichnung, bis er in den 60er Jahren endgültig durch „Gastarbeiter" abgelöst wurde. Die Bezeichnung „Zwangsarbeiter" hat hier keinen personenstandsrechtlichen Charakter, sondern drückt unter Berücksichtigung der Umstände sowohl der Rekrutierung wie der Arbeits- und Lebensbedingungen in Deutschland eine Bewertung des Schicksals der Betroffenen aus. Ich vermeide es, den Begriff a priori zu benutzen, weil es unter anderem einer der Untersuchungsgegenstände ist, zu analysieren, inwieweit bei welcher Ausländergruppe und ab wann von „Zwangsarbeit" gesprochen werden muß. So kann dieser Terminus etwa für die Italiener vor 1943 sicherlich nicht verwandt werden; diese wurden vielmehr ebenso wie andere Arbeitskräfte aus „befreundeten" Ländern bereits häufig „Gastarbeiter" genannt. „Ostarbeiter" hingegen wurde im Ersten Weltkrieg umgangssprachlich für die russisch-polnischen Arbeitskräfte – im Gegensatz zu den Polen preußisch-deutscher Staatsangehörigkeit – gebraucht; im Zweiten Weltkrieg wurden damit in juristischer Definition die zivilen Arbeitskräfte aus den „ehemals sowjetischen Gebieten" bezeichnet. In all diese Bezeichnungen sind KZ-Häftlinge, auch wenn sie in der Industrie zur Arbeit eingesetzt waren, nicht miteinbegriffen, obwohl sich in der Praxis der letzten Kriegsjahre die Unterschiede zu verwischen begannen.

2 Die Zahlen nach: Der Arbeitseinsatz im Großdeutschen Reich, Jg. 1944, hrsg. vom GBA. Für die Statistik des Arbeitsmarktes im „Reich" ist dies die wichtigste Grundlage, auch wenn das vom offiziellen Arbeitsamtssystem erfaßte Arbeitskräfteaufkommen die paramilitärischen Einheiten, den Arbeitseinsatz unter der Verantwortung der Wehrmacht und die halbfreiwilligen „Dienste", die sich gegen Ende des Krieges stark ausweiteten und gerade für den Fraueneinsatz von großer Bedeutung waren, nicht miteinbezieht. (Von 1938 bis 1943 als: Der Arbeitseinsatz im Deutschen Reich, ehem. Reichsarbeitsmarktanzeiger.) Darüber hinaus für die Arbeitseinsatz-Statistik wichtig: Wagenführ, Die deutsche Industrie im Kriege, der vor allem auf den Zahlen des Reichsministeriums für Rüstung und Kriegsproduktion aufbaut, sowie die im Kontext des amerikanischen Geheimdienstes entstandenen Zahlenwerke: USSBS: The Effects of Strategic Bombing on the German War Economy, Overall Economic Effects Division, Washington 1945; United States Office of Strategic Services: Foreign Labor in Germany, Washington 1944; Statistical Handbook of Germany. Office of Military Government (US), Economics Division, Fürstenhagen 1947; sowie die verkürzte deutsche Fassung des letztgenannten Werkes: Statistisches Handbuch von Deutschland 1928 bis 1944, hrsg. vom Länderrat des Amerikanischen Besatzungsgebietes, München 1949.

3 Pfahlmann, Fremdarbeiter und Kriegsgefangene.

4 Vgl. dazu meine Überlegungen in Herbert, Apartheid nebenan.

5 Zu diesem bislang nicht wenig erforschten Gebiet der Rezeption und Verarbeitung des Nationalsozialismus in der westdeutschen Öffentlichkeit nach 1945 vgl. etwa die aufschlußreiche Untersuchung des Instituts für Demoskopie vom April 1949 über die „Nachwirkungen des Nationalsozialismus", sowie: Jahrbuch der öffentlichen Meinung 1947 – 1955. Auffällig ist auch, daß die Erinnerung an die Fremdarbeiter des Dritten Reichs bei der Wiederaufnahme der Ausländerbeschäftigung Ende der 50er Jahre in der Bundesrepublik in der öffentlichen Debatte keine Rolle spielte; vgl. dazu Bethlehem, S. 139 ff.

6 Die Zahl der dazu erschienenen Beiträge und Übersichten ist nahezu unüberschaubar; vgl. die entsprechenden Passagen in der Bibliographie von H. E. Volkmann, Wirtschaft im Dritten Reich, Teil II: 1939 – 1945, Koblenz 1984; die wichtigeren Titel zu diesem Komplex sind die von Birkenholz (Hg.),

Anmerkungen zu Kapitel I, S. 12–13

Der ausländische Arbeiter in Deutschland; Küppers/Bannier, Das Arbeitsrecht der Polen im Deutschen Reich; dies., Einsatzbedingungen der Ostarbeiter sowie der sowjetrussischen Kriegsgefangenen; Krauskopf, Der ausländische Arbeiter in Deutschland; Mende u. a., Die Beschäftigung von ausländischen Arbeitskräften in Deutschland; Oermann, Sozialausgleichsabgabe; Sommer/Schelp, Arbeitseinsatz und Arbeitsrecht; sowie die Untersuchungen des Arbeitswissenschaftlichen Instituts der Deutschen Arbeitsfront.

7 Die Zahl der Titel dieser oft ebenso zynischen wie spröden und langweiligen Literatur liegt allein nahezu bei etwa 100; die wichtigeren sind von Beisiegel (RAM), Letsch (RAM), Rachner (Geschäftsgruppe Arbeitseinsatz beim VjPL, später WiStab Ost), Syrup (Reichsamt, Staatssekretär im RAM), Stothfang (RAM/VjPL) und Timm (später Stellvertreter Sauckels) verfaßt.

8 Grohmann, Der Arbeitseinsatz nach den arbeitseinsatzpolitischen Maßnahmen des Beauftragten für den Vierjahresplan; Hertel, Arbeitseinsatz ausländischer Zivilarbeiter; Hetzner, Rechtliche Fragen bei dem Einsatz ausländischer Arbeitskräfte; Lindemann, Die Arbeitsbedingungen der nichtdeutschen Arbeitskräfte im Reichsgebiet; Mateoschat, Die Arbeitseinsatzpolitik der nationalsozialistischen Regierung in den Aufbaujahren 1933 - 1939; Nemetz, Die nationalsozialistische Betriebsgemeinschaft und der Einsatz ausländischer Arbeitskräfte; Odenthal, Die Entwicklung des Arbeitseinsatzes im Rheinland und Westfalen; Schneider, Die Ungezieferplage in den Ausländer-Massenquartieren der Stadt Magdeburg; Schranner, Ärztliche Erfahrungen beim Einsatz fremdländischer Arbeitskräfte; Trompke, Der Arbeitseinsatz als Element deutscher Wehr- und Kriegswirtschaft; Wellemeyer, Die Struktur und Problematik des Arbeitseinsatzes in den nördlichen und östlichen Randgebieten des westfälischen Industriebezirks; Weiher, Die Entwicklung des Arbeitseinsatzes in Deutschland; Weichhold, Die Regelung der Zulassung von ausländischen Arbeitskräften; Willeke, Der Arbeitseinsatz im Kriege; Wussow, Die Gestaltung des Arbeitseinsatzes.

9 Vgl. etwa Letsch, Der Einsatz gewerblicher ausländischer Arbeitskräfte in Deutschland; sowie Beisiegel, Der Arbeitseinsatz in Europa; Syrup, Intereuropäischer Arbeiteraustausch; Stothfang, Europäische Verantwortung im Arbeitseinsatz.

10 Zu den Quellenbeständen der Nürnberger Prozesse W. Mommsen, Die Akten der Nürnberger Kriegsverbrecherprozesse und die Möglichkeit ihrer historischen Auswertung; Czollek/Eichholtz, Die Nürnberger Nachfolgeprozesse als Quelle der Geschichtswissenschaft; Brather, Die Nürnberger Prozeßakten als Geschichtsquelle, eine Bibliographie.

11 Neben den in Anm. 1 genannten statistischen Werken des USSBS vgl. Fried, The Exploitation of Foreign Labour by Germany.

12 Jacobmeyer, Vom Zwangsarbeiter zum Heimatlosen Ausländer.

13 Vgl. das Urteil des Nürnberger Militärtribunals vom 1. 10. 1946, IMT Bd. 1, in dem Sauckel für die „Politik der Zwangsarbeit" und seine „Gesamtverantwortlichkeit für das Sklavenarbeitsprogramm" zum Tode verurteilt wurde; auch Speers Verurteilung gründete sich auf diesen, den „Punkt 4" der Anklage.

14 IMT Bd. 1, S. 263.

15 Ein Teil der wichtigsten Dokumente ist in den Dokumentenbänden der IMT-Serie veröffentlicht; die vervielfältigten Dokumente der verschiedenen Serien (PS, NI, L, E usw.) finden sich im Staatsarchiv Nürnberg am vollständigsten, sowie beim IfZ München, beim WWA Dortmund, beim Bundesarchiv und bei anderen Stellen. Zahlreiche Dokumente der Nachfolgeprozesse sind – allerdings in englischer Sprache – veröffentlicht in den Trials of War Criminals before the Nürnberg Military Tribunals under Control Council Law Nr. 10, 14 Bde., Washington 1949 – 1954.

16 Die aus Protokollen, Anklagedokumentenbüchern und Verteidigungsdokumentenbüchern bestehenden Materialien der „Nachfolgeprozesse" sind bislang in deutscher Sprache nur für vier Prozesse (Fall V, VII, IX, XII) in Auswahldokumentationen aus der DDR veröffentlicht worden; auffälligerweise fehlt dabei der Fall X (Krupp): „Fall V". Anklageplädoyer, ausgewählte Dokumente, Urteil des Flick-Prozesses; „Fall VII". Das Urteil im Geiselmordprozeß; „Fall IX". Das Urteil im SS-Einsatzgruppen-Prozeß; „Fall XII". Das Urteil gegen das Oberkommando der Wehrmacht.

17 Dazu Steinbach, Nationalsozialistische Gewaltverbrechen.

18 Dazu gehören u. a. Knieriem, Nürnberg. Rechtliche und menschliche Probleme; Kannapin, Wirtschaft unter Zwang; Reichelt, Das Erbe der IG-Farben; Kranzbühler, Rückblick auf Nürnberg; Bülck, Die Zwangsarbeit im Friedensvölkerrecht; sowie Wilmosky, Warum wurde Krupp verurteilt?.

19 Kannapin, S. 296; Knieriem bestätigt hingegen sogar die Notwendigkeit des Ausländereinsatzes ausdrücklich, denn da „in einem mit einem totalen Krieg untrennbar verknüpften modernen Wirt-

Anmerkungen zu Kapitel I, S. 14–16

schaftskrieg die Wirtschaftskraft oft entscheidend sein wird und letztere ohne ausreichende Arbeitskräfte brachliegt, könnte man schon argumentieren, daß ein Staat auf fremde Arbeitskräfte zwingend angewiesen sein kann." (S. 516).

20 Knieriem, S. 516.
21 Ewerth, Der Arbeitseinsatz von Landesbewohnern besetzter Gebiete des Ostens und Südostens im Zweiten Weltkrieg; Spangenberg, Die Zwangsarbeiter der Bevölkerung kriegsbesetzter Gebiete und das Völkerrecht; Schlemmer, Arbeitszwang für freie Menschen.
22 Das kann nicht verwundern, besteht seine Arbeit doch in längeren Passagen aus wörtlichen Übernahmen aus der Schrift des Stellvertreters von Sauckel, Max Timm, von 1942: Timm, Der Einsatz der ausländischen Arbeitskräfte in Deutschland; solche wörtlichen Übernahmen bei Pfahlmann z. B. S. 11, 14, 15 u. ä., ich habe im Text mehrfach auf solche Übereinstimmungen hingewiesen.
23 Broszat, Nationalsozialistische Polenpolitik 1939 – 1945; für die Deportationspolitik wichtig auch Dallin, Deutsche Herrschaft in Rußland.
24 Dazu Elsner/Lehmann, DDR-Literatur über Fremdarbeiterpolitik des Imperialismus.
25 Brather, Die Zwangsarbeit in der faschistischen Kriegswirtschaft; Drobisch, Die Ausbeutung ausländischer Arbeitskräfte im Flick-Konzern während des zweiten Weltkrieges; Früholz, Das System der Zwangsarbeit in den Betrieben der IG-Farbenindustrie Aktiengesellschaft unter den Bedingungen des staatsmonopolistischen Kapitalismus während der Vorbereitung und Durchführung des Zweiten Weltkrieges; Gawenus, Die Ausbeutung ausländischer Arbeitskräfte unter besonderer Berücksichtigung deportierter Sowjetbürger durch die deutschen Monopolisten; Jonas, Das Leben der Mansfeldarbeiter 1924 – 1945; Lange, REIMAHG – Unternehmen des Todes; Lärmer, Vom Arbeitszwang zur Zwangsarbeit. Die Arbeitsordnungen im Mansfelder Kupferschieferbergbau von 1673 bis 1945; Richter, Die Ausbeutung ausländischer Arbeiter durch das deutsche Monopolkapital im zweiten Weltkrieg unter besonderer Berücksichtigung des Osram-Konzerns; Schmelzer, Das Hitlerfaschistische Zwangsarbeitssystem und der antifaschistische Widerstandskampf der ausländischen Kriegsgefangenen und Deportierten 1933 – 1945; sowie Seeber, Zwangsarbeiter in der faschistischen Kriegswirtschaft. Zusammenfassend: Kuczynski, Die Geschichte der Lage der Arbeiter unter dem Kapitalismus, Bd. 6: Darstellung der Lage der Arbeiter in Deutschland von 1933 – 1945, S. 217-322.
26 W. Neubert: „Europäische Integration" contra Nation und Völkerverständigung, Berlin (DDR) 1964, S. 225, zit. nach Elsner/Lehmann (Anm. 24), S. 16.
27 Seeber, S. 240; zur Kritik s. Eichholtz, Staatsmonopolistischer Kapitalismus und Zwangsarbeit. Bemerkungen zu dem Buch von Eva Seeber, in: Jahrbuch für Wirtschaftsgeschichte 1967 III, S. 421 ff.
28 Dazu vor allem Drobisch, Die Ausbeutung ausländischer Arbeiter, und Schmelzer, Das Hitlerfaschistische Zwangsarbeitssystem, bei denen diese methodische Problematik besonders stark auftritt.
29 Zu diesen neueren Ansätzen gehören neben den bislang fünf erschienenen Bänden von „Deutschland im zweiten Weltkrieg" vor allem die Arbeit von Czollek, Zwangsarbeit und Deportationen für die deutsche Kriegsmaschine in den baltischen Sowjetrepubliken während des zweiten Weltkrieges; Dörr, Zum Vorgehen der faschistischen Betriebsführung des ehemaligen Lauchhammerwerkes Gröditz im Flick-Konzern gegenüber Arbeitern und anderen Werktätigen sowie zwangsverschleppten ausländischen Arbeitskräften, Kriegsgefangenen und KZ-Häftlingen während des zweiten Weltkrieges; sowie vor allem die Arbeiten von Eichholtz, Die Vorgeschichte des Generalbevollmächtigten für den Arbeitseinsatz; sowie ders., Geschichte der deutschen Kriegswirtschaft 1939 bis 1945, Bde. 1 u. 2. Ausgangspunkt dieser Entwicklung waren die komprimierten Bemerkungen von Drobisch und Eichholtz, Die Zwangsarbeit ausländischer Arbeitskräfte in Deutschland während des zweiten Weltkrieges; vgl. auch die den neueren Forschungsstand der DDR-Historiographie benennenden Ausführungen von Lehmann, Ausländerbeschäftigung und Fremdarbeiterpolitik im faschistischen Deutschland, sowie dessen Aufsätze in den Heften der FAP, vor allem zur Ausländerbeschäftigung in Deutschland zwischen 1930 und 1939; Joachim Lehmann wird dazu in Kürze eine größere Untersuchung vorlegen. Zur Rezeption der DDR-Forschungen in der westdeutschen Geschichtsschreibung: Hillgruber, Deutschland im Zweiten Weltkrieg – zur Forschungssituation in der Bundesrepublik vor der „Herausforderung" durch die DDR-Historie, S. 235 f.
30 Vgl. etwa Deutschland im zweiten Weltkrieg, Bd. 2, S. 77-84; Bd. 3, S. 185-224; Bd. 4, S. 350-397; Bd. 5, S. 186-214; Eichholtz, Kriegswirtschaft, Bd. 2, S. 248-266.

Anmerkungen zu Kapitel I, S. 16–18

31 Homze, Foreign Labor in Nazi Germany. Auch die Arbeit von Wunderlich, Farm Labour in Germany 1810 – 1945, die sich im letzten Teil auch mit den ausländischen Arbeitskräften in der deutschen Landwirtschaft während des Krieges beschäftigt, ist in Deutschland nur wenig zur Kenntnis genommen worden.
32 United States Strategic Bombing Survey; diese Gruppe von Wissenschaftlern der amerikanischen Armee hat neben den in Anm. 1 genannten statistischen Werken eine große Zahl von Einzelberichten vor allem zu deutschen Industriebetrieben vorgelegt, deren Aussagewert allerdings unterschiedlich groß ist.
33 Klein, Germany's Preparation for War. A Reexamination; ders., Germany's Economic Preparations for War; Kaldor, The German War Economy; Carroll, Design for Total War. Wichtig für die Diskussion in der Bundesrepublik zu diesem Thema waren Janssen, Das Ministerium Speer; und die Quellenpublikation von Boelcke, Deutschlands Rüstung im Zweiten Weltkrieg, sowie Speers Erinnerungen selbst. Vor allem durch die Arbeiten von Milward (Anm. 35) und Petzina wurde auch das Arbeitskräfteproblem zunehmend in die Diskussion mit einbezogen: Petzina, Autarkiepolitik im Dritten Reich; ders., Grundriß der deutschen Wirtschaftsgeschichte.
34 Hierzu vor allem die Arbeiten von Winkler, Frauenarbeit im „Dritten Reich"; Bock, Frauen und ihre Arbeit im Nationalsozialismus; Tröger, Die Planung des Rationalisierungsproletariats; Mason, Zur Lage der Frauen in Deutschland 1930 – 1940; Klinksiek, Die Frau im NS-Staat, S. 100-111.
35 Milward, Die deutsche Kriegswirtschaft; ders., Der Zweite Weltkrieg; ders., Arbeitspolitik und Produktivität in der deutschen Kriegswirtschaft unter vergleichendem Aspekt.
36 Herbst, Die Krise des nationalsozialistischen Regimes am Vorabend des Zweiten Weltkriegs und die forcierte Aufrüstung; ders., Die Mobilmachung der Wirtschaft 1938/39 als Problem des nationalsozialistischen Herrschaftssystems; sowie vor allem Herbsts wichtige und für mich sehr anregende Studie: Der Totale Krieg und die Ordnung der Wirtschaft.
37 Streit, Keine Kameraden. Die Wehrmacht und die sowjetischen Kriegsgefangenen 1941 – 1945. Christian Streit geht dabei auch ausführlicher auf den Arbeitseinsatz der sowjetischen Kriegsgefangenen im Reichsgebiet (S. 191-288) ein.
38 Deist u. a., Ursachen und Voraussetzungen der deutschen Kriegspolitik; Boog u. a., Der Angriff auf die Sowjetunion; Krausnick/Wilhelm, Die Truppe des Weltanschauungskrieges.
39 Streim, Die Behandlung sowjetischer Kriegsgefangener im „Fall Barbarossa".
40 Mommsen, Realisierung des Utopischen; vgl. auch Klee, Euthanasie im NS-Staat.
41 Mommsen, Der Nationalsozialismus. Kumulative Radikalisierung und Selbstzerstörung des Regimes; ders., Nationalsozialismus, in: Sowjetsystem und demokratische Gesellschaft; ders., Ausnahmezustand als Herrschaftstechnik des NS-Regimes; Hüttenberger, Nationalsozialistische Polykratie.
42 Petzina, Soziale Lage der deutschen Arbeiter und Probleme des Arbeitseinsatzes während des Zweiten Weltkrieges; ders., Die Mobilisierung deutscher Arbeitskräfte vor und während des Zweiten Weltkrieges; ders., Vierjahresplan und Rüstungspolitik; Werner, Bleib übrig! Deutsche Arbeiter in der nationalsozialistischen Kriegswirtschaft. Zusammenfassend und sehr anregend über die Situation der deutschen Kriegswirtschaft bei Kriegsbeginn: Volkmann, Die NS-Wirtschaft in Vorbereitung des Krieges.
43 Mason, Sozialpolitik im Dritten Reich; vgl. auch Wisotzky, Der Ruhrbergbau im Dritten Reich, der die Thesen Masons für die Ruhrbergleute zwar modifiziert, im ganzen aber eher bestätigt.
44 Petzina, Soziale Lage, S. 81 und 83. Diesen Problemstand vernachlässigen einige der in letzter Zeit zum Thema Fremdarbeiter erschienenen Titel; etwa: Wysocki, Zwangsarbeit im Stahlkonzern, gleichwohl eine innovative Untersuchung; sehr konventionell und wenig befriedigend hingegen Billstein, Fremdarbeiter in unserer Stadt. Wichtig für die Interpretation und Einordnung des Phänomens „Fremdarbeiter" in den Gesamtzusammenhang von Politik und Ideologie im Nationalsozialismus: Peukert, Volksgenossen und Gemeinschaftsfremde, S. 151-171.
45 Dohse, Ausländische Arbeiter und bürgerlicher Staat; Majer, Fremdvölkische im Dritten Reich; Kranig, Lockung und Zwang. Zur Arbeitsverfassung im Dritten Reich; ders.: Arbeitsrecht im NS-Staat. Texte und Dokumente; vgl. auch Friederichsen, Die Stellung des Fremden in deutschen Gesetzen und völkerrechtlichen Verträgen seit dem Zeitalter der Französischen Revolution; Bender, Zur Kritik des Ausländerrechts; für die zahlreichen Beiträge von Klaus J. Bade vgl. jetzt seinen Überblick: Vom Auswanderungsland zum Einwanderungsland 1880 – 1980.
46 Dohses Analysen des nationalsozialistischen Ausländereinsatzes und seiner rechtlichen Grundlagen sind empirisch allerdings wenig befriedigend. Eine prinzipielle Abgrenzung des Fremdarbeiterein-

Anmerkungen zu Kapitel I, S. 18–22

satzes 1939 bis 1945 von der Ausländerbeschäftigung vorher und nachher bei Bade in dessen Überblick über die Geschichte der ausländischen Arbeiter in Deutschland, wo er im Anschluß an Dohse postuliert, daß „die Zeit des Zweiten Weltkrieges auch hier eine scharf abgegrenzte historische Ausnahmesituation bildete" – argumentativ aber nur das Spiegelbild der DDR-Position von der unumschränkten Kontinuität mit umgekehrten Vorzeichen; die Aufgabe besteht eben darin, Elemente der Kontinuität und der Diskontinuität sauber zu unterscheiden, weil gerade darin die Potentiale für einen Erkenntniszuwachs über die Wirklichkeit des Dritten Reiches liegen. (Bade, Vom Auswanderungsland, S. 52).

47 Majer (Anm. 45), S. 82 ff., 253 ff., 304 ff., 593-684.
48 Kranig, Lockung und Zwang, S. 145-148; ders., Arbeitsrecht, S. 159-177, die Auswahl der Dokumente ist allerdings ziemlich zufällig.
49 Schminck-Gustavus, Zwangsarbeitsrecht und Faschismus, S. 27; seine Quellengrundlage sind vor allem die Bände IX und X der „Documenta occupationis".
50 Schminck-Gustavus, Hungern für Hitler. Erinnerungen polnischer Zwangsarbeiter im Deutschen Reich 1940 – 1945.
51 Zu Frankreich: Evrard, La déportation des travailleurs français dans le IIIème Reich; Milward, The New Order and the French Economy; ders., French Labor and the German Economy 1942 – 1945; Jäckel, Frankreich in Hitlers Europa; Winkel, Die „Ausbeutung" des besetzten Frankreich; Fridenson, Die Auswirkungen des Zweiten Weltkrieges auf die französische Arbeiterschaft; Frankenstein, Die deutschen Arbeitskräfteaushebungen in Frankreich. Zu Österreich: Schausberger, Mobilisierung und Einsatz fremdländischer Arbeitskräfte während des Zweiten Weltkrieges in Österreich; zu den Niederlanden: Sijes, De Arbeidsinzet; Hirschfeld, Der „freiwillige" Arbeitseinsatz niederländischer Fremdarbeiter; Hirschfelds Monographie zur Geschichte der Niederlande unter deutscher Besatzung konnte nicht mehr berücksichtigt werden, Gerhard Hirschfeld: Fremdherrschaft und Kollaboration. Die Niederlande unter deutscher Besatzung, Stuttgart 1984; Sniffen, Forced Labor Drafts. Zu Belgien: Haupt, Der „Arbeitseinsatz" der belgischen Bevölkerung während des Zweiten Weltkrieges. Haupt beschränkt sich aber auf die Formen der Anwerbung in Belgien, der Arbeitseinsatz im Reich selbst wird nicht untersucht.
52 Für die polnische Literatur vgl. Łuczak, Polscy robotnicy przymusowi w Trzeciej Rzeszy podczas II wojny światowej; ders., Deportations of Polish Manpower to Hitler's Reich 1939 – 1945; ders., Mobilisierung und Ausnutzung der polnischen Arbeitskraft für den Krieg. Zur Situation im Generalgouvernement vgl. neben Broszat (Anm. 23): Eisenblätter, Grundlinien der Politik des Reichs gegenüber dem Generalgouvernement, 1939 – 1945. Zur Lage der vor 1939 nach Deutschland ausgewanderten polnischen Arbeiter: Kleßmann, Polnische Bergarbeiter im Ruhrgebiet 1870 – 1945. Zu Italien jetzt die populärwissenschaftliche Schrift von Kuby, Verrat auf Deutsch.
53 Dazu Kap. X. 4.
54 Brodski, Im Kampf gegen den Faschismus. Sowjetische Widerstandskämpfer im Hitlerdeutschland 1941 – 1945.
55 August, Die Entwicklung des Arbeitsmarkts in Deutschland in den 30er Jahren und der Masseneinsatz ausländischer Arbeitskräfte während des Zweiten Weltkrieges; Grossmann, Polen und Sowjetrussen als Arbeiter in Bayern 1939 – 1945; ders., Fremd- und Zwangsarbeiter in Bayern 1939 – 1945; Littmann, Das „Ausländerreferat" der Hamburger Gestapo. Die Verfolgung der polnischen und sowjetischen Zwangsarbeiter; dies.: Ausländische Zwangsarbeiter in Hamburg während des Zweiten Weltkrieges; Jacobmeyer, Vom Zwangsarbeiter zum Heimatlosen Ausländer; Bock: Zwangssterilisation im Nationalsozialismus.
56 So untersagte mir die Betriebsleitung der Firma Krupp sogar die Einsichtnahme in die Originale der Nürnberger Prozeßdokumente, die von den Amerikanern Ende der 60er Jahre dem Bundesarchiv und vom Bundesarchiv dem Krupp-Archiv mit der Maßgabe zurückgegeben wurden, diese der Forschungsöffentlichkeit zugänglich zu machen.
57 Viele Großbetriebe unternahmen während der Prozeßvorbereitungen gegen Krupp, Flick und die IG-Farben Anstrengungen, eigene Dossiers zu verfertigen, in denen die Behandlung der Fremdarbeiter im eigenen Unternehmen in einem positiven, aber doch noch glaubhaften Licht erschien. Ein solches Dossier konnte ich etwa bei Mannesmann einsehen. Was ansonsten mit den Akten jedenfalls in vielen Betrieben geschah, schilderte der Arbeitseinsatzingenieur der IG-Farben Werke Hoechst, Vesper, in einer Erklärung 1946 so: „Kurz vor dem Einmarsch der Amerikaner ist von der Direktion Hoechst aus die Anordnung ergangen, daß sämtliche Papiere und Unterlagen über die

Anmerkungen zu Kapitel I, S. 23–27

Beschäftigung der Ausländer zu vernichten sind. Dieser Befehl wurde mir mündlich von meinem Betriebsführer, Prof. Holler, durchgegeben." Affid. Vesper, 9. 12. 1946, Dok. NI 2995, Fall VI, ADB 69). Vgl. zum Problem der Firmenarchive auch Herbst, Der totale Krieg, S. 9.

58 Die „Meldungen aus dem Reich" sind nach Fertigstellung der Arbeit vollständig veröffentlicht worden: Heinz Boberach (Hg.): Meldungen aus dem Reich. Die geheimen Lageberichte des Sicherheitsdienstes der SS 1938 – 1944, 17 Bde., Herrsching 1984. Zitatnachweise im folgenden aber nach der Bestandssignatur im Bundesarchiv (BA R 58). Die Berichte der Generalstaatsanwälte: BA R 22; Gestapo-Personalakten: HStAD RW 58.

59 Czesław Łuczak (Hg.): Położenie polskich robotników przymusowych w Rzeszy 1939 – 1945 (= Documenta occupationis Bd. IX), Posen 1975; Alfred Konieczny und Herbert Szurgacz (Hg.): Praca przymusowa Polaków pod panowaniem hitlerowskim 1939 – 1945 (= Documenta occupationis, Bd. X), Posen 1976; Rüter/Ehlermann, Justiz und NS-Verbrechen; Mason, Arbeiterklasse und Volksgemeinschaft; Anatomie des Krieges. Neue Dokumente über die Rolle des deutschen Monopolkapitals bei der Vorbereitung und Durchführung des zweiten Weltkriegs; Anatomie der Aggression. Neue Dokumente zu den Kriegszielen des faschistischen deutschen Imperialismus im zweiten Weltkrieg; Deutschland-Berichte der Sozialdemokratischen Partei Deutschlands (Sopade) 1934 – 1940. Ich hatte darüber hinaus als Jurymitglied des Schülerwettbewerbs Deutsche Geschichte um den Preis des Bundespräsidenten zum Thema „Alltag im Nationalsozialismus – die Kriegsjahre in Deutschland" 1983 die Gelegenheit, eine große Zahl der zum Thema „Fremdarbeiter" dort eingereichten Wettbewerbsbeiträge lesen zu können. Ich erhielt dadurch nicht nur wichtige Anregungen und Hinweise, sondern konnte meine eigenen Forschungsergebnisse mit einer ganz ungewöhnlich großen Zahl regionaler Untersuchungen vergleichen. Auf die Möglichkeit, die Ergebnisse der Wettbewerbsarbeiten explizit in diese Untersuchung einzuarbeiten, habe ich aber verzichtet, weil diese angesichts der Zahl der einschlägigen Arbeiten (etwa 70) allzu eklektisch gewesen wäre. Der Schülerwettbewerb Deutsche Geschichte hat dazu ein Findbuch herausgegeben, das über die Körber-Stiftung, Hamburg, zu erhalten ist: „Alltag im Nationalsozialismus – Die Kriegsjahre Deutschland". Katalog der preisgekrönten Arbeiten, Band 5 – Wettbewerb 1982/83, Hamburg 1985. Eine der Arbeiten ist mittlerweile veröffentlicht worden: Weidner, Nur Gräber als Spuren.

60 Zur regionalen Situation im Ruhrgebiet während des Nationalsozialismus vgl. Steinberg, Widerstand und Verfolgung in Essen 1933 – 1945; Widerstand und Verfolgung in Dortmund 1933 – 1945; Seebold, Ein Stahlkonzern im Dritten Reich; Wisotzky, Der Ruhrbergbau; Geyer, Zum Einfluß der nationalsozialistischen Rüstungspolitik auf das Ruhrgebiet; sowie die in Kapitel VII, Anm. 1 genannte Literatur.

61 Jochen August in Berlin bereitet dazu eine größere Untersuchung vor; für Hamburg arbeitet Friederike Littmann an einer regionalgeschichtlichen Untersuchung der Ausländerbeschäftigung im Zweiten Weltkrieg; Rainer Fröbe forscht in Hagen über die Geschichte der SS-Rüstungsbetriebe mit dem Schwerpunkt Porta-Westfalica.

62 Berichte der Auslandsbrief-Prüfstellen in BA R 41/264-273.

63 Łukaszewicz, Relacje i wspomnienia jako źródło do badań nad sytuacją robotników przymusowych i jeńców wojennych w Trzeciej Rzeszy; Przemoc, poniżenie, poniewierka. Wspomnienia z przymusowych robót rolnych 1939 – 1945; Z literą „P". Polcy na robotach przymusowych w hitlerowskiej Rzeszy 1939 – 1945; Ze znakiem „P". Relacie i wspomnienia robotników przymusowych i jeńców wojennych in Prusach Wschodnich. Wesentliche Anregungen erhielt ich von belletristischen Verarbeitungen des Themas „Fremdarbeiter": Böll, Gruppenbild mit Dame; Ptaćnik, Jahrgang 21; Hochhuth, Eine Liebe in Deutschland; Sjomin, Zum Unterschied ein Zeichen; Nowakowska, Das Brot der Feinde; Winkler, Die Verschleppung; sowie vor allem d'Eramo, Der Umweg.

II. Kapitel

1 Der Begriff „Ausländer" bezieht sich nur auf die Staatsangehörigkeit; weitaus die meisten ausländischen Saisonarbeiter in den ostelbischen Gebieten waren von der Nationalität her Polen aus Österreich oder Rußland. Auf die Lage der polnischen Minderheit in Preußen – 1918 immerhin 10 % der Gesamtbevölkerung – kann hier nicht näher eingegangen werden (vgl. etwa Wehler, Die Polenpolitik im Deutschen Kaiserreich, 1871 – 1918). Insofern spreche ich hier auch von „einheimischen", nicht von „deutschen" Arbeitern.

Anmerkungen zu Kapitel II, S. 27–32

2 Pr. Kriegsministerium, 4. 8. 1914 an Stv. Gen. Kdos. zit. in: Elsner, Die ausländischen Arbeiter in der Landwirtschaft der östlichen und mittleren Gebiete des Deutschen Reiches während des ersten Weltkrieges, S. 48 f.; vgl. Zunkel, Die ausländischen Arbeiter in der deutschen Kriegswirtschaftspolitik des ersten Weltkrieges, hier S. 285. Bei Kriegsbeginn befanden sich ca. 1,2 Mill. ausländische Arbeitskräfte in Deutschland, davon etwa 500.000 meist polnische Arbeiter in der Landwirtschaft, ca. 700.000 Ausländer arbeiteten in der Industrie, vorwiegend Österreicher, Italiener, Holländer und Ungarn, vgl. Zunkel S. 282; Elsner, Zur Politik der herrschenden Kreise Deutschlands gegenüber den eingewanderten polnischen Arbeitern in den Jahren 1900 – 1918, S. 5 ff.; Nichtweiß, Die ausländischen Saisonarbeiter in der Landwirtschaft der östlichen und mittleren Gebiete des Deutschen Reiches von 1890 bis 1914, S. 143, 177; Herbert, Zwangsarbeit als Lernprozeß.

3 Befehl des Stv. Gen. Kdos des VIII. Armeekorps vom 14. 10. 1914, HstAD, Reg. Düss. 15004; Erlasse der preußischen Minister Loebell und Schorlemer vom 12. und 26. 10. 1914; vgl. Zunkel S. 287; Elsner, Der Übergang zur Zwangsarbeit für ausländische Arbeiter in der deutschen Landwirtschaft zu Beginn des ersten Weltkrieges, S. 291 ff.; sowie ders., Zur Politik, S. 9 ff.; ders., Die ausländischen Arbeiter, S. 47 f.

4 Zur Geschichte der Auswanderung polnischer Arbeiter in die deutsche Industrie, vor allem in den Ruhrbergbau vgl. Kleßmann, Polnische Bergarbeiter im Ruhrgebiet 1870 – 1945. Zur Situation der polnischen Arbeiter in Ostdeutschland grundlegend: Nichtweiß; vgl. auch Elsner, Die ausländischen Arbeiter; ders., Zur Lage und zum Kampf der polnischen Arbeiter in der deutschen Landwirtschaft während des ersten Weltkrieges; ders., Zu den Auseinandersetzungen zwischen Deutschland und Österreich-Ungarn über die Saisonarbeiterfrage während des ersten Weltkrieges; ders., Sicherung der Ausbeutung ausländischer Arbeitskräfte; ders., Zum Wesen und zur Kontinuität der Fremdarbeiterpolitik des deutschen Imperialismus; ders., Zur Haltung der rechten SPD- und Gewerkschaftsführer in der Einwanderungsfrage während des ersten Weltkriegs; ders., Zur Politik; ders., Der Übergang zur Zwangsarbeit; ders., Ausländerbeschäftigung und Zwangsarbeitspolitik in Deutschland während des ersten Weltkriegs; sowie die überaus zahlreichen, textlich allerdings oft nur leicht variierten Beiträge von Bade zu diesem Thema (vgl. Literaturverzeichnis); es genügt daher, wenn ich hier auf die letzte Variation verweise: Bade, „Preußengänger" und „Abwehrpolitik".

5 Erlasse des preußischen Ministers des Innern vom 26. 11. und 18. 12. 1890; die „Karenzzeit" galt zunächst für die Zeit zwischen dem 15. November und dem 1. April eines Jahres und wurde schrittweise auf die Zeit vom 20. Dezember bis 1. Februar verkürzt; hier und für das folgende vgl. Nichtweiß S. 35 ff.; Bade, Massenwanderung und Arbeitsmarkt, S. 313 f.

6 Vgl. dazu die eindringlichen Analysen von Max Weber, Die Verhältnisse der Landarbeiter im ostelbischen Deutschland; ders., Die ländliche Arbeitsverfassung; ders., Entwicklungstendenz in der Lage der ostelbischen Landarbeiter.

7 Vgl. Elsner, Zur Haltung der rechten SPD- und Gewerkschaftsführer; Nichtweiß, S. 154-214.

8 Der polnische Missionar Lipski kritisierte die Praxis der Ausländeranwerbung so: „Es werden nicht *Arbeiter*, sondern Arbeitskräfte gesucht, die Personen mit all ihren Rechten und Bedürfnissen sind Nebensache. Einzig Leistung und Lohn gibt den Ausschlag." Bericht des Reg. Präs. von Frankfurt (Oder) an den Preußischen Innenminister, o. D., zit. n. Nichtweiß, S. 178.

9 Vgl. dazu Broszat, 200 Jahre deutsche Polenpolitik, S. 152 ff.

10 Eine Untersuchung des gesamten Bereichs der Kriegsgefangenen in Deutschland während des Ersten Weltkrieges steht aus. Durch die Zerstörung des Preußischen Heeresarchivs 1945 ist die Quellenlage nicht einfach. Auf der Basis der Bestände in den süddeutschen Staatsarchiven wäre eine solche Untersuchung am ehesten möglich. Einige Hinweise finden sich bei Kocka, Klassengesellschaft im Krieg, S. 155, und bei Kuczynski, Lage der Arbeiter, Bd. 4, S. 322. Ich folge hier im Wesentlichen der Darstellung im Gutachten des Sachverständigen Meurer für den Untersuchungsausschuß der Verfassungsgebenden Nationalversammlung, „Völkerrecht im Weltkrieg", v. a. S. 315-380.

11 Zwischen 1913/14 und 1914/15 verringerte sich die Zahl der italienischen Arbeiter in Deutschland von etwa 65.000 um 30 % auf 45.000; die der österreichischen Arbeiter von 240.000 um fast 50 % auf 130.000.

12 Völkerrecht im Weltkrieg, S. 333, 716.

13 Ebd., S. 319, 328.

14 Beratung im preußischen Innenministerium am 5. 9. 1914, zit. bei Elsner, Die ausländischen Arbeiter, S. 51 f., Erlasse der preußischen Innen- und Landwirtschaftsminister vom 28. 9. 1914, des Kriegsministers vom 30. 9. 1914 bei Zunkel, S. 286. Die unterschiedlichen Interpretationen von

443

Anmerkungen zu Kapitel II, S. 32–35

Zunkel, der meint, erst mit Kriegsbeginn hätten sich die deutschen Behörden „für eine autoritäre Behandlung und Lösung des Landarbeiterproblems" entschieden (S. 287) und Elsner, der dagegen hält: „Diese Entscheidung war lange vor dem Krieg getroffen worden" (Elsner, Zur Politik, S. 9) treffen dabei nicht den Kern des Problems. Von einer „autoritären Lösung des Landarbeiterproblems" muß man spätestens seit Einführung repressiver staatlicher Vorschriften (Karenzzeit und Legitimationszwang 1890 bzw. 1908) sprechen. Die Entscheidung für die Zwangsarbeit aber, das zeigen die Erlasse von Ende September, hatte zwar eine Vorgeschichte, war aber gleichwohl eher eine kurzfristige Reaktion auf einen so nicht erwarteten Kriegsverlauf.

15 Vgl. Anm. 2 und 3.
16 Vgl. Zunkel, S. 288; Elsner, Die ausländischen Arbeiter, S. 62 f., Elsner, Zur Politik der herrschenden Kreise, S. 10 ff.
17 Vgl. Zunkel, S. 287, Anm. 30; Elsner, Die ausländischen Arbeiter, S. 60 ff.
18 Der im August 1915 eingesetzte Chef des Generalgouvernements Warschau meinte etwa: „Die Behandlung der Arbeiterfrage wird von dem Gedanken getragen, die brauchbarsten Arbeitskräfte für die deutsche Industrie und Landwirtschaft zu gewinnen, in zweiter Linie der hiesigen Landwirtschaft die erforderlichen Arbeiter zu sichern." Zit. nach Elsner, Zur Politik der herrschenden Kreise, S. 22 f.
19 „Verordnung zur Bekämpfung der Arbeitsscheu", 4. 10. 1916, zit. bei Zunkel, S. 301; vgl. die Auseinandersetzung zwischen Zunkel, S. 301 f., und Elsner, Die ausländischen Arbeiter, S. 178 f., sowie Elsner, Zur Politik der herrschenden Kreise, S. 21 ff., ob während des gesamten Krieges in Polen von „Zwangsdeportationen" gesprochen werden müsse, wie Elsner sagt, oder nach Zunkel nur für die Phase zwischen Herbst 1916 und Frühsommer 1917; entscheidend scheint mir hierbei zu sein, daß der Zwangscharakter der Arbeit durch das Rückkehr- und Arbeitsplatzwechselverbot auch für die Industriearbeiter evident ist; daß die omnipotenten Besatzungsbehörden in Polen für entsprechenden Druck in wirtschaftlicher wie in strafrechtlicher Hinsicht sorgen konnten, ist ebenfalls einleuchtend. Die Frage der Gewaltsamkeit der Anwerbung scheint mir so eher zweitrangig; dazu ausführlicher über die Anwerbungen ab Herbst 1939, Kap. IV. 4., VI. 5. und VIII. 3.
20 Vgl. die Bekanntmachung des Polizeipräsidenten von Warschau, von Glasenapp, am 30. 10. 1916, zit. bei Elsner, Zur Politik der herrschenden Kreise, S. 23.
21 Schreiben der Deutschen Arbeiterzentrale an den Preußischen Landwirtschaftsminister vom 16. 10. 1917, zit. bei Elsner, Zur Lage und zum Kampf, S. 180. Der Anstieg der Fluchtzahlen seit 1916 ist unter anderem auch darauf zurückzuführen, daß seit der Proklamation des polnischen Königreiches die Möglichkeiten für die Arbeiter, in ihre Heimat zu flüchten, erheblich größer waren als zu den Zeiten, in denen diese Region Frontgebiet war.
22 Erlaß des Kriegsministeriums an die Stv. Gen. Kdos., 7. 12. 1916, Ausführungsbestimmungen vom 5. 2. 1917, HStAD, Reg. Düss. 9084. Vgl. den Erlaß des Kriegsministeriums vom 5. 6. 1916 an Stv. Gen. Kdos., HStAD, Reg. Düss. 9084, sowie den Erlaß des Preußischen Kriegsministeriums vom 15. 10. 1917, Ausführungsbestimmungen an die Stv. Gen. Kdos. vom 21. 11. 1917; zit. nach Zunkel, S. 309.
23 In Mecklenburg-Schwerin z. B. flohen allein von Januar bis September 1918 von den dort beschäftigten knapp 30.000 Arbeitern mehr als 2.000, vgl. Elsner, Zur Lage und zum Kampf, S. 184.
24 Vgl. das Schreiben des deutschen Generalgouverneurs in Belgien, von Bissing, an den Düsseldorfer Regierungspräsidenten, 8. 1. 1915, HStAD Reg. Düss. 15048.
25 Auch für das Folgende Ritter, Staatskunst und Kriegshandwerk, Bd. III, S. 433-450; vgl. auch Zunkel, S. 295 ff.; Elsners Kritik daran: Liberale Arbeiterpolitik oder Modifizierung der Zwangsarbeiterpolitik?; Elsner, Belgische Zwangsarbeiter in Deutschland während des ersten Weltkrieges; Gutsche, Zu einigen Fragen der staatsmonopolistischen Verflechtungen in den ersten Kriegsjahren am Beispiel der Ausplünderung der belgischen Industrie und der Zwangsdeportation von Belgiern; Fried, The Exploitation of Foreign Labor by Germany, S. 283 ff.; Werner, Bemerkungen zum Einsatz ausländischer Arbeiter in der deutschen Industrie von 1890 bis 1914.
26 Erlaß des Preußischen Innenministers vom 11. 5. 1915, zit. bei Zunkel, S. 291. Der entsprechende Befehl der Stv. Gen. Kdos. in HStAD, Reg. Düss. 15057.
27 Mitte September 1916 fand im Kriegsministerium eine Konferenz mit den Spitzen der westdeutschen Rüstungsbetriebe zur Beratung des „Hindenburg-Programms" statt, auf dem Duisberg für die Chemieindustrie erklärte, das deutsche Oberkommando in Belgien habe ihm gegenüber erklärt, „man könne mir gleich 80.000 Arbeiter beschaffen, aber nur, wenn sie zwangsweise nach Deutsch-

Anmerkungen zu Kapitel II, S. 35–41

land gebracht würden, sonst nicht. Dann müßten auch die belgischen Arbeiter rationiert werden und es müßte dafür gesorgt werden, daß der belgische Arbeiter in Belgien nicht besser lebt als unser Arbeiter in Deutschland ... Öffnen Sie das große Menschenbassin Belgien! Wir haben aus Polen tausende von Arbeitern herausgeholt, aber aus Belgien nicht einen einzigen bekommen, und die, die wir bekommen haben, sind weggelaufen, weil sie es in Belgien besser haben als bei uns ... Siebenmal hunderttausend Arbeitslose sind in Belgien, darunter eine Unmenge Facharbeiter. Ich habe schon vorhin gesagt, es muß dort ein Zwang ausgeübt werden, und es muß rationiert werden, damit die Arbeiter tatsächlich nicht besser leben als bei uns." (Verhandlungen im Preußischen Kriegsministerium, 16. 9. 1916, Völkerrecht im Weltkrieg, Dritte Reihe, Bd. I, S. 384-387.) Um die Bestimmungen der Haager Konvention zu umgehen, wurde durch Bethmann Hollweg die Zwangsdeportation belgischer Arbeiter nach Deutschland dann für völkerrechtlich akzeptabel erklärt, wenn es sich um Arbeitslose handelte, die in Belgien keine Arbeitsstelle fanden, dadurch von öffentlichen Unterstützungen leben mußten, und wenn die Arbeit nicht zu militärischen Zwecken diente. (Bethmann Hollweg an v. Bissing, 7. 10. 1916, ebd., S. 367 f.) Die Belege für die in der DDR-Literatur vertretene Auffassung, schon seit dem Frühjahr 1915 seien „belgische Arbeiter mit Unterstützung des Generalgouvernements zwangsweise" (!) nach Deutschland gebracht worden, sind hingegen nicht zwingend; Elsner, Belgische Zwangsarbeiter, S. 1258; Deutschland im ersten Weltkrieg, Bd. 2, S. 157 ff.

28 Gutachten Kriege, Völkerrecht im Weltkrieg, III.1, S. 210; Elsner, Belgische Zwangsarbeiter, S. 1260.
29 Völkerrecht im Weltkrieg III.1, S. 242 ff.
30 Dazu Ritter, S. 448. Auffällig ist aber, daß derartige Proteste bei der Zwangsverpflichtung der Polen ausgeblieben waren. Neben einer Art von grundständigem Rassismus ist hierfür wohl in erster Linie die Kontinuität des Ausländereinsatzes, die weniger spektakuläre Form der Zwangsmaßnahmen und die Lage der Ostprovinzen weitab vom Schuß der europäischen Öffentlichkeit zu nennen.
31 Zit. nach Elsner, Die ausländischen Arbeiter, S. 208. Zu den Initiativen sozialdemokratischer, polnischer und liberaler Reichstagsabgeordneter, des katholischen Klerus, der Gewerkschaften und der fortschrittlichen Presse vgl. Zunkel, S. 302 ff. Eher abschwächend hingegen Ritter, S. 667, Anm. 51. Zur Position der DDR-Forschung Elsner, Zur Stellung der Arbeiterbewegung zur Ausländerbeschäftigung im Wilhelminischen Kaiserreich und in der BRD.
32 Erlasse des Kriegsamtes vom 7. Mai und 15. Juni 1917; Elsner, Belgische Zwangsarbeiter, S. 1265, Zunkel, S. 306. Insgesamt waren zu Ende des Krieges etwa 130.000 Belgier zur Arbeit in Deutschland, Stat. Jb. d. Dt. Reiches 1919, S. 313; hier sind nur die legitimierten Arbeiter gezählt. Die Gesamtzahlen dürften wohl höher gelegen haben. Zur Problematik der Berechnungen vgl. Elsner, Belgische Zwangsarbeiter, S. 1261, Anm. 33.
33 Die Untersuchung der Lage der russisch-polnischen Arbeiter bei Krupp in Rheinhausen während des Ersten Weltkrieges und der Haltung der unteren Polizei- und Verwaltungsbehörden ihnen gegenüber war ursprünglich Bestandteil dieser Arbeit, ist dann aber aus Platzgründen separat veröffentlicht worden; vgl. Herbert, Zwangsarbeit als Lernprozeß, auch für das Folgende.
34 Erl. d. Kriegsamtes, 13. 7. 1918, HStAD, Reg. Düss. 9084.

III. Kapitel

1 Willeke, Der Arbeitseinsatz im Kriege, S. 200. Der Autor bezieht sich dabei auf den Erfahrungsbericht „Der Eilmarsch der Arbeitseinsatzverwaltung in Polen", in RABl 1940, V., S. 106.
2 Bis Ende November 1939 wurden insgesamt 32.580 polnische Arbeitskräfte nach Deutschland gebracht; vgl.: Das Diensttagebuch des deutschen Generalgouverneurs in Polen 1939/1945, S. 80, Anm. 58.
3 Eichholtz, Das Zwangsarbeitssystem des faschistischen deutschen Imperialismus in der Kontinuität imperialistischer Fremdarbeiterpolitik, S. 78. Diese These findet sich in der gesamten DDR-Literatur zum Thema Ausländische Arbeiter im Zweiten Weltkrieg in Deutschland, meist in den Eingangsbemerkungen vor der eigentlichen Untersuchung und immer mit dem stereotypen Hinweis auf die hier im folgenden näher untersuchten Quellenbelege und dem daraus abgeleiteten Vorab-Fazit, „die Initiatoren dieser Massenversklavung", „die entscheidende, treibende Kraft waren dabei die Monopole". Czollek, Zwangsarbeit und Deportationen für die deutsche Kriegsmaschine in den baltischen Sowjetrepubliken während des zweiten Weltkrieges, S. 45.
4 Eichholtz, Geschichte der deutschen Kriegswirtschaft, Bd. 1, S. 88.

Anmerkungen zu Kapitel III, S. 42–46

5 Schminck-Gustavus, Zwangsarbeitsrecht und Faschismus, S. 1 und 8. Vgl. auch Milward, Arbeitspolitik und Produktivität, der postuliert, das „Konzept der Zwangsarbeit" sei nicht bloß entwickelt worden, „um die Ausbeutung der besetzten Gebiete zu verstärken", sondern sei „vom Zeitpunkt der Machtübernahme an gegenwärtig und war auch mit den fundamentalen Lehrsätzen der nationalsozialistischen Überzeugung verbunden" gewesen (S. 91), ohne diese sehr weitgehende These zu belegen.
6 2. Sitzung des RVR am 23. 6. 1939, Dok. PS 3787, IMT Bd. 33, S. 152-154.
7 Besprechung bei Hitler, 23. 5. 1939 („Kleiner Schmundt-Bericht"), Dok. 079-L, IMT Bd. 37, S. 547-556, hier S. 549.
8 Auch die Versuche von Laurenz Demps, die Langfristigkeit der Vorbereitungen des Arbeitseinsatzes zu belegen, können nicht überzeugen. Seine Belege beziehen sich auf die Planung des Kriegsgefangenen-Einsatzes, seine Interpretation dieser Dokumente auf die Zivilarbeiter. Laurenz Demps: Einige Bemerkungen zur Genesis der faschistischen Arbeitseinsatzkonzeption, FAP 2, Rostock 1977, S. 85-100.
9 Dies betont auch Homze, der resümiert, es gebe „no masterplan for a comprehensive foreign labor program". (Homze, Foreign Labor In Nazi Germany, S. 13.) Darob wird er von Eichholtz gescholten, er halte „peinlich genau die Linie bürgerlicher Apologetik ein, wenn er den Versuch unternimmt, Umfang und Bedeutung der faschistischen Planungen auf dem Gebiet der Zwangsarbeit nach Kräften herabzumindern". (Eichholtz, Kriegswirtschaft, Bd. 1, S. 93.) Eichholtz selbst argumentiert allerdings ausschließlich auf der Basis der hier genannten Dokumente und zieht daraus sehr weitreichende Schlußfolgerungen.
10 Trompke, S. 93; vgl. dazu Dieckmann, Gedanken über Regelung des Arbeitseinsatzes und der Arbeitsverwendung in der Wehr- und Kriegswirtschaft; ders., Das Arbeitsproblem in der Wehrwirtschaft; ders., Der Arbeitseinsatz im Weltkrieg; Fuhrmann, Die Versorgung der deutschen Landwirtschaft mit Arbeitskräften im Weltkriege, S. 60 ff.; Beyer, Der Arbeitseinsatz in der Wehrwirtschaft; August, S. 318 f.
11 Trompke, S. 96.
12 Auf die Notwendigkeit einer frühzeitigen und einheitlich geführten Bewirtschaftung von Arbeitskräften im Kriege hatte Schacht in einem Schreiben an Thomas schon im Dezember 1936 hingewiesen. (Schreiben vom 23. 12. 1936, BA/MA RW 19 WI/IF 5/2882.) Das WiRüAmt begann mit den Auswertungen der Weltkriegserfahrungen beim Kriegsgefangeneneinsatz im November 1937. Am 22. 11. 1937 wurde vermerkt, nach den Erfahrungen 1914/1918 müsse das Kriegsgefangenenwesen bereits im Frieden geregelt sein (BA/MA RW 19 WI/IF 5/1228, Bl. 420 f.; Vermerk vom 7. 12. 1937 des WWStab, ebd., Bl. 419). Am 13. 12. 1937 gab Keitel den Befehl, die Vorbereitungen für die Kriegsgefangenenbehandlung zu treffen und entsprechende Dienststellen zu schaffen (ebd., Bl. 418). Daraufhin wurden am 7. 1. 1938 die entsprechenden Akten beim Preußischen Heeresarchiv angefordert (ebd., Bl. 417), Kontakt mit der Reichsanstalt für Arbeitsvermittlung und Arbeitslosenversicherung aufgenommen (28. 3. 1938, ebd., Bl. 413; Antwortschreiben von Syrup mit Erfahrungsbericht „Arbeitseinsatz Kriegsgefangene im Weltkrieg" vom 9. 5. 1938, ebd., Bl. 403-406). Am 15. 6. 1938 Errichtung der Inspektion für das Kriegsgefangenenwesen (ebd., Bl. 399).
13 Notiz im WiRüAmt IV a vom 11. 11. 1938, BA/MA RW 19 WI/IF 5/1288, Bl. 394 f.
14 Besprechung am 16. 7. 1938, Dok. PS 1436.
15 Schreiben des GBW an das OKW, 28. 1. 1939, Dok. EC 488, IMT Bd. 36, S. 546 ff.
16 Mason, Sozialpolitik, S. 215 ff.
17 Seeber, Zwangsarbeiter, S. 33, 42, 47.
18 Eichholtz, Zwangsarbeitssystem, S. 79. Eichholtz spricht allerdings von „begehrten Ausbeutungsobjekten" und „Ansprüchen", die die Monopole „anmeldeten" – dafür hat er auch einige Belege parat; daß die Industrie aber insgesamt in den ersten beiden Kriegsjahren ungleich weniger ausländische Arbeitskräfte zugeteilt bekamen als die Landwirtschaft, übergeht er.
19 Zahlen nach Statistical Handbook of Germany, Part I, Population and Employment, B 1-8. Diese Angaben sind erheblich genauer als in „Statistisches Handbuch von Deutschland 1928 – 1944", hg. vom Länderrat des Amerikanischen Besatzungsgebietes, München 1949, das eine überarbeitete Fassung des ersten Titels darstellt, „um den offenkundigen deutschen Bedürfnissen gerecht zu werden". Die Zahlen über ausländische Arbeiter fehlen hier.
20 Preller, Sozialpolitik in der Weimarer Republik, S. 520.

Anmerkungen zu Kapitel III, S. 46

21 Vgl. Syrup, Hundert Jahre staatliche Sozialpolitik, 1839 – 1939, bearb. v. Otto Neuloh, (im folgenden: Neuloh/Syrup); Preller, S. 236 f., 418 ff.

22 Auch deshalb, weil die Arbeitsämter 1933 viele sozialdemokratische und liberale Mitarbeiter entlassen und solche Kräfte einstellen mußten, „deren Qualifikation oft in nichts anderem als einer langjährigen Mitgliedschaft beim Stahlhelm bestand" (Mason, Sozialpolitik, S. 164). Mason führt die nach 1933 anfangs oft schwerfällige und wenig effektive Arbeit der Arbeitsverwaltung u. a. darauf zurück. Zu den einzelnen Schritten der Gleichschaltung der Arbeitsverwaltung: Sommer, Die nationalsozialistische Arbeitseinsatzgesetzgebung mit dem AVAVG und den Ergänzungsvorschriften zur unterstützenden Arbeitslosenhilfe.

23 Wesentliche Stationen des Aufbaus der Arbeitsverwaltung in der Weimarer Republik waren dabei der im Gefolge der Demobilmachungsverordnungen nach dem Kriege eingeführte Meldezwang für offene Stellen und die Verordnung zur Einrichtung öffentlicher Arbeitsnachweise in den preußischen Stadt- und Landkreisen vom 12. 9. 1919. Ein Jahr später wurde das Reichsamt für Arbeitsvermittlung und 1922 mit dem Arbeitsnachweisgesetz die Gliederung in örtlichen Arbeitsnachweis und Landesamt für Arbeitsvermittlung geschaffen. Erst 1927 mit dem Gesetz über Arbeitsvermittlung und Arbeitslosenversicherung (AVAVG) entstand die Reichsanstalt für Arbeitsvermittlung und Arbeitslosenversicherung, deren eigentliche Aufgabe in der Zentralisierung von Arbeitsvermittlung und Berufsberatung bestand, die aber vor 1933 fast ausschließlich mit der Organisation der Arbeitslosenhilfe beschäftigt war; vgl. Trompke, S. 101; Preller, S. 276 f.; Schmölder, Die Verstaatlichung des Arbeitsmarktes. „Gesetz über Arbeitsvermittlung und Arbeitslosenversicherung", 16. 7. 1927 RGBl 1927 I, S. 187; vgl. Syrup, Von der Erwerbslosenfürsorge zur Arbeitslosenversicherung. Bade, Arbeitsmarkt, S. 176 f. Präsident des Reichsamtes wurde Dr. Friedrich Syrup, der bereits seit 1920 das Reichsamt für Arbeitsvermittlung geleitet hatte und unter Schleicher für kurze Zeit Reichsarbeitsminister war. Syrup hat die deutsche Arbeitspolitik zwischen dem Ersten und dem Zweiten Weltkrieg entscheidend geprägt; in seiner Person verdeutlicht sich die Kontinuität der Arbeitsverwaltung vor und nach 1933 besonders augenfällig. Eine eingehende wissenschaftliche Beschäftigung mit dem Werdegang Syrups steht aus und wäre für die Sozialgeschichte der Arbeitsorganisation von einigem Interesse; vgl. Neuloh/Syrup.

24 Zum AOG grundlegend: Mason, Zur Entstehung des Gesetzes zur Ordnung der nationalen Arbeit vom 20. Januar 1934, sowie: Kranig, Lockung und Zwang, S. 38 ff.

25 Syrup/Neuloh, S. 407; Verordnung über die Verteilung von Arbeitskräften vom 10. 8. 1934, RGBl I, 1934, S. 786, Kranig, S. 150 ff.; vgl. dazu Petzina, Autarkiepolitik, S. 158; Syrup/Neuloh, S. 415.

26 Diesem Ziel dienten u. a. die „Ermächtigungsanordnung zur Regelung des Arbeitseinsatzes bei Notstandsarbeiten", durch die die Einstellung landwirtschaftlicher Arbeitskräfte in zahlreichen gewerblichen Zweigen genehmigungspflichtig wurde, 17. 5. 1934, Deutscher Reichsanzeiger (DRA) Nr. 114, und das Gesetz zur Befriedigung des Bedarfs der Landwirtschaft an Arbeitskräften vom 26. 2. 1935, RGBl I, 1935, S. 310, durch das ein ehemaliger landwirtschaftlicher Arbeiter, der in der Industrie Arbeit gefunden hatte, zwangsweise in die Landwirtschaft zurückbefördert werden konnte; eine, wie Syrup das nannte, „ernste Warnung gegenüber der Industrie ..., daß sie auf vorhandene arbeitslose industrielle Kräfte zurückgriff und nicht ihre Vorarbeiter ausschickte, um landwirtschaftliche Arbeiter für die Betriebe heranzuziehen". (Syrup/Neuloh, S. 419); schließlich die „Verordnung zur Sicherstellung des Kräftebedarfs in der Metallindustrie", vom 29. 12. 1934, DRA 1935, Nr. 2, durch die die Behörden unmittelbar in den rüstungswichtigsten Industriebereich eingreifen konnten. Zu dem Gesamtkomplex vgl. Mason, Sozialpolitik, S. 162 ff.

27 Gesetz vom 26. 2. 1935, RGBl I, 1935, S. 311; dazu ausführlich Syrup/Neuloh, S. 436 ff.; Kranig, S. 65.

28 Tatsächlich hat sich das Arbeitsbuch als „wichtiges Mittel für den lückenlosen Ausbau des Terrorsystems gegen die Arbeiterschaft" und als „Stammrolle für den Arbeitseinsatz im kommenden Krieg" erwiesen, wie die Sopade-Berichte im August 1936 feststellten: „Sie ist eine Voraussetzung für die Wehrwirtschaft und somit eine Maßnahme der direkten Kriegsvorbereitung. Die Arbeitsbücher ermöglichen den Unternehmen und der NSDAP eine wirksame Kontrolle über das Verhalten des einzelnen Arbeiters. Mit der Wiedereinführung des Arbeitsbuches ist der erste sozialpolitische Erfolg der modernen Arbeiterbewegung, die Abschaffung des Arbeitsbuches im Jahre 1869 (!), rückgängig gemacht worden." Sopade-Berichte, August 1936, S. 1045, 1048; vgl. Schoenbaum, Die braune Revolution, S. 130.

Anmerkungen zu Kapitel III, S. 47–49

29 Hitler am 15. 2. 1933 zu Louis P. Lochner, in: Domarus, Hitler. Reden und Proklamationen, Bd. I.1, S. 212.
30 Vgl. Syrup/Neuloh, S. 413.
31 Schoenbaum, S. 114.
32 Zum „Arbeiterheer" als „Damm" gegen die „rote Flut des Proletariats": Theweleit, Männerphantasien, Bd. I, S. 236 ff.; Bd. II, S. 228 ff. Theweleits Ansatz, die Militarisierung der Umwelt im Faschismus als Abwehr gegen die „bolschewistische Flut" (auch) als sexualpsychologisches Phänomen zu interpretieren, scheint mir zum Verständnis faschistischer Arbeitspolitik unentbehrlich. Die Stilisierung des jahrelang arbeitslos gewesenen Notstandsarbeiters zum „Soldaten der Arbeit" ermöglichte dem einzelnen ein Selbstbewußtsein, das sich aus seiner Eigenschaft als Teil der soldatischen Einheit, nicht als Angehöriger seiner Klasse speiste.
33 Zum Reichsarbeitsdienst fehlt eine neuere Untersuchung, die politische und wirtschaftliche Aspekte ebenso berücksichtigt wie ideologische Argumente und die Rezeptionsstruktur der Arbeitergemeinschaft durch die Betroffenen selbst. Vgl. Benz, Vom freiwilligen Arbeitsdienst zur Arbeitsdienstpflicht.
34 So beschwerte sich Syrup Ende 1937 darüber, daß „großstädtische Arbeitslose unter einem gewissen Druck zur Reichsautobahn gebracht werden", daß die Arbeiter „über die Lohn- und Unterkunftsbedingungen vor der Aufnahme der Arbeiten ungenügend aufgeklärt" worden seien, daß „zu den Arbeiten bei den Reichsautobahnen vielfach Arbeitskräfte angewiesen werden, die gesundheitlich den Anforderungen für die von ihnen auszuführenden Arbeiten nicht genügen", wie dies „bei dem vermehrten Einsatz in Massenunterkünften und bei dem Charakter der Arbeit notwendig" sei. Syrup an die Präsidenten der LAA am 28. 11. 1934, zit. in den Sopade-Berichten, März 1935, S. 344 f.
35 Sopade-Berichte, Juli 1935, S. 786 f. Über ein Arbeitsdienstlager bei Chemnitz berichteten Betroffene: „Das Lager ist ein Barackenlager und befindet sich auf dem ehemaligen Arbeiterturnplatz. Die Beköstigung der Arbeitsdienstler läßt sehr zu wünschen übrig ... Beschwerden beim Arbeitsamt sind aber zwecklos und viel zu gefährlich. So dreckig es den Arbeitsdienstlern geht, so groß sind die Saufgelage der Führer." Aus Baden: „Der Arbeitsdienst ist nichts anderes wie Militäreinsatz. Die meiste Zeit wird mit Exerzieren zugebracht." (Sopade-Berichte, August/September 1934, S. 420 ff.).
36 Sopade-Berichte, September 1936, S. 1185; beim Bau des Westwalls herrschten 1938 ähnliche Zustände wie vorher bei den Notstands- und Autobahnarbeiten und beim RAD; vgl. etwa den Bericht „Die Lage der Dienstverpflichteten bei Bauvorhaben West", in: Deutsche Sozialpolitik, 1938, S. 55 ff.; abgedr. in: Mason, Arbeiterklasse und Volksgemeinschaft, S. 681 ff.; zur Konzeption des Autobahnbaus im Nationalsozialismus und der Lage der Bauarbeiter vgl. Lärmer, Autobahnbau und staatsmonopolitischer Kapitalismus.
37 Die wirtschaftliche Entwicklung Deutschlands vor dem Krieg ist seit längerer Zeit Forschungsschwerpunkt und braucht hier nur in den Grundzügen wiedergegeben zu werden. Ich habe mich vor allem orientiert an: Petzina, Autarkie; ders., Die deutsche Wirtschaft in der Zwischenkriegszeit; ders., Vierjahresplan und Rüstungspolitik; Mason, Sozialpolitik; ders., Innere Krise und Angriffskrieg; Volkmann, NS-Wirtschaft; Herbst, Der Totale Krieg, vor allem S. 93 ff.; Milward, Der Zweite Weltkrieg; ders., Der Einfluß ökonomischer und nicht-ökonomischer Faktoren auf die Strategie des Blitzkrieges. Für die ältere Forschung, die maßgeblich von den Ergebnissen der Strategic Bombing Survey beeinflußt wurde: Klein, Germanys Economic Preparations For War.
38 Erlaß über die Durchführung des Vierjahresplanes vom 22. 10. 1936, Dok. NG 1221; zum folgenden vgl. Petzina, Autarkie, S. 58–67; Kranig, S. 156 f.; Siebert, Die Entwicklung der staatlichen Arbeitsverwaltung, S. 37 f.
39 Syrup: Vierjahresplan und Arbeitseinsatz, S. 14 ff.
40 Petzina, Autarkie, S. 61.
41 Anordnung zur Neuordnung des Reichs- und Preußischen Wirtschaftsministeriums vom 4. 2. 1938, in: Der Vierjahresplan, 1938, S. 105. Erlaß über die Umbildung des Reichswirtschaftsministeriums und die Weiterführung des Vierjahresplans, Dok. NID 13629.
42 Vgl. die bei: Mason, Arbeiterklasse und Volksgemeinschaft, S. 222 ff. abgedruckten Erlasse und Gesetze.
43 Statistisches Handbuch, S. 190–193; die Schätzung nach Mason, Sozialpolitik, S. 167.
44 Um das hier nur an einem Beispiel zu illustrieren – für Februar 1937 berichteten die Treuhänder über die Lage in Schlesien: „Landarbeitermangel. Landesbauernschaft schätzt ungedeckten Bedarf

Anmerkungen zu Kapitel III, S. 49-51

auf 6.000 Dauerarbeiter, 2.000 Saisonarbeiter, 800 Melkergehilfen"; aus Nordmark: „Landesbauernschaft schätzt ungedeckten Bedarf allein für Schleswig-Holstein auf ca. 6.000 Arbeiter"; aus Niedersachsen: „Abwanderung der Landarbeiter"; aus Mitteldeutschland: „Landarbeitermangel ... zahlreiche Kündigungen. Sicherung der Durchführung der Bestell- und Erntearbeit vorrangige Aufgabe." In: Mason, Arbeiterklasse und Volksgemeinschaft, S. 284 f.

45 Darauf bezog sich der Oberregierungsrat Walter Stothfang vom RAM, der bei den Überlegungen, wie die Leutenot in der Landwirtschaft zu beseitigen sei, im Mai 1938 darauf hinwies, daß hier zwischen „organischem Fernziel" und „dringenden Aufgaben der Gegenwart" ein Unterschied bestehe, und forderte: „Wir können auf die Gegenwartsmaßnahmen selbst dann nicht verzichten, wenn wir wissen, daß sie zu einer organischen Lösung nicht beitragen." Stothfang, Zusätzliche Maßnahmen zur Versorgung der Landwirtschaft mit Arbeitskräften, S. 55.

46 Volkmann, NS-Wirtschaft, S. 301; Petzina, Autarkie, S. 91 f. Sehr präzise informierende und anschauliche zeitgenössische Darstellungen des Landarbeitermangels finden sich neben den bei Mason, Arbeiterklasse und Volksgemeinschaft, abgedruckten Berichten der Treuhänder in den großen Themenschwerpunkten der Sopade-Berichte über den „Arbeitseinsatz": März 1936, S. 334 ff.; Februar 1937, S. 166 ff.; Oktober 1937, S. 1452 ff.; Juli 1938, S. 708 ff.; Februar 1939, S. 150 ff.; April 1939, S. 529 ff.; Juni 1939, S. 720 ff.

47 Mason, Sozialpolitik, S. 226.

48 Rede Görings in der ersten Sitzung des Reichsverteidigungsrates am 18. 11. 1938, in: Mason, Arbeiterklasse und Volksgemeinschaft, S. 908 ff.; vgl. auch Masons „editorische Vorbemerkung" auf S. 907.

49 Tabelle nach: Statistisches Jahrbuch des Deutschen Reiches, 1939/40, S. 379.

50 Die Zahl der Belegschaftsmitglieder bei der Fried. Krupp Gußstahlfabrik Essen, die 1929 bei 29.347 gelegen hatte, verringerte sich 1930 auf 16.812, um 1936 auf 39.944 und 1939 auf 63.775 zu steigen. Im Ruhrbergbau stiegen die Zahlen von 1930: 203.730 auf 1936: 244.495 und 1939: 289.608. Zahlen für Krupp nach: Excerpts From Statistical Year Book Fr. Krupp, Dok. NIK 13037; für den Ruhrbergbau: Wisotzky, S. 64, S. 127, S. 267; für den Bochumer Verein: Seebold, S. 154.

51 Dieser Problemkreis ist bei Mason in extenso untersucht und soll hier im argumentativen Zusammenhang nur skizziert werden; Mason, Sozialpolitik, S. 208-298; für den Ruhrbergbau jetzt Wisotzky, der die Auswirkungen des Arbeitermangels im Bergbau umfassend belegt, S. 116 ff.

52 Das Mittel der Anlernung als Zwischenlösung zwischen Facharbeiter und Ungelerntem spielte in den Strategien zur Bekämpfung des Arbeitermangels ab 1936 eine immer größere Rolle. Das Arbeitswissenschaftliche Institut (AWI) der DAF veröffentlichte 1940/41 dazu eine größere Studie, in der die Forcierung der Anlernmaßnahmen für deutsche Arbeiter nachdrücklich gefordert wurde. Ein Jahr später begann die Auseinandersetzung um die Frage, ob ausländische Arbeiter angelernt werden sollen oder nicht. Vgl.: „Zur Frage der Ungelernten", in: Jahrbuch des Arbeitswissenschaftlichen Instituts der DAF 1940/41, S. 310-352. Zu diesem Komplex auch Osthold, Der Metallarbeiter im Arbeitseinsatz; Palme, Zur Frage des Facharbeiternachwuchses; Schaaf, Das Problem der ungelernten Arbeiter. Schaaf etwa forderte schon 1935, daß „auch jeder ungelernte Arbeiter soviel Grundkönnen besitzen soll, daß er überall schnell auch in schwierige Arbeitsprozesse eingegliedert werden kann", ein „Stamm von Nichtspezialisten", der „bei plötzlichen Konjunkturschwankungen, bei Strukturveränderungen usw. als elastische Arbeitsgruppe überall schnell einsatzbereit ist." (S. 240).

53 Zahlreiche Belege bei Mason, Arbeiterklasse und Volksgemeinschaft.

54 Der Anteil der Gelernten an allen Arbeitern lag 1935 im Bergbau bei 46 %, in der Eisen- und Stahlgewinnung bei 30 %, in der Eisen- und Stahlherstellung bei 60 %, im Maschinenbau bei 64 %, in der Chemieindustrie bei 25 %, im Textilbereich bei 51 %, im Baugewerbe bei 58 %. Nach: Zur Frage der Ungelernten (Anm. 52), S. 319.

55 Die Rationalisierung war vom ideologischen Standpunkt für die Nationalsozialisten kein einfaches Problem, hatten sie doch jahrelang die Verbindung des Arbeiters zum Werkzeug und zur Maschine gepredigt und sich gegen den „Fordismus" ausgesprochen, der „das Werkzeug mit der Hand verwechselte, die es führen sollte". Dagegen wurde nun begriffsakrobatisch und mit erheblichen argumentativen Verrenkungen die „echte Rationalisierung" im Nationalsozialismus gesetzt, ohne diese Parole mit mehr Inhalt füllen zu können, als daß Rationalisierung im NS eben etwas anderes sei als im „Liberalismus". Relevant ist die Debatte aber prinzipiell bei der Frage nach dem nationalsoziali-

Anmerkungen zu Kapitel III, S. 51–53

stischen Arbeitsbegriff. (Das Zitat aus: „Die echte Rationalisierung" in: Jahrbuch des Arbeitswissenschaftlichen Instituts der DAF 1936, Berlin 1936, S. 12).

56 Dazu Mason, Sozialpolitik, S. 298; alle wesentlichen Erlasse und Gesetze in Mason, Arbeiterklasse und Volksgemeinschaft. Eine vollständige Übersicht über alle sozialpolitischen Verordnungen in Syrup/Neuloh, S. 543-583.

57 Mason, Arbeiterklasse und Volksgemeinschaft, S. 220-226.

58 Noch im Juni 1938 waren mehr als eine Million Arbeiter berufsfremd eingesetzt, allein von den Landarbeitern arbeiteten mehr als 10 % in anderen Wirtschaftszweigen. RAM an Lammers 27. 10. 1938, in: Mason, Arbeiterklasse und Volksgemeinschaft, S. 1245.

59 Metallarbeiteranordnung: 11. 2. 1937 (Mason, Arbeiterklasse und Volksgemeinschaft, S. 251); Anordnung über den Arbeitseinsatz von Maurern und Zimmerleuten: 6. 10. 1937 (ebenda S. 501).

60 Mason, Sozialpolitik, S. 37.

61 So räumte Syrup Ende 1938 ein, daß die ergriffenen Maßnahmen „den stärksten staatlichen Eingriff in die Freiheit der beruflichen Betätigung des einzelnen" bedeuteten, dies jedoch „zum Wohle von Volk und Staat zu gegebener Zeit nötig und erfolgreich" sei; Syrup, Der Arbeitseinsatz als Aufgabe der Staatspolitik, S. 6/7. Vgl. auch Syrups Kritik an den Dienstpflichtverordnungen, Syrup/Neuloh, S. 432 ff.

62 Mason, Arbeiterklasse, S. 1077.

63 Am 22. 6. 1938 bekamen die Arbeitsämter die Befugnis, deutsche Staatsangehörige für begrenzte Zeit auf zugewiesene Arbeitsplätze zu verpflichten – ein unmittelbarer Reflex auf die Entscheidung zum Bau des Westwalls, für den allein jeder elfte der 800.000 vor Kriegsbeginn dienstverpflichteten Arbeiter gebraucht wurde; Mason, Arbeiterklasse und Volksgemeinschaft, S. 666 ff. Am 13. 2. 1939: Ausweitung der Dienstverpflichtung auf unbegrenzte Dauer; ebenda, S. 693 ff.

64 Ebenda, S. 668.

65 Ebenda, S. 694; zu den Dienstverpflichtungen vgl. auch die detaillierten Darstellungen in den Sopade-Berichten Juli 1938, S. 708 ff. und Februar 1939, S. 150 ff.

66 Die Betonung des defizitären Charakters der Kriegswirtschaftsvorbereitungs-Maßnahmen in Deutschland geht auf Klein (Anm. 37) und Kaldor, The German War Economy, zurück. Sie gehört seitdem zum Standardrepertoire wissenschaftlicher Analysen der deutschen Kriegswirtschaft und ist wohl auch nicht zu bestreiten. Michael Geyer greift aber einen wichtigen Punkt auf, wenn er betont, daß eine „bessere" und „effektivere" Vorbereitung auf den Krieg nur möglich gewesen wäre, „wenn die Fundamente der Produktionsrationalität der Industrie und der Gewaltrationalität des Militärs selber verändert worden wären." Geyer, Deutsche Rüstungspolitik 1816 – 1980, S. 157. Nur ein „anderer Krieg", von anderen Militärs und Politikern in Deutschland als denen von 1938 hätte also „rationeller" und effizienter vorbereitet werden können; ein Argument, das die Wirksamkeit der These Kaldors stark eingrenzt – das NS-System, könnte man zugespitzt formulieren, *machte* bei der Kriegsvorbereitung keine Fehler, es *war* der Fehler.

67 Mason, Arbeiterklasse und Volksgemeinschaft, S. 744 ff., Kranig, S. 175 ff.

68 „Das Bieten von Locklöhnen und Phantasiegehältern auf der einen Seite, auf der anderen Seite die erzwungene Erhöhung bestehender Akkorde ohne Mehrleistung, die Verweigerung ... disziplinierter Arbeit bis zur bewußten Ablieferung von Ausschuß, um aus den bestehenden Arbeitsverhältnissen herauszukommen", seien, so berichtete die Wirtschaftsinspektion Münster im September 1938 entrüstet, „in den Betrieben keine Seltenheit". WW Insp. an WWStab, 2. 9. 1938, in: Mason Arbeiterklasse und Volksgemeinschaft, S. 275.

69 Petzina, Autarkie, S. 167; vgl. auch die aufschlußreiche Übersicht bei Volkmann, NS-Wirtschaft, S. 297; zu den Differenzierungen nach Branchen: Mason, Arbeiterklasse und Volksgemeinschaft, S. 1249-1284; zum Gesamtkomplex Petzina, Soziale Lage der deutschen Arbeiter und Probleme des Arbeitseinsatzes während des Zweiten Weltkrieges.

70 Mason, Arbeiterklasse und Volksgemeinschaft, S. 1284. Die Sopade-Berichte verwiesen darauf, wie sehr „die einheitliche Bemessung des Arbeitsentgelts mehr und mehr durch die individuelle ersetzt" werde und daß dadurch die Einheitlichkeit der Interessen der Arbeiterschaft immer stärker zerfiele; Sopade-Berichte März 1938, S. 285 ff., hier S. 287.

71 Mason, Sozialpolitik, S. 280 ff.

72 „Die lohnpolitische Lage". Vertrauliche Denkschrift des Arbeitswissenschaftlichen Instituts der DAF, Oktober 1939, in: Mason, Arbeiterklasse und Volksgemeinschaft, S. 1259 ff.

73 VO v. 30. 4. 1938, RGBl 1938, S. 447; Syrup/Neuloh S. 486.

Anmerkungen zu Kapitel III, S. 53–56

74 Milward, Der Einfluß, S. 196.
75 Syrup, Der Arbeitseinsatz der Frauen, S. 553. Die Erwerbstätigkeit von Frauen während der NS-Zeit ist seit einiger Zeit Gegenstand intensiver Forschungsbemühungen, vgl. Mason, Zur Lage der Frauen in Deutschland 1930 bis 1940; Stephenson, Woman in Nazi Society; Winkler, Frauenarbeit; Bock, Frauen und ihre Arbeit; Tröger, Die Planung des Rationalisierungsproletariats.
76 Oberst Thomas auf der 5. Tagung der Reichsarbeitskammer am 24. 11. 1936, in: Mason, Arbeiterklasse und Volksgemeinschaft, S. 185.
77 Mason, Zur Lage der Frauen, S. 139.
78 Der vorübergehende Charakter der jetzt zu ergreifenden Maßnahmen zur stärkeren Wiedereingliederung von Frauen ins Arbeitsleben wurde dann auch durchweg betont: „Gewiß ist dies kein idealer Zustand", schrieben die Monatshefte für NS-Sozialpolitik 1939 über die Zunahme der weiblichen Erwerbstätigkeit. „Nach nationalsozialistischer Auffassung sollte die Frau der Berufsarbeit möglichst fern gehalten werden, um sich ihrer Aufgabe als Frau und Mutter widmen zu können. Die heutigen Verhältnisse sind in mehr als einer Beziehung Ausnahmezustand. Deshalb muß heute in gewissen Grenzen von dem grundsätzlich für richtig Erkannten abgewichen werden." „Arbeitsreserve Frauenarbeit", in: Monatshefte für NS-Sozialpolitik, 6, 1939, S. 58; vgl. Schoenbaum, S. 226.
79 Winkler, S. 55 ff.; Mason, Zur Lage der Frauen, S. 154 ff.
80 Tabelle 53: Anteil weiblicher Arbeitskräfte in verschiedenen Wirtschaftszweigen zwischen 1933 und 1938

Wirtschaftszweig	Weibliche Arbeitskräfte 1938 in 100	in % aller Beschäftigten 1933/1938	Zu-/Abnahme in 1.000 1933 – 1938
Landwirtschaft	735	34/37	– 131
Häusliche Dienste	1.426	98/99	+ 166
Handel	1.145	42/46	+ 30
Textil	558	55/54	– 17
Bekleidung	430	58/64	– 134
Öffentl. Dienst	387	46/32	+ 55
Maschinenbau*	319	11/14	+ 147
Nahrung	311	27/33	– 15
Gesundheit	283	57/57	– 58
Eisen und Stahl	200	10/13	+ 66
Chemie	123	25/27	+ 35

Berechnet nach Mason, Arbeiterklasse und Volksgemeinschaft, S. 1247.
(* Maschinenbau = Maschinen-, Kessel-, Apparate-, Fahrzeugbau, Feinmechanik, Optik, Elektrotechnik).

81 Vgl. etwa den Bericht der Reichstreuhänder der Arbeit für April 1937, in: Mason, Arbeiterklasse und Volksgemeinschaft, S. 320.
82 Betroffen waren Textil-, Bekleidungs- und Tabakindustrie; vgl. Winkler, S. 57 f.
83 Protokoll der Sitzung des Kleinen Ministerrats am 11. Februar 1937, BA R 43 II/355, Bl. 12, zit. nach Herbst, Die Mobilmachung der Wirtschaft, S. 85.
84 VB, 8. 1. 1939, „Weiblicher Arbeitsdienst und Pflichtjahr", zit. nach Schoenbaum, S. 232 f.
85 Ein Faktor, der jedoch nicht überschätzt werden darf und der auch nicht spezifisch nationalsozialistisch ist. Der in Deutschland auftauchende Widerspruch zwischen Weiblichkeitsideologie und arbeitsmarktpolitischen Zwängen bestand auch in den USA, wo die Beschäftigungsrate von Frauen während des Krieges zwar von 25 auf 36 % stieg, damit aber niedriger lag als in Deutschland (vgl. Gregory, Woman In Defense Work During World War II, S. 14 ff.).
86 Vgl. Rilke, Zur Frage der Frauenerwerbstätigkeit.
87 RAM an Chef der Reichskanzlei, 17. 12. 1938, in: Mason, Arbeiterklasse und Volksgemeinschaft, S. 857 f.
88 RAM an Chef der Reichskanzlei, 14. 7. 1938, in: Mason, Arbeiterklasse und Volksgemeinschaft, S. 144.
89 Syrup auf der 2. Sitzung des Reichsverteidigungsrates am 23. 6. 1939, Dok. PS 3787, IMT, Bd. 33, S. 153.
90 Statistisches Jahrbuch, Jg. 1923 – 1937. Berechnet nach Legitimationsaufkommen und Befreiungsscheinen. Nach der Volkszählung von 1933 hingegen lagen die Zahlen der erwerbstätigen Auslän-

der mehr als doppelt so hoch; die der ausländischen Wohnbevölkerung 1933 über 700.000, vgl. dazu Anm. III/104. Der Prozentsatz von Ausländern im Deutschen Reich war damit auch im europäischen Maßstab unterdurchschnittlich. Während 1925 in Deutschland 1,53 % der Gesamtbevölkerung Ausländer (nicht: ausländische Arbeiter) waren, lag der Prozentsatz in Frankreich bei 6,15 %, in Belgien 2,05 %, in der Tschechoslowakei 1,75 %.

91 Bade, Arbeitsmarkt, S. 169; Kleßmann, Bergarbeiter, S. 161 ff.
92 Dohse, S. 91; Tessarz, S. 40 ff. Eine gründliche Auseinandersetzung mit dem gesamten Problem der Ausländerbeschäftigung in Deutschland zwischen 1918 und 1939 ist von der im Entstehen begriffenen Habilitationsschrift des Rostocker Historikers Joachim Lehmann zu erwarten, dem ich für zahlreiche Anregungen und Hinweise zu diesem Komplex sehr dankbar bin. Zur arbeitsrechtlichen Seite vgl. Bender, Zur Kritik des Ausländerrechts; Friederichsen, Die Stellung des Fremden.
93 Die Anzahl der illegalen Arbeiter wurde auf 30.000 bis 50.000 pro Jahr geschätzt. Polizeikontrollen 1921 bis 1923 ergaben, daß 20 % der ausländischen Landarbeiter illegal beschäftigt waren; Sobczak, Die polnischen Wanderarbeiter, S. 51.
94 Arbeitsnachweisgesetz vom 22. 7. 1922, RGBl 1922, S. 657.
95 VO über die Anwerbung und Vermittlung ausländischer Landarbeiter vom 19. 1. 1922; VO über die Einstellung und Beschäftigung ausländischer Arbeiter vom 2. 1. 1923; zit. nach Dohse, S. 101.
96 Vgl. dazu Tab. 3; Syrup/Neuloh, S. 323 f.; Bade, Arbeitsmarkt, S. 169 f. Von den 906.204 Ausländern, die 1925 im Deutschen Reich lebten, hatten 660.249 als Muttersprache Deutsch angegeben (Statistik des Deutschen Reiches, Bd. 401, Berlin 1930, S. 387, 391, 395); vgl. Hennies, Bemerkungen zur Beschäftigung ausländischer Arbeiter im Deutschen Reich während der Weimarer Republik; sowie: Die polnische Volksgruppe im Ruhrgebiet 1870 – 1940, in: Jahrbuch des Arbeitswissenschaftlichen Instituts der DAF Berlin 2, 1940/41, S. 319-404.
97 Erlaß des preußischen Innenministers v. 21. 10. 1921, vgl. Dohse, S. 104.
98 Vgl. Tessarz, S. 47 ff.; Syrup/Neuloh, S. 309, 324.
99 Polizeiverordnung über die Behandlung der Ausländer (Ausländerpolizeiverordnung), v. 27. 4. 1932; Preußische Gesetzessammlung 1932, S. 179; dazu Wolff, Motive und Absichten bei der Neuordnung der Ausländerpolizei in Preußen.
100 Dohse, S. 111.
101 VO über ausländische Arbeitnehmer, 23. 1. 1933, RGBl, I, S. 26-29.
102 Ebenda, § 6 (1).
103 Äußerung am 16. 12. 1932; nach Lehmann, Ausländerbeschäftigung und Fremdarbeiterpolitik, S. 566.
104 1933 wurde eine umfangreiche statistische Erhebung der Ausländer in Deutschland auf der Grundlage der Volkszählung in diesem Jahr veröffentlicht. Danach *lebten* noch 1933 756.760 Ausländer im Deutschen Reich, davon allein 601.286 mit deutscher Muttersprache; mehr als 250.000 Ausländer waren seit 1925 wieder aus Deutschland abgewandert, etwa die Hälfte der ausländischen Bevölkerung war erwerbstätig. 1933 gab es noch 74.153 erwerbstätige Ausländer in der deutschen Landwirtschaft, darunter 23.984 Polen, aber 166.958 Industriearbeiter – insgesamt *arbeiteten* 366.402 Ausländer im Deutschen Reich. Die hohe Zahl der ausländischen Industriearbeiter, meist mit Muttersprache Deutsch, rekrutierte sich vor allem aus Tschechen, Polen, Holländern und Österreichern, die meist schon seit vielen Jahren in Deutschland beschäftigt waren. Dabei sind alle bei der Volkszählung erreichten Ausländer erfaßt, nicht nur die mit Legitimationskarte oder Befreiungsschein versehenen ausländischen Arbeitskräfte. Von den ca. 366.000 hier gezählten Ausländern waren etwa 155.000 keine Arbeiter und damit zu größeren Teilen nicht legitimationspflichtig. Von den etwa 210.000 Arbeitern waren also mindestens 60.000 ohne Legitimations- oder Befreiungsschein, sei es, weil sie davon freigestellt, sei es weil sie illegal in Deutschland waren. „Ausländer im Deutschen Reich", Statistik des Deutschen Reiches, Bd. 451, 1933, Heft 4; zur Auswertung: Hamburger, Die Ausländer im Deutschen Reich.
105 Wirtschaftliches Sofortprogramm der NSDAP, München 1932, S. 31; die hier wiederholte Forderung findet sich schon als Punkt 8 des Parteiprogramms vom 25. 2. 1920: „Jede weitere Einwanderung Nicht-Deutscher ist zu verhindern. Wir fordern, daß alle Nicht-Deutschen, die seit dem 2. August 1914 in Deutschland eingewandert sind, sofort zum Verlassen des Reiches gezwungen werden." Abgedr. in: Feder, Das Programm der NSDAP, S. 15 ff.
106 Preußischer Landtag, 4. Wahlperiode, 1. Tagung 1932, Mai 1932; zit. nach Lehmann, Ausländerbeschäftigung und Fremdarbeiterpolitik, S. 16.

107 Statt vieler einzelner Hinweise vgl. von zur Mühlen, Rassenideologien.
108 Dazu ausführlich Majer, S. 82 ff.
109 AO Nr. 152/37, in: Verfügungen, Anordnungen, Bekanntmachungen; hrsg. von der Parteikanzlei, 2 Bde., München o. J., hier Bd. 1, S. 478 f.
110 „Die polnische Volksgruppe im Ruhrgebiet 1870 bis 1940", (Anm. 96); Zur Lage der Ruhrpolen nach 1933; Kleßmann, Zur rechtlichen und sozialen Lage der Polen im Ruhrgebiet im Dritten Reich. Nach Kleßmann hat die nationalsozialistische Politik gegenüber den Polen durch die Verfolgung gerade der nationalbewußten Ruhrpolen entgegen aller Programmatik „die schon in der Weimarer Zeit vorgezeichnete Entwicklung zur Assimilation beträchtlich forciert." (S. 194).
111 Rauschning, Gespräche mit Hitler, S. 39. Zum Quellencharakter der Aufzeichnungen Rauschnings: Schieder, Hermann Rauschnings „Gespräche mit Hitler" als Geschichtsquelle.
112 Hitler, Mein Kampf, S. 420.
113 Wie beliebig die aus dem Rassenkonzept erwachsenden Vorstellungen waren, zeigen zahlreiche Äußerungen Hitlers in den „Tischgesprächen". Nach einem Besuch in Südrußland im Juni 1942 etwa entstanden bei ihm Zweifel an den eigenen Rassenauffassungen, denn dort hatte er „so viele blauäugige, blonde Frauen gesehen, daß er, wenn er an die ihm bei Heiratsgenehmigungen vorgelegten Bilder von Norwegerinnen oder etwa gar Holländerinnen denke, am liebsten statt von ‚Aufnorden' von der Notwendigkeit des ‚Aufsüdens' unserer europäischen Nordstaaten sprechen möchte." In: Hitlers Tischgespräche, S. 174.
114 Vgl. Tab. 3.
115 Auch noch die anderen, d. h. vor allem die ausländischen Langzeitarbeiter aus Deutschland abzuschieben, verbot sich aus außenpolitischen Rücksichten gerade in der Phase, in der das NS-Regime um internationale Reputation bemüht war; dazu: Syrup, Arbeitseinsatz und die Arbeitslosenhilfe, S. 95; ders., Der Arbeitseinsatz in der deutschen Wirtschaft.
116 Sitzung des Kleinen Ministerrats am 11. 2. 1937, BA R 43 II/355, Bl. 13, zit. nach Herbst, Totaler Krieg, S. 122; vgl. auch zum folgenden August, S. 310-318.
117 Monatsberichte der Reichstreuhänder der Arbeit für Juni und Juli 1937; Mason, Arbeiterklasse und Volksgemeinschaft, S. 359 ff., hier S. 366 f.
118 Monatsberichte der Reichstreuhänder der Arbeit für August und September 1937; Mason, Arbeiterklasse und Volksgemeinschaft, S. 389 ff., S. 394/395.
119 Sopade-Berichte Oktober 1937, S. 1474.
120 Vermerk über Besprechung am 12. 7. 1937, Pol. A. des AA, R V 21/3, zit. nach Lehmann, Ausländerbeschäftigung und Fremdarbeiterpolitik, S. 19.
121 Syrup, Der Arbeitseinsatz und die Arbeitslosenhilfe, S. 95.
122 Syrup, Der Arbeitseinsatz in Deutschland im Jahre 1938, S. 131. Zu diesem Komplex: Lehmann, Ausländerbeschäftigung – Ja oder Nein?; ders., Bemerkungen zur Beschäftigung ausländischer Arbeitskräfte während der ersten Jahre der faschistischen Diktatur; ders., Ausländische Arbeitskräfte in Deutschland 1933 – 1939; ders., Zur Stellung ausländischer Arbeiter in der Klassenauseinandersetzung im faschistischen Deutschland; vgl. auch Steinle, Arbeitseinsatz, Arbeitssteuerung.
123 Stothfang, Zusätzliche Maßnahmen zur Versorgung der Landwirtschaft mit Arbeitskräften, S. 58.
124 Erfaßt sind nur Arbeitskarten- oder Befreiungsscheininhaber. Nach: Statistisches Jahrbuch für das Deutsche Reich, 53. Jg., 1934, bis 58. Jg., 1939/40, Prozentzahlen berechnet; vgl. auch: „Wieviel Ausländer werden in Deutschland beschäftigt?" in: Der Vierjahresplan, 1937, S. 156.
125 Volkmann, NS-Wirtschaft, S. 362.
126 Stothfang, Zusätzliche Maßnahmen, S. 58; vgl. August, S. 310 ff.
127 Timm, Der Einsatz der ausländischen Arbeitskräfte in Deutschland, S. 3.
128 Bericht des OKW, Amtsgruppe Wehrwirtschaftsstab, Über den Stand der wirtschaftlichen Lage, 1. 7. 1939, BA/MA RW 19/94; Bericht über Vortrag Syrups in: Kriegsw. Lageb. d. OKW, BA/MA RW 4 v. 308, v. 1. 7. 1939, Bl. 36.
129 Sopade-Berichte, Februar 1939, S. 172.
130 Thomas, Geschichte der deutschen Wehr- und Rüstungswirtschaft, S. 125.
131 Bericht über eine Besprechung wirtschaftlicher Fragen im Vierjahresplan, 19. 5. 1938, BA R 26 IV/4, zit. nach Volkmann, NS-Wirtschaft, S. 325.
132 Schausberger, Der wirtschaftliche Anschluß Österreichs 1938, S. 255 f.; vgl. ders., Österreich und die nationalsozialistische Anschlußpolitik; zur Frage der Beschäftigung von Ausländern in Österreich nach dem „Anschluß"; ders., Mobilisierung und Einsatz fremdländischer Arbeitskräfte wäh-

Anmerkungen zu Kapitel III, S. 65–69

rend des Zweiten Weltkrieges in Österreich; ders., Die Auswirkungen der Rüstungs- und Kriegswirtschaft 1938 bis 1945 auf die soziale und ökonomische Struktur Österreichs.
133 Göring Ende März 1938, Keesings Archiv der Gegenwart 1938, B 3525, zit. nach Volkmann, NS-Wirtschaft, S. 324.
134 „VO zur Sicherstellung des Kräftebedarfs von besonderer staatspolitischer Bedeutung", RGBl I, 1938, S. 652.
135 Zu diesem Komplex vor allem Volkmann, NS-Wirtschaft; für die zeitgenössische Literatur vgl. „Großraumwirtschaft. Der Weg zur europäischen Einheit." Zum Gesamtkomplex: Fried, Autarkie; ders., Das Ende des Kapitalismus; Gaedicke/v. Eyern, Die produktionswirtschaftliche Integration Europas; Obst, Die Großraumidee in der Vergangenheit und als tragender politischer Gedanke unserer Zeit; Oesterheld, Wirtschaftsraum Europa; Posse, Möglichkeiten der Großraumwirtschaft; Thiele, Großraumwirtschaft in Geschichte und Politik. Kritische Einordnung und Analyse bei: Sohn-Rethel, Ökonomie und Klassenstruktur des deutschen Faschismus, S. 80. Sohn-Rethel – 1936 vor den Nazis nach England geflohen – war bis dahin Referent beim „Mitteleuropäischen Wirtschaftstag" einem industriellen Interessenverein, der seit 1931 die Förderung des „Mitteleuropäischen Großraum-Gedankens" betrieb. Der marxistische Volkswirtschaftler Sohn-Rethel konnte so von privilegierter Position aus die Interessen- und Zielbildung innerhalb der Großindustrie verfolgen.
136 Vgl. Volkmann, Außenhandel und Aufrüstung; Gravell, Störungen im Außenhandel?
137 Schon im Juli 1938 schrieb der RAM an Lammers: „Bei der Fülle der in der Ostmark harrenden Aufgaben kann nicht daran gedacht werden, weiterhin österreichische Arbeitskräfte in nennenswerter Zahl an das Altreich abzugeben", Schreiben des RAM an Lammers, 14. 7. 1938, in: Mason, Arbeiterklasse und Volksgemeinschaft, S. 837 f.
138 Volkmann, NS-Wirtschaft, S. 326.
139 Die Auswirkungen der Eingliederung „Böhmens und Mährens" in das Reich auf die Situation des deutschen Arbeitsmarktes schätzte das OKW allerdings nicht so hoch ein, vgl. Kriegsw. Lageb. des OKW v. 1. 4. 1939. BA/MA RW 4 v. 308, Bl. 2-10. Die Erfahrungen mit den tschechischen Arbeitern wurden aber insgesamt als gut bezeichnet (ebd., 1. 6. 1939, Bl. 44 f.).
Zur Tschechoslowakei insgesamt vgl. Brandes, Die Tschechen unter deutschem Protektorat, Teil 1, S. 154 f.; Arndt, Faschistische Pläne; eine Zusammenstellung wichtiger Dokumente in: Die Deutschen in der Tschechoslowakei 1933 – 1947.
140 Göring zu Mussolini und Ciano am 15. 4. 1939, IMT, Bd. 3, S. 194.
141 Vgl. dazu die aufschlußreiche Quellensammlung „Griff nach Südosteuropa". Neue Dokumente über die Politik des deutschen Imperialismus und Militarismus gegenüber Südosteuropa im zweiten Weltkrieg, Berlin (DDR) 1973; zur wirtschaftlichen Einbeziehung Mitteleuropas in die deutsche ökonomische Hemisphäre vgl. Volkmann, Außenhandel, sowie ders., NS-Wirtschaft, S. 339 ff.
142 Wisotzky, S. 265 f.
143 Sozialberichte der Reichstreuhänder der Arbeit für das dritte Vierteljahr 1938, in: Mason, Arbeiterklasse und Volksgemeinschaft, S. 850; Berichte für das vierte Vierteljahr 1938, ebenda, S. 865.
144 Ebenda, S. 106, S. 152; August, S. 306 ff.
145 Stothfang, Die Aufgaben des Arbeitseinsatzes im Jahre 1939, S. 9.
146 Politisches Archiv des AA, RV 69/6, 7/7, 7/8, nach: Lehmann, Ausländerbeschäftigung und Fremdarbeiterpolitik, S. 571.
147 Wirtschaftl. Lageb. des Oberpräsidenten der Provinz Sachsen für die Monate Februar und März 1938 vom 25. April 1938, in: Mason, Arbeiterklasse und Volksgemeinschaft, S. 349.
148 Durch das deutsch-italienische Abkommen sollten etwa 100.000 italienische Landarbeiter nach Deutschland vermittelt werden; Sopade-Berichte, Januar 1939, S. 57.
149 Zu den Traditionen der Beschäftigung von italienischen Arbeitern s. Ina Britschgi-Schimmer: Die wirtschaftliche und soziale Lage der italienischen Arbeiter in Deutschland, Karlsruhe 1916.
150 Sopade-Berichte, Juli 1938, S. 727.
151 Sopade-Berichte, Januar 1939, S. 57 f.
152 Vgl. Sopade-Berichte, April/Mai 1938, S. 368 f.
153 Sopade-Berichte, Juli 1938, S. 568.
154 Die hohen Löhne, die sie hier erhielten, führten zu erheblichem Ärger bei den deutschen Arbeitern; vgl. Sopade-Berichte, Juni 1939, S. 746 ff.

Anmerkungen zu Kapitel III, S. 69–76

155 Im Sommer 1939 sollten für diese beiden Werke allein mindestens 30.000 Arbeiter angefordert werden, vgl. Sopade-Berichte, Juni 1939, S. 747; Jahreslagebericht des Sicherheitshauptamtes, 1938, in: Boberach, Meldungen, 1984, Bd. 2, S. 201.
156 Sobczak, S. 49.
157 Ludwik Landau, Wychodźstwo sezonowe na Łotwę, i do Niemiec w 1937 roku. Na podstawie ankiety Instytutu Gospodarstwa Społecznego. (Die Saisonemigration nach Lettland und Deutschland im Jahre 1937. Auf der Grundlage einer Enquete des Instituts für Gemeinwirtschaft), Warschau 1966, S. 31 ff.; zit. nach August, S. 316 f.
158 Sobczak, S. 63.
159 Monatsberichte der Reichstreuhänder der Arbeit für Mai und Juni 1938, in: Mason, Arbeiterklasse und Volksgemeinschaft, S. 659 f.
160 Monatsberichte der Reichstreuhänder der Arbeit für die Monate Mai und Juni 1938, in: Mason, Arbeiterklasse und Volksgemeinschaft, S. 660.
161 Erlaß des RMI v. 22. 4. 1939, BA R 58/459, Bl. 16.
162 Timm, Der Einsatz polnischer landwirtschaftlicher Arbeitskräfte in der deutschen Landwirtschaft, S. 54 ff.
163 Sobczak, S. 63.
164 Zit. nach Sobczak, S. 65.
165 Monatsberichte der Reichstreuhänder der Arbeit für den Monat März 1937, Mason, Arbeiterklasse und Volksgemeinschaft, S. 306.
166 Sopade-Berichte, Juni 1939, S. 787 f.
167 Monatsberichte der Reichstreuhänder der Arbeit für die Monate Januar und Februar 1938, Mason, Arbeiterklasse und Volksgemeinschaft, S. 618.
168 Führererlaß über die „Einsetzung eines Chefs der Deutschen Polizei ins Reichsministerium des Innern" vom 17. Juni 1936, RGBl 1936 I, S. 487.
169 Friedrich Syrup: „Letzte Etappe in der Arbeitsschlacht", Vortrag am 27. 8. 1937 vor der 4. Tagung der Reichsarbeitskammer Berlin, Protokoll, BA R 40/236, Bl. 8; zit. nach Lehmann, Ausländerbeschäftigung und Fremdarbeiterpolitik, S. 566. Lehmann hält diese Mitteilung für eine „Vision". Mir scheint sich diese Äußerung eher auf das Arbeitskarten- und Befreiungsscheinsystem zu beziehen, das in der Tat alle (legalen) ausländischen Arbeiter erfaßte und selbstverständlich den Sicherheitsbehörden offen stand.
170 Dienstanweisung vom 22. 8. 1938 und RdErl. d. RMI vom 24. 2. 1939, Ministerialblatt der inneren Verwaltung, 10, 8. 3. 1939, vgl. Lehmann, Ausländerbeschäftigung und Fremdarbeiterpolitik, S. 566.
171 RMI, 5. 4. 1939, zit. nach Lehmann, Ausländerbeschäftigung und Fremdarbeiterpolitik, S. 567; zu dem bislang wenig beachteten Aufschwung des Melde- und Erfassungssystems unter den Nazis und seiner politischen Bedeutung vgl. jetzt Aly/Roth, Die restlose Erfassung.
172 „Ausländerpolizeiverordnung vom 22. August 1938", RGBl 1938 I, S. 1053.
173 Pfundtner/Neubert: Das neue deutsche Reichsrecht. Loseblattsammlung, Berlin 1933 – 1944, zit. nach Dohse, S. 123.
174 Erlaß des Geheimen Staatspolizeiamtes vom 26. 6. 1939, zit. nach: Sachstandsvermerk in der Voruntersuchungssache gegen Bernhard Baatz wegen Mordes, Staatsanwaltschaft bei dem Kammergericht Berlin – 1 Js 4/64 (RSHA), S. 258 (im folgenden zit. als: GStAB 1 Js. 4/64).
175 Erlaß des Gestapa vom 4. 7. 1939, GStAB 1 Js 4/64, S. 260.
176 2. Sitzung des Reichsverteidigungsrates, 23. Juni 1939, Dok. PS 3787, IMT, Bd. 33, S. 152 f. Vgl. oben, Kap. III.1.
177 Oder weiterhin eine Art internationaler Arbeitsteilung unter deutscher Hegemonie, wie es der Wehrwirtschaftsstab im OKW noch im August 1939 (!) vorschlug, der verlangte, „alle im deutschen Volk noch vorhandenen Reserven rücksichtslos einzusetzen oder den arbeitseinsatzmäßig günstiger gestellten Ländern die einen höheren Arbeitseinsatz erfordernden Aufgaben zu überweisen." Gedacht war bei dieser Konzeption an die Reichsmark als europäische Leitwährung, um den Devisenproblemen Rechnung zu tragen. Denkschrift „Möglichkeiten einer Großraumwirtschaft unter deutscher Führung" der Amtsgruppe Wehrwirtschaftsstab im OKW, in: Weltherrschaft im Visier, S. 256.
178 Willeke (Anm. 1), S. 347 f.
179 Funk an OKW, 28. 1. 1939, Dok. EC 488, IMT, Bd. 36, S. 547.

Anmerkungen zu Kapitel IV, S. 77–81

IV. Kapitel

1 Erlaß des RMI vom 22. 4. 1939, BAR 58/459. Zum folgenden s. Długoborski/Madajczyk, Ausbeutungssysteme in den besetzten Gebieten Polens und der UdSSR, S. 400 ff.; Homze, S. 16 f.; Seeber, S. 98 ff.; Schminck-Gustavus, Zwangsarbeitsrecht, S. 10 ff.; August, S. 326 ff.
2 Rachner, Arbeitseinsatz und .Arbeitseinsatzverwaltung in den besetzten Gebieten, auch für das Folgende; sowie Willeke, Der Arbeitseinsatz im Kriege, S. 199 f.; „Der Eilmarsch der Arbeitseinsatzverwaltung in Polen", S. 106; v. Gschliesser, Der Arbeitseinsatz im Generalgouvernement, S. 734; Stothfang, Die Aufgaben des Arbeitseinsatzes im Jahre 1939.
3 Erlaß des RAM vom 6. 9. 1939, BA R 41/279, Bl. 15 f.
4 Rachner, S. 372.
5 Ende 1937 wurden 470.000 Stellensuchende registriert, Sopade-Berichte, November 1939, S. 1065.
6 Vgl. Umbreit, Deutsche Militärverwaltungen, S. 245; August, S. 336.
7 Die „begründete Annahme" Jochen Augusts, (S. 334) „daß der grundsätzliche Entschluß zur Nutzung der in Polen vorhandenen Arbeitskräfte auch im Reichsgebiet bereits vor Kriegsbeginn feststand, die konkrete Ausführung und die Art und Weise der Durchführung jedoch von der Entwicklung der Ereignisse abhing", ist quellenmäßig nicht belegbar, dagegen spricht auch Augusts Hinweis, daß die Akten über die Mob.-Vorbereitungen für den Arbeitseinsatz keinerlei Hinweise auf Vorbereitungen für den Einsatz der Polen enthalten. (BA R 41/52, 53, 66 123 ff.). Vielmehr war an eine Abschöpfung des Reservoirs polnischer Saisonarbeiter in der Tradition der Polenbeschäftigung in der ostdeutschen Landwirtschaft gedacht. Die Möglichkeit, die Beschäftigung von Polen in Deutschland mit Hilfe von Zwang auszuweiten, wurde erst ins Auge gefaßt, als die Behörden sahen, wie verhältnismäßig einfach hier das deutsche Arbeitskräfteproblem in großem Stile gelöst werden konnte.
8 Zwischen Mai 1939 und Mai 1940 war die Zahl der deutschen Arbeitskräfte in der Landwirtschaft um mehr als 1 Million von 10.732.000 auf 9.684.000 gesunken; Statistical Handbook of Germany, Part I, Population and Employment; vgl. August, S. 327.
9 Bericht des Chefs der Abteilung Arbeit, Frauendorfer, am 14. Dezember 1939 vor der Regierung des GG, in: Diensttagebuch, S. 80; vgl. Timm, Der landwirtschaftliche Arbeitseinsatz im Kriege gesichert.
10 Vgl. Anweisung Görings am 16. 7. 1938, Dok. PS 1436; Funk an OKW, 28. 1. 1939, Dok. EC 488, IMT Bd. 36, S. 547; Mitteilung über Stand der Vorbereitungen für das Kriegsgefangenenwesen von OKW-AWA vom 19. 5. 1939, BA/MA RW 19 WI/IF 5-1228, Bl. 65 f.
11 Rachner, S. 371; Lehmann, Zum Verhältnis des Einsatzes von Kriegsgefangenen und ausländischen Zwangsarbeitern, S. 104; vgl. Erlaß des RAM v. 22. 9. 1939, BA/MA RW 19, WI/IF 5-1228, Bl. 11 f.
12 Bericht des OKW WiRüAmt (Rü IV ZSt(2)), o. D. (Mai 1941), BA R 41/166, Bl. 9 ff.; zur Bedeutung der Kgf. für die dt. Landwirtschaft vgl. Schreiben des GBW an den RMI v. 5. 12. 1939, wo die Abgabe polnischer Kgf. an Betriebe in Polen abgelehnt wird; BA/MA, RW 19 WI/IF 5-1227, Bl. 234-236.
13 Heydrich am 21. 9. 1939 auf einer Amtschefbesprechung im RSHA, BA R 58/825; vgl. Herbst, Totaler Krieg, S. 123.
14 Hitler am 17. 10. 1939 zu Keitel; Aufz. Keitels über das Gespräch, Dok. PS 864, IMT Bd. 26, S. 378.
15 Sopade-Berichte, November 1939, S. 1065 f.
16 Erlaß Görings über „Sicherung der landwirtschaftlichen Erzeugung" vom 16. 11. 1939, GStAB 1 Js 4/64, Dok. B 5.
17 Walter Darré: Aufgaben der Produktion in der Landwirtschaft im Kriege, v. 27. 11. 1939, zit. nach Czollek, Zwangsarbeit und Deportationen, S. 45.
18 Backe am 20. 12. 1939 vor dem Generalrat der Deutschen Wirtschaft, Doc. NG 1162; vgl. Beisiegel, Neue Aufgaben im Arbeitseinsatz; Stothfang, Vier Monate Kriegsarbeitseinsatz; ders., Der Arbeitseinsatz im Kriege; ders., Die künftige Lenkung des Arbeitseinsatzes; ders., Einsatz ausländischer Arbeitskräfte in Deutschland.
19 Richtlinien Franks am 25. 1. 1940, Dok. PS 1375, IMT Bd. 27, S. 202.
20 Dazu ausführlich Mason, Arbeiterklasse und Volksgemeinschaft, S. 980 ff.; Herbst, Totaler Krieg, S. 103-126 („Die bedingte Mobilmachung 1939/40").
21 Mason, Arbeiterklasse und Volksgemeinschaft, S. 166.
22 „Meldungen aus dem Reich" (MadR), 20. 11. 1939, BA R 58/145.

Anmerkungen zu Kapitel IV, S. 82–87

23 MadR vom 1. 12. 1939, BA R 58/145; 4. 12. 1939, BA R 58/145; 28. 1. 1940, BA R 58/147; 31. 1. 1940, BA R 58/147; 8. 4. 1940, BA R 58/158. Vgl. dazu ausführlich Grossmann, Polen und Sowjetrussen, sowie ders., Fremd- und Zwangsarbeiter; Grossmann überschätzt die Bedeutung und das Ausmaß der Fälle von aus der Sicht der NS-Behörden „zu positivem" Umgang mit den Ausländern; es war ja gerade in der Frage der Ausländer die spezifische Aufgabe des Geheimdienstes, über Fälle von „verbotenem Umgang" und mangelnder Distanz der deutschen Bevölkerung zu den Ausländern zu berichten. Die spezifische Quellensorte verzerrt hier das Bild in quantitativer Hinsicht erheblich.
24 Herbst, Totaler Krieg, S. 185; zum SD auch Boberach, Meldungen aus dem Reich (1965) (Einleitung), und Steinert, Hitlers Krieg.
25 Sopade-Berichte, Februar 1940, S. 100 ff.
26 Sopade-Berichte, April 1940, S. 284; die zitierte Passage ist die letzte in den Deutschland-Berichten der Sopade überhaupt.
27 „Verordnung über die Behandlung von Ausländern" des RMI vom 5. 9. 1939 samt Durchführungsbestimmungen des RFSS, RGBl 1939 I, S. 1667. Diese VO wird von Dohse überschätzt, wenn er ihr den Charakter der „Drohung mit physischer Vernichtung" zuschreibt, weil die Ausweisung, „das klassische Instrument der Ausländerkontrolle", aufgehoben worden und durch die „vernichtende Arbeitsverausgabung" ersetzt worden sei. Er postuliert hier eine Programmatik, die zu Anfang des Krieges nicht feststellbar ist und die dem schrittweise sich radikalisierenden Charakter der Maßnahmen der NS-Behörden widerspricht; Dohse, S. 125.
28 Erlaß des CdS an die Stapo(leit)stellen vom 3. 9. 1939, BA R 58/243, abgedr. bei Mason, Arbeiterklasse und Volksgemeinschaft, S. 1061 f. Zur Verschärfung der Repression und des Terrors in den ersten Kriegswochen vgl. Deutschland im zweiten Weltkrieg, Bd. 1, S. 191-198. Am 15. 9. 1939 monierte Heydrich in einem Runderlaß, „daß von verschiedenen Stapo(leit)stellen entgegen meinen Weisungen Personen dem Gericht überstellt worden sind wegen Sachverhalten, die eine Sonderbehandlung gefordert hätten"; Erlaß des CdS ohne Az. vom 15. 9. 1939, GStAB 1 Js 4/64, Dok. A 2.
29 Sopade-Berichte, Februar 1940, S. 102. Die Ausschreitungen gegenüber den Deutschen in Bromberg/Bydgoszcz standen dabei im Vordergrund der Berichterstattung.
30 Erlaß des RMI vom 7. 12. 1939, in: Alfred Konieczny, Herbert Szurgacz (Hg.): Praca przymusowa Polaków pod panowaniem hitlerowskim 1939 – 1945 (=Documenta occupationis, Band X), Poznań 1976 (im Folgenden abgekürzt als Doc. occ. X), S. 235; Reg. Präs. von Oppeln, 30. 1. 1940, Doc. occ. X, S. 240 ff.
31 Erlaß des sächsischen Innenministers vom 27. 2. 1939, Doc. occ. X, S. 4; Polizei-VO des Landrats von Oberbarnim vom 20. 2. 1940, zit. bei Seeber, S. 154; „Merkblatt über die Pflichten der in Schlesien beschäftigten polnischen Arbeiter", 15. 1. 1940, Doc. occ. X, S. 5.
32 Reg. präs. Breslau an Oberpräs. Breslau, 15. 2. 1940, Doc. occ. X, S. 241 f.
33 Kreisbauernschaft Leobschütz an den Landrat in Leobschütz, 21. 3. 1940, Doc. occ. X, S. 243 ff.
34 Und auch höherer. Ley z. B. erklärte Anfang 1940: „Es ist unser Schicksal, zu einer hochstehenden Rasse zu gehören. Eine tiefer stehende Rasse braucht weniger Raum, weniger Kleider, weniger Essen und weniger Kultur als eine hochstehende Rasse." (DOK: USSR 93).
35 Vgl. Majer, S. 125 ff.
36 NSDAP-Reichsleitung, Rassepolitisches Amt: „Die Frage der Behandlung der Bevölkerung der ehemaligen polnischen Gebiete nach rassepolitischen Gesichtspunkten", 25. 11. 1939, GStAB 1 Js 4/64, Dok. IX 10.
37 Protokoll der Besprechung der RSHA am 30. 1. 1940, GStAB 1 Js 4/64, Dok. B 5.
38 Aktenvermerk über Besprechung beim Chef AWA am 18. 12. 1939, GStAB 1 Js 4/64, Dok. B 20.
39 Erlaß des RFSS vom 23. 12. 1939, Doc. occ. X, Nr. II. 3.
40 AV über Besprechung beim Chef AWA, 17. 2. 1940, GStAB 1 Js 4/64, Dok. B 20.
41 Himmler vor dem Stellvertreter des Führers und Gauleitern am 29. 2. 1940, in: Himmler, Geheimreden, S. 134.
42 Krausnick, Denkschrift Himmlers über die Behandlung der Fremdvölkischen im Osten, S. 194-198.
43 Vermerk Himmlers, 28. 5. 1940, ebenda.
44 Prot. der Ministerratssitzung im RAM am 2. 2. 1940; GStAB 1 JS 4/64, Dok. B 5.
45 Bernhard Baatz, 1910 geboren, ist ein typischer Vertreter des leitenden Managements der SS. Als Jurist mit dem Berufsziel Richter erhielt er mehr durch Zufall 1937 eine Stelle bei der Berliner Sicherheitspolizei und arbeitete zunächst in der Abteilung II („Innenpolitische Angelegenheiten") des

Anmerkungen zu Kapitel IV, S. 88–91

Geheimen Staatspolizeiamtes; übernahm dann als Leiter das Referat „Behandlung aller politisch-polizeilichen Angelegenheiten der evangelischen Kirchenbewegung" und als Stellvertretender Leiter das Referat „Konfessionen, Juden, Freimaurer, Emigranten, Pazifisten". Mit Kriegsbeginn wurde er nach Polen zu einer Gestapo-Einsatzgruppe versetzt, die „staatspolizeiliche Aufgaben" hinter der Front zu erledigen hatte. Im Dezember 1939 kam er – mittlerweile Regierungsrat – nach Berlin zurück und wurde Leiter des neuen Polenreferates. Im August 1943 wurde er zur Einsatzgruppe A der Sicherheitspolizei abgeordnet und wurde Führer eines Einsatzkommandos in Gartschina/Nordrußland; schließlich Kommandeur der Sicherheitspolizei Estland in Reval; ab November 1944 in Reichenberg im Sudetenland. Nach dem Krieg lebte er eine Zeit lang unter falschem Namen und arbeitete zunächst als Gutsverwalter und Lagerarbeiter. 1953 wurde er Geschäftsführer der Mannesmann-Wohnungsbaugesellschaft und blieb es bis 1967. Das gegen ihn angestrengte Verfahren konnte trotz intensiver Vorbereitung durch die Arbeitsgruppe RSHA beim Generalstaatsanwalt bei dem Kammergericht Berlin nicht eröffnet werden, weil ihm eine unmittelbare Beteiligung an Tötungshandlungen nicht nachzuweisen war. GStAB 1 Js 4/64, Sachstandsvermerk, S. 3-9; Krausnick/Wilhelm, Die Truppe des Weltanschauungskrieges, S. 644. Als lokale Variante vgl. dazu „Die Lebensbeichte des Gestapomannes Albert Schweim" – Leiter des Hamburger Ausländerreferats bei der Gestapo, in: Ebbinghaus u. a., Heilen und Vernichten, S. 170-183.

46 Schreiben Görings an die obersten Reichsbehörden, 8. 3. 1940, Dok. R 148, auch in Doc. occ. X, Dok. I.4. Die Erlasse des RSHA für die polnischen Arbeiter sind überwiegend in den Doc. occ. abgedruckt. Sie sind zudem gesammelt in der „Allgemeinen Erlaßsammlung" des RSHA (Geheim) (= AES), BA Rd 19-3 und zumeist im Sachzusammenhang auch in BA R 58/1030 enthalten. Eine Analyse der Einzelbestimmungen bei Schminck-Gustavus, Zwangsarbeit, S. 16 ff.
47 „Erläuterungen" zum Schreiben Görings vom 8. 3. 1940, Doc. occ. X, Dok. I.5.
48 Sie wurde durch Polizeiverordnung des RMI vom 8. 3. 1940, RGBl I, S. 555 spezifiziert: Das für Polen obligatorische Kennzeichen bestand „aus einem auf der Spitze stehenden Quadrat mit 5 cm langen Seiten und zeigt bei ½ cm breiter violetter Umrandung auf gelbem Grund ein 2 ½ cm hohes violettes P."
49 Vgl. GStAB 1 Js 4/64, Sachstandsvermerk S. 57.
50 Schnellbriefserlaß des RFSSuChdDtP (S IV D 2) an die höheren Verwaltungsbehörden, Doc. occ. X, Dok. I.6.
51 „Merkblatt für deutsche Betriebsführer über das Arbeitsverhältnis und die Behandlung von Zivilarbeitern polnischen Volkstums aus dem Generalgouvernement", Doc. occ. X, Dok. I.9.
52 Merkblatt „Pflichten der Zivilarbeiter und -arbeiterinnen polnischen Volkstums während ihres Aufenthaltes im Reich", 8. 3. 1940, Doc. occ. X, Dok. I.8.
53 Es gab einzelne Fälle, in denen beschuldigte Polen nachweisen konnten, daß ihnen dieses Merkblatt nicht bekannt gemacht worden war und die deswegen nicht bestraft wurden; Aussage Thomsen, 21. 7. 1967 vor der GStAB, 1 Js 4/64, Dok. R 74.
54 Schreiben des RFSSuChdDtP an den Stellvertreter des Führers vom 8. 3. 1940, Doc. occ. X, Dok. I.11.
55 Schreiben des RFSSuChdDtP an den RAM vom 8. 3. 1940; BA R 58/1030, Bl. 36 ff.
56 Schreiben des RFSSuChdDtP an den Reichsminister für kirchliche Angelegenheiten vom 8. 3. 1940, Doc. occ. X, Dok. I.36. Der Kirchenminister erließ im Juni dazu Ausführungsbestimmungen, die den Richtlinien des RSHA entsprachen, die Religionsausübung der polnischen Arbeiter aber prinzipiell billigten. (Verordnung des Reichsministers für kirchliche Angelegenheiten vom 13. 6. 1940, Doc. occ. X, Dok. I.37).
57 Schnellbrief des RFSSuChdDtP an die Staatspolizei(leit)stellen vom 8. 3. 1940, Doc. occ. X, Dok. II.4.
58 Zur Einsetzung und Geschichte der Arbeitserziehungslager vgl. Kap. V.4 und IV.4.
59 Zum Begriff und der Praxis der „Sonderbehandlung" vgl. Kap. V.6.
60 Schnellbrief des RFSSuChdDtP an die Staatspolizei(leit)stellen vom 8. 3. 1940, Doc. occ. X, Dok. II.4.
61 Aktenvermerk Himmlers vom 20. 11. 1939, GStAB 1 Js 4/64, Dok. D 15, auch zit. bei Streim, S. 156.
62 Erste Berichte in den MadR vom 20. 11. 1939 (BA R 58/145, Bl. 1), und vom 1. 12. 1939 (ebenda, Bl. 71).

Anmerkungen zu Kapitel IV, S. 92-94

63 Erlaß Heydrichs (B IV 98/40 geheim) an alle Staatspolizei(leit)stellen und Kriminalpolizei(leit)stellen vom 8. 1. 1940; GStAB 1 Js 1/64, Dok. O.I, 12; zit. auch bei Streim, S. 157. Das Schreiben wurde mit Erlaß RFSSuChdDtP an alle Stapo(leit)stellen vom 31. 1. 1940 und vom 7. 5. 1940 bestätigt und erweitert, BA R 58/272, Bl. 15. Die Rechtsgrundlage für das Vorgehen gegen die deutschen Frauen war schon im November gelegt worden, danach konnte ein „verbotener Umgang mit Kriegsgefangenen" mit Zuchthaus bestraft werden („Verordnung zur Ergänzung der Strafvorschriften zum Schutz der Wehrkraft des Deutschen Volkes" vom 25. 11. 1939, RGBl 1939, I, S. 2319).
64 Erlaß des OKW (AWA/Kriegsgef. vom 10. 1. 1940, GStAB 1 Js 1/64, Dok. O.I, 13).
65 Zur rechtlichen Würdigung dieses Vorgangs vermerkte die Berliner Generalstaatsanwaltschaft, daß es sich hierbei um den „unhaltbaren Versuch" des OKW handele, seiner mit dem RSHA am 6./8. Januar 1940 getroffenen Regelung der Entlassung polnischer Kriegsgefangener aus der Kriegsgefangenschaft bei Geschlechtsverkehr mit deutschen Frauen eine gesetzliche Grundlage zu geben; GStAB 1 Js 1/64, Sachstandsvermerk S. 67.
66 MadR, 12. 1. 1940, BA R 58/157, S. 9; MadR, 24. 1. 1940, ebenda, S. 111.
67 Schon bis Ende Februar 1940 waren von Sondergerichten z. B. in Heydekrug (Ostpreußen) eine 22jährige Bauernmagd wegen Umgangs mit Kriegsgefangenen zu sechs Jahren, eine Frau in Tilsit zu 5 Jahren, eine Frau in Braunschweig zu zweieinhalb Jahren Zuchthaus verurteilt worden. (Sopade-Berichte, Februar 1940, S. 101).
68 Ebenda.
69 Himmler am 29. 2. 1940, in: Himmler, Geheimreden, S. 134.
70 RFSSuChdDtP an die Stapo(leit)stellen, 8. 3. 1940, Doc. occ. X, Dok. II.4.
71 RFSSuChdDtP an die NSDAP-Leitung, 8. 3. 1940, Doc. occ. X, Dok. I.11. Entsprechende Hinweise auch in dem Merkblatt für polnische Arbeiter vom 8. 3. 1940, Doc. occ. X, Dok. I.8.
72 Merkblatt „Wie verhalten wir uns gegenüber den Polen?", bei der Anordnung der NSDAP-Stabsleitung, 15. 3. 1940, Anordnungen-Veröffentlichungen-Bekanntmachungen, A 33/40.
73 RFSSuChdDtP (S I A1) an Stapo(leit)stellen, betr.: Umgang mit Kriegsgefangenen, 7. 5. 1940, BA R 58/272, Bl. 15 f.
74 Deutschland im zweiten Weltkrieg, Bd. 1, S. 198.
75 Die Androhung der Todesstrafe für die polnischen Arbeiter scheint dagegen in den ersten Monaten nach Erscheinen der Bestimmungen möglicherweise noch nicht wahrgemacht worden zu sein – die erste bekanntgewordene Tötung eines polnischen Arbeiters wegen Geschlechtsverkehr fand im Juli 1940 in Olbernhau in Sachsen statt (GStAB 1 Js 4/64, Sachstandsvermerk, S. 359-410). Es ist nicht ausgeschlossen, daß es auch schon vorher zu Exekutionen gekommen ist. Es spricht aber vieles dafür, daß diese Praxis erst nach Beginn des Frankreichfeldzuges durchgesetzt wurde.
76 „Unsere Stellungnahme zur Frage der Polen im Reich", hrsg. vom Volksbund für das Deutschtum im Ausland, o. D., (Frühjahr 1940), in: Czesław Łuczak: Polozenie polskich robotników przymusowych w Rezesy, 1939 – 1945, (= Documenta occupationis, Band IX), Poznań 1976 (im Folgenden abgekürzt als Doc. occ. IX), Dok. Nr. 24. Ähnlich von Stil und Inhalt: Das Merkblatt der NSDAP-Leitung „Wie verhalten wir uns gegenüber den Polen?" vom 15. 3. 1940, Anordnungen – Veröffentlichungen – Bekanntmachungen, A 33/40, in dem es u. a. heißt: „Ihr sollt ihnen zwar genügend zu essen geben, sie sollen aber getrennt von euch essen ... Jede weiche Behandlung schwächt erfahrungsgemäß ihren Willen zur Arbeit ... Seid gegenüber den Polen selbstbewußt! Die deutschen Soldaten haben im Polenfeldzug die ‚polnische Wirtschaft' kennengelernt. Seid stolz auf eure Überlegenheit in jeder Beziehung. Die Polen sind nicht nach Deutschland geholt worden, damit sie hier ein besseres Leben führen als in den primitiven Verhältnissen in ihrer Heimat ... Laßt keinen Zweifel daran, daß ihr die Herren im eigenen Lande seid."
77 Vgl. dazu die entsprechenden Bemühungen der Behörden nach dem Beginn des Ostarbeitereinsatzes Anfang 1942, Kap. VI.6.
78 RAM an die LAÄ, 30. 5. 1940, Doc. occ. X, Dok. I.33; die Freilassung war bereits am 5. 4. 1940 von der NSDAP bekanntgegeben worden (Anordnungen ... B 3/40g) und vom OKW am 18. 5. 1940 befohlen worden (OKW – Befehl betr. Freilassung der polnischen Kriegsgefangenen vom 18. 5. 1940, ebenda und vom 22. 5. 1940, zit. bei Homze, S. 36); vgl. auch Erlaß des OKW – AWA/Kgf. Ic v. 22. 5. 1940 mit den Ausführungsbestimmungen; BA/MA, RW 19 WI/IF 5/1227, Bl. 49-54.
79 Rundschreiben des RMBuM vom 1. 7. 1940, Doc. occ. IX, Dok. Nr. 40.

459

Anmerkungen zu Kapitel IV, S. 94–98

80 Erlaß des RFSSuChdDtP (IV D 2) an die höheren Verwaltungsbehörden vom 10. 7. 1940 betr. Freilassung polnischer Kriegsgefangener; Erlaß des RFSSuChdDtP (IV D 2) an die Stapo(leit)stellen vom 10. 7. 1940, betr. Anwendung der geltenden Bestimmungen für polnische Zivilarbeiter auf die ehemaligen polnischen Kriegsgefangenen, GStAB 1 Js 4/64, Dok. A 21. Zur besonderen Situation der Ukrainer vgl. die Erlasse: RSHA (IV D 2) an Stapo(leit)stellen, 6. 6. 1940, Doc. occ. X, Dok. I.6; Erlaß an die höheren Verwaltungsstellen vom 3. 9. 1940, Doc. occ. X, Dok. I.14.
81 Erlaß d. RFSSuChdDtP, 3. 9. 1940 (Anm. 80).
82 Zu diesem Komplex ausführlich: Majer, 627 ff., allerdings mit Schwerpunkt auf der Zeit ab 1942.
83 Erlaß des CdS – ohne Az. – an alle Stapo(leit)stellen, 3. 9. 1939, GStAB 1 Js 4/64, Dok. A 2; vgl. zum Gesamtkomplex Majer, S. 593-684, v. a. 669 ff.
84 RFSSuChdDtP (IV D 2) an die höheren Verwaltungsstellen vom 3. 9. 1940, Doc. occ. X, Dok. I.14.
85 RFSSuChdDtP (IV D 2) an die Stapo(leit)stellen, 3. 9. 1940, Doc. occ. X, Dok. II.6.
86 Ebenda; vgl. zum Problem der Kompetenzstreitigkeiten zwischen RJM und RSHA Kap. V.4 und VIII.2.
87 Seeber, S. 127; vgl. Długoborski/Madajczyk, S. 412 ff.; zu den Auswirkungen der Deportationen auf die polnische Gesellschaft: Długoborski, Die deutsche Besatzungspolitik. Auswertung der veröffentlichten polnischen Dokumente und der neueren polnischen Literatur: Schminck-Gustavus, Zwangsarbeit, S. 10-16; August, S. 328-348. Pfahlmann führt die in seiner Darstellung entgegen dem ursprünglichen Wunsch der deutschen Behörden nur „notgedrungen" durchgeführten Zwangsmaßnahmen gar auf das Verhalten der polnischen Bevölkerung selbst zurück, die „bewußt und mit Vorbedacht sich auch jede friedliche Aktion zu nutzen machte ..., um dem Besetzer schädlich entgegenzuwirken"; immerhin konzediert er: „Daß deutscherseits schwere Fehler gemacht wurden, daran ist nicht zu zweifeln." (Pfahlmann, S. 25).
88 VO des Chefs der Zivilverwaltung betr. die Verpflichtung zum landwirtschaftlichen Ernte- und Felddienst, 30. 9. 1939, Doc. occ. X, Dok. IV.1.
89 VO des GG Frank vom 26. 10. 1939 betr. die Einführung der Arbeitspflicht für die polnische Bevölkerung des GG, Doc. occ. X, Dok. IV.2; Grundsätze zur Durchführung der Arbeitspflicht für Polen im GG vom 31. 10. 1939, Doc. occ. X, Dok. IV.3; VO vom 14. 12. 1939 betr. die Erweiterung der Arbeitspflicht, Doc. occ. X, Dok. IV.5.
90 Am 16. 12. 1939 wurde auch die Landbevölkerung in die Arbeitslosenhilfe einbezogen, vgl. Seeber, S. 115.
91 Für Krakau z. B. war das Arbeitsamt „Ostmark" aus Wien zuständig und hatte mit 25 Beamten die dortige Arbeitseinsatzverwaltung aufgebaut; Anfang Oktober war der Aufbau weitgehend abgeschlossen. „Am 3. Oktober 1939 wurde im Arbeitsamt Krakau mit der Ausgabe der Unterstützungsanträge begonnen. Ende Oktober erfolgte die erste Auszahlung der Arbeitslosenhilfe in Krakau ... Ende Oktober war die Registrierung der Arbeitslosen bereits soweit gediehen, daß ohne Beeinträchtigung des Arbeiterbedarfes des Distriktes mit der Zusammenstellung von Arbeitertransporten für das Reich begonnen werden konnte." Arbeitsbericht der Abt. Arbeit des Chefs des Distrikts Krakau, 24. 1. 1940, Doc. occ. X, Dok. IV.7.
92 Oberpräs. von Breslau an Reg. präs. in Kattowitz, 11. 12. 1939, Doc. occ. X, Dok. II.1; AO des LR von Glatz, 11. 12. 1939, Doc. occ. X, Dok. I.1.; Oberpräs. von Breslau, 22. 12. 1939, Doc. occ. X, Dok. II.2.
93 Aufruf des GG Frank, 25. 1. 1940, Doc. occ. IX, Dok. Nr. 7.
94 Syrup an LAÄ, 27. 2. 1940, Doc. occ. IX, Dok. Nr. 12.
95 AO Franks am 27. 1. 1940, Dok. PS 1375, IMT Bd. 27, S. 200-203.
96 AO des Chefs des Distrikts Krakau, 25. 1. 1940, Doc. occ. X, Dok. IV.8. Die Umstellung auf Kontingentierung war auf einer Amtsleitertagung der Regierung des GG bereits am 17. und 18. Januar beschlossen worden; vgl. Seeber, S. 117.
97 Diensttagebuch, Eintragung vom 24./25. 2. 1940, S. 116.
98 Ebenda, Eintragung vom 3. 3. 1940, S. 139.
99 Ebenda, Eintragung vom 4. 3. 1940, S. 144.
100 Ebenda, Eintragung vom 7. 3. 1940, S. 148.
101 Bericht Frauendorfers, ebenda, Eintragung vom 21. 4. 1940, S. 176.
102 Ebenda.
103 Ebenda, Eintragung vom 23. 4. 1940, S. 188.

Anmerkungen zu Kapitel IV, S. 99–104

104 Ebenda, S. 189; das WiRüAmt vermerkte am 1. 6. 1940: „Der Aufruf des Generalgouverneurs an die polnische Bevölkerung, sich freiwillig zur *Landarbeit im Reich* zu melden, hat wenig Erfolg gezeitigt. Statt einer geplanten Menge von bis zu *2 Mill.* Arbeitern hatten sich bis Anfang Mai nur *180.000* zur Arbeit gemeldet. Zwangsweise Erfassung und zwangsweiser Abtransport von Arbeitern für diesen Zweck ist in die Wege geleitet. Der Wert der auf diese Weise erfaßten Arbeitskräfte erscheint allerdings problematisch." (Kriegsw. Lagerber., 1. 6. 1940, BA/MA RW 4/308, Bl. 195.

105 Aufruf Franks an die polnische Bevölkerung des GG, 24. 4. 1940, Doc. occ. IX, Dok. Nr. 31; VO über die Meldepflicht der Jgg. 1915-24 am 15. Mai 1940, Doc. occ. X, Dok. IV.18.

106 Runderlaß der Abtlg. Arbeit des GG an die nachgeordneten Behörden, 26. 4. 1940, Doc. occ. X, Dok. IV.12.

107 Stabsleiter beim GG an SS- und Polizeiführer, 29. 4. 1940, Doc. occ. X, Dok. IV.14.

108 Stellungnahme des Leiters der Abtlg. Arbeit im Distrikt Krakau, o. D. (Anfang Juni 1940), Doc. occ. X, Dok. IV.20.

109 Schreiben der Regierung des GG an die Leiter der AÄ, 15. 6. 1940, Doc. occ. X, Dok. IV.21.

110 Bericht über Besprechung von Kreishauptleuten vom 2. 5. 1940, Doc. occ. X, Dok. IV.17.

111 SS-OgruF Krüger hatte ausgeführt, daß es genüge, „wenn in jedem Kreis in einem für die Erfassung etwas ungünstigen Ort in einer noch näher festliegenden Form schärfer zugegriffen werde", Diensttagebuch, Eintragung vom 23. 4. 1940, S. 189.

112 Der bekannteste Fall ist die Umstellung eines Kinos, dessen Besucher überprüft und z. T. deportiert wurden. Diensttagebuch, Eintr. v. 23. 4. 1940, S. 188 f.; Aussage Timms beim Nürnberger Prozeß, 31. 5. 1946, IMT Bd. 15, S. 233.

113 Zahlen nach: uczak, Polscy robotnicy, S. 67.

114 Zahlen nach uczak, Polsky robotnicy, S. 67, der die Zahlen von Eisenblätter, Tab. 3, übernimmt.

115 RAM an LAÄ, 21. 9. 1940, BA R 11/1242, Bl. 209 f.

116 Der Kreishauptmann in Radzyn an die Bürgermeister, 12. 4. 1941, Doc. occ. X, Dok. IV. 24.

117 Diensttagebuch, Eintragung vom 30. 5. 1940, S. 211.

118 Von den 294.393 Kriegsgefangenen waren am 1. April 1940 264.519 (89,9 %) in der Landwirtschaft sowie bei Forst- und Landeskulturarbeiten beschäftigt; auf dem Bau 15.724 (5,3 %), im Bergbau 2.426 (0,8 %), im Arbeitseinsatz im Deutschen Reich, Nr. 1 vom 4. 4. 1940, S. 10; USSBS: The Effects of Strategic Bombing on the German War Economy, S. 206.

119 Nach: Kriegswirtschaftliche Kräftebilanz des Statistischen Reichsamts, in: Wagenführ, S. 150 ff.; USSBS, War Economy, S. 204; „Ausgleich" = Neu hinzugekommene Ausländer decken den Verlust an deutschen Arbeitskräften in Prozent.

120 Jedenfalls ergibt sich dieses Bild, wenn man von den Beschäftigtenzahlen ausgeht. Hingegen äußerte Anfang Januar 1941 der Vertreter der Landwirtschaft, v. Zitzewitz-Mutrin, auf einer Sitzung bei General Thomas, daß „mindestens 30 % der ständigen Arbeitskräfte im Durchschnitt und 40 – 45 % der männlichen Arbeitskräfte" der Landwirtschaft eingezogen worden seien – die Zahlen scheinen mir jedoch aus naheliegenden Gründen zu hoch angesetzt; Besprechungsprotokoll beim WiRüAmt, 9. 1. 1941, Dok. PS 1456.

121 Vgl. Der Arbeitseinsatz im (Groß-)Deutschen Reich, Nr. 1 vom 4. 4. 1940.

122 USSBS, War Economy, S. 206.

123 Timm: Der Arbeitseinsatz der Kriegsgefangenen, S. 157 ff.

124 RAM an LAÄ, 26. 9. 1939, BA R 11/1240, Bl. 348 ff.

125 Ausweislich der Kriegstagebücher der Rüstungskommandos und -inspektionen, in denen von Kriegsbeginn an zwar ständig über den Mangel an Arbeitskräften in der Industrie geklagt wird, von dem Wunsch, polnische Zivilarbeiter oder Kriegsgefangene zu beschäftigen, hier aber ebensowenig die Rede ist wie in den kriegswirtschaftlichen Lageberichten des OKW. (Kriegstagebücher: BA/MA, RW 20 und 21; OKW-Lageberichte: BA/MA, RW 4/308).

126 Sitzung beim Regierungspräsidenten in Potsdam, 12. April 1940, nach Seeber, S. 48; vgl. auch kriegsw. Lagebericht OKW v. 1. 2. 1940, BA/MA, RW 4/308, Bl. 35 f.

127 Wirtschaftliche Lageberichte des Bergamtes Dortmund für November 1939, StAM, BgA Dortmund; A 4147. Die erste Erwähnung von Polen im Bergbau überhaupt im Rundschreiben der Fachgruppe Metallerzbergbau vom 12. 9. 1939, die alle Betriebe aufforderte, den Bedarf an polnischen Kriegsgefangenen anzumelden; zit. bei Eichholtz, Kriegswirtschaft, Bd. 1, S. 100.

128 Wirtschaftlicher Lagebericht, April bis Juni 1940, StAM, BgA Do, A 4147.

461

Anmerkungen zu Kapitel IV, S. 104–108

129 Der hohe Anteil Kranker und Arbeitsunfähiger unter den in Deutschland eintreffenden Polen wurde auch vom SD gerügt: „Aus Potsdam wird mitgeteilt, daß von den im Bezirk Mittenwald, Kreis Teltow, eingesetzten polnischen Zivilpflichtigen nicht weniger als über die Hälfte in ärztlicher Behandlung ständen und arbeitsunfähig sei." MadR, 25. 3. 1941, BA R 58/158, S. 8.
130 Bergamt Dortmund, Wirtschaftliche Lageberichte Juli 1940, StAM, BgA Dortmund, A 4147.
131 Erfahrungsbericht des DAF-Gauobmanns Johlitz über den Arbeitseinsatz in Essen, 18. 5. 1940, StAM OP 5147; gefährlicher für den „Arbeitsfrieden" noch als die ausländischen „Bummelanten" sei aber der Arbeitseinsatz der deutschen Frauen, die zur Arbeit in der Industrie keine Lust hätten, fügte Johlitz an.
132 Bericht des Beauftragten für die Leistungssteigerung im Bergbau, 29. 5. 1940, StAM OP 5177.
133 Besprechung beim RVK im OP Münster, 19. 6. 1940, StAM OP 5177.
134 KTB RüInsp IV (Münster), 19. 6. 1940, BA/MA, RW 20-6/1, Bl. 8 f.
135 Wie Anm. 133.
136 Eichholtz, Kriegswirtschaft I, S. 88.
137 Zum Problem der arbeits- und zivilrechtlichen Sonderbestimmungen für ausländische Zivilarbeiter vgl. die kritische Analyse von Schminck-Gustavus, Zwangsarbeit. Majer geht in ihrem voluminösen Werk eher am Rande darauf ein, vor allem S. 253-262, verbleibt allerdings auf der normativen Ebene. Auch die jüngste Untersuchung zu diesem Thema von Kranig, Lockung und Zwang, widmet der Problematik des Sozialrechts der ausländischen Arbeiter kurze Passagen, vgl. S. 145-148, ist dabei aber sehr eng an Pfahlmann angelehnt. Die zeitgenössische Literatur zu diesem Thema ist breit, die Diskussion um die sozialpolitischen Auswirkungen des Ausländereinsatzes und die zu treffenden Fürsorgemaßnahmen wurde 1941/42 sehr lebhaft geführt. Vgl. Adam, Die Beschäftigung ausländischer Arbeitskräfte; Heinzel, Grundsätzliches zum Einsatz ausländischer Arbeitskräfte; Hölk, Der Kriegsgefangeneneinsatz im zweiten Kriegsjahr; Jehle, Fürsorge für ausländische Arbeitskräfte; Kleeis, Arbeitsrecht und Arbeitsschutz der Kriegsgefangenen; Letsch, Der Einsatz gewerblicher ausländischer Arbeitskräfte in Deutschland; Osthold, Einsatz ausländischer Arbeitskräfte; Pflaume, Fremdländische Arbeitskräfte; Stothfang, Der Arbeitseinsatz an der Jahreswende; Timm, Der Einsatz ausländischer Arbeitskräfte in Deutschland.
138 Sommer/Schelp, Arbeitseinsatz und Arbeitsrecht, Teil II, S. 1, 15. Nachtrag.
139 Küppers/Bannier, Das Arbeitsrecht der Polen, S. 29.
140 Reichstarifordnung für polnische landwirtschaftliche Arbeitskräfte vom 8. 1. 1940, RABl, 1940, S. V38 ff.; Ergänzungen in: Doc. occ. IX, Dok. Nr. 4. Dazu ausführlich Küppers/Bannier, Das Arbeitsrecht der Polen, S. 67 ff.; Seeber, S. 170 f.
141 Vgl. die „Tarifsätze für Ausländer in % des Tarifsatzes für Deutsche" bei Eichholtz, Kriegswirtschaft, Bd. 1, S. 96.
142 MadR, 7. 2. 1940, BA R 58/148, Bl. 41.
143 Der RVK für den Wkr. XI an RAM, 19. 10. 1939, BA R 41/163.
144 MadR, 7. 2. 1940, BA R 58/148, Bl. 41.
145 RABl 1940, S. V407, zit. nach Pfahlmann, S. 166; VO über die Erhebung einer Sozialausgleichsabgabe vom 5. August 1940, in: RGBl I, S. 1077; vgl. dazu Küppers/Bannier, Das Arbeitsrecht der Polen, S. 88 ff.; Oermann, Sozialausgleichsabgabe, S. 11-98; Sommer/Schelp, II, S. 1 ff.
146 Küppers/Bannier, Das Arbeitsrecht der Polen, S. 88.
147 AO des RAM vom 5. 10. 1941, RABl 1941, S. 1448; Küppers/Bannier, Das Arbeitsrecht der Polen, S. 187; vgl. Seeber, S. 181; Dohse, S. 128.
148 Runderlaß Frauendorfers an die AÄ in GG vom 5. 2. 1940, Doc. occ. IX, Dok. Nr. 9. Insgesamt wurden auch tatsächlich 17.400 Polen acht Wochen lang mit ca. 70 Złoty insgesamt unterstützt, Bericht der Abt. Arbeit beim GG, 10. 5. 1940, Doc. occ. IX, Dok. Nr. 36; in einigen Fällen wurden die Unterstützungen auf über acht Wochen ausgedehnt, Runderlaß Frauendorfers an die AÄ in GG, 27. 4. 1940, Doc. occ. C, Dok. V.13; zur Lohnüberweisung vgl. die Übersicht über die Einzelbestimmungen bei Heimbürge, Die Lohnüberweisung ausländischer Arbeiter, in: Timm, Der Einsatz der ausländischen Arbeitskräfte, S. 109 ff., sowie Pfahlmann, S. 167.
149 Vgl. dazu ausführlich Majer, S. 245 ff.
150 Dazu Küppers/Bannier, Das Arbeitsrecht der Polen, S. 88; auch Pfahlmann behandelt die Sozialausgleichsabgabe wie jede andere fiskalische Anordnung und übernimmt zur Begründung wörtlich die Darstellung des Ministerrates, nach der die Abgabe „soziale Unterschiede" ausgleichen und

Anmerkungen zu Kapitel IV, S. 108-113

„eine gerechte Abstimmung der Einkommensverhältnisse der Deutschen und Polen herbeiführen" sollte (RABl 1940, S. I1077; Pfahlmann, S. 166).
151 Auch die SD-Berichterstattung ist hier nicht eindeutig. Bezüglich der polnischen Landarbeiter sei die Lage uneinheitlich, meldete der SD am 27. März, es würden auch weniger Polen eingesetzt als ursprünglich zu erwarten gewesen sei. MadR, 27. 3. 1940, BA R 58/149, S. 174.
152 Ernährungsamt Gleiwitz an den NSDAP-Kreisleiter, 5. 4. 1940, Doc. occ. X, Dok. III.8.
153 Das Arbeitsamt Braunau beschwerte sich z. B. im Dezember 1939 bei der Kreisbauernschaft, daß die polnischen Landarbeiter nicht „anständig und menschenwürdig untergebracht würden", sondern „in irgendeinem Stall oder sonstwie unbewohnbarem Raum zu leben verurteilt werden". AA Braunau/Inn an die Kreisbauernschaft, 9. 12. 1939, BA R 43II/548a, S. 60 f. Auch der SD berichtete seit dem Frühjahr von „zu guten" Beziehungen der deutschen Bevölkerung eher als Ausnahmen. Dagegen aber Grossmann, Polen und Sowjetrussen; ders.: Fremd- und Zwangsarbeiter. Grossmann bezieht sich dabei vorwiegend auf Berichtsquellen aus Bayern; das Material ist teilweise in Broszat u. a., Bayern I, abgedruckt. Wesentlich in diesem Zusammenhang ist, daß in den Augen der V-Leute des SD bereits die Fortführung der Saisonarbeiter-Traditionen als beanstandungswürdig angesehen wurde.
154 Der Regierungspräsident von Potsdam hatte z. B. am 15. 4. 1940 dem RSHA vorgeschlagen, daß Polen der Besitz und das Mitführen von Streichhölzern und Taschenmessern verboten werden sollte. Das RSHA lehnte das aus Praktikabilitätsgründen und mit dem Hinweis ab, es müsse ihrer persönlichen Freiheit unterworfen werden." RFSSuChdDtP (S IV D2) an Reg. Präs. in Potsdam, 6. 5. 1940, Doc. occ. X, Dok. I.13.
155 Koziełło-Pokławski, Zagraniczni robotnicy przymusowi, S. 181 ff., 222 f.
156 Präs. LAA Schlesien an AA Kattowitz, 11. 6. 1940, Doc. occ. X, Dok. II.21.
157 Bericht des GStA Celle, 31. 7. 1940, BA R 22/3355.
158 Bericht des GStA beim OLG Bamberg, 30. 5. 1940, BA R 22/3355.
159 Bericht des GStA beim OLG Jena, 31. 5. 1940, BA R 22/3369.
160 Vgl. Schminck-Gustavus, Zwangsarbeit, S. 184 ff.

V. Kapitel

1 Das WiRü-Amt im OKW hatte am 1. 5. 1940 den Arbeitermangel „neben der Rohstoffversorgung das beherrschende Problem der gesamten Kriegswirtschaft" genannt. (Kriegsw. Lageber., 1. 5. 1940, BA/MA RW 4/v. 308, Bl. 116.) Dazu ausführlich Werner, Bleib übrig, S. 81-104.
2 Der Arbeitseinsatz im Deutschen Reich, Nr. 11 vom 1. 9. 1940, S. 10; erfaßt sind hier alle Arbeitskräfte im Kriegsgefangenenstatus, also nicht mehr die überwiegende Mehrzahl der Polen, die bis auf etwa 100.000 Mann im Frühjahr 1940 per Dekret in den „Zivilarbeiterstatus" überführt worden waren. Vgl. Kap. IV. Anm. 78.
3 Der Arbeitseinsatz im Deutschen Reich, Nr. 3 vom 5. 2. 1941, S. 11.
4 Pfahlmann, S. 89.
5 Jäckel, Frankreich in Hitlers Europa, S. 223; Kehrl, Krisenmanager, S. 196; vgl. auch Pfahlmann, S. 86 ff.
6 VO über den Umgang mit Kriegsgefangenen vom 11. Mai 1940, RGBl I, S. 769; RdErl. des CDS, 14. 6. 1940, AES, BA Rd 19/3. Zur zeitgenössischen Diskussion vgl. Egloff, Einsatz ausländischer Arbeiter und Kriegsgefangener; „Zur Frage der Beschäftigung von Kriegsgefangenen in der gewerblichen Wirtschaft", in: Monatshefte für NS-Sozialpolitik (7) 1940, S. 40 ff.; Hölk, Der Einsatz von Kriegsgefangenen in Arbeitsstellen; ders., Der Kriegsgefangeneneinsatz im zweiten Kriegsjahr; Osthold, Die Beschäftigung von Kriegsgefangenen; Timm, Der Arbeitseinsatz der Kriegsgefangenen.
7 Erlaß des RAM vom 10. 7. 1940, RABl 1940, S. 1384 f.
8 Vgl. dazu Werner, Bleib übrig, S. 81 ff.
9 Zum ökonomischen Konzept des Blitzkrieges vgl. Thomas, S. 145-255; Wagenführ, S. 28 ff. Zur aktuellen wissenschaftlichen Diskussion s. Milward, Der Einfluß, S. 189-201; zusammenfassend: Hillgruber, Forschungsstand, S. 337-364.
10 Runderlaß des RAM vom 7. 10. 1940, BA R 11/1240, Bl. 236.
11 Vgl. Pfahlmann, S. 89; vgl. KTB RüInsp. VI, 22. 6. 1940, BA/MA RW 20 6/1, Bl. 11.
12 Bericht der LAÄ an das RAM, BA R 41/168, Bl. 171; zit. nach Pfahlmann, S. 89.

463

Anmerkungen zu Kapitel V, S. 113–121

13 Rede Kehrls vor der IHK Niederlausitz, September 1940, abgedr. in: Opitz, Europastrategien, S. 777 ff., hier S. 786. Diese Problematik wurde in den Besprechungen zwischen OKW, RAM und den deutschen Besatzungsbehörden in Frankreich offenbar. Während die Reichsbehörden die noch in Frankreich befindlichen französischen Kriegsgefangenen unbedingt zum Arbeitseinsatz nach Deutschland bringen wollten, befürchteten die Besatzungsbehörden dadurch eine Beeinträchtigung der französischen Kriegswirtschaft. Bespr. V. 19. 10. 1940, BA/MA RW 19 WI/IF 5/1231, Bl. 58-60.
14 RAM an Göring, 13. 11. 1940; BA R 41/165, Bl. 263.
15 Mai 1939: Wirtschaft und Statistik 20, 1940, S. 183. September 1941: Der Arbeitseinsatz im Deutschen Reich 6/1941, S. 12; 11/1941 S. 15; 21/1941 S. 17.
16 Bericht des OKW WiRüAmt vom 9. 10. 1941, zit. bei Homze, S. 57.
17 Zu den verschiedenen Abkommen mit Italien über die Stellung von Arbeitskräften vgl. ausführlicher Homze, S. 56 ff.
18 MadR 25. 10. 1939, BA R 58/144, Bl. 230 ff.
19 RdErl. des RAM vom 2. 8. 1940, ARG 930/40; BA RD 89/15.
20 RdErl. Görings als Beauftragter für den VjPL vom 4. 9. 1940; GStAB 1 Js 4/64, Dok. B 25.
21 RdErl. d. RFSSuChdDtP vom 14. 1. 1941, BA R 58/1030, Bl. 95. Zum Konzept der nationalen Differenzierung vgl. Konečný/Mainuš, Die Nationalitätenpolitik; und Pošomski, Über den Einfluß des Rassismus.
22 Im Januar 1941 berichtete der SD aus Frankfurt/Oder von „einer Beunruhigung deutscher Facharbeiter in einem Rüstungsbetrieb wegen unverhältnismäßig hoher Bezahlung dänischer Arbeiter", die wegen des Trennungszuschlages mehr verdienten als ein deutscher Handwerker, „obwohl er oft erheblich mehr leisten würde als der dänische Arbeiter." In Nürnberg kam es „beim Bau der 220 KW Nord-Süd-Leitung wegen der hohen Entlohnung der an der gleichen Baustelle beschäftigten Holländer zu Verärgerungen deutscher Arbeiter", ebenso wie in zahlreichen anderen Baustellen und Fabriken. (MadR, 16. 1. 1941, BA R 58/157, S. 54).
23 MadR, 6. 8. 1941, BA R 58/163, S. 163 ff.
24 Monatsbericht der NSDAP-Kreisleitung Aachen, März 1941, HStAD, RW 23-1, Bl. 83.
25 Wirtschaftskammer Württemberg/Hohenzollern an den Reichsstadthalter von Württemberg, 6. 11. 1941, BA R 11/1241, Bl. 231 ff.
26 MadR, 20. 10. 1941, BA R 58/165, Bl. 146-157, auch für das Folgende.
27 MadR, 10. 10. 1941, BA R 58/165, Bl. 121 ff. Derartige Berichte gerade über das Auftreten der Ausländer in öffentlichen Verkehrsmitteln, vorrangig D- und Schnellzügen, sind bis Ende des Krieges sehr häufig; vgl. – nur für das Jahr 1943 – die Anweisungen der Parteiführung über die Benutzung der Reichsbahn durch Ausländer (Vertrauliche Informationen 1943, Nr. 38; zit. bei Rusinski, S. 357); RdErl. des GBA vom 9. 1. 1943 betr. Beförderung von Kriegsgefangenen und Ausländern mit öffentlichen Verkehrsmitteln, ARG 80/43, BA RD 89/15; Erlaß des GBA betr. Beförderung von Kriegsgefangenen und Ausländern mit öffentlichen Verkehrsmitteln vom 9. 8. 1943, ARG 1028/43, BA RD 89/15; MadR 5. 4. 1943, BA R 58/182, Bl. 32 ff.; Erlaß des CDS an Stapo(leit)stellen, GStAB 1 Js 4/64, Dok. A80.
28 MadR 16. 10. 1941, BA R 58/165, Bl. 123 ff.
29 So das rassepolitische Amt Oberdonau an den Gauleiter von Linz, Eigengruber, das sich gegen die „Verunreinigung des Volkslebens" durch das Auftreten der Ausländer in den Straßen und Parks der Stadt wendet; Schreiben vom 3. 8. 1940, GStAB 1 Js 4/64, Dok. IX. 9.
30 Laut Zählung vom 31. 1. 1941 waren zu dieser Zeit 82.133 italienische Arbeitskräfte in Deutschland. (Der Arbeitseinsatz im Deutschen Reich 6/41, 20. 3. 1941, S. 12.).
31 Vgl. dazu Homze, S. 60; Aussage Walter Kieser, GStAB 1 Js 4/64, Sachstandsvermerk S. 17.
32 RdErl. des CDS, 19. 11. 1941; GStAB 1 Js 4/64, Dok A 31.
33 Brief vom 2. 11. 1941, Auslandsbrief-Prüfstelle Köln, BA R 41/264, Bl. 27.
34 Aus Frankfurt/Oder z. B. waren „von 90 bei der IG-Farben in Landsberg eingesetzten Holländern bereits 87 in ihre Heimat zurückgekehrt ..., weil ihnen bei der Anwerbung eine Beschäftigung mit einem Stundenlohn von 0,80 RM zugesichert worden sei, sie tatsächlich jedoch nur 0,60 RM bekommen hätten." Ähnliche Berichte häuften sich seit dem Frühjahr 1941. MadR 21. 8. 1941, BA R 58/163, S. 218 f. Das RAM reagierte mit einem Erlaß, durch den diese „Mißstände" bei den Anwerbungen abgeschafft werden sollten; insbesondere sollten die Angaben über Lohn, Unterkunft und Verpflegung der Wirklichkeit entsprechen. Viel genützt hat das aber nicht, denn die Klagen über die

Anmerkungen zu Kapitel V, S. 122-127

falschen Versprechungen hielten auch in den folgenden Wochen an. RdErl. des RAM vom 21. 9. 1940, BA R 11/1242, Bl. 209.
35 Herbst, Totaler Krieg, S. 128.
36 Vgl. dazu „Die sozialen Aufgaben nach dem Kriege", in: Jahrbuch des AWI der DAF 1940/41, Bd. 1, S. 27 ff.; Herbst, Totaler Krieg, S. 150 ff.
37 Denkschrift Eggeling nach der Sitzung am 20. 7. 1940 im Verbindungsstab Berlin, 3. 8. 1940, BA NS 6/322, S. 24-33. Im gleichen Tenor übrigens auch Darré, der im August 1940 in Danzig deutlich Stellung bezog gegen Auffassungen, daß „das deutsche Volk in diesem Krieg ein für alle Mal gezeigt habe, daß es zur Herrschaft bestimmt sei und demzufolge der deutsche Mensch zu schade sei, um diese oder jene schwere Arbeit, z. B. Landarbeit, Grubenarbeit usw. zu leisten. Diese schwere Arbeit, so sagen die Vertreter dieser ‚Herrenvolktheorie', müßten in Zukunft andere, also z. B. Polen, für uns leisten … die völkischen und sozialen Gefahren, die diese Herrenvolktheorie in sich birgt, können nicht ernst genug genommen werden. Wenn wir die Bearbeitung des deutschen Bodens in zunehmendem Maße den Polen überlassen würden, dann würde eines Tages dieser Boden auch den Polen gehören … Der jetzige Einsatz von polnischen oder sonstigen fremdvölkischen Landarbeitern in Deutschland ist deshalb nur eine Notlösung und darf niemals als etwas anderes betrachtet werden." (Nat. soz. Landpost, 9. 8. 1940, zit. nach August, S. 346).
38 Denkschrift „Die Polen im Ruhrgebiet" des Fachamtes Bergbau der DAF, 10. 8. 1940, StAM OP 5067.
39 Letsch, Der Einsatz, RABl, 1941, V S. 42-45; der Begriff „Intereuropäischer Arbeiteraustausch" stammt von Syrup (RABl 1941, V, S. 335), der den Gedanken einer Festschreibung der Ausländerbeschäftigung in Deutschland auch nach dem Kriege besonders propagierte.
40 Görings Anordnung vom 29. 1. 1941, zit. in einem RdErl. des RSHA an die Stapo(leit)stellen vom 14. 4. 1941, GStAB 1 Js 4/64, Dok. A 26.
41 Aktenvermerk Bormanns über ein Gespräch bei Hitler am 2. 10. 1940, Dok. 172 – USSR, IMT Bd. 39, S. 425 f.
42 Vgl. Kap. IV. 3.
43 RdErl. des Reichsbauernführers vom 5. 9. 1940, Doc. occ. IX, Dok. Nr. 48; dazu: Kuhlbrodt, „Verlegt nach … und getötet". Vgl. auch Kap. VIII.2.
44 SS-Sturm 2/8, Muskau an die SS-Standarte Hirschberg, 6. 7. 1940, Doc. occ. X, Dok. I.16.
45 Stapoleitstelle Stettin an den Oberpräsidenten von Pommern, 25. 9. 1940, Doc. occ. IX, Dok. Nr. 51.
46 Reichstreuhänder der Arbeit Mittelelbe, Amtliche Mitteilungen vom 3. 12. 1940; Doc. occ. IX, Dok. Nr. 60.
47 Polizeiverordnung vom 13. 12. 1940, Amtsblatt der Regierung zu Schneidemühl 1940, Nr. 50, S. 211; Doc. occ. IX, Dok. Nr. 63.
48 AO des RAM vom 31. 3. 1941, Doc. occ. X, Dok. I.23; Küppers/Bannier: Das Arbeitsrecht der Polen, S. 209; AO des Reichstreuhänders für den öffentlichen Dienst über die arbeitsrechtliche Behandlung der Polen vom 3. 3. 1941; Doc. occ. X, Dok. III.11.
49 RdErl. des Reichsministers für die kirchlichen Angelegenheiten vom 15. 7. 1941, Doc. occ. X, Dok. I.39.
50 RdErl. der Landesbauernschaft Karlsruhe, 6. 3. 1941; Dok. 68 – EC, IMT, Bd. 36, S. 132.
51 Die Polen seien geradezu zu einer „Landplage" geworden, meldete der SD im September 1940, „überall auf den Dörfern treffe man Polen an, die unter Umgehung des Verbotes, den Arbeitsplatz zu verlassen, ihre Landsleute in größeren Gemeinden besuchen, und hierbei ‚ihre Erfahrungen' austauschen." MadR 26. 9. 1940, BA R 58/157, S. 252 ff.
52 „So kommt es dann immer wieder vor, daß beispielsweise polnische Landarbeiter in den gleichen Räumen wie die deutschen Arbeitskräfte untergebracht sind, mit ihnen gemeinsam essen, Gasthöfe besuchen und ungehindert geselligen Verkehr mit der deutschen Bevölkerung unterhalten." Stapoleitstelle Stettin an den RVK in Stettin, o. D. (Oktober 1940); Doc. occ. IX, Dok. Nr. 53.
53 MadR 17. 2. 1941, BA R 58/157, S. 252 ff.
54 Stapoleitstelle Stettin (wie Anm. 52); im gleichen Tenor: Bericht des Oberlandesgerichtspräsidenten Bamberg vom 23. 4. 1941, BA R 22/3355, Bl. 37.
55 RSHA an alle SD-Leit-Abschnitte, 25. 4. 1941, BA R 58/990, Bl. 66 ff., Unterschrift Ohlendorf.
56 Ebenda.
57 1940/41 arbeiteten im gesamten Ruhrbergbau 18.350 Ausländer (5,7 % der Gesamtbelegschaft); auf der Zeche Hibernia Dortmund 4.038 (13,7 %), bei Krupp in Essen 1.065 (2,0 %), beim Bochumer

Anmerkungen zu Kapitel V, S. 127–134

Verein 960 (4,4 %), bei den Deutschen Röhrenwerken in Mülheim 662 (7,2 %). Die Statistiken über ausländische Arbeitskräfte werden erst mit der ersten Ausländererhebung vom Januar 1941 genauer geführt, nach Berufszweigen differenziert erst ab 1942. In den Betrieben sind die Angaben vor 1942 oft sehr unvollständig. Zahlen für Steinkohle: Dok. NI 2819, April 1940 bis März 1941; für Zeche Hibernia: BgbA BO 32/729 Direktorenbesprechung vom 17. 7. 1941, für Krupp: Dok. NIK 8770, Geschäftsjahr 1940/41; für Deutsche Röhrenwerke: Mannesmann-Archiv R 26025/1, Geschäftsjahr 1940/41; für Bochumer Verein: Seebohl, S. 176, Stand: 30. 6. 1941.

58 Wie sich etwa aus der weiten Verbreitung der „Sozialpolitischen Informationen" der Reichsvereinigung Kohle/Ruhr ersehen läßt. Die Korrespondenzen über die Erhöhung des Ausländeranteils in der Metallindustrie ab 1942 beziehen sich z. T. explizit auf die im Bergbau gemachten Erfahrungen.

59 Wirtschaftliche Lageberichte des Bergamtes Dortmund für August 1940, StAM BgA Dortmund 4/74.

60 KTB RüKdo. Dortmund, 9. 11. 1940, BA/MA, RW 21 – 14/4, Bl. 54.

61 Im September wurden im Dortmunder Bezirk ca. 4.000 deutsche Bergleute aus der Wehrmacht entlassen und auf den Zechen beschäftigt; vgl. ebenda, Bericht für September 1940.

62 Besprechung am RVK Münster, 19. 6. 1940 und 24. 8. 1940, StAM OP 5177; mit gleichem Ergebnis war auch die Besprechung am 13. 8. 1940 beendet worden; StAM OP 5067.
Durchschnittlicher Schichtförderanteil pro Kopf der Untertagebelegschaft im Ruhrbergbau (Dok. NI 2819):

1939:	2.064 t	1'1943:	1.717 t
1941:	1.959 t	6'1944:	1.680 t
1'1942:	1.848 t	9'1944:	1.592 t

63 Lagebericht des Reichstreuhänders der Arbeit Westfalen/Niederrhein April bis Juni 1941, StAM OP 5109; Wirtschaftliche Lageberichte des Bergamtes Dortmund, 15. 4. 1941 für März 1941, StAM BgA Dortmund 4/74; RAM an OP Münster, 25. 11. 1940, StAM OP 5067.

64 Vertrauliche Informationen der NSDAP-Reichskanzlei 3/6, 9. 10. 1940, zit. bei Rusinski, S. 345.

65 Rundschreiben des Vorkalkulationsbüros der IG-Farben-Werke Ludwigshafen, 31. 5. 1941, Dok. Wurster Nr. 527, Fall VI.

66 RdSchr. des RSHA (III D 5), 25. 4. 1941, BA R 58/990, S. 66 ff.

67 Bericht vom 31. 1. 1941, BA R 22/3369; die Berichte über die Abgänge ausländischer Arbeiter sind bis Mitte 1942 in den Berichten der Generalstaatsanwälte und der Präsidenten der Oberlandesgerichte an den Justizminister sehr häufig, bis die Bearbeitung dieser Fälle eine rein sicherheitspolizeiliche Angelegenheit wurde.

68 Gestapo Schneidemühl an den RVK in Stettin, o. D. (Oktober 1940); Doc. occ. IX, Dok. Nr. 53.

69 RdSchr. des RSHA (III D 5), 25. 4. 1941, BA R 58/990, S. 66 ff.

70 Bericht des Reichstreuhänders der Arbeit für Januar bis Dezember 1940, StAM OP 5210.

71 Bericht des Reichstreuhänders der Arbeit Januar bis Juli 1941, StAM OP 5063.

72 Protokoll der Sitzung des Ausländer-Arbeitskreises beim RSHA vom 20. 2. 1942, BA R 16/162.

73 Zit. in: Deutschland im zweiten Weltkrieg, Bd. 2, S. 91.

74 Zum Komplex „Arbeitsvertragsbruch" in der zweiten Kriegshälfte vgl. Kap. VII.1 und IX.4.

75 MadR 16. 1. 1941, BA R 58/157, S. 54 ff.

76 RdSchr. des RSHA (III D 5), 25. 4. 1941, BA R 58/990, S. 66 ff.

77 Gendarmerie Stahlhammer an Gendarmerie.Kommandeur in Oppeln, 21. 4. 1940, Doc. occ. X, Dok. II.7.

78 Sozialbüro der IG-Farben-Filmfabrik in Wolfen an den Beauftragten des Reichstreuhänders der Arbeit in Bitterfeld, 15. 7. 1941, Doc. occ. IX, Dok. Nr. 90.

79 RdSchr. des RSHA (III D 5), 25. 4. 1941, BA R 58/990, S. 66 ff.

80 Dazu: Broszat, Nationalsozialistische Konzentrationslager, in: Broszat u. a., Anatomie des SS-Staates, Bd. 1, S. 11–75; für den neueren Forschungsstand vgl. das Kap. „Der institutionalisierte Terror: Von der Abtlg. IA zur Gestapo" in: Peukert, Die KPD im Widerstand, S. 89–97; zum Gesamtkomplex des Sonderrechts für Fremdarbeiter Majer, S. 253 ff. und S. 625–684, hier auch ausführliche Hinweise auf die juristischen Aspekte.

81 Vgl. etwa die in Doc. occ. X, Kap. II abgedruckten Quellen und Dokumente.

82 AA Kattowitz an den Reg. Präs. Kattowitz, 26. 6. 1940, Doc. occ. X, Dok. II.22.

83 Vermerk des Reg. Präs. von Kattowitz vom 29. Juni 1940, Doc. occ. X, Dok. II.23.

84 Reg. Präs. Kattowitz an den Präs. des LAA Schlesien, 30. 6. 1940, Doc. occ. X, Dok. II.24.

Anmerkungen zu Kapitel V, S. 134–139

85 Vgl. dazu Kap. VIII.2.
86 RdSchr. des Reichstreuhänders der Arbeit Westfalen/Niederrhein, 11. 7. 1940, StAM OP 5210.
87 Diese Maßgabe traf auf „Disziplinwidrigkeiten" sowohl von Deutschen wie von Ausländern zu. RdSchr. d. RtdA Westfalen/Niederrhein, 23. 9. 1940, StAM OP 5210; vgl. auch die AO d. RtdA Wien vom 30. 7. 1941, Doc. occ. X, Dok. II.19.
88 Mit Kriegsbeginn waren in allen größeren und sicherheitspolizeilich wichtigen Industriebetrieben „Abwehrbeauftragte" eingesetzt worden, die als Verbindung zwischen Betriebsleitung und örtlicher Gestapo fungierten und im Laufe der Zeit innerhalb des Kontroll- und Repressionssystems des Regimes vor allem gegenüber den Ausländern an Bedeutung zunahmen. „Richtlinien für die sicherheitspolizeiliche Tätigkeit der Abwehrbeauftragten", September 1939, Dok. NI 2883; dazu Drobisch, Der Werkschutz; ders., Dokumente zur direkten Zusammenarbeit zwischen Flick-Konzern und Gestapo bei der Unterdrückung der Arbeiter.
89 Bericht des Generalstaatsanwalts beim Oberlandesgericht Hamm/Westf. an den RJM vom 29. 1. 1941, BA R 22/3367, Bl. 221 ff.
90 Diese Beispiele sind Ausschnitte einer Urteilssammlung mit insgesamt 36 Fällen, BA R 22/3358, H. 5; abgedr. in Doc. occ. X, Dok. II.57. Vgl. auch die MadR vom 21. 8. 1941 (BA R 58/163, Bl. 159 f.), in denen Klage darüber geführt wird, daß die Strafen für Deutsche, die polnische Arbeiter mißhandelt hätten, zu hoch, die für Polen, die gegenüber Deutschen tätlich geworden seien, hingegen zu niedrig seien.
91 Vgl. Kap. VIII.2.
92 RdSchr. des RSHA (III D 5), 25. 4. 1941, BA R 58/990, S. 66 ff.
93 Ebenda.
94 MadR 27. 3. 1941, BA R 58/158, S. 185 ff.
95 Der Präsident des Hamburger Strafvollzugamtes forderte in der Phase der Einrichtung von Konzentrationslagern: „Die Konzentrationshaft soll dazu dienen, die Häftlinge unter strengem und sicherem Gewahrsam zu halten und sie durch harte Arbeit und ernste und zielsichere Behandlung zur Aufgabe ihrer Einstellung gegen Volk und Staat zu erziehen. Die Arbeit soll den Mann körperlich in Anspruch nehmen. Es kann jedoch nicht als der Sinn der von Konzentrationshäftlingen zu leistenden Arbeit angesehen werden, produktive Arbeit zu schaffen." Zit. nach: Pingel, Die Konzentrationslagerhäftlinge, S. 153.
96 Dazu Bucher, Das SS-Sonderlager Hinzert; Klopp, Hinzert; zu den Arbeitserziehungslagern: Auerbach, Arbeitserziehungslager 1940 – 1944; Werner, Die Arbeitserziehungslager; Peukert, Arbeitslager und Jugend-KZ; sowie Karner, Arbeitsvertragsbrüche; hier wird der Zusammenhang zwischen der Einweisung „arbeitsscheuer" in Konzentrationslager vor 1939 und der Errichtung von Arbeitserziehungslagern vor allem für Ausländer nach 1940 deutlich.
97 RFSSuChdDtP (IV D 2) an die Stapo(leit)stellen, 8. 3. 1940, Doc. occ. X, Dok. II.4.
98 Der Erlaß selbst ist nicht erhalten, ein Erlaß des IdS Düsseldorf über die Errichtung des AEL Hunswinkel vom 22. 8. 1940 nimmt darauf Bezug; ZStL, Vermerk VI 415 AR 91/66 über Arbeitserziehungshaft und Arbeitserziehungslager, S. 7 (im folgenden: ZStL, Vermerk AEL).
99 Bericht über Besprechung beim RVK Münster am 6. 8. 1940, HStAD, RW 37 (unverz.).
100 Reichstreuhänder der Arbeit Westfalen/Niederrhein an HSSPF West, 16. 8. 1940, HStAD, RW 37 (unverz.).
101 Bericht über die Besichtigung am 20. 8. 1940, HStAD RW 37 (unverz.); Vereinbarung zwischen Hochtief und RtdA der Arbeit vom 24. 8. 1940, ebenda; AV des HSSPF West, Jäckeln, vom 3. 9. 1940, ebenda. Jäckeln hatte vorher im Bereich der Hermann-Göring-Werke bei der dortigen Gestapo Dienst getan und Erfahrungen gesammelt mit dem dort im Frühjahr 1940 eingerichteten „Sonderlager" für „arbeitsunwillige Polen"; vgl. Wysocki, S. 117 ff.
102 Bericht des Lagerleiters vom 12. 12. 1940, HStAD, RW 37; von 517 gezählten Häftlingen waren bis zu diesem Zeitpunkt 457 Deutsche, 39 Polen, 8 Angehörige anderer Feindstaaten, 13 weitere Ausländer wie Slowaken, Jugoslawen, Tschechen und Italiener.
103 Ebenda.
104 Besprechung zwischen Jäckeln (HSSPF), Hahn (Reichstreuhänder der Arbeit) und Vertreter der Firma Hochtief am 17. 12. 1940, Schreiben der Firma Hochtief über die Stillegung der Baustelle vom 7. 12. 1940; HStAD, RW 37.
105 RtdA an HSSPF West, 17. 1. 1941, HStAD, RW 37.

Anmerkungen zu Kapitel V, S. 139–142

106 RtdA an HSSPF West, 3. 1. 1941, ebenda; RdErl. des IdS Düsseldorf vom 22. 1. 1941, ebenda; Vertrag zwischen HSSPF West und der Stadt Recklinghausen vom 5. 3. 1941, ebenda.
107 HSSPF West an Flughafengesellschaft Mülheim/Ruhr, betr. Bespr. vom 19. 4. 1941, HSSPF West an BdO Münster, 27. 5. 1941, HStAD, RW 37.
108 HSSPF West an Wirtschaftsamt Düsseldorf, 5. 6. 1941, ebenda. Ein weiteres AEL wurde in Gladbeck/Zweckel errichtet, das aber im Mai 1942 aufgelöst und nach Hunswinkel verlegt wurde; HSSPF West, AV vom 17. 3. 1942 und 27. 4. 1942, HStAD, RW 37.
109 RdErl. des RFSSuChdDtP (SII C 3), 28. 5. 1941, BA R 58/1030, S. 120.
110 Berichte des RtdA Westfalen/Niederrhein für 1940 und 1941, StAM OP 5210.
111 Bericht des RtdA Westfalen/Niederrhein für Juli bis September 1941; StAM OP 5109.
112 Lagebericht des Reg. Präs. Düsseldorf für Juli 1941 an die Vierjahresplanbehörde, 9. 8. 1941, StAM OP 5201.
113 CdS (II C 3) an die Stapo(leit)stellen, 12. 12. 1941, Doc. occ. X, Dok. II.32.
114 RdErl. des RFSSuChdDtP (SII C 3), 12. 12. 1941, zur Änderung des Erlasses vom 28. 5. 1941; Doc. occ. X, Dok. II.33.
115 Werner, der auf der Grundlage der Gestapo-Personalakten im HStAD (Bestand RW 58) „eine Analyse der Häftlingsakten deutscher Häftlinge in den Arbeitserziehungslagern Hunswinkel und Recklinghausen" vorgenommen hat, um zu klären, „welche Motive die Arbeiter dazu bewegten, sich dem Risiko einer Haft auszusetzen", stellt fest, daß sich nach 1943 „kaum mehr Akten deutscher Häftlinge" fänden. Es ist anzunehmen, daß sich die Akten der wegen Arbeitsvertragsbruch festgenommenen und bestraften Ausländer nicht in dem Bestand befinden, sondern gesondert geführt wurden, aber nicht überliefert sind. Daß deutsche Arbeiter „in den Arbeitserziehungslagern deutlich unterrepräsentiert" waren, belegt schon ein Blick in die Verhaftungsstatistiken. Die Einrichtung der AEL allerdings als eine auf das „Syndrom der Novemberrevolution" zurückzuführende „Überreaktion der Nationalsozialisten" auf die potentielle Gefährdung des Regimes durch die oppositionelle deutsche Arbeiterklasse zu bezeichnen, konzentriert den Blick zu sehr auf die deutsche männliche Arbeiterschaft, die AEL's sind vielmehr im Hinblick auf die ausländischen Arbeiter installiert worden, womöglich aber mit dem Nebengedanken, dadurch ohne weitere innenpolitische Probleme auch ein neues Strafinstrument gegen deutsche Arbeiter in die Hand zu bekommen. Vgl. Werner, Arbeitserziehungslager, S. 145 f.
116 Statistik der von den Stapo(leit)stellen ausgesprochenen Strafen, abgedruckt in: Deutschland im zweiten Weltkrieg, Bd. 2, S. 91; Protokoll der Sitzung des Ausländer-Arbeitskreises beim RSHA vom 20. 2. 1942, BA R 16/162; Der Arbeitseinsatz im Großdeutschen Reich, 5, 1942, 5. 3. 1942, Stand vom 20. 1. 1942.
117 Die Zahlen sind Analogwerte, die davon ausgehen, daß der Anteil der Ausländer an den Verhaftungen wegen Arbeitsniederlegungen im Jahr 1941 (77 %) auch demjenigen der AEL-Einweisungen in etwa entspricht, was nach Lage der Quellen als Mindestzahl angesehen werden kann. Seit 1943 wurde die Zahl der AEL erhöht; Ende 1943 gingen die Behörden dazu über, in großen Industriebetrieben betriebseigene Straflager zu errichten; vgl. Kap. IX.4.
118 Einige Fälle von Einweisungen ausländischer Arbeiter in AEL finden sich auch in den Düsseldorfer Gestapo-Personalakten, vgl. etwa HStAD, RW 58, Nr. 7695.
119 Dies galt in ähnlicher Weise auch für die Französinnen, über deren „sittlichen Tiefstand" sich zahlreiche Berichterstatter immer wieder empörten. Zu polizeilichen Maßnahmen wegen verbotenen Umgangs deutscher Männer mit Französinnen ist es jedoch in nennenswertem Umfange nicht gekommen. Vgl. etwa: Zellwolle-Lehrspinnerei Denkendorf an das AA Esslingen, 6. 10. 1941, BA R 11/1241, Bl. 233 f.
120 Die Zahl der gerichtlichen Verurteilungen wegen Verstoßes gegen die Arbeitsdisziplin stieg von 2.808 (1940) auf 6.343 (1941); wegen Umgangs mit Kriegsgefangenen von 1.909 (1940) auf 4.345 (1941). Nach: Statistisches Reichsamt, Die Entwicklung der Kriminalität im Deutschen Reich von Kriegsbeginn bis Mitte 1943 (vertraulich), Berlin 1944, S. 13, Tab. 1; abgedr. in: Deutschland im zweiten Weltkrieg, Bd. 1, S. 375 f.
121 Zahlen (abgerundet) berechnet nach Tab. In: Deutschland im zweiten Weltkrieg, Bd. 2, S. 412. Daraufhin wurde vom Prop.Min. ein Plakat zum Aushang in den Betrieben herausgegeben, das auf die „sadistische Behandlung wehrloser deutscher Gefangener" durch die Franzosen im Ersten Weltkrieg verwies und forderte, die „Volksgenossen" sollten die französischen Kriegsgefangenen mit „völliger Nichtachtung" behandeln. Dagegen verwahrte sich nun das WiRüAmt und wies auf

Anmerkungen zu Kapitel V, S. 143–148

die nachteiligen Folgen eines solchen Aufrufs für die Arbeitsfreude der Gefangenen hin. WiRüAmt an Göring, 3. 3. 1941, BA/MA RW 19 WI/IF 5/1231, Bl. 12 f.; dort auch die Abschrift des Plakats.

122 HStAD RW 58/60906.
123 HStAD RW 58/30001.
124 HStAD RW 58/8672; der Fall führte sogar zu einem anonymen Beschwerdebrief eines ehemaligen deutschen Kriegsgefangenen an den Essener Landgerichtspräsidenten.
125 Darüberhinaus fällt aber auch die vollkommene Harmlosigkeit der geschilderten Fälle auf. In keiner einzigen der ca. 400 von mir durchgesehenen Düsseldorfer Gestapo-Personalakten aus Essen und den umliegenden Städten ist es zu größeren oder gar politisch zu nennenden Straftaten gekommen. Das hängt sicher damit zusammen, daß die Akten gestorbener Personen offenbar aussortiert wurden und der etwa 70.000 Akten umfassende Bestand bis auf wenige Ausnahmen nur die Unterlagen deutscher Personen umfaßt. Dennoch fehlen auch nahezu alle Hinweise auf eine irgendwie geartete politisch aktive Zusammenarbeit zwischen Deutschen und Ausländern; die hier geschilderten Fälle sind insofern repräsentativ für die von mir durchgeführte Stichprobe.
126 HStAD RW 58/27311. Das Verfahren wurde nach polizeilicher Verwarnung der betroffenen Frauen eingestellt.
127 HStAD RW 58/38523; das Verfahren wurde schließlich wegen Geringfügigkeit eingestellt.
128 Vernehmung Thomsen am 21. 6. 1967, GStAB 1 Js 4/64, Dok. R. 74.
129 HStAD RW 58/16960.
130 Im Bestand HStAD RW 58 habe ich allein etwa 450 solcher Fälle gezählt, etwa ¾ davon betrafen sexuellen Kontakt mit Franzosen.
131 Nach der Kriegssonderstrafrechtsverordnung konnte auch die Todesstrafe verhängt werden; es ist mir jedoch kein Fall bekannt geworden, in dem diese ausgesprochen wurde; VO vom 17. 8. 1938, RGBl 1939, I, S. 1455; vgl. Streim, S. 157.
132 MadR 8. 7. 1940, BA R 58/152, S. 14.
133 AV Bormanns vom 20. 6. 1940; GStAB 1 Js 4/64, Dok. IV.5.
134 Vgl. Streim, S. 158.
135 CdS (IV A 1c) an Stapo(leit)stellen, 5. 8. 1940, BA R 58/272, S. 27 f.
136 Stellungnahme des Amt I des RSHA zur Frage des Geschlechtsverkehrs zwischen ausländischen Zivilarbeitern und Deutschen vom 14. 6. 1940, GStAB 1 Js 4/64, Dok. B 61, Bl. 2 f.
137 Ebenda, Bl. 19 f.
138 Vorlage an das RMVP vom 12. 7. 1941, GStAB 1 Js 4/64, Dok. B 61, Bl. 57 f. Die Parteikanzlei lehnte diesen Vorschlag als zumindest unter den derzeitigen Gegebenheiten noch nicht notwendig ab; ebenda, Bl. 58.
139 Der „Arbeitskreis Ausländerfragen beim RSHA" wurde im Herbst 1941 auf Anregung des Ausländerreferats des RSHA gegründet und umfaßte Vertreter aller mit dem Ausländereinsatz befaßten obersten Dienststellen. Die Protokolle des Arbeitskreises sind bis Dezember 1944 nahezu vollständig erhalten und stellen die vielleicht beste Quelle für die Ausländerpolitik des Dritten Reiches seit 1941 dar. In den meisten Fällen handelt es sich dabei um die Aufzeichnungen des Vertreters des Reichsnährstandes, Schwarz (BA, R 16/162); für manche Sitzungen gibt es Parallelaufzeichnungen anderer Dienststellen, in diesem Fall des Vertreters des Auswärtigen Amtes vom 22. 8. 1941; GStAB 1 Js 4/64, Dok. B 61, Bl. 68 ff.
140 Protokoll der Sitzung des Ausländer-Arbeitskreises beim RSHA, 22. 8. 1941, BA R 16/162; handschriftliche Anmerkungen am Textrand: „Und die Männer mit fremdvölkischen Frauen?" (Bl. 5).
141 So etwa die Forderung Heydrichs vor dem Arbeitskreis am 3. 12. 1942; BA R 16/162.
142 RdSchr. 120/41 der NSDAP-Parteikanzlei, 13. 10. 1941, GStAB 1 Js 4/64, Dok. IX.4, Bl. 50 f. Der entsprechende Erlaß des CdS (IV A 1c) erschien dann am 31. 10. 1941; GStAB 1 Js 4/64, Dok. A 30.
143 RdSchr. des Stellvertreters des Führers der NSDAP vom 7. 12. 1940, BA NS 51/265; vgl. Majer. S. 307, 673; Seeber, S. 157; Bock, Zwangssterilisation, Kap. VIII.2.
144 RAM an die Präsidenten der LAÄ, 17. 9. 1941, BA R 11/1243, Bl. 80.
145 Vgl. dazu Kap. VII.1 und IX.4.
146 Verfahren 1 Js 4/64 (RSHA) und 1 Js 1/64 beim GStAB. Vgl. dazu Hochhuth, Eine Liebe in Deutschland, wo der Autor einen dieser Fälle exemplarisch und in all seinen Schattierungen nachzeichnet. In der historischen Literatur ist dieser Aspekt nur wenig behandelt. Bei Pfahlmann fehlen entsprechende Passagen; Homze erwähnt am Rande, es sei „needless to say, the punishment for a

469

Anmerkungen zu Kapitel V, S. 148–154

Pole for sexual offenses against Germans was death." (S. 41); vgl. Schminck-Gustavus, Zwangsarbeit, S. 193 ff.; Majer, S. 307 f.

147 RFSSuChdDtP (IV D 2) an Stapo(leit)stellen, 3. 9. 1940; das Folgende nach den Sachstandsvermerken der Verfahren 1 Js 4/64 und 1 Js 1/64 des GStAB; dazu auch „Sachstandsvermerk ‚Sonderbehandlung'" der ZStL, sowie Sachstandvermerk der StA Köln vom 24. 1. 1976 über Exekutionen wegen GV im Raume Köln, ZStL V 414 AR 294/76, Bd. IX. Das amtsärztliche Gutachten wurde ab 5. 7. 1941 durch die Beurteilung der Führer im Rasse- und Siedlungswesen bei den HSSPF ersetzt; Schnellbrief des RFSSuChdDtP (IV D 2c) 5. 7. 1941, Doc. occ. X, Dok. II.9.

148 Diese Praxis bestand wohl schon länger, wurde aber erst im Juli 1941 per Erlaß sanktioniert. RFSSuChdDtP (IV D 2c) 5. 7. 1941; Doc. occ. X, Dok. II.9. Die Bestimmungen wurden im März 1942 weiter gelockert, so daß nunmehr auch eine „rassisch einigermaßen gute Beurteilung" und der Vorsatz, das deutsche Mädchen heiraten zu wollen, ausreichte, um die Hinrichtung eines Polen nach einem „GV-Verbrechen" zu verhindern, vgl. Erlaß des RFSSuChdDtP (S 5 A 1c und S IV D 2c) vom 10. 3. 1942, GStAB 1 Js 4/64, Dok. A40. Sollte „rassisch unerwünschter Nachwuchs" zu erwarten sein, sollte rechtzeitige Schwangerschaftsabbrechung erfolgen, Erlaß des CdS (IV D 2c) vom 12. 12. 1941, GStAB 1 Js 4/64, Dok. A35. Die detaillierten Vorschriften für die „rassische Musterung" des polnischen Zivilarbeiters in der AO des RKfdFdV vom 25. 2. 1942 und des Chefs des Rasse- und Siedlungshauptamtes vom 26. 2. 1942, GStAB 1 Js 4/64, Dok. B27, Bl. 3 ff. und Dok. B35.

149 Zur Frage der Abtreibungen vgl. Garn, Zwangsabtreibung und Abtreibungsverbot; Bock, Zwangssterilisation, Kap. VII.2.

150 Mit Erlaß vom 4. 9. 1940 regelte das RSHA auch das Verhältnis zur Justiz bei Straftaten von Ausländern – derartige Fälle, besonders bei Vergehen auf „sittlichem Gebiet", waren „nicht der Staatsanwaltschaft, sondern sofort der zuständigen Staatspolizeistelle zu übergeben". RFSSuChdDtP (IV D 2) an Stapo(leit)stellen, 3. 9. 1940, Doc. occ. IX, Dok. Nr. 46; RSHA (V A 1) an Kriminalpolizei(leit)stellen, 4. 9. 1040, GStAB 1 Js 4/64, Dok. A 24.

151 Bericht des Präsidenten des Oberlandesgerichts Braunschweig vom 11. 7. 1940, BA R 22/3357.

152 Bericht des Generalstaatsanwalts beim Oberlandesgericht Jena vom 30. 9. 1940, BA R 22/3369.

153 Bericht des Präsidenten des Oberlandesgerichtes Hamm vom 7. 11. 1940, BA R 22/3667.

154 Bericht des Präsidenten des Landgerichts Bochum, 20. 6. 1941, BA R 22/3367.

155 Eine Übersicht über die bislang bekanntgewordenen Exekutionen außerhalb von Lagern: Sachstandvermerk GStAB 1 Js 4/64, S. 359-411.

156 Bericht des Landesgerichtspräsidenten Düsseldorf, 3. 1. 1942, BA R 22/3363.

157 Ebenda. Der SD widmete dem „würdelosen Verhalten" deutscher Frauen eigene und ausführliche Berichte, vgl. etwa MadR 22. 1. 1942, BA R 58/168.

158 Gertrud B. z. B. war Anfang 1941 zu einem Jahr Gefängnis verurteilt, der polnische Arbeiter, mit dem sie sexuellen Umgang gehabt haben soll, war erhängt worden. Sie selbst wurde nach Verbüßung ihrer Strafe ins KL Ravensbrück überstellt, später kam sie nach Auschwitz – dort ist sie Ende 1943 gestorben. GStAB 1 Js 4/64, Dok. E38.

VI. Kapitel

1 Herbst, Totaler Krieg, S. 188.

2 Der Gesamtkomplex der Genese des „Ostfeldzuges" ist gründlich erforscht und soll hier nur unter der spezifischen Fragestellung des Ausländereinsatzes näher behandelt werden. Ich folge hier vor allem den Darstellungen von Müller, Von der Wirtschaftsallianz zum kolonialen Ausbeutungskrieg, in: Boog u. a.: Der Angriff auf die Sowjetunion, S. 98-189; sowie Hillgruber, Hitlers Strategie; Herbst, Totaler Krieg; Streit, Keine Kameraden.

3 „Erster Entwurf zu einer militärgeographischen Studie über das europäische Rußland. Abgeschlossen am 9. August 1940"; vgl. Müller, in Boog u. a., Der Angriff auf die Sowjetunion, S. 114; Thomas, Geschichte der deutschen Wehr- und Rüstungswirtschaft, S. 267; Dąagoborski/Madajczyk, v. a. S. 384 ff.

4 WiRüAmt: „Die wehrwirtschaftlichen Auswirkungen einer Operation im Osten", 13. 2. 1941; abgdr. bei Thomas, S. 514 ff.; vgl. auch S. 267; kritisch dazu Müller in Boog u. a., Der Angriff auf die Sowjetunion, S. 127.

Anmerkungen zu Kapitel VI, S. 154–158

5 Vgl. Ernst Klink: Die militärische Konzeption des Krieges gegen die Sowjetunion, in: Boog u. a., Der Angriff auf die Sowjetunion, S. 190-267, v. a. S. 191, S. 272 ff.
6 Zum „Wirtschaftsstab Oldenburg", der Keimzelle des späteren „Wirtschaftsstabes Ost" ausführlich Müller, in Boog u. a., S. 129 ff.; sowie Eichholtz, Kriegswirtschaft, Bd. 1, S. 231 ff.
7 Eindrucksvolle Belege dazu bei Eichholtz, Kriegswirtschaft, Bd. 1, S. 203 ff.; Müller, in Boog u. a., S. 136 ff.
8 Aktennotiz vom 2. 5. 1941, Dok. 2718 PS; IMT Bd. 31, S. 84; vgl. Eichholtz, Kriegswirtschaft, Bd. 1, S. 293; Streit, S. 63; Müller, in Boog u. a., S. 146.
9 Wirtschaftspolitische Richtlinien für Wirtschaftsorganisation Ost, Gruppe Landwirtschaft, vom 23. 5. 1941, Dok. EC 126, IMT Bd. 36, S. 135; dazu Müller, in Boog u. a., S. 143 ff.; Streit, S. 62 ff.
10 Rosenberg am 20. 6. 1941, Dok. 1058 PS, IMT Bd. 26, S. 622; zum „Generalplan Ost" vgl. jetzt Eichholtz, Kriegswirtschaft, Bd. 2, S. 430-459; sowie Benz, Der Generalplan Ost. (vgl. auch Anm. VI.266).
11 Diese Überlegungen können hier nur soweit angerissen werden, als es zur Argumentationsführung im Hinblick auf den Arbeitseinsatz der Ausländer notwendig erscheint. Ich verweise insoweit auf Jürgen Förster: Das Unternehmen „Barbarossa" als Eroberungs- und Vernichtungskrieg, in Boog u. a., Der Angriff auf die Sowjetunion, S. 413-450.
12 Richtlinien für die Behandlung politischer Kommissare, 6. 6. 1941, Streim, Dok. II.2, S. 356; vgl. Förster, in Boog u. a., S. 435 ff.; Streit, S. 83 ff.
13 Aufmarsch- und Kampfanweisung „Barbarossa" des Kommandeurs der Panzergruppe IV vom 2. 5. 1941; zit. nach Förster, in Boog u. a., S. 446; vgl. dazu ausführlich Krausnick/Wilhelm, S. 217-242.
14 Zit. nach Förster in Boog u. a., S. 442 f.
15 Streit, S. 79; vgl. auch Rolf-Dieter Müller: Das Scheitern der wirtschaftlichen „Blitzkriegstrategie", in Boog u. a., S. 998-1022: „Die Ernährungsfrage zwischen Hungerstrategie und Pragmatismus", in der das Urteil Streits auch aufgrund neuerer Dokumente bestätigt wird; sowie Krausnick/Wilhelm, S. 400 ff.
16 Daß ein solches Verbot existierte, erwähnte der Leiter der Abtlg. Kgf., Oberstleutnant Breyer, in einer Besprechungsniederschrift einer Sitzung im Wehrwirtschafts- und Rüstungsamt des OKW am 4. Juli 1941; Dok. 1199 PS, IMT Bd. 27, S. 63 f.
17 Befehl der Abtlg. Kgf. des OKW vom 16. 6. 1941; zit. nach Streit, S. 193.
18 Vortragsnotiz des WiRüAmtes betr. Menschenbewirtschaftung vom 13. 11. 1941, zit. nach Müller, Das Scheitern, in Boog u. a., S. 1015.
19 Vgl. Krausnick/Wilhelm, S. 401.
20 Aufzeichnung des Gen.Maj. Nagel vom 16. 9. 1941, Dok. 003 EC, IMT Bd. 36, S. 107, Hervorhebungen im Original.
21 Dies ist von Streit, S. 128-190 und neuerdings Müller, Das Scheitern, in Boog u. a., v. a. S. 989-1021, überzeugend nachgewiesen worden.
22 Streit, S. 136.
23 Bericht des Betriebsleiters H. Stein „Arbeitserfahrungen mit sowjetischen Zivilarbeitern und -arbeiterinnen" vom 13. 2. 1943, BA R 11/1241a, S. 56 ff.
24 MadR 17. 8. 1942, BA R 58/174, S. 107 ff.; Streit, S. 192 f.; Übersicht über die wirtschaftliche Gesamtlage vom 23. 7. 1941, BA R 26 I/44.
25 Zur Bedeutung der Angst der NS-Führung vor einer politischen Beeinflussung der deutschen Bevölkerung durch die „bolschewistischen" Arbeiter aus der Sowjetunion in diesem Zusammenhang s. Streit, S. 192 f. Ausschlaggebend aber für die Vorbehalte gegen die Beschäftigung sowjetischer Arbeitskräfte in Deutschland waren in der Regimespitze vor allem rassistische Gründe. Die politischen Hintergründe überbewertet Eichholtz, wenn er die Angst der Faschisten vor deren „bolschewistische(r) Beeinflussung und Sozialistische(r) Überzeugung" betont, weil die sowjetischen Arbeiter „den Widerstand schüren, die Produktion sabotieren, in Verbindung mit deutschen Widerstandskämpfern treten und Aufklärungsdienst für ihr Heimatland leisten würden." (Eichholtz, Kriegswirtschaft II, S. 190). Eichholtz geht sogar soweit zu behaupten, auch der „Generalplan Ost" und die dort niedergelegten Ausrottungsabsichten seien auf diese politische Furcht zurückzuführen, was allerdings die Bedeutung des nationalsozialistischen Rassismus auf eine Funktion des Antikommunismus reduziert. (Ebd., Anm. 88).
26 Hitlers Weisung für die Kriegsführung Nr. 32b vom 14. 7. 1941; zit. nach Streit, S. 192.

Anmerkungen zu Kapitel VI, S. 158–161

27 Gen.Ob. Fromm bei einer Besprechung im OKW WiRüAmt über Hitlers Weisungen vom 14. 7. 1941 am 16. 8. 1941, Thomas, S. 458 ff., hier S. 467.
28 Indexzahlen: 1938 = 100, 1939: 106, 1940: 102, 1941: 105; vgl. Wagenführ, S. 28; zum Gesamtkomplex der Entscheidung für den „Russeneinsatz" Homze, S. 67-86, v. a. S. 73 ff.; sowie Nestler, Über den Zeitpunkt und die Ursachen erster Ansätze zur Modifikation der Kriegszielplanung.
29 Das Produktionsmaximum für die meisten Arten der Waffen- und Munitionsproduktion war im ersten Halbjahr 1941 erreicht worden, ging danach stark zurück und konnte oft erst sehr viel später wieder erreicht werden; vgl. die Daten bei Wagenführ, S. 32, und USSBS, War Economy, S. 213 f.
30 Der Arbeitseinsatz im Deutschen Reich, Nr. 21 vom 5. 11. 1941, S. 4 f.
31 KTB RüKdo Essen, 30. 6. 1941, BA/MA RW 21-18/5, Bl. 197. Ähnlich am 6. u. 13. 7. 1941; vgl. auch den Vermerk des RüKdo Dortmund, daß verschiedene Firmen „jetzt schon" hofften, „daß nach dem Beginn des Feldzuges gegen Rußland Kriegsgefangene in größerer Zahl zur Verfügung gestellt werden. Sie bitten daher jetzt schon allen Ernstes um Vormerkung in der Zuweisung russischer Gefangener." KTB RüKdo Dortmund, 28. 6. 1941, BA/MA RW 21-14/7. Es gab aber auch vorher schon zumindest Hinweise für den eventuellen Einsatz von Russen. Am 30. 5. 1941 vermerkt das KTB der RüInsp. VI, Ende April sei die Vorbereitung für den Bau von Kriegsgefangenenlagern befohlen worden, die später die Gefangenen selbst zu bauen hätten. „Die Vermutung lag nahe, daß es sich um Gefangene handeln mußte, die nicht mit der sonst vor Kriegsgefangenen üblichen Achtung behandelt werden sollten. (Wie sich später herausstellte, Russen)." BA/MA RW 20-6/3, S. 228/9.
32 Vgl. Streit, S. 388, Anm. 70.
33 Zu der politischen Diskussion darum und besonders zur Rolle Pleigers Streit, S. 202.
34 Schreiben an das AA Amberg vom 9. 7. 1941, Dok. NI 3134. Pleiger hatte schon am 30. 6. 1941 an das OKW geschrieben, er denke angesichts des Arbeitermangels auch „an den Einsatz russischer Kriegsgefangener" im Ruhrbergbau. Jedoch dürfe man „bei der Zuteilung russischer Kriegsgefangener nicht nur Bergmänner erfassen, sondern müßte von vornherein alle Kräfte, die schwere Arbeit gewöhnt sind ... aufgreifen." Insgesamt forderte Pleiger 83.000 Gefangene, (BA/MA RW 19, WI/IF 5/3434) vgl. Streit, S. 202; Eichholtz, Kriegswirtschaft, Bd. 2, S. 186. Eichholtz' Vorwurf an Streit, er „kenne die Zusammenhänge nicht" und leugne die „Initiative der Rüstungsmonopole", entbehrt jeder Grundlage. (ebd., Anm. 46).
35 Vermerk über Besprechung im WiRüAmt am 4. 7. 1941, Dok. 1199 PS, IMT Bd. 27, S. 63 f.
36 Befehl Keitels vom 8. 7. 1941, zit. nach Streit, S. 194.
37 RAM an VjPL, o. D. (1. 8. 1941), BA R 41/168, S. 15 f.
38 Befehl OKW/Kgf. vom 2. 8. 1941, BA/MA, RW 19, WI/IF 5/1189, auch enthalten im RdErl. d. CdS (IV A 1c) vom 10. 10. 1941, in AES, Teil 2, S. 14 ff. Der RAM erließ am 14. 8. 1941 bereits Durchführungsbestimmungen an die Landesarbeitsämter, RdErl. d. RAM vom 14. 8. 1941, enthalten in: ebenda.
39 Richtlinien Reineckes, abgedr. in: Schreiben des LAA Sachsen an RAM vom 15. 8. 1941, BA R 41/168, Bl. 25 ff. In dem Bericht des LAA Sachsen wird auch erstmals über den Zustand der eingetroffenen sowjetischen Gefangenen berichtet, die „durchweg 20 – 24 Jahre alt und von schlechter Konstitution sind. Sie sind unterernährt, gierig und mißtrauisch gegeneinander beim Essen. Meist verzehren sie ihre für den ganzen Tag bestimmte Ration sofort, um sie nicht durch Diebstahl zu verlieren." Vgl. auch Kriegsw. Lageb. d. WiRüAmts v. 11. 8. 1941, BA/MA, RW 4/v. 308, Bl. 213.
40 Einsatzbefehl Nr. 8 des CdS vom 17. 7. 1941, Dok. NO 3414, abgedr. in: Streim, S. 315 ff. Vgl. auch die „Anordnungen für die Behandlung sowjetischer Kr. Gef. in allen Kriegsgefangenenlagern" vom 8. 9. 1941, Dok. 1519 PS, abgedr. in: Streim, S. 368 ff., die die Tätigkeit der Einsatzgruppen in den Lagern im einzelnen regelten und gegen die das Amt Ausland/Abwehr eine Woche später in scharfen Worten Protest erhob, weil die hier „ausdrücklich gebilligten Maßnahmen zu willkürlichen Mißhandlungen und Tötungen führen" und den „Geist der Widersetzlichkeit" bei den Russen geradezu herausfordern müßten. Vortragsnotiz vom 15. 9. 1941, Dok. EC 338.
41 RdSchr. der NSDAP-Parteikanzlei Nr. 100/41 vom 19. 8. 1941, GStAB 1 Js 4/64, Dok. B 37. Vgl. auch die Anordnung der Parteikanzlei vom 30. 9. 1941 über die Behandlung sowjetischer Kriegsgefangener, die den Richtlinien des OKW vom 8. 9. 1941 entspricht und die die „Aussonderungen" bezeichnet als „besondere Maßnahmen, die frei von bürokratischen und verwaltungsmäßigen Einflüssen verantwortungsfreudig durchgeführt werden müssen." Dok. PS 1519, abgedr. in: Konečný/Mainuš, S. 168.

Anmerkungen zu Kapitel VI, S. 161–165

42 Auch für das Folgende: Jürgen Förster: Die Sicherung des „Lebensraumes", in: Boog u. a.: Der Angriff auf die Sowjetunion, S. 1030-1078, hier S. 1055 f.
43 Streit, S. 201; Eichholtz, Kriegswirtschaft Bd. 2, S. 186 ff.; allgemein zu Pleiger: Riedel, Eisen und Kohle für das Dritte Reich.
44 Vgl. die Anweisung Görings an alle LAÄ vom 26. 8. 1941, daß 100.000 französische Kriegsgefangene umgesetzt und durch sowjetische ersetzt werden sollten, (Dok. 3005 PS; BA/MA, RW 19 WI/IF 5/3561) sowie den Befehl des OKW v. 23. 9. 1941, betr. Einsatz sowj. Kgf. zur Ablösung frzs. Kgf. BA/MA, RW 19 WI/IF 5/3560; Kriegsw. Lageb. WiRüAmt, 10. 9. 1941, BA/MA, RW 4/v. 308.
45 Die Behandlungsvorschriften des OKW für Asiaten kritisierte übrigens das Auswärtige Amt, weil es dabei Konflikte mit dem Verbündeten Japan befürchtete. Eine „Erniedrigung der Asiaten", schrieb das AA an das OKW am 8. 11. 1941, müsse vermieden werden, denn auch die Japaner seien Asiaten und es gäbe ein deutsches Interesse an der Sympathie der Turk-Völker der Sowjetunion; BA R 41/168, Bl. 86 f.
46 MadR, 17. 8. 1942, BA R 58/174, Bl. 207 ff.
47 Rachner, Abteilungs-Dirigent im RAM, jetzt Chef der Gruppe Arbeit im WiStab Ost, am 11. 9. 1941, BA R 41/168, Bl. 219 f.
48 Der Reichskommissar für die Festigung des deutschen Volkstums an Bormann, 31. 8. 1941, GStAB 1 Js 4/64, Dok. B 61, Bl. 98 ff.
49 Vortragsnotiz WiRüAmt (IV d/c) für Thomas vom 4. 10. 1941, Dok. 1182 PS, abgedr. in: Eichholtz, Die Vorgeschichte, S. 371 f. Wie drastisch das WiRüAmt die Lage Anfang Oktober 1941 einschätzte, macht der Kriegsw. Lagebericht vom 10. 10. 1941 deutlich: „Auf dem Gebiet der Menschenversorgung ist heute der Punkt erreicht, wo es, wie eine Rü-In ausführt, kein ‚sowohl als auch' mehr, sondern nur noch ein ‚entweder – oder' gibt. Entweder wird der Menschenbedarf der Truppe oder der Menschenbedarf der Rüstung gedeckt. Diese Entscheidung ist nicht mehr zu umgehen ... Eine wesentliche Erhöhung der Anwerbung von Franzosen ist angesichts der konzentrierten englischen, kommunistischen und gaullistischen Gegenpropaganda kaum zu erwarten ..." BA/MA RW 4/v. 308, Bl. 222 f.
50 OKW/Kgf., Anweisung vom 14. 10. 1941, GStAB 1 Js 4/64, Dok. B 37, Bl. 24 f.
51 Bericht Bormanns an Lammers über die Sitzung am vorhergegangenen Abend vom 15. 10. 1941, BA R 43 II/670a, Bl. 41. Daß hier, wie Streit schreibt, „der Baumeister Hitler über den Ideologen Hitler" gesiegt habe, weil die Gefangenen auch für Speers Berliner Baupläne eingesetzt werden sollten, vermag ich nicht zu sehen. In dem Begriff „Erdarbeiten" verbirgt sich eher die alte NS-Konzeption von niederer Arbeit als Strafe und das Bestreben, sowjetische Arbeitskräfte nicht mit qualifizierten Tätigkeiten zu betrauen; vgl. Streit, S. 196.
52 Chef OKW/WFSt/L vom 31. 10. 1941, Dok. EC 194, Fall VI, ADB 67; der Erlaß war von Keitel unterzeichnet.
53 Ebenda.
54 Herbst, Totaler Krieg, S. 175.
55 Von der Sitzung am 7. 11. 1941 gibt es zwei Aufzeichnungen: den offiziellen Text der Richtlinien, der an die Behörden, die Partei und die Industrie weitergeleitet wurde (Aufzeichnung des MinRates von Normann, von Körner am 14. 11. 1941 herausgegeben, Dok. 1193 PS, IMT Bd. 27, S. 56 ff.) und die Aufzeichnungen des WiRüAmtes vom 11. 11. 1941, die die Ausdrucksweise Görings offenbar ungeschminkter wiedergeben (Dok. 1206 PS, IMT Bd. 27, S. 65 f.). Im folgenden wird aus beiden Versionen zitiert. In den kriegsw. Lageberichten des WiRüAmtes v. 10. 11. 1941 ist bereits davon die Rede, daß nunmehr drei Millionen sowjetische Kriegsgefangene doch eingesetzt werden sollten. BA/MA RW 4/v. 308, Bl. 227.
56 1193 PS (s. Anm. 55).
57 Beschäftigte deutsche Frauen insgesamt: 1939: 14,6 Mio., 1940: 14,4 Mio., 1941: 14,1 Mio.; in der Industrie lag der Trend etwas anders: 1939: 2,8 Mio., 1940: 2,7 Mio., 1941: 2,8 Mio.; zwischen Mai 1941 und Mai 1942 nahm die Zahl der in der Industrie beschäftigten deutschen Frauen um 17.167 zu; Zahlen nach Wagenführ, S. 139 u. 146.
58 Die Geschäftsgruppe Arbeitseinsatz erließ auch am 13. 12. 1941 die Ausführungsbestimmungen zu den Richtlinien Görings, die insbesondere die Modalitäten der Auswahl, Anwerbung und des Transports der Sowjets betrafen; Schreiben der Geschäftsgruppe Arbeitseinsatz des Beauftragten für den Vierjahresplan an den RMO, 13. 12. 1941, abgedr. in: Verbrecherische Ziele, verbrecherische Mittel, Dok. 94, S. 255 f.

Anmerkungen zu Kapitel VI, S. 165-168

59 1193 PS (s. Anm. 55).
60 1206 PS.
61 1193 PS.
62 Einer der Referenten im RAM, die mit dem Russeneinsatz beschäftigt waren, Krull, erinnerte sich später an diese Sitzung: „Auf meinen Hinweis, daß diese Kriegsgefangenen völlig ausgehungert seien und erst ‚aufgepäppelt' werden müßten, erklärte Göring: ‚Dann werft ihnen doch eine tote Katze in die Feldküche'". GStAB 1 Js 4/64, Dok. S 20a Aussage Krull.
63 OKW/Amt Ausland/Abwehr an RAM, RFSS, OKW/WiRüAmt, OKW/Kgf., vom 26. 9. 1941; GStAB 1 Js 4/64, Dok. B 37, Bl. 22 ff.
64 Vgl. etwa Förster, Die Sicherung des „Lebensraumes", in Boog u. a., S. 1060 f.; diese „Deutschfreundlichkeit", die v. a. in den baltischen Sowjetrepubliken und der Ukraine feststellbar war, war in geringerem Umfang auch in anderen okkupierten Gebieten der Sowjetunion vorhanden und bezog sich offenbar keineswegs allein auf „reaktionäre", „kriminelle", „weißgardistische" und „nationalistische" Elemente, wie die DDR-Geschichtsschreibung erklärt, sondern speiste sich bei der Bevölkerung auch aus den Erfahrungen mit dem stalinistischen Regime und dem schlichten Willen zum Überleben. Vgl. Deutschland im zweiten Weltkrieg, Bd. 2, S. 123. Die Position der westdeutschen Historiographie auf der Basis neuerer Forschungsergebnisse dazu in: Joachim Hoffmann: Die Kriegsführung aus der Sicht der Sowjetunion, in: Boog u. a.: Der Angriff auf die Sowjetunion, S. 713-809, hier S. 752-757. Eine genauere Untersuchung des Verhaltens der sowjetischen Bevölkerung beim Einmarsch der deutschen Truppen und ihrer Einstellung zum stalinistischen Regime der Sowjetunion während dieser Zeit steht aus; die Studie von Dallin betrachtet diesen Aspekt nur am Rande und ist dabei nicht frei von Verzerrungen.
65 Das Schreiben wird erwähnt in der Sitzung beim RAM am 24. 9. 1941, Dok. NI 460.
66 Vgl. zum Gesamtkomplex Streit, S. 202; Riedel, Bergbau und Eisenhüttenindustrie.
67 Telefongespräch Pleigers mit OKW/WiRüAmt/Rü (IV d) am 19. 9. 1941, Vermerk vom 20. 9. 1941, Dok. EC-75, GStAB 1 Js 4/64, Dok. B 37.
68 Besprechung im RAM am 24. 9. 1941, Dok. NI 460.
69 Der Einsatz von Arbeitskräften aus den „neurussischen", bis 1938 polnischen Gebieten wurde vom RSHA bereits mit Schnellbrieferlaß vom 14. 10. 1941 angekündigt, wonach diese Arbeiter sicherheitspolizeilich nach den Bestimmungen des 3. September und, soweit es sich um Polen handelte, nach den Polenerlassen vom März 1940 zu behandeln seien. RFSSuChdDtP (S IV D 2c) vom 14. 10. 1941, GStAB 1 Js 4/64, Dok. A 29.
70 Aussage Baatz am 5. 9. 1967, GStAB 1 Js 4/64, Dok. Pc, Bl. 74.
71 Protokoll über Vorbesprechung im WiRüAmt am 19. 11. 1941, zit. nach Eichholtz, Vorgeschichte, S. 349.
72 Göring an Pleiger, 24. 10. 1941, BA R 10 VIII/54, Bl. 9 f.; schon eine Woche später, am 1. 11. 1941, wurde dies in den „Sozialpolitischen Informationen" des RVK gemeldet; Dok. NI 4104. In einer zusammenfassenden Darstellung der Personalbewirtschaftung des WiRüAmtes (Rü IV a) wird allerdings dieser Komplex etwas anders akzentuiert: „Der Einsatz *ziviler* Arbeitskräfte aus den altsowjetischen Gebieten stößt zunächst auf den schärfsten Widerstand des Reichsführers SS, wird aber auf Betreiben des WiRüAmtes (mit Befehl des Reichsmarschalls vom 24. 10. 41) zuerst für 12.000 Kohlenbergarbeiter aus dem Gebiet von Kriwoi-Rog und später allgemein zugelassen. Schwierigkeiten bleiben bei den nachgeordneten Stellen, insbesondere der Polizei und Partei bestehen, da diese sich noch lange an die ursprünglich ausgegebenen Verbote und Weisungen halten." (Januar 1943, BA/MA RW 19 WI/IF 5/3690, S. 1-46, hier S. 3).
73 1193 PS (s. Anm. 55).
74 Die ursprüngliche Absicht des RSHA, die Ukrainer wie Westarbeiter zu behandeln, war aufgegeben worden – Ukrainer sollten denselben Bestimmungen wie Russen unterliegen und wie alle „russischen Freiarbeiter" ein einheitliches Abzeichen erhalten. Der Grund dafür lag wohl darin, daß das RSHA aus „sicherheitspolizeilichen" Gründen einer differenzierten Behandlung der Angehörigen der verschiedenen Völker der Sowjetunion nicht mehr zustimmen mochte. Durch die einheitliche Behandlung von Russen und Ukrainern schufen die NS-Behörden aber die Grundlage für die großen Probleme, die sich in der Folgezeit beim Einsatz ukrainischer Arbeitskräfte einstellten. Der Versuch, Teile der sowjetischen Bevölkerung für sich zu gewinnen, war – jedenfalls was den Arbeitseinsatz betraf – hier bereits als zweitrangiges Problem eingeschätzt worden.

75 Baatz für das RSHA, Letsch vom RAM, Gießler von der Parteikanzlei sowie Vertreter von OKW und RVK; vgl. Aussage Baatz, 5. 9. 1967, GStAB 1 Js 4/64, Dok. Pc, Bl. 74. Daß das RSHA selbst den Arbeitseinsatz ziviler Russen als gegeben ansah, zeigt ein Funkspruch, den es am 7. 11. 1941 an die Einsatzgruppe C in Kiew sandte: „Trotz vorgebrachter Bedenken ist beabsichtigt, Arbeiter aus Krivoi-Rog im Reich einzusetzen. Kommission aus Vertretern verschiedener Dienststellen fliegt noch heute nach Krivoi-Rog ab", Funkspruch vom 7. 11. 1941, GStAB 1 Js 4/64, Dok. B 37, Bl. 45.

76 Aussage Baatz am 5. 9. 1967 (wie Anm. 71).

77 Gemeldet in den „Sozialpolitischen Informationen" des RVK, Nr. 6 vom 1. 12. 1941, NI 4102.

78 Aktennotiz der Geschäftsführung des RVK für Pleiger vom 6. 8. 1942; BA R 10/VIII/19, Bl. 181

79 In der Ruhrindustrie hatte es nach anfänglichen Wünschen einzelner Betriebe, auch sowjetische Kriegsgefangene zu bekommen, bis Anfang Oktober keine weiteren Vorstöße in diese Richtung gegeben; entspr. Hinweise in den KTB der RüKdos. fehlen. Erst Anfang Oktober vermerkte das Essener Rüstungskommando: „Die Betriebe hoffen bezüglich Milderung der Arbeitseinsatzlage auf den baldigen verstärkten Einsatz von russischen Gefangenen." (KTB RüKdo Essen, 6. 10. 1941, BA/MA RW 21-18/6, Bl. 223), am 14. 10. 1941: „Die Arbeitseinsatzlage ist so katastrophal, daß selbst auch Rüstungsbetriebe sich danach drängen, sogar sowjetische Kriegsgefangene einzusetzen, wo sich eben die Möglichkeit durch geschlossenen Einsatz bietet." (ebd., Bl. 226). Am 11. November: „Bei den Rüstungsbetrieben ist inzwischen das Interesse für den Einsatz sowjetischer Kriegsgefangener geweckt worden. Auch mittlere und kleinere Betriebe gewinnen der Einstellung von sowjetischen Kriegsgefangenen, soweit sie sich geschlossen einsetzen lassen, Geschmack ab." (ebd., Bl. 235); am 18. November: „Die Betriebe begehren in verstärktem Maße die Zuteilung von sowjetischen Kriegsgefangenen. Auch mittlere Betriebe hoffen, daß die Bestimmungen über den Einsatz sowjetischer Gefangener baldigst gelockert werden, um sie nicht nur geschlossen einsetzen zu können, sondern auch verteilt unter hinreichender Kontrolle deutscher Vorarbeiter." (ebd., Bl. 236).
Das Interesse der „Monopole" an sowjetischen Kriegsgefangenen ist in breitem Umfang erst *nach* der Entscheidung Hitlers und Görings für den „Russeneinsatz" feststellbar; zwar gab es zu Anfang des „Rußlandfeldzuges" einige Anfragen nach sowjetischen Kriegsgefangenen von Seiten einiger Unternehmen (vgl. Eichholtz, Kriegswirtschaft Bd. 2, S. 186, Anm. 49), die in den Kriegstagebüchern der Rüstungskommandos des Ruhrgebiets zum Ausdruck kommende Gesamttendenz unterstützt Eichholtz' These von der „Initiative der Rüstungsmonopole" (ebd.) jedoch nicht.

80 Vortrag des Syndicus der IHK Bremen in der Reichswirtschaftskammer am 24. 10. 1941 über den „Arbeitseinsatz von Ausländern", Aufzeichnung vom 3. 11. 1941, BA R 11/1241, Bl. 236 f.

81 Protokoll der Sitzung vom 19. 11. 1941, BA R 13 I/373.

82 Diese Position der Industrie, auch sowjetische Arbeitskräfte müßten vor einem Arbeitseinsatz angelernt werden, wurde innerhalb der Administration zu diesem frühen Zeitpunkt nur vom RAM und der Geschäftsgruppe Arbeitseinsatz im Vierjahresplan – beide Behörden waren z. T. personalidentisch – unterstützt; vgl. den Erlaß des RAM vom 15. 11. 1941, RABl, I S. 508, wonach die kriegsgefangenen sowjetischen Facharbeiter erfaßt und umgesetzt werden sollten; in einigen LAA-Bezirken wurden schon im Oktober Lehrgänge für Metallfacharbeiter in den Kriegsgefangenenlagern abgehalten (Erlaß des RAM vom 28. 10. 1941, abgedr. in: Küppers/Bannier, Ostarbeiter, S. 171).

83 Eichholtz, Geschichte der deutschen Kriegswirtschaft, Bd. 1, S. 89; etwas abgeschwächter in Bd. 2, S. 186.

84 So v. a. der Tenor der Arbeit von Kannapin, vgl. etwa S. 96.

85 Entscheidung des Generalquartiermeisters auf Vorschlag des WiStab Ost, 21. 10. 1941, vgl. Streit, S. 142; Müller, Das Scheitern, in: Boog u. a., S. 1016. Einen Überblick über die Entwicklung der Verpflegungsrationen für sowjetische Kriegsgefangene bietet die Tabelle bei Streit, S. 138 f. Den Gesamtkomplex der mangelnden Ernährung der sowjetischen Gefangenen und ihres millionenfachen Hungertodes hat Christian Streit ausführlich und präzise untersucht (S. 130-180, 244-249, 268-272); neuerdings auch Müller, Das Scheitern, in: Boog u. a., v. a. S. 989-1029, der v. a. die Rolle von Thomas aufgrund neuer Dokumente wesentlich kritischer beurteilt, die Ergebnisse Streits aber ansonsten ausdrücklich bestätigt. Ich beschränke mich hier daher auf eine knappe Skizze der Ernährungsfrage unter dem Blickwinkel des Arbeitseinsatzes und der Rolle der nichtmilitärischen Entscheidungsträger.

86 MadR, 1. 9. 1941, BA R 58/164, S. 19. Am 9. Oktober wurde gemeldet, daß die Aufnahmen der riesigen Gefangenenkolonnen von Russen in der Wochenschau großen Eindruck auf die Deut-

schen gemacht hätten und nun vor allem befürchtet würde, daß dadurch die deutsche Ernährung gefährdet werden könnte; MadR 9. 10. 1941, BA R 58/165, Bl. 63.
87 MadR, 1. 9. 1941, BA R 58/164.
88 Zur Situation der sowjetischen Gefangenen in den Wehrmachtslagern zu dieser Zeit vgl.: Bericht des Beamten Grünthaler an das RAM, 20. 12. 1941, abgedr. in: Verbrecherische Ziele, verbrecherische Mittel, S. 210; Bericht des Sonderführers Kumming über seine Dienstreise im Auftrage des OKH vom 9. 12. 1941, BA All. Proz. 7, FC 1801, P 18; Bericht des Vertreters des AA beim AOK 6 über die schlechte Verpflegung der Gefangenen in den Gefangenenlagern vom 30. 10. 1941, Dok. NG 3460, sowie die Belege bei Streit, S. 149 ff.
89 Fernschreiben des Regierungsrats Küppers, RMO, an Ministerialrat Letsch, RAM, 6. 12. 1941, BA R 41/169, Bl. 175 f.
90 Runderlaß des OKW/Kgf. vom 26. 11. 1941, BA R 13 I/373, Bl. 58.
91 Aktennotiz über Besprechung im REM am 29. 11. 1941, Dok. USSR 177, IMT, Bd. 39, S. 446, Hervorhebungen im Original.
92 REM an Vierjahresplan, OKW, OKH, 10. 12. 1941, BA R 11/1240, Bl. 105.
93 RMBuM, 3. 12. 1941, BA R 3/466 (= Dok. NI 1044). Das Vorhaben Todts war organisatorisch wie v. a. finanziell gar nicht durchführbar – es sollte für rund 400.000 Gefangene 25 Millionen RM kosten!
94 OKW/Kgf., 12. 1. 1942, BA R 11/1240, Bl. 112. Das OKW hatte einige Probleme, diese Maßnahmen ideologisch zu rechtfertigen. Die Richtlinien für eine bessere Behandlung der Gefangenen vom 18. 12. 1941 entschuldigte es mit der Feststellung: „Die vorstehenden Maßnahmen zur körperlichen Kräftigung von sowjetischen Kriegsgefangenen sind zweckbedingt und berühren nicht die geistige oder politisch-weltanschauliche Einstellung der Sowjets an sich." BA R 11/1240, Bl. 102 (= Dok. R 78, IMT, Bd. 38, S. 419).
95 Schreiben der IHK Solingen vom 15. 12. 1942, BA R 11/1240, Bl. 120/121. Die Kosten mußten von den Betrieben übernommen werden.
96 Zahlen nach den Berichten Mansfelds, Geschäftsgruppe Arbeitseinsatz im Vierjahresplan, an Görings Staatssekretär Körner vom 13. 12. 1941 und 10. 2. 1942, BA R 41/281, und den Kriegsgefangenen-Statistiken in: Der Arbeitseinsatz im Deutschen Reich, Jgg. 1941 und 1942.
97 Lagebericht der Rüstungsinspektion XIII vom 13. 1. 1942 zit. bei Eichholtz, Vorgeschichte, S. 351.
98 Kriegsw. Lageber. WiRüAmt, 8. 4. 1941, BA/MA RW 4/v. 308, Bl. 200. An dem Anfang Dezember ins Leben gerufenen „Arbeitskreis Ausländereinsatz" beim RSHA nahmen noch mehr Stellen teil: Reichskanzlei und Auswärtiges Amt, Innenministerium und der Reichskommissar für die Festigung des deutschen Volkstums, die Abteilung OKW/Ausl. Abw., Reichsnährstand und REM, Verkehrsministerium und verschiedene Abteilungen des RSHA.
99 Lammers ging auf die Anregung Leys, eine „zentrale Kommandostelle" in Gestalt eines „Reichskommissars für den Ausländereinsatz" zu schaffen und durch ihn selbst zu besetzen, in einem Schreiben an Bormann am 31. 10. 1941 ein; Dok. NG 1179.
100 Todt wiederum hatte einen eigenen Sonderbeauftragten für die Heranschaffung und Verteilung der Russen eingesetzt, den Vorstandsvorsitzenden des sächsischen Munitionskonzerns Hugo Schneider AG, der spätestens seit Mitte Dezember den Titel „Der Reichsminister für Bewaffnung und Munition – Sonderauftrag Budin – Russeneinsatz" im Briefkopf führte. RdSchr. Budins an die Wehrkreisbeauftragten des RMBuM 18. 12. 1941, zit. nach Eichholtz, Vorgeschichte, S. 353.
101 Am 26. 11. 1941 wurde dies auf einer Sitzung mit führenden Vertretern aller beteiligten Stellen ausdrücklich bestätigt. Vermerk über die Besprechung beim Beauftragten für den Vierjahresplan, Geschäftsgruppe Arbeitseinsatz, vom 27. 11. 1941, GStAB 1 Js 4/64, Dok. II.11.
102 Bericht Mansfelds an Körner, 13. 12. 1941, BA R 41/281.
103 Thomas beschrieb am 23. Dezember in einer weiteren Vorlage die Lage noch weit drastischer. Unter dem Titel „Die Forderungen an die Rüstung unter Berücksichtigung der Lage im Dezember 1941" berechnete er den „ungedeckten Kräftebedarf für die Rüstungsindustrie von mindestens 800.000 Menschen bis Frühsommer 1942", d. h. ohne den Bedarf der Landwirtschaft mit einzuberechnen. Vorlage Thomas vom 23. 12. 1941, in: Thomas, S. 470-477.
104 Entwurf des OKW/WFSt. Abtlg. L für einen „Führerbefehl" zur personellen und materiellen Rüstung vom 13. 12. 1941, abgedr. im Dokumentenanhang bei Eichholtz, Vorgeschichte, S. 372.
105 Vortragsnotiz des WiRüAmtes „Personelle und materielle Rüstung" (Neufassung) vom 13. 12. 1941; zit. nach Eichholtz, Vorgeschichte, S. 351.

Anmerkungen zu Kapitel VI, S. 174–179

106 Schreiben Keitels an Seldte, 22. 12. 1941, abgedr. bei Eichholtz, Vorgeschichte, S. 377. Körner unterstützte die Forderung Keitels nach „Einsetzung eines ‚Menschenkommissars'", Vermerk WiRüAmt/Rü (IV d) vom 23. 12. 1941, abgedr.: ebenda; vgl. auch Krausnick/Wilhelm, S. 404 f.
107 WiRüAmt, Entwurf für Denkschrift „Überblick über die Rüstungsmaßnahmen" für Hitler, Ende Dezember; datiert auf 1. 1. 1942, Eichholtz, Vorgeschichte, S. 354. In der Fassung vom 3. 1. 1942 hieß es: „Beim Arbeitseinsatz muß durch straffe Führung (Gen. Bev. für den Menscheneinsatz) Deckung des noch offenen Bedarfs gesucht, durch den Russeneinsatz der Entzug durch die Neueinberufungen zur Wehrmacht abgefangen werden." Erlaßentwurf Keitels vom 3. 1. 1942, abgedr. bei Thomas, S. 478-486, Zitat S. 481.
108 Führererlaß „Betr.: Rüstung 1942" vom 10. 1. 1942, in: Thomas, S. 483-487.
109 Führererlaß vom 3. 12. 1941: Vereinfachung und Leistungssteigerung unserer Rüstungsproduktion; Thomas, S. 287.
110 Erlaß Görings vom 10. 1. 1942, abgedr. bei Eichholtz, Vorgeschichte, S. 379 f.
111 Nur drei Tage nach Görings Weisung vereinbarte Todt mit ihm, daß die Prüfungskommissionen des RMBuM nach wie vor in den Rüstungsbetrieben alleinige Entscheidungsbefugnis hinsichtlich eventueller Umsetzungen behielten und die Arbeitsbehörden nur zustimmungspflichtig waren. Entscheidend war aber, daß Todt sich auch die Entscheidungsbefugnis über den Einsatz der sowjetischen Kriegsgefangenen in den Rüstungsbetrieben sicherte – damit war Mansfeld seine gerade erhaltenen Vollmachten für den Bereich der Rüstungsbetriebe schon wieder los. Vereinbarung zwischen Todt und Mansfeld vom 13. 1 1942, abgedr. bei Eichholtz, Vorgeschichte, S. 381 f.
112 OKW-AWA/Kgf. an Mansfeld, 3. 1. 1942, BA R 41/169, Bl. 193 f.
113 Mit der Anwerbung hatte Mansfeld den Wirtschaftsstab Ost beauftragt, Rundschreiben des Wi-Stabs Ost vom 26. 1. 1942, Dok. USSR 381, IMT Bd. 39.
114 Schreiben Mansfelds an Heydrich vom 27. 1. 1942, GStAB 1 Js 4/64, Dok. B 37, Bl. 53 ff.; vgl. Krausnick/Wilhelm, S. 405 f.
115 Albert Speer: Erinnerungen, Berlin 1969, S. 233. Zu den RSHA-Erlassen vom 20. Februar vgl. Kap. VI.4.
116 Mansfeld rechnete hier die zum Arbeitseinsatz freigegebenen Kriegsgefangenen; die Zahl der tatsächlich als Arbeitskräfte registrierten Gefangenen lag zu dieser Zeit unter 150.000.
117 Aktenvermerk WiRüAmt, Vortrag Mansfeld am 19. 2. 1942, Dok. 1201 PS, GStAB 1 Js 4/64, Dok. II.11, Hervorhebungen im Original.
118 Mansfeld an REM, 20. 2. 1942, GStAB 1 Js 4/64, Dok. II.11.
119 Zur politischen Bedeutung der Einsetzung Speers und zu seiner Position vgl. ausführlich Janssen, Das Ministerium Speer; Boelcke, Deutschlands Rüstung.
120 Aussage Speers vor dem IMT am 20. 6. 1946, IMT Bd. 16, S. 526; vgl. Speer, Erinnerungen, S. 233.
121 Zu Sauckel vgl. Boelcke, Deutschlands Rüstung, S. 77; Eichholtz, Vorgeschichte, S. 366. Nach Eichholtz, Kriegswirtschaft, Bd. 2, war die Ernennung Sauckels zum GBA auch eine Kompensation für die erhoffte, aber nicht durchgeführte Ernennung zum Reichskommissar für die Ukraine. (S. 202, Anm. 146).
122 Timm am 31. 5. 1946, IMT Bd. 15, S. 231. Sauckel wurde am 21. 3. 1941 von Hitler ernannt; „Erlaß des Führers über einen Generalbevollmächtigten für den Arbeitseinsatz", zusammen mit der Durchführungsanordnung Görings vom 27. 3. 1942 in: RGBl. 1942, I, S. 179 f.
123 Von da an nahm für das RSHA regelmäßig der zuständige Referent, Baatz, oft auch der Leiter der Abtlg. IV – Gegnerbekämpfung –, Müller, teil. Der politische Kontext der Haltung Himmlers und Heydrichs zur Frage des Russeneinsatzes im Dezember wird deutlicher, wenn man sich erinnert, daß Heydrich zur gleichen Zeit die Wannsee-Konferenz (20. 1. 1942) vorbereitete. Zu diesem Zusammenhang vgl. Streit, s. 219 ff. und Mommsen: Realisierung des Utopischen, v. a. S. 412 ff.
124 Konstituierende Sitzung des „Arbeitskreises für Sicherheitsfragen beim Ausländereinsatz" (im folgenden RSHA-Arbeitskreis) am 3. 12. 1941; Protokolle dieser Sitzung vom Vertreter des Reichsnährstandes, Schwarz (BA R 16/162) und des Auswärtigen Amtes, Abtlg. Inland (Dok. NG 3347, Fall XI); die zitierte Stelle im Protokoll von Schwarz, Bl. 1.
125 Ebenda. Der Vertreter des AA notierte: „Es ist einleuchtend, daß die Behandlung der Polen, Tschechen und Russen den innerdeutschen Stellen bedeutend weniger Schwierigkeiten bereitet als die Behandlung von Ausländern der verbündeten und befreundeter Nationen." (NG 3347).
126 Aufzeichnung des AA vom 4. 12. 1941, S. 2, Dok. NG 3347.

Anmerkungen zu Kapitel VI, S. 179–183

127 Aussage des Referenten Middelhauve aus dem RMO über die Ausführungen Heydrichs am 3. 12. 1941, GStAB 1 Js 4/64, Dok. S. 30, Bl. 1-6.
128 Protokoll der Sitzung des RSHA-Arbeitskreises am 3. 12. 1941, BA R 16/162, Bl. 3.
129 Aussagen Middelhauve (Anm. 127), Bl. 6.
130 Protokoll des AA, Dok. NG 3347, Bl. 2.
131 Protokoll der Sitzung des RSHA-Arbeitskreises am 16. 12. 1941, BA R 16/162.
132 Der Terminus „Ostarbeiter" wird zum ersten Mal in den Erlassen des 20. 2. 1942 gebraucht. Er greift zurück auf die umgangssprachliche Bezeichnung der russisch-polnischen Arbeitskräfte, die während des Ersten Weltkrieges in Deutschland gearbeitet hatten; vgl. Kap. II.4, sowie Anm. I, 1.
133 Das Protokoll dieser Sitzung liegt mit nicht vor; zit. nach der indirekten Wiedergabe im Sachstandsvermerk des GStAB 1 Js 4/64, S. 128 f.
134 Mansfeld an Heydrich, 27. 1. 1942, GStAB 1 Js 4/64, Dok. B 37, Bl. 53 ff.
135 Sachstandsvermerk GStAB 1 Js 4/64, S. 132.
136 Protokoll der Sitzung des RSHA-Arbeitskreises am 7. 1. 1942 (Aufzeichnung des AA, Dok. NG 3755) und am 8. 1. 1942 (Protokoll Schwarz, BA R 16/162 und Vermerk des OKW/WiRüAmtes/Rü (IV d), o. D.; GStAB 1 Js 4/64, Dok. C 17, Bl. 27 f.).
137 Erlaß des RFSSuChdDtP (S IV D) vom 20. 2. 1942, „Einsatz von Arbeitskräften aus dem Osten", an die höheren Verwaltungsbehörden; AES, Teil 2, A III f., S. 37-41, BA Rd 19/3.
138 „Allgemeine Bestimmungen über Anwerbung und Einsatz von Arbeitskräften aus dem Osten" des RFSSuChdDtP (S IV D) vom 20. 2. 1942; AES, Teil 2, A III f., S. 24-35.
139 Erlaß des RFSScChdDtP an alle Stapo(leit)stellen vom 20. 2. 1942, „Einsatz von Arbeitskräften aus dem Osten", AES, Teil 2, III f., S. 15-23.
140 Vgl. „Richtlinien für die sicherheitspolizeiliche Tätigkeit der Abwehrbeauftragten", September 1939, Dok. NI 2883.
141 Wobei hier der überaus seltene Fall vorliegt, daß der Tarnbegriff „Sonderbehandlung" eindeutig erläutert wird: „Die Sonderbehandlung erfolgt durch den Strang", heißt es in Absatz A III5 – eine Definition, die nach dem Kriege von großer strafrechtlicher Relevanz war, vgl. Sachstandsvermerk „Sonderbehandlung" der ZStL., S. 6 ff.
142 Seit der Herausgabe der Ostarbeitererlasse setzte eine Informationskampagne der unteren Dienst- und Parteistellen ein, in Duktus und Sprache allerdings abgemildert: vgl. Der Arbeitseinsatz der Ostvölker in Deutschland, in: Arbeit und Wirtschaft, hrsg. vom Schulungsamt der DAF 1942, Folge 5-9, S. 43-72; Ergänzungsbestimmungen ebenda 1943, Folge 1-2, S. 21 ff.; Decken, Die richtige Haltung entscheidet; Gielen, Ostarbeiter im Reich; Leuschner, Nationalsozialistische Fremdvolkpolitik; Rakow, Die Betreuung der Ostarbeiter; Schneider-Landmann, Der deutsche und der ausländische Arbeiter. Die arbeits- und sozialrechtlichen Bestimmungen sind zusammengefaßt bei Küppers/Bannier, Einsatzbedingungen der Ostarbeiter; Oermann, Die arbeits- und steuerrechtliche Behandlung der Ostarbeiter; ders., Sozialausgleichsabgabe; sowie Hertel, Arbeitseinsatz ausländischer Zivilarbeiter. Zum Gesamtkomplex auch Nemetz, Die nationalsozialistische Betriebsgemeinschaft und der Einsatz ausländischer Arbeitskräfte.
143 Vgl. etwa den Befehl der 20. Infanteriedivision (mot.) vom 17. 9. 1941 an die Bewohner Schlüsselburgs: „Alle Einwohner von 15 bis 55 Jahren müssen sich am 17. September bis 13.00 Uhr (1 Uhr) vor der Kommandantur versammeln. Sie werden zur Arbeit fortgebracht werden, wo man sie ernähren wird und wo sie eine gute Behandlung erwarten. Alle männlichen Einwohner, welche diesen Befehl nicht befolgen und in Schlüsselburg oder im Umkreis der Stadt bis zu 10 km oder auf dem östlichen Ufer der Newa angetroffen werden, werden erschossen." Dok. NOKW 2986, abgedr. in: Müller, Besatzungspolitik, S. 293 f.
144 AOK 2 an Heeresgruppe B, o. D. (Frühjahr 1942); Dok. NOKW 2772, teilw. abgedr. in: Müller, Besatzungspolitik, S. 293 f.
145 Vgl. Kap. VI. 2.
146 RMO, Verordnung über die Einführung der Arbeitspflicht in den besetzten Ostgebieten, 19. 12. 1941, Dok. 1975 PS, IMT Bd. 29, S. 186. In der dritten Durchführungsverordnung vom 16. 11. 1942 wurde bestätigt, daß sich die Arbeitspflicht „auch auf die Leistung von Diensten außerhalb des räumlichen Geltungsbereich dieser Verordnung erstrecken" kann; ebenda.
147 Aktennotiz des AA vom 23. 1. 1942 betr. Besprechung Göring Mansfeld; Dok. NG 3752.
148 Rachner vom WiStab Ost schrieb an die Dienststellen des RMO in den besetzten Gebieten unter Berufung auf die Kompetenzzuweisung Görings an die Mansfeld-Behörde vom 10. Januar, daß der

Anmerkungen zu Kapitel VI, S. 183-188

„Russeneinsatz" absoluten Vorrang habe: „Wenn die Zahl der Freiwilligen hinter den gehegten Erwartungen zurückbleibt, so müssen die Werbemaßnahmen, wie bereits angeordnet, mit allen zu Gebote stehenden Mitteln verschärft werden." WiStab Ost, Chefgruppe Arbeit – Rachner – an die Dienststellen im Osten, 26. 1. 1942, Dok. USSR 381, IMT Bd. 39, S. 491; vgl. auch Eichholtz, Vorgeschichte, S. 362.

149 Mansfeld an die obersten Verwaltungsbehörden der besetzten Gebiete, 29. 1. 1942, Dok. 1183 PS, IMT Bd. 27, S. 54.

150 Erlaß der Geschäftsgruppe Arbeitseinsatz des Beauftragten für den Vierjahresplan vom 24. 2. 1942; erwähnt im Schreiben des RMO an die Reichskommissare, 6. 3. 1942, Dok. 580 PS, IMT Bd. 26, S. 161; das RMO erließ in diesem Schreiben die Einzelanweisungen für die Anwerbung durch die zuständigen Abteilungen der Reichskommissare. „Zwangsgestellungen" waren danach zu vermeiden, „Versprechungen, die nicht gehalten werden können, dürfen weder in Wort noch Schrift gemacht werden."

151 Artikel der „Donezki Westnik" vom 20. 2. 1942, in deutscher Übersetzung: IfZ Ma 41.

152 Oberbürgermeister von Kiew an die Vorsitzenden der Bezirksverwaltungen, 1. 4. 1942, abgedr. in Verbrecherische Ziele, verbrecherische Mittel, Dok. Nr. 99.

153 Bericht des Rüstungskommandos Dessau, 13. 2. 1942, IfZ Ma 41.

154 Tätigkeitsbericht der Anwerbekommission Nordmark des GBA in Riga, 13. 4. bis 30. 4. 1942, vom 30. 4. 1942, abgedr. in: Czollek, Zwangsarbeit und Deportationen, S. 51, vgl. Czollek, Faschismus und Okkupation, v. a. S. 148-181; Krausnick/Wilhelm, S. 408 f.

155 Bericht des Leiters des Facharbeitersammellagers Charkow vom 5. 10. 1942, Dok. 054 PS, IMT Bd. 25, S. 103 f.

156 Auszug aus dem geheimen Stimmungsbericht der Auslandsprüfstelle Berlin über in der Zeit vom 11. 9. bis 10. 11. 1942 ausgewertete Briefe aus den besetzten Ostgebieten, Dok. 018 PS, IMT Bd. 25, S. 77 f.

157 Ebenda, S. 78 f.; ähnliche Berichte sind häufig und nehmen vor allem seit dem Herbst 1942 stark zu; vgl. Besprechung in der Abtlg. Wehrmachtspropaganda des OKW, 7. 5. 1942, abgedr. in Müller, Besatzungspolitik, S. 289 f.; Meldungen des SD aus den besetzten Ostgebieten vom 18. 9. 1942 (BA R 41/271, Bl. 43 ff.), vom 20. 11. 1942 (BA R 58/60, Bl. 57), Monatsbericht des Befehlshabers des rückwärtigen Heeresgebietes Mitte für November 1942 vom 5. 12. 1942, abgedr. in Müller, Besatzungspolitik, S. 297 ff.

158 Schreiben des GBA an die Leiter der Kommissionen der bisherigen Geschäftsgruppe Arbeitseinsatz in den besetzten Ostgebieten, 31. 3. 1942, Dok. 382 USSR, IMT Bd. 39, S. 496; GBA an WiStab Ost, Rachner, 31. 3. 1942, ebenda S. 494.

159 Verfügung des OKW/WFSt (gez. Keitel) über den Einsatz von Beauftragten des GBA im Operationsgebiet (Grüne Mappe), Teil II, Berlin 1942, S. 141-142; abgedr. bei Müller, Besatzungspolitik, S. 288 f. In der „Anordnung Nr. 4" des GBA vom 7. 5. 1942 wurde die Anwerbung grundsätzlich und detailliert geregelt; bereits hier waren die negativen Auswirkungen der Anwerbemethoden im Osten bekannt und wurden im Vorwort der Anordnung kritisiert; abgedr. in: Handbuch des GBA, S. 79-87, hier S. 79.

160 Bericht des GBA über den Arbeitseinsatz im Jahre 1942, 23. 12. 1942; Dok. 1739 PS, IMT Bd. 27, S. 578 ff.

161 Zahlen nach „Der Arbeitseinsatz im Großdeutschen Reich", Jg. 1942-1943 und Bericht der Geschäftsgruppe Arbeitseinsatz (Beisiegel) vom 23. 3. 1942, BA R 41/281. Die Anzahl der im Reich eingesetzten sowjetischen Kriegsgefangenen lag Ende 1942 etwa bei 500.000, bereits Ende Februar 1942 waren aber schon 180.000 Gefangene eingesetzt gewesen, so daß auch hier Sauckels Zahlen um mehr als 100.000 Arbeitskräfte zu hoch liegen.

162 Bericht Sauckels über seine Reise in die Ukraine vom 26. bis 31. 5. 1942, 6. 6. 1941, BA R 43 II/652, S. 183 ff.

163 Laut Anordnung Görings sollten auch „die im Zuge der zu erwartenden Frühjahrsoffensive anfallenden sowjet-russischen Kriegsgefangenen in kürzester Frist in den Arbeitsprozeß eingeordnet werden". CdS an Stapo(leit)stellen vom 26. 3. 1942, AES 2A IIIe, BA Rd. 19/3.

164 Übersetzung eines Briefes von zwei sowjetischen Mädchen aus dem Ort Salawitsy; Zentrale Auslandsbrief-Prüfstelle Berlin, 10. 8. 1942, BA R 41/269, Bl. 176 f.

165 Übersetzung eines Gesuchs von 25 Ukrainerinnen an die Direktion der Butzke-Werke Berlin, 22. 5. 1942, IfZ MA 41.

Anmerkungen zu Kapitel VI, S. 188–190

166 Mitteldeutsche Motorenwerke Leipzig an den Reichsminister der Luftfahrt, 12. 3. 1942, IfZ MA 41; Bericht der Rüstungsinspektion XIII Nürnberg an das WiRüAmt, 14. 3. 1942, ebenda. Bericht mit entsprechender Tendenz auch in den KTB der RüKdos. des Ruhrgebiets; nachdem der Einsatz genehmigt worden war, verlangten die Unternehmen mit Nachdruck Zuweisungen sowjetischer Arbeitskräfte: „Der Schrei nach dem Einsatz von russischen Gefangenen übertönte alles." (Essen, 5. 1. 1942, BA/MA RW 21/18-7, S. 249).

167 Bericht der Betriebsleitung der Heinrich-Bierwes-Hütte, Mannesmann Duisburg-Huckingen, 24. 3. 1942, IfZ MA 41, teilweise abgedr. in: Anatomie des Krieges, S. 390 f. Der Werkschutz brachte durch Drohung mit Schußwaffeneinsatz die sowjetischen Arbeiter von ihrem Vorhaben ab.

168 IG Farben-AG Landsberg/Warthe an RüKdo Frankfurt, 2. 2. 1942, NI 13551 und 13645. Drei Tage vorher hatte die Firma allerdings noch mitgeteilt, ihre deutschen Arbeiter seien „aufs Äußerste darüber aufgebracht, daß die Sowjetrussen eine derartig nachsichtige Behandlung erfahren, während deutsche Volksgenossen an der Front, die in Gefangenschaft geraten, gequält und mißhandelt werden"; Schreiben vom 29. 1. 1942 an RüKdo Frankfurt, Dok. NI 13551.

169 Aktennotiz des RüKdo Essen vom 1. 4. 1942, ebenda; mit der gleichen Intention: Bericht der Rüstungsinspektion VI, Münster, an das WiRüAmt, 9. 4. 1942, IfZ MA 41; teilweise abgedr. bei Müller, Deutsche Besatzungspolitik, S. 115; vgl. KTB RüKdo Dortmund mit weiteren Beispielen, 17. 9. 1942, BA/MA RW 21-14/11, Bl. 50 f.

170 Reichsgruppe Industrie an REM, 5. 3. 1942, IfZ MA 41; vgl. das Schreiben der Wirtschaftsgruppe Industrie mit der gleichen Tendenz, 7. 4. 1942, IfZ MA 41. Im WiRüAmt wurde darüber rückblickend geurteilt: „Die Behandlung der Russen (Kriegsgefangene und Zivilarbeiter), wie sie zuerst gehandhabt wird, hat sich als ein schwerer Fehler erwiesen. Sie hat zum Ausfall eines Großteils der sowjetischen Kriegsgefangenen des Jahres 1941, sowie darüberhinaus zum Ausfall von Millionen Arbeitsstunden auch bei den Überlebenden und den neuherangeführten Russen geführt." (BA/MA RW 19 WI/IF 5/3690, S. 19 f.).

171 Mitteilung des Obersturmbannführers Weinmann; Sitzung des RSHA-Arbeitskreises am 20. 2. 1942, Protokoll BA R 16/162.

172 Vermerk des WiRüAmtes/Rü IV (d) vom 9. 3. 1942, GStAB 1 Js 4/64, Dok. C 18, Bl. 25; Vermerk vom 10. 3. 1942, ebenda, S. 40.

173 MadR, 23. 3. 1942, BA R 58/170. Vgl. Herbst, Totaler Krieg, S. 189; Steinert, Hitlers Krieg, S. 283 ff.

174 MadR, 7. 5. 1942, BA R 58/172, Bl. 40 ff.

175 Im Erlaß v. 4. 12. 1941 waren „bei leichter Arbeit" für sowj. Kriegsgefangene und Zivilarbeiter 2.540 Kalorien/Tag vorgesehen (Dok. USSR 177); am 17. 4. 1942 verfügte das REM für Normalarbeiter 2.070, für Schwerarbeiter 2.447 und für Bergarbeiter unter Tage 2.993 Kal./Tag. (BA R 43 II/652). (Nach: Streit, S. 138 f.) Vgl. auch Eichholtz, Kriegswirtschaft, Bd. 2, S. 215 f.; allerdings ist mit Streit, S. 148, gegen Eichholtz zu betonen, daß der Erlaß vom 17. 4. 42 eine *Senkung* der Rationen für die sowj. Arbeitskräfte bedeutete und eine politische Reaktion auf die Rationenkürzungen für Deutsche am 6. 4. 1942 darstellte. Streits Auffassung, bei Krupp in Essen sei die Ernährungslage „besonders schlimm" gewesen (S. 149), trifft hingegen nicht zu; die Berichte der Rüstungskommandos zeigen, daß es sich dabei um überall festzustellende Zustände handelte. Hingegen waren die Beschwerden der Fa. Krupp gegen diese Situation bei den zuständigen zivilen und militärischen Behörden besonders drastisch.

176 MadR, 18. 6. 1942, BA R 58/172, Bl. 293 f.

177 MadR, 20. 7. 1942, BA R 58/173, Bl. 169; dies ist der einzige Bericht des SD zwischen 1940 und Ende 1944, der sich überhaupt mit der schlechten Ernährungslage der ausländischen Arbeiter auseinandersetzt – bei etwa 100 Berichten über ausländische Arbeiter insgesamt.

178 Bericht der ZAO, 30. 9. 1942, Dok. 081 PS, IMT Bd. 25, S. 161 ff. In ihren Aussagen ähnlich: die Denkschrift einer national-ukrainischen Organisation über die Lage der Ukrainer in Deutschland vom April 1942, IfZ MA 248, und der Bericht der Auslandsbriefprüfstelle Berlin über die zensierte Post von Ostarbeitern vom 3. 3. 1943, BA R 41/268, Bl. 124 ff.

179 So der Vertreter des GBA beim RSHA-Arbeitskreis am 20. 5. 1942, Protokoll des WiRüAmtes/Rü IV (d), GStAB 1 Js 4/64, Dok. III.2.

180 Vgl. die Note des sowjetischen Außenministers Molotow vom April 1942 an die Alliierten, in der unter Abschnitt III auf die massenhafte Verschleppung großer Teile der sowjetischen Zivilbevölke-

rung, auf Hungerepidemien, Krankheiten, Mißhandlungen und Massenmorde detailliert hingewiesen wird; zit. in Bericht der ZAO, 30. 9. 1942, Dok. 081 PS, IMT Bd. 25, S. 164/165.
181 Die ZAO zitierte ein Flugblatt der Roten Armee an die Zivilbevölkerung, auf dem der Text eines Briefes einer in Köln arbeitenden sowjetischen Arbeiterin abgedruckt war und zur Verweigerung des Arbeitseinsatzes in Deutschland sowie zum Eintritt in die Partisanenabteilungen aufgerufen wurde, ebenda. S. 165. Vgl. das sowjetische Flugblatt vom Frühjahr 1942 „An die männliche Bevölkerung der zeitweise besetzten Gebiete der Ukraine", BA R 41/269a; (Dok. NI 14362).
182 Bericht der Auslandsbriefprüfstelle (ABP) Berlin, 3. 3. 1943, BA R 41/268, Bl. 124 ff.
183 Bericht der ZAO vom 30. 9. 1942, Dok. 081 PS, IMT Bd. 25, S. 164/165. Das RüKdo Düsseldorf vermerkte am 27. 7. 1942 z. B.: „Unter den Russen befinden sich etwa 5 % Facharbeiter, jedoch zahlreiche Jugendliche bis zu 12 Jahren herab, sowie Kranke, die als dauernd arbeitsunfähig in ihre Heimat zurückgeschickt werden müssen." (KTB RüKdo Düsseldorf, 27. 7. 1942, BA/MA, RW 21-16/10, Bl.78); ebenso KTB RüKdo Dortmund, 25. 7. 42, BA/MA RW 21-14/11, Bl. 27; Lageb. WiRüAmt 1. 9. 1942, BA/MA RW 4/v. 308, Bl. 276. Am 20. 6. waren in Dortmund 2.000 sowjetische Arbeitskräfte eingetroffen, davon 135 Männer, alle anderen Frauen und Jugendliche (ebd., 17. 9. 1942, Bl. 50).
184 ZAO, 30. 9. 1942 (Anm. 183); vgl. Bericht des Leiters des Lagers Charkow v. 5. 10. 1942, Dok. 051 PS, IMT Bd. 25, S. 103 f.
185 Vgl. die Aussage eines gefangenen Offiziers des NKWD zu den Auswirkungen der Deportationen in der sowjetischen Bevölkerung, Bericht vom 6. 3. 1943, BA R 41/273, Bl. 155 ff.
186 Sauckel an Hitler, 10. 3. 1943, Dok. 407 (II) PS, IMT Bd. 26, S. 3 ff. Sauckel fuhr fort: „Aufgrund meines eigenen Dienstes bei fremden Nationen" (Sauckel war früher einmal Seemann gewesen) „bin ich sogar so kühn zu behaupten, daß niemals zuvor in der Welt fremde Arbeiter so ordentlich behandelt worden sind, als wie dies im härtesten aller Kriege durch das deutsche Volk jetzt geschieht."
187 Sitzung des RSHA-Arbeitskreises am 20. 2. 1942, Protokoll BA R 16/162.
188 Fernschreiben Sauckels an Gauleiter Koch, Reichskommissar der Ukraine, 22.6.1942, GStAB 1 Js 4/64, Dok. C 14, Bl. 1.
189 GBA (Letsch) an OKH (Gen. Qu. Wagner) Juli 1942 (wahrscheinlich 7. 7.), BA R 41/269, Bl. 164.
190 Meldungen des SD aus den besetzten Ostgebieten vom 18. 9. 1942, BA R 58/222, Bl. 89 ff.
191 Ebenda, Bl. 90; bis November weitete sich diese Entwicklung noch aus, vgl. Meldungen des SD aus den besetzten Ostgebieten vom 20. 11. 1942, BA R 58/60, Bl. 57 f.
192 Rosenberg an Sauckel, 21. 12. 1942, Dok. 018 PS, IMT Bd. 25, S. 74 f. Die sowjetische Geschichtswissenschaft schätzt, daß Mitte 1942 bereits ca. 10 % der deutschen Truppen im Osten durch Partisanen gebunden wurden, Angaben bei Czollek, Zwangsarbeit und Deportationen, S. 54; nach den Ergebnissen der Forschungsgruppe des Militärgeschichtlichen Forschungsamtes ist diese Zahl vielleicht für Sommer 1942 noch zu hoch gegriffen, entspricht aber der Entwicklungstendenz; vgl. Joachim Hoffmann, Die Kriegsführung aus Sicht der Sowjetunion, in Boog u. a., Der Angriff auf die Sowjetunion, S. 752-757.
193 Hoffmann, in Boog u. a., S. 755.
194 Sitzung des RSHA-Arbeitskreises am 20.2.1942, Protokoll BA R 16/162; zum Gesamtkomplex der Auseinandersetzungen um die Ostarbeiterpolitik vgl. auch Homze, S. 154-176.
195 OKW/WiRüAmt/Rü IV (d), Entwurf eines Schreibens (vermutlich an RAM) vom 9. 3. 1942, GStAB 1 Js 4/64, Dok. C 18, Bl. 25 f.
196 Dazu Dallin: Deutsche Herrschaft in Rußland, S. 95, 113, 454 ff.
197 RMO an Geschäftsgruppe Arbeitseinsatz, 10. 3. 1942, Dok. NI 6212, BA R 6/408.
198 Zugespitzt ist diese Konzeption in einer Stellungnahme eines leitenden Beamten im RMO, Markull, zu einem Schreiben Bormanns an Rosenberg. Bormann hatte in brutaler Sprache klargestellt, daß Abtreibungen der sowjetischen Frauen den Deutschen nur recht sein könnten, die Vermehrung dieser Bevölkerung sei unerwünscht, Gesundheitsfürsorge sei ebenso wie Bildung überflüssig. (Schreiben Bormanns an Rosenberg, 23. 7. 1942, Dok. R-36, GStAB 1 Js 4/64, Dok. V.ll). Markull verglich Bormanns Haltung mit derjenigen der Alliierten in Versailles, „die um so tiefer erbittern mußte, als sie dieselben Ideale verriet, für die angeblich so viel Blut vergossen (worden war) . . . Das Reich vertritt daher in diesem Kriege nicht nur seine eigene, sondern auch die Sache Europas" und habe von daher eine „moralische Verantwortung", sich der Unterstützung der von ihm unterworfenen Völker zu versichern, die durch Anordnungen wie die Bormanns zunichte gemacht"

Anmerkungen zu Kapitel VI, S. 194–197

werde. Schriftsatz Dr. Markull, 19. 8. 1982, Dok. R-36, GStAB 1 Js 4/64, Dok. V.11. Beide Positionen markieren den Unterschied zwischen einem „realpolitischen" Imperialismus, der die Perspektive eines deutschen Kolonialreiches im Osten verfolgte, und des nach den Prinzipien der nationalsozialistischen Rasse- und Weltanschauungspolitik organisierten Vernichtungskrieges.

199 In einer ausführlichen Eingabe beschwerte sich die Ukrainische Nationale Vereinigung (UNO) im November bitter darüber, daß die Ukrainer nach wie vor als „Russen" angesprochen würden und „unbegreiflicherweise" durch das „Aufsuchen der Ukrainer durch moskowitische Chöre und Kapellen" gedemütigt würden, „obwohl die erstklassigen ukrainischen Chöre und dergleichen sich dafür gerne zur Verfügung gestellt hätten", was leicht zu deutschfeindlichem Verhalten führen könne. UNO an GBA, 28. 11. 1942, IfZ MA 41.

200 Vgl. dazu Kap. VIII.4.

201 Sitzung des RSHA-Arbeitskreises, 13. 3. 1942, Protokoll BA R 16/162.

202 Besprechung zwischen Hitler und Speer, 21./22.3.1942, Boelcke, Deutschlands Rüstung, S. 86. Mit der Anordnung Hitlers bezüglich der Behandlung der Zivilarbeiter wie Kriegsgefangenen sind vermutlich seine Richtlinien vom 30.10.1941 gemeint, in denen in der Tat von einem Kriegsgefangenen-Status der Zivilarbeiter nichts enthalten ist; vgl. aber Streit, S. 148. Zu dieser Anweisung Hitlers auch Kriegsw. Lageber. d. WiRüAmtes v. 11. 4. 1942, BA/MA RW 4/v. 308, Bl. 251.

203 WiRüAmt an GBA, 25. 3. 1942, GStAB I Js 4/64, Dok. C 18, Bl. 39 ff. Am 24. 3. 1942 hatte das OKW neue Richtlinien zur „Behandlung sowjetischer Kriegsgefangener" (AES, 2 A IIIe, S. 43 ff.) herausgegeben, in denen allerdings die mäßigende Tendenz des Schreibens des WiRüAmtes vom 24. März nicht zu verspüren ist; hier werden im Gegenteil die Richtlinien über die „Aussonderungen" durch die Einsatzkommandos noch einmal bestätigt, die jetzt sogar in den Kriegsgefangenen-Lagern im Reich vorgenommen werden konnten. Im Hinblick auf den Arbeitseinsatz hatte Reinecke am 5. 12. 1941 Müller vom RSHA gebeten „aufgrund der neuen Lage bei den Aussonderungsmaßnahmen durch die Dienststellen der Sicherheitspolizei auf Facharbeiter der Mangelberufe besonders Rücksicht zu nehmen". (Vermerk Letsch vom 22.12.1941, Dok. NG 1370, BA R 41/168, Bl. 203 f.; dazu Streit, S. 210; Streim, S. 58). Aber erst Mitte Februar ordnete das RSHA an, „nur wirklich schwer belastete und endgültig untragbare Elemente" auszusondern und eine „gerechte Abwägung zwischen den sicherheitspolitischen Schutzmaßnahmen und der Dringlichkeit des rüstungswirtschaftlichen Arbeitseinsatzes" vorzunehmen; Erlaß des CdS (IVA1) vom 13.2.1942, BA R 58/1298, Bl. 111 f.; im Reichsgebiet, schätzt Streit aufgrund der Unterlagen, wurden bis dahin zwischen 10 und 20 % der Gefangenen als „untragbar" liquidiert. (Streit, S. 105).

204 Sitzung des RSHA-Arbeitskreises am 9. 4. 1942, Protokoll BA R 16/162; Protokoll des WiRüAmtes/Rü IV (d), GStAB 1 Js 4/64, Dok. C17, Bl. 70 f.

205 Runderlaß des RFSSuChdDtP [S IV D (ausl. Arb.)] an alle Stapo(leit)stellen und obere Verwaltungsbehörden vom 9.4.1942 und „Nachtrag zu Abschnitt A der Allgemeinen Bestimmungen über Anwerbung und Einsatz von Arbeitskräften aus dem Osten", AES, A III f., S. 41 ff.

206 Zum ersten Mal wurde jetzt auch die Partei aktiv eingeschaltet. Durch den Einzeleinsatz der sowjetischen Arbeiter auf dem Lande waren die Befürchtungen des RSHA gerade hier besonders groß. Die Aufstellung der „Landwacht", die Mitte Januar vom RSHA angeordnet wurden, wurde ausdrücklich mit der Gefahr durch die Ausländer begründet; hier sollten „politisch einwandfreie Männer" zum „Schutze der Bevölkerung gegen entwichene Kriegsgefangene" zusammengestellt und von der Partei unterstützt werden. Reichsverfügungsblatt der NSDAP, Anordnung A 15/42, Ausgabe B 1942, S.35 f. Der Erlaß des RSHA vom 17.1.1942 über die Landwacht ist dort in Anlage beigefügt; zit. nach Demps, Situation im faschistischen Deutschland, S. 103 und 112.

207 Zur Organisation des GBA vgl. Handbuch des GBA, S. 251–299.

208 Anordnung des GBA Nr. 1 über Einsatz der Gauleiter zu Bevollmächtigten für den Arbeitseinsatz in den Gauen, 6. 4. 1942, Handbuch des GBA, S. 69 ff.

209 Das Programm des GBA, 20. 4. 1942; in: Handbuch des GBA, S. 27 ff.

210 Sauckel vor der Gauwirtschaftskammer Thüringen, 10. 1. 1943, zit. nach Lehmann, Zum Einsatz ausländischer Zwangsarbeiter, S. 150.

211 Programm des GBA, 20. 4. 1942, in: Handbuch des GBA, S. 27 ff.

212 „Das Wesen des Großdeutschen Arbeitseinsatzes", 20. 9. 1942, in: Handbuch des GBA, S. 51 ff.

213 Anordnung des GBA Nr. 6 über betriebliche Anlernmaßnahmen, 5.6.1942, in: Handbuch des GBA, S. 91 ff.

214 Anordnung des GBA an die Arbeitseinsatzbehörden, „Im Arbeitseinsatz gibt es kein Unmöglich", 30. 10. 1942, in: Handbuch des GBA, S. 61 f.
215 Besprechung Görings mit den Reichskommissaren für die besetzten Gebiete und den Militärbefehlshabern, 6. 8. 1942, Dok. 170 USSR, IMT Bd. 39, S. 384 ff., hier S. 400.
216 Die Zentrale Planung wurde am 4. April 1942 von Speer mit der Zustimmung Hitlers ins Leben gerufen und bestand aus ihm selbst, Körner (Staatssekretär im Vierjahresplan) und Milch, dem Chef der Luftrüstung. Vgl. Milward, Die deutsche Kriegswirtschaft, S. 77 ff.; Deutschland im zweiten Weltkrieg, Bd. 2, S. 296; sowie Janssen, Deutschlands Rüstung. Fragen des Arbeitseinsatzes waren hier neben den Problemen der Metallbewirtschaftung die häufigsten Diskussionspunkte.
217 Besprechung Speers mit Hitler, 21./22. 3. 1942, in: Boelcke, Deutschlands Rüstung, S. 86.
218 Das belegt die Kalorientabelle bei Streit, S. 138 f.; im Gegensatz dazu spricht Pfahlmann, S. 194, von den „neuen, erhöhten Verpflegungssätzen" des 17. April, ebenso Boelcke, S. 86, der Pfahlmanns Aussage übernimmt und Sauckel dafür verantwortlich macht, den er als Kämpfer gegen eine „Welle von Unverstand" sieht. Allerdings, so argumentieren Pfahlmann und Boelcke, hätten für diese angeblich erhöhten Sätze die Lebensmittel nicht zur Verfügung gestanden – und bleiben damit ganz in der Gedankenwelt der Protagonisten des Arbeitseinsatzes.
219 Vgl. MadR, 23.3.1942 und 7.5.1942, BA R 58/170 und 172. Kriegsw. Lageb. d. WiRüAmtes, 12.5.1942, BA/MA RW 4/v. 308, Bl. 255.
220 Anordnung Nr. 9 des GBA betr. „Überprüfung der Unterkünfte, der Ernährung, der Heizung und Instandhaltung der Lager durch Lagerhandwerker" vom 15.7.1942, in: Handbuch des GBA, S.95 f.
221 Merkblatt Nr. 1 für Ostarbeiter, Mai 1942, hrsg. vom GBA, in: Hertel, Arbeitseinsatz, S. 120-122.
222 „Die Klagen über mangelnde Ernährung der Ostarbeiter und sogar Erschöpfungserscheinungen halten an", wurde im RSHA-Arbeitskreis Mitte Juli mitgeteilt (Sitzung am 23.7.1942, Protokoll des WiRüAmtes/Rü IV (d), GStAB 1 Js 4/64, Dok. C 17); einen ungeschminkten Bericht über die Lage der Ostarbeiter gab auch der Leiter der Sondergruppe des GB-Chem im WiStab Ost, Andrussow, am 25. 6. 1942, den er mit der Forderung nach umgehender Erhöhung der Lebensmittelrationen verband. „Bemerkungen zum Einsatz sowjetrussischer Zivilarbeiter im Reich", 25. 6. 1942, GStAB 1 Js 4/64, Dok. C 19, Bl. 3-6.
223 RMBuM an GBA, 18. 8. 1942, BA R 41/269, Bl. 184-186.
224 OKW an REM, 23. 9. 1942, BA R 43II/614.
225 Hinweis darauf im Bericht der ZAO vom 30. 9. 1942, Dok. 081 PS, IMT, Bd. 25, S. 161.
226 Erlaß des REM vom 6. 10. 1942, BA R 43 II/614, Bl. 154; teilw. abgedr. in Küppers/Bannier, Einsatzbedingungen der Ostarbeiter, S. 98 ff. Auffällig ist, daß Göring in seiner Rede über die Ernährungslage am Erntedankfest am 4. 10. 1942 ausdrücklich betonte, „daß der deutsche Arbeiter und der, der in Deutschland arbeitet, ernährungsmäßig am besten versorgt wird." Dok. 111-RF, IMT Bd. 38, S. 521.
227 Berechnet nach Streit, S. 138/139; 4. 12. 1941: REM, Dok. USSR 171; 17. 4. 1942: REM BA R 43 II/652; 6. 10. 1942: REM, BA R 43 II/614.
228 Küppers/Bannier, Einsatzbedingungen der Ostarbeiter, S. 31; vgl. Oermann, Sozialausgleichsabgabe, S. 101 ff.; sowie Pfahlmann, S. 160 ff., der in seiner Darstellung über weite Passagen wörtlich den Text von Küppers/Bannier von 1943 übernimmt.
229 Richtlinien Görings vom 7. 11. 1941, Dok. 1193/PS, IMT Bd. 27, S. 56 ff.
230 Küppers/Bannier, Einsatzbedingungen der Ostarbeiter, S. 33 f.
231 Verordnung des Reichsarbeitsministers über die Besteuerung und die arbeitsrechtliche Behandlung der Arbeitskräfte aus den neu besetzten Ostgebieten (StVA Ost) vom 20. 1. 1942, RGBL. I, S. 41, RStBL 1942, S. 49.
232 RMO an Mansfeld, 9. 3. 1942, GStAB 1 Js 4/64, Dok. C 18, Bl. 29 f.
233 Andrussow-Bericht vom 25. 6. 1942, GStAB 1 Js 4/64, Dok. C 19, Bl. 3-6.
234 IHK Bergisches Land an Regierungspräsident, Landwirtschaftsamt Düsseldorf, 4. 6. 1942, BA R 11/1241, Bl. 206. In einer Gevelsberger Firma, berichtete das RüKdo Dortmund am 15. 6. 1942, habe eine Ostarbeiterin im Mai „trotz 37stündiger Mehrarbeit im Mai gegenüber April RM 0,94 weniger verdient." (KTB RüKdo Dortmund, 15. 6. 1942, BA/MA, RW 21-14/11, Bl. 7 f.).
235 Schreiben Keitels an den GBA, 25. 3. 1942, GStAB 1 Js 4/64, Dok. C 18, S. 39 ff.
236 Sitzung des RSHA-Arbeitskreises, 28. 5. 1942, Protokoll BA R 16/162.
237 Vermerk des WiRüAmtes/Rü IV (d) über Besprechung am 20.5.1942, GStAB 1 Js 4/64, Dok. III.2.

Anmerkungen zu Kapitel VI, S. 200–205

238 Anordnung des GBA über die Entlohnung ausländischer Arbeitskräfte in der privaten Wirtschaft vom 11. 6. 1942, in: Handbuch des GBA, S. 117.
239 V.O. des Ministerrats für die Reichsverteidigung über die Einsatzbedingungen der Ostarbeiter vom 30. 6. 1942, RGBl. I, S. 419, abgedr. bei Küppers/Bannier, Ostarbeiter, S. 58 ff.; vgl. Oermann, S. 103 ff.
240 Ebenda; vgl. Lageb. d. WiRüAmtes v. 1. 8. 1942, BA/MA, RW 4/v. 308, Bl. 268.
241 Nach den Ausführungsbestimmungen des GBA zu dieser Verordnung vom 29. Juli 1942 mußten „unter Umständen" kranken Ostarbeitern Unterkunft und Verpflegung vom Betrieb aus gestellt werden (der die Kosten den Arbeitern später wieder vom Lohn abziehen konnte), und zwar so lange, bis „der Ostarbeiter dem Arbeitsamt wieder zur Verfügung gestellt wird". VO des GBA über Einsatzbedingungen der Ostarbeiter vom 29.7.1942, in: Küppers/Bannier, Einsatzbedingungen der Ostarbeiter, S. 68 ff. Vgl. zu diesem Komplex auch den Erlaß des RWM vom 13. 7. 1942 („Lohnüberweisungen nach den besetzten Gebieten der UdSSR", RABl 1942 I, S. 371) und das „Merkblatt für das Ostarbeitersparen" der Zentralwirtschaftsbank Ukraine (o. D., 1942, Hertel, S. 121), wodurch ein System eingerichtet wurde, durch das die Ostarbeiter mittels Sparmarken Teile ihres Lohnes sparen konnten, um sie „später" nach Hause schicken zu können. Allem Anschein nach hat dieses System jedoch nie in größerem Umfang funktioniert.
242 Erlaß des GBA über die Einsatzbedingungen der Ostarbeiter in der Landwirtschaft vom 10.7.1942, in: Küppers/Bannier, Einsatzbedingungen der Ostarbeiter, S. 71 ff.
243 Vgl. AO des GBA Nr. 4 betr. Anwerbung, Betreuung, Unterbringung, Ernährung und Behandlung ausländischer Arbeiter und Arbeiterinnen v. 7. 5. 1942, in: Handbuch des GBA, S. 79 f.
244 AO des GBA Nr. 6 betr. Betriebliche Anlernmaßnahmen v. 5. 6. 1942, in: Handbuch des GBA, S. 91 ff.
245 Gemeinsamer Aufruf Speers und Sauckels „An alle Betriebsführer, in deren Betrieben ausländische Arbeitskräfte eingesetzt sind!" v. 26. 6. 1942, BA R 11/1241, Bl. 157 (= Dok. NIK 13300).
246 AO des GBA Nr. 10 betr. den Einsatz von Arbeitskräften der besetzten Gebiete v. 22. 8. 1942, in: Handbuch des GBA, S. 99 ff.; vgl. auch das Merkblatt des GBA betr. die Hebung der Arbeitsleistung aller Kriegsgefangenen v. 24. 8. 1942, in: AES, 2AIIIe, S. 59.
247 GBA an die Reichstreuhänder der Arbeit, 26. 8. 1942, BA R 11/1241, Bl. 83.
248 Durchführungsbestimmungen zur AO des GBA Nr. 10 v. 29. 10. 1942, in: Handbuch des GBA, S. 99 ff.
249 Vermerk des WiRüAmtes/Rü IV (d) betr. Besprechung am 20.5.1942, GStAB 1 Js 4/64, Dok. III.2.
250 Notiz Pleigers „Notwendige Beschlüsse der ZP", BA R 10 VIII/19, Bl.49 f.; 11. Besprechung der ZP am 24. 7. 1942, BA R 3/1688, Bl. 62 f.; vgl. Streit, S. 275.
251 Besprechung Speers mit Hitler, 10.–12. 8. 1942, BA R 3/1505; Boelcke, Deutschlands Rüstung, S. 171.
252 Ebenda; vgl. auch Besprechung Speer-Hitler am 20. – 22. 9. 1942, Boelcke, Deutschlands Rüstung, S. 188.
253 Vgl. dazu Streit, S. 275; Deutschland im zweiten Weltkrieg, Bd. 2, S. 323 ff.
254 Besprechung Speers mit Hitler, 6./7.5.1942, BA R 3/1504; Boelcke, Deutschlands Rüstung, S. 112.
255 Erlaß des Führers zur Durchführung des Erlasses über einen GBA vom 30. 9. 1943, in: Handbuch des GBA, S. 23.
256 Vgl. Sauckels Berichte von Ende September 1942 und 1. 12. 1942, BA R 41/29, Bl. 57-68 und 69-72.
257 Die Idee war nicht neu, sondern war schon seit dem Frühjahr 1942 Gegenstand von Besprechungen zwischen dem GBA, dem Rasse- und Siedlungshauptamt, der Parteikanzlei und dem RSHA; vgl. etwa die Sitzung des RSHA-Arbeitskreises vom 9. 4. 1942, Protokoll BA R 16/162; sie war auch Bestandteil des Sauckel-„Programms" vom 20. 4. 1942.
258 Vermerk über Sitzung beim GBA am 3.9.1942, Dok. 025 PS, IMT Bd. 25, S. 84 ff.; daraus auch das Folgende.
259 Gegen die ernährungsmäßige Besserstellung protestierte der REM, weil dadurch die Verpflegungssätze durcheinander kämen. Sauckel sprach sich gegen diesen Einwand „in schärfsten Worten aus, indem er es ablehnte, über einen Befehl des Führers zu diskutieren"; ebenda, S. 86.
260 Erlaß des GBA zur Hereinholung von Ostarbeiterinnen zugunsten kinderreicher städtischer und ländlicher Haushaltungen vom 8. September 1942, RABl 1942 I, S. 411; Küppers/Bannier, Einsatzbedingungen der Ostarbeiter, S. 76 ff.

Anmerkungen zu Kapitel VI, S. 205-208

261 Vgl. auch das „Merkblatt für Hausfrauen über die Beschäftigung hauswirtschaftlicher Ostarbeiterinnen in städtischen und ländlichen Haushaltungen" als Anlage zum Erlaß des GBA vom 8. 9. 1942, in: Küppers/Bannier, Ostarbeiter, S. 81 ff. Das RSHA erließ am 10. 9. 1942 dazu eigene Bestimmungen, die vor allem das Verfahren der „rassischen Auslese" in den Ostgebieten betrafen [RFSSuChdDtP (S IV D, ausl. Arb.) vom 10. 9. 1942, AES, 2AIII f., S. 71 ff.]; parallel dazu gab auch die Parteikanzlei mit Rundverfügung vom 12. 9. 1942 den Dienststellen der NSDAP die Richtlinien bekannt, nach denen sie bei der Auswahl der deutschen Haushalte mitwirken sollte (GStAB 1 Js 4/64, Dok. B 55, Bl. 6-14).

262 Tatsächlich wurden jedoch die zunächst anvisierten Zahlen nie erreicht. Im März 1944 waren etwa 100.000 ausländische Dienstmädchen in deutschen Haushalten beschäftigt, etwa die Hälfte von ihnen aus der UdSSR. Der Arbeitseinsatz im Großdeutschen Reich, Nr. 6, 7 u. 8 vom 21. 8. 1944, S. 27-31.

263 MadR, 11. 1. 1943, BA R 58/178; vgl. auch MadR vom 10. 12. 1942, BA R 58/178. Eine Kostprobe aus diesem Bericht: „So machte eine kinderreiche Familie in G. innerhalb 6 Monaten mit Hausangestellten folgende Erfahrung: Die erste Hausangestellte war 19 Jahre alt. Sie wurde dabei ertappt, wie sie einen 7jährigen Jungen mit dem sogenannten Zungenküssen vertraut machten wollte. Sie wurde von der Familie als in hohem Grade unwahr und mannstoll bezeichnet. Die zweite Hausgehilfin war ein 15 Jahre altes Pflichtjahrmädchen, das total verlogen und mannstoll war. Es brachte fremde Männer ins Haus und verließ nachts heimlich die Wohnung ihrer Arbeitgeber. Die dritte Hausangestellte war 17 1/2 Jahre alt. Sie wird von ihren Arbeitgebern als mannstoll und unehrlich geschildert..." (S. 59 f)

264 Dazu Wierling, „Ich hab' meine Arbeit gemacht – was wollte sie mehr?" Dienstmädchen im städtischen Haushalt der Jahrhundertwende, S. 157.

265 Runderlaß des RFSSuChdDtP [S IV D (ausl. Arb.)] über Behandlung von Arbeitskräften aus dem altsowjetischen Gebiet vom 27.5.1942, AES 2 A III f., S. 44 ff.; vgl. auch die an den Erlaß in Anlage beigefügte „Lagerordnung für die Arbeitskräfte aus dem altsowjetischen Gebiet", ebenda, S. 52 ff. Im Erlaß des RFSSuChdDtP [S IV D (ausl. Arb.)] über Behandlung der Arbeitskräfte aus dem altsowjetischen Gebiet (Ostarbeiter) vom 18. 7. 1942 waren diese Zugeständnisse noch weiter modifiziert worden, AES 2 A III f., S. 55 ff. Eine Zusammenfassung der Bestimmungen wurde dem Erlaß als „Muster einer Dienstanweisung über die Behandlung der in Lagern untergebrachten Ostarbeiter" beigefügt; ebenda, S. 57 ff. Diese Bestimmungen wurden dann von den Stapo(leit)-stellen – oft in sprachlich noch etwas verschärfter Form („Die Benutzung der Bürgersteige ist dabei untersagt!") den unteren Gestapostellen mitgeteilt. Vgl. die Vorschriften der Gestapo Dortmund vom 13. 6. 1942 (StAM, Kr. Siegen, LRA 1964), der Gestapo Münster vom Juni 1942 (Dok. NIK 4322), der Stapoleitstelle Düsseldorf vom 24. 6. 1942 (HStAD, Reg. Düss. 45358).

266 Vgl. Hillgruber, Die „Endlösung" und das deutsche Ostimperium als Kernstück des rasseideologischen Programms des Nationalsozialismus. „Generalplan Ost": der Text des SS-Oberführers Professor Dr. Konrad Meyer vom Juni 1942 („Generalplan Ost. Rechtliche, wirtschaftliche und räumliche Grundlagen des Ostaufbaus.") in: IfZ, MA 1497; vgl. Der Generalplan Ost, hg. v. Helmut Heiber; Benz, Der Generalplan Ost; Himmlers Rede vor SS- und Polizeiführern am 16. 9. 1942 über Grundzüge des „Generalplanes Ost", in: Weltherrschaft im Visier, S. 339-340.

267 Dr. Wetzel: Stellungnahme und Gedanken zum Generalplan Ost des Reichsführers SS, 27. 4. 1942, abgedr. in: Generalplan Ost, hg. v. Heiber, S. 297 ff.; sowie bei Opitz, Europastrategien, Dok. Nr. 135.

268 Rundspruch der Propagandaleitung der NSDAP, o. D., zit. im Erlaß des RSHA (III B 2) über Ausländische Arbeitskräfte vom 4. 8. 1942, AES 2 A III f., S. 62 ff.

269 Ausführungen des Leiters der Abt. IV im RSHA, Müller, auf der Sitzung des RSHA-Arbeitskreises am 4. 2. 1943, Protokoll BA R 16/162.

270 Erlaß des RFSSuChdDtP v. 17. 1. 1942, vgl. Demps, Einige Bemerkungen, S. 103.

271 AO des Reichsleiters Bormann vom 26. 8. 1942; in: Ursachen und Folgen, Bd. 18, S. 651 ff.

272 RFSSuChdDtP [S IV D (ausl. Arb.)] an Stapo(leit)stellen, 5. 9. 1942, BA R 58/1030, Bl. 188 ff. Die Gestapo befürchtete auch, daß die Partei sie nun mit „belanglosen Meldungen und wenig konkreten Stimmungsberichten überschwemmen" würde – was in der Tat auch eintraf. In der Sitzung des RSHA-Arbeitskreises am 16. 10. 1942 erläuterte Baatz zudem, daß sich die Beobachtung auch auf die „Erörterung kriegsbedingter Schwierigkeiten z. B. auf dem Gebiet der Versorgung mit Nah-

rungsmitteln, Bekleidung und dergleichen von Ausländern" bezöge; Sitzung des RSHA-Arbeitskreises, 16. 10. 1942, Protokoll BA R 16/162.
273 Stapoleitstelle Düsseldorf an Außendienststellen und Grekos (Grenzkommandos), 17. 11. 1942, HStAD RW 36/42; in der Anlage: „Richtlinien für die Überwachung fremdvölkischer Arbeitskräfte zur Begegnung volkspolitischer Gefahren".
274 Rundschreiben der Parteikanzlei 194/42 vom 9.12.1942, BA NS 6/338; vgl. Deutschland im zweiten Weltkrieg Bd. 3, S. 203.
275 NSDAP-Kreisleitung Geldern an Gestapo Kleve, 18. 12. 1942, HStAD RW 36/42.
276 GBA an Gauleiter, 24. 9. 1942, IfZ MA 41.
277 Bericht des GBA über den Arbeitseinsatz im Jahre 1942, Dok. 1739 PS, IMT Bd. 27, S. 578 ff.
278 Übersicht des GBA über den Arbeitseinsatz nach dem Stande vom 30. November 1942, Dok. 1739 PS, IMT lid. 27, S. 573 ff.
279 Ebenda, Jg. 1943. Selbst wenn man also, statt wie Sauckel 12 oder gar nur 8 Monate, die 17 Monate zwischen September 1941 und Februar 1943 berücksichtigt, liegen seine Anwerbezahlen noch zwischen 300.000 bis 800.000 höher als die Einsatzzahlen.
280 Bericht der Anwerbestellen, März 1943, BA R 41/276, Bl. 17 f.
281 Berechnet nach, Der Arbeitseinsatz im Großdeutschen Reich, Jgge. 1941 und 1942.
282 Schreiben der Wirtschaftsgruppe Luftfahrtindustrie, o. D. (Anfang 1942), zit. bei Seeber, Zur Rolle der Monopole bei der Ausbeutung der ausländischen Zwangsarbeiter im zweiten Weltkrieg, S. 16.
283 Besprechung Speers mit Hitler, 19. 2. 1942, Boelcke, Deutschlands Rüstung, S. 66.
284 Ihn an Einzelbetriebe Krupp, Juni 1942, Dok. NIK 6705.
285 Vgl. Pfahlmann, S. 33 f.
286 MadR, 12. 2. 1942, BA R 58/169, Bl. 146.
287 Zu dem Gesamtkomplex der französischen Arbeitskräfte in Deutschland vgl. die eingehende Untersuchung von Evrard; sowie Frankenstein; Fridenson; Milward, French Labor. Für Holland Sijes sowie jetzt Hirschfeld, Fremdherrschaft, S. 117-154; ders., Arbeitseinsatz.
288 Erlasse des OKW/Kr. Gef. vom 3. 10. 1941, 8. 12. 1941, 31. 12. 1941, 8. 1. 1942; AES, 2 AIIIe, S. 8 ff.
289 OKW/AWA/Kriegsgef., AO v. 20. 3. 1942 betr. Auflockerung der Bewachung von französischen und belgischen Kriegsgefangenen, AES, 2 A III e, S. 25 ff.
290 Vgl. das Merkblatt „Verhalten gegenüber Kriegsgefangenen" des OKW/Kriegsgef. v. 21. 5. 1942, AES 2 A III e, S. 40 ff.
291 „Merkblatt für ausländische gewerbliche Arbeitskräfte", Mai 1942; hrsg. v. RAM/GBA, RdErl. 529/42 v. 4. 5. 1942, BA RD 89/15, 1942, S. 295. Ebenfalls im Mai wurden die Bestimmungen der VO über Feindstaatsangehörige für Westarbeiter und Polen aufgehoben; Erlaß des RFSSuChdDtP vom 16. 5. 1942, in: Doc. occ. X, Dok. III.19.
292 MadR, 16. 2. 1942, BA R 58/169, S. 168 ff.
293 Vgl. Janssen, S. 82 f., der den Zusammenhang allerdings so stark personalisiert, daß aus den Widersprüchen zwischen politischer Zielsetzung und kriegswirtschaftlichen Sachzwängen ein Männerduell zwischen Sauckel und Speer wird, in dem Sauckel den bösen und Speer den heldischen Part spielt.
294 Das Programm des GBA, 20. 4. 1942, in: Handbuch des GBA, S. 27 ff. Als Sauckel im Mai in Paris war, forderte er sogar 250.000 Facharbeiter, vgl. Jäckel, Frankreich, S. 224.
295 Jäckel, Frankreich, S. 224.
296 Michel, Leiter des Verwaltungsstabes des deutschen Militäroberkommandos in Frankreich, an Staatssekretär Barnaud am 26. 8. 1942; Dok. F-530, IMT Bd. 5, S. 543 f. Michel hatte schon vorher Zwangsmaßnahmen gefordert, vgl. Schreiben vom 3. 3. 1942, Dok. F-526; 15. 5. 1942, Dok. F-525, IMT Bd. 5, S. 522 ff. Vgl. auch die Berichte über die Anwerbung vom 26. 2. 1942, Dok. F-654, IMT Bd. 5, S. 516 f. und vom 25. 3. 1942, Dok. F-516, IMT Bd. 5, S. 515.
297 AO des GBA Nr. 10 betr. den Einsatz von Arbeitskräften der besetzten Gebiete v. 22. 8. 1942 und Durchführungsbestimmungen v. 29. 10. 1942, in: Handbuch des GBA, S. 97 ff. Die entsprechenden Verwaltungsvorschriften wurden in Frankreich dann am 4. 9. erlassen, in Belgien am 6. 10.; vgl. Evrard, S. 53 ff.; Pfahlmann, S. 33-36.
298 Affidavit L. Alleweireldt, 25. 9. 1947, Dok. NIK 12955.
299 Jäckel, Frankreich, S. 224. Die Vorgeschichte ausführlich bei Evrard, S. 41 f. Die Umwandlung aller französischen Kriegsgefangenen nach dem Vorbild der Polen in dienstverpflichtete Zivilarbeiter

Anmerkungen zu Kapitel VI, S. 214–219

hatte Hitler abgelehnt; Lageber. WiRüAmt v. 1. 6. 1942, BA/MA RW 4/v. 308, Bl. 260; Bericht des WiRüAmtes (RüIV a) v. Januar 1943, BA/MA RW 19 WI/IF 5/3690, S. 27.
300 Stimmungsbericht des Militärverwaltungschefs in Frankreich über die Anwerbung vom 10. 10. bis 9. 11. 1942, BA R 41/267, Bl. 240.
301 Homze, S. 137.
302 Dazu Broszat, Polenpolitik, S. 106 ff.; Długoborski/Madajczyk, S. 404 ff.; Seeber, Zwangsarbeiter, S. 130.
303 Broszat, Polenpolitik, S. 109, übernimmt die Anwerbezahlen der Berichte Sauckels, der für 1942 allein bis August von rd. 400.000 Arbeitskräften spricht. (Schreiben Himmlers an Sauckel vom 18. 8. 1942, Dok. NO 3194). Der Zuwachs an während dieser Zeit in Deutschland eingesetzten Polen betrug hingegen in diesem Zeitraum nicht einmal die Hälfte, vgl. Tab. 23. Pfahlmann (S. 30) und „Deutschland im zweiten Weltkrieg", Bd. 3, S. 372, folgen der Darstellung des polnischen Historikers Pospieszalski, (1939: 40.000; 1940: 302.000; 1941: 223.000; 1942: 398.000; 1943: 184.000), der ebenso wie den Darstellungen von uczak, Polscy robotnicy, S. 67 und Eisenblätter, Grundlinien, Tab. 3, die Zahlen der Anwerbekommissionen zugrundeliegen.
304 Berechnet nach: Der Arbeitseinsatz im Großdeutschen Reich, Jg. 1941–1943. Additionsdifferenzen durch Aufrundung. Der Unterschied der Zahlen im Vergleich zur Tab. 22 ergibt sich durch die unterschiedliche Zählung von „Ukrainern", je nach dem, ob nur im erweiterten GG wohnende oder polnische Ukrainer insgesamt gerechnet wurden.
305 Sitzung des RSHA-Arbeitskreises, 28. 5. 1942, Protokoll BA R 16/162.
306 Auf diese Bestimmungen vom 1. 1. 1941 wird Bezug genommen in den MadR vom 26. 2. 1942, BA R 58/168, Bl. 202 ff. Mit Anordnung vom 31. März 1941 war Polen der Urlaubs- und Familienheimfahrtsanspruch gesperrt worden, RABl, 1941 I, S. 195.
307 Besprechungsnotiz der Hauptabteilung Propaganda des GG, 26. 11. 1941, Doc. occ. X, Dok. IV. 28.
308 Bericht des Gouverneurs des Distrikts Warschau an Frank vom 10. 2. 1942, Doc. occ. X, Dok. IV. 33.
309 MadR, 26. 2. 1942, BA R 58/169, Bl. 302 ff.
310 Der Reichsbauernführer an die Landesbauernschaften, 25. 2. 1942, Doc. occ. IX, Dok. Nr. 111.
311 Vgl. auch Schreiben Sauckels an Greiser, Reichsstatthalter im Warthegau, 15. 4. 1942, Doc. occ. IX, Dok. Nr. 116.
312 Regierung des GG – Abtlg. Arbeit – an untergeordnete Behörden, 23. 3. 1942, Doc. occ. X, Dok. IV 34
313 VO zur Sicherstellung des Kräftebedarfs für Aufgaben von besonderer staatspolitischer Bedeutung (Dienstpflichtverordnung), 13. 5. 1942, Doc. occ. X, Dok. IV.39.
314 Vgl. z. B. Schreiben des Kreishauptmanns in Lublin-Land an den Vogt der Gemeinde in Lubartow, 13. 11. 1942, Doc. occ. X, Dok. IV.44.
315 Diensttagebuch, Eintragung vom 11. 5. 1942, S. 495.
316 Tagebucheintragung Bühler über Bespr. der Hauptabteilungsleiter, 8. 12. 1942, zit. nach Deutschland im zweiten Weltkrieg, Bd. 3, S. 372.
317 Aktennotiz, o. D. (Ende 1942), über die Arbeitserfassung von Schulkindern, Doc. occ. IX, Dok. Nr. 136.
318 Diensttagebuch, Eintragung vom 18. 8. 1942, S. 544 f.
319 Ansprache Franks auf der Regierungssitzung des GG am 9. 12. 1942, Diensttagebuch, S. 585 ff.
320 Diensttagebuch, Eintragung vom 13. 3. 1943, S. 630 f.
321 Sitzung des RSHA-Arbeitskreises, 28. 5. 1942 und 17. 11. 1942, Protokoll BA R 16/162.
322 In der Reihenfolge der Erwähnung: Schreiben des RJM vom 1. 12. 1941, BA R 22/3373, Bl. 41; Erlaß des RFSSuChdDtP [S IV D (ausl. Arb.)], 10. 12. 1941, Doc. occ. X, Dok. I.20; Handwerkskammer Schneidemühl an Reg.-Präs. Schneidemühl, 20. 1. 1942, Doc. occ. IX, Dok. Nr. 108; Erlaß des CdS vom 16. 6. 1942, Doc. occ. IX, Dok. Nr. 119; Reichsbahndirektion Posen an Reichsstatthalter Warthegau, 2. 7. 1942, Doc. occ. IX, Dok. Nr. 121; AO des Reichsverkehrsministers, Oktober 1942, Doc. occ. IX, Dok. Nr. 135.
323 Vgl. Erlaß des RFSSuChdDtP vom 26. 7. 1942, GStAB 1 Js 4/64, Dok. A 52 und die „Zusammenstellung der z. Zt. gültigen Bestimmungen über die im Reichsgebiet eingesetzten ausländischen Arbeitskräfte" des Oberpräsidenten von Niederschlesien, 22. 9. 1942, Doc. occ. IX, Dok. Nr. 130.
324 Vgl. die Zusammenstellung des RAM über die arbeitsrechtliche Behandlung der Polen vom 31. 1. 1942, ARG 141/42, BA RD 89/15.

Anmerkungen zu Kapitel VI, S. 219–223

325 Erlaß des RAM vom 12. 6. 1942, in: Küppers/Bannier, Einsatzbedingungen der Ostarbeiter, S. 111.
326 Vgl. die vorbereitende Diskussion im RSHA-Arbeitskreis am 16. 10. 1942, Protokoll BA R 16/162. Die DAF brachte im November 1943 eigens eine tabellarische Übersicht über die geltenden Bestimmungen für die verschiedenen Ausländergruppen heraus mit immerhin 145 Rubriken, obwohl die Westarbeiter hierbei nicht differenziert wurden. (Arbeitswissenschaftliches Institut der DAF: Der ausländische Arbeiter in Deutschland. Eine tabellarische Übersicht, Berlin, Nov. 1943).
327 RdErl. des RFSSuChdDtP (S IV D), Gefahrenabwehr beim Ausländereinsatz, vom 7. 12. 1942, AES, 2AIIIf., S. 81 ff.

VII. Kapitel

1 Der Geschichte der Firma Krupp ist eine reichhaltige, wenn auch nicht in allen Fällen hilfreiche Literatur gewidmet; zur Vorkriegszeit vor allem Roxer, Die Entstehung des Krupp-Konzerns bis zum Jahre 1939; sowie Mund, Die Rheinisch-Westfälischen Montankonzerne im Betriebsvergleich; von den zahlreichen von der Firma selbst herausgegebenen Broschüren und Festschriften ist aufschlußreich: „Krupp. Ein kurzer Überblick über die Geschichte und den heutigen Stand des Unternehmens", Essen 1956; „Hundertfünfzig Jahre Fried. Krupp", Sonderausgabe der Krupp-Mitteilungen, Essen 1969; affirmativ, aber für die Selbstdarstellung und Außenwirkung des Konzerns von Interesse: Klass, Stahl vom Rhein; ders., Die drei Ringe; ders., Aus Schutt und Asche; Schröder, Krupp. Für die Krupp-kritische, wenngleich von Verzerrungen nicht freie Literatur vor allem Manchester, Krupp, der ein materialreiches, aber sehr personalisierendes und die unheilvolle Tätigkeit der Angehörigen der Familie Krupp betonendes Kapitel über die auf der Gußstahlfabrik während des Zweiten Weltkrieges beschäftigten Fremdarbeiter enthält; sowie Mühlen, Die Krupps. Eine Sozialgeschichte der Stadt Essen im 20. Jahrhundert fehlt, wichtige Einzelbeiträge in: Bohrer, Beiträge zur Struktur und den Standortproblemen der Essener Wirtschaft; Heyn, Zerstörung und Aufbau der Großstadt Essen; Ingelbach, Die Ansiedlung neuer Industrieunternehmungen in Essen; Loeffelholz, Die Auswirkungen des Zweiten Weltkrieges auf Essens Wirtschaft und ihren Wiederaufbau; Weis, Die Großstadt Essen; für die Entwicklung Krupps nach dem Kriege: Pawelzig, Die Wiederherstellung des Krupp-Konzerns nach dem zweiten Weltkrieg; Hierl, Die Demontage der Firma Fried. Krupp 1945–1951. Zur Statistik für die Kriegsjahre v. a.: Schmitz, Die Bewirtschaftung der Nahrungsmittel und Verbrauchsgüter 1939–1950, und das „Handbuch der Essener Statistik". Zum Verhältnis der Kruppschen Belegschaft zu „ihrer Firma" vgl. Herbert, Vom Kruppianer zum Arbeitnehmer.
2 Statistisches Handbuch der Firma Fried. Krupp, September 1944, S. 7, Dok. NIK 13037, Fall X, B. 15.
3 Berechnet nach: Affidavit Schroeder vom 8. 9. 1947, Entwicklung der Arbeiterbelegschaft der Gußstahlfabrik Essen 1939–1945, Dok. Ihn Nr. 66, Fall X, G 12. Affid. Mickenschreiber vom 5. 3. 1948, Belegschaftsentwicklung deutscher und ausländischer Arbeiterinnen 1939–1945 GSF Essen, Dok. Ihn Nr. 100, Fall X, G 9; Statistisches Handbuch der Firma Fried. Krupp, September 1944, Dok. NIK 13037, Fall X, B 15; Affid. Mickenschreiber vom 28. 5. 1947, Zahl der auf der GSF Essen beschäftigten Kriegsgefangenen und Ausländer 1939–1945, Dok. NIK 8770, Fall X, B 39; 12 Berichte des Statistischen Büros Krupp über die Zahl der in den verschiedenen Einzelbetrieben der GSF Essen beschäftigten Kriegsgefangenen und Ausländer, Dok. NIK 8527. Die Zahlen, die das RüKdo Essen in der zweibändigen Ausarbeitung „Die Wehrwirtschaft im Bereich des Rüstungskommandos Essen des Reichsministers für Rüstung und Kriegsproduktion, 1938–1943" nennt, weichen für Krupp unwesentlich davon ab. (BA/MA, RW 21-18/15, hier S. 216). Additionsdifferenzen durch wechselnde Zuordnungen.
4 Affid. Mickenschreiber vom 28. 5. 1947, Dok. NIK 8770, Fall X, B. 39; insgesamt waren mehr als 40.000 ausländische Arbeiter und Kriegsgefangene für kürzere oder längere Zeit auf der GSF Essen beschäftigt. (Affid. Fritzel, 24. 2. 1948, Dok. Bülow Nr. 270, Fall X, D 8). Unter der Rubrik „Andere" sind subsumiert: Kroaten, Jugoslawen, Spanier, Slowaken, Bulgaren, Luxemburger, Rumänen, Litauer, Griechen, Türken, Ungarn und serbische Kriegsgefangenen. Was es mit den „sowjetischen Kriegsgefangenen", die vor dem 1. 7. 1941 bzw. bei Krupp vor dem 1. 1. 1942 aufgeführt sind, auf sich hatte, war nicht herauszubekommen. Additionsdifferenzen in den Unterlagen.
5 Statistische Grundlagen wie Anm. 3.
6 Bericht des Präs. d. LAA Rheinland, 6. 2. 1943, STAM OP 5141.
7 Lagebericht des Essener Landesgerichtspräsidenten, 31. 3. 1943, BA R 22/3367, Bl. 179 f.
8 Zahlen berechnet nach Schmitz, Bewirtschaftung der Nahrungsmittel, S. 261 ff.

Anmerkungen zu Kapitel VII, S. 223–228

9   Statistisches Handbuch 1944 (wie Anm. 3).
10 Vgl. Herbert, Vom Kruppianer zum Arbeitnehmer.
11 Rundbrief der GSF betr. Neuorganisation des Arbeitseinsatzes, 27. 5. 1942, Dok. NIK 9606; Affidavit Lehmann, betr. Auslandsanwerbungen, 16. 5. 1947, Dok. NIK 7261; Affid. Seidenfad, 28. 5. 1947, betr. Organisation des Arbeitseinsatzes, Dok. NIK 8949; Affid. Trockel betr. Organisation des Arbeitseinsatzes, Dok. NIK 11736, alle Fall X, B 39; Affid. Hintz, betr. Organisation des Arbeitseinsatzes, 2. 3. 1948, Dok. Ihn Nr. 105, Fall X, G 12; vgl. hingegen Kannapin, S. 88 ff., der unter Hinweis auf die entsprechenden Erlasse und Vorschriften die Fortdauer selbständiger Anwerbungen durch die Betriebe zu bestreiten versucht, dagegen aber Wysocki, S. 46 ff., der für die HGW in Salzgitter die Praxis der betrieblichen Anwerbungen beschreibt.
12 RüKdo Essen an FAH, Krupp Rheinhausen, 26. 9. 1941, Dok. NIK 15384, Fall X, B 66.
13 Zur Lage bei Krupp vgl. AV im RMBuM, 8. 7. 1942, BA R 41/228a, Bl. 2 ff.; Schreiben des RMBuM an das AA Essen 17. 7. 1942, Dok. NIK 15503, Fall X, B 69.
14 Vermerk des GBA betr. Arbeitseinsatz Krupp Essen, 25. 7. 1942, Dok. NIK 15514, Fall X, B 69.
15 Präs. des LAA Rheinland an den GBA, 30. 7. 1942, Dok. NIK 15499, Fall X, B 69.
16 Präs. LAA Rheinland an den GBA, 19. 11. 1942, BA R 41/228, Bl. 65 f.
17 MadR 18. 6. 1942, BA R 58/172, Bl. 301.
18 Vgl. Affid. d. Vors. d. AA Essen, 29. 1. 1948, Dok. NIK 13970, Fall X, B 69.
19 Affid. Hildebrandt, 6. 8. 1947, Dok. NIK 11804, Fall X, B 42.
20 Es gab allerdings auch Ausnahmen, wie die Firma Siemens, die sich, wie Hildebrandt berichtete, „gegen eine ihr zugemutete maßlose Ausweitung ihrer Rüstungsfertigungsprogramme und dadurch verbundene Ausweitung des Arbeiterbestandes sträubte. Die Fa. Siemens glaubte, daß durch eine restlose Umstellung auf Rüstungsaufgaben ihre Friedensfertigung, die sie mit hinüber retten wollte, gefährdet würde." (Ebenda.)
21 Aktenvermerk Lehmann, betr. Anwerbung von französischen Arbeitskräften, 21. 12. 1942, Dok. D 196, Fall X, B 41.
22 Vermerke des Befehlshabers der Sipo und des SD für die besetzten niederländischen Gebiete vom 15. 7. 1941 (Dok. NIK 12599, Fall X, B 42) und vom 6. 9. 1941 (Dok. NIK 12601, Fall X, B 41).
23 Vgl. Anforderungen niederländischer Arbeitskräfte durch Krupp beim LAA Rheinland, 24. 4. 1942, Dok. NIK 12588; Schreiben Fried. Krupp an die deutschen Verwaltungsbehörden in Holland, 25. 11. 1942, Dok. NIK 12600, Fall X, B 42; Vermerk vom 20. 6. 1942, Dok. NIK 12598, Fall X, B 41; sowie die Berichte zwangsverpflichteter holländischer Arbeiter über ihre Dienstverpflichtung, den Aufenthalt in Amersfoort und die Fahrt nach Essen, Dok. NIK 12625, NIK 12624, NIK 13069, Fall X, B 44.
24 Notiz Girod, Abtlg. Arbeitseinsatz, 10. 11. 1941, Dok. NIK 12355, Fall X, B 42; vgl. Schreiben der Bezirksgruppe Nordwest an Krupp, Personalchef Ihn, vom 15. 11. 1941, betr. sowj. Kgf., Dok. NIK 10809.
25 Affid. Schmidt, 12. 10. 1945, Dok. D 321, Fall X, B 46. Krupp war aber bis Februar 1942 der einzige Rüstungsbetrieb im Bereich des RüKdo Essen, dem russische Arbeitskräfte zugewiesen wurden. (KTB RüKdo Essen, 8. 2. 1942, BA/MA RW 21-18/7, Bl. 263).
26 Notiz vom 2. 4. 1942, Dok. NIK 10193.
27 RMBuM an Wehrkreisbeauftragte und Sonderausschußvorsitzende, 8. 5. 1942, Dok. NI 1069; vgl. Rundschreiben der Bezirksgruppe Nordwest, 10. 3. 1942, betr. Einsatzbedingungen der Ostarbeiter, Dok. NIK, 10787, Fall X, B 44; sowie das Schreiben des Sonderausschusses VI Panzerwagen an Krupp, 18. 2. 1942, in dem bekannt gegeben wird, daß mit verstärktem Einsatz sowjetischer Arbeitskräfte bald zu rechnen sei, Dok. NIK 9302, Fall X, B 50; vgl. KTB RüKdo Essen, 16. 3. 1942 (wie Anm. 25), Bl. 277.
28 RdSchr. der Unternehmensleitung an die Betriebsführer, „Warnung vor dem Umgang mit Kriegsgefangenen und Ostarbeitern", 13. 3. 1942, Dok. NIK 6115, Fall X, B 58.
29 RdSchr. der Unternehmensleitung an die Betriebe, Mai 1942, betr. Bewachung der zivilen Russen in den Lagern, Dok. NIK 9031, Fall X, B 39.
30 Vgl. Schreiben Krupps an RüKdo Essen, 2. 4. 1942, IfZ MA 41; Krupp an RüKdo Essen, 3. 1. 1942, Dok. NIK 15442, Fall X, B 66.
31 Von den männlichen Ostarbeitern waren 1942 63,2 %, von den Frauen 60,4 % unter 21 Jahre alt. 48,7 % der Männer und 20,7 % der Frauen waren sogar unter 18 Jahre.
32 Grollius an Koelsch, 17. 1. 1942, Dok. D 310, Fall X, B 45.

489

Anmerkungen zu Kapitel VII, S. 228-234

33 KraWa an Krupp-Hauptverwaltung, 20. 3. 1942, Dok. D 318, Fall X, B 45.
34 Lokomotivbau an Krupp-Hauptverwaltung, 20. 3. 1942, Dok. NIK 3992, Fall X, B 45.
35 Schreiben Theiles und Soehlings an Krupp-Hauptverwaltung, 25. 2. 1942, Dok. D 164, Fall X, B. 45, als Dok. D 361 auch in IMT Bd. 35, S. 78.
36 Maschinenbau 8 an Krupp-Hauptverwaltung, 14. 3. 1942, IMT Bd. 35, S. 66. Diese Haltung wurde von Seiten der Unternehmensleitungen und des Rüstungskommandos auch nach oben vertreten. Das RüKdo Essen meldete nach Schilderung des schlechten Zustands der eingetroffenen russischen Zivilarbeiter: „Die Rü-Betriebe stellen zwecks Erhaltung der Leistungsfähigkeit der in Schwerpunktprogrammen eingesetzten Arbeiter und Arbeiterinnen sowie Kriegsgefangenen durchweg den Grundsatz auf, daß die Arbeitskräfte aller Nationalitäten auch eine gleichmäßig gute Verpflegung erhalten müssen, wenn sie den gesteigerten Anforderungen an die Arbeitskräft(e) nachkommen sollen". KTB RüKdo Essen (wie Anm. 25), 30. 3. 1942, S. 279 f.
37 Vgl. Kap. VI.6.
38 Die Senkung erfolgte am 7. 4. 1942, vgl. Kap. VI.6.
39 Krupp-Direktorium an RüKdo Essen, 2. 4. 1942, IfZ MA 41.
40 Aktennotiz über Telefonat mit Breyer, OKW/Kgf., 15. 10. 1942, Dok. NIK 12356, Fall X, B 45.
41 Beer an Lehmann (Arbeitseinsatz A), 30. 10. 1942, Dok. NIK 15393, Fall X, B 66.
42 Bericht Eickmeier an Lehmann, 30. 10. 1942, Dok. NIK 12359, Fall X, B 45.
43 Vgl. etwa das Schreiben des Apparatebaus II, Jung, an Lehmann, 19. 11. 1942, Dok. NIK 12358, Fall X, B 45; KTB RüKdo Essen, 17. 3. 1942, S. 278.
44 Wie z. B. im Lager Krämerplatz, vgl. Meldung vom 8. 12. 1942, Dok. D 366.
45 Meldung der Kruppschen Krankenanstalt vom 7. 5. 1943, Dok. D 283, Fall X, B 45.
46 Dazu: Dokumentation der Bürgerinitiative für Frieden und Abrüstung Hemer über den Stalag VI A Hemer, Kriegsgefangenenlager 1939-1945, Hemer 1982; viele waren auch in den „Übergangslagern" untergebracht, wo sie sich körperlich erholen sollten; aber noch im September 1942 hieß es im Bereich des RüKdo Essen, die Kriegsgefangenen in den Übergangslagern seien „infolge allgemeiner Körperschwäche noch nicht einsatzfähig". KTB RüKdo Essen, 1. 9. 1942, S. 316.
47 Arbeitseinsatz-Besprechung am 10. 9. 1942, Dok. NIK 9607, Fall X, B. 50. Mir ist weiteres über ein solches Lager nicht bekannt.
48 Lokomotivbau an Hupe, Arbeitseinsatz A, und Werkschutz, 1. 6. 1942, Dok. NIK 6135, Fall X, B 66.
49 Lagerführer des Lagers Spenlestraße an Krupp-Wohnungsverwaltung, 28. 8. 1942, Dok. NIK 15531, Fall X, B 68.
50 Vgl. Schmitz, Bewirtschaftung der Nahrungsmittel, S. 283 ff.
51 Brief vom 17. 11. 1942, HStAD RW 58/16035.
52 Affid. Hahn, 11. 6. 1947, Dok. Ihn, Nr. 134, Fall X, G 16. Die „angegebene Zahl belegbarer Plätze" ist eine theoretische Größe, die vor allem gegenüber DAF und RüKdo als Nachweis gelten sollte, daß genügend Plätze zur Verfügung standen, um die Höhe der Anforderungen zu rechtfertigen. Geht man nach internen Einzelmeldungen der Lager, so war die tatsächliche Bettenzahl grob geschätzt etwa 20 % geringer.
53 Vgl. dazu ausführlich Kap. IX. 3.
54 Aufruf vom 29. 12. 1942, Dok. NIK 13298. Wie hoch der Anteil an „privat" wohnenden Ausländern in Essen war, ist präzise nicht festzustellen.
55 MadR 15. 3. 1943, BA R 58/181, Bl. 95; nach der Statistik von Schmitz, S. 261, lag die Zahl der nicht von der Gemeinschaftsverpflegung erfaßten Ausländer deutlich niedriger, der SD hat hier offenbar übertrieben, um die Drastik der Schilderung der „unhaltbaren Zustände" zu erhöhen.
56 Aus den Kruppschen Unterlagen geht hervor, daß es insgesamt während des Krieges etwa 60 Kruppsche Ausländerlager mit insges. max. 50.000 Bettplätzen – allerdings nicht alle zur gleichen Zeit – gegeben hat. Dok. NIK 10214, Fall X, B 40; Dok. Ihn Nr. 134, Fall X, G 16; Dok. D 143.
57 Ausländer bei Krupp im Anteil zu Ausländern in Essen: September 1940: 13 %, März 1943: 46 %, März 1944: 27,8 %, März 1945: 33,8 %, berechnet nach den in Anm. 3 genannten statistischen Unterlagen.
58 Bericht über den Besuch Schleßmanns am 14. 10. 1942, Dok. D 144, Fall X, B 45.
59 Krupp-Wohnungsverwaltung an Baubüro Spenlestraße, 9. 7. 1942, Dok. NIK 15436, Fall X, B 67.
60 Notiz der Krupp-Wohnungsverwaltung vom 19. 12. 1942, Dok. NIK 15454, Fall X, B 67.
61 Ich beschränke mich hier im folgenden auf einige Fälle aus Essen, im Bestand RW 58 im HStAD finden sich zahlreiche weitere Belege aus anderen Städten vor allem des Ruhrgebietes. Daß es diese

Anmerkungen zu Kapitel VII, S. 234–245

Korruption und Schiebergeschäfte auf Kosten der Ausländer auch im großen gab, zeigt Eichholtz, Kriegswirtschaft, Bd. 2, S. 271, anhand eines Falles.
62 HStAD, RW 58/60404. Zum Vergleich: der Durchschnittsverdienst eines kroatischen Facharbeiters lag bei etwa 150,- RM netto. Eine Kruppsche Werkswohnung mit 2 Zimmern und etwa 40 qm kostete etwa 20,- RM Miete im Monat.
63 HStAD, RW 58/28071.
64 HStAD, RW 58/5181.
65 Zum Sonderlager Dechenschule ausführlicher Kap. IX.4.
66 HStAD, RW 58/5182 und 5183. Der Lagerleiter erhielt eine Woche, der Dolmetscher 3 Wochen Straflager.
67 Vgl. etwa HStAD, RW 58/13768, 60394, 38234, 60403, 32311, 65859, 5168 u. a., die ausschließlich intimen Verkehr von Essener Lagerführern mit Ostarbeiterinnen betreffen.
68 HStAD, RW 58/53699.
69 MadR 29. 11. 1943, BA R 58/190, S. 110 ff. Die Errichtung von Bordells für Ausländer geht zurück auf die AO d. Parteikanzlei v. 7. 12. 1940, BA NS 5 I/265; vgl. Erl. d. RAM v. 17. 9. 1941, BA R 11/1243, Bl. 80; als Bsp. für die Umsetzung in der Praxis: Bericht über die Errichtung des Lagerbordells bei dem IG-Farbenwerk Schkopau mit 60 Prostituierten, Bericht vom Oktober 1942, Dok. NI 2550, Fall VI, ADB 68.
70 HStAD, RW 58/19716, der französische Arbeiter wurde vor dem Volksgerichtshof angeklagt, sein weiteres Schicksal ist mir unbekannt.
71 Meldung einer Gestapo-Leitstelle (Düsseldorf?) vom 11. 6. 1943, IfZ MA 442/2.
72 Übersicht des Revisionsbüros der GSF Essen über Kosten und Leistungen der in- und ausländischen Arbeiter, 20. 11. 1942, mit Anlagen A–C, Dok. NIK 4021. Der Übersicht liegt eine Umfrage „in fast allen Betrieben" zugrunde, es sind also nicht alle Einzelbetriebe erfaßt. Entsprechende Vergleichszahlen für Deutsche liegen nicht vor, da hier in den Statistiken lediglich nach dem Lohnsystem, nicht nach Qualifikation unterschieden wurde.
73 Vermerk über Besprechung eines Krupp-Beauftragten bei WiRüAmt in Berlin am 14. 8. 1942, Dok. D 348, Fall X, B 46.
74 Übersicht vom 20.11.1942 (wie Anm. 72), Anlage A–C. „Feuerbetriebe" = Gießereien, Walzwerke, Schmiedebetriebe, Hüttenwerke, Stahlwerke. „Sonstige" = mechanische Betriebe, Apparatebau, Preßwerke, Widia (Edelstahlbetrieb), Lokomotiv- und Kraftwagenfabrik, Maschinenbau, Energiebetriebe.
75 Übersicht vom 20. 11. 1942 (wie Anm. 72), S. 7.
76 Ebenda, Anlage A–C, S. 8. Die Durchschnitts-Zahlen sind Angaben des Revisionsbüros und berücksichtigen nicht die quantitative Qualifikationsverteilung. Sie einbezogen, liegt die durchschnittliche Leistungshöhe der Ostarbeiterinnen bei 78,3 %, der französischen Kriegsgefangenen bei 83 %, der sowjetischen Kriegsgefangenen bei 40,6 %.
77 Ebenda, Anlage A–C, S. 9.
78 Affid. Schroten, 3. 3. 1948, Dok. Ihn Nr.144, Fall X, G 8. Allerdings galt dies nur für Erwachsene über 23 Jahre; jugendliche Ausländer erhielten entsprechend weniger, 17jährige 55 % des Erwachsenenlohns, 15jährige 35 % – unabhängig von der Leistung; vgl. Lohnstelle der GSF an die Einzelbetriebe, 18. 4. 1942, Dok. NIK 11916, Fall X, B 46.
79 Berechnet nach der Übersicht des Revisionsbüros vom 20. 11. 1942, vgl. Anm. 72.
80 Diese Lohnabrechnung eines polnischen Arbeiters vom April 1942 ist enthalten in Dok. NIK 12931.
81 Affid. Wäldner vom 14. 11. 1945, betr. Arbeitszeit in der Elektrodenwerkstatt, Dok. Ihn Nr. 375, Fall X, G 8.
82 Affid. Becker vom 24. 2. 1948, Dok. Ihn Nr. 96, Fall X, G 8; die Zahlen für 1943 liegen nicht vor; vgl. dazu Werner, Bleib übrig, S. 241-255.
83 Affid. Schroten vom 17. 12. 1947, Dok. Ihn Nr. 69, Fall X, G 8.
84 Affid. Aye vom 20. 5. 1947, Dok. Ihn Nr. 133, Fall X, G 9.
85 Affid. Goller, 19. 2. 1948, Dok. Ihn Nr. 99, Fall X, G 9.
86 Affid. Dahmen, 10. 3. 1948, Dok. Ihn Nr. 370, Fall X, G 9.
87 Interview mit Fritz P., 9. 11. 1981 (Interviewer: U. H.), Cassette I. 1, Interviewbestand des Projekts „Lebensgeschichte und Sozialkultur im Ruhrgebiet 1930–1960" (LUSIR) Essen/Hagen. Überlegungen zur Auswertung einer größeren Anzahl von lebensgeschichtlichen Interviews mit deutschen Arbeitern von Krupp über ihre Erinnerungen an die Zusammenarbeit mit ausländischen Arbeitern habe ich im Rahmen des o. g. Forschungsprojektes veröffentlicht: Herbert, Apartheid nebenan.

Anmerkungen zu Kapitel VII, S. 245–252

88 Interview mit Hermann B., 24. 2. 1981, Cassette IV.I, Interviewbestand LUSIR. Auch der SD berichtete von der „Aufforderung deutscher Gefolgschaftsmitglieder an russische Arbeitskräfte, mit ihrer Leistung zurückzuhalten (um ihre eigenen Reserven nicht erkennbar werden zu lassen)". MadR 8. 10. 1942, R 58/176, Bl. 79.
89 Interview mit Horst F., 25. 2. 1982, Cassette II.2, Interviewbestand LUSIR.
90 Merkblatt o. D. (Anfang 1943) Dok. NIK 8532.
91 Affid. Bovensiepen, 26. 2. 1948, Dok. Bülow Nr. 243, Fall X, D 9. Genauere Zahlen über das Vorkommen von „Arbeitsbummelei" und „Arbeitsvertragsbruch" liegen für diese Zeit für Krupp nicht vor.
92 So etwa der Bericht der Zünderwerkstatt an den Krupp-Personalchef Ihn, betr. Rückgang der Produktion wegen „Arbeitsbummelei" der polnischen Arbeiter, 4. 8. 1942, Dok. NIK 10666.
93 RdSchr. der Bezirksgruppe Steinkohlebergbau-Ruhr, 6. 1. 1943, Dok. NIK 12163, Fall X, B 42. Zur Entwicklung der „Arbeitsvertragsbrüche" in den letzten beiden Kriegsjahren vgl. Kap. IX.4.
94 Polizeipräsident Essen an Krupp-Wohnungsverwaltung, 19. 2. 1943, Dok. Bülow Nr. 297, Fall X, D 14.
95 RdErl. d. RFSSuChdDtP, „Gefahrenabwehr beim Ausländereinsatz", 7. 12. 1942, in AES, 2 A III f, S. 88.
96 Vgl. zu diesem Komplex ausführlicher die Interview-Auswertung in Herbert, Apartheid nebenan.
97 Die dem folgenden Abschnitt zugrundeliegenden Dokumente des Nürnberger Prozesses gegen Krupp sind zu einem Teil bereits von Elisabeth Behrens in Roth, Die „andere" Arbeiterbewegung, S. 145 ff., sowie von Manchester ausgewertet worden. Behrens gibt im wesentlichen die Thesen der älteren DDR-Forschung wieder, wenn auch ihre Schlußfolgerung über die Integration eines Großteils der deutschen Arbeiter „in die nazistische Kriegspolitik" davon stark abweicht. Das Problem von Manchesters z. T. sehr eindrucksvoller Darstellung ist es, daß er einen Fall von Mißhandlungen an den nächsten reiht und so den Eindruck entstehen läßt, als seien die Verhältnisse in Kruppschen Ausländerlagern von denen der Konzentrationslager der SS nicht wesentlich unterschieden gewesen. Bei beiden sehe ich das Problem einer zu wenig quellenkritischen Benutzung der künstlichen Bestände der nach dem amerikanischen Strafrechtssystem organisierten Anklagebehörden der Nürnberger Nachfolgeprozesse; vgl. dazu die Bemerkungen in der Einleitung.
98 AA Essen an Krupp, 6. 6. 1943, Dok. NIK 13297, Fall X, B 43.
99 Affid. Wolf, 14. 4. 1948, Dok. Bülow Nr. 425, Fall X, D 8. Vgl. dazu die Analysen Werners über die Entwicklung außer- und innerbetrieblicher Disziplinierungen deutscher Arbeiter, Werner, Bleib übrig, S. 318 ff.
100 Übersicht des Kruppschen Büros für Arbeiterangelegenheiten, Dok. Bülow Nr. 245, Fall X, D 8; ausf. zum Strafsystem vgl. Kap. IX.4.
101 Aktenvermerk Bülow, 1. 10. 1943, Dok. Bülow Nr. 628. Fall X, D 18.
102 RdSchr. Bülows vom 4. 7. 1942 und 27. 11. 1942, Dok. NIK 8175, Fall X, B 42; Vermerk d. RüKdo Essen, 18. 8. 1942, 1. 9. 1942, BA/MA RW 21–18/8, Bl. 314, 316; vgl. KTB RüKdo Dortmund, 29. 7. 1942, BA/MA 21-14/11, S. 28.
103 Stapoleitstelle Düsseldorf an Gestapo Essen, 6. 4. 1943, Dok. Bülow Nr. 738, Fall X, D 17. Vermerk Bülows über Vereinbarung mit der Gestapo Essen am 5. 10. 1943, Dok. Bülow Nr. 419, Fall X, D 17. Die ehemaligen Betriebstrupps galten fortan als Untergliederung des Werkschutzes und damit der Gestapo indirekt untergeordnet; sie wurden allerdings durch die Bombenangriffe im März 1943 weitgehend desorganisiert und dann in den Luftschutz integriert.
104 Affid. Buhlmann, 15. 4. 1948, Dok. Bülow, Nr. 450, Fall X, D 17; Affid. Keul, 6. 3. 1948, Dok. Bülow, Nr. 271; Affid. Hümmerich, 27. 2. 1948, Dok. Bülow, Nr. 302; Fall X, D 17.
105 Schreiben des RüKdos Essen an Krupp-LoWa, 26. 2. 1944, Dok. NI 2917, Fall X, B 66; der Vorfall hatte sich offenbar aber einige Wochen vorher ereignet.
106 Affid. Hümmerich, 27. 2. 1948, Dok. Bülow Nr. 302, Fall X, D 17.
107 Affid. Wagner, 19. 2. 1947, Dok. NIK 13276, Fall X, B 54; Aussage Wagners im Krupp-Prozeß in Nürnberg am 10. 2. 1948, Fall X, Protokoll Bd. 37, S. 3740 ff.
108 Bericht des Gerichts der Division Nr. 526 vom 23. 5. 1944, Dok. NIK 4378, Fall 10, B 69.
109 Affid. des Werkschutzmeisters Lorenz, Dok. NIK 15553, Fall X, B 72. Aussage im Krupp-Prozeß am 20. 5. 1948, Fall X, Protokoll Bd. 87, S. 8747-8808.
110 Affid. Loewenkamp, Dok. Lehmann Nr. 565, Fall X, M 18.
111 Affid. Nowitzki, 18. 12. 1947, Dok. NIK 13279, Fall X, B 47; Aussage im Krupp-Prozeß am 17. 2. 1948, Fall X, Protokoll Bd. 47, S. 4267 ff.

Anmerkungen zu Kapitel VII, S. 252-259

112 Affid. Schultze, Dok. Lehmann Nr. 220; Affid. Steimel, Dok. Lehmann Nr. 447; Affid. Baltus, Dok. Lehmann Nr. 97; Affid. Loewenkamp, Dok. Lehmann, Nr. 565, alle: Fall X, M 18. Die Anklage Nürnberg, für die die Stahlschrank-Affäre einen wichtigen Belastungspunkt darstellte, stützte sich weitgehend auf die Aussagen eines weiteren Wachmannes: Dok. D 398, Dok. NIK 7147, Dok. NIK 12060 und Dok. NIK 12061, alle: Fall X, B 46; bei Eichholtz und anderen wird aus diesem Vorfall ein Strafsystem der Industrie, wonach der Arrest „beispielsweise in den Krupp-Werken in speziellen Haftzellen (Stehbunkern) unter grausamen Bedingungen vollstreckt wurde" (Eichholtz, Kriegswirtschaft, Bd. 2, S. 271). Das läßt sich aus den Quellen nicht belegen.
113 Aussage Busson im Krupp-Prozeß am 10. 2. 1948, Fall X, Protokoll Bd. 42, S. 3.695 ff.
114 Interview mit Fritz P., 9. 11. 1981, Cassette II.2, Interviewbestand LUSIR.
115 Beide Zitate: Affid. Cremer, 12. 6. 1947, Dok. NIK 8911, Fall X, B 39.
116 Vgl. dazu Kap. VI. 2.
117 Tabelle 54: Beschäftigte im Bergbau des gesamten Reichsgebietes (Gebietsstand von Sept. 1939 incl. Kärnten und Lothringen)

Mai	Beschäftigte insgesamt	davon Ausländer u. Kgf. insgesamt	in %	davon sowj. Kgf.	in % aller ausl. Arbeitskräfte
1939	757.593	15.271	2,0	–	–
1940	749.144	38.133	5,1	–	–
1941	940.088	154.212	16,4	–	–
1942	1.032.679	201.953	19,6	5.294	2,6
1943	1.156.358	339.728	29,4	93.379	27,5
1944	1.208.479	456.717	37,8	168.456	36,9

nach: Kriegswirtschaftliche Kräftebilanz der deutschen Industrie, BA R 12 I/79; zum folgenden vgl. auch Streit, S. 268-284.
118 Statistik der RVK, Mai 1944, Dok. NI 2819.
119 Affid. Althaus 18. 1. 1948, Dok. Ihn Nr. 361, Fall X, G 13. Die Statistik umfaßt folgende Einzelzechen: Hannover-Hannibal, Bergwerke Essen, Emscher-Lippe und Constantin der Große, ab September 1943 auch König Wilhelm. Insgesamt war aber die Zahl der eingestellten ausländischen Arbeitskräfte noch erheblich höher, als es die Beschäftigtenzahlen vermuten lassen; der Zuwachs der Belegschaftsmitglieder um 76.464 Ostarbeiter und Kriegsgefangene im deutschen Bergbau zwischen Januar und November 1942 kam durch einen Zugang von 104.961 und einen Abgang von 28.497 – fast ¼ – zustande.
120 Berechnet nach: Kräftebilanz der deutschen Industrie, Statistisches Reichsamt, Abtlg. VI, BA R 12I/79. Die Zahlen bei Wagenführ, S. 139 ff., beziehen sich auf das Reichsgebiet von 1937; die hier benutzten Daten auf das Reichsgebiet von 1940 incl. Kärnten und Lothringen.
121 Vgl. dazu ausführlich Streit, S. 210 ff., S. 269-285.
122 Berechnet nach: Der Arbeitseinsatz im Großdeutschen Reich, Jgge. 1942 bis 1944.
123 Schon 1942 wurden im Bezirk des LAA Rheinland-Westfalen 27.300 Arbeitskräfte aus der Landwirtschaft in den Bergbau umgesetzt, davon 12.800 Kriegsgefangene und 14.500 Ostarbeiter; bei den Kriegsgefangenen handelte es sich dabei oft um „Aufpäppelungs"-Rückkehrer. Bericht des Präs. d. LAA Westfalen vom 15. 1. 1943, StAM OP 5098. Es gab überdies mehrere Versuche, auch weibliche sowjetische Arbeitskräfte im Bergbau zu beschäftigen. Sauckel hatte deren Beschäftigung übertage genehmigt und angeregt, ihnen die schweren und schmutzigen Arbeiten zuzuweisen, weil die Arbeitsschutzbestimmungen für Frauen bei den sowjetischen Zivilarbeiterinnen nicht gälten. Die Bezirksgruppe Ruhr unterstrich diese Empfehlung durch den Hinweis auf „bisher gemachte günstige Erfahrungen". Grundlage dafür war der Erlaß des RWM vom 17. 6. 1942, abgedr. in: Ursachen und Folgen, Bd. 18, S. 606 f.; Sauckels Erlaß im RdSchr. der Bezirksgruppe vom 27. 6. 1942, BA R 10VIII/56, Bl. 33 (= Dok. NI 2937). Ob die in Interviews häufiger geäußerte Vermutung, Ostarbeiterinnen hätten untertage auch „vor Kohle" gearbeitet, zutrifft, kann ich nicht überprüfen. Sicher scheint jedoch, daß sie untertage mit Arbeiten wie Lampenputzen, Werkzeugausgabe usw. beschäftigt worden sind.
124 Oberbergamt Dortmund, Wirtschaftlicher Lagebericht vom 15. 2. 1942, StAM BgA Dortmund A4/48; vgl. auch Wirtschaftlicher Lagebericht vom 17. 11. 1941, StAM BgA Dortmund A4/47.
125 Ebenda. Die hier angesprochene „Leistungsernährung" wurde zu Beginn des Einsatzes sowjetischer Arbeiter fast in allen Zechen angewendet, bis die Folgen dieses Systems so verheerend wa-

493

ren, daß man in vielen Fällen davon wieder abging und sogar zusätzliche Nahrungsmittel austeilte. Die Anstöße zur Abkehr von der „Leistungsernährung" entstanden jedoch nicht erst 1943 auf Initiative des Betriebsinspektors Norkus (Streit, S. 269), sondern wurden nach der rapiden Verschlechterung der Gesundheitslage der sowjetischen Arbeitskräfte von einigen Betrieben (z. B. Hibernia, Essener Steinkohle) noch im Jahre 1942 selbst unternommen; in anderen (Gneisenau) gab es „Leistungsernährung" bis Kriegsende. Streits Aussage, auch in der Kruppschen Gußstahlfabrik sei das System der Leistungsernährung praktiziert worden, läßt sich aus der als Beleg angeführten Quelle nicht entnehmen, hier wird in einem Einzelbetrieb Rationskürzung als Strafmaßnahme erwogen (Dok. D 144, Fall X, B 45).

126 Vgl. die Lageberichte des Dortmunder Bergamtes vom 17. 4. 1941, 21. 6. 1942, StAM BgA Dortmund A4/48.
127 Wirtschaftlicher Lagebericht des Oberbergamtes Dortmund vom 17. 4. 1942, StAM BgA Dortmund A4/48; ebenso der Bericht vom 15. 5. 1942, ebenda.
128 Wirtschaftlicher Lagebericht vom 21. 6. 1942, ebenda. Zu berücksichtigen ist dabei, daß, wie das RüKdo Dortmund vermerkte, „der Bergbau nach den bestehenden Anweisungen stets die kräftigsten Männer aus den Russen-Transporten erhielt." (BA/MA RW 21-14/11, S. 14).
129 Wirtschaftlicher Lagebericht vom 22. 7. 1942, StAM BgA Dortmund A 4/48.
130 Wirtschaftlicher Lagebericht vom 31. 8. 1942, ebenda.
131 Protokoll der Direktoren-Besprechung der Zeche Hibernia, 27. 10. 1942, Bergbau-Archiv Bochum 32/740; vgl. auch Protokoll vom 2. 7. 1942, ebenda.
132 Wirtschaftlicher Lagebericht des Oberbergamtes Dortmund, 6. 2. 1943, StAM BgA Dortmund, A4/48.
133 Brief des Nikolai Udenko an seine ehemaligen Kollegen in Marl, Oktober 1981, zit. nach „Marler Zeitung" v. 29. 10. 1981; abgedr. in: Anne Mierswa, Birgitt Kühl: Kalmük und andere ... Aus dem Alltag sowjetischer Kriegsgefangener in Marl, S. 15, Beitrag zum Schülerwettbewerb Deutsche Geschichte, 1983, Archiv der Körber-Stiftung, Hamburg. Der Krankenstand der sowjetischen Kriegsgefangenen lag im September 1942 im Bergbau bei 10,17 %, Sozialpolitische Informationen der RVK Nr. 11 und 12/42, 1. 12. 1942, Dok. Nl 4113 (F).
134 RdSchr. der Bezirksgruppe Steinkohlenbergbau Ruhr der Wirtschaftsgruppe Bergbau, 4. 11. 1942, Dok. NIK 12172, Fall X, B 42.
135 Direktorenbesprechung Hibernia 7. 6. 1944, Bergbau-Archiv Bochum, 32/740.
136 Die Situation in den Kriegsgefangenenlagern im Reichsgebiet ist weitgehend unerforscht; Streit und Streim beziehen sich darauf nur am Rande. Die Zahlen über Hemer nach: Stalag VI A Hemer. Kriegsgefangenenlager 1939–1945, Dokumentation der Bürgerinitiative für Frieden und Abrüstung Hemer, Hemer 1982.
137 Vgl. dazu Zimmermann, Aufbruchshoffnungen. Junge Bergleute in den 30er Jahren; aufschlußreich auch die Berichte ehemaliger Bergleute in: Hochlarmarker Lesebuch, S. 43 ff.
138 Direktorenbesprechung Hibernia, 2. 7. 1942, 27. 10. 1942, 26. 11. 1942, Bergbau-Archiv Bochum 32/739.
139 RdSchr. der Bezirksgruppe Steinkohlenbergbau Ruhr an die Mitglieder, Nr. 43, 29. 1. 1943, BA R 10 VIII/56, Bl. 36 ff. (= Dok. NI 2934).
140 RdSchr. der Bezirksgruppe Steinkohlenbergbau Ruhr an die Bergwerksdirektoren Nr. 32, 19. 4. 1943, BA R 10 VIII/56, Bl. 41 ff. (= Dok. NI 2982).
141 Bericht des SD-Abschnittes Dortmund, 18. 5. 1942, StAM, Pol. Polizei 3. Reich 382.
142 Affid. Heinrich Berdi u. a., 4. 11. 1946, Dok. NI 3086.
143 Bericht eines Bergmanns, geb. 1913, zit. in: Hochlarmarker Lesebuch, S. 180. Daneben gab es an den Zechen auch „politische Stoßtrupps" und den „Erweiterten Werkschutz", die als terrorisierende Rollkommandos unter Tage wie in den Lagern auftraten; vgl. Direktorenbesprechung Hibernia, 3. 4. 1943, Bergbau-Archiv Bochum 32/740.
144 RdSchr. der Bezirksgruppe Steinkohlenbergbau Ruhr Nr. 51, 15. 6. 1943, BA R 10VIII/56, Bl. 42 ff. (= Dok. NI 2981).
145 RdSchr. der Bezirksgruppe Steinkohlenbergbau Ruhr Nr. 43, 29. 1. 1943, BA R 10 VIII/56, Bl. 33 ff. (= Dok. NI 2934).
146 „Anweisungen über den Einsatz der ‚Ausländer' im Steinkohlenbergbau", hg. vom Leiter der RVK, Pleiger, o. D. (1943), samt Erläuterungen, BA R 10 VIII/56, Bl. 49 ff. Der Begriff „Ausländer" wird hier bezogen auf sowjetische Kriegsgefangene, italienische Militärinternierte und Ostarbeiter.

Anmerkungen zu Kapitel VII, S. 264–272

147 Bericht des Betriebsinspektors Norkus für die Bezirksgruppe Ruhr über die durch den Einsatz sowjetischer Kriegsgefangener und Ostarbeiter gemachten Erfahrungen und Vorschläge für deren Leistungssteigerung vom 12. 4. 1943, Dok. NI 3042. Zur Strukturveränderung des Anlernprozesses in den letzten Kriegsjahren vgl. Kap. IX.2.
148 Weitere Gesichtspunkte wären die Differenziertheit und Technisierung des betrieblichen Ablaufs, die Erforderung von Geschicklichkeit statt physischer Kraft sowie die branchenspezifische Tradition der Anwendung körperlicher Gewalt – wie im Falle des Bergbaus. Um jedoch hier klarer urteilen zu können, wäre ein Vergleich zwischen dem Bergbau und – z. B. – der Hüttenindustrie notwendig, wozu mir aber eine ausreichende Quellengrundlage fehlt.
149 Zu den Fluchtmöglichkeiten vgl. Streim, S. 209 ff. sowie Kap. IX.4.
150 Nach: Dok, NI 5563, Fall XI, ADB III B.
151 Bericht des Präs. d. LAA Rheinland, 6. 4. 1943, StAM OP 5141.
152 Das ist auch im quellenkritischen Vergleich zu bestätigen. Während die Belege für Mißhandlungen in der Kruppschen GSF Extrakte eines künstlichen Quellenbestandes sind – nämlich der Anklagedokumente des Nürnberger Prozesses – sind die Bestände des Dortmunder Oberbergamtes und der Zeche Hibernia im Originalkontext belassen. Die Relevanz und Häufigkeit der Mißhandlungen ist in diesen Beständen also relativierbar. Um so stärker fällt dann die Regelmäßigkeit der Berichte über Mißhandlungen ins Gewicht.
153 Nach: Der Arbeitseinsatz im Großdeutschen Reich, Jg. 1942–1944.
154 Statistik des RMBuM v. 19. 9. 1942, BA R 41/228, Bl. 55.
155 Diesem Abschnitt liegen Erfahrungsberichte folgender Firmen und Institutionen aus dem Jahre 1942 zugrunde: Mitteldeutsche Motorenwerke Leipzig; Dynamit AG Nürnberg; Brunner Verzinkerei; Mannesmann Duisburg-Huckingen; Elektro- und Feinmechanische Industrie GmbH Hildesheim; GHH Sterkrade; Dornier-Werke München; Gummiwerke Fulda; Danziger Werft; Hugo Bender Zoppot; Rüstungsinspektionen Dessau, Nürnberg, Münster (alle IfZ MA 41). IG Farben-Landsberg, Leverkusen; Volkswagenwerk; Linke und Hoffmann Breslau; IHK Hanau; Maxhütte (alle: NI-Dokumente); IHK Bremen, Koblenz, Schneidemühl, Hamburg, Weimar, Oldenburg, Hessen (alle: BA R 11/1240 und 1241), Eisenwerke Oberdonau (BA R 41/273); Hermann Göring Werke (BA R 10 VIII); Fa. Karcher, Saargebiet (BA R 11/1241a); KTB der RüKdos Dortmund (BA/MA RW 21-14), Düsseldorf (RW 21-16), Essen (RW 21-18), Köln (RW 21-35); der Rüstungsinspektion VI, Münster, (RW 20-6); Wirtschaftliche Lageber. d. WiRüAmts (RW 4/v. 308).
156 Denkschrift der Fa. Karcher, Saargebiet, 13. 2. 1943, BA R 11/1241a, Bl. 56 ff.
157 Bericht der Dynamit AG Nürnberg vom 4. 3. 1942, IfZ MA 41; das Dortmunder RüKdo schrieb sogar: „Auf die Dauer lassen sich solche ausländischen Menschenmassen, wie sie in Deutschland zum Einsatz kommen müssen, nicht unter Zwang bei der Arbeit halten, ohne daß Leistung und Qualität leiden und Sabotage eintritt." (KTB RüKdo Dortmund, BA/MA RW 21-14/10, S. 15).
158 Bericht der Mitteldeutschen Motorenwerke, 12. 3. 1942, IfZ MA 41.
159 Bericht der Fa. Brunner Verzinkerei, 26. 6. 1942, IfZ MA 41.
160 Dornier-Werke München an Gestapo München, 9. 4. 1942, IfZ MA 41.
161 Bericht der Mitteldeutschen Motorenwerke, Leipzig, 12. 3. 1942, IfZ MA 41.
162 Z. B. bei den Linke-Hoffmann-Werken in Breslau, die zudem sowjetischen Kriegsgefangenen mit überdurchschnittlicher Leistung die doppelte Akkordverpflegung austeilten; Schreiben vom 18. 2. 1942, Dok. NI 5236.
163 Bericht der IHK Hessen an die RWK, 26. 8. 1942, BA R 11/1241, Bl. 96 ff.
164 Denkschrift der RWK, 11. 9. 1942, BA R 11/1241, Bl. 73.
165 Denkschrift der Fa. Karcher, Saargebiet, 13. 2. 1943, BA R 11/1241a, Bl. 56 ff.
166 Die Anlernzeit lag je nach Tätigkeit zwischen einer Woche und drei Monaten.
167 Der SD widmete dem Thema Ausländereinsatz im Laufe des Jahres 1942 nicht weniger als 32 z. T. ausführliche Berichte und Analysen – mehr als zu jedem anderen Thema, wenn man von den militärischen Ereignissen absieht; dazu Homze, S. 290 ff.
168 „Das Reich", 19. 7. 1942; vgl. MadR 23. 7. 1942, BA R 58/173, Bl. 175 ff., in dem auf das große Echo auf diesen Artikel von Goebbels hingewiesen wird.
169 MadR, 17. 8. 1942, BA R 58/174, Bl. 107 f.
170 Das Problem des „Rußlandbildes" in der deutschen Bevölkerung wurde so brennend, daß der SD in kurzen Abständen fünf längere Berichte und Analysen dazu vorlegte, in denen noch stärker als vorher die Auswirkungen des Einsatzes der sowjetischen Arbeitskräfte diskutiert wurde: MadR,

Anmerkungen zu Kapitel VII, S. 272–275

25. 9. 1942, BA R 58/175, Bl. 127 ff.; 12. 10. 1942, BA R 58/176, Bl. 93 ff.; 12. 11. 1942, BA R 58/177, Bl. 111 f.; 3. 12. 1942, BA R 58/178, Bl. 13 f.
171 MadR, 4. 6. 1942, BA R 58/172, Bl. 208 f.
172 MadR, 18. 6. 1942, BA R 58/172, Bl. 293 f.
173 Diese Haltung war innerhalb der Partei auch Ende des Jahres 1942 noch vorherrschend, vgl. Bericht der Gauleitung Sachsen v. 22. 12. 1942, IfZ MA 666.
174 MadR, 28. 5. 1942, BA R 58/172, Bl. 128 ff.
175 MadR, 30. 7. 1942, BA R 58/173, Bl. 251.
176 MadR, 17. 8. 1942, BA R 58/174, Bl. 114, 116 ff.
177 MadR, 28. 5. 1942, BA R 58/172, Bl. 128 ff.
178 Ebenda.
179 MadR, 25. 9. 1942, BA R 58/175, Bl. 127 ff.

VIII. Kapitel

1 „Das Reich", Nr. 47, 22. 11. 1942.
2 Protokoll einer Besprechung am 7. Januar 1943 in der Reichskanzlei, BA R 43 II/655, Bl. 140 f.; dazu: Bleyer, S. 70 ff.
3 Vgl. Bleyer, S. 78 ff., der sich hierbei auf die Protokolle der Sitzung der ZP stützt; sowie jetzt ausf. Eichholtz, Kriegswirtschaft, Bd. 2, S. 118-138; S. 226-247.
4 Auch die Bestallung des Infanteriegenerals von Unruh zum Sonderbeauftragten des Führers zur Effektivierung des „Menscheneinsatzes" in der Wehrmacht im April 1942 und die Ausweitung seiner Kompetenzen im November auf den zivilen Bereich (den er daraufhin überprüfen sollte, ob „alle Kräfte im Hinblick auf die Erfordernisse des Krieges zweckmäßig verwendet und voll ausgenützt sind") war angesichts der militärischen Entwicklung nicht viel mehr als eine Geste, ebenso wie die Ausweitung der Einberufung des Jahrgänge 1906 und 1907. Zu Unruhs Bestallung vgl. den Bericht vom 28. 9. 1942, BA R 43II/681, Bl. 5 f. und Anordnung des Führers über die Nachprüfung des Kriegseinsatzes vom 22. 11. 1942, ebenda, Bl. 180. Die Einberufungserweiterung geschah durch Führererlasse vom 19. 12. 1942 und 8. Januar 1943; Schreiben des OKW vom 27. 2. 1943, zit. bei Bleyer, S. 71. Zum Gesamtkomplex: Hildebrandt, Die Mobilisierung von Arbeitsreserven; Hupfauer, Mensch-Betrieb-Leistung; Kieslinger, Planmäßige Mobilisierung der Kriegsreserven im Arbeitseinsatz; Helms, Sozialistische Leistungssteigerung. Programmatisch: Sauckel, Totaler Arbeitseinsatz für den Krieg. ders.: Arbeitseinsatz im Rhythmus der Front (Rede), München 1944; zu den Einzelbestimmungen: Timm, Der totale Arbeitseinsatz. Überblick über die Etappen der nationalsozialistischen Arbeitseinsatzpolitik bis 1943: Wussow, Die Gestaltung des Arbeitseinsatzes in der deutschen Kriegswirtschaft.
5 Im Vereinigten Königreich stieg der Anteil der über 14jährigen beschäftigten Frauen von 27 % im Jahre 1939 auf 37 % 1943; in den USA bestand der Zuwachs an Arbeitskräften während des Krieges etwa zur Hälfte aus Frauen; in der Sowjetunion stieg der Anteil der weiblichen Zivilbeschäftigten von 38 % (1940) auf 53 % (1942); vgl. Milward, Der Zweite Weltkrieg, S. 222 f.; Winkler, S. 176 ff.

Tabelle 55: Weibliche Erwerbstätigkeit in Deutschland 1939–1944 („Altreich")

| | Beschäftigte deutsche Frauen | | | | | |
| | insgesamt | | in der gewerblichen Wirtschaft | | | |
	absolut	1939 = 100	absolut	1939 = 100	% aller Beschäftigten
Mai 1939	14,6 Mio.	100,0	2.749.005	100,0	25,1
1940	14,4 Mio.	98,6	2.657.931	96,7	26,5
1941	14,1 Mio.	96,6	2.702.285	98,3	26,0
1942	14,4 Mio.	98,6	2.598.220	94,5	26,0
1943	14,8 Mio.	101,4	2.736.608	99,5	25,7
1944	14,8 Mio.	101,4	2.708.061	98,5	25,0

nach Wagenführ, S. 139 ff. Zur Literatur: Kap. III.3, Anm. 75-86.

Anmerkungen zu Kapitel VIII, S. 276-279

6 Diese auch zeitgenössisch bereits weitverbreitete These wird in der neueren Literatur durchweg vertreten; man muß jedoch berücksichtigen, daß die statistischen Bemessungsgrundlagen in Deutschland und England offenbar verschieden waren; insbesondere, was die „Mithelfenden Familienangehörigen" anging. Stothfang v. GBA nahm in der ZP am 1.3.1944 dazu explizit Stellung und rechnete vor, daß England prozentual sogar unter dem deutschen Fraueneinsatz läge. Rechnet man die hohe Zahl der beim Roten Kreuz, in Wehrmachtsformationen und Arbeitsdienst eingesetzten Frauen hinzu, so ergeben sich doch einige Zweifel an der für die Einschätzung nationalsozialistischer Arbeitspolitik bedeutsamen These von der niedrigen Beschäftigungsrate deutscher Frauen (Stothfang in der ZP am 1. 3. 1944, BA R 3/1722, Bl. 24-27).

7 Sauckel hatte noch in seinem „Programm" vom 20. April 1942 verkündet: „Die deutsche Hausfrau, insbesondere die Landfrau, darf besonders als Mutter durch den Krieg in ihrer Gesundheit nicht geschädigt, sie muß daher, wenn irgend möglich, sogar entlastet werden." (Handbuch des GBA, S. 31); vgl. Winkler, S. 134 ff.

8 Hans Kehrl, einer der leitenden Mitarbeiter Speers, bemerkte in seinen Memoiren dazu, daß „bei richtiger Organisation, bei sinnvollem und rationellem Einsatz der Arbeitskräfte und bei Stillegung aller nicht dringend erforderlichen Beschäftigungen sowie bei Ausdehnung des Arbeitseinsatzes auf Frauen zusätzliche ausländische Arbeitskräfte in Deutschland nicht oder nur in geringer Zahl (Facharbeiter) benötigt würden." Kehrl, Krisenmanager, S. 343.

9 Die wichtigsten Berichte des SD zum Thema Frauenarbeit am 11. 8. 1941 (BA R 58/163), 26. 2. 1942 (BA R 58/169), 13. 7. 1942 (BA R 58/173), 17. 8. 1942 (BA R 58/174), 25. 9. 1942 (BA R 58/175).

10 Goebbels im „Reich" vom 24. Januar 1943, zit. nach Herbst, Totaler Krieg, S. 200. Man dürfe einerseits die Maßnahmen nicht verwässern, hieß es am 7. 2. 1943 in Goebbels „Ministerkonferenz", es müsse „andererseits vermieden werden, die öffentliche Behandlung in ein klassenkämpferisches Fahrwasser gleiten zu lassen"; Boelcke, Wollt Ihr den totalen Krieg, S. 438.

11 Vor allem wegen des Widerstands Görings; dazu: Moltmann, Goebbels' Rede zum totalen Krieg am 18. Februar 1943, S. 21.

12 Dazu Moltmann; Boelcke, Wollt Ihr den totalen Krieg, S. 416 ff.

13 BA R 43 II/662, Bl. 3 ff.; zum Gesamtkomplex vor allem Winkler, S. 134-153 sowie die präzise Darstellung bei Bleyer, S. 56 ff. Als Ausführungserlaß gab Sauckel am 27. 1. 1943 die „Verordnung über die Meldung von Männern und Frauen für Aufgaben der Reichsverteidigung" heraus, in: Handbuch des GBA, S. 135.

14 Vgl. Kap. VII. 4.

15 Goebbels auf der „Ministerkonferenz" am 4. 1. 1943, Boelcke, Wollt Ihr den totalen Krieg, S. 416.

16 Ministerkonferenz am 21. 1. 1943, ebenda, S. 424.

17 MadR, 1. 2. 1943, BA R 58/180, Bl. 1.

18 MadR, 4. 2. 1943, BA R 58/180, Bl. 44.

19 Ministerkonferenz am 21. 1. 1943, Boelcke, Wollt Ihr den totalen Krieg, S. 424.

20 Ministerkonferenz am 24. 1. 1943, ebenda, S. 425.

21 Ministerkonferenz am 24. 1. 1943, ebenda, S. 427. Am 12. Februar hieß es: „Der Kampf gegen den Bolschewismus und die Gefahr der Bolschewisierung Europas beschäftige heute Freund und Feind in der gleichen Weise . . . Mit dem Näherrücken der bolschewistischen Gefahr verstärke sich die Angst der Neutralen und das Zugehörigkeitsgefühl der mit uns befreundeten und verbündeten Staaten." Ebenda, S. 440.

22 Proklamation Hitlers am 30. 1. 1943, abgedr. bei Domarus, Bd. 2.2, S. 1977.

23 Notiz Ribbentrops vom 21. 3. 1943, zit. nach Deutschland im zweiten Weltkrieg, Bd. 3, S. 411. Vgl. die aufschlußreiche Darstellung über die Europapolitik ebenda, S. 409-417. Eine gründliche Untersuchung dieses historisch wie politisch interessanten und brisanten Themas steht noch aus; für den älteren Forschungsstand: Kluke, Nationalsozialistische Europaideologie.

24 Die Ausrichtung auf einen „defensiven" Abwehrkampf gegen den Bolschewismus wurde besonders deutlich in Hitlers zugespitzter Gegenüberstellung: „Entweder es siegen Deutschland, die deutsche Wehrmacht und die mit uns verbündeten Länder und damit Europa, oder es bricht vom Osten her die innerasiatisch-bolschewistische Welle über den ältesten Kulturkontinent herein, genauso zerstörend und vernichtend, wie dies in Rußland selbst schon der Fall war." Proklamation Hitlers am 30. 1. 1943 (Anm. 22).

25 Ministerkonferenz am 11. 2. 1943, Boelcke, Wollt Ihr den totalen Krieg, S. 440 f.

Anmerkungen zu Kapitel VIII, S. 279–285

26 Ministervorlage Tauberst vom 31. 1. 1943, GStAB 1 Js 4/64, Dok. B 71; vgl. als relativ frühen Vertreter dieser Konzeption: Gielen, Ostarbeiter im Reich.
27 Ministerkonferenz am 12. 2. 1943, Boelcke, Wollt Ihr den totalen Krieg, S. 441.
28 Vermerk über Besprechung am 10. 3. 1943 im Propagandaministerium, Dok. 315 PS, IMT Bd. 25, S. 346-348.
29 Geheimerlaß vom 15. 2. 1943, BA R 58/459, Bl. 278, abgedr. in Boelcke, Wollt Ihr den totalen Krieg, S. 441 ff.; vgl. auch Anatomie der Aggression, Dok. Hr. 37.
30 Ministerkonferenz am 5. 3. 1943, Boelcke, Wollt Ihr den totalen Krieg, S. 451.
31 Ministerkonferenz am 21. 1. 1943, ebenda, S. 427.
32 Dazu Dallin, S. 187 ff.
33 Ministerkonferenz am 20. 2. 1943, Boelcke, Wollt Ihr den totalen Krieg, S. 446.
34 Aufruf des GBA vom 28. 5. 1942, BA R 11/1240, Bl. 61.
35 Denkschriff des Auswärtigen Amtes vom 29. 6. 1942, in: Weltherrschaft im Visier, S. 138.
36 Vermerk über Besprechung am 10. 3. 1943, Dok. 315 PS, IMT Bd. 25, S. 346-348.
37 Ebenda.
38 Daß der Initiative des Propagandaministeriums enge Grenzen gesetzt waren, wurde auch in einer „Chefbesprechung" beim GBA am gleichen Tag deutlich: an eine Angleichung der Löhne der Ostarbeiter sei nicht zu denken, hieß es dort. Grundsatz der Lohnpolitik müsse die Erkenntnis sein, daß der Krieg verloren sei, „falls als Ergebnis dieses Krieges die Bewohner der besetzten und eroberten Gebiete an den Lebensstandard der Deutschen angeglichen würden". Gegen diese politische Maxime, die einen wesentlichen Aspekt der nationalsozialistischen Ausländerpolitik präzise zusammenfaßt, verstieß aber Goebbels' propagandistische Wende. (Chefbesprechung beim GBA, 31. 3. 1943, Dok. 021-PS, zit. nach Bleyer, S. 151).
39 Über diese Kontroverse kam es in der Sitzung des Ausländerarbeitskreises beim RSHA am 15.4.1943 zur offenen Konfrontation zwischen Gutterer und Kaltenbrunner, BA R 16/162.
40 Als RdSchr. 70/43 von der Reichskanzlei am 5.5.1943 verbreitet (z. B.: HStAD RW 37; HStAD Reg. Düss. 45357 u. ö.; Dok. 205 PS, IMT Bd. 25, S. 298 ff.) Als RdErl. des CDS-IV D 207/42 I (ausl. Arb.) – vom 11. Mai 1943, in: AES 2 A III f, S. 120 ff. Das Merkblatt selbst zeichnete mit Datum vom 15. 4. 1943 als Herausgeber – ein Novum – den „beim RSHA tagenden Arbeitskreis für die Behandlung von Ausländerfragen".
41 Das OKW hatte vergleichbare Anordnungen im Kontext der Nach-Stalingrad-Kampagne schon am 28. 1. 1943 für die sowjetischen Kriegsgefangenen erteilt. Erlaß des OKW/Chef Kgf. Allg. (Ia), Nr. 278/43 g, vom 28. 1. 1943, in: AES, 2 A IIIe, S. 73 ff.
42 Erlaß des CDS – IV D 207/42 I (ausl. Arb.) – vom 11. Mai 1943, in: AES 2 A III f., S. 120 ff.
43 Vereinbarung zwischen dem GBA und der DAF über die Einrichtung der Zentralinspektion vom 2. 6. 1943, in: Handbuch des GBA, S. 174. Vgl. auch: RdErl. des CDS – IV D Nr. 626/43 (ausl. Arb.) – über die Einrichtung der „Zentralinspektion für die Betreuung ausländischer Arbeitskräfte", AES 2 A III f., S. 124 f. sowie Aussage Baatz, GStAB 1 Js 4/64, Dok. Pc Bl. 100; „Vereinbarungen über die Gründung der ‚Zentralinspektion'", Unterlagen des Referats IV D (ausl. Arb.) GStAB 1 Js 4/64, Dok. C 26.
44 Vermerk Thieracks über Besprechung mit Himmler am 18. 9. 1942, Dok. 654 PS, IMT Bd. 26, S. 200 ff. Es hatte vorher schon auf unterer Ebene entsprechende Vereinbarungen gegeben, so zwischen der Stapoleitstelle Münster und dem Generalstaatsanwalt Hamm, die schon im Sommer 1942 vereinbart hatten, nur noch Fälle von Kleinkriminalität bei Ostarbeitern und Polen von der Justiz, alle „Verbrechen" jedoch von der Gestapo verfolgen zu lassen. Schreiben der Stapoleitstelle Münster an das RSHA, 17. 8. 1942, HStAD RW 36/10. Dazu: Majer, S. 627-684, sowie Kap. V.4.
45 Schreiben des RJM Thierack an Bormann, 13. 10. 1942, zit. nach GStAB 1 Js 4/64, Sachstandsvermerk S. 220. Thierack suchte dabei um die Zustimmung Hitlers zu diesem Vorgang nach, die dieser am 18. 10. ausdrücklich erteilte; vgl. Majer, S. 676-684; zu den weiteren Folgen dieses Schreibens: Klee, „Euthanasie" S. 358 f.: „Die Sonderbehandlung der ‚Asozialen' und Unzurechnungsfähigen (§ 42 StGB), der Kriegsneurotiker und der geisteskranken Ostarbeiter".
46 Erlaß des RSHA – IIA2 Nr. 394 IV/42(176) – vom 23. 10. 1942, GStAB 1 Js 4/64, Dok. A56; Erlaß des RSHA – IIA2 567/42 (176) – vom 5. 11. 1942, Dok. L316, IMT Bd. 38. „II A 2" war das sogenannte „Gesetzgebungsreferat" im RSHA.
47 Erlaß des RSHA vom 5. 11. 1942 (Anm. 46).

Anmerkungen zu Kapitel VIII, S. 285–289

48 Schreiben Thieracks an Himmler und an Bormann, 16. 11. 1942, GStAB 1 Js 4/64, Dok. B 74, Bl. 65 u. 68.
49 Kümmerlein (RJM) an Bender (RFSS), 4. 1. 1943; Bender an Müller (RSHA), 11. 1. 1943; Müner an Kümmerlein, 4. 2. 1943; Bender an Müller, 10. 3. 1943; GStAB 1 Js 4/64 Dok. B 74, Bl. 94 ff. und 108.
50 Niederschrift der Ansprache Thieracks im Protokoll über die Besprechung mit den Chefpräsidenten und Generalstaatsanwälten am 10. und 11. 2. 1943, GStAB 1 Js 4/64, Dok. V.17.
51 Sitzung des RSHA-Arbeitskreises, 31. 3. 1943, BA R 16/162.
52 Erlaß des RSHA – III A 5 b Nr. 187 V/43 (176-3) – vom 30. 6. 1943, AES 2 A III f, S. 131 ff.
53 Vgl. dazu „MadR 10. 6. 1943, BA R 58/185, Bl. 37; vom 22. 1. 1942 (BA R 58/168, Bl. 154) und vom 13. 12. 1943 (BA R 58/191, Bl. 79).
54 MadR 22. 1. 1942, BA R 58/168, Bl. 154. Ob die Zahl stimmt, ist nicht überprüfbar; vgl. Kap. IV.3 und V.6.
55 Erlaß des CDS – IV D 2 552/42 g (104) vom 17. 11. 1942, GStAB 1 Js 4/64, Dok. A 60.
56 Vgl. Klopp, Hinzert.
57 Erlaß des Reichskommissars für die Festigung des deutschen Volkstums vom 20. 2. 1943, GStAB 1 Js 4/64, Dok. XI, Bl. 21 f.; Erlaß des CDS – IV c 2 Allg. Nr. 42156 – vom 4.5.1943, ebenda, Dok. D 4, Bl. 39 ff. Der zuständige Sachbearbeiter im RSHA, Thomsen, sagte dazu später bei seiner Vernehmung (1967) aus: „Das Aussehen der Polen, das rassische Gutachten, waren für ihn (Himmler, U.H.) das Wichtigste. Sie retteten manchem Polen das Leben ... Später waren es die Arbeitsplatzsorgen von Himmler in KL, die ihn die Erlasse souverän mißachten ließen. Auf der anderen Seite konnte aber auch das Aussehen des Polen (,Untermensch') und sonstige besondere Umstände dazu führen, daß ein Pole auf seinen Befehl exekutiert wurde, obwohl höchstens KL in Betracht kam... Später kamen andere Umstände hinzu: Berichte über Bombenangriffe und Plünderungen und dergleichen, dann wurde ein Pole auch wegen einer Flasche Schnaps, die er etwa ,geplündert' hatte, auf Befehl von Himmler exekutiert. In seinen Entscheidungen war System nur schwer zu entdecken." (Vernehmung Thomsen, 19. 7. 1967, GStAB 1 Js 4/64 Dok. R 74).
58 Vgl. Streim, S. 161; dort auch die Erwägungen Himmlers, die sowjetischen Kriegsgefangenen insgesamt zu sterilisieren.
59 RFSS an Stapo(leit)stellen, 27. 11. 1944, BA R 58/1030, Bl. 330: Thomsen sagte dazu später aus: „Dieser Schnellbrief ist in meinen Augen der Grabgesang für das ganze Vorhaben. Es wurden Dinge abgebaut, die ohnehin nicht mehr stattfanden." Aussage Thomsen, 19. 7. 1967 (Anm. 57).
60 Bericht des NSDAP-Gaues Westfalen Nord, Amt für Volkstumsfragen, 16. 5. 1944, StAM, VDA 115.
61 Stellungnahme des Kardinal Bertram, Vorsitzender der Deutschen Bischofskonferenz, 5. 8. 1944, Doc. occ. X, Dok. I.44; schon seit 1942 wurde aber berichtet, daß polnische Paare in den Lagern von polnischen Priestern, die sich als Arbeiter nach Deutschland hatten anwerben lassen, heimlich getraut wurden. (Dies wurde mir auch mündlich von polnischen Geistlichen bestätigt.) Die nationalsozialistischen Behörden verfolgten solche Priester aus politischen Gründen, aber auch weil sie die dadurch sich häufenden Schwangerschaften polnischer Arbeiterinnen eindämmen wollten; vgl. MwsE, 15. 10. 1942, IfZ MA 442-2.
62 Vgl. Kap. V.4; Garn, Zwangsabtreibung, S. 39 f.
63 Erl. d. Reichsgesundheitsführers v. 11. 3. 1943, zit. in: Rd.Erl. d. RSHA und RKF v. 9. 6. 1943 betr. Schwangerschaftsunterbrechungen bei Ostarbeiterinnen, BA RD 19-3.
64 Erl. d. RSHA u. RKF v. 1. 8. 1943, AES 2 A III f., S. 141 ff.; Verf. d. Parteikanzlei v. 9. 12. 1943, betr. Schwangerschaftsunterbrechungen bei Polinnen und Ostarbeiterinnen, in: Doc. occ. IX, Dok. Nr. 176.
65 Auch in den Krupp-Akten findet sich über die Praxis der Schwangerschaftsunterbrechungen fast nichts. Am 10. März 1944 hieß es in einer Besprechung der Kruppschen Lagerführung mit der Essener Gestapo, daß „Schwangerschaftsunterbrechungen bei den Ostarbeiterinnen und Polinnen erwünscht sind. Die in Frage kommenden Personen sollen darauf hingewiesen werden, daß bei ihnen die Schwangerschaft unterbrochen wird, falls sie sich freiwillig melden zur Untersuchung." (Affid. von Bülow, 27. 6. 1947, NIK 11238, Fall X, B 42). Michaela Garn konnte für Hamburg zwischen dem 8. 10. 1943 und 25. 5. (!) 1945 insgesamt 619 Genehmigungen für Schwangerschaftsunterbrechungen bei Polinnen und Ostarbeiterinnen feststellen; (Garn, S. 39). Zu dieser Zeit waren in Hamburg sehr grob etwa 10.000 Arbeiterinnen aus Polen und der UdSSR beschäftigt. Die Tatsache, daß einer der Anträge von der Gutachterstelle abgelehnt wurde, weil die betreffende Frau nicht zustimmte, läßt Schlußfolgerungen über die Freiwilligkeit generell nicht zu. Zum Gesamtkomplex

Bock, Kap. VII.2, dort auch zur Frage der Zwangssterilisationen; über deren Durchführung gegenüber Ostarbeiterinnen und Polinnen ich zwar häufiger in Interviews Gerüchte erfuhr, jedoch keine entsprechenden Quellen habe ausfindig machen können.

66 Anregung einer Behörde aus dem Warthegau, o. O., o. D. (1942); zit. nach Doc. occ. IX, Dok. Nr. 137.
67 Vorlage des RSHA-Referats IV D 377/42 vom 23. 12. 1942, an Himmler, GStAB 1 Js 4/64, Dok. B77, Bl. 4-7; Erlaß des GBA vom 15. 12. 1942, BA NS 5 I/264; Fernschreiben Himmlers an das RSHA, 31. 12. 1942, GStAB 1 Js 4/64, Dok. B 77, Bl. 7.
68 RdErl. des RFSSuChdDtP – S IV D Nr. 377/42 (ausl. Arb.) – vom 27. 7. 1943, in AES, 2 A III f., S. 137 ff. Ein Beispiel für die Praktizierung dieses Verfahrens: in einem Schreiben des Beauftragten des Reichskommissars für die Festigung des deutschen Volkstums vom 15. 4. 1944 an das Amt für Volkswohlfahrt bei der NSDAP-Gauleitung Mainfranken heißt es: „Einem von der Kindesmutter gestellten Antrag auf Schwangerschaftsunterbrechung wurde nicht stattgegeben, weil mit einem rassisch guten Nachwuchs zu rechnen ist. Ich bitte, nach der Geburt des Kindes dieses in die Betreuung der NSV für gutrassige Kinder zu übernehmen." (Doc. occ. X, Dok. III.26) Vater und Mutter des zu erwartenden Kindes waren polnische Zivilarbeiter. Als Beispiel für das Verfahren bei einem „gutrassigen" Kind: Verordnung der HSSPF Nürnberg vom 15. 4. 1944, Dok. NO 4370, abgedr. in: Doc. occ. X, Dok. III.26; zum weiteren Schicksal dieser Kinder vgl. etwa die Erklärung der Alina Antczak vor dem Nürnberger Militärgericht. Alina Antczak war das Kind polnischer Zivilarbeiter, die aus Lodz stammten. Sie wurde als „Hilga Antzinger" im Erziehungsheim groß und schließlich von deutschen Pflegeeltern aufgezogen. Affid. v. 25. 8. 1947, Dok. NO 5131, Fall VIII, ADB 8 B.
69 Präs. des Gau AA Südbayern am 10. 1. 1944 an den GBA BA R 16/174. Von den 7.000 dort beschäftigten Ostarbeiterinnen waren 141 schwanger, von den 4.600 Polinnen 242. Vgl. die Klage der DAF-Leitung Essen über die hohe Zahl von Schwangerschaften bei Ostarbeiterinnen und die Forderung nach schärferen Kontrollen; Schreiben vom 24. 4. 1944, Dok. NI 3036.
70 MadR, 13. 1. 1944, BA R 58/192, Bl. 102 ff.
71 Affid. Kupke vom 27. 6. 1947, Dok. NIK 10766, Fall X, B 45. Affid. Ihn, 19. 7. 1947, Dok. NIK 11165, Fall X. Die Todesurkunden in Dok. NIK 2916, Fall X B 67 und NIK 13957, B 69. Die sehr reißerische Darstellung bei Manchester, S. 533-541, vermittelt den Eindruck einer planmäßigen Ermordung dieser Kinder; Manchester spricht vom „Kindermord von Buschmannshof", der durch das deutsche Personal durchgeführt worden sei. Diese Darstellung ist aus den Manchester und mir vorliegenden Quellen nicht zu belegen. Jedoch ist die Vermutung, daß unzureichende Verpflegung der Ostarbeiterkinder zu deren Tod beigetragen hat, naheliegend. Vgl. den Bericht über die Gesundheitsverhältnisse im Lager Voerde, 22. 4. bis 18. 8. 1944, Dok. NI 2971, Affid. Dr. Seynsche vom 22. 9. 1947, Dok. NIK 11755; und die Aussage des Wachmannes Wirtz vor Gericht, 18. 2. 1948, Fall X, Protokoll S. 4307 ff.; Affid. Wirtz, Dok. NIK 12237; die Aussage des Standesbeamten Vowinkel, Dok. NIK 12922; das Schreiben der Kruppschen Oberlagerführung vom 14. 11. 1944, Dok. NIK 15508; Aussage Döring, 31. 5. 1948, Fall X, Protokoll S. 10744; Aussage Schneider, 10. 6. 1948, Fall X, Protokoll S. 12424 ff.
72 Nach der Anklageschrift im Prozeß gegen die Heimleiterin und andere wegen Tötung durch vorsätzliche Nachlässigkeit, der vom 20. 3. bis 3. 4. 1946 in Braunschweig vor dem englischen Militärgericht stattfand. Judge Advocate General (JAG) 144, Anklage Bl. 5-9, ZStL.
73 Hilgenfeldt an Himmler, 11. 8. 1943, Dok. NO 4665, Fall XI, Nr. 336, Bl. 85 ff.
74 Das wird in brutaler Weise auch deutlich im Umgang der Nationalsozialisten mit „geisteskranken" Ostarbeitern, die – wenn sie als „unheilbar" galten – in den „Heil- und Pflegeanstalten" umgebracht wurden. Allein in Hadamar sind zwischen dem 29. 7. 1944 und dem 18. 3. 1945 mindestens 465 Ostarbeiter durch Giftinjektionen umgebracht worden; Klee, „Euthanasie", S. 364 ff.; Kuhlbrodt, Verlegt nach, S. 159; Aly, Die Menschenversuche, S. 184.
75 33. Sitzung der ZP, 16. 2. 1943, Dok. R 124, Fall XI, ADB 120, Bl. 103 ff. Ergebnisse der Besprechungen vom 22. und 23. 2. 1943 in der Reichskanzlei; zit. in: Deutschland im zweiten Weltkrieg, Bd. 3, S. 350.
76 Anordnung Sauckels für die Beauftragten für den Arbeitseinsatz in Frankreich, 11. 1. 1943, Dok. RF 1509, IfZ MA 123, Bl. 8130; vgl. AV über die Sitzung beim deutschen Militär-Befehlshaber in Frankreich in Gegenwart von Sauckel am 11. 1. 1943, Dok. PS 1342, IMT Bd. 27, S. 173 ff.
77 Aufzeichnung über die Besprechung zwischen Sauckel und Laval am 12. 1. 1943, Dok. RF 1509, If Z MA 123, Bl. 8176 ff.; Umbreit, Der Militärbefehlshaber in Frankreich, S. 326.

Anmerkungen zu Kapitel VIII, S. 292-295

78 Deutschland im zweiten Weltkrieg, Bd. 3, S. 388.
79 Bericht Sauckels an Hitler, 6. 4. 1943, Dok. PS 407 VIII, IMT Bd. 26, S. 11; vgl. auch seinen Bericht vom 24. 2. 1943, Dok. PS 556 (25), IMT Bd. 26, S. 153. Die tatsächlichen Einsatzzahlen sind allerdings niedriger und liegen für das ganze Jahr 1943 bei etwa 280.000, vgl. Tab. 39. Vgl. die Rede des französischen Generalkommissars Bruneton über die neuen Maßnahmen: Pariser Zeitung Nr. 46 vom 15. 2. 1943, abgedr. in: Ursachen und Folgen, Bd. 18, S. 691, sowie den Bericht der Pariser Zeitung Nr. 249, vom 31. 5. 1943, in: ebenda, S. 693. Zum Gesamtkomplex vgl. ausführlich Evrard, S. 33 ff. und 143 ff.
80 Anweisung des OKW, Chef Kgf.-Allg. II-Org. III Nr. 3671/43, vom 20. 4. 1943: „Kennwort: ,Erleichtertes Statut'" mit Bescheinigung und Merkblatt für beurlaubte französische Kriegsgefangene, in: AES, 2 A IIIe, S. 115 ff. Vgl. den Bericht des GBA vom 30. 6. 1943, BA R 41/29, Bl. 128 ff., in dessen Anhang das „Erleichterte Statut" erläutert wird.
81 22. Sitzung der ZP, 22. 4. 1943, Dok. R 124, IMT Bd. 38.
82 Umbreit, Militärbefehlshaber, S. 327; Deutschland im zweiten Weltkrieg, Bd. 3, S. 390.
83 Schon auf der Sitzung der ZP am 22. 4. 1943 (Anm. 81) war festgestellt worden, daß „in allen Gebieten rund um Deutschland herum in den letzten Wochen sich außerordentlicher Widerstand von Seiten der Angeworbenen" gegen die deutschen Anwerbemaßnahmen geregt habe, die „mehr oder weniger eine Polizeifrage" geworden seien.
84 Bericht des GBA über den Arbeitseinsatz vom 1. 1. bis 30. 6. 1943, BA R 41/29, Bl. 128 ff.
85 Pfahlmann, S. 86.
86 Der Arbeitseinsatz im Großdeutschen Reich, Jg. 1942-1944.
87 Telegramm Sauckels an Hitler, 13. 8. 1943, Dok. 556(43) PS, IMT Bd. 26, S. 158 f.
88 Richtlinien des GBA zur Durchführung der 4. Sauckel-Aktion vom 31. 8. 1943, Dok. NI 449, Fall X; vgl. Umbreit, S. 330, und den Bericht des Chefs der Militärverwaltung des Militärbefehlshabers in Frankreich „Der Beitrag des französischen Raumes zur Kriegswirtschaft" vom Herbst 1943, Dok. D 524, IMT Bd. 35, S. 150.
89 Speer und Kehrl betonen in ihren Erinnerungen diese Konfrontation mit Sauckel sehr stark, wohl auch deshalb, weil sie dadurch ihren „Widerstand" gegen Sauckels „Unverstand, seinen Größenwahnsinn und die Brutalität, mit der er seine Maßnahmen glaubte erzwingen zu müssen" (Kehrl, Krisenmanager, S. 351) unter Beweis zu stellen versuchen – schließlich sind beide in Nürnberg vor allem wegen des Anklagepunkts „Sklavenarbeit" verurteilt worden. Zieht man diese Absicht beider Autoren in Betracht, so gewinnt man aus den Darstellungen gleichwohl einen interessanten Einblick in die Struktur deutscher Arbeitseinsatz-Politik. (Speer, Erinnerungen, S. 322-324; Kehrl, Krisenmanager, S. 341-352). Janssen, der diese Kontroverse ebenfalls sehr breit darlegt und ganz aus der Sicht des jungen Rüstungsministers die Machenschaften des brutalen Gauleiters kritisiert, folgt weitgehend der Darstellung Speers. Zur Kritik der Memoiren Speers und Kehrls: Eichholtz, Manager des staatsmonopolistischen Kapitalismus; zum Kontext der Kontroverse auch Milward, French Labor and the German Economy.
90 Vgl. die Vorlage des Planungsamtes RMRuK für Speer vom 21. 10. 1943, BA R 3/1821, Bl. 435-443.
91 Vgl. AV Speers vom 23. 11. 1943, BA R 3/1821, Bl. 416 ff., in dem Speer seine Argumentation gegen Sauckel zusammenfaßt, u. a. aber ausführt, „daß ich der schärfste Verfechter einer rücksichtslosen Aushebung von Arbeitern der besetzten Westgebiete sein werde, wenn es sich bis Mitte 1944 herausgestellt haben sollte, daß die mit der französischen Regierung vereinbarten Lieferungen nicht in dem vorgesehenen Umfang angelaufen sind." (Bl. 418 f.).
92 Kehrl, Krisenmanager, S. 350. Sauckel scheint sich über die Bedeutung der Errichtung dieser sog. „Sperr-Betriebe" anfangs nicht im klaren gewesen zu sein; vgl. ebenda, S. 345.
93 Ebenda, S. 349. Vgl. Vermerk Speers zu Sauckels „Bericht an den Führer" über den Arbeitseinsatz der Ausländer im Jahre 1944 von Ende November 1943, BA R 3/1821, Bl. 397 ff. (vgl. Anm. 5 und 6). Hier sind offenbar aber auch die verschiedenen „Dienste" beim Roten Kreuz, dem Luftschutz usw. mit einbezogen.
94 Sauckel an Hitler, 2. 12. 1943, BA R 3/1821, S. 278 ff. Speers Entgegnung vom 16. 12. 1943, BA R 3/1821, S. 346 ff.
95 Speer, Erinnerungen, S. 323.
96 Besprechung bei Hitler am 4. 1. 1944, Dok. PS 1292, IMT Bd. 27, S. 104 ff.
97 Kehrl, Krisenmanager, S. 347.

Anmerkungen zu Kapitel VIII, S. 295-298

98 53. Besprechung der ZP am 16. 2. 1944, zit. nach Janssen, S. 129. Sauckel hatte am Tag nach der Sitzung bei Hitler aus der „Führerweisung" sein „Programm" entwickelt. Die vier Millionen zusätzlichen Arbeitskräfte sollten so zusammenkommen: 1,5 Mio. Italiener, 1 Mio. Franzosen, je 250.000 Belgier und Holländer, 600.000 Ostarbeiter und Polen, 100.000 sonstige und 500.000 aus deutscher Reserve; Sauckel an Lammers, 5. 1. 1944, Dok. PS 1292, IMT Bd. 27, S. 107 ff.
99 Kehrl, Krisenmanager, S. 347.
100 54. Besprechung der ZP am 1. 3. 1944, Protokoll BA R 3/1722, Bl. 67 f. Auf dieser Sitzung, deren Protokoll eines der interessantesten Dokumente der deutschen Arbeitseinsatzpolitik darstellt, hatte Sauckel in einer 20seitigen Rede seinen Mißerfolg zugeben müssen.
101 Ebenda, Bl. 8; vgl. auch den Bericht des Gesandten Hemmen v. 15. 2. 1944 über „die Entwicklung unserer wirtschaftspolitischen Beziehungen zu Frankreich im Jahre 1943 und ihre außenpolitischen Rückwirkungen", der den „Zusammenbruch" des deutschen Arbeitseinsatzes in Frankreich nach dem „Verrat" Italiens bestritt und berichtet, allein der Name „Sauckel" habe in Frankreich einen „bösen Klang"; Dok. PS 1764, Fall XI, ADB 92, Bl. 10-14.
102 Speer an Sauckel, 11. 3. 1944, Dok. Speer Nr. 32, IMT Bd. 41, S. 442; Sauckel an Hitler, 17. 3. 1944; Speer an Hitler, 5. 4. 1944, Dok. PS 3819, IMT Bd. 33, S. 179 ff.; Besprechung bei Hitler, 25./26. 4. 1944, BA R 3/1821, Bl. 157 ff. Erlaß Speer und Sauckel zur Abgrenzung der Aufgaben zwischen GBA und RMRuK, Dok. PS 4006; Führerbesprechung am 6./7. 4. 1944, Aufzeichnung Saur, BA R 3/1509, Punkt 20.
103 Chefbesprechung in der Reichskanzlei am 11. 7. 1944, Dok. PS 3819, IMT Bd. 33, S. 186 ff.
104 GBA-Programm vom 12. 7. 1944, BA R 43 II/651.
105 Der Arbeitseinsatz im Großdeutschen Reich, Jg. 1942-1944.
106 Zu den Verhältnissen bei plötzlichen Rückzügen der Wehrmacht in Bezug auf die Arbeitererfassungen vgl. Deutschland im zweiten Weltkrieg, Bd. 4, S. 175 f.
107 So war etwa das gesamte Gebiet um Minsk für Anwerbungen gesperrt, weil hier starke Partisanengruppen operierten. Sauckel bestritt den Zusammenhang zwischen Anwerbungen und Partisanentätigkeit: „Durch den Arbeitseinsatz in Deutschland und in den besetzten Gebieten sind höchstens Arbeitslosenhorden zu einer nützlichen Beschäftigung gebracht worden. Wäre das nicht geschehen, wären sie Partisanen geworden." Rede Sauckels auf der 54. Sitzung der ZP am 1. 3. 1944, BA R 3/1722, Bl. 18.
108 33. Besprechung der ZP am 16. 2. 1943, Dok. R 124, Fall XI, ADB 120, Bl. 104.
109 Stabsbesprechung beim GBA am 23. 3. 1943, zit. nach Deutschland im zweiten Weltkrieg, Bd. 4, S. 486; „freiwillige Meldungen seien in Europa kaum noch zu verzeichnen", stellte er eine Woche später fest; Chefbesprechung beim GBA am 30. 3. 1943, Dok. PS 21, Fall XI, ADB 89.
110 AV Berger (RFSS) über Besprechung im RMO am 14. 7. 1943, GStAB 1 Js 4/64, Dok. V.14 (= Dok. NO 3370), vgl. Übersicht über Zahl der „Hilfswilligen" der Heeresgruppe Nord vom 5. 1. 1943, BA R 41/272, Bl. 109 f.; zum Gesamtkomplex vgl. Dallin, S. 549 f. („Viele Unteroffiziere und Leutnants hatten ‚ihre eigenen Ivans'" – Zitat eines Beobachters; ebenda, S. 549). Nach Dallin lag die Gesamtzahl der „Hiwis" im Frühjahr 1943 bei einer halben Million!
111 Der Arbeitseinsatz im Großdeutschen Reich, Jg. 1942-1944.
112 In besonders zugespitzter Weise wurde diese Haltung vom Reichskommissar für die Ukraine, Koch, vertreten; vgl. etwa seine Rede in Kiew am 5. 3. 1943, IMT, Bd. 27, S. 10.
113 Besprechung Görings mit den Reichskommissaren der besetzten Ostgebiete am 28. 4. 1943, Dok. NG 3392.
114 AV über Besprechung zwischen Hitler und Rosenberg am 24. 5. 1943, zit. nach Deutschland im zweiten Weltkrieg, Bd. 3, S. 345.
115 Himmler an Rosenberg, 16. 6. 1943, GStAB 1 Js 4/64, Dok. V.9.
116 Rede Himmlers bei der SS-Gruppenführertagung in Posen, 4. 10. 1943, Dok. PS 1919, IMT Bd. 29, S. 110 ff.
117 Dazu Vermerk Rosenbergs über Besprechung mit Sauckel am 15. 4. 1943, GStAB 1 Js 4/64, Dok. II.13; Bericht des Leiters Ost im RMVP vom 2. 7. 1943, BA R 55/1291, Bl. 141 f.; Denkschrift des Stadtkommandanten von Kauen vom 18. 2. 1944, Dok. PS 204, zit. in Czollek, Zwangsarbeit und Deportationen, S. 64; Befehl des Kommandeurs des Sonderkommandos IVa, Christensen, an Kdo-Führer der SD-Außenkdos. vom 19. 3. 1943, Dok. PS 3012, IMT Bd. 31, S. 493 f.; Bericht des OKH, Abt. Kriegsverw. vom 13. 7. 1943 über die „Arbeitererfassung im Osten", BA R 55, 1483, Bl. 29-36; Schreiben des Luftflottenkdos. IV an Chef des Generalstabs vom 21. 9. 1943, BA R 55/1483, Bl. 44

ff.; Besprechung Rosenbergs mit Gen. Kom. Leyser, 17. 6. 1943, Dok. PS 265, IMT Bd. 25, S. 319 ff.; Berichte an den Reichskommissar der Ukraine und den Generalkommissar in Shitomir, November und Dezember 1943, Dok. PS 288, IMT Bd. 25, S. 324 ff.; Anweisung des 43. Armeekorps zur Zwangsanwerbung vom 2. 6. 1943, Dok. NOKW 2323, abgedr. bei Müller, Deutsche Besatzungspolitik in der UdSSR, Dok. Nr. 128; Bericht des Festungs-Pionierstabs 7 vom 6. 3. 1944, Dok. NOKW 2531, ebenda Nr. 132.

118 Der Reichskommissar der Ukraine an RMO, 29. 10. 1943, Dok. PS 290, IMT Bd. 25, S. 330 f.; vgl. auch die Hinweise auf die Genehmigung des Niederbrennens von Häusern und Gehöften bei der Reichswerbung durch „Geheime Arbeitsanweisung für Arbeitseinsatzstäbe im Generalbezirk Kiew" im Schreiben des Anwerbebeauftragten Raab an RMO vom 7. 6. 1944, Dok. PS 254, IMT Bd. 25, S. 313 ff., hier S. 316.
119 Schreiben Raab an RMO, 7. 6. 1944 (Anm. 118), S. 314 und 316.
120 MadR, 19. 4. 1943, BA R 58/181, Bl. 120 ff.
121 Die Bestimmungen waren für die einzelnen Gebiete unterschiedlich; vgl. Anweisung des Oberkommandos der 6. Armee vom 10. 4. 1943, Dok. NOKW 2732, Müller, Besatzungspolitik, Dok. Nr. 126; Durchführungsbestimmungen des OKH über die jahrgangsweise Einziehung vom 20. 4. 1943, ebenda, Dok. Nr. 127; Befehl des Oberkommandos der zweiten Armee vom 24. 6. 1943, ebenda, Dok. Nr. 129; Befehl der dritten Panzerarmee vom 19. 7. 1943, Dok. NOKW 2340, ebenda, Dok. Nr. 130.
122 „Arbeitseinsatz-Programm für die europäischen Staaten" des GBA vom 12. 7. 1944, BA R 43 II/651, Bl. 971 ff.
123 Vermerk des Chefs des Führungsstabes Politik, 12. 6. 1944, Dok. PS 31, IMT Bd. 25, S. 88 ff. Auch im Gebiet der Heeresgruppe Ukraine-Nord wurden derartige „Abschöpfungsmaßnahmen" vorbereitet; vgl. Schreiben Weissauers an Bräutigam vom 19. 4. 1944, Dok. NOKW 018; teilweise abgedr. bei Dallin, S. 603.
124 Meyer (RMO) an Sauckel, 11. 7. 1944, IMT Bd. 25, S. 289; RMO an Lammers, 20. 7. 1944, IMT Bd. 25, S. 362 f.; vgl. Dallin S. 603.
125 Bericht Nickels an den RMO vom 19. 10. 1944, Dok. 1137 PS, IMT Bd. 27, S. 12 ff.; die meisten von ihnen kamen dann zu den Junkers-Werken.
126 Berechnet nach: Der Arbeitseinsatz im Großdeutschen Reich, Jg. 1944; vgl. Eichholtz, Kriegswirtschaftliche Resultate.
127 Bericht Franks an Hitler, 19. 6. 1943, Dok. PS 437, IMT Bd. 26, S. 15 ff., hier S. 31.
128 Nach: Der Arbeitseinsatz im Großdeutschen Reich, Jgge. 1940–1944. Berechnungsgrundlage: 1939/40: Stand vom 30. Januar 1941; 1941: 30. Dezember 1941; 1942: 30. November 1942; 1943: 30. November 1943; 1944: 31. August (Kriegsgefangene) bzw. 30. September 1944; dazu: Meinhold, Die Arbeiterreserven des Generalgouvernements; Frauendorfer, Die Arbeitskräfte des Generalgouvernements.
129 Tabelle 56: Zunahme der Zahl beschäftigter ausländischer Arbeitskräfte und Kriegsgefangener zwischen November 1942 und September 1944

Ostarbeiter	+ 1.049.358	+ 1 193 382	
Sowjetische Kriegsgefangene	+ 144.024		
Polen	+ 257.771		+ 1.571.245
„Protektorats"-Angehörige	+ 83.076		
Ukrainer	+ 37.016		
Französische Zivilarbeiter	+ 511.903	+ 180.174	
Französische Kriegsgefangene	– 331.729		+ 349.402
Holländer	+ 100.780		
Belgier	+ 68.448		
Italienische Zivilarbeiter	+ 88.644	+ 515 882	
Italienische Kriegsgefangene	+ 427.238		
Sonstige	+ 31.655		
	2.468.184		

Die Zahlen sind insofern irreführend, als Zu- und Abgänge gegeneinander aufgerechnet sind und von daher die Zahl der Anwerbungen erheblich höher lag. Nach: Der Arbeitseinsatz im Großdeutschen Reich, Jgge. 1942–1944. Zum Vergleich: Nach den Angaben der Anwerbekommissionen wurden von Januar 1943 bis einschließlich Juni 1944 165.915 Belgier, 353.784 Franzosen und 70.460 Italiener angeworben (nach Pfahlmann, S. 76 ff.). Nach den Arbeitseinsatz-Meldungen erhöhte sich die Zahl der Belgier in diesem Zeitraum hingegen nur um 76.182; die der Italiener um 46.130, die der Franzosen unter Einbeziehung der Umwandlung von 250.000 Kriegsgefangenen in Zivilarbeiter um etwa 275.000.

130 Himmler auf einer Befehlshabertagung am 14. Oktober 1943, zit. nach Kuby, S. 234.
131 Schreiben des Reg. Präs. von Oberbayern, 9. 8. 1943, fit. nach Steinert, S. 394.
132 Vgl. die MadR vom 8. 7. 1943 (BA R 58/185); 29. 7. 1943 (BA R 58/186); 16. 8. 1943 (BA R 58/187); Herbst, Totaler Krieg, S. 231 ff.; Steinert, S. 392 ff.; Deutschland im zweiten Weltkrieg, Bd. 4, S. 370 f.
133 Zur Entwaffnung und Überführung der italienischen Soldaten vgl. Kuby, S. 245 ff. Kubys Buch ist allerdings in weiten Teilen eher eine personalistische und oft reißerische Auseinandersetzung mit Mussolini und seiner Geliebten; die Passagen über das Los der italienischen Militärinternierten (S. 295-312) haben kaum analytische Qualitäten und sind in der Darstellung unzuverlässig. Aus den 600.000 Internierten in deutschem Gewahrsam, von denen etwa 450.000 zur Arbeit eingesetzt wurden, werden z. B. im Klappentext des Buches 600.000 italienische Soldaten, die die Deutschen in „Konzentrationslager nach Polen abtransportierten".
134 Die italienischen Soldaten wurden in drei Gruppen eingeteilt. Diejenigen, die weiter für Deutschland kämpfen wollten, sollten in Kompaniestärke in die deutschen Verbände eingegliedert werden; alle, die das nicht taten, wurden unter der Bezeichnung „italienische Militärinternierte" in Deutschland zum Arbeitseinsatz gebracht. Italienische Soldaten, die „aktiven oder passiven Widerstand leisteten oder mit Banden paktierten", waren für den Einsatz im „Osten" vorgesehen, während die Offiziere zu erschießen waren. Vgl. RdSchr. der Parteikanzlei Nr. 55/43 g RS., vom 28. 9. 1943, Dok. PS 657, Fall X, B 52.
135 MadR 9. 12. 1943, BA R 58/191, Bl. 105 ff.
136 Vgl. Kap. V.l sowie Timm, Italienische Arbeitskräfte in Deutschland.
137 MadR 9. 12. 1943, BA R 58/191, S. 109.
138 MadR, 28. 12. 1943, BA R 58/191, Bl. 69 ff. Diese Haltung der Bevölkerung zog sich bis Kriegsende durch. Während der SD im Januar meldete, daß die Einstellung der Deutschen gegenüber den Feinden durchaus nicht von Vernichtungswillen gekennzeichnet sei, seien „ausgesprochene Haßgefühle in allen Reichsteilen und Bevölkerungsschichten *gegen* ein Volk, nämlich die Italiener festzustellen ... Der *Haß gegen das italienische Volk* entspringe einer innersten Empfindung, die zwar durch die deutsche Propaganda vorübergehend zurückgedrängt war, nach dem 25. 7. 1943 aber *spontan wieder zum Ausdruck kam."* (MadR, 7. 1. 1944, BA R 58/192, Bl. 15).
139 MadR, 13. 9. 1943, BA R 58/188, Bl. 91 ff. Am 10. Juni 1940 hatte Italien Frankreich den Krieg erklärt, nachdem es bereits geschlagen war. Roosevelt hatte damals formuliert, Italien habe seinem niederbrechenden Nachbarn den „Dolch in den Rücken gestoßen".
140 FAH Rheinhausen an RüKdo. Essen, 29. 3. 1944, Fall X, Dok. NIK 15446; vgl. Protokoll des „Fabrikkontoraussschusses" der IG-Farben Leverkusen vom 16. 3. 1944, Dok. NI 1071, Fall VI, ADB 70. Bericht des Wehrkreisarztes Fromme (o. D., Frühjahr 1944), an die Bezirksgruppe Steinkohlenbergbau Ruhr vom 22. 6. 1944; danach lag der Krankenstand der Italiener im Wehrkreis bei 14 %, BA R 10VIII/56, Bl. 58 f. (= Dok. NI 2935); KTB RüKdo Düsseldorf, September 1943, BA/MA RW 21-16/14, S. 15; KTB RüKdo Dortmund, 31. 12. 1943, RW 21–14/16, S. 28 f.; ebd.; Oktober 1943, S. 46 f.; ebd.; 31. 3. 1944, RW 21–14/17, S. 28 f.; Januar 1944, ebd., S. 42/43.
141 Befehl des OKW, Chef Kgf. vom 28. 2. 1944, BA R 3/1820, Bl. 114. Hitler waren zuvor Berichte über die „Faulheit" der Italiener zu Ohren gekommen: dazu Streit, S. 265 f.; sowie die Durchführungsbestimmungen zu diesem Befehl bei den IG-Farben Leverkusen vom 3. 4. 1944, Dok. NI 7073, Fall VI, ADB 70.
142 Zu den Sterblichkeitsraten Streit, S. 246 ff.
143 Sauckel an Lammers, 5. 1. 1944, Dok. PS 1292, IMT Bd. 27, S. 107 ff.
144 54. Sitzung der ZP, 1. 3. 1944, BA R 3/1722.
145 Protokoll (Lammers) über Chef-Besprechung zu Arbeitseinsatzfragen bei Hitler am 25. 4. 1944, BA R 43II/651, Bl. 55 ff. Das Protokoll des RMRuK in BA R 3/1821, Bl. 157 ff.
146 Vereinbarung vom 21. 5. 1944, BA R 43II/651, Bl. 225 f.
147 Sauckel an Reichskanzlei, 2. 7. 1944, BA R 43 II/651, Bl. 243.
148 Chef-Besprechung bei Hitler am 11. 7. 1944, Dok. PS 3819, IMT Bd. 33, S. 186 ff.

149 Ebenda, S. 189.
150 Die ablehnende Haltung Hitlers im Protokoll der Chef-Besprechung vom 25. 4. 1944 (Anm. 145). Die Änderung in der Haltung gegenüber den „Imis" war offenbar schon vor dem Besuch des „Duce" am 20. 7. 1944 bei Hitler beschlossen worden und wurde nur propagandistisch auf dessen erneutes Drängen zurückgeführt.
151 Der Überführungsbefehl: Anordnung des OKW/WFst vom 3. 8. 1944, Dok. NOKW 982, Fall X, B 52 und vom 12. 8. 1944, BA R 43 II/682 b, Bl. 62, die Anordnung der Verpflegungszulagen: Erlaß des GBA vom 24. 7. 1944, ARG 657/44, BA RD 89/15.
152 Homze, S. 147 f.; Deutschland im zweiten Weltkrieg, Bd. 4, S. 485 ff.
153 Rede des GBA bei der Gauleitertagung vom 5./6. 2. 1943; Dok. PS 1739, IMT Bd. 27, S. 584; vgl. das RdSchr. des GBA an alle Gauleiter der NSDAP vom 15. 3. 1943, Handbuch des GBA, S. 63 ff., und das „Merkblatt des GBA für Betriebsführer, Betriebsobmänner und Unterführer in den Betrieben" vom 21. 6. 1943, AES 2 A IIIe, S. 95; sowie Sauckels bombastisches „Manifest" vom 20. 4. 1943 („Am Geburtstag des Führers, im Flugzeug über den besetzten sowjetrussischen Gebieten verfaßt"), Handbuch des GBA, S. 84 ff.
154 „Arbeitseinsatz der Ostarbeiter in Deutschland", hg. vom AWI der DAF, Berlin, Mai 1943, BA R 41/274, Bl. 61-84. Von Seiten der GBA-Behörde wurde der Bericht jedoch als ungeeignet bezeichnet und sowohl die Untersuchungsmethoden als auch die Ergebnisse heftig kritisiert, AV Petzold (GBA), 3. 6. 1943, BA R 41/274, Bl. 85 ff.; vgl. auch die Broschüre „Anlernung und Umschulung im Betrieb – Richtlinien für die Ausbildung der deutschen und fremdvölkischen Arbeitskräfte", hg. von der DAF, Amt für Leistungsertüchtigung, Berufserziehung und Betriebsführung, Berlin, Mai 1943, BA R 3/1820, S. 462 ff.
155 „Arbeitseinsatz der Ostarbeiter in Deutschland" (Anm. 154), Bl. 90 ff.
156 Erlaß des GBA („Einsatz der Ostarbeiter; hier: Erzielung von Leistungssteigerungen durch zweckvollen betrieblichen Einsatz und richtige Betreuung") an die Präs. der LAÄ vom 1. 4. 1943, BA R 58/1030, Bl. 205 ff.; dieser grundlegende Erlaß forderte genaue Eignungsuntersuchungen und fortwährende Leistungsbeobachtung der Ostarbeiter, Leistungsernährung in drei Leistungsklassen, Verbesserungen der Krankenversorgung, Kampf gegen „Arbeitsbummelanten" sowie verbesserte Arbeits- und Lebensbedingungen der Ostarbeiter.
157 Schorn, Die praktische Durchführung eines Ausleseverfahrens für den Ausländereinsatz; vgl. Ansbacher, Testing, Management and Reactions of Foreign Workers; ders., The problem of interpreting attitude survey data.
158 Erlaß des GBA vom 1. 4. 1943 (Anm. 158), S. 206 f.; dazu Hinrichs/Peter, Industrieller Friede? v. a. S. 74 ff.; sowie Hinrichs, Um die Seele des Arbeiters, S. 290-302.
159 Vgl. dazu Haas, Auswahl und Einsatz, S. 49 ff.
160 „Arbeitseignung und Leistungsfähigkeit der Ostarbeiter in Deutschland", hg. vom AWI der DAF, MS, Berlin, März 1944, S. 32.
161 Franzosen: MadR, 22. 4. 1943, BA R 58/182, S. 131 ff.; Briten: MadR, 12. 8. 1943, BA R 58/187, S. 79 ff.; Ostarbeiter: MadR, 7. 10. 1943, BA R 58/159, S. 75 ff.
162 So gab der Ministerialdirektor im RAM, Börger, auf einer Sitzung im RAM am 6. 4. 1943 bekannt; GStAB I Js 4/64, Sachstandsvermerk, S. 212.
163 Himmler an Rosenberg, 30. 6. 1943, GStAB 1 Js 4/64, Sachstandsvermerk, S. 216 f.
164 Erlaß des RFSSuChdDtP, 29. 6. 1943, GStAB 1 Js 4/64, Dok. A 73. In einem RdSchr. der DAF war die „dritte Stufe" bereits angekündigt worden, das Abzeichen „Ost" sollte hier „bordeauxrot" sein; Schnellbrief der DAF-Reichsleitung vom 24. 6. 1943, BA NS 5 I/264.
165 GBA an LAÄ, 14. 7. 1943, GStAB 1 Js. 4/64, Dok. II.12.
166 Anordnung des GBA Nr. 11 vom 27. 7. 1943, Handbuch des GBA, S. 103 f.
167 Vortrag Jodl vor den Reichs- und Gauleitern in München, 7. 11. 1943, Dok. L 172. IMT Bd. 37, S. 630 ff. hier S. 663; zum Gesamtkomplex Dallin, S. 547-600.
168 Zu Wlassow: Volkmann, Das Vlasov-Unternehmen.
169 Befehl des 43. Armeekorps über „Behandlung von Bevölkerung, Banden und Wirtschaftsgütern", 14. 3. 1943, Dok. NOKW 515, zit. bei Dallin, S. 564.
170 OKH an GBA und RFSS, 9. 8. 1943, GStAB 1 Js 4/64, Dok. II.12.
171 Sitzung des RSHA-Arbeitskreises, 17. 6. 1943, BA R 16/162.
172 Vgl. dazu auch die Kritik Bräutigams vom RMO an der Haltung des RSHA in der Kennzeichenfrage in der Sitzung des Arbeitskreises am 30. 9. 1943, BA R 16/162.

Anmerkungen zu Kapitel VIII, S. 309–311

173 GStAB 1 Js 4/64, Sachstandsvermerk S. 244 ff.
174 Zum Gesamtkomplex der „Ostpolitik": Bollmus, Das Amt Rosenberg; Dallin, v. a. S. 68 ff. Eine Zusammenfassung der Konzeption des RMO und des RMVP in der Denkschrift des RMVP vom Juli, wahrscheinlich verfaßt von Taubert, BA R 55/1295, Bl. 289 ff.; vgl. dagegen das Schulungsmaterial des RSHA und des SD über „Ausl. Arb.", das die Position von Parteiführung und RSHA verdeutlicht: BA R 58/779, Bl. 170 ff., o. D. (Ende 1943).
175 Im Januar 1944 war das Abzeichen für die dritte Leistungsstufe endlich fertig; Hässler stellte es im Arbeitskreis vor – ein ovales braunes Abzeichen, das in einem Sonnenblumenkranz Ähre und Zahnrad zeigte. (Sitzung des RSHA-Arbeitskreises, 13. 1. 1944, BA R 16/162). Im März 1944 schließlich wurden kaukasische und nicht-slawische Völker sowie die Kosaken aus dem Ostarbeiterverhältnis herausgenommen; das RSHA stimmte nun auch den neuen Abzeichen für ukrainische, russische und weißruthenische Arbeitskräfte zu. Besprechung zwischen Vertretern des RMO, GBA und RSHA am 29. 3. 1944, Sonderzug Michendorf, BA R 6/101. Das bisherige Ost-Abzeichen sollte für „nichtbewährte" Ostarbeiter als bewußte Diffamierung weiter bestehen, Sitzung im SS-Hauptamt am 18. 4. 1944, GStAB 1 Js 4/64, Dok. C 31, Bl. 22 ff.
176 Polizeiverordnung des RMI vom 19. 6. 1944, in: Erlaß des CdS vom 17. 7. 1944, BA R 58/1030, Bl. 296 f. Mit Erlaß vom 25. 7. 1944 wurde die Kennzeichnungspflicht für einzelne, besonders bewährte Ostarbeiter aufgehoben, BA R 58/1030, Bl. 314 f.
177 Vermerk Taubert, RMVP, über die Kundgebung am 27. 8. 1944, GStAB 1 Js 4/64, Dok. RSHA VI.9.
178 RdErl. des GBA vom 15. 8. 1944, ARG 792/44, BA RD 89–15. Zur Vorgeschichte: Sitzung des RSHA-Arbeitskreises am 18. 7. 1944, BA R 16/162 und „Bericht über Besprechung mit Vertretern der obersten Reichsbehörden über Besserstellung der Ostarbeiter im Reich" im Hotel Esplanade, 31. 7. 1944, GStAB 1 Js 4/64, Dok. C 31, Bl. 32 ff. In der gleichen Sitzung wurde auch beschlossen, daß für die Betreuung der Ostarbeiter 10.000 Radiogeräte zur Verfügung gestellt werden sollten und der Besuch von Kinos für Ostarbeiter grundsätzlich freigegeben werde.
179 Sitzung des RSHA-Arbeitskreises, 18. 7. 1944, BA R 16/162. Vgl. auch Verordnungs-Entwurf des RMI, Juli 1944, BA R 55/1295, Bl. 289; sowie AV des RMVP, 5. 4. 1944, BA R 55/1294, Bl. 134.
180 OKW/Chef Kgf. an die Kommandeure der Kriegsgefangenenlager, 26. 10. 1943, Dok. PS 228, IMT Bd. 25, S. 307 f.
181 RdSchr. der NSDAP-Parteikanzlei Nr. 163/43 vom 28. 11. 1943, ebenda, S. 307.
182 Stellungnahme des RMRuK zu Befehlsentwurf der Abt. Kgf., 10. 5. 1944, BA R 3/1820, Bl. 352 f.
183 RdSchr. des RMRuK an die Betriebsführer, 23. 12. 1943, BA R 3/1818, Bl. 164 ff.; vgl. auch den Befehl des OKW/Chef Kgf., 28. 2. 1944. BA R 3/1820, Bl. 114; ausführlich dazu Streit, S. 260 ff.; vgl. die Anordnung des OKW vom 7. 9. 1944 über „Leistungssteigerung der Kriegsgefangenen", in der Entzug von Vergünstigungen, Lohn usw. sowie Abzüge bei der Verpflegung als geeignete Strafe bei Minderleistungen empfohlen wurden. (Handschriftliche Bemerkung eines Vertreters des RMRuK: Leistungsanreiz besser!") BA R 3/1820, Bl. 127 ff.
184 Zur gleichen Zeit übte der SD allerdings heftige Kritik an den „nachlassenden Arbeitsleistungen" der französischen Gefangenen und dem „zu humanen" Umgang mit ihnen. MadR 29. 4. 1943, BA R 58/181, Bl. 161 ff.; 3. 12. 1942, BA R 58/178, Bl. 13 ff.
185 GBA an Reichskanzlei, 14. 2. 1944, BA R 43 II/653, Bl. 29 f.
186 Verordnung des Ministerrats für die Reichsverteidigung über die Einsatzbedingungen der Ostarbeiter vom 25. 3. 1944, Handbuch des GBA, S. 206 ff.; Durchführungsverordnung des GBA vom 26. 3. 1944, ebenda, S. 210 ff. Die Durchführungs-Verordnung enthält weitere Bestimmungen über Zuschläge, Trennungsentschädigungen, Urlaub, Sachleistungen, Lohnfortzahlung im Krankheitsfall, die die Stellung der Ostarbeiter derjenigen der polnischen Arbeiter sehr weitgehend anglichen. Vgl. auch die Neuordnung der Einsatzbedingung der Ostarbeiter, RdErl. des GBA vom 5. 4. 1944, ARG 288/44, BA RD 89-15, sowie die Verordnung über die Einsatzbedingungen der Ostarbeiter in der Landwirtschaft, RdErl. des GBA vom 29. 6. 1944, ARG 560/4, BA RD 89-15. Zur gleichen Zeit wurde, um die Durchführungskontrolle zu verbessern, die „Reichsinspektion des GBA" gegründet, die, so der Eindruck aus den Akten über Ausländerlager im Ruhrgebiet, die Kontrollen doch nicht unerheblich verschärfte; AO des GBA Nr. 14, 14. 3. 1944, Handbuch des GBA S. 115.
187 Sitzung des RSHA-Arbeitskreises, 16. 3. 1944, Vermerk des Vertreters der ZAVO vom 17. 3. 1944, GStAB 1 Js 4/64, Dok. C 17; der Vorschlag war allerdings umstritten, der Vertreter des RMO lehnte ihn ab; vgl. Bräutigam, Arbeitskräfte aus dem Osten. Zwei Wochen später wurde sogar vor-

geschlagen, daß die Gesamtmenge der an die ausländischen Arbeiter ausgegebenen Lebensmittel an alle Arbeitergruppen gleich zu verteilen – das aber hätte außenpolitische Schwierigkeiten gegenüber Frankreich und vor allem den neutralen Staaten nach sich gezogen, konnte also keine Aussicht auf Erfolg haben. Protokoll über die interministerielle Sitzung beim RMO, Sonderzug Michendorf, über Ostarbeiterfragen am 29. 3. 1944, BA R 6/101.

188 Um die propagandistische Wirkung der Rationenänderung zu erhalten, sollte in den Verlautbarungen nicht von der „Angleichung an die Kriegsgefangenensätze" gesprochen werden, weil das als Diskriminierung aufgefaßt werden könne, es die „derzeitige Ernährungslage" aber verbiete, „den Ostarbeitern, deren Leistung an sich anerkannt werde, mehr zu gewähren als die Sätze der Kriegsgefangenen." Ausführungen des Vertreters des REM auf der Sitzung der obersten Reichsbehörden am 31. 7. 1944 im Hotel Esplanade, GStAB 1 Js 4/64, Dok. C 31, Bl. 32 ff. Die Erhöhung galt ab der 66. Zuteilungsperiode (21. 8. 1944), vgl. die Aussagen Sauckels in Nürnberg, IMT Bd. 15, S. 54. Am 2. 6. 1944 wurden die Verpflegungssätze für Ostarbeiterkinder angehoben, Verordnung des GBA vom 2. 6. 1944, ARG 477/44, BA RD 89-15. Die Verordnungen zur Angleichung der Verpflegung an den Stand der westlichen Kriegsgefangenen: VO des REM vom 27. 10. 1944, ARG 1225/44; VO des RAM, 3. 10. 1944 ARG 974/44; VO des GBA vom 17. 11. 1944, ARG 1214/44; VO des RAM vom 17. 11. 1944, ARG 1224/44; alle: BA RD 89-15.

189 Die Kalorien-Tabelle Streits (S. 138-140) ist hier weniger aussagekräftig, sie verzeichnet für die Neuregelung 1944 sogar eine Verschlechterung gegenüber 1941 und 1942. Der Grund dafür liegt u. a. in der Annahme, die sowjetischen Arbeitskräfte erhielten genausoviele Kartoffeln wie die deutsche Zivilbevölkerung (3.500 kal.) und nicht wie die Westgefangenen (5.250 kal.). Kalorienberechnungen sind daher mit einiger Vorsicht zu behandeln, auch deshalb, weil die Zubereitung und Beschaffenheit der Verpflegung oft erhebliche Unterschiede des Nährwertes zur Folge hat.

190 Konferenz im Hotel Esplanade, 31. 7. 1944 (Anm. 178).

191 In einem Leistungsbericht vom 28. 9. 1944 an Hitler vertrat das RMO nicht ganz zu Unrecht die Auffassung, daß der RFSS heute zugestehe, was das RMO schon vor zwei Jahren gefordert habe. Dok. NO 2544 (GStAB 1 Js 4/64, Dok. V.14), vgl. auch die Broschüre des RMO vom November 1944, „Die Arbeiter aus dem Osten – ein Leitheft für deutsche Führungskräfte", BA R 16/166; sowie Bräutigam, Arbeitskräfte aus dem Osten.

192 „Anregungen des Generals Wlassow" vom 27. 11. 1944, GStAB 1 Js 4/64, Dok. C 31, Bl. 54.

193 Zur Stellung Wlassows vgl. Besprechung v. Vertr. d. obersten Reichsbehörden am 13. 12. 1944 im SS-Hauptamt, BA R 16/166.

194 Die Überführung von sowjetischen Kriegsgefangenen in das zivile Arbeitsverhältnis wurde am 9. Januar vom neuen Chef des Kriegsgefangenenwesens, Berger, für die Berliner Versuchsbetriebe probehalber durchgeführt; Streit, S. 266, Anm. 187.

195 Sitzung im RSHA am 25. 1. 1945, betr. neues Polenabzeichen; BA R 16/174, vgl. auch GStAB 1 Js 4/64, Sachstandsvermerk S. 244. In einer Unterredung mit SS-Oberführer Kröger vom SS-Hauptamt am 11. 1. 1945 äußerte Himmler zum Thema der Behandlung der Ostarbeiter, „daß die diskriminierenden Maßnahmen fallen müßten, dabei könne jedoch aus sicherheitspolizeilichen Gründen auf eine Kennzeichnung der Ostarbeiter zunächst noch nicht ganz verzichtet werden." Dok. NG 3020 (GStAB 1 Js 4/64, Dok. I.14).

IX. Kapitel

1 Berechnet nach: Der Arbeitseinsatz im Großdeutschen Reich, Nr. 10 v. 31. 10. 1944. Zur Rubrik Landwirtschaft sind auch Forst- und Jagdwirtschaft und Fischerei hinzugerechnet worden; „Metall" umfaßt: Eisen- und Metallgewinnung; Eisen-, Stahl- und Metallwarenherstellung, Maschinenbau, Stahl- und Eisenbau, Schiffbau, Land- und Luftfahrzeugbau. „Bau" incl. Baunebengewerbe. „Beschäftigte insgesamt" umfaßt deutsche und ausländische Arbeiter sowie Kriegsgefangene. Vgl. Demps, Zahlen über den Einsatz, der Arbeitseinsatzberichte Sauckels vom Herbst 1943 dokumentiert; sowie für den westdeutschen Raum mit differenziertem Zahlenmaterial, das allerdings nur bis Mitte 1943 reicht: Odenthal, Die Entwicklung des Arbeitseinsatzes im Rheinland und Westfalen.

2 Ebenda; Landwirtschaft hier ohne Forstwirtschaft, Jagd und Fischerei. Unter „Polen" werden hier die in der „Ausländererhebung" ausgewiesenen Arbeiter aus dem „Generalgouvernement und Bezirk

Bialystok" gezählt, unter denen sich auch Ukrainer befinden. Die Statistik der NS-Behörden richtete sich nach „Staatsangehörigkeit" im nationalsozialistischen Sinne; dadurch kommt es in einigen Darstellungen heute zu (leicht) unterschiedlichen Zahlen aufgrund verschiedener Berechnungsgrundlagen.

3 Dabei sind die hier genannten Zahlen der sowjetischen Arbeitskräfte mit Sicherheit zu niedrig. Nach Bräutigam sind Ende 1944 zwischen 5 und 6 Millionen Menschen aus der Sowjetunion im Reich gewesen, „Ostarbeiter", „Evakuierte", Kriegsgefangene und andere Gruppen (Bräutigam, So hat es sich zugetragen, S. 696). Dies sei, so Krausnick/Wilhelm aufgrund ihrer Kenntnisse der Verhältnisse im Ostheer, „eine schon eher glaubwürdige Zahl, freilich nicht mit genauen Statistiken belegbar." (S. 408).

4 Der Arbeitseinsatz im Großdeutschen Reich, Nr. 11/12 v. 30. Dezember 1944.

5 Ebd., Nr. 6, 7 und 8 v. 21. 8. 1944, S. 27. 364.239 „Bauwerker" und Hilfsarbeiter im Baugewerbe, davon 199.658 (55 %) Hilfsarbeiter. 1.490.746 „Metallwerker" und Hilfsarbeiter im Metallbereich, davon 780.798 (52 %) Hilfsarbeiter; insgesamt wurden 1.388.724 ausländische Zivilarbeiter als „Hilfsarbeiter aller Art" ausgewiesen, das sind 25,2 %, wobei die landwirtschaftlichen Arbeitskräfte allerdings nicht mit einbezogen sind.

6 Die Gauarbeitsämter mit dem höchsten Ausländeranteil (nur Zivilarbeiter) waren 1944 Ostpreußen (33,9 %), Osthannover (32,5 %), Niedersachsen (32,3 %), Kurhessen (31,2 %), Pommern (30,7 %). Der niedrigste Ausländeranteil war zu dieser Zeit in Baden zu vermelden (12,6 %) sowie in Hamburg (13,6 %), Oberschlesien (13,4 %) und Danzig (13,3 %). Der Reichsdurchschnitt lag im September 1944 bei 27 %. Nach: Der Arbeitseinsatz im Großdeutschen Reich, Nr. 11/12 v. 30. 12. 1944, S. 4.

7 Anteil der deutschen Frauen an der Gesamtzahl der deutschen Beschäftigten: Ostpreußen 55,7 %; Niederdonau 53,3 %; Pommern 52,9 %. Zum Vergleich: Essen 37,9 %, Westfalen-Süd 37,6 %, nach: Der Arbeitseinsatz im Großdeutschen Reich Nr. 11/12 v. 30. 12. 1944, S. 4. In Ostpreußen arbeiteten im Sommer 1944 etwa 140.000 Kriegsgefangene und 235.000 ausländische Zivilarbeiter; den ca. 375.000 Ausländern standen etwa 200.000 deutsche männliche Arbeiter gegenüber.

8 Bericht des Präs. des Gau AA Essen vom Januar 1944, StAM OP 5141.

9 Der Arbeitseinsatz im Großdeutschen Reich, Nr. 11/12, v. 30. 12. 1944; gezählt sind hier nur Zivilarbeiter.

10 Gutachten des Revisionsbüros der GSF, 20. 11. 1942, Dok. NIK 4021; vgl. auch Dok. Ihn Nr. 124, Fall X, G 13.

11 Ebenda, S. 7. Volkswirtschaftlich gesehen ist die Aufstellung jedoch nicht ganz richtig, weil sie sich nur auf die Aufwendungen des Betriebes bezieht, während die Anwerbekosten nicht einberechnet sind. Im Frühjahr 1943 lagen die Kosten pro angeworbene Arbeitskraft in Bulgarien bei 136,52 RM, in Frankreich 120,28 RM, Belgien 61,83 RM, während sie in der Slowakei nur 2,01 RM und in Griechenland 2,60 RM betrugen. Entsprechende Zahlen für Polen und Ostarbeiter liegen mir nicht vor. Aufstellung des GBA, o. D. (Frühjahr 1943), BA R 41/30, Bl. 26. Wichtig waren in diesem Zusammenhang auch Sprachkurse, die jetzt in vielen Betrieben eingerichtet wurden. Vgl. den Erfahrungsbericht des Dipl.-Ing. Feder von den IG Farben Leuna: Fremdsprachige Arbeiter in deutschen Betrieben, in: Arbeitsschutz, Berlin 1943, S. 103-111. Vor allem für den Unfallschutz waren solche Kurse unentbehrlich.

12 AV über Besprechung Krupp mit Gestapo Essen, 17. 11. 1943 und 17. 12. 1944, Dok. Bülow Nr. 722, Fall X, D 14.

13 Schreiben vom 17. 11. 1943, Dok. NI 5912, Fall VI, ADB 69.

14 „Einsatz von Ostarbeitern in der deutschen Maschinenindustrie", hg. vom Hauptausschuß Maschinen des RMfBuM (Vertrauliche Denkschrift) Essen 1943, S. 44, 106.

15 Bericht der DEW, o. D., (Ende 1943) BA R 10 III/134 c, Bl. 111 f.

16 Als praxisnahes Beispiel für einen qualifizierten Anlernprozeß: Anders, Der kriegsbedingte Einsatz von Ausländern als Schweißer.

17 Undatierter Bericht (Ende 1943), BA R 10 III/134 c, Bl. 191-198; zum Bochumer Verein: Seebold, S. 168-172, S. 282-287.

18 Zum politischen Hintergrund der Betriebsleitung des BV, die der NSDAP ungewöhnlich nahe stand, Seebold, S. 308.

19 „Wie wir die Sache anfaßten. Von Dipl.-Ing. H. Heller, Maschinenfabrik Gebr. Heller in Nürtingen", in: Einsatz von Ostarbeitern in der deutschen Maschinenindustrie, S. 77-84.

Anmerkungen zu Kapitel IX, S. 321–326

20 Diese Elemente der Sozialdisziplinierung finden sich häufig in derartigen Berichten, oft noch durch Photos verdeutlicht, die den heilsam-straffenden Einfluß deutscher Arbeitsdisziplin veranschaulichen sollten: „Vorher" – ein undisziplinierter Haufen unrasierter, mit Lumpen bekleideter, ängstlich dreinblickender Menschen; „nachher" – eine strammstehende Arbeiterkolonne in Reih und Glied, einheitlich gekleidet und die Augen geradeaus. Haas, Auswahl und Einsatz, S. 10 f.
21 „Und wie wir uns umstellten. Ein Nachtrag der Maschinenfabrik Gebr. Heller in Nürtingen, Ende Januar 1943. Von Dipl.-Ing. H. Heller, Nürtingen", in: Einsatz von Ostarbeitern in der deutschen Maschinenindustrie, S. 85-93.
22 Ebd., S. 91. Zur Phänomenologie des „guten Arbeiters," vgl. Herbert, Die guten und die schlechten Zeiten, S. 88 ff.; für Italien Passerini, Arbeitersubjektivität und Faschismus, S. 221 ff.
23 Die anderen Berichte deutscher Maschinenfabriken, die in der Denkschrift des RMBuM vom Mai 1943 enthalten sind, entsprechen in der Tendenz dem der Fa. Heller. Sie liefen in der Tendenz darauf hinaus, den größeren Teil der Ostarbeiter in einigen Wochen anzulernen und den kleineren, qualifizierteren Teil durch mehrmonatige Umschulung zu Hilfsfacharbeitern und Anlernern auszubilden. Inhaltlich ähnliche Berichte auch in den KTB; aus Dortmund wurde z. B. gemeldet: „Einige Betriebe haben mit der Ausbildung von jugendlichen Ostarbeitern zu Facharbeitern begonnen. Dies geschieht im Wege einer regelrechten mehrjährigen Lehrlingsausbildung." KTB Dortmund, 2. 1. 1943, BA/MA RW 21-14/13, S. 5 f.
24 Nach Odenthal, Die Entwicklung des Arbeitseinsatzes, S. 63.
25 Erfahrungsbericht der Carl Zeiss Jena, 21. 6. 1943, abgedr. in: Bleyer/Drobisch; Dokumente, hier S. 66 f. Es ist aber zu vermuten, daß die in den internen Berichten der Behörden und Betriebe genannten Zahlen realistisch waren, weil sie als Planungsgrundlagen dienten.
26 MadR, 15. 4. 1943, BA R 58/181, Bl. 98 ff.; vgl. auch den Bericht vom 26. 7. 1943, BA R 58/186, Bl. 63 ff., in dem nachdrücklich eine Verbesserung der antibolschewistischen Propaganda gefordert wird. Zum „Rußlandbild" in der Bevölkerung vgl. auch Kap. VII.4.
27 MadR, 6. 1. 1944, BA R 58/192, Bl. 28 ff.
28 Vortrag des Direktor Freyers der Fieseler-Werke vor leitenden Mitarbeitern der Fa. Junkers im Werk Kassel, 22. 6. 1943, zit. nach Deutschland im zweiten Weltkrieg, Bd. 4, S. 489 f.
29 AV IG Farben-Ludwigshafen, 19. 4. 1943, Dok. NI 6315, Fall VI, ADB 69.
30 IG Farben-Stickstoff-Abteilung, Werk Oppau: „Mehrarbeit für Ostarbeiter", 21. 8. 1943, Dok. NI 6349, Fall VI, ADB 69. Vgl. Affid. des französischen Chemie-Ingenieurs Frossard vom 26. 5. 1947 (Dok. NI 7507, Fall VI, ADB 69), der bei den Buna-Werken der IG Farben in Schkopau-Merseburg beschäftigt war: „Die Arbeitszeit schwankte zwischen 56 und 72 Stunden wöchentlich, abgesehen von den Russen und Polen, die prinzipiell 12 Stunden pro Tag arbeiteten, aber praktisch 16 Stunden mit den mühevollsten Arbeiten beschäftigt waren."
31 Vgl. MadR, 5. 4. 1943, BA R 58/181.
32 MadR, 11. 3. 1943, BA R 58/181.
33 Vortrag bei Besprechung der Sonder-Arbeitseinsatz-Ingenieure (SAI) bei Krupp, 12. 1. 1944, Dok. NIK 10213, Fall X, B 46. Vgl. auch SAI-Besprechungen am 2. 1. 1944, NIK 10223; 20. 1. 1944, NIK 10205; 21. 6. 1944, NIK 9804, alle: Fall X, B 58.
34 SAI-Besprechung am 16. 10. 1944, Dok. NIK 9805, Fall X, B 46. Das RüKdo. Dortmund berichtete jedoch, daß der Ersatz von Ostarbeiterinnen an leichten Arbeitsstellen durch deutsche Frauen nicht funktionierte, weil die Ostarbeiterinnen mittlerweile eingearbeitet gewesen seien. KTB RüKdo. Dortmund, 30. 6. 1943, BA/MA RW 21-14/13, S. 5 f.
35 Bericht der Fa. Carl Zeiss Jena, 21. 6. 1943, (wie Anm. 25).
36 Reiff, Besprechung in Berlin, 14. 8. 1942, Dok. D 348, Fall X, B 46. Ähnliche Berichte z. B. über IG Farben-Werke Leverkusen; der zuständige Angestellte für den Arbeitseinsatz meldete am 14. 4. 1944 der Geschäftsleitung: „Hiermit protestiere ich gegen den letzten Russentransport, bei dem sich außer 11 Kindern unter 14 Jahre und eine Reihe von älteren Frauen nur noch 2 brauchbare Männer befunden hätten." Schreiben vom 14. 4. 1944, Dok. NI 7109, Fall VI, ADB 70.
37 20–23 Jahre: 90 % des Lohns für Erwachsene; über 19: 80 %; über 18: 70 %; über 17: 55 %; über 16: 45 %; über 15: 35 %; über 14: 25 %; Lohnstelle GSF an Einzelbetriebe, 18. 4. 1942, Dok. NIK 11916, Fall X, B 46.
38 SAI-Besprechung, 21. 6. 1944, Dok. NIK 9804 und Dok. NIK 9800, Fall X, B 58. „Anordnung über den Arbeitsschutz ausländischer Arbeitskräfte und Ostarbeiter" v. 8. 1. 1944, Dok. NIK 9806, Fall X, B 58.

Anmerkungen zu Kapitel IX, S. 326–330

39 Vgl. Affid. Scheider, 24. 9. 1947, Dok. NIK 11734, Fall X, B 46. In den Glanzstoff-Fabriken in Wuppertal machte die Personalabteilung am 31. 8. 1943 folgende Eintragung: „Das Kind Agathe Nowacke, Kontr.-Nr. 832, beschäftigt in der Konerei, wurde heute dem Lagerarzt vorgeführt. Nach Angabe von Herrn Dr. Römer leidet es an Körperschwäche und Unterernährung und ist häufig nicht mehr arbeitseinsatzfähig. Lt. Eintragung im Krankenbuch bedeutet ein weiterer Einsatz dieser 10jährigen Kindermord." Zit. in: Anatomie des Krieges, Dok. Nr. 235, S. 432.
40 Davon ausgehend scheint mir Milwards 1977 getroffene Einschätzung, „den ganzen Krieg hindurch wurde von der Zwangsarbeit auf unwirtschaftliche und unproduktive Weise Gebrauch gemacht", mindestens differenzierungsbedürftig zu sein. Milwards Arbeitspolitik, S. 90; dagegen Homze, S. 263.
41 Freyers am 22. 6. 1943 (Anm. 28).
42 Pleiger an Hitler, 28. 6. 1943, BA R I OVIII/19, Bl. 145; 42. Sitzung der ZP am 23. 6. 1943, Dok. R 124, Fall XI, ADB 120. Vgl. RdSchr. der RVK vom 29. 6. 1943, Dok. NI 2840, abgedr. in: Bleyer/Drobisch, S. 67 f. AO d. Chef OKW v. 8. 7. 1943, BA/MA RW 4/v. 763. Zum Gesamtkomplex Streit, S. 273-284.
43 Streit, S. 280 ff.
44 Protokoll der Besprechung Speers mit Hitler, 30. 5. 1943, Boelcke, Deutschlands Rüstung, S. 267; der Führerbefehl datiert vom 8. 7. 1943, Dok. PS 774, IMT Bd. 26, S. 285 ff.; vgl. Besprechung Speers mit Hitler, 8. 7. 1943, danach sollten monatlich 70.000 bergbautaugliche sowjetische Kriegsgefangene in den Bergbau abgegeben werden. Hitler stellte fest, „daß hierzu etwa mindestens 150.000 bis 200.000 gesunde russische Kriegsgefangene abgegeben werden müssen, um die genügende Zahl von Bergbautauglichen zu erreichen." (Boelcke, Deutschlands Rüstung, S. 279).
45 AV über Bespr. im Oberschl. Institut für Wirtschaftsforschung vom 9. 11. 1943, zit. in: Anatomie des Krieges, S. 441.
46 Lagebericht des BgAmtes Dortmund an das RWM, 6. 2. 1943, StAM BgAmt Dortmund A 4-48.
47 Direktorenbespr. Hibernia, 10. 2. 1943, Bergbauarchiv Bochum 32/740.
48 Direktorenbespr. Hibernia, 20. 8. 1943, ebenda.
49 Bericht Norkus für die Bezirksgruppe Steinkohlenbergbau Ruhr vom 12. 4. 1943, Dok. NI 3042; Vortrag vor den Ausbildungsleitern des Ruhrbergbaus, 31. 5. 1943, Dok. NI 3057; RdSchr. Nr. 610 der Bezirksgruppe Ruhr vom 30. 12. 1943, Dok. NI 3048.
50 Bericht Norkus vom 12. 4. 1943, Dok. NI 3048. Vgl. die aus den Berichten von Norkus entwickelten „Anweisungen über den Einsatz der ‚Ausländer' im Steinkohlebergbau", o. D. (Dezember 1943), der RVK; Dok. NI 2948.
51 Lagebericht des Oberbergamtes Dortmund vom 19. 11. 1943, StAM BgAmt Dortmund A 4-48; vgl. auch die Erfahrungsberichte über den Ostarbeitereinsatz der Zechen Hibernia/Herne, 14. 7. 1943, Dok. NI 3052, und der „Essener Steinkohle" vom 10. 2. 1944, Dok. NI 3042.
52 Wie dramatisch der Leistungsabfall war, zeigen die Zahlen des Schichtförderanteils pro Kopf in t (in Klammern in % von 1939 = 100): 1939: 1.611 (100), 1940: 1.586 (97,3), Sept. 41: 1.527 (94,3); März 1942: 1.463 (90,8); März 1943: 1.350 (83,8); September 1943: 1.190 (73,6); Dezember 1943: 1.172 (72,2). In der gleichen Zeit erhöhte sich der Ausländeranteil (inkl. Kgf.) im Ruhrbergbau von 5,7 % (1940) auf 37,8 % (Dez. 1943). Nach: „Die deutsche Kohlenwirtschaft", Bericht der RVK, o. D. (März 1944), Dok. NI 2819.
53 Wehrkreiskommando VI an Oberbergamt Dortmund, 10. 5. 1943; StAM, Bergamt Lünen, A III Nr. 76.
54 Bericht des Beratenden Hygienikers beim Wehrkreis-Arzt VI, Fromme, über Gesundheit und Arbeitsleistung auf Bergbaukommandos, 22. 6. 1944, BA R 10 VIII/56, Bl. 58 ff. (= Dok. NI 2935); vgl. das Schreiben der Kruppschen Betriebsleitung an das RüKdo. Essen vom 30. 12. 1943, (Dok. NIK 15443, Fall X, B 66); danach sind von den im Jahre 1943 insgesamt ins Lazarett überwiesenen sowjetischen Kriegsgefangenen nur 25 % zurückgekommen!
55 OKW an Pleiger, 4. 9. 1944, R 10 VIII/57, Bl. 27 ff. (= Dok. NI 2812). Nach den Berichten des RüKdo. Dortmund betrug die Arbeitsleistung bei den sowjetischen Kriegsgefangenen nur 20 %; etwa 50 % der Italienischen Militärinternierten und der sowj. Kgf. waren als krank gemeldet. (KTB RüKdo. Dortmund, 31. 3. 1943, BA/MA 21–14/13, S. 28 f.). Berichte über Flecktyphus in den Kgf.-Lagern ebd., 4. 3. 1943, S. 34 f.
56 Ebenda; die „Abgänge" deutscher Bergleute lagen im Monatsdurchschnitt bei 1 %, die der sowjetischen Kriegsgefangenen bei etwa 4 %.
57 Ebenda, Bl. 28.

Anmerkungen zu Kapitel IX, S. 330–333

58 Vorwürfe des OKW wurden von der Bezirksgruppe Oberschlesien der RVK mit dem Hinweis zurückgewiesen, es habe sich dabei um Einzelfälle gehandelt; Bezirksgruppe Oberschl. an RVK, 10. 10. 1944, BA R 10 VIII/57, Bl. 33 ff. (= Dok. NI 2809).

59 Essener Steinkohle an Bezirksgruppe Ruhr, 7. 4. 1943, Dok. NI 3012 (F).

60 Streit, S. 280 ff.

61 Der dadurch hervorgerufene chronische Arbeitskräftemangel wurde z. T. durch innerbetriebliche Umverteilungen ausgeglichen, und Ostarbeiterinnen übernahmen in steigendem Maße die Arbeiten übertage; Ende November wurde zwischen dem RSHA und Pleiger sogar erwogen, sowjetische Frauen auch untertage im Bergbau einzusetzen. Mündliche Berichte sprechen davon, daß dies auch tatsächlich durchgeführt worden sei; schriftliche Belege dafür habe ich nicht gefunden. CdS an Pleiger, 1. 11. 1944, BA R 10 VIII/53, Bl. 93 f. (= Dok. NI 1972); RVK an CdS, 16. 11. 1944, BA R 10 VIII/53, Bl. 95 (= Dok. NI 1971).

62 Zu den Lebensverhältnissen der deutschen Arbeiter seit 1943 vgl. Werner, Bleib übrig, S. 300 ff.

63 Mit den Westgebieten war das seit 1940 möglich, mit dem Gebiet des Reichskommissariats Ukraine seit April 1942; die Ostarbeiter durften allerdings nur zweimal im Monat und ausschließlich auf „Postkarten mit Antwort" schreiben; vgl. Pfahlmann, S. 215; Küppers/Bannier, Ostarbeiter, S. 93. Zwar war den ausländischen Arbeitern zumeist bekannt, daß ihre Briefe der Zensur unterlagen, angesichts der anfallenden Postmengen machten die Kontrollen aber nur einen verhältnismäßig geringen Prozentsatz aus, so daß die Äußerungen der Briefeschreiber oft recht offenherzig waren. Den deutschen Behörden war zudem an der Erhaltung dieses effektiven polizeilichen Kontrollsystems gelegen, so daß die Gestapo nur in schweren Fällen, vor allem bei Aussagen über die militärische Lage Deutschlands, gegen die Briefschreiber einschritten; in den meisten Fällen wurden von den Zensurbehörden beanstandete Briefe einfach einbehalten, ohne daß der Absender davon erfuhr. Um eine Vorstellung von der Größenordnung des Zensursystems zu geben: Im März 1943 gingen z. B. täglich etwa 20–30.000 Briefe von ukrainischen Arbeitern an ihre Angehörigen in der Heimat, davon wurden etwa 6.000 überprüft und 300 beanstandet. Berichte der Auslandsbriefprüfstelle (ABP) Berlin, 13. 6. 1943, BA R 41/268, Bl. 205 und 3. 3. 1943, BA R 41/268, Bl. 124.

64 Viele Ostarbeiter versuchten, die Zensur durch ein Codesystem zu unterlaufen, wovon die Behörden im Juni 1942 berichteten. Danach hieß bei Ukrainern „Mir geht es gut" tatsächlich „gut", während „sehr gut" schlecht bedeutete. (Kdo. d. Sipo u. d. SD Shitomir, Außenstelle Winiza an das Kdo. d. Sipo. in Shitomir, 29. 6. 1942, BA R 70/17.) Für den Hinweis auf dieses Schreiben bin ich Dieter Galinski von der Körber-Stiftung dankbar.

65 Das in diesen Berichten entworfene Bild kann aber nur bedingt als repräsentativ gelten, weil genaue quantitative Aussagen der ABP nicht vorliegen. Vielmehr betonen diese Berichte aus der Natur der Sache die besonders guten und besonders schlechten Ansichten über das Leben in Deutschland, während die Beschreibung der Normalität als „belanglos" nicht aufgenommen wurde. Eine genaue Beschäftigung mit den überlieferten ABP-Berichten macht aber auch deutlich, daß sie von Pfahlmann (S. 219 ff.), der sie ebenfalls benutzt hat, in durchaus unzureichender Weise bearbeitet worden sind. Er folgt nicht nur quantitativ den Zufälligkeiten der Überlieferung (und widmet den wenigen Dänen, die in Deutschland arbeiteten, doppelt so viel Raum wie den Ostarbeitern), sondern übernimmt auch sprachlich an vielen Stellen den Original-Text, bis hin zu Bewertungen wie: „Die obigen geschilderten Verhältnisse ... veranlaßten nunmehr die Arbeiter zu einer scharfen Kritik an allem und jedem", (S. 222), „dieser Flut feindlicher und haßerfüllter Bemerkungen standen nur verhältnismäßig wenige und vor allem geringwertige freundliche Stimmen gegenüber" (S. 223) – die letzte Passage ist, wie häufig bei Pfahlmann, obwohl nicht als Zitat gekennzeichnet, wörtlich dem Bericht der ABP Köln vom 4. 3. 1943 (BA R 41/268, Bl. 73) entnommen.

66 Brief eines französischen Arbeiters aus Bobingen bei Augsburg, Bericht der ABP Frankfurt/Main, vom 5. 4. 1943, BA R 41/268, Bl. 89.

67 Bericht der ABP Köln vom 4. 3. 1943, BA R 41/268, Bl. 122.

68 Über die negativen Folgen einer Behandlung, die zwischen Ost- und Westarbeitern weniger differenzierte als bisher, beschwerte sich der SD am 25. 10. 1943. Die Mißstände in den Lagern, vor allem aber die Gleichbehandlung mit Ostarbeitern und Polen, die gemeinsame Unterbringung von Westarbeitern mit Russen und Polen führten zu Verstimmungen bei den Westarbeitern und einer Zunahme der Abneigung gegen das nationalsozialistische Deutschland. MadR, 25. 10. 1943, BA R 58/189, S. 86 ff.

69 Vgl. etwa die Deutschland-Berichte der Sopade über die Lage der deutschen Arbeiter vor dem Kriege: September 1938, S. 993 ff.; Oktober 1938, S. 1071 ff.; Februar 1939, S. 150 ff.; Juni 1939, S. 720 ff., S. 757 ff. u. ö.; ausführlicher dazu: Kap. III.3.
70 Vgl. dazu Bericht der ABP Wien v. 1. 4. 1943, BA R 41/268, Bl. 114 ff.
71 Bericht der ABP Berlin, 3. 3. 1943, BA R 41/268, Bl. 124.
72 Interessant ist dabei eine hier zitierte Passage aus dem Brief eines Ostarbeiters: „Der Befehl Adolf Hitlers über Gleichstellung mit den Deutschen in Essen und Lohn wird nicht ausgeführt" – der Führermythos verfing offenbar auch bei Ausländern.
73 ABP Berlin, 3. 3. 1943, BA R 41/268, Bl. 124 ff.
74 Auf 1.000 Personen der deutschen Wohnbevölkerung in Essen entfielen während der gesamten Kriegszeit 77 Tote, bei den Ausländern lag der Anteil bei 138; allein von den 744 Toten der Großangriffe im März und April 1943 waren 119 Ausländer. Schadensmeldungen beim Essener Polizeipräsidenten 28. 7. 1942 bis 29. 11. 1944, Dok. Ihn Nr. 996, Fall X, G 16. Bei den Bombenangriffen auf Essen am 5. und 12. 3. 1943 wurden insgesamt 626 Menschen getötet, davon 103 Ausländer. Auf 10.000 Personen entfielen damit 4,6 getötete Deutsche und 11,3 Ausländer. Nach: Schadensmeldung des Polizeipräsidenten von Essen vom 5. 4. 1943 (Dok. NIK 15535), vom 12. 3. 1943 (Dok. NIK 15355, beide: Fall X, B 72) sowie Schmitz, Bewirtschaftung der Nahrungsmittel, S. 261 ff. Zu den Auswirkungen des Luftkrieges auf die deutsche Arbeiterschaft vgl. ausführlich: Werner, Bleib übrig, S. 256 ff.
75 Erklärung des technischen Leiters der Krupp-Lagerverwaltung, Lauffer, 5. 3. 1948, Dok. Kupke Nr. 53, Fall X, L 3/4. Später wurde bei Krupp dann ein „System aus massiven stollenähnlichen Deckungsanlagen entwickelt, die aus einem tunnelartigen Gang mit Wänden aus Beton oder Betonsteinen von mindestens 30–40 cm Stärke und einer gewölbten Decke von gleicher Stärke bestanden und eine mindestens meterdicke Erddecke bekamen." (ebenda)
76 Unter den sowjetischen Kriegsgefangenen des Essener Lagers Raumerstraße z. B. brach Anfang 1943 beinahe eine Revolte aus, weil dort keine Splitterschutzgräben vorhanden waren; Lehmann an Wohnungsverwaltung, 11. 1. 1943, Dok. NIK 12362, Fall X, B 45.
77 Vgl. Affid. von Bülow, 21. 5. 1947, Dok. NIK 8103, Fall X, B 45.
78 Bericht des Präs. des LAA Rheinland über die Arbeitseinsatz-Lage für Mai 1943, 6. 6. 1943, StAM OP 5141.
79 Bericht der ABP Frankfurt/Main, 5. 3. 1943, BA R 41/268, Bl. 45. Erst am 18. 7. 1944 (!) schlug im RSHA-Arbeitskreis der RSHA-Vertreter vor, das generelle Verbot der Zulassung ausländischer Arbeitskräfte zu Luftschutzräumen aufzuheben. Sitzung am 18. 7. 1944, Protokoll: BA R 16/162.
80 Auswärtiges Amt an OKW/Kgf. und RMRuK, 8. 6. 1944, BA R 3/1820, Bl. 147 f.
81 Zum Sinken der Produktivität der deutschen Wirtschaft durch die Auswirkungen der Bombenangriffe auf Stimmung und Haltung der deutschen Industriearbeiterschaft: The Effects of Strategic Bombing on German Morale, Bd. 1, S. 53 ff.; die Auswirkungen auf die ausländischen Arbeiter, ebd., in Bd. 2, S. 15 ff.
82 Affid. von Raesfeld, 20. 4. 1948, Dok. Bülow Nr. 422, Fall X, D 17.
83 Vgl. die Tab. 19 bis 24 im Kap. VII. 1 sowie Affid. Hahn, 11. 6. 1947, Dok. Ihn Nr. 134, Fall X, G 16.
84 Grundlage sind die Berichte des Kruppschen Lagerarztes Dr. Jäger vom November 1943 bis Januar 1945, seine ausführlichen Erklärungen vor dem amerikanischen Militärgericht im Prozeß gegen Krupp, sowie Meldungen und eidesstattlichen Erklärungen anderer deutscher und ausländischer Lagerärzte.
85 Affd. Jäger, 15. 10. 1945, Dok. D 288, IMT Bd. 35, S. 57 ff.
86 Stinnesbeck an Jäger, 12. 6. 1944, Dok. D 335, IMT Bd. 35, S. 75 f.
87 Jäger an Ihn, 2. 9. 1944, Dok. D 339, Fall X, B 45. Affid. Jäger 15. 10. 1945, Dok. D 288, IMT Bd. 35, S. 63. Zur Lage der Polen und Ostarbeiter vgl. auch den Bericht des polnischen Arztes Dr. Gotowicki, Affid. vom 13. 10. 1945, Dok. D 313, IMT Bd. 35, S. 63 ff. Eine Zusammenfassung seiner Eindrücke gab Dr. Jäger in einer eidesstattlichen Erklärung gegenüber dem amerikanischen Ankläger am 6. 6. 1946, Dok. NIK 5823; vgl. Bericht Dr. Wiele, 17. 5. 1943, Dok. NIK 6719; 23. 10. 1944, Dok. NIK 6718.
88 Hierbei muß berücksichtigt werden, daß die ausländischen Arbeiter, besonders die Ostarbeiter, erst krank geschrieben wurden, wenn sie völlig arbeitsunfähig waren. Der Krankenstand der deutschen Belegschaftsmitglieder bei der Kruppschen Gußstahlfabrik lag im Juli 1944 bei 6,3 %, der Westarbeiter bei 6,5 %, der Ostarbeiter bei 3,4 %. Affid. Aye, 20. 5. 1947, Dok. Ihn Nr. 133, Fall X, G 9. Vgl.

Anmerkungen zu Kapitel IX, S. 337-340

das Verzeichnis der Sanitätsstelle Krupp über die im Lager Sälzerstraße untergebrachten, aber nicht einsatzfähigen Ostarbeiter, 7. 7. 1943, Dok. NIK 9793; GBA an LAÄ, betr. Krankenstand der Ausländer, 1. 4. 1943, AES, 2 A III f., S. 115.

89 Jäger an Betriebsleitung, 18. 8. 1944, Dok. NIK 2971; vgl. auch die Berichte vom 22. 4. 1944, 26. 5. 1944, 16. 6. 1944, 8. 7. 1944, 18. 7. 1944, alle: Dok. NIK 2971.

90 Im Verhältnis zu den westlichen Zivilarbeitern erhielten Kriegsgefangene folgende Rationen (in Klammern die Rationen für Ostarbeiter und sowj. Kriegsgefangene) in %: Brot/Mehl: 90 (92), Fleisch: 79 (66), Fett: 92 (66), Zucker/Marmelade: 88 (27), Nährmittel: 48 (48), Hülsenfrüchte: 0 (0), Käse/Quark: 100 (0). Nach: Deutschland im zweiten Weltkrieg Bd. 4, S. 496; vgl. Streit, S. 248 f. sowie auch die Ernährungssätze bei den IG Farben in Wolffen, 6. 3. 1944 bis 2. 4. 1944, in Quilitzsch, Zur verbrecherischen Rolle der IG-Farben, S. 181. Die Sonderzuteilungen von Lebensmitteln nach Fliegerangriffen galten nicht für Ostarbeiter und Polen, vgl. Anweisung des Ernährungsamtes Stuttgart vom 7. 3. 1944, Doc. occ. IX, S. 182. Wochenrationssätze für polnische Arbeiter und Ostarbeiter, die in der Landwirtschaft eingesetzt waren: BA R 14/174, 21. 8. 1944.

91 Nach: Wirtschaftsberichte der Fried. Krupp AG Friedrich Alfred-Hütte Rheinhausen an RüKdo. Essen, 30. 12. 1943 (Dok. NIK 15443); 29. 1. 1944 (Dok. NIK 15444); 29. 2. 1944 (Dok. NIK 15445); 29. 3. 1944 (Dok. NIK 15446); 2. 6. 1944 (Dok. NIK 15441); 3. 7. 1944 (Dok. NIK 15447); 30. 8. 1944 (Dok. NIK 15449), alle: Fall X, B 66. Vgl. AV Lehmann, betr. die Unterernährung der sowjetischen Kgf. im Lager Hafenstraße, 18. 1. 1943, Dok. NIK 15355, Fall X, B 66; Krupp LoWa, betr. Leistungsernährung, 21. 1. 1943, Dok. NIK 15356, Fall X, B 66; Krupp an Gauwirtschaftskammer, betr. ungenügende Verpflegungssätze für Ostarbeiter und Kriegsgefangene, September 1943, Dok. NIK 5824, Fall X, B 45; Krupp Panzerbau betr. Mittag- und Nachtverpflegung von ausländischen Arbeitern, 27. 7. 1944, Dok. NIK 8489; Affid. Balz, betr. Ernährung sowj. Kgf., 21. 11. 1947, Dok. NIK 12716; Affid. Lehmann betr. Ernährung der Fremdarbeiter, 20. 6. 1947, Dok. NIK 7686.

92 RMO (ZAVO) WiStab Ost – Chefgruppe Arbeit – Bericht o. D. (Dezember 1943), betr. Inspektionen vom 24. 11. bis 5. 12. 1943, Dok. NI 3013 (F). Ähnliche Berichte: Inspektionsbericht des LAA Westfalen, betr. Ostarbeiterlager Essener Steinkohlebergwerke, Lager Dorstfeld, 3. 2. 1943, Dok. NI 3031; Inspektionsbericht der DAF an Essener Steinkohlebergwerk, 8. 2. 1943, Dok. NI 3055 (F). Vgl. die (z. T. grotesken) Rechtfertigungen: Zeche Katharina an Bezirksgruppe Steinkohle Ruhr, 30. 3. 1943, Dok. NI 3015; Bezirksgruppe Steinkohlebergbau betr. Ostarbeiterlager Oespel, 23. 2. 1943, Dok. NI 3032; Bergwerke Essen/Krupp an RVE, 2. 4. 1943, BA R 10 III/131, Bl. 9 ff.; Essener Steinkohle an Bezirksgruppe, 7. 4. 1943, Dok. NI 3012 (F). Für die Chemische Industrie: Bericht des Beauftragten der Zentralinspektion für die Betreuung ausländischer Arbeiter über die Inspektion von Lagern der IG Farben-Leverkusen, 17. 5. 1944, Dok. NI 8992, Fall VI, ADB 70; Affid. Vesper, Arbeitseinsatzingenieur IG Farben Hoechst, 15. 1. 1947, Dok. NI 2975, Fall VI, ADB 69.

93 Vgl. etwa den Bericht des SD-Hannover, o. D. (August 1944), HStAD RW 37 (unverz.).

94 Bericht des Leiters Ost des Propagandaministeriums an Goebbels, 22. 7. 1943, BA R 55/450, S. 12 ff. Vgl. die Direktorenbesprechung der Zeche Hibernia Herne, 16. 12. 1943, Bergbauarchiv Bochum 32/740; Bericht über Ostarbeiterlager der Maximilian-Hütte in Thüringen, 3. 12. 1943, IfZ MA 442/2; Urteil des LG Leipzig gegen Dolmetscher und Lagerleiter: Mitteilung des Gau-AA Westfalen-Nord, 8. 11. 1943, Dok. 3029; Sitzung des RSHA-Arbeitskreises, 16. 3. 1943, Protokoll ZAVO, Gruppe II, vom 17. 3. 1944, GStAB 1 Js 4/64, Dok. C 30, Bl. 34 ff. Vgl. auch RMO an RJM, 18. 12. 1944, betr. schlechte Behandlung, Prügeleien und Mißhandlungen sowie Veruntreuung der Lebensmittel in Ostarbeiterlagern, wodurch die Kriegsproduktion geschädigt und die Moral der Wlassow-Armee verschlechtert werde. Das RMO verlangte vom RJM die Behandlung solcher Delikte als „Sabotage", allerdings ohne Erfolg; GStAB 1 Js 4/64, Dok. V.17.

95 Denkschrift Franks vom 21. 11. 1943, Dok. PS 908, abgedr. in Broszat, Nationalsozialistische Polenpolitik, S. 111 ff. Vgl. Diensttagebuch, Eintragung vom 12. 1. 1944, wo Frank eine „vernunftvolle Behandlung" der Polen und Ukrainer forderte und sich gegen die „Vertreter der Gewaltpolitik" wandte. Zum Kontext Broszat, NS-Polenpolitik, S. 107 ff. Vgl. den Bericht des polnischen Hauptausschusses vom 17. 5. 1944, der die Übelstände in den Polenlagern noch erheblich schärfer formulierte als Frank in seiner Denkschrift (Dok. R 103, IMT Bd. 38, S. 304 ff.).

96 Einzelmeldung des SD-Koblenz vom 20. 2. 1943, IfZ MA 557, Bl. 3051, 3053 f.; Vgl. den im gleichen Tenor verfaßten Bericht des SD-Abschnitts Trier vom 21. 4. 1943, IfZ MA 557, Bl. 3042 ff.; sowie die Beschwerden über das „provozierende Benehmen" der Ausländer in den Berichten der Polizei-

präsidenten und Landräte aus dem Reg. Bez. Düsseldorf vom Juni 1943 (15 Berichte) HStAD, Reg. Düss. Nr. 45357.

97 ABP Frankfurt/Main, 5. 3. 1943, BA R 41/268, Bl. 46. Der SD, der sich über die „Auswirkungen der zweitrangigen Behandlung germanischer Arbeiter im Reich" beschwerte, zählte eine Reihe von „Eigenmächtigkeiten" unterer Stellen gegenüber „germanischen Arbeitern" auf: „Verbot des Besuches von Gaststätten und Friseuren, der Benützung von Luftschutzkellern und Verkehrsmitteln, Anweisung nur die ‚Toiletten für Ausländer, Juden und Polen' zu benutzen usw." MadR 25. 10. 1943, BA R 58/189, Bl. 89.

98 „Aufzeichnungen über die Lage der Ostarbeiter in Deutschland" des Gesandtschaftsrats Starke, Auswärtiges Amt, Ref. P V, 16. 8. 1943, GStAB 1 Js 4/64, Dok. I.13; das Original im politischen Archiv des Auswärtigen Amtes in Bonn, Nr. 611/14 (Mappe 8, Bl. 291 ff.), auch als Dok. NG 2562. Mit gleichem Tenor der Bericht des RMO vom 25. 3. 1944, GStAB 1 Js 4/64, Dok. V.14 (= Dok. PS 257).

99 ZAVO, 24. 11. bis 25. 12. 1943 (Anm. 92).

100 Viele Hinweise für die folgenden Überlegungen verdanke ich dem Briefwechsel und dem Interview mit Herrn F. Ziętek sowie zahlreichen schriftlichen Erinnerungsberichten ehemaliger polnischer Fremdarbeiter, die ich nach einem Aufruf in polnischen Zeitungen zugeschickt erhielt.

101 AV Zeche Carl Funke, Essen, 2. 8. 1944, Dok. NI 1795; bei den IG Farben-Werken in Ludwigshafen wurden wöchentliche Arbeitsnachweiskarten ausgegeben, auf denen die Leistungshöhe des betreffenden ausländischen Arbeiters vermerkt war. Die Ausgabe der Essensmarken geschah nur gegen ausgefüllten Arbeitsnachweis; unentschuldigte Fehltage wurden von der Ration abgezogen. Schreiben vom 19. 8. 1943, Dok. NI 6349, Fall VI, ADB 69.

102 Vgl. die ABP-Berichte für das Jahr 1942, in denen die Hoffnungen und Illusionen vor allem der „Gastarbeiter" aus Südosteuropa deutlich werden (BA R 41/265, 266, 267).

103 Bericht ABP Berlin, 3. 3. 1943, BA R 41/268, Bl. 124.

104 „Die politischen Äußerungen sind durchweg – vorsichtig ausgedrückt – antideutsch", faßte die ABP Frankfurt die Tendenz der Briefe französischer Arbeiter im September 1943 zusammen, „mit hämischer Freude wird festgestellt, daß die Engländer und Amerikaner in Sizilien vorrücken, ja die ganze Insel besetzen". ABP Frankfurt/Main, 5. 9. 1943, BA R 41/268, Bl. 261. Die Haltung der belgischen Arbeiter, notierten die Zensurbehörden zur gleichen Zeit, werde von Mal zu Mal „düsterer als bisher. Die Rückschläge an den Fronten . . . haben eine frenetische Freude unter den Belgiern hervorgerufen." Ein belgischer Arbeiter faßte seine Meinung von Deutschland und Hitler mit den Worten zusammen: „Hochgeehrter Mörder, internationaler Lügner, Tyrann der modernen Zeit, Lügner, der sein Volk mißleitet, Elender, der keine Opfer scheut, Drecksack, weshalb stirbst du nicht!" ABP Köln, 1. 9. 1943, BA R 41/268, Bl. 263.

105 Vgl. Kap. VII. 1.

106 Die oft definitorisch geführte Debatte, was bei den deutschen Arbeitern eigentlich „Widerstand" gewesen sei, vernachlässige ich hier; vgl. statt längerer Literaturhinweise die Zusammenfassung des Forschungsstandes bei Broszat, Resistenz und Widerstand und die Einwände dagegen in der Rezension Detlev Peukerts, in AfSG XXIV (1984), S. 661-666; für den engeren Zusammenhang: Mason, Arbeiteropposition.

107 Die in diesem Zusammenhang wichtige, aber für die letzten Kriegsmonate spezifische Bildung von „Banden" vor allem unter den Ostarbeitern behandele ich im Kap. X.2.

108 Eine Untersuchung des Schwarzmarkts während des Krieges fehlt bislang, sie wäre auf der Basis der Akten in Bundes-, Staats- und Stadtarchiven möglich und im Hinblick auf die Herausbildung einer sozialen Substruktur während des Krieges lohnend; dabei müßte auch der Zusammenhang zum Schwarzmarkt der Nachkriegszeit behandelt werden. Vgl. dazu Niethammer, Privat-Wirtschaft.

109 Ihn an Betriebsführer, 13. 3. 1942, Dok. NIK 6115, Fall X, B 58. Ihn hatte auf das Verbot des Tauschhandels mit Kriegsgefangenen schon mit Rundschreiben vom 27. 9. 1941, 16. 10. 1941 und 1. 12. 1941 hingewiesen.

110 Fälle entsprechender gerichtlicher Bestrafungen sind häufig überliefert; vgl. etwa den Strafbefehl des Amtsgerichts Moers gegen einen Krupp-Arbeiter wegen Tauschgeschäften mit französischen Kriegsgefangenen, 26. 2. 1943, Dok. NIK 9045. Ausführlicher dazu Kap. V.4.

111 Vgl. MadR 17. 2. 1942, BA R 58/178, Bl. 99 ff. Der SD berichtete über die „rege Tauschtätigkeit" unter der deutschen Bevölkerung mit der Kritik an den Praktiken der Justiz, „die Großen läßt man

Anmerkungen zu Kapitel IX, S. 345–348

laufen, die Kleinen hängt man". Im Mai berichtete er erneut über die Zunahme des Tauschhandels vor allem über Inserate in den Zeitungen; um dem Abdriften in den Schwarzmarkt vorzubeugen, regte er an, offizielle Tauschzentralen zu errichten. MadR 6. 5. 1943, BA R 58/183, Bl. 27 f. Im Januar 1944 wurde bereits die weite Verbreitung eines Schwarzmarktes festgestellt. MadR, 20. 1. 1944, BA R 58/192, Bl. 5 ff.

112 MadR, 17. 8. 1943, BA R 58/187, Bl. 86 ff.
113 Ebenda.
114 Vgl. Bericht der DAF Sudetenland, 31. 8. 1944, BA R 55/812, Bl. 14 ff.; MadR, 24. 1. 1944, BA R 58/192, Bl. 108 ff.
115 RSHA-Arbeitskreis, 16. 3. 1943, Protokoll ZAVO, GStAB 1 Js 4/64, Dok. C 30, S. 34 ff.
116 Vgl. Polizeipräsident Essen an Krupp-Wohnungsverwaltung, 19. 2. 1943, Dok. Bülow Nr. 297, Fall X, D 14. In diesem Schreiben beschwerte sich der Pol. Präs. über die Ostarbeiter: „Zahlreiche Lagerinsassen treiben sich in ihrer Freizeit bettelnd in der näheren und weiteren Umgebung des Lagers umher", außerdem würden sich die Ostarbeiter „grundsätzlich nicht" nur unter Aufsicht außerhalb des Lagers bewegen, kämen „ungeniert" mit Deutschen in Kontakt, das Ost-Abzeichen werde von vielen nicht getragen, das Lager sei nicht umzäunt, viele Ostarbeiter benutzten verbotswidrig die Straßenbahn und besuchten die Kinos. Dabei stammte dieses Schreiben noch aus der Zeit vor den großen Bombenangriffen, als das Durcheinander und das Nachlassen der Kontrolle in den Lagern noch einen geringeren Umfang besaßen als nach dem März 1943.
117 Gestapoleitstelle Düsseldorf an Außenstellen, 22. 8. 1944, HStAD, RW 36-43, HSSPF West an Reg. Präs. und Pol. Präs., 7. 8. 1944, HStAD, RW 36 (unverz.), vgl. RdErl. d. RFSSuChdDtP, „Bekämpfung des Arbeitsvertragsbruches ausl. Arbeitskräfte", 13. 7. 1943, AES 2 A III f., S. 132, hier Abschnitt III: Illegale Erwerbstätigkeit, S. 134; Bericht des GStA Hamm, 9. 6. 1944, BA R 22/3367, Bl. 249. Der Kommandant des Stalag VIA in Hemer ordnete an, daß die Kriegsgefangenen im Harpener Bergbau grundsätzlich alle Bastelarbeiten der Zechenleitung abzuliefern hätten, „da Materialien und Arbeitskräfte von der Zeche bezahlt sind"; RdSchr. der Harpener Bergbau AG, 31. 1. 1944, Dok. NI 3046. Vgl. SAI-Besprechung bei Krupp, 21. 6. 1944, Dok. NIK 9804, Fall X, B 58. Die Betriebsleitung der BMW-Flugmotorenbau beschwerte sich im Sommer 1943, daß sowjetische Kriegsgefangene aus Chromstahl Armbänder und anderes herstellen; dies sei Sabotage und müsse mit Erschießung (!) bestraft werden. BMW an Abwehrstelle im Wehrkreis II, zit. nach Streit, S. 259. Der SD berichtete im Januar 1943: „Viele Volksgenossen hätten sich auch durch das Bettelunwesen der Ostarbeiter während der Feiertage dazu verleiten lassen, teilweise die Ostarbeiter sogar in ihre Wohnung einzuladen und sie zu bewirten. Die Ostarbeiter hätten teils abgelegene Straßen aufgesucht, wo sie sich bei nichtverschlossenen Türen einfach in die Häuser begeben und bei geschlossenen Türen einfach klingelten . . ., teils hätten sie vielfach aber auch auf der Straße vor Schaufenstern gestanden, gedient, die Vorübergehenden teilweise sogar mit ‚Heil Hitler' gegrüßt und nur das Wort ‚Hunger' gesagt. Von deutschen Volksgenossen konnten daraufhin vielfach Aussprüche gehört werden wie: ‚Diese bedauernswerten Geschöpfe, die bekommen nicht genug zu essen.'" MadR 28. 1. 1943, BA R 58/179, Bl. 221 ff.
118 Vgl. die Werkschutzmeldungen Krupp vom 24. 5. 1944, Dok. NIK 11966, Fall X, B 42; 8./17. 4. 1944, Dok. NIK 13100; 8. 4. 1944, Dok. Bülow Nr. 668; 18. 1. 1944, Dok. Bülow 684, alle: Fall X, D 16.
119 Der SD meldete Ende November 1943, daß von 124 Plünderern bis Ende August 1943 93 Deutsche gewesen seien. Von den 16 deswegen zum Tode verurteilten seien 5 Ausländer gewesen, außerdem habe die Gestapo noch weitere 32 ausländische Zivilarbeiter erschossen. MadR, 29. 11. 1943, BA R 58/190, Bl. 170 ff. Vgl. Kap. X.1.
120 MwsE, 26. 5. 1944, IfZ MA 442/2. Vgl. zum Problem der „Arbeitsbummelei" bei französischen Arbeitern Evrard, S. 266–290.
121 Die DDR-Literatur postuliert in diesem Zusammenhang die Breite des antifaschistischen Widerstands der Zwangsarbeiter durch „passive Resistenz, vor allem durch niedrige Arbeitsleistung und Sabotage der Kriegsproduktion", diese aber durften „möglichst nicht als Sabotagefälle zu erkennen sein, sondern mußten sich als Materialfehler erklären lassen" – hier zeigt sich das argumentative Dilemma bei der Beschäftigung mit „Arbeitsbummelei" als Widerstandsaktion (Deutschland im zweiten Weltkrieg, Bd. 4, S. 500), denn umgekehrt stellte das RSHA fest, daß es sich bei Fällen von „Langsamarbeiten" „um ausgesprochene Sabotagehandlungen handelt, die mit dem Arbeitsver-

Anmerkungen zu Kapitel IX, S. 349–351

tragsbruch schlechthin nur das äußere Erscheinungsbild gemein haben." RdErl. des RFSSuChdDtP vom 16. 11. 1942, AES 2 A III f, S. 78.

122 Bericht vom 10. 9. 1942, BA NS 5 I/270; Schreiben des RSHA vom 16. 9. 1942, HStAD RW 36-25; MadR, vom 29. 10. 1942, BA R 58/176, Bl. 251.

123 Häufig vorgekommene Methoden: Zucker in die Augen streuen; Essig oder ein Gemisch aus Zucker und Benzin trinken; Petroleum in den Arm spritzen; mit Blut vermischten Speichel unter die Haut des Unterarms reiben; kleine Wunden mit Lauge, Knoblauch, Froschteppichkraut oder Essig einreiben (Simulation von Brandwunden); Einführen von geschältem Knoblauch in den After (kurzzeitig hohes Fieber); Schlucken ganzer Bonbons (sieht auf dem Röntgenbild aus wie ein Magengeschwür); Einnahme von Pikrinsäure (scheinbar Gelbsucht); Milchinjektionen in das Gesäß (Fieber, scheinbar Blinddarmentzündung; es gab sogar häufig Blinddarm-Operationen deswegen); Einnahme oder Einreiben mit Nießwurz (Darmentzündungen, Hautentzündungen; häufig auch von deutschen Männern verwandt, die sich dem Wehrdienst entziehen wollten); Einatmen von Graphitpulver (Vortäuschung von TBC auf dem Röntgenschirm). Alle nach: IfZ MA 442/2. Vgl. auch MadR 29. 10. 1942, BA R 58/176, sowjetische Bergarbeiter hatten sich danach sogar „den Abbauspieß in den Fuß gebohrt", um nur heraus aus der Grube zu kommen.

124 21. Sitzung der ZP, 30. 10. 1942, Dok. R 124, Fall XI, ADB 120.

125 RdErl. des RFSSuChdDtP vom 16. 11. 1942, AES 2A III f, S. 78 ff. Der juristische Terminus, der die verschiedenen Deliktformen zusammenfassen sollte, lautete „Arbeitsvertragsbruch" und umfaßte „unberechtigte Lösung des Arbeitsverhältnisses, pflichtwidrige Arbeitsverweigerung und pflichtwidriges Zurückhalten mit der Arbeit", darunter waren zu verstehen: Zuspätkommen, Krankfeiern, Langsamarbeiten sowie Arbeitsflucht.

126 AO des GBA Nr. 13, 1. 11. 1943, Handbuch des GBA S. 107 f.

127 RdErl. des RFSSuChdDtP vom 16. 11. 1942, AES, 2 A III f, S. 80.

128 RdSchr. des AA Essen, 6. 6. 1943, Dok. NIK 13297, Fall X, B 43.

129 RdErl. des RFSSuChdDtP vom 15. 12. 1942, AES 2 A III f, S. 93 ff., Vgl. RdErl. des RSHA, 29. 1. 1943, („Behandlung jugendlicher Ostarbeiter"), AES 2 A III f, S. 100.

130 RdErl. des RFSSuChdDtP, 13. 7. 1943, AES 2 A III f, S. 132 ff.; RdErl. des RFSSuChdDtP, 27. 9. 1943, AES 2 A III f, S. 176 ff. Zum Gesamtkomplex vgl. ferner: Erlaß des Reichstreuhänders der Arbeit für das Wirtschaftsgebiet Westfalen-Niederrhein vom 11. 7. 1940, Dok. Bülow 320; Rundverfügung 7/42 des Reichstreuhänders der Arbeit, Westfalen-Niederrhein vom 10. 1. 1942, Dok. Bülow 363; AO des GBA vom 20. 7. 1942, Dok. Bülow 278; RdSchr. der Bezirksgruppe Nordwest, 11. 12. 1942, Dok. Bülow 716; Mitteilungsblatt der Gestapo-Leitstelle Düsseldorf vom 30. 6. 1943, Dok. Bülow 412; Erlaß des GBA vom 10. 3. 1944, Dok. Bülow 689; RdSchr. der Gestapoleitstelle Düsseldorf, 24. 3. 1944, Dok. Bülow 747; RdErl. des RAM vom 19. 10. 1944, Dok. Bülow 555, alle: Fall X, D 8.

131 „Merkblatt für das Vorgehen gegen bummelnde, disziplinlose und straffällige Gefolgschaftsmitglieder", GSF Krupp, o. D. (Dezember 1940), Dok. NIK 10760, Fall X, B 58. Zur Vorgeschichte vgl. Affid. Mette, 19. 4. 1948, Dok. Bülow Nr. 458, Fall X, D 8.

132 Vgl. Affid. Wolf, 14. 4. 1948, Fall X, Dok. Bülow Nr. 425, Fall X, D 8. In 561 Fällen Geldstrafen bis 10,– RM, in 68 Fällen bis 20,– RM, in 19 Fällen über 20,– RM. Vgl. auch Kap. VII.1.

133 Der gesamte Vorgang: Dok. NIK 13893, Fall X, B 43. Auf der SAI-Sitzung bei Krupp am 12.1.1944 wurde von 1.400 Bummelanten täglich gesprochen, in erster Linie Ausländer, „die zu spät kommen und zu früh ihre Arbeitsstätten wieder verlassen, oder mit Erlaubnis des Vorarbeiters zeitweise verschwinden." Dok. NIK 9803, Fall X, B 53.

134 Übersicht des Statistischen Büros Krupp vom 2. 2. 1945, Dok. Bülow Nr. 245, Fall X, D 8.

135 Der Grund dafür war einfach: War ein ausländischer Arbeiter einmal an die Gestapo gemeldet, mußte er mit langen Strafen rechnen, und es war für die Firmen durchaus nicht sicher, daß er nach verbüßter Strafe auch wieder an seine alte Arbeitsstelle zurückkehren konnte. Die Rüstungsbetriebe des Ruhrgebiets beschwerten sich deshalb mehrfach bei der Gestapoleitstelle in Düsseldorf, daß schon wegen geringfügiger Vergehen wie „Nichttragen des Ostarbeiterabzeichens" oft monatelange Straflageraufenthalte verfügt worden seien (RdSchr. der Gestapoleitstelle Düsseldorf, 20. 6. 1944, HStAD RW 36-43). Auf der anderen Seite beklagten sich die Polizeistellen über die großen Rüstungsbetriebe und vor allem über Krupp, daß diese „immer wieder versuchten, auch hartnäckige Fälle von Arbeitsbummelei innerbetrieblich zu regeln, während polizeiliche Maßnahmen am

Anmerkungen zu Kapitel IX, S. 352–358

Platze seien." (IdS an den HSSPF West über Besprechung mit dem Wehrkreisbeauftragten VI des Rüstungsministeriums, 15. 7. 1943, HStAD RW 37 (unverz.)).
136 Berichte des Präs. des Gau AA Westfalen-Nord für Februar und März 1944, StAM OP 5141. Spalte 2: Der Arbeitseinsatz im Großdeutschen Reich, Nr. 6, 7 und 8 vom 21. 8. 1944, S. 14 ff. Spalte 1: „Westarbeiter" umfaßt Franzosen, Belgier, Holländer und Dänen.
137 Berechnet nach der Verhaftungsstatistik der Gestapo Juli bis September 1943, in: Deutschland im zweiten Weltkrieg, Bd. 4, S. 407.
138 Der gleiche Befund ergibt sich auch für Krupp, der prozentuale Anteil der wegen Arbeitsvergehen angezeigten Frauen lag etwa dreimal so hoch wie der der Männer (Übersicht des statistischen Büros Krupp, 2. 2. 1945, Dok. Bülow Nr. 245, Fall X, D 8).
139 Spitzer, Möglichkeiten des Fraueneinsatzes.
140 „Über einen innerbetrieblichen Werbefeldzug gegen Zeitverluste und Arbeitszeit-Verschwendung", in: Der Arbeitseinsatzingenieur, Juni 1944, S. 55-56. Vgl. MadR vom 30. 3. 1944, BA R 58/193, Bl. 155 ff., in denen von den positiven Auswirkungen der Maßnahmen gegen Bummelanten berichtet wurde.
141 In den Kruppschen Akten finden sich nur zwei Fälle von wegen Arbeitsvertragsbruchs belangten ausländischen Frauen gegenüber etwa 60 Männern.
142 Vgl. dazu die Angaben in: Deutschland im zweiten Weltkrieg, Bd. 3, S. 241, Bd. 4, S. 407; sowie bei Weisenborn, S. 176.
143 Diesen Terminus verwenden die Autoren von „Deutschland im zweiten Weltkrieg", Bd. 4, S. 407, in den Tabellen statt des von den NS-Behörden gebrauchten Begriffes „Arbeitsvertragsbruch".
144 Vgl. etwa Meldung des SD Halle vom 5. 7. 1943 über den Einsatz der sowjetischen Kriegsgefangenen, IfZ MA 127/3, Bl. 14186-14189; MadR, 1. 4. 1943, BA R 58/182 Bl. 13 ff.; Bericht über „Arbeitseinsatz und Arbeitsleistung ausländischer Arbeitskräfte", vom 14. 11. 1944, Dok. NI 8962, Fall VI, ADB 70; vgl. Personalakte der französischen Arbeiterin Raymonde Parfu, Dok. NI 6187, Fall VI, ADB 71.
145 Krupp an Gestapo Essen, 17. 2. 1944, Dok. NIK 13867, Fall X, B 43.
146 Krupp an Gestapo Essen, 12. 2. 1945, Dok. NIK 13885, Fall X, B 43.
147 Krupp an Gestapo Essen, 19. 7. 1944, Dok. NIK 13885, Fall X, B 43.
148 Krupp an Gestapo Essen, 10. 2. 1945, Dok. NIK 13885, Fall X, B 43.
149 Krupp an Gestapo Essen, 30. 9. 1943, Dok. NIK 3706.
150 Sitzung des RSHA-Arbeiskreises, 14. 10. 1943, Protokoll BA R 16/162.
151 Der gesamte Vorgang in: Streim, S. 146 f., sowie: HStAD RW 36-26. Auch Streim betont, daß solche Fälle aber eher selten vorkamen.
152 Zum Begriff „Arbeiteropposition": Mason, Die Bändigung der Arbeiterklasse, S. 11-53.
153 Hermann-Göring-Werke Linz an das AEL Schoergenhub, 19. 2. 1944, Dok. NI 2698, Fall XI, ADB 126. Vgl. Vermerk der IG Farben Frankfurt/Main-Hoechst über AEL-Häftlinge vom 10. 7. 1944: „Die Arbeitskräfte gehen dem Werk für diese Zeit verloren. Um sie zu erhalten, soll versucht werden, daß eine Zweigstelle des AEL nach Hoechst verlegt wird." Dok. NI 6155, Fall VI, ADB 69. Zur Entwicklung der AEL seit 1940 vgl. Kap. V.5.
154 RdErl. des RFSSuChdDtP vom 15. 12. 1942: „Bekämpfung des Arbeitsvertragsbruchs ausländischer Arbeitskräfte", AES 2 A III f., S. 93-100.
155 Vgl. z. B. für die IG Farben-Ludwigshafen die Genehmigung zur Errichtung betriebseigener AEL am 4. 3. 1943, Dok. NI 71 IO, Fall VI, ADB 70; für den Bezirk Kattowitz: RdSchr. der Gestapo Kattowitz vom 11. 2. 1943, in Doc. occ. X, Dok. II.47. Zum „Arbeitserziehungslager 21" der HGW in Salzgitter vgl. Wisocky, S. 121-135. Zum AEL in Hagen-Haspe vgl. das Urteil des LG Hagen gegen ehemalige Angehörige der Gestapostelle Hagen vom 18. 7. 1952, Az. 11 Ks 2/51; abgedr. in: Rüter-Ehlermann, Justiz und NS-Verbrechen, Bd. X, Nr. 323.
156 Bülow an Gestapo 11. 10. 1943, Dok. NIK 15377, Fall X, B 67; vgl. Protokoll der Übergabe des Lagers am 3. 5. 1943, Dok. Kupke Nr. 56, Fall X, L 3/4.
157 Einweisungsbeschluß vom 9. 11. 1943, Dok. NI 3716, und 12. 11. 1943, Dok. NIK 13890, Fall X, B 43. Besprechung am 14. 3. 1944 im Lager Dechenschule, Dok. NI 15383, FallX, B 69. Danach sollte in der Kapitän-Lehmann-Straße ein weiteres AEL entstehen, was jedoch offenbar nicht zur Ausführung kam. Vermerk Krupp Werkschutz, 18. 3. 1944, Dok. NIK 15374, Fall X, B 67.
158 Lagerordnung der Gestapo für Ostarbeiter-Sonderlager, 13. 12. 1943, Dok. NIK 15510, Fall X, B 69.
159 Lagerordnung für das Sonderlager Dechenschule, 16. 12. 1943, Dok. NIK 15506, Fall X, B 69.

Anmerkungen zu Kapitel IX, S. 358–361

160 Schreiben Bülows an Arbeitseinsatz I, 16. 2. 1944, Dok. NIK 12987, Fall X, B 54.
161 RdSchr. Bülow 8. 3. 1944, Dok. NIK 12986.
162 Besprechung zwischen Gestapo, Werkschutz und Arbeitsamt im Lager Dechenschule am 14. 3. 1944, Dok. NIK 15383, Fall X, B 69; Aktennotiz Werkschutz Krupp 18. 3. 1944, Dok. NIK 15374, Fall X, B 67; AV Arbeitseinsatz I, 21. 3. 1944, Dok. NIK 15373, Fall X, B 67.
163 Vgl. Aussage Bülow 29. 7. 1947, Dok. NIK 10828, Fall X, B 45; Aussage Bülow 30. 7. 1947, Dok. NIK 11280, Fall X, B 53. Eine Liste der Toten hat der katholische Priester Come, seit August 1944 Insasse des Lagers, nach dem Kriege angefertigt: Dok. NIK 13973, Fall X, B 53. Belegungsbuch des Sonderlagers Dechenschule für September und Oktober 1944: Dok. NIK 13076, Fall X, B 54.
164 Affid. Joseph Nicolas, 28. 12. 1944, Dok. NIK 12841, Fall X, 53. Vgl. die Aussagen der ehemaligen Insassen der Dechenschule, des Holländers Hendrik Scholtens, Dok. NIK 12802, und der Belgier Raoul Libois, Dok. NIK 12875, Henri-Leon Mercier, Dok. NIK 12840, Jacques François, Dok. NIK 12838; Alphonse Come, Dok. NIK 12839, alle Fall X, B 53.
165 Lagerführer war bis Juni 1944 der im Zusammenhang mit der Korruption in den Ausländerlagern bereits erwähnte Fritz Führer (vgl. Kap. VII.1), der danach durch die Gestapo abgesetzt wurde; vgl. Aussage Führers v. 9. 9. 1947, Dok. NIK 11758, Fall X, B 53.
166 Gleichwohl wurde im August 1944 die Erhöhung der angeblich nicht ausreichenden Arbeitszeit der „Dechenschüler" verfügt; danach sollte die wöchentliche Arbeitszeit nicht unter 66 Stunden betragen; vgl. AV des Arbeitseinsatzingenieurs vom 10. 8. 1944, Dok. NIK 15381, Fall X, B 69. Allerdings wußte die Fa. seit dem November 1944 oft kaum noch, womit sie die Sträflinge beschäftigen sollte, so daß es in den Betrieben zu viel Leerlauf kam. Das galt auch für die Situation der Ostarbeiter in den Lagern Süderichschule und Beisingstraße; die Fa. Krupp beschwerte sich gegenüber der Essener Stadtverwaltung und der Gestapo im August 1944 über die „allzumilde Behandlung arbeitsscheuer Ostarbeiter im Straflager", Schreiben vom 5. 8. und 2. 9. 1944, Dok. NIK 2908.
167 Zur Fluchtbewegung der ausländischen Arbeiter: Seeber, S. 221 ff.; Evrard, S. 290-319; Brodski, Im Kampf gegen den Faschismus, S. 134 ff.
168 RdErl. des RFSSuChdDtP vom 19. 1. 1942, AES 2 A III f, S. 4 f.; vgl. RdErl. des RFSSuChdDtP vom 10. 9. 1943, AES 2 A III f., S. 150 ff.
169 Vgl. Sitzung des RSHA-Arbeitskreises am 28. 5. 1942, 26. 6. 1942, 17. 9. 1942, Protokolle: BA R 16/162.
170 Aufstellung des RSHA für Himmler vom Herbst 1943, BA R 58/1030, Bl. 221; Sitzung des RSHA-Arbeitskreises am 17. 6. 1943, am 30. 9. 1943 und am 13. 1. 1944, Protokolle BA R 16/162; vgl. Deutschland im zweiten Weltkrieg, Bd. 3, S. 350 und Bd. 4, S. 363.
171 Pfahlmann, S. 184. Zum Gesamtkomplex der Fluchten sowjetischer Kriegsgefangener, auf die hier nicht ausführlich eingegangen wird, v. a. Streim, S. 208-223.
172 Beim RSHA-Arbeitskreis erklärte Baatz den Unterschied zwischen den Zahlen der Wiederergriffenen und der Geflüchteten damit, „daß auch Nichtrückkehr vom Urlaub als Fluchtfall gemeldet wird, in der Regel aber nicht mehr ergriffen werden kann." Sitzung des RSHA-Arbeitskreises am 17. 9. 1943, Protokoll BA R 16/162.
173 MadR, 23. 8. 1943, BA R 58/187, Bl. 141 ff.; vgl. MadR, 5. 8. 1943, BA R 58/187, Bl. 110 ff.
174 Notiz des Vertreters der Fa. Carl Zeiss Jena, Küppenbänder, über eine Beratung mit Speer und Sauckel am 30. 7. 1943, betr. Fragen des Arbeitseinsatzes, abgedr. in: Bleyer/Drobisch, Dok. Nr. 32, S. 69 f.
175 Sauckel an Gauarbeitsämter und Reichstreuhänder der Arbeit, 17. 1. 1945, BA R 41/30, Bl. 103 f.; vgl. Sitzung des RSHA-Arbeitskreises am 1. 10. 1943, Protokoll Ba R 16/162.
176 In den Wochen vom 9. 10.–26. 11. 1944 nahm die Gestapo Köln insgesamt 497 Ausländer wegen „Arbeitsflucht" fest, darunter 271 Ostarbeiter (54 %), 95 Holländer (19 %), 54 Franzosen, 38 Polen, 13 Belgier und 26 sonstige. Wochenbericht der Stapo Köln, 9. 10.–26. 11. 1944, HStAD RW 34/8 Bl. 19-41. Die Woche vom 16.–22. 10. 1944 ist nicht enthalten, so daß die Gesamtzahl der Verhaftungen um etwa 70 höher gewesen ist.
177 RdSchr. der Bezirksgruppe Steinkohlenbergbau Ruhr, 29. 1. 1943, BA R 10 VIII/56, Bl. 37.
178 RdSchr. der Bezirksgruppe vom 26. 1. 1943, Dok. NIK 12163, Fall X, B 42. Zu den Fluchtzahlen im Bergbau vgl. den Monatsbericht der Bezirksgruppe vom Mai 1941, Dok. NI 2745, Fall XI, ADB 111 B. Vgl. auch die Aufstellung der Fluchtzahlen der im Bergbau eingesetzten Kriegsgefangenen im Bereich des Stalag VI A Hemer vom 2. 1. 1945, BA R 10 VIII/56, Bl. 63 ff.; Bericht des SD Prag

Anmerkungen zu Kapitel IX, S. 362–364

über die Fluchtentwicklung im Mährisch-Ostrauer Kohlenrevier vom 19. 2. 1945, BA R 58/1003, Bl. 51 ff.
179 Affid. Hässler, 15. 3. 1948, Dok. Bülow Nr. 537, Fall X, D 16.
180 „Die Mehrzahl der flüchtig werdenden Ostarbeiter verließen die Lager nur wegen der schlechten Ernährung und versuchten bei Bauern im Hinblick auf bessere Ernährungsmöglichkeiten Arbeit zu finden", hatte Hässler am 16. 3. 1944 im RSHA-Arbeitskreis erklärt; Protokoll BA R 16/162.
181 Bericht des Präs. des Gau AA Essen an den GBA, 8. 10. 1943, StAM OP 5141. Vgl. die Listen der Fluchtmeldungen bei Krupp vom 26. 6. 1944 und 17. 8. 1944, Dok. NIK 6792 und NIK 6782, Fall X, B 43.
182 Bericht des Kommandanten des Stalag VI A Hemer an BdE Chef Kgfw., 2. 1. 1945, BA R 10 VIII/56, Bl. 63 (= Dok. NIK 12559).
183 RSHA-Arbeitskreis, 17. 9. 1942, BA R 16/162. Vgl. RdErl. des RFSSuChdDtP vom 5. 12. 1942, betr. „Kriegsfahndung (Fahndungsaktionen nach flüchtigen Kriegsgefangenen und ausländischen Arbeitskräften) und verstärkte Personenüberwachung", BA R 58/1035, Bl. 163 ff. Der entsprechende Erlaß des OKW war schon am 22. 9. 1942 herausgekommen (BA R 58/272, Bl. 90 ff.); Streim, S. 212.
184 RSHA-Arbeitskreis, 30. 9. 1943, BA R 16/162. Am 14. März 1944 wurde ein solcher Plan „zur Verhinderung der Abwanderung ausländischer Arbeiter nach Luftangriffen auf deutsche Städte und Industriezentren" auch für Essen aufgestellt. Danach sollten Einheiten der Polizei, SA, der betrieblichen Werkschutzeinheiten und Freiwilliger alle wichtigen Verkehrswege der Stadt schlagartig besetzen. HStAD, RW 37. Vgl. auch RdSchr. des HSSPF West, 11. 7. 1944, HStAD, RW 37, und Schreiben des IdS an HSSPF West vom 26. 7. 1944, ebenda. Danach waren die „Zusammenkünfte fremdvölkischer Elemente" in Düsseldorf „laufend unter Beobachtung . . . ständig hierfür eingesetzter Vertrauensleute. Örtlichkeiten wie Grafenberger Wald, Hofgarten, Löricker Wäldchen sind allein in den letzten Monaten zwanzigmal von der Stapoleitstelle Düsseldorf in Form von Razzien durchkämmt worden."
185 An späteren Aktionen sollen mehr als 600.000 Personen in die Fahndung eingeschaltet gewesen sein; Seeber, Zwangsarbeiter, S. 225; Deutschland im zweiten Weltkrieg, Bd. 4, S. 363 und S. 501. Es gab auch spezielle Polizeiaktionen gegen Arbeitsbummelei, wo die Polizei vor Schichtbeginn am Werktor Zuspätkommende und „Bummler" verwarnte oder verhaftete. Diese Aktionen richteten sich ausdrücklich nur gegen Ausländer; RSHA-Arbeitskreis, 30. 9. 1943, BA R 16/162.
186 Polizeipräs. Weimar an Gestapo, 29. 9. 1943, Doc. occ. IX, Dok. Nr. 171, S. 239 ff.
187 Der Rüstungsobmann VI b des RMRuK an das Rüstungslieferungsamt Berlin, 15. 11. 1943, HStAD RW 13-7, Bl. 8 ff. Häufig war das Einschalten der SA, die seit 1943 innerhalb des NS-Staates wieder aufgewertet wurde. Vgl. RdSchr. des HSSPF West vom 22. 2. 1944, HStAD RW 37. Im Mai fand im Kreis Borken-Bocholt eine Razzia mit 495 Männern, vor allem PG's, statt. Außer der „schockartigen Wirkung" auf die Ausländer und einer illegalen Flasche Schnaps wurde jedoch wenig gefunden, was Anlaß zur Beanstandung gab. Bericht der NSDAP-Kreisleitung Borken-Bocholt vom 22. 5. 1944, StAM, VDA 115; ähnliche Berichte über den Kreis Lippe: NSDAP-Kreisleitung Lippe, 4. 7. 1944, StAM, VDA 115. Seit dem Herbst 1944 wurden solche Razzien noch in verstärktem Maße durchgeführt, vgl. Kap. IX.5.
188 RSHA-Arbeitskreis, 30. 9. 1943, BA R 16/162.
189 Prot. d. „Führerbesprechung" Speers bei Hitler, 3.–5. 6. 1944, Boelcke, Deutschlands Rüstung, S. 376. Vgl. als Beispiel den Fall des Ostarbeiters Nicolaus Bidenko. Er war als Elektroschweißer in einem Betrieb bei Nürnberg eingesetzt gewesen und im Sommer 1944 geflüchtet. Ende September 1944 wurde er von der Gestapo Brünn aufgegriffen und „zum Zwecke des Arbeitseinsatzes" in das KL Dachau eingeliefert. GStAB 1 Js 4/64, Dok. B 46, Bl. 26.
190 In der DDR-Literatur wird die Flucht der ausländischen Arbeiter in ihrer Bedeutung vor allem von ihren Auswirkungen auf den Gegner beurteilt. „Demzufolge hatte die Flucht, auch wenn die Menschen dadurch noch nicht in jedem Fall zu aktiven, bewußten Kämpfern für die Befreiung wurden, eine große Bedeutung. Dessen ungeachtet war sie nicht die höchste Form des Widerstandes und konnte auch nicht die einzige Form des Kampfes bleiben." Seeber, Zwangsarbeiter, S. 226; Deutschland im zweiten Weltkrieg, Bd. 4, S. 502.
191 Der politische Widerstand der ausländischen Arbeitskräfte gegen das NS-Regime ist in der Literatur bislang nur wenig untersucht, wenn auch häufiger behandelt worden. Bei Pfahlmann fehlt eine Beschäftigung damit, bei Homze wird sie in dem abschließenden Essay angesprochen (S. 290-

298). In der westdeutschen Widerstandsforschung, obwohl sie in den letzten Jahren außerordentlich breit geworden ist, bleibt der Widerstandskampf der Fremdarbeiter und Kriegsgefangenen außen vor. Die ältere DDR-Forschung hat diesen Komplex eher pauschal und polemisch behandelt, hier waren die machtvolle Solidarität zwischen deutschen und ausländischen Arbeitern ebenso unbestritten wie unbewiesen. In der neueren DDR-Literatur sind vorsichtige Ansätze zur Differenzierung zu erkennen, vgl. etwa Deutschland im zweiten Weltkrieg, Bd. 4, S. 500, sowie jetzt Eichholtz, Kriegswirtschaft, Bd. 2, S. 288-292. Besonders hinsichtlich der Rolle der deutschen Arbeitskräfte gegenüber den Ausländern gerät die These vom „machtvollen proletarischen Internationalismus" in argumentative Schwierigkeiten; vgl. dazu den anregenden Beitrag von Demps, Einige Bemerkungen zur Veränderung der innenpolitischen Situation im faschistischen Deutschland durch den Einsatz ausländischer Zwangsarbeiter. Zum Widerstandskampf der polnischen Arbeiter: Seeber, Zwangsarbeiter, S. 206-254; Schminck-Gustavus, Zwangsarbeitsrecht, S. 201 ff.; Gora/Okecki, Für unsere und Eure Freiheit; Frankiewicz, Zur Lage der ausländischen Zwangsarbeiter während des zweiten Weltkrieges in Pommern und ihre Teilnahme am antifaschistischen Widerstandskampf. Zum Widerstand der französischen Arbeiter: Evrard, S. 351-383. Die ausführlichsten Untersuchungen zu den Gefangenen und Arbeitskräften aus der Sowjetunion liegen von dem sowjetischen Historiker Brodski vor: Brodski, Die Teilnahme sowjetischer Patrioten an den antifaschistischen Widerstandsbewegungen in Süddeutschland 1943-1945; ders., Die Lebenden kämpfen. Die illegale Organisation Brüderliche Zusammenarbeit der Kriegsgefangenen BSW; ders., Im Kampf gegen den Faschismus. Sowjetische Widerstandskämpfe im Hitler-Deutschland 1941-1945.

192 Goebbels bemerkte im März 1943 dazu: „Sollte es in Berlin einmal unter den ausländischen Arbeitern zu Revolteversuchen kommen, so will der Führer die Leibstandarte in die Reichshauptstadt schicken; sie würde dann ein Exempel statuieren, daß jedem (Liebhaber) solcher Exzesse die Lust verginge." Goebbels Tagebücher, Eintragung vom 8. 3. 1943, zit. nach Domarus, Bd. 4, S. 1996.
193 RdSchr. der Gestapoleitstelle Düsseldorf vom 21. 2. 1943, Dok. Bülow 351, Fall X, D 10.
194 Das Folgende nach Hoffmann, Widerstand. Staatsstreich, Attentat, S. 355-370; vgl. auch Seeber, S. 250 ff.
195 Hoffmann, S. 361.
196 Bericht des SD-Altenkirchen, 15. 2. 1943, IfZ MA 557, Bl. 3094.
197 Bericht des SD aus Karlsbad, 5. 11. 1943, IfZ MA 442/2.
198 Der zuständige Referent im RSHA, Hässler, berichtete rückblickend, „daß im Jahresdurchschnitt etwa 6.800 Fälle von Einzelsabotage von kleiner Bedeutung zu verzeichnen waren, die nach dem Ergebnis der Ermittlungen fast ausnahmslos auf persönliche Verärgerung oder Vernachlässigung zurückzuführen waren. Zu großen oder Gruppensabotagen kam es nie." Affid. Hässler, 15. 3. 1948, Dok. Bülow 537, Fall X, D 16. Zum Gesamtkomplex „Sabotage": Seeber, Zwangsarbeiter, S. 227 ff.; Evrard, S. 319-349; Deutschland im zweiten Weltkrieg, Bd. 4, S. 500 ff. sowie Matusak, Die Sabotage in der nazistischen Rüstungsindustrie. Die für die These von der umfassenden Sabotagetätigkeit angeführten Belege und Beispiele in der DDR-Literatur sind aber durchweg Einzelfälle, die Massenhaftigkeit von Sabotage wird postuliert, aber nicht belegt. Auch das markanteste Beispiel für Industriespionage bzw. -sabotage ist quellenmäßig nicht belegt; Seeber weist darauf hin, daß die Zerstörung der Raketenversuchsanstalt in Peenemünde durch die britische Luftwaffe möglicherweise auf Nachrichten dort beschäftigter polnischer Widerstandskämpfer basiert (Seeber, Zwangsarbeiter, S. 234), ohne dafür präzise Quellenbelege zu nennen. In Deutschland im zweiten Weltkrieg, Bd. 4, S. 502, ist daraus bereits eine feststehende Tatsache geworden, ein Beleg fehlt auch hier.
199 Vgl. z. B. MwsE, 15. 9. 1944, IfZ Ma 442/2.
200 Bericht der Stapoleitstelle Düsseldorf vom 16. 6. 1944, IfZ Ma 442/2.
201 Bericht vom 18. 6. 1943, IfZ MA 442/2.
202 Bericht vom 3. 12. 1943, IfZ MA 442/2. Aus Oberhausen wurde im Dezember 1943 z. B. gemeldet, ein ausländischer Arbeiter habe mit einem 12 kg schweren Pflasterstein die Rührarme eines Mischers bei der Ruhrchemie beschädigt, um eine Arbeitspause zu erreichen. Bericht vom 17. 12. 1943, IfZ MA 442/2. Auch bei Krupp gab es nur sehr selten Meldungen über Sabotage; vgl. Bericht des Werkschutzes vom 9. 2. 1943 (Sabotage in der Munitionsfertigung) Dok. NIK 9020; vom 5.-27. 1. 1944 über Sabotageakte französischer Zivilarbeiter, Dok. NIK 9790 und NIK 9792; vom

Anmerkungen zu Kapitel IX, S. 366–369

26. 7. 1944 über einen italienischen Militärinternierten, der das Achsenlager eines Güterwagons zerstört hatte, Dok. Bülow 635, Fall X, D 12.
203 AV. d. Ch. d. Sipo u. d. SD v. 3. 12. 1943, BA R 58/1049.
204 Hierzu ist die Quellenlage in Deutschland schlecht. Bis auf vereinzelte Warnungen vor kommunistischen Aktivitäten unter den französischen Arbeitern liegen mir dazu keine Unterlagen vor, was im Verhältnis zu den zahlreichen Berichten über die Widerstandsaktivitäten sowjetischer Arbeitskräfte sehr auffällig ist. Auch die französische Literatur ist dazu wenig aussagekräftig. Die zahlreichen bei Evrard angefahrten Fälle von Widerstandsaktionen verstärken eher noch den Eindruck, daß größere Zusammenschlüsse französischer Widerstandskämpfer in Deutschland bislang nicht bekannt geworden sind (S. 351-383); auch Frankenstein spricht von der „sozialpolitischen Passivität der Arbeiter, die nach Deutschland gingen" (S. 219). Allerdings scheint es, als wenn der Schwerpunkt der französischen Forschung eher auf der Lage der Arbeiterschaft in Frankreich und den Arbeitskräfteaushebungen durch die Deutschen liegt als auf der Beschäftigung mit der Situation der französischen Kriegsgefangenen und Zivilarbeiter, die in Deutschland arbeiteten. Insbesondere der Einfluß der in Frankreich während des Krieges stärker gewordenen KPF auf die französischen Arbeiter im Deutschen Reich wäre ein interessantes Untersuchungsfeld; vgl. Fridenson, die Auswirkungen des Zweiten Weltkrieges auf die französische Arbeiterschaft.
205 Brodski, Im Kampf, S. 166-186; zu weitergehenden Aktionen kam es nach 1943, auch ein größerer Sabotageakt wurde versucht. Ob die 1944 zerschlagenen Gruppen unter Ostarbeitern und sowjetischen Kriegsgefangenen in Hannover und Umgebung (RSHA-Bericht vom 29. 8. 1944, Brodski, S. 186) mit den Gruppen von 1942 in Zusammenhang standen, ist unklar.
206 Brodski, Teilnahme, S. 489; ders., Im Kampf, S. 106-236.
207 Andere Gruppen bestanden zu dieser Zeit bereits in Braunschweig bei den Hermann-Göring-Werken („Komitee Kampf dem Faschismus", bestehend aus 21 sowjetischen Kriegsgefangenen, MwsE, 9. 6. 1943, If Z 442/2) und in Wien („Anti-Hitler-Bewegung der Ostarbeiter", MwsE, 24. 12. 1943, ebenda).
208 „Bratskoje sotrudnitschestwo wojennoplennych" (BSW). Brodski hat die Geschichte der BSW ausführlich untersucht („Die Lebenden kämpfen"; die S. 226-368 von „Im Kampf gegen den Faschismus" entsprechen dem Text von „Die Lebenden kämpfen" weitgehend.) Brodski stützt sich in seiner Untersuchung in erster Linie auf den Bericht des Chefs der Münchener Gestapo über die Aufdeckung der BSW an das RSHA vom Juni 1944, auf Gestapo-Personalakten der mitbeteiligten deutschen Widerstandskämpfer, die „Meldungen wichtiger staatspolizeilicher Ereignisse" sowie Interviews mit sowjetischen Augenzeugen. Streim (S. 147-152) hat das Material um einige Urteile von Nachkriegsprozessen von SS-Leuten wegen der Erschießungen von BSW-Mitgliedern ergänzt. Vgl. dazu auch das Urteil gegen ehemalige Gestapo-Beamte wegen Mißhandlungen sowjetischer Kriegsgefangener mit Todesfolge wegen Mitgliedschaft in der BSW, abgedr. in: Justiz- und NS-Verbrechen, Bd. IX, S. 273 ff., sowie den Informationsdienst des RMJ vom Oktober 1944, Beitrag 59, über „Kommunistische Umtriebe und Ostarbeiter" (BA R 22/4003, Bl. 74 f.) und den Erlaß des CdS an alle Stapoleitstellen vom 22. 2. 1944 (AES 2 A IIIe, S. 126 ff.), in dem ausführlich über die BSW berichtet wurde. Insgesamt ist die Geschichte des BSW weitgehend erforscht.
209 Zu den Personen der BSW-Gründer und -Mitglieder vgl. Brodski, Im Kampf, S. 251 ff.
210 Brodski, Im Kampf, S. 291.
211 Im „Programmentwurf" hatten die BSW-Gründer auch polnische, französische, jugoslawische und englische Kommitees der BSW angeführt; sowohl aus Tarnungsgründen wie als „Propagandabluff", wie die „Meldungen wichtiger staatspolizeilicher Ereignisse" vermerkten. Brodski führt die mangelnde Ausweitung der BSW auf Angehörige anderer Nationen auf das angebliche Bestreben der Gestapo-Beamten zurück, den internationalistischen Charakter des Widerstandes in ihren Berichten zu bestreiten (Brodski, Im Kampf, S. 428). Tatsächlich aber war es das ausdrückliche Ziel der Sicherheitsbehörden, solche Verbindungen, die sie besonders fürchteten, aufzudecken; die MadR etwa warnten häufig vor politischen Verbindungen zwischen den verschiedenen nationalen Ausländergruppen. Insofern sind die Berichte in diesem Punkt durchaus glaubhaft.
212 Brodski, Im Kampf, S. 369 ff., S. 421 ff.
213 Brodski, Im Kampf, S. 475-509; bei Streim, S. 151, die näheren Umstände der Folterungen und Hinrichtungen. Die Zahl 383 ist sicherlich zu niedrig, die Meldungen wichtiger staatspolizeilicher Ereignisse vom 28. 7. 1944 berichteten allein von 314 Festnahmen in München und mehr als 370 in Baden (IfZ MA 442/2).

Anmerkungen zu Kapitel IX, S. 370–375

214 Meldungen vom 29. 7. 1943, Dok. Nr. 3737; 18. 9. 1943, Dok. NIK 10794; 16. 11. 1943, Dok. NIK 10783; 4. 12. 1943, Dok. Bülow 687, Fall X, D 12; 22. 2. 1944, Dok. NI 2904; 20. 3. 1944, Dok. NIK 15484; 15. 5. 1944, Dok. NIK 10791.
215 MwsE, 12. 11. 1943, IfZ MA 442/2.
216 Das wird etwa deutlich an einem Vorfall, der sich im Dezember 1943 in einem Kriegsgefangenenlager in Münchenhagen bei Hannover ereignete. Dort drangen zwei Ostarbeiter abends in das Lager ein; sie töteten einen Wachposten und „forderten die anwesenden 35 sowjetrussischen Kriegsgefangenen zur Flucht und zum Überfall auf das Postgebäude auf. Die Kriegsgefangenen leisteten der Aufforderung keine Folge, sondern benachrichtigten den Arbeitgeber." Telegramm der Kripo Hannover vom 30. 12. 1943, Dok. Bülow 361, Fall X, D 16.
217 Das hebt auch Brodski hervor: „Die Patrioten mußten oft gegen Niedergeschlagenheit, Hoffnungslosigkeit und gegen die Demoralisierung derjenigen kämpfen, die an ihrem schweren Schicksal zerbrachen. Auf Schritt und Tritt verfolgte sie der vom Feind organisierte Verrat. Das muß darum hervorgehoben werden, weil in einigen Büchern und Artikeln, die dem Befreiungskampf der Häftlinge Hitlerdeutschlands gewidmet sind, oft schematisch und vereinfacht über die Entwicklung dieser Bewegung gesprochen und z. T. auch verschwiegen wird, daß es unter den Häftlingen des faschistischen Deutschlands auch viele Menschen gab, die dem Einfluß der feindlichen Propaganda erlagen und einen Kampf gegen den Faschismus unter diesen Bedingungen überhaupt für unmöglich hielten. Und schließlich hat sich eine jedoch relativ geringe Zahl von Häftlingen mit den Faschisten eingelassen und sogar an seinen Verbrechen teilgehabt." (Im Kampf, S. 45). Diese für einen Sowjethistoriker ganz ungewöhnlichen Bemerkungen sind auch insofern von Bedeutung, als auf politisch-moralischer Ebene durch die Beschreibung der Kollaboration unter den Ausländern der Mut und die Tapferkeit derjenigen Profil bekommen, die dennoch den Widerstand gegen das Nazi-Regime wagten. In dieser Passage wie in den Untersuchungen Brodskis überhaupt ist aber auch in gewisser Weise eine Rehabilitierung der während des Krieges in Deutschland zur Arbeit eingesetzten sowjetischen Zivilarbeiter und Kriegsgefangenen enthalten, denen nach dem Krieg in der Sowjetunion der pauschale Verdacht der Kollaboration entgegengebracht wurde; dazu ausführlicher am Ende dieser Arbeit.
218 MadR, 21. 2. 1944, BA R 58/192, S. 124 ff.
219 MwsE, 12. 5. 1944 und 28. 7. 1944, IfZ MA 442/2.
220 Bei den Gestapostellen eintreffende Gerüchte wollten hingegen immer wieder von der Bewaffnung ganzer Einheiten ausländischer Arbeiter wissen, vgl. anonymes Schreiben an die Gestapo Düsseldorf vom 21. 3. 1944, in dem auf eine angebliche Widerstandsbewegung bei Ukrainern hingewiesen wurde, die angeblich alle mit Messern bewaffnet seien. HStAD RW 36-25.
221 MwsE, 16. 6. 1944, IfZ MA 442/2.
222 MwSE, 12. 5. 1944 bis 12. 11. 1944, IfZ MA 442/2 und BA R 58/213.
223 Vgl. RdErl. des SD vom 18. 2. 1944 über nationale Widerstandsbewegungen in den besetzten Nord- und Westgebieten und ihre Auswirkungen auf die Tätigkeit der ausländischen Arbeiter im Reich, in: AES, 2 A III f., S. 197 ff.
224 MwsE, 15. 9. 1944, IfZ MA 442/2, Bl. 1773 ff.
225 MadR, 1. 3. 1943, BA R 58/181, Bl. 3 f.; weitere Berichte mit ähnlichem Tenor: 21. 12. 1942, BA R 58/178, Bl. 112 ff.; 25. 2. 1943, BA R 58/180-2, Bl. 98 ff.; 7. 10. 1943 („Es werden im Ostarbeiterlager ganz offen Termine genannt, an denen ein gewalttätiger bewaffneter Aufstand verursacht werden muß." BA R 58/189, Bl. 75 ff.); 21. 2. 1944, BA R 58/192, Bl. 122 ff.
226 Bericht des SD Altenkirchen, 15. 2. 1943, IfZ MA 557/3094. Andere Varianten: „So äußerte ein Ostarbeiter aus Pöllnitz: ,Es kommt ja bald die Zeit, in der wir den Deutschen Pfähle (deutet mit den Händen die Größe an) ins Maul schlagen werden.'" (MadR 7. 10. 1943, BA R 58/189, Bl. 75 ff.) Vgl. den Bericht der HJ-Führerschule „Langemarck" an die HJ-Führung in Münster vom 25. 2. 1944, in dem gemeldet wurde, daß das „fremdvölkische Gesindel" tue, was es wolle, und daß sich die Ostarbeiter bereits darüber unterhielten, wer von ihnen später welche Höfe besitzen würde, und welcher Bauer „an die höchste Eiche kommt". HStAD, RW 37 (unverz.).
227 Der SD berichtete z. B. in diesem Zusammenhang von einem Fall, in dem ein deutscher Arbeiter einen Ostarbeiter bat, „ihm eine schriftliche Bestätigung auszustellen, daß er die Ostarbeiterinnen und Ostarbeiter immer anständig behandelt habe und daß die Sowjets, falls sie nach Deutschland kommen sollten, ihm deswegen nichts tun sollten." MadR 7. 10. 1943, BA R 58/189, Bl. 75 ff.

Anmerkungen zu Kapitel IX, S. 375–380

228 Aussage von Raesfeld, Kommandant der Wehrmachtskommandantur in Essen, 20. 4. 1948, Dok. Bülow 422, Fall X, D 17; vgl. Bülow an Gestapo Essen, 22. 5. 1943, betr. vorgesehene Maßnahmen des Werkschutzes bei Ausländerunruhen, Dok. NIK 8172; Vermerk Bülows über Bewaffnung des Werkschutzes (145 Gewehre und Karabiner, 80 Revolver) vom 18. 12. 1943, Dok. Bülow 414, Fall X, D 16; Besprechung der Gestapo Essen mit den Lagerführern für das Gebiet Essen über „vorbeugende Maßnahmen und Verhaltensregeln für den X-Fall (Invasion)", Dok. NI 2954; Besprechung Bülows mit Abwehrbeauftragten im Bergbau am 1. 3. 1944 betr. Vorbereitungen auf Ausländerunruhen, Dok. Bülow 617, Fall X, D 17; Anweisungen des Leiters der Stapoleitstelle Düsseldorf, Noske, an Abwehrbeauftragte, 16. 3. 1944 („Die Ausländer müßten merken, daß jedem Versuch zum Aufstand mit stärksten Mitteln entgegengetreten würde. Es käme auf Unterdrückung am allerersten Tage an.") Dok. Bülow 615, Fall X, D 17; Vortrag des Generals von Görum, Wehrkreiskommando VI, am 31. 5. 1944, Dok. Bülow 612, Fall X, D. 17.
229 Vgl. Bericht über ein solches Planspiel im Juni 1944, in: Aussage v. Bülow, Dok. NIK 11158; Anweisung Bülows am 22. 6. 1944, Dok. Bülow 611, Fall X, D 17; entsprechendes für die Flugzeugwerke Saarpfalz in Speyer, Januar 1943, in BA/MA, RW 21-40/16, Bl. 2-8.
230 Planbesprechung über Bekämpfung von Ausländerunruhen, 8. 9. 1944, Dok. Bülow 610, Fall X, D 17; vgl. den Alarmplan vom 7. 9. 1944, Dok. Bülow 445, Fall X, D. 17.
231 Vgl. Schreiben des CdS an die Parteikanzlei am 2. 4. 1944, Dok. Bülow 748, Fall X, D 16; Katalog der „Maßnahmen bei Ausländerunruhen" der Vereinigten Stahlwerke vom 31. 3. 1944, Dok. NI 4145; Anweisung des Reg. Präs. Düss. betr. Überwachung der öffentlichen Dienstgebäude in Duisburg durch bewaffnete Beamte zur Sicherung gegen mögliche Ausländerunruhen; 24. 5. 1944 und „Merkblatt betr. Ausländerunruhen" der Duisburger Gestapo, Dezember 1944; in: Stadtarchiv Duisburg, 102/799.
232 Vgl. etwa Tätigkeitsbericht der Propagandaämter vom 4. 9. 1944, BA R 55/601.
233 Rundfunkrede Eisenhowers am 5. 9. 1944, zit. in: MwsE, 15. 9. 1944, IfZ MA 442/2, Bl. 1763 ff.
234 „Anweisungen an die Fremdarbeiter in Deutschland durch den Stab des Alliierten Obersten Hauptquartiers" über englischen und amerikanischen Rundfunk vom 6. 9. 1944, ebenda.
235 Anweisungen des Alliierten Hauptquartiers an die ausländischen Arbeiter im Reich, über Rundfunk am 13. 9. 1944. MwsE, 22. 9. 1944, IfZ MA 442/2, Bl. 1778 ff.
236 Blitztelegramm Kaltenbrunners an alle Gestapoleitstellen, 26. 9. 1944, BA R 58/1030, Bl. 326, MwsE, 25. 9. 1944, IfZ MA 442/2, Bl. 1807-1819. Vgl. RdSchr. der Reichsvereinigung Eisen vom 2. 11. 1944, Dok. NI 3594.
237 MwsE. 29. 9. 1944, IfZ MA 442/2, Bl. 1797 f.
238 Aufruf Eisenhowers am 25. 9. 1944 über Rundfunk, MwsE, 29. 9. 1944, IfZ MA 442/2, Bl. 1797 f.
239 Erlaß des RMI zur Sicherung der Disziplin und Leistung der ausländischen Arbeiter vom 25. 9. 1944, BA R 58/1030, Bl. 327 ff.; Anordnung des HSSPF Berlin vom 26. 9. 1944, BA NS 19 (neu)/69; vgl. AO der Gestapoleitstelle Potsdam vom 26. 9. 1944, ebenda.
240 RdErl. des CdS vom 5. 9. 1944, BA R 58/49, Bl. 329 f.
241 Vgl. AO der Gestapo Münster vom 17. 1. 1945 über Großrazzia (Stichwort „Rudolf"), StAM, Kreis Lüdinghausen 627 a; RdSchr. der Gestapo Berlin an die Abwehrbeauftragten, 20. 9. 1944, betr. Sicherheitsmäßige Überprüfung der Ausländerlager, BA R 13 VIII/156; Bericht der NSDAP-Kreisleitung Lippe, Amt für Volkstumsfragen, 4. 7. 1944, StAM, VDA 115.

Kapitel X

1 IdS an Stapo(leit)stellen, 30. 7. 1943, HStAD RW 37 (unverz.).
2 MadR, 29. 11. 1943, BA R 58/190, Bl. 117 f.
3 Bericht des Oberlandesgerichtspräsidenten an den RMJ vom 20. 1. 1945, BA R 22/3374, Bl. 158 ff. Zu der offenbar nicht seltenen Praxis der Fingierung von Lebensmitteldiebstählen durch Einzelhändler vgl. die Erinnerungen des ehemaligen Kölner Edelweißpiraten Fritz Theilen: „Aber nicht nur Privatpersonen, sondern auch Geschäftsleute wälzten ihre Betrügereien auf die Edelweißpiraten ab. Sie gingen zur Polizei und meldeten einen ‚Einbruch' der Edelweißpiraten, obwohl bei ihnen gar nicht eingebrochen war." Theilen, Edelweißpiraten, S. 131. Die Vermutung, daß solche Praktiken gegenüber den Ausländern in noch weit stärkerem Maße üblich waren, liegt nahe.

4 Wie das Zahlenverhältnis zwischen den wegen Plünderns verhafteten Deutschen und Ausländern war, ist nur für Einzelfälle bekannt. Zweifellos aber lag der Anteil der Deutschen erheblich unter dem der Ausländer. In Hamburg z. B. betrafen von 124 Plünderungsfällen bis 27. 8. 1943 93 Deutsche und 31 Ausländer. MadR, 29. 11. 1943, BA R 58/190, Bl. 117.
5 Aussage des Leiters der Essener Gestapo-Außenstelle, Nohles, 3. 5. 1948, Dok. Bülow 548, Fall X, D 16.
6 RdSchr. des CdS, 14. 1. 1944, BA R 58/1030, Bl. 271 f.
7 RdSchr. des CdS, 14. 7. 1944, „Bekämpfung der Ausländerkriminalität – Vernichtung ausländischer Einbrecherbanden", BA R 58/459, Bl. 322 f.
8 RdErl. d. RFSSuChdDtP vom 20. 2. 1942, AES 2 A III f, S. 37 ff., RdErl. d. RFSSuChdDtP vom 10. 2. 1944, ebenda, S. 191 ff. Durchführungsbestimmungen für Exekutionen des RFSSuChdDtP vom 6. 1. 1943, GStAB I Js 4/64, Dok. A 64; vgl. Akte „Sonderbehandlung" – Zusammenfassung des Kenntnisstandes, ZStL.
9 RdErl. d. RFSSuChdDtP vom 1. 11. 1944, HStAD RW 34-10; vgl. Erlaß des IdS Düsseldorf vom 26. 1. 1945, HStAD RW 34-29 und RdErl. des CdS an alle Dienststellen vom 6. 2. 1945, BA R 58/243, S. 370.
10 Dieser mündlich erteilte Befehl wird erwähnt im Urteil des LG Mönchengladbach vom 20. 11. 1951, Az: 6 Ks 4/51, in: Justiz und NS-Verbrechen, Bd. IX, Nr. 301, S. 301-302.
11 RdErl. d. RFSSuChdDtP vom 4. 11. 1944, GStAB 1 Js 4/64, Dok. A 93.
12 Die in „Justiz und NS-Verbrechen" dokumentierten Urteile westdeutscher Nachkriegsprozesse, v. a. unter der Bezeichnung „Verbrechen der letzten Kriegsphase", unter denen ein großer Teil Fälle von Verbrechen an ausländischen Arbeitern ist, sind regional breit über das gesamte ehemalige Reichsgebiet gestreut, allerdings mit deutlichen Schwerpunkten im Rhein-Ruhr-Gebiet.
13 Urteil des LG Duisburg vom 14. 6. 1950, Az: 14 Ks 2/50, in: Justiz und NS-Verbrechen, Bd. VI, Nr. 219.
14 Urteil des LG Mönchengladbach vom 20. 11. 1951, Az: 6 Ks 4/51, in: Justiz und NS-Verbrechen Bd. IX, Nr. 301.
15 Urteil des LG Duisburg vom 15. 9. 1950, Az: 14 Ks 7/49, in: Justiz und NS-Verbrechen Bd. VII, Nr. 238.
16 Urteil des LG Siegen vom 30. 8. 1950, Az: 3 Ks 184/50, in: Justiz und NS-Verbrechen Bd. VII, Nr. 235.
17 Vgl. Urteil des LG Köln vom 22. 10. 1954, Az: 24 Ks 5/50 in: Justiz und NS-Verbrechen Bd. XII, Nr. 407; Urteil des LG Duisburg vom 11. 3. 1949, Az: 21-14 Ks 14/48, ebenda, Bd. IV, Nr. 128 u. a. Von Seiten des SD war zur „Selbsthilfe" bei Plünderern explizit aufgefordert worden und das Verhalten eines Ortsgruppenleiters, der einen angeblichen Plünderer kraft eigener Machtbefugnis erschossen hatte, wurde ausdrücklich als vorbildlich dargestellt. MadR 29. 11. 1943, BA R 58/190, Bl. 117 f.
18 Die Zahl solcher Fälle der Tötung von Einzelnen wegen „Plünderns" ist nicht feststellbar – im Bereich der Gestapo Köln waren es im November und Dezember 1944 sicherlich einige Hundert, allerdings war die Situation dort auch besonders zugespitzt. Die Kommandos der Gestapo Köln im Landkreis Köln führten zwischen 15. 9. 1944 und 22. 12. 1944 80 Erschießungen durch. Davon waren 35 Ostarbeiter, 14 Deutsche, 9 Holländer, 8 Franzosen, 7 Polen, 5 Belgier, 1 Grieche und 1 Italiener betroffen. 40 Erschießungen betrafen Plünderungen, 19 Delikte wie „Überlaufen" oder „Überrollenlassen", 10 Widerstand oder „Aufwiegelei", 8 Flucht und „tätlichen Widerstand". Bericht des Kdo I an Stapostelle Köln, 19. 12. 1944, HStAD, RW 34-30, Bl. 80 ff. Vgl. die Wochenberichte der einzelnen Referate der Kölner Gestapo, die für diesen Zeitraum mit einigen Lücken erhalten sind (HStAD, RW 34-8) und der Gestapo-Außenstelle Gummersbach vom 27. 11., 3. 12. und 11. 12. 1944, ebenda, Bl. 42-64.
19 MwsE, 7. 7. 1944, IfZ MA 442/2.
20 RdErl. d. CdS vom 14. 7. 1944, BA R 58/459, Bl. 322 ff.
21 MwsE, 28. 7. 1944, IfZ MA 442/2.
22 Die folgende Darstellung vor allem nach folgenden Quellen und Dokumenten: Grundlage ist die 100-seitige Einstellungsverfügung der Staatsanwaltschaft Köln im Ermittlungsverfahren 24 Js 115/65 betr. die Erhängungen von 11 Ausländern und 13 Deutschen am 25. 10. 1944 und 10. 11. 1944 in Köln-Ehrenfeld; in: ZStL VI 414 AR 563/67, Bd. 1 (im Folgenden: StA Köln 24 Js 115/65, Vfg.). Ermittlungsverfahren der StA Köln 24 Js 123/76; in: ZStL V 414 AR 294/76, Sonderband Stapo Köln. Ermittlungsverfahren der Staatsanwaltschaft Essen gegen Wiesensee u. a. wegen Mordes, 29 Js

Anmerkungen zu Kapitel X, S. 385–389

420-58, Vernehmungen und Einstellungsverfügung, ZStl VI 414 AR 140/70. Militärgerichtsverfahren gegen Gutenberger, Albath und Henschke, JAG Nr. 346, Burgholz-Fall II; Übersetzungen der Vernehmungen und Plädoyers, in: Ermittlungsverfahren der StA Essen, 29 Js 420-48, HStAD 105/Nr. 293. Protokoll des Prozesses in: BA A 11. Proz. 8, JAG 346, Burgholz-Case. Aussagen Nohles am 3. 5. 1948, Dok. Bülow 548, Fall X, D 16. Sowie: Wochenberichte und Tagesrapporte der Stapo Köln, 9. 10. 1944 – 20. 12. 1944, HStAD RW 31 8, Bl. 19-74. Urteil des Landgerichts Köln vom 22. 10. 1954, Az: 24 Ks 5/50, in: Justiz und NS-Verbrechen Bd. XII, Nr. 407. Der Komplex der „Ehrenfelder Hinrichtungen" hat vor allem im Zusammenhang mit den Edelweißpiraten in den letzten Jahren einige Publizität erlangt; vgl. Hellfeld, Edelweißpiraten; Theilen, Edelweißpiraten; Peukert, Edelweißpiraten; Wilfried Viebahn, Walther Kuchta: Widerstand gegen die Nazidiktatur in Köln, in: Billstein, Das andere Köln, S. 283-361; Joachim Deeters: Zweiter Weltkrieg, in: Widerstand und Verfolgung in Köln 1933–1945, S. 360-413. Häufig werden die Ehrenfelder Vorfälle in der Literatur als Belege entweder für die „machtvolle Solidarität" zwischen Deutschen und Ausländern hergenommen (vgl. etwa Viebahn/Kuchta) oder als Paradebeispiele für die „andere" Arbeiterbewegung; bei Roth werden sie eingeführt als „Kämpfe der Arbeiterjugend und der ausländischen Zwangsarbeiter 1944/45 in Köln, just jener Stadt, die im August 1943 heftige Unruhen multinationaler (sic!) Arbeiter erlebte". Roth, Vorwort zur zweiten Auflage, S. V.

23 Im Arbeitsamt-Bezirk Köln (in Klammern die Zahlen für den Gau-Arbeitsamtsbezirk Köln) waren im Juni 1944 insgesamt 170.000 (701.317) Arbeiter und Angestellte insg. beschäftigt, davon 140.000 (588.616) Deutsche und 28.198 (112.701) Ausländer, das sind 20,2 (19,1 %). Davon waren Ostarbeiter: 11.652 (45.050), das sind 41,1 (40) % aller Ausländer. Nach: Der Arbeitseinsatz im Großdeutschen Reich Nr. 9, 30. 9. 1944, S. 28. Die Zahl der Lager nach einer Liste der Gestapo Köln o. D. (1944) HStAD RW 34 12, Bl. 9-14.
24 Vgl. den Bericht des Kölner Generalstaatsanwalts vom 30. 1. 1945, BA R 22/3374, Bl. 158-161.
25 StA Köln, 24 Js 115/65, Vfg. S. 7.
26 Das Folgende nach StA Köln, 24 Js 115/65, Vfg. S. 14-19.
27 Theilen, S. 125.
28 Vgl. das Bild von der schaulustigen Menschenmenge, abgedr. in Theilen, S. 176/177.
29 Zit. nach StA Köln, 24 Js 115/65, Vfg. S. 13.
30 Bericht der Stapostelle Köln, 12. 11. – 20. 12. 1944, HStAD RW 34-8, Bl. 32 ff.
31 Bericht vom 20. 12. 1944, ebenda, Bl. 74-78.
32 StA Köln, 24 Js 115/65, Vfg. S. 10.
33 Dazu Moore, Ungerechtigkeit, S. 106 ff.; Pawelczyńska, Differenzierung der Häftlingsgemeinschaft; Pingel, Häftlinge unter SS-Herrschaft, v. a. S. 102-117.
34 Vgl. die Vfg. des StA Köln 24 Js 115/65, in der der Versuch des KPD-Funktionärs Toni Fleischhauer beschrieben wird, „auf die Gruppe um Steinbrück Einfluß zu nehmen, offensichtlich in der Richtung eines sinnvollen (sic!) politischen Widerstandes gegen das NS-Regime" (S. 79).
35 Vgl. dazu die eindrucksvollen und kritischen Schilderungen der eigenen Erlebnisse von Fritz Theilen, S. 122-154.
36 Vgl. Urteil des LG Köln vom 22. 10. 1954, Az: 24 Ks 5/50, in: Justiz und NS-Verbrechen Bd. XII, Nr. 407.
37 In der Vfg. der StA Essen, Az: 29 Js 420/58, ist von „mehr als 100 Bandenangehörigen und 43 Polizeibeamten" die Rede, die bei diesem Gefecht umgekommen sein sollen (S. 8); vgl. die Aussage des früheren Leiters des 1. Kriminalkommissariats, Walter B., am 26. 5. 1959; Ermittlungsverfahren 29 Js 420-58 der StA Essen, HStAD 105/293. Möglicherweise handelt es sich bei diesem Gefecht um die Schießerei vom 26. 11. 1944, bei der der Gestapo-Chef Hoffmann getötet wurde; wahrscheinlicher ist aber, daß diese Auseinandersetzung nach dem 20. 12. 1944 stattfand und also in den überlieferten Kölner Gestapo-Akten keinen Niederschlag fand. In den Zeugenaussagen bei den Prozessen gegen die Kölner Gestapo-Leute ist von einer solchen Schießerei nicht die Rede.
38 Vfg. StA Essen, 29 Js 420/58 aus dem Jahre 1959, HStAD Rep 105/293, das sog. „Montagsloch-Verfahren" (im folgenden Vfg. StA Essen 29 Js 420/58); Aussage Walter B., 26. 5. 1959, ebenda, Bl. 106; Aussage Hans Henschke im Verfahren Burgholz-Fall II des englischen Militärgerichts, August bis Oktober 1948, JAG Nr. 346, Burgholz-Case II, BA All. Proz. 8, übersetzt in der Anlage der Vfg. StA Essen 29 Js 420/58.
39 Aussage Walter B., 26. 5. 1959 (Anm. 38).
40 Vgl. dazu die Vfg. StA Essen 29 Js 420/58.

41 Urteil des LG Duisburg vom 18. 4. 1947, Az: 14 Ks 1/57, in: Justiz und NS-Verbrechen Bd. XV, Nr. 474. Berichte über ähnliche Verhältnisse liegen aus fast allen Revierstädten vor: Vgl. für Bochum das Urteil des LG Bochum vom 22. 5. 1954, Az: 17 Ks 2/53, in: Justiz und NS-Verbrechen Bd. XII, Nr. 400; für Gelsenkirchen: Vfg. StA Essen 29 Js 687/59, ZStL VI 414 AR 1646/68; für Dortmund: Urteil des LG Dortmund vom 4. 4. 1952, Az: 10 Ks 23/51, in: Justiz und NS-Verbrechen Bd. IX, Nr. 312; für Hagen: Urteil des LG Hagen vom 18. 7. 1952, Az: 11 Ks 2/51, in: Justiz und NS-Verbrechen Bd. X Nr. 323.

42 Vgl. Urteil des LG Hagen vom 18. 7. 1952, Az: 11 Ks 2/51, in: Justiz und NS-Verbrechen Bd. X, Nr. 323, S. 323a/17 f. Im AEL für Ostarbeiter in der Klöckner-Hütte in Hagen-Haspe hatte hier ein Ostarbeiter Teile eines bei einem Bombenangriff zerfetzten Körpers eines deutschen Arbeiters an sich genommen, um es zu verzehren.

43 Im Februar 1945 wurde eine in diesem Zusammenhang unerhebliche Umorganisation des Kommando-Apparats der Gestapostellen vorgenommen. Vgl. etwa die Darstellung im Urteil des LG Dortmund vom 4. 4. 1952, Az: 10 Ks 23/51, in: Justiz und NS-Verbrechen Bd. IX, Nr. 312. Zu der Kompetenzerteilung für „Sonderbehandlungsfälle" vgl. Anm. X, 8-11.

44 10 Gefangene wurden am 7. 2. 1945 auf dem Schießstand am Kalkweg in Duisburg erschossen, Kowalenko und ein anderer Ostarbeiter in Duisburg-Meiderich öffentlich erhängt, 12 weitere Gefangene am 10. 2. 1945 in Oberhausen-Lirich am Schlackenberg erschossen. Urteil des LG Duisburg vom 18. 4. 1957, Az: 14 Ks 1/57, in: Justiz und NS-Verbrechen Bd. XV, Nr. 474, auch für das Folgende.

45 Das Folgende nach Vfg. StA Essen 29 Js 420/58 und Burgholz-Case II (Anm. 38), S. 272.

46 Aussage Henschke, Burgholz-Case II, S. 272.

47 Aussage Henschke, ebenda; sowie Burgholz-Case I, BA A 11. Proz. 8, JAG 346.

48 Vfg. der StA Essen 29 Js. 687/59, ZStl VI 414 AR 1646/68.

49 Urteil des LG Bochum vom 22. 5. 1954, Az: 17 Ks 2/53, in: Justiz und NS-Verbrechen Bd. XII, Nr. 400.

50 Auch für das Folgende: Urteil des LG Dortmund vom 4. 4. 1952, Az: 10 Ks 23/51, in: Justiz und NS-Verbrechen Bd. IX, Nr. 312 (sog. „Rombergpark-Prozeß"). Vgl. auch die weiteren Urteile gegen Angehörige der Dortmunder Gestapo: LG Dortmund vom 29. 4. 1942, Az: 10 Ks 10/51, ebenda, Bd. IX, Nr. 314; LG Dortmund vom 28. 5. 1954, Az: 10 Ks 1/54, ebenda, Bd. XII, Nr. 401. Zu dem Gesamtkomplex vgl. auch: „Widerstand und Verfolgung in Dortmund 1933–1945", das auf S. 307-322 ein Kap. über „Die Gestapo-Morde im Rombergpark und Bittermark" enthält. Die Darstellung, bei den Verhaftungen der deutschen Kommunisten am 8. und 9. 2. 1945 seien auch zahlreiche Kriegsgefangene verschiedener Nationalität mit festgenommen worden, mit denen die deutsche Widerstandsgruppe Kontakt gehabt hätte, läßt sich jedoch nicht nachweisen, ebensowenig wie die These, daß die von der Dortmunder Gestapo ermordeten Zwangsarbeiter und Kriegsgefangenen „größtenteils auch im Widerstand gegen den Faschismus aktiv gewesen wären". (S. 310).

51 Urteil des LG Dortmund vom 21. 4. 1954, Az: 10 Ks 29/51, in: Justiz und NS-Verbrechen Bd. IX, Nr. 313.

52 Urteil des LG Dortmund vom 29. 4. 1951, Az: 10 Ks 00/51, in: Justiz und NS-Verbrechen Bd. IX, Nr. 314.

53 In den bislang 22 Bänden der Reihe „Justiz und NS-Verbrechen" sind zahlreiche solcher Fälle in den Urteilen deutscher Gerichte vor allem in den 50er Jahren dokumentiert. Die Situation in den letzten Kriegswochen ist in der sozialgeschichtlichen Literatur bislang nur wenig behandelt worden und wurde vorwiegend unter militärhistorischen Aspekten behandelt. Eine Untersuchung der Endphase des Krieges in einer deutschen Großstadt, sozusagen der Minuten vor der „Stunde Null" fehlt und wäre ein lohnendes Unterfangen.

54 Dazu ausf. Herbert, Apartheid nebenan.

55 Peukert, Volksgenossen und Gemeinschaftsfremde, S. 245. Zur Entwicklung gerade in den letzten Kriegswochen auch Lange, Die ausländischen Zwangsarbeiter des zweiten Weltkrieges im faschistischen Rüstungsbetrieb „Reimahg" bei Kahla (Thüringen).

56 Das Folgende nach: Urteil des LG Hagen vom 17. 11. 1959, Az: 3 Ks 1/57, in: Justiz und NS-Verbrechen Bd. XVI, Nr. 486; Urteil des LG Hagen vom 5. 5. 1961, Az: 3 Ks 1/57, in: ebenda, Bd. XVII, Nr. 508; Urteil des LG Hagen vom 16. 3. 1962, Az: 3 Ks 1/57, in: ebenda, Bd. XVIII, Nr. 530.

57 Botschaft Eisenhowers, 5. 5. 1945, in: The New York Times, 6. 5. 1945, zit. nach: Bethell, Das letzte Geheimnis, S. 98. Zur Vorgeschichte der westalliierten DP-Politik: Wolfgang Jacobmeyer: Vom

Anmerkungen zu Kapitel X, S. 396–400

Zwangsarbeiter zum Heimatlosen Ausländer. Die Displaced Persons in Westdeutschland 1945–1951. (Manuskript, masch.) jetzt: Göttingen 1985; im folgenden zit. nach der Manuskriptfassung, hier S. 1-51. Ich bin Wolfgang Jacobmeyer für die Überlassung des Manuskripts seiner Untersuchung noch vor der Drucklegung sehr dankbar.

58 Vgl. „9th Acts to Curb Wandering Hordes", in: The New York Times, 10. 4. 1945; Jacobmeyer, S. 15 f.; Bethell, S. 98 f.
59 Jacobmeyer, S. 35; auch für das Folgende.
60 Jacobmeyer, S. 329. Es gibt auch Hinweise darauf, daß sich deutsche Arbeiter und ehemalige Fremdarbeiter und Kriegsgefangene unmittelbar nach der Einnahme ihrer Stadt durch die Alliierten zu „Antifaschistischen Ausschüssen" organisierten. Es ist jedoch nicht recht greifbar, in welchem Ausmaß hier Ausländer beteiligt waren. Für Essen ist die führende Position des während des Krieges bei Krupp beschäftigten sowjetischen Chemikers Timor im Essener Antifa-Komitee nachweisbar, der auf Betreiben amerikanischer Stellen noch im Sommer 1945 in die Sowjetunion gebracht wurde. Vgl. Niethammer, u. a., Arbeiterinitiative 1945, S. 184; Peukert, Ruhrarbeiter, S. 328.
61 Herbert, Apartheid nebenan, S. 258-262.
62 „Wiley-Report", 20. 11. 1957, zit. bei Bethell, S. 101.
63 Erinnerungen des englischen Offiziers John Stenton, zit. bei Bethell, S. 100; vgl. Jacobmeyer, S. 38 ff., S. 320 ff. In der Literatur von Exilrussen über das sowjetische Vorgehen während und nach der Repatriierung der DPs aus der UdSSR sind diese Ausschreitungen besonders detailliert und furchterregend beschrieben; vgl. Petrowsky, Unvergessener Verrat; sowie Tolstoy, Die Verratenen von Jalta. Bei Tolstoy etwa heißt es: „Jeder, der sich an die erste Nachkriegszeit erinnert, weiß von Trunkenheit sowie von Vergewaltigungen und Plünderungen zu erzählen, die die soeben befreiten Russen in der Gegend verübten. Ein furchtbarer Vorfall in der Nähe eines russischen Ostarbeiterlagers in Vorhalle im Ruhrgebiet, bei dem eine Bauerntochter vergewaltigt wurde und ihr die Brüste abgeschnitten wurden, war kein Einzelfall." Das Verhalten der sowjetischen DPs, beim Verlassen der Lager diese zu zerstören, erklärt er mit den Worten eines ungenannten polnischen Zeugen damit, daß einem Sowjetrussen ‚jeglicher Besitzinstinkt abging und er keine Achtung vor Dingen hatte, die nicht zum unmittelbaren Nutzen oder Verzehr geeignet waren . . . Diese barbarische Lebensauffassung gibt ihnen im Krieg einen großen Vorteil." Tolstoy läßt offen, „ob es die Barbaren waren, die das System verursachten, oder ob das System die Barbaren hervorbrachte." (S. 431 f.)
64 So wurden etwa der Betriebsführer der Zeche Ludwig in Essen, Wilhelm H., der Steiger Gustav S. und der Lagerführer Johann H. derselben Zeche am 24. 4. 1945 abends wahrscheinlich von sowjetischen Kriegsgefangenen aus ihren Wohnungen herausgeholt und erschossen. (Bericht der Essener Polizei vom 25. 4. 1945, Dok. Bülow Nr. 525, Fall X, D 16). Vgl. auch die Berichte der Essener Kriminalpolizei vom 16. 4. 1945, 3. 5. 1945, 18. 5. 1945, 22. 5. 1945, 27. 5. 1945, 28. 5. 1945, u. ö. (Dok. Bülow Nr. 524, Fall X, D 16).
65 Bericht der 9. US-Armee vom 2. 7. 1945, zit. nach Jacobmeyer, S. 38.
66 Jacobmeyer rechnet das für die Zeit vom 1. 5. bis 15. 11. 1945 für Bremen genauer nach, in dieser Zeit lag die Kriminalitätsrate der DPs bei ca. 2 % – fast exakt die gleiche wie die der deutschen großstädtischen Bevölkerung; bei Eigentumsdelikten liegt die Rate der DPs unter der Norm der deutschen Bevölkerung (Jacobmeyer, S. 40/41). Für 1947 läßt sich anhand der bayerischen Verurteilungszahlen nachweisen, daß die Verurteilungsquote bei Deutschen im Durchschnitt bei 2,52, bei DPs bei 2,89 auf je 1.000 gelegen hat (ebda., S. 336).
67 Vgl. dazu ausführlich Jacobmeyer, S. 323 ff.
68 Bericht des UNRRA-Districts 5 vom 10. 4. 1946, zit. nach Jacobmeyer, S. 323.
69 UNRRA-Bericht aus Memmingen, 8. 4. 1946, zit. ebda. S. 326.
70 L. Donghty: UNRRA History Report No. 7, Relations with Military, zit. nach Jacobmeyer, Displaced Persons, S. 98.
71 Jacobmeyer, Vom Zwangsarbeiter, S. 41 f.
72 Ebda., S. 85-121; Bethell, S. 15-58; Tolstoy, S. 83-150.
73 Zahlen nach Bethell, S. 105.
74 Vgl. Bethell, S. 87-158, 187-242; der, wenn auch nicht völlig überzeugend, so doch seriöser und zuverlässiger argumentiert als Tolstoy, dessen reißerische Darstellungen immer wieder Vermutungen, Spekulationen und Aussagen ungenannter Zeugen mit quellenbezogener Argumentation vermischt; seine Untersuchung scheint mir daher erheblich kritischer zu betrachten zu sein, als dies in dem Vorwort des Spiegel-Redakteurs Heinz Höhne der Fall ist. Vgl. z. B. S. 430: „Das letzte, was ei-

ner von Chawners Kollegen im Hagenower Lager sehen konnte, war ein großer Galgen, der unter Anleitung der soeben eingetroffenen Kommissare errichtet wurde. Es war nicht anzunehmen, daß dieses passende Symbol der marxistischen Macht lange untätig blieb" – dies als „Beleg" für angebliche Massenhinrichtungen!
75 Stars and Stripes, 23. 1. 1946, zit. nach Jacobmeyer, Vom Zwangsarbeiter, S. 98.
76 Jacobmeyer bezieht sich in seinen Ausführungen über das Schicksal sowjetischer DPs nach ihrer Ankunft in der Sowjetunion (S. 97) auf Tolstoy und Bethell. Bethell (S. 87 ff.) kann Erschießungen repatriierter ehemaliger Angehöriger der Wlassow-Armee im Hafen von Odessa unmittelbar im Anschluß an die Landung des Schiffes anhand der Berichte britischer Begleitoffiziere belegen (Foreign Office No. 37147897-37147907), ebenso wie die brutale Zwangsrepatriierung von 20.000 Kosaken bei Lienz, von denen sich viele der Repatriierung durch Selbstmord entzogen, (S. 187 ff.). Tolstoy geht in seinen Behauptungen erheblich weiter und erweckt (S. 437 f.!) durch seine Darstellung den Eindruck, als seien die repatriierten sowjetischen DPs nach ihrer Rückkehr zum *überwiegenden Teil* verfolgt oder umgebracht worden. Er gibt die Erinnerung eines britischen Offiziers an seine Tätigkeit in einem DP-Lager in Delmenhorst wieder, in der jener berichtete, „daß Gruppen alter Leute abgeführt wurden, dann hörte er Schüsse – und er sah, daß einige Mädchen vergewaltigt wurden." Tolstoy kommentiert diese Schilderung: „Die alten Leute wurden vernichtet, weil sie für einen Staat, der in diesem Sinne buchstäblich ein ‚Arbeiterstaat' war, nutzlos waren." Nach Schilderung ausschließlich *dieser* Szene resümiert er: „Diese wenigen Darstellungen müssen genügen, um ein wenn auch noch so unvollständiges Bild der menschlichen Tragödien zu geben, die durch diese großen Repatriierungsmaßnahmen in Deutschland verursacht wurden . . . Ein britischer Reporter erfuhr aus sowjetischer Quelle, daß 40 % im Westen bleiben wollten. Wie das vorhandene Beweismaterial (sic!) eindeutig darlegt, hatten sie hierzu guten Grund."
Aus den Quellen sicher belegbar scheint mir insgesamt lediglich der Vorfall in Odessa; als wahrscheinlich können Repressionen von Seiten der sowjetischen Behörden gegen alle Kollaborationsverdächtigen angenommen werden; so wie sie Solschenizyns „Archipel Gulag" geschildert werden. Ob die Amnestien der sowjetischen Regierung von 1953 auch diese Gruppen betrafen, ist ungewiß – ebenso ungewiß wie das weitere Schicksal der nicht der Kollaboration verdächtigten sowjetischen DPs sowie vor allem der ehemaligen sowjetischen Kriegsgefangenen nach ihrer Rückkehr in die Heimat. Hinweise zur Forschungslage bei Beyrau, Solschenizyns „Archipel GULAG".

Zwangsarbeiter in der deutschen Kriegswirtschaft

1 Überblick bei Ulrich Herbert: Nationalsozialistische Vernichtungspolitik, 1939 bis 1945. Neue Forschungen und Kontroversen, Frankfurt am Main 1998.
2 Vgl. Ian Kershaw: Der NS-Staat. Geschichtsinterpretationen und Kontroversen im Überblick, Reinbek 1988.
3 Vgl. Ulrich Herbert: Der Holocaust in der Geschichtsschreibung der Bundesrepublik, in: ders. u. Olaf Groehler (Hg.): Zweierlei Bewältigung. Vier Beiträge über den Umgang mit der nationalsozialistischen Vergangenheit in den beiden deutschen Staaten, Hamburg 1992.
4 Martin Broszat u.a. (Hg.): Bayern in der NS-Zeit, 6 Bde., München/Wien 1977-1983; vgl. auch Detlev Peukert: Volksgenossen und Gemeinschaftsfremde, Köln 1982.
5 Bspw. Hans-Walter Schmuhl: Rassenhygiene, Nationalsozialismus, Euthanasie. Von der Verhütung zur Vernichtung „lebensunwerten Lebens", 1890-1945, Göttingen 1987; Michael Zimmermann: Rassenutopie und Genozid. Die nationalsozialistische „Lösung der Zigeunerfrage", Hamburg 1996; Gisela Bock: Zwangssterilisierung im Dritten Reich, Opladen 1986; Wolfgang Ayaß: „Asoziale" im Nationalsozialismus, Stuttgart, 1995; Detlef Garbe: Zwischen Widerstand und Martyrium. Die Zeugen Jehovas im „Dritten Reich", München 1990; Burkhard Jellonnek: Homosexuelle unter dem Hakenkreuz. Die Verfolgung von Homosexuellen im Dritten Reich, Paderborn 1990.
6 Vgl. etwa Klaus Hildebrand: Das Dritte Reich, München 1987, S. 156.
7 Zur Geschichte der Beschäftigung ausländischer Arbeiter in Deutschland seit der Industrialisierung und zum historischen Ort des nationalsozialistischen „Ausländereinsatzes" in diesem Kontext s. Ulrich Herbert: Geschichte der Ausländerbeschäftigung in Deutschland, 1880 - 1980. Saisonarbeiter, Zwangsarbeiter, Gastarbeiter, Berlin/Bonn 1986.

8 Literaturberichte bei Matthias Frese: Zugeständnisse und Zwangsmaßnahmen. Neue Studien zur nationalsozialistischen Sozial- und Arbeitspolitik, in: NPL 32,1987, S.53-74; Hans-Ulrich Ludewig: Zwangsarbeit im Zweiten Weltkrieg: Forschungsstand und Ergebnisse regionaler und lokaler Fallstudien, in: AfS 31, 1991, S. 558-577.

9 Grundlegend hierzu jetzt Walter Naasner: Neue Machtzentren in der deutschen Kriegswirtschaft 1942-1945. Die Wirtschaftsorganisation der SS, das Amt des Generalbevollmächtigten für den Arbeitseinsatz und das Reichsministerium für Bewaffnung und Munition / Reichsministerium für Rüstung und Kriegsproduktion im nationalsozialistischen Herrschaftssystem, Boppard 1994; vgl. auch Dieter Rebentisch: Führerstaat und Verwaltung im Zweiten Weltkrieg: Verfassungsentwicklung und Verwaltungspolitik 1939-1945, Stuttgart 1989; Bernhard Kroener u.a.: Kriegsverwaltung, Wirtschaft und personelle Ressourcen. 1939-1941, Stuttgart 1988; Rolf-Dieter Müller: Grundzüge der deutschen Kriegswirtschaft 1939 bis 1945, in: Karl Dietrich Bracher, Manfred Funke, Hans Adolf Jacobsen (Hg.): Deutschland 1933-1945. Neue Studien zur nationalsozialistischen Herrschaft, Bonn 1992, S. 357-376; Dietrich Eichholtz: Geschichte der deutschen Kriegswirtschaft 1939-1945, Band: 3: 1943-1945, Berlin 1996; Hans-Erich Volkmann: Zur nationalsozialistischen Aufrüstung und Kriegswirtschaft. Bericht aus der Forschung, in: MGM 1,1990, S.133-177.

10 Richard J. Overy: „Blitzkriegswirtschaft"? Finanzpolitik, Lebensstandard und Arbeitseinsatz in Deutschland 1939-1942, in: VfZG 31, 1988, S. 379-435; ders.: War and Economy in the Third Reich, Oxford 1994.

11 Vgl. aber die Beiträge in den Sammelbänden von Wolfgang Schumann (Hg.): Europa unterm Hakenkreuz. Die Okkupationspolitik des deutschen Faschismus (1938-1945), 8 Bände, Berlin 1988-1996; Wolfgang Benz, (Hg.): Anpassung – Kollaboration – Widerstand: Kollektive Reaktionen auf die Okkupation, Berlin 1996 (Nationalsozialistische Besatzungspolitik in Europa 1939-1945 Bd. 1); sowie etwa Czeslaw Madajczyk: Die Okkupationspolitik Nazideutschlands in Polen 1939-1945, Berlin 1987; Christoph Buchheim: Die besetzten Länder im Dienste der deutschen Kriegswirtschaft während des Zweiten Weltkriegs. Ein Bericht der Forschungsstelle für Wehrwirtschaft, in: VfZG 34, 1986, S. 117-145.

12 Im folgenden nur einige Beispiele ohne Anspruch auf Vollständigkeit: Janet Anschütz, Irmtraud Heike: Zwangsarbeit in Hannover, Hannover 1998; Jürgen Bohmbach: „... zu niedriger Arbeit geboren...". Zwangsarbeit im Landkreis Stade 1939-1945, Stade 1995; Bernd Boll: „Das wird man nie mehr los...". Ausländische Zwangsarbeiter in Offenburg 1939 bis 1945, Pfaffenweiler 1994; Laurenz Demps: Zwangsarbeiter und Zwangsarbeiterlager in der faschistischen Reichshauptstadt Berlin 1939-45, Berlin 1986; Elmar Doebele: Zwangsarbeit und Kriegsgefangenschaft in Rheinfelden, Baden und Umgebung 1940-1945, Rheinfelden 1992; Thomas Ewald, Christof Hollmann, Heidrun Schmidt: Ausländische Zwangsarbeiter in Kassel 1940-1945, Kassel 1988; Andreas Heusler: Zwangsarbeit in der Münchner Kriegswirtschaft 1939-1945, München 1991; Hans-Henning Kraemer, Inge Plettenburg: Feind schafft mit. Ausländische Arbeitskräfte im Saarland während des Zweiten Weltkrieges, Ottweiler 1992; Wolfgang Kucera: Fremdarbeiter und KZ-Häftlinge in der Augsburger Rüstungsindustrie, Augsburg 1996; Roland Peter: Rüstungspolitik in Baden. Kriegswirtschaft und Arbeitseinsatz in einer Grenzregion im Zweiten Weltkrieg, München 1995; Jürgen Rund: Ernährungswirtschaft und Zwangsarbeit im Raum Hannover 1914 bis 1923, Hannover 1992; „Ich erinnere mich nur an Tränen und Trauer". Zwangsarbeit in Lübeck 1933 bis 1945, Essen 1999; Romco Spanjer, Diete Odesluijs, Johan Meijer (Hg.): Zur Arbeit gezwungen. Zwangsarbeit in Deutschland 1940-1945, Bremen 1999; Barbara Hillmann, Volrad Kluge, Erdwig Kramer: Lw. 2/IX, Muna Lübberstedt. Zwangsarbeit für den Krieg, Bremen 1995; Maripol – Herford und zurück. Zwangsarbeit und ihre Bewältigung nach 1945, Bielefeld 1995.

13 Die Studie von Franz W. Seidler: Die Organisation Todt. Bauen für Staat und Wehrmacht 1938-1945, Koblenz 1987, ist hier ganz unzureichend.

14 Vgl. exemplarisch Tamara Frankenberger, Wir waren wie Vieh: lebensgeschichtliche Erinnerungen ehemaliger sowjetischer Zwangsarbeiterinnen, Münster 1997.

15 Robert Gellately: Die Gestapo und die deutsche Gesellschaft: die Durchsetzung der Rassenpolitik 1933-1945, Paderborn 1993; vgl. auch Klaus-Michael Mallmann, Gerhard Paul: Herrschaft und Alltag. Ein Industrierevier im Dritten Reich, Bonn 1991; dies.: Milieus und Widerstand. Eine Verhaltensgeschichte der Gesellschaft im Nationalsozialismus, Bonn 1995; Inge Marßolek, René Ott: Bremen im Dritten Reich: Anpassung – Widerstand – Verfolgung, Bremen 1986.

16 Hamburger Stiftung für Sozialgeschichte des 20. Jahrhunderts (Hg.): Das Daimler-Benz Buch. Ein Rüstungskonzern im „Tausendjährigen Reich", Nördlingen 1988; Karl Heinz Roth, Michael Schmid: Die Daimler-Benz AG 1916-1948. Schlüsseldokumente zur Konzerngeschichte, hg. von der Hamburger Stiftung für Sozialgeschichte des 20. Jahrhunderts, Nördlingen 1987.
17 Hans Pohl, Stephanie Habeth, Beate Brüninghaus: Die Daimler-Benz-AG in den Jahren 1933 bis 1945, Stuttgart 1986.
18 Barbara Hopmann, Mark Spoerer, Birgit Weitz, Beate Brüninghaus: Zwangsarbeit bei Daimler-Benz, Stuttgart 1994; vgl. daneben auch Neil Gregor: Stern und Hakenkreuz. Daimler-Benz im Dritten Reich, Berlin 1997.
19 Siehe dazu die Abschnitte 2 und 3 dieses Nachwortes.
20 Zur Frage der Profitabilität vgl. Mark Spoerer: Profitierten Unternehmen von KZ-Arbeit? Eine kritische Analyse der Literatur, in: HZ 268 (1999), S. 61-95.
21 Vgl. jetzt die Beiträge in Lothar Gall, Manfred Pohl (Hg.): Unternehmen im Nationalsozialismus, München 1998.
22 Hans Mommsen, Manfred Grieger: Das Volkswagenwerk und seine Arbeiter im Dritten Reich, Düsseldorf 1995; Mommsen und Grieger konnten an die Ergebnisse des Wolfsburger Stadtarchivars K.J. Siegfried anknüpfen, vgl. Klaus-Jörg Siegfried: Das Leben der Zwangsarbeiter im Volkswagenwerk 1939-1945, Frankfurt am Main 1988; ders.: Rüstungsproduktion und Zwangsarbeit im Volkswagenwerk. Eine Dokumentation, Frankfurt am Main 1986.
23 Vgl. Gerd Wysocki: Arbeit für den Krieg. Herrschaftsmechanismen in der Rüstungsindustrie des „Dritten Reiches". Arbeitseinsatz, Sozialpolitik und staatspolizeiliche Repression bei den Reichswerken „Hermann-Göring" im Salzgitter-Gebiet 1937/38 bis 1945, Braunschweig 1992; Peter Hayes: Industry and Ideology. IG Farben in the Nazi Era, Cambridge/New York 1987; Lutz Budraß: Flugzeugindustrie und Luftrüstung in Deutschland 1918 – 1945, Düsseldorf 1998; Manfred Pohl: Philipp Holzmann. Geschichte eines Bauunternehmens 1849 – 1999, München 1999; Detlef Creydt, August Meyer: Zwangsarbeit, 3 Bände: Bd. 1: Für die Wunderwaffen in Südniedersachsen, 1943-1945: Organisation Todt, Volkswagen, Lorenz, Siemens, Deutsche Edelstahl, Salzgitter, Philipp Holzmann, Braunschweig 1993; Bd. 2: Für die Rüstung im südniedersächsischen Bergland, 1939-1945, Braunschweig 1994; Bd. 3: Für Rüstung, Landwirtschaft und Forsten im Oberwesergebiet 1939-1945, Holzminden 1995; Barbara Kasper, Lothar Schuster, Christof Watkinson (Hg.): Arbeiten für den Krieg. Deutsche und Ausländer in der Rüstungsproduktion bei Rheinmetall-Borsig 1943-1945, Hamburg 1987.
24 Jochen August: Die Entwicklung des Arbeitsmarktes in Deutschland in den 30er Jahren und der Masseneinsatz ausländischer Arbeitskräfte während des Zweiten Weltkrieges. Das Fallbeispiel der polnischen zivilen Arbeitskräfte und Kriegsgefangenen, in: AfSG 24, 1984, S. 305-354; Anton Grossmann: Fremd- und Zwangsarbeiter in Bayern 1939-1945, in: VfZG 34, 1986, S. 481-521. Vgl. jetzt Volker Issmer: Niederländer im verdammten Land. Zeugnisse der Zwangsarbeit von Niederländern im Raum Osnabrück während des Zweiten Weltkriegs, Osnabrück ²1998; Gabriele Freitag: Zwangsarbeiter im Lipper Land. Der Einsatz von Arbeitskräften aus Osteuropa in der Landwirtschaft Lippes 1939-1945, Bochum 1996; Jürgen Bohmbach: „.... zu niedriger Arbeit geboren...". Zwangsarbeit im Landkreis Stade 1939-1945, Stade 1995; Geschichtswerkstatt Mühldorf e. V: Aktion Spurensuche. Eine Suche nach Zeugnissen der NS-Zeit im Landkreis Mühldorf, 2 Bde., Mühldorf 1990; Günther Heuzeroth (Hg): Unter der Gewaltherrschaft des Nationalsozialismus. Ausländische Zwangsarbeiterinnen und Zwangsarbeiter, Kriegsgefangene und die Lager in den Landkreisen Ammerland, Wesermarsch und Friesland, Osnabrück 1996; Joachim Lehmann: Zwangsarbeiter in der deutschen Landwirtschaft 1945, in: Ulrich Herbert (Hg.): Europa und der „Reichseinsatz". Ausländische Zivilarbeiter, Kriegsgefangene und KZ-Häftlinge in Deutschland 1938-1945, Essen 1991, S. 127-139; Karl Liedke: „... aber politisch unerwünscht". Arbeitskräfte aus Osteuropa im Land Braunschweig 1880 bis 1939, Braunschweig 1993; Wolfgang Stapp: Verschleppt für Deutschlands Endsieg. Ausländische Zwangsarbeiter im Breuberger Land, Höchst i. O. 1990; Tobias Weger: Nationalsozialistischer „Fremdarbeitereinsatz" in einer bayerischen Gemeinde 1939 – 1945. Das Beispiel Olching (Landkreis Fürstenfeldbruck), Frankfurt am Main (u.a.) 1998.
25 Vgl. dazu im Abschnitt 4 die Ausführungen über das Schicksal der sowjetischen Zwangsarbeiter nach Kriegsende.
26 Vgl. aber die Überblicke über die Nationalliteraturen in den Beiträgen bei Herbert, Europa und der „Reichseinsatz"; zu Frankreich: Bernd Zielinski: Staatskollaboration. Arbeitseinsatzpolitik in Frank-

reich unter deutscher Besatzung 1940-1944, Münster 1996; vgl. auch Bernd Kasten: „Gute Franzosen". Die französische Polizei und die deutsche Besatzungsmacht im besetzten Frankreich 1940-1944, Sigmaringen 1993.

27 Über die sowjetischen Zivilarbeiter vgl. Frankenberger, Wir waren wie Vieh; Ulrich Herbert: Zwangsarbeit in Deutschland: Sowjetische Zivilarbeiter und Kriegsgefangene 1941-1945, in: Peter Jahn, Reinhard Rürup (Hg.): Erobern und Vernichten. Der Krieg gegen die Sowjetunion 1941-1945, Berlin 1991, S. 106-130; Hans-Jürgen Kahle (Hg.): Gestohlene Jugendjahre: Berichte ehemaliger sowjetischer Zwangsarbeiter über ihre Zeit in Wesermünde (Bremerhaven) 1941-1945, Cuxhaven 1995; Susanne Kraatz: Verschleppt und vergessen: Schicksale jugendlicher „OstarbeiterInnen" von der Krim im Zweiten Weltkrieg und danach, Heidelberg 1995. Über den Arbeitseinsatz der sowjetischen Kriegsgefangenen in Deutschland s. vor allem Karl Hüser, Reinhard Otto: Das Stammlager 326 (VI K) Senne 1941-1945. Sowjetische Kriegsgefangene als Opfer des nationalsozialistischen Weltanschauungskrieges, Bielefeld 1992; Reinhard Otto: Wehrmacht, Gestapo und sowjetische Kriegsgefangene im deutschen Reichsgebiet 1941/42, München 1998; sowie „Kriegsgefangene – Wojennoplennyje: sowjetische Kriegsgefangene in Deutschland, deutsche Kriegsgefangene in der Sowjetunion", hg. v. Haus der Geschichte der Bundesrepublik Deutschland, Düsseldorf 1995; Jörg Osterloh: Sowjetische Kriegsgefangene 1941-1945 im Spiegel nationaler und internationaler Untersuchungen. Forschungsüberblick und Bibliographie, Dresden 1995; ders.: Ein ganz normales Lager: das Kriegsgefangenen-Mannschaftsstammlager 304 (IVH) Zeithain bei Riesa/Sa. 1941 bis 1945, Leipzig 1997.

28 Czeslaw Luczak: Polnische Arbeiter im nationalsozialistischen Deutschland während des Krieges. Entwicklung und Aufgaben der polnischen Forschung, in: Herbert, Europa und der „Reichseinsatz", S. 90-105; Alfred Sulik: Volkstumspolitik und Arbeitseinsatz. Zwangsarbeiter in der Großindustrie Oberschlesiens, ebd., S. 106-126; vgl. auch Karl Liedke: Gesichter der Zwangsarbeit. Polen in Braunschweig, Braunschweig 1997.

29 Yves Durand: La France dans la Deuxième guerre mondiale, Paris 1989; ders.: La vie quotidienne des prisonniers de guerre dans les Stalags, les Oflags et les Kommandos 1939-1945, Paris 1987; ders.: Vichy und der Reichseinsatz, in: Herbert, Europa und der „Reichseinsatz", S. 184-199; Helga Bories-Sawala: Franzosen im „Reichseinsatz". Deportation, Zwangsarbeit, Alltag – Erfahrungen und Erinnerungen von Kriegsgefangenen und Zivilarbeitern, Frankfurt am Main u.a. 1995; dies. (Hg): Retrouvailles. Ehemalige Kriegsgefangene und zivile Zwangsarbeiter besuchen Bremen, Bremen 1995; Ulrich Herbert: Französische Kriegsgefangene und Zivilarbeiter im deutschen Arbeitseinsatz 1940-1942, in: La France et l'Allemagne en guerre. Sous la direction de Claude Carlier (et al.), Paris 1990, S. 509-531; Elisabeth Tillmann: Zum „Reichseinsatz" nach Dortmund. Das Schicksal französischer Zwangsarbeiter im Lager Loh, 1943-1945, Dortmund 1995.

30 Karel Volder: Werken in Duitsland, Bedum 1990; Jan Fernhout (Hg): Stichting Holländerei Niederländer und Flamen in Berlin, 1940-1945. KZ-Häftlinge, Inhaftierte, Kriegsgefangene und Zwangsarbeiter, Berlin 1996; Volker Issmer: Niederländer im verdammten Land. Zeugnisse der Zwangsarbeit von Niederländern im Raum Osnabrück während des Zweiten Weltkriegs, Osnabrück ²1998; Louis de Jong: Het koninkrijk der Nederlanden in de tweede Wereldoorlog. Vol. 8: Gevangenen en gedeporteerden, 's-Gravenhage 1978. Zu Belgien vgl.: De verplichte tewerkstelling in Duitsland, hg. vom Centre de Recherches et d'Études, Brüssel 1990.

31 Cesare Bermani, Sergio Bologna, Brunello Mantelli: Proletarier der „Achse": Sozialgeschichte der italienischen Fremdarbeit in NS-Deutschland 1937 bis 1943, Berlin 1997; Lutz Klinkhammer: Leben im Lager. Die italienischen Kriegsgefangenen und Deportierten im Zweiten Weltkrieg. Ein Literaturbericht, in: Quellen und Forsch. ital. Arch. u. Bibl. 67, 1987, S. 489-520; Ralf Lang: Italienische „Fremdarbeiter" im nationalsozialistischen Deutschland 1937-1945, Frankfurt am Main 1996; Gerhard Schreiber: Die italienischen Militärinternierten in Deutschland 1943 bis 1945. Verraten, verachtet, vergessen, Baden-Baden 1989; Brunello Mantelli: Von der Wanderarbeit zur Deportation. Die italienischen Arbeiter in Deutschland, 1938-1945, in: Herbert, Europa und der „Reichseinsatz", S. 51-89; Luigi Cajani: Die italienischen Militärinternierten im nationalsozialistischen Deutschland, in: ebd., S. 295-316.

32 Einführung bei Christos Hadziiosif: Griechen in der deutschen Kriegsproduktion, in: Herbert, Europa und der „Reichseinsatz", S. 210-233.

33 Gabriele Lofti: Die Arbeitserziehungslager der Geheimen Staatspolizei im Zweiten Weltkrieg, (Ms.) Diss. Bochum 1999, sowie von Gunnar Richter (Hg.): Breitenau. Zur Geschichte eines nationalso-

zialistischen Konzentrations- und Arbeitserziehungslagers, Kassel 1993, und Detlef Korte: „Erziehung" ins Massengrab. Die Geschichte des „Arbeitserziehungslagers Nordmark", Kiel 1991.

34 Vgl. aber Rolf-Dieter Müller, Gerd R. Ueberschär: Kriegsende 1945. Die Zerstörung des Deutschen Reiches, Frankfurt am Main 1994; Hans-Erich Volkmann (Hg.): Ende des Dritten Reiches – Ende des Zweiten Weltkriegs: Eine perspektivische Rückschau, München 1995; Ulrich Herbert, Axel Schildt (Hg.): Kriegsende in Europa. Vom Beginn des deutschen Machtzerfalls bis zur Stabilisierung der Nachkriegsordnung 1944-1948, Essen 1998.

35 Bernhild Vögel: „Entbindungsheim für Ostarbeiterinnen": Braunschweig, Broitzemer Straße 200, Hamburg 1989; Raimond Reiter: Tötungsstätten für ausländische Kinder im Zweiten Weltkrieg. Zum Spannungsverhältnis von kriegswirtschaftlichem Arbeitseinsatz und nationalsozialistischer Rassenpolitik in Niedersachsen, Hannover 1993; Gisela Schwarze: Kinder, die nicht zählten. Ostarbeiterinnen und ihre Kinder im Zweiten Weltkrieg, Essen 1997.

36 Bernd-A. Rusinek: Gesellschaft in der Katastrophe: Terror, Illegalität, Widerstand – Köln 1944/45, Essen 1989.

37 Die Literatur hierzu ist in den vergangenen Jahren enorm angestiegen; im Folgenden nur einige exemplarische Hinweise. Zur Einführung vgl. Ulrich Herbert, Karin Orth, Christoph Dieckmann (Hg.): Die nationalsozialistischen Konzentrationslager. Entwicklung und Struktur, 2 Bde., Göttingen 1998, darin v.a. die Beiträge in der Sektion 4 „Arbeit in den Konzentrationslagern", S. 533-754; sowie Hermann Kaienburg (Hg.): Konzentrationslager und deutsche Wirtschaft 1939-1945, Opladen 1996; Yisrael Gutman, Saf Avital (Hg.): The Nazi Concentration Camps. Structure and Aims, The Image of the Prisoner, The Jews in the Camp, Proceedings of the fourth Yad Vashem International Historical Conference, Jerusalem 1980. Zur Geschichte der Konzentrationslager insgesamt Falk Pingel: Häftlinge unter SS-Herrschaft. Widerstand, Selbstbehauptung und Vernichtung im Konzentrationslager, Hamburg 1978; Wolfgang Sofsky: Die Ordnung des Terrors. Das Konzentrationslager, Frankfurt 1993; sowie jetzt vor allem Karin Orth: Das System der nationalsozialistischen Konzentrationslager, Hamburg 1999; dies.: Die Führungsgruppe der nationalsozialistischen Konzentrationslager. Biographische Studien, Göttingen 2000.

38 Vgl. dazu Jan Erik Schulte: Rüstungsunternehmen oder Handwerksbetrieb? Das KZ-Häftlinge ausbeutende SS-Unternehmen „Deutsche Ausrüstungswerke GmbH", in: Herbert, Orth, Dieckmann (Hg.), Konzentrationslager, S. 558-583; Michael Thad Allen: Engineers and Modern Managers in the SS: The Business Administration Main Office (Wirtschaftsverwaltungshauptamt), Diss. Phil. Pennsylvania 1995, sowie die ältere Arbeit von Enno Georg: Die wirtschaftlichen Unternehmungen der SS, Stuttgart 1963. Eine Dokumentensammlung jetzt von Walter Naasner: SS-Wirtschaft und SS-Verwaltung: „Das SS-Wirtschafts-Verwaltungshauptamt und die unter seiner Dienstaufsicht stehenden wirtschaftlichen Unternehmungen" und weitere Dokumente, Düsseldorf 1998.

39 Zum Widerspruch zwischen den teilweise konkurrierenden Zielen „Arbeit" und „Vernichtung" vgl. Naasner, Machtzentren, S. 168 ff; Ulrich Herbert: Arbeit und Vernichtung. Ökonomisches Interesse und Primat der „Weltanschauung" im Nationalsozialismus, in: ders., Europa und der „Reichseinsatz". Ausländische Zivilarbeiter, Kriegsgefangene und KZ-Häftlinge in Deutschland 1938-1945, Essen 1991, S. 384-426.

40 Vgl. exemplarisch Jens-Christian Wagner: Das Außenlagersystem des KL Mittelbau-Dora, in: Herbert, Orth, Dieckmann (Hg.), Konzentrationslager, S. 707-729.

41 Vgl. Orth, System, passim.

42 Vgl. Hopmann, Zwangsarbeit; Mommsen, Grieger, Volkswagenwerk.

43 Vgl. Martin Weinmann (Hg.): Das nationalsozialistische Lagersystem (Catalogue of Camps and Prisons), Frankfurt am Main ³1998.

44 Vgl. Peter Hayes: Die IG Farben und die Zwangsarbeit von KZ-Häftlingen im Werk Auschwitz, in: Kaienburg (Hg.), Konzentrationslager, S. 129-148; Rainer Eisfeld: Die unmenschliche Fabrik. V2-Produktion und KZ „Mittelbau-Dora", Erfurt 1993; Lutz Budraß, Manfred Grieger: Die Moral der Effizienz. Die Beschäftigung von KZ-Häftlingen am Beispiel des Volkswagenwerks und der Henschel Flugzeug-Werke. Zum Programm der unterirdischen Verlagerung siehe vor allem Reiner Fröbe: „Wie bei den alten Ägyptern". Die Verlegung des Daimler-Benz-Flugmotorenwerks Genshagen nach Obrigheim am Neckar 1944/45, in: Angelika Ebbinghaus, (Hg.): Das Daimler-Benz-Buch. Ein Rüstungskonzern im „Tausendjährigen Reich", Nördlingen 1987, S. 392-417; ders.: Der Arbeitseinsatz von KZ-Häftlingen und die Perspektive der Industrie 1943-1945, in: Herbert (Hg.), Europa und der „Kriegseinsatz", S. 351-383.

Anmerkungen zu Zwangsarbeiter in der deutschen Kriegswirtschaft, S. 426–431

45 Florian Freund, Bertrand Perz: Das KZ in der Serbenhalle. Zur Kriegsindustrie in Wiener Neustadt, Wien 1987; Florian Freund: „Arbeitslager Zement". Das Konzentrationslager Ebensee und die Raketenrüstung, Wien 1989; Bertrand Perz: Projekt Quarz: Steyr-Daimler-Puch und das Konzentrationslager Melk, Wien 1991; ders.: Der Arbeitseinsatz im KZ Mauthausen, in: Herbert, Orth, Dieckmann (Hg.), Konzentrationslager, S. 533-557; Hermann Kaienburg: „Vernichtung durch Arbeit". Der Fall Neuengamme, Die Wirtschaftsbestrebungen der SS und ihre Auswirkungen auf die Existenzbedingungen der KZ-Gefangenen, Bonn 1990; Edith Raim: Die Dachauer KZ-Außenkommandos Kaufering und Mühldorf: Rüstungsbauten und Zwangsarbeit im letzten Kriegsjahr 1944/45, Landsberg a. Lech 1992; Annette Wienecke: ‚Besondere Vorkommnisse nicht bekannt.' Zwangsarbeiter in unterirdischen Rüstungsbetrieben, Köln 1996; Hans Brenner: Der „Arbeitseinsatz" der KZ-Häftlinge in den Außenlagern des Konzentrationslagers Flossenbürg – ein Überblick, in: Herbert, Orth, Dieckmann (Hg.), Konzentrationslager, S. 682-706.

46 Dazu v.a. Wolf Gruner: Der geschlossene Arbeitseinsatz deutscher Juden: Zur Zwangsarbeit als Element der Verfolgung 1938 - 1943, Berlin 1997.

47 Vgl. dazu v.a. Dieter Pohl: Nationalsozialistische Judenverfolgung in Ostgalizien 1941-1944. Organisation und Durchführung eines staatlichen Massenverbrechens, München 1996; ders.: Von der „Judenpolitik" zum Judenmord. Der Distrikt Lublin des Generalgouvernements 1939-1944, Frankfurt am Main (u.a.) 1993; Thomas Sandkühler: „Endlösung" in Galizien. Der Judenmord in Ostpolen und die Rettungsinitiativen von Berthold Beitz 1941-1944, Bonn 1996; Peter Longerich: Politik der Vernichtung. Eine Gesamtdarstellung der nationalsozialistischen Judenverfolgung, München/Zürich 1998, S. 476 ff.

48 Vgl. Thomas Sandkühler: Das Zwangsarbeitslager Lemberg-Janowska, 1941-1944, in: Herbert, Orth, Dieckmann (Hg.), Konzentrationslager, S. 606-635; Hermann Kaienburg: Jüdische Arbeitslager an der „Straße der SS", in: 1999 II (1996), S. 13-39; allg.: Herbert, Arbeit und Vernichtung.

49 Vgl. Art. Zwangsarbeit, in: Yisrael Gutman u.a. (Hg.): Enzyklopädie des Holocaust. Die Verfolgung und Ermordung der europäischen Juden, 4 Bde., dt. Ausgabe Berlin 1993, Sp. 160-164.

50 Vgl. die in Anm. 44 und 45 genannten Arbeiten.

51 Vgl. Weinmann, Lagersystem.

52 Die präzisesten Berechnungen bei Orth, System.

53 Allgemein Mark Wyman: DPs. Europe's displaced persons, 1945-1951, Itaca, NY 1998; Andreas Lembeck: Befreit, aber nicht in Freiheit: Displaced Persons im Emsland, 1945-1950, Bremen 1997; Patrick Wagner: Displaced persons in Hamburg: Stationen einer halbherzigen Integration 1945 bis 1958, Hamburg 1997; Michael Pegel: Fremdarbeiter, displaced persons, heimatlose Ausländer: Konstanten eines Randgruppenschicksals in Deutschland nach 1945, Münster 1997; Ulrich Müller: Fremde in der Nachkriegszeit: Displaced Persons – zwangsverschleppte Personen – in Stuttgart und Württemberg-Baden 1945-1951, Stuttgart 1990. Zu den jüdischen DPs: Susanne Dietrich, Julia Schulze Wessel: Zwischen Selbstorganisation und Stigmatisierung. Die Lebenswirklichkeit jüdischer Displaced Persons und die neue Gestalt des Antisemitismus in der deutschen Nachkriegsgesellschaft, Stuttgart 1998; Fritz-Bauer-Institut (Hg.): Überlebt und unterwegs: Jüdische Displaced Persons im Nachkriegsdeutschland, Frankfurt am Main 1997; Angelika Königseder, Juliane Wetzel: Lebensmut im Wartesaal: Die jüdischen DPs (Displaced Persons) im Nachkriegsdeutschland, Frankfurt am Main 1994; Jacqueline Dewell Giere: Wir sind unterwegs, aber nicht in der Wüste: Erziehung und Kultur in den jüdischen Displaced Persons-Lagern der Amerikanischen Zone im Nachkriegsdeutschland 1945-1949, Frankfurt am Main, Univ. Diss., 1992.

54 Vgl. Bernd Bonwetsch, Sowjetische Zwangsarbeiter vor und nach 1945. Ein doppelter Leidensweg, in: Jahrbücher für Geschichte Osteuropas 41, 1993, H.4, S.532-546; ders.: Sowjetunion – Triumph im Elend, in: Ulrich Herbert/Axel Schildt (Hg.): Kriegsende in Europa. Vom Beginn des deutschen Machtzerfalls bis zur Stabilisierung der Nachkriegsordnung 1944-1948, Essen 1998, S. 68-73; eine erste Darstellung aus den Akten und Interviews bei Pavel Poljan: Zertvy dvuch diktatur. Ostarbejtery i voennoplennye v tret'em reiche i ich repatriazii (Opfer zweier Diktaturen. Ostarbeiter und Kriegsgefangene im Dritten Reich und ihre Repatriierung), Moskau 1996; an einer Gesamtdarstellung arbeitet U. Goeken; erste Ergebnisse ihrer Untersuchungen in Ulrike Goeken: Von der Kooperation zur Konfrontation. Die sowjetischen Repatriierungsoffiziere in den westlichen Besatzungszonen, in: Klaus-Dieter Müller, Konstantin Nikischkin, Günther Wagenlehner (Hg.): Die Tragödie der Gefangenschaft in Deutschland und der Sowjetunion 1941-1956, Köln/Wien 1998; sowie dies.: Kontinuität des Terrors? Die Repatriierung sowjetischer Kriegsgefangener und Zwangsarbeiter nach

dem Zweiten Weltkrieg, in: Lothar Maier (Hg.): Ein Staat gegen sein Volk? Diktatur und Terror in der Sowjetunion. Anmerkungen zum „Schwarzbuch des Kommunismus", Münster 1999.

55 Zur Geschichte der Wiedergutmachung insgesamt sind grundlegend Constantin Goschler: Wiedergutmachung: Westdeutschland und die Verfolgten des Nationalsozialismus (1945 - 1954), München 1992; sowie Ludolf Herbst, Constantin Goschler (Hg.): Wiedergutmachung in der Bundesrepublik Deutschland, München 1989. Das offizielle Werk der Bundesregierung ist: Walter Schwarz, in Zusammenarbeit mit dem Bundesminister der Finanzen (Hg.): Die Wiedergutmachung nationalsozialistischen Unrechts durch die Bundesrepublik, 7 Bände, München 1974-1998. Über die vielfach die Opfer erneut erniedrigende Praxis der „Entschädigung" s. Christian Pross: Wiedergutmachung: Der Kleinkrieg gegen die Opfer, Frankfurt am Main 1988.

56 Zur Geschichte der ausgebliebenen Entschädigung für ausländische Zwangsarbeiter s. ausführlich Ulrich Herbert: Nicht entschädigungsfähig? Die Wiedergutmachungsansprüche der Ausländer, in: Herbst/Goschler (Hg.): Wiedergutmachung, S. 273-302; zur juristischen Seite vor allem Cornelius Pawlita: „Wiedergutmachung" als Rechtsfrage? Die politische und juristische Auseinandersetzung um Entschädigung für die Opfer nationalsozialistischer Verfolgung (1945 bis 1990), Frankfurt am Main 1993, dort auch Hinweise auf die juristische Spezialliteratur. Vgl. auch László Schirilla: Wiedergutmachung für Nationalgeschädigte. Ein Bericht über die Benachteiligung von Opfern der nationalsozialistischen Gewaltherrschaft, München 1982; sowie – über die Zahlungen einiger deutscher Unternehmen an ehemalige jüdische Zwangsarbeiter in den 50er Jahren – die Arbeit von Benjamin B. Ferencz: Lohn des Grauens. Die verweigerte Entschädigung für jüdische Zwangsarbeiter – ein Kapitel deutscher Nachkriegsgeschichte, Frankfurt am Main 1981; zum Stand der Entwicklung bis Mitte 1998 s. Klaus Barwig (Hg.): Entschädigung für NS-Zwangsarbeit. Rechtliche, historische und politische Aspekte, Baden-Baden 1998.

2. Quellen und Literatur

Ungedruckte Quellen

Bundesarchiv Koblenz (BA)

NS 5 I	Deutsche Arbeitsfront
NS 6	NSDAP-Parteikanzlei
NS 19	Pers. Stab. RFSS
NSD	NSDAP-Drucksachen
R 3	Reichsministerium für Rüstung und Kriegsproduktion
R 5, Anh. I	Reichsverkehrsministerium
R 6	Reichsministerium für die besetzten Ostgebiete
R 10 III	Reichsvereinigung Eisen
R 10 VIII	Reichsvereinigung Kohle
R 11	Reichswirtschaftskammer
R 12 I	Reichsgruppe Industrie
R 13 I	Wirtschaftsgruppe Eisenschaffende Industrie
R 13 III	Wirtschaftsgruppe Maschinenbau
R 13 VIII	Wirtschaftsgruppe Bauindustrie
R 14	Reichsministerium für Ernährung und Landwirtschaft
R 16	Reichsnährstand/Reichsbauernführer
R 22	Reichsjustizministerium
R 41	Reichsarbeitsministerium
R 43 II	Reichskanzlei
R 50 I	Organisation Todt
R 55	Reichsministerium für Volksaufklärung und Propaganda
R 58	Reichssicherheitshauptamt
R 60 I	Oberreichsanwalt beim Volksgerichtshof
Zsg 109	Sammlung Oberheitmann
RD 19/3	Allgemeine Erlaßsammlung
AllProz 8 JAG 304 (Burgholz-Case)	

Bundesarchiv-Militärarchiv, Freiburg i. Br. (BA/MA)

RW 4	OKW/WFSt
RW 5	OKW/Amt Ausland/Abwehr
RW 6	OKW/AWA/Kgf.
RW 19/ WI/IF	WiRüAmt
RW 20-6	Rüstungsinspektion Münster
RW 21	Rüstungskommandos
/ 14	Dortmund
/ 16	Düsseldorf
/ 18	Essen
/ 35	Köln
/ 40	Ludwigshafen
/ 51	Osnabrück/Recklinghausen
RW 31	WiStab Ost

Hauptstaatsarchiv Düsseldorf (HStAD)

Zweigstelle Kalkum:
Reg. Düss.   Regierung Düsseldorf
StAnw. Sondergericht:
                Essen, Aachen, Wuppertal, Düsseldorf, Duisburg, Köln.

Hauptstelle:
RW 13   Gauwirtschaftskammer Köln/Aachen/Essen
RW 23   Gauleitung Essen
          Gauleitung Köln/Aachen
RW 33   SD-Abschnitt Köln in Bonn
RW 18   Stapoleitstelle Düsseldorf
RW 34   Stapoleitstelle Köln
RW 36   Stapoleitstelle Düsseldorf, Außenstellen
RW 37   HSSPF West und IdS Düsseldorf
RW 58   Gestapo-Personalakten

Staatsarchiv Münster (STAM)

OP   Oberpräsidium Münster
Regierung Arnsberg
Kreis Meschede
Kreis Siegen
Bergamt Bottrop
Bergamt Buer
Bergamt Castrop-Rauxel
Bergamt Dortmund
Bergamt Lünen
Bergamt Recklinghausen
Landesarbeitsamt Westfalen-Lippe
Arbeitsamt Bottrop
Politische Polizei 3. Reich
Politische Lageberichte
NSDAP-Gauleitung Westfalen Nord
NSDAP Kreis Castrop-Rauxel
SA-Standarte Recklinghausen
Verein für das Deutschtum im Ausland

Stadtarchiv Essen (StAE)

Rep. 102, Abt. I, Kriegsakten 1939–1945

Stadtarchiv Duisburg (StADu)

Jüdische Arbeiter und Ostarbeiter, Tabellen und Verfügungen (unverz.)
102/799 Ba. I Sicherungsmaßnahmen bei Ausländerunruhen

Bergbau-Archiv beim deutschen Bergbau-Museum Bochum (BgB-Archiv)

Bestand 13: Bergbau-Verein/Zechenverband/Bezirksgruppe Ruhr, Essen
Bestand 15: Wirtschaftsvereinigung Bergbau e. V. Bonn
Bestand 32: Bergwerksgesellschaft Hibernia AG, Herne

Mannesmann-Archiv Düsseldorf

R 2 60 Deutsche Röhrenwerke AG; Fremdarbeiterberichte

Staatsarchiv Nürnberg (STAN) und Westfälisches Wirtschaftsarchiv (WWA)

Nürnberger Nachfolgeprozesse, Fall X: Krupp

Institut für Zeitgeschichte, München (IfZ)

Nürnberger Dokumentenserien NI, NIK, NO, NG, D, PS.
Nürnberger Nachfolgeprozesse
Fall V: Flick
Fall VI: IG Farben
Fall X: Krupp
Fall XI: „Wilhelmstraßenprozeß"
Mikrofilmserien:
Fa 506, 506/1, Fe 02,
MA 41, 45, 127/3, 138, 143, 434, 437, 442/I, 446, 540, 541, 554, 557, 666.

Generalstaatsanwaltschaft bei dem Kammergericht Berlin (GStAB)

Ermittlungsverfahren 1 Js 4/64 (RSHA)
Ermittlungsverfahren 1 Js 1/64 (RSHA)

Zentrale Stelle der Landesjustizverwaltungen, Ludwigsburg (ZStL)

Urteile und Verfahrensunterlagen betr. Kapitalverbrechen an Fremdarbeitern und Kriegsgefangenen: Essen, Duisburg, Bochum, Gelsenkirchen, Oberhausen, Dortmund, Düsseldorf, Köln, Velpke. Akte „Sonderbehandlung": Zusammenfassung des Kenntnisstandes.

Interviews und Erlebnisberichte

Die in dieser Arbeit benutzten mündlich überlieferten Lebenserinnerungen stammen aus den Interviewbeständen des Forschungsprojekts „Lebensgeschichte und Sozialkultur im Ruhrgebiet 1930–1960", Hagen; die Namen der Interviewpartner sind anonymisiert. Schriftliche Erinnerungsberichte erhielt ich von: Josef Walkowiak (Janowiec); Stanislaw Janisk (Ostrow); Romnald Liszewski (Malbork); Alojzy Rogowski (Kartuzy); Ferdynand Ziętek (Bydgoszcz).

Gedruckte Quellen

Dokumentensammlungen und Serien

Anatomie der Aggression. Neue Dokumente über die Politik des deutschen Imperialismus im zweiten Weltkrieg, hg. von Gerhart Hass und Wolfgang Schumann, Berlin (DDR) 1972.
Anatomie des Krieges. Neue Dokumente über die Rolle des deutschen Monopolkapitals bei der Vorbereitung und Durchführung des zweiten Weltkrieges, hg. von Dietrich Eichholtz und Wolfgang Schumann, Berlin (DDR) 1969.
Auf antisowjetischem Kriegskurs. Studien zur militärischen Vorbereitung des deutschen Imperialismus auf die Aggression gegen die UdSSR (1933–1941), Berlin (DDR) 1970.

Die Bevölkerung und Wirtschaft der Stadt Essen nach der berufs- und gewerblichen Betriebszählung 1925, hg. vom Statistischen Amt der Stadt Essen, Essen 1930.
Bleyer, Wolfgang und Drobisch, Klaus: Dokumente zur Ausbeutung ausländischer Zwangsarbeiter durch das deutsche Monopolkapital im zweiten Weltkrieg, in: Bulletin des Arbeitskreises „Zweiter Weltkrieg", Berlin (DDR) 1970, Nr. 3, S. 26–93.
Boberach, Heinz (Hg.): Richterbriefe. Dokumente zur Beeinflussung der deutschen Rechtssprechung 1942–1944, Boppard 1975.
Boberach, Heinz (Hg.): Meldungen aus dem Reich. Auswahl aus den geheimen Lageberichten des Sicherheitsdienstes der SS 1939–1944, Neuwied-Berlin 1965.
Boberach, Heinz (Hg.): Meldungen aus dem Reich. Die geheimen Lageberichte des Sicherheitsdienstes der SS 1938–1945, 17 Bde., Herrsching 1984.
Bochumer Verein für Gußstahlfabrikation AG, Bochum: Ein Bericht über das Werk, seine Geschichte, Erzeugnisse und Leistungen, Bochum 1962.
Boelcke, Willi A. (Hg.): Deutschlands Rüstung im Zweiten Weltkrieg. Hitlers Konferenzen mit Albert Speer 1942–1945, Frankfurt 1969.
Boelcke, Willi A. (Hg.): Kriegspropaganda 1939–1941. Geheime Ministerkonferenzen im Reichspropagandaministerium, Stuttgart 1966.
Boelcke, Willi A. (Hg.): Wollt Ihr den totalen Krieg? Die geheimen Goebbels-Konferenzen 1939–1943, Stuttgart 1967.

Czollek, Roswitha und Eichholtz, Dietrich: Die deutschen Monopole und der 22. Juni 1941. Dokumente zu Kriegszielen und Kriegsplanung führender Konzerne beim Überfall auf die Sowjetunion, in: ZfG 15, 1967, S. 64-76.

Denkschrift Himmlers über die Behandlung der Fremdvölkischen im Osten (Mai 1940), in: VfZ 5 (1957), S. 194-198.
Denkschrift Hitlers über die Aufgaben eines Vierjahresplanes, hg. von Wilhelm Treue, in: VfZG 3, 1955, S. 204-210.
Die Deutschen in der Tschechoslowakei 1933–1947. Dokumentensammlung. (Acta occupationis Bohemiae et Moraviae), zusammengestellt von V. Kral, Prag 1964.
Deutschland-Berichte der Sozialdemokratischen Partei Deutschland (Sopade) 1934-1940, hg. von Klaus Behnken, Frankfurt 1980.
Das Diensttagebuch des deutschen Generalgouverneurs in Polen 1939–1945, hg. von Werner Präg und Wolfgang Jacobmeyer, Stuttgart 1975.
Domarus, Max (Hg.): Hitler. Reden und Proklamationen 1932-1945, 2 Bde., Wiesbaden ²1973.

Fall Barbarossa. Dokumente zur Vorbereitung der faschistischen Wehrmacht auf die Aggressionen gegen die Sowjetunion (1940/41), ausgewählt und eingeleitet von Erhard Moritz, Berlin (DDR) 1970.

Fall 5. Anklageplädoyer, ausgewählte Dokumente, Urteil des Flick-Prozesses, hg. von Karl-Heinz Thieleke, eingeleitet von Klaus Drobisch, Berlin (DDR) 1965.
Fall 6. Ausgewählte Dokumente und Urteil des IG-Farben-Prozesses, hg. von Hans Radandt, Berlin (DDR) 1970.
Fall 7. Das Urteil im Geiselmordprozeß, hg. von Martin Zöller und Kazimierz Leszczynski, Berlin (DDR) 1965.
Fall 9. Das Urteil im SS-Einsatzgruppenprozeß, hg. von Kazimierz Leszczynski mit einer Einleitung von Siegmar Quilitzsch, Berlin (DDR) 1963.

Der Generalplan Ost, hg. v. Helmut Heiber, in: VfZ 6 (1958), S. 281-325.
Goebbels' Reden 1932–1945, hg. von Helmuth Heiber, 2 Bde., Düsseldorf 1972.
Goebbels' Tagebücher aus den Jahren 1942–1943, hg. von Louis P. Lochner, Zürich 1948.
Griff nach Südosteuropa. Neue Dokumente über die Politik des deutschen Imperialismus und Militarismus gegenüber Südosteuropa im zweiten Weltkrieg, hg. von Wolfgang Schumann, Berlin (DDR) 1973.

Handbuch für die Dienststellen des Generalbevollmächtigten für den Arbeitseinsatz und die interessierten Reichsstellen im Großdeutschen Reich und in den besetzten Gebieten, o. O., 1944.
Handbuch der Essener Statistik, bearbeitet und hg. vom Amt für Statistik und Wahlen der Stadt Essen, Essen 1960.
Hitlers Lagebesprechungen. Die Protokollfragmente seiner militärischen Konferenzen 1942–1945, hg. von Helmuth Heiber, Stuttgart 1962.
Hitlers Tischgespräche im Führerhauptquartier 1941–1942, hg. von Percy Ernst Schramm nach den Aufzeichnungen von Henry Picker, Stuttgart 1963.
Hitlers Zweites Buch. Ein Dokument aus dem Jahre 1928, hg. von Gerhard L. Weinberg, Stuttgart 1961.

Jacobsen, Hans-Adolf und Jochmann, Werner (Hg.): Ausgewählte Dokumente zur Geschichte des Nationalsozialismus 1933–1945, Bielefeld 1966.

Konieczny, Alfred und Szurgacz, Herbert (Hg.): Praca przymusowa Polaków pod panowaniem hitlerowskim 1939–1945. Documenta occupationis, Band X, Poznań 1976.
Kranig, Andreas: Arbeitsrecht im NS-Staat. Texte und Dokumente, Köln 1984.

Łuczak, Czesław (Hg.): Położenie polskich robotników przymusowych w Rzeszy, 1939–1945. Documenta occupationis, Band IX, Poznań 1975.

Mason, Timothy W. (Hg.): Arbeiterklasse und Volksgemeinschaft, Opladen 1975.
Müller, Norbert (Hg.): Deutsche Besatzungspolitik in der UdSSR. Dokumente, Köln 1980.

Opitz, Reinhard (Hg.): Europastrategien des deutschen Kapitals 1900–1945, Köln 1977.

Pospieszalski, Karol M. (Hg.): Memorial pt. Die Bedeutung des Polen-Problems für die Rüstungswirtschaft Oberschlesiens. Documenta occupationis teutonicae, Bd. I, Poznań 1945.
Der Prozeß gegen die Hauptkriegsverbrecher vor dem Internationalen Militärgerichtshof. Amtlicher Text, deutsche Ausgabe, Bd. I-XLII, Nürnberg 1947 ff. (IMT).
Przemoc, poniżenie, poniewierka. Wspomnienia z przymusowych robót rolnych 1939–1945, hg. von L. Staszyński, Warschau 1967.

Rüter-Ehlermann, Adelheid L. und Rüter, C. F. (Hg.): Justiz und NS-Verbrechen. Sammlung deutscher Strafurteile wegen nationalsozialistischer Tötungsverbrechen 1945–1966, 22 Bde., Amsterdam 1969 ff.

Schumann, Wolfgang: Neue Dokumente der Reichsgruppe Industrie zur „Neuordnung" Europas, in: Jahrbuch für Geschichte, Bd. 5, Berlin 1971, S. 379 ff.

Schumann, Wolfgang: Neue Dokamente zur Politik des faschistischen deutschen Imperialismus zur „Neuordnung" Europas im Herbst 1940, in: Bulletin des Arbeitskreises „Zweiter Weltkrieg", Nr. 1/2, 1971, S. 1-84.

Schumann, Wolfgang: Die faschistische „Neuordnung" Europas nach den Plänen des deutschen Monopolkapitals. Programme der Metallindustrie, des Metallerz- und Kohlenbergbaus im Jahre 1940, in: ZfG, 19, 1971, S. 224-241.

Schumann, Wolfgang: Nachkriegsplanungen der Reichsgruppe Industrie im Herbst 1944. Eine Dokumentation, in: Jahrbuch für Wirtschaftsgeschichte 1972/III, S. 259-196.

Stalag VI A Hemer. Kriegsgefangenenlager 1939-1945, Dokumentation der Bürgerinitiative für Frieden und Abrüstung Hemer, Hemer 1982.

Statistical Handbook of Germany. Office of Military Government (US), Ministerial Collecting Centre, Economics Division, Fürstenhagen 1947.

Statistisches Handbuch von Deutschland 1928-1944, hg. vom Länderrat des Amerikanischen Besatzungsgebietes, München 1949.

Die Stadt Essen in Zahlen, hg. vom Statistischen Amt der Stadt Essen, Essen 1947.

Stadt Essen: Bevölkerung, Wohnungen und Kriegsschäden, hg. vom Statistischen Amt der Stadt Essen, Essen 1945.

Trials of War Criminals before the Nürnberg Military Tribunals, 15 Bde. Washington 1949-1954.

US Department of Commerce: The Ruhr Area, Its Structure and Importance, Washington 1949.

United States Office of Strategic Series: Foreign Labor in Germany. Research and Analysis Report, No. 1923, Washington 1944 (24. October).

United States Strategic Bombing Survey (USSBS), 64, Morale Division: The Effects of Strategic Bombing on German Morale, Vol. 2, Washington 1946.

United States Strategic Bombing Survey (USSBS), 3, Office of the Chairman: The Effects of Strategic Bombing on the German War Economy, Overall Economic Division, Washington 1945.

Ursachen und Folgen. Vom deutschen Zusammenbruch 1918 und 1945 bis zur staatlichen Neuordnung Deutschlands in der Gegenwart, hg. von Herbert Michaelis und Ernst Schraepler, Bde.17-22, Berlin 1972 ff.

Verbrecherische Ziele – verbrecherische Mittel! Dokumente der Okkupationspolitik des faschistischen Deutschlands auf dem Territorium der UdSSR 1941-1944, zusammengestellt von G. F. Sastawenko u. a., Moskau 1963.

Verfügungen, Anordnungen, Bekanntgaben; hg. von der NSDAP-Parteikanzlei, München 1943.

Verzeichnis der Haftstätten unter dem Reichsführer SS 1933-1945, hg. vom Internationalen Suchdienst Arolsen 1979.

Weltherrschaft im Visier. Dokumente zu den Europa- und Weltherrschaftsplänen des deutschen Imperialismus von der Jahrhundertwende bis Mai 1945, hg. von Wolfgang Schumann und Ludwig Nestler, Berlin (DDR) 1975.

Ze znakiem „P". Relacie i wspomnienia robotników przymusowych i jeńców wojennych w Prusach Wschodnich, hg. v. Bohdan Koziełło-Poklewski und Bohdan Łukaszewicz, Olsztyn 1977.

Z literą „P". Polacy na robotach przymusowych w hitlerowskiej Rzeszy 1939-1945. Wspomnienia, hg. v. Ryszard Dyliński u. a., Poznań 1976.

Zeitgenössisches Schrifttum

Adam, R.: Beschäftigung ausländischer Arbeitskräfte, in: Deutsche Verwaltung, 18, 1941, S. 321-325.

Adler-Rudel: Das Arbeitsrecht der Ausländer in Deutschland, in: Gewerkschafts-Archiv, 2, 1925, S. 198-204.

Das Amt für Arbeitseinsatz in der DAF, in: Monatshefte für NS-Sozialpolitik, 7, 1940, S. 225.

Anders, W.: Der kriegsbedingte Einsatz von Ausländern als Schweißer. Aus der Praxis der Autogentechnik, H. 11, Berlin 1944.
Die Anlerngruppe, in: Frankfurter Zeitung Nr. 156/157, 26. 3. 1943.
Der ausländische Arbeiter in Deutschland – Eine tabellarische Übersicht, hg. vom Arbeitswissenschaftlichen Institut der Deutschen Arbeitsfront, Berlin 1943.
Arbeitseignung und Leistungsfähigkeit der Ostarbeiter in Deutschland, hg. vom Arbeitswissenschaftlichen Institut der Deutschen Arbeitsfront, Berlin 1944.
Arbeitseinsatz belgischer Arbeiter in Deutschland, in: Neue Internationale Rundschau der Arbeit, 1, 1941, S. 201.
Zum Arbeitseinsatz von Ausländern und Kriegsgefangenen, in: Nachrichtendienst des deutschen Vereins für öffentliche und private Fürsorge, 12, 1941, S. 66-68.
Arbeitseinsatz der Ostarbeiter in Deutschland. Vorläufiger Bericht zur Untersuchung des Arbeitswissenschaftlichen Instituts über Arbeitseignung und Leistungsfähigkeit der Ostarbeiter, Berlin 1943.
Der Arbeitseinsatz der Ostvölker in Deutschland, in: Arbeit und Wirtschaft, hg. vom Schulungsamt der Deutschen Arbeitsfront, 1942, Folge 5-9, S. 43-72. Ergänzungsbestimmungen: Arbeitseinsatz der Ostvölker in Deutschland, ebenda, 1943, Folge 1-2, S. 21 ff.
Arbeitsreserve Frauenarbeit, in: Monatshefte für NS-Sozialpolitik, 6, 1939, S. 58.
Arbeitsvertragsbruch ausländischer Arbeitskräfte, in: Monatshefte für NS-Sozialpolitik, 8, 1941, S. 280.
Arbeitswissenschaftliches Institut der DAF: Jahrbücher, Berlin 1936–1940/41.
Asmis, W.: Nutzbarmachung belgischer Arbeitskräfte für die deutsche Volkswirtschaft nach dem Kriege, Brüssel 1918.
Ausländische Arbeiter in Deutschland, in: Der deutsche Schmiedemeister, 1941, S. 631.
Der Auslandsarbeiter im Reich, in: Die neue Wirtschaft, 12, 1944, S. 3 4.

Bangert, H.: Fragen des Arbeitseinsatzes vor wichtigen Zukunftsaufgaben, in: Ruhr- und Rhein-Wirtschaftszeitung, 23, 1942, S. 7-12.
Bangert, H.: Wir und die ausländischen Arbeitskräfte, in: Die wirtschaftspolitische Parole, 7, 1942.
Bayer, H.: Höchstleistung im Kriegsgefangeneneinsatz, in: Arbeitseinsatz und Arbeitslosenhilfe, 9, 1942, S. 117-121.
Becker, Otto: Die Regelung des ausländischen Arbeiterwesens in Deutschland, Berlin 1918.
Beisiegel, Philipp: Der Arbeitseinsatz im zweiten Kriegsjahr, in: Der Vierjahresplan, 6, 1942, S. 32-36.
Beisiegel, Philipp: Neue Aufgaben im Arbeitseinsatz, in: Arbeitseinsatz und Arbeitslosenhilfe, 7, 1940, S. 1-3.
Beisiegel, Philipp: Der deutsch-polnische Vertrag über polnische landwirtschaftliche Arbeiter, in: Reichsarbeitsblatt, 8, 1938, S. 1-4.
Beisiegel, Philipp: Der Arbeitseinsatz in Europa, in: Europäische Wirtschaftsgemeinschaft, Berlin 1942, S. 117-139.
Beyer, Friedrich: Der Arbeitseinsatz in der Wehrwirtschaft, Berlin 1936.
Birkenholz, Carl: Die Betreuung der Bauarbeiter in Gemeinschaftslagern, in: Monatshefte für NS-Sozialpolitik, 5, 1938, S. 466-474.
Birkenholz, Carl (Hg.): Der ausländische Arbeiter in Deutschland, Sammlung und Erläuterung der arbeits- und sozialrechtlichen Vorschriften über das Arbeitsverhältnis nichtvolksdeutscher Beschäftigter (Loseblattsammlung), Berlin 1942 f.
Bodenstein, Bernhard: Die Beschäftigung ausländischer Arbeiter in der Industrie, Essen 1908.
Bodenstein, Bernhard, Stojentin, M. v.: Der Arbeitsmarkt in Industrie und Landwirtschaft und seine Organisation. Vorträge gehalten auf der Tagung der mitteleuropäischen Wirtschaftsvereine in Berlin am 17. Juni 1909, Berlin 1909.
Bräutigam, Otto: Arbeitskräfte aus dem Osten, in: Deutsche Ost-Korrespondenz, Nr. 51, 1944, S. 1-3.
Britschgi-Schimmer, Ina: Die wirtschaftliche und soziale Lage der italienischen Arbeiter in Deutschland. Ein Beitrag zur ausländischen Arbeiterfrage, Karlsruhe 1916.

Coßmann: Die Aufwendungen im Ausländereinsatz, in: Deutsche Zeitschrift für Wohlfahrtspflege, 17, 1942.

Daitz, Werner: Weltanschauung und Wirtschaft, Berlin 1936.

Decken, S. Eberhard v. d.: Die richtige Haltung entscheidet. Zum Einsatz der Fremdarbeiter, in: Nationalsozialistische Landpost, 1942, Nr. 28, S. 3.

Decker, L.: Der ärztliche Dienst beim Arbeitseinsatz ausländischer Arbeitskräfte, in: Das Arbeitsrecht, Berlin VIII, S. 237-240 (o. J.).

Deckers, Joseph: Die Betreuung der ausländischen Arbeitskräfte, in: Monatshefte für NS-Sozialpolitik, 9, 1942, S. 40-42.

Deutsche Arbeitsfront – Amt für Arbeitseinsatz (Hg.): Sammlung der Bestimmungen über den Einsatz ausländischer Arbeiter in Deutschland, Berlin 1941.

Doering-Manteuffel, Karl: Die rechtlichen Grundlagen für die Beschäftigung ausländischer Arbeitnehmer in Deutschland, Diss., masch., Erlangen 1929.

Didier, Friedrich: Europa arbeitet in Deutschland, Berlin 1943.

Dieckmann, W.: Das Arbeitsproblem in der Wehrwirtschaft, in: Der deutsche Volkswirt, 10, 1935/36, Nr. 35, S. 1696 f.

Dieckmann, W.: Gedanken über Regelung des Arbeitseinsatzes und der Arbeitsverwendung in der Wehr- und Kriegswirtschaft, in: Der deutsche Volkswirt, 11, 1936/37, Nr. 7, S. 320-324.

Dieckmann, W.: Der Arbeitseinsatz im Weltkrieg, in: Der deutsche Volkswirt, 10, 1935/36, Nr. 36, S. 1754-1756.

Egloff, H.: Einsatz ausländischer Arbeiter und Kriegsgefangener, in: Wirtschaftsblatt der Industrie- und Handelskammer zu Berlin, 38, 1940, S. 717-718.

Der Eilmarsch der Arbeitseinsatzverwaltung in Polen, in: Reichsarbeitsblatt, 20, 1940, S. V 106-107.

Ein ukrainisches Bauernmädchen, in: Das Reich, 29. 8. 1943.

Der Einsatz ausländischer Arbeitskräfte, in: Jahrbuch 1940/41 des Arbeitswissenschaftlichen Instituts der DAF, Bd. 2, Berlin 1941, S. 1009-1011.

Der Einsatz ausländischer Arbeitskräfte in Deutschland, Berlin 1942 (Sonderdruck aus dem Reichsarbeitsblatt).

Einsatz von Ostarbeitern in der deutschen Maschinenindustrie, hg. vom Hauptausschuß Maschinen beim Reichsminister für Bewaffnung und Munition, Essen 1943.

Enderlein, K. und Riedel, F.: Die Preisbildung beim Einsatz von Kriegsgefangenen und Ausländern in der Bauwirtschaft. Erläuterungen zum Runderlaß Nr. 13/14 des Reichskommissars für die Preisbildung, Berlin, Wien, Leipzig 1942.

Feder, Gottfried: Das Programm der NSDAP und seine weltanschaulichen Grundgedanken, München 1934.

Feder: Fremdsprachige Arbeiter in deutschen Betrieben, in: Arbeitsschutz, 1943, S. 103-111.

Zur Frage der Beschäftigung von Kriegsgefangenen in der gewerblichen Wirtschaft, in: Monatshefte für NS-Sozialpolitik, 7, 1940, S. 40-42.

Frauendorfer, Max: Die Arbeitskräfte des Generalgouvernements im Dienste der Großdeutschen Wirtschaft, in: Deutsche Wirtschafts-Zeitung, 39, 1942, S. 461-462.

Fried, Ferdinand: Autarkie, Jena 1932.

Fried, Ferdinand: Das Ende des Kapitalismus, Jena 1931.

Fried, John H. E.: The Exploitation of Foreign Labor by Germany, Montreal: International Labor Office 1945.

Fuhrmann, Hans: Die Versorgung der deutschen Landwirtschaft mit Arbeitskräften im Weltkriege, Würzburg 1937.

Gaedicke, Herbert, Eyern, Gert v.: Die produktionswirtschaftliche Integration Europas. Eine Untersuchung über die Außenhandelsverflechtung der europäischen Länder, 2 Bde., Berlin 1933.

Gerlach, Erwin: Die DAF als Hauptträger in der Lagerbetreuung, in: Monatshefte für NS-Sozialpolitik, 7, 1940, S. 32 ff.

Gielen, Alfred: Ostarbeiter im Reich, in: Die Aktion, 1942, S. 82-87.

Goebbels, Joseph: Vom Sinn des Krieges, in: Das Reich, Nr. 34, 30. 8. 1942.

Goebbels, Joseph: Wofür?, in: Das Reich, Nr. 22, 31. 5. 1942.
Grävell, Walter: Störungen im Außenhandel?, in: Die deutsche Volkswirtschaft, 8, 1939.
Grohmann, Viktor: Der Arbeitseinsatz nach den arbeitseinsatzpolitischen Maßnahmen des Beauftragten für den Vierjahresplan, Diss., masch., Leipzig, Dresden 1939.
Groß, G.: Ausländische Arbeiter in der Landwirtschaft und die Frage ihrer Ersetzbarkeit, in: Landwirtschaftliche Jahrbücher, 61, 1924, S. 1-63.
Großraumwirtschaft. Der Weg zur europäischen Einheit, hg. von Wilhelm Gürge und Wilhelm Grotkopp, Berlin 1931.
Gschliesser, v.: Der Arbeitseinsatz im Generalgouvernement, in: Soziale Praxis, 49, 1940, S. 739-746.
Gschliesser, v.: Arbeitsrecht und Arbeitseinsatz im Generalgouvernement, in: Das Generalgouvernement. Seine Verwaltung und seine Wirtschaft, Krakau 1943, S. 225-239.

Haas, Ludwig: Auswahl und Einsatz der Ostarbeiter. Psychologische Betrachtungen, Leistung und Leistungssteigerung, Saarbrücken 1944.
Hamburger, Georg: Die Ausländer im Deutschen Reich, in: Reichsarbeitsblatt, 17, 1937, S. II 167 bis 170.
Heinmüller, A.: Die hygienische Überwachung von Massenquartieren und Lagern ausländischer Arbeiter, in: Der öffentliche Gesundheitsdienst, 9, 1943, S. 157-166, 270-277, 297-309.
Heinrichsdorff, W.: Betreuung ausländischer Arbeiter im Reich, in: Zeitschrift für Politik, 32, 1942, S. 425-430.
Heinze, Bruno: Die Beschäftigung gewerblicher ausländischer Arbeiter, in: Die deutsche Volkswirtschaft, 10, 1941, S. 817-820, 847-849.
Heinze, Bruno: Industrieller Einsatz sowjetrussischer Kriegsgefangener, in: Der Südosten, 21, 1942, S. 217-218.
Heinze, Bruno: Kriegsgefangeneneinsatz in der Wirtschaft, in: Der Südosten, 21, 1942, S. 142-143.
Heinzel, W.: Grundsätzliches zum Einsatz ausländischer Arbeitskräfte, in: Wirtschaftsblatt der Industrie- und Handelskammer zu Berlin, 39, 1941, S. 561-563.
Helms, A.: Sozialistische Leistungssteigerung, in: Der Vierjahresplan, 8, 1944, S. 75-76.
Hempel, K. (Bearb.): Der Arbeitseinsatz-Ingenieur. Sammlung von Bestimmungen und Richtlinien in laufenden Fragen, Berlin 1944.
Hertel, Philipp: Arbeitseinsatz ausländischer Zivilarbeiter, Stuttgart 1942.
Hetzner, Richard: Rechtliche Fragen bei dem Einsatz ausländischer Arbeitskräfte, insbesondere deren Arbeitsbedingungen, Diss. jur. (masch.), Erlangen 1943.
Hildebrandt, Hubert: Mobilisierung der Arbeitsreserven, München, Berlin 1943.
Himmler, Heinrich: Geheimreden 1933-1945 und andere Ansprachen, Frankfurt, Wien, Berlin 1974.
Himmler, Heinrich: Gedanken über die Behandlung der Fremdvölkischen im Osten, in: VfZG, 5, 1957, S. 195-198.
Himmler, Heinrich: Sicherheitsfragen, Berlin 1943.
Hitler, Adolf: Mein Kampf, München 1936 u. ö.
Hitler, Adolf: Der Weg zum Wiederaufstieg (1927), in: Henry A. Turner jr.: Faschismus und Kapitalismus in Deutschland. Studien zum Verhältnis zwischen Nationalsozialismus und Wirtschaft, Göttingen 1972, S. 41-59.
Hölk: Der Einsatz der Kriegsgefangenen in Arbeitsstellen, in: Reichsarbeitsblatt, 20, 1940, S. V 352-355.
Hölk: Der Kriegsgefangeneneinsatz im zweiten Kriegsjahr, in: Reichsarbeitsblatt, 21, 1941, S. V 256-259.
Hucho: Die Durchgangslager für ausländische Arbeitskräfte, in: Arbeitseinsatz und Arbeitslosenhilfe, 10, 1943, S. 124-127.
Hupfauer, Theodor: Mensch, Betrieb, Leistung, Berlin 1943.

Jaeger, Paul Ludwig: Die Bindung des Arbeiters an den Betrieb unter besonderer Berücksichtigung der Verhältnisse bei der Fried. Krupp AG in Essen, Diss., masch., Hamburg 1929.
Jehle, Otto: Fürsorge für ausländische Arbeitskräfte, in: Zeitschrift für das Heimatwesen, 46, 1941, S. 57-61.
Jongh, Thomas de: Deutsch-holländische Arbeitsplanung, in: Ruhr- und Rhein-Wirtschaftszeitung, 23, 1942, S. 229-230.

Jongh, Thomas de: Niederländische Arbeitsfragen, in: Ruhr- und Rhein-Wirtschaftszeitung, 23, 1942, S. 343-344.
Jost, Walter, Felger, Friedrich (Hg.): Was wir vom Weltkriege nicht wissen, Leipzig ^{1}1929, ^{2}1938.

Kämmerer, Felix (Bearb.): Fibel für den ausländischen Arbeiter in Deutschland, Berlin 1943.
Kartho, H.: Der Einsatz der Ostarbeiter im Betrieb, in: Werkstatt und Betrieb, 75, 1942, S. 193.
Kieslinger, A.: Planmäßige Mobilisierung der Kriegsreserven im Arbeitseinsatz, in: Deutsche Wirtschaftszeitung, 40, 1943, S. 53-55.
Kleeis, Friedrich: Arbeitsrecht und Arbeitsschutz der Kriegsgefangenen, in: Westdeutsche Wirtschaftszeitung, 19, 1941, S. 578-580.
Krauskopf, Otto Karl: Der ausländische Arbeiter in Deutschland, 2 Bde., Berlin 1943.
Krausmüller, Rudolf: Der Einsatz ausländischer Arbeitskräfte in der gewerblichen Wirtschaft, in: Die nationale Wirtschaft, 10, 1943, S. 67-71, 95-98.
Krupp. Ein Überblick über das Gesamtunternehmen, Essen 1937.
Kühltau, W.: Die Beschäftigung ausländischer Arbeiter, in: Ruhr- und Rhein-Wirtschaftszeitung, 23, 1942, S. 140-143.
Küppers, Hans, Bannier, Rudolf: Das Arbeitsrecht der Polen im Deutschen Reich, Berlin 1942.
Küppers, Hans, Bannier, Rudolf: Einsatzbedingungen der Ostarbeiter sowie der sowjet-russischen Kriegsgefangenen, Berlin 1942.
Kulischer, K.: The Displacement of Population in Europe, in: International Labor Organisation, ILO-Studies, Montreal 1943.

Laier, W.: Ausländische Arbeiter im deutschen Bergbau, in: Die neue Wirtschaft, 11, 1943, S. 34-35.
Leinau: Bergarbeiterersatz und Ruhrkohlenproduktion im Weltkriege. Plenge Staatswissenschaftliche Beiträge, H. III. Essen 1920.
Die Leistungsfähigkeit von Ostarbeitern in Deutschland im Vergleich zur Leistung deutscher Arbeiter an Hand von Akkordunterlagen, hg. vom Arbeitswissenschaftlichen Institut der deutschen Arbeitsfront, Berlin 1943.
Lejeune, Walter: Auslese fremdländischer Arbeitskräfte unter besonderer Berücksichtigung der Ostarbeiterfrage, in: Industrielle Psychotechnik, 19, 1942, S. 280-283.
Lejeune, Walter: Voraussetzungen und Wege des richtigen Arbeitseinsatzes fremdvölkischer Arbeitskräfte, Berlin 1944.
Letsch, Max: 3 Jahre Ostarbeitereinsatz. Ein Rückblick, in: Der Arbeitseinsatz, Informations- und Nachrichtenblatt des GBA, 1943, S. 7-8.
Letsch, Max: Der Einsatz gewerblicher ausländischer Arbeitskräfte in Deutschland, in: Reichsarbeitsblatt, 21, 1941, S. V 42-45.
Letsch, Max: Hinweise zum Arbeitseinsatz gewerblicher ausländischer Arbeitskräfte, in: Monatshefte für NS-Sozialpolitik, 8, 1941, S. 9-13.
Letsch, Max: Hinweise zum Einsatz von Arbeitskräften aus den neubesetzten Ostgebieten, in: Arbeitseinsatz und Arbeitslosenhilfe, 9, 1942, S. 157-159.
Lenschner, Egon: Nationalsozialistische Fremdvolkpolitik, hg. vom Rassenpolitischen Amt der NSDAP (für den Dienstgebrauch), o. O., 1942.
Lindemann, Erika: Die Arbeitsbedingungen der nichtdeutschen Arbeitskräfte im Reichsgebiet, Diss., masch., Berlin 1944.
Mansfeld, Werner: Lohnpolitik im Kriege, in: Monatshefte für NS-Sozialpolitik, 6, 1939, S. 383-386.
Marcour, Johannes: Arbeiterbeschaffung und Arbeiterauslese bei der Fa. Krupp, Diss., masch., Münster 1925, Essen 1925.
Mateoschat, H.: Die Arbeitseinsatzpolitik der nationalsozialistischen Regierung in den Aufbaujahren 1933 - 1939, Diss., masch., Königsberg 1943.
Meinhold, H.: Die Arbeiterreserven des Generalgouvernements, in: Die Burg, 3, 194, S. 273-291.
Mende, Franz: Menschenführung und Betreuung im Ausländereinsatz, in: Neue internationale Rundschau der Arbeit, 1943, S. 227-232.

Mende, Franz, Häussler, Gerhard u. a. (Hg.): Die Beschäftigung von ausländischen Arbeitskräften in Deutschland. Ergänzbare Sammlung der geltenden Vorschriften mit ausführlichen Erläuterungen und Verweisungen, Berlin 1942 f. (Loseblattausgabe).
The Mobilisation of Foreign Labor by Germany, in: International Labor Review, Bd. I, Nr. 4, Genf 1944.
Moers, Martha: Industrielle Frauenarbeit. Ein psychologisch-pädagogischer Beitrag zur Aufgabe der Leistungssteigerung, Berlin 1941.
Mund, Eduard: Die rheinisch-westfälischen Montankonzerne im Betriebsvergleich, Leipzig 1933.
Die Musterbetriebe des Gaues Essen, in: Monatshefte für NS-Sozialpolitik, 6, 1939, S. 99-103.
Mytkowicz, A.: Ausländische Wanderarbeiter in der deutschen Landwirtschaft, Posen 1914.

Nationale Handelspolitik statt Weltwirtschaftspolitik. Programmatische Forderungen der NSDAP, in: Neue Wirtschaft, 6, 1932, S. 6-8.
Nemetz, Robert: Die nationalsozialistische Betriebsgemeinschaft und der Einsatz ausländischer Arbeitskräfte, Diss., masch., Köln 1943.

Obst, Erich: Die Großraumidee in der Vergangenheit und als tragender politischer Gedanke unserer Zeit, Breslau 1941.
Odenthal, Matthias: Die Entwicklung des Arbeitseinsatzes im Rheinland und Westfalen unter besonderer Berücksichtigung der Ausländer und Kriegsgefangenen 1938-1943. Rheinisch-Westfälisches Institut für Wirtschaftsforschung, Essen, H. 16, Essen 1944.
Oermann, Josef: Die arbeits- und steuerrechtliche Behandlung der Ostarbeiter, Berlin 1944.
Oermann, Josef: Sozialausgleichsabgabe, Lohnausgleichsabgabe, Ostarbeiterabgabe, Berlin, Wien 1942.
Oesterheld, Alfred: Wirtschaftsraum Europa, Oldenburg, Berlin 1942.
Osthold, Paul: Der Metallarbeiter im Arbeitseinsatz, in: Der deutsche Volkswirt, 11, 1936/37, S. 1018 f.
Osthold, Paul: Die Beschäftigung von Kriegsgefangenen, in: Der deutsche Volkswirt, 14, 1940, S. 432-433.
Osthold, Paul: Einsatz ausländischer Arbeitskräfte, in: Der deutsche Volkswirt, 15, 1941/42, S. 931-932.
Osthold, Paul: Verstärkter Arbeitseinsatz, Anlernprobleme in: Der Deutsche Volkswirt, 16, 1942, S. 1341-1342.

Palme, Antonie: Zur Frage des Facharbeiternachwuchses, in: Monatshefte für NS-Sozialpolitik, 2, 1934/35, S. 116 ff.
Petersen, K.: Die „Verordnung über ausländische Arbeitnehmer", in: Reichsarbeitsblatt, 13, 1933, Teil II, Nr. 4.
Pfaff, Alfred: Der Wirtschaftsaufbau im Dritten Reich, München 1932.
Pfeil, Günter: Lebensmittelversorgung der ausländischen Zivilarbeiter in Deutschland, Berlin 1944.
Pflaume, Eberhard: Fremdländische Arbeitskräfte im deutschen Betrieb, in: RKW-Nachrichten, 15, 1941, S. 137-140.
Pflaume, Eberhard: Schulung ausländischer Arbeitskräfte, in: Werkstatttechnik, 37, 1943, S. 101.
Posse, Hans Ernst: Möglichkeiten der Großraumwirtschaft, in: Die nationale Wirtschaft, 1/2, 1933/34, S. 282-283.

Rachner: Der Arbeitseinsatz in den neu besetzten Ostgebieten, in: Reichsarbeitsblatt, 22, 1942, S. V 130-133.
Rachner: Arbeitseinsatz und Arbeitseinsatzverwaltung in den besetzten Gebieten, in: Reichsarbeitsblatt, 19, 1939, S. II 370-372.
Rakow, Bernhard: Die Betreuung der Ostarbeiter, in: Der Vertrauensrat. Beilage zu den Monatsheften für NS-Sozialpolitik, 9, 1942, S. 212-213.
Rastetter, F.: Die ausländischen Wanderarbeiter in Deutschland, in: Jahrbuch für Nationalökonomie und Statistik, 1939, Bd. 150, S. 177-194.
Die echte Rationalisierung, hg. von Robert Ley, bearbeitet im Arbeitswissenschaftlichen Institut der DAF, MS., Berlin 1936.
Rauschning, Hermann: Gespräche mit Hitler, Zürich 1940.

Rilke, Alice: Bilanz der Arbeit. Zum Arbeitseinsatz der Frauen, in: Die Frau am Werk, 3, 1938, S. 1-3.
Rilke, Alice: Zur Frage der Frauenerwerbstätigkeit, in: Monatshefte für NS-Sozialpolitik, 5, 1938, S. 291 f.
Rode, Fritz: Der Arbeitseinsatz der Ostvölker in Deutschland, Berlin 1943.
Rotzoll, Christa: Ostarbeiter, in: Das Reich, 21. 11. 1943.

Sauckel, Fritz: Totaler Arbeitseinsatz für den Krieg, Weimar 1943.
Sauckel, Fritz: Arbeitseinsatz im Rhythmus der Front (Rede), München 1944.
Schaaf, Kurt: Das Problem der ungelernten Arbeiter, in: Monatshefte für NS-Sozialpolitik, 3, 1935, S. 239 ff.
Schmölder, R.: Die Verstaatlichung des Arbeitsmarkts, Berlin 1920.
Schneider, Karl-Heinz: Die Ungezieferplage in den Ausländer-Massenquartieren der Stadt Magdeburg, Diss., masch., München 1947.
Schneider-Landmann, H.: Der deutsche und der ausländische Arbeiter, in: Monatshefte für NS-Sozialpolitik, 9, 1942, S. 139-140.
Schorn, Maria: Die praktische Durchführung eines Ausleseverfahrens für den Ausländereinsatz, in: Industrielle Psychotechnik, 19, 1943, S. 207 ff.
Schranner, Therese: Ärztliche Erfahrungen beim Einsatz fremdländischer Arbeitskräfte, Diss., masch., Wien 1943.
Schwemmer, Erich: Die rechtliche Regelung der Beschäftigung ausländischer Arbeitnehmer im Reich, in: Der Vertrauensrat. Beilage zu den Monatsheften für NS-Sozialpolitik, 7, 1940, S. 67-70.
Siebert, Wolfgang: Die Entwicklung der staatlichen Arbeitsverwaltung, Darmstadt 1943.
Sommer, Willi: Die nationalsozialistische Arbeitseinsatzgesetzgebung mit dem AVAVG und den Ergänzungsvorschriften zur unterstützenden Arbeitslosenhilfe, Berlin ³1938.
Sommer, Willi, Schelp, Günther: Arbeitseinsatz und Arbeitsrecht, Berlin, Wien 1942.
Die Sozialausgleichsabgabe: in: Der Vierjahresplan, 4, 1940, S. 808-809.
Spitzer: Möglichkeiten des Fraueneinsatzes in Hüttenwerken, in: Der Arbeitseinsatzingenieur, April 1944, S. 17-24.
Steinle, Richard: Arbeitseinsatz, Arbeitssteuerung, in: Der Schulungsbrief. Das zentrale Monatsblatt der NSDAP und DAF, 5, 1938, S. 181 ff.
Stothfang, Walter: Die Aufgaben des Arbeitseinsatzes im Jahre 1939, in: Monatshefte für NS-Sozialpolitik, 6, 1939, S. 9-11.
Stothfang, Walter: Der Arbeitseinsatz an der Jahreswende, in: Monatshefte für NS-Sozialpolitik, 6, 1941, S. 3-6.
Stothfang, Walter: Der Arbeitseinsatz im Kriege, Berlin 1940.
Stothfang, Walter: Neue Aufgaben im Arbeitseinsatz, in: Monatshefte für NS-Sozialpolitik, 4, 1937, S. 457-458.
Stothfang, Walter: Einsatz ausländischer Arbeitskräfte in Deutschland, in: Der Vertrauensrat, Beilage zu den Monatsheften für NS-Sozialpolitik, 7, 1940, S. 200-202.
Stothfang, Walter: Die Facharbeiterfrage, in: Monatshefte für NS-Sozialpolitik, 3, 1935, S. 517-523.
Stothfang, Walter: 5 Jahre Arbeitseinsatz im Krieg, in: Reichsarbeitsblatt, 24, 1944, S. V 264-267.
Stothfang, Walter: Die künftige Lenkung des Arbeitseinsatzes, in: Reichsarbeitsblatt, 20, 1940, S. V 395-397.
Stothfang, Walter: Vier Monate Kriegsarbeitseinsatz, in: Monatshefte für NS-Sozialpolitik, 7, 1940, S. 4-6.
Stothfang, Walter: Zur Ordnung im europäischen Arbeitseinsatz, in: Monatshefte für NS-Sozialpolitik, 8, 191, S. 251-253.
Stothfang, Walter: Totaler Krieg – totaler Arbeitseinsatz, in: Der Vierjahresplan, 7, 1943, S. 98.
Stothfang, Walter: Europäische Verantwortung im Arbeitseinsatz, in: Das neue Europa, 3, 1943, S. 2-3.
Stothfang, Walter: Zusätzliche Maßnahmen zur Versorgung der Landwirtschaft mit Arbeitskräften, in: Monatshefte für NS-Sozialpolitik, 5, 1938, S. 55-60.
Studders, Herbert: Die Facharbeiterfrage in der Kriegswirtschaft, Hamburg 1938.
Syrup, Friedrich: Arbeitseinsatz und Arbeitslosenhilfe, Berlin 1936.

Syrup, Friedrich: Der Arbeitseinsatz als Aufgabe der Staatspolitik, in: Monatshefte für NS-Sozialpolitik, 6, 1939, S. 6-7.
Syrup, Friedrich: Der Arbeitseinsatz in Deutschland im Jahre 1938, in: Soziale Praxis, 47, 1938, S. 131-136.
Syrup, Friedrich: Arbeitseinsatz im Krieg und Frieden, Essen 1942.
Syrup, Friedrich: Der Arbeitseinsatz der Frauen, in: Monatshefte für NS-Sozialpolitik, 4, 1937, S. 553-555.
Syrup, Friedrich: Der Arbeitseinsatz in der deutschen Wirtschaft, Stuttgart 1938.
Syrup, Friedrich: Dienstverpflichtung und wirtschaftlicher Gestellungsbefehl, in: Der Vierjahresplan, 4, 1940, S. 3-4.
Syrup, Friedrich: Die Etappen des Arbeitseinsatzes, in: Soziale Praxis, 48, 1939, S. 7-14.
Syrup, Friedrich: Intereuropäischer Arbeiteraustausch, in: Reichsarbeitsblatt, 21, 1941, S. V 335-342.
Syrup, Friedrich: Probleme des Arbeitseinsatzes im europäischen Großraum, in: Der Vierjahresplan, 5, 1940, S. 20-21.
Syrup, Friedrich: Sicherstellung des Kräftebedarfs für Aufgaben von besonderer staatspolitischer Bedeutung. Dienstpflicht, Lösung von Arbeitsverhältnissen, Einstellung und Beschäftigung von Arbeitskräften, Berlin 1939.
Syrup, Friedrich: Vierjahresplan und Arbeitseinsatz, in: Der Vierjahresplan, 1, 1937, S. 14-17.

Thiele, Walter: Großraumwirtschaft in Geschichte und Politik, Dresden 1938.
Thomas, W: Der betriebliche Arbeitseinsatz im europäischen Großraum, in: Europäische Großraumwirtschaft, Leipzig 1941, S. 61-81.
Timm, Max: Der totale Arbeitseinsatz, in: Monatshefte für NS-Sozialpolitik, 10, S. 50-52.
Timm, Max: Der landwirtschaftliche Arbeitseinsatz im Kriege gesichert, in: Der Vierjahresplan, 4, 1940, S. 98-100.
Timm, Max: Der Arbeitseinsatz der Kriegsgefangenen, in: Monatshefte für NS-Sozialpolitik, 7, 1940, S. 157-160.
Timm, Max: Der Arbeitseinsatz in der Landwirtschaft im ersten Kriegsjahr, in: Reichsarbeitsblatt, 21, 1941, V, S. 6-8.
Timm, Max: Italienische Arbeitskräfte in Deutschland, in: Der deutsche Volkswirt, 16, 1941/42, S. 344-346.
Timm, Max: Der Einsatz ausländischer Arbeiter in Deutschland, in: Reichsarbeitsblatt, 21, 1941, S. V 609-617, Reichsarbeitsblatt, 22, 1942, S. V 5-16, 23-33.
Timm, Max: Der Einsatz der ausländischen Arbeitskräfte in Deutschland, Berlin 1942.
Timm, Max: Der Einsatz polnischer landwirtschaftlicher Arbeitskräfte in der deutschen Landwirtschaft, in: Monatshefte für NS-Sozialpolitik, 7, 1940, S. 54-58.
Trompke, Eberhard: Der Arbeitseinsatz als Element deutscher Wehr- und Kriegswirtschaft, Rostock 1941.

Über einen innerbetrieblichen Werbefeldzug gegen Zeitverluste und Arbeitszeit-Verschwendung, in: Der Arbeitseinsatz-Ingenieur, Juni 1944, S. 55-56.
Umbreit, Paul: Die deutschen Gewerkschaften im Weltkriege, Berlin 1915.

Verordnung über ausländische Arbeitnehmer vom 23. Januar 1933, in: Reichsgesetzblatt 1933, S. I 26-29.
Völkerrecht im Weltkrieg. Das Werk des Untersuchungsausschusses der Verfassungsgebenden Deutschen Nationalversammlung und des Reichstags 1919–1928. Verhandlung, Gutachten, Urkunden, Dritte Reihe, Bde. III. 1 u. 2, Berlin 1927.

Weber, Max: Entwicklungstendenz in der Lage der ostelbischen Landarbeiter (1894), in: ders.: Gesammelte Aufsätze zur Sozial- und Wirtschaftsgeschichte, Tübingen 1924, S. 470-507.
Weber, Max: Die ländliche Arbeitsverfassung. Schriften des Vereins für Sozialpolitik, Bd. 58, 1893.
Weber, Max: Die Verhältnisse der Landarbeiter im ostelbischen Deutschland. Schriften des Vereins für Sozialpolitik, Bd. 55, 1892.

Weiher, Alfred: Die Entwicklung des Arbeitseinsatzes in Deutschland, Diss., masch., Bonn 1943.
Wellemeyer, W.: Die Struktur und Problematik des Arbeitseinsatzes in den nördlichen und östlichen Randgebieten des westfälischen Industriebezirks, Diss., masch., Münster 1941.
Weichhold, E.: Die Regelung der Zulassung von ausländischen Arbeitskräften in Deutschland und in anderen Staaten zu Beginn des gegenwärtigen Krieges, Diss., masch., Berlin 1941.
Willeke, Eduard: Formen deutscher Arbeitsmarktpolitik, in: Jahrbücher für Nationalökonomie und Statistik, 143, 1936, S. 68-92, 193-214.
Willeke, Eduard: Der Arbeitseinsatz im Kriege, in: Jahrbücher für Nationalökonomie und Statistik, 154, 1941, S. 177-201, 311-348.
Wirtschaftliches Sofortprogramm der NSDAP. Ausgearbeitet von der Hauptabteilung IV der Reichsorganisationsleitung der NSDAP (Kampfschrift 16) München 1932.
Wolff, Bernhard: Motive und Absichten bei der Neuordnung der Ausländerpolizei in Preußen, in: Reichs- und Preußisches Verwaltungsblatt 1932, S. 728 ff.
Wolff, Bernhard: Das Gesetz über die Reichsverweisungen unter besonderer Berücksichtigung seines Verhältnisses zum Ausländerpolizeirecht, in: Reichs- und Preußisches Verwaltungsblatt 1934, S. 353 ff.
Wündisch, Ernst: Die preußische Ausländerpolizeiverordnung vom 27. April 1932, in: Reichsverwaltungsblatt und Preußisches Verwaltungsblatt, 1932, S. 665-670.
Wussow, R.: Die Gestaltung des Arbeitseinsatzes in der deutschen Kriegswirtschaft, Diss., masch., Königsberg 1944.

Zeitungen und Zeitschriften

Der Arbeitseinsatz im (Groß-)Deutschen Reich, Jahrgang 1939-1944.
Der Arbeitseinsatz. Informations- und Nachrichtenblatt des Generalbevollmächtigten für den Arbeitseinsatz, Jg. 1943-1944.
Lagerführer-Sonderdienst, Jg. 1939-1944.
Monatshefte für NS-Sozialpolitik, Jg. 1935-1944.
National-Zeitung (Essen), Jg. 1939-1944.
Das Reich, Jg. 1941-1945.
Reichsarbeitsblatt, Jg. 1933-1945.
Reichsgesetzblatt, Jg. 1933-1945.
Ruhr- und Rhein-Wirtschaftszeitung (Essen), Jg. 1940-1944.
Wirtschaft und Statistik, Jg. 1935-1941.

Memoiren, Erinnerungswerke, literarische Verarbeitungen

Bräutigam, Otto: So hat es sich zugetragen. Ein Leben als Soldat und Diplomat, Würzburg 1968.
Böll, Heinrich: Gruppenbild mit Dame. Roman, Köln 1971.
d'Eramo, Luce: Der Umweg. Roman, Reinbek 1984.
Hochhuth, Rolf: Eine Liebe in Deutschland, Reinbek 1978.
Kehrl, Hans: Krisenmanager im Dritten Reich, Düsseldorf ^{2}1973.
Kehrl, Hans: Kriegswirtschaft und Rüstungsindustrie, in: Bilanz des Zweiten Weltkrieges, Hamburg 1953, S. 267-285.
Nowakowska, Krystyna: Das Brot der Feinde, Wien u. a. 1971.
Ptaçnik, Kurt: Jahrgang 21. Roman, Berlin 1957.
Rohland, Walter: Bewegte Zeiten. Erinnerungen eines Eisenhüttenmannes, Stuttgart 1978.
Sjomin, Vitalij: Zum Unterschied ein Zeichen, München 1978.
Speer, Albert: Erinnerungen, Berlin ^{3}1969.
Speer, Alfred: Der Sklavenstaat. Meine Auseinandersetzungen mit der SS, Stuttgart 1981.
Thomas, Georg: Geschichte der deutschen Wehr- und Rüstungswirtschaft 1918-1943/45, hg. von Wolfgang Birkenfeld, Boppard 1966.

Welter, Erich: Falsch und richtig planen. Eine kritische Studie über die deutsche Wirtschaftslenkung im zweiten Weltkrieg, Heidelberg 1954.
Winkler, Josef: Die Verschleppung. Roman, Frankfurt 1984.

Darstellungen und Abhandlungen

Allen, Michael Thad: Engineers and Modern Managers in the SS: The Business Administration Main Office (Wirtschaftsverwaltungshauptamt), Diss. Phil. Pennsylvania 1995
Aly, Götz, Roth, Karl-Heinz: Die restlose Erfassung. Volkszählen, Identifizieren, Aussondern im Nationalsozialismus, Berlin 1984.
Aly, Götz: Die Menschenversuche des Doktor Heinrich Berning, in: Ebbinghaus u. a., Heilen und Vernichten, S. 184-187.
Anatomie des SS-Staates, hg. von Hans Buchheim, Martin Broszat, Hans-Adolf Jacobsen, Helmut Krausnick, Bd. 1 u. 2, Freiburg 1965.
Ansbacher, Heinz L.: Testing, Management and Reactions of Foreign Workers in Germany During World War II, in: American Psychologist, V, 1950, S. 38-49.
Ansbacher, Heinz L.: The Problems of Interpeting Attitude Survey Data: A Case Study of the Attitude of Russian Workers in Wartime Germany, in: Public Opinion Quarterly, XIV, 1950, S. 126-138.
Anschütz, Janet, Irmtraud Heike: Zwangsarbeit in Hannover Hannover 1998
Arndt, Veronika: Faschistische Pläne zur Behandlung der Tschechen und zur Gewinnung von Arbeitskräften und ökonomischen Positionen im okkupierten Grenzland der Tschechoslowakei während des zweiten Weltkrieges, in: Fremdarbeiterpolitik des Imperialismus, H. 11, Rostock 1981, S. 47-56.
Auerbach, Hellmuth: Arbeitserziehungslager 1940-1944, mit besonderer Berücksichtigung der im Befehlsbereich des Inspekteurs der Sicherheitspolizei und des SD Düsseldorf liegenden, speziell des Lagers Hunswinkel bei Lüdenscheid, in: Gutachten des Instituts für Zeitgeschichte, Bd. 2, Stuttgart 1966, S. 196-201.
Auf antisowjetischem Kriegskurs. Studien zur militärischen Vorbereitung des deutschen Imperialismus auf die Aggression gegen die UdSSR 1933-1941, Berlin (DDR) 1970.
August, Jochen: Die Entwicklung des Arbeitsmarktes in Deutschland in den 30er Jahren und der Masseneinsatz ausländischer Arbeitskräfte während des Zweiten Weltkriegs. Das Fallbeispiel der polnischen zivilen Arbeitskräfte und Kriegsgefangenen, in: AfSG, Bd. XXIV, 1984, S. 305-354.
Ayaß, Wolfgang: „Asoziale" im Nationalsozialismus, Stuttgart, 1995

Bade, Klaus J.: Arbeitsmarkt, Ausländerbeschäftigung und Interessenkonflikt: Der Kampf um die Kontrolle über Auslandsrekrutierung und Inlandsvermittlung ausländischer Arbeitskräfte in Preußen vor dem Ersten Weltkrieg in: Fremdarbeiterpolitik des Imperialismus, H. 10, Rostock 1981, S. 27-48.
Bade, Klaus J.: Arbeitsmarkt, Bevölkerung und Wanderung in der Weimarer Republik, in: Michael Stürmer (Hg.): Die Weimarer Republik, Belagerte Civitas, Königstein i. Ts. 1980, S. 160-187.
Bade, Klaus J. (Hg.): Auswanderer, Wanderarbeiter, Gastarbeiter. Bevölkerung, Arbeitsmarkt und Wanderung in Deutschland seit der Mitte des 19. Jahrhunderts, 2 Bde., Ostfildern 1984.
Bade, Klaus J.: „Preußengänger" und „Abwehrpolitik": Ausländerpolitik und Ausländerkontrolle auf dem Arbeitsmarkt in Preußen vor dem Ersten Weltkrieg, in: AfSG, Bd. XXIV, 1984, S. 91-162.
Bade, Klaus J.: Vom Auswanderungsland zum Einwanderungsland? Deutschland 1880-1980, Berlin 1983.
Bade, Klaus J.: Die „Gastarbeiter" des Kaiserreiches – oder: Vom Auswanderungsland des 19. Jahrhunderts zum Einwanderungsland?, in: GWU, 2, 1982, S. 79-93.
Bade, Klaus J.: „Kulturkampf" auf dem Arbeitsmarkt: Bismarcks „Polenpolitik" 1885-1890, in: Pflanze, Otto (Hg.): Innenpolitische Probleme des Bismarck-Reiches, München 1983, S. 121-142.
Bade, Klaus J.: Massenwanderung und Arbeitsmarkt im Deutschen Nordosten von 1880 bis zum Ersten Weltkrieg, in: AfSG XX, 1980, S. 265-323.
Bade, Klaus J.: Vom „Menschenmarkt" zum Arbeitsmarkt: Ausländerrekrutierung und Inlandsvermittlung ausländischer Arbeitskräfte in Preußen vor dem Ersten Weltkrieg, in: Zeitschrift für Ausländerrecht und Ausländerpolitik, 3, 1983, S. 87-93.

Bade, Klaus J.: Politik und Ökonomie der Ausländerbeschäftigung im preußischen Osten 1885–1914: Die Internationalisierung des Arbeitsmarkts im „Rahmen der preußischen Abwehrpolitik", in: Hans Jürgen Puhle, Hans-Ulrich Wehler (Hg.): Preußen im Rückblick (GuG, Sonderheft 6) Göttingen 1980, S. 273-299.

Bade, Klaus J.: Transnationale Migration und Arbeitsmarkt im Kaiserreich: vom Agrarstaat mit starker Industrie zum Industriestaat mit starker agrarischer Basis, in: Tomi Pierenkämper (Hg.): Historische Arbeitsmarktforschung, Göttingen 1981, S. 182-211.

Bäßler, Heinz: Die ausländischen Zwangsarbeiter und Kriegsgefangenen im sächsischen Steinkohlebergbau, in: Beiträge zur Geschichte des Bergbaus und Hüttenwesens, Bd. V, Leipzig 1968, S. 24-29.

Bajohr, Stefan: Die Hälfte der Fabrik. Geschichte der Frauenarbeit in Deutschland 1914-1945, Marburg 1979.

Bajohr, Stefan: Weiblicher Arbeitsdienst im „Dritten Reich". Ein Konflikt zwischen Ideologie und Ökonomie, in: VfZG, 28, 1980, S. 331-357.

Barkai, Avraham: Das Wirtschaftssystem des Nationalsozialismus. Der historische und ideologische Hintergrund, Köln 1977.

Bartel, Walter: Neue Forschungsergebnisse über den gemeinsamen Kampf deutscher und ausländischer Antifaschisten in Deutschland gegen den faschistischen Raubkrieg, in: Bulletin des Arbeitskreises „Zweiter Weltkrieg", Nr. 4, Berlin (DDR) 1965.

Barwig, Klaus (Hg.): Entschädigung für NS-Zwangsarbeit. Rechtliche, historische und politische Aspekte Baden-Baden 1998.

Bender, Wilhelm: Zur Kritik des Ausländerrechts, Diss. masch., Gießen 1973.

Benz, Wolfgang: Vom Freiwilligen Arbeitsdienst zum Arbeitspflichtgesetz, in: VfZG, 16, 1968, S. 317-346.

Benz, Wolfgang: Der Generalplan Ost. Zur Germanisierungspolitik des NS-Regimes in den besetzten Ostgebieten 1939–1945, in ders. (Hg.): Die Vertreibung der Deutschen aus dem Osten. Ursachen, Ereignisse, Folgen, Frankfurt/M., 1985, S. 39-48.

Benz, Wolfgang, Graml, Hermann (Hg.): Sommer 1939. Die Großmächte und der europäische Krieg, Stuttgart 1979.

Benz, Wolfgang (Hg.): Anpassung – Kollaboration – Widerstand: kollektive Reaktionen auf die Okkupation, Berlin 1996 (Nationalsozialistische Besatzungspolitik in Europa 1939 - 1945 Bd. 1)

Bermani, Cesare, Sergio Bologna, Brunello Mantelli: Proletarier der „Achse": Sozialgeschichte der italienischen Fremdarbeit in NS-Deutschland 1937 bis 1943 Berlin 1997

Bernd , Kasten: „Gute Franzosen". Die französische Polizei und die deutsche Besatzungsmacht im besetzten Frankreich 1940-1944, Sigmaringen 1993.

Bethell, Nicholas: Das letzte Geheimnis. Die Auslieferung russischer Flüchtlinge an die Sowjets durch die Alliierten 1944–1947, Frankfurt, Berlin 1980.

Bethlehem, Siegfried: Heimatvertreibung, DDR-Flucht, Gastarbeiterzuwanderung. Wanderungsströme und Wanderungspolitik in der Bundesrepublik Deutschland, Stuttgart 1982.

Beyrau, Dietrich: Solschenizyns „Archipel GULAG" und das sowjetische Lagersystem, in: GWU, 27, 1976, S. 538-565.

Billig, Joseph: Les camps de concetration dans l'economie du Reich Hitlerien, Paris 1973.

Billstein, Aurel: Fremdarbeiter in unserer Stadt. Kriegsgefangene und deportierte „fremdvölkische Arbeitskräfte" 1939–1945 am Beispiel Krefelds, Frankfurt 1980.

Billstein, Reinhold (Hg.): Das andere Köln. Demokratische Traditionen, Köln 1979.

Blaich, Fritz: Wirtschaft und Rüstung in Deutschland 1933–1939, in: Benz, Graml, Sommer 1939, S. 33-61.

Bleyer, Wolfgang: Staat und Monopole im totalen Krieg, Berlin (DDR) 1970.

Bleyer, Wolfgang: Der geheime Bericht über die Rüstung des faschistischen Deutschlands vom Januar 1945, in: JbW, 1969 II, S. 347-367.

Bock, Gisela: Frauen und ihre Arbeit im Nationalsozialismus, in: Annette Kuhn, Gerhard Schneider (Hg.): Frauen in der Geschichte, Düsseldorf 1979, S. 113-152.

Bock, Gisela: Zwangssterilisation im Nationalsozialismus. Untersuchungen zur Rassenpolitik und Frauenpolitik, Opladen 1985.

Bock, Gisela: Zwangssterilisierung im Dritten Reich, Opladen 1986

Bohrer, Herrmann: Beiträge zur Struktur und den Standortproblemen der Essener Wirtschaft, Essen-Kettwig 1947.

Bohmbach, Jürgen: „... zu niedriger Arbeit geboren...". Zwangsarbeit im Landkreis Stade 1939-1945, Stade 1995

Bohmbach, Jürgen: „... zu niedriger Arbeit geboren...". Zwangsarbeit im Landkreis Stade 1939-1945, Stade 1995; Geschichtswerkstatt Mühldorf e. V: Aktion Spurensuche. Eine Suche nach Zeugnissen der NS-Zeit im Landkreis Mühldorf, 2 Bde., Mühldorf 1990

Boll, Bernd: „Das wird man nie mehr los...". Ausländische Zwangsarbeiter in Offenburg 1939 bis 1945, Pfaffenweiler 1994

Bollmus, Reinhard: Das Amt Rosenberg und seine Gegner. Studien zum Machtkampf im nationalsozialistischen Herrschaftssystem, Stuttgart 1970.

Bonwetsch, Bernd: Sowjetische Zwangsarbeiter vor und nach 1945. Ein doppelter Leidensweg, in: Jahrbücher für Geschichte Osteuropas 41/1993, H.4, S.532-546

Bonwetsch, Bernd: Sowjetunion- Triumph im Elend, in: Herbert, Schildt, Kriegsende in Europa, S.68-73

Boog, Horst, Förster, Jürgen u. a.: Der Angriff auf die Sowjetunion. Das Deutsche Reich und der Zweite Weltkrieg, Bd. 4, Stuttgart 1983.

Bories, Helga-Sawala (Hg): Retrouvailles. Ehemalige Kriegsgefangene und zivile Zwangsarbeiter besuchen Bremen, Bremen 1995

Bories, Helga-Sawala: Franzosen im „Reichseinsatz". Deportation, Zwangsarbeit, Alltag – Erfahrungen und Erinnerungen von Kriegsgefangenen und Zivilarbeitern, Frankfurt am Main u.a. 1995

Bracher, Karl Dietrich: Die deutsche Diktatur, Köln ^{5}1976.

Brandes, Detlef: Die Tschechen unter deutschem Protektorat, Teil 1: Besatzungspolitik, Kollaboration und Widerstand im Protektorat Böhmen und Mähren bis Heydrichs Tod (1939–1942), München/Wien 1969.

Brather, Hans-Stephan: Die Zwangsarbeit in der faschistischen Kriegswirtschaft, dargestellt an den Akten des Nürnberger Wilhelmstraßen-Prozesses, in: Archivmitteilungen, 13, 1963, S. 41-46.

Brather, Hans-Stephan: Die Nürnberger Prozeßakten als Geschichtsquelle. Eine Bibliographie, in: JbW 1969 II, S. 391-413.

Brodski, Josef A.: Im Kampf gegen den Faschismus. Sowjetische Widerstandskämpfer in Hitlerdeutschland 1941–1945, Berlin (DDR) 1975.

Brodski, Josef-A.: Die Lebenden kämpfen. Die illegale Organisation Brüderliche Zusammenarbeit der Kriegsgefangenen, BSW, Berlin (DDR) 1968.

Brodski, Josef A.: Die Teilnahme sowjetischer Patrioten an der antifaschistischen Widerstandsbewegung in Süddeutschland 1943–1945, in: Der deutsche Imperialismus und der zweite Weltkrieg, H.3, Berlin (DDR) 1960, S. 67-100.

Broszat, Martin, Fröhlich, Elke, Wiesemann, Falk (Hg.): Bayern in der NS-Zeit. Soziale Lage und politisches Verhalten der Bevölkerung im Spiegel vertraulicher Berichte, München, Wien 1977.

Broszat, Martin: Nationalsozialistische Polenpolitik 1939–1945, Stuttgart 1961.

Broszat, Martin: Resistenz und Widerstand. Eine Zwischenbilanz des Forschungsprojekts, in: Martin Broszat, Elke Fröhlich, Anton Grossmann (Hg.): Bayern in der NS-Zeit, Bd. IV, München/Wien 1981, S. 691-711.

Broszat, Martin: Der Staat Hitlers. Grundlegung und Entwicklung seiner inneren Verfassung, München, ^{2}1975.

Broszat, Martin: Zweihundert Jahre deutsche Polenpolitik, Frankfurt 1972.

Broszat, Martin u.a.(Hrsg): Bayern in der NS-Zeit, 6 Bde., München/Wien 1977-1983;

Bucher, Peter: Das SS-Sonderlager Hinzert bei Trier, in: Jahrbuch für Westdeutsche Landesgeschichte, 4, 1978, S. 413-439.

Buchheim, Christoph: Die besetzten Länder im Dienste der deutschen Kriegswirtschaft während des Zweiten Weltkriegs. Ein Bericht der Forschungsstelle für Wehrwirtschaft, in: VfZG 34,1986, S.117-145.

Budraß, Lutz, Manfred Grieger: Die Moral der Effizienz. Die Beschäftigung von KZ-Häftlingen am Beispiel des Volkswagenwerks und der Henschel Flugzeug-Werke.

Budraß, Lutz: Flugzeugindustrie und Luftrüstung in Deutschland 1918 – 1945, Düsseldorf 1998

Bülck, Hartwig: Die Zwangsarbeit im Friedensvölkerrecht. Veröffentlichungen des Instituts für internationales Recht an der Universität Kiel, Kiel 1952.

Bundesjustizministerium (Hg.): Die Verfolgung nationalsozialistischer Straftaten im Gebiet der Bundesrepublik Deutschland seit 1945, Bonn 1966.

Carr, William: Wirtschaft und Politik am Vorabend des Zweiten Weltkrieges, in: Wolfgang Michalka (Hg.): Nationalsozialistische Außenpolitik, Darmstadt 1978, S. 437-454.

Carrol, Berenice A.: Design for total war. Arms and economics in the Third Reich, Den Haag 1968.

Creydt, Detlef, August Meyer: Zwangsarbeit, 3 Bände: Bd. 1: Für die Wunderwaffen in Südniedersachsen; 1943 - 1945: Organisation Todt, Volkswagen, Lorenz, Siemens, Deutsche Edelstahl, Salzgitter, Philipp Holzmann, Braunschweig 1993; Bd. 2 Für die Rüstung im südniedersächsischen Bergland, 1939 - 1945, Braunschweig 1994; Bd. 3 Für Rüstung, Landwirtschaft und Forsten im Oberwesergebiet 1939 – 1945, Holzminden 1995

Czollek, Roswitha: Faschismus und Okkupation, Berlin (DDR) 1974.

Czollek, Roswitha: Zur wirtschaftspolitischen Konzeption des deutschen Imperialismus beim Überfall auf die Sowjetunion. Aufbau und Zielsetzung des staatsmonopolistischen Apparats für den faschistischen Beute- und Vernichtungskrieg, in: JbW, 1968 I, S. 141-181.

Czollek, Roswitha, Eichholtz, Dietrich: Die Nürnberger Nachfolgeprozesse als Quelle der Geschichtswissenschaft. Informationen über die in der DDR vorhandenen Prozeßmaterialien und methodische Hinweise für die Benutzung, in: JbW, 1966 III, S. 219-235.

Czollek, Roswitha: Zwangsarbeit und Deportationen für die deutsche Kriegsmaschine in den baltischen Sowjetrepubliken während des zweiten Weltkrieges, in: JbW, 1970 II, S. 45-67.

Dallin, Alexander: Deutsche Herrschaft in Rußland, Düsseldorf 1958.

Deist, Wilhelm, Messerschmidt, Manfred u. a.: Ursachen und Voraussetzungen der deutschen Kriegspolitik. Das Deutsche Reich und der zweite Weltkrieg, Bd. 1, Stuttgart 1979.

Demps, Laurenz: Einige Bemerkungen zur Genesis der faschistischen Arbeitseinsatzkonzeption, in: Fremdarbeiterpolitik des Imperialismus, H. 2, Rostock 1977, S. 85-100.

Demps, Laurenz: Einige Bemerkungen zur Veränderung der innenpolitischen Situation im faschistischen Deutschland durch den Einsatz ausländischer Zwangsarbeiter, in: Fremdarbeiterpolitik des Imperialismus, H. 1, Rostock 1974, S. 97-118.

Demps, Laurenz: Zahlen über den Einsatz ausländischer Zwangsarbeiter in Deutschland im Jahre 1943, in: ZfG, 21, 1973, S. 830-843.

Demps, Laurenz: Zwangsarbeiter und Zwangsarbeiterlager in der faschistischen Reichshauptstadt Berlin 1939-45, Berlin 1986.

Deutschland im ersten Weltkrieg, hg. vom Institut für Geschichte an der Deutschen Akademie der Wissenschaften im Berlin, Arbeitsgruppe Erster Weltkrieg unter Leitung von F. Klein, 3 Bde., Berlin (DDR) 1968/69.

Deutschland im zweiten Weltkrieg, von einem Autorenkollektiv unter Leitung von Wolfgang Schumann und Gerhart Hass, 5 Bde., Köln 1974-1984.

De verplichte tewerkstelling in Duitsland, hg. vom Centre de Recherches et d'Études, Brüssel 1990.

Dewell Giere, Jacqueline: Wir sind unterwegs, aber nicht in der Wüste: Erziehung und Kultur in den jüdischen Displaced Persons-Lagern der Amerikanischen Zone im Nachkriegsdeutschland 1945-1949 Frankfurt (Main), Univ. Diss., 1992.

Dieckmann, Götz: Existenzbedingungen und Widerstand im KL Dora-Mittelbau unter dem Aspekt der funktionellen Einbeziehung der SS in das System der faschistischen Kriegswirtschaft, Diss., masch., Berlin (DDR) 1968.

Dietrich, Susanne, Julia Schulze Wessel: Zwischen Selbstorganisation und Stigmatisierung: die Lebenswirklichkeit jüdischer Displaced Persons und die neue Gestalt des Antisemitismus in der deutschen Nachkriegsgesellschaft, Stuttgart 1998

Długoborski, Wacław: Die deutsche Besatzungspolitik und die Veränderung der sozialen Struktur Polens 1939–1945, in: Długoborski, Zweiter Weltkrieg, S. 303-363.

Długoborski, Wacław (Hg.): Zweiter Weltkrieg und sozialer Wandel. Achsenmächte und besetzte Länder, Göttingen 1981.

Długoborski, Wacław, Madjczyk, Czesław: Ausbeutungssysteme in den besetzten Gebieten Polens und der UdSSR, in: Forstmeier, Volkmann, Kriegswirtschaft und Rüstung, S. 375-416.

Doebele, Elmar: Zwangsarbeit und Kriegsgefangenschaft in Rheinfelden, Baden und Umgebung 1940 – 1945, Rheinfelden 1992

Dohse, Knut: Ausländische Arbeiter und bürgerlicher Staat. Genese und Funktion von staatlicher Ausländerpolitik und Ausländerrecht. Von Kaiserreich bis zur Bundesrepublik Deutschland, Königstein/Ts. 1981.

Dörr, H.: Zum Vorgehen der faschistischen Betriebsführung des ehemaligen Lauchhammerwerkes Gröditz im Flick-Konzern gegenüber Arbeitern und anderen Werktätigen sowie zwangsverschleppten ausländischen Arbeitskräften, Kriegsgefangenen und KZ-Häftlingen während des zweiten Weltkrieges, Diss., masch., Dresden 1978.

Drechsler, Karl, Dress, Hans, Hass, Gerhart: Europapläne des deutschen Imperialismus im zweiten Weltkrieg, in: ZfG 7, 1971, S. 916 ff.

Drobisch, Klaus: Die Ausbeutung ausländischer Arbeitskräfte im Flick-Konzern während des zweiten Weltkrieges, Diss., masch., Berlin (DDR) 1964.

Drobisch, Klaus: Dokumente zur direkten Zusammenarbeit zwischen Flick-Konzern und Gestapo bei der Unterdrückung der Arbeiter, in: JbW, 1963 III, S. 211-225.

Drobisch, Klaus: Der Werkschutz: betriebliches Terrororgan im faschistischen Deutschland, in: JbW 1965 IV, S. 217-247.

Drobisch, Klaus, Eichholtz, Dietrich: Die Zwangsarbeit ausländischer Arbeitskräfte in Deutschland während des zweiten Weltkrieges, in: ZfG, 1970/5, S. 626-639; (auch in: Bulletin des Arbeitskreises „Zweiter Weltkrieg", 1970/3).

Dülffer, Jost: Der Beginn des Krieges 1939: Hitler, die innere Krise und das Mächtesystem, in: Geschichte und Gesellschaft, 2, 1976, S. 443-470.

Durand, Yves: La vie quotidienne des prisonniers de guerre dans les Stalags, les Oflags et les Kommandos 1939-1945, Paris 1987

Durand, Yves: La France dans la Deuxiéme guerre mondiale, Paris 1989

Ebbinghaus, Angelika, Kaupen-Haas, Heidrun, Roth, Karl-Heinz (Hg.): Heilen und Vernichten im Mustergau Hamburg. Bevölkerungs- und Gesundheitspolitik im Dritten Reich, Hamburg 1984.

Eichholtz, Dietrich: Zum Anteil des IG-Farben-Konzerns auf die Vorbereitungen des zweiten Weltkrieges. Ein Dokument der staatsmonopolistischen Kriegsplanung des faschistischen deutschen Imperialismus, in: JbW 1969 II, S. 83-103.

Eichholtz, Dietrich: Geschichte der deutschen Kriegswirtschaft 1930–1945, Bd. 1 (1939–1941), Berlin (DDR) 1971; Bd. 2 (1941–1943), Berlin (DDR) 1985; Bd. 3 (1943–1945), Berlin 1996.

Eichholtz, Dietrich: Die IG-Farben-„Friedensplanung". Schlüsseldokumente der faschistischen „Neuordnung des europäischen Großraums", in: JbW 1966 III, S. 271-332.

Eichholtz, Dietrich: Kriegswirtschaftliche Resultate der Okkupationspolitik des faschistischen deutschen Imperialismus 1939–1944, in: Militärgeschichte, 17, 1978, S. 140-146.

Eichholtz, Dietrich: Zur Lage der deutschen Werktätigen im ersten Kriegsjahr 1939/40, in: JbW, 1967 I, S. 147-171.

Eichholtz, Dietrich: Manager des staatsmonopolistischen Kapitalismus. Bürgerliche Literatur über faschistische Minister und Militärs in der Kriegswirtschaft 1939–1945, in: JbW 1974 III, S. 217-233.

Eichholtz, Dietrich: Staatsmonopolistischer Kapitalismus und Zwangsarbeit. Bermerkungen zu dem Buch von Eva Seeber, in: JbW 1967 III, S. 421-433.

Eichholtz, Dietrich: Die Vorgeschichte des Generalbevollmächtigten für den Arbeitseinsatz (mit Dokumenten), in: Jahrbuch für Geschichte Bd. 9, Berlin (DDR) 1973, S. 340-383.

Eichholtz, Dietrich: „Wege zur Entbolschewisierung und Entrussung des Ostraumes". Empfehlungen des IG-Farben-Konzerns für Hitler im Frühjahr 1943, in: JbW, 1970 II, S. 13-44.

Eichholtz, Dietrich: Das Zwangsarbeitersystem des faschistischen deutschen Imperialismus in der Kontinuität imperialistischer Fremdarbeiterpolitik, in: Fremdarbeiterpolitik des Imperialismus H. 1, Rostock 1974, S. 77-96.

Eichholtz, Dietrich, Gossweiler, Kurt: Faschismusforschung. Positionen, Probleme, Polemik. Berlin (DDR) 1980.

Eisenblätter, Gerhard: Grundlinien der Politik des Reichs gegenüber dem Generalgouvernement 1939–1945, Diss., Frankfurt 1969.
Eisfeld, Rainer: Die unmenschliche Fabrik. V2-Produktion und KZ „Mittelbau-Dora", Erfurt 1993.
Elsner, Lothar: Zu den Auseinandersetzungen zwischen Deutschland und Österreich/Ungarn über die Saisonarbeiterfrage während des ersten Weltkrieges, in: Wissenschaftliche Zeitschrift der Universität Rostock. Gesellschafts- und sprachwissenschaftliche Reihe, 18, 1969, S. 101 ff.
Elsner, Lothar: Ausländerbeschäftigung und Zwangsarbeitspolitik in Deutschland während des ersten Weltkrieges, in: Bade, Auswanderer, Bd. 2, S. 527-557.
Elsner, Lothar: Die ausländischen Arbeiter in der Landwirtschaft der östlichen und mittleren Gebiete des Deutschen Reiches während des ersten Weltkrieges. Ein Beitrag zur Geschichte der preußisch deutschen Politik, Diss., masch., Rostock 1961.
Elsner, Lothar: Belgische Arbeiter in Deutschland während des ersten Weltkrieges, in: ZfG, 24, 1976, S. 1.256-1.267.
Elsner, Lothar: Zur Haltung der rechten SPD- und Gewerkschaftsführer in der Einwanderungsfrage während des ersten Weltkrieges, in: Wissenschaftliche Zeitschrift der Universität Rostock. Gesellschafts- und sprachwissenschaftliche Reihe, 25, 1976, S. 687-691.
Elsner, Lothar: Zur Lage und zum Kampf der polnischen Arbeiter in der deutschen Landwirtschaft während des ersten Weltkrieges, in: Politik im Krieg 1914-1918. Studien zu Politik der deutschen herrschenden Klassen im ersten Weltkrieg, Berlin (DDR) 1964, S. 167-188.
Elsner, Lothar: Liberale Arbeiterpolitik oder Modifizierung der Zwangsarbeiterpolitik? Zur Diskussion und zu den Erlassen über die Behandlung polnischer Landarbeiter in Deutschland 1916/17, in: Jahrbuch für Geschichte der sozialistischen Länder Europas, 22/II, Berlin (DDR) 1978, S. 85-105.
Elsner, Lothar: Zur Politik der herrschenden Kreise Deutschlands gegenüber den eingewanderten polnischen Arbeitern in den Jahren 1900–1918, in: Fremdarbeiterpolitik des Imperialismus, H. 2, Rostock 1977, S. 5-45.
Elsner, Lothar: Sicherung der Ausbeutung ausländischer Arbeitskräfte. Ein Kriegsziel des deutschen Imperialismus im ersten Weltkrieg, in: ZfG 24, 1970, S. 531-546.
Elsner, Lothar: Zur Stellung der Arbeiterbewegung zur Ausländerbeschäftigung im wilhelminischen Kaiserreich und in der BRD, in: Fremdarbeiterpolitik des Imperialismus, H. 4, Rostock 1978, S. 5-54.
Elsner, Lothar: Der Übergang zur Zwangsarbeit für ausländische Arbeiter in der deutschen Landwirtschaft zu Beginn des 1. Weltkrieges, in: Wissenschaftliche Zeitschrift der Wilhelm-Pieck-Universität Rostock, Gesellschafts- und Sprachwissenschaftliche Reihe, 26, 1977, S. 291-298.
Elsner, Lothar: Zum Wesen und zur Kontinuität der Fremdarbeiterpolitik des deutschen Imperialismus, in: Fremdarbeiterpolitik des Imperialismus, H. 1, Rostock 1974, S. 2-76.
Elsner, Lothar, Lehmann, Joachim: DDR-Literatur über Fremdarbeiterpolitik des Imperialismus. Bemerkungen zum Forschungsstand und Bibliographie. Fremdarbeiterpolitik des Imperialismus, H. 5, Rostock 1979.
Evrard, Jacques: La déportation des travailleurs francais dans le IIIe Reich, Paris 1972.
Ewald, Thomas, Christof Hollmann, Heidrun Schmidt: Ausländische Zwangsarbeiter in Kassel 1940-1945, Kassel 1988.
Ewerth, Lutz: Der Arbeitseinsatz von Landesbewohnern besetzter Gebiete des Ostens und Südostens im Zweiten Weltkrieg, Diss., masch., Tübingen 1954.

Feldmann, Gerald D.: Army, Industry and Labor in Germany 1911-1918, Princeton 1966.
Ferencz, Benjamin, B.: Lohn des Grauens. Die verweigerte Entschädigung für jüdische Zwangsarbeiter – ein Kapitel deutscher Nachkriegsgeschichte, Frankfurt/Main 1981.
Fernhout, Jan (Hg): Stichting Holländerei Niederländer und Flamen in Berlin, 1940–1945. KZ-Häftlinge, Inhaftierte, Kriegsgefangene und Zwangsarbeiter, Berlin 1996.
Forstmeier, Friedrich, Volkmann, Hans-Erich (Hg.): Wirtschaft und Rüstung am Vorabend des Zweiten Weltkrieges, Düsseldorf 1975.
Forstmeier, Friedrich, Volkmann, Hans-Erich (Hg.): Kriegswirtschaft und Rüstung 1939–1945, Düsseldorf 1977.

Forwick, Helmuth: Zur Behandlung alliierter Kriegsgefangener im Zweiten Weltkrieg. Anweisung des Oberkommandos der Wehrmacht über Besuche ausländischer Kommissionen in Kriegsgefangenenlagern, in: Militärgeschichtliche Mitteilung, 16, 1976, S. 119-134.

Fraenkel, Ernst: Der Doppelstaat, Frankfurt 1971.

Frankenberger, Tamara, Wir waren wie Vieh: lebensgeschichtliche Erinnerungen ehemaliger sowjetischer Zwangsarbeiterinnen, Münster 1997.

Frankenstein, Roger: Die deutschen Arbeitskräfteaushebungen in Frankreich und die Zusammenarbeit der französischen Unternehmen mit der Besatzungsmacht 1940-1944, in: Długoborski, Zweiter Weltkrieg, S. 211-223.

Frankiewicz, Bogdan: Zur Lage der ausländischen Zwangsarbeiter während des zweiten Weltkrieges in Pommern und ihre Teilnahme am antifaschistischen Widerstandskampf, in: Befreiung und Neubeginn, Berlin (DDR) 1968, S. 176-184.

Freitag, Gabriele: Zwangsarbeiter im Lipper Land. Der Einsatz von Arbeitskräften aus Osteuropa in der Landwirtschaft Lippes 1939-1945, Bochum 1996.

Frese, Matthias: Zugeständnisse und Zwangsmaßnahmen. Neue Studien zur nationalsozialistischen Sozial- und Arbeitspolitik, in: NPL 32, 1987, S. 53-74.

Freund, Florian, Bertrand Perz: Das KZ in der Serbenhalle. Zur Kriegsindustrie in Wiener Neustadt, Wien 1987.

Freund, Florian: „Arbeitslager Zement". Das Konzentrationslager Ebensee und die. Raketenrüstung, Wien 1989.

Fridenson, Patrick: Die Auswirkungen des Zweiten Weltkrieges auf die französische Arbeiterschaft, in: Długoborski, Zweiter Weltkrieg, S. 199-210.

Friederichsen, Hans-Harald: Die Stellung des Fremden in deutschen Gesetzen und völkerrechtlichen Verträgen seit dem Zeitalter der Französischen Revolution, Diss., masch., Göttingen 1967.

Fritz-Bauer-Institut (Hg.): Überlebt und unterwegs: jüdische Displaced Persons im Nachkriegsdeutschland, Frankfurt/Main 1997.

Fröbe, Reiner: „Wie bei den alten Ägyptern". Die Verlegung des Daimler-Benz-Flugmotorenwerks Genshagen nach Obrigheim am Neckar 1944/45, in: Angelika Ebbinghaus, (Hg.): Das Daimler-Benz-Buch. Ein Rüstungskonzern im „Tausendjährigen Reich", Nördlingen 1987, S. 392-417.

Fröbe, Reiner: Der Arbeitseinsatz von KZ-Häftlingen und die Perspektive der Industrie 1943-1945, in: Herbert (Hg.), Europa, S. 351-383.

Frühholz, Karl: Das System der Zwangsarbeit in den Betrieben der IG-Farben-Industrie Aktiengesellschaft unter den Bedingungen des staatsmonopolistischen Kapitalismus während der Vorbereitung und Durchführung des zweiten Weltkrieges, Diss., masch., Berlin (DDR) 1964.

Funke, Manfred (Hg.): Hitler, Deutschland und die Mächte. Materialien zur Außenpolitik des Dritten Reiches, Düsseldorf 1976.

Gall, Lothar, Manfred Pohl (Hg.): Unternehmen im Nationalsozialismus, München 1998.

Garbe, Detlef: Zwischen Widerstand und Martyrium. Die Zeugen Jehovas im „Dritten Reich", München 1990.

Garn, Michaela: Zwangsabtreibung und Abtreibungsverbot. Zur Gutachterstelle der Hamburger Ärztekammer, in: Ebbinghaus u. a., Heilen und Vernichten, S. 37-40.

Gawenus, Fritz: Die Ausbeutung ausländischer Arbeitskräfte unter besonderer Berücksichtigung deportierter Sowjetbürger durch die deutschen Monopolisten. Vorwiegend dargestellt am Beispiel der Bayerischen Stickstoffwerke AG Werk Piesteritz und der Gummi-Werke „Elbe" AG Piesteritz von 1939 bis 1945, Diss., masch., Halle-Wittenberg 1973.

Gellately, Robert: Die Gestapo und die deutsche Gesellschaft : die Durchsetzung der Rassenpolitik 1933-1945, Paderborn 1993.

Gersdorff, Ursula von: Frauen im Kriegsdienst 1914-1945, Stuttgart 1969.

Geyer, Michael: Zum Einfluß der nationalsozialistischen Rüstungspolitik auf das Ruhrgebiet, in: Rheinische Vierteljahrsblätter, 45, 1981, S. 201-264.

Geyer, Michael: Deutsche Rüstungspolitik 1860-1980, Frankfurt 1984.

Geyer, Michael: Militär, Rüstung und Außenpolitik-Aspekte militärischer Revisionspolitik in der Zwischenkriegszeit, in: Funke, Hitler, Deutschland und die Mächte, S. 239-268.

Goeken, Ulrike: Kontinuität des Terrors? Die Repatriierung sowjetischer Kriegsgefangener und Zwangsarbeiter nach dem Zweiten Weltkrieg, in: Lothar Maier (Hg.): Ein Staat gegen sein Volk? Diktatur und Terror in der Sowjetunion. Anmerkungen zum „Schwarzbuch des Kommunismus". Münster 1999.

Goeken, Ulrike: Von der Kooperation zur Konfrontation. Die sowjetischen Repatriierungsoffiziere in den westlichen Besatzungszone, in: Klaus-Dieter Müller, Konstantin Nikischkin, Günther Wagenlehner (Hg.): Die Tragödie der Gefangenschaft in Deutschland und der Sowjetunion 1941-1956, Köln/Wien 1998.

Gora, Władisław, Okecki, Stanisław: Für unsere und eure Freiheit. Deutsche Antifaschisten im polnischen Widerstandskampf, Berlin (DDR) 1975.

Goschler, Constantin: Wiedergutmachung: Westdeutschland und die Verfolgten des Nationalsozialismus; (1945 -1954), München 1992.

Gosztony, Peter: Hitlers Fremde Heere. Das Schicksal der nichtdeutschen Armeen im Ostfeldzug, Düsseldorf, Wien 1976.

Graml, Herrmann: Italienische Gastarbeiter in Deutschland, in: Gutachten des Instituts für Zeitgeschichte, Bd. 2, Stuttgart 1966, S. 132-136.

Gregor, Neil: Stern und Hakenkreuz. Daimler-Benz im Dritten Reich Berlin 1997.

Gregory, Chester W.: Women in defense work during world-war II. New York 1974.

Greuner, Eva: Sklavenarbeit bei IG-Farben, in: Dokumentation der Zeit, Nr. 143, Berlin 1957, S. 77 ff.

Grossmann, Anton: Polen und Sowjetrussen als Arbeiter in Bayern 1939–1945, in: AfSG, Bd. XXIV, 1984, S. 355-398.

Grossmann, Anton: Fremd- und Zwangsarbeiter in Bayern 1939–1945, in Bade, Auswanderer, S. 584-620.

Grossmann, Anton: Fremd- und Zwangsarbeiter in Bayern 1939-1945, in: VfZG 34, 1986, S.481-521.

Gruner, Wolf: Der geschlossene Arbeitseinsatz deutscher Juden: zur Zwangsarbeit als Element der Verfolgung 1938-1943, Berlin 1997.

Gutman, Yisrael u.a. (Hg.): Enzyklopädie des Holocaust. Die Verfolgung und Ermordung der europäischen Juden, 4 Bde., dt. Ausgabe Berlin 1993.

Gutman, Yisrael, Saf Avital (Hg.): The Nazi Concentration Camps. Structure and Aims, The Image of the Prisoner, The Jews in the Camp, Proceedings of the fourth Yad Vashem International Historical Conference, Jerusalem 1980.

Gutsche, Willibald: Zu einigen Fragen der staatsmonopolistischen Verflechtung in den ersten Kriegsjahren am Beispiel der Ausplünderung der belgischen Industrie und der Zwangsdeportation von Belgiern, in: Politik im Krieg 1914–1918, Berlin (DDR) 1964, S. 66-89.

Hamburger Stiftung für Sozialgeschichte des 20. Jahrhunderts (Hg.): Das Daimler-Benz-Buch. Ein Rüstungskonzern im „Tausendjährigen Reich", Nördlingen 1988.

Hass, Gerhart: Das deutsche Monopolkapital und der Überfall auf die UdSSR am 22. Juni 1941, in: Bulletin des Arbeitskreises „Zweiter Weltkrieg" Nr. 1/2, 1972, S. 50-60.

Haupt, Mathias G.: Der „Arbeitseinsatz" der belgischen Bevölkerung während des zweiten Weltkrieges, (Diss. Bonn 1969) Bonn 1970.

Hayes, Peter: Die IG Farben und die Zwangsarbeit von KZ-Häftlingen im Werk Auschwitz, in: Kaienburg (Hg.), Konzentrationslager, S. 129-148.

Hayes, Peter: Industry and ideology. IG Farben in the Nazi Era, Cambridge/New York 1987.

Heiber, Helmut: Der Generalplan Ost, in: VfZG, 6, 1958, S. 281-325.

Hellfeld, Matthias v.: Edelweißpiraten in Köln. Jugendrebellion gegen das 3. Reich, Köln 1983.

Hennies, Wolfram: Bemerkungen zur Beschäftigung ausländischer Arbeiter im Deutschen Reich während der Weimarer Republik, in: Fremdarbeiterpolitik des Imperialismus, H. 11, Rostock 1981, S. 21-32.

Herbert, Ulrich: Apartheid nebenan. Erinnerungen an die Fremdarbeiter im Ruhrgebiet, in: Niethammer, Die Jahre, S. 233-266.

Herbert, Ulrich: Die guten und die schlechten Zeiten. Überlegungen zur diachronen Analyse lebensgeschichtlicher Interviews, in: Niethammer, Die Jahre, S. 67-96.

Herbert, Ulrich: Vom Kruppianer zum Arbeitnehmer, in: Niethammer, Hinterher merkt man, S. 233-276.
Herbert, Ulrich: Zwangsarbeit als Lernprozeß. Zur Beschäftigung ausländischer Arbeiter in der westdeutschen Industrie im Ersten Weltkrieg, in: AfSG, Bd. XXIV, 1984, S. 285-304.
Herbert, Ulrich (Hg.): Europa und der „Reichseinsatz". Ausländische Zivilarbeiter, Kriegsgefangene und KZ-Häftlinge in Deutschland 1938-1945, Essen 1991.
Herbert, Ulrich, Axel Schildt (Hg.): Kriegsende in Europa. Vom Beginn des deutschen Machtzerfalls bis zur Stabilisierung der Nachkriegsordnung 1944 – 1948, Essen 1998.
Herbert, Ulrich, Karin Orth, Christoph Dieckmann(Hg.):Die nationalsozialistischen Konzentrationslager. Entwicklung und Struktur, 2 Bde., Göttingen 1998.
Herbert, Ulrich: Arbeit und Vernichtung. Ökonomisches Interesse und Primat der „Weltanschauung" im Nationalsozialismus, in: Dan Diner (Hg.): Ist der Nationalsozialismus Geschichte?, Frankfurt a.M. 1987, S. 198 - 236.
Herbert, Ulrich: Der Holocaust in der Geschichtsschreibung der Bundesrepublik, in: ders. u. Olaf Groehler(Hg.): Zweierlei Bewältigung. Vier Beiträge über den Umgang mit der nationalsozialistischen Vergangenheit in den beiden deutschen Staaten, Hamburg 1992.
Herbert, Ulrich: Französische Kriegsgefangene und Zivilarbeiter im deutschen Arbeitseinsatz 1940-1942, in: La France et l'Allemagne en guerre. Sous la direction de Claude Carlier (et. al.), Paris 1990, S. 509-531.
Herbert, Ulrich: Geschichte der Ausländerbeschäftigung in Deutschland, 1880-1980. Saisonarbeiter, Zwangsarbeiter, Gastarbeiter, Berlin/Bonn 1986.
Herbert, Ulrich: Nationalsozialistische Vernichtungspolitik, 1939 bis 1945. Neue Forschungen und Kontroversen, Frankfurt am Main 1998.
Herbert, Ulrich: Nicht entschädigungsfähig? Die Wiedergutmachungsansprüche der Ausländer, in: ders.: Arbeit, Volkstum, Weltanschauung. Über Fremde und Deutsche im 20. Jahrhundert, Frankfurt am Main 1995, S. 157-192.
Herbert, Ulrich: Zwangsarbeit in Deutschland: Sowjetische Zivilarbeiter und Kriegsgefangene 1941-1945, in: Peter Jahn, Reinhard Rürup, (Hg.): Erobern und Vernichten. Der Krieg gegen die Sowjetunion 1941-1945, Berlin 1991, S. 106-130.
Herbst, Ludolf: Die Krise des nationalsozialistischen Regimes am Vorabend des Zweiten Weltkrieges und die forcierte Aufrüstung, in: VfZG, 26, 1978, S. 347-392.
Herbst, Ludolf: Die Mobilmachung der Wirtschaft 1938/39 als Problem des nationalsozialistischen Herrschaftssystems, in: Benz, Graml, Sommer 1939, S. 62-106.
Herbst, Ludolf: Der Totale Krieg und die Ordnung der Wirtschaft. Die Kriegswirtschaft im Spannungsfeld von Politik, Ideologie und Propaganda 1939–1945, Stuttgart 1982.
Herbst, Ludolf, Constantin Goschler (Hg.): Wiedergutmachung in der Bundesrepublik Deutschland, München 1989.
Herzog, Wilhelm: Von Potempa zum Romberg-Park, Dortmund 1968.
Heusler, Andreas: Zwangsarbeit in der Münchner Kriegswirtschaft 1939-1945, München 1991.
Heuzeroth, Günther (Hg): Unter der Gewaltherrschaft des Nationalsozialismus. Ausländische Zwangsarbeiterinnen und Zwangsarbeiter, Kriegsgefangene und die Lager in den Landkreisen Ammerland, Wesermarsch und Friesland, 1996.
Heyn, Erich: Zerstörung und Aufbau der Großstadt Essen, Bonn 1955.
Hierl, Monika: Die Demontage der Firma Fried. Krupp 1945-1951 in der Sicht der Akten des Essener Stadtarchivs, Examensarbeit, masch., Essen 1969. `
Hildebrand, Klaus: Das Dritte Reich. (Grundriß der Geschichte 17), München 1980.
Hillgruber, Andreas: Deutschland im Zweiten Weltkrieg. Zur Forschungssituation in der Bundesrepublik vor der „Herausforderung" durch die DDR-Historie, in: Tradition und Neubeginn. Internationale Forschungen zur deutschen Geschichte im 20. Jahrhundert, hg. von Joachim Hütter, Reinhard Meyers, Dietrich Papenfuss, Köln u. a. 1975, S. 235-243.
Hillgruber, Andreas: Endlich genug über Nationalsozialismus und Zweiter Weltkrieg? Forschungsstand und Literatur, Düsseldorf 1982.
Hillgruber, Andreas: Die „Endlösung" und das deutsche Ostimperium als Kernstück des rassenideologischen Programms des Nationalsozialismus, in: VfZG, 20, 1972, S. 133-153.

Hillgruber, Andreas: Forschungsstand und Literatur zum Ausbruch des Zweiten Weltkrieges, in: Benz, Graml, Sommer 1939, 1979, S. 337-364.
Hillgruber, Andreas: Hitlers Strategie. Politik und Kriegsführung 1940–1941, Frankfurt 1965.
Hillgruber, Andreas: Der Zweite Weltkrieg 1939-1945, in: Osteuropa-Handbuch, Sowjetunion. Außenpolitik 1917-1955, hg. von Dietrich Geyer, Köln-Wien 1972, S. 270-342.
Hillmann, Barbara, Volrad Kluge, Erdwig Kramer: Lw. 2/ IX, Muna Lübberstedt. Zwangsarbeit für den Krieg, Bremen 1995.
Hinrichs, Peter, Peter, Lothar: Industrieller Friede? Arbeitswissenschaft, Rationalisierung und Arbeiterbewegung in der Weimarer Republik, Köln 1976.
Hinrichs, Peter: Um die Seele des Arbeiters. Arbeitspsychologie, Industrie- und Betriebssoziologie in Deutschland 1971-1945, Köln 1981.
Hirschfeld, Gerhard: Der „freiwillige" Arbeitseinsatz niederländischer Fremdarbeiter während des Zweiten Weltkriegs als Krisenstrategie einer nicht-nationalsozialistischen Verwaltung, in: Hans Mommsen, Winfried Schulze (Hg.): Vom Elend der Handarbeit, Stuttgart 1981, S. 497-513.
Hirschfeld, Gerhard: Fremdherrschaft und Kollaboration. Die Niederlande unter deutscher Besatzung 1940-1945, Stuttgart 1984.
Hochlarmarker Lesebuch. „Kohle war nicht alles", Hundert Jahre Ruhrgebietsgeschichte, Oberhausen 1982.
Hoffmann, Peter: Widerstand, Staatsstreich, Attentat. Der Kampf der Opposition gegen Hitler, München 1969.
Homze, Edward L.: Foreign Labor in Nazi Germany, Princeton 1967.
Hopmann, Barbara, Mark Spoerer, Birgit Weitz, Beate Brüninghaus: Zwangsarbeit bei Daimler-Benz, Stuttgart 1994.
Hüser, Karl, Reinhard Otto: Das Stammlager 326 (VI K) Senne 1941-1945. Sowjetische Kriegsgefangene als Opfer des nationalsozialistischen Weltanschauungskrieges, Bielefeld 1992.
Hüttenberger, Peter: Nationalsozialistische Polykratie, in: Geschichte und Gesellschaft, 2, 1976, S. 417-442.
Hundertfünfzig Jahre Fried. Krupp. Sonderausgabe der Krupp-Mitteilungen, Essen 1969.

Ich erinnere mich nur an Tränen und Trauer. Zwangsarbeit in Lübeck 1933 bis 1945, Essen 1999.
Ingelbach, Hans-Jürgen: Die Ansiedlung neuer Industrieunternehmungen in Essen als betriebswirtschaftliches Problem. Diplomarbeit, masch., Essen 1955.
Institut für Demoskopie: Das Dritte Reich. Eine Studie über Nachwirkungen des Nationalsozialismus, Allensbach 1949.
Issmer, Volker: Niederländer im verdammten Land. Zeugnisse der Zwangsarbeit von Niederländern im Raum Osnabrück während des Zweiten Weltkriegs Osnabrück ²1998.

Jacobmeyer, Wolfgang: Die „Displaced Persons" in Deutschland, 1945-1952, in: Bremisches Jahrbuch Bd. 59, 1981, S. 85-108.
Jacobmeyer, Wolfgang: Vom Zwangsarbeiter zum Heimatlosen Ausländer. Die Displaced Persons in Westdeutschland 1945-1951, Göttingen 1985.
Jacobs, Ruprecht: Die Kriminalität der Nachkriegszeit in Deutschland, Diss., masch., Bonn/Bad Godesberg, 1952.
Jäckel, Eberhard: Frankreich in Hitlers Europa. Die deutsche Frankreichpolitik im Zweiten Weltkrieg, Stuttgart 1966.
Jahn, Eberhard: Das DP-Problem, Tübingen 1950.
Jahn, Robert: Essener Geschichte. Die geschichtliche Entwicklung im Raum der Großstadt Essen, Essen 1952.
Jahnke, Karl-Heinz: Zur Teilnahme ausländischer Zwangsarbeiter und Kriegsgefangener am antifaschistischen Widerstandskampf in Mecklenburgischen Dörfern von 1939-1945, in: Fremdarbeiterpolitik des Imperialismus, H. 1, Rostock 1974, S. 119-132.
Jahrbuch der öffentlichen Meinung 1947-1955, hg. von Elisabeth Noelle und Erich Peter Neumann, Allensbach/Bonn 2, 1956.
Janssen, Gregor: Das Ministerium Speer. Deutschlands Rüstung im Krieg, Berlin, Frankfurt, Wien 1968.

Jellonnek, Burkhard: Homosexuelle unter dem Hakenkreuz. Die Verfolgung von Homosexuellen im Dritten Reich, Paderborn 1990.
Jenaga, S.: Japan's Last War. World War II and the Japanese 1941-1945, Oxford 1979.
Jonas, Wolfgang: Das Leben der Mansfeld-Arbeiter 1924-1945, Berlin (DDR) 1957.

Kahle, Hans-Jürgen (Hg.): Gestohlene Jugendjahre: Berichte ehemaliger sowjetischer Zwangsarbeiter über ihre Zeit in Wesermünde (Bremerhaven) 1941-1945, Cuxhaven 1995.
Kaienburg, Hermann (Hg.): Konzentrationslager und deutsche Wirtschaft 1939-1945, Opladen 1996.
Kaienburg, Hermann: „Vernichtung durch Arbeit". Der Fall Neuengamme, Die Wirtschaftsbestrebungen der SS und ihre Auswirkungen auf die Existenzbedingungen der KZ-Gefangenen, Bonn 1990.
Kaienburg, Hermann: Jüdische Arbeitslager an der „Straße der SS", in: 1999 II(1996), S. 13-39.
Kaiser, Peter M.: Monopolprofit und Massenmord im Faschismus. Zur ökonomischen Funktion der Konzentrations- und Vernichtungslager im faschistischen Deutschland, in: Blätter für deutsche und internationale Politik, 20, 1975, S. 552-577.
Kaldor, Nicholas: The German War Economy, Manchester 1946.
Kannapin, Hans-Eckhardt: Wirtschaft unter Zwang. Anmerkungen und Analysen zur rechtlichen und politischen Verantwortung der deutschen Wirtschaft unter der Herrschaft des Nationalsozialismus, besonders im Hinblick auf den Einsatz und die Behandlung von ausländischen Arbeitskräften und Konzentrationslagerhäftlingen in deutschen Industrie- und Rüstungsbetrieben, Köln 1966.
Karner, Stefan: Arbeitsvertragsbrüche als Verletzung der Arbeitspflicht im „Dritten Reich", in: AfSG, XXI, 1981, S. 269-328.
Kasper, Barbara, Lothar Schuster, Christof Watkinson(Hg.): Arbeiten für den Krieg. Deutsche und Ausländer in der Rüstungsproduktion bei Rheinmetall-Borsig 1943-1945, Hamburg 1987.
Kershaw, Ian: Der NS-Staat. Geschichtsinterpretationen und Kontroversen im Überblick, Reinbek 1988.
Kindleberger, Charles P.: Die Weltwirtschaftskrise 1929–1939, München 1973.
Klass, Gert v.: Die drei Ringe. Lebensgeschichte eines Indutrieunternehmens, Tübingen 1966.
Klass, Gert v.: Stahl vom Rhein. Die Geschichte des Hüttenwerks Rheinhausen, Essen 1957.
Klass, Gert v.: Aus Schutt und Asche. Krupp nach fünf Menschenaltern, Tübingen 1961.
Klee, Ernst: „Euthanasie" im NS-Staat. Die „Vernichtung lebensunwerten Lebens", Frankfurt 1983.
Klein, Burton H.: Germany's Preparation for War. A Reexamination, in: American Economic Review, 33, 1948, S. 56-77.
Klein, Burton H.: Germany's Preparations for War, Cambridge 1959.
Kleßmann, Christoph: Zur rechtlichen und sozialen Lage der Polen im Ruhrgebiet im Dritten Reich, in: AfSG XVII, 1977, S. 175-1976.
Kleßmann, Christoph: Polnische Bergarbeiter im Ruhrgebiet 1870–1945, Göttingen 1976.
Klinkhammer, Lutz: Leben im Lager. Die italienischen Kriegsgefangenen und Deportierten im Zweiten Weltkrieg. Ein Literaturbericht, in: Quellen und Forsch. ital. Arch. u. Bibl. 67. 1987, S. 489-520.
Klinksiek, Dorothee: Die Frau im NS-Staat, Stuttgart 1982.
Klopp, Eberhard: Hinzert – Kein richtiges KZ? Ein Beispiel unter 2.000, Trier 1983.
Klose, Willi, Beutel, Gertrud: Katyn im Rombergpark. Anklage, Warnung, Mahnung, Dortmund o. J.
Kluke, Paul: Nationalsozialistische Europaideologie, in: VfZ 3, 1955, S. 240-275.
Knieriem, August v.: Nürnberg. Rechtliche und menschliche Probleme, Stuttgart 1953.
Kocka, Jürgen: Klassengesellschaft im Krieg 1914–1918, Göttingen 1973.
Koebel-Tusk, Eberhard: AEG. Energie – Profit - Verbrechen, Berlin (DDR) 1958.
Koenen, Wilhelm: An meinen Bruder in Mexico, in: Freies Deutschland, 4, 1945, Nr. 10, S. 37-39.
Königseder, Angelika, Juliane Wetzel: Lebensmut im Wartesaal: die jüdischen DPs (Displaced Persons) im Nachkriegsdeutschland, Frankfurt am Main 1994.
Konieczny, A.: Historiographie des zweiten Weltkrieges über den Widerstand ausländischer Zwangsarbeiter in der Kriegswirtschaft des Dritten Reiches, in: Ostmitteleuropa im zweiten Weltkrieg, Budapest 1978, S. 183-185.
Konečný, Zdeněk, Mainuš, František: Die Nationalitätenpolitik der Nazis gegenüber den Kriegsgefangenen und Fremdarbeitern, in: Sborník prací filosofické fakulty brněnské university, Brno, 13, 1964, C 11, S. 157-193.

Konzept für die „Neuordnung" der Welt. Die Kriegsziele des faschistischen deutschen Imperialismus im zweiten Weltkrieg. Von einem Autorenkollektiv unter Leitung von Wolfgang Schumann, Berlin (DDR) 1977.

Korte, Detlef: „Erziehung" ins Massengrab. Die Geschichte des „Arbeitserziehungslagers Nordmark" Kiel 1991.

Kozieło-Poklewski, Bohdan: Zagraniczni robotnicy przymusowi w Prusach Wschodnich w Latach drugiej wojny światowej, Warszawa 1977.

Kraatz, Susanne: Verschleppt und vergessen: Schicksale jugendlicher „OstarbeiterInnen" von der Krim im Zweiten Weltkrieg und danach, Heidelberg 1995.

Kraemer, Hans Henning, Inge Plettenburg: Feind schafft mit. Ausländische Arbeitskräfte im Saarland während des Zweiten Weltkrieges, Ottweiler 1992.

Kranig, Andreas: Lockung und Zwang. Zur Arbeitsverfassung im Dritten Reich, Stuttgart 1983.

Kranzbrühler, Otto: Rückblick auf Nürnberg, Hamburg 1949.

Krausnick, Helmut (Hg.): Hitler und die Morde in Polen. Ein Beitrag zum Konflikt zwischen Heer und SS um die Verwaltung der besetzten Gebiete, in: VfZG 11, 1963, S. 196-209.

Krausnick, Helmut (Hg.): Kommissarbefehl und „Gerichtsbarkeitserlaß Barbarossa" in neuer Sicht, in: VfZG 25, 1977, S. 682-738.

Krausnick, Helmut, Wilhelm, Hans-Heinrich: Die Truppe des Weltanschauungskrieges. Die Einsatzgruppen der Sicherheitspolizei und des SD 1938-1942, Stuttgart 1981.

„Kriegsgefangene – Wojennoplennyje: sowjetische Kriegsgefangene in Deutschland, deutsche Kriegsgefangene in der Sowjetunion", hg.v. Haus der Geschichte der Bundesrepublik Deutschland, Düsseldorf 1995.

Kroener u.a., Bernhard: Kriegsverwaltung, Wirtschaft und personelle Ressourcen. 1939-1941, Stuttgart 1988.

Krupp heute. Essen 1963.

Die Krupp-Werke in Essen. Kurzer Überblick über Geschichte, Aufbau und gegenwärtige Lage des Unternehmens, Essen 1950.

Krupp. Ein kurzer Überblick über die Geschichte und den heutigen Stand des Unternehmens, Essen 1956.

Kuby, Erich: Verrat auf deutsch. Wie das Dritte Reich Italien ruinierte, Hamburg 1982.

Kucera, Wolfgang: Fremdarbeiter und KZ-Häftlinge in der Augsburger Rüstungsindustrie, Augsburg 1996.

Kuczynski, Jürgen: Die Geschichte der Lage der Arbeiter unter dem Kapitalismus, Bde. 4, 6, 16, Berlin (DDR) 1964 ff.

Kuczynski, Thomas: Die unterschiedlichen wirtschaftspolitischen Konzeptionen des deutschen Imperialismus zur Überwindung der Wirtschaftskrise in Deutschland 1932/33 und deren Effektivität, in: Zumpe, Wirtschaft und Staat im Imperialismus, S. 215-251.

Kuhlbrodt, Dietrich: „Verlegt nach ... und getötet". Die Anstaltstötungen in Hamburg, in: Ebbinghaus u. a., Heilen und Vernichten. S. 156-161.

Lärmer, Karl: Autobahnbau und staatsmonopolistischer Kapitalismus 1933–1945, in: Zumpe, Wirtschaft und Staat im Imperialismus, S. 253-283.

Lärmer, Karl: Vom Arbeitszwang zur Zwangsarbeit. Die Arbeitsordnungen im Mansfelder Kupferschieferbergbau von 1673–1945, Berlin (DDR) 1961.

Lang, Ralf: Italienische „Fremdarbeiter" im nationalsozialistischen Deutschland 1937-1945 Frankfurt am Main 1996.

Lange, Albert-Horst: REIMAHG – Unternehmen des Todes. Der Aufbau der deutschen faschistischen Luftwaffe. Rolle des Gustloff-Konzerns. Verbrechen an ausländischen Zwangsarbeitern im unterirdischen Flugzeugwerk „Reimahg" (1944/45), Jena 1969.

Lange, Albert-Horst: Die ausländischen Zwangsarbeiter des zweiten Weltkrieges im faschistischen Rüstungsbetrieb „Reimahg" bei Kahla (Thüringen), in: Wissenschaftliche Zeitschrift der Friedrich-Schiller Universität Jena, 13, 1964, G-Reihe, S. 367-405.

Lehmann, Joachim: Ausländerbeschäftigung – Ja oder Nein? Bemerkungen zu den differenzierten Positionen im faschistischen Deutschland in der Fremdarbeiterfrage, in: Fremdarbeiterpolitik des Imperialismus H 11, Rostock 1981, S. 39-45.

Lehmann, Joachim: Ausländerbeschäftigung und Fremdarbeiterpolitik im faschistischen Deutschland, in: Bade, Auswanderer, S. 558-583.

Lehmann, Joachim: Ausländische Arbeitskräfte in Deutschland 1933–1939. Zum Umfang, zur Entwicklung und Struktur ihrer Beschäftigung, in: Fremdarbeiterpolitik des Imperialismus, H. 8, Rostock 1980, S. 5-22.

Lehmann, Joachim: Bemerkungen zur Beschäftigung ausländischer Arbeiter während der ersten Jahre der faschistischen Dikatur, in: Fremdarbeiterpolitik des Imperialismus, H. 7, S. 81-111.

Lehmann, Joachim: Zum Einsatz ausländischer Zwangsarbeiter in der deutschen Landwirtschaft während des zweiten Weltkrieges (unter besonderer Berücksichtigung der Jahre 1942–1945), in: Fremdarbeiterpolitik des Imperialismus H. 1, Rostock 1974, S. 133-156.

Lehmann, Joachim: Faschistische Agrarpolitik im zweiten Weltkrieg. Zur Konzeption von Herbert Backe, in: ZfG, 28, 1980, S. 948 ff.

Lehmann, Joachim: Zur Stellung ausländischer Arbeiter in der Klassenauseinandersetzung im faschistischen Deutschland 1933–1939, in: Fremdarbeiterpolitik des Imperialismus H. 9, Rostock 1981, S. 75-84.

Lehmann, Joachim: Zum Verhältnis des Einsatzes von Kriegsgefangenen und ausländischen Zwangsarbeitern in der Gesamtwirtschaft und Landwirtschaft des faschistischen Deutschlands während des zweiten Weltkriegs (unter besonderer Berücksichtigung polnischer Kriegsgefangener), in: Fremdarbeiterpolitik des Imperialismus H. 2, Rostock 1977, S. 101-118.

Lehmann, Joachim: Das Vorgehen gegen die Vereinigung „Arbeiter-Einigkeit" polnischer Werktätiger in Deutschland im Jahre 1933, in: Fremdarbeiterpolitik des Imperialismus H. 13, Rostock 1982, S. 32-41.

Lembeck, Andreas: Befreit, aber nicht in Freiheit: Displaced Persons im Emsland; 1945-1950, Bremen 1997.

Liedke, Karl: Gesichter der Zwangsarbeit. Polen in Braunschweig, Braunschweig 1997.

Liedke, Karl: „... aber politisch unerwünscht". Arbeitskräfte aus Osteuropa im Land Braunschweig 1880 bis 1939.

Liman, Stefan: Zur Anzahl und zur Verteilung der Polen (u. a. der DP) in den drei westlichen Besatzungszonen Deutschlands, dargestellt aufgrund verschiedener Quellen, besonders der Ergebnisse der Volkszählung vom 29. Oktober 1946, in: Fremdarbeiterpolitik des Imperialismus H. 11, S. 57-67.

Littmann, Friederike: Ausländische Zwangsarbeiter in Hamburg während des Zweiten Weltkrieges, in: Arno Herzig u. a. (Hg.): Arbeiter in Hamburg, Hamburg 1983, S. 569-583.

Littmann, Friederike: Das „Ausländerreferat" der Hamburger Gestapo. Die Verfolgung der polnischen und sowjetischen Zwangsarbeiter, in: Ebbinghaus u. a., Heilen und Vernichten, S. 164-183.

Loeffelholz, Karl Joseph: Die Auswirkungen des Zweiten Weltkrieges auf Essens Wirtschaft und ihr Wiederaufbau, Diss., masch., Köln 1954.

Lofti, Gabriele: Die Arbeitserziehungslager der Geheimen Staatspolizei im Zweiten Weltkrieg, (Ms.) Diss. Bochum 1999.

Long, Louis de: Het koninkrijk der Nederlanden in de tweede Wereldorloog. Vol.8: Gevangenen en gedeporteerden, 's-Gravenhage 1978.

Longerich, Peter: Politik der Vernichtung. Eine Gesamtdarstellung der nationalsozialistischen Judenverfolgung, München/Zürich 1998, S. 476 ff.

Łuczak, Czesław: Deportations of Polish manpower to Hitlers Reich 1939–1945, in: Employmentseeking Emigrations of the Poles World Wide, XIX and XX c, 1975, S. 177-194.

Łuczak, Czesław: Mobilisierung und Ausnutzung der polnischen Arbeitskraft für den Krieg, in: Studia Historiae Oeconomicae, Bd. 5, Posen 1970, S. 303-313.

Łuczak, Czesław: Polityka ludnościowa i ekonomiczna hitlerowskich Niemiec w okupowanej Polsce, Poznań 1979.

Łuczak, Czesław: Polscy robotnicy przymusowi w Trzeciej Rzeszy podczas II wojny światowej, Poznań 1974.

Ludewig, Hans-Ulrich: Zwangsarbeit im Zweiten Weltkrieg: Forschungsstand und Ergebnisse regionaler und lokaler Fallstudien, in: AfS 31, 1991, S. 558-577.

Ludwig, Karl-Heinz: Strukturmerkmale nationalsozialistischer Aufrüstung bis 1935, in: Forstmeier, Volkmann, Wirtschaft und Rüstung, S. 39-64.

Łukaszewicz, Bohdan: Relacje i wspomnienia jako źrodło do badań nad sytuacją, robotników przymusowych i jeńców wojennych w Trzeciej Rzeszy, in: Praca przymusowa w III Rzeszy, Olsztyn 1979, S. 253-265.

Madajczyk, Czeslaw: Die Okkupationspolitik Nazideutschlands in Polen 1939-1945, Berlin 1987.

Majer, Diemut: „Fremdvölkische" im Dritten Reich. Ein Beitrag zur nationalsozialistischen Rechtssetzung und Rechtspraxis in Verwaltung und Justiz unter besonderer Berücksichtigung der eingegliederten Ostgebiete und des Generalgouvernements, Boppard 1981.

Mallmann, Klaus-Michael, Gerhard Paul: Herrschaft und Alltag. Ein Industrierevier im Dritten Reich, Bonn 1991.

Mallmann, Klaus-Michael, Gerhard Paul: Milieus und Widerstand. Eine Verhaltensgeschichte der Gesellschaft im Nationalsozialismus, Bonn 1995; Inge Marßolek, René Ott: Bremen im Dritten Reich: Anpassung – Widerstand – Verfolgung, Bremen 1986.

Manchester, William R.: Krupp. 12 Generationen, München 1968.

Maripol – Herford und zurück. Zwangsarbeit und ihre Bewältigung nach 1945, Bielefeld 1995.

Martin, Bernd: Friedens-Planungen der multinationalen Großindustrie (1932–1940) als politische Krisenstrategie, in: Geschichte und Gesellschaft, 2, 1976, S. 66-88.

Maschke, Hermann M.: Das Krupp-Urteil und das Problem der „Plünderung", Göttingen 1951.

Mason, Timothy W.: Arbeiteropposition im nationalsozialistischen Deutschland, in: Peukert, Reulecke, Die Reihen fast geschlossen, S. 293-314.

Mason, Timothy W.: Die Bändigung der Arbeiterklasse im nationalsozialistischen Deutschland, in: Sachse u. a.: Angst, Belohnung, Zucht und Ordnung, S. 11-53.

Mason, Timothy W.: Zur Entstehung des Gesetzes zur Ordnung der nationalen Arbeit vom 20. Januar 1934, in: Hans Mommsen u. a. (Hg.): Industrielles System und politische Entwicklung in der Weimarer Republik, Düsseldorf 1977, S. 322-351.

Mason, Timothy W.: Innere Krise und Angriffskrieg 1938/39, in: Forstmeier, Volkmann, Wirtschaft und Rüstung, S. 158-188.

Mason, Timothy W.: Zur Lage der Frauen in Deutschland 1930–1940. Wohlfahrt, Arbeit und Familie, in: Gesellschaft. Beiträge zur Marxschen Theorie 6, Frankfurt 1976, S. 118-193.

Mason, Timothy W.: Sozialpolitik im Dritten Reich. Arbeiterklasse und Volksgemeinschaft, Opladen 1977.

Matusak, Piotr. Die Sabotage in der Nazistischen Rüstungsindustrie auf dem Gebiet Polens in den Jahren 1939–1945, in: Studia Historiae Oeconomicae, 14, 1980, S. 252-255.

Merker, Paul: An meinen Bruder in London, in: Freies Deutschland (= Alemania Libre, Mexico, D. F.), 4, 1945, Heft 5, S. 6-8.

Merker, Paul: Antwort an Wilhelm Koenen, in: „Freies Deutschland" (= Alemania Libre, Mexico, D. F.), 4, 1945, Heft 10, S. 39-41.

Meyer, Gertrud: Das Sklavenarbeitersystem im NS-Staat, in: Der Widerstandskämpfer, 22, 1974, S. 24-33.

Milward, Alan S.: Arbeitspolitik und Produktivität in der deutschen Kriegswirtschaft unter vergleichendem Aspekt, in: Forstmeier, Volkmann, Kriegswirtschaft und Rüstung, S. 73-91.

Milward, Alan S.: Der Einfluß ökonomischer und nicht-ökonomischer Faktoren auf die Strategie des Blitzkriegs, in: Forstmeier, Volkmann, Wirtschaft und Rüstung, S. 189-201.

Milward, Alan S.: French Labor and the German Economy, in: The Economic History Review, 23, 1970, S. 336-351.

Milward, Alan S.: Die deutsche Kriegswirtschaft 1939–1945, Stuttgart 1966.

Milward, Alan S.: The New Order and the French Economy, Oxford 1970.

Milward, Alan S.: Der Zweite Weltkrieg – Krieg, Wirtschaft und Gesellschaft 1939–1945, München 1977.

Moltmann, Günter: Goebbels' Rede zum Totalen Krieg am 18. Februar 1943, in: VfZG 12, 1964, S. 13-43.
Mommsen, Hans: Ausnahmezustand als Herrschaftstechnik des NS-Regimes, in: Funke, Hitler, Deutschland und die Mächte, S. 30-45.
Mommsen, Hans: Nationalsozialismus, in: Sowjetsystem und demokratische Gesellschaft. Eine vergleichende Enzyklopädie, Freiburg u. a. 1971, Bd. 4, Sp. 695-713.
Mommsen, Hans: Der Nationalsozialismus. Kumulative Radikalisierung und Selbstzerstörung des Regimes, in: Meyers Enzyklopädisches Lexikon, Bd. 16, 1976, Sp. 785-790.
Mommsen, Hans: Realisierung des Utopischen: „Endlösung der Judenfrage" im „Dritten Reich", in: Geschichte und Gesellschaft, 9, 1983, S. 381-420.
Mommsen, Wolfgang: Die Akten der Nürnberger Kriegsverbrecherprozesse und die Möglichkeit ihrer historischen Auswertung, in: Der Archivar, 3, 1950, Sp. 14-25.
Mommsen, Hans, Manfred Grieger: Das Volkswagenwerk und seine Arbeiter im Dritten Reich, Düsseldorf 1995.
Moore, Barrington: Ungerechtigkeit. Die sozialen Ursachen von Unterordnung und Widerstand, Frankfurt 1982.
Mühlen, Norbert: Die Krupps, Frankfurt 1960.
Mühlen, Patrick von zur: Rassenideologie. Geschichte und Hintergründe, Berlin/Bad Godesberg 1977.
Müller, Norbert: Wehrmacht und Okkupation 1941-1944. Zur Rolle der Wehrmacht und ihrer Führerorgane im Okkupationsregime des faschistischen deutschen Imperialismus auf sowjetischem Territorium, Berlin (DDR) 1971.
Müller, Rolf-Dieter, Gerd R. Ueberschär: Kriegsende 1945. Die Zerstörung des Deutschen Reiches, Frankfurt am Main 1994.
Müller, Rolf-Dieter: Grundzüge der deutschen Kriegswirtschaft 1939 bis 1945, in: Karl Dietrich Bracher, Manfred Funke, Hans Adolf Jacobsen (Hg.), Deutschland 1933-1945. Neue Studien zur nationalsozialistischen Herrschaft, Bonn 1992, S. 357-376.
Müller, Ulrich: Fremde in der Nachkriegszeit: Displaced Persons – zwangsverschleppte Personen – in Stuttgart und Württemberg-Baden 1945 - 1951 Stuttgart 1990.

Naasner, Walter: Neue Machtzentren in der deutschen Kriegswirtschaft 1942-1945. Die Wirtschaftsorganisation der SS, das Amt des Generalbevollmächtigten für den Arbeitseinsatz und das Reichsministerium für Bewaffnung und Munition/Reichsministerium für Rüstung und Kriegsproduktion im nationalsozialistischen Herrschaftssystem, Boppard 1994.
Naasner, Walter: SS-Wirtschaft und SS-Verwaltung: „Das SS-Wirtschafts-Verwaltungshauptamt und die unter seiner Dienstaufsicht stehenden wirtschaftlichen Unternehmungen" und weitere Dokumente, Düsseldorf 1998.
Nestler, Ludwig: Über den Zeitpunkt und die Ursachen erster Ansätze zur Modifikation der Kriegszielplanung und der Okkupationspolitik Hitlerdeutschlands, in: Studia Historiae Oeconomicae, 14, 1979, S. 131-134.
Neumann, Franz L.: Behemoth. Struktur und Praxis des Nationalsozialismus 1933–1944, Köln, Frankfurt 1977.
Neumann, Franz L.: Mobilisierung der Arbeit in der Gesellschaftsordnung des Nationalsozialismus, in: ders.: Wirtschaft, Staat, Demokratie, Frankfurt 1978, S. 255-289.
Nichtweiß, Johannes: Die ausländischen Saisonarbeiter in der Landwirtschaft der östlichen und mittleren Gebiete des Deutschen Reiches von 1890–1914, Berlin (DDR) 1959.
Niethammer, Lutz, Borsdorf, Ulrich, Brandt, Peter (Hg.): Arbeiterinitiative 1945. Antifaschistische Ausschüsse und Reorganisation der Arbeiterbewegung in Deutschland, Wuppertal 1976.
Niethammer, Lutz: Heimat und Front. Versuch, zehn Kriegserinnerungen aus der Arbeiterklasse des Ruhrgebiets zu verstehen, in: Niethammer, Die Jahre, S. 163-232.
Niethammer, Lutz (Hg.): Hinterher merkt man, daß es richtig war, daß es schief gegangen ist. Nachkriegserfahrungen im Ruhrgebiet. Lebensgeschichte und Sozialkultur im Ruhrgebiet 1930–1960, Bd. 2, Bonn 1983.

Niethammer, Lutz (Hg.): Die Jahre weiß man nicht, wo man die heute hinsetzen soll. Faschismuserfahrungen im Ruhrgebiet. Lebensgeschichte und Sozialkultur im Ruhrgebiet 1930-1960, Bd. 1, Bonn 1983.

Niethammer, Lutz (Hg.): Lebenserfahrung und kollektives Gedächtnis. Die Praxis der Oral History, Frankfurt 1980.

Niethammer, Lutz: Privat-Wirtschaft. Erinnerungsfragmente einer anderen Umerziehung, in: Niethammer, Hinterher merkt man, S. 17-106.

Noack, Karoline, Leonore Scholze-Irrlitz (Hg.): Arbeit für den Feind. Zwangsarbeiter-Alltag in Berlin und Brandenburg (1939-1945), Berlin 1998.

Orth, Karin: Das System der nationalsozialistischen Konzentrationslager. Eine politische Organisationsgeschichte, Hamburg 1999.

Orth, Karin: Die Führungsgruppe der nationalsozialistischen Konzentrationslager. Biographische Studien, Göttingen 2000.

Osterloh, Jörg: Ein ganz normales Lager: das Kriegsgefangenen-Mannschaftsstammlager 304 (IVH) Zeithain bei Riesa/Sa. 1941 bis 1945, Leipzig 1997.

Osterloh, Jörg: Sowjetische Kriegsgefangene 1941-1945 im Spiegel nationaler und internationaler Untersuchungen. Forschungsüberblick und Bibliographie, Dresden 1995.

Otto, Reinhard: Wehrmacht, Gestapo und sowjetische Kriegsgefangene im deutschen Reichsgebiet 1941/42, München 1998.

Overy, Richard James: Die Mobilisierung der britischen Wirtschaft während des Zweiten Weltkrieges, in: Forstmeier, Volkmann, Kriegswirtschaft und Rüstung, S. 287-313.

Overy, Richard J.: „Blitzkriegswirtschaft"? Finanzpolitik, Lebensstandard und Arbeitseinsatz in Deutschland 1939-1942, in: VfZG 31, 1988, S. 379-435.

Overy, Richard J.: War and Economy in the Third Reich, Oxford 1994.

Passerini, Luisa: Arbeitersubjektivität und Faschismus. Mündliche Quellen und deren Impulse für die historische Forschung, in: Niethammer, Lebenserfahrung, S. 214-248.

Pawelczyńska, Anna: Differenzierung der Häftlingsgemeinschaft und Überlebenschancen im KZ Auschwitz, in: Długoborski, Zweiter Weltkrieg, S. 171-183.

Pawelzig, Klaus: Die Wiederherstellung des Krupp-Konzerns nach dem zweiten Weltkrieg, Diss., masch., Rostock 1960.

Pawlita, Cornelius: „Wiedergutmachung" als Rechtsfrage? Die politische und juristische Auseinandersetzung um Entschädigung für die Opfer nationalsozialistischer Verfolgung (1945 bis 1990), Frankfurt am Main 1993.

Pegel, Michael: Fremdarbeiter, displaced persons, heimatlose Ausländer: Konstanten eines Randgruppenschicksals in Deutschland nach 1945 Münster 1997.

Perz, Bertrand: Projekt Quarz. Steyr-Daimler-Puch und das Konzentrationslager Melk, Wien 1991.

Peter, Roland: Rüstungspolitik in Baden. Kriegswirtschaft und Arbeitseinsatz in einer Grenzregion im Zweiten Weltkrieg, München 1995.

Petrowsky, Anatoly: Unvergessener Verrat. Roosevelt-Stalin-Churchill, München 1963.

Petzina, Dieter: Autarkiepolitik im Dritten Reich, Stuttgart 1968.

Petzina, Dietmar: Grundriß der deutschen Wirtschaftsgeschichte 1918-1945, in: Deutsche Geschichte seit dem Ersten Weltkrieg, Bd. 2, Stuttgart 1973, S. 665-784.

Petzina, Dietmar: Die Mobilisierung deutscher Arbeitskräfte vor und während des zweiten Weltkrieges, in: VfZG 18, 1970, S. 443-455.

Petzina, Dietmar: Soziale Lage der deutschen Arbeiter und Probleme des Arbeitseinsatzes während des zweiten Weltkrieges, in: Długoborski, Zweiter Weltkrieg, S. 65-86.

Petzina, Dietmar: Vierjahresplan und Rüstungspolitik, in: Forstmeier, Volkmann, Wirtschaft und Rüstung, S. 65-80.

Petzina, Dietmar: Die deutsche Wirtschaft in der Zwischenkriegszeit, Wiesbaden 1977.

Peukert, Detlev: Arbeitslager und Jugend-KZ: die Behandlung „Gemeinschaftsfremder" im Dritten Reich, in: Peukert, Reulecke, Die Reihen fast geschlossen, S. 413-434.

Peukert, Detlev: Die Edelweißpiraten. Protestbewegungen jugendlicher Arbeiter im Dritten Reich, Köln 1980.
Peukert, Detlev: Die KPD im Widerstand. Verfolgung und Untergrundarbeit an Rhein und Ruhr 1933–1945, Wuppertal 1980.
Peukert, Detlev: Ruhrarbeiter gegen den Faschismus. Dokumentation über den Widerstand im Ruhrgebiet 1933-1945, Frankfurt 1976.
Peukert, Detlev: Volksgenossen und Gemeinschaftsfremde. Anpassung, Ausmerze und Aufbegehren unter dem Nationalsozialismus, Köln 1982.
Peukert, Detlev, Reulecke, Jürgen (Hg.): Die Reihen fast geschlossen. Beiträge zur Geschichte des Alltags unterm Nationalsozialismus, Wuppertal 1981.
Peukert, Detlev: Volksgenossen und Gemeinschaftsfremde, Köln 1982.
Pfahlmann, Hans: Fremdarbeiter und Kriegsgefangene in der deutschen Kriegswirtschaft 1939-1945, Darmstadt 1968.
Pingel, Falk: Häftlinge unter SS-Herrschaft. Widerstand, Selbstbehauptung und Vernichtung im Konzentrationslager, Hamburg 1978.
Pingel, Falk: Die Konzentrationslagerhäftlinge im nationalsozialistischen Arbeitseinsatz, in: Długoborski, S. 151-163.
Pirko, Michał: Zur Politik des deutschen Imperialismus gegenüber der polnischen Minderheit in Deutschland unter besonderer Berücksichtigung der Situation in der Armee, in: Fremdarbeiterpolitik des Imperialismus H. 2, Rostock 1977, S. 119-142.
Pohl, Dieter: Nationalsozialistische Judenverfolgung in Ostgalizien 1941-1944. Organisation und Durchführung eines staatlichen Massenverbrechens, München 1996.
Pohl, Dieter: Von der „Judenpolitik" zum Judenmord. Der Distrikt Lublin des Generalgouvernements 1939-1944, Frankfurt u.a. 1993.
Pohl, Hans, Stephanie Habeth, Beate Brüninghaus: Die Daimler-Benz-AG in den Jahren 1933 bis 1945 Stuttgart 1986.
Pohl, Manfred: Philipp Holzmann. Geschichte eines Bauunternehmens 1849 – 1999, München 1999.
Poljan, Pavel: Zertvy dvuch diktatur. Ostarbejtery i voennoplennye v tret'em reiche i ich repatriazii (Opfer zweier Diktaturen. Ostarbeiter und Kriegsgefangene im Dritten Reich und ihre Repatriierung), Moskau 1996.
Połomski, Franciszek: Unter den Einfluß des Rassismus auf die Bevölkerungspolitik des Dritten Reiches, in: Tradition und Neubeginn. Internationale Forschungen zur deutschen Geschichte im 20. Jahrhundert, Köln u. a. 1975, S. 373-344.
Poniatowska, Anna: Polnische Saisonarbeiter in Pommern bis 1914, in: Fremdarbeiterpolitik des Imperialismus H. 7, Rostock 1980, S. 35-42.
Preller, Ludwig: Sozialpolitik in der Weimarer Republik, Stuttgart 1949, Düsseldorf ^{2}1978.
Pross, Christian Wiedergutmachung: der Kleinkrieg gegen die Opfer, Frankfurt am Main 1988.

Quilitzsch, Siegmar: Zur verbrecherischen Rolle der IG-Farben während der faschistischen Aggression gegen die Sowjetunion, in: Juni 1941, Berlin (DDR) 1961, S. 157-187.

Radandt, Hans: Kriegsverbrecherkonzern Mansfeld, Berlin (DDR) 1957.
Raid, Robert: Ostarbeiter im Kriegseinsatz, in: Nation Europa, 3, 1953, H. 3, S. 19-24.
Raim, Edith: Die Dachauer KZ-Außenkommandos Kaufering und Mühldorf: Rüstungsbauten und Zwangsarbeit im letzten Kriegsjahr 1944/45, Landsberg a. Lech 1992.
Rebentisch, Dieter: Führerstaat und Verwaltung im Zweiten Weltkrieg: Verfassungsentwicklung und Verwaltungspolitik 1939 – 1945, Stuttgart 1989.
Reichelt, Werner-Otto: Das Erbe der IG-Farben, Düsseldorf 1956.
Reiter, Raimond: Tötungsstätten für ausländische Kinder im Zweiten Weltkrieg. Zum Spannungsverhältnis von kriegswirtschaftlichem Arbeitseinsatz und nationalsozialistischer Rassenpolitik in Niedersachsen, Hannover 1993.
Richter, Felicitas: Die Ausbeutung ausländischer Arbeiter durch das deutsche Monopolkapital im zweiten Weltkrieg unter besonderer Berücksichtigung des Osram-Konzerns, in: Der deutsche Imperialismus und der zweite Weltkrieg, Bd. 4, Berlin (DDR) 1961, S. 43-54.

Richter, Gunnar (Hg.): Breitenau. Zur Geschichte eines nationalsozialistischen Konzentrations- und Arbeitserziehungslagers, Kassel 1993.
Riedel, Matthias: Bergbau und Eisenhüttenindustrie in der Ukraine unter deutscher Besatzung 1941–1944, in: VfZG 27, 1973, S. 245-284.
Riedel, Matthias: Eisen und Kohle für das Dritte Reich. Paul Pleigers Stellung in der NS-Wirtschaft, Göttingen u. a. 1983.
Ritter, Gerhard: Staatskunst und Kriegshandwerk, Bd. III, München 1966.
Roth, Karl Heinz: Die „andere" Arbeiterbewegung, München 1977.
Roth, Karl Heinz, Michael Schmid: Die Daimler-Benz AG 1916-1948. Schlüsseldokumente zur Konzerngeschichte, hrsg. von der Hamburger Stiftung für Sozialgeschichte des 20. Jahrhunderts, Nördlingen 1987.
Roxer, Aribert: Die Entstehung des Krupp-Konzerns bis zum Jahre 1939, unter besonderer Berücksichtigung der Vorbereitung des zweiten Weltkrieges in den Jahren 1936–1939, vorrangig dargestellt am Beispiel der Friedrich-Krupp-Gruson-Werke AG Magdeburg, Diss., masch., Berlin 1973.
Rückerl, Adalbert (Hg.): NS-Prozesse. Nach 25 Jahren Strafverfolgung: Möglichkeiten – Grenzen – Ergebnisse, Karlsruhe 1971.
Rund, Jürgen: Ernährungswirtschaft und Zwangsarbeit im Raum Hannover 1914 bis 1923, Hannover 1992.
Rusinek, Bernd-A.: Gesellschaft in der Katastrophe: Terror, Illegalität, Widerstand - Köln 1944/45 Essen 1989.
Rusiński, Władysław: Położenie robotników polskich w czasie wojny 1939–1945 na terenie Rzeszy i „obszarów wcielonych". Cz. 2., Poznań 1955.

Sachse, Carola, Siegel, Tilla u. a.: Angst, Belohnung, Zucht und Ordnung. Herrschaftsmechanismen im Nationalsozialismus, Opladen 1982.
Sandkühler, Thomas: „Endlösung" in Galizien. Der Judenmord in Ostpolen und die Rettungsinitiativen von Berthold Beitz 1941-1944, Bonn 1996.
Schauberger Norbert: Die Auswirkungen der Rüstungs- und Kriegswirtschaft 1939–1945 auf die soziale und ökonomische Struktur Österreichs, in: Forstmeier, Volkmann, Kriegswirtschaft und Rüstung, S. 219–255.
Schausberger, Norbert: Mobilisierung und Einsatz fremdländischer Arbeitskräfte während des Zweiten Weltkrieges in Österreich, Wien 1970.
Schausberger, Norbert: Österreich und die nationalsozialistische Anschluß-Politik, in: Funke, Hitler, Deutschland und die Mächte, S. 728–756.
Schausberger, Norbert: Der wirtschaftliche Anschluß Österreichs 1938, in: Österreich in Geschichte und Literatur, 15, 1971, S. 249–273.
Schieder, Theodor: Hermann Rauschnings „Gespräche mit Hitler" als Geschichtsquelle. Vorträge der Rheinisch-Westfälischen Akademie der Wissenschaften Nr. 178, Opladen 1972.
Schirilla, László: Wiedergutmachung für Nationalgeschädigte. Ein Bericht über die Benachteiligung von Opfern der nationalsozialistischen Gewaltherrschaft, München 1982.
Schlemmer, Mathilde: Arbeitszwang für freie Menschen in der deutschen Geschichte seit dem 14. Jahrhundert, Diss., masch., Bonn 1957.
Schmelzer, Janis: Europa-Patent. Das IG-Farben-Projekt zur Neuordnung Europas, Wolffen 1967.
Schmelzer, Janis: das hitler-faschistische Zwangsarbeitssystem und der antifaschistische Widerstandskampf der ausländischen Kriegsgefangenen und Deportierten 1939–1945, dargestellt unter besonderer Beachtung der IG-Farben-Betriebe im Bereich Halle-Merseburg, Diss., masch., Halle/Wittenberg 1963.
Schmelzer, Janis: Der Faschismus muß sterben, der Sozialismus wird leben! Der antifaschistisch-demokratische Widerstandskampf der ausländischen Kriegsgefangenen und Deportierten in der Filmfabrik Wolffen 1939–1945, Wolfen o. J.
Schminck-Gustavus, Christoph (Hg.): Hungern für Hitler. Erinnerungen polnischer Zwangsarbeiter im Deutschen Reich 1940-1945, Reinbek 1984.
Schminck-Gustavus, Christoph: Zwangsarbeit und Faschismus. Zur „Polenpolitik" im „Dritten Reich", in: Kritische Justiz, 13, 1980, S. 1-27, 184-206.

Schmitz, Hubert: Die Bewirtschaftung der Nahrungsmittel und Verbrauchsgüter 1939-1950, Essen 1956.
Schmitz, Hubert: Bevölkerung, Wohnungen und Kriegsschäden in Essen, Essen 1945.
Schmuhl, Hans-Walter: Rassenhygiene, Nationalsozialismus, Euthanasie. Von der Verhütung zur Vernichtung „lebensunwerten Lebens", 1890-1945 Göttingen 1987.
Schoenbaum, David: Die braune Revolution. Eine Sozialgeschichte des Dritten Reiches, Köln, Berlin 1968.
Schreiber, Gerhard: Die italienischen Militärinternierten in Deutschland 1943 bis 1945. Verraten, verachtet, vergessen, Baden-Baden 1989.
Schröder, Ernst: Krupp. Geschichte einer Unternehmerfamilie, Göttingen 1968.
Schumann, Wolfgang (Hg.): Europa unterm Hakenkreuz. Die Okkupationspolitik des deutschen Faschismus (1938 - 1945), 8 Bände, Berlin 1988-1996.
Schupetta, Ingrid H. E.: Jeder das Ihre. Frauenerwerbstätigkeit und Einsatz von Fremdarbeitern/-innen im Zweiten Weltkrieg, in: Frauengruppe Faschismusforschung: Mutterkreuz und Arbeitsbuch, Frankfurt 1981, S. 292-317.
Schupetta, Ingrid: Frauen- und Ausländererwerbstätigkeit in Deutschland von 1939-1945, Köln 1983.
Schwarz, Walter, in Zusammenarbeit mit dem Bundesminister der Finanzen (Hg.): Die Wiedergutmachung nationalsozialistischen Unrechts durch die Bundesrepublik, 7 Bände, München 1974-1998.
Schwarze, Gisela: Kinder, die nicht zählten. Ostarbeiterinnen und ihre Kinder im Zweiten Weltkrieg, Essen 1997.
Seeber, Eva: Zur Rolle der Monopole bei der Ausbeutung der ausländischen Zwangsarbeiter im zweiten Weltkrieg, in: Der deutsche Imperialismus und der zweite Weltkrieg, H. 3, Berlin (DDR) 1962, S. 7-52.
Seeber, Eva: Zwangsarbeiter in der faschistischen Kriegswirtschaft. Die Deportation und Ausbeutung polnischer Bürger unter besonderer Berücksichtigung der Lage der Arbeiter aus dem sogenannten Generalgouvernement 1939-1945, Berlin (DDR) 1964.
Seebold, Gustav-Hermann: Ein Stahlkonzern im Dritten Reich. Der Bochumer Verein 1927-1945, Wuppertal 1981.
Seidler, Franz W.: Die Organisation Todt. Bauen für Staat und Wehrmacht 1938-1945, Koblenz 1987.
Siegfried, Klaus-Jörg: Das Leben der Zwangsarbeiter im Volkswagenwerk 1939-1945, Frankfurt/Main 1988.
Siegfried, Klaus-Jörg: Rüstungsproduktion und Zwangsarbeit im Volkswagenwerk. Eine Dokumentation, Frankfurt/Main 1986.
Sijes, B. A.: De Arbeidsinzet. De gedwongen arbeid van Nederlanders in Duitsland, 1940-1945. Den Haag 1966.
Sniffen, D. G.: Forced Labor Drafts and the Secretaries-General During the Nazi-Occupation of the Netherlands 1940-1941, in: Societas, 3, 1973, S. 129-141.
Sobczak, Janusz: Die polnischen Wanderarbeiter in Deutschland in den Jahren 1919-1939 und ihre Behandlung, in: Fremdarbeiterpolitik des Imperialismus H. 2, Rostock 1977, S. 47-66.
Sörgel, Werner: Metallindustrie und Nationalsozialismus, Frankfurt 1965.
Sohn-Rethel, Alfred: Ökonomie und Klassenstruktur des deutschen Faschismus, Frankfurt 1973.
Spangenberg, Franz: Die Zwangsarbeiter der Bevölkerung kriegsbesetzter Gebiete und das Völkerrecht, Diss., masch., Kiel 1951.
Spanjer, Rimco, Diete Odesluijs, Johan Meijer (Hg.): Zur Arbeit gezwungen. Zwangsarbeit in Deutschland 1940 - 1945, Bremen 1999.
Spoerer, Mark: Profitierten Unternehmen von KZ-Arbeit? Eine kritische Analyse der Literatur, in: HZ 268 (1999), S. 61-95.
Stapp, Wolfgang: Verschleppt für Deutschlands Endsieg. Ausländische Zwangsarbeiter im Breuberger Land, Höchst i. O. 1990.
Steinbach, Peter: Nationalsozialistische Gewaltverbrechen. Die Diskussion in der deutschen Öffentlichkeit nach 1945, Berlin 1982.
Steinberg, Hans-Josef: Widerstand und Verfolgung in Essen 1933-1945, Hannover 1969.
Steinert, Marlies G.: Hitlers Krieg und die Deutschen. Stimmung und Haltung der deutschen Bevölkerung im Zweiten Weltkrieg, Düsseldorf, Köln 1970.

Stephenson, Jill: Women in Nazi Society, London 1975.
Streim, Alfred: Die Behandlung sowjetischer Kriegsgefangener im „Fall Barbarossa", Karlsruhe 1981.
Streit, Christian: Keine Kameraden. Die Wehrmacht und die sowjetischen Kriegsgefangenen 1941–1945, Stuttgart 1978.
Syrup, Friedrich: Hundert Jahre staatliche Sozialpolitik 1839–1939, bearb. von Otto Neuloh, Stuttgart 1957.
Szefer, A.: Die Ausbeutung der Kriegsgefangenen in der Industrie und Landwirtschaft 1939–1945 am Beispiel Oberschlesien, in: Studia Historiae Oeconomicae, Bd. 14, 1979, S. 283-293.

Tessarz, Joachim: Die Rolle der ausländischen landwirtschaftlichen Arbeiter in der Agrar- und Ostexpansionspolitik des deutschen Imperialismus in der Periode der Weimarer Republik 1919–1932, Diss., masch., Halle 1963.
Theilen, Fritz: Edelweißpiraten. Hg. und mit einer Dokumentation von Matthias von Hellfeld, Frankfurt 1984.
Theweleit, Klaus: Männerphantasien, 2 Bde., Frankfurt 1978.
Tillmann, Elisabeth: Zum „Reichseinsatz" nach Dortmund. Das Schicksal französischer Zwangsarbeiter im Lager Loh, 1943 – 1945, Dortmund 1995.
Tolstoy, Nikolaj: Die Verratenen von Jalta. Englands Schuld vor der Geschichte, München, Köln 1977.
Tröger, Annemarie: Die Planung des Rationalisierungsproletariats. Zur Entwicklung der geschlechtsspezifischen Arbeitsteilung und des weiblichen Arbeitsmarktes im Nationalsozialismus, in: Annette Kuhn, Jörn Rüsen (Hg.): Frauen in der Geschichte II, Düsseldorf 1982, S. 245-314.

Umbreit, Hans: Der Militärbefehlshaber in Frankreich 1940–1944, Boppard 1960.
Umbreit, Hans: Deutsche Militärverwaltung 1938/39. Die militärische Besetzung der Tschechoslowakei und Polens, Stuttgart 1977.

Vögel, Bernhild: „Entbindungsheim für Ostarbeiterinnen": Braunschweig, Broitzemer Straße 200, Hamburg 1989.
Voges, Michael: Klassenkampf in der Betriebsgemeinschaft. Die Deutschland-Berichte der Sopade (1934–1940) als Quelle zum Widerstand der Industriearbeiter im Dritten Reich, in: AfSG XXI 1981, S. 329-383.
Volder, Karel: Werken in Duitsland, Bedum 1990.
Volkmann, Hans-Erich: Außenhandel und Aufrüstung in Deutschland 1933–1939, in: Forstmeier, Volkmann, Wirtschaft und Rüstung, S. 81-131.
Volkmann, Hans-Erich: Das außenwirtschaftliche Programm der NSDAP 1930–1933, in: AfSG XVII 1977, S. 251-274.
Volkmann, Hans-Erich: Autarkie, Großraumwirtschaft und Aggression. Zur ökonomischen Motivation der Besetzung Luxemburgs, Belgiens und der Niederlande 1940, in: Militärgeschichte. Probleme – Thesen – Wege, Stuttgart 1982, S. 327-354.
Volkmann, Hans-Erich: Die NS-Wirtschaft in Vorbereitung des Krieges, in: Deist u. a., Ursachen und Voraussetzungen, S. 177-370.
Volkmann, Hans-Erich: Politik, Wirtschaft und Aufrüstung unter dem Nationalsozialismus, in: Funke, Hitler, Deutschland und die Mächte, S. 269-291.
Volkmann, Hans-Erich: Zum Verhältnis von Großwirtschaft und NS-Regime im Zweiten Weltkrieg, in: Długoborski, Zweiter Weltkrieg, S. 87-116.
Volkmann, Hans-Erich: Das Vlasov-Unternehmen zwischen Ideologie und Pragmatismus, in: Militärgeschichtliche Mitteilungen, 2, 1972, S. 117-155.
Volkmann, Hans-Erich: Wirtschaft im Dritten Reich. Eine Bibliographie, 2 Bde., Koblenz 1980 und 1984.
Volkmann, Hans-Erich (Hg.): Ende des Dritten Reiches – Ende des Zweiten Weltkriegs: Eine perspektivische Rückschau, München 1995.
Volkmann, Hans-Erich: Zur nationalsozialistischen Aufrüstung und Kriegswirtschaft. Bericht aus der Forschung, in: MGM 1,1990, S.133-177.

Wagenführ, Rolf: Die deutsche Industrie im Kriege 1939–1945, Berlin 1955.

Wagner, Patrick: Displaced persons in Hamburg: Stationen einer halbherzigen Integration 1945 bis 1958, Hamburg 1997.

Wallach, Jehuda L.: Probleme der Zwangsarbeit in der deutschen Kriegswirtschaft, in: Jahrbuch des Instituts für deutsche Geschichte Tel Aviv, 6, 1977, S. 477-512.

Wajda, Kazimierz: Die Saisonarbeiter aus Kongreßpolen und Galizien in der Landwirtschaft Ostpreußen 1891-1914, in: Fremdarbeiterpolitik des Imperialismus H. 2, Rostock 1977, S. 67-84.

Weger, Tobias: Nationalsozialistischer „Fremdarbeitereinsatz" in einer bayerischen Gemeinde 1939 – 1945. Das Beispiel Olching (Landkreis Fürstenfeldbruck), Frankfurt am Main (u.a.) 1998.

Wehler, Hans-Ulrich: Die Polen im Ruhrgebiet bis 1918, in: ders. (Hg.): Moderne deutsche Sozialgeschichte, Köln 1968, S. 437-455.

Wehler, Hans-Ulrich: Die Polenpolitik im Deutschen Kaiserreich 1871-1918, in: ders.: Krisenherde des Kaiserreichs, 1871-1918, Göttingen 1970, S. 181-200.

Weidemann, Alfred: Der rechte Mann am rechten Platz. Vom Menscheneinsatz im zweiten Weltkrieg. Erkenntnisse und Verpflichtungen für die Zukunft, in: Bilanz des zweiten Weltkrieges, Oldenburg, Hamburg 1953.

Weidner, Marcus: Nur Gräber als Spuren. Das Leben und Sterben von Kriegsgefangenen und Fremdarbeitern in Münster während der Kriegszeit 1939–1945, Münster 1984.

Weinmann, Martin (Hg.): Das nationalsozialistische Lagersystem (Catalogue of Camps and Prisons), Frankfurt am Main ³1998.

Weis, Dieter: Die Großstadt Essen, Diss., masch., Bonn 1950.

Weisenborn, Günter: Der lautlose Aufstand. Berichte über die Widerstandsbewegung des deutschen Volkes 1933-1945, Frankfurt 1974.

Werner, Bernd: Bemerkungen zum Einsatz ausländischer Arbeiter in der deutschen Industrie von 1890–1914, in: Fremdarbeiterpolitik des Imperialismus H. 7, Rostock 1980, S. 5-16.

Werner, Wolfgang Franz: Bleib übrig! Deutsche Arbeiter in der nationalsozialistischen Kriegswirtschaft, Düsseldorf 1983.

Werner, Wolfgang Franz: Die Arbeitserziehungslager als Mittel nationalsozialistischer „Sozialpolitik" gegen deutsche Arbeiter, in: Długoborski, Zweiter Weltkrieg, S. 138-150.

Weyres v. Levetzow, Hans-Joachim: Die deutsche Rüstungswirtschaft 1942 bis zum Ende des Krieges, Diss., masch., München 1975.

Widerstand und Exil der deutschen Arbeiterbewegung 1933-1945, hg. von der Friedrich-Ebert-Stiftung, Bonn, Bonn 1981.

Widerstand und Verfolgung in Dortmund 1933-1945. Katalog zur ständigen Ausstellung und Dokumentation im Auftrage des Rates der Stadt Dortmund erstellt vom Stadtarchiv, Dortmund 1981.

Widerstand und Verfolgung in Köln 1939-1945, hg. vom Historischen Archiv der Stadt Köln, Köln 1974.

Wienecke, Annette: ‚Besondere Vorkommnisse nicht bekannt'. Zwangsarbeiter in unterirdischen Rüstungsbetrieben, Köln 1996.

Wierling, Dorothee: „Ich hab' meine Arbeit gemacht – was wollte sie mehr?" Dienstmädchen im städtischen Haushalt der Jahrhundertwende, in: Karin Hausen (Hg.): Frauen suchen ihre Geschichte, München 1983, S. 144-171.

Wilmowsky, Thilo v.: Warum wurde Krupp verurteilt? Legende und Justizirrtum, Stuttgart 1950.

Winkel, Harald: Die „Ausbeutung" des besetzten Frankreich, in: Forstmeier, Volkmann, Kriegswirtschaft und Rüstung, S. 333-374.

Winkler, Dörte: Frauenarbeit im „Dritten Reich", Hamburg 1977.

Wisotzky, Klaus: Der Ruhrbergbau im Dritten Reich, Düsseldorf 1983.

Wisotzky, Klaus: Der Ruhrbergbau am Vorabend des Zweiten Weltkrieges, in: VfZG, 30, 1982, S. 418-461.

Wunderlich, Frieda: Farm Labour in Germany, 1810-1945, Princeton 1961.

Wyman, Mark: DPs. Europe's displaced persons, 1945 - 1951 Itaca, NY 1998.

Wysocki, Gerd: Zwangsarbeit im Stahlkonzern. Salzgitter und die Reichswerke „Hermann Goering" 1937-1945, Braunschweig 1982.

Wysocki, Gerd: Arbeit für den Krieg. Herrschaftsmechanismen in der Rüstungsindustrie des „Dritten Reiches". Arbeitseinsatz, Sozialpolitik und staatspolizeiliche Repression bei den Reichswerken „Hermann-Göring" im Salzgitter-Gebiet 1937/38 bis 1945, Braunschweig 1992.

Zielinski, Bernd: Staatskollaboration. Arbeitseinsatzpolitik in Frankreich unter deutscher Besatzung 1940-1944, Münster 1996.

Zimmermann, Michael: Ausbruchshoffnung. Junge Bergleute in den Dreißiger Jahren, in: Niethammer, Die Jahre, S. 97-132.

Zimmermann, Michael: Rassenutopie und Genozid : die nationalsozialistische „Lösung der Zigeunerfrage", Hamburg 1996.

Zumpe, Lotte: Zwei Autobiographien und ihr Aussagewert für die Erforschung des deutschen Faschismus, in: JbW 1979 III, S. 137 ff.

Zumpe, Lotte: Ökonomischer und außerökonomischer Zwang. Zur Funktion und Wirkungsweise im Kapitalismus, insbesondere im staatsmonopolistischen Kapitalismus, in: dies. (Hg.), Wirtschaft und Staat im Imperialismus, Berlin (DDR) 1976.

Zumpe, Lotte (Hg.): Wirtschaft und Staat in Deutschland 1933–1945, Berlin (DDR) 1979.

Zunkel, Friedrich: Die ausländischen Arbeiter in der Deutschen Kriegswirtschaftspolitik des Ersten Weltkrieges, in: Entstehung und Wandel der modernen Gesellschaft. Festschrift für Hans Rosenberg zum 65. Geburtstag. hg. von Gerhard A. Ritter, Berlin 1970, S. 280-311.

3. Tabellen

1 Kriegsgefangene in deutschem Gewahrsam, 1914 bis 1918 ... 31
2 Veränderung der Beschäftigtenzahlen in ausgewählten Wirtschaftszweigen zwischen 1933 und 1938 ... 50
3 Ausländische Arbeitskräfte in Deutschland, 1923 bis 1936 ... 56
4 Ausländische Arbeitskräfte in Deutschland, 1936 bis 1939 ... 64
5 Ausländische Arbeitskräfte in Deutschland nach Staatsangehörigkeit, 1936 bis 1938 ... 68
6 Arbeitseinsatz der polnischen Kriegsgefangenen, Oktober 1939 bis April 1940 ... 78
7 Anwerbungen von Arbeitskräften aus dem „Generalgouvernement", 1939 bis 1944 ... 100
8 Deutsche und ausländische Arbeitskräfte in verschiedenen Industriezweigen 1939/40 ... 102
9 Arbeitseinsatz der Kriegsgefangenen nach Branchen, Ende Dezember 1940 ... 111
10 Zivile ausländische Arbeitskräfte in Deutschland, Mai 1939 und September 1941 ... 114
11 Fluktuation auf der Großbaustelle Espenhain der AG Sächsische Werke Leipzig, 1939 bis 1941 ... 130
12 Strafanträge wegen „Disziplinlosigkeiten am Arbeitsplatz", Westfalen/Niederrhein 1940 ... 131
13 Verhaftungen wegen Arbeitsniederlegungen, verbotenen Umgangs und politischer Betätigung, 1941/42 ... 142
14 Verpflegungssätze für sowjetische Kriegsgefangene und Zivilarbeiter, 1941/42 ... 199
15 Löhne für Ostarbeiter, Juni 1942 ... 201
16 Neu angeworbene Arbeitskräfte, 1. 4. bis 30. 11. 1942, nach Angaben Sauckels ... 209
17 Beschäftigte ausländische Arbeitskräfte (einschl. Kriegsgefangene) in Deutschland, September 1941 bis November 1942 ... 210
18 Polnische Arbeitskräfte in Deutschland, September 1941 bis Mai 1944 ... 215
19 Umsatz der GSF Essen, 1936/37 bis 1941/42 ... 221
20 Belegschaftsentwicklung der GSF Essen, 1939 bis 1945 (Arbeiterschaft) ... 221
21 Bei der GSF Essen beschäftigte Kriegsgefangene und ausländische Zivilarbeiter, 1939 bis 1945 . 222
22 Anteil der ausländischen Arbeitskräfte an der tatsächlich tätigen Gesamtarbeiterschaft der GSF Essen, 1939 bis 1945 ... 222
23 Deutsche und Ausländer in Essen, 1939 bis 1945 ... 223
24 Belegte Bettplätze in Ausländerlagern der GSF Essen, 1940 bis 1945 ... 231
25 Qualifikationsverteilung ausländischer Arbeiter bei der GSF Essen, November 1942 ... 239
26 Verteilung der Ausländer auf Betriebstypen ... 240
27 Arbeitsleistungen ausländischer Arbeiter der GSF Essen, November 1942 ... 240
28 Durchschnittlich geleistete Arbeitsstunden eines männlichen ausländischen Arbeiters der GSF Essen, 1939 bis 1944 ... 242
29 Stichproben effektiv geleisteter Arbeitsstunden deutscher und ausländischer Arbeiter der GSF Essen, 1943/44 ... 243
30 Krankenstand der Pflichtmitglieder der Betriebskrankenkasse der GSF Essen, 1943/44 ... 243
31 Unfallvorkommen deutscher und ausländischer Arbeiter der GSF Essen ... 243
32 Belegschaftsentwicklung im Ruhrbergbau, 1942 bis 1944 ... 256
33 Belegschaftsentwicklung der Kruppschen Zechen, 1940 bis 1944 ... 257
34 Zum Wehrdienst eingezogene und uk-gestellte deutsche Arbeiter, 1941 bis 1944 ... 257
35 Beschäftigte ausländische Arbeitskräfte im Bergbau, nach Nationalitäten, 1942 und 1944 ... 258
36 Gestellung und Abkehr ausländischer Arbeiter und Kriegsgefangener im Ruhrbergbau, April bis November 1942 ... 265
37 Anteil der Ausländer und Kriegsgefangenen in verschiedenen Wirtschaftszweigen, 1942 bis 1944 ... 266
38 Zivile Arbeitskräfte aus den besetzten Westgebieten, November 1942 und Dezember 1943 ... 293
39 Zivile Arbeitskräfte aus den besetzten Westgebieten, Januar bis September 1944 ... 296
40 Zunahme der Beschäftigtenzahlen ausländischer ziviler Arbeitskräfte und Kriegsgefangener, 1939 bis 1944 ... 300
41 Deutsche und ausländische Arbeitskräfte in ausgewählten Berufsgruppen, August 1944 ... 314

42 Ausländische Zivilarbeiter und Kriegsgefangene nach Staatsangehörigkeit und Wirtschaftszweigen, August 1944 315
43 Männliche und weibliche zivile ausländische Arbeitskräfte nach Staatsangehörigkeit, 30. 9. 1944 316
44 Ausländische Zivilarbeiter in den Gauarbeitsamtsbezirken des Ruhrgebiets, September 1944 316
45 Kosten-Leistungs-Verhältnis bei den ausländischen Arbeitskräften der GSF Essen, November 1942 317
46 Arbeitsleistungen der ausländischen Arbeiter und Kriegsgefangenen im Bereich Rheinland und Westfalen, Mitte 1943 323
47 „Abgänge" sowjetischer Kriegsgefangener im oberschlesischen Bergbau, 1. 1. bis 30. 6. 1944 329
48 Außerbetriebliche Bestrafungen deutscher und ausländischer Arbeiter bei Krupp in Essen, Mai 1939 bis Januar 1945 351
49 Wegen „Arbeitsvertragsbruch" und „Arbeitsbummelei" bestrafte deutsche und ausländische Arbeitskräfte im Gauarbeitsamtsbezirk Westfalen-Nord, Februar und März 1944 352
50 Verhaftungen durch die Gestapo wegen „Arbeitsvertragsbruchs" im „Großdeutschen Reich", Juli bis September 1943 353
51 Flucht und Festnahme von ausländischen Arbeitern 1943 360
52 Widerstandsgruppen ausländischer Arbeiter und Kriegsgefangener, nach Gestapo-Meldungen zwischen März und September 1944 372
53 Anteil weiblicher Arbeitskräfte in verschiedenen Wirtschaftszweigen zwischen 1933 und 1938 . 451
54 Beschäftigte im Bergbau des gesamten Reichsgebiets 493
55 Weibliche Erwerbstätigkeit in Deutschland, 1939–1944 496
56 Zunahme der Zahl beschäftigter ausländischer Arbeitskräfte und Kriegsgefangener zwischen November 1942 und September 1944 503

4. Abkürzungen

AA	Arbeitsamt/Auswärtiges Amt
ABPS	Auslands-Briefprüfstelle
Abt. Kgf.	Abteilung Kriegsgefangene im OKW/AWA
ADB	Anklage-Dokumentenbuch
AEI	Arbeitseinsatzingenieur
AEL	Arbeitserziehungslager
AES	Allgemeine Erlaß-Sammlung des RSHA und RFSS
Affid.	Affidavit (Eidesstattliche Erklärung)
AfSG	Archiv für Sozialgeschichte
AHA	Allgemeines Heeresamt im OKH
Amt Ausl. Abw.	Amt Ausland/Abwehr im OKW
AO	Anordnung
AOG	Gesetz zur Ordnung der nationalen Arbeit
AOK	Armeeoberkommando
APVO	Ausländer-Polizeiverordnung
ARG	Runderlasse des Reichsarbeitsministeriums für die Arbeitseinsatz-, Reichstreuhänder- und Gewerbeaufsichtsverwaltung
AV	Aktenvermerk
AVAVG	Gesetz über Arbeitsvermittlung und Arbeitslosenversicherung
AWA	Allgemeines Wehrmachtsamt im OKW
AWI	Arbeitswissenschaftliches Institut der Deutschen Arbeitsfront
Az	Aktenzeichen
BA	Bundesarchiv (Koblenz)
BA/MA	Bundesarchiv/Militärarchiv (Freiburg i. Br.)
BdE	Befehlshaber des Ersatzheeres
BfdVjPl	Beauftragter für den Vierjahresplan
BgbABo	Bergbau-Archiv Bochum
BdO	Befehlshaber der Ordnungspolizei
BdS	Befehlshaber der Sicherheitspolizei und des SD
BSW	(russ.) Brüderliche Zusammenarbeit der Kriegsgefangenen
CdS, CSSD	Chef der Sicherheitspolizei und des SD
DAF	Deutsche Arbeitsfront
DNB	Deutsches Nachrichtenbüro
Dok.	Dokument
Doc. occ.	Documenta occupationis
DRA	Deutscher Reichsanzeiger
Dulag	Durchgangslager
FAH	Friedrich-Alfred-Hütte (Krupp Rheinhausen)
FAP	Fremdarbeiterpolitik des Imperialismus
GBA	Generalbevollmächtigter für den Arbeitseinsatz
GBW	Generalbevollmächtigter für die Wirtschaft
Gestapa	Geheimes Staatspolizeiamt
Gestapo	Geheime Staatspolizei
Gfm.	Generalfeldmarschall
GG	Generalgouvernement
GSF	Gußstahlfabrik (Fried. Krupp Essen)
GStA	Generalstaatsanwalt

GStAB	Generalstaatsanwalt bei dem Kammergericht Berlin
GuG	Geschichte und Gesellschaft
GWU	Geschichte in Wissenschaft und Unterricht
HGW	Hermann-Göring-Werke
Hiwi	Hilfswilliger
HSSPF	Höherer SS- und Polizeiführer
HStAD	Hauptstaatsarchiv Düsseldorf
IdS	Inspekteur der Sicherheitspolizei
IfZ	Institut für Zeitgeschichte
IGF	IG-Farben
IHK	Industrie- und Handelskammer
IMT	International Military Tribunal (Nürnberg)
JbW	Jahrbuch für Wirtschaftsgeschichte
Kal.	Kalorien
KdF	Kraft durch Freude
Kdo.	Kommando
KdO	Kommandeur der Ordnungspolizei
Kgf./Kr. Gef.	Kriegsgefangene(r)
KL	Konzentrationslager
KTB	Kriegstagebuch
KZ	Konzentrationslager
LAA	Landesarbeitsamt
LG	Landgericht
LR	Landrat
MadR	Meldungen aus dem Reich
MGM	Militärgeschichtliche Mitteilungen
Min. Rat	Ministerialrat
Min. Dir.	Ministerialdirektor
MwsE	Meldungen wichtiger staatspolizeilicher Ereignisse
NSDAP	Nationalsozialistische Deutsche Arbeiter-Partei
Oflag	Offizierslager
OHL	Oberste Heeresleitung
OKH	Oberkommando des Heeres
OKW	Oberkommando der Wehrmacht
OP	Oberpräsident/Oberpräsidium
OT	Organisation Todt
Pkzl.	Parteikanzlei
RAB	Reichsautobahn
RABl	Reichsarbeitsblatt
RAD	Reichsarbeitsdienst
RAM	Reichsarbeitsminister(-ium)
RdErl	Runderlaß
RdSchr.	Rundschreiben
Reg. Düss.	Regierung Düsseldorf

Reg. Präs.	Regierungspräsident
REM	Reichsernährungsminister(ium)
RFM	Reichsfinanzminister(ium)
RFSS	Reichsführer SS
RFSSuChdDtP	Reichsführer SS und Chef der Deutschen Polizei
RGBL	Reichsgesetzblatt
RJM	Reichsjustizminister(ium)
RKF (DV)	Reichskommissar für die Festigung deutschen Volkstums
RKPA	Reichskriminalpolizeiamt
RKU	Reichskommissar(iat) Ukraine
RKzl.	Reichskanzlei
RMBuM	Reichsminister(ium) für Bewaffnung und Munition
RMI	Reichsminister(ium) des Innern
RMO	Reichsminister(ium) für die besetzten Ostgebiete
RMRuK	Reichsminister(ium) für Rüstung und Kriegsproduktion
RMVP	Reichsminister(ium) für Volksaufklärung und Propaganda
RNSt	Reichsnährstand
ROA	Russkaja Oswoboditelnaja Armija, Russische Befreiungsarmee
RSHA	Reichssicherheitshauptamt
RTdA	Reichstreuhänder der Arbeit
RüInsp	Rüstungsinspektion
RüKdo	Rüstungskommando
RusHA	Rasse- und Siedlungshauptamt
RVE	Reichsvereinigung Eisen
RVK	Reichsvereinigung Kohle
	Reichsverteidigungskommissar
RVM	Reichsverkehrsminister(ium)
RVR	Reichsverteidigungsrat
RWK	Reichswirtschaftskammer
RWM	Reichswirtschaftsminister(ium)
RStBl	Reichssteuerblatt
SA	Sturmabteilung
SAI	Sonder-Arbeitseinsatz-Ingenieur
SD	Sicherheitsdienst
SHAEF	Supreme Headquarters, Allied Expeditionary Forces
Sipo	Sicherheitspolizei
StA	Staatsanwalt(schaft)
StADu	Stadtarchiv Duisburg
StAE	Stadtarchiv Essen
Stalag	(Mannschafts-)Stammlager
StAM	Staatsarchiv Münster
StAN	Staatsarchiv Nürnberg
TdA	Treuhänder der Arbeit
UdSSR	Union der sozialistischen Sowjetrepubliken
uk.	unabkömmlich
UNO	Ukrainische Nationale Vereinigung
USSBS	United States Strategic Bombing Survey
VB	Völkischer Beobachter
VfZ	Vierteljahreshefte für Zeitgeschichte
VJPL/VjPl	Vierjahresplan

VO	Verordnung
WFst	Wehrmachts-Führungsstab
WiGru	Wirtschaftsgruppe
WiRüAmt	Wehrwirtschafts- und Rüstungsamt im OKW
WiStab Ost	Wirtschaftsstab Ost
Wkr	Wehrkreis
WWA	Westfälisches Wirtschaftsarchiv
WWInsp	Wehrwirtschaftsinspektion
WWStab	Wehrwirtschaftsstab
ZAO	Zentralstelle für die Angehörigen der Völker des Ostens
ZAVO	Zentralamt für die Völker des Ostens
ZbV	Zur besonderen Verwendung
ZfG	Zeitschrift für Geschichtswissenschaft
ZP	Zentrale Planung
ZStL	Zentrale Stelle der Landesjustizverwaltungen zur Aufklärung nationalsozialistischer Verbrechen, Ludwigsburg

Personenregister

Andrussow 200
August 20, 422

Baatz 87, 167f., 180, 215, 281, 283, 308f., 408
Backe 44, 79, 194, 297
Bade 18
Badoglio 301f.
Balz 227
Bethmann Hollweg 36
Bichelonne 294
Blind 241
Bock 20
Bormann 124, 145, 162, 204, 207f., 284
Bovensiepen 246
Bräutigam 297
Brodski 20
Broszat 14
Bühler 217
Bülow, von 246, 249f., 252, 358
Busson 253

Canaris 180
Cremer 253
Clermont 243

Dabrowski 243
Dadi 243
Darré 44, 79
Dichtijaron 241
Dohse 18
Drobisch 14

Eggeling 122f.
Eichholtz 16, 41, 44
Eisenhower 376, 396
Evrar 241
Ewerth 14

Feldmann (Fesenko) 368
Finn 386
Frank 15, 79, 95-99, 101, 124, 215, 217f., 300, 339
Franke 60
Frauendorfer 98
Freyers 324, 326
Früholz 14
Führer 235

Gawenus 14
Goebbels 271, 275-286, 299, 387, 406f.

Gohdes 283
Göring 42f., 48, 54, 57f., 65, 67, 69, 73, 79, 88f., 106, 113, 115, 124, 156, 161, 164-168, 172, 174f., 178, 183, 197, 199f., 202, 297, 406
Gorodenko („Fortasraki") 388, 390
Graevenitz, von 310
Grieger 421f.
Grollius 227f., 253
Grossmann 20, 422
Gutenberger 381f.
Gutterer 281

Hässler 309, 346, 356, 361f.
Hanke 177
Hartwig 241
Hassel 228, 250ff.
Henschke 390
Herbst 17, 122, 164
Heß 122
Heydrich 79, 91f., 160, 175, 179-182
Hildebrandt 225
Hilgenfeldt 290
Himmler 72, 82, 86f., 89, 91f., 101, 155, 162, 167f., 178, 197, 206, 284f., 288ff., 297f., 301, 307, 366, 428
Hirschfeld 19
Hitler 18, 42, 44, 61, 74, 79, 89, 120, 124, 154, 156, 158, 161, 163f., 174-178, 194, 196, 198, 203f., 210, 278f., 281, 293, 295, 297, 300, 304, 308, 381, 406, 408f., 416, 425
Hoepner 155
Hoffmann 387
Homze 16f., 21, 214

Jacobmeyer 20, 25, 399, 431
Jäckel 19
Jäger 337

Kaldor 17
Kaltenbrunner 381
Kammler 394
Kannapin 13
Kedding 262
Kehrl 113, 292, 294ff., 408
Keil 390
Keitel 79, 159, 174
Kesselring 304
Klein 17
Kluge 25
Knieriem 13

Körner 175
Korneluk 351
Korte 423
Kotow 355f.
Kowalenko 389f.
Kranig 18
Kräbbe 243
Küppers 167

Lammers 55
Lange 14
Lasch 97
Laval 213, 292
Ledux 355
Lehmann 228
Leibbrandt 200
Letsch 123, 152, 167, 171, 191
Ley 174, 349
Littmann 20
Lotfi 423
Łuczak 19, 24

Majer 18
Makein 251
Mansfeld 48, 129, 174ff., 180, 183, 186
Maslinski 355
Mason 18, 49, 80
Milch 210, 295
Milward 17, 19, 403
Mohr 387
Mommsen 421f.
Mostepaka 243
Müller 180, 194, 286
Mussolini 120, 301, 304, 414
Myckno 355

Nicolas 358f.
Nickel 299f.
Nohles 252, 390
Norkus 263, 328

Ohlendorf 408

Petrat 241
Petzina 18
Pfahlmann 11
Pleiger 159, 161, 167f., 182, 202, 256, 327, 330, 405
Poensgen 170

Raab 298
Rachner 77, 162
Rahn 304

Rauschning 61
Reich 243
Reinecke 86, 145, 160, 162
Ricci 355
Richter 423
Rosenberg 155, 171, 175, 192, 297
Rusinek 424

Sakowenko 243
Sauckel 16, 113, 177f., 186, 191f., 194-197, 200, 202-205, 208ff., 213, 216f., 233, 254, 260, 291-296, 299, 302-306, 309, 311, 339, 361, 406, 409
Sawosin 386
Sarnow 43
Seeber 14f., 17, 21, 24, 44
Schausberger 19
Schleicher 58
Schleßmann 233
Schminck-Gustavus 18f., 42
Seldte 55, 174
Serjakiw 241
Sijes 19
Sobczak 70
Söchting 391
Soehling 228
Spangenberg 14
Speer 16, 113, 176ff., 194, 198, 203, 210, 244, 277, 294f., 305, 310, 349, 361, 363f., 406, 409, 425f.
Stalin 280
Stauffenberg 365
Steinbrück 386, 388
Stinnesbeck 337
Stothfang 64, 67, 69, 408
Streit 17, 156
Syrup 42, 48, 52f., 58, 63f., 67, 73

Taubert 279
Theile 228f.
Thierack 284f.
Thomas 53, 65, 154, 162
Thomsen 144
Timm 71, 167, 178, 195, 408
Todt 94, 172f., 177
Trofimow 386
Trompke 43

Walther 105
Werner 18
Wetzel 206
Willeke 74
Wlassow 308, 311, 395, 399f.

Ortsregister

Aachen 117, 371, 385
Altenkirchen 365
Amersfoort 226
Arnsberg 394
Aschaffenburg 377
Auschwitz 13, 425, 429f.

Baden 126
Baden-Baden 369
Bamberg 109
Bayern 20, 68, 416
Belgien 35-38, 57, 111, 114f., 209f., 293f., 316, 376
Bergen-Belsen 367
Bergisches Land 388, 393
Berlin 22, 97, 104, 122, 148f., 185, 187, 189, 191, 298, 317, 340, 360, 367, 373, 381, 384
Bialystok 180
Bielosirka 185f., 298
Bitterfeld 132
Bochum 149, 267, 318-321, 338, 390
Brandenburg 118
Braunschweig 149, 372
Breslau 84, 96f., 109, 177
Brest 191
Bromberg 84, 372
Brünn 66
Brüssel 385
Buchenwald 356
Bulgarien 19, 65
Burgholz 390

Celle 109
Charkow 156, 185, 187, 191
Chemnitz 273, 373

Dachau 369, 400
Dahlheim 382
Danzig 68, 373
Darmstadt 373
Dinslaken 290
Dirschau 41
Dorsten 337
Dortmund 22, 104, 128, 184, 258f., 262, 327ff., 362, 373f., 389ff.
    Hoerde 391
    Rombergpark 391
Dresden 232, 373
Düren 371

Düsseldorf 22f., 119, 131, 138ff., 149f., 200, 222, 227, 267, 316, 364, 371f., 375, 380, 389f.
Duisburg 188, 356, 382, 389f.,

Ebelsbach 373
Elsaß 253
England 275
Erkelenz 382
Essen 11, 22f., 120, 131, 139, 143f., 211, 221-228, 230-235, 237-240, 242f., 246ff., 252, 290, 316f., 330, 332, 335-338, 342, 344, 347, 350f., 358f., 362, 370, 375, 381, 389, 410
    Beisingstraße 358
    Borbeck 252
    Dechenschule 235, 237, 358f.
    Dellwig 388
    Frintroperstraße 355
    Joseph Hommer-Weg 351, 376
    Krämerplatz 228, 337
    Montagsloch 390
    Neerfeldschule 358f.
    Nöggerathstraße 337
    Raumerstraße 233
    Rellinghausen 376
    Seumannstraße 233, 242
    Spenlestraße 230, 233
    Weidkamp 228, 376
Eppingen 369
Eversberg 395

Fallersleben 69
Frankfurt 189, 373
Frankreich 19, 57, 106, 111-117, 134, 148, 209-214, 225f., 257f., 287, 291-296, 301, 316, 376, 385, 422f.
Friedrichsfeld 226

Galizien 29, 180, 209, 219
Gdingen 78
Gelsenkirchen 390, 392
Gifhorn 92
Glatz 97
Gnesen 78
Götzes 212
Gorlice 217
Gotha 149

Hamburg 20, 272, 300, 317, 373
Hagen 394
Halle 372

579

Hamm 135, 149
Hampenhausen 149
Hannover 107, 367, 372
Harz 366
Heidelberg 369
Helmstedt 149, 290
Hemer 230, 260f., 330, 362, 390ff.
Herne 327
Hinzert 137, 288
Hunswinkel 138, 391

Innsbruck 369, 372f.
Italien 19, 65, 68f., 114, 294ff., 300-305, 316, 371, 423

Jena 109, 323, 325
Jülich 371
Jugoslawien 65, 68, 114, 316, 384, 422
Jusoka 184

Karlsbad 365, 372f.
Karlsruhe 369, 372
Kassel 373
Kattowitz 109, 134
Kempen 150
Kiew 183f., 191
Koblenz 340
Köln 222, 224, 332, 361, 371f., 380, 382, 385-388
    Ehrenfeld 386
    Klettenberg 388
    Müngersdorf 386
    Sülz 387f.
Königsberg 317, 373
Krakau 79, 97, 215, 218
Krefeld 318, 320f.
Kriwoi-Rog 166ff., 258, 338
Kursk 287, 369

Landsberg 188
Leobschütz 84
Leipzig 130, 188, 317, 367, 374
Lintorf 337
Linz 317
Lippstadt 390
Lodz 33
Lublin 98
Ludwigsburg 369
Ludwigshafen 318, 325, 360
Lünen 262
Luzk 298

Magdeburg 125, 317
Majdanek 13, 430
Malbach 369

Mannheim 369
Meinerzhagen 390
Mellier 358
Memmingen 398
Meschede 394
Metz 373
Moosburg 368
Moringen 131
Mülheim 139, 226
Mülhausen 253
München 268, 317, 368, 373
Münster 22, 105, 372, 389
Muskau 125

Niederlande 19, 68, 111f., 114, 209f., 225, 293f., 296, 316, 332f., 423
Norwegen 111f.
Nürnberg 173, 188, 267, 349, 317, 372f.
Nürtingen 318, 321

Oberbarnim 84
Oberhausen 232, 338, 383
Oberschlesien 62, 329
Österreich 19, 27, 62, 65-68, 75, 403
Offenburg 369
Oppau 325
Oppeln 118
Ostelbien 27ff.
Ostpreußen 62, 70, 83

Polen 19, 27ff., 32-38, 40ff., 44f., 57-62, 68-72, 75-79, 81-94, 96-116, 118, 214-220, 290, 297-300, 316, 339, 403, 411, 423f., 427ff., 432
Pommern 34
Posen 298
Potsdam 104
Prag 66, 369
„Protektorat Böhmen und Mähren" s. Tschechoslowakei

Radom 97
Radzyn 101
Rastatt 369
Recklinghausen 139, 262
Reichenberg 373
Rheinhausen 36, 303, 338
Riga 185
Rostock 16
Ruhrgebiet 60, 104f., 123, 139, 159, 170, 256-266, 316-331, 338, 342, 351ff., 366, 382, 388-395
Rumänien 65
Russisch-Polen 27ff.
Rybnik 41, 77

Saarbrücken 373
Saargebiet 269f.
Sachsen 62, 68
Salawitsy 187
Salzburg 118, 373
Salzgitter 69, 139
Sauerland 389, 393ff.
Senne 230, 260, 330
Siegen 383
Sizilien 301, 369
Sowjetunion 20, 153-220, 257ff., 271f., 275, 278f., 290, 297-300, 316, 331, 333, 338, 384, 398ff., 411f., 422ff., 428, 430f.
Spanien 65
Stalingrad 26, 219, 275, 277, 286f., 297, 300f., 332, 369, 406f., 411, 415
Stalino 183f.
Sterkrade 188
Stettin 125, 130
Stuttgart 273, 420
Sudetenland 62, 66, 69
Suttrop 394
Schwaben 289
Schlesien 62, 72f.
Schwerin 137, 366

Thüringen 130, 177, 196, 290
Treblinka 13
Tschechoslowakei 19, 42, 44, 66ff., 75, 403
Turin 304

Ungarn 65, 68
Ukraine 167f., 183, 185, 191, 299

Velpke 290
Villingen 369
Voerde 290

Warschau 216
Warstein 395
Warthegau 209
Wassilikow 298
Wattenscheid 149
Weimar 68, 372
Westpreußen 83
Wien 285, 369, 372f.
Wiesenbach 369
Wolfsburg 65
Württemberg 117
Wuppertal 388

Sachregister

Abtreibung 288, 411
Abwehrbeauftragte 135, 181, 246, 249f., 358
AEG, Fa. 189
Akkord(-arbeit) 32, 70, 129, 199-202, 240f., 248, 269, 328, 342, 411
Anlernung 25, 129, 170, 197, 202, 238ff., 244ff., 254, 261, 263f., 267, 269, 306, 318-323, 327ff., 331, 366, 410, 420, 426
Anwerbung 25, 33-36, 41f., 57, 62f., 65ff., 69f., 79, 89, 95-101, 114, 120f., 167ff., 173ff., 181-186, 189-197, 203, 209-219, 221, 225f., 254, 291-305, 314, 403f., 409
Arbeitermangel 41f., 49-56, 61f., 67, 71, 104, 111ff., 156, 163f., 169f., 257, 291
Arbeitsbummelei 104, 116, 134-141, 246, 248f., 344, 347-357, 364, 366, 369, 412
Arbeitserziehungslager 90f., 116, 120, 127, 130f., 136-141, 181, 206, 226, 235, 246, 249, 347-364, 411f., 423
Arbeitsflucht s. Flucht
Arbeitsleistung 25, 31, 104, 119, 126, 128, 138f., 151, 190, 192f., 216, 239-248, 254, 258ff., 267-273, 303f., 306-312, 317-331, 342ff., 348, 410f., 414
Arbeitslosigkeit 27, 35, 46ff., 54, 61, 70, 77, 427
Arbeitsniederlegung s. Arbeitsverweigerung
Arbeitsrecht 106ff., 199ff., 219
Arbeitsvertragsbruch 25, 27f., 39, 109, 121, 130-141, 151f., 181, 226, 237, 246, 258, 261, 344-364, 378, 412
Arbeitsverwaltung 41, 46ff., 58f., 75, 77-80, 89, 96, 134f., 196f., 223f., 291, 412, 431
Arbeitsverweigerung 36, 73, 89f., 109, 130-141, 183, 194, 212, 230, 267, 293, 303f., 344-364, 412
Arbeitswissenschaftliches Institut der DAF 306f.
Arbeitszeit 53, 80, 112, 122, 126, 229, 242ff., 248, 262, 324ff., 332ff.
Aufpäppelung 172, 260
Aufstand 354, 364f., 370-373, 376ff., 384, 413f.
Ausländer-Arbeitskreis beim RSHA 146, 179f., 188, 191, 197, 200, 215, 218, 288, 362f., 406
Ausländerkinder-Pflegestätten 288ff., 411, 423
Ausländer-Polizeiverordnung 58, 73
Ausländerrecht 18, 58f., 73, 83f., 85-95
Auslandbriefprüfstelle 185, 331-334
Auswärtiges Amt 179, 340

Banden 380ff., 384-395, 397ff., 412
Balten 400

Bauindustrie 50f., 64, 102, 111, 127f., 159f., 164f., 176, 266, 314ff., 426
Bekleidung 227, 282, 306f., 330, 332ff., 412
Belgier 11, 35f., 114-117, 128, 130, 222, 257f., 296, 315, 353, 361, 387
Bergbau 31, 44, 50, 102-106, 111, 115, 123, 127f., 159-165, 167-170, 202, 247, 256-266, 314f., 317, 327-331, 338, 406, 410
Bochumer Verein. Fa. 267, 318ff., 331, 338f.
Bombenangriffe s. Luftangriffe
Bordelle 87ff., 147, 236
Brief(-Zensur) 90, 121, 190f., 206, 332
Bulgaren 65
Butzke-Werke, Fa. 187

Carl Funke, Essen, Fa. 342
Carl Zeiss, Jena, Fa. 323, 325
Chemieindustrie 50, 266, 314
Concordia, Oberhausen, Fa. 338

Dänen 14, 119, 127, 220
Daimler-Benz, Fa. 419f., 433
Denunziation 141-145, 419
Deutsche Arbeitsfront 49, 60, 105, 115, 134f., 147, 173ff., 177, 179ff., 206, 250, 306f., 319, 350
Deutsche Bischofskonferenz 288
Deutsche Edelstahlwerke, Krefeld, Fa. 318-321, 331
Devisen 48ff., 64ff., 74
Diffamierung, öffentliche 93, 120
Differenzierung, nationale 19, 37, 91ff., 104, 111-121, 124-127, 150, 189f., 230f., 307-312, 322, 334f., 405, 411f.
Dienstmädchen 204f.
Displaced Persons 20, 395-400, 431
Dornier-Werke, Fa. 268
Dynamit-AG, Fa. 267

Edelweißpiraten 386f.
Erleichtertes Statut 291f.
Ernährung 32, 36, 70, 105, 118ff., 129, 141f., 156ff., 163-166, 169-173, 187-199, 212, 223-231, 237, 241
Ernährungsentzug 40, 134, 140, 248f., 319, 350
Erster Weltkrieg 27-40, 43, 100, 157
Essener Steinkohle, Fa. 330
Europa(-politik) 12, 63, 66, 113, 214, 275-287, 298, 305, 308, 408

Fieseler, Fa. 324, 326

Flamen 114ff., 119, 127, 211
Flick, Fa. 11, 13
Flucht 31, 34, 90, 98f., 109, 121, 130-141, 180, 192, 259, 264f., 292f., 344, 350, 359-364, 366, 369, 412f.
Frauenarbeit 17, 53-56, 74, 79, 122, 165, 204, 275ff., 294, 325ff., 353f., 404, 408
Franzosen 11, 17, 114-133, 141-152, 161, 169, 203, 209-214, 219f., 222f., 238-241, 257, 287, 291-296, 310f., 315, 332f., 346, 353, 360, 387, 409, 413
Friedrich-Alfred-Hütte, Krupp, Fa. 338, 354
Friedrich-Heinrich, Fa. 259

Geiselnahme 95, 99, 298, 382
Generalbevollmächtigter für den Arbeitseinsatz 12, 14, 21, 173-178, 186, 195-198, 202, 212, 225, 273, 277, 281, 283, 294-299, 302, 304, 306, 308, 349f., 406
Generalgouvernement s. Polen
Generalplan Ost 206
Geschäftsgruppe Arbeitseinsatz 48, 165, 173ff., 193
Geschlechtsverkehr,(verbotener) 82, 87ff., 91-93, 115, 143-150, 181, 207f., 216, 235, 287ff., 408f.
Gestapo 73, 90ff., 132, 134-141, 196, 232f., 246, 250, 252f., 285f., 350, 353, 366-394, 419, 423
Gesundheit 124f., 138, 167, 169-173, 186, 188-191, 226-231, 242ff., 258, 267, 282f., 327-342, 410f.
Gewerkschaften 29, 46
Großraum(-Wirtschaft) 65ff., 114, 122, 305, 403

Gutehoffnungs-Hütte, Fa. 188

Heller, Nürtingen, Fa. 318, 321
Henschel und Maybach, Fa. 366
Hermann-Göring-Werke, Fa. 69, 139
Heuaktion 299
Hibernia, Fa. 261f., 264, 327
Hilfswillige 297, 309, 368
Holländer 62, 65, 114ff., 128, 130, 136, 140, 152, 169, 220, 222, 239f., 293, 296, 315, 317, 333, 353, 361, 387
IG Farben, Fa. 11, 13, 129, 188, 318, 325, 342, 360
Industrie- und Handelskammer
    Bergisches Land 200
    Bremen 169
    Hessen 268
    Solingen 172
Inlandslegitimationszwang s. Legitimationszwang

Institut für industrielle Psychotechnik 306
Internationales Rotes Kreuz 32, 330, 336
Invasion 368, 374-378, 412
Italiener 11, 31, 34, 65, 68, 72, 114-133, 136, 151f., 179f., 203, 208, 219f., 222, 232, 239ff., 257f., 273, 287, 296, 301-305, 315, 317, 345, 353, 374, 409f., 414

Juden 108, 125, 161, 222, 284, 413, 417f., 420, 428, 430, 432
Jugendliche 169, 216ff., 227, 299, 318
Jugoslawen 65ff., 258
Justiz 18, 95, 134ff., 284ff.

Karcher, Fa. 268
Karenzzeit 27ff., 40
Kennzeichnung 84, 86ff., 125, 180, 190, 206, 237, 246, 307-310, 356
Kinder 287-291, 323ff., 411
Kirche 29, 81f., 89f., 126, 206, 211, 280, 282
Kolonneneinsatz 161ff., 175, 180f., 206, 328
Kommissarbefehl 155
Kontinuität 20, 37f., 68ff., 343, 404
Kontraktbruch s. Arbeitsvertragsbruch
Konzentrationslager 89, 102, 116, 130f., 134, 137f., 150, 181, 206, 286ff., 349, 351ff., 355, 363, 366, 369, 379, 395, 418, 420, 422, 424ff., 428ff.
Korruption 229, 234-238, 253, 339ff., 344-347, 367, 379f., 410
Kriegsgefangene 43ff., 300, 417-423, 430
    im Ersten Weltkrieg 30ff., 43, 75f.
    belgische 145, 211, 258, 315
    britische 111f., 145, 258
    französische 111-133, 141-150, 209-214, 222, 239ff., 302, 310f., 314ff., 337f., 405, 409
    holländische 112, 176
    jugoslawische 258
    norwegische 112
    polnische 41, 78-112, 292
    sowjetische 17f., 155-210, 222f., 226-231, 239ff., 251f., 256-274, 280-296, 303, 310ff., 315, 318-331, 343, 360ff., 366-374, 379-400, 405-415
Kroaten 140, 257
Krupp, Essen, Fa. 11, 13, 22, 36, 212, 221-257, 263, 303, 317-326, 332, 335-338, 344-364, 375, 410
KraWa 227f., 253f.
Lafettenwerkstatt 355
LoWa 228, 230, 250
Maschinenbau 8: 229, 238, 244, 359
Panzerbau 252, 355

583

Panzerplattenwalzwerk 252, 355
Schmiedepreßwerk 253

Lager 36, 40, 116, 142, 179ff., 187, 206, 208, 226-229, 231-234, 282, 332-341, 344-347, 367, 378, 411f., 424, 426f.
Lagerführer(/-leitung) 233f., 252, 339, 344f., 420
Landeseigene Verbände 308f.
Landwacht 207
Landwirtschaft 11, 24, 27-43, 49f., 54, 63, 70ff., 74, 77-112, 122, 124, 127f., 140f., 154, 159, 164f., 172, 175, 182, 201, 216, 260, 266, 314ff., 318, 360, 404, 421f.
Lebensborn 289
Lebensmittelversorgung s. Ernährung
Legitimationszwang 27f., 40
Leistungsernährung 36f., 303, 318f., 339, 342, 411
Letten 400
Löhne 32, 39, 53, 55, 64, 70, 89, 106-110, 114f., 117ff., 125, 131f., 137, 167, 169, 179, 183, 188ff., 191, 198f., 211f., 225, 240ff., 268f., 306f., 310ff., 317f., 324f., 327f., 333, 339, 342, 361-364, 409ff., 428
Lohntransfer(/-überweisung) 64ff., 69f., 114f., 132, 183
Luftangriffe 141, 231f., 234, 242, 248, 330, 335-341, 358f., 361f., 379-395, 411, 413f., 420
Luftschutzbunker 335ff., 361, 415, 419

Mannesmann, Fa. 188
Metallindustrie 41f., 48, 50f., 54, 64, 102, 158ff., 169f., 257f., 264, 266, 314f., 317-326
Mißhandlungen 32, 36, 40, 120, 126, 133ff., 139f., 151, 185f., 189f., 192f., 206, 217f., 247f., 250ff., 260f., 266, 282f., 310f., 329-335, 339-342, 350, 410f., 414
Mitteldeutsche Motorenwerke, Fa. 188, 268

Norweger 119, 127, 220
NSDAP 59, 86, 92, 117, 135, 144, 177f., 207, 283, 301, 310, 419
Nürnberger Prozesse 11f., 411

Österreicher 30, 34
OKH 156, 191, 308
OKW 41, 43, 154, 156, 160f., 172f., 200, 277, 292, 308f., 330
  Abt. Abwehr 43, 163, 166f., 175, 180, 281
  Abt. Kgf. 156-159, 175, 310
  AWA 160
Oppositions(-haltung) 18, 102, 119f., 130f., 178f.
Organisation Todt 159, 232f., 419, 430

Ostarbeiter 11, 13f., 17, 168-210, 219f., 226-231, 239-244, 248-254, 256-274, 280-291, 306-313, 315-395, 405-415, 423f.
Ostarbeiterabgabe 199-202, 353f., 411
Ostarbeitererlasse 178-182
Ostarbeiterinnen 204f., 230, 233, 236, 239ff., 287-291, 315-318, 333ff., 352f., 411

Partisanen 167, 192, 292, 299, 371, 384
Plünderung 252, 346f., 379-395, 397f., 412
Polen 11, 14f., 27-34, 44, 56f., 59f., 70ff., 75, 77-110, 114ff., 124-152, 178ff., 207ff., 215-222, 233, 258, 272, 283-291, 308, 315f., 337, 351, 353, 361, 374, 381, 404f., 408f., 413, 417, 427
Polenerlasse 85-95, 413
Polinnen 79, 132, 287-291, 315ff., 411
Post s. Brief
Produktivität 52f., 317-331, 410
Prostitution 236ff., 254, 341

Qualifikation 38, 127f., 137, 185, 198, 200, 226, 239f., 254, 264, 267f., 306f., 317-331, 406, 410

RAB 47f.
RAD 47f., 54f., 69, 233
RAM 12, 14, 42, 48, 52, 64, 71, 77, 107f., 115, 129, 146, 159f., 162, 164f., 171, 178f., 406
Rassismus 45, 59ff., 81f., 119, 121ff., 141f., 155ff., 163ff., 206ff., 266, 271, 278, 283-291, 302f., 305, 393ff., 405, 407-415
Razzia 125, 362f., 378, 381f., 388f.
Reichsanstalt für Arbeitsvermittlung und Arbeitslosenversicherung 46, 48, 52, 57
Reichsbahn 153, 163f., 216, 273, 419
Relève 213, 301
REM 172, 176, 188
Rheinmetall, Fa. 227
RMBuM(RMRuK) 165, 171-174, 177, 193f., 224, 276f., 310
RMI 70, 84
RMJ 95, 284-287
RMO 171, 179f., 182f., 193f., 199f., 206, 298
RMVP 275-287, 310f.
RSHA 16f., 21f., 79, 86f., 89f., 92, 95, 112, 116, 134, 139f., 142, 144-148, 175f., 178ff., 188, 193-197, 206f., 218ff., 247, 250, 281-289, 307-310, 346, 349, 356f., 360-363, 405ff., 429
Rücktransport 186ff., 190ff., 230, 260f.
Rußland-Bild 271ff., 323ff., 415
Russenbrot 172, 177ff.
RWM 200

Sabotage 90, 104, 160f., 169, 180, 194, 244, 267, 344, 348f., 353, 366ff., 376f., 382, 412

584

Saisonarbeiter 27-40, 56f., 62f., 70, 72, 75ff., 81f., 96, 110, 151, 360, 404f., 409
Schwangerschaft 186, 206, 230, 288-291
Schwarzmarkt(/-handel) 236ff., 254, 340f., 344-347, 379, 381, 409f.
SD 81f., 91, 107, 121, 130, 157, 162, 171, 186, 189, 192, 205, 211f., 216, 271ff., 276f., 290, 298, 301f., 323ff., 365, 370f., 375, 380, 409
Selbstverstümmelung(/-infektion) 259, 264, 344, 348f., 366
Serben 14, 119, 220
Sexualität s. Geschlechtsverkehr u. Umgang, verbotener
SHAEF (Supreme Headquarters, Allied Expeditionary Forces) 396
Siemens, Fa. 267
Slowaken 72, 114, 220
Slowenen 220, 222
Sonderbehandlung 90f., 135-141, 145-150, 165ff., 181, 194, 284-291, 381, 389-395, 409
Sozialausgleichsabgabe 106, 201, 311
Sperr-Betriebe 294ff.
Spitzel 206, 233, 248, 287, 331f., 367ff., 376, 379, 381
Stadtwacht 208
Stammlager (Stalag) 43, 111f., 230, 260
Sterilisation 20, 288, 411
Strafe(/-maßnahmen) 73, 86-95, 101f., 116, 124-127, 129, 133-141, 165ff., 181, 193ff., 206ff., 248-256, 282-287, 310f., 319ff., 342f., 348-364, 366, 381f., 410f., 424
Streik s. Arbeitsverweigerung
Sulzbach-Rosenberg Hütte, Fa. 159

Tauschhandel s. Schwarzhandel
Textilindustrie 50, 266, 314f.
Thyssen-Hütte, Fa. 356
Todesstrafe s. Sonderbehandlung
Totaler Krieg 275ff., 407
Tschechen 62, 73ff., 127f., 130ff., 134, 142, 179f., 209, 219f., 222, 230f., 238, 315, 350, 353, 374

Überprüfung, rassische 148, 287ff.
Ukrainer 162f., 168, 179f., 193, 222, 262, 273, 309, 400, 427
Umgang, verbotener 81-85, 108ff., 141-152, 160, 207f., 409, 413f.
Umsetzungen 161, 165, 202, 264f.
Unfälle 243f., 330
Ungarn 65, 114, 127
Unterkunft 115-118, 165ff., 179f., 188, 191, 198, 212, 224ff., 231-234, 241, 290, 301, 318, 330, 332-339, 396, 412
Unterschichtung 39, 114, 122, 150f., 165ff., 247f., 261f., 415
Urlaub 120ff., 127, 131f., 191, 216, 237, 325, 339, 360

Verkehrsmittel, öffentliche 119, 208, 216, 219, 247
Vierjahresplan(-behörde) 49, 63, 159, 164, 178
V-Leute/Männer s. Spitzel
VW-Werk, Fa. 267, 421f., 433

Walküre 364f.
Wannseekonferenz 17
Weißruthenen 309
Werkschutz 181, 206, 227f., 247-253, 319, 351, 355, 375f., 414
Westarbeiter 17, 114-133, 147-150, 179f., 208ff., 232, 237, 261, 267, 312, 332f., 336, 360f., 381, 387, 396
Westhausen, Fa. 262
Westwall 47, 52, 67
Widerstand 15, 100, 131, 142f., 181, 191f., 230, 292-296, 300, 304, 344, 364-378, 387, 412f.
Wirtschaftsstab Oldenburg 154, 156
WiRüAmt 43, 48, 54f., 154, 159, 162f., 178, 188
WiStabOst 181, 186

Zentrale Planung 197f., 200, 292f., 295, 303f., 326f., 349, 405f.
Zigeuner 284, 417
Zwangssterilisation s. Sterilisation

Dank

Diese Arbeit wurde im Februar 1985 am Fachbereich 1 – Geschichte der Universität Essen unter dem Titel „Der Feind als Kollege. Politik und Praxis des ‚Fremdarbeiter-Einsatzes' in der Kriegswirtschaft des Dritten Reichs" als Dissertation angenommen; sie wurde für den Druck gekürzt und leicht überarbeitet.

Ich habe vielen zu danken: vor allem Prof. Dr. Lutz Niethammer, der die Arbeit mit jener Mischung aus Distanz und Engagement betreut hat, die man für ein solches Unterfangen braucht, sowie Prof. Dr. Reinhard Rürup, der mir als zweiter Gutachter wesentliche Hinweise zur Verbesserung des Textes gab.

Zu Dank verpflichtet bin ich meinen Freunden und Kollegen der historischen Fachbereiche der Universität Hagen und der Universität Essen; vor allem Jutta Blank, die meine Bemühungen in den vergangenen Jahren mit Nachsicht und Kritik begleitet hat und der ich diese Arbeit widmen möchte; Dorothee Wierling, Jochen August, Thomas Becker und Detlev Peukert, die das Manuskript gelesen und ebenso kritisch wie hilfreich kommentiert haben; sowie Dirk Blasius, Justus Cobet, Alexander von Plato und Ernst Schmidt für Hilfe und Anregung während der Zeit, in der diese Arbeit entstand.

Den Weg durch das Thema haben mir auch viele Gespräche mit Kollegen gebahnt, die selbst in diesem Bereich forschen, hier seien vor allem Wolfgang Jacobmeyer, Joachim Lehmann, Tim Mason und Christoph Schminck-Gustavus dankbar genannt.

Viele der grundlegenden Überlegungen und Einsichten in diesem Buch stammen nicht von mir, sondern von denjenigen, die die beschriebenen Verhältnisse miterlebt haben und mir darüber in Interviews und schriftlichen Erlebnisberichten Auskunft gaben. Mein Dank an sie schließt die Hoffnung ein, daß sie sich und ihre Geschichte in dem wiederfinden mögen, was ich daraus gemacht habe.

Für ihr großes Entgegenkommen bei der Beschaffung der einschlägigen Akten und Literatur danke ich den Damen und Herren bei den verschiedenen Bibliotheken und Archiven, in denen ich arbeiten konnte; außerdem und ganz besonders der Alten Synagoge Essen, der Zentralen Stelle der Landesjustizverwaltungen in Ludwigsburg und der Generalstaatsanwaltschaft bei dem Kammergericht Berlin.

Nicht zuletzt sei schließlich der Hans-Böckler-Stiftung gedankt, die mir die Fertigstellung der Arbeit durch ein Stipendium ermöglichte.

Essen, Mai 1985 U. H.

Zur Neuauflage 1999

Als dieses Buch 1985 in erster Auflage erschien, setzte es sich zum Ziel, ein Interpretationsangebot zur Geschichte der ausländischen Arbeiter in Deutschland zwischen 1939 und 1945 zu entwickeln, das die politischen Entscheidungen der deutschen Behörden und Institutionen ebenso berücksichtigte wie die Praxis des „Ausländereinsatzes" und auf diese Weise eine Grundlage bieten könnte zur weiteren, intensivierten Untersuchung und Diskussion dieses seinerzeit weithin unerforschten Gebiets. Dieses Ziel ist, betrachtet man die seither erschienene Literatur und auch die politische Debatte über die Geschichte der „Zwangsarbeiter" in der NS-Zeit, in vielem offenbar tatsächlich erreicht worden. In der Neuauflage des Buches wurde daher ein Nachwort hinzugefügt, in welchem Hinweise auf wichtige Trends und Ergebnisse der Forschung seit 1985 gegeben werden. Im übrigen verblieben Text und Anmerkungen weitgehend unverändert.

Freiburg i.Br., im September 1999   U. H.

Der Autor

Ulrich Herbert, Jg. 1951, Studium der Geschichte, Germanistik und Volkskunde in Freiburg, 1976-1980 Lehrer, 1980-1984 Universität Essen, 1984-1992 Fernuniversität Hagen, 1987-1988 Universität Tel Aviv, 1992-1995 Leiter der Forschungsstelle für die Geschichte des Nationalsozialismus in Hamburg, seit 1995 Professor für Neuere und Neueste Geschichte an der Universität Freiburg.

Ulrich Herbert
Best
*Biographische Studien
über Radikalismus, Weltanschauung und Vernunft
1903 – 1989*

3. Auflage 1996
696 Seiten, Hardcover

DM 58,-/sFr 55,-/öS 423,-
ISBN 3-8012-5019-9

"Herberts Biographie ist eine aufwendig recherchierte, sprachlich brilliante Studie, packend bis zur letzten Seite. Er hatte dabei weniger eine Charakterstudie als eine politische Analyse von Bests Werdegang im Auge." *Die Presse, Wien*

"Ein magistrales Werk, das, über den Rahmen einer Biographie weit hinausgreifend, die ideologische Herkunft und die Funktionsweise der Nazi-Diktatur darstellt. Ungeeignet für eilige Leser, doch unumgänglich für jeden, der die geheime Mechanik jenes Regimes erforschen will." *Neue Zürcher Zeitung*

„Dieses Buch ist ein großer Wurf." *Frankfurter Allgemeine Zeitung*

„Mit diesem Buch beginnt eine neue Epoche in der Forschung über den Nationalsozialismus." *DIE ZEIT*

Verlag J.H.W. Dietz Nachf.
In der Raste 2, 53129 Bonn